D1672250

LEWIS CARROLL
Das literarische Gesamtwerk

Lewis Carroll

Das literarische Gesamtwerk

Buch I

SYLVIE & BRUNO
Die Geschichte einer Liebe

Buch II

MISCH & MASCH
Erzählungen und Gedichte

Vollkommen neu übersetzt von Dieter H. Stündel
mit allen 365 Illustrationen
herausgegeben von Jürgen Häusser

Zweitausendeins

k

Inhalt

Editorische Notiz

Das Vorwort dieser Ausgabe enthält aufschlußreiche Informationen zum Roman »Sylvie & Bruno« und zum Werk von Lewis Carroll. Das Nachwort bringt ergänzende Hinweise zu »Misch & Masch«, eine biographische Notiz zu Lewis Carroll und ein ausführliches Inhaltsverzeichnis.

Im Original erschien »Sylvie & Bruno« Teil I, 1889 und Teil II 1893 im Verlag Macmillan & Co., London/New York. In der vorliegenden Ausgabe sind die Teile I und II zu Buch I zusammengefaßt.

»Misch & Masch« (Buch II), enthält alle weiteren lierarischen Texte die Lewis Carroll in Einzelausgaben veröffentlicht hatte. Sämtliche Illustrationen der Originalausgaben sich auch in diese Ausgabe übernommen worden.

In strahlender Aurora Schein
So sehe ich das Leben mein,
als ob der Traum bestimmt das Sein.

Beugt oftmals Weh den geraden Gang,
oft stimmt schon froh der Glockenklang,
wir pendeln unter einem Zwang.

Man achtet niemals seine Frist,
auch wenn das Ende nahe ist,
noch scheint es besser, man vergißt.

Vorwort

Lewis Carroll hieß in Wahrheit Charles Lutwidge Dodgson und wurde am 27. Januar 1832 in der englischen Grafschaft Daresbury geboren. Er lehrte am Christ Church College in Oxford als Professor der Mathematik und starb am 14. Januar 1898 – kurz vor seinem 66. Geburtstag. Mehr wäre von seinem Leben in den Annalen kaum übriggeblieben, hätte er nicht unter dem Pseudonym Lewis Carroll eines der berühmtesten und bekanntesten Kinderbücher der Weltliteratur geschrieben. Mit »Alice im Wunderland« gelang dem honorigen Professor aus Oxford, der, obwohl zum Diakon geweiht, für eine Laufbahn als Prediger wegen seines Stotterns ungeeignet war, ein phantastisches Werk – ein Kuriositätenkabinett, was Sprache, Handlung und Personen betrifft.

Aufgewachsen war der kleine Charles in einem einsam gelegenen Haus, gemeinsam mit seinen drei Brüdern und sieben Schwestern. Ihnen spielte er selbstverfaßte Theaterstücke vor. Bald schon kam er auf die Idee, eigene literarische Hefte herauszugeben. Sein Plan, daß die ganze Familie sich mit Texten daran beteiligte, stieß auf wenig Gegenliebe. Zuerst noch werkelten fast alle mit, doch bald schon mußte er seine verschiedenen Hefte wie »Der Pfarrhausschirm«, »Mischmasch« oder die »Phantasmagorie« alleine verfassen.

Später in Oxford zählte die Familie Liddell zu seinem kleinen Freundeskreis. Dr. Henry Liddell war Dekan von Christ Church. Vorbild für die Alice aus dem Wunderland war dessen gleichnamige Tochter, der Carroll sogar einen Heiratsantrag gemacht haben soll.

Kein anderes Buch von Carroll war so erfolgreich wie »Alice im Wunderland«. Schon gar nicht sein Spätwerk »Sylvie & Bruno«, das sein einziger Roman bleiben sollte und das ebenfalls im Wunderland der Phantasie spielt , aber auch noch auf anderen Ebenen. Neben allerhand Kuriosem versuchte Carroll hier den Kindern auch »ernste Gedanken« wie er es formulierte, zu vermitteln. Es waren diese ernsten Gedanken, die den Durchbruch von »Sylvie & Bruno« verhinderten. Zwar treten sie nur vereinzelt auf, doch wurden sie von dem damaligen Leser nicht geschätzt. Denn besonders die Kinder erwarteten zweifellos eine Fortsetzung und Ausweitung der Alice-Erlebnisse auf Romanumfang. So wurde der zweibändige Roman zum Ladenhüter, und Carroll sah sich bereits ein Jahr nach Erscheinen des zweiten Bandes gezwungen, den Plänen seines Verlegers zuzustimmen: der Preis für »Sylvie & Bruno« wurde gesenkt. Aber selbst das half nichts. Es gab keine zweite Auflage.

1904, sechs Jahre nach Carrolls Tod, erschien die »Geschichte von »Sylvie & Bruno« als Kurzfassung bearbeitet von Carrolls Bruder Edwin H. Dodgson. Der 800-Seiten Roman wurde auf 329 Seiten gekürzt. Übrig blieb nur die Feengeschichte. Als die »Geschichte von Sylvie & Bruno« 1913 vorerst zum letzten Mal erschien, war es als Band einer Kinderbuchreihe mit einem Umfang von 80 Seiten.

Bei der hier vorliegenden ungekürzten Originalfassung von »Sylvie & Bruno« handelt es sich um ein ausgeklügeltes Erzählkunstwerk, das auf mehreren Ebenen spielt. Es erinnert in gewisser Weise an »Finnegans Wake« von James Joyce oder »Zettels Traum« von Arno Schmidt. Joyce hat noch die verschiedenen Ebenen durcheinander gewirbelt, bei Arno Schmidt werden die verschiedenen Ebenen des Gespräches durch die Position der Textkolumnen offenbar.

In einem Text zu »Sylvie & Bruno«, geschrieben von Carroll, weißt er auf etwas ganz Ähnliches hin:

»Mein Ausgangspunkt war, daß ein Mensch in verschiedenen psychischen Zuständen mit wechselnden Bewußtseinsgraden fähig sei zu,

a) dem Normalzustand, in dem er sich der Anwesenheit von Elben und Feen nicht bewußt ist;

b) dem »grißeligen« Zustand, in dem er sich neben seiner realen Umgebung *auch* der Anwesenheit von Feen bewußt ist;

c) einer Art Trance, bei der er (d.h. sein immatrielles Wesen) sich seiner realen Umgebung nicht bewußt und offenkundig eingeschlafen ist, während er sich in einer anderen Umgebung der Wirklichkeit oder im Feenland befindet und sich der Anwesenheit von Feen bewußt ist.

Zusätzlich habe ich angenommen, daß eine Elbe in der Lage sei, von Feenland in die wirkliche Welt zu gehen, wobei sie nach belieben menschliche Gestalt annehmen und in unterschiedliche psychische Zustände geraten kann.«

Was Carroll hier als verschiedene Bewußtseinszustände seiner Figuren beschreibt, nennt sich bei Arno Schmidt das »Längere Gedankenspiel«. Beide gehen von der Realität aus und finden sich dann in einer differenzierten Traumlandschaft wieder.

Ein weiteres Kuriosum in diesem Roman ist die Namenlosigkeit vieler Figuren. Der allwissende und allpräsente Ich-Erzähler wird, obgleich er sich rege an den Gesprächen beteiligt und sogar Briefe erhält, an keiner Stelle mit seinem Namen angesprochen. Der fiktive Charakter dieser Figur wird noch durch die Tatsache verstärkt, daß er auf keiner der 92 Zeichnungen von Harry Furniss angebildet ist, obschon er nicht nur anwesend, sondern bei einigen Episoden sogar direkt Agierender ist.

Von den anderen 15 Hauptpersonen werden lediglich 7 durchgehend mit ihrem Namen genannt. Neben Sylvie und Bruno, den beiden Elbenkindern auf der Märchenebene, sind es deren Parallelgestalten in der Realität: Lady Muriel und Arthur Forester; das ungezogene Kind Uggug, der Cousin von Lady Muriel, Eric Lindon und Nero, ein Neufundländer, der König von Hundeland.

Die Namen des Sub-Gouverneurs und seiner Frau, Sibirnet und Tabikat, und der des Earls von Ainslie werden nur an ein zwei Stellen erwähnt, sonst werden die Figuren lediglich mit ihren jeweiligen Titeln angesprochen.

Als wichtige Hauptpersonen tauchen drei Professoren auf, die allesamt keinen richtigen Namen besitzen. Der »Professor«, der »Andere Professor« und »Mein Herr« bilden ein komisches Triumvirat und sind parodistische Spiegelungen des Mathematikprofessors und Hobbyerfinders Charles Lutwidge Dodgson alias Lewis Carroll.

Die genannten Personen besitzen zueinander eine Wesensver-
wandtschaft, die ihre reale Romanexistenz in Frage stellt.
Denn hier werden Kinder in Erwachsene (und umgekehrt)
verwandelt. So wird Sylvie gleich zu Beginn zu Lady Muriel
und diese dann in der Folge zu Milady, der Frau des Sub-Gouverneurs.

Das Verhältnis zwischen Milady und dem Sub-Gouverneur als
Ehepaar entspricht dem zwischen Lady Muriel und Arthur,
die erst Liebespaar sind und später Ehepaar werden. Der Gouverneur ist der Vater von Sylvie und Bruno, der Earl ist der
Vater von Lady Muriel, und Uggug ist der Sohn von Milady
und dem Sub-Gouverneur. In der letzten Person wird das Verhältnis zwar umgekehrt, aber die Parallelen sind offensichtlich,
da hier kein Vater existiert.

Schließlich sind Nero, Eric Lindon und der Lordkanzler die
drei »Nothelfer« der Geschichte. Nero hilft Sylvie und Bruno
im Hundeland und später beim fassen eines Diebes. Eric Lindon rettet Arthur und ebenfalls Bruno vor dem Tode, und der
Lordkanzler unterstützt den Sub-Gouverneur bei seiner Konspiration. Daraus ergeben sich drei Figurengruppen:

1	2	3
Sylvie	Lady Muriel	Milady
Bruno	Arthur	Sub-Gouverneur
Gouverneur	Earl	Uggug
Professor	Mein Herr	Andere Professor
Nero	Eric Lindon	Lordkanzler

Viel spricht dafür, daß Carroll diese drei Gruppen bewußt
konstruiert hat. Wie schon angedeutet, es gibt in dem Roman
zwei Ebenen, die der Realität und die des Märchens oder
Traums. Die Personen der ersten Gruppe besitzen die Fähigkeit, sowohl im Märchen als auch in der Realität aufzutreten.
Sie können praktisch dem Märchen entsteigen. Die zweite
Gruppe lebt nur in der Realität, wohingegen die dritte Gruppe

nur im Märchen existieren kann. Sieht man einmal von den Professoren ab, deren Charakter auf allen drei Ebenen gleich ist, so stellen sich bei den anderen Personen Unterschiede heraus. Sie werden in der ersten Gruppe idealisiert und in der dritten Gruppe dämonisiert, beziehungsweise kommen auf den Hund, wenn man die Rolle von Eric Lindon betrachtet.

Der phantastische Trick der Personenkonstellation besteht darin, daß jeweils eine Person in drei Instanzen aufgespalten ist. Augenfällig ist hier die Verwandtschaft zu Freuds Erkenntnissen über die Persönlichkeit des Menschen. Danach vertritt nämlich Gruppe eins das Über-Ich, Gruppe zwei das Ich und Gruppe drei das Unbewußte.

In keinem der vorausgegangenen Werke hat Carroll soviel von seiner eigenen Persönlichkeit, seinen Wünschen und Vorstellungen offenbart, wie in seinem Roman »Sylvie & Bruno«, der ihn von den ersten Anfängen bis zum Abschluß mit 26 Jahren über die Hälfte seines Schriftstellerlebens beschäftigt hat. Carroll hielt seinen Roman für sein bedeutendstes Werk und zweifellos hätte es auch weit größere Beachtung gefunden, wären da nicht die beiden Alice-Bücher gewesen – deren erstes eigentlich nur aus einer Laune heraus entstand – die durch ihren riesigen Erfolg den Blick auf diesen Roman verstellten.

Unsinn mit Hintersinn, das war immer Carrolls Ziel. Seine Welt bekommt, betrachtet man sie näher, eine Eigenlogik, deren Sinn sich auf vielfältige Weise erschließen läßt. Sie läßt sich als eine Darstellung durch Gegensatz auffassen und ist in der Aussage »sinnfrei«, was aber nicht heißen soll, daß sie »frei von Sinn« ist, sondern sie ist im Gegenteil im höchsten Maße frei für Sinn. Anders lassen sich die vielen unterschiedlichen Interpretationen oder Anwendungsmöglichkeiten seiner Texte nicht erklären. Alles ist von Text gestützt und findet dort seine Berechtigung, selbst wenn es weit über das hinausgeht, was der Autor Carroll, den Arno Schmidt »Vater der modernen Literatur« nannte, sich vorgestellt hat.

Dieter H. Stündel

Buch I

SYLVIE & BRUNO

Die Geschichte einer Liebe

Teil I

I. KAPITEL

Weniger Brot! Mehr Steuern!

– und dann jubelte die Menschenmasse abermals, und ein Mann, der die übrigen an Erregung noch übertraf, schleuderte seinen Hut hoch in die Luft und schrie (soweit ich verstehen konnte): »Wie, wat für'n Sub-Gouverneur?« *Alle* riefen, ob aber nach dem Sub-Gouverneur oder nicht, war nicht klar herauszuhören: einige schrien »Brot!« und andere »Steuern!«, aber keiner schien zu wissen, worum es wirklich ging.

All dies beobachtete ich vom Gouverneurspalast aus durch das offene Fenster des Frühstück-Salons, indem ich über die Schulter des Lordkanzlers blickte, der, als habe er nur darauf gewartet, gleich zu Beginn des Trubels aufgesprungen und an das Fenster gestürzt war, das den besten Ausblick auf den Marktplatz verhieß.

»Was *mag* das alles nur bedeuten?« sagte er immer wieder zu sich, während er mit auf den Rücken gefalteten Händen und wehender Robe rasch im Zimmer auf und ab schritt. »Ich habe noch nie zuvor ein derartiges Gejauchze gehört – und dann zu dieser frühen Stunde! Und mit solcher Einmütigkeit! Finden *Sie* das nicht auch sehr beachtlich?«

Ich bemerkte bescheiden, daß es *meinen* Ohren so klinge, als forderten sie Verschiedenes, doch der Kanzler wollte meine Andeutungen keinen Augenblick gelten lassen. »Sie rufen alle nach demselben, ich sag's Ihnen doch!« erwiderte er; dann tuschelte er, weit aus dem Fenster gebeugt, mit einem Mann, der sich dicht dadrunter befand: »Alle zusammenhalten, verstanden? Der Gouverneur wird gleich hier sein. Gebt'n das Zeichen zum Aufmarsch!« All das war augenscheinlich nicht für *meine* Ohren bestimmt, aber ich konnte mich des Zuhörens kaum erwehren,

wenn man bedenkt, daß mein Kinn nahezu auf den Schultern des Kanzlers ruhte.

Der ›Aufmarsch‹ bot ein äußerst kurioses Bild: eine weitläufige Prozession von Menschen, die paarweise marschierten, trat von der gegenüberliegenden Seite des Marktplatzes an und rückte in einem ungleichmäßigen Zickzackkurs auf den Palast zu, während sie gleich einem Segelschiff, das widrigen Winden ausgesetzt ist, hin und her lavierte – so daß die Spitze der Prozession oftmals am Ende einer Wende weiter von uns entfernt war als am Ende der vorausgegangenen.

Dennoch war ganz klar, daß alles auf Befehl geschah, denn wie ich bemerkte, waren aller Augen fest auf den Mann gerichtet, der genau unter dem Fenster stand und dem Kanzler fortwährend zutuschelte. Dieser Mann nun hielt seinen Hut in der einen, eine kleine grüne Fahne in der anderen Hand: wann immer er die Fahne schwenkte, kam die Prozession ein wenig näher, wenn er sie hob und senkte, entfernte sie sich ein wenig, und wenn er seinen Hut schwenkte, brachen alle in einen heiseren Jubel aus. »Wie, wat!« schrien sie und hielten augengenau mit den Auf- und Abbewegungen des Hutes Takt. »Wie, wat!« Noi-Jäh! Fair! Faß! Sunk! Weh! Nigger! Brooot! Mäh! Heer! Stoi! Jährn!«

»Genug, genug!« flüsterte der Kanzler. »Soll'n was rasten, bis ich Euch's Stichwort geb. Er ist noch nicht hier!« Aber in diesem Augenblick wurden die großen Flügeltüren des Salons aufgerissen, und schuldbewußt zusammenzuckend fuhr er herum, um Seine Erhabene Exzellenz zu empfangen. Es war jedoch nur Bruno, und der Kanzler atmete erleichtert auf.

»Morjen!« sagte der kleine Bursche und richtete den Gruß ganz allgemein an den Kanzler und die Bedienten. »Weiß'de, wo Sylvie iss? Ich such' die!«

»Ich glaube, sie ist beim Gouverneur, Eueit!« antwortete der Kanzler mit einer tiefen Verbeugung. Ohne Zweifel wirkte es schon etwas absurd, mit diesem Titel (bei dem es sich, wie du auch ohne meine Erklärung erkennen wirst, um nichts anderen als um ›Eure Königliche Hoheit‹ zu einer Silbe zusammengezogen handelt) ein schmächtiges Wesen anzureden, nur weil dessen Vater der Gouverneur von Anderland war; dennoch muß man einem Menschen großmütig verzeihen, der etliche Jahre am Hofe von Feenland verbracht und dort die geradezu unwahrscheinliche Kunstfertigkeit erworben hat, sieben Silben als eine einzige auszusprechen.

Die Verbeugung allerdings war bei Bruno reine Zeitverschwendung, der bereits aus dem Zimmer gewieselt war, während das große Kunststück in Gestalt Des Unaussprechlichen Einsilbers noch triumphierend vorgeführt wurde.

Just da vernahm man aus der Ferne eine einzelne Stimme, die

schrie: »Der Kanzler soll 'ne Rede halten!« »Aber gewiß doch, meine Freunde!« antwortete der Kanzler mit außerordentlicher Bereitwilligkeit. »Ihr sollt eure Rede bekommen!« Hier präsentierte ihm einer der Bediensteten, der sich etliche Minuten mit einem wunderlich aussehenden Gemisch aus Ei und Sherry beschäftigt hatte, das Ergebnis seiner Bemühungen respektvoll auf einem großen silbernen Präsentierteller. Der Kanzler ergriff es hochnäsig, trank es bedächtig, lächelte dem glücklichen Lakaien wohlwollend zu, als er das geleerte Glas absetzte, und begann. Soweit ich mich entsinnen kann, sagte er folgendes:

»Ähem! Ähem! Ähem! Leute im Leid, oder besser: leidende Leute –« (»Keine Beschimpfungen!« murrte der Mann unter dem Fenster. »Ich hab nicht *Meute* gesagt!« erklärte der Kanzler) »Ihr könnt ganz sicher sein, daß ich immer glau'« (»Hört, hört!« schrie das Volk, aber mit einer derartigen Lautstärke, daß die dünne, quäkende Stimme des Redners fast unterging) »– daß ich immer glau –«wiederholte er. (»Redet nicht soviel vom Klauen!« sagte der Mann unter dem Fenster. »Ihr seid schon Diebs genug!« Und die ganze Zeit über grummelte das »Hört, hört!« weiterhin wie Donnergrollen über den Marktplatz.) »Daß ich immer *glaubwürdig* bin!« schrie der Kanzler im ersten Augenblick des Schweigens. »Aber euer *ehrlicher* Freund ist der *Sub-Gouverneur!* Tag und Nacht grübelt er über euer Unrecht nach – ich wollte sagen: euer *Recht* – das heißt vielmehr euer *Unrecht* – nein, ich meine eigentlich euer *Recht* –« (»Schweigt, um Gottes Willen!« meckerte der Mann unter dem Fenster. »Ihr verpfuscht ja alles!«) In diesem Augenblick betrat der Sub-Gouverneur den Salon. Er war ein dürrer Mann mit gemeinem, verschlagenem Gesicht von gelbgrünem Teint, der mißtrauisch um sich blickte, als erwarte er, irgendwo könne ein tollwütiger Hund versteckt sein. »Bravo!« rief er und tätschelte dem Kanzler den Rücken. »Das war wahrhaftig eine ausgezeichnete Rede! Ihr scheint mir der geborene Redner, Mann!«

»Oh, das ist gar nichts!« erwiderte der Kanzler und schlug bescheiden die Augen nieder. »Die meisten Redner sind nämlich *geboren.*«

Der Sub-Gouverneur rieb sich nachdenklich das Kinn. »Wahrhaftig, das stimmt ja!« gab er zu. »Ich habe es noch nie so betrachtet. Trotzdem, Ihr habt das sehr gut gemacht. Ein Wort im Vertrauen!«

Die weitere Unterredung fand nur noch im Flüsterton statt, und weil ich sowieso nichts mehr verstehen konnte, kam mir in den Sinn, mich auf die Suche nach Bruno zu machen.

Ich fand den kleinen Burschen im Korridor, wo ihn einer der Livrierten gerade anredete, der vor höchster Ehrerbietung nahezu bis zum Boden gekrümmt war, wobei seine Hände wie Fischflossen an ihm herabhingen. »Seine Erhabene Majestät,« sagte dieser respektvolle Mensch gerade, »belieben sich in Ihro Arbeitszimmer aufzuhalten, Euheit!« (Er beherrschte die Aussprache nicht ganz so perfekt wie der Kanzler.) Dorthin trottete Bruno nun, und ich hielt es für das beste, ihm zu folgen.

Der Gouverneur, ein großer würdevoller Mann mit ernsten, aber liebenswürdigen Gesichtszügen, saß gerade an einem mit Papieren bedeckten Schreibtisch und hielt auf seinem Knie eines der süßesten und lieblichsten kleinen Mädchen, das mir jemals zu sehen vergönnt war. Sie mochte vier oder fünf Jahre älter als Bruno sein, doch sie hatte die gleichen rosigen Wangen und sprühenden Augen und die gleiche Fülle braungelockten Haares. Ihr lebhaft lächelndes Gesicht sah in das ihres Vaters, und es war ein hübsches Bild, wie liebevoll die beiden Gesichter – das eine im Frühjahr des Lebens, das andere im Spätherbst – einander anblickten.

»Nein, du hast ihn noch nie gesehen«, sagte der alte Mann soeben, »das war nämlich gar nicht möglich, denn er war ganz lange fort – er ist von Land zu Land gereist auf der Suche nach Heilung – schon länger als du lebst, kleine Sylvie!«

Hier kletterte Bruno auf das andere Knie, und das hatte viele Küsse auf eine recht komplizierte Weise zur Folge.

»Er ist erst gestern Nacht zurückgekommen«, sagte der Gouverneur, als die Schmuserei vorüber war. »Er hat die letzten tausend Meilen Hals über Kopf zurückgelegt, um rechtzeitig zu Sylvies Geburtstag hier zu sein. Aber er ist ein unerbittlicher Frühaufsteher, und ich wage zu behaupten, daß er bereits in der Bibliothek ist. Kommt mit, wir besuchen ihn! Zu Kindern ist er immer sehr freundlich. Ihr werdet ihn bestimmt mögen.«

»Iss der Andre Profeffer auch da?« fragte Bruno mit ehrfürchtiger Stimme.

»Ja, sie sind zusammen angekommen. Der Andere Professor ist – nun, ihr werdet ihn vielleicht nicht ganz so sehr mögen. Er ist ein wenig *verträumter*, versteht ihr?«

»Ich wünsch mir *Sylvie* nur was verträumter«, sagte Bruno.

»Was *meinst* du damit, Bruno?« fragte Sylvie.

Bruno redete weiterhin auf seinen Vater ein: »Sie sagt, sie *kann nich*, nich? Aber ich glaub, es iss nich *kannich*, es iss *willnich*.«

»Sagt, sie *kann nicht* träumen!« wiederholte der Gouverneur verwirrt.

»Sagt sie *bestimmt*«, beharrte Bruno. »Sag ich zu ihr: ›Schluß mit dem Unterricht!‹, sagt sie: ›Oh, nich mal *im Traum* würd mich Schlußmachen einfallen!‹«

»Er will immer schon fünf Minuten, nachdem wir begonnen haben, mit dem Unterricht aufhören!« erklärte Sylvie.

»Fünf Minuten Unterricht pro Tag!« staunte der Gouverneur. »Bei *dem* Verhältnis kannst du nicht viel lernen, kleiner Mann!«

»Sagt Sylvie auch«, erwiderte Bruno. »Sie sagt, ich *will nich* Aufgaben machen. Und ich sag ihr immer wieder und wieder, ich *kann* se nich machen. Und was glaubs'de, sagt sie dann? Sie sagt: ›Es iss nich *kannich*, es iss *willnich*!‹«

»Wir wollen den Professor aufsuchen«, sagte der Gouverneur und vermied so klugerweise eine weitere Diskussion. Die Kinder kletterten von seinen Knien, ein jedes versicherte sich einer Hand, und das glückliche Trio machte sich auf den Weg zur Bibliothek – gefolgt von mir. Ich war unterdessen zu der Gewißheit gelangt, daß keiner von der Gesellschaft (ausgenommen für einige Augenblicke der Lordkanzler) auch nur im mindesten imstande war, mich zu sehen.

»Was hat er denn?« fragte Sylvie, die mit betonter Gesetztheit dahinschritt, um Bruno ein Vorbild zu geben, der auf der anderen Seite unaufhörlich hin und her hopste.

»Was er *hatte* – aber ich hoffe, er ist inzwischen wieder wohlauf – war Lumbago und Rheumatismus und ähnliches. Er hat sich nämlich *selbst* kuriert; er ist ein hochgelehrter Arzt. Er hat sogar drei neue Krankheiten erfunden und außerdem eine neue Art, wie man sich das Schlüsselbein bricht!«

»Iss es 'ne feine Art?« fragte Bruno.

»Nunja, hm, nicht *besonders*«, antwortete der Gouverneur, während wir die Bibliothek betraten. »Und da ist ja der Professor. Guten Morgen, Professor! Ich hoffe, Sie haben sich von der Reise wieder völlig erholt!«

Ein lustig aussehender, fetter kleiner Mann in einem geblümten Morgenrock, der unter jedem Arm ein großes Buch trug, kam von der anderen Seite des Raumes angetrottet und ging stracks vorüber, ohne den Kindern auch nur die mindeste Beachtung zu schenken. »Ich suche Band drei«, sagte er. »Haben Sie ihn zufällig gesehen?«

»Sie haben meine *Kinder* nicht gesehen, Professor!« rief der Gouverneur, griff ihn bei den Schultern und drehte ihn herum, so daß er ihnen das Gesicht zuwandte.

Der Professor lachte heftig: dann starrte er sie ein, zwei Minuten durch seine großen Brillengläser schweigend an.

Schließlich wandte er sich an Bruno. »Du hast hoffentlich eine gute Nacht gehabt, mein Kind?«

Bruno schaute verblüfft drein. »Ich hab dieselbe Nacht gehabt wie du«, antwortete er. »Seit gestern hat es nur *eine* Nacht gegeben!«

Nun war der Professor verblüfft. Er setzte die Brille ab und rieb sie mit seinem Taschentuch. Dann starrte er die Kinder abermals an. Darauf wandte er sich dem Gouverneur zu.»Sind sie angeleimt?« erkundigte er sich.

»Nein, sinn wir nich«, sagte Bruno, der sich durchaus für qualifiziert hielt, *diese* Frage zu beantworten.

Der Professor schüttelte traurig den Kopf. »Nicht mal in Halbleinen?«

»Warum solln wir halb in Leinen gehn?« sagte Bruno. »Wir iss doch kein Bettler!«

Aber der Professor hatte sie inzwischen ganz vergessen und sprach weiter mit dem Gouverneur. »Das wird Sie freuen zu hören«, sagte er, »die Barometersäule ist dabei, sich zu bewegen –«

»Schön, und in welche Richtung?« fragte der Gouverneur – und er fügte, zu den Kindern gewandt, hinzu, »Nicht, daß es *mich* sonderlich interessiert. Nur *er* glaubt nunmal, das beeinflusse das Wetter. Er ist nämlich ein enorm gescheiter Mann. Manchmal sagt er Sachen, die nur der Andere Professor versteht. Dann wieder sagt er etwas, das *keiner* verstehen kann. Wohin bewegt es sich, Professor? Auf oder ab?«

»Weder noch!« sagte der Professor und klatschte die Hände sacht zusammen. »Es geht seitwärts, wenn ich mich so ausdrükken darf.«

»Und welches Wetter hat *das* zur Folge?« fragte der Gouverneur. »Hört zu, Kinder! Nun könnt ihr etwas Wissenswertes erfahren!«

»Horizontales Wetter«, sagte der Professor, stürzte stracks auf die Türe zu und stolperte beinahe über Bruno, der gerade noch aus dem Weg hasten konnte.

»*Ist* er nicht gelehrt?« sagte der Gouverneur und sah ihm mit bewundernden Blicken nach. »Er läuft vor Gelehrtheit tatsächlich über!«

»Aber er brauch nich über *mir* zu laufen!« protestierte Bruno.

Der Professor war gleich wieder zurück: er hatte seinen Morgenmantel gegen einen Gehrock getauscht und ein paar seltsam anmutende Stiefel angezogen, deren Stulpen aus aufgespannten Regenschirmen bestanden. »Ich habe mir gedacht, das würde Sie interessieren«, sagte er. »*Das* sind die Stiefel für horizontales Wetter!«

»Aber was haben die Schirme an den Knien für einen Sinn?«

»Bei *normalem* Regen wären sie *nicht* besonders sinnvoll«, ge-

stand der Professor ein. »Aber wenn es jemals *horizontal* regnen sollte, verstehen Sie, dann wären sie unbezahlbar – einfach unbezahlbar!«

»Führt den Professor in den Frühstückssalon, Kinder«, sagte der Gouverneur, »und richtet ihnen aus, sie sollen nicht auf mich warten. Ich habe schon gefrühstückt, weil ich noch einige Arbeiten erledigen muß.« Die Kinder ergriffen die Hände des Professors so zutraulich, als wäre er seit Jahren ein guter Bekannter, und eilten mit ihm davon. Ich folgte respektvoll nach.

II. KAPITEL

Die unbekannte Freundin

Als wir den Frühstückssalon betraten, sagte der Professor gerade:
»– und er hat bereits allein gefrühstückt: deshalb läßt er Sie bitten, nicht auf ihn zu warten, Mylady. Hierher, Mylady«, fügte er
hinzu, »Hierher!« Und dann schleuderte er mit (wie mir schien)
reichlich übertriebener Höflichkeit meine Abteiltüre auf und geleitete »– eine junge und allerliebste Dame!« herein, wie ich mit
einiger Bitterkeit vor mich hinmurmelte. »Und das ist offensichtlich die Anfangsszene von Band I. *Sie* ist die Heroine. Und *ich* bin
einer jener Komparsen, die nur auftreten, wenn es für die Entwicklung ihres Geschicks notwendig ist, und deren letzter Auftritt sich außerhalb der Kirche vollzieht, wo sie darauf warten,
dem glücklichen Paar zu gratulieren!«

»Ja, Mylady, in Feenwalde umsteigen«, lauteten die nächsten
Worte, die ich vernahm (oh, dieser äußerst devote Schaffner!).
»Übernächste Station.« Und die Türe schloß sich, und die Dame
machte es sich in ihrer Ecke bequem, und das monotone Stampfen der Maschine (es vermittelte einem das Gefühl, als sei der
Zug ein gigantisches Monster, dessen gesamten Blutkreislauf wir
spüren konnten) verkündete, daß wir erneut auf unserem Wege
dahinrasten. Ich ertappte mich dabei, wie ich zu mir sagte: »Die
Lady besaß eine vollendet geformte Nase, nußbraune Augen und
Lippen –« und hier kam mir der Gedanke, daß es weit befriedi-
gender wäre, »die Lady« selbst zu betrachten, als sich in zahlreichen Spekulationen zu ergehen.

Ich blickte mich vorsichtig um und – sah mich um meine Hoffnung betrogen. Der Schleier, der ihr ganzes Gesicht verhüllte,
war zu dicht, als daß ich mehr als das Glitzern leuchtender Augen und die vage Kontur eines möglicherweise reizvollen, ovalen

Gesichtes zu erkennen vermochte, aber unglücklicherweise konnte es ebenso ein reiz*loses* sein. Ich schloß abermals die Augen und sagte mir: »– könntest keine günstigere Gelegenheit für ein telepathisches Experiment haben! Ich werde mir ihr Gesicht *vorstellen* und das Portrait nachher mit dem Original vergleichen.«

Zuerst krönte meine Anstrengungen überhaupt kein Ergebnis, obschon ich »schied den flinken Sinn«* mal hier-, mal dorthin auf eine Weise, die Aeneas, da war ich mir sicher, grün vor Neid hätte werden lassen: doch das matt erkannte Oval blieb ebenso provozierend leer wie zuvor – eine makellose Ellipse wie in einem mathematischen Schaubild sogar ohne Brennpunkte, die hier wohl die Funktion einer Nase oder eines Mundes erfüllen mochten. Allmählich gewann ich jedoch den Eindruck, daß ich mit einer gewissen Gedankenkonzentration *den Schleier wegdenken* und so eine flüchtige Impression von dem mysteriösen Gesicht bekommen konnte – bezüglich dessen die beiden Fragen »ist es hübsch?« und »ist es häßlich?« noch im schönen Gleichgewicht in meinem Denken schwebten.

Der Erfolg war partiell – und unbeständig – dennoch *war* da ein Ergebnis: dann und wann schien der Schleier in einem jähen Lichtblitz zu schwinden: bevor ich das Gesicht jedoch voll erfassen konnte, war alles wieder verborgen. Bei jeder dieser Blitzvisionen schien sich das Antlitz kindlicher und unschuldiger zu formen: und als ich den Schleier schließlich vollständig *weggedacht* hatte, war es unverkennbar das liebliche Gesicht der kleinen Sylvie!

»Also, entweder habe ich soeben von Sylvie geträumt«, sagte ich mir, »und dies ist die Wirklichkeit. Oder ich bin wirklich mit Sylvie zusammengewesen, und dies ist ein Traum. Ist das Leben vielleicht selbst nur ein Traum?«

Um mir die Zeit zu vertreiben, nahm ich den Brief heraus, der mich zu dieser plötzlichen Eisenbahnreise von meinem Londoner Heim zu einem unbekannten Fischerdorf an der Nordküste veranlaßt hatte, und las ihn abermals durch:

---

* AdÜ: Tennyson, Idylls of the King, The Passing of Arthur, Z. 227.

»Lieber alter Freund,

Ich bin sicher, es wird mir ein ebenso großes Vergnügen bereiten wie Dir, daß wir uns nach so vielen Jahren wieder sehen: und natürlich lasse ich Dir mein ganzes medizinisches Können, soweit ich es besitze, gern zuteil werden: doch Du weißt, man darf nicht gegen die berufliche Etikette verstoßen! Und Du bist bereits in den Händen eines erstklassigen Londoner Arztes, mit dem konkurrieren zu wollen für mich der Gipfel an Überheblichkeit wäre. (Ich habe keinen Zweifel, daß er mit der Diagnose, Dein Herz sei angegriffen, recht hat: alle Symptome bei Dir deuten darauf hin.) Jedenfalls habe ich eine Vorsorge als ärztliche Kapazität bereits getroffen – ich habe Dir einen Schlafraum im Erdgeschoß reserviert, so daß Du überhaupt keine Stufen zu steigen brauchst.

Deinem Brief entsprechend, erwarte ich Dich am Freitag mit dem letzten Zug: und bis dahin laß mich mit den Worten einer alten Weise sagen ›Oh for Friday nicht*! Friday's lang a-coming!‹

Immer Dein

ARTHUR FORESTER

P.S. Glaubst Du an Fügung?«

Dieses Postskriptum verwirrte mich beträchtlich. »Er ist ein zu vernünftiger Mann«, dachte ich, »um Fatalist geworden zu sein. Und dennoch, was kann er sonst damit meinen?« Und als ich den Brief faltete und wegsteckte, wiederholte ich unabsichtlich laut die Worte: »Glaubst du an Fügung?« Die feenhafte »Inkognita« wandte ob der unerwarteten Frage schnell den Kopf. »Nein, ich nicht!« sagte sie mit einem Lächeln. »Tun Sie's?«

»Ich – ich wollte diese Frage eigentlich gar nicht stellen!« stammelte ich ziemlich verlegen, da ich eine Konversation auf so unkonventionelle Art eingeleitet hatte.

Der Lady Lächeln wurde zu einem Lachen – kein mokierendes Lachen, sondern das Lachen eines glücklichen Kindes, das sich ganz behaglich fühlt. »So, wollten Sie das nicht?« sagte sie. »Dann ist das wohl ein Fall, den Ihr Ärzte als ›unbewußte Gehirntätigkeit‹ bezeichnet.«

---

* AdÜ: Schottisch für night.

»Ich bin kein Arzt«, antwortete ich. »Sehe ich etwa so aus? Oder wie kommen Sie auf die Idee?«

Sie wies auf das zuvor von mir gelesene Buch, welches nun so lag, daß sein Titel ›Herzkrankheiten‹ deutlich lesbar war.

»Man braucht kein *Arzt* zu sein«, sagte ich, »um Interesse an medizinischen Büchern zu zeigen. Es gibt eine andere Lesergruppe, die noch stärker interessiert ist –«

»Sie denken dabei an die *Patienten?*« unterbrach sie, wobei ein Blick liebevollen Bedauerns ihrem Antlitz neue Anmut verlieh. »Aber man braucht zu keiner von beiden zu gehören, um Interesse an wissenschaftlichen Büchern zu haben«, setzte sie in der offensichtlichen Absicht fort, ein möglicherweise schmerzliches Thema zu meiden. »Was enthält Ihrer Meinung nach mehr Wissen, das Buch oder der Verstand?«

»Eine ziemlich tiefschürfende Frage für eine Lady!« dachte ich bei mir, da ich mit dem dem Manne eigenen Dünkel den Intellekt der Frau für reichlich oberflächlich hielt. Und ich überlegte einen Augenblick, bevor ich antwortete. »Wenn Sie jeden *lebenden* Verstand meinen, so glaube ich nicht, daß da eine Entscheidung möglich ist. Es gibt so viel *niedergeschriebenes* Wissen, das keine lebende Seele jemals *gelesen* hat: und es gibt so viel *gedachtes* Wissen, das noch nicht *niedergeschrieben* worden ist. Aber wenn sie die gesamte menschliche Rasse meinen, dann denke ich, der *Verstand* enthält mehr: alles was in Büchern aufgezeichnet worden ist, muß schließlich einmal in irgendeinem *Verstand* gewesen sein.«

»Ist das nicht wie eine der Regeln aus der Algebra?« erkundigte sich Mylady. (»*Algebra* auch noch!« dachte ich mit wachsender Verwunderung.) »Ich meine damit, wenn wir die Gedanken als *Faktoren* betrachten, können wir dann nicht sagen, daß im kleinsten gemeinsamen Vielfachen aller *Verstandeskräfte* das aller *Bücher* enthalten ist; aber nicht umgekehrt?«

»Sicher können wir das!« antwortete ich ganz entzückt von diesem Gedanken. »Und was für eine großartige Sache das wäre«, fuhr ich verträumt fort, wobei ich eher laut dachte als sprach, »wenn wir diese Regel wirklich auf Bücher *anwenden* könnten! Sie wissen ja, um das kleinste gemeinsame Vielfache zu ermitteln,

multiplizieren wir nach der Zerlegung jeweils die verschiedenen höchsten Primfaktoren, alles andere fällt weg. Ebenso müßten wir jeden niedergeschriebenen Gedanken tilgen, ausgenommen den Satz, der ihn in höchster Intensität ausdrückt.«

Mylady lachte vergnügt. »Ich fürchte, *einige* Bücher würden bis auf das blanke Papier reduziert werden!« sagte sie.

»Ganz bestimmt. Die meisten Bibliotheken würden furchtbar an *Quantität* verlieren. Aber bedenken Sie einmal, was sie an *Qualität* gewönnen!«

»Wann wird es soweit sein?« fragte sie eifrig. »Wenn eine Wahrscheinlichkeit dafür zu *meinen* Lebzeiten besteht, werde ich lieber das Lesen aufgeben und darauf warten!«

»Nun, vielleicht in einigen tausend Jahren oder so –«

»Dann hat es keinen Zweck zu warten!« sagte Mylady. »Nehmen wir Platz. Uggug, mein Schatz, komm und setze dich zu mir!«

»Egal wohin, nur nicht zu *mir*!« grollte der Sub-Gouverneur »Der kleine Wicht bringt es immer wieder fertig, seinen Kaffee zu verschütten!«

Ich erriet sofort (was vielleicht auch der Leser erraten haben wird, falls er ein *ebenso* großes Geschick wie ich darin besitzt, Schlußfolgerungen zu ziehen), daß Mylady des Sub-Gouverneurs Frau und Uggug (ein widerlich fetter Bursche, ungefähr in Sylvies Alter, mit dem Gesichtsausdruck eines prämierten Schweines) beider Sohn war. Sylvie und Bruno ergänzten mit dem Lordkanzler die sieben Personen umfassende Gesellschaft.

»Und Sie haben wahrhaftig jeden Morgen ein Vollbad genommen?« fragte der Sub-Gouverneur, scheinbar in Fortsetzung eines Gesprächs mit dem Professor. »Auch in den ländlichen Gasthäusern?«

»O gewiß, gewiß!« antwortete der Professor, und ein Lächeln huschte über sein lustiges Gesicht. »Erlauben Sie mir, es zu erläutern. Es ist faktisch ein sehr simples Problem aus der Hydrodynamik. (Darunter versteht man eine Kombination von Wasser und Kraft). Nehmen wir ein Tauchbecken und einen Mann von großer Kraft (wie ich einer bin), der hineintaucht, so haben wir ein perfektes exemplum für diese Wissenschaft. Ich muß allerdings ausdrücklich darauf hinweisen«, setzte der Professor mit gesenkter Stimme und niedergeschlagenen Augen fort, »daß wir einen Mann von *außerordentlicher* Kraft benötigen. Er muß in der Lage sein, doppelt so hoch wie seine eigene Körpergröße vom Boden aus zu springen, und sich nach dem Absprung allmählich drehen, um mit dem Kopf zuerst aufzutreffen.«

»Ohje, dazu brauchen Sie doch einen *Floh*, keinen *Mann!*« rief der Sub-Gouverneur.

»Verzeihen Sie«, sagte der Professor. »Aber diese besondere Art Becken ist *nicht* für einen Floh geschaffen. Nehmen wir einmal an«, fuhr er fort und formte dabei seine Serviette zu einer zierlichen Girlande, »daß dies etwas darstellt, was vielleicht *das* Lebensbedürfnis unserer Epoche ist – des Aktiven Touristen Portables Becken. Sie können es auch abkürzen, wenn sie wollen«, hier schaute er zum Kanzler hinüber, »mit den Buchstaben A.T.P.B.«

Der Kanzler, der verwirrt registrierte, daß alle ihn fixierten, konnte nur in verlegenem Flüsterton murmeln: »Genau so!«

»Ein großer Vorteil dieses Vollbades besteht darin«, setzte der Professor fort, »daß es nur eine halbe Gallone Wasser braucht –«

»Dann würde ich es aber kein *Voll*bad nennen«, bemerkte Seine Sub-Exzellenz, »wenn Ihr Aktiver Tourist nicht *völlig* darin eintaucht!«

»Aber er taucht *wirklich* ein«, erwiderte der alte Mann sanft. »Der A.T. hängt das P.B. an einen Nagel – so. Dann leert er die Wasserkanne hinein – stellt die leere Kanne unter den Beutel – springt in die Luft – landet kopfüber im Beutel – das Wasser schießt um ihn zum Rande des Beutels hoch – und das wär's!« schloß er triumphierend. »Der A.T. ist ebenso gut unter Wasser, als wenn er ein, zwei Meilen in den Atlantik hinausgeschwommen wäre!«

»Und ist wahrscheinlich innerhalb von vier Minuten ertrunken –«

»Aber keineswegs!« antwortete der Professor mit einem stolzen Lächeln. »Nach etwa einer Minute dreht er in aller Ruhe einen

Stopfen am unteren Ende des P.B. heraus – das ganze Wasser rinnt in die Kanne zurück – und das wär es abermals!«

»Aber wie, in aller Welt, kann er wieder *aus* dem Beutel kommen?«

»*Das* ist meiner Meinung nach der schönste Teil der ganzen Erfindung«, sagte der Professor. »Überall an der Innenseite des P.B. nach oben hin befinden sich Schlingen für die Daumen; das ist etwa so, als ginge man eine Treppe hinauf, vielleicht nur ein wenig unbequemer; und sobald der A.T. alles außer seinem Kopf aus dem Beutel heraus hat, wird er sicher auf die eine oder andere Weise umstürzen – das garantiert das Gesetz der Schwerkraft. Und schon ist er wieder auf dem Boden!«

»Doch wohl etwas lädiert?«

»Nun ja, ein wenig angeschlagen schon; aber *er hat sein Vollbad gehabt:* das ist es wert.«

»Wundervoll! Man sollte es kaum glauben!« murmelte der Sub-Gouverneur. Der Professor nahm das als Kompliment und verbeugte sich mit einem befriedigten Lächeln.

»Wirklich *völlig* unglaubhaft!« fügte Mylady hinzu – zweifellos in der Absicht, ein noch größeres Kompliment zu erweisen. Der Professor verbeugte sich abermals, lächelte jedoch *diesmal* nicht.

»Ich kann Ihnen versichern«, sagte er ernst, »daß ich, *wenn das Becken fertig wäre*, es jeden Morgen benutzen würde. Den Auftrag dazu habe ich bestimmt *vergeben* – *dessen* bin ich ganz gewiß – als einziger Zweifel plagt mich die Frage, ob der Mann jemals mit der Herstellung fertig geworden ist. Es fällt mir schwer, mich nach so vielen Jahren daran zu erinnern –«

In diesem Augenblick öffnete sich langsam und knarrend die Türe, und Sylvie und Bruno sprangen auf und rannten den wohlvertrauten Schritten entgegen.

III. KAPITEL

Geburtstagsgeschenke

»Das ist mein Bruder!« stieß der Sub-Gouverneur in warnendem Flüsterton hervor. »Sprecht frei heraus und zwar schnell!«

Dieser Appell war offensichtlich an den Lordkanzler gerichtet, der sofort wie ein kleiner Junge, der das Alphabet aufsagt, mit schriller Monotonie einsetzte: »Wie ich schon bemerkte, Eure Sub-Exzellenz, diese ominöse Bewegung –«

»Ihr habt zu früh begonnen!« unterbrach der andere, kaum noch imstande, sich zu einem Flüstern zu zwingen, so groß war seine Erregung. »Er hat Euch noch nicht hören können. Fangt noch mal an!«

»Wie ich schon bemerkte«, psalmodierte gehorsam der Lord-kanzler, »diese ominöse Bewegung hat bereits die Dimensionen einer Revolution angenommen!«

»Und wie *sind* die Dimensionen einer Revolution?« Die Stimme war liebenswürdig und sanft, und das Gesicht des gro-ßen, würdigen alten Mannes, der gerade das Zimmer betreten hatte und Sylvie an der Hand führte, wohingegen Bruno trium-phierend auf seinen Schultern ritt, war viel zu großmütig und freundlich, um einen weniger schuldigen Mann zu erschrecken: doch der Lordkanzler erbleichte sofort und konnte die folgenden Worte nur mühsam artikulieren. »Die Dimensionen – Eure – Eure Erhabene Exzellenz? Ich – ich – verstehe nicht!«

»Nun, die Länge, Breite und Tiefe, wenn Ihnen das lieber ist!« Und der alte Mann lächelte leicht geringschätzig.

Der Lordkanzler erholte sich mit großer Mühe und wies zum offenen Fenster. »Wenn Eure Erhabene Exzellenz für einen Au-genblick die Schreie der verbitterten Bevölkerung anzuhören be-lieben würden –« (»der verbitterten Bevölkerung!« unterstrich der Sub-Gouverneur noch einmal deutlich, da der Lordkanzler in einem Stadium größter Angst beinahe in ein Flüstern verfallen war) »– werdet Ihr erfahren, was sie wollen.«

Und in diesem Augenblick wogte ein heiserer, konfuser Schrei durch den Raum, dessen klar verstehbare Worte nur waren: »Weniger – Brot – Mehr – Steuern!« Der alte Mann lachte herzlich. »Was, in aller Welt –« hob er gerade an: aber der Kanzler hörte ihn nicht. »Ein Versehen!« murmelte er, eilte ans Fenster, von wo er alsbald mit einem Seufzer der Erleichterung zurückkehrte. »Hört *jetzt* zu!« rief er und hob nachdrücklich die Hand. Und nun bildeten sich die Worte sehr deutlich und mit der Regelmäßigkeit eines Uhrwerks, »Mehr – Brot – Weniger – Steuern!«

»Mehr Brot?« wiederholte der Gouverneur erstaunt. »Nanu, die neue Regierungs-Bäckerei wurde erst letzte Woche eröffnet, und ich gab Weisung, das Brot während der gegenwärtigen Notlage zum Selbstkostenpreis zu verkaufen! Was wollen sie denn *noch?*«

»Die Bäckerei ist geschlossen, Eueit!« sagte der Kanzler lauter und deutlicher, als er bisher gesprochen hatte. Er fühlte sich durch das Bewußtsein ermutigt, daß er wenigstens *diese Tatsache* belegen konnte: und er übergab dem Gouverneur einige gedruckte Bekanntmachungen, die mit einigen aufgeschlagenen Geschäftsbüchern auf dem Abstelltisch bereitlagen.

»Ja, ja, *ich* begreife!« murmelte der Gouverneur, indem er sie gleichgültig überflog. »Die Anordnung ist von meinem Bruder widerrufen und wird für *meine* Tat gehalten. Ziemlich raffinierte Intrige! Das ist in Ordnung!« fügte er laut hinzu. »Es ist mit meinem Namen unterzeichnet: deshalb nehme ich es auch auf mich. Aber was soll das mit den ›Weniger Steuern‹? Wie *kann* man sie überhaupt noch vermindern? Ich habe die letzte vor einem Monat abgeschafft!«

»Sie werden wieder eingezogen, Eueit, und zwar auf Eueits eigene Weisung!« und weitere Bekanntmachungen wurden zur Durchsicht übergeben.

Während der Gouverneur sie prüfte, streifte sein Blick ein-, zweimal den Sub-Gouverneur, der sich vor eines der aufgeschlagenen Geschäftsbücher gesetzt hatte und ganz in Addieren vertieft war; doch er wiederholte bloß. »Ist in Ordnung. Ich akzeptiere es als meine Entscheidung.«

»Und sie meinen außerdem«, fuhr der Kanzler verzagt fort – er ähnelte weit eher einem überführten Dieb als einem Staatsmann, »ein Regierungswechsel durch die Abschaffung des Sub-Gouverneurs – ich meine«, fügte er hastig hinzu, als er des Gouverneurs Verwunderung bemerkte, »die Abschaffung des Sub-Gouverneur-*Amtes* und für den derzeitigen Inhaber das Recht, in Abwesenheit des Gouverneurs als Vize-Gouverneur tätig zu sein – würde diese ganze witzige Unzufriedenheit besänftigen. Ich meine«, verbesserte er sich, wobei er auf ein Blatt Papier in seiner Hand blickte, »diese ganze *hitzige* Unzufriedenheit!«

»Seit fünfzehn Jahren«, warf eine tiefe, aber sehr durchdringende Stimme ein, »hat mein Mann das Amt des Sub-Gouverneurs inne. Das ist zu lang! Das ist viel zu lange!« Mylady war von jeher ein umfangreiches Geschöpf: doch wenn sie die Stirn runzelte und ihre Arme wie jetzt verschränkte, dann sah sie noch gigantischer als sonst aus, und man war versucht, sich vorzustellen, wie ein Heuschober aussähe, wenn er wütend wäre.

»Er würde sich wahrhaft als Fiese erweisen!« setzte Mylady fort, war jedoch zu dumm, den Doppelsinn ihrer Worte zu verstehen. »So sehr Fiese ist in Anderland schon seit Jahren niemand mehr gewesen.«

»Wie würdest du urteilen, Schwägerin?« erkundigte sich der Gouverneur sanft.

Mylady stampfte auf, was unwürdig war: und grunzte, was unschön war. »Mit Uhrteilen hat das nichts zu tun«, donnerte sie.

»Ich will meinen Bruder konsultieren«, sagte der Gouverneur. »Bruder!«

»– und sieben sind einhundertvierundneunzig, das sind sechzehn und zwei Pennies«, antwortete der Sub-Gouverneur. »Zwei hin, sechzehn im Sinn.«

Ganz in Bewunderung vertieft, hob der Kanzler Hände und Augenbrauen. »*Was* für ein Geschäftsmann!« murmelte er.

»Bruder, darf ich dich zu einer kurzen Unterredung in mein

Arbeitszimmer bitten?« sagte der Gouverneur nun etwas nach-drücklicher. Der Sub-Gouverneur erhob sich bereitwillig, und die beiden verließen gemeinsam das Zimmer.

Mylady wandte sich dem Professor zu, der die Kaffeemaschine geöffnet hatte und ihre Temperatur mit einem Taschenthermo-meter maß. »Professor!« hob sie so laut und überraschend an, daß selbst Uggug, der auf seinem Stuhl eingeschlummert war, zu schnarchen aufhörte und ein Auge öffnete. Der Professor steckte sein Thermometer sofort ein, faltete die Hände und drehte den Kopf mit freundlichem Lächeln nach einer Seite. »Ich nehme an, Ihr habt vor dem Frühstück meinen Sohn unterrichtet«, be-merkte Mylady hochmütig. »Ich hoffe, Ihr seid von seinem Ta-lent hingerissen?«

»Oh, das trifft genau ins Schwarze, Mylady«, antwortete der Professor hastig und rieb sich unbewußt das Ohr, während ihm eine schmerzhafte Erinnerung in den Sinn zu kommen schien. »Ich wurde wahrlich durch seine Herrlichkeit ganz enorm hinge-rissen, das kann ich Ihnen versichern!«

»Er ist ein reizender Junge!« ereiferte sich Mylady. »Sogar seine Schnarcher sind musikalischer als die anderer Jungen!«

Wenn dem so *wäre*, schien der Professor zu denken, mußten die Schnarcher *anderer* Jungen um einiges zu schrecklich sein, als daß man sie ertragen konnte: aber er war ein vorsichtiger Mann und sagte nichts.

»Und er ist so gescheit«, setzte Mylady fort. »Keiner wird Eure Vorlesung höher zu schätzen wissen – übrigens, habt Ihr dafür schon eine Zeit festgelegt? Ihr habt nämlich nie eine gehalten: und habt es schon vor Jahren versprochen, ehe Ihr –«

»Ja, ja, Mylady, *ich* weiß! Vielleicht nächsten Dienstag – oder Dienstag in einer Woche –«

»Das paßt sehr gut«, sagte Mylady gnädig. »Natürlich werdet Ihr den Anderen Professor ebenfalls eine Vorlesung halten las-sen?«

»Ich glaube *nicht*, Mylady«, antwortete der Professor zögernd. »Sehen Sie, er steht immer mit dem Rücken zum Publikum. Das mag beim *Deklamieren* angebracht sein; aber beim *Dozieren* –«

»Da habt Ihr recht«, sagte Mylady. »Und wenn ich es so über-
denke, wird auch kaum Zeit für mehr als *eine* Vorlesung sein. Und
sie wird besser zur Geltung kommen, wenn wir mit einem Bankett und einem Kostümball beginnen –«

»Ganz bestimmt!« rief der Professor voller Enthusiasmus.

»Ich werde als Heuschrecke kommen«, setzte Mylady ruhig
fort. »Als was werdet Ihr kommen, Professor?«

Der Professor lächelte schwach. »Ich komme als – also so früh
wie möglich, Mylady.«

»Ihr braucht nicht zu kommen, ehe die Türen offen sind«,
sagte Mylady.

»Kann ich auch nicht«, sagte der Professor. »Entschuldigen
Sie mich für einen Augenblick. Lady Sylvie hat heute Geburtstag, und da möchte ich –« und er stürzte davon.

Bruno begann, in seinen Taschen zu graben und wurde dabei
immer melancholischer: dann steckte er den Daumen in den
Mund und überlegte eine Minute: darauf verließ er geräuschlos
das Zimmer.

Er war kaum fort, als der Professor ganz außer Atem wieder
zurückkam. »– dir gern noch viele glückliche Geburtstage wünschen, mein liebes Kind!« setzte er seine Ansprache an das lä-
chelnde kleine Mädchen fort, das auf ihn zugerannt war. »Erlaube mir, dir ein Geburtstagsgeschenk zu überreichen. Das ist
ein gebrauchtes Nadelkissen, mein Liebes. Und es hat bloß vierzehneinhalb Pennies gekostet!«

»Danke schön, das ist *sehr* hübsch!« Und Sylvie belohnte den
alten Mann mit einem herzhaften Kuß.

»Und die *Nadeln* haben sie mir noch umsonst dazugegeben!«
erläuterte der Professor hocherfreut. »Ganze fünfzehn und nur
eine krumm!«

»Ich mach mir einen *Haken* aus der krummen!« sagte Sylvie.
»Damit kann ich dann Bruno angeln, wenn er von seinen Aufgaben wegläuft!«

»Du kannst nicht erraten, was ich für ein Geschenk habe!«
sagte Uggug, der die Sauciere vom Tisch genommen hatte und
mit tückischer Miene hinter ihr stand.

»Nein, das kann ich wirklich nicht«, bestätigte Sylvie ohne aufzublicken. Sie prüfte nämlich immer noch des Professors Nadelkissen.

»*Da* ist es!« rief der böse Bube jauchzend, indem er die Sauciere über sie leerte und sich vergnügt grinsend und Beifall heischend ob seiner Klugheit umsah.

Sylvie lief zornrot an, während sie die Soße von ihrem Kleidchen abwischte: doch sie preßte die Lippen fest zusammen und ging zum Fenster hinüber, wo sie stehenblieb und, mühsam ihr Temperament zügelnd, hinausschaute.

Uggugs Triumph war äußerst kurz: der Sub-Gouverneur war gerade zur rechten Zeit gekommen, um Zeuge des Humors seines lieben Kindes zu sein, und im nächsten Moment wandelte eine wohlplatzierte Ohrfeige dessen Grinseglück in Jammerschrei.

»Mein Liebling!« klagte seine Mutter und nahm ihn in ihre fetten Arme. »Hat man seine Ohren grundlos geschlagen? Mein liebes Lämmchen!«

»Es geschah nicht *grundlos!*« grollte wütend der Vater. »Seid Ihr Euch bewußt, Madam, daß *ich* das Haushaltsgeld aus einer feststehenden, jährlichen Summe zahle? Dieser Verlust dieser total verschwendeten Soße trifft allein *mich!* Hört Ihr, Madam?«

»Haltet den Mund, Sir!« Mylady sprach ganz leise – fast flüsternd. Doch da war etwas in ihrem *Blick*, das ihn verstummen hieß. »Seht Ihr denn nicht, daß es nur ein Scherz war? Und noch dazu ein sehr guter! Er hat damit nur gemeint, daß er keinen *so sehr* liebt wie sie! Und statt über das Kompliment erfreut zu sein, geht das boshafte kleine Ding beleidigt fort!«

Der Sub-Gouverneur hatte im Themenwechseln viel Übung. Er schritt zum Fenster hinüber. »Meine Liebe«, sagte er, »ist das da unten etwa ein *Schwein*, was ich zwischen deinen Blumenbeeten herumwühlen sehe?«

»Ein *Schwein!*« kreischte Mylady, stürzte ans Fenster und stieß in ihrer Besorgnis, selbst danach zu sehen, ihren Gatten beinahe hinaus. »Wessen Schwein ist es? Wie ist es reingekommen? Wo steckt bloß dieser verrückte Gärtner?«

In diesem Augenblick betrat Bruno wieder das Zimmer, lief an

Uggug vorbei (der gerade aufs Lauteste zeterte in der Hoffnung, Aufmerksamkeit zu erregen), als sei er solches gewöhnt, rannte auf Sylvie zu und schlang die Arme um sie. »Ich war bei meiner Spielzeugkiste«, sagte er mit sehr sorgenvoller Miene, »wollte sehen, ob da *ein* schönes Geschenk für dich iss! Aber da iss nich *keins*. Iss alles kaputt, jedes. Un ich hab nich kein Geld mehr für ein Geburtstagsgeschenk. Keins kann ich dir nich geben als diss!« (»Diss« war eine sehr innige Umarmung und ein Kuß.)

»Oh danke, Liebling!« rief Sylvie. »Ich mag *dein* Geschenk am allerliebsten!« (Doch wenn dem so war, warum gab sie es dann so schnell zurück?)

Seine Sub-Exzellenz wandte sich um und tätschelte den beiden Kindern mit seinen langen, schmalen Händen den Kopf. »Geht jetzt, ihr Lieben!« sagte er. »Wir haben hier Geschäftliches zu besprechen.«

Sylvie und Bruno gingen Hand in Hand davon; doch als sie schon an der Tür waren, kam Sylvie noch einmal zurück und ging zaghaft auf Uggug zu. »Das mit der Soße macht mir nichts aus«, sagte sie, »– und mir – mir tut es leid, daß er dir weh getan hat!« und sie versuchte, dem kleinen Rüpel die Hand zu geben: doch der lamentierte nur noch lauter und wollte sich nicht mit ihr versöhnen. Seufzend verließ Sylvie das Zimmer.

Der Sub-Gouverneur starrte seinen weinenden Sohn wütend an. »Verschwinde aus dem Zimmer, Bursche!« sagte er, so laut er sich traute. Seine Frau lehnte immer noch aus dem Fenster und sagte immer wieder: »Ich kann das Schwein *nicht* sehen! Wo *ist* es?«

»Es hat sich nach rechts entfernt – nun ein wenig nach links«, sagte der Sub-Gouverneur, aber er stand mit dem Rücken zum Fenster und gab dem Lordkanzler Zeichen, indem er mit listigem Nicken und Kniepen auf Uggug und die Tür deutete.

Endlich begriff der Kanzler die Botschaft, durchquerte das Zimmer und faßte das reizende Kind beim Ohr – im nächsten Augenblick waren er und Uggug aus dem Zimmer, und die Tür schloß sich hinter ihnen: jedoch nicht, ohne daß zuvor ein durch-

dringender Schrei quer durch den Raum tönte und die Ohren der liebevollen Mutter erreichte.

»Was soll der gräßliche Lärm?« fragte sie wütend und drehte sich zu ihrem erschrockenen Gatten um.

»Wohl irgendeine Hyäne – oder sowas«, antwortete der Sub-Gouverneur und sah unschuldig zur Decke hoch, als sei dort der Ort, wo man sie für gewöhnlich anzutreffen pflege. »Gehen wir zum Geschäftlichen über, meine Liebe. Hier kommt der Gouverneur.« Und er hob ein herumfliegendes Manuskriptstück vom Boden auf, auf dem ich gerade noch die Worte lesen konnte ›nachdem die Wahl ordnungsgemäß durchgeführt ist, können der besagte Sibimet und seine Frau Tabikat nach ihrem Belieben die Annahme kaiserlicher –‹, bevor er es mit einem schuldbewußten Blick in der Hand zerknüllte.

IV. KAPITEL

Eine durchtriebene Konspiration

In diesem Moment trat der Gouverneur ein: dicht gefolgt vom Lordkanzler, der, leicht errötet und außer Atem, seine Perücke zurechtrückte, die ihm scheinbar teilweise vom Kopf gezerrt worden war.

»Wo ist denn mein Goldkind hin?« verlangte Mylady zu wissen, als die Vier an dem kleinen Abstelltisch Platz nahmen, der mit Geschäftsbüchern, Papierrollen und Rechnungen bedeckt war.

»Er hat vor wenigen Minuten das Zimmer verlassen – zusammen mit dem Lordkanzler«, erklärte der Sub-Gouverneur knapp.

»Ah!« sagte Mylady und lächelte dem hohen Beamten wohlwollend zu. »Eure Lordschaft hat bei Kindern wirklich eine sehr glückliche Hand! Ich bezweifele, daß jemand so schnell das *Ohr* meines Lieblings Uggug erreichen kann wie *Ihr*.« Angesichts ihrer Dämlichkeit war Myladys Bemerkung kurioserweise voller Sinn, was ihr selbst völlig entging.

Der Kanzler verneigte sich mit sichtlichem Unbehagen. »Ich glaube, der Gouverneur war dabei, etwas zu sagen«, versuchte er das Thema zu wechseln.

Mylady war jedoch nicht zu bremsen. »Er ist ein begabter Junge«, ergänzte sie voller Begeisterung, »aber er braucht unbedingt einen Mann wie Eure Lordschaft, *der ihn herausfordert!*«

Der Kanzler biß sich auf die Lippen und schwieg. Offenkundig befürchtete er, daß sie, so dusselig sie auch aussah, gleichwohl verstand, was sie diesmal gesagt hatte, und nun einen Scherz auf seine Kosten machte. Er hätte sich all seine Besorgnis sparen können: welchen Nebensinn ihre *Worte* auch immer enthalten mochten, sie selbst bemerkte davon überhaupt nichts.

»Es ist alles beschlossen!« verkündete der Gouverneur, ohne Zeit mit Präliminarien zu verschwenden. »Das Sub-Gouverneur-Amt ist abgeschafft, und mein Bruder ist bevollmächtigt, in meiner Abwesenheit als Vize-Gouverneur zu fungieren. Da ich jetzt eine Zeitlang auf Reisen gehe, wird er sofort sein neues Amt antreten.«

»Dann haben wir jetzt also wirklich einen Fiesen?« erkundigte sich Mylady.

»Ich hoffe es!« antwortete der Gouverneur lächelnd.

Mylady blickte sehr erfreut drein und versuchte, die Hände zusammenzuklatschen: doch hätte man ebensogut zwei Federbetten zusammenknuffen können, um ein Geräusch zu verursachen. »Wenn mein Gatte fiese ist«, sagte sie, »wird es ebenso sein, als hätten wir hundert fiese Gouverneure!«

»Hört, hört!« rief der Sub-Gouverneur.

»Du scheinst es sehr bemerkenswert zu finden«, mutmaßte Mylady mit einiger Strenge, »daß deine Frau einmal die Wahrheit spricht!«

»Nein, ganz und gar nicht *bemerkenswert*«, erklärte ängstlich ihr Gatte. »*Nichts*, was *du* sagst, ist bemerkenswert, Süße!«

Mylady belächelte die Erklärung beifällig und fuhr fort. »Und ich bin fiese Gouverneurin?«

»Wenn du es vorziehst, diesen Titel zu wählen«, sagte der Gouverneur: »aber die korrekte Anrede ist ›Eure Exzellenz‹. Und ich vertraue darauf, daß beide, ›Seine Exzellenz‹ wie auch ›Ihre Exzellenz‹, den Vertrag einhalten werden, den ich aufgesetzt habe. Die Klausel, auf die es mir besonders ankommt, ist diese.« Er entrollte eine große Pergamentrolle und las laut und deutlich die Worte »›*item*, daß wir den Armen Unterstützung gewähren werden.‹ Der Kanzler hat es für mich formuliert«, fügte er hinzu und warf einen flüchtigen Blick auf diesen großen Funktionär. »Ich nehme doch an, daß das Wort ›*item*‹ eine schwerwiegende, juristische Bedeutung hat?«

»Zweifellos!« antwortete der Kanzler, so deutlich er es mit einer Schreibfeder zwischen den Lippen vermochte. Er rollte und entrollte nervös verschiedene andere Schriftstücke und schuf zwi-

schen ihnen Platz für das, welches der Gouverneur ihm gerade ausgehändigt hatte. »Dies sind bloß die ersten Entwürfe«, erklärte er: »und sobald ich die letzten Korrekturen angebracht habe –« er richtete unter den verschiedenen Pergamenten ein großes Durcheinander an, »– ein oder zwei Semikolons, die ich zufällig ausgelassen habe –« hier flitzte er mit der Feder in der Hand von einem Teil der Papierrolle zu einem anderen und pflasterte seine Korrekturen mit Löschpapierseiten, »und alles wird zur Unterschrift fertig sein.«

»Sollte man es nicht zuerst lesen?« erkundigte sich Mylady.

»Nicht nötig, nicht nötig!« riefen der Sub-Gouverneur und der Kanzler eifrigst wie aus einem Munde.

»Überhaupt nicht notwendig«, pflichtete der Gouverneur sanft bei. »Dein Gatte und ich sind es zusammen durchgegangen. Es besagt, daß er die volle Machtbefugnis des Gouverneurs innehaben und das Verfügungsrecht über das Jahresbudget, das dem Amte zusteht, bis zu meiner Rückkehr oder andernfalls bis zu Brunos Volljährigkeit behalten soll: und daß er das Gouverneursamt, die restlichen Einnahmen und die Staatskasse, die unter seiner Amtsführung unangetastet bleiben muß, mir selbst oder Bruno, je nach Lage der Dinge, übergeben soll.«

Die ganze Zeit über war der Sub-Gouverneur mit Hilfe des Kanzlers dabei, die Papiere Seite für Seite umzuwenden und dem Gouverneur die Stelle zu zeigen, wo er unterschreiben mußte. Dann unterschrieb er selbst, und Mylady und der Kanzler fügten ihre Namen als Zeugen hinzu.

»Schnelles Scheiden ist am besten«, sagte der Gouverneur. »Alles ist für meine Reise gerichtet. Meine Kinder warten unten, um mich zu verabschieden.« Er küßte Mylady feierlich, schüttelte seinem Bruder und dem Kanzler die Hände und verließ das Zimmer.

Die Drei warteten schweigend, bis das Räderrollen signalisierte, daß der Gouverneur außer Hörweite war: dann brachen sie zu meiner Überraschung in dröhnendes, unbändiges Gelächter aus.

»Was für ein Streich, oh, was für ein Streich!« jubelte der

Kanzler. Und er und der Vize-Gouverneur faßten einander bei den Händen und hopsten wild im Zimmer umher. Mylady war zu würdevoll, um zu hopsen, doch ihr Lachen glich dem Wiehern eines Pferdes, und sie schwenkte ihr Taschentuch über dem Kopf: selbst ihrem beschränkten Verstand war klar geworden, daß *etwas* sehr Raffiniertes vorgefallen war, doch *was*, das mußte sie erst noch erfahren.

»Du hast versprochen, ich soll alles erfahren, wenn der Gouverneur fort ist«, bemerkte sie, sobald sie sich Gehör verschaffen konnte.

»Und das sollst du auch, Tabby!« antwortete ihr Gatte leutselig und zeigte ihr, indem er das Löschpapier entfernte, zwei Pergamente, die nebeneinanderlagen. »Dies hier hat er gelesen, aber nicht unterzeichnet: und dies hat er unterzeichnet, aber nicht gelesen. Siehst du, es war alles abgedeckt, bis auf die Stelle für die Unterschrift –«

»Ja, ja!« unterbrach Mylady eifrig und begann damit, die beiden Abkommen zu vergleichen. »›Item, daß er die Machtbefugnis des Gouverneurs während des Gouverneurs Abwesenheit anwenden soll.‹ Nanu, das heißt ja jetzt ›absoluter Gouverneur auf Lebenszeit mit dem Titel Kaiser sein soll, sobald zu diesem Amte vom Volke gewählt.‹ Was! Du bist *Kaiser*, Liebling?«

»Noch nicht, meine Liebe«, antwortete der Vize-Gouverneur. »Es wäre unklug, dieses Schriftstück gegenwärtig sehen zu lassen. Alles zu seiner Zeit.«

Mylady nickte und las weiter. »›Item, daß wir den Armen gegenüber großzügig sein werden.‹ Hach, das ist ja ganz weggelassen!«

»Das ist doch klar!« sagte ihr Gatte. »Schließlich wollen *wir* uns nicht um die elenden Wichte kümmern!«

»*Sehr gut*«, stimmte Mylady nachdrücklich zu und las weiter. »›Item, daß der Inhalt der Staatskasse unangetastet bleiben muß.‹ Also, das lautet hier ›dem Vize-Gouverneur uneingeschränkt zur Verfügung stehen soll.‹ Ach, Sibby, *das* war aber ein geschickter Schachzug! Denk nur mal an, *all* die Juwelen! Kann ich gehen und sie mir gleich anlegen?«

»Doch nicht *gleich*, Liebchen«, antwortete ihr Gatte verlegen. »Sieh mal, die öffentliche Meinung ist dafür noch nicht ganz reif. Wir müssen behutsam vorgehen. Aber natürlich werden wir sofort den Vierspänner in Besitz nehmen. Und sobald wir ohne Risiko eine Wahl abhalten können, werde ich den Titel Kaiser annehmen. Sie werden jedoch kaum zulassen, daß wir uns bei den Juwelen bedienen, solange sie wissen, daß der Gouverneur lebt. Wir müssen die Nachricht von seinem Tod verbreiten. Eine kleine Konspiration –«

»Eine Konspiration!« rief entzückt die Lady und klatschte in die Hände. »Von allem ist mir die Konspiration am *liebsten!* Sie ist so spannend!«

Der Vize-Gouverneur und der Kanzler tauschten ein, zwei Winke aus. »Laßt sie nur nach Herzenslust konspirieren!« flüsterte der geschickte Kanzler. »Es wird nichts schaden!«

»Und wann soll die Konspiration –«

»Pscht!« unterbrach sie ihr Ehemann hastig, da sich die Türe öffnete, und Sylvie und Bruno eintraten, ihre Arme liebevoll umeinandergeschlungen – Bruno schluchzte heftig, indem er sein Gesicht an die Schulter seiner Schwester barg; Sylvie gab sich gefaßter und ruhiger, doch Tränen rannen auch ihr die Wangen runter.

»Müßt nicht so greinen!« sagte der Vize-Gouverneur scharf, doch ohne jegliche Wirkung auf die weinenden Kinder. »Munter sie was auf!« gab er Mylady zu verstehen.

»*Kuchen!*« murmelte Mylady mit unvermuteter Entscheidungskraft vor sich hin, durchquerte das Zimmer und öffnete einen Schrank, von dem sie sogleich mit zwei Stücken Rosinenkuchen zurückkehrte. »Eßt und heult nicht!« lauteten ihre kurzen und simplen Befehle: und die armen Kinder setzten sich nebeneinander, schienen jedoch zum Essen keinerlei Lust zu verspüren.

Zum zweiten Mal öffnete sich die Türe – oder vielmehr wurde sie diesmal aufge*stoßen* – und Uggug stürmte ungestüm ins Zimmer und brüllte: »Der olle Bettler ist wieder da!«

»Er soll kein Essen bekommen –« begann der Vize-Gouverneur, doch der Kanzler unterbrach ihn. »Ist schon in Ordnung«, sagte er mit leiser Stimme. »Die Diener haben ihre Befehle.«

»Er steht genau hier drunter«, sagte Uggug, der zum Fenster gegangen war und in den Hof hinabblickte.

»Wo, mein Liebling?« fragte seine zärtliche Mutter und schlang die Arme um den Nacken des kleinen Monsters. Wir alle (außer Sylvie und Bruno, die von dem Geschehen keinerlei Notiz nahmen) folgten ihr zum Fenster. Der alte Bettler sah mit hungrigen Augen zu uns hinauf. »Nur 'ne Brotkruste, Eure Hoheit!« bat er. Er war ein schöner alter Mann, aber er sah furchtbar krank und elend aus. »Ich bitt' nur um 'ne Kruste!« wiederholte er. »'ne einz'ge Kruste und ein wenig Wasser.«

»Da hast du Wasser, trink das!« brüllte Uggug und leerte eine Kanne Wasser über seinem Kopf.

»Gut gemacht, mein Junge!« johlte der Vize-Gouverneur. »So muß man mit dem Gesindel umgehen!«

»Kluger Junge!« pflichtete die Gouverneurin bei. »*Hat* er nicht tolle Einfälle?«

»Verpaßt ihm eins mit 'nem Knüppel!« schrie der Vize-Gouverneur, als der alte Bettler das Wasser von seinen Kleidern schüttelte und abermals bescheiden hochblickte.

»Verpaßt ihm eins mit 'nem rotglühenden Schürhaken!« stimmte Mylady ein.

Möglicherweise war kein rotglühender Schürhaken zur Hand: einige Stöcke waren jedoch sogleich verfügbar, und drohende Gesichter umringten den armen, alten Wanderer, der sie mit ruhiger Würde in Zaum hielt. »Unnötig, meine alten Knochen zu brechen«, sagte er. »Ich geh schon. Nicht mal 'ne Kruste!«

»Armer, *armer* Mann!« klagte ein vom Schluchzen halb ersticktes Stimmchen an meiner Seite. Bruno war ans Fenster getreten und wollte seinen Rosinenkuchen hinauswerfen, aber Sylvie hielt ihn zurück.

»Er *soll* meinen Kuchen haben!« schrie Bruno und kämpfte sich leidenschaftlich von Sylvies Arm frei.

»Ja, ja, mein Liebling!« besänftigte ihn Sylvie. »Aber *wirf* ihn nicht hinaus. Siehst du nicht, daß er schon fort ist? Komm, wir folgen ihm.« Und sie führte ihn aus dem Zimmer, ohne daß die übrige Gesellschaft sie beachtete, die ganz in das Schauspiel vertieft war, das der alte Bettler bot.

Die Konspiranten kehrten wieder an ihre Plätze zurück und setzten ihr Gespräch leise fort, um nicht von Uggug gehört zu werden, der immer noch am Fenster stand.

»Ach, übrigens, da war noch was über Brunos Nachfolge im Gouverneursamt«, sagte Mylady. »Wie lautet *das* in dem neuen Vertrag?«

Der Kanzler kicherte. »Genauso, Wort für Wort«, sagte er, »mit *einer* Ausnahme, Mylady. Statt ›Bruno‹ nahm ich mir die Freiheit und fügte –« er drosselte die Stimme zu einem Flüstern, »– und fügte ›Uggug‹ ein, versteht Ihr?«

»Uggug, nicht möglich!« rief ich in einem Sturm der Entrüstung aus, da ich mich nicht länger zu beherrschen wußte. Um diese wenigen Worte hervorzubringen, schien es gewaltiger Mühe zu bedürfen: doch als der Schrei einmal heraus war, schwand alle Anstrengung sofort: eine plötzliche Bö fegte die gesamte Szenerie hinweg, und ich fand mich wieder, wie ich aufrecht auf meinem Platz saß und die junge Lady in der gegenüberliegenden Ecke des Abteils anstarrte, die nun ihren Schleier gelüftet hatte und mich mit einem Ausdruck amüsierten Erstaunens betrachtete.

V. KAPITEL

Ein Bettler-Palast

Daß ich im Erwachen *etwas* gesagt hatte, spürte ich ganz sicher: und selbst wenn der verwunderte Blick meiner Reisegefährtin nicht Beweis genug gewesen wäre, der heisere, unterdrückte Schrei gellte noch immer in meinen Ohren: aber was konnte ich schon zur Entschuldigung sagen?

»Ich hoffe, ich habe Sie nicht erschreckt?« stammelte ich schließlich. »Ich weiß nicht mehr, was ich gesagt habe. Ich habe geträumt.«

»Sie haben gesagt, ›*Uggug, nicht möglich!*‹« antwortete die junge Lady mit bebenden Lippen, die sich trotz all ihrer Anstrengungen, ernst auszusehen, von selbst zu einem Lächeln bogen. »Übrigens haben Sie es nicht *gesagt* – Sie haben es *geschrien!*«

»Das tut mir ehrlich leid«, war alles, was ich zu sagen vermochte, denn ich fühlte mich sehr zerknirscht und hilflos. »Sie hat *tatsächlich* Sylvies Augen!« dachte ich bei mir, sogar jetzt noch halbwegs in Zweifel, ob ich wirklich wach wäre. »Und dieser süße Blick unschuldigen Staunens ist auch ganz Sylvies. Doch Sylvie hat *nicht* diesen unbewegten, resoluten Mund – und auch nicht diesen geistesabwesenden Blick verträumter Traurigkeit wie jemand, der vor sehr langer Zeit drückende Sorgen gehabt hat –« und meine üppig drängende Phantasie verhinderte beinahe, daß ich die nächsten Worte der Lady mitbekam.

»Wenn Sie einen ›Groschenroman‹ zur Hand gehabt hätten«, setzte sie fort, »etwas über Geister – oder Dynamit – oder Mitternachtsmorde – dann könnte man es verstehen. Aber wahrhaftig – nur mit einer *medizinischen Abhandlung*, also wissen Sie –« und mit einem reizenden, geringschätzigen Schulterzucken warf sie einen flüchtigen Blick auf das Buch, über dem ich eingeschlafen war.

Die Herzlichkeit und die völlige Offenheit verblüfften mich für einen Augenblick; doch da war kein Hauch von Keckheit oder Dreistigkeit an dem Kind – denn ein Kind schien sie fast noch zu sein: ich schätzte sie knapp über zwanzig –, sondern alles war von der unschuldigen Freimütigkeit eines Engels auf Besuch, dem Erdenregeln und gesellschaftliche Konventionen – oder wenn du so willst, das Barbarentum – unbekannt sind. »Gerade so«, grübelte ich, »wird *Sylvie* in weiteren zehn Jahren aussehen und sprechen.«

»Sie machen sich demnach nichts aus Geistern«, wagte ich zu vermuten, »außer wenn sie ganz fürchterlich sind?«

»Ganz recht«, pflichtete die Lady bei. »Die regulären Eisenbahngeister – ich denke dabei an die Geister der normalen Eisenbahnliteratur – sind eine ziemlich dürftige Sache. Ich neige dazu, mit den Worten Alexander Selkirks zu sagen, ›Ihre Zahmheit erschreckt mich‹! Und sie begehen niemals irgendwelche Mitternachtsmorde. Sie können sich ja nicht einmal ›in Blut wälzen‹, um sich am Leben zu erhalten!«

»›In Blut wälzen‹ ist wahrhaftig eine ausdrucksvolle Formulierung. Doch kann man das in einer Flüssigkeit, also ich weiß nicht recht?«

»Ich glaube *nicht*«, antwortete die Lady sogleich – als habe sie schon lange darüber nachgedacht. »Sie muß ein bißchen dickflüssig sein. In Brottunke könnte man sich beispielsweise wälzen. Wenn sich ein Geist wälzen will, wäre die in Weiß recht kleidsam für ihn!«

»Haben Sie vielleicht einen furcherregenden Geist in diesem Buch?« mutmaßte ich.

»Wie *haben* Sie das bloß erraten?« rief sie mit gewinnender Offenheit und reichte mir den Band. Voll Eifer schlug ich ihn mit einem angenehmen Prickeln auf (das eine gute Geistergeschichte verursacht), gepaart mit dem »unheimlichen« Zufall, den Gegenstand ihrer Studien so plötzlich erahnt zu haben.

Es war ein Kochbuch; das Rezept für Brottunke war aufgeschlagen.

Ich gab das Buch zurück und mußte wohl ein wenig beschämt

dreinblicken, denn die Lady lachte vergnügt ob meiner Verwirrung. »Ich kann Ihnen versichern, das ist weitaus aufregender als mancher von den modernen Geistern. Da war zum Beispiel im letzten Monat ein Geist – ich meine keinen richtigen Geist – aus der Tranzendenz –, sondern einen Geistesblitz in einem Magazin. Das war ein äußerst *fader* Geist. Der hätte nicht mal eine Maus erschreckt. Das war ein Geist, dem man bestimmt keinen Stuhl anbieten würde!«

»Fünf Dutzend plus zehn Jahre, Glatze und Brille sind manchmal eben doch von Vorteil!« sagte ich mir. »Statt eines Jungen und eines Mädchen voller Schüchternheit, die mühsam und mit scheußlichen Pausen Einsilber artikulieren, haben wir hier einen alten Mann und ein Kind, die ganz zwanglos miteinander plaudern, als wären sie alte Bekannte! Dann glauben Sie«, setzte ich laut fort, »daß wir *manchmal* einen Geist bitten sollten, Platz zu nehmen. Gibt es vielleicht irgendeine Autorität dafür? Zum Beispiel Shakespeare – es gibt bei ihm viele Geister – gibt Shakespeare an irgendeiner Stelle die Regieanweisung ›reicht dem Geist einen Stuhl‹?«

Einen Augenblick lang sah die Lady verlegen und nachdenklich drein: dann klatschte sie *schier* in die Hände. »Ja, ja, er *tut's!*« rief sie. »Er läßt Hamlet sagen: ›Ruh, ruh, verstörter Geist!‹«*

»Und das soll sich dann auf einen Lehnstuhl beziehen?«

»Meiner Meinung nach auf einen Schaukelstuhl –«

»Umsteigbahnhof Feenwalde, Mylady, nach Elfenau umsteigen!« verkündete der Schaffner, wobei er die Türe des Abteils aufriß: und bald schon befanden wir uns, umgeben von unserem ganzen tragbaren Eigentum, auf dem Bahnsteig.

Die Unterbringung für die Reisenden, die auf diesem Umsteigbahnhof warten mußten, erwies sich als besonders unzulänglich – eine einzige Holzbank, auf der scheinbar nur drei Plätze vorgesehen waren: und sogar die waren schon teilweise von einem sehr alten Mann im Bauernkittel eingenommen, der mit gerundeten Schultern und schlaff hängendem Kopf dasaß und mit den Hän-

---

* AdÜ: Shakespeare, Hamlet I, 4.

den das Ende eines Stockes derart umklammerte, daß sie eine Art Kopfkissen für das runzlige Gesicht mit dem geduldigen und müden Blick formten.

»Los, verschwinde!« fuhr der Stationsvorsteher den armen alten Mann an. »Verschwinde und mach für Leute Platz, die vornehmer sind als du! Hierher Mylady!« fügte er in einem ganz anderen Tonfall hinzu. »Wenn Eure Ladyschaft Platz nehmen will, der Zug wird in wenigen Minuten eintreffen.« Die kriecherische Unterwürfigkeit seines Gehabes war zweifellos auf die an der Gepäckspitze lesbare Adresse zurückzuführen, die ihre Besitzerin als »Lady Muriel Orme, Passagier nach Elfenau, *via* Umsteigbahnhof Feenwalde« auswies.

Als ich den alten Mann sich langsam erheben und einige Schritte den Bahnsteig runterhumpeln sah, kamen mir die Zeilen auf die Lippen:

> *»Der Mönch hob sich vom Kanapee*
> *recht mühsam, in den Gliedern steif;*
> *von hundert Jahren zeugt der Schnee*
> *auf seinem Bart und Haaresreif.«*

Doch die Lady beachtete den kleinen Vorfall kaum. Nach einem Blick auf den »Verbannten«, der sich zitternd auf seinen Stock stützte, wandte sie sich mir zu. »Dies ist gewiß *kein* Schaukelstuhl. Dennoch möchte ich«, sie rückte ein wenig auf ihrem Sitz so, als wolle sie neben sich Platz für mich schaffen, »möchte ich mit Hamlets Worten sagen ›Ruh, ruh –‹« mit silberhellem Lachen unterbrach sie sich.

»– verstörter Geist!‹« vollendete ich das Zitat. »Ja, das ist die exakte Beschreibung eines Eisenbahnreisenden! Und hier ist ein Musterbeispiel dafür«, fügte ich hinzu, als der winzige Personenzug längs des Bahnsteigs einlief, die Gepäckträger heransausten und die Abteiltüren öffneten – einer von ihnen half dem armen alten Mann, in das Dritter-Klasse-Abteil zu steigen, während ein anderer die Lady und mich unterwürfig in die Erste Klasse geleitete.

Ehe sie ihm folgte, verweilte sie und beobachtete die Fortschritte des anderen Reisenden. »Armer alter Mann!« sagte sie.
»Wie schwach und krank er aussieht! Es war eine Schande zuzulassen, daß er einfach weggejagt wurde. Es tut mir sehr leid –« In
diesem Augenblick dämmerte mir, daß diese Worte nicht an

mich gerichtet waren, sondern daß sie unabsichtlich laut dachte. Ich ging einige Schritte zur Seite und wartete ein wenig, bis ich ihr ins Abteil folgte, wo ich den Gesprächsfaden wieder aufnahm.

»Shakespeare *muß* einfach in einem Zug gereist sein, wenn auch nur im Traum: ›verstörter Geist‹ ist eine so zutreffende Formulierung.«

»›Verstört‹ verweist zweifellos auf die Sensations-Heftchen hin«, erwiderte sie, »die Eigentum der Bahn sind. Wenn der Dampf nichts anderes bewirkt hat, so hat er wenigstens der englischen Literatur eine ganz neue Gattung hinzugefügt!«

»Daran besteht kein Zweifel«, echote ich. »Der wirkliche Ursprung all unserer Medizinbücher – und all unserer Kochbücher –«

»Nein, nein!« unterbrach sie vergnügt. »Ich denke dabei nicht an *unsere* Literatur. *Wir* sind völlig anormal. Aber die Heftchen – die kleinen spannungsgeladenen Romanzen, in denen der Mord auf Seite fünfzehn und die Hochzeit auf Seite vierzig geschieht – *die* sind bestimmt auf den Dampf zurückzuführen.«

»Und wenn wir mit Hilfe der Elektrizität reisen – falls ich es wagen darf, ihre Theorie weiterzuspinnen –, werden wir Blättchen an Stelle der Heftchen bekommen, und der Mord und die Hochzeit ereignen sich auf derselben Seite.«

»Eine Entwicklung, die eines Darwin wert ist!« rief die Lady enthusiastisch aus. »Sie stellen seine Theorie bloß auf den Kopf. Statt aus einer Maus ein Elefant wird bei Ihnen aus einem Elefanten eine Maus!« Gerade da tauchten wir in einen Tunnel ein, und ich lehnte mich zurück, schloß meine Augen für einen Augenblick und versuchte, mir einige der Geschehnisse meines letzten Traumes in Erinnerung zu rufen.

»Ich dacht', ich säh' –« murmelte ich schläfrig: und dann beharrte die Formulierung hartnäckig darauf, sich selbst zu konjugieren, und verwandelte sich in »du dacht'st, du säh'st – er dacht', er säh« und mündete dann unvermutet in ein Lied:

>»Er dacht', er säh 'nen Elefant,
    der spielte die Schalmei:
Er guckt' nochmal und sah, es war
    der Gattin Krakelei.
›Deutlich erkenn ich jetzt,‹ sprach er,
    ›des Lebens Plackerei!‹«

Und was für ein wilder Mensch das war, der diese wilden Worte sang! Ein Gärtner schien er zu sein – aber bestimmt ein verrückter, nach der Art, wie er seine Harke schwang – noch verrückter war, wie er sich dann und wann in einem krampfhaften Gigue bewegte – am allerverrücktesten aber war, wie er die letzten Worte des Verses herauskreischte!

Es war insoweit seine ureigene Beschreibung, als er die *Füße* eines Elefanten hatte: gleichwohl bestand er im übrigen lediglich aus Haut und Knochen: und die Wische von Strohhalmen, von denen er nur so strotzte, erweckten den Eindruck, als sei er ursprünglich damit ausgestopft gewesen und jetzt nahezu die gesamte Füllung herausgequollen.

Sylvie und Bruno warteten geduldig das Ende des ersten Verses ab. Dann trat Sylvie allein heran (Bruno hatte plötzlich Angst bekommen) und stellte sich schüchtern mit den Worten vor: »Bitte, ich bin Sylvie!«

»Un wer iss das andre Ding?« fragte der Gärtner.

»Welches Ding?« fragte Sylvie und blickte sich um. »Oh, das ist Bruno. Er ist mein Bruder.«

»War er gestern schon dein Pruder?« erkundigte sich der Gärtner ängstlich.

»Natürlich waren ich's!« schrie Bruno, der allmählich näher geschlichen war, und es ganz und gar nicht leiden konnte, wenn man über ihn sprach, ohne daß er an dem Gespräch teilhatte.

»Ah, schön!« sagte der Gärtner ächzend. »Hier ändern sich die Dinger so rasch. Immer, wenn ich nochma hingucke, isses sicher wieder was andres! Doch ich tu' meine Pflicht! Ich ringel mich früh um fünfe raus –«

»Wenn ich du wär«, sagte Bruno, »würd ich mich nicht so früh rausringeln. Das ist genauso schlecht, als wäre man ein Wurm!« Letzteres bemerkte er mit einem Unterton zu Sylvie hin.

»Aber du solltest morgens nicht immer so faul sein, Bruno«, sagte Sylvie. »Denk dran: der *frühe* Vogel fängt den Wurm!«

»Soll er doch!« sagte Bruno mit einem leichten Gähnen. »Ich mag keinen Wurm essen. Ich steh erst auf, wenn der frühe Vogel ihn aufgepickt hat!«

»Also, daß du die Stirn hast, mir solche Flunkereien aufzupinten!« schrie der Gärtner.

Bruno entgegnete gewitzt: »Du brauchst keine *Stirn*, um Flunkereien aufzubinden – bloß einen *Mund*.«

Sylvie wechselte diskret das Thema. »Und du hast all diese Blumen angepflanzt?« sagte sie. »Was für einen hübschen Garten du angelegt hast. Weißt du, hier würde ich gern für *immer und ewig* leben.«

»In den Winternächten –« begann der Gärtner.

»Aber fast hätte ich vergessen, weswegen wir gekommen sind!«

unterbrach Sylvie. »Würdest du uns bitte auf die Straße hinauslassen? Da ist gerade ein armer alter Bettler hinausgegangen – er ist sehr hungrig – und Bruno möchte ihm doch seinen Kuchen geben!«

»Dazu also bin ich euch gut!« murmelte der Gärtner, zog einen Schlüssel aus der Tasche und machte sich daran, eine Tür in der Gartenmauer zu öffnen.

»Wie gut bist du denn?« erkundigte sich Bruno unschuldig.

Doch der Gärtner griente nur. »Das iss'n Geheimnis!« sagte er. »Denkt dran, schnell zurückzukommen!« rief er hinter den Kindern her, als sie auf die Straße hinaustraten. Ich hatte gerade noch Zeit, den beiden zu folgen, ehe er die Tür wieder schloß.

Wir eilten die Straße hinunter und erblickten eine Viertelmeile vor uns schon bald den alten Bettler, und die Kinder fingen sofort an zu laufen, um ihn einzuholen. Flink und hurtig sausten sie über den Boden hinweg, und ich konnte mir nicht im geringsten erklären, wie es geschah, daß ich so leicht mit ihnen Schritt hielt. Doch dieses ungelöste Problem beschäftigte mich unter diesen Umständen nicht so sehr, denn es gab so viel anderes zu beobachten.

Der alte Bettler muß sehr schwerhörig gewesen sein, er reagierte nämlich überhaupt nicht auf Brunos ungeduldiges Rufen, sondern trottete müde weiter und hielt nicht eher inne, bis das Kind direkt vor ihm stand und das Kuchenstück hochhielt. Der arme kleine Bursche war ganz außer Atem und konnte nur das Wort »Kuchen!« hervorstoßen – nicht mit der mürrischen Entschlossenheit, mit der es Ihre Exzellenz unlängst artikuliert hatte, sondern mit einfacher, kindlicher Schüchternheit, und er sah empor in das Gesicht des alten Mannes mit seinen Augen, die »alles, ob groß, ob klein« liebten.

Der alte Mann schnappte es ihm weg und verschlang es gierig wie ein hungriger Wolf, aber nicht einmal ein Dankeswort gewährte er seinem kleinen Wohltäter – er brummte nur »Mehr, mehr!« und funkelte die erschrockenen Kinder an.

»Aber es *ist* nichts mehr da!« sagte Sylvie mit Tränen in den Augen. »Ich habe meines aufgegessen. Es war eine Schande

zuzulassen, daß du einfach weggejagt wurdest. Es tut mir sehr
leid –«

Der Rest des Satzes entging mir, da Lady Muriel Orme mir mit
einem Überraschungsschock ins Bewußtsein trat, die erst kürzlich Sylvies Worte ausgesprochen hatte – ja, sogar mit Sylvies
Stimme und mit ihren sanft bittenden Augen!

»Folgt mir!« lauteten die nächsten Worte, die ich vernahm,
und der alte Mann winkte würdig und graziös, was schlecht zu
seinen Lumpen paßte, zu einem Busch hin, der am Straßenrand
stand und augenblicklich in den Erdboden sank. Zu einer anderen Gelegenheit hätte ich meinen Augen nicht getraut oder wäre
wenigstens etwas erstaunt gewesen: doch in *dieser* mysteriösen
Szenerie schien mein ganzes Wesen nur von heftiger Neugierde
geplagt hinsichtlich der nächsten Geschehnisse.

Als der Busch unserem Blickfeld völlig entrückt war, wurden
Marmorstufen sichtbar, die in die Dunkelheit hinabführten.

Die Treppe war anfangs so dunkel, daß ich nur die Konturen
der Kinder wahrnehmen konnte, wie sie Hand in Hand hinter ihrem Führer den Weg hinuntertasteten: doch von Sekunde zu Sekunde wurde es lichter, mit seltsam silbrigem Glanze, der aus
dem Nichts zu entstehen schien, da keinerlei Lampen sichtbar
waren; und als wir den ebenen Boden schließlich erreichten, war
der Raum, in dem wir uns befanden, fast so hell wie der Tag.

Er war achteckig, hatte in jeder Ecke eine schlanke Säule, die
von seidener Draperie umschlungen war. Die Wand zwischen
den Pfeilern war bis zu einer Höhe von sechs oder sieben Fuß völlig mit Kletterpflanzen berankt, von denen reife Früchte und
strahlende Blüten herabhingen, die die Blätter fast verbargen.
An einem anderen Ort hätte ich mich vermutlich darüber gewundert, das Früchte und Blüten gleichzeitig wuchsen: hier aber beschäftigte mich am meisten, daß ich weder diese Früchte noch
diese Blüten jemals zuvor gesehen hatte. Höher hinaus brach sich
durch jede Wand ein kreisrundes Fenster in farbigem Glase
Bahn; und über allem wölbte sich ein Bogendach, das ganz und
gar mit Juwelen übersät schien.

Kaum mit weniger Verwunderung wandte ich mich hierhin

und dorthin und versuchte herauszufinden, wie in aller Welt wir hereingekommen waren: denn es gab keine Türe, und alle Wände waren mit lieblichen Kletterpflanzen überwuchert.

»Hier sind wir in Sicherheit, meine Lieblinge!« sagte der alte Mann, wobei er seine Hand auf Sylvies Schulter legte und sich niederbeugte, um sie zu küssen. Angeekelt entzog sich ihm Sylvie hastig: doch schon im nächsten Augenblick war sie mit dem Freudenschrei »Das ist ja *Vater*!« in seine Arme gestürzt.

»Vater, Vater!« wiederholte Bruno: und während die glücklichen Kinder umarmt und abgeküßt wurden, konnte ich mir bloß die Augen reiben und mich fragen »Wo sind denn nur die Lumpen hin?«, denn der alte Mann war jetzt in königlicher Robe gewandet, die von Gold und Juwelen bestickt glitzerte, und trug einen goldenen Reif auf dem Haupte.

VI. KAPITEL

Das Zaubermedaillon

»Wo sind wir denn, Vater?« flüsterte Sylvie; ihre Arme schlangen sich eng um des alten Mannes Hals, und ihre rosigen Wangen preßten sich liebevoll an die seinigen.

»In Elfenland, Liebling. Das ist eine Provinz in Feenland.«

»Aber, ich habe immer geglaubt, Feenland läge ganz weit weg von Anderland, und wir sind so ein *winzig* kleines Stückchen gegangen!«

»Ihr seid über den Königsweg gekommen, meine Süße. Nur die von königlichem Geblüt können das: aber *ihr* seid es, seitdem ich zum König von Elfenland ernannt worden bin – das geschah etwa vor einem Monat. Sie haben gleich *zwei* Botschafter geschickt, um ganz sicherzugehen, daß mich das Angebot, ihr neuer König zu sein, auch erreichen würde. Einer war ein Prinz; deshalb konnte *er* den Königsweg benutzen und war nur für mich sichtbar: der andere war ein Baron; deshalb mußte *er* den normalen Weg nehmen und ist vermutlich immer noch nicht eingetroffen.«

»Wie weit sind wir denn gegangen?« erkundigte sich Sylvie.

»Etwa tausend Meilen, meine Süße, seit euch der Gärtner die Tür aufgeschlossen hat.«

»Tausend Meilen!« wiederholte Bruno. »Kann ich eine essen?«

»Eine *Meile* essen, kleiner Schelm?«

»Nein«, sagte Bruno. »Ich meine, kann ich eine von den Früchten essen?«

»Gern, mein Kind«, sagte der Vater, »und dann wirst du erfahren, was Freude ist – die Freude, auf die wir alle so versessen sind und die wir so traurig genießen!«

Begierig rannte Bruno zu der Wand und pflückte eine Frucht, die in der *Form* einer Banane ähnelte, jedoch die *Farbe* einer Erdbeere hatte.

Er aß sie mit leuchtenden Augen, die allmählich schwermütig wurden, und als er sie schließlich aufgegessen hatte, waren sie bar jeglichen Ausdrucks.

»Sie hat überhaupt keinen Geschmack!« beschwerte er sich. »Es iss eine – wie heißt das schwierige Wort, Sylvie?«

»Es war eine Gaukelei«, antwortete Sylvie ernst. »Sind sie *alle* so, Vater?«

»Für *dich* sind sie alle so, Liebling, weil du nicht ins Elfenland gehörst – noch nicht. Aber für mich sind sie echt.«

Bruno guckte perplex. »Ich werd' 'ne and're Frucht versuchen!« sagte er und sprang von des Königs Knie. »Da sind einige hübsch gestreift wie ein Regenbogen!« Und weg war er.

Währenddessen unterhielten sich der Feenkönig und Sylvie miteinander, jedoch so leise, daß ich kein Wort verstehen konnte: also folgte ich Bruno, der gerade andere Fruchtsorten pflückte und sie in der vergeblichen Hoffnung aß, wenigstens *eine* mit Geschmack zu finden. Ich wollte selbst eine pflücken – doch das war so, als grapschte ich in die Luft, und ich gab den Versuch bald auf und kehrte zu Sylvie zurück.

»Schau es dir gut an, mein Liebling« sagte der alte Mann gerade, »und sag mir, wie es dir gefällt.«

»Das ist ja *herzallerliebst*«, rief Sylvie verzückt. »Bruno, komm doch und sieh!« Und sie hielt, so daß das Licht hindurch schien, ein herzförmiges Medaillon hoch, das augenscheinlich aus einem einzigen Juwel von dunkelblauer Farbe herausgeschnitten und mit einem goldenen Kettchen versehen war.

»Das sinn sehr hübsch«, bemerkte Bruno etwas nüchterner und mühte sich, einige Wörter zu entziffern, die darauf eingraviert waren. »Alle-werden-Sylvie-lieben«, knobelte er schließlich heraus. »Und das tun sie!« rief er und schlang seine Arme um ihren Hals. »*Jeder* liebt Sylvie!«

»Aber wir lieben sie am meisten, nicht wahr, Bruno?« sagte der alte König, wobei er das Medaillon wieder an sich nahm. »So, und jetzt schau dir das an, Sylvie.« Und er zeigte ihr ein Medaillon in tief kaminroter Farbe, das auf seiner Hand lag und ebenso geformt und mit einem Kettchen versehen war wie das blaue.

»Wie allerallerliebst!« rief Sylvie und faltete die Hände vor Entzücken. »Guck mal, Bruno!«

»Und auf dem sinn auch Wörter«, sagte Bruno. »Sylvie-wird-alle-lieben.«

»Da hast du den Unterschied«, sagte der alte Mann, »verschiedene Farben und unterschiedliche Worte. Wähle dir eines aus, Liebling. Ich schenke dir das, das du am liebsten magst.«

Sylvie wisperte die Worte mit einem nachdenklichen Lächeln vor sich hin und traf dann ihre Wahl. »Es ist sehr schön, geliebt zu werden«, sagte sie, »aber andere zu lieben ist schöner! Kann ich das Rote haben, Vater?«

Der alte Mann sagte nichts: aber ich konnte sehen, wie sich seine Augen mit Tränen füllten, als er den Kopf herabneigte und die Lippen zu einem langen, lieben Kuß auf ihre Stirn drückte. Dann öffnete er die Kette und zeigte ihr, wie sie es um den Hals legen und unter dem Saum ihres Kleides verbergen sollte. »Andere sollen es nicht *sehen*, sondern du sollst es *bewahren*«, sagte er mit leiser Stimme. »Du denkst dran, wie man es benutzt?«

»Ja, ich werde es mir merken«, sagte Sylvie.

»Aber jetzt müßt ihr wieder zurück, meine Lieblinge, sonst wird man euch noch vermissen, und dann bekommt der arme Gärtner Schwierigkeiten!«

Noch einmal stieg in mir ein Gefühl der Verwunderung auf bezüglich des Umstandes, wie in aller Welt wir überhaupt zurückkommen sollten – denn ich hielt es für ausgemacht, daß, wo immer auch die Kinder hingingen, *ich* ebenfalls hingehen mußte – doch nicht einmal der Schatten eines Zweifels schien ihre Gedanken zu streifen, als sie ihn umarmten, küßten und wiederholt flüsterten: »Auf Wiedersehen, liebster Vater!« Und dann schien mitternächtliche Dunkelheit augenblicklich über uns hereinzubrechen, und durch die Finsternis drang schrill ein merkwürdiges, wildes Lied:

> *»Er dacht' er säh' ein Büffelkalb,*
> *das saß auf dem Kamine:*
> *er guckt nochmal und sah es war*
> *vom Neffen die Kusine.*
> *›Ich hol' die Polizei‹, sprach er,*
> *›hinaus, du dumme Trine!‹«*

»So war *ich*!« fügte er hinzu und blickte uns durch die halbge-
öffnete Türe an, die wir draußen auf der Straße warteten. »Und
ich hätt's getan – so gewiß wie Kartoffler keine Retticher sinn –
wenn sie nicht von selpst eine Fliege gemacht hätte. Ich dagegen
liept meine *Ehrnährer* immer.«

»Wer sinn deine *Ehrnährer*?« fragte Bruno.

»Die natürlich, die mich in Ehren *nähren*!« antwortete der Gärtner. »Wenn ihr wollt, könnt ihr jetzt reinkommen.«

Während er dies sagte, riß er die Türe auf, und wir entstiegen
ein wenig geblendet und betäubt (wenigstens ich fühlte mich
so) durch den plötzlichen Übergang vom Halbdunkel des Zugab-
teils zum strahlend leuchtenden Bahnsteig des Bahnhofs von Elfenau.

Ein Lakai in stattlicher Livree kam auf uns zu und tippte respektvoll an sein Mützenschild. »Die Kutsche steht hier, Mylady«, sagte er und nahm ihr die Reisedecke und sonstige Kleinigkeiten ab, die sie bei sich trug: und nachdem Lady Muriel mir
die Hand gegeben und mit liebenswürdigem Lächeln »Gute
Nacht« gewünscht hatte, folgte sie ihm.

Mich beschlich ein irgendwie leeres und einsames Gefühl, als
ich mich zu dem Gepäckwagen begab, der gerade entladen
wurde: und nachdem ich Anweisung gegeben hatte, mir meine
Koffer nachzuschicken, ging ich zu Fuß zu Arthurs Wohnung,
und dank des herzlichen Willkommens, das mir mein alter
Freund bereitete, und dank der behaglichen Wärme und der
heimeligen Beleuchtung im kleinen Wohnzimmer, in das er
mich führte, verließ mich bald schon das Gefühl der Einsamkeit.

»Klein, wie du siehst, aber für uns beide völlig ausreichend.
Setz dich jetzt in den Lehnstuhl, alter Junge, und laß dich an-
schauen. Also, du siehst wahrhaftig ein wenig malad aus«, und er
setzte seine ernste, berufliche Miene auf. »Ich verordne reichlich
Ozon, geselliges Beisammensein *fiant pilulae quam plurimae*: dreimal täglich beim Festmahl einzunehmen.«

»Aber, aber, Doktor«, wandte ich ein. »Die Gesellschaft ›empfängt‹ nicht dreimal täglich.«

»Das meinst du«, entgegnete der junge Doktor vergnügt. »Empfang zum Lawntennis, 15 Uhr. Empfang zum Nachmittagstee, 17 Uhr. Empfang zum Konzert (Elfenau gibt keine Dinner), 20 Uhr. Um 22 Uhr Heimfahrt mit der Kutsche. Und das wär's!«

Das klang äußerst vielversprechend, wie ich zugeben mußte. »Und eine Lady aus der Gesellschaft kenne ich bereits«, fügte ich hinzu. »Sie fuhr mit mir im selben Abteil.«

»Wie sah sie aus? Vielleicht kann ich sie identifizieren.«

»Ihr *Name* war Lady Muriel Orme. Und was ihr *Aussehen* angeht – nun, ich fand sie sehr schön. Kennst du sie vielleicht?«

»Ja – ich kenne sie wahrhaftig.« Und der biedere Doktor verfärbte sich leicht, als er fortfuhr: »Ja, ich stimme dir zu. Sie ist *tatsächlich* wunderschön.«

»*Ich* habe mich bis über beide Ohren in sie verliebt«, setzte ich boshafterweise fort. »Unser Gespräch –«

»Komm, iß doch was!« unterbrach mich Arthur mit einem Seufzer der Erleichterung, da die Magd mit einem Tablett eintrat. Und standhaft widersetzte er sich all meinen Versuchen, das Thema Lady Muriel wieder aufzugreifen, bis sich der Abend schon fast dem Ende zuneigte. Als wir so ins Feuer starrend dasaßen und schwiegen, machte er hastig ein Geständnis.

»Ich wollte dir eigentlich nicht eher von ihr erzählen«, hob er an (indem er keinen Namen nannte, so als gäbe es nur eine »sie« auf der Welt!), »bis du sie näher kennengelernt und dir ein Urteil über sie gebildet hättest: aber du hast mich irgendwie überrumpelt. Ich habe niemandem gegenüber ein Wort darüber verlauten lassen. Aber *dir* kann ich ein Geheimnis anvertrauen, alter Freund. Ja! Für *mich* gilt das, was *du* wahrscheinlich als Scherz meintest.«

»Im reinsten Scherz, glaube mir!« sagte ich ernsthaft. »Hör mal, Mann, ich bin schließlich dreimal so alt wie sie! Aber wenn sie deine Auserwählte ist, so bin ich sicher, daß sie alles ist: gut und –« »– lieblich«, setzte Arthur fort, »und unschuldig, und selbstverleugnend, und aufrichtig, und –« er brach hastig ab, als traue er sich nicht, sich weiter über eine derart verehrte und so wertvolle Persönlichkeit zu verbreiten. Schweigen folgte: und ich sank schläfrig in meinen Lehnstuhl zurück und war ganz erfüllt von glücklichen und schönen Imaginationen von Arthur und seiner Geliebten und all der Gemeinsamkeit und Glückseligkeit, die sie erwarteten.

Ich malte mir aus, wie sie unter Baumgewölben in ihrem hübschen Garten zärtlich und liebestrunken dahinschlenderten, und wie ihr pflichteifriger Gärtner sie bei ihrer Rückkehr von einem kurzen Spaziergang willkommen hieß.

Es schien nur allzu begreiflich, daß der Gärtner bei der Rückkehr eines so gnädigen Herren und einer solchen Herrin von geradezu ausufernder Freude erfüllt war – und wie merkwürdig kindlich sie wirkten! Ich hätte sie fast für Sylvie und Bruno gehalten – weniger begreiflich war dagegen, daß er dieser Freude mit einem so wilden Tanz und einem solch verrückten Lied Ausdruck gab!

> *»Er dacht', er säh' 'ne Klapperschlang,*
> *die ihn auf Griechisch bitte:*
> *er guckt' nochmal und sah es war*
> *die nächste Wochenmitte.*
> *›Wie schade, sie ist stumm‹, sprach er,*
> *›wie gern ich mit ihr stritte!‹«*

– am unbegreiflichsten schien mir allerdings, daß der Vize-Gouverneur und »Mylady« direkt neben mir standen und einen Brief diskutierten, den der Professor gerade übergeben hatte, der geduldig wartend wenige Schritte beiseite stand.

»Wenn diese beiden Bälger nicht wären«, hörte ich ihn vor sich hinmurmeln, und er blickte dabei wütend zu Sylvie und Bruno hinüber, die dem Lied des Gärtners aufmerksam lauschten, »dann gäbe es überhaupt keine Probleme.«

»Laß mich diesen Abschnitt nochmal hören«, sagte Mylady. Und der Vize-Gouverneur las laut vor:

»– und deshalb ersuchen wir Euch untertänigst, die Königsherrschaft anzunehmen, zu der ihr durch das Konzil von Elfenland einstimmig gewählt worden seid: und daß Ihr die Erlaubnis erteilt, Euren Sohn Bruno – von dessen Güte, Klugheit und Schönheit wir Kunde erhalten haben – als Thronfolger in Betracht zu ziehen.«

»Aber wo liegt denn das Problem?« fragte Mylady.

»Ja, begreifst du denn nicht? Der Botschafter, der dies überreicht hat, wartet im Haus: er will bestimmt Sylvie und Bruno sehen: und wenn er dann Uggug sieht und sich an die Worte über ›Güte, Klugheit und Schönheit‹ erinnert, also dann wird er bestimmt –«

»Und *wo* willst du einen lieberen Jungen als *Uggug* finden?« unterbrach Mylady empört. »Oder einen geistreicheren oder einen hübscheren?«

Darauf entgegnete der Vize-Gouverneur einfach: »Sei doch keine dumme Gans. Unsere einzige Chance besteht darin, die beiden Bälger von ihm fernzuhalten. Wenn du *das* schaffst, kannst du den Rest ruhig *mir* überlassen. Ich werde ihm schon einreden, daß Uggug ein Muster an Klugheit und alles andere ist.«

»Wir müssen seinen Namen natürlich in Bruno ändern?« sagte Mylady.

Der Vize-Gouverneur rieb sich das Kinn. »Hm! Nein!« sagte er grübelnd. »Das geht nicht. Der Junge ist ein solcher Idiot. Er brächte es niemals fertig, darauf zu antworten.«

»*Idiot*, na hör mal!« rief Mylady. »Er ist kein größerer Idiot als *ich*!«

»Da hast du recht, meine Liebe«, erwiderte der Vize-Gouverneur besänftigend. »Das ist er wirklich nicht.«

Mylady war beschwichtigt. »Komm, laß uns hineingehen und den Botschafter empfangen«, sagte sie, und mit einer Kopfgeste zum Professor hin erkundigte sie sich: »Wo wartet er?«

»In der Bibliothek, Madam.«

»Und *wie*, sagtet Ihr, war sein Name?« fragte der Vize-Gouverneur.

Der Professor blickte auf eine Karte in seiner Hand. »Seine Fettheit, der Baron Doppelgeist.«

»Warum trägt er so einen ulkigen Namen?« fragte Mylady.

»Er konnte schlecht noch einen anderen annehmen«, erklärte der Professor geduldig, »wegen des Gepäcks.«

»*Du* gehst hin und empfängst ihn«, sagte Mylady zu dem Vize-Gouverneur, »und *ich* werde mich um die Kinder kümmern.«

VII. KAPITEL

Der Auftrag des Barons

Ich folgte zuerst dem Vize-Gouverneur, doch nach kurzer Überlegung eilte ich Mylady nach, denn ich war neugierig, was sie anstellen würde, um die Kinder fernzuhalten.

Als ich sie erreichte, hielt sie gerade Sylvies Hand und strich mit der anderen Hand aufs zärtlichste und mütterlichste Brunos Haar: beide Kinder blickten verwirrt und erschrocken drein.

»Meine Lieben«, sagte sie dabei. »Ich habe für euch eine kleine Überraschung vorbereitet! Der Professor macht mit euch an diesem schönen Abend einen weiten Spaziergang: ihr nehmt einen Picknickkorb mit und haltet unten am Fluß ein kleines Picknick!«

Bruno hüpfte und klatschte in die Hände. »Das *sinn* aber nett!« rief er. »Nicht wahr, Sylvie?«

Sylvie hatte ihre Verblüffung noch nicht ganz gemeistert und hob den Mund zu einem Kuß. »Vielen Dank«, sagte sie ernsthaft.

Mylady wandte sich ab, um das breite, triumphierende Grinsen zu verbergen, das sich auf ihrem riesigen Gesicht wie ein Wellenring auf einem See ausbreitete. »Kleine Einfaltspinsel!« murmelte sie vor sich hin, während sie auf das Haus zumarschierte. Ich folgte ihr hinein.

»Ganz recht, Eure Exzellenz«, sagte der Baron soeben, als wir die Bibliothek betraten. »Die ganze Infanterie stand unter *meinem* Kommando.« Er wandte sich um und wurde Mylady ordnungsgemäß vorgestellt.

»Ein *Kriegs*held?« fragte Mylady. Der kleine fette Mann lächelte geziert. »Nun, ja«, antwortete er und schlug bescheiden die Augen nieder. »Meine Vorfahren waren allesamt für ihr militärisches Genie berühmt.«

Mylady lächelte wohlwollend. »Sowas vererbt sich häufig in Familien«, bemerkte sie, »genau so wie die Schwäche für Pasteten.«

Der Baron verzog beleidigt sein Gesicht, und der Vize-Gouverneur wechselte diskret das Thema. »Das Essen ist gleich fertig«, sagte er. »Darf ich um die Ehre bitten, Eure Fettheit in das Gästezimmer zu geleiten?«

»Aber ja doch!« stimmte der Baron erfreut zu. »Es wäre nicht schicklich, das *Essen* warten zu lassen!« Und er folgte dem Vize-Gouverneur schier im Trab aus dem Zimmer.

Er war so prompt wieder zurück, daß der Vize-Gouverneur kaum die Gelegenheit fand, Mylady zu erklären, daß ihre Bemerkung über »die Schwäche für Pasteten« unglücklich war. »Du hättest auf den ersten Blick sehen können«, fügte er hinzu, »daß *das* sein Familienerbe ist. Militärisches Genie, daß ich nicht lache.«

»Essen schon fertig?« erkundigte sich der Baron, der ins Zimmer geflitzt kam.

»In wenigen Minuten ist es soweit«, antwortete der Vize-Gouverneur. »Inzwischen können wir noch etwas durch den Garten spazieren. Ihr habt mir doch«, setzte er fort, während das Trio das Haus verließ, »etwas über eine große Schlacht erzählt, in der Ihr das Kommando über die Infanterie hattet –«

»Simmt«, sagte der Baron. »Wie ich schon gesagt habe, der Feind war uns weit überlegen: aber ich marschierte mit meinen Männern genau auf die Mitte der – aber was ist denn das?« stieß der Kriegsheld aufgeregt hervor und verbarg sich hinter dem Vize-Gouverneur, denn eine merkwürdige Gestalt kam ungestüm auf sie zugerannt und schwang einen Spaten.

»Ach, das ist doch nur der Gärtner!« antwortete der Vize-Gouverneur aufmunternd. »Tut keiner Fliege was, ganz bestimmt. Hört, jetzt singt er! Das ist seine Lieblingsbeschäftigung.«

Und diese schrillen Disharmonien ertönten schon wieder:

>*Er dacht' er säh' 'nen Sekretär,*
> *der stieg von einem Bus:*
>*er guckt' nochmal und sah, es war*
> *ein Hippopotamus:*
>›*Der frißt uns alles weg*‹*, sprach er,*
> ›*beim Essen mit Genuß!*‹«

Er warf den Spaten von sich und tanzte einen ungestümen Gigue, wobei er mit den Fingern schnipste und fortwährend sang:

>»›*Der frißt uns alles weg!*‹
>›*Der frißt uns alles weg!*‹«

Abermals zeigte der Baron eine beleidigte Miene, aber der Vize-Gouverneur erklärte hastig, daß dieses Lied keine Anspielung auf ihn enthalte und wahrhaftig keinerlei Bedeutung habe. »Du hast dir doch *bestimmt* nichts dabei gedacht?« wandte er sich an den Gärtner, der sein Lied beendet hatte, nun auf einem Bein balancierend dastand und sie mit offenem Mund anstarrte.

»Ich denkt niemals nichts«, sagte der Gärtner: glücklicherweise kam Uggug in diesem Augenblick heran und gab dem Gespräch eine neue Wendung.

»Erlaubt mir, Euch meinen Sohn vorzustellen«, sagte der Vize-Gouverneur und fügte flüsternd hinzu, »einer der besten und begabtesten Jungen, die jemals gelebt haben! Ich werde es einrichten, daß Ihr einiges von seiner Begabung zu sehen bekommt. Er weiß alles, was andere Jungen nicht wissen; und beim Bogenschießen, beim Fischen, Malen und in der Musik ist seine Geschicklichkeit – aber Ihr sollt Euch selbst ein Urteil bilden. Seht Ihr die Zielscheibe da hinten? Er wird einen Pfeil darauf schießen. Lieber Junge«, setzte er vernehmlich fort, »Seine Fettheit würde dich gerne schießen sehen. Bringt Seiner Hoheit Pfeil und Bogen!«

Uggug machte ein mürrisches Gesicht, als er Pfeil und Bogen empfing und sich zum Schießen bereitmachte. Gerade als der Pfeil von der Sehne schnellte, trampelte der Vize-Gouverneur dem Baron so kräftig auf die Zehen, daß der vor Schmerzen kreischte.

»Ich bitte zehntausendmal um Verzeihung!« rief er. »Vor lauter Aufregung bin ich rückwärts gegangen. Seht nur! Ganz genau ins Schwarze!«

Der Baron glotzte erstaunt. »Er hat den Bogen so ungeschickt gehalten, daß das unmöglich scheint!« murmelte er. Doch es gab keinen Zweifel: dort stak der Pfeil genau im Zentrum der Scheibe!

»Der See liegt gleich hier vorne!« fuhr der Vize-Gouverneur fort. »Man reiche Seiner Hoheit die Angelrute!« Und Uggug hielt die Rute äußerst unwillig und ließ die Fliege über dem Wasser baumeln.

»Ein Käfer auf Eurem Arm!« kreischte Mylady und kniff den bedauernswerten Baron weit ärger in den Arm, als wenn zehn Hummer auf einmal gezwickt hätten. »*Diese* Art ist giftig«, erklärte sie. »Ach, *wie* schade! Jetzt habt Ihr gar nicht gesehen, wie der Fisch rausgezogen wurde!«

Ein mächtiger, toter Kabeljau lag mit einem Haken im Maul am Ufer.

»Ich habe mir immer eingebildet«, stammelte der Baron, »der Kabeljau wäre ein *Salz*wasserfisch?«

»Nicht in diesem unserem Lande«, sagte der Vize-Gouverneur. »Wollen wir nicht hineingehen? Stellt meinem Sohn auf dem Weg ruhig ein paar Fragen – über *jedes* beliebige Thema!« Und Uggug wurde heftig an des Barons Seite geschubst.

»Kann Eure Hoheit mir vielleicht sagen«, begann der Baron vorsichtig, »wieviel sieben mal neun sein könnten?«

»Hier nach links!« rief der Vize-Gouverneur und eilte hastig voran, um den Weg zu weisen – jedoch mit einer solchen Hast, daß er gegen den unglücklichen Gast prallte, der darauf eine Bauchlandung machte.

»Das *tut* mir jetzt aber leid!« rief Mylady, während sie und ihr Gatte ihm wieder auf die Beine halfen. »Mein Sohn war gerade dabei, ›dreiundsechzig‹ zu sagen, als Ihr hingesegelt seid!«

Der Baron sagte nichts: er war staubbedeckt und schien sowohl körperlich als auch seelisch verletzt. Als sie ihn jedoch ins Haus gebracht und gesäubert hatten, sah alles schon wieder etwas besser aus.

Das Essen wurde pünktlich serviert, und mit jedem reichhaltigen Gang schien sich die Laune des Barons ein Stückchen zu bessern: doch alle Mühe, ihm eine Äußerung über Brunos Begabung zu entlocken, war vergeblich, bis dieser reizende junge Mann das Zimmer verlassen hatte und durch das offene Fenster beobachtet werden konnte, wie er den Rasen mit einem kleinen Korb durchstreifte, den er mit Fröschen füllte.

»Wie sehr er doch die Biologie mag, der liebe Junge!« sagte die vernarrte Mutter. »Nun sagt uns doch endlich, Baron, was Ihr von ihm haltet.«

»Um völlig aufrichtig zu sein«, antwortete der Baron bedächtig. »Ich würde mir gerne noch etwas mehr Klarheit verschaffen. Ich glaube, Sie erwähnten seine Geschicklichkeit in –«

»Musik?« fragte der Vize-Gouverneur. »Also, darin ist er schlicht ein Phänomen! Ihr solltet ihm beim Klavierspielen zuhören.« Und er schritt ans Fenster. »Ugg – ich meine, mein Junge! Komm doch eine Minute rein *und bring den Musiklehrer mit!* Er soll die Notenblätter umwenden«, fügte er als Erklärung hinzu.

Da Uggug seinen Korb voller Frösche hatte, gehorchte er widerspruchslos und erschien bald, gefolgt von einem kleinen Mann mit grimmiger Miene, der den Vize-Gouverneur fragte: »Watt für 'ne Mussick woll'der hann?«

»Die Sonate, die Seine Hoheit so charmant zu spielen versteht«, sagte der Vize-Gouverneur.

»Ihre Hoheit hann kene –« begann der Musiklehrer, wurde aber von dem Vize-Gouverneur abrupt unterbrochen.

»Schweigt, Sir! Geht und wendet die Notenblätter für Seine Hoheit um. Meine Liebe«, (zu der Gouverneurin) »würdest du ihm zeigen, was er zu tun hat. Und in der Zwischenzeit, Baron, werde ich Euch unsere interessanteste Karte zeigen – von Anderland, Feenland und anderen Ländern.«

Als Mylady den Musiklehrer eingewiesen hatte, war die Karte aufgehängt, und der Baron war bereits ziemlich verwirrt angesichts der Methode des Gouverneurs, einen Ort zu zeigen und den Namen eines anderen zu nennen.

Mylady stimmte ein, zeigte andere Orte und nannte andere Namen, was die Sache nur verschlimmerte, und schließlich deutete der Baron selbst verzweifelt auf eine Stelle und fragte matt: »Ist der große, gelbe Fleck da wenigstens *Feenland?«*

»Richtig, das ist Feenland«, sagte der Vize-Gouverneur, »und du könntest ihm einen zarten Wink geben«, murmelte er Mylady zu, »morgen zurückzufahren. Er frißt wie ein Scheunendrescher! Für mich wäre es nicht gut, ihm das nahezulegen.«

Seine Frau griff die Idee auf und begann sogleich, ihm aufs geschickteste und dezenteste Winke zu geben. »Seht nur mal, wie kurz die Strecke zurück nach Feenland ist. Also, wenn Ihr morgen in der Frühe aufbrechen würdet, brauchtet Ihr kaum mehr als eine Woche für den Weg!«

Der Baron guckte ungläubig. »Für den Weg *hierhin* habe ich einen vollen Monat gebraucht«, sagte er.

»Aber der *Rück*weg ist immer viel kürzer, ganz bestimmt!«

Flehend blickte der Baron den Vize-Gouverneur an, der aber ohne Zögern beipflichtete: »In derselben Zeit, in der Ihr *einmal* hierhinkommt, könnt Ihr *fünfmal* zurückkehren – falls Ihr morgen in aller Frühe aufbrecht!«

Während der ganzen Zeit klang die Sonate durch den Raum. Der Baron mußte zugeben, daß sie vorzüglich gespielt wurde: doch seine Versuche, des jungen Künstlers ansichtig zu werden, waren vergeblich. Jedesmal, wenn es ihm fast geglückt war, verstellten ihm unfehlbar entweder der Vize-Gouverneur oder seine Frau die Sicht, zeigten einen neuen Ort auf der Karte und betäubten ihn mit einem neuen Namen.

Schließlich gab er es auf, wünschte hastig eine gute Nacht und verließ das Zimmer, während sein Gastgeber und seine Gastgeberin triumphierende Blicke tauschten.

»Geschickt gemacht!« rief der Vize-Gouverneur. »Doller Dreh! Doch was soll das Getrampel auf der Treppe?« Er öffnete die Türe einen Spalt, sah hinaus und fügte bestürzt hinzu. »Man trägt die Gepäckstücke des Barons hinunter!«

»Und was soll das Rädergeknarre?« kreischte Mylady. Sie spähte durch die Fenstervorhänge. »Die Kutsche des Barons ist vorgefahren!« ächzte sie.

In diesem Augenblick riß die Türe auf: eine feiste, furienhafte Fratze funkelte hinein: eine Stimme, heiser vor Wut donnerte die Worte heraus: »Mein Zimmer ist voller Frösche – ich reise ab!«: und die Türe knallte zu.

Und immer noch schallte die herrliche Sonate durch das Zimmer: doch es war Arthurs meisterhafter Anschlag, der meine ganze Seele durch den sensiblen Klang der unsterblichen »Sonata Pathetique« erbeben ließ: und erst nachdem auch der letzte Ton verklungen war, konnte sich der müde, aber glückliche Reisende dazu aufraffen, die Worte »Gute Nacht!« auszusprechen und sein langersehntes Lager aufzusuchen.

VIII. KAPITEL

Der Ritt auf dem Löwen

Der nächste Tag verfloß voller Kurzweil, und zwar teils dadurch, daß ich mich in meinem neuen Quartier einrichtete, und teils, indem ich unter Arthurs Führung in der Nachbarschaft umherstreifte und versuchte, einen allgemeinen Eindruck von Elfenau und seinen Bewohnern zu gewinnen. Etwa um fünf Uhr machte Arthur dann den Vorschlag – diesmal ohne jegliche Anzeichen von Verlegenheit –, zusammen zum »Herrenhaus« zu gehen, damit ich Bekanntschaft mit dem Earl von Ainslie, der es für diese Saison gemietet hatte, schließen und die mit seiner Tochter Lady Muriel wieder anknüpfen könnte.

Mein erster Eindruck von dem vornehmen, würdevollen und geistig noch sehr regen alten Manne war entschieden positiv, und die *aufrichtige* Freude, die das Gesicht seiner Tochter widerspiegelte, als sie mich mit den Worten »das ist aber eine schöne Überraschung« willkommen hieß, schmeichelte jenem Rest persönlicher Eitelkeit, die die Fehler und Enttäuschungen eines langen Lebens und viele Schläge einer brutalen Welt in mir übriggelassen hatten.

Doch bemerkte ich Zeichen für ein weit tieferes Empfinden als bloße Freundlichkeit in der Art, wie sie Arthur begrüßte, und war froh darüber – obwohl ich diese Begegnung für einen eher alltäglichen Vorfall hielt –, und die Unterhaltung zwischen ihnen, an der der Earl und ich nur hier und da Anteil nahmen, war von einer Leichtigkeit und Spontaneität, die man selten antrifft, es sei denn bei *ganz* alten Freunden: und da ich wußte, daß sie sich erst seit diesem Sommer kannten, der gerade in den Herbst überging, war ich sicher, daß »Liebe« und nur Liebe dieses Phänomen erklären konnte.

»Wie praktisch wäre es doch, wenn Teetassen gewichtslos wären!« bemerkte Lady Muriel lachend, *à propos* ich hatte darauf bestanden, ihr die Mühe abzunehmen, eine Tasse Tee für den Earl durch das Zimmer zu tragen. »Dann wäre es den Damen vielleicht wenigstens *ab und zu* gestattet, sie selbst über eine kurze Strecke zu tragen.«

»Man kann sich ganz leicht eine Situation vorstellen«, sagte Arthur, »in der Gegenstände relativ zueinander *zwangsläufig* kein Gewicht hätten, obgleich jeder für sich sein normales Gewicht besäße.«

»Ein verwegenes Paradoxon«, sagte der Earl. »Erklären Sie es uns doch bitte. Erraten können wir es nicht.«

»Also, angenommen dieses Haus hier stünde einige Billionen Meilen über einem Planeten, und es befände sich nichts in seiner Nähe, um es abzulenken: dann fiele es natürlich auf den Planeten?«

Der Earl nickte. »Das könnte allerdings etliche Jahrhunderte dauern.«

»Und der Fünfuhrtee fände die ganze Zeit über statt?« fragte Lady Muriel.

»Genau so wie alles andere«, sagte Arthur. »Die Bewohner würden ihr normales Leben führen, würden aufwachsen und sterben, und das Haus würde immer noch fallen, fallen, fallen! Aber nun zu dem relativen Gewicht der Gegenstände. *Gewicht haben* kann nämlich nur etwas, das an dem Bestreben zu fallen gehindert wird. Akzeptieren Sie das?«

Wir akzeptierten es alle.

»Wenn ich also dieses Buch hier nehme und auf der flachen Hand halte, so spüre ich natürlich sein *Gewicht*. Es will fallen, und ich verhindere das. Und wenn ich es lasse, fällt es auf den Boden. Doch wenn wir gemeinsam fielen, dann *könnte* es einfach nicht schneller fallen: denn wenn ich es lasse, was könnte es dann mehr als fallen? Und da meine Hand auch fiele – im selben Maße – könnte es sie niemals verlassen, denn dann müßte es sie im Fluge überholen. Und es könnte niemals den fallenden Boden erreichen!«

»Jetzt verstehe ich es voll und ganz«, sagte Lady Muriel. »Aber der Gedanke verursacht Schwindel. Wie *können* Sie uns so etwas antun?«

»Ich hätte da noch einen kurioseren Gedanken«, wagte ich zu bemerken. »Angenommen, an dem Haus ist ein Seil befestigt und jemand auf dem Planeten zieht daran. Dann bewegt sich das Haus selbstverständlich schneller als mit normaler Fallbeschleunigung: aber die Möbel – inklusive – unserer werten Personen – fielen weiterhin mit ihrem alten Tempo und blieben ergo zurück.«

»Faktisch würden wir an die Zimmerdecke fliegen«, sagte der Earl. »Das hätte eine Gehirnerschütterung als unvermeidliches Ergebnis zur Folge.«

»Wenn wir die Möbel am Boden festnageln und uns daran anbinden, könnten wir das verhindern«, sagte Arthur. »Dann könnte der Fünfuhrtee in aller Ruhe stattfinden.«

»Mit einem kleinen Haken!« unterbrach Lady Muriel fröhlich. »Die *Tassen* könnten wir zu uns herunternehmen: aber was ist mit dem *Tee*?«

»Ich hatte wahrhaftig den *Tee* vergessen«, gestand Arthur. »Zweifellos stiege *der* an die Decke – es sei denn, Sie nähmen es auf sich, ihn auf seinem Wege dorthin zu trinken!«

»Dieser Unsinn reicht nun wirklich für eine ganze Weile!« sagte der Earl. »Welche Neuigkeiten bringt uns dieser Gentleman aus der großen Welt Londons?«

Dies bezog *mich* in das Gespräch ein, in dem nun ein konventionellerer Ton herrschte. Nach einer Weile gab Arthur das Zeichen zum Aufbruch, und in der Abendkühle schlenderten wir zum Strand hinunter und genossen fast ebenso wie diese letzte scherzhafte Unterhaltung die Stille, die nur vom Murmeln des Meeres und dem fernen Gesang einiger Fischer durchbrochen wurde.

Wir ließen uns zwischen den Felsen neben einem kleinen Pfuhl nieder, der so reich an Lebewesen, Pflanzen und zoöphytischem – oder wie auch immer dieses Wort heißt – Leben war, daß ich mich voller Begeisterung dazu hinreißen ließ, es eingehend zu studieren, und als Arthur in unsere Unterkunft zurückkehren wollte, bat ich ihn, noch eine Zeit hierbleiben zu dürfen, um zu beobachten und zu grübeln.

Das Lied der Fischer klang immer näher und klarer, während ihr Boot dem Strand zusegelte; und gerne wäre ich hingegangen, um sie beim Löschen ihrer Fischladung zu beobachten, hätte der Mikrokosmos zu meinen Füßen meine Neugierde nicht stärker angestachelt.

Eine uralte Krabbe, die sich immer wieder ungestüm von einer Pfuhlseite zur anderen schleppte, hatte mich besonders fasziniert: da war eine Geistesabwesenheit in ihrem Glotzen und eine planlose Wildheit in ihrem Gehabe, die den Gärtner unwiderstehlich in mein Gedächtnis zurückriefen, der Sylvie und Bruno so erschreckt hatte: und während ich noch hinstarrte, vernahm ich die letzten Töne seines verrückten Liedes.

Die eintretende Stille durchbrach Sylvies süße Stimme. »Würdest du uns bitte auf die Straße hinauslassen?«

»Was! Schon wieder hinter dem Bettler her?« schrie er und begann zu singen:

> *»Er dacht', er säh' ein Känguruh*
> *die Kaffeemühle drehn:*
> *Er guckt' nochmal und sah es war*
> *'ne Pille von Arsen.*
> *›Hätt' ich verschlungen die‹, sprach er,*
> *›dann wär's um mich geschehn!‹ «*

»Wir wollen ihm diesmal *gar nichts* zum Schlingen geben«, erklärte Sylvie. »Er ist nicht hungrig. Aber wir wollen ihn sehen. Würdest du uns bitte den Gefallen tun –«

»Gewiß doch!« antwortete der Gärtner prompt. »Ich gefalle *immer*. Niemals mißfällt niemand. So, das wär's!« Und er riß die Türe auf und ließ uns auf die staubige Hauptstraße hinaus.

Wir kamen bald zu dem Busch, der so geheimnisvoll in die Erde versunken war: und hier zog Sylvie das Zaubermedaillon aus seinem Versteck hervor, drehte es nachdenklich um und um und wandte sich schließlich ziemlich ratlos an Bruno. »Was sollten wir bloß damit tun, Bruno? Ich kann mich nicht mehr daran erinnern!«

»Küß es!« lautete Brunos gleichbleibendes Rezept in allen zweifelsvollen und schwierigen Fällen. Sylvie küßte es, doch nichts geschah.

»Reib es gegen den Strich«, war Brunos nächster Vorschlag.

»Wie *ist* denn gegen den Strich«, erkundigte sich Sylvie sehr zurecht. Am besten war es, *beide* Möglichkeiten zu versuchen.

Das Reiben von links nach rechts zeitigte keinerlei sichtbaren Erfolg.

Von rechts nach links – »Oh, halt, Sylvie!« schrie Bruno in jähem Schrecken. »Was ist denn *da* los?«

Denn eine Baumreihe marschierte in feierlicher Prozession den benachbarten Hügel hinauf: während ein Rinnsal, das kurz zuvor noch zu unseren Füßen dahinplätscherte, auf wahrhaft alarmierende Weise anschwoll, schäumte, zischte und sprudelte.

»Reib es schnell anders!« rief Bruno. »Versuch es mal mit rauf und runter! Aber fix!«

Das war ein glücklicher Einfall. Rauf und runter wirkte: und

die Landschaft, die schon verschiedene Symptome von Geistes-
verwirrung gezeigt hatte, kehrte in ihren normalen Ruhezustand
zurück – mit Ausnahme eines gelblich braunen Mäuschens, das
unaufhörlich die Straße rauf und runter flitzte und wie ein kleiner
Löwe seinen Schwanz peitschte.

»Komm, wir folgen ihr«, sagte Sylvie: und das war ebenfalls
ein glücklicher Einfall. Die Maus bequemte sich sogleich zu einem Schlenderschritt, bei dem wir leicht mithalten konnten. Das
einzige Phänomen, das bei mir einiges Unbehagen verursachte,
war das rapide *Wachstum* des kleinen Wesens, dem wir folgten,
und das mehr und mehr zu einem ausgewachsenen Löwen wurde.

Bald war die Metamorphose vollzogen: und ein mächtiger
Löwe stand da und wartete geduldig auf uns. Die Kinder schienen keinerlei Furcht zu haben, denn sie tätschelten und streichel-
ten ihn, als sei er ein Shetlandpony.

»Hilf mir rauf!« rief Bruno. Und schon hatte ihn Sylvie auf den
Rücken der sanften Bestie gehoben und sich selbst im Damensitz
hinter ihn plaziert. Bruno nahm ein Mähnebüschel in jede Hand
und tat so, als könne er dieses neuartige Roß lenken. »Hottehü!«
schien für die *verbale* Lenkung völlig ausreichend. Der Löwe ging
sogleich in leichten Galopp über, und bald schon befanden wir
uns in den Tiefen des Waldes. Ich sage »wir«, da ich sicher bin,
daß *ich* sie begleitete – obschon ich mich völlig außerstande sehe
zu erklären, *wie* ich mit einem galoppierenden Löwen Schritt halten konnte. Aber ich war bestimmt anwesend, als wir zu einem alten stöckeschneidenden Bettler kamen, vor dem der Löwe eine
tiefe Verbeugung machte, wobei Sylvie und Bruno abgeworfen
wurden und in ihres Vaters Arme stürzten.

»Vom Bösen zum Böseren!« sagte der alte Mann versonnen zu
sich, nachdem die Kinder ihren äußerst konfusen Bericht von
dem Besuch des Botschafters beendet hatten, von dem sie ge-
rüchteweise gehört und nicht selbst miterlebt hatten. »Vom Bösen zum Böseren! Das ist ihr Schicksal! Ich sehe es, aber ich kann
es nicht ändern. Die Habgier eines boshaften und schlauen Mannes – die Habgier einer stolzen und dummen Frau – die Habgier

eines Zwietracht säenden und lieblosen Kindes – alle gehen sie einen Weg, vom Bösen zum Böseren. Und ich fürchte – ihr, meine Lieblinge – müßt das noch weiter ertragen. Doch wenn es ganz schlimm wird, dann könnt ihr zu mir kommen. Bisher kann ich wenig tun –«

Er raffte eine Handvoll Staub, warf ihn in die Luft und formulierte langsam und feierlich einige Worte, die wie eine Beschwörung klangen, und die Kinder schauten in ehrfürchtigem Schweigen zu:

> *»Löscht Schlauheit, Stolz, Zwietracht*
> *in der Vergeltungsnacht,*
> *bis Schwäche wird zur Macht,*
> *bis Dunkelheit wird Pracht,*
> *bis Falschheit Treu' entfacht!«*

Die Staubwolke dehnte sich in der Luft aus, als sei sie lebendig, und gestaltete seltsame Formen, die immer wieder in andere übergingen.

»Sie macht Buchstaben! Sie macht Wörter!« wisperte Bruno und klammerte sich erschrocken an Sylvie. »Ich kann es nur nicht erkennen! Lies du sie doch, Sylvie!«

»Ich werde es versuchen«, antwortete Sylvie ernst. »Warte mal – wenn ich bloß das Wort erkennen könnte –«

»Dann wär's um mich geschehn!« gellte uns eine mißtönende Stimme in den Ohren.

> *»›Hätt' ich verschlungen die‹, sprach er,*
> *›dann wär's um mich geschehn!‹«*

IX. KAPITEL

Ein Hofnarr und ein Bär

Ja, wir waren abermals im Garten: und um jener gräßlichen miß-
tönenden Stimme zu entgehen, hetzten wir ins Haus und gerieten
in die Bibliothek – wo Uggug plärrte, der Professor mit bestürzter
Miene danebenstand und Mylady, die Arme um ihres Sohnes
Hals geschlungen, ständig wiederholte: »Und man hat ihm ganz
gemeine Aufgaben gestellt? Meinem süßen Schätzchen!«

»Was soll der Lärm?« erkundigte sich der Vize-Gouverneur
ärgerlich und stolzierte ins Zimmer. »Und was soll der Gardero-
benständer hier?« Und er hängte seinen Hut an Bruno auf, der
mitten im Zimmer stand und von dem plötzlichen Szenenwechsel
zu benommen war, um ihn absetzen zu können, obschon er bis
auf seine Schultern reichte und ihn etwa wie eine kleine Kerze mit
einem großen übergestülpten Löschhütchen aussehen ließ.

Der Professor erklärte sanftmütig, daß Seine Hoheit gnädig
geruht haben zu bemerken, Sie werde Ihre Aufgaben nicht machen.

»Mach sofort deine Aufgaben, du junger Dachs!« donnerte der
Vize-Gouverneur. »Und nimm *dies*!« und eine schallende Ohrfeige ließ den unglücklichen Professor durch das Zimmer tau-
meln.

»Rettet mich!« stammelte der arme alte Mann, als er nahezu
ohnmächtig zu Myladys Füßen sank.

»Euch plätten? Aber gern doch!« erwiderte Mylady, hob ihn
auf einen Stuhl und legte ein Schonerdeckchen auf seinen Bauch.
»Wo ist das Plätteisen?«

Unterdessen hatte der Vize-Gouverneur Uggug zu fassen bekommen und walkte ihn mit seinem Schirm durch. »Wer hat bloß
diesen losen Nagel aus dem Boden herausstehen lassen?« brüllte

er. »Hämmert ihn ein, sag ich. Hämmert ihn ein!« Schlag auf Schlag traf den sich windenden Uggug, bis er sich heulend zu Boden fallen ließ.

Dann wandte sich sein Vater der »Plätt-Szene« zu, die sich gerade vollzog, und brach in schallendes Gelächter aus. »Entschuldige Liebling, aber das war zu komisch!« sagte er, sobald er wieder sprechen konnte. »Du bist *wahrhaftig* ein vollkommener Esel! Küß mich, Tabby!«

Und er umschlang den Hals des erschrockenen Professors, der in wildes Gekreische ausbrach, doch ob er den angedrohten Kuß empfing oder nicht, konnte ich nicht mehr mitbekommen, da Bruno sich mittlerweile von seinem Löschhütchen befreit hatte und gefolgt von Sylvie Hals über Kopf aus dem Zimmer stürmte; und da ich mich unter all diesen verrückten Kreaturen alleine fürchtete, jagte ich rasch hinter ihnen her.

»Wir müssen sofort zu Vater!« keuchte Sylvie, während sie den Garten hinunterlief. »Ich bin *sicher*, jetzt wird es ganz schlimm. Ich werde den Gärtner bitten, uns nochmal hinauszulassen.«

»Aber wir können doch nicht den ganzen Weg *zu Fuß gehen!*« wimmerte Bruno. »Ich hätte so gern ein Viergespann wie Onkel!«

Und schrill und wild erfüllte die vertraute Stimme die Luft:

> *Er dacht', er säh' ein Viergespann*
> *am Bett, nah seinem Schopf:*
> *Er guckt' nochmal und sah, es war*
> *ein Bär ganz ohne Kopf.*
> *›Du kriegst dein Fressen gleich‹, sprach er,*
> *›du armer dummer Tropf!‹*

»Nein, ich darf euch nicht nochmal rauslassen!« sagte er, ehe die Kinder noch sprechen konnten. »Der Vize-Gouverneur hat's mir gegepen; un wie, nur weil ich euch das letzte Mal rausgelassen hap'. Also verduftet!« Er wandte sich von ihnen ab, begann wie wild den Kiesweg umzugraben und sang immer und immer wieder:

»›Du kriegst dein Fressen gleich‹, sprach er,
›du armer dummer Tropf!‹«

doch klang es melodischer als sein anfängliches Gekreische.

Der Gesang schwoll mächtiger und klangvoller an: andere männliche Stimmen mischten sich ein: und bald schon hörte ich den dumpfen Schlag, der das Anlaufen des Bootes an den Strand kündete, und das Kieselknirschen, als die Männer es hochzerrten. Ich raffte mich auf und nachdem ich bei dem Hochzerren des Bootes mitgeholfen hatte, verweilte ich noch kurze Zeit und beobachtete sie beim Löschen einer beträchtlichen Ladung der hart erkämpften ›Schätze der Tiefe‹.

Als ich unsere Unterkunft schließlich erreichte, war ich müde und schläfrig und ziemlich froh, mich wieder in den Lehnstuhl niederzulassen, während der gastfreundliche Arthur an den Speiseschrank ging, um mir Kuchen und Wein zu holen, da er mich in seiner Eigenschaft als Arzt nicht nüchtern zu Bett schicken könne.

Und *wie* die Schranktüre quietschte! Es konnte unmöglich *Arthur* sein, der sie so oft öffnete und schloß, so rastlos umherlief und monologisierend vor sich hinmurmelte wie die Königin aus einer Tragödie.

Nein, es war eine *weibliche* Stimme. Ebenso war die Gestalt – von der Schranktüre halb verborgen – eine *weibliche* Gestalt, massig und mit wallender Robe. Sollte es sich etwa um die Hauswirtin handeln? Die Türe öffnete sich, und ein fremder Mann betrat das Zimmer.

»Was *macht* die dumme Gans da bloß?« sagte er zu sich und verweilte entgeistert auf der Schwelle.

Die besagte Lady war seine Gattin. Sie hatte eine Schrankseite geöffnet, wandte ihm den Rücken zu, glättete einen Bogen Packpapier auf einem der Regale und wisperte vor sich hin: »So, so! Geschickt gemacht! Doller Dreh!«

Ihr liebender Gatte stahl sich auf Zehenspitzen hinter sie und tippte ihr an den Kopf. »Buh!« schrie er ihr scherzhaft ins Ohr. »Behaupte nie wieder, ich könne nicht ›Buh‹ sagen zu einer Gans!«

Mylady rang die Hände. »Ertappt!« ächzte sie. »Nein, doch nicht – es ist einer von uns! Verrat es nicht, o Mann! Laß kommen seine Zeit!«

»Verrat *was* nicht?« entgegnete ihr Gatte mürrisch und riß das Packpapier heraus. »Was versteckt Ihr hier, Mylady? Ich verlange eine Antwort!«

Mylady schlug die Augen nieder und sagte so leise wie möglich. »Mach dich nicht lustig, Benjamin!« flehte sie. »Das ist – das ist – begreifst du nicht? Das ist ein DOLCH!«

»Und *wozu*?« spottete Seine Exzellenz. »Wir brauchen den Leuten doch nur *weiszumachen*, daß er tot ist. Wir müssen ihn nicht *töten*! Und auch noch aus Zinn!« knurrte er und wickelte die Schneide geringschätzig um den Daumen. »Nun, Madam, Ihr werdet mir einiges erklären müssen. Zunächst einmal, weshalb nanntet Ihr mich *Benjamin*?«

»Das gehört doch zur Konspiration, Lieber. Man muß schließlich ein Alias haben –«

»Oh, also ein Alias? Nun denn! Als nächstes, wofür habt Ihr diesen Dolch bekommen? Na los doch, keine Ausflüchte! *Mich* könnt Ihr nicht hinters Licht führen!«

»Ich habe ihn für – für – für –« die ertappte Konspirantin stammelte und versuchte ihr Bestes, blutrünstig dreinzublicken, wie sie es vor dem Spiegel eingeübt hatte. »Für –«

»Für *was*, Madam!«

»Also, für achtzehn Pennies bekommen, wenn du es *unbedingt* wissen mußt, Liebster. Jedenfalls habe ich ihn auf –«

»Nun sag ja *nicht* auf Ehre und Gewissen!« stöhnte der andere Konspirant. »Zusammen sind sie nicht mal die Hälfte wert!«

»Auf meinem *Geburtstag*«, setzte Mylady leise flüsternd fort. »Man *muß* einen Dolch haben, verstehst du. Das gehört zur –«

»Oh, sag nichts von Konspiration!« unterbrach ihr Gatte roh, wobei er den Dolch in den Schrank zurückwarf. »Von einer Konspiration verstehst du etwa so viel wie ein neugeborenes Kind. Zuerst einmal muß man sich eine Verkleidung besorgen. Sieh dir das mal an!«

Und mit entschuldbarem Stolz probierte er eine Narrenkappe

auf und zog das dazugehörende Narrenkleid an, zwinkerte ihr zu und streckte die Zunge raus.

Myladys Augen entflammten mit der ganzen Begeisterung einer Konspirantin. »Genau getroffen!« rief sie und klatschte in die Hände. »Oh, du siehst wie ein kompletter Idiot aus!«

Der Idiot lächelte unsicher. Der Qualität dieses Kompliments war er sich nicht ganz sicher. »Du meinst ein Hofnarr? Ganz genau das habe ich beabsichtigt. Und was glaubst du, welche Verkleidung *du* bekommst?« Und er machte sich daran, ein Paket auszupacken, wobei ihn die Lady verzückt beobachtete.

»Oh, wie hübsch!« rief sie angesichts der ausgepackten Verkleidung. »Was für eine *prächtige* Verkleidung! Eine Eskimofrau!«

»Eine Eskimofrau, das ich nicht lache!« schimpfte der andere. »Hier, zieh es an und beguck dich im Spiegel. Das ist ein *Bär*, hast du denn keine Augen im Kopf?« Er unterbrach sich plötzlich, da eine schrille Stimme durch das Zimmer gellte:

> *»Er guckt' nochmal und sah, es war*
> *ein Bär ganz ohne Kopf!«*

Doch das war nur der Gärtner, der unter dem offenen Fenster sang. Der Vize-Gouverneur stahl sich auf Zehenspitzen zum Fenster und schloß es geräuschlos, ehe er weiterzusprechen wagte. »Ja, Schätzchen, ein *Bär*: aber ich hoffe doch *mit* Köpfchen. Du bist der Bär und ich der Bärenführer. Und wenn uns irgend jemand erkennen will, muß er schon Adleraugen besitzen!«

»Ich muß das Gehen noch ein bißchen üben«, sagte Mylady und guckte durch das Bärenmaul: »Anfangs wird man doch noch ziemlich menschlich wirken. Und du mußt natürlich sagen, ›Allez hopp, Meister Petz!‹, nicht wahr?«

»Na, klar«, antwortete der Bärenführer und griff mit einer Hand die Kette, die von des Bären Halsband herabhing, während er mit der anderen eine kleine Peitsche schnalzen ließ. »Nun tanze im Zimmer herum. Sehr gut, meine Liebe, ausgezeichnet. Allez hopp, Meister Petz, allez hopp sage ich!«

Die letzten Worte brüllte er wegen Uggug heraus, der gerade

das Zimmer betreten hatte und mit gespreizten Fingern, Augen und Mund aufgerissen dastand, ganz das Bild blöder Verblüffung. »Oh, mei!« konnte er nur noch hervorkeuchen.

Der Bärenführer tat so, als verstelle er des Bären Halsband, wodurch er Gelegenheit erhielt, unhörbar für Uggug zu flüstern: »*Meine* Schuld, fürchte ich! Habe ganz vergessen, die Türe zu schließen. Plan ist durchkreuzt, wenn er es rausfindet! Mach noch ein, zwei Minuten weiter. Sei wild!« Dann ließ er den Bären auf den erschrockenen Jungen los, wobei er ihn scheinbar mit aller Kraft zurückhielt: mit bewundernswerter Geistesgegenwart stimmte Mylady etwas an, was sie zweifellos für ein wildes Knurren hielt, obschon es eher dem Schnurren einer Katze glich: und Uggug pflitzte mit einer derartigen Geschwindigkeit aus dem Zimmer, daß er über den Türvorleger stolperte, und man ihn draußen heftig zu Boden fallen hörte – ein Unglück, dem in der

Hitze des Gefechts nicht einmal seine vernarrte Mutter Aufmerksamkeit zollte.

Der Vize-Gouverneur schloß und verriegelte die Türe. »Runter mit der Verkleidung!« keuchte er. »Kein Augenblick ist zu verlieren. Er holt bestimmt den Professor, und den können wir wohl nicht hinters Licht führen!« Und in der nächsten Minute waren die Maskeraden im Schrank versteckt, die Türe entriegelt, und die beiden Konspiranten saßen liebevoll Seit an Seit auf dem Sofa, wobei sie eifrig über ein Buch diskutierten, das der Vize-Gouverneur sich hastig vom Tisch geschnappt hatte und das sich als das Adreßbuch der Hauptstadt von Anderland entpuppte.

Ganz langsam und vorsichtig öffnete sich die Türe, und der Professor spinxte hinein, hinter ihm war gerade noch Uggugs blödes Gesicht sichtbar.

»Das ist aber eine wunderhübsche Anordnung!« sagte der Vize-Gouverneur gerade voller Enthusiasmus. »Du siehst, mein Schätzchen, fünfzehn Häuser stehen in der Grünstraße, ehe man in die Weststraße kommt.«

»*Fünfzehn* Häuser! Ist es denn *möglich*?« staunte Mylady. »Ich habe immer geglaubt, es wären nur vierzehn!« Und sie waren von dieser spannenden Frage derart gefesselt, daß keiner von ihnen eher aufblickte, bis der Professor, mit Uggug an der Hand, dicht vor ihnen stand.

Mylady war die erste, die ihre Annäherung bemerkte. »Sieh da, der Professor!« rief sie mit ihrer sanftesten Stimme. »Und mein teures Kind ist auch da! Ist der Unterricht schon aus?«

»Es hat sich etwas Merkwürdiges ereignet!« begann der Professor mit zitternder Stimme. »Seine Exaltierte Fettheit« (dies war einer von Uggugs zahlreichen Titeln) »hat mir berichtet, er habe in eben diesem Zimmer einen Hofnarren mit einem Tanzbären gesehen!«

»Aber *bestimmt* nicht hier, mein Liebling!« sagte die zärtliche Mutter. »Wir sitzen schon über eine Stunde hier und lesen –« dabei wies sie auf das Buch, das auf ihrem Schoß lag, »– lesen das – das Adreßbuch.«

»Laß mich mal deinen Puls fühlen, mein Junge!« sagte der besorgte Vater. »Und nun streck die Zunge raus. Ah, hab ich's mir doch gedacht! Er hat etwas Fieber, Professor, und er phantasiert. Steckt ihn sofort ins Bett und verabreicht ihm einen kühlenden Trunk.«

»Ich bin nicht phantasiert!« beschwerte sich Seine Exaltierte Fettheit, als der Professor ihn wegführte.

»Schlechte Grammatik, Sir!« bemerkte sein Vater streng. »Seid so gut und widmet Euch auch *dieser* kleinen Angelegenheit, Professor, sobald Ihr den Fieberanfall geheilt habt. Ach übrigens, Professor!« (Der Professor ließ seinen Meisterschüler an der Türe stehen und kam demütig zurück), »Es geht da ein Gerücht um, die Leute wünschten die Wahl eines – also eines – Ihr versteht, ich meine einen –«

»Doch nicht etwa einen *anderen Professor*!« stieß der arme alte Mann erschrocken hervor.

»Nein, bestimmt nicht!« erklärte der Vize-Gouverneur eifrig. »Bloß einen Kaiser, versteht Ihr.«

»Einen *Kaiser*!« staunte der Professor und preßte seinen Kopf fest zwischen beiden Händen, als fürchte er, der Schock könne ihn zerspringen lassen. »Was wird der Gouverneur –«

»Nun, der Gouverneur wird höchstwahrscheinlich unser neuer Kaiser!« erklärte Mylady. »Wo können wir bloß einen besseren finden? Es sei denn, vielleicht –« sie streifte ihren Gatten mit einem Blick.

»Ja, wo denn nur!« entgegnete der Professor ganz eifrig und versäumte völlig, den Wink zu verstehen.

Der Vize-Gouverneur nahm den Faden seiner Ausführungen wieder auf. »Ich habe es nur erwähnt, Professor, um *Euch* zu bitten, bei der Wahl freundlicherweise den Vorsitz zu führen. Das würde die Angelegenheit nämlich *respektabel* machen – kein Verdacht auf Schiebung –«

»Ich fürchte, das kann ich nicht tun, Eure Exzellenz!« stammelte der alte Mann. »Was würde der Gouverneur –«

»Wahr, wahr!« unterbrach der Vize-Gouverneur. »Ihre Position als Hofprofessor macht es zugegebenermaßen etwas peinlich. Gut, gut! Ihr werdet eben von der Wahl ausgenommen.«

»Besser das, als wenn ich von der Wahl *ein*genommen wäre!«
murmelte der Professor verwirrt, als ob er kaum wüßte, was er gerade sagte. »Bett, meinte Eure Hoheit noch, und einen kühlenden
Trunk?« Und er schritt geistesabwesend dahin zurück, wo Uggug mißgestimmt auf ihn wartete.

Ich folgte ihnen aus dem Zimmer und den Korridor hinunter,
und der Professor murmelte die ganze Zeit über als Eselsbrücke
für sein schlechtes Gedächtnis: »K, K, K; Koje, kühlender
Trunk, korrekte Grammatik«, bis er um eine Ecke bog und so unvermittelt auf Sylvie und Bruno traf, daß er seinen fetten Schüler
verdutzt losließ, der auch augenblicklich das Weite suchte.

X. KAPITEL

Der Andere Professor

»Wir haben Sie gesucht!« rief Sylvie mit großer Erleichterung. »Wir haben Sie ja *so* herbeigesehnt, Sie können es sich gar nicht vorstellen!«

»Aber warum denn, liebe Kinder?« fragte der Professor und strahlte sie so freundlich an, wie er Uggug noch niemals angesehen hatte.

»Wir möchten gern, daß Sie beim Gärtner ein gutes Wort für uns einlegen«, sagte Sylvie, während sie und ihr Bruder des alten Mannes Hände ergriffen und ihn in die Halle führten.

»Er iss immer so unfreundlich!« erklärte Bruno traurig. »Sie iss *alle* so unfreundlich zu uns, seit Vater weg iss. Der Löwe waren viel liebenswürdiger!«

»Aber ihr müßt mir bitte sagen, wer der Löwe und wer der Gärtner ist«, sagte der Professor ängstlich. »Es ist *enorm* wichtig, zwei solche Lebewesen nicht miteinander zu verwechseln. Und gerade in ihrem Fall neigt man nur allzu leicht dazu – beide haben Mäuler, versteht ihr –«

»Verwechsels'de häufig was?« erkundigte sich Bruno.

»Leider ganz schön oft«, gestand der Professor aufrichtig. »Nun, da steht zum Beispiel ein Kaninchenstall und eine Standuhr.« Der Professor deutete darauf. »*Sie* machen einen schon ziemlich konfus – beide haben nämlich Türen. Also – ihr werdet es kaum glauben! – erst gestern habe ich Salatblätter in die Uhr gesteckt und versucht, das Kaninchen aufzuziehen!«

»Iss das Kaninchen denn gelaufen, nachdem du es aufgezogen hattest?« fragte Bruno.

Der Professor massierte nachdenklich die Stirne und brummte: »Gelaufen? Soviel ich weiß, *ist* es gelaufen. Also, jedenfalls ist es *weg*! Doch wohin es gelaufen ist – das konnte ich einfach nicht herausfinden. Ich habe mein Bestes getan – ich habe den ganzen Artikel über ›Kaninchen‹ im großen Lexikon nachgelesen – Herein!«

»Nur der Schneider, Sir, mit einer kleinen Rechnung für Euch«, meldete sich eine devote Stimme draußen vor der Türe.

»Ah, fein, *das* ist sofort erledigt«, sagte der Professor zu den Kindern, »wartet nur eine Minute. Wieviel macht es dieses Jahr, guter Mann?« Der Schneider war inzwischen eingetreten.

»Also, dat hat süch im Lauf der Jahre natürlich verdoppelt«, entgegnete der Schneider ein wenig barsch, »un ich hätt' dat Jeld jetz jern. Et macht zwotausend Pfund!«

»Oh, das ist gar nichts«, bemerkte der Professor sorglos und tastete seine Taschen ab, als trüge er zumindest *diesen* Betrag immer bei sich. »Aber wollen Sie nicht gerne noch ein weiteres Jahr warten, und es auf viertausend Pfund anwachsen lassen? Stellen Sie sich nur einmal vor, wie reich Sie wären! Ja, Sie könnten sogar König werden, wenn Sie nur wollten!«

»Also, ich weeß nich, ob ich Könich wärn wollte«, sagte der Mann nachdenklich. »Aber dat *klingt* nach ner janzen Menge Jeld! Also, ich glaube, ich weř warten –«

»Natürlich tun Sie das!« sagte der Professor. »Wie ich sehe, haben *Sie* eine gesunde Einstellung. Einen schönen Tag noch, guter Mann!«

»Werden Sie ihm die viertausend Pfund jemals bezahlen müssen?« fragte Sylvie, nachdem sich die Türe hinter dem Gläubiger geschlossen hatte.

»*Niemals*, mein Kind!« antwortete der Professor nachdrücklich. »Er wird es weiterhin verdoppeln lassen, bis er stirbt. Du siehst daran, es ist *immer* der Mühe wert, ein weiteres Jahr zu warten, um doppelt soviel Geld zu bekommen. Und was wollen wir nun unternehmen, meine kleinen Freunde? Soll ich euch zu dem Anderen Professor bringen? Ein Besuch würde jetzt passen«, sagte er zu sich und sah flüchtig auf seine Uhr: »Normalerweise macht er nämlich etwa um diese Zeit ein kleines Nickerchen – von vierzehneinhalb Minuten!«

Bruno hastete zu Sylvie, die auf der anderen Seite des Professors stand, und legte seine Hand in die ihre. »Ich glaub, wir kommen gerne mit«, sagte Bruno unsicher. »Wir wollen nur alle zusammen gehen. Vorsicht ist die Mutter der Porzellankiste!«

»Na sowas, du redest ja so, als wärest du *Sylvie*!« rief der Professor.

»Ich weiß«, antwortete Bruno äußerst bescheiden. »Hab völlig vergessen, daß ich nich Sylvie bin. Ich dachte auch nur, er könnte vielleicht ziemlich wütend sein!«

Der Professor lachte vergnügt. »Oh, er ist ganz zahm!« sagte er. »Er beißt niemals. Er ist nur ein wenig – ein wenig *verträumt*, verstehst du.« Er griff Brunos andere Hand und führte die Kinder einen langen Korridor hinunter, der mir bislang gar nicht aufgefallen war – nicht, daß *das* irgendwie bemerkenswert gewesen wäre: ich betrat ja beständig neue Räume und Gänge in dem geheimnisvollen Palast, und es war mir selten vergönnt, die alten wiederzufinden.

Fast am Ende des Korridors blieb der Professor stehen. »Hier ist sein Zimmer«, sagte er und zeigte auf eine solide Mauer.

»*Da* können wir nicht durch!« rief Bruno.

Schweigend prüfte Sylvie sorgfältig, ob sich die Mauer irgendwo öffnen ließ. Dann lachte sie lustig. »Du nimmst uns auf den Arm, alter Freund!« sagte sie. »Hier ist keine *Türe*!«

»Das Zimmer hat auch keine Türe«, erklärte der Professor. »Wir müssen durchs Fenster klettern.«

Also gingen wir in den Garten und fanden bald schon das Fenster zu des Anderen Professors Zimmer. Es befand sich im Erdgeschoß, und seine Flügel waren einladend weit geöffnet: zuerst hob der Professor die beiden Kinder hinein, dann kletterten er und ich ihnen nach.

Der Andere Professor saß an einem Tisch, sein Kopf ruhte auf einem aufgeschlagenen Folianten: er hatte beide Arme um das Buch geschlungen und schnarchte laut. »So liest er normalerweise die ganz interessanten Bücher«, bemerkte der Professor, »und dann ist es manchmal sehr schwierig, seine Aufmerksamkeit zu erregen!«

Dies schien einer der schwierigen Fälle zu sein: der Professor riß ihn ein-, zweimal hoch und schüttelte ihn kräftig durch: doch sobald er losgelassen wurde, kehrte er wieder zu seinem Buch zurück, und tiefe Atemzüge bewiesen, daß die Lektüre immer noch höchstes Interesse fand.

»Wie verträumt er ist!« wunderte sich der Professor. »Er muß zu einem ganz besonders interessanten Abschnitt gekommen sein!« Und er ließ geradezu einen Hagelschlag von Knüffen auf des Anderen Professors Rücken niederprasseln und begleitete sie mit dem Schrei: »Hallo, Hallo!« Und dann wandte er sich an Bruno: »Ist es nicht ein *Wunder*, wie verträumt er ist?«

»Also, wenn der immer so *schläft*«, bemerkte Bruno, »na, dann muß er ja auch träumen!«

»Aber was sollen wir bloß tun?« Der Professor war ratlos. »Ihr seht ja selbst, er ist völlig in sein Buch vertieft!«

»Und wenn du das Buch zuklappst?« schlug Bruno vor.

»Das ist die Idee!« Der Professor war entzückt. »Natürlich, das muß einfach klappen!« Und er klappte das Buch so schnell zu, daß er des Anderen Professors Nase zwischen die Seiten einklemmte und heftig kniff.

Sofort war der Andere Professor auf den Beinen und brachte das Buch zur gegenüberliegenden Zimmerseite, wo er es an seinen Platz im Bücherregal zurückstellte. »Ich habe jetzt achtzehndreiviertel Stunden lang gelesen«, sagte er, »und nun halte ich eine Ruhepause von vierzehneinhalb Minuten. Ist die Vorlesung fertig?«

»Beinahe«, antwortete der Professor zurückhaltend. »Ich wollte Sie nur noch um ein oder zwei Hinweise bitten – es gibt da noch ein paar kleine Probleme –«

»Und ein Bankett erwähnten Sie wohl?«

»Oh ja! Das Bankett steht natürlich *an erster Stelle*. Mit knurrendem Magen erfreut sich wohl keiner an abstrakter Wissenschaft. Und dann kommt noch der Maskenball. Oh, es wird eine Menge Spaß geben!«

»Wann wird der Ball stattfinden?« fragte der Andere Professor.

»Am besten doch wohl zu Beginn des Banketts – dann kommen die Gäste nämlich so nett einander näher.«

»Ja, so ist die richtige Reihenfolge. Erst die Tagung: dann die Labung: dann die Grabung – denn ich bin sicher, *Ihre* Vorlesung wird sich in unseren Geist eingraben!« sagte der Andere Professor, der die ganze Zeit über mit dem Rücken zu uns gestanden hatte und damit beschäftigt war, ein Buch nach dem anderen herauszunehmen und auf den Kopf zu stellen. Neben ihm stand eine Staffelei mit einer Tafel: und bei jedem Buch machte er darauf mit einem Stück Kreide einen Strich.

»Und was ›Die Geschichte vom Schwein‹ betrifft –, die *Sie* uns freundlicherweise erzählen wollen –« fuhr der Professor fort und rieb sich nachdenklich das Kinn. »Ich denke, sie sollte besser am *Ende* des Banketts stehen: dann können die Leute sie sich in aller Ruhe anhören.«

»Soll ich sie *singen*?« fragte der Andere Professor verzückt.

»Wenn Sie es *können*«, antwortete der Professor vorsichtig.

»Ich will es versuchen«, sagte der Andere Professor und setzte sich an das Pianoforte. »Um etwaigen Meinungsverschiedenheiten vorzubeugen, nehmen wir einmal an, es beginne auf As.« Und er schlug die fragliche Note an. »La, la la! Ich nehme an, das liegt noch in einer Oktave.« Er schlug die Note abermals an und wandte sich an Bruno, der neben ihm stand. »Hab ich es nicht ebenso gesungen, mein Kind?«

»Nee, bestimmt nich«, antwortete Bruno mit großer Sicherheit. »Das klang eher nach einer Ente.«

»Einzelne Noten besitzen gern diesen Effekt«, sagte der Andere Professor seufzend. »Ich probiere es mal mit einer ganzen Strophe.

> Nah einer Pumpe saß voll Schmerz
>   ein Schwein, allein und dick.
> Bei Tag und Nacht quält' es sein Herz:
> es hätt' erweicht 'nen Stein von Erz,
>   wie es die Huf hob himmelwärts,
>   zu hüpfen war sein Tick.

Ist das nicht eine Melodie, Professor?« fragte er am Ende.

Der Professor überlegte eine Weile. »Also«, sagte er schließlich, »einige Noten schienen sich zu gleichen – andere klangen anders – aber eine *Melodie* würde ich das wohl kaum nennen.«

»Ich will es noch ein bißchen einstudieren«, sagte der Andere Professor. Und er schlug hier und da einige Tasten an und brummte dazu wie eine gereizte Schmeißfliege.

»Wie gefällt euch sein Gesang?« fragte der Professor leise die Kinder.

»Nicht besonders *schön*«, sagte Sylvie zögernd.

»Extrem *scheußlich*!« sagte Bruno geradeheraus.

»Extreme sind immer schlecht«, dozierte der Professor. »Zum Beispiel ist *maßvoll* nüchtern zu sein gut: aber selbst die ins *Extrem* getriebene Nüchternheit hat ihre Nachteile.«

»Und worin bestehen die Nachteile?« war die Frage, die mir gleich einfiel – und wie gewöhnlich stellte sie Bruno für mich. »Und *worin* bestehen die Nageteile?«

»Da wäre zum Beispiel folgender«, sagte der Professor. »Wenn ein Mann mal beschwipst ist (das ist nämlich ein Extrem), sieht er einen Gegenstand als zwei. Doch wenn er *extrem* nüchtern ist (das wäre das andere Extrem), sieht er zwei Gegenstände als einen. Aber was auch immer geschieht, beides ist unbequem.«

»Was heißt ohn-Bett-wem?« flüsterte Bruno Sylvie zu.

»Den Unterschied zwischen ›bequem‹ und ›unbequem‹ kann man am besten an einem Beispiel erläutern«, sagte der Andere Professor, der die Frage mitbekommen hatte. »Wenn man sich ein beliebiges Gedicht ausdenkt, das die beiden Worte enthält – wie etwa –«

Der Professor hielt sich entsetzt die Ohren zu. »Wenn er einmal ein Gedicht beginnt«, sagte er zu Sylvie, »dann hört er nie mehr damit auf! Niemals!«

»Hat er schon einmal ein Gedicht angefangen und nicht mehr aufgehört?« erkundigte sich Sylvie.

»Dreimal«, sagte der Professor.

Bruno stellte sich auf die Zehenspitzen, bis seine Lippen auf der Höhe von Sylvies Ohren waren. »Was ist aus den drei

Gedichten geworden?« flüsterte er. »Sagt er sie alle jetzt noch auf?«

»Still!« sagte Sylvie. »Der Andere Professor spricht!«

»Ich werde es ganz kurz machen«, murmelte der Andere Professor mit niedergeschlagenen Augen und melancholischer Stimme, die einen eigenartigen Kontrast zu seinem Gesicht bildete, in dem er wohl vergessen hatte, sein Lächeln abzustellen. (»Doch war es kein richtiges Lächeln«, verriet Sylvie später: »sondern scheinbar formte der Mund bloß den Gesichtsausdruck.«)

»Dann mal los!« sagte der Professor. »*Was sein muß, muß sein.*«

»Merk dir das!« flüsterte Sylvie Bruno zu. »Das ist eine gute Regel, wenn du dir einmal weh tust.«

»Und es ist eine gute Regel, wenn ich Lärm mach«, sagte der kesse kleine Kerl. »Merk dir es also auch, Fräulein!«

»*Wie* meinst du das?« sagte Sylvie und versuchte, die Stirn zu runzeln, eine Miene, mit der sie noch nie großen Erfolg errungen hatte.

»Sehr oft hast du mir gesagt«, erklärte Bruno, »›Man muß nich so einen Lärm machen, Bruno!‹, wenn ich dir gesagt habe ›Man *muß*!‹ Nun hast du's, es gibt nich eine Regel mit ›Man muß nich!‹ Aber du glaubst *mir* ja nie!«

»Als ob *dir* jemand glauben *könnte*, du schlimmer, schlimmer Schlingel«, sagte Sylvie. Die *Worte* klangen wahrlich ernst, aber meiner Meinung nach sollte man zum Erwecken eines Schuldgefühls den Urteilsspruch nicht verkünden, wenn man die Lippen *ganz* an der Wange des Delinquenten hat – sintemal selbst ein versehentlicher Kuß zum Abschluß die Wirkung geradezu entsetzlich schwächt.

XI. KAPITEL

Peter und Paul

»Wie ich schon sagte«, der Professor nahm den Faden wieder auf,
»wenn man sich ein beliebiges Gedicht ausdenkt, das die beiden
Worte enthält – wie etwa –

> ›Peter ist arm‹, sprach Paul voll Pein,
>   und ich war stets sein guter Freund:
> ist auch mein Gut zum Schenken klein,
>   zu leihen ihm wird nicht gesäumt.
> Wer hilft schon gern in dieser Zeit,
>   stößt er sich selbst nicht dran gesund!
> Doch ich kann fühlen Peters Leid,
>   ICH WERD' IHM LEIHEN FÜNFZIG PFUND!‹

> Wie groß des Peters Freude war,
>   zu sehn des Freundes große Huld!
> Wie froh schrieb er den Schein sogar,
>   bezeugend finanzielle Schuld!
> ›Daß es‹, sprach Paul, ›präzise sei:
>   drum will ich's auf den Tag fixieren:
> ein Freund riet mir zum vierten Mai,
>   am Mittag komme ich kassieren.‹

> ›Jetzt ist April!‹ sprach Peter zag.
>   ›Und zwar der erste, wie ich mein.
> Fünf Wochen sind mir wie ein Tag,
>   ein Augenblick, kurz, viel zu klein!
> Gib mir ein Jahr zum Spekulieren –
>   zum Kauf und Verkauf – Handel führen –‹

Sprach Paul: ›Ich kann nicht umdatieren.
Am vierten Mai komm ich kassieren.‹

›Gut, gut!‹ sprach Peter seufzend da.
   ›Gib mir mein Geld, und ich enteil’.
Ich gründe ’ne GmbH,
   und so ersteh ich mir mein Teil.‹
Zerknirscht war Paul da ungemein:
   ›Beim Geld besteht noch ein Problem:
bis übernächste Woch’, oh Pein,
   ist es mir leider nicht bequem.‹

So kam der Peter wöchentlich
  und ging mit traurigem Gesicht;
und der Bescheid sich immer glich,
  ›Ach, heute klappt es wirklich nicht.‹
April war bald vorüber schon –
  fünf Wochen eilen ganz extrem –
doch immer noch im alten Ton,
  ›Es ist mir heute nicht bequem!‹

Am vierten kam mit dem Juristen
  Paul pünktlich zu der Mittagszeit.
›Ich halt mich stets an meine Fristen‹,
  sprach er, ›und hoff', du bist bereit.‹
Der Peter raufte sich fürwahr
  erschüttert seinen Lockenkopf:
am Boden lag das ganze Haar,
  und kaum noch etwas trug der Kopf.

Und der Jurist, der stand dabei,
  ganz von Bedauern übermannt:
sein Auge ließ die Träne frei,
  den Schuldschein hielt er in der Hand:
doch dann besiegt' das Pflichtgefühl
  auf's neue diesen Überschwang.
›Das Recht‹, sprach er, ›das sieht es kühl:
  und zahlst du nicht, geht's seinen Gang!‹

Da sprach der Paul: ›Wie tut's mir leid,
  daß ich den Morgen zu dir kam!
Laß dir nicht nehmen allen Schneid!
  Und Haarverlust heilt keinen Gram!
Glaubst du denn durch die Lockenlücken
  entrinnst du noch dem Bettelstab?
Ich bitt' dich davon abzurücken:
  sonst treibt der Schmerz mich noch ins Grab!‹

›Nicht willentlich füg ich zu Pein‹,
    sprach Peter, ›edlen Herzen noch
unnötig Weh. Doch ist das fein?
    Und nennst du freundlich dieses *Joch*?
Denn wie gesetzlich es auch sei
    zu zahlen, was ich doch nicht nehm,
die Art Geschäft scheint zweifelsfrei
    mir wirklich äußerst unbequem!

Ich hab nicht die Beflissenheit,
　　die manchem angedichtet werde!‹
(Und Paul sah mit Bescheidenheit
　　und sehr verlegen auf die Erde.)
›Die Schuld wird einfach alles fressen,
　　sie wird mein Leben übel wenden!‹
›O Peter, nein!‹ sprach Paul gemessen.
　　›So muß dein Schicksal doch nicht enden!

Du hast doch reichlich Speis und Trank:
　　du bist geachtet in der Welt:
und zum Barbier hin gehst du frank,
　　läßt Locken kräuseln für dein Geld.
Trotz Adel, wirst dich nie erheben –
　　zur Größe in dem Weltsystem –
der Pfad der Tugend ist zwar eben,
　　jedoch auch ziemlich unbequem.‹

›Wohl wahr‹, sprach Peter, ›ja, ich lebe:
　　ich bin geachtet überall:
daß ich nach schönen Locken strebe,
　　ist einmal in der Woch' der Fall.
Jedoch sind meine Güter klein:
　　das Kontominus ist extrem:
belastet bin ich ganz gemein.
　　Und das ist immer unbequem!‹

›Ich rate dir‹, schrie Paul ganz blaß,
　　›mein guter Peter zahl die Schuld!
Verschlingt sie dir auch alles das,
　　was du so nennst »Vermögenshuld«!
Seit einer Stunde sag ich »zahl«:
　　geht's auch zu Lasten des Gewinns,
was mich bedrückt – doch ist's egal!
ICH NEHME DENNOCH KEINEN ZINS!‹

›Wie groß!‹ schrie Peter. ›Welcher Adel!
    Doch ich nach meinem Haarteil wein' –
ich mochte meine Bindernadel –
    auch meinen Flügel – und mein Schwein!‹
Sein Eigentum war bald vertan:
    so schnell, es war ihm nicht genehm,
er seufzte nur und dacht', der Wahn
    wird immer weniger bequem.

So Wochen, Monat, Jahr verrann:
   der Peter ward noch mehr entstellt:
hob tränenreich zu klagen an,
    ›Oh, Paul, denk ans versprochne Geld!‹
Sprach Paul: ›Ich leih dir, wenn ich kann,
   mein ganzes wohlgespartes Gut –
ach, Peter, bist ein froher Mann
   und von beneidenswertem Mut!

Wie du ja siehst, bin ich zu rund:
   ich bin schon ganz aus der Fasson:
leb nicht wie früher so gesund,
   mich freut nicht mal der Essensgong:
doch du, du springst fast wie ein Knab'
   mit der Figur so schlank und fit.
Der Gong klingt freudig wohl zur Lab
   so einem guten Appetit!‹

Sprach Peter da: ›Ich weiß sehr wohl,
   ich lebe in Glückseligkeit:
doch sänge ich wie ein Pirol,
   besäß ich noch 'ne Kleinigkeit!
Was du nennst guten Appetit,
   das nagt in mir als Hunger schon:
Und wenn man lang kein Essen sieht,
   wird Essensgong zum Gnadenton!

Kein Bettler trüg die Lumpen hier
   und solche Stiefel, sieh sie an.
Ach, Paul, fünf Pfund gewähre mir,
   dann werde ich ein and'rer Mann!‹
Sprach Paul: ›Du, das erstaunt mich sehr,
   daß von dir sowas wird erklärt:
Ich fürchte, du erkennst nicht mehr
   den Segen, den man dir gewährt!

Du wirst bestimmt nicht überfüttert,
  die Lumpen sind doch tadellos,
und nie Migräne dich erschüttert,
  bloß weil dein Reichtum ist zu groß:
und du hast Zeit zur Schönheitspflege,
  besonders doch, Zufriedenheit –
und du wirst sehn, daß diese Wege
  sind wirkliche Bequemlichkeit!‹

Drauf Peter: ›Mir ist sie nicht klar,
  die Tiefe, die dein Wesen birgt,
doch hat dies Wesen offenbar
  ein bis zwei Fehler eingewirkt.
Du nimmst dir viele Jahre Zeit,
  wenn Worterfüllung offensteht:
jedoch bist du sofort bereit,
  wenn es um kleine Rechnung geht!‹

Sprach Paul: ›Wenn es um Mammon geht,
  gebietet sich Entschiedenheit.
Bei Rechnung, wie du dargelegt,
  agier ich stets mit Pünktlichkeit.
Ein Mann ganz ruhig Geld sich nimmt:
  doch wenn er selber Geld verleiht:
Dann er doch auch die Zeit bestimmt,
  wenn es ihm macht Bequemlichkeit!‹

Der Peter saß allein Tags drauf,
  aß eine Krust' – sein täglich Brot –
da kam der Paul die Treppe rauf,
  begrüßt ihn freundlich und devot.
›Kenn‹, sprach er, ›deine Mäßigkeit,
  daß ich an deinem Stolz nicht rühr,
indem ich Freunde hergeleit,
  drum steht mein Anwalt vor der Tür!

Du hast es sicher nicht vergessen,
*   wie alles auf dich niedersah,*
als schon dein Gut war knapp bemessen,
*   doch ich war immer für dich da!*
Und dann, als alles war verschwunden,
*   mit deinem Gut die Energie,*
gehörte, ich will's gern bekunden,
*   dir meine ganze Sympathie!*

Oft hast du von mir Rat bekommen,
    so voller Weisheit und voll Geist:
und gratis, obwohl streng genommen
    hätt' man ihn gut bezahlt zumeist!
Doch hier verhalte ich im Ton.
    Mein Heldentum macht dich ganz blaß –
und Prahlerei ist mir kein Lohn,
    da ich sie ganz besonders haß.

Zu wieviel war ich schon bereit;
    was tat ich dir an Güte still,
von halbvergeß'ner Jugendzeit
    bis zu dem Darlehn im April!
Die fünfzig Pfund, dir kaum bewußt,
    besorgten meiner Mittel Schwund:
doch schlägt ein Herz in meiner Brust;
    ICH LEIH' DIR NOCHMALS FÜNFZIG PFUND!‹

›Nicht doch‹, sprach da der Peter leis,
    und dankbar weint' er bitterlich:
›So gut wie ich doch kein Mensch weiß,
    was du schon alles tat'st für mich:
und ich gesteh', dies Angebot
    ist wohl gemeint sehr angenehm –
es zu ergreifen in der Not,
    das dünkt mir doch nicht ganz bequem!‹

Hier erkennt ihr sofort den Unterschied zwischen ›bequem‹ und
›unbequem‹. Jetzt begreifst du es doch ganz und gar?« fügte er
hinzu und blickte freundlich auf Bruno herab, der neben Sylvie
auf dem Boden saß.

»Ja«, antwortete Bruno einsilbig. Solch kurze Rede war bei
ihm äußerst selten: doch gerade jetzt schien er mir ein wenig erschöpft. Und wirklich kletterte er sogleich auf Sylvies Schoß und
lehnte seinen Kopf gegen ihre Schulter. »Hu, das waren aber 'ne
Masse Verse!« flüsterte er.

XII. KAPITEL

Ein musikalischer Gärtner

Der Andere Professor betrachtete ihn einigermaßen besorgt. »Das kleinere Wesen sollte einfach mal ins Bett gehen«, bemerkte er gebieterisch.

»Warum denn so *einfach*?« sagte der Professor.

»Weil er nicht zweifach gehen kann«, sagte der Andere Professor.

Der Professor klatschte ein wenig Beifall. »Ist er nicht *fabelhaft*!« sagte er zu Sylvie. »Kein anderer könnte das so schnell begründen. Ganz klar, daß er nicht zweifach gehen kann! Man würde ihn ja verletzen, wenn man ihn teilte.«

Diese Bemerkung ließ Bruno schlagartig putzmunter werden. »Ich will nich geteilt werden«, sagte er entschieden.

»In einem Schaubild läßt sich das sehr leicht bewerkstelligen«, sagte der Andere Professor. »In einer Minute werde ich es euch zeigen. Die Kreide ist nur ein wenig stumpf.«

»Vorsicht!« rief Sylvie besorgt, da er äußerst ungeschickt mit dem Anspitzen begann. »Sie schneiden sich den Finger ab, wenn Sie das Messer so halten!«

»Wenn du ihn ab hast, würdest du ihn *mir* dann bitte geben?« fügte Bruno in Gedanken versunken hinzu.

»Das verhält sich so«, sagte der Andere Professor, wobei er hastig einen langen Strich auf der Tafel zog und die beiden Enden mit den Buchstaben »A« und »Q« versah und den Mittelpunkt »C« nannte: »Ich will es euch erklären. Wenn AQ an diesem C halbiert wird –«

»Würde sie bluten«, verkündete Bruno überzeugt.

Der Andere Professor keuchte. »*Wer* würde bluten?«

»Nun, die Kuh natürlich!« sagte Bruno. »Und den Zeh könnte se wegschmeißen!«

Hier mischte sich der Professor ein, denn der Andere Professor sah sich offensichtlich zu weiteren Ausführungen an seinem Schaubild nicht in der Lage.

»Als ich gesagt habe, er würde sich *verletzen*, war lediglich die Nervenreaktion gemeint –«

Gleich zeigte der Andere Professor wieder eine heitere Miene. »Die Nervenreaktion«, begann er voller Eifer, »ist bei einigen Menschen merkwürdig verlangsamt. Ich hatte einmal einen Freund, wenn man den mit einem rotglühenden Schürhaken berührte, dann dauerte es Jahre, ehe er das spürte!«

»Und wenn man ihn nur gekniffen hätte?« fragte Sylvie.

»Dann würde es natürlich noch weit länger dauern. Ich habe berechtigte Zweifel, daß der Mann es je *selbst* spüren würde. Vielleicht könnten es erst seine Enkelkinder.«

»Ich wär nich gern der Enkel von 'nem gekniffenen Opa, du etwa, mein Herr Mann?« flüsterte Bruno. »Es könnte gerade dann auftreten, wenn man fröhlich sein will!«

Ich gab zu, daß dies unangenehm wäre, und nahm es als ganz selbstverständlich hin, daß er mich so plötzlich erblickt hatte. »Willst du denn *immer* glücklich sein, Bruno?«

»Nich *immer*«, sagte Bruno nachdenklich. »Manchmal, wenn ich zu glücklich iss, möchte ich ein wenig unglücklich sein. Dann sage ich es nämlich sofort Sylvie, und Sylvie gibt mir einige Aufgaben. Dann isses in Ordnung.«

»Schade, daß du keine Aufgaben magst«, sagte ich. »Du solltest dir an Sylvie ein Beispiel nehmen. *Sie* ist immer den lieben langen Tag fleißig!«

»Also, das bin *ich* auch!« sagte Bruno.

»Nein, nein!« korrigierte ihn Sylvie. »*Du* bist den lieben *kurzen* Tag fleißig!«

»Wo iss denn da ein Unterschied?« fragte Bruno. »Mein Herr Mann, iss der Tag nich ebenso kurz wie lang? Ich meine, isses nich *dieselbe* Länge?«

Da ich mir die Frage so noch nie gestellt hatte, schlug ich ihnen vor, den Professor zu befragen; und sie rannten augenblicklich los, um sich bei ihrem alten Freund zu erkundigen. Der Professor unterbrach das Putzen seiner Brille und dachte nach. »Meine Lieben«, sagte er nach einer Minute, »der Tag hat dieselbe Länge wie alles, was dieselbe Länge hat wie *er*.« Und er ergab sich wieder der Putzsucht.

Langsam und nachdenklich kehrten die Kinder zurück, um mich über seine Antwort zu unterrichten. »*Ist* er nicht weise?« fragte Sylvie und flüsterte tief beeindruckt. »Wenn ich *so* weise wäre, hätte ich *bestimmt* den ganzen Tag über Kopfschmerzen!«

»Ihr scheint da mit jemandem zu sprechen – der gar nicht da ist«, sagte der Professor und wandte sich den Kindern zu. »Wer ist es?«

Bruno guckte verwirrt. »Ich spreche nie mit niemandem, wenn er nich da iss!« antwortete er. »Das iss kein gutes Benehmen. Du solltest immer warten, bis er kommt, ehe du mit ihm sprichst!«

Mißtrauisch blickte der Professor in meine Richtung, schien aber durch mich hindurch zu sehen, ohne mich zu erspähen. »Mit wem redet ihr dann bloß?« fragte er. »Außer dem Anderen Professor ist doch niemand hier – und *der* ist nicht mal da!« fügte er bestürzt hinzu und drehte sich dabei wie ein Kreisel. »Kinder! Helft mir suchen! Schnell! Er ist schon wieder verlorengegangen!«

Die Kinder waren augenblicklich auf den Beinen.

»Wo sollen wir denn suchen?« fragte Sylvie.

»Ganz gleich!« schrie der Professor erregt. »Macht nur schnell!« Und er trabte im Zimmer umher, hob die Stühle hoch und schüttelte sie.

Bruno zog ein sehr schmales Buch aus dem Regal, schlug es auf und schüttelte es ebenfalls, wobei er den Professor nachahmte. »*Hier* iss er nich«, sagte er.

»Da *kann* er ja auch nicht sein, Bruno!« empörte sich Sylvie.

»Natürlich kann er nich!« sagte Bruno. »Ich hätte ihn ja rausgeschüttelt, wenn er drin gewesen wäre!«

»Ist er schon mal verlorengegangen?« erkundigte sich Sylvie und spähte unter den Kaminvorleger.

»Früher einmal«, sagte der Professor, »da hat er sich im Wald verlaufen –«

»Und konnte er sich nicht mehr zusammenkriegen?« fragte Bruno. »Warum hat er nich gerufen. Er hätt' sich sicher gehört. Er konnte doch nich weit weg sein.«

»Wir wollen ihn rufen«, sagte der Professor.

»Was sollen wir rufen?« sagte Sylvie.

»Mir fällt gerade ein, am besten *gar nichts*«, antwortete der Professor. »Der Vize-Gouverneur könnte euch hören. Er ist so schrecklich streng!«

Dies erinnerte die Kinder an all die Sorgen, derentwegen sie ihren alten Freund aufgesucht hatten. Bruno setzte sich auf den Boden und weinte. »Er iss *so* böse«, schluchzte er. »Und er läßt Uggug mein ganzes Spielzeug wegnehmen. Und so scheußliches Essen!«

»Was hast du denn heute gegessen?« fragte der Professor.

»'n Stückchen tote Krähe«, lautete Brunos kummervolle Antwort.

»Er meint Krähenpastete«, erklärte Sylvie.

»Es waren *doch* tote Krähe«, beharrte Bruno. »Un es gaben Apfelpudding – und Uggug eßte alles auf – ich bekam nur eine Kruste! Un ich wollte eine Apfelsine – und – hab' sie nich bekommen!« Und der arme Bursche barg das Gesicht in Sylvies Schoß, die ihm sanft übers Haar strich und fortsetzte: »Es ist alles wahr, lieber Professor. Sie behandeln meinen Liebling Bruno *wirklich* sehr schlecht! Und auch *mir* gegenüber sind sie nicht sehr freundlich«, fügte sie leise hinzu, als sei *das* von geringerer Bedeutung.

Der Professor kramte ein großes, rotes Seidentaschentuch heraus und wischte sich die Augen. »Ich wünschte nur, ich könnte euch helfen, liebe Kinder!« sagte er. »Aber was kann *ich* schon tun?«

»Wir kennen ganz genau den Weg nach Feenland – wo Vater sich befindet«, sagte Sylvie, »wenn uns der Gärtner nur rausließe.«

»Will er euch das Tor nicht aufschließen?« fragte der Professor.

»*Uns* nicht«, sagte Sylvie, »aber für dich würde er es tun. Komm und frag ihn, lieber Professor!«

»Ich werde sogleich mitkommen!« versprach der Professor.

Bruno erhob sich und trocknete seine Tränen. »*Iss* er nich nett, mein Herr Mann?«

»Das ist er *wirklich*«, bestätigte ich. Doch der Professor nahm von meiner Bemerkung keine Notiz. Er hatte sich einen hübschen Doktorhut mit einer langen Quaste aufgesetzt und wählte sich einen von des Anderen Professors Spazierstöcken aus einem Ständer in der Zimmerecke. »Ein dicker Stock in der Hand flößt den Leuten Respekt ein«, ermunterte er sich. »Vorwärts, liebe Kinder!« Und wir gingen alle zusammen hinaus in den Garten.

»Zuerst werde ich mal einige Witze über das Wetter machen«, erklärte der Professor im Gehen. »Dann werde ich ihn nach dem Anderen Professor fragen. Das verschafft uns gleich einen doppelten Vorteil. Erstens, es eröffnet die Konversation (denn selbst eine Flasche Wein kann man nicht trinken, ohne sie zuvor zu öffnen): zweitens, so werden wir den Anderen Professor finden, falls er ihn gesehen hat, und wenn nicht dann nicht.«

Auf unserem Weg kamen wir an der Zielscheibe vorüber, auf die Uggug während des Botschafters Besuch geschossen hatte.

»Seht mal!« sagte der Professor und deutete auf das Loch in der Mitte der Scheibe. »Seine Kaiserliche Fettheit hatte nur *einen* Schuß: und er ging genau *hierdurch*!«

Bruno prüfte das Loch sorgfältig. »Konnte gar nich *durchgehn*«, flüsterte er mir zu. »Er *iss* viel zu *fett*!«

Es bereitete uns keinerlei Schwierigkeiten, den Gärtner zu *finden*. Zwar war er durch etliche Büsche verborgen, doch seine rauhe Stimme lotste uns; und während wir allmählich näherkamen, verstanden wir die Worte seines Liedes immer deutlicher.

> »*Er dacht', er säh' den Albatros,*
> *der um die Lampe schwebt:*
> *er guckt' nochmal und sah, es war*
> *'ne Marke, die noch klebt.*
> ›*Geh besser schnell nach Haus*‹, *sprach er:*
> ›*Eh' Nebel dich umwebt!*‹*«*

»Hatte sie Angst, sich zu erkälten?« fragte Bruno.

»Wenn feuchte Nebel steigen«, gab Sylvie zu bedenken, »könnte sie doch irgendwo klebenbleiben.

»Und *das* müßte dann mit der Post befördert werden, was es auch wäre!« rief Bruno begeistert. »Stell dir vor, es wäre 'ne Kuh! Das wär doch *entsetzlich* für die andern Dinger!«

»Und all das ist *ihm* passiert«, sagte der Professor. »Das macht seine Lieder so interessant.«

»Er muß ja ein sehr merkwürdiges Leben gehabt haben«, meinte Sylvie.

»Das kannst du wohl sagen!« erwiderte der Professor so recht von Herzen.

»Na klar kann sie das!« rief Bruno.

Währenddessen hatten wir den Gärtner erreicht, der wie üblich auf einem Bein stand und eifrig ein Blumenbeet mit einer leeren Gießkanne begoß.

»Da iss doch kein Wasser drin!« bedeutete ihm Bruno und zupfte an seinem Ärmel, um ihn auf sich aufmerksam zu machen.

»Sie läßt sich so leichter halten«, erklärte der Gärtner. »Mit viel Wasser kriegt man nur Armschmerzen.« Und er setzte seine Arbeit fort und sang ganz sanft vor sich hin:

»*Eh' Nebel dich umwebt!*«

»Beim Ausbuddeln gewisser Sachen aus der Erde – was Sie vermutlich dann und wann tun«, begann der Professor mit lauter Stimme, »beim Aufhäufen gewisser Sachen – was Sie zweifellos oft tun; und beim Herumstoßen gewisser Sachen mit dem Absatz – was Sie scheinbar unaufhörlich tun; haben Sie dabei zufällig einmal einen anderen Professor bemerkt, etwa so wie ich, aber anders?«

»Noch nie!« schrie der Gärtner so laut und heftig, daß wir alle vor Schreck zurückzuckten. »So was gipt's nich!«

»Wir wollen es mit einem weniger aufregenden Thema versuchen«, bemerkte der Professor sanft zu den Kindern. »Ihr habt ihn gebeten –«

»Wir haben ihn gebeten, uns zum Gartentor hinauszulassen«, sagte Sylvie: »aber er wollte nicht; doch vielleicht täte er es für *dich*!«

Unterwürfig und höflich trug der Professor seine Bitte vor.

»*Euch* würd' ich schon rauslassen«, sagte der Gärtner. »Aper ich darf das Tor nicht *Kindern* öffnen. Glaupt Ihr etwa, ich würde die Regel mißachten? Nich für 'nen Schilling und sechs Pennies.«

Der Professor zeigte verstohlen ein paar Schillinge.

»Das reicht!« jauchzte der Gärtner, schleuderte die Gießkanne über das Blumenbeet und kramte eine Handvoll Schlüssel hervor – einen großen und viele kleine.

»Aber hör doch mal, lieber Professor!« wisperte Sylvie. »Er braucht das Tor doch gar nicht für *uns* zu öffnen. Wir können ja mit *dir* hindurchgehen.«

»Stimmt, liebes Kind!« antwortete der Professor dankbar und steckte die Münzen wieder in die Tasche. »Das spart zwei Schillinge!« und er nahm die Kinder bei der Hand, um mit ihnen zusammen hindurchzugehen, sobald das Tor offen war. Das schien jedoch auf sich warten zu lassen, wenngleich der Gärtner all die kleinen Schlüssel immer wieder durchprobierte.

Schließlich wagte der Professor höflich einen Vorschlag. »Warum versuchen Sie es nicht mal mit dem Großen? Mir ist schon öfter aufgefallen, daß sich eine Tür am besten mit ihrem eigenen Schlüssel öffnen läßt.«

Gleich der erste Versuch mit dem großen Schlüssel zeitigte Erfolg: der Gärtner öffnete das Tor und hielt die Hand auf.

Der Professor schüttelte den Kopf. »Sie handeln doch nach der *Regel*«, erklärte er, »da Sie das Tor für *mich* öffnen. Und da es nun offen ist, setzen wir drei uns nach der *Regel* in Bewegung – nach der *Dreisatz*regel.«

Der verblüffte Gärtner ließ uns hinaus: als er aber das Tor hinter uns schloß, hörten wir ihn nachdenklich vor sich hinsingen:

> *»Er dacht', er säh' ein Gartentor*
> *mit einem Schlüsselpaar:*
> *er guckt' nochmal und sah, es war*
> *der Dreisatzkommentar:*
> *›Nun ist sein ganzer Sinn‹, sprach er,*
> *›mir wirklich sonnenklar!‹«*

»Ich werde nun umkehren«, sagte der Professor, nachdem wir ein paar Meter gegangen waren. »*Hier* kann ich nämlich unmöglich lesen, weil all meine Bücher daheim sind.«

Doch die Kinder ließen seine Hand noch nicht los. »Komm doch *bitte* mit uns!« flehte Sylvie mit Tränen in den Augen.

»Ist ja gut!« sagte der gutmütige alte Mann. »Vielleicht komme ich bald nach. Aber ich muß jetzt *unbedingt* umkehren. Ich habe nämlich bei einem Komma aufgehört, und es ist ganz fürchterlich, nicht zu wissen, wie der Satz endet. Außerdem müßt ihr als erstes durchs Hundeland, und bei Hunden bin ich immer ein wenig vorsichtig. Aber ich werde euch mit Leichtigkeit folgen, sobald meine neue Erfindung abgeschlossen ist – wie man sich nämlich *selbst* trägt. Sie muß nur noch ein *wenig* ausgefeilt werden.«

»Ist es nicht sehr ermüdend, sich *selbst* zu tragen?« erkundigte sich Sylvie.

»Aber keineswegs, mein Kind. Sieh mal, beim *Getragenwerden* ruht man sich ja vom *Tragen* aus! Auf Wiedersehen, ihr Lieben! Auf Wiedersehen, Sir!« fügte er zu meiner großen Überraschung hinzu und drückte mir herzlich die Hand.

»Auf Wiedersehen, Professor!« erwiderte ich, aber meine Stimme klang fremd und fern, und die Kinder nahmen nicht die geringste Notiz von unserem Abschied. Offensichtlich konnten sie mich weder sehen noch hören, als sie mit liebevoll umeinandergeschlungenen Armen mutig weitermarschierten.

XIII. KAPITEL

Ein Besuch im Hundeland

»Da hinten ganz links steht ein Haus«, sagte Sylvie, nachdem wir schätzungsweise eine Strecke von fünfzig Meilen zurückgelegt hatten. »Wir wollen dort um ein Nachtquartier bitten.«

»Scheint ja ein recht konfables Haus«, urteilte Bruno, als wir in die Straße einbogen, die dorthin führte. »Hoffentlich sind die Hunde freundlich, ich bin *schrecklich* müde und hungrig!«

Ein Mastiff mit scharlachrotem Halsband und geschulterter Muskete schob vor dem Eingang Wache. Beim Anblick der Kinder stutzte er und trat ihnen in den Weg, wobei er mit der Muskete genau auf Bruno zielte, der ruhig, aber bleich dastand und

Sylvies Hand faßte, während der Wachposten die beiden feierlich umkreiste und eingehend musterte.

»Wuffbau, bau wuffwau!« knurrte er schließlich. »Wuffbau bau wau! Wuff wau wau bau? Bau wuff?« fragte er Bruno streng.

Bruno verstand natürlich alles. Alle Wichtel beherrschen Hündisch – das ist die Hundesprache. Doch da *du* anfangs einige Probleme damit haben könntest, übersetze ich es lieber ins Deutsche. »Menschen, wiß und wahrhaftig! Zwei streunende Menschen! Welchem Hund gehört ihr? Was wollt ihr?«

»Wir gehören keinem *Hund*!« begann Bruno auf Hündisch. (»Menschen gehören *niemals* Hunden!« wisperte er Sylvie zu.)

Hastig unterbrach ihn Sylvie, denn sie fürchtete, die Gefühle des Mastiff zu verletzen. »Bitte, wir hätten gern ein wenig zu essen und ein Nachtquartier – wenn Platz im Haus ist«, fügte Sylvie schüchtern hinzu. Sylvie sprach ihr Hündisch recht ordentlich: doch für *dich* scheint es mir besser, wenn ich das Gespräch in Deutsch wiedergebe.

»*Haus*, also sowas!« knurrte der Wachtposten. »Hast du noch nie im Leben einen Palast gesehen? Folgt mir! Seine Majestät wird entscheiden, was mit euch geschehen soll.«

Sie gingen mit ihm durch die Vorhalle, dann einen langen Korridor hinunter bis in einen prachtvollen Salon, in dem Hunde aller Rassen und Größen in Gruppen zusammenstanden. Zwei prächtige Bluthunde saßen aufrecht und feierlich zu beiden Seiten des Kronenständers. Zwei oder drei Bulldoggen – meiner Meinung nach die Leibwache des Königs – warteten in verbissenem Schweigen: tatsächlich kamen die einzigen Laute von zwei kleinen Hunden, die auf einem Sofa lebhaft diskutierten, was eher schon nach einem Streit aussah.

»Höflinge und Hofdamen und verschiedene Hofbeamte«, bemerkte unser Führer schroff, als er uns hineinführte. Von *mir* nahm der Hofstaat keinerlei Notiz: aber Sylvie und Bruno standen im Mittelpunkt des Interesses und vielen Getuschels, wovon ich nur das deutlich verstand, was ein Dachshund mit listigem Blick zu seinem Freund sagte: »Wuffbau wuff wau bau wuff wau, wuff?« (»Die Zweibeinerin sieht gar nicht übel aus, nicht wahr?«)

Der Wachtposten ließ die Neuankömmlinge einfach in der Mitte des Salons stehen und stolzierte zu einer Türe im hinteren Teil des Raumes, die folgende hündische Inschrift trug, »Königlicher Zwinger – Kratzen und Jaulen.«

Ehe der Wachtposten dies ausführte, wandte er sich an die Kinder und sagte: »Gebt mir eure Namen.«

»Nein, lieber nich!« rief Bruno und zerrte Sylvie von der Türe weg. »Wir wollen sie selbst behalten. Komm weg, Sylvie! Komm schnell!«

»Unsinn!« sagte Sylvie sehr bestimmt: und gab ihre Namen auf Hündisch an.

Darauf kratzte der Wachtposten kräftig an der Türe und jaulte los, daß Bruno von Kopf bis Fuß erbebte.

»Waubau!« sagte eine tiefe Stimme von drinnen. (Das bedeutet auf Hündisch »Herein!«)

»Das ist der König höchstselbst!« flüsterte der Mastiff ehrfürchtig. »Setzt eure Perücken ab und legt sie ihm demütig zu Pfoten.« (Wir würden hier »zu Füßen« sagen.)

Sylvie wollte ihn gerade sehr höflich aufklären, daß sie *diese* Zeremonie wirklich *nicht* vollziehen könnten, als sich die Türe des Königlichen Zwingers öffnete und ein riesiger Neufundländer den Kopf herausstreckte. »Bau wau?« lautete seine erste Frage.

»Wenn Seine Majestät das Wort an dich richtet«, flüsterte der Wachtposten Bruno hastig zu, »dann mußt du die Ohren spitzen!«

Bruno blickte unsicher zu Sylvie. »Bitte, lieber nich«, sagte er. »Das tut doch weh.«

»Das tut kein bißchen weh!« bemerkte der Wachtposten ungnädig. »Sieh her! So geht das.« Und er spitzte seine Ohren wie zwei Eisenbahnsignale.

Behutsam klärte Sylvie das Mißverständnis auf. »Sowas können wir wohl leider nicht«, sagte sie mit leiser Stimme. »Es tut mir von Herzen leid: aber unsere Ohren verfügen nicht über die notwendige –« Sie wollte auf Hündisch »Maschinerie« sagen: doch sie hatte das Wort vergessen und wählte statt dessen »Dampfmaschine«.

Der Wachtposten wiederholte dem König Sylvies Erklärung.

»Können ihre Ohren nicht ohne Dampfmaschine spitzen!« staunte Seine Majestät. »Das müssen aber komische Geschöpfe sein! Die muß ich mir mal näher ansehen!« Und er trat aus dem Zwinger und schritt feierlich auf die Kinder zu.

Welch ein Erstaunen – um nicht zu sagen Schrecken – befiel die gesamte Gesellschaft, als Sylvie doch wahrhaftig *Seiner Majestät den Kopf tätschelte*, während Bruno sich der langen Ohren bemächtigte und versuchte, sie unter dem Kinn zusammenzubinden!

Der Wachtposten ächzte hörbar: ein wunderschöner Windhund – wohl eine der Hofdamen – sank ohnmächtig zu Boden: und der ganze Hofstaat zog sich hastig zurück und schuf reichlich Platz, damit der mächtige Neufundländer die dreisten Fremden anspringen und Glied für Glied zerreißen konnte.

Gleichwohl – er tat nicht derartiges. Vielmehr *lächelte* Seine Majestät – soweit ein Hund zu lächeln *versteht* – und (die übrigen Hunde glaubten ihren Augen nicht zu trauen, aber es war so) Seine Majestät *wedelte mit dem Schwanz!*

»Wau! Bau wau!« (das heißt »Nein! So was!«) tönte es von allen Seiten.

Seine Majestät warf einen gestrengen Blick in die Runde und knurrte kurz, worauf schlagartig Stille war. »Geleitet *meine Freunde* in den Festsaal!« befahl er und betonte dabei »*meine Freunde*« derart, daß sich etliche Hunde hilflos auf den Rücken rollten und Brunos Füße leckten.

Ein Geleitzug formierte sich, aber ich wagte mich nur bis zur Türe des Festsaals, so wild klang das Spektakel der kläffenden Hunde drinnen. Ich ließ mich also neben dem König nieder, der scheinbar eingeschlafen war, und wartete, bis die Kinder zum Gutenachtsagen zurückkehrten, worauf sich Seine Majestät erhob und schüttelte.

»Zeit fürs Bett!« murmelte er schläfrig. »Die Diener werden euch eure Zimmer weisen«, fügte er zu Sylvie und Bruno gewandt hinzu. »Bringt Leuchter!« Und würdevoll streckte er die Pfote, um sie sich küssen zu lassen.

Aber offensichtlich waren die Kinder in Hofsitten nicht bewandert. Sylvie streichelte die große Pfote ganz einfach: Bruno quetschte sie: der Zeremonienmeister war schockiert.

Die ganze Zeit über liefen Dienerhunde in prachtvoller Livree mit Kandelaber herbei: sie standen aber kaum auf dem Tisch, da hatten sie andere Diener schon wieder weggenommen, so daß für *mich* keiner übrig zu bleiben schien, und der Zeremonienmeister stieß mich unentwegt mit dem Ellbogen an und sagte: »Ich kann dich *hier* nicht schlafen lassen! Du bist doch nicht im *Bett*!«

Mit großer Mühe konnte ich gerade noch die Worte artikulieren: »Ich weiß, daß ich nicht im Bett bin. Ich sitze im Lehnstuhl.«

»Nun, ein Nickerchen kann dir nicht schaden«, sagte der Meister und verließ mich. Ich konnte ihn kaum verstehen: und das war auch kein Wunder: er lehnte nämlich über der Reling eines Schiffes, das schon meilenweit von dem Pier entfernt war, auf dem ich stand. Das Schiff entschwand am Horizont, und ich sank in den Lehnstuhl zurück.

Als nächstes erinnere ich mich an den Morgen: das Frühstück war gerade beendet: Sylvie half Bruno von einem hohen Stuhl herunter und sagte zu einem Spaniel, der sie gütig anlächelte: »Ja, vielen Dank, das Frühstück hat uns *sehr* gemundet. Nicht wahr, Bruno?«

»'s waren zu viele Knochen im –« begann Bruno, aber Sylvie runzelte die Stirn und legte den Finger auf die Lippen, denn in diesem Augenblick machte den Reisenden ein sehr würdevoller Offizier seine Aufwartung, der Hauptknurrer, dessen Pflicht es war, sie zuerst zur Verabschiedung zum König zu führen und sie dann an die Grenze von Hundeland zu eskortieren. Der große Neufundländer empfing sie sehr leutselig, aber statt »Auf Wiedersehen« zu bellen, überraschte er den Hauptknurrer mit der Ankündigung, daß er sie selbst eskortieren werde, was diesen zu drei wilden Knurrern veranlaßte.

»Das ist ein äußerst ungewöhnliches Verfahren!« stieß der Hauptknurrer hervor und erstickte fast vor Ärger, so übergangen zu werden, denn er hatte extra seine Paradeuniform angezogen, die ganz aus Katzenfellen gefertigt war.

»Ich persönlich werde sie eskortieren«, wiederholte Seine Majestät sanft, aber bestimmt, legte seine königliche Robe ab und tauschte seine Krone gegen ein schmales Diadem, »und Ihr dürft zu Hause bleiben.«

»Da *bin* ich aber froh!« tuschelte Bruno Sylvie zu, als sie ein gutes Stück außer Hörweite waren. »Der war ja *ganz* knurrig.« Und im Überschwang der Gefühle tätschelte er die königliche Eskorte nicht nur, sondern er schlang ihr sogar noch die Arme um den Hals.

Seine Majestät wedelte friedfertig mit dem königlichen Schwanz. »Dann und wann tut es wirklich einmal gut, dem Palast zu entrinnen!« sagte er. »Königliche Hunde fristen ein langweiliges Dasein, das kann ich euch sagen. Würde es dir etwas ausmachen« (dies sagte er leise zu Sylvie und blickte scheu und verlegen drein) »würde es dir etwas ausmachen, gerade mal das Stöckchen da vorne wegzuwerfen, damit ich es apportieren kann?«

Sylvie war zu verdutzt, um im Augenblick überhaupt etwas zu tun: es schien ihr einfach ungeheuerlich, daß ein *König* den Wunsch hegen sollte, einem Stöckchen nachzulaufen. Doch Bruno meisterte die Situation sofort, und mit dem freudigen Ruf »Na los! Hol es, gutes Hundchen!« schleuderte er es über ein Gebüsch. Sogleich sprang der Monarch von Hundeland über die Büsche, schnappte das Stöckchen und trug es im Maul in Windeseile zu den Kindern zurück. Bruno nahm es ihm mit aller Entschiedenheit ab. »Mach Männchen!« beharrte er; und Seine Majestät machte Männchen. »Gib Pfötchen!« kommandierte Sylvie; und Seine Majestät reichte die Pfote. Im Nu hatte sich die feierliche Zeremonie, die Reisenden an die Grenzen von Hundeland zu eskortieren, in ein langes, ausgelassenes Spiel verwandelt!

»Doch Geschäft ist Geschäft!« sagte der Hundekönig schließlich. »Und ich muß mich wieder dem meinen widmen. Ich könnte euch auch nicht weiter begleiten«, fügte er hinzu und konsultierte seine Hundeuhr, die an einer Kette um seinen Hals hing, »nicht einmal, wenn sich eine *Katze* sehen ließe!«

Sie nahmen von Seiner Hoheit liebevollen Abschied und wanderten weiter.

»Das war aber ein lieber Hund!« sagte Bruno. »Isses denn noch weit, Sylvie? Ich iss so müde!«

»Wir sind gleich da, Liebling!« ermunterte ihn Sylvie. »Siehst du den Schein da zwischen den Bäumen? Ich bin mir fast *sicher*, das ist das Tor von Feenland! Es ist nämlich ganz aus Gold – Vater hat es mir erzählt – und so strahlend, so strahlend!« setzte sie träumerisch hinzu.

»Es blendet!« sagte Bruno und beschattete die Augen mit seiner kleinen Hand, während die andere Sylvies Hand fest umklammerte, als ängstige ihn ihr fremdartiges Benehmen.

Denn wie eine Schlafwandlerin schritt das Kind weiter, starrte mit weitgeöffneten Augen in die Ferne und war so heftig erregt, daß es nur stoßweise atmete. Wie durch eine geheimnisvolle Eingebung erkannte ich urplötzlich, daß mit meiner süßen kleinen Freundin (so mochte ich sie gern bezeichnen) eine große Veränderung vorging, und daß aus einem bloßen Wichtel von Anderland eine echte Elbe geworden war.

Bruno verwandelte sich ein wenig später: aber es war bei beiden vollzogen, ehe sie das goldene Tor erreichten, durch das ich ihnen, wie ich wußte, nicht zu folgen vermochte. Mir blieb nichts übrig, als davor zu stehen und einen letzten Blick auf die zwei hübschen Kinder zu werfen, bevor sie verschwanden, und das Tor mit einem Schlag zufiel.

Und mit *was* für einem Schlag! »Sie läßt sich wohl nie mehr wie eine normale Schranktüre schließen«, erklärte Arthur. »Das Scharnier ist irgendwie nicht in Ordnung. Egal, hier sind jedenfalls Plätzchen und Wein. Und dein Nickerchen hattest du ja auch schon. Jetzt mußt du aber *wirklich* zu Bett, mein Alter. Du bist sowieso zu nichts mehr zu gebrauchen. Bezeugt und besiegelt: Arthur Forester, Dr. med.«

Mittlerweile war ich wieder hellwach. »Noch nicht *sofort*!« plädierte ich. »Ich bin gar nicht mehr müde. Und es ist noch nicht mal Mitternacht.«

»Na ja, eigentlich wollte ich mit dir noch etwas besprechen«, gab Arthur nach und versorgte mich mit den verschriebenen Leckereien. »Ich dachte nur, du wärest heute abend vielleicht zu müde.«

Schweigend nahmen wir unser Mitternachtsmahl zu uns; denn von meinem Freund schien eine ungewöhnliche Nervosität auszugehen.

»Wie ist die Nacht?« fragte er, erhob sich und zog die Vorhänge offensichtlich in der Absicht beiseite, für kurze Zeit das Thema zu wechseln. Ich folgte ihm zum Fenster, und wir standen schweigend nebeneinander und sahen hinaus.

»Als ich dir zum ersten Mal von –« begann Arthur nach langer, beklemmender Stille, »das heißt vielmehr, als wir zuerst von ihr sprachen – denn *du* hast dieses Thema wohl angeschnitten – gestattete mir meine gesellschaftliche Position nur, sie von Ferne anzubeten: und ich überlegte, diesem Ort den Rücken zu kehren und mich irgendwo anders niederzulassen, wo ich sie bestimmt niemals wiedergesehen hätte. Allein so schien mir ein sinnvolles Leben möglich.«

»Wäre es denn klug gewesen, jegliche Hoffnung zu begraben?« gab ich zu bedenken.

»Da *gab* es keinen Hoffnungsschimmer«, antwortete Arthur gefaßt, obgleich seine Augen tränenblind glitzerten, als er in den mitternächtlichen Himmel starrte, aus dem als einziger Stern die strahlende ›Wega‹ ungebrochen durch die dahinfliegenden Wolken glitzerte. »Sie war für mich wie jener Stern – strahlend, wunderschön und rein, aber unerreichbar, unerreichbar!«

Er schloß die Vorhänge, und wir setzten uns wieder vor den Kamin.

»Was ich dir noch erzählen wollte, ist folgendes«, begann er abermals. »Ich habe heute abend eine Nachricht von meinem Anwalt erhalten. Die Einzelheiten will ich dir ersparen, das Resultat ist jedenfalls, daß mein Besitz weit größer ist, als ich bisher annahm, und das versetzt mich in die Lage (oder wird es bald tun), jeder Lady einen Heiratsantrag zu machen, und zwar ohne Bedenken, selbst wenn sie nichts besäße. Ich glaube nicht, daß *sie* etwas besitzt: der Earl ist scheinbar arm. Doch selbst wenn meine Gesundheit nachließe, so hätte ich noch genug für beide.«

»Dann wünsche ich dir alles Glück für deine Ehe!« rief ich. »Wirst du morgen mit dem Earl sprechen?«

»Nicht so hastig«, sagte Arthur. »Er ist mir gegenüber äußerst freundlich, aber ich wage nicht daran zu glauben, daß es bisher darüber hinausgeht. Und was – Lady Muriel betrifft, da kann ich anstellen, was ich will, ich werde aus ihr einfach nicht klug. Wenn sie mich *wirklich* liebt, verheimlicht sie es mir. Nein, ich muß warten, einfach warten.«

Ich mochte meinem Freund keine weiteren Ratschläge erteilen, da sein Urteilsvermögen meinem Gefühl nach weit klarer und schärfer als das meine sein mußte; und wir trennten uns ohne ein weiteres Wort zu einem Thema, das nun sein ganzes Denken, wenn nicht sein ganzes Leben beherrschte.

Am nächsten Morgen traf ein Brief von *meinem* Anwalt ein, der mich wegen dringender Geschäfte in die Stadt zurückrief.

XIV. KAPITEL

Sylvie, die Elbe

Einen ganzen Monat lang hielten mich die Geschäfte in London fest: und selbst danach ließ ich sie nur auf den dringenden Rat meines Arztes hin unerledigt und stattete Elfenau einen weiteren Besuch ab.

Arthur hatte im Laufe des Monats ein-, zweimal geschrieben; doch keiner seiner Briefe erwähnte Lady Muriel. Dennoch schien mir sein Schweigen kein schlechtes Zeichen: eher wirkte es auf mich wie das normale Verhalten eines Liebenden, der, während sein Herz »Sie ist mein« triumphiert, vor der nüchternen Ausdrucksweise eines Briefes angesichts dieses Glücks zurückschreckt und lieber mündlich berichtet. »Ja«, dachte ich, »ich werde das Triumphlied von seinen Lippen hören!«

In der Nacht meiner Ankunft hatten wir vieles andere zu besprechen: und da ich von der Reise ermüdet war, ging ich früh zu Bett, ohne daß das glückliche Geheimnis preisgegeben worden war. Als wir aber am nächsten Morgen über den Resten eines Frühstücks weiterplauderten, stellte ich wagemutig die schwerwiegende Frage. »Also, alter Freund, du hast mir bisher weder etwas von Lady Muriel erzählt – noch wann der Freudentag sein soll?«

»Der Freudentag«, sagte Arthur mit unerwartet ernster Miene, »liegt noch in weiter Ferne. Wir müssen uns noch richtig kennenlernen – oder vielmehr, *sie* muß *mich* besser kennenlernen. Ich kenne ihr liebliches Wesen inzwischen voll und ganz. Aber ich wage nicht zu sprechen, bis ich ganz sicher bin, daß meine Liebe erwidert wird.«

»Warte bloß nicht zu lange!« sagte ich fröhlich. »Feiges Herz gewann noch nie eine feine Lady!«*

»Vielleicht bin ich feige. Aber ich *wage* wirklich noch nicht, mich zu erklären.«

»Aber in der Zwischenzeit gehst du ein Risiko ein«, warnte ich, »das du vielleicht nicht bedacht hast. Ein anderer Mann –«

»Nein«, sagte Arthur fest. »Sie ist frei: da bin ich hundertprozentig sicher. Doch wenn sie einen anderen Mann mehr liebt als mich, so sei es. Ich werde ihrem Glück nicht im Wege stehen. Ich werde das Geheimnis mit ins Grab nehmen. Aber sie ist meine erste – und meine *einzige* Liebe!«

»Das mag ja eine wunderschöne *Empfindung* sein«, sagte ich, »aber sie ist nicht *durchführbar*. Sie paßt nicht zu *dir*:

> *Vielleicht ist Schicksalsfurcht zu groß,*
> *vielleicht der Lohn zu klein*
> *dem, der nicht ziehen mag das Los*
> *ob Glück, ob Unglück sein.«***

»Ich *wage* die Frage nicht, ob sie einen anderen hat!« brach es aus ihm heraus. »Das zu erfahren würde mir das Herz brechen!«

»Ist es denn wirklich klug, sie nicht zu fragen? Du darfst dein Leben doch nicht an eine Ungewißheit klammern!«

»Ich sag's dir doch, ich *wage* es einfach nicht!«

»Soll *ich* es für dich rausfinden?« Als alter Freund nahm ich mir die Freiheit zu diesem Vorschlag.

»Nein, nein!« antwortete er mit gequälter Miene. »Ich flehe dich an, sage nichts, kein Wort. Laß mir Zeit.«

»Wie du meinst«, sagte ich: und hielt es im Augenblick für das beste, ihn nicht mehr zu bedrängen. »Aber heute abend gehe ich beim Earl vorbei«, dachte ich bei mir. »Vielleicht kann ich den Stand der Dinge erfahren, ohne ein Wort zu verraten!«

Es war ein sehr heißer Nachmittag – zu heiß zum Spazierenge-

---

* AdÜ: Im Original: *Faint heart never won fair lady*, auch Komödie in einem Akt von J. R. Planche, die Lewis Carroll am 14. Oktober 1857 in Manchester sah.
** AdÜ: James Graham, Marquis of Montrose, *I'll Never Love Thee More.*

hen oder um überhaupt etwas zu tun – sonst wäre das Folgende wahrscheinlich nicht passiert.

Nun möchte ich zuerst einmal wissen – lieber junger Leser – warum die Elben *uns* immer den rechten Weg weisen und *uns* schulmeistern sollen, wenn wir etwas falsch gemacht haben, und warum wir *ihnen* nie etwas beibringen dürfen. Du wirst doch nicht allen Ernstes behaupten wollen, Elben seien niemals habsüchtig, selbstsüchtig, launisch oder hinterhältig, denn das wäre reiner Unsinn. Meinst du nicht auch, ein wenig schulmeistern und strafen würde sie bessern?

Ich sehe wahrhaftig nicht ein, warum man nicht den Versuch machen sollte, und ich bin fast sicher, wenn du einen Elben fangen könntest, ihn in die Ecke stelltest und ihm ein oder zwei Tage lang nur Wasser und Brot gäbest, so fändest du einen völlig veredelten Charakter wieder – jedenfalls täte das seiner Arroganz erheblichen Abbruch.

Die nächste Frage lautet: wann ist die günstigste Zeit, einen Elben zu sehen? Ich glaube, darüber kann ich dich eingehend informieren.

Erstens, es muß ein *sehr* heißer Tag sein – das können wir als gegeben annehmen: und du mußt ein *wenig* schläfrig sein – aber nicht zu schläfrig, die Augen müssen offen bleiben, denk daran. Und du solltest dich sozusagen ein wenig »elbisch« fühlen – die Norddeutschen sagen »grißeln« und vielleicht ist das ein hübscheres Wort; wenn du es nicht verstehst, so kann ich es dir leider auch nicht näher erklären, warte bis du einen Elben triffst, und dann wirst du es verstehen.

Und die letzte Bedingung ist, die Grillen dürfen nicht zirpen. Ich kann dir das jetzt nicht begründen, du mußt es einstweilen glauben.

Wenn also dies alles zusammentrifft, so stehen die Chancen für dich gut, einen Elben zu sehen – wenigstens ist die Wahrscheinlichkeit weit größer, als wenn dies nicht einträfe.

Als ich schläfrig über eine Waldlichtung spazierte, bemerkte ich zunächst nur einen großen Käfer, der hilflos auf dem Rücken lag, und ich kniete nieder, um dem armen Geschöpf wieder auf die Beine zu helfen. Nicht immer kann man völlig sicher sein, was ein Insekt wirklich möchte: so ist mir zum Beispiel immer noch ein Rätsel, ob ich als Motte lieber der Kerze fernbliebe oder direkt hineinflöge, um zu verbrennen – oder ob ich es als Spinne *besonders* schätzen würde, wenn man mir mein Netz zerrisse, und die Fliege freikäme – aber als Käfer in Rückenlage wäre ich bestimmt immer froh, wieder auf die Beine gestellt zu werden.

Also, wie schon erwähnt, hatte ich mich gerade niedergekniet und hantierte mit einem Stöckchen, um den Käfer herumzudrehen, als ich etwas wahrnahm, was mich zum hastigen Rückzug und zum Atemanhalten veranlaßte, und zwar aus Furcht, einen Laut von mir zu geben und die kleine Kreatur zu verscheuchen.

Nicht, daß sie aussah, als sei sie leicht zu erschrecken gewesen: vielmehr wirkte sie so sanft und lieb, daß sie sicher niemals vermuten würde, jemand wünsche ihr weh zu tun. Sie war nur einige Zentimeter groß und ganz in Grün gekleidet, so daß du sie zwischen den langen Gräsern wohl kaum bemerkt hättest. Sie war so zart und graziös und ihrer Umgebung derart angepaßt, als wäre sie selbst eine der Blumen. Außerdem kann ich dir versichern, daß sie keine Flügel besaß (ich glaube nicht an Elben mit Flü-

141

geln), daß ihr brünettes Haar lang und dicht war und daß sie ernst aus großen, braunen Augen blickte, womit ich mein möglichstes getan habe, um dir einen Eindruck von ihr zu vermitteln.

Sylvie (ihren Namen erfuhr ich später) hatte sich geradeso wie ich niedergekniet, um dem Käfer aufzuhelfen; aber sie benötigte mehr als nur ein Stöckchen, um ihn wieder auf die Beine zu stellen; sie bemühte sich aus Leibeskräften, den schweren Kerl umzudrehen, und dabei rüffelte sie ihn mal und mal tröstete sie ihn wie eine Amme ein Kind, das hingefallen ist.

»Schon gut! Kein Grund zum Jammern. Du bist noch nicht tot – denn wenn du es wärest, dann könntest du nicht jammern, und darum ist es eine allgemeine Regel gegen das Jammern, mein Lieber! Und wieso bist du eigentlich gestolpert? Ach, ich kann es mir schon denken – brauchst es mir gar nicht erst zu sagen – bist wieder auf deine Hans-guck-in-die-Luft-Weise zwischen den Sandgruben herumspaziert. Auf die Weise muß man ja ganz einfach stolpern. Guck lieber, wo du hintrittst.«

Der Käfer brummelte etwas, das wie »*Hab'* doch geguckt« klang, und Sylvie nahm ihre Gardinenpredigt wieder auf.

»Stimmt ja gar nicht! Hast du noch nie! Du gehst immer mit hocherhobenem Kopf – du bist ja so schrecklich hochmütig. Na, mal sehen, wieviel Beine du diesmal gebrochen hast? Na sowas, nicht ein einziges! Aber wie sinnvoll sind schließlich sechs Beine, mein Lieber, wenn du mit ihnen nur noch in der Luft herumstrampeln kannst, sobald du am Rücken liegst? Beine sind zum Gehen da, kapiert? Breit ja noch nicht deine Flügel aus; ich hab dir noch was zu sagen. Geh zum Frosch, der hinter der Butterblume lebt – bestell ihm schöne Grüße von mir – von Sylvie – kannst du denn eigentlich ›Grüße‹ sagen?«

Der Käfer versuchte es und hatte vermutlich Erfolg.

»Ja, so ist es richtig. Und richte ihm aus, er solle dir ein wenig von der Salbe geben, die ich gestern bei ihm gelassen habe. Laß sie dir am besten gleich von ihm einreiben. Seine kalten Hände sollten dich nicht weiter stören.«

Der Käfer muß sich bei dem Gedanken geschüttelt haben, denn Sylvie fuhr ein wenig strenger fort: »Nun stell dich bloß nicht so an und glaub, du seist was Besonderes und zu vornehm, um dich von einem Frosch einreiben zu lassen. Dankbar solltest du ihm sein. Stell dir mal vor, dazu fände sich nur eine Kröte bereit, wie wäre denn *das*?«

Nach einer kurzen Pause fügte Sylvie hinzu: »Jetzt kannst du gehen. Sei ein braver Käfer und laß den Kopf unten.« Dann begann ein Summ-Brumm-Schwirr-Irr-Theater, wie es ein Käfer vollführt, der fliegen will, ohne zu wissen wohin. Zuschlechterletzt traf er mich noch mit einer seiner ungeschickten Zickzackbewegungen genau ins Gesicht, und als ich mich von dem Schrekken erholt hatte, war die kleine Elbe verschwunden.

Überall suchte ich das winzige Wesen, aber es gab keine Spur von ihm – und mein »grißeliges« Gefühl hatte mich verlassen, und die Grillen zirpten wieder ausgelassen – da wußte ich, sie war wirklich weg.

Und jetzt habe ich auch Zeit genug, dir die Grillen-Regel zu erklären. Sie hören immer zu zirpen auf, wenn ein Elbe erscheint – möglicherweise ist er so eine Art König für sie – auf jeden Fall steht er weit über einer Grille – wenn du also beim Spazierengehen plötzlich keine Grillen mehr hörst, dann sehen die sicherlich gerade einen Elben.

Du wirst begreifen, daß ich ziemlich traurig weiterspazierte. Gleichwohl tröstete ich mich mit dem Gedanken: »Das war ja bisher ein wunderschöner Nachmittag. Ich werde leise weitergehen und Obacht geben, und es sollte mich nicht wundern, wenn ich zufällig nochmal einen Elben träfe.«

Während ich so umherspähte, fiel mir eine Pflanze mit runden Blättern ins Auge. Einige Blätter hatten in ihrer Mitte seltsame kleine Löcher. »Aha, eine Blattschneiderbiene!« kombinierte ich – in Naturkunde bin ich nämlich ein As (mit einem Blick kann ich zum Beispiel Katzen von Spatzen unterscheiden) – und ich wollte schon weitergehen, als mich eine plötzliche Eingebung niederhocken und die Blätter prüfen hieß.

Sogleich verfiel ich in einen Freudentaumel – denn ich bemerkte, daß die Löcher alle derart angeordnet waren, daß sie Buchstaben formten; auf drei nebeneinanderstehenden Blättern waren »B«, »R« und »U« markiert, und nach einigem Suchen fand ich zwei weitere mit einem »N« und einem »O«.

Und urplötzlich erhellte ein innerer Lichtblitz einen Teil meines Lebens, den ich schon fast völlig vergessen hatte – nämlich die seltsamen Visionen, die ich auf meiner Reise nach Elfenau gehabt hatte, und mit einem Wonneschauer kam mir in den Sinn: »Diese Visionen scheinen sich mit meinem Lebensweg zu verbinden!«

Unterdessen hatte sich wieder das ›grißelige‹ Gefühl eingestellt, und mir fiel sofort auf, daß die Grillen verstummt waren, und deshalb war ich mir ganz sicher, daß »Bruno« irgendwo in der Nähe sein mußte.

Und das war er tatsächlich – und zwar so nahe, daß ich fast auf ihn getreten wäre, ohne ihn zu bemerken; was schrecklich gewesen wäre, vorausgesetzt natürlich, daß man überhaupt auf einen Elben treten *kann* – meiner Meinung nach gleichen sie den Irrlichtern, und auf *die* kann man ja auch nicht treten.

Denke an irgendeinen hübschen kleinen Jungen, den du kennst, mit rosigen Wangen, großen dunklen Augen und struppigem braunem Haarschopf, und nun stell ihn dir klein genug vor, daß er bequem in eine Kaffeetasse paßt, und dann hast du eine ziemlich gute Vorstellung von ihm.

»Wie ist dein Name, kleiner Mann?« sagte ich möglichst sanft. Wie kommt es übrigens, daß wir kleine Kinder immer erst nach ihrem Namen fragen? Bilden wir uns vielleicht ein, ein Name würde sie ein wenig größer machen? Es fiele einem doch nicht im Traum ein, einen Erwachsenen nach seinem Namen zu fragen, oder? Doch wie dem auch sei, *seinen* Namen wollte ich unbedingt erfahren; und da er mir nicht antwortete, wiederholte ich die Frage ein wenig lauter. »Wie ist dein Name, kleiner Mann?«

»Wie iss denn deiner?« fragte er, ohne aufzublicken, zurück.

Ich nannte ihm ganz freundlich meinen Namen, denn er war viel zu klein, als daß man ihm böse sein konnte.

»Duke von irgendwo?« erkundigte er sich, faßte mich kurz ins Auge und nahm seine Arbeit wieder auf.

»Kein Duke«, mußte ich beschämt eingestehen.

»Deine Größe reicht für zwei Dukes«, schätzte das kleine Wesen. »Dann bist de doch bestimmt 'n Sir Sowieso?«

»Nein«, ich schämte mich noch mehr. »Ich habe überhaupt keinen Titel.«

Dem Elben schien ich unter diesen Umständen keiner weiteren Unterhaltung wert, denn er grub unablässig die Blumen aus und riß sie in Stücke.

Nach einigen Minuten nahm ich einen neuerlichen Anlauf. »*Bitte*, sag mir doch deinen Namen.«

»Bruno«, antwortete der kleine Bursche ganz bereitwillig. »Warum hast de denn nich sofort ›bitte‹ gesagt?«

»Sowas zeugt eigentlich von guter Kinderstube«, sagte ich bei mir und dachte die vielen Jahre zurück (so ungefähr hundert, wenn du es unbedingt wissen willst) bis dahin, als ich noch ein kleines Kind war. Da fiel mir aber etwas ein, und ich fragte ihn: »Bist du vielleicht zufällig einer der Elben, die den Kindern beibringen, artig zu sein?«

»Naja, manchmal müssen wir das«, sagte Bruno, »es ist aber schrecklich langweilig.« Und dabei zerpflückte er ein Stiefmütterchen und zertrampelte die Blütenblätter.

»Was *machst* du denn da, Bruno?« fragte ich.

»Sylvies Garten kaputt«, lautete die ganze Auskunft. Dann aber murmelte er, weiterhin Blumen zerrupfend, vor sich hin: »Die boshafte, gemeine Hexe – wollte mich heute morgen nich zum Spielen lassen – behauptete, ich müßte erst meine Aufgaben machen – Aufgaben, pah! Jetzt zahl ich es ihr endlich heim!«

»Ach Bruno, das solltest du nicht tun!« beschwor ich ihn. »Weißt du denn nicht, daß du rachsüchtig handelst? Und Rachsucht ist böse, grausam und gefährlich!«

»Bachbucht!« grübelte Bruno. »Was für ein ulkiges Wort. Du hältst sie wohl für grausam und gefährlich, weil de ertrinken könntest, wenn de zu weit reingingest.«

»Nein, nicht Bachbucht«, erklärte ich: »Rachsucht« (und sprach das Wort langsam und betont). Doch ich konnte mich des Eindrucks nicht erwehren, daß Brunos Erklärung ganz gut auf beide Wörter paßte.

»Oh!« staunte Bruno und riß die Augen ganz weit auf, verzichtete aber auf einen Versuch, das Wort zu wiederholen.

»Komm, versuch es nachzusprechen, Bruno!« ermunterte ich ihn. »Rach-sucht, Rach-sucht.«

Doch Bruno schüttelte nur den kleinen Kopf und sagte, er könne nicht; sein Mund habe nicht die recht Form für derartige Wörter. Und je mehr ich lachte, desto mißgestimmter wurde der kleine Bursche darüber.

»Das macht ja nichts, kleiner Mann!« besänftigte ich ihn. »Soll ich dir bei der Arbeit helfen?«

»Ja, bitte«, sagte Bruno nun völlig versöhnt. »Wenn ich mir nur was ausdenken könnte, um sie noch mehr zu ärgern. Du weißt ja nich, wie anstrengend es iss, sie zornig zu machen!«

»Na, dann hör mal zu, Bruno, ich werde dir eine tolle Rache verraten!«

»Etwas, was sie prächtig ärgern wird?« fragte er mit leuchtenden Augen.

»Etwas, was sie prächtig ärgern wird. Zuerst jäten wir alles Unkraut in ihrem Garten. Guck mal, wie es dahinten in der Ecke wuchert – die Blumen sind ja kaum noch zu sehen.«

»Aber *sowas* ärgert sie doch nich!« empörte sich Bruno.

»Anschließend«, sagte ich, ohne den Einwand zu beachten, »werden wir das höchstgelegene Beet – das da oben – bewässern. Du siehst ja selbst, es ist knochentrocken und staubig.« Bruno musterte mich eindringlich, sagte aber diesmal nichts.

»Danach müßten die Wege noch ein bißchen gefegt werden«, erklärte ich weiter, »und du könntest die große Brennessel da abschneiden – sie steht so nahe am Garten, daß sie im Weg ist –«

»Was soll denn das *heißen*?« unterbrach mich Bruno ungeduldig. »Das alles ärgert sie doch kein bißchen!«

»Wirklich nicht?« sagte ich unschuldig. »Und dann können wir noch mit einigen bunten Kieselsteinen die Grenzen zwischen den verschiedenen Blumensorten markieren, weißt du. Das macht sich bestimmt sehr hübsch.«

Bruno wandte sich um und starrte mich abermals erstaunt an. Schließlich zwinkerte er mit den Augen und sagte mit ganz anderer Stimme: »Das iss hübsch, wir wollen sie in Reihen zusammenlegen – alle roten zusammen und alle blauen zusammen.«

»Famose Idee«, lobte ich, »und dann – was sind übrigens Sylvies Lieblingsblumen?«

Bruno mußte erst den Daumen in den Mund stecken und ein wenig nachdenken, ehe er es wußte. »Veilchen«, sagte er endlich.

»Unten am Bach ist ein Beet mit wunderschönen Veilchen –«

»Oh, die holen wir!« freute sich Bruno und vollführte einen kleinen Luftsprung. »Hier! Nimm meine Hand, ich helf dir hin. Das Gras ist da ganz schön dicht.«

Ich konnnte mein Lachen nicht unterdrücken; er hatte doch tatsächlich total vergessen, mit was für einem großen Geschöpf er sprach. »Nein, noch nicht, Bruno«, bremste ich ihn, »zuerst müssen wir mal überlegen, was wir am besten als erstes tun. Da kommt nämlich eine ganze Menge Arbeit auf uns zu.«

»Gut, überlegen wir«, meinte Bruno, steckte abermals den Daumen in den Mund und ließ sich auf einer toten Maus nieder.

»Wozu brauchst du denn die Maus?« erkundigte ich mich. »Du solltest sie besser begraben oder in den Bach werfen.«

»Die iss doch zum Abmessen!« empörte sich Bruno. »Wie wills'de denn ohne sie einen Garten anlegen? Wir machen jedes Beet dreieinhalb Mäuse lang und zwei Mäuse breit.«

Und er wollte sie schon hinter sich herziehen, um es mir zu zeigen, aber ich hielt ihn aus Furcht zurück, das »grißelige« Gefühl könne schwinden, bevor der Garten in Ordnung wäre, und dann könnte ich weder ihn noch Sylvie sehen. »Am besten, *du* jätest die Beete, und *ich* sortiere die Kieselsteine für den Wegrand aus.«

»Fein!« rief Bruno. »Und während der Arbeit erzähl ich dich von Raupen.«

»O ja, erzähl von Raupen«, bat ich, häufte die Kieselsteine zusammen und begann damit, sie nach Farben zu sortieren.

Wie im Selbstgespräch fuhr Bruno leise und hastig fort: »Gestern hab' ich zwei kleine Raupen gesehen, als ich gerade am Bach saß, da, wo du in den Wald gehst. Sie waren ganz grün und hatten gelbe Augen, *mich* haben sie aber nicht bemerkt. Un eine hat einen Mottenflügel getragen – einen großen braunen Mottenflügel, verstehst de, ganz vertrocknet und pelzig. Zum Essen war der bestimmt nichts – vielleicht wollte sie sich einen Wintermantel damit machen?«

»Vielleicht«, sagte ich, denn Bruno hatte das letzte Wort fragend betont und mich antwortheischend angesehen.

Ein Wort reichte dem kleinen Burschen voll und ganz, und er sprach vergnügt weiter: »Also, sie wollte nich, daß die andere Raupe den Mottenflügel zu sehen bekam, klar – was konnte sie da schon anderes tun, als ihn mit all ihren linken Beinen zu tragen versuchen und nur auf den rechten zu gehen. Natürlich kippte sie um danach.«

»Wonach?« fragte ich, wobei ich nach dem letzten Wort schnappte, denn um die Wahrheit zu gestehen, ich hatte nicht sehr gut aufgepaßt.

»Sie kippte um«, wiederholte Bruno gewichtig, »un wenn *du* jemals eine Raupe hättest umkippen sehen, dann wüßtest du, daß das ganz ernst iss und kein Grund zum Grinsen – un ich erzähl dich jetz nix mehr!«

»Also, Bruno, ich wollte wirklich nicht grinsen. Sieh doch, ich bin wieder ganz ernst.«

Doch Bruno verschränkte nur die Arme und sagte: »Erzähl *mir* doch nix. Du zwinkerst ja noch mit einem Auge – wie der Mond.«

»Warum glaubst du, ich sei wie der Mond, Bruno?« fragte ich.

»Dein Gesicht iss so groß un rund wie der Mond«, antwortete Bruno und betrachtete mich nachdenklich. »Es scheint nich ganz so hell – aber es iss mehr sauberer.«

Ich konnte mich eines Lächelns nicht erwehren. »Weißt du, *ich* wasche mir das Gesicht manchmal. Der Mond nie.«

»Aber ja doch!« behauptete Bruno; und er beugte sich vor und fügte feierlich wispernd hinzu: »Das Mondgesicht wird mit jeder Nacht schmutziger und schmutziger, bis es völlig schwarz iss. Und wenn es dann überall schwarz iss – *so* –« (und er wischte mit der Hand über sein rosiges Gesicht) »dann wäscht er es.«

»Und dann ist es wohl wieder ganz sauber?«

»Nich sofort überall«, verbesserte Bruno. »Du brauchst ja

noch eine Masse Unterricht! Er wäscht es nach und nach – und damit beginnt er an der anderen Seite, klar.«

Dabei saß er in aller Ruhe mit verschränkten Armen auf der toten Maus, und mit dem Jäten ging es kein bißchen voran: daher ermahnte ich ihn schließlich: »Erst die Arbeit, dann das Vergnügen: keine Unterhaltungen mehr, solange das Beet nicht fertig ist.«

XV. KAPITEL

Brunos Rache

In der immerhin einige Minuten dauernden Stille sortierte ich die Kieselsteine und beobachtete mit Vergnügen Bruno bei seiner Gartenplanung. Mir war sein Verfahren völlig unbekannt: vor dem Jäten maß er erst einmal jedes Beet aus, so als fürchte er, es könne dabei schrumpfen, und als es einmal die gewünschte Länge übertraf, traktierte er die Maus mit seinen kleinen Fäusten und schrie sie an: »Da ham wer's! Schon wieder alles falsch. Warum häls'de auch den Schwanz nich gerade, wenn ich's dir sage!«

»Weiß'de, was ich machen werde?« wisperte mir Bruno bei der Arbeit zu. »Du magst doch Elben, nich wahr?«

»Ja«, bestätigte ich, »natürlich, sonst wäre ich wohl kaum hierhergekommen. Dann wäre ich nämlich irgendwo hingegangen, wo keine Elben sind.«

Bruno lachte geringschätzig. »Also, da könntes'de ebensogut sagen, du gehst dahin, wo keine Luft iss – wenn de keine Luft magst!«

Das war kaum zu glauben. Ich versuchte, das Thema zu wechseln. »Du bist beinahe der erste Elbe, den ich zu Gesicht bekomme. Hast *du* außer mir schon andere Menschen gesehen?«

»Massenhaft!« protzte Bruno. »Wenn wir die Straße lang laufen, sehen wir jedesmal welche.«

»Aber sie können *euch* nicht sehen. Wie kommt es dann, daß sie niemals auf euch treten?«

»*Können* sie doch gar nich«, Bruno amüsierte meine Ignoranz. »Sieh ma, wenn du hier gehst – so –« (er markierte die Stelle) »und wenn da ein Elbe iss – der bin ich – un der geht *hier*. Dann stellst du einfach deinen Fuß hierhin und den andern dahin, un schon tritts'de nich auf den Elben.«

Im großen und ganzen klang die Erklärung überzeugend, aber mich befriedigte sie nicht. »Warum könnte ich den Fuß denn nicht *auf* den Elben stellen?« fragte ich.

»Weiß nich, *warum*«, grübelte der kleine Bursche. »Aber ich weiß, du tät'st es *nich*. Niemand tritt niemals auf den Kopf eines Elben. Un jetz erzähl ich dir, was ich mach, weil du Elben so gern hast. Ich besorg dir 'ne Einladung zur Abendgesellschaft des Elbenkönigs. Ich kenn einen von den Oberkellnern.«

Ich mußte über diesen Einfall lachen. »Laden die Kellner neuerdings die Gäste ein?« erkundigte ich mich.

»Oh, nicht an den *Tisch*!« sagte Bruno. »Sondern zum Servieren. Das würde dir doch sicher Spaß machen? Schüsseln anzureichen und all so was.«

»Naja, aber das ist nicht so schön, wie am Tisch zu sitzen?«

»Klar doch«, Bruno bemitleidete meine Ignoranz, »aber wenn de nich mal Sir Sowieso bist, kanns'de wirklich nicht erwarten, am Tisch zu sitzen.«

Möglichst freundlich erklärte ich ihm, daß ich das auch nicht erwartet hätte, aber nur so bereite es mir Vergnügen, an einer Abendgesellschaft teilzunehmen. Und Bruno warf den Kopf zurück und entgegnete beleidigt, daß ich nach meinem Belieben verfahren könne, aber er kenne viele, die ihre Ohren dafür opfern würden.

»Bist du denn selbst schon mal dabeigewesen, Bruno?«

»Sie haben mich letzte Woche mal eingeladen«, sagte Bruno voller Stolz. »Ich sollte Suppenteller abwaschen – nein, es waren wohl doch Käseplatten – jedenfalls war das sehr ehrenvoll. Un ich hab bei Tisch bedient. Un ich hab nich kaum nur einen Fehler gemacht.«

»Was war es denn?« fragte ich. »*Mir* kannst du es ruhig sagen.«

»Och, ich hab nur zum Fleischschneiden eine Schere gebracht«, bekannte Bruno sorglos. »Aber das allerehrenvollste war, daß ich dem König ein Glas Most gebracht hab.«

»Das *war* aber auch ehrenvoll!« bestätigte ich und biß mir verzweifelt in die Lippen, um nicht herauszuplatzen.

»Nich wahr?« freute sich Bruno. »So 'ne Ehre kriegt nich jeder!«

Dies ließ mich über die Merkwürdigkeiten nachgrübeln, die wir hierzulande als »Ehre« bezeichnen, obgleich sie kein bißchen mehr Ehre darstellen, als Brunos Mundschenkdienst beim König.

Schwer zu sagen, wie lange ich noch so vor mich hingeträumt hätte, wäre ich nicht plötzlich von Bruno alarmiert worden. »Oh, komm ganz schnell her!« schrie er verzweifelt. »Pack den andern Fühler! Ich kann sie nich mehr lange halten!«

Verzweifelt kämpfte er mit einer großen Schnecke, deren Fühler er umklammert hielt, und wollte sie über einen Grashalm ziehen, wobei er sich vor Anstrengung fast das kleine Rückgrat brach.

Ich begriff, daß wir mit der Gartenarbeit nicht zu Rande kämen, wenn ich solchem Tatendrang keinen Riegel vorschob, also nahm ich die Schnecke einfach weg und setzte sie auf eine Bank, wo er sie nicht erreichen konnte. »Wir jagen sie später, Bruno«, sagte ich, »wenn du sie unbedingt fangen willst. Aber was machst du mit ihr, wenn du sie hast?«

»Was machs'de mit 'nem Fuchs, wenn de'n hast?« erkundigte sich Bruno. »Ich weiß doch, daß ihr großen Wesen Füchse jagt.«

Ich suchte nach einem stichhaltigen Argument, warum »große Wesen« zwar Füchse, er aber keine Schnecken jagen dürfte, aber mir fiel nichts ein, und so erklärte ich schließlich: »Na, das ist wohl gehupft wie gesprungen. Eines Tages gehe ich auch einmal auf Schneckenjagd.«

»So dumm wirs'de doch dann nich sein«, maßregelte mich Bruno, »allein auf Schneckenjagd zu gehen. Du wirst nämlich nie im Leben mit 'ner Schnecke fertig, wenn de keinen für den andern Fühler hast!«

»Natürlich gehe ich nicht *allein*«, versicherte ich. »Ist die Sorte eigentlich die beste zum Jagen, oder empfiehlt sich eher die ohne Haus?«

»O nein, wir jagen nie die ohne Haus«, Bruno schüttelte sich etwas bei dem Gedanken. »Die sinn immer sofort ganz ärgerlich; un wenn de dann über sie stolperst, sinn se so glibberig!«

Der Garten war inzwischen fast fertig. Ich hatte einige Veilchen geholt, und Bruno half mir gerade beim Einpflanzen des letzten, als er plötzlich innehielt und gestand: »Bin müde.«

»Dann ruh dich aus«, sagte ich, »jetzt schaffe ich es schon allein.«

Bruno ließ sich das nicht zweimal sagen: im Nu war die Maus als Sofa hergerichtet. »Un ich singe dir 'n Liedchen«, bot er mir dabei an.

»Schön«, freute ich mich, »ich höre gern Lieder.«

»Welches wills'de denn hören«, erkundigte sich Bruno und schleppte die Maus dorthin, wo er mich gut sehen konnte. »›Klingeling‹ iss natürlich am schönsten.«

Einem derartigen Wink mit dem Zaunpfahl konnte man unmöglich widerstehen: und doch tat ich so, als müßte ich einen Augenblick darüber nachdenken, bevor ich zustimmte: »Also, ich mag ›Klingeling‹ auch am liebsten.«

»Das beweist dein großes Musikverständnis«, Bruno wars zufrieden. »Wieviel Glockenblumen hätts'de denn gern?« Und er lutschte am Daumen, um mir beim Nachdenken zu helfen.

Da nur eine Glockenblume in Reichweite war, bemerkte ich ernsthaft, für *diesmal* tue es eine, und ich pflückte und reichte sie ihm. Wie ein Musiker, der sein Instrument stimmt, tastete Bruno die Blume ein-, zweimal ab und erzeugte dabei ein lieblich zartes Geklingel. Noch niemals zuvor hatte ich Blumenmusik vernommen – man scheint dazu nur im »grißeligen« Zustand befähigt – und ich weiß einfach nicht, wie ich sie dir beschreiben soll, außer vielleicht durch den Hinweis, daß sie wie Glockengeläut aus tausend Meilen Ferne klang. Als er mit dem Klang der Blume zufrieden war, ließ er sich auf der toten Maus nieder (das schien sein ständiger Sitz), zwinkerte mir lustig zu und legte los. Die Melodie war übrigens recht merkwürdig, und damit du sie selbst einmal spielen kannst, sind hier die Noten.

> »Auf, oh, auf! Die Nacht kommt rauf:
>   die Eulen heulen, klingeling!
> Geh, oh, geh! Denn dort am See
>   da flöten Elben, klingeling!
> Dem Elbenkönig Grüße bring,
>   ich sing, sing, sing.«

Die ersten vier Zeilen sang er temperamentvoll und fröhlich und ließ die Glockenblumenkelche genau im Takt mit der Musik erklingen, doch die letzten beiden sang er ganz langsam und leise und schwenkte die Kelche nur hin und her. Dann hielt er inne und erklärte: »Der Elbenkönig iss Oberon, der lebt am anderen Seeufer drüben – un manchmal kommt er mit einem Bötchen rüber – un dann treffen wir ihn – un singen ihm das Lied.«

»Und dann dinierst du mit ihm, wohl?« warf ich boshaft ein.

»Du sollst nich reden«, mahnte Bruno hastig, »das unterbricht das Lied doch so.«

Ich versprach, es nicht mehr zu tun.

»Ich spreche nie, wenn ich sing«, fuhr er würdevoll fort, »tu du es also auch nich.« Darauf stimmte er die Blumenkelche erneut und sang:

»Lausch, oh, lausch! Von fern im Rausch
da schmeicheln Klänge, klingeling!
Feenglocken, stetig locken
mit frohem Hallen, klingeling!
Dem Elbenkönig Grüße bring,
ich kling, kling, kling.

Schau, oh, schau! An jedem Hau
da scheinen Lampen, klingeling!
Vehement der Glühwurm brennt,
das Mahl zu leuchten, klingeling!
Dem Elbenkönig Grüße bring,
ich schwing, schwing, schwing.

Hast, oh, hast, der Bauch wohl faßt
die Leckerbissen, klingeling!
Honigtau gibt's da –«

»Still, Bruno!« warnte ich wispernd. »Sie kommt!«

Bruno unterbrach sein Lied, und während sie sich noch den Weg durch das hohe Gras bahnte, stürzte er wie ein kleiner Stier ungestüm auf sie zu und schrie: »Guck dahin! Guck dahin!«

»Wohin?« fragte Sylvie ziemlich erschrocken, wobei sie hastig nach einer Gefahr spähte.

»*Da*hin!« ordnete Bruno an und drehte sie vorsichtig dem Walde zu. »Un jetzt rückwärts gehen – geh schon – keine Angst: du stolperst schon nich!«

Trotzdem *stolperte* Sylvie: in seiner Hast führte er sie nämlich über so viele Stöcke und Steine, daß das Aufrechtbleiben des armen Kindes schon Wunder nimmt. Aber er war viel zu aufgeregt, um dem Beachtung zu zollen.

Schweigend bedeutete ich Bruno eine Stelle, die ihr auf einen Blick den ganzen Garten bot, und dort führte er sie hin: der Ort hatte ungefähr die Höhe einer Kartoffel, und als sie oben waren, trat ich in den Schatten, um von Sylvie nicht gesehen zu werden.

Ich hörte Brunos Triumphgeschrei: »Jetzt kanns'de gucken!« und dann Händeklatschen, allerdings von Bruno. Sylvie schwieg – sie stand nur da mit zusammengepreßten Händen und starrte, und ich befürchtete schon fast, sie könnte es nicht mögen.

Bruno beobachtete sie ebenfalls ängstlich, und als sie vom Erdhügel sprang und die winzigen Wege abschritt, da folgte er ihr vorsichtig wohl aus Furcht, sie könne ihre Meinung ohne einen Wink von ihm äußern. Und als sie schließlich tief Atem holte und ihr Urteil fällte – und zwar hastig wispernd und ohne große Beachtung der Grammatik – »Das ist das Allerschönste, das ich je niemals nicht in meinem Leben gesehen habe!« da freute sich der kleine Bursche ebenso, als hätten alle Richter und Geschworenen Englands es zusammen gefällt.

»Und das hast du wirklich alles ganz allein gemacht, Bruno?« staunte Sylvie. »Und alles für mich?«

»Naja, 'n bißchen Hilfe hatt' ich«, gestand Bruno und lachte über ihr Erstaunen. »Wir ham den ganzen Nachmittag geschuftet – ich dachte, es würd dir gefallen –« und dann bebten die Lippen des armen kleinen Burschen, und schon im nächsten Augenblick weinte er, rannte auf Sylvie zu und schlang leidenschaftlich die Arme um ihren Hals und barg sein Gesicht an ihrer Schulter.

Auch Sylvies Stimme bebte, als sie flüsterte: »Was ist denn, Liebling?« und seinen Kopf hochzuheben und zu küssen versuchte.

Doch Bruno klammerte sich nur noch mehr an sie, schluchzte und ließ sich nicht trösten, bis er gestanden hatte. »Wollte – deinen Garten kaputtmachen – zuerst – aber ich werd nie – nie –«, und schon floß ein weiterer Tränenstrom, der den Rest des Satzes ertränkte. Schließlich brachte er die Worte heraus: »Es war schön - die Blumen zu pflanzen – für *dich*, Sylvie – un ich bin noch nie so glücklich gewesen.« Und das rosige Gesichtchen tauchte schließlich wieder auf, um geküßt zu werden, und es war ganz von Tränen benetzt.

Inzwischen weinte Sylvie ebenfalls und konnte nur stammeln »Bruno, Liebling!« und »*Ich* war noch nie so glücklich.« Doch *mir* blieb es ein Geheimnis, warum die Kinder beide weinen mußten, wenn sie nie zuvor so glücklich gewesen waren.

Ich fühlte mich ebenfalls sehr glücklich, aber selbstverständlich weinte ich nicht: »große Wesen« tun das nie, weißt du – dafür haben wir die Elben. Aber gerade da muß es wohl ein wenig geregnet haben, denn ich fand ein, zwei Tropfen auf meinen Wangen.

Danach schritten sie den ganzen Garten Blume für Blume nochmals ab, als sei er ein langer Satz, den sie mit Küssen als Komma und am Ende mit einer Umarmung als Punkt buchstabierten.

»Weiß'de, das war meine Bachbucht, Sylvie«, begann Bruno feierlich.

Sylvie lachte fröhlich. »Was soll denn *das* sein?« fragte sie. Und sie strich ihr dichtes, brünettes Haar mit beiden Händen zurück und betrachtete ihn spöttisch, wobei noch dicke Tränentropfen in ihren Augen glitzerten.

Bruno holte tief Luft und verstellte mühsam den Kiefer. »Ich meine Rach-sucht«, verbesserte er sich, »jetz vorstehs'de.« Und er war so glücklich und stolz, das Wort richtig ausgesprochen zu haben, daß ich ganz neidisch wurde. Meiner Meinung nach »vorstand« Sylvie überhaupt nichts: doch sie drückte auf jede Wange einen kleinen Kuß, und das schien ebensogut.

So wanderten sie beide, die Arme liebevoll umeinandergeschlungen, zwischen den Butterblumen davon, flüsterten und kicherten und gönnten mir Armen nicht einmal einen Blick. Doch dann, kurz bevor ich sie ganz aus den Augen verlor, drehte Bruno halb den Kopf und nickte mir ein kurzes, freches Auf-Wiedersehen über die Schulter zu. Und das war auch schon der ganze Dank für *meine* Mühe. Zuallerletzt sah ich – wie sich Sylvie zu Bruno beugte und ihm ins Ohr schmeichelte: »Ach, Bruno, ich hab das schwere Wort völlig vergessen. Sag es mir noch mal. Na los! Nur das eine Mal noch, Liebling!«

Aber Bruno weigerte sich.

XVI. KAPITEL

Ein Krokodil im Wandel

Das Wunderbare – das Geheimnisvolle – war für den Augenblick
ganz aus meinem Leben gewichen: und das Alltägliche hatte wieder die Oberhand gewonnen. Ich war auf dem Weg zu des Earls
Haus, denn es war gerade fünf Uhr, »die faustische Stunde«, und
ich wußte, ich würde sie bei einer Tasse Tee und einer zwanglo-
sen Plauderei vorfinden.

Aufs Allerherzlichste hießen mich Lady Muriel und ihr Vater
willkommen. Sie gehörten nicht zu jenem Menschenschlag, der
so gern die eleganten Salons bevölkert – und der jegliches echte
Gefühl hinter der undurchdringlichen Maske konventionellen
Gehabes verbirgt. »Der Mann mit der eisernen Maske« war sei-
nerzeit sicher eine Sensation und ein Wunder: im London unserer Tage hätte sich niemand nach ihm umgedreht und ihn eines
zweiten Blickes gewürdigt. Nein, diese Menschen hier waren *aufrichtig*. Wenn sie glücklich *aussahen*, so *waren* sie es auch: und als
Lady Muriel mit strahlendem Lächeln sagte: »Ich bin *sehr* froh,
Sie wiederzusehen!« da wußte ich, daß sie es *ehrlich* meinte.

Dennoch wagte ich es nicht, die Anweisungen des liebeskran-
ken jungen Arztes – so verrückt sie mir auch schienen – zu mißachten und ließ ihn unerwähnt: und erst als sie mich in alle Details eines geplanten Picknicks eingeweiht hatten, zu dem ich eine
Einladung erhielt, schlug Lady Muriel beiläufig vor: »Und bringen Sie doch nach *Möglichkeit* Dr. Forester mit! Ein Tag auf dem
Lande täte ihm sicher gut. Ich fürchte, er vergräbt sich zu sehr in
seinen Studien –«

Mir lag schon das Zitat »auf der Zunge«: »Sein ganzer Sinn,
zum Weibe hin!«, doch ich bremste mich gerade noch rechtzeitig
– und ich fühlte mich dabei wie jemand, der beim Überqueren

der Straße fast von einem vorüberrasenden »Kabriolett« erwischt worden wäre.

»– und nach meiner Meinung führt er ein zu eremitenhaftes Dasein«, setzte sie ernsthaft fort, was jeglichen Verdacht einer Zweideutigkeit ausschloß. »*Bringen* Sie ihn doch mit! Und vergessen Sie den Tag nicht, Dienstag in einer Woche. Wir können Sie mitnehmen. Eine Zugfahrt wäre zu schade – die Straße führt durch eine so reizvolle Landschaft. Unsere offene Kutsche bietet gerade vier Personen Platz.«

»Oh, ich werde ihn bestimmt dazu überreden mitzukommen!« versprach ich zuversichtlich – und dachte so bei mir: »Meine ganze Überredungsgabe müßte ich schon aufbieten, um ihn daran zu hindern!«

Das Picknick sollte in zehn Tagen stattfinden: und obschon Arthur die von mir überbrachte Einladung freudig registriert hatte, konnte ich ihn mit keinem Wort dazu bewegen – weder in meiner Begleitung noch ohne mich –, dem Earl und seiner Tochter in der Zwischenzeit einen Besuch abzustatten. Nein: er fürchtete, »zu häufig zu kommen«, meinte, sie hätten »ihn vorläufig oft genug gesehen«: und am Ausflugstag war er derart nervös und zappelig, daß ich vorschlug, wir sollten lieber getrennt zum Haus des Earls gehen – so wollte ich erst kurz nach ihm erscheinen, was ihm Gelegenheit geben sollte, die Begegnung erst einmal zu verkraften.

Deshalb plante ich einen beträchtlichen Umweg auf meinem Marsch zum Herrenhaus ein (so nannten wir des Earls Haus): »Und es sollte mir nicht ungelegen kommen, wenn ich ein kleines bißchen in die Irre laufen würde!« dachte ich so bei mir.

Der Erfolg war größer und kam schneller, als ich zu hoffen gewagt hatte. Viele einsame Spaziergänge bei meinem ersten Besuch in Elfenau hatten mir den Pfad durch den Wald wohlvertraut gemacht: und so blieb es mir schleierhaft, wie ich so urplötzlich auf Abwege geraten war – wenn ich auch so intensiv an Arthur und seine Angebetete dachte, daß ich kaum auf die Umgebung achtgab. »Und diese Lichtung«, sinnierte ich, »erinnert mich an etwas, das mir nicht mehr so ganz deutlich ist – bestimmt ist es eben die Stelle, an der ich die beiden Elbenkinder traf! Hoffentlich gibt es hier keine Schlangen!« grübelte ich laut und nahm auf einem Baumstamm Platz. »Ich mag *wahrhaftig* keine Schlangen – und Bruno mag sie wahrscheinlich auch nicht!«

»Nein, er mag sie *bestimmt* nicht!« meldete sich ein bescheidenes Stimmchen neben mir. »*Angst* hat er zwar nicht, verstehen Sie recht. Aber er *mag* sie nicht. Er behauptet immer, sie seien ihm zu wackelig!«

Von unbeschreiblicher Anmut war die Gruppierung – die mein forschender Blick auf dem Moospolster des Baumstumpfes entdeckte: Sylvie stützte sich auf ihren im Moos eingetauchten Ellbogen, und ihre rosige Wange ruhte auf der Handfläche, und zu ihren Füßen rekelte sich Bruno, den Kopf in ihrem Schoß.

»Zu wackelig?« brachte ich nur angesichts ihres plötzlichen Erscheinens heraus.

»Ich bin nich anspruchsvoll«, erklärte Bruno bescheiden, »aber ich mag *einfach* gerade Tiere am liebsten –«

»Aber du magst einen Hund, wenn er mit dem Schwanz wedelt«, unterbrach Sylvie. »Das *stimmt* doch, Bruno!«

»Aber an'nem Hund iss mehr dran, stimmt's mein Herr Mann?« wandte sich Bruno an mich. »Du würd'st auch keinen Hund mögen – nur mit Kopf un Schwanz.«

Ich pflichtete bei, daß ein derartiger Hund uninteressant wäre.

»Solch einen Hund *gibt* es überhaupt nicht«, gab Sylvie zu bedenken.

»Aber es *könnte* ihn geben«, triumphierte Bruno, »wenn der Profeffer ihn für uns kürzte.«

»Ihn kürzen?« wunderte ich mich. »Das ist ja was ganz Neues! Wie macht er das?«

»Er hat eine ulkige Maschine –« versuchte Sylvie zu erklären.

»Eine *ganz* ulkige Maschine«, unterbrach Bruno, denn er wollte sich die Erzählung einer derartigen Geschichte nicht nehmen lassen. »Un wenn de – egal was – in das *eine* Ende reinsteckst, verstehs'de – dann dreht er die Kurbel, un es kommt am anderen Ende wieder raus, un zwar ganz kurz!«

»Noch kürzer als kurz!« echote Sylvie.

»Un einmal – als wir noch in Anderland waren, weiß'de – ehe wir nach Feenland gekommen sinn – ham ich un Sylvie ihm ein großes Krokodil gebracht. Un er hat's für uns gekürzt. Das war vielleicht komisch! Un es guckte immerzu um sich un sagte ›wo ist den bloß mein Rest hingekommen?‹ Un guckte ganz traurig aus den Augen –«

»Nicht aus *beiden* Augen«, korrigierte Sylvie.

»Natürlich nich!« bestätigte der kleine Bursche. »Nur das Auge, das *nich* sehen konnte, wo der Rest geblieben war. Aber das Auge, das sehen konnte, wo –«

»Wie kurz *war* eigentlich das Krodokil?« erkundigte ich mich, denn die Geschichte drohte, verzwickt zu werden.

»Halb so kurz wie beim Einfangen – *so* lang«, erläuterte Bruno und streckte beide Arme in voller Länge aus.

Ich versuchte, das Maß zu schätzen, doch es war mir zu schwierig. Liebe Leseratte, stell du es bitte für mich fest.

»Aber ihr habt das arme Ding doch nicht etwa so kurz gelassen, oder?«

»Aber nicht doch. Sylvie un ich ham es rückgängig gemacht, un wir ham es um – um – um wieviel ham wir es erweitert, Sylvie?«

»Zweieinhalb Mal und noch ein Stückchen«, sagte Sylvie.

»Ich fürchte, das behagte ihm ebensowenig, habe ich recht?«

»Oh, aber ja doch!« widersprach Bruno triumphierend. »Es war *sogar* stolz auf seinen neuen Schwanz! Du hast noch nie so ein stolzen Krokodil gesehen. Nun konnte es nämlich um sich rum un auf die Spitze seines Schwanzes spazieren und dann noch über seinen Rücken bis ganz hin zum Kopf.«

»Nicht ganz bis zum Ende«, korrigierte Sylvie . »Das konnte es natürlich nicht.«

»Aha, aber einmal hat's das getan!« behauptete Bruno rechthaberisch. »Du hast gerad nich hingeguckt – aber ich hab's gesehn. Un es iss auf Zehenspitzen gegangen, um sich nich aufzuwecken, es meinte wohl es schliefe. Un es legte beide Pranken auf seinen Schwanz un dann trippelte es den ganzen Rücken lang. Un dann ging es auf seiner Stirn weiter. Un ein winziges Stückchen ging es noch auf seiner Nase runter! Das war's!«

Das Rätsel war ja noch verzwickter. Liebes Kind, hilf bitte noch einmal!

»Nie und nimmer! Kein Krokodil kann niemals überhaupt nicht über seine eigene Stirn spazieren!« empörte sich Sylvie, und in ihrer Erregung vermochte sie die Zahl der Verneinungen kaum zu begrenzen.

»Du kennst ja nich den *Grund* dafür!« parierte Bruno verächtlich. »Es hatte nämlich einen sehr guten Grund. Ich hab gehört, wie es sagte: ›Warum soll ich denn *nich* auf meine eigene Stirn spazieren.‹ Un dann marschierte es los, klar?«

»Wenn das ein guter Grund ist, Bruno, warum steigst *du* dann nicht mal auf den Baum?« schlug ich vor.

»Gleich, gleich, sobald wir mit Reden fertig sinn. Zwei Leuten *können* einfach nich konfabel zusammen reden, wenn einer auf 'nen Baum steigt un der andre nich!« belehrte mich Bruno.

Eine Konversation schien mir kaum »konfabel«, während man Bäume bestieg, selbst wenn *beide* »Leuten« es taten: doch Widerspruch gegen Brunos Theorien waren offensichtlich gefährlich; deshalb erachtete ich es als das Klügste, die Frage zu übergehen und mich eingehender nach der Maschine zu erkundigen, die Dinge *länger* machen konnte.

Diesmal geriet Bruno in Verlegenheit, und so überließ er die Beantwortung Sylvie. »Es handelt sich um eine Art Mangel«, erklärte Sylvie. »Wenn man Dinge reinsteckt, werden sie gequet —«

»Gequetschelt!« unterbrach Bruno.

»Ja«, Sylvie akzeptierte die Berichtigung, versuchte aber nicht, das augenscheinlich für sie neue Wort nachzusprechen. »Sie werden – genau das – und sie kommen ganz, ganz lang wieder raus.«

»Einmal«, mischte sich Bruno wieder ein, »ham Sylvie un ich einen Kinderreim aufgeschreibt —«

»Aufgeschrieben!« soufflierte Sylvie.

»Schön! Wir ham einen Kinderreim *aufgeschreibt*, un der Profeffer hat ihn uns länger gemangelt. Er hießen: ›*Es war einmal ein Männchen, mit einer kleinen Flint, und die Kugel —*‹«*

»Der Rest ist mir bekannt«, unterbrach ich. »Aber kannst du mir nicht einmal die lange Form sagen – ich meine, wie es aus der Mangel herauskam?«

»Wir werden den Professor überreden, daß er es Ihnen *vorsingt*«, sagte Sylvie. »*Aufsagen* würde es verderben.«

»Ich würde gern den Professor treffen«, bat ich. »Und ich würde euch alle liebend gern einmal mitnehmen und einigen Freunden vorstellen, die hier in der Nähe wohnen. Würde euch das gefallen?«

---

* AdÜ: One for the Pot, *Nursery Rhyme*.

»Ich bezweifele, daß der *Professor* gern käme«, mutmaßte Sylvie. »Er ist *sehr* schüchtern. Aber wir würden uns freuen. Bloß nicht in *dieser* Größe, verstehen Sie?«

Das Problem war mir bereits in den Sinn gekommen, und ich hatte mir ausgemalt, daß es vielleicht etwas peinlich sein könnte, zwei derartige Winzlinge in die Gesellschaft einzuführen. »Welche Größe werdet ihr denn annehmen?« fragte ich.

»Am besten die von – normalen *Kindern*«, antwortete Sylvie nachdenklich. »Das ist am einfachsten.«

»Könnt ihr nicht vielleicht gleich mitkommen«, schlug ich vor und dachte dabei, »dann könntet ihr mit uns am Picknick teilnehmen!«

Sylvie überlegte einen Augenblick. »Nein, *heute* nicht«, antwortete sie. »Wir sind noch nicht soweit. Wir kommen bald – nächsten Dienstag, wenn Sie wollen. Aber *wirklich*, Bruno, du mußt jetzt mitkommen und deine Aufgaben machen.«

»Ich wünsch, du würdst nich immer ›*wirklich* Bruno!‹ sagen«, plädierte der kleine Bursche mit Schmollmund, was ihn noch hübscher machte. »Dann kommt immer was Schreckliches hinterher! Un ich will dich nich küssen, wenn de so gemein bist.«

»Aha, aber du hast mich *doch* geküßt?« triumphierte Sylvie fröhlich.

»Schön, dann wirs'de wieder entküßt!« Und er schlang die Arme um ihren Hals, um diese ungewöhnliche, aber augenscheinlich nicht sehr schmerzhafte Operation zu vollziehen.

»Das ist ja *genauso* wie *küssen*!« bemerkte Sylvie, sobald ihren Lippen die Freiheit der Sprache wiedergegeben war.

»Du kappierst *nix*! Es war genau das *Gegenteil*!« schimpfte Bruno und zog ab.

Sylvie wandte sich lachend an mich. »Sollen wir am Dienstag kommen?« fragte sie.

»Prima«, antwortete ich, »sagen wir, nächsten Dienstag. Aber wo ist denn *bloß* der Professor? Hat er euch nicht nach Feenland begleitet?«

»Nein«, bedauerte Sylvie. »Aber er hat versprochen, uns *ir-*

gendwann einmal zu besuchen. Er arbeitet noch an seiner Vorlesung. Deshalb ist er zu Hause geblieben.«

»Zu Hause?!« stammelte ich träumerisch und war mir nicht ganz sicher, was sie eigentlich gesagt hatte.

»Ja, Sir. Seine Lordschaft und Lady Muriel *sind* zu Hause. Folgen Sie mir bitte.«

XVII. KAPITEL

Die drei Dachse

Noch wie im Traum folgte ich der gebieterischen Stimme in ein Zimmer, wo der Earl, Lady Muriel und Arthur beisammen saßen. »Sind Sie also *doch* noch gekommen!« warf mir Lady Muriel scherzhaft meine Unpünktlichkeit vor.

»Ich wurde leider aufgehalten«, stammelte ich. Doch den Grund für meine Verspätung anzugeben, hätte mich in Verlegenheit gebracht. Glücklicherweise stellte man keine Fragen.

Die Kutsche ward herbeibefohlen, der Picknickkorb mit all unseren Beiträgen zum Ausflug wurde sicher verstaut, und wir brachen auf.

Das Gespräch zu bestreiten, sah *ich* keinerlei Notwendigkeit. Lady Muriel und Arthur befanden sich offenkundig in jener Stimmung, in der es unnötig erscheint, jeden Gedanken auf die Goldwaage zu legen, bevor er über die Lippen kommt: und so plätscherte das Gespräch vollkommen einvernehmlich wie bei alten Freunden dahin.

»Warum können wir nicht dem Picknick einfach entrinnen und eine andere Richtung einschlagen?« schlug sie plötzlich vor. »Vier Personen sind doch eigentlich genug, oder? Und was das *Essen* betrifft, unser Picknickkorb —«

»Warum wir *nicht* können? Was für ein echt *weibliches* Argument!« lachte Arthur. »Eine Frau weiß nie, auf welcher Seite die *onus probandi* — die Beweislast — liegt!«

»Wissen das die *Männer* immer?« erkundigte sie sich mit reizender Gelehrigkeit.

»Sicher, allerdings mit *einer* Ausnahme – der einzigen, die mir bekannt ist. Dr. Watts hat nämlich einmal die sinnlose Frage gestellt:

> *Könnt' ich nicht meines Nachbarn Gut*
> *auch gegen seinen Willen rauben?*‹*

Angenommen, *das* sei ein Argument für seine Ehrlichkeit! Seine Position wäre dann folgende: ›Ich bin nur ehrlich, weil ich keinen Grund zum Stehlen habe.‹ Und auch das Argument des Diebes ist natürlich hieb- und stichfest. ›Ich raube meines Nachbarn Gut, weil ich es selbst will. Und ich tue es gegen seinen Willen, weil er es mir ohnehin nicht freiwillig überläßt!‹«

»Ich kann noch eine weitere Ausnahme beisteuern«, bot ich an, »ein Argument, das ich erst heute gehört habe – ebenfalls von *keiner* Frau. ›Warum sollte ich denn nicht auf meiner eigenen Stirn spazieren?‹«

»Was für eine kuriose Spekulationsmöglichkeit!« staunte Lady Muriel, sah mich an und lachte Tränen. »Darf man erfahren, wer die Frage gestellt hat? Ist er *wirklich* auf seiner eigenen Stirn spaziert?«

»Ich weiß nicht mehr, *wer* das gesagt hat!« stotterte ich. »Und auch das *Wo* ist mir entfallen!«

»Wer es auch immer war, ich hoffe, wir treffen ihn beim Picknick!« sagte Lady Muriel. »Diese Frage ist nämlich *weitaus* interessanter als die ›*Ist* die Ruine nicht malerisch?‹ ›*Sind* die herbstlichen Farbgebungen nicht wunderhübsch?‹ Diese beiden Fragen werde ich heute Nachmittag mindestens *zehnmal* beantworten müssen!«

»Das ist eine der Unsitten unserer Zeit«, urteilte Arthur. Warum können die Leute die Schönheiten der Natur nicht genießen, ohne dauernd darüber zu reden? Muß das Leben ein unentwegter Katechismus sein?«

»In einer Gemäldeausstellung ist es gerade so«, bemerkte der Earl. »Im letzten Mai war ich mit einem eingebildeten jungen Künstler in der Königlichen Akademie: der hat mich vielleicht

---

* AdÜ: Isaac Watts, Moral Songs, IV. The Thief, in: The Works of the English Poets with Prefaces, biographical and critical, ed. by Samuel Johnson, Vol. 46. London 1779, S. 363.

168

genervt . Ich hätte ja nichts dagegen gehabt, wenn *er* die Bilder nur kritisiert hätte: doch *ich* sollte ihm dauernd zustimmen – oder den Punkt diskutieren, was noch schlimmer gewesen wäre!«

»Die Kritik war natürlich *negativ*?« behauptete Arthur.

»Warum soll das natürlich sein!«

»Haben Sie schon jemals erfahren, daß ein eingebildeter Mensch ein Bild zu loben wagt? Seine einzige Furcht (außer der, nicht beachtet zu werden) ist die, *sich als fehlbar zu erweisen.* Wenn Sie einmal ein Bild *loben*, dann hängt der Ruf Ihrer *Unfehlbarkeit* an einem dünnen Faden. Angenommen, es handelt sich um ein Portrait, und Sie wagen die Behauptung ›malt gut‹. Irgendwer mißt es aus und findet eine der Proportionen um wenige Millimeter verschoben. Auf der Stelle sind *Sie* als Kritiker erledigt! ›Hast Du etwa gesagt, er malt *gut*?‹ erkundigen sich ihre Freunde sarkastisch, während Sie den Kopf hängen lassen und schamrot werden. Nein. Die einzig sichere Methode, wenn jemand bemerkt ›malt gut‹, ist, Sie zucken mit den Schultern. ›*Malt* gut?‹ wiederholen Sie nachdenklich. ›Malt *gut*? Hm!‹ So wird man ein großer Kritiker!«

Unter solch zwanglosem Geplauder erreichten wir nach angenehmer Fahrt durch einige Meilen schöner Landschaft den *Treffpunkt* – eine Schloßruine –, wo sich die übrige Picknickgesellschaft bereits versammelt hatte. Wir bummelten ein, zwei Stunden durch die Ruinen, bis wir uns nach allgemeinem Wunsch in ungezwungenen Grüppchen zusammenfanden und auf der Seite eines Hügels mit dem schönsten Blick auf das alte Schloß und seine Umgebung lagerten.

Die augenblicklich eintretende Stille wurde flink von einer Stimme in Besitz genommen – oder korrekter gesagt, mit Beschlag belegt: einer Stimme, so weich, so monoton, so kräftig, daß man mit Schaudern spürte, wie sie jede andere Konversation im Keim erstickte, und daß wir, wenn sich nicht Tollkühnheit dem entgegenstellte, zum Anhören eines Vortrages verdammt waren, dessen Ende nicht abzusehen war!

Der Sprecher war ein kräftig gebauter Mann, dessen großes, flaches Bleichgesicht im Norden von Haarfransen, im Osten und

Westen von Backenbartfransen und im Süden von Spitzbartfransen begrenzt wurde – das Ganze bildete einen vollkommenen Halo aus stoppeligen, weißlich braunen Borsten. Seine Gesichtszüge waren so offensichtlich bar allen Ausdrucks, daß ich mir – hilflos wie in einem Alptraum – nur erklären konnte – »sie sind erst skizzenhaft angedeutet, das endgültige Ausmalen fehlt noch!« Und er hatte eine Art, jeden Satz mit einem plötzlichen Lächeln zu beenden, das sich wie ein kleines Kräuseln über die riesige, leere Oberfläche ausbreitete und im nächsten Augenblick verschwand, wobei es eine derartige Ernsthaftigkeit hinterließ, daß ich nur vor mich hin murmeln konnte: »das war nicht *er*: irgendein anderer hat gelächelt!«

»Haben Sie eigentlich bemerkt?« (dergestalt leitete der Tropf jeden seiner Sätze ein) »Haben Sie eigentlich bemerkt, wie der geborstene Bogen dort ganz oben auf der Ruine gegen den wol-

kenlosen Himmel absticht? Er ist *exakt* richtig plaziert: und er hat *exakt* die richtige Größe. Etwas mehr oder weniger, und alles wäre gänzlich verdorben!«

»Oh, begnadeter Architekt!« murmelte Arthur, nur für Lady Muriel und mich hörbar. »Der du die exakte Wirkung deines Werkes Jahrhunderte nach deinem Tode als Ruine vorausgesehen hast!«

»Und haben Sie eigentlich bemerkt, wie dort, wo die Bäume schräg am Abhang stehen«, (und er wischte mit der Hand und dem ganzen gönnerhaften Gebaren eines Mannes darüber, der die Landschaft eigenhändig angeordnet hat), »die vom Fluß aufsteigenden Nebelschwaden *exakt* die Zwischenräume füllen, in denen wir Verschwommenheit als künstlerische Wirkung *unbedingt* brauchen? Hier, im Vordergrund, sind wenige klare Pinselstriche durchaus angebracht: aber ein *Hinter*grund ohne Nebel, also wissen Sie! Das ist einfach barbarisch! Ja, wir *brauchen* die Verschwommenheit!«

Indem der Redner diese Worte gebar, fixierte er mich scharf, so daß ich mich zu einer Antwort genötigt fühlte, und ich murmelte dem Sinne nach, daß *ich* für meinen Teil diese Notwendigkeit entbehren könne – und daß ich eine Sache sehen müsse, um mich daran zu erfreuen.

»Ganz recht!« attackierte mich der große Mann grob. »Von *Ihrem* Standpunkt aus gesehen stimmt das. Doch für jemanden mit *Kunst*verständnis ist eine derartige Ansicht einfach hirnverbrannt. *Natur*, das ist eine Sache. *Kunst* ist eine andere. Die *Natur* zeigt uns die Welt, wie sie *ist*. Aber *Kunst* ist – wie ein lateinischer Schriftsteller uns belehrt – *Kunst*, wissen Sie – jetzt habe ich es vergessen –«

»*Ars est celare Naturam*«,* warf Arthur mit erfreulicher Schnelligkeit ein.

»Ganz recht!« der Redner atmete erleichtert auf. »Ich danke

---

* AdÜ: Richtig lautet das lateinische Sprichwort: »Ars est celare artem«, also: »Kunst ist verschleierte Kunst«; in der Abwandlung von Arthur also: »Kunst ist verschleierte Natur.«

Ihnen! *Ars est celare Naturam* – aber das ist es nicht.« Und für wenige friedvolle Augenblicke brütete der Redner stirnrunzelnd über dem Zitat. Die willkommene Gelegenheit wurde sogleich beim Schopf gefaßt, und eine *andere* Stimme brach das Schweigen.

»Welch *liebliche* alte Ruine!« rief eine junge bebrillte Dame, die ganz die Verkörperung dessen war, was man Dämmern des Denkens nennen kann, und fixierte dabei Lady Muriel als den geeigneten Adressaten aller wahrhaft *originellen* Bemerkungen. »Und bewundern Sie nicht auch die herbstlichen Farbgebungen der Bäume? *Ich finde sie wunderhübsch!*«

Lady Muriel warf mir einen vielsagenden Blick zu; antwortete aber dennoch mit bewundernswerter Ernsthaftigkeit: »Oh, ja doch, ja! *Wie* wahr!«

»Und ist es nicht merkwürdig«, grübelte die junge Dame und schlug geradezu einen Salto von der Empfindung zur Wissenschaft, »daß das bloße Einwirken gewisser farbiger Strahlen ein derart herrliches Schauspiel auf die Retina zaubern kann?«

»Haben Sie vielleicht Physiologie studiert?« erkundigte sich ein gewisser junger Arzt höflich.

»O *ja*! Ist das nicht eine *hübsche* Wissenschaft?«

Arthur schmunzelte. »Es scheint ein Paradoxon, nicht wahr«, setzte er fort, »daß das auf der Retina entstandene Bild auf dem Kopf stehen soll?«

»Das ist *wahrhaftig* verwirrend«, gab sie freimütig zu. »Wie kommt es bloß, daß wir nicht das Unterste zuoberst *sehen.*«

»Sie haben demnach noch nie von der Theorie gehört, daß das *Gehirn* ebenfalls auf dem Kopf steht?«

»Nein, *tatsächlich*! Was für ein *schönes* Faktum! Aber wie läßt sich das *beweisen*?«

»*Ganz einfach*«, antwortete Arthur, so als vereinige er die Würde von zehn Professoren in sich. »Was wir den *Scheitelpunkt* des Gehirns nennen, ist in Wahrheit seine *Basis*: und was wir die *Basis* nennen, ist in Wahrheit sein *Scheitelpunkt*: es ist einfach eine Frage der *Denomination*.«

Dieser letzte Mehrsilber erledigte die Frage. »Wie wahrhaft

entzückend!« rief die untadelige Wissenschaftlerin enthusiastisch. »Ich werde unseren Psychologiedozenten einmal fragen, warum er uns diese *vorzügliche* Theorie noch nie dargelegt hat!«

»Ich gäb was drum, dabei zu sein!« flüsterte mir Arthur zu, als wir uns auf ein Zeichen von Lady Muriel zu der Stelle begaben, wo die Picknickkörbe zusammengestellt waren, um uns einer *nahrhafteren* Tagesbeschäftigung zu widmen.

Wir »bedienten« uns selbst, denn die moderne Barbarei eines Picknicks mit Domestiken als Kellner (was zwei gute Einrichtungen derart kombiniert, daß man die Unbequemlichkeit beider und die Bequemlichkeit keiner in Kauf nimmt) war in dieser abgelegenen Gegend noch ungebräuchlich – und selbstverständlich nahmen die Herren nicht eher ihren Platz ein, bis die Damen in gehöriger Weise mit Speis und Trank versorgt waren. Dann besorgte ich mir einen Teller mit etwas Festem und ein Glas mit etwas Flüssigem und setzte mich neben Lady Muriel.

Der Platz war offensichtlich für Arthur als Ehrengast freigehalten worden: doch der hatte sich in seiner Schüchternheit neben der jungen bebrillten Dame niedergelassen, deren hohe, krächzende Stimme bereits ominöse Sätze wie: »Der Mensch ist ein Bündel von Qualitäten!«, »Das Objektive ist nur erreichbar durch das Subjektive!« auf die Gesellschaft losgelassen hatte. Arthur ertrug es tapfer: aber einige Gesichter signalisierten deutliche Alarmzeichen, und ich hielt es für höchste Zeit, ein weniger metaphysisches Thema anzuschneiden.

»In meiner Kindheit«, so begann ich, »durften wir bei zu schlechtem Wetter für ein Picknick etwas Besonderes tun, was uns große Freude machte. Das Tischtuch wurde *unter* den Tisch gelegt statt darauf, und wir setzten uns ringsherum auf den Boden: diese äußerst unbequeme Art zu essen haben wir weit mehr geschätzt als die konventionelle Sitzordnung.«

»Zweifellos«, antwortete Lady Muriel. »Es gibt wohl nichts, was ein wohlerzogenes Kind so haßt wie Ordnung. Meiner Meinung nach würde einem wirklich gesunden Jungen sogar die griechische Grammatik Spaß machen – wenn er beim Lernen auf dem Kopf stehen könnte! Auf jeden Fall wurde Ihnen beim Essen auf dem Teppich eines erspart, was ich immer als den größten Nachteil eines Picknicks betrachtet habe.«

»Das Risiko eines Regenschauers?« vermutete ich.

»Nein, das Risiko – oder vielmehr die Gewißheit – *Lebewesen* im Essen zu finden! *Spinnen* sind *mein* Schreckgespenst. Aber mein Vater hat *keinen* Sinn für derartige Empfindsamkeit – *nicht wahr*, mein Lieber?« Denn der Earl hatte die Bemerkung mitbekommen und hörte zu.

»Leid gibt's für jeden, Menschen sind's«,* erwiderte er in dem ihm eigenen freundlichen, melancholischen Tonfall. »Jeder hat seine Lieblingsgreuel.«

»Aber *seine* werden Sie nie erraten!« lachte Lady Muriel silberhell, was mir wie Musik in den Ohren klang.

Ich versuchte das Unmögliche erst gar nicht.

»Er mag keine *Schlangen*!« sagte sie in Bühnengeflüster. »Nun, ist *das* nicht eine unsinnige Aversion? Man kann sich kaum vorstellen, daß ein Mensch so ein liebes, schmeichelndes, *anhänglich* zärtliches Wesen wie eine Schlange nicht mag!«

»Mag keine *Schlangen*!« staunte ich. »Ist denn sowas möglich?«

»Nein, er mag sie *bestimmt* nicht«, spöttelte sie hübsch. »*Angst* hat er zwar nicht, verstehen Sie recht. Aber er *mag* sie nicht. Er behauptet immer, sie seien ihm zu wackelig!«

Meine Verblüffung war größer, als ich mir eingestehen wollte. Es war mir *unheimlich*, daß genau die Worte, die ich kürzlich von der kleinen Waldelbe vernommen hatte, hier wiederholt wurden und nur unter großer Mühe konnte ich einigermaßen gleichgültig antworten: »Verbannen wir dieses unerfreuliche Thema. Wollen Sie uns nicht lieber etwas vorsingen, Lady Muriel? Ich weiß, daß Sie a capella singen *können*.«

»Die einzigen Lieder, dich ich – ohne Begleitung – singen kann, sind leider *schrecklich* sentimental. Haben Sie Ihre Tränen bereit?«

»Alles bereit! Alles bereit!« tönte es von allen Seiten, und Lady Muriel – die keine der Sängerinnen war, die das Ablehnen des

---

* AdÜ: Thomas Gray, Ode on a Distant Prospect of Eton College.

Gesanges erst einmal für *unerläßlich* halten, bevor sie nicht drei- oder viermal gebeten worden sind, und Gedächtnislücken, Stimmverlust und anderes vorschützen – begann sogleich:

»Finster lauern über Erden
auf dem Hügel festgebannt.
Heute muß er Thron hier werden!
Frisch, ihr Dachse, seid zur Hand!
*   Und der Vater greis,*
*   gar nichts davon weiß.*
Soll man die drei Dachse loben,
die der Heimat fern hier toben?

Heringsdamen seh ich springen!
Drei! Die Massen sind im Fluß.
Wollen auf den Thron eindringen,
was mit Sang man fördern muß.
*   Doch im Klang nicht rein*
*   singen sie nicht fein,*
klingt wohl reichlich nach Metalle,
scheußlich ihre Stimme schalle.

Mutter Hering schreckt aus Träumen,
sucht und geht zum Dachs hinein.
›Dacht', die Töchter lang schon säumen,
müssen bei den Dachsen sein.
    Zu den Kindern, frisch!
    Sie vergessen sich.
Sind zu dumm noch, um zu weichen,
halten nichts von Warnungszeichen.‹

›Ja, sie sind nun wohl von hinnen;
die Familie ging zu Bruch.
Doch bevor sie ganz entrinnen,
machen wir uns auf die Such'!‹
    rief der Dachs da aus
    und verließ das Haus!
Rauschend schwamm in einem Bogen
auch der Hering auf den Wogen.«

Hier brach Bruno plötzlich ab. »Das Heringslied braucht 'ne and're Mehl-Ode, Sylvie«, sagte er. »Un ich kann se so nich singen – nich ohne das de se für mich spielst!«

Sogleich setzte sich Sylvie auf einen winzigen Pilz, der zufällig vor einem Gänseblümchen wuchs, und als ob es das natürlichste Musikinstrument der Welt sei, spielte sie auf den Blumenblättern wie auf dem Manual einer Orgel. Und was für ein zarter, feiner Klang das war! Ein ganz klitzekleiner Klang!

Bruno neigte den Kopf ein wenig zur Seite und lauschte einige Augenblicke angestrengt, bis er die Melodie erfaßt hatte. Dann erklang die süße Kinderstimme abermals:

> *»Wohltätig ist des Hügels Macht,*
> *wenn ihn gezähmt der Dachs bewacht,*
> *und was er bildet, was er schafft,*
> *das danken wir ihm schmeichelhaft;*
> *doch furchtbar wird die Schmeichelkraft,*
> *wenn sie der Fessel sich entrafft,*
> *einhertritt auf der eignen Spur*
> *der freie Hering die Natur.*
> *Wehe, wenn wir euch mal fassen,*
> *wenn mal wächst der Widerstand,*
> *wenn wir als belebte Massen*
> *setzen euren Thron in Brand!*
> *Denn die Elemente hassen*
> *das Gebild aus Dachsenhand.«*

»Jetzt kanns'de mit Spielen aufhören, Sylvie. Ich kann die and're Mehl-Ode viel besser ohne Bekleidung.«

»Er meint ›Begleitung‹«, wisperte Sylvie, amüsierte sich über seine Verwirrung und tat so, als betätige sie den Registerzug der Orgel.

»Auf dem Hügel angekommen
ist das Lied, doch nicht erfüllt
ist der Wunsch, denn ganz benommen
sind die Dachse nicht gewillt
  von dem Throne bang
  weichen hier dem Sang!
So vergeblich ist das Hoffen,
(Heringe sind sehr betroffen).

An dieser Stelle sollte ich nicht unerwähnt lassen, daß er die Klammern mit den Fingern in die Luft malte. Das schien mir eine sehr gute Idee. Es gibt nämlich keinen *Klang* zu deren Darstellung – ähnlich wie bei einer Frage.

Nimm einmal an, du hast zu deinem Freund gesagt: »Dir geht es heute besser« und du willst ihm klarmachen, daß du dies als *Frage* meinst, was kann dann leichter sein, als einfach ein »?« mit dem Finger in die Luft zu malen? Er würde dich sogleich verstehen!

»›Weh, die Hering' sich verkühlen,
lassen wir den Thron doch ruhn,
sie sind schwach vom vielen Wühlen,
müssen sie nach Hause tun!‹
  So die Dachse schlicht
  taten ihre Pflicht.
Und sie alle drei enteilten
Von dem Throne, den sie teilten.

Freude so die Dachse geben!
Seht die Eltern dort ganz fern!
In dem Maule, blank und eben,
trägt man seinen Hering gern.
  So vom Land zum Meer
  Liebt's der Hering sehr.
Und sie wackeln immer wilder,
stimmen so die Dachse milder.

Jetzo durch die Kraft der Dachse
schneiden Heringe die Luft,
daß sie in das Reich der Lachse
flüchten durch die Himmelsluft!
   Tauchet, tauchet, lebt!
    Und bewegt euch, schwebt!
Eltern Freude dies bedeute,
denn sie wußten, was hier dräute!«

»So sinn se alle wieder sicher daheim«, sagte Bruno, nachdem er eine Minute auf eine Bemerkung von *mir* gewartet hatte; er hatte offensichtlich das Gefühl, daß *irgend etwas* dazu gesagt werden mußte. Und ich wünschte mir heiß und innig, es gäbe nach dem Ende eines Liedes die folgende Regel –, daß nämlich die Sängerin *selbst* die rechten Worte finden und dies nicht den Zuhörern überlassen sollte. Wenn zum Beispiel eine junge Dame gerade (»mit kreischender und unsicherer Stimme«) Schillers ausgezeichnetes Gedicht »*Fest gemauert in der Erden*« vorgetragen hat: um wieviel netter wäre es dann von der jungen Dame, wenn sie selbst eine Bemerkung machen und an *deiner Stelle* »Oh, *vielen* Dank, *vielen* Dank!« sagen müßte, während sie die Handschuhe überstreift, und dir die leidenschaftlichen Worte »*Freude dieser Stadt bedeute, Friede sei ihr erst Geläute!*« immer noch in den Ohren klingen, »– aber sie wollte partou nicht, und so zerbarst sie schließlich.«

»Das habe ich mir doch gedacht!« bemerkte sie sachlich, als ich durch das plötzliche Gläserklirren aufschrak. »Zuletzt haben Sie es ganz schräg gehalten und den ganzen Champagner rausfließen lassen. Sollten Sie etwa eingeschlafen sein? Ich bin wirklich *untröstlich*, daß mein Gesang eine derart narkotische Wirkung hat!«

XVIII. KAPITEL

Holzweg Nummer achtzehn

Die Sprecherin war Lady Muriel. Und für den Augenblick war das das einzige, was ich klar erfassen konnte. Doch warum sie – und wie *ich* – und weshalb das Glas – diese Fragen wollte ich lieber in Ruhe überdenken und keinen Kommentar abgeben, bis ich die Umstände durchschaut hatte.

›Erst eine Reihe Fakten sammeln: und daraus *dann* eine Theorie bilden.‹ *Das* scheint mir die korrekte wissenschaftliche Methode. Ich richtete mich auf, rieb mir die Augen und begann mit der Faktensammlung.

Ein leicht ansteigender, grasbewachsener Hang grenzte oben an eine ehrwürdige, teilweise von Efeu überwucherte Ruine, unterhalb von einem durch die Baumgewölbe glitzernden Fluß eingefaßt – ein Dutzend auffallend angezogener Leute saß in Grüppchen hier und dort zusammen – einige geöffnete Körbe – die *Überreste* eines Picknicks – diese Fakten vermochte der Wissenschaftler zusammenzutragen. Und welche tiefgründige, weitreichende *Theorie* ließ sich daraus jetzt schließen? Der Wissenschaftler geriet in Zugzwang. Doch halt! Ein Faktum war seiner Aufmerksamkeit entgangen. Während sich die übrigen zu zweien oder dreien gruppiert hatten, war Arthur allein: während alle ihren Zungen freien Lauf ließen, hielt er die *seine* im Zaum: während die anderen Gesichter fröhlich waren, war *seines* trübsinnig und verzagt. Das war tatsächlich ein *Faktum*! Der Wissenschaftler spürte, hier mußte unverzüglich eine *Theorie* gebildet werden.

Lady Muriel hatte sich soeben erhoben und die Gesellschaft verlassen. Konnte *das* der Grund für seine Mutlosigkeit sein? Die Theorie genügte kaum dem Anspruch einer Arbeitshypothese. Weitere Fakten waren vonnöten.

Der Forscher ließ noch einmal den Blick schweifen: und da summierten sich die Fakten in derartiger Vielfalt, daß die Theorie zwischen ihnen abhanden kam. Denn Lady Muriel war einem Unbekannten entgegengegangen, der gerade erst in der Ferne aufgetaucht war: und sie kam nun mit ihm zurück, wobei sie sich wie alte Freunde, die sich lange nicht gesehen hatten, angeregt unterhielten: und sie ging nun von Gruppe zu Gruppe und stellte den neuen Helden der Stunde vor: und er – jung, hochgewachsen, gutaussehend – schritt würdevoll in gerader Haltung und mit dem festen Tritt eines Soldaten an ihrer Seite. Wahrlich, die Theorie sah grau für Arthur aus! Er blickte mich an und kam zu mir herüber.

»Er sieht sehr gut aus«, bemerkte ich.

»Scheußlich gut!« brummte Arthur: und dann mußte er doch über seine eigenen bitteren Worte lächeln. »Glücklicherweise hat mich niemand außer dir gehört!«

»Doktor Forester«, sagte Lady Muriel, die sich gerade zu uns gesellt hatte, »ich möchte Ihnen meinen Cousin Eric Lindon vorstellen – *Hauptmann* Lindon, sollte ich wohl besser sagen.«

Auf der Stelle schüttelte Arthur seine schlechte Laune ab, erhob sich und reichte dem jungen Soldaten die Hand. »Ich habe schon von Ihnen gehört«, sagte er. »Ich freue mich, die Bekanntschaft von Lady Muriels Cousin zu machen.«

»Ja, das ist das einzige, was mich *bisher* auszeichnet!« gestand Eric (gewohnheitsmäßig nannten wir ihn bald so) mit gewinnendem Lächeln. »Und ich habe meine Zweifel«, er streifte Lady Muriel mit einem flüchtigen Blick, »ob man dabei von guter Führung sprechen kann! Aber es ist wenigstens ein Anfang.«

»Du mußt meinen Vater begrüßen, Eric«, bat Lady Muriel. »Er durchstreift wohl die Ruinen.« Und das Paar ging weiter.

Der schwermütige Blick prägte abermals Arthurs Gesicht; und mir war klar, daß er allein der Ablenkung wegen an der Seite der metaphysischen jungen Dame Platz nahm und wieder an ihre unterbrochene Diskussion anknüpfte.

»Um über Herbert Spencer zu sprechen«, begann er, »bereitet es Ihnen eigentlich keine *logische* Schwierigkeit, die Natur als einen Prozeß von Involutionen zu verstehen, der von der definierten, koherenten Homogenität zu der undefinierten, inkoherenten Heterogenität übergeht?«

Sosehr *mich* auch der geistreiche Wirrwarr amüsierte, den er aus Spencers Worten gebildet hatte, ich zwang mich doch mühsam zu einem ernsten Gesichtsausdruck.

»Keine *physische* Schwierigkeit«, antwortete sie überzeugt, »aber *Logik* habe ich kaum studiert. Könnten Sie mir die Schwierigkeit *darlegen*?«

»Gern«, sagte Arthur, »akzeptieren Sie es als selbstverständlich? Ist es zum Beispiel ebenso einleuchtend wie die Tatsache, daß ›Dinge, die größer sind, als das eine, auch größer sind, als das andere‹?«

»*Meinem* Verständnis nach ist das mehr als einleuchtend«, gab sie bescheiden zur Antwort. »Ich begreife *beide* Wahrheiten durch meine Intuition. Aber andere verlangen vielleicht nach einer logischen – ich vergesse immer die Termini technici.«

»Für ein *vollständiges* logisches Argument«, begann Arthur mit bewundernswerter Feierlichkeit, »benötigen wir stets zwei Hüpfetassen –«

»Natürlich!« unterbrach sie. »Jetzt entsinne ich mich. Und die bewirken –«

»Eine Delusion«, sagte Arthur.

»Ja-ah?« zweifelte sie. »Daran erinnere ich mich nicht mehr so deutlich. Aber wie nennt man das *ganze* Argument?«

»Eine Stupidität.«

»Ah, ja! Jetzt weiß ich es wieder. Aber ich brauche keine Stupidität, um das von Ihnen erwähnte mathematische Axiom zu beweisen.«

»Und wohl auch nicht für den Beweis, daß ›alle Winkel gleich sind‹?«

»Nun, natürlich nicht! Derart simple Wahrheit ist selbstverständliche Voraussetzung!«

An dieser Stelle griff ich ein und bot ihr einen Teller mit Erdbeeren und Schlagsahne an. Der Gedanke, sie könne den Streich *vielleicht* doch durchschauen, behagte mir nicht; und unbemerkt von ihr gelang mir eine mißbilligende Kopfgeste zu dem Pseudo-Philosophen hin. Gleichfalls unbemerkt zuckte Arthur die Schulter und öffnete die Hände mit weitgespreizten Fingern, als wolle er sagen »Was soll ich sonst groß mit ihr reden?«, erhob sich und ließ sie die Erdbeeren alleine durch »Involution« oder irgendeine andere ihr genehme Methode erörtern.

Unterdessen trafen nach und nach die Kutschen außerhalb des Schloßgebietes ein, um die Picknicker nach Hause zu befördern; und da sich nun Lady Muriels Cousin unserer Gesellschaft angeschlossen hatte, mußte irgendwie das Problem gelöst werden, fünf Personen in einer Kutsche mit vier Plätzen nach Elfenau zu transportieren.

Der ehrenwerte Eric Lindon, der justament mit Lady Muriel auf und ab spazierte, hätte es zweifellos leicht lösen können. Seine Absichtserklärung, zu Fuß zurückzugehen, hätte genügt. Doch eine *derartige* Lösung schien am allerunwahrscheinlichsten.

Als zweitbeste Lösung schien mir, daß *ich* zu Fuß nach Hause ging, weshalb ich es unverzüglich vorschlug.

»Macht es Ihnen wirklich nichts aus?« erkundigte sich der Earl. »Alle zusammen passen wir leider nicht in die Kutsche, und ich schlage Eric ungern vor, sich so bald wieder von seiner Kusine zu trennen.«

»Es macht mir überhaupt nichts«, sagte ich. »Ja, es wäre mir sogar lieber. Dann habe ich nämlich noch Zeit, diese wunderschöne alte Ruine zu skizzieren.«

»Und ich leiste dir Gesellschaft«, bot Arthur plötzlich an. Auf meinen überraschten Blick antwortete er leise: »Es wäre mir *wirklich* lieber. In der Kutsche wäre ich völlig *überflüssig*!«

»Ich gehe auch lieber zu Fuß«, erklärte der Earl. »Du wirst dich also mit Eric als Eskorte begnügen müssen«, sagte er zu Lady Muriel, die sich unterdessen zu uns gesellt hatte.

»Du mußt so unterhaltsam sein wie Zerberus – ›drei Gentlemen sind sich einig‹ –« stellte Lady Muriel ihrem Gefährten gegenüber fest. »Welch tollkühne militärische Heldentat!«

»Eine Art Himmelfahrtskommando?« schlug der Hauptmann bescheiden vor.

»Du *machst* mir ja hübsche Komplimente!« lachte seine schöne Kusine. »Dann macht es gut, ihr drei Gentlemen – oder besser, ihr drei Deserteure!« Und die beiden jungen Leute bestiegen die Kutsche und fuhren davon.

»Wie lange brauchst du für deine Skizze?« fragte Arthur.

»Also, eine Stunde Zeit ließe ich mir schon gern dafür«, antwortete ich. »Wäre es nicht vernünftiger, ihr gingt ohne mich. Ich fahre dann mit dem Zug zurück. Meines Wissens kommt einer in einer Stunde.«

»Vielleicht wäre das *wirklich* am besten«, meinte der Earl. »Der Bahnhof ist ja ganz in der Nähe.«

So blieb ich mir selbst überlassen und fand schon bald einen bequemen Sitz im Schatten eines Baumes, von wo aus ich einen schönen Blick auf die Ruine hatte.

»Das ist heute ein richtig träger Tag«, sagte ich bei mir und durchblätterte müßig den Skizzenblock, um ein leeres Blatt zu finden. »Nanu, ich dachte, ihr wärt inzwischen schon eine Meile weit weg!« Denn zu meiner Überraschung waren die beiden Wanderer wieder da.

»Ich bin nur zurückgekommen, um dich daran zu erinnern, daß die Züge alle zehn Minuten fahren –« erklärte Arthur.

»Unsinn!« entgegnete ich. »Das ist doch keine Straßenbahn.«

»Es ist *doch* die Straßenbahn«, beharrte der Earl. »Hier ist nämlich noch Kensington.«

»Warum sprichst du denn mit geschlossenen Augen?« fragte Arthur. »Wach auf!«

»Die Hitze macht mich wohl so schläfrig«, entschuldigte ich mich, in der unsicheren Hoffnung, vernünftig zu reden. »Bin ich jetzt wach?«

»Ich glaube *nicht*!« diagnostizierte der Earl kritisch. »Wie ist *Ihre* Meinung, Doktor? Er hat nur ein Auge auf!«

»Un er schnarcht wie bloß was!« rief Bruno. »Wach doch auf, du liebes altes Ding!« Und er und Sylvie rollten den schweren Kopf hin und her, als sei dessen Verbindung mit den Schultern bedeutungslos.

Und der Professor öffnete schließlich die Augen, stemmte sich hoch und blinzelte uns ganz verwirrt an. »Würden Sie mir freundlicherweise vielleicht erklären«, bat er mit der für ihn typischen altmodischen Höflichkeit, »wo wir im Augenblick sind – und *wer* wir sind, mit mir angefangen?«

Ich stellte lieber zuerst einmal die Kinder vor. »Das hier ist Sylvie, Sir, und *dies* ist Bruno.«

»Ach, ja! Die sind mir *beide* wohlbekannt!« murmelte der alte Mann. »Es ist *meine Wenigkeit*, mit der ich nichts anzufangen weiß. Und vielleicht erwähnen Sie netterweise auch noch, wie ich überhaupt hierhergekommen bin?«

»Weit schwieriger scheint *mir* das Problem«, wagte ich zu bemerken, »wie Sie wieder zurückkommen.«

»Wie wahr, wie wahr!« stimmte der Professor zu. »*Das* ist wahrhaftig ein Problem. Wenn man nicht von ihm betroffen ist, so ist es *äußerst interessant*. Als Teil der eigenen Biographie stellt es sich allerdings sehr betrüblich dar!« Er seufzte erst, fügte dann aber sogleich kichernd hinzu. »Was nun *mich persönlich* betrifft, Sie erwähnten wohl, daß ich –«

»Du bist der *Profeffer*!« brüllte ihm Bruno ins Ohr. »Has'de *das* etwa nich gewußt? Und bist aus Anderland gekommen! Un das iss *ganz* weit weg von hier!«

Mit der Gewandtheit eines Knaben war der Professor sogleich auf den Beinen. »Dann heißt es sich sputen!« rief er bestürzt. »Auf der Stelle frage ich den biederen Bauern mit seinen beiden Eimern, die (offenbar) Wasser enthalten, ob er uns freundlicherweise den Weg zeigt. Biederer Bauer!« rief er mit kräftiger Stimme. »Würden Sie uns vielleicht den Weg nach Anderland zeigen?«

Der biedere Bauer zeigte sein grinsendes Schafsgesicht und sagte nur: »He?«

»Den-Weg-nach-Anderland!« wiederholte der Professor.

Der biedere Bauer setzte seine Eimer ab und überlegte: »Ick kenn' keen –«

»Ich muß sie darauf hinweisen, daß alles, was Sie sagen, gegen Sie verwendet werden kann«, warf der Professor hastig ein.

Flugs nahm der biedere Bauer seine Eimer wieder auf. »Dann

säch ick nix!« entschied er brüsk und enteilte mit großen Schritten.

Die Kinder starrten der sich flink entfernenden Gestalt traurig hinterher. »Er geht sehr schnell!« seufzte der Professor. »Aber ich habe *bestimmt* das Richtige gesagt. Ich habe das englische Recht nämlich genau studiert. Egal, wir wollen den nächsten Passanten da vorn fragen. Er ist zwar *weder* bieder *noch* ein Bauer – doch ich halte diese beiden Punkte nicht unbedingt für lebenswichtig.«

Es war doch tatsächlich der ehrenwerte Eric Lindon, der augenscheinlich seinen Auftrag, Lady Muriel nach Hause zu eskortieren, erfüllt hatte und nun die Straße vor dem Haus auf und ab schlenderte und einsam eine Zigarre genoß.

»Dürfte ich Sie bitten, Sir, uns den kürzesten Weg nach Anderland zu zeigen!« Obgleich der Professor wie ein seltsamer Kauz aussah, so konnte er doch den Charakter eines vollendeten Gentleman nicht verleugnen.

Und als solchen akzeptierte ihn Eric auf der Stelle. Er nahm die Zigarre aus dem Mund und streifte die Asche behutsam ab, während er überlegte. »Der Name klingt irgendwie merkwürdig«, meinte er. »Ich kann Ihnen da leider nicht weiterhelfen.«

»Es liegt nicht *sehr* weit von *Feenland* weg«, erläuterte der Professor.

Bei diesen Worten hoben sich Eric Lindons Augenbrauen leicht und ein amüsiertes Lächeln, daß er höflich zu unterdrücken suchte, huschte über sein hübsches Gesicht. »Ein bißchen *plemplem*!« murmelte er vor sich hin. »Nichtsdestotrotz, ein lustiger alter Patriarch!« Dann wandte er sich an die Kinder. »Könnt *ihr* ihm denn nicht raten, kleines Volk?« fragte er gutmütig, wodurch er ihre Herzen im Sturm eroberte. »*Ihr* kennt euch doch bestimmt aus?

> ›*Wie weit ist es nach Babylon?*
> *Wohl an die siebzig Meilen.*
> *Kann ich dorthin mit Kerzenlicht?*
> *Ja, und zurück auch eilen!*‹«

Zu meiner großen Überraschung stürzte Bruno zu ihm hin, als sei er ein alter Freund von ihnen, griff die freie Hand und hängte sich mit seiner eigenen daran: und da stand er nun mitten auf der Straße, der große stattliche Offizier, und schwenkte den kleinen Jungen ernsthaft hin und her, während sich Sylvie zum Anschubsen bereithielt, geradeso, als habe jemand plötzlich eine richtige Schaukel zu ihrem Zeitvertreib aufgestellt.

»Wir wollen nich nach Babylon, weiß'de!« erklärte Bruno, während er schaukelte.

»Und es scheint keine *Kerze*, sondern die *Sonne*«, fügte Sylvie hinzu und versetzte der Schaukel einen besonders heftigen Stoß, der die gesamte Maschinerie aus ihrer Balance zu bringen drohte.

Unterdessen war mir bewußt geworden, daß Eric Lindon meine Anwesenheit gar nicht bemerkte. Selbst für den Professor und die Kinder schien ich unsichtbar; und so stand ich denn wie ein Geist mitten in der Gruppe, sehend aber ungesehen.

»Wie vollkommen isochron!« freute sich der Professor. Er hielt

seine Uhr in der Hand und zählte sorgfältig Brunos Schwingungen. »Er mißt die Zeit wahrhaftig so genau wie ein Pendel!«

Aber selbst ein Pendel ist nicht *für die Ewigkeit*!« bemerkte der gutmütige junge Soldat und befreite seine Hand vorsichtig aus Brunos Griff. »So, das reicht für eine Periode, kleiner Mann! Wenn wir uns das nächste Mal treffen, kannst du nochmal pendeln. Und jetzt führt diesen alten Gentleman am besten auf den Holzweg Nummer —«

»*Wir* finden das schon«, behauptete Bruno ungeduldig, und sie zogen mit dem Professor davon.

»Wir sind Ihnen sehr verbunden!« rief der Professor über die Schulter zurück.

»Keine Ursache!« antwortete der Offizier und lüftete zum Abschied den Hut.

»Welche Nummer sagten Sie noch?« schrie der Professor von fern.

Der Offizier formte seine beiden Hände zu einer Art Trompete. »Acht-se-hen!« tönte er mit gewaltiger Stimme. »Und ja nicht *leise*, keinesfalls!« fügte er im Selbstgespräch hinzu. »Das ist eine verrückte Welt, meine Herren, eine verrückte Welt!« Er zündete sich eine neue Zigarre an und bummelte weiter Richtung Hotel.

»Was für ein schöner Abend!« sagte ich und trat auf ihn zu.

»Wirklich herrlich«, stimmte er zu. »Wo sind *Sie* denn hergekommen? Etwa aus den Wolken gefallen?«

»Wir haben den gleichen Weg«, bemerkte ich einfach, weitere Erklärungen schienen unnötig.

»Zigarre?«

»Danke, ich bin Nichtraucher.«

»Gibt es in dieser Gegend eigentlich ein Irrenhaus?«

»Nicht, daß ich wüßte.«

»Könnte aber sein. Habe nämlich gerade einen Irren getroffen. Den komischsten alten Kauz, den ich je gesehen habe!«

Und derart freundschaftlich plaudernd gingen wir heimwärts und wünschten einander an der Türe seines Hotels ›Gute Nacht‹.

Mir selbst überlassen, spürte ich wieder das »grißelige« Gefühl und sah die drei mir so bekannten Personen vor der Haustür von Nummer achtzehn stehen.

»Iss es vielleicht das falsche Haus?« erkundigte sich Bruno gerade.

»Nein, nein! Das *Haus* ist schon richtig«, antwortete der Professor glücklich, »aber die *Straße* ist falsch. *Da* liegt der Fehler. Es wäre jetzt am besten, wenn wir –

Es war vorbei. Die Straße war leer. Alltagsleben umgab mich, und das »grißelige« Gefühl war verschwunden.

XIX. KAPITEL

Wie man eine Gaukelei macht

Die Woche verstrich ohne einen weiteren Kontakt mit dem »Herrenhaus«, denn Arthur befürchtete offensichtlich, wir könnten »zu lästigen Besuchern werden«; doch als wir dann am Sonntagmorgen zur Kirche gingen, stimmte ich gerne seinem Vorschlag zu, einen Umweg in Kauf zu nehmen und uns nach dem Befinden des Earls zu erkundigen, von dessen Unpäßlichkeit man munkelte.

Eric, der durch den Garten schlenderte, übermittelte uns von dem bettlägerigen Kranken, der von Lady Muriel gepflegt wurde, gute Nachrichten.

»Kommen Sie mit in die Kirche?« erkundigte ich mich.

»Nein, danke«, lehnte er höflich ab. »Das liegt nicht – so ganz – auf meiner Linie, wissen Sie. Sie ist eine ausgezeichnete Einrichtung – für die *Armen*. Wenn ich bei meinen Leuten bin, gehe ich natürlich hin, aber nur, um ihnen ein Beispiel zu geben. Aber *hier* kennt mich sowieso niemand: da kann ich es mir vielleicht leisten, mal eine Predigt ausfallen zu lassen. Außerdem sind Landprediger immer so langweilig!«

Arthur sagte nichts dazu, bis wir außer Hörweite waren. Dann murmelte er vor sich hin: »*Wo zwei oder drei versammelt sind in meinem Namen, da bin ich mitten unter ihnen.*«[*]

»Ja«, pflichtete ich bei, »auf diesem Prinzip beruht zweifellos der Kirchgang.«

»Und *wenn* er dann mal geht«, setzte er fort (unsere Gedanken glichen einander so, daß unsere Unterhaltung nahezu elliptisch verlief), »wiederholt er wahrscheinlich die Worte: ›*Ich glaube an die Gemeinschaft der Heiligen*‹?«

---

[*] AdÜ: Matthäus 18,20.

Doch inzwischen hatten wir die kleine Kirche erreicht, in die sich ein ansehnlicher Strom von Kirchgängern ergoß, überwiegend Fischer und deren Familien.

Den Gottesdienst hätte ein moderner ästhetischer Frömmler – oder heißt es vielleicht frommer Ästhet? – als zu plump und platt empfunden; ich allerdings, der ich glücklich dem Fortschrittsstreben einer Londoner Kirche unter einem *sogenannten* »katholischen« Rektor entronnen war, empfand ihn als unsagbar erfrischend.

Da gab es keine theatralische Prozession gezierter Chorknäblein, die unter den bewundernden Blicken der Versammlung ihr selbstgefälliges Grinsen krampfhaft zu verbergen suchten; die Gemeinde übernahm ihren Anteil am Gottesdienst selbst, unterstützt von einigen wenigen guten Stimmen, die, geschickt plaziert, ein Irregehen des Gesangs verhinderten.

Die melodischen Bibeltexte und Liturgien wurden nicht durch ein monotones Geleiere verhunzt, das an Ausdruck mit einem Sprechautomaten wetteifern könnte.

Nein, die Gebete wurden *gebetet,* die Texte wurden *gelesen* und – das allerbeste – die Predigt wurde *gesprochen;* und ich ertappte mich dabei, wie ich beim Verlassen der Kirche die Worte Jakobs wiederholte, als er *»von seinem Schlaf erwachte«. » ›Gewiß ist der Herr an diesem Ort! Hier ist nichts anderes als Gottes Haus, und hier ist die Pforte des Himmels.‹ «*[*]

»Ja«, bestätigte Arthur, als beantworte er meine Gedanken, »diese ›erhabenen‹ Gottesdienste werden bald zum puren Formalismus. Immer mehr Leute betrachten sie als ›Darbietungen‹, bei denen sie im französischen Sinn des Wortes nur ›assistieren‹. Und besonders schlimm ist das für die kleinen Jungen. Als Feen-Pantomimen wären sie weit weniger selbstbewußt. Bei diesem ganzen Pomp, dem theatralischen Auf- und Abtreten und immer *vor aller Augen* ist es kein Wunder, wenn sie vor Überheblichkeit geradezu platzen, diese schreienden kleinen Laffen!«

Auf dem Rückweg gingen wir am Herrenhaus vorbei und sa-

---

[*] AdÜ: 1. Mose 28.17.

hen den Earl und Lady Muriel draußen im Garten sitzen. Eric machte gerade einen Spaziergang.

Wir gesellten uns zu ihnen, und bald schon drehte sich das Gespräch um die soeben gehörte Predigt, deren Thema die ›Selbstsucht‹ gewesen war.

»Wie hat sich unsere Geistlichkeit verändert, seit Paley seine sehr egoistische Tugenddefinition äußerte: ›*Gutes der Menschheit tun, im Gehorsam gegenüber Gottes Willen und für die ewige Glückseligkeit*‹!«* bemerkte Arthur.

Lady Muriel fixierte ihn fragend, doch dank ihrer Intuition schien sie schon erfaßt zu haben, was *mich* erst jahrelange Erfahrung gelehrt hatte, daß man Arthurs tiefste Gedanken diesem weder durch Zustimmung noch durch Widerspruch entlocken konnte, sondern einfach *zuhören* mußte.

»Zu jener Zeit ergoß sich die Selbstsucht in einer wahren Sturmflut über das menschliche Denken«, fuhr er fort. »Irgendwie waren Gut und Böse zu Gewinn und Verlust geworden, und die Religion verwandelte sich in eine Art kommerzieller Transaktion. Wir müssen dankbar sein, daß unsere Prediger inzwischen wieder eine würdevollere Lebensauffassung vertreten.«

»Aber lehrt uns das nicht sogar die *Bibel* immer wieder?« wagte ich zu fragen.

»Nicht die *ganze* Bibel«, widersprach Arthur. »Im Alten Testament überwiegen zweifellos Belohnung und Bestrafung als Handlungsmotiv. Für *Kinder* sind solche Lehren bestens geeignet, und die Israeliten hatten wohl *alle* geistig das Niveau von Kindern. Zuerst erziehen wir unsere Kinder auch so, aber sobald wie irgendmöglich appellieren wir an ihren angeborenen Sinn für Recht und Unrecht; und wenn diese Hürde sicher genommen ist, fördern wir nach Kräften das höchste Motiv, nämlich den Wunsch, dem erhabenen Gut zu gleichen und mit ihm vereinigt zu sein. Dies ist meiner Meinung nach die Lehre der *ganzen* Bibel,

---

* AdÜ: William Paley, The Principles of Moral and Political Philosophy. I. Das Zitat beginnt mit: »Virtue is…«

angefangen mit ›*auf daß du lange lebest in dem Land*‹,* bis hin zu ›*darum sollt ihr vollkommen sein, gleichwie euer Vater im Himmel vollkommen ist*‹.«**

Eine Zeitlang schwiegen wir, und dann griff Arthur das Thema erneut auf. »Betrachten Sie nur mal die Kirchenlieder. Selbstsucht durch und durch! Nur wenige menschliche Werke sind verdorbener als die modernen Kirchenlieder.«

Ich zitierte die Strophe:

> »*Was immer, Herr, wir leihen Dir,*
> *zahl tausendfach uns wieder hier,*
> *dann werden froh wir geben Dir,*
> *Allesspender!*«

»Ja«, sagte er grimmig, »das ist eine typische Strophe. Und die allerletzte Predigt, die ich zum Thema Wohltätigkeit gehört habe, war davon angesteckt. Nachdem der Prediger einige gute Beispiele für Wohltätigkeit genannt hatte, schloß er mit den Worten ›und alles, was ihr gehabt, wird euch tausendfach vergolten‹. Oh, wie niederträchtig, Menschen mit solchen Motiven zu konfrontieren, für die ein Opfer *Bedeutung* hat, die Freigebigkeit und Heldenmut *wahrhaft* zu schätzen wissen! Und nun zur *Erbsünde*!« vor Erbitterung geriet er immer mehr in Eifer, »Können Sie mir einen überzeugenderen Beweis für die Segnung dieses Landes nennen als den, daß man uns die Religion schon Jahrhunderte lang als kommerzielle Spekulation predigt und daß wir dennoch an Gott glauben.«

»Das hätte nicht so lange gedauert«, bemerkte Lady Muriel nachdenklich, »aber man hat die Opposition zum Schweigen gebracht – bei den Franzosen heißt das wohl, unter *Kuratel* gestellt. In Hörsälen oder privater Gesellschaft würden derartige Lehren doch bestimmt sehr bald ausgepfiffen?«

»Ganz bestimmt«, bekräftigte Arthur, »zwar möchte ich ›Ru-

* AdÜ: 2 Mose 20.12.
** AdÜ: Matthäus 5.48.

hestörung in Kirchen‹ wirklich nicht legalisieren, aber eines möchte ich doch dazu sagen, unsere Prediger erfreuen sich *gewaltiger* Privilegien – die sie schwerlich verdienen und furchtbar mißbrauchen. Wir heben unseren Mann auf die Kanzel und geben ihm dadurch zu verstehen: ›Sie dürfen jetzt da stehen und eine halbe Stunde zu uns sprechen! Wir werden Sie mit keinem *Laut* unterbrechen! Sie können nach eigenem Gutdünken agieren!‹ Und was kriegen wir zu hören? Reines Geschwafel, und unterhielte man sich so mit Ihnen beim Essen, so würden Sie bestimmt denken: ›Will der Mann mich zum *Narren* halten?‹«

Erics Rückkehr von seinem Spaziergang unterbrach Arthurs Redestrom, und nach kurzem Gespräch über allgemeinere Themen verabschiedeten wir uns. Lady Muriel geleitete uns ans Tor. »Sie haben mir viel Stoff zum Nachdenken gegeben«, sagte sie ernst, als sie Arthur die Hand reichte. »Ich bin so froh, daß Sie bei uns vorbeigekommen sind!« Und ihre Worte ließen sein bleiches, abgezerrtes Gesicht wahrhaftig vor Freude glühen.

Am Dienstag schien Arthur nicht noch einmal zu einem Spaziergang aufgelegt, und so brach ich alleine zu einem ausgedehnten Bummel auf, nachdem er mir versprochen hatte, sich nicht den *ganzen* Tag seinen Büchern zu widmen, sondern mich ungefähr zur Teezeit beim Herrenhaus zu treffen. Als ich auf meinem Rückweg am Bahnhof vorbeiging, kam gerade der Nachmittagszug in Sicht, und ich schlenderte die Stufen hinab, um seine Ankunft zu beobachten. Doch es gab wenig zur Befriedigung meiner eitelen Neugierde; und als der Zug verlassen und der Bahnsteig leer war, fand ich es an der Zeit weiterzugehen, wenn ich das Herrenhaus noch um fünf zu erreichen gedachte.

Am Ende des Bahnsteigs, wo eine steile unebene Holztreppe in die Oberwelt führte, fielen mir zwei Reisende auf, die offensichtlich mit dem Zug angekommen, doch seltsamerweise bis dato meiner Aufmerksamkeit trotz der wenigen Ankömmlinge völlig entgangen waren. Es handelte sich um eine junge Frau und ein kleines Mädchen: nach ihrem Aussehen war erstere ein Kindermädchen oder vielleicht auch eine Gouvernante, die ein Kind begleitete, dessen feingeschnittene Gesichtszüge es mehr noch als seine Kleidung einer höheren Gesellschaftsschicht als seine Gefährtin zuordnete.

Die vornehmen Züge des Kindes waren aber auch abgespannt und traurig und erzählten eine Geschichte (mir jedenfalls) von langer Krankheit und tapfer ertragenem Leiden. Es stand nun da mit Hilfe einer kleinen Krücke, blickte sehnsüchtig die lange Treppe hinauf und raffte offensichtlich seinen ganzen Mut zusammen, den mühevollen Aufstieg zu beginnen.

Man *sagt* im Leben einige Dinge ganz automatisch – ebenso wie man sie *tut* – in einer Art *Reflexhandlung,* wie der Physiologe meint (was aber zweifellos eine Handlung *ohne* Reflexion beinhaltet, ebenso wie sich *lucus* von »a non lucendo«* herleiten soll). Das Schließen der Lider, sobald etwas ins Auge zu fliegen droht, ist eine dieser Handlungen, und zu sagen: »Kann ich das kleine

* AdÜ: »lucus a non lucendo«: Quintilian. De institutione oratorica, I, 6,34; Wortspiel: Wald wird lateinisch lucus genannt, weil es darin nicht licht ist.

196

Mädchen die Stufen hinauftragen?« war eine andere. Nicht etwa, daß mir der Gedanke, meine Hilfe anzubieten, in den Sinn gekommen wäre, und daß ich ihn *dann* aussprach: erst durch den Klang meiner eigenen Stimme erfuhr ich von diesem möglichen Anerbieten, und dann erst wurde mir klar, daß es bereits gemacht worden war. Das Kindermädchen zögerte und blickte unschlüssig von ihrem Schützling zu mir und dann wieder zurück zu dem Kind. »Möchtest du das gern, Liebes?« fragte sie. Aber das Kind schien keinerlei Bedenken zu haben. Es reckte eifrig die Arme empor, um hochgehoben zu werden. »Bitte!« sagte es nur, und ein schüchternes Lächeln glitt über das ermüdete Gesichtchen. Ich hob es behutsam hoch, und seine Ärmchen umschlangen sogleich vertrauensvoll meinen Hals.

Sie schien mir *feder*leicht – ja sogar so leicht, daß mir plötzlich der lächerliche Gedanke kam, mit ihr auf den Armen sei es weit einfacher hochzusteigen als ohne sie; und sobald wir oben an der Straße standen, die von Rädern zerfurcht und beschottert war – alles entsetzliche Hindernisse für ein lahmes Kind –, hörte ich mich schon sagen: »Ich trage sie besser über diese Stolperstrecke«, noch ehe ich eine *gedankliche* Beziehung zwischen deren Holprigkeit und meiner zarten Bürde hergestellt hatte. »Wir können Sie wirklich nicht noch mehr belästigen, Sir!« rief das Kindermädchen da. »Wenn es flach ist, kann sie ganz leicht gehen.« Doch der mich umschlingende Arm klammerte sich darauf noch ein Atom enger um meinen Hals und veranlaßte mich zu der Bemerkung: »Sie ist mir wirklich nicht zu schwer. Ich trage sie noch ein Stückchen weiter. Wir haben denselben Weg.«

Das Kindermädchen erhob keinen neuerlichen Einspruch: und als nächstes sprach ein zerlumpter kleiner Junge, der mit geschultertem Besen barfuß die Straße überquerte und vorgab, den Weg vor uns zu kehren. »'nen Zehner, bitte!« bettelte der kleine Lausejunge und verzog sein schmutziges Gesicht zu einem breiten Grinsen.

»Gebt ihm keinen Pfennig!« gebot die kleine Lady auf meinem Arm. An sich klangen die *Worte* streng, doch die *Stimme* war die Sanftheit selbst. »Er ist ein kleiner *Nichtsnutz!*« Und sie brach in ein silberhelles Lachen aus, wie ich es bisher nur von Sylvies Lippen vernommen hatte. Wider Erwarten *stimmte* der Junge doch wahrhaftig in das Gelächter *ein*, so als bestünde ein geheimes Einvernehmen zwischen ihnen, während er die Straße hinunterrannte und durch eine Heckenlücke verschwand.

Kurz darauf war er wieder da, hatte sich seines Besens entledigt und aus mysteriöser Quelle ein wunderschönes Blumenbukett besorgt. »Blumensträußchen! Blumensträußchen! Nur 'nen Zehner!« leierte er im professionellen Bettlerton herunter.

»*Nichts* kaufen!« lautete Ihro Majestät Erlaß, und mit stolzer Verachtung, in der seltsamerweise ein liebevolles Interesse lag, sah sie auf das zerlumpte Wesen zu ihren Füßen herab.

Diesmal revoltierte ich und ignorierte den königlichen Befehl. Auf so wunderschöne, fremdartige Blumen durfte man einfach nicht verzichten, wie gebieterisch die Bitten eines kleinen Mädchens auch sein mochten. Ich erwarb das Bukett; und der kleine Junge steckte das Zehnerstück in den Mund und schlug ein Rad, als wolle er die Eignung des menschlichen Mundes als Sparbüchse prüfen.

Mit wachsender Verwunderung betrachtete ich die Blumen von allen Seiten und prüfte eine nach der anderen; meines Wissens hatte ich keine einzige jemals zuvor gesehen. Schließlich wandte ich mich an das Kindermädchen. »Wachsen hier etwa solche Blumen wild? Ich habe sie noch niema- « und die Worte erstarben mir auf den Lippen. Das Kindermädchen war verschwunden!

»Sie könnten mich *jetzt* vielleicht runterlassen«, bemerkte Sylvie schlicht.

Ich gehorchte schweigend und konnte mich nur fragen: »Ist das jetzt ein *Traum*?«, denn ich sah, daß Sylvie und Bruno mich in die Mitte genommen hatten und meine Hände mit kindlichem Vertrauen ergriffen.

»Ihr seid aber seit unserer letzten Begegnung gewachsen!« begann ich. »Wir sollten uns wahrhaftig nochmals miteinander bekannt machen. Zum größten Teil kenne ich euch nämlich noch gar nicht.«

»Na schön!« erwiderte Sylvie lebhaft. »Das hier ist *Bruno*. Das dauert nicht lange. Er hat nur den einen Namen!«

»Ich hab *ja* noch 'nen andern!« protestierte Bruno mit vorwurfsvollem Blick auf die Zeremonienmeisterin. »Un der heißt – ›*Esquire*‹!«

»O je, natürlich. Hab ich völlig verschwitzt«, entschuldigte sie sich. »Also, Bruno – *Esquire*!«

»Und seid ihr meinetwegen gekommen, liebe Kinder?« erkundigte ich mich.

»Aber ich habe doch *gesagt*, wir kämen am Dienstag«, erklärte Sylvie. »Ist diese Größe so recht für gewöhnliche Kinder?«

»Genau richtig für *Kinder*«, pflichtete ich bei (und fügte in Ge-

danken hinzu: »aber ganz bestimmt keine *gewöhnlichen* Kinder!«)

»Was ist eigentlich aus dem Kindermädchen geworden?«

»*Futschikato!*« antwortete Bruno feierlich.

»Dann war es wohl gar nicht echt wie Sylvie und du?«

»Nee. *Anfassen* konnts des nich. Un wenn de *drauf* getreten wärst, hätt's 'de genau durchgetreten!«

»Einmal dachte ich schon, Sie würden es merken«, meinte Sylvie. »Bruno hat es nämlich versehentlich gegen einen Telegraphenmasten laufen lassen. Und da ging es entzwei. Aber Sie haben woanders hingesehen.«

Da hatte ich wirklich etwas verpaßt; denn ein halbiertes Kindermächen sieht man sicher nicht nochmals im Leben!

»Wann wußtes'de denn, daß es Sylvie iss?« erkundigte sich Bruno.

»Erst, als es wirklich Sylvie *war*«, gestand ich ein. »Aber wie, um alles in der Welt, habt ihr bloß das Kindermädchen hingekriegt?«

»*Bruno* war es«, sagte Sylvie. »Man bezeichnet es als Gaukelei.«

»Und wie machst du eine Gaukelei, Bruno?«

»Der Profeffer bringte es mir bei«, sagte Bruno. »Als erstes brauchs'de 'ne ganze Menge Luft –«

»Oh, *Bruno!*« unterbrach Sylvie. »Der Professor hat dir doch verboten, es weiterzuerzählen!«

»Aber woher kam ihre Stimme?« bohrte ich weiter.

»Wir können Sie wirklich nicht noch mehr belästigen, Sir! Wenn es flach ist, kann sie ganz leicht gehen.«

Als ich vergeblich überallhin nach der Sprecherin spähte, lachte Bruno lustig. »Das war *ich!*« verkündete er stolz mit seiner normalen Stimme.

»Wenn es flach ist, kann sie wirklich ganz leicht gehen«, sagte ich. »Und ich glaube, der Flachkopf war *ich.*«

Inzwischen hatten wir das Herrenhaus fast erreicht. »Hier wohnen meine Freunde«, erklärte ich. »Kommt doch auf einen Tee mit rein!«

Bruno machte einen Freudensprung: und Sylvie sagte: »Aber

gern. Nicht wahr, Bruno, du möchtest doch sicher Tee? Seitdem
wir Anderland verlassen haben, hat er keinen Tee mehr bekommen«, bedeutete sie mir.

»Un *das* war kein *guter* Tee!« schimpfte Bruno. »Das reinste
Abwaschwasser!«

XX. KAPITEL

Wie gewonnen, so zerronnen

Selbst Lady Muriels Willkommenslächeln vermochte die Überraschung nicht *vollständig* zu verbergen, mit der sie meine neuen Gefährten musterte.

Ich stellte sie vor: »Das ist *Sylvie,* Lady Muriel. Und das ist *Bruno.*«

»Keine Nachnamen?« erkundigte sie sich, und in ihren Augen blitzte der Schalk.

»Nein«, entgegnete ich ernst. »Keine Nachnamen.«

Sie lachte, weil sie es offensichtlich für Spaß hielt, und beugte sich herab, um die Kinder zu küssen – eine Begrüßung, die *Bruno* widerwillig über sich ergehen ließ, während Sylvie sie mit Zinsen zurückzahlte.

Sie und Arthur (der vor mir angekommen war) servierten den Kindern Tee und Kuchen, und ich bemühte mich, den Earl in ein Gespräch zu verwickeln; doch er war derart unruhig und *distrahiert,* daß wir nicht zu Rande kamen. Schließlich verriet er durch eine unvermittelte Frage den Grund seiner Unruhe.

»*Dürfte* ich mir vielleicht einmal die Blumen ansehen, die Sie da in der Hand halten?«

»Aber gern!« sagte ich und übergab ihm das Bukett. Ich wußte, daß Botanik sein Steckenpferd war, und die Blumen waren für mich derartig neu und mysteriös, daß ich auf das Urteil eines Fachmanns wirklich neugierig war.

Seine Unruhe legte sich jedoch nicht. Nein, er wurde immer aufgeregter, während er sie betrachtete. »*Diese* alle sind aus Zentralindien!« sagte er und legte einen Teil des Buketts beiseite. »Selbst dort sind die Raritäten; und ich habe sie noch nirgendwo anders gesehen. *Diese* zwei sind aus Mexiko – *Die* hier –« (Er sprang auf und eilte zum Fenster, um sie bei hellerem Licht zu prüfen, und seine Stirn glühte dabei vor Aufregung) »– ist, ich bin fast sicher – aber ich habe ja hier ein Buch über indianische Botanik.« Er zog einen Band aus dem Bücherregal und blätterte mit zitternden Fingern darin herum. »Ja! Vergleichen Sie sie mit dieser Illustration. Sie ist das genaue Abbild! Das ist die Blüte des Upasbaumes, der normalerweise in den Tiefen der Wälder wächst; und die gepflückte Blüte verwelkt so schnell, daß Form und Farbe kaum bis zum Waldrand erhalten bleiben! Aber die hier steht noch in voller Blüte! *Woher* haben Sie diese Blumen?« keuchte er ungeduldig.

Ich warf einen flüchtigen Blick zu Sylvie hin, die ernst und schweigend den Finger auf die Lippen legte, dann Bruno winkte, ihr zu folgen, und hinaus in den Garten lief; und ich befand mich in der Lage eines Angeklagten, dessen zwei wichtigste Zeugen plötzlich verschwunden waren. »Nehmen Sie die Blumen als Geschenk!« stammelte ich schließlich, da ich völlig ›mit meinem Latein am Ende‹ war, wie ich aus dieser Zwickmühle herauskommen konnte. »Sie verstehen weit mehr davon als ich!«

»Ich nehme sie dankend an! Aber, Sie haben mir immer noch nicht verraten –« beharrte der Earl gerade, als wir zu meiner großen Erleichterung durch Eric Lindons Ankunft unterbrochen wurden.

Wie ich ganz deutlich sehen konnte, war meinem Freund Arthur allerdings dieser Neuankömmling alles andere als willkommen. Seine Miene verdüsterte sich: aus unserem Kreis zog er sich ein wenig zurück und nahm an dem Gespräch nicht mehr teil, das für einige Minuten gänzlich von Lady Muriel und ihrem lebhaften Cousin mit der Diskussion über ein neues Musikstück bestritten wurde, das eben erst aus London eingetroffen war.

»Versuch mal dies!« bat er. »Die Melodie ist ganz einfach, und das Lied scheint mir passend.«

»Dann heißt es vielleicht

> *›Fünf Uhr Tee hier!*
> *Komm doch zu mir,*
> *treu bin ich dir,*
> *Fünf Uhr Tee hier!‹«*

lachte Lady Muriel, setzte sich ans Piano und schlug wahllos einige Akkorde an.

»Nicht ganz: aber es ist trotzdem eine Art von ›komm doch zu mir, treu bin ich dir!‹ Es geht um ein unglückliches Liebespaar; *er* durchkreuzt die salzigen Weiten des Meeres, und sie bleibt lamentierend allein.«

»*Wie* passend!« spöttelte sie, als er ihr die Noten hinlegte. »Und ich soll also lamentieren? Und um wen, bitte schön?«

Sie spielte die Weise ein-, zweimal durch, erst schnell, dann langsam; und schließlich gab sie das ganze Lied mit einer derartigen Anmut und Leichtigkeit zum besten, als wäre es ihr seit Jahren wohlvertraut:

> *»Er schreitet unverzagt an Land*
> *mit männlich stolzem Gang;*
> *küßt ihr die Wange, drückt die Hand,*
> *sie blickt zur Seite bang.*
> *›Zu froh scheint er‹, sie zweifelt sehr,*
> *›zu munter und zu froh,*
> *Vergißt wohl mich – arm Einfalt ich –*
> *ist er mal anderswo!‹*
>
> *›Ich bring die Perlenkette dir‹,*
> *sprach er, ›aus fernem Land;*
> *sie sei der Liebsten eine Zier,*
> *der ich mich je verband!‹*
> *Sie ist sehr schick, es strahlt ihr Blick,*
> *ihr pochend Herz spräch so:*
> *›Er dacht' an mich – er dacht' an mich –*
> *war er auch anderswo!‹*

Das Schiff läuft aus nach Westen hin;
   ihr Meeresvogel flieht.
Es schmerzt ihr in der Brust tief drin,
   und schwach sie niederkniet;
doch zeigte sich ein Lächeln noch,
   das schien zu sprechen so:
›Er denkt an mich – er denkt an mich –
   ist er auch anderswo!‹

›Auch wenn ein Ozean uns trennt,
   wir sind uns nah, ich weiß,
die Treue keine Ferne kennt –
   wenn man sich liebt so heiß;
ich traue meinem Seemannsbursch
   für immerdar ganz froh,
du denkst an mich – du denkst an mich –
   bist du auch anderswo!‹«

Arthurs anfängliche Verdrießlichkeit, als der junge Hauptmann so leichtfertig über die Liebe gesprochen hatte, war mit dem Beginn des Liedes wie weggeblasen, und er lauschte mit sichtlichem Vergnügen. Doch sein Gesicht verfinsterte sich wieder, als Eric eitel anmerkte: »Meinst du nicht auch, ›Kriegerbursch‹ hätte ebensogut gepaßt?«

»Klar doch!« parierte Lady Muriel fröhlich. »Krieger, Kaffer, Seemann, Schneider: viele Worte würden da passen. Für mich klingt ›Kaffernbursch‹ am besten. Was meinst *du*?«

Um meinem Freund weitere Pein zu ersparen, entschloß ich mich zum Aufbruch, und zwar gerade, als der Earl wieder einmal die mir besonders unbequeme Frage nach den Blumen stellen wollte.

»Sie haben noch kei- «

»Doch, ich *hatte* schon Tee, vielen Dank!« unterbrach ich ihn hastig. »Jetzt müssen wir aber *unbedingt* gehen. Guten Abend, Lady Muriel!« Und wir verabschiedeten uns und entwischten, während der Earl immer noch das geheimnisvolle Bukett prüfte.

Lady Muriel brachte uns an die Tür. »Sie hätten meinem Vater *bestimmt* kein schöneres Geschenk machen können!« schwärmte sie. »Er ist ein leidenschaftlicher Botaniker. *Ich* kenne die *Theorien* leider nicht, aber ich kümmere mich um sein *Herbarium*. Ich muß noch ein paar Bögen Löschpapier besorgen und diese neuen Schätze für ihn trocknen, ehe sie verwelken.«

»*Das* nutzt auch nix!« meinte Bruno, der im Garten auf uns wartete.

»Warum nicht?« wunderte ich mich. »Leider *mußte* ich die Blumen hergeben, um die Fragerei zu unterbinden.«

»Das läßt sich nicht mehr ändern«, sagte Sylvie, »aber sie werden bestimmt traurig sein, wenn sie weg sind!«

»Aber wie verschwinden sie denn?«

»*Wie* weiß ich nicht. Aber verschwinden *werden* sie. Der Blumenstrauß war nur eine *Gaukelei*. Es war Brunos Werk.«

Diese letzten Worte flüsterte sie nur, um nicht von Arthur gehört zu werden. Doch das Risiko war wohl gering; er schien die Kinder kaum zu bemerken, sondern schritt schweigsam in sich gekehrt seines Weges; und als sie sich hastig am Waldrand verabschiedeten und davoneilten, schien er aus einem Tagtraum zu erwachen.

Das Bukett verschwand, wie Sylvie vorhergesagt hatte; und als Arthur und ich ein oder zwei Tage später das Herrenhaus abermals aufsuchten, trafen wir den Earl und seine Tochter mit der alten Haushälterin draußen im Garten an, wo sie die Riegel der Wohnzimmerfenster prüften.

»Wir führen gerade eine gerichtliche Untersuchung durch«, sagte Lady Muriel und kam auf uns zu, »und Sie müssen uns als Anstifter der Tat alles sagen, was Sie über jene Blumen wissen.«

»Der Anstifter verweigert *jegliche* Aussage«, antwortete ich ernst, »und behält sich eine Verteidigung vor.«

»Na schön, dann erkläre ich Sie zum Kronzeugen! Die Blumen sind heute nacht verschwunden«, fuhr sie fort und wandte sich an Arthur, »und wir sind *ganz* sicher, daß sich kein Hausbewohner an ihnen vergriffen hat. Irgend jemand muß durchs Fenster eingedrungen sein −«

»Aber die Riegel sind unversehrt«, sagte der Earl.

»Es muß während des Essens geschehen sein«, mutmaßte die Haushälterin.

»Das ist es«, bestätigte der Earl. »Der Dieb muß Sie mit den Blumen beobachtet haben«, und er wandte sich an mich, »und später hat er gesehen, daß Sie sie *nicht* wieder mitnahmen. Und er muß ihren großen Wert erkannt haben – sie sind einfach *unbezahlbar*!« rief er in jäher Erregung.

»Und Sie haben uns noch gar nicht erzählt, woher Sie sie haben!« tadelte Lady Muriel.

»Eines Tages kann ich es Ihnen vielleicht erzählen«, stammelte ich. »Doch für den Augenblick müssen Sie es mir erlassen!«

Der Earl war enttäuscht, meinte aber freundlich: »Also gut, wir stellen keine weiteren Fragen.«

»Aber für uns sind Sie ein *ganz* miserabeler Kronzeuge«, urteilte Lady Muriel scherzhaft, als wir in die Gartenlaube traten. »Wir erklären Sie deshalb zum Komplizen: und wir verurteilen Sie zu Einzelhaft bei Brot und – Butter. Nehmen Sie auch Zukker?«

»Sehr beunruhigend, daß das Haus von einem Dieb heimgesucht worden ist – an diesem entlegenen Ort«, begann sie wieder, sobald wir alle reichlich mit ›Speis und Trank‹ versorgt waren. »Wenn die Blumen wenigstens eßbar gewesen wären, dann könnte man einen Dieb ganz anderer Gestalt verdächtigen –«

»Sie denken da an jene universelle Erklärung für alle Fälle mysteriösen Verschwindens: ›die *Katze* war's‹?« sagte Arthur.

»Ja«, antwortete sie. »Wie übersichtlich wäre es, wenn alle Diebe die gleiche Gestalt hätten. Man wird ja ganz konfus, wenn einige Vierbeiner und andere Zweibeiner sind!«

»Das führt mich zu einem merkwürdigen Problem in der Teleologie –«, sagte Arthur, »der Wissenschaft von der Endursache«, beantwortete er Lady Muriels fragenden Blick.

»Und eine Endursache ist –?«

»Also, man könnte es so erklären – es ist das letzte Glied einer Kette verbundener Ereignisse – wobei jedes Ereignis der Kette

die Ursache für das nächste ist – und das erste findet wegen des letzten statt.«

»Aber dann beruht das letzte Ereignis eigentlich auf einer *Wirkung* des ersten? Trotzdem bezeichnen Sie es als *Ursache*!«

Arthur dachte einen Augenblick darüber nach: »Die Begriffe sind zugegebenermaßen ziemlich verwirrend«, räumte er ein. »Vielleicht hilft folgende Erklärung? Das letzte Ereignis beruht auf einer Wirkung des ersten. Aber die *Notwendigkeit* dazu hat seine Ursache in der *Notwendigkeit* des ersten.«

»Das klingt mir einleuchtend«, gab Lady Muriel zu. »Kommen Sie nun zum Problem.«

»Also folgendes. Was beabsichtigt eine Ordnung, in der sich (einfach ausgedrückt) die unterschiedlichen Größen der Lebewesen in ihrer individuellen Gestalt ausdrücken? Zum Beispiel haben die Vertreter der menschlichen Rasse ein Merkmal – sie sind Zweibeiner. Andere Arten, die sowohl die Maus als auch den Löwen einschließen, sind Vierbeiner. Gehen Sie ein oder zwei Stufen weiter und Sie sind bei den Insekten mit sechs Beinen – Hexapoden – übrigens ein hübscher Name, nicht wahr? Doch die Schönheit, wie wir sie verstehen, scheint, je weiter wir nach unten kommen, immer mehr zu schwinden: die Wesen werden – also, ich will kein Geschöpf Gottes der Häßlichkeit zeihen –, sie werden einfach fremdartiger. Und mit dem Mikroskop können wir noch einige Stufen hinabgehen und stoßen dann auf die Infusionstierchen, die schrecklich fremdartig sind und eine erschreckende Anzahl von Beinen besitzen!«

»Die Altenative wäre eine sich wiederholende *diminuierte* Serie derselben Gattung«, überlegte der Earl. »Lassen wir uns dabei von der Monotonie nicht stören und betrachten nur mal, wie das funktionieren würde. Fangen wir mit den Menschen an und den Tieren, die sie brauchen: sagen wir Pferde, Rinder, Schafe und Hunde – auf Frösche und Spinnen können wir wohl verzichten, oder Muriel?«

Lady Muriel schüttelte sich merklich: offensichtlich ein unangenehmes Thema. »Auf *die* können wir getrost verzichten«, pflichtete sie ernsthaft bei.

»Also, dann hätten wir noch eine zweite menschliche Rasse; Größe: einen halben Meter –«

»– die einen *enormen* Freudenquell hätte, der dem normalen Menschen versagt bleibt!« unterbrach Arthur.

»Und *der* wäre?« erkundigte sich der Earl.

»Nun, eine überwältigende Landschaft! Die Majestät eines Berges beruht für *mich* auf dem Verhältnis der unterschiedlichen Größen. Ist der Berg doppelt so hoch, so wirkt er auch zweimal so majestätisch. Wenn ich halb so groß bin, ergibt sich derselbe Effekt.«

»Freu dich, freu dich, kleiner Mann!« murmelte Lady Muriel hingerissen. »Der Kurze nur, der Kurze nur sich recht an Großem freuen kann!«

»Aber nun weiter!« forderte der Earl. »Wir würden eine dritte menschliche Rasse haben, Größe: zehn Zentimeter; eine vierte Rasse, Größe: zwei Zentimeter –«

»Die können bestimmt kein normales Rind- und Hammelfleisch essen!« unterbrach Lady Muriel kritisch.

»Stimmt, mein Kind, das habe ich vergessen. Jede Rasse benötigt natürlich ihre eigenen Rinder und Schafe.«

»Und ihre eigene Vegetation«, ergänzte ich. »Was kann schon eine zentimetergroße Kuh mit dem Gras anfangen, das hoch über ihrem Kopf wogt.«

»Richtig. Wir brauchen sozusagen eine Weide auf der Weide. Das normale Gras wäre für unsere Zentimeter-Kühe ein grüner Palmenwald, und um die Wurzeln jedes riesigen Halmes müßte sich ein winziger, mikroskopisch kleiner Grasteppich ausdehnen. Ja, das würde wahrscheinlich ganz gut funktionieren. Und es wäre sicherlich interessant, mit der Gattung unter uns Kontakt aufzunehmen. Wie niedlich wären doch zentimetergroße Bulldoggen! Wahrscheinlich liefe nicht einmal *Muriel* vor so einer davon!«

»Sollte es nicht auch eine *wachsende* Serie geben?« schlug Lady Muriel vor. »Man stelle sich vor, Menschen von einhundert Metern Größe. Die könnten dann einen Elefanten als Briefbeschwerer und ein Krokodil als Schere benutzen!«

»Ließen Sie die Rassen verschiedener Größen eigentlich miteinander in Verbindung treten?« erkundigte ich mich. »Könnten sie zum Beispiel Kriege gegeneinander führen oder Verträge miteinander abschließen?«

»*Kriege* müssen wir wohl streichen. Wenn man eine ganze Nation mit einem Faustschlag zerschmettern kann, dann ist Kriegführen unter gleichen Bedingugen schlechthin unmöglich. Aber alles andere wäre in unserer Idealwelt machbar, inklusive einer rein *geistigen* Auseinandersetzung – denn *geistige* Qualitäten müssen wir, unabhängig von der Größe, allen zubilligen. Vielleicht wäre die gerechte Lösung: je *kleiner* die Rasse, desto *größer* die geistige Kapazität.«

»Soll das etwa heißen, daß diese zwei Zentimeter großen Männchen mit mir disputieren dürften?« empörte sich Lady Muriel.

»Aber gewiß doch!« bestätigte der Earl. »Die logische Kraft eines Argumentes in einem Disput hängt nicht von der Größe des Wesens ab, das es äußert!«

Sie warf unzufrieden den Kopf zurück. »Ich würde *niemals* mit einem Mann disputieren, der kleiner als zwölf Zentimeter ist!« protestierte sie. »Ich ließe ihn einfach *arbeiten*!«

»Und was?« erkundigte sich Arthur, der sich diesen ganzen Unsinn mit amüsiertem Lächeln angehört hatte.

»*Stickereien!*« antwortete sie prompt. »Was für *niedliche* Stickereien könnten sie herstellen!«

»Und bei einem Fehler könnten Sie nicht darüber mit ihnen *disputieren*«, behauptete ich. »Den *Grund* kann ich nicht sagen; aber ich weiß, daß es nicht geht.«

»Weil man seine *Würde* nicht so tief sinken lassen darf«, half mir Lady Muriel.

»Natürlich nicht!« echote Arthur. »Ebensowenig könnte man mit einer Kartoffel streiten. Das würde – entschuldigen Sie das uralte Wortspiel – die Würde völlig *untergraben*!«

»Ich weiß nicht«, zweifelte ich. »Selbst ein Wortspiel überzeugt mich nicht *ganz*.«

»Also, wenn das *kein* Grund ist«, meinte Lady Muriel, »was würden Sie dann sagen.«

Mühsam suchte ich nach der Bedeutung ihrer Worte: doch das beharrliche Summen der Bienen verwirrte mich, und eine Schläfrigkeit lag in der Luft, die jeden klaren Gedanken umfing und einlullte, ehe er noch zu Ende gedacht werden konnte: und so konnte ich nur noch stammeln: »Es muß mit dem *Gewicht* der Kartoffel zusammenhängen.«

Ich spürte, daß die Bemerkung nicht ganz so verständlich war, wie ich es gerne wollte. Doch Lady Muriel nahm sie ganz selbstverständlich hin. »In dem Fall –« begann sie, doch dann stutzte sie plötzlich und wandte sich lauschend ab. »Hören Sie ihn nicht?« fragte sie. »Er weint. Wir müssen irgendwie hin zu ihm.«

Und ich sagte zu mir: »Sehr merkwürdig! Da meinte ich doch wahrhaftig, ich spräche mit *Lady Muriel*. Und dabei war es die ganze Zeit über *Sylvie*!« Und ich bemühte mich abermals, etwas Sinnvolles zu sagen: »Ist es wegen der Kartoffel?«

XXI. KAPITEL

Durch die Elfenbeintür

»Weiß ich nicht«, sagte Sylvie. »Pscht! Ich muß mal überlegen. Allein könnte ich ganz einfach zu ihm gehen. Aber ich möchte gern, daß *Sie* mitkommen.«

»Ja, nimm mich mit«, bat ich. »Ich bin bestimmt ebenso schnell wie *du*.«

Sylvie lachte belustigt. »Unsinn!« rief sie. »Sie kommen doch kein bißchen voran. Sie liegen ja ganz flach auf dem Rücken! Davon verstehen Sie eben nichts.«

»Ich kann ebenso gut gehen wie *du*«, beharrte ich und gab mein Bestes, um einige Schritte zu machen: doch der Boden glitt mit jedem Schritt weg, so daß ich überhaupt nicht vorankam. Schon wieder lachte Sylvie.

»Na, habe ich es Ihnen nicht gesagt! Sie glauben gar nicht, wie komisch Sie aussehen, wenn Sie mit den Füßen so in der Luft herumstrampeln, als würden Sie gehen! Haben Sie mal ein wenig Geduld. Ich will den Professor um Rat fragen.« Und sie klopfte an die Türe seines Arbeitszimmers.

Die Tür ging auf, und der Professor blickte durch den Spalt. »Wer hat denn da geschrien?« fragte er. »War das vielleicht ein menschliches Wesen?«

»Es war ein Junge«, erklärte Sylvie.

»Hast du ihn etwa geärgert?«

»Nein, ganz bestimmt nicht!« antwortete Sylvie ernsthaft. »Ich ärgere ihn *nie*!«

»Gut, ich muß den Anderen Professor befragen.« Er ging ins Arbeitszimmer zurück, und wir hörten ihn flüstern: »Kleines Menschenwesen – angeblich hat sie ihn nicht geärgert – die Spezies, die man Junge nennt –«

»Fragt sie, *welcher* Junge«, sagte eine andere Stimme. Der Professor trat abermals auf.

»*Welchen* Jungen hast du nicht geärgert?«

Sylvie zwinkerte mir zu. »Du liebes altes Ding!« rief sie und stellte sich auf die Zehenspitzen, um ihm einen Kuß zu geben, und er beugte sich geschmeichelt nieder, um den Gruß zu empfangen. »Du verwirrst mich ja *völlig*! Es gibt doch *etliche* Jungen, die ich nicht geärgert habe!«

Der Professor kehrte zu seinem Freund zurück, und diesmal entschied die Stimme: »Richtet ihr aus, sie soll sie herbringen – und zwar *alle*!«

»Ich kann und will das nicht!« rief Sylvie bei seinem Erscheinen. »Es ist *Bruno*, der da weint; und er ist mein Bruder; und wir möchten bitte *beide* zu ihm hin; er kann noch nicht, siehst du, er – er *träumt* nämlich.« (dies wisperte sie aus Furcht, meine Gefühle zu verletzen) »Laß uns *bitte* durch die Elfenbeintür gehen!«

»Ich gehe fragen«, sagte der Professor und verschwand abermals. Er war auf der Stelle wieder da. »Er ist einverstanden. Folgt mir, aber auf Zehenspitzen.«

Im Augenblick wäre es für mich weit schwieriger gewesen, *nicht* auf Zehenspitzen zu gehen. Denn als ich Sylvie durch das Arbeitszimmer folgte, hatte ich große Mühe, den Boden gerade noch zu erreichen.

Der Professor trat vor, um die Elfenbeintür zu öffnen. Ich konnte gerade noch einen flüchtigen Blick auf den Anderen Professor werfen, der uns den Rücken zuwandte und las, ehe uns der Professor durch die Tür hinausführte und sie hinter uns verschloß. Da stand Bruno, das Gesicht in den Händen verborgen, und weinte bitterlich.

»Was ist denn los, mein Liebling?« fragte Sylvie und nahm ihn in die Arme.

»Hab mir *furchtbar* weh getun!« schluchzte der arme kleine Bursche.

»Das tut mir *so* leid, Liebling! Wie hast du das *bloß* geschafft, dir weh zu tun?«

»Natürlich hab ich es geschafft!« protestierte Bruno und lachte

durch den Tränenvorhang. »Denks'de du bist die einzige, die was schaffen kann?«

Nun, da Bruno in die Diskussion eingestiegen war, wirkten die Umstände ungleich heiterer. »Was ist denn passiert, erzähl es uns?« forderte ich ihn auf.

»Mein Fuß hatte sich einfach in den Kopf gesetzt zu rutschen –« begann Bruno.

»Ein Fuß hat doch gar keinen Kopf!« protestierte Sylvie vergeblich.

»Ich bin 'ne Böschung runtergerutscht. Un über 'nen Stein gestolpert. Un der Stein hat meinem Fuß weh getun. Un dann hab ich auf eine Biene getreten. Un die Biene hat mich in den Finger gestecht!« Der arme Bruno schluchzte abermals. Die vollständige Liste seiner Leiden übermannte ihn. »Un sie weißte doch, ich hab das nich *extra* getan!« fügte er als absoluten Höhepunkt hinzu.

»Die arme Biene sollte sich schämen!« schimpfte ich, und Sylvie umarmte und küßte den verwundeten Helden, bis alle Tränen getrocknet waren.

»Jetzt iss mein Finger wieder ganz entstecht!« freute sich Bruno. »Wozu sinn bloß Steine gut? Mein Herr Mann, weiß'de das?«

»Auch wenn wir nicht wissen, wozu, für *irgendwas* sind sie schon gut«, antwortete ich. »Wozu sind denn *Butterblumen* gut?«

»Zuckerkrumen?« fragte Bruno. »Oh, die sinn doch *so* hübsch. Un Steine sinn nich hübsch, kein bißchen. Hätts'de gern ein paar Zuckerkrumen, mein Herr Mann?«

»Bruno!« tadelte Sylvie. »Du solltest doch nicht ›mein Herr‹ und ›Mann‹ gleichzeitig sagen! Was habe ich dir neulich beigebracht!«

»Du hast mir beigebringt, ich soll ›mein Herr‹ sagen, wenn ich mit ihm spreche, und ›Mann‹, wenn ich über ihn spreche!«

»Na siehst du, aber du darfst doch nicht *beides* tun.«

»Aha, ich *tu* aber beides, Fräulein Besserwisser«, triumphierte Bruno. »Ich will *über* den Geleemann sprechen – un ich will *mit* dem Geleemann sprechen. Da sag ich natürlich ›mein Herr Mann‹!«

»Ist schon recht«, meinte ich.

»Natürlich iss es Recht!« betonte Bruno. »Sylvie versteht doch rein gar nichts!«

»Du bist der allerunverschämteste Junge von der Welt!« empörte sich Sylvie und zog die Stirn so kraus, daß ihre leuchtenden Augen fast nicht mehr zu sehen waren.

»Un du bist das allerdümmste Mädchen von der Welt!« parierte Bruno. »Komm, wir pflücken Zuckerkrumen. *Allein dazu iss sie nütze!*« wisperte er mir mit lauter Stimme zu.

»Aber warum sagst du denn immer ›Zuckerkrumen‹, Bruno? Richtig heißt es doch *Butterblumen*.«

»Das kommt von seiner Rumtoberei«, gab Sylvie lachend Auskunft.

»Das stimmt«, bestätigte Bruno. »Sylvie sagt mir die Wörter, un wenn ich dann rumtobe, fliegen sie in meinem Kopf durcheinander – bis sie schließlich schaumisch sinn!«

Diese Erklärung stellte mich voll und ganz zufrieden. »Wollt ihr mir jetzt vielleicht ein paar Zuckerkrumen pflücken?«

»Und ob!« rief Bruno. »Los, Sylvie!« Und die glücklichen Kinder stürmten los und sprangen schnell und anmutig wie Gazellen über die Wiese.

»Haben Sie etwa den Weg zurück nach Anderland nicht gefunden?« fragte ich den Professor.

»O doch!« antwortete er. »Zwar waren wir nicht auf dem Holzweg, dafür habe ich einen anderen Weg entdeckt. Seither bin ich verschiedene Male dort gewesen. Als Urheber des neuen Finanzgesetzes mußte ich nämlich bei der Wahl anwesend sein. Der Kaiser verlangte freundlicherweise, es in *meine* Verantwortung zu stellen. ›Komme was da wolle‹ (genau entsinne ich mich noch seiner kaiserlichen Worte) ›sollte *jemals* rauskommen, daß der Gouverneur noch *lebt*, dann werdet *ihr alle* bezeugen, daß *der Professor* für das neue Währungssystem verantwortlich ist und nicht *ich*! Noch nie im Leben widerfuhren mir solche Ehren!« Tränen tropften ihm bei diesen wohl nicht *gänzlich* erfreulichen Erinnerungen von den Wangen.

»Hat man den Gouverneur denn für *tot* erklärt?«

»Nun, man vermutet es; aber hören Sie, *ich* kann es einfach nicht glauben! Die Beweise sind nämlich sehr dürftig – Gerüchte, nichts als Gerüchte. Ein vagabundierender Narr mit seinem Bär (sie tauchten eines Tages im Palast auf) hat den Leuten berichtet, er käme aus Feenland, und der Gouverneur sei dort gestorben. Ich wollte ja unbedingt, daß der Vize-Gouverneur ihn verhört, aber leider waren er und Mylady immer gerade dann ausgegangen, wenn der Narr vorsprach. Ja, man hat den Gouverneur für tot erklärt!« Und noch mehr Tränen rannen dem alten Mann über die Wangen.

»Wie sieht denn eigentlich das neue Finanzgesetz aus?«

Des Professors Gesicht heiterte sich wieder auf. »Das geht auf eine Anregung des Kaisers zurück«, erklärte er. »Er wollte jeden in Anderland doppelt so reich machen wie zuvor – bloß damit die neue Regierung populär wäre. Dafür reichte das Geld in der Staatskasse aber nicht mal annähernd. Deshalb habe *ich* vorgeschlagen, er solle den Wert jeder einzelnen Münze und jeder Banknote in Anderland einfach verdoppeln. Das ist die einfachste Sache der Welt. Mich wundert, daß niemand schon früher daran gedacht hat. Einen solchen Jubel hat es noch nie gegeben. Der Ansturm auf die Geschäfte reißt von morgens bis abends nicht ab. Alles mögliche wird gekauft!«

»Und welche Ehren hat man Ihnen erwiesen?«

Eine plötzliche Schwermut verdüsterte des Professors heiteres Gesicht. »Es stieß mir nach der Wahl zu, als ich nach Hause kam«, klagte er bekümmert. »Sie hatten es bestimmt gut gemeint – aber mir gefiel es ganz und gar nicht. Von allen Seiten schwenkten sie Fahnen um mich herum, bis ich fast blind war: und die Glocken haben sie läuten lassen, daß ich beinahe taub wurde: und dann haben sie noch die Straße so mit Blumen gepflastert, daß ich mich verlaufen habe!« Und der alte Mann seufzte tief.

»Wie weit ist es eigentlich nach Anderland?« fragte ich, um das Thema zu wechseln.

»Es ist ungefähr ein Fünftagemarsch. Aber ab und zu *muß* ich einfach zurück. Sehen Sie, als Hofprofessor muß ich mich nun mal *ständig* um Prinz Uggug kümmern. Die Kaiserin wäre *ziemlich* verärgert, wenn ich ihn auch nur eine Stunde allein ließe.«

»Aber Sie sind doch, wenn Sie hierherkommen, mindestens zehn Tage abwesend?«

»Oh, weit länger!« korrigierte der Professor. »Manchmal sind es vierzehn Tage. Aber ich habe natürlich den genauen Zeitpunkt meiner Abreise notiert, so daß ich die Hofzeit auf die Sekunde zurückstellen kann.«

»Wie bitte?« stutzte ich. »Das verstehe ich nicht.«

Schweigend zog der Professor eine quadratische, goldene Uhr mit sechs oder acht Zeigern aus der Tasche und hielt sie mir zur Betrachtung hin. »Das ist eine andere Uhr –« begann er.

»Dachte ich's mir doch.«

»– mit der besonderen Eigenschaft, daß *sie* nicht mit der *Zeit*, sondern die *Zeit* mit *ihr* geht. Das haben Sie doch jetzt wohl verstanden?«

»Kaum«, gestand ich.

»Dann erlauben Sie mir eine Erklärung. Solange man sie nicht anrührt, geht sie ihren eigenen Gang. Die Zeit hat *keinerlei* Wirkung auf sie.«

»Solche Uhren kenne ich«, bemerkte ich.

»Sie *geht* natürlich mit der normalen Geschwindigkeit. Bloß muß die Zeit *mit* ihr gehen. Folglich ändere ich die Zeit, wenn ich die Zeiger bewege. Sie *vorwärts* in die *Zukunft* zu bewegen, ist unmöglich; aber ich kann sie bis zu einem vollen Monat *zurück*drehen – das ist die Grenze. Und dann können Sie alle Ereignisse noch einmal erleben – und gemäß der Erfahrung nach Wunsch ändern.«

»*Was* für ein Segen wäre solch eine Uhr im wirklichen Leben!« dachte ich bei mir. »Man könnte ein leichtfertiges Wort ungesagt – eine böse Tat ungeschehen machen! Könnte ich sie mal in Funktion sehen?«

»Mit Vergnügen!« sagte der gutmütige Professor. »Wenn ich *diesen* Zeiger *hierhin* zurückstelle«, und er zeigte auf die Stelle, »reisen wir fünfzehn Minuten zurück in der Geschichte!«

Zitternd vor Erregung sah ich zu, wie er den Zeiger in der beschriebenen Weise verschob.

»Hab mir furchtbar weh getun!«

Schrill und jäh drangen mir die Worte ans Ohr und erschrockener, als ich es zeigen wollte, wandte ich mich nach dem Sprecher um.

Ja! Da stand Bruno, und die Tränen rannen ihm die Wangen runter, genau wie ich es eine Viertelstunde zuvor erlebt hatte; und da war auch Sylvie, die ihn in die Arme genommen hatte!

Ich hatte nicht das Herz, den lieben kleinen Burschen ein zweites Mal seine Leiden durchmachen zu lassen, deshalb bat ich den Professor hastig, die Zeiger in ihre alte Position zu stellen. Auf der Stelle waren Sylvie und Bruno wieder verschwunden, und ich konnte sie gerade noch in weiter Ferne sehen, wie sie »Zuckerkrumen« pflückten.

»Phantastisch!« staunte ich.

»Sie hat noch weit phantastischere Eigenschaften«, klärte mich der Professor auf. »Sehen Sie diesen kleinen Knopf? Man nennt ihn ›Umkehrknopf‹. Wenn man ihn drückt, dann laufen die Ereignisse der nächsten Stunde in umgekehrter Reihenfolge ab. Versuchen Sie es nicht jetzt. Ich leihe Ihnen die Uhr für ein paar Tage, und Sie können dann nach Lust und Laune selbst experimentieren.«

»Besten Dank!« sagte ich, als er mir die Uhr übergab. »Ich werde sie wie meinen Augapfel hüten – hallo, da sind die Kinder ja wieder!«

»Wir ham nur sechs Zuckerkrumen gefunden«, sagte Bruno und gab sie mir in die Hand, »weil Sylvie fand, wir müßten zurückgehen. Un hier iss noch 'ne dicke Brombeere für *dich*. Wir ham leider nur *zwei* gefunden!«

»Vielen Dank: das ist *sehr* lieb«, sagte ich. »Und *du* hast wohl die andere gegessen, Bruno?«

»Nö, hab ich nich«, antwortete Bruno leichthin. »Sinn das nich hübsche Zuckerkrumen, mein Herr Mann?«

»Wunderschön: aber warum hinkst du denn, mein Kind?«

»Mein Fuß hat sich noch mal *weh getun*!« erklärte Bruno bekümmert. Und er setzte sich auf die Erde und rieb ihn sanft.

Der Professor hielt den Kopf zwischen den Händen – durch diese Haltung signalisierte er meines Wissens Geistesabwesenheit. »Besser eine Minute ruhen«, meinte er. »Kann sein, es wird besser – kann sein, schlechter. Hätte ich bloß einige meiner Arzneien hier! Ich bin nämlich Hofmedicus«, fügte er zu mir gewandt hinzu.

»Soll ich ein paar Brombeeren für dich suchen, Liebling?« wisperte Sylvie, legte einen Arm um seinen Hals und küßte eine Träne fort, die gerade seine Wange hinunterrann.

Brunos Gesicht hellte sich sogleich auf. »Das *iss* 'ne ganz prima Idee!« rief er. »Mein Fuß würde sicher *ganz* unweh tun, wenn ich eine Brombeere eß – zwei oder drei Brombeeren – sechs oder sieben Brombeeren –«

Sylvie erhob sich hastig. »Ich will lieber schnell losgehen«, flüsterte sie mir zu, »bevor er noch weiter verdoppelt!«

»Ich komm mit und helf dir«, schlug ich vor. »Ich kann höher hinaufreichen als du.«

»O ja, bitte«, sagte Sylvie und legte ihre Hand in die meine: und wir gingen zusammen fort.

»Bruno *liebt* Brombeeren geradezu«, verriet sie mir, während wir an einer hohen Hecke entlangschlenderten, die sehr vielversprechend aussah, »und es war so *lieb*, daß er mir die andere geschenkt hat!«

»Ach, dann hast *du* sie gegessen? Bruno wollte mir scheinbar nichts darüber sagen?«

»Ja, ich habe es gemerkt«, bestätigte Sylvie. »Er fürchtet immer, gelobt zu werden. Aber er hat sie mir geradezu *aufgedrängt*. Mir wäre viel lieber, er – oh, was ist denn das?« Und sie umklammerte furchtsam meine Hand, als wir am Waldrand einen Hasen erblickten, der mit ausgestreckten Läufen auf der Seite lag.

»Das ist ein *Hase*, mein Kind. Vielleicht schläft er.«

»Nein, er schläft nicht«, stammelte Sylvie und trat zaudernd näher, um ihn genauer zu betrachten. »Seine Augen sind offen. Ist er – ist er –« ihre Stimme wisperte ehrfürchtig, »meinen Sie, er ist *tot*?«

»Ja, er ist mausetot«, bemerkte ich, nachdem ich mich niedergebeugt und ihn untersucht hatte. »Armer Kerl! Man hat ihn wahrscheinlich zu Tode gehetzt. Ich weiß, daß gestern hier eine Jagdgesellschaft war. Aber sie haben ihn nicht angerührt. Vielleicht haben sie noch einen anderen Hasen aufgescheucht und diesen hier übersehen, der dann vor Furcht und Erschöpfung gestorben ist.«

»Zu *Tode* gehetzt?« murmelte Sylvie ganz langsam und traurig vor sich hin. »Ich dachte immer, Jagen wäre so eine Art *Zeitvertreib* – ein Spiel. Bruno und ich, wir jagen manchmal Schnecken: aber wir denken nicht daran, ihnen etwas zuleide zu tun, wenn wir sie erwischt haben!«

»Süßer Engel!« dachte ich. »Wie soll ich deiner unschuldigen Seele die Idee des Sports verständlich machen?« Und während wir Hand in Hand dastanden und auf den toten Hasen blickten, versuchte ich es so zu formulieren, daß sie es verstehen konnte,

»Du weißt ja, daß Löwen und Tiger wilde Raubtiere sind?« Sylvie nickte. »Also, in manchen Ländern *müssen* die Menschen sie einfach töten, um das eigene Leben zu retten, verstehst du?«

»Ja«, erwiderte Sylvie, »wenn *mich* einer töten wollte, würde Bruno es *auch* tun – wenn er könnte.«

»Gut, und dann macht es den Menschen – den Jägern – schließlich Freude, weißt du: die Hetzjagd, der Kampf, das Geschrei und die Gefahr.«

»Ja«, sagte Sylvie, »auch Bruno liebt die Gefahr.«

»Schön, aber *hier* gibt es keine Löwen und Tiger in freier Wildbahn; und deshalb jagen sie eben andere Tiere, begreifst du?« Meine Hoffnung, daß diese Antwort sie zufriedenstellte und daß sie nicht weiterfragen würde, war jedoch vergeblich.

»Sie jagen *Füchse*«, grübelte Sylvie. »Und ich glaube, sie *töten* sie auch. Füchse sind sehr gefährlich. Ich verstehe, daß die Menschen sie nicht lieben. Sind Hasen gefährlich?«

»Nein«, bekräftigte ich. »Ein Hase ist ein liebes, sanftes, scheues Tier – fast so sanft wie ein Lamm.«

»Aber wenn die Menschen die Hasen *lieben*, warum – warum –« ihre Stimme zitterte, und ihre süßen Augen füllten sich mit Tränen.

»Sie lieben sie leider eben *nicht*, mein Kind.«

»Alle *Kinder* lieben sie«, bekräftigte Sylvie. »Und alle Ladys ebenfalls.«

»Ich fürchte, sogar die *Ladys* nehmen manchmal an einer Jagd teil.«

Sylvie zuckte zusammen. »Oh, nein, nicht *Ladys*!« behauptete sie ernst. »Nicht Lady Muriel!«

»Nein, sie ganz bestimmt nicht – aber der Anblick ist zu traurig für *dich*, Liebes. Komm, wir suchen ein paar –«

Doch Sylvie war noch nicht zufrieden. Mit ruhiger, feierlicher Stimme, den Kopf gesenkt, die Hände gefaltet, stellte sie ihre letzte Frage: »Liebt Gott Hasen?«

»Ja!« antwortete ich. »Ich bin *sicher*, er liebt sie! Er liebt alle Lebenwesen. Sogar sündige *Menschen*. Wie sehr dann erst die Tiere, die nicht sündigen können!«

»Ich weiß nicht, was ›Sünde‹ bedeutet«, meinte Sylvie. Und ich versuchte nicht, es zu erklären.

»Komm jetzt, mein Kind«, drängte ich und wollte sie wegführen. »Sag dem armen Hasen Auf Wiedersehen und komm mit Brombeeren suchen.«

»Auf Wiedersehen, armer Hase!« wiederholte Sylvie gehorsam und warf noch einen Blick über die Schulter, als wir weggingen. Und dann war es plötzlich mit der ganzen Selbstbeherrschung vorbei. Sie entriß ihre Hand der meinen, rannte dorthin zurück, wo der tote Hase lag, und warf sich in solch einem Schmerz neben ihm nieder, wie ich bei einem so kleinen Kind nicht für möglich gehalten hätte.

»O mein Liebling, mein Liebling!« klagte sie immer und immer wieder. »Und Gott wollte, daß dein Leben so schön sei!«

Und sie verbarg ihr Gesicht auf dem Boden und blickte nur ab und zu auf, um die kleine Hand auszustrecken und das arme tote Ding zu streicheln, und dann vergrub sie das Gesicht wieder in den Händen und schluchzte, als wolle ihr das Herz brechen.

Ich fürchtete schon um ihre Gesundheit: dennoch hielt ich es für das beste, sie den ersten großen Schmerz wegweinen zu lassen: und nach einigen Minuten verstummte das Schluchzen, und Sylvie erhob sich und blickte mich gefaßt an, wenn ihr auch die Tränen noch die Wangen hinunterflossen.

Ich wagte noch nicht wieder zu sprechen, sondern reichte ihr einfach meine Hand hin, um diesen melancholischen Ort mit ihr zu verlassen.

»Ja, jetzt komme ich mit«, sagte sie. Sie kniete ganz ehrerbietig nieder und küßte den toten Hasen; dann stand sie auf, reichte mir die Hand, und wir gingen schweigend weiter.

Der Schmerz eines Kindes ist heftig, aber kurz; und bald sagte sie schon fast mit ihrer normalen Stimme: »Oh, halt, halt! Da sehe ich *herrliche* Brombeeren!«

Wir füllten uns die Hände mit Beeren und kehrten in aller Eile dorthin zurück, wo der Professor und Bruno auf einer Bank saßen und auf uns warteten.

Ehe wir in Hörweite kamen, hielt mich Sylvie kurz zurück. »Bitte, sagen Sie *Bruno* nichts von dem Hasen!« bat sie.

»Schön, mein Kind! Aber warum denn nicht?«

Abermals glitzerten die süßen Augen tränenblind, und sie wandte den Kopf ab, so daß ich ihre Antwort kaum vernehmen konnte. »Er hat – er hat sanfte Tiere so *gern,* wissen Sie. Und er wäre – er wäre schrecklich traurig. Ich will ihn nicht traurig machen.«

»So zählt *dein* Schmerz also nichts, du liebes, selbstloses Kind!« dachte ich bei mir. Doch wir sprachen nicht mehr miteinander, bis wir unsere Freunde erreicht hatten; und Bruno war zu sehr mit seinem Festmahl beschäftigt, das wir mitgebracht hatten, um von Sylvies ungewöhnlichem Ernst Notiz zu nehmen.

»Ich fürchte, es ist schon ziemlich spät, Professor?« meinte ich.

»Ja, tatsächlich«, bestätigte der Professor. »Ich muß euch *auf der Stelle* zur Elfenbeintür zurückbringen. Die Zeit ist abgelaufen.«

»Können wir nicht noch ein *wenig* bleiben?« plädierte Sylvie.

»Bloß *ein* Minütchen!« schlug Bruno vor.

Aber der Professor blieb standhaft. »Daß ihr überhaupt hier seid, ist schon ein großes Privileg«, erklärte er. »Wir müssen jetzt gehen.« Und wir folgten ihm gehorsam zur Elfenbeintür, die er aufschloß; und dann gab er mir ein Zeichen, zuerst durchzugehen.

»Ihr kommt doch bestimmt nach?« fragte ich Sylvie.

»Ja«, antwortete sie, »aber Sie werden uns nicht mehr sehen, wenn Sie durchgegangen sind.«

»Und wenn ich draußen auf euch warte?« verlangte ich zu wissen, während ich über die Schwelle schritt.

»In dem Fall«, bekannte Sylvie, »wäre die Kartoffel sehr wohl berechtigt, sich auch nach *Ihrem* Gewicht zu erkundigen. Ich kann mir problemlos eine wirklich *ausgezeichnete* Nierenkartoffel vorstellen, die die Diskussion mit jedem ablehnt, der weniger als *zwei Zentner* wiegt.«

Mit großer Anstrengung nahm ich den Faden meiner Gedanken wieder auf. »Wir werden allmählich albern!« entschied ich.

XXII. KAPITEL

Im letzten Augenblick

»Dann wollen wir wieder normal werden«, sagte Lady Muriel.
»Nehmen Sie noch eine Tasse Tee? *Das* klingt hoffentlich vernünftig genug?«

»Und das ganze wunderbare Abenteuer hat nur den Zeitraum eines einzigen Kommas in Lady Muriels Rede beansprucht!« sinnierte ich. »Ein Komma, für das die Grammatiker uns empfehlen, ›bis *eins* zu zählen‹!« (Ich war ganz sicher, daß der Professor liebenswürdigerweise die Zeit auf den Moment zurückgestellt hatte, in dem ich eingeschlafen war.)

Als wir einige Minuten später das Haus verließen, machte Arthur als erstes eine wirklich eigenartige Bemerkung. »Wir sind jetzt nur *zwanzig Minuten* da gewesen«, grübelte er, »und ich habe nichts getan, als deiner Unterhaltung mit Lady Muriel zugehört: und trotzdem habe ich das Gefühl, *ich* hätte mich *eine volle Stunde* mit ihr unterhalten!«

Und das *hatte* er, da war ich sicher: doch da die Zeit an den Anfang des von ihm angesprochenen Tête-à-tête zurückgestellt worden war, fiel das Ganze der Vergessenheit, wenn nicht gar dem Nichts anheim! Doch ich wollte auf keinen Fall meinen Ruf als vernünftiger Mensch riskieren und *ihm* gegenüber eine Erklärung für das Geschehene wagen.

Aus irgendeinem Grund, den ich im Augenblick nicht zu erraten vermochte, benahm sich Arthur auf unserem Heimweg ungewöhnlich ernst und schweigsam. Mit Eric Lindon konnte das meiner Meinung nach nicht zusammenhängen, denn der war für einige Tage nach London gereist, so daß er theoretisch besonders guter Laune und mit dem Leben zufrieden hätte sein *müssen*, denn schließlich hatte er Lady Muriel gewissermaßen »ganz für sich« –

ich war nämlich nur zu froh, den beiden bei ihrem Gespräch zuzuhören, ohne daß ich auch nur den Wunsch gehabt hätte, sie durch eigenes sprachliches Engagement zu stören. »Hat er vielleicht schlechte Nachrichten erhalten?« dachte ich im stillen. Und als habe er meine Gedanken vernommen, brach er das Schweigen. »Er soll mit dem nächsten Zug kommen«, und wie er es sagte, klang es eher nach der Fortführung als der Eröffnung eines Gesprächs.

»Meinst du Hauptmann Lindon?«

»Ja – Hauptmann Lindon«, bestätigte Arthur. »Ich habe ›er‹ gesagt, weil ich mir irgendwie eingebildet habe, wir sprächen gerade von ihm. Der Earl hat mich wissen lassen, daß er heute abend ankommt, obwohl er die Entscheidung über das ersehnte Offizierspatent erst *morgen* erfahren kann. Ich wundere mich eigentlich, daß er den Tag nicht noch dranhängt, um das Ergebnis zu erfahren, wenn es ihm wirklich so wichtig ist, wie der Earl annimmt.«

»Man kann ihm ein Telegramm nachschicken«, überlegte ich, »aber es ist nicht gerade Soldatenart, vor möglicherweise schlechten Nachrichten davonzulaufen!«

»Er ist ja ein sehr netter Kerl«, gab Arthur zu, »aber ich gestehe offen, für *mich* wäre es eine gute Nachricht, wenn er gleichzeitig mit seinem Patent seinen Marschbefehl erhielte! Ich wünsche ihm auch alles Glück – mit *einer* Ausnahme. Gute Nacht!« (Mittlerweile hatten wir unser Heim erreicht.) »Ich bin heute abend kein amüsanter Gesellschafter – ich bleibe besser allein.«

Am nächsten Tag war es genau dasselbe. Arthur erklärte sich untauglich für Gesellschaft, und ich mußte allein einen Nachmittagsbummel unternehmen. Ich schlug den Weg zum Bahnhof ein und verweilte an jener Abzweigung, die zum »Herrenhaus« führte, denn in der Ferne sah ich meine Freunde, die scheinbar dasselbe Ziel hatten.

»Wollen Sie sich uns nicht anschließen?« schlug der Earl vor, nachdem ich ihn, Lady Muriel und Hauptmann Lindon begrüßt hatte. »Dieser quirlige junge Mann hier erwartet ein Telegramm, und wir wollen es zusammen am Bahnhof in Empfang nehmen.«

»In diesem Fall gibt es auch eine quirlige junge Frau«, ergänzte Lady Muriel.

»Das versteht sich von selbst, mein Kind«, urteilte ihr Vater. »Frauen sind *immer* quirlig!«

»Damit die hohen Qualitäten von einem in rechter Weise gewürdigt werden«, bemerkte seine Tochter nachdrücklich, »ist ein Vater einfach unentbehrlich, nicht wahr, Eric?«

»Im Gegensatz zu einem Cousin«, erwiderte Eric: und damit zerfiel das Gespräch irgendwie in zwei Dialoge, denn die jungen Leute übernahmen die Führung, und die zwei alten Herren folgten gemächlich nach.

»Und wann können wir eigentlich ihre kleinen Freunde wiedersehen?« erkundigte sich der Earl. »Es sind wirklich reizende Kinder.«

»Ich werde sie gern, sobald ich kann, wieder mitbringen«, entgegnete ich. »Aber ich weiß leider selbst noch nicht, wann ich sie wiedersehen werde.«

»Ich will nicht weiter in Sie dringen«, sagte der Earl, »aber nur noch die Bemerkung: Muriel platzt geradezu vor Neugierde! Wir kennen so ziemlich alle Leute hier in der näheren Umgebung, und sie hat vergeblich herauszukriegen versucht, in welchem Haus sie vielleicht wohnen könnten.«

»Eines Tages kann ich es vielleicht aufklären, aber jetzt –«

»Danke. Sie muß es eben ertragen. *Ich* habe ihr gesagt, damit könne sie ausgezeichnet ihre *Geduld* üben. Aber sie wird es wohl kaum so sehen. Hallo, da *sind* ja die Kinder!«

Da standen sie wahrhaftig: und sie warteten (offensichtlich auf *uns*) an einem Zaunübertritt, den sie eben erst überschritten haben mußten, denn Lady Muriel und ihr Cousin waren daran vorbeigegangen, ohne sie bemerkt zu haben. Als Bruno uns sah, rannte er auf uns zu und zeigte voller Stolz den Griff eines Federmessers – die Klinge war abgebrochen –, den er auf der Straße aufgelesen hatte.

»Und was willst du damit anfangen?« fragte ich.

»Weiß nich«, antwortete Bruno gleichmütig, »kommt drauf an.«

»Das sind die frühen Lebensanschauungen eines Kindes«, bemerkte der Earl mit seinem gütigen traurigen Lächeln, »es betrachtet das Leben als einen Zeitraum, in dem man alle mögliche Habe zusammenträgt. Diese Einstellung ändert sich mit den Jahren.« Und er reichte Sylvie seine Hand, die sich zu mir gesellt hatte und ihn etwas schüchtern anblickte.

Doch gegenüber diesem sanftmütigen alten Herrn konnte sich kein Kind lange schüchtern geben, sei es nun Mensch oder Elbe; und bald schon war sie von meiner Hand zu der seinigen desertiert – allein Bruno hielt seinem ersten Freund die Treue. Erst vor dem Bahnhof holten wir das Paar ein, und Lady Muriel und Eric begrüßten beide Kinder wie alte Freunde – letzterer mit den Worten: »Konntet ihr also doch mit Kerzenlicht nach Babylon gehen?«

»Ja, und zurück auch eilen!« rief Bruno.

Lady Muriel blickte in blankem Erstaunen von einem zum anderen. »Was, *du* kennst sie, Eric?« wunderte sie sich. »Das Geheimnis wird von Tag zu Tag unergründlicher!«

»Dann müssen wir irgendwo im Dritten Akt sein«, meinte Eric. »Du erwartest doch wohl nicht ernsthaft, daß das Geheimnis vor dem fünften Akt gelüftet wird, oder?«

»Aber das Drama dauert so *lang!*« war die klagende Antwort. »Wir *müssen* inzwischen im Fünften Akt sein!«

»Es ist ganz bestimmt der Dritte Akt«, stellte der junge Soldat unbarmherzig fest. »Schauplatz, ein Bahnsteig. Spärliches Licht. Auftritt: der Prinz (natürlich in Verkleidung) und sein treuer Diener. *Hier* ist der Prinz –« (und er ergriff Brunos Hand) »und hier steht sein unterwürfiger Diener! Wie lautet Euer Königlichen Hoheit nächster Befehl?« Und er machte einen Hofknicks vor seinem erstaunten kleinen Freund.

»Du bist *kein* Diener!« entschied Bruno spöttisch. »Du bist ein *Geleemann!*«

»Ein *Diener*, ich versichere es Eurer Königlichen Hoheit!« beharrte Eric ehrerbietig. »Erlaubt mir, Eurer Königlichen Hoheit meine verschiedenen Stellungen aufzuzählen – in Vergangenheit, Gegenwart und Zukunft.«

»Was wars'de als erstes?« fragte Bruno auf den Scherz einge-hend. »Schuhputzer?«

»Weit geringeres, Eure Königliche Hoheit! Vor Jahren habe ich mich als *Sklave* feilgeboten – ›*privater* Sklave‹ nennt man es wohl?« wandte er sich fragend an Lady Muriel.

Doch Lady Muriel hörte nicht hin: sie hatte Probleme mit ih-rem Handschuh und wurde davon ganz in Anspruch genommen.

»Has'de 'ne Stelle bekommen?« forschte Bruno weiter.

»Es ist traurig, Eure Königliche Hoheit, aber ich muß geste-hen: *Nein!* Deshalb mußte ich eine Anstellung als – als *Aufwärter* annehmen, die ich jetzt schon einige Jahre innehabe – nicht wahr?« Abermals warf er Lady Muriel einen Blick zu.

»Liebe Sylvie, hilf mir doch mal gerade, diesen Handschuh zu-zuknöpfen!« flüsterte Lady Muriel, beugte sich hastig nieder, so daß ihr die Frage entging.

»Un was wills'de als *nächstes* machen?« fragte Bruno.

»Meine nächste Stelle wird, wie ich hoffe, *freier* sein, denn ich möchte – «

»Verwirr das Kind doch nicht so!« unterbrach Lady Muriel. »Was für einen Unsinn du daherredest!«

»– ich möchte«, beharrte Eric, »die Stelle eines *Hausmeisters* be-kommen, der – Vierter Akt!« verkündete er mit ganz anderer Stimme. »Volles Licht, in rot, in grün. Man vernimmt fernes Rumpeln. Auftritt: ein Personenzug!«

Und schon rollte der Zug längs des Bahnsteigs ein, und ein Strom von Passagieren ergoß sich aus der Schalterhalle und den Wartesälen.

»Haben Sie schon einmal das *wirkliche* Leben als Schauspiel betrachtet?« meinte der Earl. »Versuchen Sie es doch jetzt ein-mal. Mir hat das schon häufig großes Vergnügen bereitet. Den-ken Sie sich den Bahnsteig als unsere Bühne. Wie Sie sehen, die geeigneten Auf- und Abtrittsgänge sind an *beiden* Seiten vorhan-den. Den Hintergrund gestaltet eine echte Lokomotive, die ein-läuft und auch wieder abfährt. Diese Geschäftigkeit, diese hin und her hastenden Leute, all das muß sorgfältig einstudiert wor-den sein. Wie natürlich sie sich geben! Kein Blick fällt auf die Zuschauer. Und sehen Sie mal, Jede Gruppierung unterscheidet sich wieder von der anderen. Keine *einzige* Wiederholung!«

Diese Betrachtungsweise erwies sich als wahrlich bemerkenswert. Sogar ein Gepäckträger, der einen Karren voller Koffer vorbeizog, wirkte so realistisch, daß man am liebsten applaudiert hätte. Ihm folgte eine zornige Mutter mit hochrotem Gesicht, die zwei plärrende Kinder hinter sich her zerrte und irgend jemandem hinter sich zurief: »Na komm schon! John!« Auftritt, John: sehr devot, sehr schweigsam und mit Paketen beladen. Und in seinem Kielwasser ein verstörtes kleines Kindermädchen, das ein fettes, ebenfalls plärrendes Baby auf dem Arm trug. Alle Kinder plärrten.

»Phantastische Mimik!« kommentierte der alte Herr. »Ist Ihnen der verschreckte Blick des Kindermädchens aufgefallen! Schlichthin *perfekt!*«

»Sie sind da auf eine völlig neue Ader gestoßen«, wunderte ich mich. »Den meisten von uns scheint das Leben mit seinen Freuden eine Mine, die nahezu abgebaut ist.«

»Abgebaut!« protestierte der Earl. »Für Menschen mit etwas dramatischem Instinkt ist gerade erst die Overtüre beendet! Der Hauptteil kommt erst noch. Sie gehen zum Beispiel ins Theater und zahlen zehn Schilling für einen Parkettplatz, und was kriegen Sie für Ihr Geld? Mag sein einen Dialog zwischen einem Farmerehepaar – unnatürlich in ihren übertriebenen Kostümen – noch unnatürlicher ihr aufgesetztes Verhalten und ihre Gesten – am allerunnatürlichsten ihre Bemühungen, ein zwangloses und heiteres Gespräch zu führen. Steigen Sie statt dessen in die Eisenbahn, und zwar in ein Dritter-Klasse-Abteil, so wird Ihnen derselbe Dialog *lebensecht* geboten. Erste Reihe – ohne die Szene störendes Orchester – und Gratisvorstellung!«

»Dabei fällt mir ein, daß der Empfang eines Telegramms auch gratis ist«, bemerkte Eric. »Wir können ja mal nachfragen.« Und er schlenderte mit Lady Muriel in Richtung Telegraphenamt davon.

»Ich frage mich, ob Shakespeare diese Gedanken hatte«, überlegte ich, »als er schrieb: ›Die ganze Welt ist Bühne‹?«*

Der alte Herr seufzte. »Wie immer Sie es auch betrachten, es stimmt«, stellte er fest. »Das Leben ist wirklich ein Schauspiel: ein Schauspiel mit nur wenig *Dakapo*-Möglichkeiten – und keinen *Buketts!*« ergänzte er träumerisch. »Die Hälfte des Lebens wird von uns damit verschwendet, daß wir Taten bereuen, die wir in der anderen Hälfte begangen haben!«

»Und das Geheimnis der *Lebensfreude*«, setzte er mit der alten Zuversicht fort, »ist die *Itensität!*«

»Aber doch wohl nicht im modernen ästhetischen Sinne? Nicht wie die junge Dame im Punch es versteht, wenn sie ein Gespräch mit der Frage einleitet: ›Sind Sie intensiv?‹«

»Auf keinen Fall!« entgegnete der Earl. »Ich stelle mir darunter die *Gedanken*intensität vor – eine intensive Konzentration. In unserem Leben genießen wir nur das halbe Vergnügen, weil wir uns nicht richtig *konzentrieren*. Nehmen Sie ein beliebiges Beispiel: mag das Vergnügen auch *noch so* trivial sein – das Prinzip bleibt dasselbe. Angenommen *A* und *B* lesen den gleichen zweitrangigen Roman aus der Leibücherei. *A* bemüht sich gar nicht, die Beziehungen zwischen den Charakteren zu verstehen, auf denen vielleicht die ganze Bedeutung der Geschichte beruht: er ›überspringt‹ alle Beschreibungen der Szenerie und jeden ihm langweilig anmutenden Abschnitt: was er liest, liest er nur halb: und so frißt er sich stundenlang weiter durch, statt das Buch beiseite zu legen – nur weil er sich zu nichts anderem entschließen kann, und am Ende ist er frustriert und depressiv! *B* dagegen widmet dem Gegenstand seine *volle* Aufmerksamkeit – getreu dem Motto, ›Was wert ist zu tun, ist wert *gut* zu tun‹; er bewältigt die Genealogie: er sieht die Abbildungen der Szenerie vor seinem ›geistigen Auge‹: und vor allen Dingen, nach einem Kapitel schließt er das Buch resolut, obwohl seine Neugierde groß ist, und wendet sich einer anderen Beschäftigung zu, so daß er beim nächsten Mal wie ein Hungernder, der sich zu Tisch setzt, über das Buch herfällt:

---

* AdÜ: Shakespeare, As You Like It, ii, 7.

und wenn er das Ende erreicht hat, kehrt er als ein ›gestärkter Gigant‹ an sein Tagwerk zurück!«

»Aber wenn das Buch nun wirklich *Schund* wäre – die Konzentration gar nicht lohnen würde?«

»Schön, diesen Fall einmal angenommen, so gilt meine Theorie *ebenso!*« behauptete der Earl. »*A* erkennt erst gar nicht, daß es Schund ist, sondern liest mechanisch bis zum Ende und bildet sich noch ein, es genossen zu haben. *B* schließt nach ein paar Dutzend Seiten das Buch einfach und holt sich in der Leihbücherei ein besseres! Ich könnte noch mit einer *weiteren* Theorie zur Lebensfreude aufwarten – das heißt natürlich, falls ich Ihre Geduld noch nicht erschöpft habe? Ich befürchte fast, Sie halten mich langsam für einen alten Quasselkopf.«

»Nein, bestimmt nicht!« protestierte ich ehrlich. Und tatsächlich hatte ich das Gefühl, der sanften Melancholie seiner Stimme *könne* man einfach nicht so leicht überdrüssig werden.

»Es handelt sich darum, daß wir lernen sollten, unsere Freuden *schnell* und unsere Leiden *langsam* zu durchleben.«

»Aber warum denn das? Ich würde es umgekehrt sagen.«

»Wenn wir *künstlich* erzeugtes Leid langsam durchleben – mag es nun so trivial sein, wie Sie wollen –, so brauchen wir dem *echten* Leid, wie heftig auch immer, nur seinen *normalen* Verlauf zu lassen, und es ist bald wie weggeblasen!«

»Das stimmt«, bekannte ich, »aber wie ist das nun mit den *Freuden?*«

»Also, erlebt man sie schnell, so kann man mehr davon im Leben bekommen. Für den Genuß einer Oper brauchen *Sie* gut dreieinhalb Stunden. Mal angenommen, *ich* könnte sie in einer halben Stunde genießen. Nun, dann kann ich doch den Genuß von *sieben* Opern haben, während Sie immer noch die *eine* hören!«

»Allerdings nur unter der Voraussetzung, Sie haben ein Orchester, das sie *spielen* kann«, schränkte ich ein. »Und das Orchester muß erst noch gefunden werden!«

Der alte Herr lächelte. »Ich habe einmal gehört, wie ein ganzes Musikstück – und es war wahrhaftig nicht kurz – mit Variationen und allem, was dazu gehört, in drei Sekunden heruntergespielt wurde!« widerlegte er mich.

»Wann? Und vor allem, wie?« fragte ich verwundert und glaubte schon fast wieder zu träumen.

»Das geschah mit einer kleinen Spieldose«, antwortete er ruhig. »Nach dem Aufziehen brach der Regler oder sonst so etwas, und sie lief in den besagten drei Sekunden ab. Doch die Noten *muß* sie ja wohl alle gespielt haben!«

»Und hat es Ihnen *gefallen?*« inquirierte ich ihn mit der ganzen Strenge eines Anwalts im Kreuzverhör.

»Nein!« gestand er aufrichtig. »Ich hatte wohl damals kein Ohr für diese Art Musik!«

»Ich würde gerne mal Ihre Methode *ausprobieren*«, meinte ich, und da Sylvie und Bruno gerade zu uns gelaufen kamen, ließ ich sie dem Earl Gesellschaft leisten und schlenderte den Bahnsteig entlang, wobei ich jeder Person und jedem Ereignis einen Part in einem allein für mich gespielten *ex tempore* Schauspiel gab. »Nanu, ist der Earl eurer schon überdrüssig?« stutzte ich, als die Kinder an mir vorbeistürmten.

»Aber nein!« gab Sylvie sehr nachdrücklich zur Antwort. »Er hätte nur gern die Abendzeitung. Bruno stellt jetzt einen kleinen Zeitungsjungen dar!«

»Denkt daran, einen guten Preis zu verlangen!« rief ich ihnen noch nach.

Als ich auf dem Bahnsteig wieder zurückging, traf ich Sylvie allein.

»Na, Kind, wo ist denn nun dein kleiner Zeitungsjunge?« erkundigte ich mich. »Hatte er keine Abendzeitung für dich?«

»Er holt sie drüben am Zeitungskiosk«, erklärte Sylvie, »und da kommt er auch schon über das Gleis – oh, Bruno, du solltest doch über die Brücke gehen!« denn von Ferne hörte man schon den Schnellzug heranfauchen. Plötzlich wurde sie schreckensbleich. »Oh, er ist auf die Schienen gefallen!« schrie sie und raste mit einer Geschwindigkeit an mir vorbei, die meiner hastigen Bemühung, sie aufzuhalten, Hohn sprach.

Doch der keuchende alte Stationsvorsteher stand zufällig dicht hinter mir: zu viel war er nicht mehr nütze, der arme alte Mann, doch hierfür war er gut; und ehe ich mich noch umdrehen konnte, hatte er das Kind schon mit den Armen umfaßt und vor dem sicheren Tod gerettet, dem es gerade zustürzte. Diese Szene nahm meine Aufmerksamkeit derart in Anspruch, daß ich die flinke graugekleidete Gestalt kaum wahrnahm, die vom hinteren Teil des Bahnsteigs losgesaust war und in der nächsten Sekunde auf den Gleisen stand. Soweit man in solchen Schreckensaugenblikken die Zeit überhaupt messen kann, hatte er noch ungefähr zehn Sekunden, um die Gleise zu überqueren und Bruno aufzugreifen, ehe der Express ihn überrollte. Ob er es geschafft hatte oder nicht, konnte man unmöglich beurteilen: denn der Schnellzug rauschte vorüber, und damit war alles, ob nun Leben oder Tod, vorbei. Als die Dampfwolke abgezogen und die Gleise wieder sichtbar waren, sahen wir voll Dankbarkeit, daß sich das Kind und sein Lebensretter in Sicherheit befanden.

»Alles in Ordnung!« rief Eric, als er die Gleise wieder überquerte. »Er ist nochmal mit dem Schrecken davongekommen.«

Er reichte den kleinen Burschen zu Lady Muriel hinauf und erklomm den Bahnsteig so unbeschwert, als sei nichts geschehen: doch er war leichenblaß und stützte sich fest auf meinen Arm, den ich ihm aus Sorge, er falle in Ohnmacht, schnell bot. »Ich muß mich ma – für einen Augenblick niedersetzen –« stammelte er wie im Traum, »– wo ist Sylvie?«

Sylvie stürzte sich in seine Arme und schluchzte, als bräche ihr das Herz. »Aber nicht doch, mein Liebling!« murmelte Eric mit einem merkwürdigen Ausdruck in den Augen. »Du brauchst nicht mehr zu weinen. Aber du wärst beinahe für nichts umgekommen!«

»Für Bruno«, schluchzte das kleine Mädchen. »Und er hätte das auch für mich getan. Nicht wahr, Bruno?«

»Na klar!« bestätigte Bruno und blickte verstört um sich.

Lady Muriel küßte ihn schweigend und setzte ihn ab. Dann bedeutete sie Sylvie, sie solle mit ihm an der Hand zum Earl gehen. »Sagt ihm«, wisperte sie mit bebenden Lippen, »sagt ihm – es ist alles gut!« Und dann wandte sie sich dem Helden des Tages zu. »Ich dachte schon, das wäre dein *Tod*,« sagte sie. »Gottseidank lebst du! Hast du nicht gesehen, wie knapp das war?«

»Ich habe nur gesehen, daß noch Zeit war«, meinte Eric leichthin. »Ein Soldat muß lernen, sein Leben aufs Spiel zu setzen, verstehst du. Ich bin wieder völlig in Ordnung. Wollen wir nicht noch einmal zum Telegraphenamt gehen? Vermutlich ist es inzwischen angekommen.«

Ich gesellte mich zum Earl und den Kindern, und wir warteten – schweigsam, denn keiner hatte Lust zu reden, und Bruno war auf Sylvies Schoß eingeschlummert – bis die anderen wieder zu uns stießen. Es war kein Telegramm angekommen.

»Ich mach mit den Kindern noch einen Bummel«, entschuldigte ich uns, denn ich hatte das Gefühl, als seien wir *überflüssig*. »Ich schaue im Laufe des Abends noch einmal vorbei.«

»Wir müssen jetzt in den Wald zurück«, erklärte Sylvie, sobald wir außer Hörweite waren. »Wir können nicht mehr lange so groß bleiben.«

»Seid ihr dann beim nächsten Mal wieder ganz winzige Elben?«

»Ja«, meinte Sylvie, »aber irgendwann sind wir wieder Kinder – wenn du es willst. Bruno möchte sehr gern Lady Muriel wiedersehen.«

»Sie iss *sehr* hübsch«, urteilte Bruno.

»Ich nehme euch gerne wieder mit zu ihr«, versprach ich. »Wollt ihr die Uhr des Professors nicht besser mitnehmen? Als Elben ist sie euch zu groß.«

Bruno lachte belustigt. Ich war froh, daß er sich von dem schrecklichen Ereignis so völlig erholt hatte. »O nein, isse bestimmt nich!« klärte er mich auf. »Wenn *wir* klein sinn, isse auch klein!«

»Und dann geht sie direkt zum Professor«, ergänzte Sylvie, »und Sie können sie nicht mehr weiter benutzen: Sie sollten sie also besser *auf der Stelle* ausprobieren. Wir *müssen* bei Sonnenuntergang klein werden. Auf Wiedersehen!«

»Widdersehn!« rief Bruno. Doch ihre Stimmen klangen von fern, und als ich mich umblickte, waren beide Kinder verschwunden.

»Nur noch zwei Stunden bis Sonnenuntergang!« stellte ich weiterbummelnd fest. »Ich muß die Zeit so gut wie möglich ausnutzen.«

XXIII. KAPITEL

Die andere Uhr

Als ich in die kleine Stadt kam, begegneten mir zwei Fischerfrauen, die eben jenes letzte Wort miteinander wechselten, »das nie das letzte ist«; und ich entschloß mich für ein Experiment mit der Magischen Uhr, das Ende der kleinen Szene abzuwarten, um mir dann ein »Dakapo« zu gönnen.

»Also denn, gud Nacht! Un Se warn nich vergeten, uns Bescheed to säggen, wenn Eehre Martha schrieven deit?«

»Nee, dat war ick nich vergeten. Un wenn et nich paßt, dann kann se jo torüchkam. Gud Nacht!«

Ein zufälliger Beobachter hätte gemutmaßt »und hier endet der Dialog!« Jener zufällige Beobachter wäre im Irrtum gewesen.

»Ach, se ward se gern häm, dat säch ick Se! Se warn se nich schlecht behanneln, darob könn Se sick verloten. Se sinn doch umsichtige Lüt. Gud Nacht!«

»Jo, dat sinn se! Gud Nacht!«

»Gud Nacht! Un Se warn uns Bescheed säggen, wenn se schrieven deit?«

»Jo, war ick, Se könn sick op mi verloten! Gud Nacht!«

Und endlich trennten sie sich. Ich wartete noch ab, bis sie zwanzig Schritte voneinander entfernt waren, und stellte dann die Uhr eine Minute zurück. Die blitzschnelle Veränderung war verblüffend: die beiden Gestalten schienen auf ihre früheren Plätze zurückzuflitzen.

»– nich paßt, dann kann se jo torüchkam. Gud Nacht!« sagte eine von ihnen: und so wiederholte sich der ganze Dialog, und als sie sich das zweite Mal getrennt hatten, ließ ich sie ihrer verschiedenen Wege ziehen und bummelte weiter durch die Stadt.

»Aber einen echten Nutzen hätte diese magische Kraft zweifellos erst dann«, überlegte ich, »wenn sie einen Schaden, ein schmerzliches Ereignis oder einen Unfall ungeschehen machen könnte –« Ich brauchte nicht lange auf eine Gelegenheit zu warten, auch *diese* Möglichkeit der Magischen Uhr zu testen, denn gerade, als ich daran dachte, stellte sich fast schon wunschgemäß der Unfall ein. Vor der Tür des »Großen Modewaren Depôts« von Elfenau stand eine einspännige Karre mit Pappkartons beladen, die der Kutscher nacheinander in den Laden trug. Eine der Schachteln war dabei auf die Straße gestürzt, doch es schien kaum der Mühe wert, hinzulaufen und sie aufzuheben, denn der Mann mußte ja jede Sekunde zurück sein. Doch in diesem Augenblick raste ein junger Mann auf einem Fahrrad um die Straßenecke, stürzte, weil er dem Karton ausweichen wollte, mit seinem Rad um und schlug mit dem Kopf gegen das Wagenrad. Der Kutscher kam hilfsbereit herausgerannt, und wir hoben den unglückseligen Radler gemeinsam auf und trugen ihn in den Laden. Sein Kopf war zerschunden und blutete: ein Knie schien schwer verletzt zu sein; und so empfahl es sich auf jeden Fall, ihn auf der Stelle zu der einzigen Baderstube des Ortes zu schaffen. Ich half, den Wagen zu entladen und einige Kissen für den Verletzten hineinzulegen; und erst, als der Kutscher auf seinem Bock bereit zur Abfahrt Richtung Baderstube saß, besann ich mich auf meine ungewöhnliche Macht, den ganzen Schaden zu beseitigen.

»Jetzt komm ich!« sagte ich mir, drehte den Zeiger der Uhr zurück und registrierte diesmal ohne großes Erstaunen, wie alles an die Plätze zurückkehrte, die es zu jenem kritischen Zeitpunkt eingenommen hatte, als ich den niedergestürzten Pappkarton zum ersten Mal bemerkt hatte.

Umgehend rannte ich auf die Straße, hob den Karton auf und verstaute ihn im Wagen: und schon sauste das Fahrrad um die Ecke, fuhr ungehindert an dem Wagen vorbei und verschwand bald in einer Staubwolke.

»Herrliche Macht der Magie!« dachte ich. »Wieviel menschliches Leid habe ich – ja, nicht nur einfach wiedergutgemacht, sondern sogar ungeschehen!« Und im Hochgefühl meines Erfolges beobachtete ich das Entladen des Wagens, wobei ich die Magische Uhr immer noch offen in der Hand hielt, denn ich war neugierig, was zu dem Zeitpunkt geschehen würde, an dem ich den Zeiger zurückgestellt hatte.

Bei intensivem Nachdenken hätte ich das Ergebnis voraussehen können: als der Uhrzeiger die Ziffer erreichte, stand der Karren – der schon davongefahren war und die Hälfte der Strecke zurückgelegt hatte – wieder vor der Tür zur Abfahrt bereit, während – o Verlust eines goldenen Traumes weltweiter Wohltätigkeit, der meine schwärmerische Phantasie geblendet hatte! – der verwundete Jüngling immer noch mit bleichen, in verzerrten Lineamenten erstarrten Gesichtszügen, die vom mannhaften Ertragen der Schmerzen zeugten, auf den Kissenpolstern niedergestreckt lag.

»Oh, lügnerische Magische Uhr!« sagte ich zu mir, als ich das Städtchen verließ und den seewärts führenden Weg zu meiner Unterkunft einschlug. »Das Wohl, das ich zu tun gedacht, zerronnen wie ein Traum: allein das Übel dieser elenden Welt hat Bestand!«

Und nun muß ich ein derart merkwürdiges Erlebnis niederschreiben, daß ich es nur für fair halte, meinen schon hinreichend strapazierten Leser von der Verpflichtung zu entbinden, diese Geschichte als Tatsachenbericht hinnehmen zu müssen, ehe ich mit der Schilderung beginne. Freimütig gestehe ich ein, *ich* für meinen Teil würde nicht mal ein Komma glauben, wenn ich es nicht mit eigenen Augen gesehen hätte: wie kann ich es da von meinem Leser erwarten, der höchstwahrscheinlich noch nie so etwas erlebt hat?

Ich spazierte an einer hübschen kleinen Villa vorüber, die etwas abseits von der Straße in einem schönen Park lag. Bunte Blumenbeete zierten die Vorderfront – an den Mauern hoch wanden sich Kletterpflanzen und hingen girlandenartig über den Bogenfenstern – ein zurückgebliebener Lehnstuhl auf dem Rasen, daneben eine Zeitung – davor »kauerte« ein kleiner Mops, der sogar unter Preisgabe seines Lebens entschlossen schien, diesen Schatz zu bewachen – und die Eingangstür stand einladend offen. »Das ist die Gelegenheit, die Umkehrwirkung der Magischen Uhr zu testen!« überlegte ich. Ich drückte den »Umkehrknopf« und ging hinein. »In *jedem anderen* Haus hätte das Eindringen eines Fremden möglicherweise Überraschung ausgelöst – eventuell Zorn, der bis zu einem gewaltsamen Hinauswurf besagten Fremdlings eskalieren könnte: doch so etwas konnte *in diesem Falle* nicht geschehen. Der *normale* Ablauf der Ereignisse – zuerst gar nicht an mich denken, dann meine Schritte hören – aufsehen und mich erblicken und schließlich wissen wollen, was ich hier zu suchen hätte – würde sich durch die Wirkung meiner Uhr umkehren. *Zuerst* würde man wissen wollen, wer ich sei, *dann* mich sehen, sodann niederblicken und nicht mehr an mich denken. Und was den gewaltsamen Hinauswurf betraf, der müßte zwangsläufig diese Kette *einleiten*. »Wenn ich erst einmal *drin* bin, ist *diese* Gefahr vorüber!« ermunterte ich mich.

Warnend richtete sich der Mops auf, als ich vorüberging; doch da ich von dem bewachten Schatz keinerlei Notiz nahm, ließ er mich sogar ohne mißbilligendes Kläffen passieren. »Wer mein Leben nimmt, nimmt Plunder«, schien er gerade zu hecheln, »aber wer den *Daily Telegraph* nimmt –!« Doch dieser schrecklichen Alternative wagte ich mich nicht zu stellen.

Die Gesellschaft im Wohnzimmer – ich spazierte da einfach so rein, verstehst du, ohne zu klingeln oder mich sonstwie bemerkbar zu machen – setzte sich aus vier lachenden, gesunden Kindern im Alter zwischen zehn und vierzehn Jahren zusammen, die scheinbar auf die Tür zukamen (in Wahrheit gingen sie aber *rückwärts* ins Zimmer), während ihre Mutter mit Nähzeug auf dem Schoß am Kamin saß und gerade, als ich das Zimmer betrat, sagte: »Also, Mädchen, nun könnt ihr euch zum Spazierengehen anziehen.«

Zu meiner Verblüffung – denn ich war mit der Wirkung der Uhr noch nicht vertraut – »erlosch das Lächeln!« (wie Browning sagt) auf den vier hübschen Gesichtern, und sie alle holten ihre Handarbeiten hervor und setzten sich. Niemand nahm von *mir* auch nur die mindeste Notiz, als ich mir leise einen Stuhl nahm und mich dazusetzte, um ihnen zuzusehen.

Als die Handarbeiten ausgebreitet und alle Vorbereitungen abgeschlossen waren, ordnete die Mutter an: »So, *das* wäre geschafft! Ihr könnt jetzt eure Sachen zusammenlegen, Kinder.« Doch die Kinder beachteten diese Anweisung gar nicht; im Gegenteil, auf der Stelle begannen sie zu nähen – wenn das überhaupt die korrekte Bezeichnung für eine Arbeitsweise ist, die *ich* noch niemals zuvor gesehen hatte. Eine jede fädelte in ihre Nadel ein kurzes Fadenende ein, das aus der Handarbeit hervorlugte und blitzschnell wie von einer unsichtbaren Kraft durch den Stoff gezogen wurde und die Nadel immer hinterher; diese wurde dann von den flinken Fingern der kleinen Näherin am anderen Ende geschnappt, doch nur, um gleich wieder losgelassen zu werden. Und so ging die stetig sich selbst zerstörende Arbeit voran, und die fein zusammengenähten Kleidchen, oder was es auch immer sein sollte, lösten sich zusehends auf. Dann und wann hielt eines der Kinder in der Arbeit inne, um den wiedergewonnenen, lästig langen Faden auf eine Garnrolle zu wickeln, worauf es neuerlich mit einem kurzen Endchen begann.

Schließlich war das ganze Werk in Einzelteile zerlegt und zur Seite geräumt, und die Dame ging rückwärts voran ins Nebenzimmer und ließ die sinnlose Bemerkung fallen: »Noch nicht, meine Lieben; wir müssen zuerst noch nähen.« Da konnte mich auch schon nicht mehr erstaunen, daß die Kinder rückwärts hinter ihr herhüpften und riefen: »Oh, Mutter, es ist *so* ein schöner Tag zum Spazierengehen!«

Auf dem Tisch im Eßzimmer standen nur schmutzige Teller und leere Schüsseln. Trotzdem setzte sich die Gesellschaft – vermehrt um einen Herren, ebenso freundlich und gesund wie die Kinder – höchst zufrieden um ihn herum.

Hast du schon einmal zugesehen, wie Leute beim Kirschtortenessen dann und wann einen Kirschkern vorsichtig von den Lippen auf den Teller befördern? Nun denn, genau so etwas geschah während des ganzen grausigen – oder sollen wir besser sagen »griseligen«? – Mahles. Eine leere Gabel wird an die Lippen gehoben; dort nimmt sie ein sauber geschnittenes Stück Hammelfleisch in Empfang und legt es flink auf den Teller, wo es augenblicklich mit der Bratenscheibe verschmilzt. Bald schon wurde einer der Teller mit einer vollständigen Hammelfleischscheibe und zwei Kartoffeln dem Oberhaupt der Familie ausgehändigt, das das Fleisch einfach zu dem Braten und die Kartoffeln in die Schüssel zurücklegte.

Falls das überhaupt möglich ist, war ihr Gespräch noch verwirrender als ihre Tischsitten. Es begann damit, daß die Jüngste ihre Schwester plötzlich und grundlos anfuhr: »Oh, du *schlimmer* Märchenerzähler!«

Ich erwartete eine scharfe Antwort von der Schwester, aber statt dessen wandte sie sich lachend ihrem Vater zu und sagte in sehr lautem Bühnengeflüster: »Eine Braut zu sein!«

Und darauf der Vater in seinem Bestreben, *selbst* etwas zu dieser für Irre geeignete Unterhaltung beizusteuern: »Sag es mir ganz leise ins Ohr, Liebes.«

Doch sie flüsterte *keineswegs* (diese Kinder taten niemals, was man ihnen sagte), sondern meinte ziemlich laut: »Natürlich nicht! Jeder weiß doch, was sich *Dolly* wünscht!«

Und die kleine Dolly zuckte mit den Schultern und protestierte mit hübscher Empfindsamkeit: »Aber Vater, du sollst mich nicht immer auf den Arm nehmen. Du weißt genau, ich will für *niemanden* als Brautjungfer gehen!«

»Und Dolly soll die vierte sein«, gab ihr Vater idiotischerweise zur Antwort.

Hier mischte sich Nummer drei ein: »Oh, das *ist* bereits entschieden, liebe Mutter, wiß und wahrhaftig! Mary hat uns alles erzählt. Nächsten Dienstag in vier Wochen soll die Hochzeit sein – und drei Kusinen sind Brautjungfern – und –«

»*Sie* vergißt ihn bestimmt nicht, Minnie!« antwortete die Mutter lachend. »Ich wünschte bloß, sie würde bald heiraten! Ich halte nichts von langen Verlobungszeiten.«

Und Minnie beendete das Gespräch – falls eine derart chaotische Folge von Bemerkungen diesen Namen überhaupt verdient – mit den Worten: »Denk dir bloß, wir sind heute morgen bei den Cedars vorbeigegangen, als gerade Mary Davenant am Tor stand und sich von Herrn – ich habe seinen Namen vergessen – verabschiedete. Natürlich haben wir woanders hingesehen.«

Mittlerweile war ich so hoffnungslos konfus, daß ich nicht weiter zuhören mochte und es vorzog, dem Essen in die Küche zu folgen.

Doch was nützt es dir, o überkritischer Leser, der du entschlossen bist, kein Komma dieses verrückten Abenteuers zu glauben, wenn ich dir erzähle, wie das Hammelfleisch auf den Spieß gesteckt wurde und allmählich entgrillte – wie die Kartoffeln in ihre Schalen gewickelt und dem Gärtner zum Vergraben ausgehändigt wurden – wie das Feuer sich allmählich von der Rotglut zur bloßen Flamme wandelte (das Hammelfleisch war inzwischen roh) und so plötzlich ausging, daß der Koch sein letztes Flackern gerade noch mit dem Ende eines Streichholzes zu fangen vermochte – oder wie das Hausmädchen das Hammelfleisch vom Spieß nahm und (natürlich rückwärts) aus dem Haus trug zum Fleischer, der gerade (ebenfalls rückwärts) die Straße hinunterkam?

Je länger ich über das merkwürdige Abenteuer nachdachte, desto hoffnungslos verwirrender stellte sich das Geheimnis dar: und so war es eine echte Erleichterung für mich, als ich Arthur auf der Straße traf und ihn überreden konnte, mich zum Herrenhaus zu begleiten, um die Neuigkeiten aus dem Telegraphen zu erfahren. Unterwegs erzählte ich ihm von den Geschehnissen auf dem Bahnhof, doch meine jüngsten Erlebnisse verschwieg ich lieber.

Wir trafen den Earl alleine an. »Ich freue mich, daß Sie vorbeikommen, um mir Gesellschaft zu leisten«, begrüßte er uns. »Muriel ist schon zu Bett gegangen – diese schreckliche Aufregung war zu viel für sie – und Eric ist im Hotel und packt; er nimmt morgen den Frühzug nach London.«

»Dann ist das Telegramm also angekommen?« mutmaßte ich.

»Waren Sie denn nicht mehr dabei? Oh, hatte ich ganz vergessen; es kam ja erst, als sie den Bahnhof verlassen hatten. Ja, alles ist in bester Ordnung: Eric hat sein Patent bekommen; und jetzt, wo er mit Muriel einig geworden ist, muß er unbedingt in der Stadt noch einiges regeln.«

»Was meinen Sie mit einig?« fragte ich zaghaft und dachte an Arthurs schwindende Hoffnungen. »Wollen Sie damit sagen, die beiden sind *verlobt?*«

»Gewissermaßen sind sie das schon seit zwei Jahren«, erwiderte der alte Herr freundlich. »Das heißt, ich habe ihm meine Zustimmung versprochen, sobald er eine Dauerstellung vorweisen kann. Ich könnte niemals froh werden, wenn mein Kind einen Mann ohne Lebensziel heiraten würde – oder ein Ziel, für das er sterben würde!«

»Ich hoffe, sie werden zusammen glücklich«, sagte eine fremde Stimme. Der Sprecher befand sich eindeutig bei uns im Zimmer, aber ich hatte das Öffnen der Tür nicht vernommen und so blickte ich mich erstaunt um. Der Earl schien meine Überraschung zu teilen. »Wer hat da gesprochen?« fragte er verwirrt.

»Ich war's«, sagte Arthur und sah uns aus abgespanntem, verhärmtem Gesicht mit Augen an, in denen jeder Lebensfunke plötzlich verloschen schien. »Und lassen Sie mich *Ihnen* ebenfalls Glück wünschen, lieber Freund«, fügte er mit derselben erschreckend hohlen Stimme hinzu und sah den Earl traurig an.

»Danke«, sagte der alte Herr schlicht und herzlich.

Dann Schweigen: und ich erhob mich mit dem sicheren Gefühl, daß Arthur allein zu sein begehrte, und wünschte unserem liebenswürdigen Gastgeber »Gute Nacht«: Arthur ergriff dessen Hand, sagte aber nichts. Auch auf dem Heimweg blieb er stumm, bis wir im Haus waren und die Kerzen im Schlafzimmer angezündet hatten. Dann sagte er mehr zu sich selbst als zu mir: »*Das Herz allein kennt seinen Kummer.** Seit heute versteh ich diese Worte.«

Die nächsten Tage verstrichen in ziemlicher Langeweile. Ich verspürte keinerlei Neigung, allein das Herrenhaus aufzusuchen; noch weniger mochte ich Arthur seine Begleitung nahelegen: ratsamer schien es abzuwarten, bis die Zeit – die behutsame Heilerin unserer schlimmsten Sorgen – ihm über den ersten Schock der Enttäuschung hinweggeholfen hatte, die sein Leben zunichte gemacht hatte.

Doch bald schon forderten Geschäfte meine Anwesenheit in der Stadt; und ich mußte Arthur davon in Kenntnis setzen, daß ich ihn für eine Weile verlassen würde. »Aber ich hoffe doch, in einem Monat wieder hier zu sein«, fügte ich hinzu. »Wenn es mir nur möglich wäre, würde ich gerade jetzt bleiben. Ich halte es nämlich nicht für gut, daß du allein bist.«

»Nein, *hier* kann ich diese Einsamkeit bestimmt nicht lange ertragen«, gab Arthur zu. »Aber keine Sorge um *mich*. Ich habe mich zur Annahme einer Stelle in Indien entschlossen, die mir angeboten wurde. Vielleicht kann ich da meinem Leben einen neuen Inhalt geben; gegenwärtig sehe ich keinen. *Mein Leben schütze ich als Gottesgabe, vor Schmach und List, nicht acht ich den Verlust!*«**

»Ja«, bestätigte ich, »dein Namensvetter erlitt einen ebenso schweren Schlag und überstand ihn.«

»Seiner war weit schwerer als *meiner*«, korrigierte Arthur. »Die

* AdÜ: Sprüche 14,10.
** Alfred Tennyson, The Idylls of the King, Guinevere. (Dichtung über das Leben König Arthurs).

Frau, die *er* liebte, erwies sich als falsch. Es gibt keinen *derartigen* Fleck in meiner Erinnerung an – an –« Er ließ den Namen unausgesprochen und fuhr hastig fort. »Aber *du* kommst doch zurück, nicht wahr?«

»Ja, bald schon werde ich wieder hier sein.«

»Gut«, sagte Arthur, »und du mußt mir schreiben und von unseren Freunden erzählen. Ich schicke dir meine neue Adresse, sobald ich eine habe.«

XXIV. KAPITEL

Das Geburtstagsfest der Frösche

Und so begab es sich, daß ich genau eine Woche nach dem ersten Auftritt meiner Elben-Freunde als Kinder zum Abschied einen Spaziergang durch den Wald machte, auf dem ich die Kinder noch einmal zu treffen hoffte. Ich brauchte mich indessen nur im weichen Gras auszustrecken, und schon überkam mich das »grißelige« Gefühl.

»Komm ma mit deinem Ohr *ganz* weit runter«, verlangte Bruno, »dann verrat ich dir auch ein Geheimnis. Heut ham die Frösche Geburtstagsfest – un wir ham das Baby verloren!«

»*Welches* Baby?« erkundigte ich mich, von dieser komplizierten Neuigkeit verwirrt.

»Das Baby der *Königin* selbstverständlich!« belehrte mich Bruno. »Titanias Baby. Un wir sinn ganz traurig. Sylvie ist – oh, so traurig!«

»*Wieviel* Trauer ist das denn?« fragte ich boshafterweise.

»Dreiviertel Meter«, erklärte Bruno ernsthaft. »Un *ich* bin auch ein bißchen traurig«, fügte er hinzu und kniff die Augen zu, um sein Lächeln nicht zu sehen.

»Und was unternehmt ihr jetzt wegen des Babys?«

»Naja, die *Soldaten* suchen es schon – oben un unten – überall.«

»Die *Soldaten?*« staunte ich.

»Na klar!« meinte Bruno. »Wenn's keinen Kampf gibt, machen die Soldaten irgendwelche kleinen Gelegenheitsarbeiten, weiß 'de?«

Ich fand den Gedanken amüsant: die Suche eines königlichen Babys als »kleine Gelegenheitsarbeit«. »Wie habt ihr es denn überhaupt verloren?« fragte ich.

»Wir haben es in einem Blumenkelch abgelegt«, erklärte Sylvie, die sich gerade mit tränenfeuchten Augen zu uns gesellte. »Wir wissen nur nicht mehr in *welchen!*«

»Sie sagt zwar, wir ham's gelegt«, unterbrach Bruno, »weil sie nich will, daß mich eine Strafe bekomme. Aber in Wahrheit hab ich es dahingelegt. *Sylvie* pflückte Zuckerkrumen.«

»Es heißt nicht, ›daß *mich* eine Strafe bekomme‹«, schulmeisterte ihn Sylvie energisch.

»Na dann eben *mir*«, korrigierte sich Bruno. »Ich kann mich den Unterschied zwischen ›mir‹ un ›mich‹ einfach nich merken!«

»Ich helfe euch beim Suchen«, bot ich an. Also gingen Sylvie und ich zwischen all den Blumen auf »Entdeckungsreise«; ein Baby ließ sich aber nirgends blicken.

»Wo ist denn jetzt Bruno?« fragte ich am Ende unserer Suche.

»Er sitzt unten am Graben und will einem kleinen Frosch Unterhaltung bieten«, sagte Sylvie.

Neugierig kroch ich auf allen vieren hinunter, um zu sehen, was für Unterhaltung man einem Frosch *überhaupt* bieten könne.

Nach kurzer Suche fand ich ihn am Grabenrand mit einem Fröschlein neben sich, und er blickte ziemlich verdrießlich drein.

»Wie klappt es denn, Bruno?« erkundigte ich mich und nickte ihm aufmunternd zu, als er aufblickte.

»Kann ihn gar nich unterhalten«, beklagte sich Bruno, »er will patou nich sagen, wozu er eigentlich Lust hat! Ich hab ihm schon all die Entengrütze gezeigt – un 'ne lebende Larve – aber nix sagt der! Was – hätts'de – denn gern?« brüllte er dem Frosch ins Ohr: doch das kleine Wesen verharrte still und beachtete ihn gar nicht. »Der iss wohl taub!« entschied Bruno und wandte sich mit einem Seufzer ab. »Na, 's wird ja sowieso Zeit, das Theater aufzubauen.«

»Wer sind die Zuschauer?«

»Nur Frösche«, sagte Bruno. »Aber sie sinn noch nich da. Sie wollen wie Schafe zusammengetrieben werden.«

»Wäre es keine Zeitersparnis«, schlug ich vor, »wenn *ich* und Sylvie die Frösche zusammentreiben würden, während *du* das Theater aufstellst?«

»*Tolle* Idee!« begeisterte sich Bruno. »Wo *steckt* denn Sylvie?«

»Hier!« meldete sich Sylvie und spinxte über den Rand der Böschung. »Ich habe gerade zwei Fröschen beim Wettlauf zugesehen.«

»Welcher hat denn gewonnen?« erkundigte sich Bruno interessiert.

Sylvie war verwirrt. »Also, der stellt manchmal *Fragen!*« vertraute sie mir an.

»Und was geschieht im Theater?« fragte ich.

»Erst bekommen sie ihren Geburtstagsschmaus«, zählte Sylvie auf: »dann spielt Bruno Stückchen von Shakespeare; und dann erzählt er ihnen noch eine Geschichte.«

»Der Festschmaus wird den Fröschen wohl am meisten behagen, oder?«

»Nunja, normalerweise kriegen die wenigsten etwas. Sie halten nämlich das Maul *fest* geschlossen! Und das *empfiehlt* sich auch«, fügte sie hinzu, »denn Bruno kocht gern selbst: und er kocht *enorm* schrullig. Jetzt sind sie alle drin. Helfen Sie mir gerade noch, sie mit dem Kopf zur Bühne hin auszurichten?«

Auch das war bald geschafft, obwohl die Frösche pausenlos äußerst unzufrieden quakten.

»Was *sagen* sie denn?« fragte ich Sylvie.

»Sie sagen ›Fork! Fork!‹ Sie sind nämlich ziemlich dumm! Ihr *bekommt* keine Forken!« verkündete sie barsch. »Wer was essen will, braucht nur das Maul zu öffnen, und Bruno stopft es ihm dann rein!«

In diesem Moment trat Bruno auf, ein weißes Schürzchen wies ihn als Koch aus, und er trug eine Terrine mit einer ziemlich schrullig aussehenden Suppe. Ich beobachtete ihn sehr genau, wie er so zwischen den Fröschen einherging; doch *nicht einer* öffnete verlangend sein Maul nach diesem Schmaus – abgesehen von einem Winzling, der aber nach meinem Dafürhalten nur rein zufällig gerade mal gähnen mußte. Indes steckte Bruno ihm sogleich einen vollen Löffel Suppe ins Maul, und das arme kleine Ding mußte eine ganze Weile entsetzlich husten.

So blieb Sylvie und mir nichts weiter übrig, als die Suppe zwischen uns aufzuteilen und *vorzugeben*, daß sie uns schmecke, denn sie war wahrhaftig *enorm* schrullig.

Ich riskierte nur einen Löffel (Bruno taufte sie »Sylvies Sommer-Suppe«), und aufrichtig gesagt, sie schmeckte *kein bißchen;* und nun wunderte ich mich auch nicht mehr, daß so viele Gäste ihr Maul verschlossen gehalten hatten.

»Was ist denn alles *in* der Suppe?« erkundigte sich Sylvie, während sie mit scheelem Blick den gefüllten Löffel beargwöhnte.

Und Brunos Antwort war alles andere als befriedigend: »Stückchen von allem!«

Die Theatervorstellung sollte sich mit »Stückchen von Shakespeare«, wie Sylvie es formulierte, anschließen, alles von Bruno dargestellt, denn Sylvie war vollauf damit beschäftigt, die Köpfe der Frösche zur Bühne zu richten: und schließlich würde Bruno in eigener Gestalt auftreten und ihnen eine selbsterfundene Geschichte erzählen.

»Hat die Geschichte eine Moral?« fragte ich Sylvie, während sich Bruno hinter der Hecke für das erste »Stückchen« umzog.

»Schon *möglich*«, antwortete Sylvie zweifelnd. »Normalerweise *besitzt* sie eine Moral, er rückt nur zu früh damit heraus.«

»Und *spricht* er alle Stückchen von Shakespeare?«

»Nein, nein, er *spielt* sie bloß«, bekannte Sylvie. »Er kennt den Text ja kaum. Sobald ich sehe, als was er sich verkleidet hat, muß ich den Fröschen die Rolle sagen. Sie wollen es immer so schnell wissen! Hören Sie nicht, wie sie alle schon immer ›Was? Was?‹ rufen?« Und so war es auch: bis zu Sylvies Erklärung hatte es nur wie Quaken geklungen, doch nun konnte ich das »Woas? Woas?« deutlich heraushören.

»Aber warum wollen sie es schon erraten, bevor sie es überhaupt sehen?«

»Keine Ahnung«, mußte Sylvie eingestehen, »aber so läuft das *jedesmal* ab. Oft fangen sie schon Wochen vorher an zu raten!«

(Wenn du jetzt also Frösche besonders melancholisch quaken hörst, dann weißt du, daß sie Brunos nächstes »Stückchen« Shakespeare erraten wollen. Ist *das* nicht interessant?)

Indes wurde der Ratechor von Bruno unterbrochen, der plötzlich aus der Kulisse stürzte und im fliegenden Sprung zwischen den Fröschen landete, um sie wieder richtig hinzusetzen.

Denn der älteste und fetteste Frosch – der von Anfang an nicht so gut platziert worden war, daß er die Bühne sehen konnte, und deshalb nicht genau gewußt hatte, was los war – hatte in seiner Unruhe einige Frösche umgeworfen und andere mit den Köpfen umgedreht. Und nach Brunos Meinung war es sinnlos, ein »Stückchen« von Shakespeare zu spielen, wenn niemand zuschaut (du siehst, *ich* zählte für ihn gar nicht). So machte er sich denn daran, sie mit einem großen Stock umzurühren, so wie man in einer Teetasse rührt, bis die meisten mindestens mit *einem* großen dummen Auge zur Bühne hin glotzten.

»*Du* mußt dich zwischen sie setzen, Sylvie«, verlangte er verzweifelt. »Die beiden hier hab ich schon 'n paarmal Nase an Nase in die gleiche Richtung gesetzt, aber die streiten unentwegt!«

Folglich nahm Sylvie ihren Platz als »Zeremonienmeisterin« ein, und Bruno verschwand wieder in der Kulisse, um sich für das erste »Stückchen« umzuziehen.

»Hamlet!« verkündete die mir so wohlbekannte, süße und klare Stimme plötzlich. Das Quaken verstummte auf der Stelle, und ich spähte ziemlich neugierig auf die Bühne, um Brunos Auffassung von Shakespeares bedeutendster Figur zu sehen.

Nach Ansicht dieses hervorragenden Interpreten des Dramas trug Hamlet einen kurzen schwarzen Umhang (mit dem er vornehmlich sein Gesicht verhüllte, so als litte er unter starken Zahnschmerzen) und drehte beim Gehen die Zehen sehr weit nach außen. »Sein oder Nichtsein!«* bemerkte Hamlet fröhlich, und dann schlug er mehrere Räder, denen der Umhang bald zum Opfer fiel.

Ich fühlte mich ein wenig enttäuscht: Brunos Auffassung dieser Rolle schien es an Erhabenheit zu mangeln. »Ist das schon alles vom Monolog?« wisperte ich Sylvie zu.

»Ich *glaube* ja«, wisperte Sylvie zurück. »Sobald er im Text nicht weiter weiß, geht er normalerweise zum Radschlagen über.«

Diese Frage hatte Bruno inzwischen durch sein Verschwinden von der Bühne entschieden, und die Frösche erkundigten sich sogleich nach der nächsten Figur.

»Gleich werdet ihr es ja erfahren!« beruhigte sie Sylvie und richtete zwei, drei kleine Frösche aus, die der Bühne ihren Rükken zukehrten. »Macbeth!« fügte sie hinzu, als Bruno erneut auftrat.

Macbeth hatte etwas um sich gewunden, das von der einen Schulter unter den anderen Arm verlief und nach meinem Eindruck ein schottisches Plaid vorstellen sollte. Er hielt einen Dorn in der Hand, den er auf Armeslänge von sich wegstreckte, als fürchte er sich davor. »Ist das ein *Dolch?*«** erkundigte sich Macbeth nachdenklich: und sogleich klang im Chor das »Dorn!

* AdÜ: Shakespeare, Hamlet, iii, 1.
** AdÜ: Shakespeare, Macbeth, ii, 1.

Dorn!« der Frösche. (Inzwischen konnte ich das Gequake ganz gut deuten).

»Es ist ein *Dolch*!« bestätigte Sylvie entschieden. »Haltet den Mund!« und das Gequake verstummte prompt.

Soweit ich mich auskenne, hat uns Shakespeare nicht berichtet, daß Macbeth in seinem Privatleben die exzentrische Angewohnheit hatte, Rad zu schlagen: doch Bruno hielt das offensichtlich für einen ganz wesentlichen Charakterzug der Figur und folglich verließ er die Bühne mit einer Anzahl Purzelbäumen. Auf der Stelle war er wieder zurück mit einem Wollbüschel unter dem Kinn (wohl der Tribut eines verirrten Schafes an den Dorn), was einen prächtigen Bart hermachte, der ihm fast bis zu den Füßen reichte.

»Shylock!« stellte Sylvie vor. »Nein, Verzeihung!« sie verbesserte sich hastig. »König Lear! Ich hatte völlig die Krone übersehen.« (Bruno hatte sich äußerst geschickt gekrönt, indem er die Mitte einer Butterblume gezupft hatte, um Platz für seinen Kopf zu schaffen.)

König Lear verschränkte die Arme (ungeachtet der seinem Bart drohenden Gefahr) und erläuterte sanftmütig, »Ja, jeder *Zoll* ein König!«* und dann hielt er inne, als überlege er, wie das am besten zu beweisen sei. Und an dieser Stelle *muß* ich einfach, bei allem Respekt vor Bruno als Shakespeare-Autorität, meiner Meinung Ausdruck geben, daß es bestimmt *nicht* mit den Vorstellungen des Dichters in Einklang steht, wenn sich seine drei großen tragischen Helden so befremdlich in ihren persönlichen Gewohnheiten gleichen; und ich glaube auch nicht, daß er die Fähigkeit des Purzelbaumschlagens als einen Beweis für königliche Abstammung anerkannt hätte. Nichtsdestotrotz schien sich König Lear ungeachtet tiefen Nachdenkens auf kein weiteres Argument für seine Königswürde zu besinnen: und da dies das letzte ›Stückchen‹ Shakespeare war (»Wir spielen nie mehr als drei«, klärte mich Sylvie flüsternd auf), beglückte Bruno seine Zuschauer noch mit einer ganzen Serie Purzelbäume, bevor er sich

---

* AdÜ: Shakespeare, King Lear, iv, 6.

endgültig zurückzog und die begeisterten Frösche sich selbst überließ, die alle »Quark! Quark!« jammerten, wodurch sie vermutlich dem Wunsch nach einer Zugabe Ausdruck gaben. Aber Bruno würde erst wieder in Erscheinung treten, wenn die Geschichte an der Reihe war.

Als er schließlich als er *selbst* auftrat, fiel mir eine bemerkenswerte Änderung in seinem Verhalten auf. Er schlug keine Purzelbäume mehr. Zweifellos huldigte er der Ansicht, radschlagen sei solch niedrigen Charakteren wie Hamlet und König Lear gemäß, niemals aber der Würde eines *Bruno*. Aber es war ebensoklar ersichtlich, daß er sich alleine und ohne hüllende Kostümierung auf der Bühne unbehaglich fühlte; und obwohl er einige Male ansetzte, »Es war mal 'ne Maus –«, huschte sein Blick doch weiterhin nach allen Seiten, als suche er einen bequemeren Platz, von wo aus er die Geschichte erzählen könnte. Ein Teil der Bühne wurde auf der einen Seite von einem hohen Fingerhut überschattet, der sanft im Abendwind schaukelte und eben die Bequemlichkeit bot, die der Redner begehrte. Einmal den Ort ausgemacht, brauchte es nur noch ein, zwei Sekunden, um den Stengel wie ein winziges Eichhörnchen zu erklimmen und sich rittlings in der obersten Blattachsel niederzulassen, wo die Feenglocken dicht gedrängt wuchsen, und von wo er aus so angenehmer Höhe auf seine Zuhörer herabblicken konnte, daß seine ganze Schüchternheit im Nu verflog, und fröhlich begann er mit der Geschichte.

»Es war einmal 'ne Maus, un 'n Krokodil, un 'n Mann, un 'ne Ziege, un 'n Löwe.« Noch nie zuvor war mir begegnet, daß die »dramatis personae« derart massiv und mit solch rücksichtsloser Hast präsentiert worden waren; und es nahm mir schier den Atem.

Selbst Sylvie japste ein wenig und ließ drei Frösche ungehindert in den Graben hüpfen, die scheinbar der Unterhaltung überdrüssig waren.

»Un die Maus fand 'nen Schuh un hielt ihn für 'ne Mausefalle. So ging sie geradenwegs rein un blieb ganz lang drin.«

»Warum *blieb* sie denn drin?« fragte Sylvie. Sie übernahm wohl den Part, den der Chor im griechischen Drama ausübt: durch geschickte Fragen mußte sie den Redner ermutigen und zum Sprechen bewegen.

»Weil sie dachte, sie könne nich mehr raus«, erklärte Bruno. »Sie war nämlich eine kluge Maus. Wußte, aus 'ner Falle kommt man nich raus!«

»Und warum ist sie dann erst hineingegangen?« wollte Sylvie wissen.

»– un sie springte un springte«, setzte Bruno fort und ignorierte diese Frage, »un endlich war se wieder draußen. Un da sah sie ein Etikett im Schuh. Un der Name des Mannes stand drauf. Da wußte sie, daß es nich ihr Schuh war.«

»Hatte sie *das* denn etwa gedacht?« wunderte sich Sylvie.

»Na hör ma, hab ich dir nich erzählt, sie dachte, es wär 'ne *Mausefalle?*« empörte sich der Redner. »Bitte, mein Herr Mann, paß'de mal auf, daß Sylvie zuhört?« Sylvie schwieg und war ganz Ohr: übrigens bildeten inzwischen sie und ich den größten Teil des Publikums, denn die Frösche hüpften massenweise davon, und es waren nur noch wenige da.

»Die Maus gab also dem Mann seinen Schuh. Un der Mann war glücklich, weil er nur einen Schuh gehabt hatte und hüffte, den anderen noch zu bekommen.«

Hier wagte ich eine Frage: »Meinst du nun ›hüpfte‹ oder ›hoffte‹?«

»Beides«, sagte Bruno. »Un der Mann holte die Ziege aus dem Sack.« (»Von einem Sack war bisher noch gar nicht die Rede«, merkte ich an. »Wird auch nich mehr sein«, erklärte Bruno). »Un er sagte zur Ziege, ›Du sollst hier rumgehn, bis ich zurückkomme.‹ Un er ging un purzelte in ein tiefes Loch, un die Ziege ging rum un rum. Un sie ging unter 'nen Baum. Un sie wackelte mit'm Schwanz. Un sie guckte am Baum hoch. Un sie singte ein trauriges Liedchen. Noch niemals habt ihr so ein trauriges Liedchen gehört.«

»Kannst du es singen, Bruno?« erkundigte ich mich.

»Können schon«, antworte Bruno bereitwillig. »Aber ich will nich. Sylvie müßte weinen –«

»Bestimmt nicht!« unterbrach Sylvie entrüstet. »Ich glaube auch gar nicht, daß die Ziege es gesungen hat!«

»Un ob!« behauptete Bruno. »Sie singte alle Strophen. Ich *sehte* sie mit ihrem langen Bart singen –«

»Mit einem *Bart* kann man aber nicht singen«, protestierte ich und hoffte, den kleinen Burschen zu verwirren. »Ein Bart ist nämlich keine *Stimme.*«

»Na, dann könntest *du* auch nich mit Sylvie spaziergehn!« triumphierte Bruno. »Sylvie iss nämlich kein *Fuß!*«

Ich hielt es für klüger, Sylvies Beispiel zu folgen und zunächst zu schweigen. Bruno war zu gerissen für uns.

»Un als se das ganze Lied gesingt hatte, rennte se weg – um den Mann zu suchen, klar. Un das Krokodil lief hinterher – um se zu beißen, klar. Un die Maus lief hinter dem Krokodil her.«

»*Rannte* das Krokodil denn nicht?« erkundigte sich Sylvie. Sie wandte sich an mich: »Krokodile rennen doch, oder?«

Ich schlug »kriechen« als geeignetes Wort vor.

»Es rennte nich«, beharrte Bruno, »un es kriechte nich. Es ratschte langsam vorwärts wie ein Koffer. Un es reckte sein Kinn hoch in die Luft –«

»Wozu denn das?« fragte Sylvie.

»Weil es keine Zahnschmerzen hatte!« sagte Bruno. »Mußt du denn *alles* erklärt bekommen? Bei Zahnschmerzen hätt'es den Kopf natürlich runtergehalten – etwa so – un es hätte 'ne Masse warmer Decken um sich gewickelt!«

»Ja, wenn es Decken *besäße*«, argumentierte Sylvie.

»Klar *hatte* es Decken!« parierte Bruno. »Meins'de etwa, Krokodile gehen ohne Decken spazieren. Un es runzelte die Augenbrauen. Un davor hat die Ziege sich sehr gefürchtet!«

»*Augenbrauen* würden mich kein bißchen erschrecken!« protestierte Sylvie.

»Ich denke aber doch, wenn nämlich 'n Krokodil dranhing wie hier! Un deshalb springte un springte der Mann un kam schließlich wieder ganz aus dem Loch raus.«

Sylvie japste noch einmal: dieses flinke Umherspringen zwischen den Personen der Geschichte hatte ihr den Atem genommen.

»Un er rennte weg – um nach der Ziege zu sehn, klar. Un er hörte den Löwen grunzen –«

»Löwen grunzen nicht«, kritisierte Sylvie.

»Der schon«, sagte Bruno. »Un sein Maul war so groß wie ein Schrank. Un der Löwe rennte hinter dem Mann her – um ihn zu fressen, klar. Un die Maus rennte hinter dem Löwen her.«

»Aber die Maus rannte doch eben noch hinter dem *Krokodil* her«, nörgelte ich, »sie kann nicht hinter *beiden* herrennen.«

Bruno seufzte ob der Dummheit seiner Zuhörer, erklärte aber sehr geduldig: »Se *rennte* hinter *beiden* her: weil se denselben Weg hatten. Un erst erwischte se das Krokodil, un drum erwischte sie nich den Löwen. Un als se das Krokodil erwischt hatte, was

denk'der, was se da machte – natürlich hatte se Zangen in der Ta-sche.«

»Ich habe nicht die blasseste Ahnung«, gestand Sylvie.

»Da kann auch keiner nich die blasseste Ahnung von haben!« triumphierte Bruno fröhlich. »Also, sie zog dem Krokodil den Zahn!«

»*Welchen* Zahn?« wagte ich zu fragen.

Aber Bruno ließ sich nicht beirren. »Den Zahn natürlich, mit dem es gerade die Ziege beißen wollte!«

»Um da ganz sicher den richtigen zu erwischen«, widersprach ich, »hätte sie ja *alle* Zähne ziehen müssen.«

Bruno freute sich geradezu und sang, wobei er hin und her schwang: »Sie hat – ihm *alle* – Zähne gezogen!«

»Und warum hat das Krokodil darauf auch noch gewartet?« erkundigte sich Sylvie zweifelnd.

»Es mußte eben warten«, sagte Bruno einfach.

Ich wagte abermals eine Frage: »Aber was ist mit dem Mann, der gesagt hat ›Du kannst hier warten, bis ich zurückkomme‹?«

»Er hat nich gesagt ›Du *kannst*‹«, verbesserte mich Bruno, »er hat gesagt, ›Du *sollst*.‹ Genau wie Sylvie zu mir sagt ›Du sollst deine Aufgaben bis um zwölf Uhr machen‹. Oh, ich *wünschte* bloß«, fügte er mit einem kleinen Seufzer hinzu. »ich *wünschte* bloß, Sylvie würd mal sagen ›Du *kannst* deine Aufgaben ma-chen‹!«

Scheinbar erachtete Sylvie dies als einen gefährlichen Diskus-sionsgegenstand. Jedenfalls kam sie auf die Geschichte zurück. »Was wurde aber nun aus dem Mann?«

»Also, der Löwe springte auf ihn los. Aber der war so langsam, daß er drei Wochen in der Luft blieb –«

»Hat der Mann etwa die ganze Zeit abgewartet?« fragte ich.

»Natürlich nich!« antwortete Bruno und rutschte kopfüber den Fingerhutstengel hinab, denn das Ende der Geschichte nahte offensichtlich. »Er verkaufte sein Haus un packte seine Sachen, während der Löwe kam. Un er ging weg un lebte in einer annern Stadt. Un so hat der Löwe den falschen Mann gefressen.«

Das war wohl die Moral: und Sylvie sagte den Fröschen zum

Abschied: »Die Geschichte ist zuende! Und was man daraus *lernen* soll«, flüsterte sie mir zu, »kann *ich* mir beim besten Willen nicht vorstellen!«

So *ganz* klar war es mir auch nicht geworden, deshalb verzichtete ich auf einen Vorschlag: Moral oder nicht, die Frösche jedenfalls waren es scheinbar zufrieden und hüpften unter dem rauhen Gesang »Fort! Fort!« davon.

XXV. KAPITEL

Sieh ostwärts!

»Genau vor einer Woche haben wir von Lady Muriels Verlobung erfahren«, sagte ich drei Tage später zur Arthur. »Meiner Meinung nach sollte *ich* auf jeden Fall mal hingehen und gratulieren. Willst du nicht mitkommen?«

Ein schmerzlicher Zug glitt über sein Gesicht. »Wann mußt du uns verlassen?« erkundigte er sich.

»Ich nehme am Montag den Frühzug.«

»Also – gut, ich werde dich begleiten. Es wäre seltsam und unhöflich, täte ich es nicht. Aber heute ist erst Freitag. Laß mir bis Sonntagnachmittag Zeit. Dann habe ich mich besser im Griff.«

Er bedeckte die Augen mit einer Hand, als schäme er sich der Tränen, die seine Wangen herunterrannen, und reichte mir die andere. Sie zitterte, als ich sie ergriff.

Ich wollte ihm einige mitfühlende Worte sagen; aber sie schienen mir armselig und kalt, und so ließ ich sie unausgesprochen. Ich begnügte mich damit, »Gute Nacht!« zu sagen.

»Gute Nacht, lieber Freund!« erwiderte er. Eine mannhafte Kraft lag in seiner Stimme, die in mir die Überzeugung weckte, daß er gegen den großen Schmerz, der sein Leben zu vernichten drohte, kämpfte und über ihn triumphierte – und daß er sich auf dem Schrittstein seines toten Ichs bestimmt zu größeren Taten aufschwingen würde.

Als wir am Sonntagnachmittag aufbrachen, war ich froh zu wissen, daß wir *Eric* nicht im Herrenhaus antreffen würden, denn er war am Tage nach der Bekanntgabe seiner Verlobung in die Stadt zurückgekehrt. *Seine* Anwesenheit hätte vielleicht die – fast schon unnatürliche – Ruhe gestört, mit der Arthur jener Frau begegnete, der sein Herz gehörte, und der er die wenigen sich ziemenden Worte der Anteilnahme leise sagte, die dem Anlaß entsprachen.

Lady Muriel strahlte förmlich vor Glückseligkeit; Trauer hatte im Licht eines solchen Lächelns keinen Bestand: und sogar Arthur ließ sich davon anstecken, und als sie bemerkte: »Wie Sie sehen, gieße ich meine Blumen, obgleich *heute* Sabbat ist«, hatte seine Stimme fast schon den alten heiteren Klang, als er entgegnete: »Selbst am Sabbat sind barmherzige Werke erlaubt. Aber heute *ist* kein Sabbat. Der Sabbat existiert nicht mehr.«

»Ich weiß sehr wohl, daß nicht *Samstag* ist«, antwortete Lady Muriel, »aber nennt man den Sonntag nicht auch ›christlichen Sabbat‹?«

»Man nennt ihn wohl so in Gedenken an die jüdische *Tradition*, nach der einer von sieben Tagen ein *Ruhe*tag sein soll. Aber ich halte dafür, daß die Christen nicht an die *wortgetreue* Einhaltung des vierten Gebotes gebunden sind.«

»*Worauf* begründet sich überhaupt die Verpflichtung, den Sonntag zu achten?«

»Da ist zuerst einmal die Tatsache, daß der siebte Tag ›geheiligt‹ wurde, weil Gott an ihm von seinem Schöpfungswerk ausruhte. Das verpflichtet uns als *Theisten*. Zweitens besteht die Tatsache, daß der ›Tag des Herrn‹ eine *christliche* Einrichtung ist. Das verpflichtet uns als *Christen*.«

»Und Ihre zweckmäßige Regelung wäre –?«

»Ihn erstens, als Theisten, auf eine besondere Art *heilig* zu halten und auf sinnvolle Weise zum *Ruhe*tag zu erklären. Zweitens, als *Christen*, den öffentlichen Gottesdienst zu besuchen.«

»Und wie steht es mit dem *Vergnügen?*«

»Dafür gilt das gleiche wie für jede Art von Beschäftigung, was werktags unschädlich ist, ist es auch sonntags, vorausgesetzt, es beeinträchtigt die Pflichten des Tages nicht.«

»Dann würden Sie Kinder also am Sonntag *spielen* lassen?«

»Selbstverständlich. Warum soll man ihren rastlosen Naturen diesen Tag verhaßt machen?«

»Ich habe irgendwo einen Brief«, sagte Lady Muriel, »eine alte Freundin beschreibt mir darin, wie der Sonntag in ihrer Kindheit ablief. Den hole ich Ihnen mal.«

»Vor Jahren habe ich einmal von einem kleinen Mädchen *mündlich* eine ähnliche Beschreibung erhalten«, erinnerte sich Arthur, als sie gegangen war. »Mit einer rührenden melancholischen Stimme erzählte sie mir: ›Am Sonntag darf ich nicht mit meiner Puppe spielen! Am Sonntag darf ich nicht durch die Dünen laufen! Am Sonntag darf ich nicht im Garten graben!‹ Armes Kind! Es hatte wahrhaftig allen Grund, den Sonntag zu hassen!«

»Hier ist der Brief«, sagte Lady Muriel, als sie zurückkehrte. »Ich lese Ihnen mal die Stelle vor.«

»Wenn ich als Kind am Sonntagmorgen zum ersten Mal die Augen aufschlug, erreichte ein Gefühl düsterer Vorahnung seinen Höhepunkt, das spätestens am Freitag eingesetzt hatte. Ich wußte genau, was mir bevorstand, und mein Wunsch, ja meine Parole lautete: ›Wolle Gott, es wäre Abend!‹ Es war nicht der Tag der Ruhe, sondern der Tag der Bibelstellen, der Katechismustexte (von Watts) und der Traktate über bekehrte Lästerer, fromme Putzfrauen und erbauliche Sterbestunden geretteter Sünder.

Mit den Hühnern mußten wir aufstehen und bis zur Familienandacht um 8 Uhr Hymnen und Teile der Heiligen Schrift auswendig lernen, danach gab es Frühstück, was ich teils wegen des vorangegangenen Fastens, teils aus Furcht vor dem Kommenden nicht genießen konnte.

Um 9 Uhr begann die Sonntagsschule; und ich fand es empörend, mit den Dorfkindern in derselben Klasse zu sitzen, außerdem fürchtete ich, mich durch eine falsche Antwort zu blamieren.

Der Gottesdienst geriet mir zur Meerestiefe von Sund.* Ich tauchte da drin herum und richtete das Tabernakel meiner Gedanken auf die Verzierungen der soliden Familienbank, auf meine Gebrüder »Zappel-Philipp« und auf die schreckliche Gewißheit, daß ich am Montag diese plan- und zusammenhanglos improvisierte Predigt, die sich auf keinen konkreten Text bezog, nach meiner Erinnerung zu Papier bringen müßte, was auch noch benotet würde.

Dann gab es um 1 Uhr ein kaltes Essen (denn die Dienerschaft hatte frei), abermals Sonntagsschule von 2 bis 4 und Abendandacht um 6. Am schlimmsten waren die Pausen, in denen ich mich anstrengen mußte, weniger

---

* AdÜ: Im Original »Wilderness of Zin« = Wüste Zin, aber auch sin = Sünde.

264

sündhaft als normal zu sein, indem ich Bücher und Predigten las, die es an Lebendigkeit mit dem Toten Meer aufnehmen konnten. Den ganzen Tag über gab es nur einen fernen Hoffnungsschimmer: und das war die ›Schlafenszeit‹, die gar nicht früh genug kommen konnte!«

»Solch ein Stundenplan war zweifellos gut gemeint«, urteilte Arthur, »aber viele der Betroffenen wurden sicher dazu getrieben, ganz und gar vom Gottesdienst zu desertieren.«

»Ich fürchte, heute morgen war *ich* ein Deserteur«, sagte sie ernst. »Ich mußte Eric unbedingt schreiben. Kann ich Ihnen – kann ich Ihnen vielleicht mal seine Ansichten über das *Beten* darlegen? Nie zuvor habe ich es unter diesem Gesichtspunkt betrachtet.«

»Unter welchem Gesichtspunkt?« fragte Arthur.

»Nun, daß die ganze Natur festgelegten Gesetzen gehorcht – *das* hat die Wissenschaft bewiesen. Folglich erwartet man ein Wunder, wenn man Gott um irgend etwas (*geistigen* Segen natürlich ausgenommen) *bittet:* und *dazu* sind wir einfach nicht berechtigt. Ich kann es nicht so gut darlegen wie er; aber das war das Ergebnis, und es hat mich beträchtlich verwirrt. Bitte sagen Sie mir, was Sie dem entgegensetzen können.«

»Ich beabsichtige eigentlich nicht, *Hauptmann Lindons* Zweifel zu erörtern«, stellte Arthur klar, »zumal er nicht anwesend ist. Sollten es aber auch *Ihre* Zweifel sein«, (und seine Stimme nahm unbewußt einen sanften Klang an), »dann werde ich mich dazu äußern.«

»Es *sind* meine Zweifel«, gestand sie scheu.

»Dann zuerst einmal eine Frage: ›Warum haben Sie *geistigen* Segen ausgeschlossen?‹ Ist Ihr Geist nicht ein Teil der Natur?«

»Sicher, aber hier kommt doch die Willensfreiheit ins Spiel – ich kann dies oder das *wählen;* und Gott kann meine Wahl beeinflussen.«

»Dann sind Sie kein Fatalist?«

»Oh, nein!« bestätigte sie eindeutig.

»Gottseidank!« murmelte Arthur, jedoch so leise, daß nur *ich* es hören konnte. »Dann geben Sie also zu, daß ich nach freier

Wahl diese Tasse hier bewegen kann«, er tat es, »*hier*hin oder *da*hin?«

»Ja, das gebe ich zu.«

»Gut, dann wollen wir mal sehen, inwieweit das Resultat auf festen Gesetzen beruht. Die *Tasse* bewegt sich, weil gewisse mechanische Kräfte durch meine *Hand* auf sie einwirken. Meine *Hand* bewegt sich, weil gewisse Kräfte – elektrische, magnetische oder als was auch immer sich die ›Nervenkraft‹ noch erweisen wird – von meinem *Gehirn* aus auf sie einwirken. Diese Nervenkraft, die im Gehirn gespeichert ist, könnte für eine fortgeschrittene Wissenschaft vermutlich auf chemischen Einflüssen basieren, die das Blut dem Gehirn zuführt und die letzten Endes in der Nahrung, die ich esse, und in der Luft, die ich atme, enthalten ist.«

»Aber wäre das nicht Fatalismus? Wo bliebe denn da die Willensfreiheit?«

»Die liegt in der *Wahl* der Nerven«, erklärte Arthur. »Die Nervenkraft des Gehirns kann ebensogut durch den einen wie durch den anderen Nerv strömen. Für die Entscheidung, *welcher* Nerv sie aufnehmen soll, ist schon etwas mehr als ein starres Naturgesetz vonnöten. Und dieses ›Etwas‹ ist die Willensfreiheit.«

Ihre Augen funkelten. »Jetzt verstehe ich, was Sie meinen!« rief sie. »Menschliche Willensfreiheit bildet eine Ausnahme innerhalb des Systems fixierter Naturgesetze. Eric sagte auch so etwas. Und dann wies er wohl darauf hin, daß Gott die Natur allein über den menschlichen Willen beeinflussen kann. So daß es sinnvoll von uns *sei*, ›*unser täglich Brot gib uns heute*‹ zu beten, da die meisten Bedingungen zur Broterstellung menschlicher Kontrolle unterliegen. Aber um Regen oder Sonnenschein zu beten, wäre genauso unsinig wie –« Sie hielt inne, als fürchte sie, etwas Respektloses zu sagen.

Mit leiser, vor Erregung bebender Stimme und mit der Feierlichkeit eines Menschen im Angesicht des Todes antwortete Arthur langsam: »*Hadern will der Tadler mit dem Allmächtigen?**

---

* AdÜ: Hiob 40,2.

Sollen wir, ›der Schwarm, der im Mittagsstrahl geboren‹* uns die Macht anmaßen, die Naturkräfte in diese oder jene Richtung zu lenken – eine *Natur*, in der wir nur ein unwichtiges Rädchen sind – sollen wir in unserer grenzenlosen Arroganz und unserer bemitleidenswerten Einbildung diese Macht dem Allmächtigen *absprechen?* Sollen wir unserem Schöpfer etwa sagen: ›Bis hierher und nicht weiter. Du hast geschaffen, aber herrschen kannst du nicht!‹?«

Lady Muriel hatte ihr Gesicht in den Händen verborgen und blickte nicht auf. Sie murmelte nur immer wieder: »Danke, danke!«

Wir standen auf, um zu gehen. Mit sichtlicher Anstrengung sagte Arthur: »Ein Wort noch. Wenn Sie die Kraft des Gebetes *erfahren* wollen – die es in jedem Lebensbereich des Menschen besitzt – dann versuchen Sie es. *Bittet, so wird euch gegeben.*** Ich – *habe* es versucht. Ich *weiß*, Gott erhört die Gebete!«

Auf dem Heimweg schwiegen wir bis kurz vor unserer Wohnung: dann murmelte Arthur – und es war schon fast das Echo meiner eigenen Gedanken: »*Was weißt du, Weib, ob du deinen Mann retten wirst?*«***

Das Thema wurde nicht wieder berührt. Wir sprachen immer noch miteinander, während Stunde um Stunde unserer letzten gemeinsamen Nacht unbemerkt verrann. Er hatte mir viel von Indien zu erzählen, dem neuen Leben, das er zu führen beabsichtigte, und der Arbeit, die er zu übernehmen hoffte. Und seine große edle Seele schien so erfüllt von würdigem Streben, daß kein Platz mehr für nutzlosen Schmerz oder eigensüchtige Klage blieb.

»Komm, der Morgen dämmert schon herauf!« sagte Arthur endlich, erhob sich und stieg voran die Treppe hinauf. »In wenigen Minuten geht die Sonne auf; und wenn ich auch so gemein war und dich um die letzte Schlafgelegenheit hier betrogen *habe*,

---

* AdÜ: Thomas Gray, The Bard, II, ii.
** AdÜ: Matthäus 7,7.
*** AdÜ: 1. Korinther 7,16.

so bin ich doch sicher, du vergibst mir: denn ich hätte es wirklich nicht über mich gebracht, schon eher ›Gute Nacht‹ zu sagen. Und weiß Gott, ob du mich jemals wiedersiehst oder von mir hörst!«

»*Hören* werde ich ganz bestimmt von dir!« antwortete ich herzlich und zitierte die folgenden Zeilen jenes merkwürdigen Gedichtes mit dem Titel »Waring«:

> »*Oh, war ein Stern*
> *verloren hier, er glänzte fern!*
> *Sieh ostwärts, wo vieltausend währ'n!*
> *In Wischnus Land Avatar ehr'n?*«*

»Ja, sieh ostwärts! stimmte Arthur eifrig zu und verharrte am Treppenfenster, das einen schönen Ausblick auf das Meer und den östlichen Horizont bot. »Der Westen ist das passende Grab aller Sorgen und Seufzer, aller Irrtümer und Torheiten der Vergangenheit: aller in ihr verlorenen Hoffnungen und toten Lieben! Vom Osten her kommt neue Kraft, neues Streben, neue Hoffnung, neues Leben, neue Liebe! Sieh ostwärts! Ja, sieh ostwärts!«

Seine Worte gellten mir immer noch in den Ohren, als ich mein Zimmer betrat und die Vorhänge gerade noch rechtzeitig zurückzog, um die Sonne dabei zu sehen, wie sie strahlend ihrem Ozeankerker entfloh und die Welt in das Licht eines neuen Tages tauchte.

»So soll es ihm, mir, uns allen ergehen!« grübelte ich. »Alles Böse, Tote, Hoffnungslose soll mit der verwichenen Nacht schwinden! Alles Gute, Lebendige, Hoffnungsfrohe soll mit der Dämmerung des Tages erwachen!

Mit der Nacht schwinden die kalten Nebel, die fatalen Wahngestalten, die düsteren Schatten, die heulenden Böen und der Eulen melancholisches Klagen: mit dem Tag kommen die blitzenden Strahlen, die heilsame Morgenbrise, die Wärme erwachenden Lebens und der Lerche froher Gesang! Sieh ostwärts!

---

* AdÜ: Elisabeth Barrett Browning, Waring ii, 3.

268

Mit der Nacht schwinden die Wolken der Torheit, der giftige Hauch der Sünde und die stillen Sorgentränen: und mit dem Tag erhebt sich höher und höher der strahlende Glanz von Wissen, der süße Hauch der Reinheit und eine weltweite Ekstase! Sieh ostwärts!

Mit der Nacht schwindet der Gedanke an eine tote Liebe, und die welken Blätter einer enttäuschten Hoffnung, und die bedrükkenden Klagen, und die düstere Trauer, die die größten Energien der Seele erstarren lassen: und es hebt, dehnt und bäumt sich wie ein lebendiger Strom der mannhafte Entschluß, der feste Wille und der Vertrauensblick gen Himmel – *eine Zuversicht auf das, was man hofft, eine Überzeugung von Dingen, die man nicht sieht!**

Sieh ostwärts! Ja, sieh ostwärts!«

* AdÜ: Hebräer 11, 1.

II

Sylvie & Bruno
Teil II

Hier Träume Schöpfers tollem Griff entschweben –
Hand, steif und still auf toter Mutter Brust,
nein, nie mehr wird die Hand zum Streicheln leben,
und trösten wird sie kein Kind bei Verlust –
in solcher Art ich meinen Text versteh'
entlassen hier. Du wunderschöne Fee –
die Hüterin des Kobolds, der dich neckt –
wo vieler Spaß wird trübe Liebesweh.
Frecher, froher Bruno! Wer, der dich entdeckt,
kann weigern dich zu lieben, so wie ich? –
Süsse Sylvie mein, wir verlassen dich!

I. KAPITEL

Brunos Aufgaben

Im Laufe der ersten ein, zwei Monate empfand ich mein einsames Stadt-Leben als ziemlich fade und langweilig. Mir fehlten die lieben Freunde, die ich in Elfenau zurückgelassen hatte – der inspirierende Gedankenaustausch – und die Seelenverwandtschaft, die den Ideen eines Menschen einen neuen kräftigen Impuls verleiht: doch weit mehr noch vermißte ich wohl die Gesellschaft der beiden Elben – oder Traum-Kinder, denn über ihre Abstammung war ich mir noch nicht ganz im klaren –, deren muntere Verspieltheit einen magischen Schimmer auf mein Leben geworfen hatte.

In der Geschäftszeit – in der sich vermutlich die meisten Menschen geistig in eine Kaffeemühle oder Mangel versetzt fühlen – gingen die Stunden ihren normalen Gang: in den Ruhepausen des Trubels allerdings, wenn einem in trostlosen Stunden Bücher und Zeitschriften zum Halse heraushängen, so daß man, auf sein düsteres Nachsinnen zurückgeworfen, sich – allerdings vergeblich – abmüht, das Vakuum mit den lieben Gesichtern abwesender Freunde zu bevölkern, machte sich die Bitternis der Einsamkeit wahrhaft bemerkbar.

Als mich nun eines Abends die Langeweile noch ärger quälte als sonst, schlenderte ich in meinen Club. Mich trieb nicht so sehr die Hoffnung, dort einen Freund anzutreffen, denn London war zur Zeit »auf dem Lande«, sondern vielmehr das Bedürfnis, wenigstens »den angenehmen Klang menschlicher Laute« hören und mit menschlichen Regungen in Kontakt treten zu können.

Und dennoch *sah* ich dort fast als erstes Gesicht das eines Freundes. Ziemlich »gelangweilt« döste Eric Lindon über einer Zeitung; und keiner von uns beiden suchte zu verhehlen, mit welcher Befriedigung wir uns in ein Gespräch stürzten.

Erst nach einer Weile wagte ich das Thema anzuschneiden, das mein gesamtes Denken zur Zeit beherrschte. »Nun ist also der Doktor« (eine Benennung, die wir im stillschweigenden Einvernehmen als bequemen Kompromiß zwischen der förmlichen Anrede »Doktor Forester« und der vertraulichen Anrede »Arthur« – zu der Eric Lindon kaum berechtigt schien – gewählt hatten) »inzwischen wohl außer Landes gegangen? Können Sie mir vielleicht seine derzeitige Anschrift geben?«

»Er ist wohl noch immer in Elfenau«, lautete die Antwort. »Aber ich bin selbst nicht mehr dort gewesen, seit wir uns das letzte Mal getroffen haben.«

Ich kann wahrhaftig nicht sagen, welcher Teil der Auskunft mich am meisten in Verwunderung setzte. »Und darf ich mich erkundigen – wenn Sie mir die Freiheit gestatten –, wann Ihre Hochzeitsglocken läuten werden –, oder ist das etwa schon geschehen?«

»Nein«, antwortete Eric ruhig. »*die* Verlobung ist aufgelöst. Ich bin immer noch ›Benedikt, der *Un*verheiratete‹.«*

Darauf wucherten die Phantasien – alle durchdrungen von neuen glücklichen Aspekten für Arthur – zu üppig, um eine Fortsetzung des Gesprächs zu gestatten, und ich war nur allzu froh, als ich die erste sich bietende Gelegenheit ergreifen konnte, um mich in meine Welt des Schweigens zurückzuziehen.

Am nächsten Tag erteilte ich Arthur in einem Brief so viel Verweise wegen seines langen Schweigens, wie ich nur in Worte fassen konnte, und bat um einen vollständigen Bericht, was ihm, um Himmels willen, widerfahren sei.

Dann blieb mir nichts weiter übrig, als drei, vier – oder vielleicht mehr – Tage bis zu seiner möglichen Antwort auszuharren; noch nie zuvor war die Zeit für mich so schleppend langsam dahingeschlichen.

Zum Zeitvertreib schlenderte ich eines Nachmittags durch die Kensington Gardens, und während ich ziellos einen beliebigen Weg einschlug, erkannte ich plötzlich, daß ich mich auf einem

---

* AdÜ: Variante aus Shakespeare ›Much Ado About Nothing‹ i, 1: »Benedick the married man«.

völlig unbekannten verirrt hatte. Doch meine elbischen Erfahrungen waren in meiner Erinnerung derart verblaßt, daß ich in keinster Weise daran dachte, meinen Elbenfreunden abermals zu begegnen, als ich ganz per Zufall eines kleinen Wesens gewahr wurde, das zwischen den Gräsern am Wegrand dahinzog und das weder ein Insekt noch ein Frosch oder irgendein anderes mir bekanntes Tier sein konnte. Vorsichtig hockte ich mich nieder, formte die beiden Hände zu einem *ex-tempore*-Käfig, setzte so den kleinen Wanderer gefangen, und mit einem jähen Überraschungs- und Freudenschock entdeckte ich, daß mein Gefangener niemand anderer als *Bruno* war!

Bruno nahm es *sehr* gelassen hin, und als ich ihn so abgesetzt hatte, daß ich mich bequem mit ihm unterhalten konnte, begann er unverzüglich zu reden, als seien seit unserer letzten Begegnung erst wenige Minuten vergangen.

»Has'de vielleicht 'ne Ahnung, was die *Regel* sagt«, erkundigte er sich, »wenn de 'nen Elben fängst, ohne daß er dich gezeigt hat, wo's war?« (Jedenfalls hatte sich Brunos Auffassung von der deutschen Grammatik seit unserer letzten Zusammenkunft *nicht* merklich geändert.)

»Nein«, erklärte ich. »Von der Regel war mir wirklich nichts bekannt.«

»Ich *glaub'*, du hast das Recht, mir zu *essen*«, informierte mich der kleine Bursche und schmunzelte charmant zu mir hoch. »Aber ganz sicher bin ich da nich. De solltest dir also vorher besser vergewissern.«

Ohne eingehende Prüfung einen derart unwiderruflichen Schritt zu wagen, schien mir in der Tat nicht ratsam. »Bestimmt *erkundige* ich mich zuerst«, meinte ich. »Außerdem weiß ich gar nicht, ob du überhaupt eine Mahlzeit wert wärest!«

»Schätze, ich bin 'ne Döllikatesse«, behauptete Bruno selbstbewußt, als sei das eine positive Eigenschaft.

»Und was tust du hier, Bruno?«

»*So* heiß ich nich!« widersprach mein schlauer kleiner Freund. »Weiß'de denn nich, daß mein Name ›O Bruno!‹ iss? So nennt mir nämlich Sylvie immer, wenn ich meine Aufgaben mach.«

»Also dann, was machst du hier, o Bruno?«

»Meine Aufgaben natürlich!« antwortete er mit schelmischem Augenzwinkern, womit er andeutete, daß er Unsinn redete.

»Aha, *so* machst du also deine Aufgaben? Weißt du sie denn überhaupt auswendig?«

»*Meine* Aufgaben weiß ich immer wendisch«, erklärte Bruno. »*Sylvies* Aufgaben sinn so schröcklich schwer zu wenden!« Er runzelte die Stirn, als denke er angestrengt nach, und pochte mit den Knöcheln dagegen. »Ich *kann* einfach nich genug denken, um se zu begreifen!« klagte er. »Dazu brauch man meiner Meinung nach ein *doppeltes* Denken!«

»Doch wo ist eigentlich Sylvie?«

»Das wüßte *ich* auch gern!« beschwerte sich Bruno. »Was nützen mir die Aufgaben, wenn sie nich mal da iss un die tomblisierten Stückchen zu 'läutern?«

»*Ich* suche sie für dich«, erbot ich mich freiwillig, erhob mich und streifte um den Baum herum, in dessen Schatten ich mich niedergelassen hatte, und hielt in alle Richtungen nach Sylvie Ausschau. Sogleich bemerkte ich *noch* ein merkwürdiges Ding, das sich zwischen den Gräsern bewegte, und als ich mich niederkniete, blickte ich auch schon in Sylvies unschuldiges Gesicht, auf dem sich bei meinem Anblick freudiges Erstaunen prägte, und die mir so wohlvertraute, liebliche Stimme redete mich mit dem *Ende* eines Satzes an, dessen Anfang ich verpaßt hatte.

»– und ich meine ja, er könnte inzwischen *fertig* sein. Deshalb gehe ich jetzt zu ihm zurück. Möchten Sie mitkommen? Wir brauchen nur um den Stamm auf die andere Seite des Baumes!«

Für *mich* waren das nur wenige Schritte; doch für Sylvie waren es sehr viele; und ich mußte mit Bedacht ganz langsam gehen, damit das kleine Wesen nicht so weit hinter mir zurückblieb, daß ich es aus den Augen verlor.

Brunos *Aufgaben* waren ziemlich leicht zu finden: sie standen in zierlicher Schrift auf großen glatten Efeublättern, die reichlich unordentlich an einer kahlen Stelle herumlagen, wo das Gras verwelkt war; doch der bleiche Studikus, der von Rechts wegen hätte in sie vertieft sein müssen, war nirgendwo zu sehen; vergeblich blickten wir immer wieder in alle Richtungen, bis Sylvies scharfes Auge ihn schließlich erspähte, wie er an einer Efeuranke schau-

kelte, und Sylvies strenge Stimme befahl seine sofortige Rückkehr auf den Boden der Tatsachen.

»Erst das Vergnügen, dann die Arbeit« schien das Motto dieser Winzlinge zu sein, so lange wurde sich geherzt und geküßt, ehe etwas anderes geschehen konnte.

»Nun, Bruno«, tadelte Sylvie ihn schließlich, »habe ich dir nicht gesagt, du sollst deine Aufgaben weitermachen, bis du etwas anderes hörst?«

»Aber ich *hab* was andres gehört!« beharrte Bruno mit frechem Augenzwinkern.

»Und *was* war das, du Schlingel?«

»Da war so'n Geräusch in der Luft«, erklärte Bruno, »so'n surrendes Geräusch. Has'des nich auch gehört, mein Herr Mann?«

»Na, wie dem auch sei, jedenfalls brauchst du darauf jetzt nicht *einzuschlafen,* du Faulpelz!« Denn Bruno hatte sich auf der größten »Aufgabe« zusammengerollt und funktionierte gerade eine andere zum Kissen um.

»Ich *will* ja gar nich einschlafen!« protestierte Bruno beleidigt. »Wenn ich meine Augen schließ, dann will ich damit zeigen, daß ich *wach* bin!«

»Schön, und wie weit bist du mit dem Lernen?«

»Ich hab ein ganz winzig kleines Bißchen gelernt«, sagte Bruno bescheiden, da er augenscheinlich eine Überbewertung seiner Leistungen fürchtete. »Kannich mehr nich lernen!«

»O Bruno! Du weißt doch ganz genau, daß du *kannst,* wenn du magst.«

»Natürlich kann ich, wenn ich *mag«,* bekannte der bleiche Studikus, »aber ich kannich, wenn ich *nich* mag.«

Sylvie hatte eine Methode – Brunos logischen Konfusionen durch das plötzliche Einbeziehen eines neuen Gedankens auszuweichen – für die ich ihr höchste Bewunderung zollte; und diese meisterhafte Strategie wandte sie jetzt an.

»Also, das *eine* muß ich dir ja sagen –«

»Has'de schon gewußt, mein Herr Mann«, bemerkte Bruno nachdenklich, »daß Sylvie nich zählen kann? Immer wenn se sagt ›Das *eine* muß ich der ja sagen‹, *weiß* ich ganz genau, sie sagt noch'n *zweites!* Un das tut se immer.«

»Zwei Köpfe sind besser als einer, Bruno«, meinte ich, aber über die Bedeutung meines Einwurfs war ich mir selbst nicht ganz im klaren.

»Ich hätt nix gegen zwei Köpfe«, murmelte Bruno, »einen Kopf zum Essen un einen Kopf zum Distelltieren – meins'de nich auch, de sähst mit zwei Köpfen schöner aus, mein Herr Mann?«

Ich versicherte ihm, daran bestünde kein Zweifel.

»Der Grund, warum Sylvie so schlecht gelaunt iss –«, fuhr Bruno ganz ernst, ja fast traurig, fort.

Angesichts dieser Unterstellung wurden Sylvies Augen groß

und rund vor Verwunderung – denn ihr rosiges Gesicht strahlte geradezu vor guter Laune. Doch sie schwieg.

»Wäre es nicht besser, mir das nach den Aufgaben zu sagen?« schlug ich vor.

»Also gut«, gab Bruno nach, »dann iss se bloß nich mehr schlecht gelaunt.«

»Es handelt sich nur um drei Fächer«, erläuterte Sylvie. »Buchstabieren, Geographie und Musik.«

»Keine *Arithmetik?*« fragte ich.

»Nein, für Arithmetik hat er nicht den Kopf –«

»Natürlich nich!« schaltete sich Bruno ein. »Mein Kopf iss für de *Haare* da. Ich hab keinen *Haufen* Köpfe.«

»– und er kann die Muliplikationstafel nicht lernen–«

»Ich hab *Geschichte* weit lieber«, bemerkte Bruno. »Die Mulirittationstafel muß man *wiederholen* –«

»Schön, aber du mußt auch Geschichte wieder –«

»Ne, muß 'de nich!« unterbrach mich Bruno. »Geschichte wiederholt sich alleine. Der Profeffer hat's gesagt!«

Sylvie kritzelte einige Buchstaben auf eine Tafel – N-E-B-E-L. »Na, Bruno«, sagte sie, »wie buchstabiert man *das?*«

In stummer Feierlichkeit blickte Bruno eine Minute lang darauf. »Ich weiß, wie man es nich buchstabiert?« bot er schließlich an.

»Das nützt nichts«, beschied ihn Sylvie. »Wie *wird* es buchstabiert?«

Bruno blickte wieder auf die mysteriösen Buchstaben. »Also, rückwärts heißt es LEBEN!« rief er. (Ich prüfte es, es stimmte tatsächlich.)

»Wie hast du das *bloß* erkannt?« erkundigte sich Sylvie.

»Ich hab einfach meine Augen gedreht«, erläuterte Bruno, »un dann hab ich's gleich gesehn. Kann ich jetz das Zaunkönig-Lied singen?«

»Als nächstes Geographie«, beharrte Sylvie. »Du kennst doch den Stundenplan?«

»Meiner Meinung nach sollte es nich so 'ne Masse Pläne geben, Sylvie! Ich denk mir –«

»Es sollte *sogar* eine ganze Masse Pläne geben, du kleiner

Schlingel! Und was fällt dir überhaupt ein, darüber *nachzudenken*? Halt sofort den Mund!«

Da »der Mund« nicht willens schien, sich von alleine zu halten, schloß ihn Sylvie für Bruno – mit beiden Händen – und siegelte ihn mit einem Kuß, gerade so wie einen Brief.

»Nun, da Bruno nicht mehr sprechen kann«, fuhr sie zu mir gewandt fort, »zeige ich Ihnen die Karte für seine Aufgabe.«

Und auf dem Boden ausgebreitet lag eine große Weltkarte. Sie hatte ein derartiges Format, daß Bruno über sie hinwegrobben mußte, um die Städte zu zeigen, die in der »Zaunkönig-Aufgabe« erwähnt wurden.

»Wenn ein Zaunkönig ein davonfliegendes Käferlein sieht, sagt er: ›Sedan, das wollen wir *Erlangen!*‹ Un wenn er's fängt, sagt er: ›Komm, *Mekka* nich! *Denver* hungrig iss, muß eben *Essen.*‹ Er nimmt es zwischen seine Krallen un bekräftigt: *Warschau!* Wenn er es dann in seinen Schnabel steckt, sagt er: ›*Rheine!*‹ Un wenn er es runterschluckt, sagt er: ›*Darmstadt!*‹ Un das wär's.«

»Das war *ganz* perfekt«, lobte Sylvie. »Jetzt darfst du das Zaunkönig-Lied singen.«

»Willst du die Chorpartie übernehmen?« fragte mich Bruno.

Ich wollte schon antworten »Ich kenne den *Text* leider nicht«, als Sylvie die Karte schweigend wendete und ich auf der Rückseite den ganzen Text niedergeschrieben sah. In einer Hinsicht war es ein ganz besonderes Lied: die Chorpartie jedes Verses stand in der *Mitte* statt am *Ende*. Dennoch war die Melodie so einfach, daß ich sie mir bald angeeignet hatte, und ich bewältigte die Chorpartie wohl so gut, wie es einer *einzelnen* Person möglich ist, solch eine Aufgabe zu meistern. Vergeblich bedeutete ich Sylvie, mich zu unterstützen: sie lächelte nur lieb und schüttelte den Kopf.

> »*Zaunkönig wirbt um Käferlein –*
> Singt Bienen, Bohnen, Bärenklau!
>   *›Betracht' mich nur‹, sprach er,*
>   *›Mein Kopf macht doch viel her –*
>   *mein Bart ist so schön schwarz und fein –*
>   *mein Auge sieht genau!‹*

›Nagel hat Kopf‹, sprach Käferlein –
Singt Pilze, Pelze, Primeltopf!
 ›Der bleibt auch wo er hängt,
 ist er mal eingezwängt,
und so was soll weit besser sein,
 als solch ein Quasselkopf.‹

›Auster trägt Bart‹, sprach Käferlein –
Singt Fliegen, Frösche, Fidelklang!
 ›Ich lieb sie, denn ich weiß,
 sie schwafelt nicht mal leis:
sie könnte selbst ein König sein –
 sie hätt' zum Reden keinen Hang!‹

›Nadel hat Aug'‹, sprach Käferlein –
Singt Katzen, Korken, Kräutertee!
›Sie ist so spitz – wie schlicht,
was Majestät ist nicht:
macht Euch davon – denn mich zu frei'n
welch ulkige Idee!‹«

»So ging er fort«, fügte Bruno als eine Art Postscriptum hinzu, nachdem der letzte Ton des Liedes verklungen war. »So als er es immer machte.«

»Oh, mein *lieber* Bruno!« rief Sylvie und hielt sich die Ohren zu. »Das heißt nicht ›als‹: das heißt ›wie‹.«

Dem entgegnete Bruno hartnäckig: »Ich sag nur ›wie‹, wenn de nich laut genug sprichst, daß ich dich hören kann.«

»Und was ist aus ihm geworden?« fragte ich in der Hoffnung, eine Diskussion unterbinden zu können.

»Vor Kummer aß er ganz viel un wurde mehr fett, als er je zuvor gewesen war«, erzählte Bruno.

»›Mehr fett‹ ist niemals richtig«, korrigierte ihn Sylvie. »Es heißt ›fetter‹.«

»Dann heißt es wohl auch nich ›mehr Tochte‹, wenn wir bei Kaffee un Kuchen sitzen«, parierte Bruno, »sondern ›Tochter‹!«

Diesmal entzog sich Sylvie einer Diskussion, indem sie sich abwandte und die Karte zusammenrollte. »Unterricht ist beendet!« verkündete sie mit lieblichster Stimme.

»Und es hat keine *Tränen* gegeben?« staunte ich. »Kleine Jungen weinen doch *immer* beim Aufgabenmachen?«

»Ich wein nie nach zwölf Uhr«, bekannte Bruno, »weil es dann so schnell aufs Essen zugeht.«

»Manchmal in der Frühe«, tuschelte Sylvie, »wenn unser Geographie-Tag ist, und wenn er ungehorsa–«

»*Was* has'de denn da zu reden, Sylvie!« unterbrach Bruno hastig. »Glaubs'de vielleicht, de Erde sei *geschaffen,* damit de drauf reden kannst?«

»Na, und wo *sollte* ich dann deiner Meinung nach reden?« erkundigte sich Sylvie offensichtlich diskussionsfreudig.

Doch Bruno antwortete entschlossen: »Ich will nich drüber distelltieren, weil's schon spät iss un keine Zeit mehr dazu – aber du hast so falsch wie nur was!« Und er rieb sich mit dem Handrükken die Augen, in denen Tränen glitzerten.

Sogleich füllten sich auch *Sylvies* Augen mit Tränen. »Ich hab es nicht so gemeint, Bruno, *Liebling!*«, und die übrige Diskussion verschwand »im Haarknäuel der Neæra«*, während die beiden Disputanten einander herzten und küßten.

Doch diese neue Diskussionsebene wurde jäh von einem Blitzstrahl unterbrochen, dem Donnergrollen und ein Wolkenbruch folgten, der gleich einem Lebewesen zischend und sprühend durch das schützende Blätterdach des Baumes drang. »Seht mal, es regnet Katzen und Hunde!« scherzte ich.

»Un all die *Hunde* sinn als *erstes* runtergekommen«, stellte Bruno fest. »Jetz kommen nur noch die *Katzen!*«

Von einer Minute zur anderen hörte das Prasseln so plötzlich auf, wie es eingesetzt hatte. Ich kam unter dem schützenden Baum hervor und erkannte, daß das Unwetter vorüber war; als ich aber zurückkehrte, suchte ich meine Freunde vergebens. Sie waren mit dem Unwetter verschwunden, und mir blieb nichts anderes übrig, als mich auf den Heimweg zu machen.

Auf dem Tisch lag, meiner Rückkehr harrend, ein Briefumschlag in jener eigentümlich gelben Farbe, die stets ein Telegramm verrät, und die in der Erinnerung so vieler von uns mit großen jähen Schmerzen verbunden ist – mit etwas, das einen Schatten auf die Lebensfreude geworfen hat, der niemals wieder völlig getilgt wird. Zweifellos hat sie *ebenso* – vielen von uns – einige unvermutete gute Nachrichten mitgeteilt; doch das geschieht wahrscheinlich seltener: ein Menschenleben scheint im großen und ganzen mehr Schmerz als Freude zu beinhalten. Und doch dreht sich die Erde weiter. Wer weiß warum?

Doch diesmal löste es keinen Schmerz aus; die wenigen Worte, die es enthielt (»Konnte nicht schreiben. Komm bald. Immer willkommen. Brief folgt. Arthur.«), klangen für mich wahrhaftig so, als spräche Arthur da selbst, was mich derart freudig erregte, daß ich unverzüglich meine Reisevorbereitungen traf.

---

* AdÜ: Milton, Lycidas Z. 68.

II. KAPITEL

Der Liebe Abendglocken

»Feenwalde! Nach Elfenau umsteigen!«

Welch subtile Erinnerung mochte mit diesen banalen Worten verbunden sein, daß sie mein Denken mit solch einer Flut glücklicher Gedanken erfüllten? Freudig erregt entstieg ich dem Coupé, obgleich ich dafür zunächst keine Ursache sah. Schon wahr, ich hatte die nämliche Reise vor sechs Monaten zur selben Tageszeit unternommen; seitdem war jedoch vieles geschehen, und eines alten Mannes Gedächtnis ist bei noch nicht weit zurückliegenden Ereignissen lückenhaft: vergebens forschte ich nach dem »fehlenden Glied«. Da fiel mir eine Bank ins Auge – die einzige, die der trostlose Bahnhof bot –, auf der sich eine Lady niedergelassen hatte, und die ganze vergessene Szene flammte so lebendig vor mir auf, als ereigne sie sich abermals.

»Ja«, dachte ich, »dieser öde Bahnsteig ist für mich voller Erinnerungen an eine liebe Freundin. Damals saß sie auf eben jener Bank und lud mich mit einem Zitat von Shakespeare ein – welches, weiß ich nicht mehr –, sie mit ihr zu teilen. Ich will die Idee des Earls ausprobieren und das Leben als Drama ansehen; ich denke mir die Person dort einfach als Lady Muriel und will mir diese Illusion möglichst lange erhalten.«

So schlenderte ich den Bahnsteig entlang, mich unentwegt »glauben machend« (wie Kinder sagen), die zufällig dort auf der Bank sitzende Reisende sei Lady Muriel, an die ich mich noch so gut erinnern konnte. Sie blickte in die entgegengesetzte Richtung, was den kunstvoll einstudierten Selbstbetrug noch unterstützte, und obgleich ich im Vorbeigehen den Blick auf diese Stelle sorgfältig mied, um die schöne Illusion zu retten, war es unvermeidlich, daß ich auf dem Rückweg sehen mußte, wer sie war. Es war wahrhaftig Lady Muriel!

Nun war die ganze Szenerie wieder in meinem Gedächtnis, und um die Wiederholung noch zu vervollständigen, saß dort auch derselbe alte Mann, der damals, wie ich mich erinnerte, so unwirsch vom Stationsversteher weggescheucht worden war, damit dieser Platz für seine adelige Reisende hatte. Er war derselbe, aber »etwas war anders«: nicht länger torkelte er kraftlos über den Bahnsteig, sondern er saß wahrhaftig an Lady Muriels Seite und unterhielt sich mit ihr! »Ja, stecken Sie es in Ihre Börse«, sagte sie gerade, »und denken Sie daran, Sie sollen alles für *Minnie* ausgeben. Und vergessen Sie nicht, ihr etwas Hübsches zu kaufen, woran Sie auch Freude hat! Und bestellen Sie liebe Grüße!« Sie konzentrierte sich so auf ihre Anweisungen, daß sie mich zuerst gar nicht erkannte, obgleich sie beim Klang meiner Schritte den Kopf wandte und mich anblickte.

Ich trat heran, zog meinen Hut, und da leuchtete ihr Gesicht vor echter Freude, so daß ich mich an Sylvies liebliches Antlitz erinnert fühlte, wie wir uns vor kurzem in den Kensington Gardens begegnet waren, was mich beträchtlich verwirrte.

Statt den armen Mann an ihrer Seite zu vertreiben, erhob sie

289

sich lieber von ihrem Platz und ging mit mir den Bahnsteig auf und ab, und für ein, zwei Minuten war unser Gespräch derart trivial und alltäglich, als wären wir zwei Zufallsbekanntschaften in einem Londoner Salon. Im ersten Moment schienen wir beide davor zu scheuen, jene interessanteren Themen anzuschneiden, die unser Dasein miteinander verbanden.

Während unserer Unterhaltung war der Zug nach Elfenau eingelaufen; und der devoten Anweisung des Stationsvorstehers: »Hierher, Mylady! Es wird Zeit!« folgend, gingen wir zum Ende des Zuges, wo der einzige Erster-Klasse-Waggon angekuppelt war, und wir kamen eben an der nun freien Bank vorüber, als Lady Muriel auf ihr die Börse bemerkte, der ihr Geschenk so sorgfältig anvertraut worden war, während ihrem Besitzer, des Verlustes nicht gewahr, gerade in einen Waggon am anderen Ende des Zuges geholfen wurde. Sie stürzte sich sogleich darauf. »Armer alter Mann!« rief sie. »Er darf nicht in dem Glauben abfahren, er habe sie verloren!«

»Soll *ich* es ihm bringen! Ich kann schneller laufen als Sie!« bot ich an. Doch sie war schon halbwegs den Bahnsteig hintergeschwebt (»gerannt« ist eine viel zu irdische Bezeichnung für eine derart feenhafte Bewegung), und zwar in einem Tempo, hinter dem alle *mir* möglichen Anstrengungen hoffnungslos zurückblieben.

Sie war schon wieder zurück, bevor ich das leichtsinnige Prahlen mit meiner Schnelligkeit noch ganz beendet hatte, und sagte beim Einsteigen in unser Abteil ein wenig zögernd: »Und Sie glauben wirklich, *Sie* hätten das schneller geschafft?«

»Nein, bestimmt nicht!« gestand ich ein. »Ich erkläre mich einer plumpen Übertreibung ›schuldig‹ und bitte das Gericht um Gnade!«

»Das Gericht will es – noch einmal – übersehen!« Dann wechselte ihr Verhalten jäh von Heiterkeit zu besorgtem Ernst.

»Sie scheinen nicht in allerbester Verfassung!« meinte sie mitleidig. »Ich glaube wirklich, Sie sehen *weit* schwächer aus als damals bei ihrer Abreise. Ich bezweifle sehr, daß London Ihnen bekommt?«

»Das mag an der Londoner Luft liegen«, erklärte ich, »vielleicht aber auch an der harten Arbeit – oder meiner Einsamkeit: jedenfalls habe ich mich in der letzten Zeit *wirklich* nicht sehr wohl gefühlt. Aber Elfenau wird mich gesundheitlich schon wieder ganz auf die Höhe bringen. Arthurs Rezept – er ist nämlich mein Arzt, und ich habe erst heute morgen einen Brief von ihm erhalten – lautet: ›viel Ozon, frische Milch und *angenehme Gesellschaft*‹!«

»Angenehme Gesellschaft?« grübelte Lady Muriel und verstellte sich dabei hübsch, als bedenke sie die Frage ernsthaft. »Also, ich kann mir nicht vorstellen, wo wir *sowas* für Sie finden können! Wir haben so wenig Nachbarn. Aber das mit der frischen Milch *läßt* sich regeln. Die bekommen Sie bei meiner alten Freundin Frau Hunter, die wohnt gleich in unserer Nachbarschaft am Berg. Auf die *Qualität* ist Verlaß. Und die kleine Bessie, ihre Tochter, kommt auf ihrem Schulweg jeden Tag an Ihrer Wohnung vorbei. Die Beförderung wäre also auch kein Problem.«

»Ich danke Ihnen für den guten Tip«, sagte ich, »und ich gehe gleich morgen hin und arrangiere es. Arthur macht bestimmt gern einen Spaziergang.«

»Es ist ein ganz bequemer Weg – weniger als drei Meilen, glaube ich.«

»Also, da dieser Punkt entschieden ist, lassen Sie mich Ihre Bemerkung zurückgeben. *Sie* scheinen auch nicht in allerbester Verfassung!«

»Ich kann's nicht leugnen«, antwortete sie leise, und ein plötzlicher Schatten schien sich auf ihr Gesicht zu legen. »Ich hatte vor kurzem etwas Kummer. Ich wollte Sie schon lange darüber um Ihren Rat fragen, aber es ließ sich nicht so einfach schreiben; ich bin *sehr* froh, daß ich es jetzt kann!«

»Glauben Sie«, begann sie wieder mit einer ihr eigentlich fremden, sichtbaren Verlegenheit nach einer Schweigeminute, »daß ein vorsätzlich und feierlich gegebenes Versprechen *immer* bindend ist – außer natürlich, seine Erfüllung wäre eine echte *Sünde?*«

»Ich kann mir im Moment keine andere Ausnahme vorstellen«, bestätigte ich. »Dieser Zweig der Kasuistik behandelt es meiner Meinung nach als eine Frage von treu und untreu –«

»Beruht es auch *ganz bestimmt* auf dem Prinzip?« unterbrach sie eifrig. »Ich habe immer gedacht, die biblische Anschauung darüber fuße auf solchen Stellen wie: ›*lüget nicht gegeneinander*?‹«[*]

»Ich habe mir darüber so meine Gedanken gemacht«, antwortete ich, »und bin zu der Ansicht gelangt, daß das Wesen der *Lüge* die Absicht zu *betrügen* einschließt. Wenn man ein Versprechen in der vollen *Absicht* gibt, es zu halten, so handelt man in *diesem* Augenblick sicher aufrichtig; und bricht man es später trotzdem, dann beinhaltet das keine *Täuschung*. Ich kann so etwas nicht als *unaufrichtig* bezeichnen.«

Abermals folgte Schweigen. Lady Muriels Gesichtsausdruck war schwer zu deuten; mir schien ihr Blick Erleichterung, aber auch Verwirrung auszudrücken; und neugierig war ich, ob sich ihre Frage, wie ich argwöhnte, auf den Bruch ihrer Verlobung mit Hauptmann (inzwischen Major) Lindon bezöge.

»Sie haben mich von einem großen Schuldgefühl befreit«, gestand sie, »trotzdem ist Wortbruch natürlich ein *Unrecht*. Womit würden Sie seine Unrechtmäßigkeit vergleichen?«

»Mit jeder Art von *Schulden*. Wenn *A B* etwas verspricht, so besitzt *B* einen Anspruch gegenüber *A*. Und *A*'s Vergehen, wenn er sein Versprechen bricht, scheint mir weit eher analog zum *Stehlen* als zum *Lügen*.«

»Dieser Aspekt ist mir völlig neu«, wunderte sie sich, »aber er scheint mir nichtsdestoweniger *korrekt*. Trotzdem will ich einem alten Freund wie Ihnen gegenüber den Fall nicht allgemein abhandeln. Denn irgendwie *sind* wir alte Freunde. Wissen Sie, manchmal denke ich, wir haben uns schon als alte Freunde *kennengelernt*?«, und dabei wollte die Ausgelassenheit ihrer Stimme so gar nicht zu den Tränen passen, die in ihren Augen glitzerten.

»Ich danke Ihnen sehr für diese Worte«, antwortete ich. »Ich betrachte Sie gern als *alte* Freundin«, (»– obwohl Sie nicht so aussehen!« hätte wohl die Fortsetzung bei jeder anderen Lady lauten müssen; aber sie und ich waren über das Stadium hinaus, in dem Komplimente oder ähnliche Trivialitäten vonnöten waren.)

Hier hielt der Zug an einem Bahnhof, und zwei oder drei Pas-

---

[*] AdÜ: Kolosser 3,9.

sagiere stiegen in das Abteil; so wurde kein Wort mehr zwischen uns gewechselt, bis wir unser Reiseziel erreicht hatten.

Bei unserer Ankunft in Elfenau nahm sie bereitwillig meine Eskorte an; und sobald unser Gepäck in Empfang genommen war – ihres von einem sie am Bahnhof erwartenden Diener und meines von einem Träger – gingen wir gemeinsam auf der wohlbekannten Landstraße einher, die nun in meinem Gedächtnis zahlreiche angenehme Assoziationen auslöste. Lady Muriel nahm unverzüglich unser Gespräch wieder an der Stelle auf, an der es unterbrochen worden war.

»Sie haben ja sicher von meiner Verlobung mit meinem Cousin Eric gehört. Wissen Sie auch schon –«

»Ja«, unterbrach ich, um ihr den Kummer zu ersparen, mir nähere Einzelheiten mitzuteilen. »Ich weiß, sie ist aufgelöst.«

»Ich möchte Ihnen gern erzählen, wie es dazu gekommen ist«, meinte sie, »denn gerade dazu brauche ich Ihren Rat. Mir war schon früher aufgefallen, daß wir in Glaubensfragen nicht übereinstimmten. Seine Vorstellungen vom Christentum sind sehr verworren; und sogar hinsichtlich der Existenz eines Gottes lebt er in einer Art Traumwelt. Aber das hat sein Leben in keiner Weise beeinflußt! Ich bin mir jetzt ganz sicher, daß selbst der kompromißloseste Atheist, wenn er auch keinen inneren Halt hat, ein tadelloses und beispielhaftes Leben führen *kann*. Und wenn Sie sein gutes Herz nur ein wenig kennen würden –« sie stockte plötzlich und wandte den Kopf ab.

»Ich stimme ganz und gar mit Ihnen überein«, bestätigte ich. »Und besitzen wir nicht sogar das Versprechen unseres Erlösers, daß ein derartiges Leben ganz gewiß zum Heil führt?«

»Ja, das weiß ich«, sagte sie mit gebrochener Stimme und wandte immer noch den Kopf zur Seite. »Und so habe ich es ihm auch erklärt. Er hat gesagt, um *meinetwillen* wolle er glauben, so gut er könne. Und um *meinetwillen* wünsche er sich, die Dinge so sehen zu können wie ich. Aber das ist ganz falsch!«, fuhr sie leidenschaftlich fort. »Gott *kann* derart niedrige Motive einfach nicht gutheißen. Trotzdem habe *ich* die Verlobung nicht gelöst. Ich wußte doch um seine Liebe zu mir; und ich hatte *mein Wort* gegeben und –«

»Dann hat *er* sie gelöst?«

»Er hat mich bedingungslos von meinem Versprechen entbunden.« Nun, da sie sich in der Gewalt hatte, sah sie mich wieder an.

»Wo gibt es denn dann noch ein Problem?«

»Ich glaube einfach nicht an die Freiwilligkeit seiner Entscheidung. Nur mal angenommen, er hat es *gegen* seinen Willen getan, bloß um meine Bedenken zu zerstreuen, bestünde sein Anspruch auf mich dann nicht ebenso wie zuvor? Und würde mich mein Wort dann nicht genauso binden? Mein Vater behauptet ›nein‹; aber ich fürchte, durch seine Liebe zu mir ist er voreingenommen. Und ich habe sonst niemanden gefragt. Freunde habe ich zwar viele – Freunde für glückliche Zeiten; doch keine Freunde für die Nacht- und Sturmzeiten des Lebens; keine *alten* Freunde wie Sie!«

»Lassen Sie mich ein wenig nachdenken«, bat ich; und wir schritten schweigend weiter, während ich mich angesichts der schweren Prüfung, die der reinen, sanften Seele auferlegt war, mit schmerzendem Herzen vergeblich anstrengte, einen Pfad durch den Wirrwarr widersprüchlicher Motive zu bahnen.

»Wenn sie ihn ehrlich liebt« (ich schien das Problem endlich in den Griff zu bekommen), »ist dann nicht *das* für sie Gottes Stimme? Kann sie nicht hoffen, daß sie für ihn eine ebensolche Sendung ist wie Ananias für den blinden Saul, damit dieser sein Augenlicht wiederbekomme?« Und es schien mir, als hörte ich Arthur nochmals flüstern: *»Was weißt du, Frau, ob du deinen Mann retten wirst?«**, und ich brach das Schweigen mit den Worten: »Wenn Sie ihn noch ehrlich lieben –«

»Das tu ich *nicht!*« unterbrach sie hastig. »Wenigstens nicht *so.* Ich habe ihn vielleicht einmal geliebt, als ich ihm mein Versprechen gegeben habe; aber da war ich noch sehr jung: es ist nicht so leicht zu begreifen. Doch was es auch immer für ein Gefühl war, *jetzt* ist es tot. *Er* handelt aus Liebe, bei *mir* ist es – Pflicht!«

Wieder herrschte langes Schweigen. Meine Gedanken waren noch verwirrter als zuvor. Diesmal brach *sie* die Stille. »Verste-

---

* AdÜ: Korinther 7,16.

hen Sie mich recht!« drängte sie. »Als ich gesagt habe, mein Herz gehöre nicht *ihm*, meinte ich damit nicht, daß es jemand anderem gehört. Noch fühle ich mich *ihm* verbunden; und bis ich nicht sicher weiß, daß ich auch im Angesicht Gottes absolut frei bin, einen anderen zu lieben, werde ich nicht einmal daran *denken* – ich meine in *dieser* Weise. Lieber würde ich sterben!« Nie hatte ich mir vorgestellt, daß meine sanfte Freundin einer solch leidenschaftlichen Äußerung fähig sei.

Ich wagte kein Wort mehr, bis wir fast am Tor des Herrenhauses angekommen waren; doch je länger ich darüber grübelte, desto klarer wurde mir, daß keine Pflicht solch ein Opfer – wie das mögliche Lebensglück –, das sie zu bringen bereit schien, fordern konnte. Ich versuchte, *ihr* das ebenfalls begreiflich zu machen, und warnte noch vor den Gefahren, die in einer Verbindung ohne gegenseitige Liebe lägen. »Das einzig bedenkenswerte Argument scheint sein vermutetes Widerstreben«, sagte ich zum Abschied. »Doch selbst wenn ich diesem Argument sein *volles* Gewicht zugestehen wollte, so würde ich dennoch folgern, daß es weder die Rechtslage des Falles berührt noch die Ihnen gewährte Freigabe für ungültig erklärt. Meiner Ansicht nach sind Sie *völlig* frei zu handeln, wie es Ihnen *jetzt* richtig dünkt.«

»Ich bin Ihnen *sehr* dankbar«, entgegnete sie ernst. »Glauben Sie mir das bitte. Ich kann es nicht richtig ausdrücken!« Wir wechselten im gegenseitigen Einvernehmen das Thema; und ich erfuhr erst sehr viel später, daß unsere Diskussion die lange quälenden Zweifel wahrhaftig zerstreut hatte.

Am Tor des Herrenhauses trennten wir uns, und ich ging zu Arthur, der ungeduldig auf meine Ankunft wartete; und ehe wir uns zur Nachtruhe begaben, hatte ich schon die ganze Geschichte erfahren – wie er seine Reise in dem Gefühl, den Ort einfach nicht verlassen zu *können*, bis sich sein Schicksal durch die Hochzeitsfeier unwiderruflich erfüllt habe, von Tag zu Tag verschoben hatte; wie die Vorbereitungen für die Hochzeit und die Aufregung in der Nachbarschaft unvermutet zu einem Ende gekommen waren und er (von Major Lindon bei dessen Abschiedsbesuch) erfahren hatte, daß die Verlobung im gegenseitigen Einverständnis gelöst worden sei; wie er sogleich auf all seine Reisepläne ins Ausland verzichtet und sich entschlossen habe, noch mindestens ein, zwei Jahre in Elfenau auszuharren, bis sich seine neuerlichen Hoffnungen als berechtigt oder falsch erwiesen hatten; und wie er seit jenem denkwürdigen Tage jegliches Zusammentreffen mit Lady Muriel aus Furcht, seine Gefühle zu verraten, ehe er einen hinreichenden Beweis für ihre Wertschätzung besäße, vermieden habe. »Seitdem sind aber fast sechs Wochen vergangen«, schloß er, »und wir können jetzt wie früher mit ihr zusammenkommen, ohne schmerzhafte Erinnerungen zu wekken. Gern hätte ich dir ja all das geschrieben, aber ich hoffte von einem Tag auf den anderen, daß – daß *mehr* zu erzählen sei!«

»Und wie sollte es wohl zu *mehr* kommen, du dummer Narr«, schalt ich ihn liebevoll, »wenn du nicht einmal in ihre Nähe gehst? Erwartest du etwa, daß *sie* den Antrag macht?«

Da mußte Arthur doch lächeln. »Nein«, entgegnete er, »*das* erwarte ich wohl kaum. Aber ich bin eben ein hoffnungsloser Angsthase. Daran besteht kein Zweifel!«

»Und hast du vielleicht gehört, *warum* das Verlöbnis gelöst worden ist?«

»Aber sicher«, antwortete Arthur und begann, an seinen Fingern abzuzählen. »Zuerst erfuhr man, sie sei – aus irgendeinem Grund – für ihn erledigt; deshalb hat *er* es gelöst. Dann erfuhr man, er sei – aus einem anderen Grund – für sie erledigt; deshalb hat *sie* es gelöst. Dann wurde der Major als Berufsspieler entlarvt; deshalb hat der *Earl* es gelöst. Dann beleidigte der Earl ihn; deshalb löste der *Major* es. Alles in allem wurde reichlich viel gelöst!«

»Du weißt das natürlich nur aus den sichersten Quellen?«

»Oh, gewiß! Und mitgeteilt wurde es unter dem Siegel der Verschwiegenheit. An welchen Gebrechen die Bevölkerung von Elfenau auch immer leidet, der *Mangel an Information* gehört bestimmt nicht dazu!«

»Noch *Diskretion*, wie es scheint. Aber ernsthaft, kennst du den wahren Grund?«

»Nein, ich tappe völlig im dunkeln.«

Ich war nicht dazu berechtigt, ihn aufzuklären; daher wechselte ich das Thema und ging zu dem weniger fesselnden der »frischen Milch« über, und wir verständigten uns, daß ich am nächsten Tag bei Hunters Bauernhof vorbeigehen sollte. Arthur konnte mich nur ein Stück Weges begleiten, da er anschließend noch eine geschäftliche Verabredung wahrnehmen mußte.

III. KAPITEL

Morgendämmerung

Der nächste Tag war warm und sonnig, und so machten wir uns in aller Frühe auf den Weg, um noch lange miteinander plaudern zu können, bevor er mich alleinlassen mußte.

»Die Leute in dieser Gegend sind wohl *besonders* arm«, bemerkte ich, als wir an einer Reihe Schuppen vorübergingen, die auf Grund ihres Zustandes die Bezeichnung »Hütten« nicht verdienten.

»Aber die wenigen Reichen leisten auch besonders viel Hilfe«, entgegnete Arthur. »So bleibt das Gleichgewicht gewahrt.«

»Der *Earl* tut bestimmt sehr viel?«

»Er *gibt* großzügig; aber für Aktivitäten ist er nicht mehr gesund oder kräftig genug. Lady Muriel ist aktiver, was Unterricht und Besuche angeht, als sie mir gegenüber zugeben möchte.«

»Dann gehört *sie* wenigstens nicht zu den ›vornehmen Tagedieben‹, die man so häufig in der besseren Gesellschaft antrifft. Ich habe mir schon manchmal überlegt, wie böse es für sie wäre, wenn sie plötzlich ihre *Daseinsberechtigung* nachweisen und begründen müßten, warum sie weiterleben sollten!«

»Die ganze Thematik«, dozierte Arthur, »die sich mit denen auseinandersetzt, die wir als ›vornehme Tagediebe‹ bezeichnen (ich denke dabei an die Menschen, die sich zahlreiche materielle *Besitztümer* einer Gesellschaft aneignen – in Form von Nahrung, Kleidung und so weiter –, ohne als Gegenwert produktive *Arbeit* zu leisten), ist zweifellos kompliziert. Ich habe es mal versucht zu durchdenken. Und mir schien es dabei am einfachsten, mir zuerst eine Gemeinschaft ohne *Geld* vorzustellen, in der Kauf und Verkauf einzig und allein durch *Tauschhandel* vonstatten geht; und alles wird noch einfacher, wenn man Lebensmittel und andere Güter viele Jahre lang *lagern* kann, ohne daß sie verderben.«

»Das ist ein ausgezeichneter Entwurf«, lobte ich. »Welche Lösung bietest du nun für das Problem an?«

»Der normale Typ des ›vornehmen Tagediebs‹ entwickelt sich zweifellos infolge des Geldes, das die Eltern ihren Kindern vererben«, führte Arthur aus. »Deshalb habe ich mir einen Mann vorgestellt – entweder mit ungewöhnlicher Geschicklichkeit oder großer Energie und enormem Fleiß –, der bereits so viel wertvolle Arbeit für die Bedürfnisse der Gesellschaft geleistet hat, daß ihr Gegenwert in Kleidern etc. seine eigenen Bedürfnisse (sagen wir mal) um das Fünffache übersteigt. Wir können ihm das *uneingeschränkte* Recht nicht absprechen, den Überfluß nach seinem Willen zu nutzen. Wenn er *vier* Kinder hinterläßt (sagen wir zwei Söhne und zwei Töchter), die für ihr ganzes Leben mit allem Notwendigen versorgt sind, so kann ich nicht einsehen, daß die *Gesellschaft* irgendwie geschädigt wird, wenn sie in ihrem Leben nichts anderes wollen als ›essen, trinken und fröhlich sein‹.* *Ihnen* gegenüber wäre die Gesellschaft ganz sicher nicht zu der Bemerkung berechtigt: ›*Wer nicht arbeitet, soll auch nicht essen.*‹** Ihre Antwort wäre niederschmetternd. ›Die Arbeit ist bereits geleistet worden, und sie ist ein fairer Gegenwert für die Nahrung, die wir essen; denn ihr habt den Nutzen gehabt. Nach welchem Gerechtigkeitsprinzip kann man *zwei* Anteile Arbeit für *einen* Anteil Nahrung fordern?‹«

»Aber vermutlich steckt doch *irgendwo* ein Fehler«, vermutete ich, »wenn diese vier Menschen sehr wohl zu nützlicher Arbeit fähig sind, diese Arbeit noch dazu von der Gesellschaft *gebraucht* wird und sie nur müßig herumsitzen wollen?«

»Ich halte da *auch* etwas für falsch«, bestätigte Arthur, »aber der Widerspruch scheint mir eher gegenüber einem Gesetz Gottes zu bestehen – daß nämlich jeder nach seinem Vermögen anderen helfen soll – als irgendwelchen *Rechten* seitens der Gesellschaft, damit sie eine Arbeit als Gegenwert für die Nahrung erpreßt, die bereits redlich verdient worden ist.«

»Das Problem stellt sich wahrscheinlich *anders* dar, wenn die ›vornehmen Tagediebe‹ *Geld* statt *materieller Güter* besitzen?«

---

* AdÜ: Prediger 8,15.
** AdÜ: Variante von 2. Thessalonicher 3,10.

»Richtig«, antwortete Arthur, »und der simpelste Fall ist meiner Meinung nach der des *Papier*geldes. *Gold* ist an sich eine Art materielles Gut; dagegen ist eine Banknote bloß ein *Versprechen*, daß dem aufgeführten Betrag entsprechend *materielle* Güter ausgehändigt werden, sobald man dazu aufgefordert wird. Der Vater dieser vier ›vornehmen Tagediebe‹ hat (sagen wir mal) nützliche Arbeit im Wert von fünftausend Pfund für die Gesellschaft geleistet. Als Lohn hat ihm die Gesellschaft eine Art schriftliches Versprechen gegeben, den Gegenwert von fünftausend Pfund in Nahrung etc. zu erstatten, wann immer er darauf besteht. Wenn er nur den Wert von *ein*tausend Pfund für sich selbst benötigt und die übrigen Banknoten seinen Kindern hinterläßt, dann sind sie sicherlich voll im Recht, wenn sie diese geschriebenen Versprechen mit der Forderung *präsentieren:* ›Händigt die Nahrung aus, für die die entsprechende Arbeit bereits geleistet worden ist.‹ Ich halte diesen Fall einer allgemeinen und eindeutigen Darlegung wert. Nicht übel Lust hätte ich, das jenen Sozialisten einzubläuen, die unsere unwissenden Armen mit solchen Parolen aufhetzen wie: ›Kiekt se euch an, de uffjeblasenen Arstokraten! Tun selbst kenen Handschlach un lewen von *unserm* Schweiß!‹ Am liebsten würde ich sie zu der Erkenntnis *zwingen*, daß das *Geld*, das jene ›Arstokraten‹ ausgeben, ebensoviel Arbeit repräsentiert, die für die Gesellschaft *bereits geleistet* worden ist und deren Gegenwert in *materiellen* Gütern eine *Schuld der Gemeinschaft* ist.«

»Könnten die Sozialisten dem nicht entgegnen: ›Das meiste Geld repräsentiert *überhaupt* keine *ehrliche* Arbeit. Wenn man die Eigentümer zurückverfolgen würde, so stieße man – obgleich es verschiedene rechtmäßige Quellen wie etwa ein Geschenk, ein Vermächtnis oder ›Wertzuwachs‹ gibt – wohl bald auf einen Eigentümer, der keinerlei moralisches Recht darauf besäße, sondern der es durch Betrug oder andere kriminelle Delikte erworben hat, so daß seine Erben nicht mehr Recht darauf hätten als *er.*‹«

»Das mag schon stimmen«, erwiderte Arthur. »Müßte man dann nicht aber *zuviel prüfen*, was die Gefahr des Irrtums einschlösse? Das gilt *ebenso* für *materiellen* Reichtum wie für *Geld*. Wenn wir einmal damit anfangen, die Tatsache in Frage zu stellen, daß der *gegenwärtige* Eigentümer eines bestimmten Besitzes ehrlich dazu gekommen ist, und statt dessen untersuchen, ob ihn irgendein früherer Eigentümer vor langer Zeit zusammengeraubt hat, *wer* wäre dann noch seines Besitzes sicher?«

Nach minutenlangem Grübeln gab ich zu, daß er recht hatte.

»Meine allgemeine Schlußfolgerung«, setzte Arthur fort, »allein vom Standpunkt der Menschenrechte sähe so aus: wenn irgendein reicher ›vornehmer Tagedieb‹ rechtmäßig zu seinem Geld gekommen ist, so hat die Gesellschaft nicht das *Recht*, seinen Erwerb von Nahrung und Kleidern zu beeinträchtigen, selbst wenn das Geld nicht mal ein Atom seiner eigenen Leistung repräsentiert und er es allein für seinen Bedarf ausgeben will, ohne einen Beitrag zur Arbeit in der Gesellschaft zu leisten. Aber nach *Gottes* Gesetz sieht die Sache ganz anders aus. An *dieser* Richtschnur gemessen, handelt solch ein Mensch zweifelsohne verwerflich, wenn er die Kraft oder die Fähigkeit zu nutzen versäumt, die ihm Gott zum Guten derer gegeben hat, die sie notwendig brauchen. Kraft und Fähigkeit gehören *nicht* der Gemeinschaft, *der* sie als *Schuld* zurückgezahlt werden müßten; sie gehören *nicht* einmal dem Menschen, damit er sie zu *seinem* Vergnügen einsetzt: sie gehören *allein* Gott, nach Dessen Willen sie genutzt werden sollen; und hinsichtlich Seines Willens können wir keinerlei Zweifel hegen. ›*Tut Gutes und gebet, ohne etwas zurückzuerwarten.*‹«[*]

»Na, jedenfalls gibt ein ›vornehmer Tagedieb‹ oft sehr viel für Wohltätigkeit aus«, meinte ich.

»Für *sogenannte* Wohltätigkeit«, korrigierte er mich. »Verzeih meine scheinbar so *un*barmherzige Formulierung. Nicht einmal im Traum würde ich es *wagen*, diese Einschränkung auf *einzelne* zu beziehen. Aber *im allgemeinen* würde ich doch sagen, daß ein Mensch, der sich jeglichen Luxus *ohne* Einschränkung gestattet und den Armen bloß einen Teil oder sogar den *gesamten Überflüssigen* Reichtum abgibt, sich selbst betrügt, wenn er sowas *Wohltätigkeit* nennt.«

»Aber wenn er auch noch seinen *überflüssigen* Reichtum abgibt,

---

[*] AdÜ: Lukas 6,35.

so beraubt er sich *wahrscheinlich* des Vergnügens wie ein Geizhals zu hamstern?«

»Da gebe ich dir gern recht«, erklärte Arthur. »Wenn er *wirklich* diese krankhafte Sucht hat, so vollbringt er bestimmt eine gute Tat, wenn er sie unterdrückt.«

»Aber selbst wenn sie es nur für *sich* verbrauchen«, beharrte ich, »tun unsere typischen Reichen oft Gutes, indem sie Leute einstellen, die unter anderen Umständen arbeitslos wären; und das ist meist besser, als sie durch *Geldspenden* von der Wohltätigkeit abhängig zu machen.«

»Gut, daß du das gesagt hast!« meinte Arthur. »Ich hätte das Thema nicht gern abgeschlossen, ohne die *beiden* Irrtümer dieser Behauptung aufzudecken – die schon so lange unwidersprochen hingenommen werden, daß die Gesellschaft sie inzwischen als Axiome betrachtet!«

»Worin bestehen sie?« fragte ich. »Mir fällt nicht mal *einer* ein.«

»Zum einen der Irrtum des *Doppelsinns* – die Mutmaßung nämlich, ›*Gutes tun*‹ (das heißt, jemanden fördern) sei notwendigerweise identisch mit ›*eine gute Sache tun*‹ (das heißt, eine *richtige* Sache). Als zweites mutmaßen wir, wenn eine von zwei Taten besser ist als die andere, müsse es sich dabei zwangsläufig um eine *gute* Tat handeln. Ich würde das einen Irrtum des *Vergleichs* nennen – weil er unterstellt, was *vergleichsweise* gut sei, sei folglich auch *absolut* gut.«

»Was wäre dann dein Kriterium für eine gute Tat?«

»Daß wir für sie *unser Bestes* geben sollen«, antwortete Arthur überzeugt. »Und sogar *dann* ›*wir sind unnütze Knechte*.‹* Aber laß mich jetzt einmal die beiden Irrtümer aufzeigen. Nichts verdeutlicht einen Irrtum besser als ein Extrembeispiel, das sich klar darauf bezieht. Angenommen, ich beobachte, wie zwei Kinder im Weiher am Ertrinken sind. Ich stürze mich hinein und rette ein Kind, gehe dann weg und laß das andere ertrinken. Habe ich nicht eindeutig ›*Gutes getan*‹, indem ich das Leben eines Kindes gerettet habe? Aber –. Noch einmal angenommen, ich begegne einem harmlosen Unbekannten, schlage ihn zusammen und gehe

---

* AdÜ: Lukas 17,10.

weiter. Habe ich nicht eindeutig ›*besser*‹ gehandelt, als wenn ich mich noch weiterhin auf ihn gestürzt und ihm sämtliche Rippen gebrochen hätte? Aber –«

»Diese ›Aber‹ lassen sich nicht bestreiten«, gestand ich zu. »Dennoch hätte ich gern ein Beispiel aus dem *täglichen* Leben.«

»Schön, nehmen wir uns einmal eine dieser Abscheulichkeiten unserer modernen Gesellschaft vor, einen Wohltätigkeitsbasar. Es lohnt sich, darüber nachzudenken – wieviel von dem Geld, das den Hilfsbedürftigen zugute kommt, ein Ausdruck˙echter Wohltätigkeit ist; und ob sogar *das* auf die *beste* Weise gegeben wird. Aber die Thematik muß genau klassifiziert und analysiert werden, damit wir sie richtig in den Griff bekommen.«

»Ich wäre für eine Analyse *dankbar*«, erklärte ich. »Es hat mich nämlich schon oft verwirrt.«

»Schön, wenn ich dich bestimmt nicht langweile. Wir wollen annehmen, unser Wohltätigkeitsbasar sei organisiert worden, um ein Hospital finanziell zu unterstützen: und daß A, B und C ihre Arbeitsleistung *zur Verfügung stellen*, indem sie selbst die Artikel herstellen und verkaufen, während X, Y und Z kaufen, und das eingenommene Geld kommt dem Hospital zugute.

Es gibt nun zwei verschiedene Arten solcher Basare: auf dem einen wird nicht mehr als der reine *Marktwert* der verkauften Waren bezahlt, also genau der Ladenpreis; auf dem anderen werden Phantasiepreise verlangt. Wir müssen beide getrennt betrachten.

Zuerst der Fall des ›Marktwertes‹. Hier sind A, B und C in eben derselben Position wie ein normaler Geschäftsinhaber; der einzige Unterschied besteht darin, daß sie ihren Erlös an das Hospital abführen. Praktisch *setzen sie ihre Geschicklichkeit* zum Wohle des Hospitals *ein*. Darin scheint mir echte Wohltätigkeit zu liegen. Und ich wüßte nicht, wie sie es besser anstellen könnten. Dagegen sind X, Y und Z genau in der gleichen Position wie jeder gewöhnliche Käufer. *Ihren* Anteil an dem Geschäft als Wohltätigkeit zu betrachten, ist schierer Unsinn. Trotzdem tun sie das gern.

Zweitens, der Fall des ›Phantasiepreises‹. Hierbei scheint mir das einfachste Verfahren, den Preis in zwei Teile zu gliedern: den ›Marktwert‹ und den Zuschlag darauf. Der ›Marktwert‹ stellt dieselbe Beziehung her wie im ersten Fall: wir müssen darum einzig und allein den *Zuschlag* prüfen. Also A, B und C *bekommen* ihn nicht, deshalb können wir *sie* ausschließen: es ist vielmehr ein Geschenk von X, Y und Z an das Hospital. Und meiner Meinung nach geben sie es nicht auf die beste Weise: weit besser wäre es, wenn sie in zwei voneinander *getrennten* Transaktionen nach freier Entscheidung *kauften* und *spendeten*: *dann* bestünde die Möglichkeit, daß ihre Motive zu spenden einen ganz wohltätigen Charakter hätten, statt eine Mischung zu sein – halb Wohltätigkeit, halb Selbstzufriedenheit. ›Der Schlange Schwanz ist über allem.‹* Und *deshalb* halte ich die ganze geheuchelte ›Wohltätigkeit‹ für *totale* Überheblichkeit!« Er beendete seine Argumentation mit ungewöhnlichem Nachdruck und enthauptete mit seinem Stock eine riesige Distel am Straßenrand, hinter der ich zu meinem Erstaunen Sylvie und Bruno stehen sah. Ich fiel ihm in den Arm, konnte ihn jedoch nicht mehr aufhalten. Ob der Stock sie nun traf oder nicht, war von mir aus nicht klar zu erkennen: jedenfalls nahmen sie nicht die geringste Notiz davon, sondern lächelten fröhlich und nickten mir zu: und sofort war mir klar, daß sie allein *mir* sichtbar waren: das »grißelige« Gefühl hatte auf *Arthur* keinen Einfluß.

»Warum wolltest du sie retten?« erkundigte er sich. »*Das* ist nicht der schmeichlerische Geschäftsführer eines Wohltätigkeitsbasars! Ich wünschte nur, er wäre es!« fügte er grimmig hinzu.

»Weiß'de, der Stock iss mir direkt durch den Kopf gegangen!« beschwerte sich Bruno. (Sie waren inzwischen zu mir gekommen, und ein jedes hatte eine Hand ergriffen.) »Genau unter mein Kinn! *Bin* ich froh, daß ich keine Distel bin!«

»Naja, wir haben *das* Thema ohnehin abgehandelt!« resümierte Arthur. »Ich fürchte, ich habe *deiner* Geduld und meiner Kraft zuviel zugemutet. Ich muß gleich umkehren. Ich bin schon so weit wie möglich mitgegangen.«

---

* AdÜ: Thomas Moore, Lalla Rookh, The Paradies an the Peri.

> *»Bootsmann, dreifach Lohn spend ich;*
> *nimm, ich geb es willentlich;*
> *denn ganz unsichtbar für dich,*
> *hier zwei Elben trafen mich!«**

zitierte ich unwillkürlich.

»Mit deinen ganz und gar unpassenden und unbedeutenden Zitaten wirst du bestimmt ›von wenigen erreicht und von keinem übertroffen‹!« lachte Arthur. Und wir schlenderten weiter.

Als wir an dem Weg vorüberkamen, der hinunter zum Strand führte, bemerkte ich darauf eine einzelne Gestalt, die sich langsam meerwärts bewegte. Sie war ein gutes Stück entfernt und wandte uns den Rücken zu: doch es war unverkennbar Lady Muriel. Obgleich ich bemerkte, daß Arthur sie nicht gesehen hatte, da er die zusammenziehenden Wolken in der anderen Richtung beobachtete, sagte ich zunächst nichts, sondern versuchte einen plausiblen Vorwand zu finden, damit er auf seinem Rückweg am Meer entlang ginge.

Die Gelegenheit ergab sich sogleich. »Ich werde allmählich müde«, bekannte er. »Noch weiterzugehen halte ich nicht für klug. Ich kehre also besser hier um.«

Ich begleitete ihn noch einige Schritte, und als wir uns jenem Weg abermals näherten, schlug ich so beiläufig wie möglich vor: »Geh doch nicht auf der Straße zurück. Sie ist so heiß und staubig. Der Weg dort führt am Ufer entlang und ist fast genauso weit; und du hast gleichzeitig eine frische Meeresbrise.«

»Ja, du hast recht«, begann Arthur; doch gerade da geriet Lady Muriel in unser Blickfeld, und er besann sich eines anderen. »Nein, es ist doch zu weit. Andererseits wäre es *bestimmt* kühler –« Er zögerte und blickte erst auf den einen Weg, dann auf den anderen – ein trauriges Bild völliger Unentschlossenheit.

Wie lange diese erniedrigende Szene noch gedauert hätte, wenn *ich* der einzige äußere Einfluß gewesen wäre, läßt sich unmöglich sagen; denn in diesem Augenblick nahm Sylvie mit einer schnellen Entschlußkraft, die einem Napoleon zur Ehre gereicht

---

* AdÜ: anonym, ins Englische übersetzt von John Louis Upland.

hätte, die Sache in die eigenen Hände. »Du gehst und treibst *sie* den Weg rauf«, befahl sie Bruno. »Und ich werde ihn runtertreiben!« Und sie bemächtigte sich des Stocks, den Arthur in der Hand hielt, und zog ihn daran sanft den Pfad hinunter.

Er war sich gar nicht bewußt, daß ein anderer Wille als der seine auf den Stock einwirkte, und schien zu denken, der habe seine horizontale Lage einfach deswegen eingenommen, weil er damit auf etwas zeigen wollte. »Sind das unter der Hecke da etwa *Orchideen?*« wunderte er sich. »Das entscheidet's. Ich will im Vorbeigehen einige pflücken.«

Inzwischen war Bruno hinter Lady Muriel hergelaufen und schaffte es mit vielem Gehopse und Geschrei (Schreie, die allein Sylvie und ich hörten), als wäre er beim Schafauftrieb, daß sie sich umwandte und mit unschlüssig zu Boden gerichteten Augen auf uns zuging.

Der Sieg war unser! Und da es offensichtlich war, daß die derart beeinflußten Liebenden in nächster Minute *unbedingt* aufeinandertreffen mußten, wandte ich mich ab und ging weiter in der Hoffnung, Sylvie und Bruno möchten meinem Beispiel folgen, denn ich war sicher, je weniger Zuschauer anwesend wären, desto besser für Arthur und seinen guten Engel.

»Und wie war die Begegnung?« wollte ich gern wissen, während ich träumend weiterging.

IV. KAPITEL

Der Hunde-König

»Sie ham sich die Hand gegeben«, berichtete Bruno, der an meine Seite gelaufen kam, und beantwortete damit meine unausgesprochene Frage.

»Und sie haben *sehr* glücklich ausgesehen!« fügte Sylvie von der anderen Seite hinzu.

»Schön, aber wir müssen jetzt so schnell wie möglich weiter!« drängte ich. »Wenn ich bloß den kürzesten Weg zu Hunters Hof wüßte!«

»Die da in der Hütte kennen ihn bestimmt«, meinte Sylvie.

»Ja, das denke ich auch. Bruno, würdest du bitte mal reingehen und fragen?«

Lachend hielt ihn Sylvie zurück, als er wegrennen wollte. »Nicht so eilig«, mahnte sie. »Ich muß dich doch erst noch *sichtbar* machen.«

»Und bestimmt auch *hörbar?*« mutmaßte ich, als sie das Juwel von ihrem Hals nahm, es über seinem Kopf schwenkte und Augen und Lippen damit berührte.

»Ja«, bestätigte Sylvie, »und wissen Sie, *einmal* habe ich ihn *hörbar* gemacht und vergessen, ihn sichtbar zu machen! Und er ist in einen Laden gegangen, um ein paar Bonbons zu kaufen. Der Mann *war* vielleicht erschrocken! Eine Stimme schien aus dem Nichts zu sagen: ›Ich möchte fünfzig Gramm Malzbonbons, bitte!‹ Und dann fiel ein Schilling *knallend* auf die Theke! Und der Mann sagte: ›Ich kann dich ja gar nicht *sehen!*‹ Und Bruno sagte: ›Es iss nich nötig, mir zu sehn, so lang de den Schilling sehn kannst!‹ Aber der Mann sagte, er habe seine Malzbonbons noch niemals an Leute verkauft, die er nicht *sehen* könne. Deshalb mußten wir – *Jetzt* bist du fertig, Bruno!« Und er sauste los.

Sylvie nutzte die Wartezeit dazu, *sich* ebenfalls sichtbar zu machen. »Es ist ziemlich peinlich, wissen Sie«, erklärte sie mir, »wenn wir Leuten begegnen, und sie können *einen* von uns sehen und den *anderen* nicht!«

Nach ein oder zwei Minuten kehrte Bruno zurück und blickte ziemlich finster drein. »Er hatte Freunde zu Besuch, un er war sehr *grob*«, klagte er. »Er hat mich gefragt, wer ich wär. Un ich hab gesagt: ›Ich bin Bruno: wer iss *diese* Leut?‹ Un er hat gesagt: ›Ener iss mein Halbbruder, die andre meine Halbschwester: un ich will keine weiteren Gäste! Also raus mit der!‹ Un ich hab gesagt: ›Ich kannich *ohne* mich rausgehn!‹ Un ich hab gesagt: ›Du solltest nich Stückchen von Leuten so rumliegen lassen! Das iss sehr unordentlich!‹ Un er hat gesagt: ›Wie reds'de denn mit *mir!*‹ Un er hat mich rausgewerft! Un er hat die Tür geschließt!«

»Und du hast nicht gefragt, wo Hunters Hof liegt?« erkundigte sich Sylvie.

»Hatte keinen Platz für Fragen«, behauptete Bruno. »Das Zimmer war zu voll.«

»Drei Leute *können* kein Zimmer füllen«, zweifelte Sylvie.

»Sie ham's aber getan«, beharrte Bruno. »Un *er* hat's am meisten gefüllt. Er iss so ein *ganz* dicker Kerl – de könntest ihn nich mal niederstoßen.«

Mir schien die Logik von Brunos Argument nicht einsichtig. »Ich bin sicher, man kann jeden niederstoßen«, widersprach ich, »ob dick oder dünn spielt keine Rolle.«

»*Den* könntes'de aber nich niederstoßen«, bekräftigte Bruno. »Er iss mehr breiter als groß: deshalb iss er im Liegen mehr größer als im Stehen: drum kanns'de ihn bestimmt nich *nieder*stoßen!«

»Hier ist noch eine Hütte«, sagte ich. »*Diesmal* werde *ich* mich nach dem Weg erkundigen.«

Ich brauchte die Hütte erst gar nicht zu betreten, da eine Frau mit einem Baby im Arm an der Tür stand und mit einem korrekt gekleideten Mann sprach – vermutlich ein Bauer –, der wohl auf dem Weg in die Stadt war.

»– un wenn't wat to *supen* givt«, bemerkte er gerade. »is Eehr Willi de Schlimmste ut den Hupen. Det hät man mi sächt. He ward ganz un gor verrückt dobi!«

»Ick ha se schon för twölf Monaden eehre Lögen vörsmeten!«
jammerte die Frau. »Doch nu kann ick nich! Ick kann nich!« Sie
hielt inne, da sie unser gewahr wurde, kehrte hastig ins Haus zurück und schloß die Tür.

»Vielleicht können Sie mir sagen, wo Hunters Hof liegt?«
fragte ich den Mann, als er sich vom Haus entfernte.

»*Dat* kann ick, min Heer! Ick bin sölms John Hunter, to Eehrn
Deensten. De Hoff licht nur ne halbe Miel wider – dat einzige
Huß, wat to sehn is, wenn Se do achtern um die Eck komm don.
Do finden Se mine Fru to Huß, wenn Se mit *eehr* wat to beschnak-
ken ham. Oder kann ick Se helpen.«

»Danke«, sagte ich. »Ich möchte gern Milch bestellen. Vielleicht sollte ich das besser mit Ihrer Frau regeln?«

»Jo«, meinte der Mann. »*Se* kümmert sick um all *dat*. Nen schönen Dach noch, min Heer – un ok Eehren schmucken Kinnern!«
Und er ging schwerfällig weiter.

»Er hätt' ›*Kind*‹ un nich ›*Kinnern*‹ sagen sollen«, kritisierte
Bruno. »Sylvie iss kein *Kinnern*!«

»Er hat doch uns *beide* gemeint«, erklärte Sylvie.

»Nein, hat er nich!« beharrte Bruno. »Weil er ›schmuck‹ ge-
sacht hat, klar!«

»Also, jedenfalls hat er uns beide *angesehen*«, behauptete Sylvie.

»Na, dann *muß* er doch gesehn haben, daß wir nich *beide*
schmuck sinn!« parierte Bruno. »*Natürlich* bin ich viel häßlicher
als *du*! Hat er nich Sylvie gemeint, mein Herr Mann?« rief er über
die Schulter, während er davonrannte.

Doch eine Antwort erwies sich als überflüssig, denn er war bereits um die Straßenecke verschwunden. Als wir ihn wieder ein-
holten, erklomm er gerade ein Gatter und starrte ernst auf eine
Wiese, wo ein Pferd, eine Kuh und ein Zicklein friedlich zusammen weideten. »Als Vater ein *Pferd*«, murmelte er vor sich hin.
»Als Mutter eine *Kuh*. Als liebes Kindchen eine *kleine* Ziege; das
iss das Ulkigste, was ich je in meiner Welt gesehn hab!«

»Bruno-Welt!« grübelte ich. »Ja, ich denke, jedes Kind hat
seine eigene Welt – wie auch jeder Erwachsene. Wissen möchte
ich gern, ob es *deswegen* so viele Mißverständnisse im Leben
gibt?«

»Das *müßte* Hunters Bauernhof sein!« meinte Sylvie und deutete auf ein Haus am Berghang, zu dem ein Fahrweg hinauf-
führte. »Soweit das Auge reicht gibt es nämlich in dieser Richtung keinen anderen Hof; und Sie haben gesagt, wir müssen ja
bald da sein.«

Zwar hatte ich es *gedacht,* während Bruno das Gatter erstieg,
aber ich konnte mich nicht entsinnen, es *gesagt* zu haben. Trotzdem hatte Sylvie sicher recht. »Herunter mit dir, Bruno«, befahl
ich, »öffne uns lieber das Gatter.«

»Es iss doch gut, daß wir bei dir sinn, nich *wahr;* mein Herr
Mann?« meinte Bruno, als wir über die Wiese gingen. »Der große
Hund da hätt dich sonst vielleicht gebissen! Du brauchst keine
Angst vor ihm zu ham!« flüsterte er und drückte mir ganz fest die
Hand, um mir Mut zu machen. »Er sinn nich scharf!«

»Scharf!« echote Sylvie spöttisch, als der Hund – ein prächtiger Neufundländer –, der in mächtigen Sätzen die Wiese überquert hatte, graziös um uns herumsprang und uns mit kurzem,
freudigem Gebell willkommen hieß. »Scharf! Sieh doch, der ist
sanft wie ein Lamm! Das ist – na Bruno, erkennst du ihn nicht?
Das ist doch –«

»Das *iss* er!« jubelte Bruno, stürmte los und schlang die Arme
um den Hals des Hundes. »Ei, du *lieber* Hund!« Und es war, als
wollten die beiden Kinder gar nicht mehr aufhören, ihn zu umarmen und zu streicheln.

»Wie, zum Kuckuck, iss er bloß *hier* hingekommen?« wunderte
sich Bruno. »Frag du ihn, Sylvie. Ich weiß nich wie.«

Und dann setzte eine intensive Plauderei in Hündisch ein, die
ich natürlich nicht verstehen konnte; *erraten* konnte ich nur, daß
ich inzwischen zum Gesprächsthema geworden war, als mich die
schöne Kreatur mit einem verstohlenen Blick streifte und Sylvie
etwas ins Ohr flüsterte. Sylvie blickte sich lachend um.

»Er hat mich gefragt, wer Sie sind«, erklärte sie. »Und ich habe
ihm geantwortet: ›Das ist unser *Freund.*‹ Und dann hat er gefragt:
›Wie heißt er denn?‹ Und ich habe gesagt: ›*Mein Herr Mann.*‹«
Und da hat er ›Quatsch‹ gesagt.«

»Wie heißt denn ›Quatsch!‹ auf Hündisch«, erkundigte ich
mich.

»Es klingt genauso wie Englisch«, sagte Sylvie. »Nur wenn ein *Hund* es sagt, dann klingt es wie ein Flüstern, das heißt halb *Husten*, halb *Bellen*. Nero, sag ›Quatsch!‹«

Und Nero, der uns abermals umkreiste, sagte verschiedene Male »Quatsch!«; und ich fand, daß Sylvie den Klang exakt beschrieben hatte.

»Ich wüßte gern, was hinter dieser langen Mauer liegt?« sagte ich, während wir weitergingen.

»Da liegt der *Obstgarten*«, antwortete Sylvie, nachdem sie Nero konsultiert hatte. »Seht mal, da hinten springt ein Junge von der Mauer. Und jetzt rennt er über die Wiese davon. Ich glaube, er hat Äpfel gestohlen.«

Bruno wollte die Verfolgung aufnehmen, doch nach wenigen Augenblicken kam er schon wieder zurück, da er den kleinen Schurken offensichtlich nicht mehr einholen konnte.

»Ich konnt ihn nich kriegen!« keuchte er. »Wär ich doch bloß nich so spät losgelaufen. Seine Taschen waren *voller* Äpfel!«

Der Hunde-König blickte zu Sylvie auf und sagte etwas in Hündisch.

»Ja, aber *klar* kannst du das!« rief Sylvie. »Wie dumm, daß ich nicht selbst daran gedacht habe! *Nero* will ihn für uns aufhalten, Bruno! Aber ich mache ihn besser erst unsichtbar.« Und hastig zog sie das magische Juwel hervor und schwenkte es über Neros Kopf und Rücken.

»Das reicht!« rief Bruno ungeduldig. »Faß ihn, gutes Hundchen!«

»Oh, Bruno!« tadelte Sylvie. »Du hättest ihn nicht so schnell fortschicken dürfen. Sein Schwanz ist noch sichtbar!«

Unterdessen hetzte Nero wie ein Windhund die Wiese hinunter: wenigstens schloß ich das aus dem, was *ich* sehen konnte – nämlich den langen, buschigen Schwanz, der gleich einem Meteor durch die Luft zog –, und sekundenschnell hatte er den kleinen Dieb eingeholt.

»Er hält ihn am Fuß fest!« rief Sylvie, die die Jagd gespannt beobachtet hatte. »Du kannst dir Zeit lassen, Bruno!«

So gingen wir ganz gemächlich die Wiese hinunter dorthin, wo der Bursch ziemlich erschrocken stand. Einen so seltsamen An-

blick hatte ich noch nie bei meinen »grißeligen« Erlebnissen. Sein ganzer Körper außer dem linken Fuß bewegte sich aufs heftigste, und der schien am Boden angeleimt – da nichts Sichtbares ihn aufhielt: während ein klein wenig entfernt der lange, buschige Schwanz würdevoll hin und her wedelte, was besagte, daß die ganze Affaire wenigstens für Nero nur ein herrliches Spiel war.

»Was ist mit dir los?« erkundigte ich mich so ernst wie möglich.

»Hev en Krammf in de Knoken!« antwortete der Dieb ächzend. »Un min Foot is inschlopen!« Und er schluchzte vernehmlich.

»Jetzt hör mal zu!« befahl Bruno und baute sich vor ihm auf. »Du gibst sofort die Äpfel raus!«

Der Bursch warf einen flüchtigen Blick auf mich, doch schien er *meiner* Intervention keinen Wert beizumessen. Dann warf er einen Blick auf Sylvie: aber zweifellos zählte *sie* auch nicht viel. Darauf faßte er wieder Mut. »Do müssen schon anre kommen, um se zu kriegen!« erwiderte er trotzig.

Sylvie schwieg und tätschelte den unsichtbaren Nero. »Ein *wenig* fester!« wisperte sie. Und ein spitzer Schrei des zerlumpten Jungen zeigte, wie prompt der Hunde-König reagierte.

»Was ist denn *jetzt* los?« fragte ich. »Ist dein Knöchel noch schlimmer geworden?«

»Un er wird schlimmer un schlimmer«, versicherte ihm Bruno feierlich, »bis de die Äpfel rausgibst!«

Allem Anschein nach gewann der Dieb endlich dieselbe Überzeugung, denn er begann mürrisch, die Äpfel aus seinen Taschen zu holen. Die Kinder standen ein wenig abseits und sahen zu, und Bruno tanzte verzückt zu jedem neuen Geheul, das Nero dem entsetzten Gefangenen entlockte.

»Dat is alles«, meinte der Junge endlich.

»Das iss *nich* alles!« widersprach Bruno. »Du hast noch drei in der Tasche!«

Sylvie gab dem Hunde-König noch einmal einen kurzen Wink – abermals stimmte der Dieb, nun auch als Lügner überführt, ein schrilles Geschrei an –, und die restlichen drei Äpfel wurden zurückerstattet.

»Laß ihn jetzt bitte los«, sagte Sylvie in Hündisch, und der

315

Bursche hinkte mit langen Schritten davon, blieb aber noch dann und wann stehen, um sich den schmerzenden Knöchel zu reiben, wohl aus Furcht, der »Krammf« könne ihn abermals befallen.

Bruno rannte mit seiner Beute zurück zur Gartenmauer und warf die Äpfel nacheinander hinüber. »*Einige* werden ja wohl leider unter falschen Bäumen liegen!« keuchte er, als er uns wieder einholte.

»*Falsche* Bäume!« lachte Sylvie. »Bäume *können* nicht falsch sein! Es gibt gar keinen *falschen* Baum!«

»Dann gibt es auch keine *richtigen* Bäume!« behauptete Bruno. Und Sylvie gab sich in diesem Punkt geschlagen.

»Warten Sie bitte eine Minute!« sagte sie zu mir. »Ich muß Nero nämlich noch *sichtbar* machen!«

»Nein, *bitte* nicht!« rief Bruno, der unterdessen auf den königlichen Rücken gestiegen war und gerade das königliche Haar zu einem Zaumzeug drehte. »Er iss so lustig, wie er iss!«

»Also schön, er sieht ja *wirklich* ulkig aus«, gestand Sylvie zu und ging den Weg zum Bauernhof voran, wo die Bauersfrau stand, die augenblicklich auf Grund der sich nähernden komischen Prozession äußerst verblüfft war. »Da is wat mit min Brill nich in Ordnung!« murmelte sie, nahm sie ab und rieb sie eifrig mit einem Zipfel ihrer Schürze.

Inzwischen hatte Sylvie Bruno hastig von seinem Roß heruntergehoben und hatte eben noch Zeit, Seine Majestät vollständig sichtbar zu machen, bevor die Brille wieder ihren angestammten Platz einnahm.

Jetzt war alles in Ordnung: doch die Frau blickte dennoch ein wenig unbehaglich drein. »Meine Sehkraft läßt langsam nach«, meinte sie, »aber jetzt kann ich euch sehen, meine Lieben! Ihr gebt mir doch einen Kuß?«

Bruno ging auf der Stelle hinter meinem Rücken in Deckung: aber Sylvie bot *ihr* Gesicht dar, um sich stellvertretend für *beide* küssen zu lassen, und wir gingen zusammen hinein.

V. KAPITEL

Matilda Jane

»Komm her, kleiner Mann«, sagte unsere Gastgeberin und nahm Bruno auf den Schoß, »und erzähl mir alles.«

»Das kann ich nich«, behauptete Bruno. »Dazu iss keine Zeit. Außerdem weiß ich nich alles.«

Die gute Frau war ein wenig verwirrt und wandte sich hilfesuchend an Sylvie. »*Reitet* er vielleicht gern?« fragte sie.

»Ja, ich *glaube* schon«, antwortete Sylvie höflich. »Er ist eben auf *Nero* geritten.«

»Aha, Nero ist wohl der stattliche Hund? Bist du schon draußen bei den *Pferden* gewesen, mein kleiner Mann?«

»*Immer!*« versicherte Bruno. »War noch nie bei denen *drinnen*. *Du* etwa?«

An dieser Stelle hielt ich eine Einmischung für gegeben, um den eigentlichen Grund unseres Besuches anzusprechen und um sie für eine Weile vor Brunos verblüffenden Fragen zu verschonen.

»Und die lieben Kinder mögen *bestimmt* ein Stück Kuchen!« bot die Bäuerin gastfreundlich an, nachdem das Geschäftliche geregelt war, und sie öffnete einen Schrank und holte Kuchen hervor. »Aber verschmäh die Kruste nicht, kleiner Mann!« fügte sie hinzu, als sie Bruno ein großes Stück überreichte. »Du weißt doch, was die Sprichwörtersammlung über Verschwendung sagt?«

»Nö«, bekannte Bruno. »Was sacht er darüber?«

»Sag's ihm, Bessie!« Und die Mutter blickte stolz und liebevoll auf ein rosiges kleines Mädchen, das eben schüchtern ins Zimmer gekrabbelt war und sich nun an ihr Knie lehnte. »Was sagt deine Sprichwörtersammlung über Verschwendung?«

»*Der Verschwendung ohne Not folgt Verschuldung ohne Brot**«, rezitierte Bessie schier unhörbar, »*und später sagst du dann: ›Wie wünscht ich doch die Kruste her, dann äß ich noch woran!‹*«

»Nun versuch du es mal aufzusagen, mein Liebling! *Der Ver –*«

»*Der Vers-Wendung ohne –* irgendwas –« begann Bruno ganz bereitwillig; und dann trat Totenstille ein. »Weiß nich weiter!«

»Na schön, aber was *lernst* du denn daraus? *Das* kannst du uns doch bestimmt sagen?«

Bruno aß noch etwas Kuchen und überlegte: doch die Moral schien ihm nicht einleuchtend.

»Immer zu –«, soufflierte ihm Sylvie leise.

»Immer zu –«, wiederholte Bruno zögernd, und dann dank plötzlicher Eingebung: »Immer zu sehn, wo se hinkommt!«

»Wo *was* hinkommt, Liebling?«

»Na die Kruste, türlich!« behauptete Bruno. »Wenn ich dann dauernd sach: ›*Wie wünsch ich doch die Kruste her –*‹ (un all das), möcht ich doch wissen, wo ich se hingewurft hab!«

Diese neuartige Interpretation verwirrt die gute Frau vollends. Sie wandte sich wieder dem Thema »Bessie« zu. »Würdet ihr nicht gern Bessies Püppchen sehen, meine Lieben? Bessie, nimm die kleine Lady und den kleinen Gentleman mit und zeig ihnen Matilda Jane.«

Bessies Schüchternheit schmolz sogleich dahin. »Matilda Jane ist gerade aufgewacht«, unterrichtete sie Sylvie vertraulich. »Hilfst du mir beim Zubinden des Kleidchens? Die Schnüre *machen* solche Mühe!«

»Ich kann *Schnüre* binden«, erklärte Sylvie bereitwillig, als die beiden Mädchen gemeinsam das Zimmer verließen. Bruno ignorierte das Geschehen vollkommen, schlenderte ans Fenster und blickte mit der Miene eines Mannes von Welt hinaus. Kleine Mädchen und Püppchen ließen ihn völlig kalt.

Und auf der Stelle mußte mir die vernarrte Mutter erzählen (und welche Mutter täte das nicht), welche Tugenden Bessie besäße (und auch welche Fehler), und wie viele furchtbare Krank-

---

* AdÜ: aus James Kelly, A Complete Collection of Scotish Proverbs Explained and Made Intelligible to English Reader, 1721.

318

heiten sie überstanden habe, die sie ungeachtet ihrer frischen, roten Wangen und ihrer pummeligen Gestalt immer wieder vom Angesicht der Erde hinwegzuraffen drohten.

Als der reiche Strom liebevoller Erinnerungen nahezu versiegt war, begann ich sie über die arbeitsfähigen Männer in der Nachbarschaft und besonders über jenen »Willi« auszuhorchen, von dem wir erfahren hatten, als wir vor dessen Hütte standen. »Er war einmal ein netter Kerl«, urteilte meine gütige Gastgeberin: »aber der Schnaps hat ihn völlig ruiniert! Nicht, daß ich ihnen den Schnaps verbieten würde – den meisten tut er ja ganz gut – aber einige sind einfach zu schwach, um der Verlockung zu widerstehen: wegen *denen* ist es jammerschade, daß sie den Goldenen Löwen gleich an der Ecke gebaut haben.«

»Den Goldenen Löwen?« wiederholte ich.

»Das ist die neue Kneipe«, erklärte meine Gastgeberin. »Und sie ist für die Arbeiter bequem zu erreichen, wenn sie, wie heute wohl wieder, mit ihrem Wochenlohn aus der Ziegelbrennerei kommen. Ein ganzer Haufen Geld wird da auf den Kopf gehauen. Und etliche betrinken sich.«

»Täten sie es doch wenigstens zu Hause –,« grübelte ich und sprach die Worte unbewußt laut.

»Das wäre gut!« rief sie eifrig aus. An diese Lösung des Problems hatte sie offensichtlich bereits gedacht. »Wenn man es bloß einrichten könnte, daß jeder Mann sein eigenes kleines Fäßchen zu Hause hätte – dann gäbe es landauf, landab wohl kaum einen Betrunkenen!«

Und so erzählte ich ihr denn die alte Geschichte – von einem gewissen Häusler, der ein Fäßchen Bier kaufte und seiner Frau die Rolle der Schankwirtin übertrug: und wie er für jeden Krug Bier bezahlen mußte, daß sie ihm niemals etwas auf »Pump« gab und sich als unbeugsame Schankwirtin stets nach den Eichstrich richtete, und wie sie bei jeder neuen Füllung nicht nur mit dem Geld auskam, sondern sogar noch etwas für den Sparstrumpf übrig hatte: und daß er sich am Ende des Jahres zum einen völlig gesund und geistig auf der Höhe fühlte, und zwar mit der unbestimmbaren, doch völlig unmißverständlichen Miene, die einen maßvollen Menschen stets vor einem auszeichnet, der »einen

Tropfen zu viel zur Brust« nimmt, zum anderen sah er sich im Besitz einer Kiste voller Geld, alles Ersparnisse von seinen eigenen Pennies.

»Wenn sie nur alle so handeln würden!« meinte die gute Frau und wischte sich über die Augen, die ihr vor gütiger Anteilnahme übergingen. »Schnaps brauchte nicht der Fluch zu sein, der er jetzt für einige ist —«

»Nur ein *Fluch*«, korrigierte ich, »wenn man ihn falsch verwendet. Jede Gabe Gottes kann zum Fluch werden, wenn wir nicht vernünftig mit ihr umgehen. Aber jetzt müssen wir wieder nach Hause. Würden Sie bitte die beiden Mädchen rufen. Matilda Jane hat für *heute* bestimmt lange genug Besuch gehabt!«

»Ich finde sie sofort«, meinte meine Gastgeberin und erhob sich, um das Zimmer zu verlassen. »Aber vielleicht hat ja der kleine Mann gesehen, wo sie hingegangen sind?«

»Wo sind sie, Bruno?« erkundigte ich mich.

»Sie sinn nich auf der Wiese«, antwortete Bruno ziemlich ausweichend, »weil da nur *Schweine* sinn, un Sylvie iss kein Schwein. Unterbrich mich jetz nich mehr, denn ich erzähl der Fliege da gerad 'ne Geschichte, un se will einfach nich aufpassen!«

»Ich möchte wetten, sie sind bei den Äpfeln!« vermutete die Bäuerin. So ließen wir Bruno allein zurück, damit er seine Geschichte beenden konnte, und gingen hinaus in den Obstgarten, wo wir bald schon auf die Kinder stießen, die Seite an Seite ernsthaft dahinschlenderten, und während Sylvie das Püppchen hielt, beschattete die kleine Bess sein Gesicht sorgsam mit einem großen Kohlkopfblatt, das ihm als Sonnenschirm diente.

Bei unserem Anblick ließ die kleine Bess ihr Kohlkopfblatt fallen und kam auf uns zugelaufen, während Sylvie gemessenen Schrittes folgte, denn ihre Last bedurfte offensichtlich großer Sorgfalt und Aufmerksamkeit.

»Ich bin seine Mama, und Sylvie ist seine oberste Amme«, erklärte Bessie, »und Sylvie hat mir ein hübsches Lied für Matilda Jane beigebracht.«

»Laß es uns auch einmal hören«, verlangte ich, entzückt, sie endlich einmal singen zu hören. Doch Sylvie ward im Nu schüchtern und bange. »Nein, *bitte nicht*!« sagte sie als ernstes »Aparte«

zu mir. »Bessie kennt es inzwischen auswendig. Sie kann es singen!«

»Ja, ja! Bessie soll es singen!« bekräftigte die Mutter. »Bessie hat eine hübsche Stimme« (dies wieder als ein »Aparte« zu mir hin), »obgleich ich das eigentlich nicht sagen dürfte!«

Bessie war nur zu glücklich, diesem »Dacaporuf« zu willfahren. So setzte sich denn die pummelige kleine Mama mit ihrer häßlichen Tochter, die sie steif über ihren Schoß legte (es war eine von jener Machart, die sich trotz *aller* erdenklichen Mühe nicht zum Sitzen zwingen läßt), zu unseren Füßen nieder und vor Freude strahlend begann sie das Wiegenlied mit einem Gekreische, als *sollte* das arme Baby vor Schreck in Ohnmacht fallen. Die oberste Amme kauerte sich hinter ihren Rücken und hielt sich respektvoll im Hintergrund, die Hände auf den Schultern ihrer kleinen Herrin, um bei Bedarf jederzeit zu soufflieren und dafür zu sorgen, *»daß das Gedächtnis treu ihr blieb«.*

Das einsetzende Gekreische erwies sich nur als momentaner Kraftaufwand. Bald schon dämpfte Bessie ihre Stimmkraft und sang mit leiser, aber sehr lieblicher Stimme weiter. Zuerst waren ihre großen schwarzen Augen auf ihre Mutter gerichtet, dann aber wanderte ihr Blick empor zu den Äpfeln, und sie schien sich gar nicht mehr bewußt zu sein, daß noch andere Zuhörer außer ihrem Baby und der obersten Amme existierten, die ein-, zweimal fast unhörbar die richtige Note einfügte, als die Sängerin ein wenig »monoton« zu werden drohte.

»Matilda Jane, siehst nie gespannt
an Spielzeug oder Bilderband:
willst niemals hübsche Sachen sehn –
du bist wohl blind, Matilda Jane!

Les Rätsel oder Märchen dir,
doch du sagst gar kein Wort zu mir:
du sprichst nie, was ich auch erwähn' –
du scheinst mir taub, Matilda Jane!

Matilda, Liebling, ruf ich dich,
so reagierst du nicht auf mich:
umsonst mein Rufen und mein Flehn –
denn du bist stumm, Matilda Jane!

Matilda Jane, nimm das nicht krumm:
bist du auch taub und blind und stumm,
liebt dich noch eine, wie ich wähn',
und die bin ich, Matilda Jane!«

Bei den ersten drei Versen vernachlässigte sie ziemlich die Betonung, doch die letzte Strophe inspirierte das kleine Mädchen offenkundig. Ihre Stimme schwoll klarer und lauter an, ihr Gesicht spiegelte schieres Entzücken wider, und bei den letzten Worten drückte sie die unaufmerksame Matilda Jane ganz fest an ihr Herz.

»Küß sie jetzt!« soufflierte die oberste Amme. Und im Nu war das einfältige, ausdruckslose Gesicht des Babys mit einem Schwall leidenschaftlicher Küsse bedeckt.

322

»Was für ein hübsches Lied!« lobte die Bäuerin. »Von wem ist der Text, Liebling?«

»Den Text hat Sylvie gemacht«, informierte uns Bessie, stolz ob ihrer genauen Kenntnis, »und Bruno hat die Melodie gemacht –, und *ich* hab's gesungen!« (nebenbei bemerkt, der letztere Sachverhalt bedurfte uns gegenüber keine Erwähnung.)

Wir folgten Sylvie und betraten gemeinsam die Wohnstube. Bruno stand immer noch am Fenster, die Ellbogen auf den Sims gestützt. Offensichtlich hatte er die Geschichte für die Fliege beendet und eine neue Beschäftigung gefunden. »Stört mich nich!« befahl er bei unserem Eintritt. »Ich zähl gerad die Schweine auf der Wiese!«

»Wie viele sind es denn schon?« erkundigte ich mich.

»Ungefähr tausendundvier«, behauptete Bruno.

»Du meinst wohl: ›Ungefähr tausend‹«, korrigierte ihn Sylvie. »Man sagt nicht ›undvier‹: du kannst bei den *Vieren* nicht sicher sein!«

»Un du bist wie stets im Irrtum!« triumphierte Bruno. »Es iss gerad die *Vier*, bei denen ich sicher sein *kann*; weil die direkt hier unterm Fenster rumwühlen! Es iss die *Tausend*, bei denen ich nich vollkommen sicher bin!«

»Aber einige von ihnen sind schon in den Koben gegangen«, meinte Sylvie, lehnte sich über ihn und schaute ebenfalls aus dem Fenster.

»Ja«, bestätigte Bruno, »aber sie sinn so langsam un einzeln gegangen, daß ich *sie* mitzuzählen keinen Grund sah.«

»Wir müssen jetzt aber gehen, Kinder«, mahnte ich. »Sagt Bessie auf Wiedersehen.« Sylvie nahm das kleine Mädchen in die Arme und küßte es: doch Bruno stand abseits und wirkte sehr verlegen. (»Ich küsse niemals *niemanden* außer Sylvie!« erklärte er mir später.) Die Bäuerin führte uns hinaus: und bald befanden wir uns auf dem Rückweg nach Elfenau.

»Das scheint die neue Kneipe zu sein, über die wir gesprochen haben?« bemerkte ich, als ein langes, niedriges Gebäude mit den Worten »DER GOLDENE LÖWE« über dem Eingang in Sicht kam.

»Ja, das stimmt«, bestätigte Sylvie. »Ich möchte doch mal

gerne wissen, ob *ihr* Willi drinnen ist! Lauf rein, Bruno, und sieh mal nach!«

Da *ich* mich gewissermaßen für Bruno verantwortlich fühlte, griff ich ein. »An solch einen Ort kann man keine Kinder schikken.« Denn die Zechbrüder randalierten bereits, und ein wildes Gekröhle, das sich aus Singen, Schreien und sinnlosem Gelächter zusammensetzte, drang zu uns durch das offene Fenster.

»Sie werden ihn doch gar nicht *sehen*«, erklärte Sylvie. »Warte eine Minute. Bruno!« Sie drückte das Juwel, das stets um ihren Hals hing, zwischen den Handflächen und murmelte einige Worte vor sich hin. Was sie sagte, konnte ich nicht verstehen, doch an uns vollzog sich scheinbar eine geheimnisvolle Veränderung. Nicht länger schienen meine Füße den Boden zu drücken, und das traumartige Gefühl überkam mich, ich hätte plötzlich die Macht, durch die Luft zu schweben. Schattenhaft und verschwommen konnte ich gerade noch die Umrisse der Kinder *wahrnehmen*, und ihre Stimmen klangen so unwirklich wie aus fernem Raum und ferner Zeit. Ich weigerte mich nun nicht länger, Bruno das Haus betreten zu lassen. In kürzester Zeit war er wieder zürück. »Nein, er iss noch nich da«, berichtete er. »Sie unterhalten sich gerade darüber, wie betrunken er letzte Woche war.«

Während er das sagte, torkelte einer der Männer, eine Pfeife in der einen, einen Krug Bier in der anderen Hand, zur Tür heraus und überquerte die Straße, wo wir standen, um einen besseren Blick zu haben. Zwei oder drei andere lehnten aus dem offenen Fenster, ein jeder mit rotem Gesicht, müdem Blick und einem Krug Bier. »Kannst de ehm sehn, Kirl?« fragte einer von ihnen.

»Ick weet nich«, meinte der Mann und trat einen Schritt vor, so daß er uns fast Auge in Auge gegenüberstand. Sylvie zog mich hastig aus dem Weg. »Danke, Kind«, sagte ich. »Ich hatte völlig vergessen, daß er uns nicht sehen kann. Was wäre denn geschehen, wenn ich stehengeblieben wäre?«

»Keine Ahnung«, sagte Sylvie ernst. »*Uns* hätte es nichts ausgemacht; aber bei *Ihnen* mag das etwas anderes sein.« Sie sagte es mit normaler Lautstärke, doch der Mann nahm davon keinerlei Notiz, obgleich sie dicht vor ihm stand und ihn beim Sprechen anblickte.

»Er kommt jetzt!« schrie Bruno und zeigte die Straße hinunter.

»He kummt jäzz!« echote der Mann und deutete mit seiner Pfeife genau über Brunos Kopf hinweg.

»Dann nochmo den *Värs*!« schrie einer der Männer mit hochrotem Kopf im Fenster, und sofort kreischten ein Dutzend zu einer schrillen, disharmonischen Melodie das Lied:

> *»Trink, trink Brüderlein trink,*
> *laß doch die Sorgen zuhaus'!«*

Der Mann torkelte wieder ins Haus zurück und stimmte dabei kräftig in den Chor ein: so waren nur die Kinder und ich auf der Straße, als »Willi« auftrat.

VI. KAPITEL

Willis Weib

Er stürzte geradewegs auf die Kneipentür zu, doch die Kinder fingen ihn ab. Sylvie hielt ihn am Arm, während Bruno von der anderen Seite mit aller Kraft drückte und Schreie wie »Hü! Hü! Heja!« artikulierte, die er bei Fuhrleuten aufgeschnappt hatte.

»Willi« nahm nicht die mindeste Notiz von ihnen: die simpele Erkenntnis, daß *etwas* ihm Einhalt gebot, hielt er in Ermangelung einer anderen Möglichkeit wohl für seinen eigenen Entschluß.

»Ick will nich rinkom«, weigerte er sich, »nich hüüt.«

»*En* Buddel Beer war di nich weedon!« schrien seine Freunde im Chor. »*Twee* Buddeln warn di ok nich weedon! Ok keen Dotzend Buddeln!«

»Nee«, weigerte sich Willi. »Ick go no Huß!«

»Wat denn, ohne din Schnaps, Mann Willi?« schrien die anderen. Aber »Mann Willi« wollte nicht länger diskutieren und wandte sich störrisch ab, und die Kinder hielten ihn an beiden Seiten fest, um ihn vor jeder plötzlichen Meinungsänderung zu bewahren.

Eine Weile schritt er ziemlich beherzt aus und pfiff – mit den Händen in der Tasche – zum Takt seiner schweren Tritte eine leichte Melodie: sein Bemühen, sich völlig zwanglos zu geben, war *fast* von Erfolg gekrönt: doch ein aufmerksamer Beobachter hätte bemerkt, daß er den zweiten Teil der Weise vergessen hatte und daß er, sobald er steckenblieb, wieder von vorne begann, da er sich vor Nervosität nicht auf eine andere besinnen und vor Ruhelosigkeit die Stille nicht ertragen konnte.

Es war nicht die alte Furcht, die jetzt von ihm Besitz ergriff – die alte Furcht, die noch in jeder Samstagnacht, an die er sich erinnern konnte, sein trauriger Gefährte gewesen war, wenn er sich vorwärtstorkelnd an Tore und Gartenpfähle klammerte; und die

schrillen Vorwürfe seiner Frau schienen für sein benebeltes Gehirn lediglich das Echo einer weit eindringlicheren Stimme aus
seinem Innern zu sein, dem unerträglichen Wimmern verzweifelter Reue: eine ganz neue Furcht beherrschte ihn nun: das Leben
hatte neue Farben angenommen, wurde von einem neuen blen-
denden Strahl erhellt, und ihm war bisher überhaupt noch nicht
klar geworden, was aus seinem Familienleben mit seiner Frau
und seinem Kind angesichts der neuen Umstände werden würde:
nach seinem einfachen Denken barg diese ganze Neuheit Verwirrung und gewaltigen Schrecken.

Und dann erstarb die Melodie auf seinen bebenden Lippen, als er um eine Ecke bog und seine Hütte sah, vor der seine Frau mit verschränkten Armen auf dem Tor lehnte und die Straße mit bleichem Gesicht hinunterblickte, auf dem sich nicht einmal der Schimmer eines Hoffnungsstrahles zeigte – nur der schwere Schatten tiefer, kalter Verzweifelung.

»Schön fröh, Kirl! Schön fröh!« Worte des Willkommens hätten es sein können, aber ach, wie bitter ihre Stimme klang! »Wat bringt di von all dine lustigen Kumpels und all dem Spoß un Tüddelkrom wech? Leeren Büdel viellicht? Oder bis du nur kammen, um de Kleene starben to sehn? De Lütte hungert, un ick hev keen Beeten zo eten, nich mol 'n Teller Supp. Aber wat kümmert *di* dat?« Sie riß das Tor auf und stand ihm mit zornfunkelnden Augen gegenüber.

Der Mann sprach kein Wort. Langsam und mit niedergeschlagenen Augen ging er an ihr vorüber ins Haus, während sie ihm, etwas erschrocken wegen seiner fremdartigen Schweigsamkeit, ohne eine weiteres Wort folgte; und sie fand nicht eher die Sprache wieder, bis er mit gekreuzten Armen und hängendem Kopf in seinen Stuhl gesunken war.

Uns schien es durchaus selbstverständlich, ihnen zu folgen: unter anderen Umständen hätte man um Erlaubnis nachgesucht, doch aus einem mir unbekannten Grunde spürte ich, daß wir auf mysteriöse Weise unsichtbar geworden waren und nach Belieben wie Geister kommen und gehen konnten.

Das Kind in der Wiege erwachte und stimmte ein jämmerliches Geschrei an, so daß die Kinder augenblicklich zu ihm hineilten: Bruno schaukelte die Wiege, während Sylvie zärtlich den kleinen Kopf wieder aufs Kissen bettete, von dem er abgerutscht war. Die Mutter zollte dem Geschrei jedoch keinerlei Aufmerksamkeit, noch beachtete sie das zufriedene »Gurr«, das Sylvies Bemühungen honorierte, sie stand nur da, starrte ihren Gatten an und mühte sich mit fahlen, bebenden Lippen vergeblich (wahrscheinlich zweifelte sie an seinem Verstand) in den alten schrillen Vorwurfston zurückzufallen, den er so gut kannte.

»Un du hest den ganzen Lohn dörchbröcht – ick hunn schwörn

– mit dem Düwelsschnaps – un du hest di weder tom Tier mokt – wie du dat immer drieben deist –«

»Hev ick nich!« murmelte der Mann, und seine Stimme war kaum stärker als ein Flüstern, als er den Inhalt seiner Tasche schwerfällig auf den Tisch leerte. »Da is min Lohn, jede Penny.«

Die Frau keuchte und griff sich überrascht mit der Hand ans Herz. »*Wie* hest du denn Schnaps drunken?«

»*Hev* keen drunken«, antwortete er mehr traurig als mürrisch. »Ick hev hüüt den ganzen Dach keen Drüppen anröhrt. Nee!« schrie er laut, schlug mit der geballten Faust auf den Tisch und sah sie aus glitzernden Augen an. »Ick war ok keen Drüppen mehr von dem verfluchten Schnaps anröhrn – bit ick starben do – so war mi de leve Gott helpen deit!« Seine Stimme hatte sich plötzlich in ein heiseres Geschrei gesteigert und senkte sich ebenso unvermutet wieder: und abermals beugte er den Kopf und vergrub sein Gesicht zwischen den Armen.

Indem er so sprach, hatte sich die Frau nahe der Wiege niedergekniet. Sie blickte ihn nicht an und schien ihn auch nicht zu hören. Die Hände über den Kopf gefaltet, so schwankte sie hin und her. »Oh, min Gott! Oh, min Gott!« konnte sie nur noch stammeln.

Sylvie und Bruno entfalteten sanft ihre Hände und zogen sie hinunter auf die eigenen Schultern, wovon sie keinerlei Notiz nahm, sondern immer noch niederkniete, die Augen empor richtete und die Lippen wie im stummen Dankgebet bewegte. Der Mann hielt sein Gesicht verborgen und ließ keinen Ton vernehmen: aber man konnte die Schluchzer *sehen*, die ihn von Kopf bis Fuß erschütterten.

Nach einer Weile hob er den Kopf – sein Gesicht war tränennaß. »Polly!« sagte er sanft; und dann etwas lauter, »Olle Poll!«

Da erhob sie sich von den Knien und kam mit verwirrtem Blick auf ihn zu. »Wer het mi Olle Poll nannt?« fragte sie: ihre Stimme verriet eine zärtliche Freude: ihre Augen funkelten; und das leidenschaftliche Feuer der Jugend rötete ihre Wangen, bis sie eher einem glücklichen, siebzehnjährigen Mädchen als einer verhärmten, vierzigjährigen Frau glich. »Wär dat min Kirl, min Willi, de do an Tuun op mi töft?«

Sein Gesicht hatte sich unter demselben magischen Feuer in das eines schüchternen Jungen verwandelt: und Junge und Mädchen schienen sie zu sein, als er den Arm um sie schlang und sie an seine Seite zog, während er mit der anderen Hand das Geld von sich stieß, als sei ihm die Berührung zuwider. »Nimm dat, Dern«, meinte er, »nimm alles! Un hol uns wat to eten: aber hol erst Supp oder Melk för dat Kind.«

»Min *kleene* Dern!« murmelte sie und las die Münzen zusammen. »Min söte Dern!« Dann ging sie zur Tür und wollte gerade hinaus, als ein plötzlicher Einfall sie zurückzuhalten schien: sie kehrte hastig um – kniete zuerst nieder und küßte das schlafende Kind, warf sich darauf ihrem Gatten in die Arme und wurde an sein Herz gedrückt. Im nächsten Augenblick nahm sie die Kanne vom Holznagel neben der Tür und machte sich auf den Weg: wir folgten ihr dicht auf den Fersen.

Wir waren noch nicht weit gegangen, als wir auf einer schwankenden Tafel das Wort »Milchladen« entdeckten, und beim Eintritt wurden wir von einem weißen Hündchen mit krausem Fell begrüßt, das unbeeinflußt vom »Grißeligen« die Kinder sah und mit überschwenglicher Freude begrüßte. Als ich eintrat, nahm der Milchmann gerade das Geld in Empfang. »Is dat för Se, gute Frau, oder för Eehr Kind?« erkundigte er sich, nachdem er die Kanne gefüllt hatte und sie noch zögernd in der Hand hielt.

»För das *Kind*!« entgegnete sie fast vorwurfsvoll. »Denken Se v'licht, ick nehm *sölms* ok nur een Löpel full, eh *dat Kind* nich genuch het?«

»Is ja gut, leve Fru«, beschwichtigte der Mann und nahm die Kanne mit fort. »Wi wüllen dat gut bemeeten.« Er ging noch einmal zwischen seine Milchkannen-Regale und wandte ihr achtsam den Rücken zu, während er eine kleine Portion Rahm in die Kanne leerte und vor sich hin murmelte: »V'licht ward dat de Dern 'n beeten kräftigen!«

Die Frau bemerkte die gute Tat nicht, und so nahm sie die Kanne mit einem schlichten »Guden Abend, Meister« in Empfang und ging ihrer Wege: doch die Kinder waren aufmerksamer gewesen, und als wir ihr folgten, bemerkte Bruno: »Das war *sehr* freundlich: un ich lieb den Mann: und wenn ich reich wär, gäb ich ihm hundert Pfund – un ein Küchlein. Das knurrende Hundchen versteht sein Geschäft nicht!« Und damit meinte er den kleinen Hund vom Milchmann, der den herzlichen Empfang von vorhin scheinbar völlig vergessen hatte, da er uns in respektvollem Abstand folgte und nach besten Kräften alles tat, »*die scheidenden Gäste anzuspornen*«* und zwar mit einem derartig schrillen Kläff-Konzert, das einem geradezu auf dem Fuß zu folgen schien.

»Was *ist* denn das Geschäft eines Hundes?« lachte Sylvie. »Hunde besitzen doch keine Läden und können Wechselgeld herausgeben!«

»Schwestern ham *nich* das Geschäft, ihre Brüder auszulachen«, erwiderte Bruno würdevoll. »Un Hunde ham das Geschäft zu *bellen* – aber nich so: er sollte ein Gebell beenden, ehe er ein neues beginnt: un er sollte – o Sylvie, da sinn Zuckerkrumen!«

Und im nächsten Augenblick flitzten die Kinder glücklich über die Gemeindeweise zu den Butterblumen.

Während ich stehenblieb und sie beobachtete, überkam mich ein seltsames Traumgefühl: an Stelle des grünen Rasens schien ich einen Bahnsteig und statt der flink dahinhüpfenden Sylvie die schwebende Gestalt von Lady Muriel zu sehen; doch ob auch Bruno sich etwa in den alten Mann verwandelt hatte, den sie einholen wollte, konnte ich nicht mehr wahrnehmen, so blitzschnell kam und schwand das Gefühl.

Als ich das kleine Wohnzimmer wieder betrat, das ich mit Arthur teilte, stand dieser gerade mit dem Rücken zu mir, blickte aus dem offenen Fenster und hatte mein Eintreten offenkundig überhört. Eine Tasse, wohl probiert und beseite gestellt, stand auf dem Tisch, ihr gegenüber lag ein angefangener Brief mit einer Schreibfeder quer darüber: ein aufgeschlagenes Buch nahm das Sofa ein: die Londoner Zeitung okkupierte den Lehnstuhl; und auf dem danebenstehenden Tischchen bemerkte ich eine nicht angezündete Zigarre und eine offene Schachtel Streichhölzer: alles deutete darauf hin, daß der normalerweise so ordentliche und entschlossene Doktor es mit allen möglichen Beschäftigungen versucht hatte, ohne sich entscheiden zu können!

»Das sieht *Ihnen* aber gar nicht ähnlich, Herr Doktor!« begann ich, doch als er sich beim Klang meiner Stimme umwandte, fehlten mir die Worte vor Erstaunen, so sehr hatte sich sein Äußeres

---

* AdÜ: Homer, Odyssee, xv, 83. (Im Original nach Popes Übersetzung).

auf wunderbare Weise verändert. Noch niemals hatte ich ein derart vor Freude strahlendes Gesicht gesehen oder Augen, in denen ein überirdisches Licht funkelte! »Gerade so«, dachte ich, »muß der Engel ausgesehen haben, der den Hirten, die des Nachts ihre Herden hüteten, die freudige Botschaft brachte: ›*Frieden den Menschen auf Erden, die guten Willens sind!*‹«*

»Ja, lieber Freund!« beantwortete er die Frage, die er wohl in meinem Gesicht las. »Es ist wahr! Es ist wahr!«

Unnötig zu fragen, *was* er damit meinte. »Gott segne euch beide!« wünschte ich, während mir Freudentränen aus den Augen rannen. »Ihr seid füreinander geschaffen!«

»Ja«, bestätigte er schlicht, »das sind wir wohl. Und *wie* hat sich das Leben verändert! Dies ist nicht mehr dieselbe Welt! Das ist nicht mehr derselbe Himmel, den ich noch gestern sah! Die Wolken da – ich habe noch nie zuvor in meinem Leben solche Wolken gesehen! Sie gleichen Heerscharen schwebender Engel!«

Für *mich* waren es freilich ganz normale Wolken: aber mir war es ja auch nicht wie ihm ergangen, »*denn er genoß vom Honigtau und trank die Milch vom Paradies*«**

»Sie möchte dich gern sehen – jetzt«, setzte er fort und stand plötzlich wieder auf dem Boden der Tatsachen. »Sie sagt, *das* sei das *einzige*, was ihr zu ihrem Glück noch fehle!«

»Ich geh auf der Stelle«, erklärte ich und wollte zum Zimmer hinaus. »Begleitest du mich nicht?»

»Nein, Sir!« entgegnete der Doktor mit vergeblicher Mühe, Professionalität zurückzugewinnen. »*Sehe* ich etwa aus, als wolle ich mit dir gehen? Hast du noch nie gehört, zwei sind ein Gespann und –«

»Sicher«, unterbrach ich, »ich *habe* davon gehört: und ich bin mir nur allzu schmerzlich bewußt, daß *ich Nummer drei* bin! Aber, *wann* treffen wir drei wieder zusammen?«***

»*Wenn der Wirrwarr ist zerronnen!*« antwortete er fröhlich lachend, wie er es schon lange nicht mehr getan hatte.

---

* AdÜ: Lukas 2,14.
** AdÜ: Coleridge, Kubla Khan, (die letzten beiden Zeilen).
*** AdÜ: Shakespeare, Macbeth i,1.

VII. KAPITEL

Mein Herr

So zog ich denn allein des Wegs und traf beim Herrenhaus sogleich auf Lady Muriel, die am Gartentor stand und mich erwartete.

»Es ist wohl überflüssig, Ihnen Freude zu *spenden* oder zu *wünschen*?« begann ich.

»Ganz und gar!« sie lachte glücklich wie ein Kind. »Wir *spenden* Menschen, was sie sonst nicht bekommen: wir *wünschen* etwas, was noch eintreffen soll. Für *mich* ist alles *hier*! *Ich* besitze alles! Lieber Freund«, sie stockte, »halten Sie es für möglich, daß es für jemanden den Himmel auf *Erden* gibt?«

»Für *einige*«, meinte ich. »Für einige vielleicht, die einfach wie die Kindlein sind. Sie wissen ja, Er hat gesagt: ›Denn ihrer ist das Himmelreich‹.«*

Lady Muriel faltete die Hände und sah hoch in den wolkenlosen Himmel mit einem Blick, wie ich ihn so oft in Sylvies Augen bemerkt hatte. »Meinem Gefühl nach gilt das jetzt für *mich*«, sie flüsterte fast. »Ich fühle *mich* wie eines der glücklichen Kinder, die Er gegen den Willen der Menge zu sich bittet. Ja, Er hat mich in der Menschenmasse gesehen. Er hat das sehnsüchtige Verlangen in meinen Augen gelesen. Er hat mich zu Sich gewinkt. Sie *mußten* mir Platz machen. Er hat mich auf Seinen Arm genommen. Er hat Seine Hand auf mich gelegt und mich gesegnet!« Atemlos vor Glück hielt sie inne.

»Ja«, bestätigte ich, »das hat er wohl getan!«

»Sie müssen mit hineinkommen und mit Vater sprechen«, setzte sie fort, während wir noch miteinander am Tor standen und den schattigen Pfad hinunterblickten. Doch mit ihren letzten

* AdÜ: Matthäus 19,14.

Worten überkam mich einer Flut gleich die »grißelige« Empfindung: ich sah den guten alten Professor sich nähern und bemerkte, daß er seltsamerweise für *Lady Muriel* sichtbar war!

Was tun? War das Elbenleben mit der Realität verschmolzen? Oder hatte Lady Muriel auch das »Grißeln« gepackt und befähigt, mit mir gemeinsam die Elbenwelt zu betreten? Mir lagen schon die Worte auf der Zunge: (»Ich sehe da auf dem Pfad einen alten Freund von mir: ich würde ihn Ihnen gerne vorstellen, falls Sie ihn noch nicht kennen?«), als das Seltsamste von allem Bisherigen geschah: Lady Muriel sprach.

»Ich sehe da auf dem Pfad einen alten Freund von mir: ich würde ihn Ihnen gerne vorstellen, falls Sie ihn noch nicht kennen?« bemerkte Lady Muriel.

Scheinbar erwachte ich aus einem Traum: denn das »grißelige« Gefühl beeinflußte mich noch stark und die Gestalt schien sich wie beim Blick durch ein Kaleidoskop in einem fort zu verwandeln: mal war es der Professor und dann wieder ein anderer! Als er beim Tor ankam, war er ganz bestimmt jemand anderer: und die Vorstellung war *Lady Muriels* Sache und nicht die *meine*. Sie begrüßte ihn freundlich, öffnete das Tor und ließ den ehrwürdigen Greis – unverkennbar ein Deutscher – ein, der, wie aus einem Traum erwacht, ebenfalls benommen um sich blickte.

Nein, das war ganz gewiß *nicht* der Professor. Unmöglich könnte meinem alten Freund seit unserer letzten Begegnung ein derart prächtiger Bart gewachsen sein: überdies hätte er mich auch wiedererkannt, denn ich hatte *mich* in der Zwischenzeit bestimmt nicht sehr verändert.

Nach Lage der Dinge blickte er mich nur vage an und nahm bei Lady Muriels Worten: »Darf ich Ihnen Mein Herr vorstellen« den Hut vom Kopf; worauf ich in den mit hartem, deutschen Akzent gesprochenen Worten: »Freut mich, Ihre Bekanntschaft zu machen, Sör!« nicht einmal die Spur eines Wiedererkennens auf Grund einer früheren Begegnung entdecken konnte.

Lady Muriel führte uns in die wohlbekannte, schattige Zimmerecke, wo der Nachmittagstee bereits vorbereitet war, und während sie nach dem Earl sah, ließen wir uns in den Lehnstühlen nieder, und »Mein Herr« nahm sich Lady Muriels Handarbeit und prüfte sie durch seine großen Brillengläser (eines der Attribute, das ihm so eine aufreizende Ähnlichkeit mit dem Professor verlieh). »Taschentücher säumen?« grübelte er. »*So* vertreiben sich also die englischen Mülädies die Zeit?«

»Das ist die Art von Fertigkeit«, erläuterte ich, »bei der der Mann noch niemals mit der Frau konkurrieren konnte!«

Hier kam Lady Muriel mit ihrem Vater zurück; und nachdem er einige Worte mit »Mein Herr« gewechselt hatte und wir alle mit »Speis und Trank« versorgt waren, griff der Neuankömmling das anregende Thema Taschentuch wieder auf.

»Sie haben doch bestimmt schon vom Fortunatus Säckel gehört, Mülädie? Aha, so! Wären Sie erstaunt zu erfahren, daß Sie mit drei dieser klainän Tücher einen Säckel des Fortunatus schnell und problemlos herstellen können?«

»Ist das wirklich wahr?« staunte Lady Muriel, legte sich voll Eifer ein Bündel Tücher in den Schoß und fädelte ihre Nadel ein. »Erklären Sie es mir doch *bitte*, Mein Herr. Ich nähe ihn, bevor ich noch einen weiteren Tropfen Tee anrühre.«

»Zuerst müssen Sie«, sagte Mein Herr, bemächtigte sich zweier Taschentücher, breitete eines über das andere und hielt beide an zwei Ecken hoch. »Zuerst müssen Sie diese oberen Ecken miteinander verbinden, die rechte mit der rechten, die linke mit der linken, und die Lücke dazwischen wird die *Öffnung* des Säckels.«

Nach ein paar Stichen war *diese* Anweisung ausgeführt. »Wenn ich jetzt die drei anderen Seiten zusammennähe«, mutmaßte sie, »dann ist die Tasche schon fertig?«

»Nicht so, Mülädie: die *unteren* Ränder müssen *zuerst* verbunden werden – ach, doch nicht so!« (als sie sich anschickte, sie zusammenzunähen.) »Drehen Sie den einen um, und verbinden Sie die *rechte* untere Ecke des einen mit der *linken* unteren Ecke des anderen Randes, und nehmen Sie die Unterkanten, wie sie sagen würden, *falsch* herum zusammen.«

»Ach *so*!« sagte Lady Muriel und führte die Anweisung geschickt aus. »Und so entsteht eine verdrehte, unbequeme und unheimlich aussehende Tasche! Aber die *Moral* ist toll. Unbegrenzten Reichtum kann man nur bekommen, wenn man etwas *falsch* macht! Und wie soll man jetzt diese mysteriösen – nein, ich meine, mysteriöse Öffnung schließen?« (und sie drehte das Gebilde verwirrt rundherum). »Ja, es hat *wahrhaftig* nur eine Öffnung. Ich habe erst gedacht, es wären *zwei*.«

»Haben Sie schon einmal diesen rätselhaften Papierring gesehen?« fragte Mein Herr den Earl. »Dabei nehmen Sie einen Papierstreifen nach einer Drehung bei den Enden zusammen, so daß die *obere* Ecke des *einen* Endes auf der *unteren* Ecke des *anderen* Endes liegt?«

»Ich habe erst gestern dabei zugesehen, wie einer gebastelt wurde«, antwortete der Earl. »Muriel, mein Kind, hast du nicht gestern für die Kinder einen gebastelt, die zum Tee hier waren?«

»Ja, ich kenne das Rätsel«, bestätigte Lady Muriel. »Der Ring hat nur *eine* Außenfläche und *eine* Ecke. Es ist sehr geheimnisvoll.«

»Mit der Tasche verhält es sich wohl ebenso?« mutmaßte ich. »Hängt nicht die *Außen*fläche der einen Seite mit der *Innen*fläche der anderen Seite zusammen?«

»Stimmt!« rief sie. »Es *ist* bloß noch keine Tasche. Was geschieht mit dieser Öffnung, Mein Herr?«

»Das!« erklärte Mein Herr, sprang eifrig von seinem Sitz, um ihr das Verfahren zu demonstrieren. »Der Rand der Öffnung besteht aus *vier* Taschentuchkanten, und Sie können an ihm entlangfahren, immer um die Öffnung herum, den rechten Rand des *einen* Tuches hinunter, den linken Rand des *anderen* hoch, und dann den linken Rand des *einen* hinunter und den rechten Rand des *anderen* hoch!«

»Das kann man!« murmelte Lady Muriel nachdenklich, stützte den Kopf in die Hand und blickte den alten Mann ernsthaft an. »Und das beweist, es gibt nur *eine* Öffnung!«

Sie ähnelte so sehr einem Kind, das vor einer schwierigen Aufgabe kapituliert, und Mein Herr glich auf so seltsame Weise dem alten Professor, daß ich völlig verwirrt war: das »grißelige« Gefühl durchdrang mich mit aller Macht, und ich fühlte mich schon fast zu den Worten *gedrängt*: »Verstehst du das, Sylvie?« Doch mit großer Anstrengung unterdrückte ich sie und ließ den Traum (wenn es überhaupt ein Traum *war*) bis zum Ende laufen.

»Nun zu diesem *dritten* Tuch«, setzte Mein Herr fort, »es hat *ebenfalls* vier Ränder, und an denen kann man auch ohne abzusetzen entlangfahren: man braucht diese vier Ränder jetzt nur mit den vier Rändern der Öffnung zu verbinden. Dann ist der Säckel vollständig, und seine Außenfläche –«

»*Ich* verstehe!« unterbrach Lady Muriel eifrig. »Seine *Außen*fläche hängt mit der *Innen*fläche zusammen! Aber das geht nicht so schnell. Ich werde es nach dem Tee aufnähen.« Sie legte die Tasche beiseite und widmete sich wieder ihrer Teetasse. »Aber warum nennen Sie es Fortunatus Säckel, Mein Herr?«

Der alte Mann strahlte sie lächelnd an und sah dem Professor ähnlicher als je zuvor. »Nicht klar, mein Kind – ich meine, Mülädie? Alles, was *im* Säckel ist, ist *draußen*; und alles, was *draußen* ist, ist *drinnen*. So haben Sie den Reichtum der ganzen Welt in dem klainän Säckel!«

Außer sich vor Freude klatschte seine Schülerin in die Hände. »Ich nähe das dritte Tuch bestimmt in – also *irgendwann* an«, versprach sie, »aber wo Sie jetzt da sind, will ich keine Zeit damit verschwenden. Erzählen Sie uns doch bitte noch mehr solch wunderbare Dinge!« Und ihr Gesicht und ihre Stimme erinnerten mich so sehr an Sylvie, daß ich schon nach Bruno Ausschau hielt.

Nachdenklich nahm Mein Herr seinen Löffel und balancierte ihn auf dem Rand seiner Teetasse aus, wobei er über das Ersuchen nachgrübelte. »Etwas Wunderbares – wie den Fortunatus Säckel? *Der* Ihnen – wenn er einmal vollendet ist – mehr Reichtum geben wird, als Sie sich in Ihren kühnsten Träumen vorstellen können: aber er kann Ihnen keine *Zeit* schenken!«

Eine Schweigeminute folgte – die Lady Muriel praktischerweise dazu nutzte, die Teetassen wieder zu füllen.

»In *Ihrem* Land«, begann Mein Herr unvermutet, »was geschieht da mit all der verschwendeten Zeit?«

Lady Muriel musterte ihn ernst. »Wer kann das sagen?« sie flüsterte fast. »Man weiß nur, sie ist fort – unwiederbringlich!«

»Also in *meinem* – ich wollte sagen, in einem Land, in dem *ich* einmal war«, meinte der alte Mann, »lagern sie sie ein: und Jahre später erweist sich das als *äußerst* nützlich! Nehmen Sie zum Beispiel an, Ihnen steht ein ausgedehnter und langweiliger Abend bevor: niemand unterhält sich mit Ihnen: Sie haben zu nichts Lust: und zum Zubettgehen ist es noch viel zu früh. Was tun *Sie* dann?«

»Ich werde *ziemlich* wütend«, gestand sie freimütig, »und ich habe den Wunsch, Gegenstände im Zimmer herumzuwerfen!«

»Wenn das den – den Menschen zustößt, bei denen ich war, dann tun die *so* etwas nicht. Mit Hilfe eines kurzen und einfachen Prozesses – den ich Ihnen nicht näher erläutern kann – lagern sie die überflüssigen Stunden ein: und wenn sie bei anderer Gelegenheit etwas mehr Zeit *benötigen*, bekommen sie sie wieder.«

Ungläubig lächelnd hatte der Earl zugehört. »Weshalb können Sie den Prozeß nicht *erläutern*?« erkundigte er sich.

Mein Herr gab eine ganz und gar stichhaltige Begründung. »Weil Ihre Sprache keine Wörter hat, um die notwendigen Ausdrücke zu vermitteln. Zwar könnte ich es erklären, aber nur in – in – Sie würden es nicht verstehen.«

»Gewiß nicht!« bekräftigte Lady Muriel und verzichtete wohlwollend auf den *Namen* der Sprache, als sie fortsetzte. »Ich habe es nie gelernt – wenigstens nicht *fließend,* wissen Sie. Erzählen Sie doch *bitte* noch mehr solch wunderbare Dinge!«

»Ihre Eisenbahnwagen kommen ganz ohne Maschinen aus – sie brauchen nur eine Maschinerie, um sie *anzuhalten.* Ist *das* wunderbar genug, Mülädie?«

»Aber woher kommt die *Kraft*?« wagte ich zu fragen.

Mein Herr wandte sich schnell um und fixierte den neuen Sprecher. Dann setzte er seine Brille ab, putzte sie und starrte mich abermals unverkennbar verblüfft an. Ich erkannte, daß er – genau wie ich – der Meinung war, wir *müßten* uns schon früher einmal begegnet sein.

»Sie benutzen die *Schwer*kraft«, behauptete er. »Die Kraft ist doch wohl auch in *Ihrem* Land bekannt?«

»Aber Voraussetzung wäre doch, daß die Eisenbahn *bergab* fährt«, bemerkte der Earl. »Man kann nicht *alle* Eisenbahnen bergab fahren lassen?«

»*Alle* fahren so«, versicherte Mein Herr.

»Nicht von *beiden* Enden?«

»Von *beiden* Enden.«

»Ich kapituliere!« seufzte der Earl.

»Können Sie das Phänomen erklären«, erkundigte sich Lady Muriel, »ohne auf die Sprache zurückzugreifen, die ich nicht fließend beherrsche?«

»Nichts leichter als das«, meinte Mein Herr. »Jeder Zug fährt durch einen geraden langen Tunnel, dessen *Zentrum* dem Erdmittelpunkt natürlich näher ist als die beiden Enden: so bewegt sich jeder Zug die Hälfte der Strecke *ab*wärts, wodurch er genug Schwung bekommt, um die andere Strecke *auf*wärts zu bewältigen.«

»Vielen Dank. Das verstehe ich völlig«, sagte Lady Muriel. »Aber das Tempo in der Mitte des Tunnels muß ja geradezu *unheimlich* sein.«

Mein Herr freute sich offensichtlich sehr über Lady Muriels lebhaftes Interesse an seinen Berichten. Von Minute zu Minute schien sich der alte Mann redseliger und gewandter zu geben.

»Würden Sie gern unsere Fahrmethoden kennenlernen?« fragte

er lächelnd. »Für uns ist ein durchgehendes Pferd ohne Bedeutung!«

Lady Muriel erschauderte leicht. »Für *uns* bedeutet es eine echte Gefahr«, erklärte sie.

»Der Grund dafür ist, Ihr Wagen ist immer *hinter* dem Pferd angespannt. Ihr Pferd rennt. Ihr Wagen folgt. Dann geht Ihr Pferd vielleicht durch. Wer soll es aufhalten? Sie rasen immer schneller und schneller dahin! Und das Ende ist unausweichlich der Sturz!«

»Und wenn bei *Ihnen* einmal ein Pferd durchgeht?«

»Macht gar nichts! Könnte uns nicht aus der Ruhe bringen. Unser Pferd ist genau im Zentrum unserer Kutsche angeschirrt. Zwei Räder vor, zwei Räder hinter ihm. Das Ende eines breiten Riemens ist mit dem Verdeck verbunden. Er führt unter dem Pferdekörper entlang, und das andere Ende hängt an einer klainän – Sie nennen es wohl ›Winde‹. Das Pferd geht durch. Es galoppiert davon. Wir rasen mit zehn Meilen pro Stunde dahin! Wir drehen unsere klainä Winde fünfmal, sechsmal, siebenmal und – hopps! Unser Pferd verliert den Boden unter den Hufen! *Jetzt* kann es so heftig in der Luft herumgaloppieren, wie es mag: unsere *Kutsche* steht still. Wir sitzen drumherum und sehen ihm zu, bis es müde ist. Dann lassen wir es runter. Unser Pferd ist froh, heilfroh, wenn es wieder Boden unter den Hufen hat!«

»Famos!« lobte der Earl, der aufmerksam zugehört hatte. »Haben Ihre Wagen noch andere Besonderheiten?«

»Die *Räder* manchmal, Milord. Zum Wohle Ihrer Gesundheit machen *Sie* eine Seefahrt, um gestoßen, gerollt und gelegentlich auch ertränkt zu werden. *Wir* haben all das an Land: wir werden gestoßen wie sie: wir werden gerollt wie sie; aber *ertränkt*, nein! Da ist kein Wasser!«

»Wie sehen denn die Räder aus?«

»Sie sind *oval*, Mylord. Folglich bewegen sich die Kutschen auf und ab.«

»Sicher, die Kutsche kippt vorwärts und rückwärts: aber wie schaffen Sie überhaupt, daß sie *rollt*?«

»Sie laufen nicht synkron, Milord. Steht das eine Rad auf der Spitze, so steht das andere auf der Flachseite. So hebt sich erst die eine Seite der Kutsche und dann die andere. Und sie rollt die ganze Zeit über. Ach, man muß wahrlich ein guter Seemann sein, um unsere Bootkutschen fahren zu können!«

»Das kann ich mir gut vorstellen«, meinte der Earl.

Mein Herr erhob sich. »Ich muß Sie jetzt verlassen, Mülädie«, entschuldigte er sich mit einem Blick auf die Uhr. »Ich habe noch eine Verabredung.«

»Ich wünschte bloß, wir hätten noch etwas mehr Zeit gespeichert!« bedauerte Lady Muriel und gab ihm die Hand. »Dann könnten Sie noch etwas länger bleiben!«

»In *dem* Fall bliebe ich gern«, antwortete Mein Herr. »Doch so muß ich auf Wiedersehen sagen – fürchte ich!«

»Wo haben Sie ihn zum ersten Mal getroffen?« fragte ich Lady Muriel, nachdem Mein Herr uns verlassen hatte. »Und wo lebt er? Und wie heißt er eigentlich richtig?«

»Wir haben – ihn – zuerst –«, grübelte sie, »ich kann mich wirklich nicht entsinnen, *wo* wir ihn getroffen haben! Und ich habe auch keine Ahnung, wo er lebt! Einen anderen Namen habe ich auch noch nicht gehört! Sehr eigenartig. Ich habe noch niemals zuvor über diese geheimnisvolle Person nachgedacht.«

»Hoffentlich sehen wir ihn wieder«, wünschte ich. »Er interessiert mich sehr.«

»Er nimmt an unserem Abschiedsfest teil, heute in vierzehn Tagen«, meinte der Earl. »Sie werden doch sicher auch kommen? Muriel will alle unsere Freunde noch einmal um uns versammeln, ehe wir von hier fortgehen.«

Und dann – als Lady Muriel uns alleingelassen hatte – erklärte er mir, ihm läge viel daran, seine Tochter von diesem Ort fortzubringen, der so viele schmerzliche Erinnerungen in Verbindung mit der inzwischen gelösten Verlobung mit Major Lindon barg, daß sie sich entschieden hatten, die Hochzeit innerhalb eines Monats zu feiern, anschließend wollten Arthur und seine Frau ins Ausland fahren.

»Vergessen Sie nicht, Dienstag in einer Woche!« erinnerte er mich, als wir uns zum Abschied die Hand gaben. »Ich wünschte bloß, Sie könnten diese bezaubernden Kinder mitbringen, die sie uns im Sommer vorgestellt haben. Um nochmals auf den geheimnisvollen Mein Herr zurückzukommen! Das ist *nichts* gegenüber *Ihrem* Geheimnis. Nie vergesse ich die prächtigen Blumen!«

»Nach Möglichkeit bringe ich sie mit«, versprach ich. Doch wie ich das so gegebene Wort *erfüllen* konnte, grübelte ich unterwegs nach Hause, war ein Problem, das meine Kräfte bei weitem überstieg.

VIII. KAPITEL

An einem schattigen Plätzchen

Die zehn Tage verstrichen wie im Fluge: und am Tag vor dem großen Fest schlug Arthur einen Spaziergang vor, der uns pünktlich zum Nachmittagstee ins Herrenhaus führen konnte.

»Solltest du nicht besser *alleine* gehen?« riet ich. »Ich bin doch völlig *überflüssig*!«

»Nun, es soll eine Art *Probe* sein«, meinte er. *»Fiat experimentum in corpore vili!«* fügte er mit anmutiger Verbeugung gegenüber dem unglücklichen Betroffenen hinzu. »Sieh mal, morgen abend muß ich ertragen, wie meine Angebetete jedem seinen Wunsch erfüllt *außer* dem, der es am meisten verdient, und ich ertrage die Folter bestimmt besser, wenn wir vorher eine Generalprobe abhalten!«

»*Mein* Part in diesem Spiel soll dann wohl der einer probeweise *unwillkommenen* Person sein?«

»Aber nein«, widersprach Arthur sinnend, während wir aufbrachen. »In der normalen Besetzung gibt es keine solche Rolle. ›Würdevoller Vater‹? Das geht auch nicht: die ist bereits besetzt. ›Singendes Kammermädchen‹? Nun, *den* Part hat ›die Dame des Hauses‹ mitübernommen. ›Komischer Alter‹? Du bist nicht komisch genug. Ich fürchte, letztlich bleibt dir nur noch die Rolle des ›gut gekleideten Schurken‹: aber«, er streifte mich mit einem kritischen Seitenblick, »ich bin ein *klainäs* bißchen unsicher wegen der Kleidung!«

Wir trafen Lady Muriel alleine an, denn der Earl war zu einem Besuch außer Haus, und das alte Vertrauensverhältnis lebte in der schattigen Laube sogleich wieder auf, in der das Teegeschirr stets auf Gäste zu warten schien. Neu war einzig das Arrangement (eines, das Lady Muriel *offensichtlich* als selbstverständlich betrachtete), denn zwei der Stühle standen *dicht* nebeneinander.

Seltsamerweise forderte man *mich* nicht auf, den *einen* in Beschlag zu nehmen!

»Auf dem Weg zu dir haben wir das Briefeschreiben geregelt«, begann Arthur. »Er wird wissen wollen, wie uns unsere Schweiz-Reise gefällt: und wir sollten das natürlich *vortäuschen*?«

»Natürlich«, pflichtete sie sanft bei.

»Und die Leiche im Keller –« gab ich zu bedenken.

»– ist immer ein Problem«, warf sie schlagfertig ein, »wenn man auf Reisen ist, und wenn die Hotels keine Keller haben. Aber die *unsere* läßt sich *ganz* leicht transportieren und wird sauber in einer hübschen Ledertasche verpackt –«

»Macht euch aber bitte keine Gedanken über das *Schreiben*«, meinte ich, »wenn ihr etwas Besseres vorhabt. Ich *lese* zwar sehr gern Briefe, aber ich weiß sehr wohl um die Langweiligkeit des *Schreibens*.«

»Manchmal ist das *richtig*«, stimmte Arthur bei. »Wenn man zum Beispiel dem Briefempfänger gegenüber große Schüchternheit empfindet.«

»Kann das ein *Brief* ausdrücken?« erkundigte sich Lady Muriel. »Wenn ich natürlich jemanden *sprechen* höre – wie zum Beispiel *dich* – kann ich gleich erkennen, wie *hoffnungslos* schüchtern er ist! Aber wie läßt sich das in einem *Brief* erkennen!«

»Also, wenn man natürlich jemanden *fließend* sprechen hört – wie zum Beispiel *dich* – kann man gleich erkennen, wie hoffnungslos unschüchtern sie ist – um nicht zu sagen keß! Aber auch der schüchternste und stockendste Redner *wirkt* in Briefen redegewandt. Mag er auch eine halbe Stunde auf die *Formulierung* seines zweiten Satzes verwendet haben; aber dann steht er direkt hinter dem ersten!«

»Dann drückt sich in Briefen nicht alles aus, was *tatsächlich* ist?«

»Das liegt an der Unvollkommenheit unserer Briefschreib-Methode. Ein schüchterner Schreiber *sollte* in der Lage sein, dieses Manko zu verdeutlichen. Warum kann er nicht ebensolche *Pausen* wie beim Reden auch beim Schreiben machen? Teile könnten von ihm unbeschrieben belassen werden – sagen wir, eine halbe Seite dann und wann. Und ein *ganz* schüchternes

Mädchen – falls es so etwas überhaupt gibt – könnte einen Satz auf die *erste* Seite seines Briefes schreiben – dann einige leere Seiten dazulegen – dann einen Satz auf die *vierte* Seite, und so weiter.«

»Ich sehe ganz deutlich vorher, daß *wir* – ich meine diesen klugen kleinen Jungen und mich –« wandte sich Lady Muriel an mich und bezog mich so freundlicherweise in die Unterhaltung ein, »– auf dem besten Weg sind, mit neuen Methoden des Briefeschreibens berühmt zu werden – denn natürlich sind von jetzt an all unsere Erfindungen gemeinsamer Besitz! Erfinde doch bitte noch mehr, kleiner Junge!«

»Schön, außerdem ist *unbedingt* notwendig, kleines Mädchen, eine Möglichkeit zu finden, dem Ausdruck zu geben, was wir *nicht* denken.«

»Erkläre dich deutlicher, kleiner Junge! *Dir* wird es doch wohl möglich sein, eine *völlige* Abwesenheit des Denkens auszudrükken?«

»Ich meine damit, man sollte eine nicht ernst zu nehmende Sache auch als solche markieren können. Denn gemäß der menschlichen Natur wird alles Ernsthafte als Scherz genommen und jeder Scherz als Ernst. Jedenfalls verhält sich das so, wenn man einer *Lady* schreibt!«

»Aha! Du bist den Schriftverkehr mit Ladies also nicht gewohnt!« bemerkte Lady Muriel, lehnte sich in ihren Stuhl zurück und blickte nachdenklich in den Himmel. »Du solltest es üben.«

»Sehr schön«, freute sich Arthur. »Und mit wie vielen Ladies soll ich den Schriftverkehr beginnen? Etwa mit so vielen, wie ich Finger an beiden Händen habe?«

»Mit so vielen, wie du *Daumen* an *einer* Hand hast!« korrigierte seine Angebetete sehr streng. »Er ist doch ein sehr unartiger Junge! Nicht *wahr*?« (mit einem reizenden Blick zu mir).

»Er ist ein wenig rebellisch«, gab ich zu. »Vielleicht zahnt er gerade.« Während ich bei mir dachte: »*Gerade* so spricht Sylvie mit Bruno!«

»Er möchte gern Tee.« (Bereitwillig gab der rebellische kleine Junge Auskunft.) »Schon der bloße Gedanke an das morgige große Fest ermüdet ihn sehr!«

»Dann sollte er sich erst einmal eine ausgedehnte Ruhepause gönnen!« erwiderte sie besänftigend. »Der Tee ist noch nicht fertig. Komm, kleiner Junge, lehn dich schön zurück in deinen Stuhl und denk an nichts – oder an *mich*, was dir lieber ist!«

»Alles eins, alles eins!« murmelte Arthur schläfrig und beobachtete sie aus verliebten Augen, wie sie ihren Stuhl an den Teetisch rückte und den Tee bereitete. »Dann wird er eben wie ein braver, geduldiger Junge auf seinen Tee warten!«

»Soll ich dir die Londoner Zeitungen bringen?« bot Lady Muriel an. »Ich habe sie draußen auf dem Tisch liegen sehen, aber mein Vater hat gemeint, es stünde nichts Interessantes drin außer diesem schrecklichen Mordprozeß.« (Die Gesellschaft konsumierte zur Zeit ihren täglichen Schreckensschauer, indem sie die Einzelheiten eines besonders sensationellen Mordes in einer Diebeshöhle im Londoner Osten verfolgte.)

»Ich habe keinen Appetit auf Schrecken«, erwiderte Arthur. »Aber ich hoffe nur, wir ziehen die richtigen Lehren aus dem Vorgefallenen – wenn wir auch dazu neigen, sie falsch zu verstehen!«

»Du sprichst in Rätseln«, kritisierte Lady Muriel. »Erkläre dich doch bitte deutlicher. Sieh mal, ich sitze hier zu deinen Füßen«, gesagt, getan, »als wärest du ein zweiter Gamaliel*! Nein, danke.« (Dies zu mir, der ich mich erhoben hatte, um ihren Stuhl in seine frühere Position zu rücken.) »Bitte machen Sie sich keine Umstände. Dieser Baum und das Gras bilden einen sehr bequemen Lehnstuhl. *Welche* Lehren verstehen wir immer falsch?«

Arthur schwieg eine Minute. »Ich wäre mir gern selbst darüber im klaren, was ich eigentlich damit meine«, grübelte er, »bevor ich es *dir* erkläre – weil du darüber *nachdenkst.*«

So etwas wie ein Kompliment sah Arthur so unähnlich, daß diese Äußerung freudiges Erröten auf ihre Wange zauberte, als sie zur Antwort gab: »*Du* hast die Ideen, über die ich nachdenke.«

»Gewöhnlich denken wir zuerst«, setzte Arthur fort, »wenn wir von einer besonders scheußlichen und grausamen Tat eines Mitmenschen lesen, *unter* uns öffne sich ein neuer Abgrund der Verworfenheit: und wir blicken scheinbar von höherer Warte in den Schlund hinab.«

»Jetzt begreife ich dich wohl. Deiner Meinung nach sollte man nicht denken: ›Gott, ich danke Dir, daß ich nicht bin wie die übrigen‹** –, sondern: ›Gott, sei mir barmherzig, der ich, wenn Deine Gnade nicht wäre, ein ebenso schlimmer Sünder wie er sein könnt!‹«

»Nein«, widersprach Arthur. »Ich meine noch weit mehr.«

Sie blickte kurz auf, hielt sich jedoch zurück und schwieg.

»Ich glaube, man muß es noch breiter ausführen. Stell dir einen anderen Mann vor im selben Alter wie dieser arme Wicht. Denk an den Anfang ihrer beider Lebenswege zurück – also den Zeitpunkt, wo sie noch nicht genug Verstand besaßen, um Recht und Unrecht zu unterscheiden. Waren sie *damals* vor Gottes Angesicht nicht völlig gleich?«

Sie nickte zustimmend.

»Demnach haben wir zwei verschiedene Zeitabschnitte, in de-

---

* AdÜ: angesehener Gesetzeslehrer bei den Juden (Apostelgeschichte 5,34 und 22,3.)
** AdÜ: Lukas 18,11.

nen wir den Lebensweg der beiden Männer vergleichen können. Im ersten Zeitabschnitt befinden sie sich in Bezug auf die moralische Verpflichtung auf genau demselben Standpunkt: sie sind gleichermaßen unfähig, richtig oder falsch zu handeln. Im zweiten Abschnitt hat der eine Mann – aus Kontrastgründen wähle ich einen extremen Fall – Ansehen und Liebe seiner ganzen Umgebung erworben: sein Charakter ist makellos, und er macht von nun an seinem Namen Ehre: der Lebensweg des anderen Mannes ist eine ununterbrochene Serie von Verbrechen, und er geht seines Lebens schließlich verlustig, da er die Gesetze seines Landes gebrochen hat. Was ist nun die Ursache in jedem der Fälle, daß sich beider Männer Lage im zweiten Zeitabschnitt so darstellt? Es sind allein zwei Einflüsse – der eine wirkt von innen, der andere von außen. Diese beiden Einflüsse müssen getrennt betrachtet werden – das heißt, falls dich mein Gerede nicht bereits ermüdet hat?«

»Im Gegenteil«, widersprach Lady Muriel, »es ist mir ein besonderes Vergnügen, es derart erklärt zu bekommen – analysiert und geordnet, damit man es verstehen kann. Einige Bücher, die eine Frage auszudiskutieren vorgeben, langweilen mich unerträglich, denn die Gedanken sind einfach dem Zufall nach geordnet – nach dem Motto ›Wer zuerst kommt, mahlt zuerst‹.«

»Das klingt äußerst ermutigend«, erwiderte Arthur mit zufriedenem Blick. »Die Beweggründe, die von *innen* wirken und den Charakter eines Menschen ausmachen, wie er sich in jedem gegebenen Augenblick darstellt, sind seine fortgesetzten Willensakte – das heißt seine Entscheidungen, ob er dies oder das tun will.«

»Wir sollen demnach die Existenz einer Willensfreiheit als gegeben betrachten?« fragte ich, um das klarzustellen.

»Wenn nicht«, lautete die schlichte Antwort, »*cadit quaestio*: und ich habe nichts mehr zu sagen.«

»Wir wollen sie als gegeben betrachten!« der Rest des Auditoriums – von Arthurs Standpunkt aus betrachtet sicher die Mehrheit – verkündete dies gebieterisch. Der Redner fuhr fort.

»Die Einflüsse, die von *außen* herrschen, sind seine Umgebung – also das, was Herbert Spencer mit ›Milieu‹ bezeichnet. Nun will ich den Punkt etwas deutlicher machen, daß ein Mensch sehr wohl für seine Entscheidungen, nicht aber für sein Milieu verantwortlich ist. Wenn folglich diese beiden Männer gleichen Verführungen ausgesetzt sind, mit der gleichen Anstrengung widerstehen und sich für das Richtige entscheiden, so müssen sie vor dem Angesicht Gottes gleich sein. Wenn ihm die eine Tat gefällt, so auch die andere; wenn ihn eine Tat mißfällt, so auch die andere.«

»Das ist zweifellos richtig: ich begreife es voll und ganz«, warf Lady Muriel ein.

»Und doch kann der eine auf Grund ihres unterschiedlichen Milieus über die Verführung triumphieren, wohingegen der andere in einen schwarzen Abgrund von Verbrechen stürzt.«

»Aber du willst doch nicht etwa behaupten, daß diese Männer vor Gottes Angesicht gleich schuldig wären?«

»Ganz bestimmt nicht«, versicherte Arthur, »sonst könnte ich nicht mehr an die absolute Gerechtigkeit Gottes glauben. Aber laß mich noch einen anderen Fall darstellen, wodurch meine Ansicht noch klarer wird. Der eine Mann hat eine hohe gesellschaftliche Stellung inne – der andere ist sozusagen ein gewöhnlicher Dieb. Der eine wird nun zu einer bedeutungslosen, unredlichen Handlungsweise verführt – etwas, das mit absoluter Gewißheit nicht entdeckt werden kann – das er ganz bequem unterlassen könnte – und um dessen Sündhaftigkeit er ganz genau weiß. Der andere wird zu einem entsetzlichen Verbrechen verleitet – wie es sich Menschen nur ausdenken können –, aber aus nahezu zwingenden Motiven – natürlich nicht *so* zwingend, daß sie ihn aller Verantwortung enthöben. Nun soll der zweite Mann größere Anstrengungen unternehmen als der erste, der Versuchung zu widerstehen. Selbst wenn *beide* der Versuchung anheimfallen – so behaupte ich doch, der zweite Mann ist vor Gottes Angesicht weniger schuldig als der erste.«

Lady Muriel holte tief Atem. »Das stellt alle Ideen von Recht und Unrecht auf den Kopf – wenigstens auf den ersten Blick! Also, in Bezug auf den traurigen Mordprozeß hieltest du es dann wohl für möglich, daß der Mörder im Gerichtssaal am wenigsten schuldig wäre und daß etwa der Richter, der ihn verhört und dabei der Versuchung einer unfairen Bemerkung erliegt, dadurch ein Verbrechen begeht, das die ganze verbrecherische Laufbahn des Angeklagten übertrifft!«

»Genau das meine ich«, bestätigte Arthur fest. »Ich gebe ja zu, es klingt paradox. Aber bedenkt doch nur, welch furchtbare Sünde es vor Gottes Angesicht sein muß, einer bedeutungslosen Versuchung zu erliegen, der wir ganz einfach widerstehen könnten, und zwar vorsätzlich und in voller Kenntnis von Gottes Gesetzen. Welche Buße kann eine *derartige* Sünde sühnen?«

»Ich kann deiner Theorie nichts entgegenhalten«, meinte ich. »Aber sie scheint mir der Sünde in der Welt mehr Spielraum zu geben!«

»Ist das so?« erkundigte sich Lady Muriel ängstlich.

»Oh, nein, nein!« lautete die entschiedene Antwort. »Mir scheint es eher die Wolke wegzuwischen, die über der Weltgeschichte hängt. Ich entsinne mich, als es mir zum ersten Mal klar wurde, wanderte ich über die Wiesen und zitierte die Zeile von Tennyson: ›*Kein Raum für falsche Deutung schien!*‹* Daß die wirkliche Schuld der menschlichen Rasse vielleicht weit geringer war, als ich es mir bisher vorstellte – daß die Millionen, die ich für hoffnungslos in Sünde verstrickt hielt, vor Gottes Angesicht möglicherweise kaum sündig waren – dieser Gedanke war lieblicher, als Worte auszudrücken vermögen! Von da an schien mir das Leben strahlender und schöner. ›*Noch frischer funkelt der Smaragd des Grases, noch reiner schmilzt der Saphir in dem See!*‹«** Gegen Ende bebte seine Stimme, und Tränen standen in seinen Augen.

Lady Muriel beschattete ihr Gesicht mit der Hand und verharrte eine Minute lang in Schweigen. »Es ist ein schöner Gedanke«, sagte sie dann und blickte auf. »Danke – Arthur, daß du ihn mir mitgeteilt hast!«

Rechtzeitig zum Tee kehrte der Earl noch zurück und teilte uns die bedenkliche Neuigkeit mit, in der kleinen Hafenstadt unterhalb von uns sei ein Fieber ausgebrochen. Obgleich es erst vor ein oder zwei Tagen in Erscheinung getreten war, sei das Fieber derart tückisch, daß es bereits mehr als ein Dutzend befallen habe,

---

* AdÜ: Tennyson, The Two Voices, Z. 456.
** AdÜ: Tennyson, Maud, Part I, XVIII, vi.

von denen Berichten zufolge zwei oder drei in Lebensgefahr schwebten.

Arthurs besorgte Neugierde – der sich natürlich für den wissenschaftlichen Aspekt interessierte – konnte er nur *unzureichend* befriedigen, obschon er den Gemeindearzt getroffen hatte. Scheinbar war es eine *neue* Krankheit – wenigstens in *diesem* Jahrhundert, denn sie zeigte *Ähnlichkeit* mit der »Pest«, von der die Historie zu berichten wußte –, jedenfalls sei sie äußerst ansteckend und verbreite sich mit erschreckender Schnelligkeit. »Aber unser Fest findet morgen trotzdem statt«, erklärte er zum Schluß. »Keiner der Gäste kommt aus dem verseuchten Bezirk: der ja ausschließlich von Fischern bewohnt wird: Sie können also unbesorgt kommen.«

Arthur schwieg auf dem ganzen Rückweg, und zu Hause widmete er sich gleich medizinischen Studien in Verbindung mit der beunruhigenden Krankheit, von deren Auftreten er soeben erfahren hatte.

IX. KAPITEL

Das Abschiedsfest

Am folgenden Tag trafen Arthur und ich rechtzeitig im Herrenhaus ein, da nur wenige Gäste – eingeladen waren achtzehn Personen – bis dahin angekommen waren; und die unterhielten sich mit dem Earl, was uns Gelegenheit gab, insgeheim einige Worte mit unserer Gastgeberin zu wechseln.

»Wer ist der *überaus* gelehrt wirkende Herr mit der großen Brille?« erkundigte sich Arthur. »Ich habe ihn bestimmt noch niemals hier getroffen?«

»Nein, das ist unser neuer Bekannter«, erklärte Lady Muriel, »wahrscheinlich ein Deutscher. Er ist ein *richtig* lieber Alter! Und bestimmt der gelehrteste Mann, den ich je troffen habe – mit *einer* Ausnahme natürlich!« räumte sie ergeben ein, da Arthur sich mit dem Ausdruck beleidigter Würde straffte.

»Und die junge Dame in Blau direkt daneben, die mit dem Herrn redet, der wie ein Ausländer aussieht. Ist *sie* ebenfalls eine Gelehrte?«

»Keine Ahnung«, bekannte Lady Muriel. »Jedenfalls hat man mir gesagt, sie sei eine ausgezeichnete Klavierspielerin. Hoffentlich kannst du sie heute abend hören. Ich habe den Ausländer übrigens gebeten, sich ihrer anzunehmen, da *er* gleichfalls musikalisch ist. Soviel ich weiß, ist er ein französischer Count; und er hat eine *fabelhafte* Singstimme!«

»Wissenschaft – Musik – Gesang – die Zusammenstellung ist dir wahrhaftig gelungen!« lobte Arthur. »Ich fühle mich durch die Gesellschaft dieser Koryphäen sehr geehrt. Ich *liebe* die Musik.«

»Aber die Gesellschaft ist noch nicht *ganz* komplett!« klagte Lady Muriel. »Sie haben die beiden hübschen Kinder nicht mitgebracht«, wandte sie sich an mich. »Weißt du noch, letzten

Sommer kam er einmal mit ihnen zum Tee«, dies wieder zu Arthur, »und sie *sind* so entzückend!«

»Das sind sie *wirklich*«, stimmte ich zu.

»Aber wieso haben Sie sie denn nicht mitgebracht? Sie haben es doch meinem Vater versprochen.«

»Es tut mir sehr leid«, entschuldigte ich mich, »aber ich konnte sie wirklich unmöglich mitbringen.« Hier *wollte* ich den Satz eigentlich beenden: doch zu meinem größten Erstaunen, das ich nicht angemessen beschreiben kann, hörte ich mich *weitersprechen*. »– aber sie wollen mich im Laufe des Abends hier treffen«, lauteten die folgenden Worte, die *meine* Stimme artikulierte, und die von *meinen* Lippen zu kommen schienen.

»*Da* bin ich aber froh!« bemerkte Lady Muriel glücklich. »Es *wird* mir ein Vergnügen sein, sie einigen meiner Freunde hier vorzustellen! Wann erwarten Sie sie?«

Ich suchte Zuflucht im Schweigen. Die einzig *ehrliche* Antwort wäre gewesen: »Die Bemerkung kam nicht von *mir*. *Ich* habe es nicht gesagt, und *es ist nicht wahr*.« Aber mir fehlte es an Selbstbewußtsein für ein derartiges Geständnis. Den Ruf als »Geisteskranker« kann man meiner Meinung nach leicht *erwerben*: doch es ist verblüffend schwierig, ihn *loszuwerden*: und ganz sicher würde jede derartige Bemerkung die Verfügung »de lunatico inquirendo«* als Konsequenz rechtfertigen.

Lady Muriel dachte offensichtlich, ich hätte die Frage überhört, und sprach Arthur auf ein anderes Thema an; was mir Zeit gab, mich von meinem Schock zu erholen – oder aus meiner momentanen »grißeligen« Situation zu erwachen, wie auch immer.

Als meine Umgebung wieder real zu werden schien, bemerkte Arthur gerade: »Daran läßt sich wohl leider nichts ändern: man *muß* einfach ihre Zahl begrenzen.«

»Das täte mir aber leid«, sagte Lady Muriel. »Wenn man allerdings darüber nachdenkt, so *gibt* es einfach keine neuen Melodien. Was die Leute als ›allerneusten Hit‹ feiern, erinnert *mich* immer an Melodien, die ich schon in meiner Kindheit gehört habe!«

---

* AdÜ: Gesetzliche Einordnung einer geistigen Störung, eine verminderte Zurechnungsfähigkeit im Gegensatz zur »de idiota inquirendo«, einer vollständigen Unzurechnungsfähigkeit.

»Der Tag muß kommen – falls die Erde lang genug besteht –«, meinte Arthur, »an dem jede erdenkliche Weise komponiert – jedes Wortspiel gemacht – (Lady Muriel rang die Hände wie die Königin in einer Tragödie) – und was noch schlimmer ist, jedes erdenkliche Buch geschrieben worden ist! Denn die Zahl der Wörter ist begrenzt.«

»Für den *Schriftsteller* bestünde dann nur ein ganz kleiner Unterschied«, gab ich zu bedenken. »Statt sich zu sagen: ›*Was* für ein Buch soll ich schreiben?‹ wird ein Schriftsteller sich dann fragen: ›*Welches* Buch soll ich abschreiben?‹ Ein rein verbaler Unterschied!«

Lady Muriel gewährte mir ein zustimmendes Lächeln. »Aber *Geistesgestörte* könnten doch wohl immer neue Bücher schreiben?« spann sie den Faden weiter. »Sie *könnten* ja vernünftige Bücher nicht noch einmal abschreiben!«

»Wahr«, bekräftigte Arthur. »Aber deren Bücher gingen auch einmal zur Neige. Die Zahl verrückter Bücher ist ebenso begrenzt wie die Zahl der Verrückten.«

»Und *diese* Zahl wächst mit jedem Jahr«, tönte ein aufgeblasener Mensch dazwischen, in dem ich den selbsternannten Redner von Picknicktag wiedererkannte.

»So heißt es«, antwortete Arthur. »Und wenn neunzig Prozent von uns wahnsinnig sind – (er schien mir recht alberner Stimmung) – werden die Anstalten wieder die ihnen geziemende Aufgabe erfüllen.«

»Und die wäre –?« erkundigte sich der Arroganzling ernsthaft.

»*Die Normalen zu beschützen!*« behauptete Arthur. »Wir werden uns selbst darin einsperren. Die Verrückten können draußen alles nach ihrem Belieben machen. Vermutlich agieren sie etwas wunderlich. Auf jeden Fall werden Eisenbahnen zusammenstoßen: Dampfmaschinen werden bestimmt explodieren: die Städte werden zum größten Teil niederbrennen: die meisten Schiffe werden versinken –«

»Und die meisten Menschen werden *getötet*!« murmelte der Angeber sichtbar aufs hoffnungsloseste verwirrt.

»Gewiß«, stimmte Arthur zu. »Bis es schließlich wieder *weniger* verrückte als normale Menschen gibt. Dann kommen *wir* raus, *sie* gehen rein, und das Leben läuft wieder in seinen geregelten Bahnen!«

Der Prahlhans runzelte finster die Stirn, biß sich auf die Lippen und verschränkte die Arme, wobei er vergeblich nach einer Lösung fahndete. »Er spottet!« brummelte er schließlich verächtlich und stolzierte davon.

Unterdessen waren die übrigen Gäste eingetroffen; und man lud zum Dinner ein. Arthur geleitete natürlich Lady Muriel zu Tisch: und ich fand glücklicherweise meinen Platz zu ihrer Linken und hatte neben mir eine streng blickende alte Lady als Tischdame (der ich zuvor noch nie begegnet war und deren Namen ich, wie bei Vorstellungen üblich, nicht mitbekommen hatte, ich konnte mich nur noch daran erinnern, daß es nach einem Doppelnamen geklungen hatte).

Arthur schien ihr jedoch bekannt zu sein, und mit leiser Stimme vertraute sie mir an, daß er »ein äußerst rechthaberischer junger Mann« sei. Arthur schien seinerseits durchaus geneigt, sich dieser Charakterisierung als würdig zu erweisen, und als er sie sagen hörte: »Ich nehme niemals Wein zu meiner Suppe!« (dies *nicht* vertraulich zu mir, sondern als Gegenstand allgemeinen Interesses der gesamten Gesellschaft kundgetan), beschwor er sogleich einen Streit herauf, indem er sie fragte: »*Wann* wird der Teller Suppe Ihrer Meinung nach *Ihr* Eigentum?«

»Das ist *meine* Suppe«, beharrte sie streng, »und vor Ihnen steht die *Ihre*.«

»Zweifellos«, pflichtete Arthur bei, »aber seit *wann* besitze ich sie? Bis sie in den Teller kam, war sie in Besitz unseres Gastgebers: während sie am Tisch serviert wurde, war sie wohl in der Obhut des Dieners: ist sie meine geworden, als ich sie haben wollte? Oder als sie vor mich hingestellt wurde? Oder als ich den ersten Löffel voll nahm?«

»Er ist ein *äußerst* rechthaberischer junger Mann!« konnte die Lady nur noch antworten: doch diesmal sagte sie es laut und deutlich in dem Gefühl, die Gesellschaft habe ein Recht auf dieses Wissen.

Arthur lächelte unheilvoll. »Ich würde mit Ihnen gern um einen Schilling wetten«, bot er an, »daß nicht einmal der Hervorragende Barrister (Man kann sicher Worte so aussprechen, daß sie mit Versalien beginnen!) neben Ihnen dies beantworten kann!«

»Ich wette *niemals*«, empörte sie sich.

»Nicht einmal um sechs Pennies für den Punkt beim *Whist?*«

»*Niemals!*« wiederholte sie. »*Whist* ist vergleichsweise harmlos: aber Whist um *Geld* spielen!« Sie schauderte zusammen.

Arthur wurde wieder ernsthaft. »Ich kann Ihre Ansicht leider nicht teilen«, widersprach er. »Meiner Meinung nach war die Einführung kleiner Gewinne beim Kartenspiel eine der moralischsten Einrichtungen, mit der die Gesellschaft jemals ihrer Rolle *gerecht* geworden ist.«

»Wieso denn das?« fragte Lady Muriel.

»Weil das ein für allemal Kartenspiele abgeschafft hat, bei denen *Betrug* möglich ist. Denk mal darüber nach, wie Krocket die Gesellschaft demoralisiert. Die Damen betrügen dabei ganz dreist: und wenn man sie erwischt, dann lachen sie nur darüber und nennen es einen Scherz. Aber bei *Geld* ist das unmöglich. Der Schwindler wird nicht als Witzbold akzeptiert. Wer seine Freunde beim Kartenspiel um ihr Geld betrügt, wird nicht viel *Freude* daran habe – es sei denn, er betrachtet es als Freude, die Treppe hinuntergeworfen zu werden!«

»Wenn alle Gentleman so schlecht über die Damen dächten wie *Sie*« bemerkte meine Nachbarin ziemlich verbittert, »gäbe es sehr wenig – sehr wenig – –.« Sie schien unschlüssig, wie sie ihren Satz beenden sollte, erkieste aber schließlich »Flitterwochen« als das treffende Wort.

»Im Gegenteil«, wendete Arthur ein, und wieder zeigte sich das unheilvolle Lächeln auf seinem Gesicht, »akzeptierten die Menschen nur meine Theorie, dann wüchse die Anzahl von Flitterwochen – ganz neuer Art – im hohen Maße!«

»Können wir Näheres über diese neuartigen Flitterwochen erfahren?« erkundigte sie Lady Muriel.

»*X* soll der Herr sein«, begann Arthur mit leicht erhobener Stimme, da er sich einer Zuhörerschaft von sechs Personen gegenübersah, zu denen auch »Mein Herr« zählte, der zur Linken meiner polynomischen Tischdame saß. »*X* soll der Herr sein und

Y die Dame, der er einen Heiratsantrag zu machen gedenkt. Er bittet um Probe-Flitterwochen. Man gewährt sie ihm. Unverzüglich macht sich das junge Paar – begleitet von *Y's* Großtante als Anstandsdame – einen Monat lang auf die Reise, wobei sie viele Spaziergänge im Mondenschein unternehmen und viele Unterhaltungen im trauten *Tête-à-tête* führen, und jeder von beiden kann sich eine konkretere Meinung über den Charakter des anderen im Laufe von vier *Wochen* bilden, als es in ebensovielen *Jahren* möglich wäre, wenn sie sich unter den normalen gesellschaftlichen Zwängen träfen. Und erst nach ihrer *Rückkehr* entscheidet sich *X* endgültig, ob er *Y* die gewichtige Frage stellen will oder nicht!«

»In neun von zehn Fällen«, proklamierte der Prahlhans, »würde er sich für den Bruch der Beziehung entscheiden!«

»Dann hätte man in neun von zehn Fällen«, entgegnete Arthur »eine unglückliche Ehe verhindert und beide Parteien vor Leid bewahrt!«

»Die einzig wirklich *unglücklichen* Ehen«, bemerkte die alte Lady, »sind die, die ohne genügend *Geld* geschlossen werden. Liebe kann sich *später* noch einstellen. Geld ist *von Anfang an* notwendig!«

Diese Bemerkung ward zwanglos als eine Art allgemeine Herausforderung unter die Gesellschaft geworfen; und als solche wurde sie sogleich von verschiedenen Zuhörern akzeptiert: eine Zeitlang war das Gespräch leitmotivisch vom *Geld* bestimmt: und ein launiges Echo davon ließ sich abermals vernehmen, als das Dessert serviert wurde, die Diener sich zurückgezogen hatten, und der Earl es gerade übernahm, den Wein als Willkommensgruß herumzureichen.

»Ich bin sehr froh, daß Sie die alten Bräuche pflegen!« lobte ich Lady Muriel, wobei ich ihr Glas füllte. »Das friedvolle Gefühl ist wirklich angenehm, das einen überkommt, sobald die Diener das Zimmer verlassen haben – wenn man sich unterhalten kann, ohne das Gefühl, belauscht zu werden, und ohne daß einem ständig Schüsseln über die Schulter gereicht werden. Um wieviel gemütlicher ist es da, den Damen selbst Wein einzuschenken und denjenigen die Schüsseln zu reichen, die danach verlangen.«

»Wenn dem so ist, so reichen Sie doch bitte die Pfirsiche vor Ihnen hier runter«, verlangte ein fetter Mann mit rotem Gesicht, der neben unserem prahlerischen Freund saß. »Ich habe schon einige Male – diagonal – darum ersucht!«

»Ja, es *ist* eine gräßliche Mode«, pflichtete Lady Muriel bei, »daß man die Diener zum Dessert den Wein servieren läßt. Vor allem gehen sie *immer* falsch herum – was natürlich allen Anwesenden Unglück bringt!«

»Besser *falsch* als *überhaupt* nicht!« meinte unser Gastgeber. »Würden Sie sich freundlicherweise selbst bedienen?« (Dies zu dem fetten Rotgesicht!) »Sie sind doch wohl kein Abstinenzler?«

»Na, und *ob!*« entgegnete der und stieß die Flaschen von sich. »Fast doppelt so viel Geld wird in England für *Getränke* ausgegeben wie für jeden anderen Lebensmittelartikel. Lesen Sie es auf dieser Karte.« (Welcher Schwärmer hat nicht die Taschen mit passender Literatur gefüllt?) »Die verschiedenfarbigen Striche bedeuten die Menge der verschiedenen verbrauchten Lebensmittel. Sehen Sie sich die drei längsten an. Ausgaben für Butter und Käse, fünfunddreißig Millionen, für Brot: siebzig Millionen, für *alkoholische Getränke:* einhundertsechsunddreißig Millionen! Wenn es nach mir ginge, müßte jedes Wirtshaus im Land geschlossen werden! Sehen Sie sich die Karte an und lesen Sie das Motto. *Dahin geht alles Geld der Welt!*«

»Haben Sie schon einmal die Anti-Abstinenzler-Karte gesehen?« erkundigte sich Arthur in aller Unschuld.

»Nein, Sir, habe ich nicht!« brauste der Redner auf. »Wie sieht die denn aus?«

»Fast ebenso wie diese. Die farbigen Striche sind die gleichen. Nur an Stelle des Wortes ›Ausgaben‹ steht ›Einnahmen‹ drauf; und statt ›Dahin geht alles Geld der Welt‹ lautet ihr Motto ›*Daher kommt alles Geld der Welt!*‹«

Das Rotgesicht schaute finster drein, schenkte Arthur jedoch keine weitere Beachtung. So griff Lady Muriel ein. »Huldigen Sie demnach der Ansicht«, fragte sie, »daß man wirksamer für Abstinenz eintreten kann, wenn man selbst Abstinenzler ist?«

»Aber ganz bestimmt!« bekräftigte das Rotgesicht. »Also, dieser Fall hier ist ein Beleg dafür«, er entfaltete einen Zeitungsausschnitt, »lassen Sie mich Ihnen diesen Brief eines Abstinenzlers vorlesen. *An den Redakteur. Sehr geehrter Herr, ich war einmal ein mäßiger Trinker und kannte einen Mann, der übermäßig trank. Ich ging zu ihm. ›Gewöhn dir doch das Trinken ab‹, sagte ich. ›Du wirst noch deine Gesundheit ruinieren!‹ ›Du trinkst doch auch‹, sagte er. ›Warum sollte ich es aufgeben?‹ ›Ja‹, sagte ich, ›aber ich weiß, wann ich aufhören muß.‹ Er wandte sich von mir ab. ›Du trinkst auf deine Weise‹, sagte er, ›laß mich auf meine Weise trinken. Hau ab!‹ Da sah ich ein, daß ich zu seinem Nutz und Frommen dem Trinken abschwören mußte. Seit jener Zeit habe ich keinen Tropfen mehr angerührt!«*

»Na! Was sagen Sie *dazu?*« Er sah triumphierend in die Runde, während der Ausschnitt zur Begutachtung herumgereicht wurde.

»Wie äußerst ungewöhnlich!« wunderte sich Arthur, als er ihn in der Hand hielt. »Haben Sie eigentlich zufällig den Brief über das frühe Aufstehen gelesen? Seltsamerweise glich er diesem.«

Die Neugierde des Rotgesichts erwachte. »Wo ist er erschienen?« heischte er Auskunft.

»Lassen Sie mich ihn vorlesen«, schlug Arthur vor. Er kramte einige Papiere aus der Tasche, entfaltete eines und las wie folgt. »*An den Redakteur. Sehr geehrter Herr, ich war einmal ein mäßiger Schläfer und kannte einen Mann, der übermäßig lange schlief. Ich flehte ihn an. ›Gewöhn dir doch ab, im Bett zu liegen‹, sagte ich. ›Du wirst noch deine Gesundheit ruinieren!‹ ›Du gehst doch auch zu Bett‹, sagte er. ›Warum sollte ich es aufgeben?‹ ›Ja‹, sagte ich, ›aber ich weiß, wann ich morgens aufstehen muß.‹ Er wandte sich von mir ab. ›Du schläfst auf deine Weise‹, sagte er, ›laß mich auf meine Weise schlafen. Hau ab!‹ Da sah ich ein, daß ich zu seinem Nutz und Frommen dem Schlaf abschwören mußte. Seit jener Stunde bin ich nicht mehr im Bett gewesen!«*

Arthur faltete sein Papier, verstaute es wieder in der Tasche und reichte den Zeitungsausschnitt weiter. Keiner von uns wagte zu lachen, augenscheinlich schäumte der Mann mit dem roten Gesicht vor Wut. »Mit Ihrer Parallele liegen Sie nicht richtig!« knurrte er.

»Ein *mäßiger* Trinker bleibt auch stehen!« versicherte Arthur in aller Ruhe. Darüber mußte selbst die strenge alte Lady lachen.

»Aber für ein *gelungenes* Fest ist noch vieles vonnöten!« meinte

Lady Muriel und beabsichtigte offensichtlich einen Themenwechsel. »Mein Herr! Welche Vorstellung haben *Sie* von einem gelungenen Fest?«

Der alte Mann blickte sich lächelnd um, und seine gigantischen Brillengläser wirkten gigantischer als jemals zuvor. »Ein *gelungenes* Fest?« wiederholte er. »Zuerst einmal muß die anwesende Gastgeberin die Leitung übernehmen.«

»Das ist *selbstverständlich!*« warf sie fröhlich ein. »Aber was *noch,* Mein Herr?«

»Ich kann Ihnen nur berichten«, bot Mein Herr an, »was ich in meinem ei– in dem Land, das ich bereiste, gesehen habe.«

Er schwieg eine volle Minute und starrte die ganze Zeit über an die Decke – wobei sich ein derart träumerischer Ausdruck auf seinem Gesicht prägte, daß ich ihn schon in Träumen versunken wähnte, was sein normaler Zustand schien. Gleichwohl sprach er nach einer Minute plötzlich weiter.

»Die Hauptursache für den Fehlschlag eines Festes besteht im Mangel – nicht an Fleisch, auch nicht an Getränken, sondern an *Gesprächsstoff.*«

»Bei einem *englischen* Fest«, widersprach ich, »habe ich noch nie einen Mangel an *Plaudereien* registriert!«

»Entschuldigen Sie«, korrigierte mich Mein Herr höflich, »ich habe nicht ›Plaudereien‹, ich habe ›Gesprächsstoff‹ gesagt. All solche Themen wie Wetter, Politik oder Klatschgeschichten sind uns fremd. Sie sind entweder uninteressant oder umstritten. Als Gesprächsstoff benötigen wir ein Thema von *Interesse* und *Neuigkeit.* Dazu haben wir verschiedene Möglichkeiten ausprobiert – Bewegliche Bilder, Wilde Tiere, Bewegliche Gäste und einen Rotierenden Humoristen. Letzterer empfiehlt sich jedoch nur für *klainäre* Feste.«

»Können Sie es bitte in vier getrennten Kapiteln abhandeln!« schlug Lady Muriel vor, denn sie interessierte sich sehr dafür – wie übrigens inzwischen die meisten Gäste: denn die anderen Gespräche waren verstummt und die Köpfe weit vorgebeugt, um wenigstens Bruchstücke von Mein Herrs Rede aufzuschnappen.

»Erstes Kapitel! Bewegliche Bilder!« verkündete die silberhelle Stimme unserer Gastgeberin.

»Der Tisch hat die Form eines kreisrunden Ringes«, begann Mein Herr mit verträumter, leiser Stimme, die in der Stille jedoch deutlich hörbar war. »Die Gäste setzten sich sowohl an seine innere als auch an seine äußere Kante, indem sie ihre Plätze über eine Wendeltreppe von dem darunterliegenden Zimmer aus erreichten. In der Mitte des Tisches fährt eine Modelleisenbahn; es ist ein endloser Zug Güterwagen, die von einer Maschine gezogen werden; auf jedem Güterwagen stehen Rücken an Rücken zwei Bilder. Der Zug fährt während des Diners zweimal herum; und sobald er *eine* Runde hinter sich hat, wenden die Diener die Bilder auf jedem Wagen. So sieht *jeder* Gast *jedes* Bild!«

Er verstummte, und tiefer schien das Schweigen als je zuvor. Lady Muriel war bestürzt. »Also wirklich, wenn das so weitergeht, muß ich noch eine Nadel fallen lassen!« klagte sie. »Oh, es ist wohl mein Fehler?« (In Beantwortung eines flehenden Blickes von Mein Herr.) »Ich habe meine Pflicht vernachlässigt. Zweites Kapitel! Wilde Tiere!«

»Die Beweglichen Bilder fanden wir ein *wenig* monoton«, gestand Mein Herr. »Man mochte nicht während des ganzen Diners über Kunst reden; so versuchten wir es mit Wilden Tieren. Zwischen den Blumen, die wir (ebenso wie *Sie*) auf den Tisch stellten, konnte man hier eine Maus, dort einen Käfer sehen; hier eine Spinne« (Lady Muriel erzitterte) »dort eine Wespe; hier eine Kröte, dort eine Schlange;« (»Vater!« jammerte Lady Muriel kläglich. »Hast du *das* gehört?«) »so hatten wir eine Fülle Gesprächsstoff!«

»Und wenn Sie gestochen wurden –«, begann die alte Lady.

»Sie waren alle angekettet, gnädige Frau!«

Und die alte Lady gewährte ein zufriedenes Nicken.

Diesmal folgte kein Schweigen. »Drittes Kapitel!« verkündete Lady Muriel sogleich. »Bewegliche Gäste!«

»Sogar die Wilden Tiere erwiesen sich als monoton«, setzte der Redner fort. »So überließen wir es den Gästen, ihre eigenen Themen zu wählen; und zur Vermeidung der Monotonie wechselten wir *sie* aus. Wir bildeten einen Tisch aus *zwei* Ringen; der innere Ring drehte sich einschließlich des Bodens und der inneren Reihe der Gäste die ganze Zeit über langsam herum. Auf diese Weise saß *jeder* Gast im Inneren *jedem* Gast am äußeren Ring eine Zeitlang gegenüber. Zwar war es manchmal etwas verwirrend, den *Anfang* einer Geschichte dem einen Freund zu erzählen und das *Ende* dem anderen; aber wissen Sie, jede Idee hat ihre Schwächen.«

»Viertes Kapitel!« beeilte sich Lady Muriel anzukündigen. »Der Rotierende Humorist!«

»Für ein *klainäs* Fest hatten wir die exzellente Idee, in die Mitte eines runden Tisches ein Loch zu schneiden, das für *einen* der Gäste gerade groß genug war. Da hockte sich unser größter Witzbold hinein. Er rotierte langsam, blickte jeden Gast der Reihe nach an und erzählte die ganze Zeit über lustige Anekdoten!«

»Das läge mir nicht!« murmelte der Prahlhans. »Beim Rotieren würde ich schwindelig! Ich wäre dagegen so –«, hier schien ihm zu dämmern, daß seine Anmaßung wahrscheinlich jeglicher Grundlage entbehrte: er stürzte etwas Wein hinunter und verschluckte sich.

Und Mein Herr war wieder in Träumen versunken und sagte nichts mehr. Lady Muriel gab ein Zeichen, und die Damen verließen das Zimmer.

X. KAPITEL

Komik und Konfitüre

Die letzte Dame war gegangen, der Earl hatte von seinem Platz am Kopfende den militärischen Befehl erteilt: »Meine Herren! Schließen Sie bitte die Reihen auf!« und wir hatten uns befehlsgemäß um ihn geschart, als der Prahlhans einen tiefen Seufzer der Erleichterung vernehmen ließ, sein Glas bis zum Rand füllte, daran klopfte und mit einer seiner Lieblingsreden begann. »Zweifellos sind sie bezaubernd! Bezaubernd, aber auch sehr leichtsinnig. Sie ziehen uns sozusagen auf ein niederes Niveau hinab. Sie –«

»Benötigen nicht alle Pronomen zuvor ein *Nomen*«, erkundigte sich der Earl höflich.

»Verzeihung«, gestand der Eitelfant mit arroganter Herablassung. »Ich habe das Nomen übersehen. Die Damen. Wir bedauern ihre Abwesenheit. Aber wir trösten uns. *Gedanken sind frei.** In ihrer Anwesenheit sind wir auf *triviale* Themen eingeengt – wie Kunst, Literatur, Politik und so weiter. Derartige Belanglosigkeiten kann man mit einer Dame erörtern. Aber kein vernünftiger Mann –« (er blickte streng in die Runde, als wolle er möglichem Widerspruch Trotz bieten) »– hat jemals schon mit einer Dame das Thema *Wein* erörtert.« Er nippte an seinem Portwein, lehnte sich in seinen Stuhl zurück und hob ihn allmählich in Augenhöhe, als wolle er durch ihn hindurch auf die Lampe sehen. »Der Jahrgang, Mylord?« erkundigte er sich und streifte seinen Gastgeber mit einem flüchtigen Blick.

Der Earl nannte das Jahr.

»Habe ich mir doch gedacht. Aber man vergewissert sich lieber. Seine *Farbe* ist vielleicht etwas bläßlich. Doch der *Körper* ist einwandfrei. Und was das *Bukett* angeht –«

---

* AdÜ: Shakespeare, Tempest, III,2.

Ach ja, das zauberhafte Bukett! Das magische Wort weckte lebhafte Erinnerungen in mir! Der kleine Junge schlägt auf der Straße Purzelbäume – das süße, gelähmte kleine Mädchen auf meinem Arm – die geheimnisvolle, kurzlebige Gouvernante – sie alle tummelten sich in meinem Denken wie Traumgestalten: und durch die Geistestrübung dröhnte noch immer wie Glockenklang die feierliche Stimme des großen *Wein*kenners!

Selbst *seine* Worte waren fremd und traumhaft. »Nein«, setzte er fort – und wie kommt es bloß, ich verweile ein wenig bei dieser Frage, daß man *immer wieder* diesen unfreundlichen Einsilber an den Beginn eines abgebrochenen Gesprächsfadens knüpft? Nach zahlreichen bangen Überlegungen bin ich zu dem Schluß gekommen, daß der gewünschte Effekt dem gleicht, den ein hoffnungslos in einer Rechenaufgabe verrannter Schüler erwartet, der in seiner Verzweiflung zum Schwamm greift, alles auswischt und noch einmal von vorne beginnt. Ebenso macht der Redner mit der ganzen Diskussion reinen Tisch, indem er *alles* bis dahin Vorgebrachte einfach in Abrede stellt, und kann »gut starten« mit einer neuen Theorie. »Nein«, setzte er fort, »es geht nichts über Kirschkonfitüre. Das sage *ich* Ihnen!«

»Nicht bei *allen* Qualitätsmerkmalen!« wandte schrill ein eifriges Männchen ein. »Ich will ja nicht behaupten, daß eine andere mit ihm in der *Sattheit* der normalen Farbgebung *konkurrieren* kann. Aber in der *Feinheit* der Modulation – in dem, was man als ›Harmonie‹ des Aromas bezeichnen kann – ziehe *ich* die gute alte *Himbeer*konfitüre vor!«

»Gestatten Sie mir eine Bemerkung!« Das fette Rotgesicht warf sich heiser vor Erregung in die Debatte. »Die Frage ist zu wichtig, um von Amateuren entschieden zu werden! Ich kann Ihnen den Standpunkt eines *Professionellen* bieten – der möglicherweise der erfahrenste, lebende Konfitüreschmecker ist. Also, ich habe einmal erlebt, wie er den Jahrgang einer Erdbeerkonfitüre auf den *Tag* genau bestimmt hat – und wir wissen alle, wie problematisch das gerade bei Konfitüre ist –, indem er nur einmal probierte! Nun, *eben diese* gerade hier zur Diskussion anstehende Frage habe ich ihm gestellt. Seine Antwort lautete: ›In *Kirsch*konfitüre findet das reine *Clairobscure* des Geschmacks den höchsten Ausdruck;

*Himbeer*konfitüre eignet sich am vortrefflichsten für jene aufgelöste Dissonanz, die so lieblich auf der Zunge verweilt: aber den höchsten *Gipfel* zuckersüßer Perfektion bietet *an erster Stelle Aprikosenkonfitüre, und der Rest ist Schweigen!‹* Das war wohlformuliert, nicht wahr?«

»Vortrefflich!« kreischte das eifrige Männlein.

»Ich kenne Ihren Freund sehr gut«, behauptete der Arroganzling. »Als Konfitürekoster ist er unvergleichlich. Dennoch glaube ich kaum –«

Hier setzte eine allgemeine Diskussion ein, und seine Worte verloren sich in einem konfusen Konglomerat von Namen, da jeder Gast das Loblied seiner Lieblingskonfitüre sang. Endlich verschaffte sich die Stimme unseres Gastgebers durch den Lärm Gehör. »Lassen Sie uns zu den Damen gehen!« Diese Worte riefen mich scheinbar in die Wirklichkeit zurück, denn ich mußte einfach die letzten Minuten in dem »grißeligen« Zustand verbracht haben.

»Ein seltsamer Traum!« dachte ich bei mir, als wir grüppchenweise die Treppe hinaufstiegen. »Wie eine Sache von Leben und Tod diskutieren Erwachsene ernsthaft die ganz trivialen Eigenschaften bloßer *Delikatessen,* die keinen bedeutenderen Sinn als die Geschmacksnerven des Menschen ansprechen! Welch unwürdiges Schauspiel wäre solch eine Diskussion in der Wirklichkeit!«

Als mir auf dem Weg ins Wohnzimmer die Haushälterin meine kleinen Freunde übergab – sie trugen die hübschesten Abendkleider und glühten vor freudiger Erwartung, was sie noch schöner machte als jemals zuvor –, war ich keineswegs überrascht, sondern akzeptierte die Tatsache mit der nämlichen gedankenlosen Apathie, mit der man den Ereignissen eines Traumes begegnet, und war mir bloß einer vagen Sorge hinsichtlich des Problems bewußt, wie sie sich der ungewohnten Umgebung anpassen würden – wobei ich ganz und gar vergaß, daß sie am Hof von Anderland eine derart gute Erziehung genossen hatten, wie man sie in der Gesellschaft der realeren Welt nur benötigte.

Ich hielt es für das beste, sie alsbald einer freundlichen Dame unter den Gästen vorzustellen, und ich wählte die junge Lady, deren Klavierspiel so gerühmt worden war. »Sie mögen doch ganz bestimmt Kinder«, meinte ich. »Darf ich Ihnen meine beiden kleinen Freunde vorstellen? Das ist Sylvie – und das ist Bruno.«

Die junge Lady küßte Sylvie sehr gnädig. Bei *Bruno* hätte sie es auch getan, aber der entzog sich ihr hastig. »Sie sind mir völlig unbekannt«, wunderte sie sich. »Wo kommt ihr her, meine Lieben?«

Eine derart unbequeme Frage hatte ich nicht vorausgesehen; und da ich fürchtete, sie könne Sylvie in Verlegenheit bringen, übernahm ich die Antwort. »Sie kommen von weit her. Heute abend sind sie nur mal gerade hier.«

»Wie weit denn, Liebes?« beharrte die junge Lady.

Sylvie war verwirrt. »*Vielleicht* ein oder zwei Meilen«, stammelte sie.

»Ein oder *drei* Meilen«, widersprach Bruno.

»Man sagt nicht ›ein oder *drei* Meilen‹«, berichtigte ihn Sylvie.

Die junge Lady nickte zustimmend. »Sylvie hat ganz recht. Es ist nicht üblich, ›ein oder *drei* Meilen‹ zu sagen.«

»Es wär aber üblich – wenn mans oft genug sagte«, entgegnete Bruno.

Nun war die Lady verwirrt. »Für sein Alter ist er sehr schlagfertig!« murmelte sie. »Bist du schon sieben, Liebling?« fügte sie laut hinzu.

»Ich bin doch nicht so viele«, tadelte Bruno. »Ich bin *einer*. Sylvie iss *eine*. Sylvie un ich iss *zwei*. *Sylvie* hat mich zählen beigebracht.«

»Oh, ich wollte dich doch nicht zählen!« lachte die junge Lady.

»*Kanns'de* etwa nich zählen?« fragte Bruno.

Die junge Lady biß sich auf die Lippen. »Liebe Güte! Der stellt aber penible Fragen!« meinte sie als kaum vernehmbares »Aparte«.

»Bruno, das darfst du nicht!« mißbilligte Sylvie.

»*Was* darf ich nicht?« erkundigte sich Bruno.

»Du darfst nicht fragen – nicht solche Fragen.«

»*Was* für Fragen?« beharrte Bruno boshaft.

»Solche, als *Sie* dir gesagt hat, nicht zu stellen«, erwiderte Sylvie mit einem scheuen Blick auf die junge Lady und verlor in ihrer Verwirrung jeglichen Sinn für Grammatik.

»Du kannst es nich aussprechen!« triumphierte Bruno. Und beifallheischend wandte er sich an die junge Lady. »Ich weißte, sie konnte ›päng-übele‹ nich auspechen!«

Die junge Lady erachtete es für das beste, sich wieder dem arithmetischen Problem zu widmen. »Als ich gefragt habe, ob du schon sieben bist, weißt du, da meinte ich nicht ›soviel *Kinder?*‹, sondern ›soviel Jahre –‹«

»Hab *viel mehr* Haare«, belehrte Bruno sie. »Kein Kind hat nur sieben Haare.«

»Und du gehörst zu diesem kleinen Mädchen?« setzte die junge Lady fort und ging dem biologischen Problem geschickt aus dem Weg.

»Nein, ich gehöre nich zu *ihr!*« behauptete Bruno. »Sylvie gehört zu *mir!*« Und er schloß sie in die Arme und ergänzte. »Sie iss ganz allein die meine!«

»Weißt du«, bemerkte die junge Lady, »daß ich auch ein Schwesterchen habe wie *deine* Schwester? Sie würden sich bestimmt mögen.«

»Sie wären einander ungeheuer nützlich«, mutmaßte Bruno. »Sie brauchten nämlich keine Spiegel beim Haarebürsten.«

»Wieso denn nicht, mein Kind?«

»Weil natürlich jede für die andre 'n Spiegel wär!« rief Bruno.

Lady Muriel, die dabeigestanden und dem konfusen Gespräch gelauscht hatte, warf an dieser Stelle die Frage ein, ob die junge Lady uns nun mit einem Musikstück erfreuen könne; und die Kinder begleiteten ihre neue Freundin ans Klavier.

Arthur kam und nahm neben mir Platz. »Wenn das Gerücht stimmt«, flüsterte er, »erwartet uns ein echter Kunstgenuß!« Und dann atemlose Stille, die Darbietung begann.

Sie war eine jener Klaviervirtuosinnen, die die Gesellschaft als »brillant« einstuft, und sie stürzte sich mit einer Vehemenz in Haydns lieblichste Symphonie, die ganz offensichtlich das Ergebnis jahrelangen, geduldigen Studiums unter den größten Meistern war. Anfangs schien es die Perfektion des Klavierspielens; doch nach wenigen Minuten fragte ich mich verdrießlich: »*Was* fehlt da bloß? *Warum* hat man keine Freude daran?«

Da beschloß ich, auf jede Note zu achten; und das Rätsel löste sich. Ihr Spiel war *schon* von fast perfekter, mechanischer *Genauigkeit* – aber mehr auch nicht! Natürlich wurde keine Note falsch gespielt: *dafür* kannte sie das Stück zu gut; doch da waren gerade genug *zeitliche* Unregelmäßigkeiten, um zu verraten, daß die Pianistin kein gutes »Gehör« für Musik besaß – gerade genug Unreinheit bei den komplizierten Stellen, um darzulegen, daß ihr das Publikum keiner echten Mühe wert schien – und gerade genug mechanische Monotonie, um die himmlischen Modulationen, die sie gerade entweihte, ganz und gar ihrer *Seele* zu berauben – kurz und schlecht, es war einfach ein Ärgernis; und als sie das Finale heruntergeklimpert und die letzten Akkorde geprügelt hatte, als spiele für das Instrument die Zahl der gerissenen Saiten keine Rolle, da sie es ohnehin nicht mehr benötigte, konnte ich nicht einmal heuchlerisch in das stereotype »Ah, *vielen* Dank!« einstimmen, das sich chorartig um mich erhob.

Lady Muriel kam für einen Augenblick zu uns. »War das nicht *schön?*« flüsterte sie Arthur schelmisch lächelnd zu.

»Nein, ganz und gar nicht!« widersprach Arthur. Aber sein liebenswürdiger Gesichtsausdruck neutralisierte völlig die brutale Ehrlichkeit seiner Antwort.

»Ein derartiges Verdammungsurteil, also weißt du!« beharrte sie.

»Etwas anderes *verdient* sie nicht«, bekräftigte Arthur hartnäckig, »aber die Leute sind gegenüber Vorschußlorbeeren derart eingenommen –«

»Das ist aber jetzt Unsinn!« ereiferte sich Lady Muriel. »Du liebst doch die Musik, nicht wahr? Jedenfalls hast du das vorhin behauptet.«

»Liebe ich die *Musik?*« wiederholte der Doktor zögernd vor sich hin. »Meine liebe Lady Muriel, es gibt Musik und Musik. Ihre Frage ist sehr ungenau. Sie können ebensogut fragen ›Liebst du die Menschen?‹«

Lady Muriel biß sich auf die Lippen, runzelte die Stirn und stapfte mit ihrem winzigen Fuß auf. Als eine dramatische Darbietung von Gereiztheit war das bestimmt ein *Fehlschlag*. Gleichwohl begriff es einer der Zuhörer, und Bruno beeilte sich, den drohenden Streit als Friedenstifter mit der Bemerkung zu schlichten: »Ich lieb die Menschen!«

Arthur legte ihm zärtlich die Hand auf den Lockenkopf: »Was? *Alle* Menschen«, wunderte er sich.

»Nich *alle* Menschen«, präzisierte Bruno. »Also nur Sylvie – un Lady Muriel – un ihn« (er zeigte auf den Earl) »un dich – un dich!«

»Man zeigt nicht auf die Leute«, tadelte Sylvie. »Das ist sehr unhöflich.«

»In Brunos Welt«, meinte ich, »gibt es nur *vier* Menschen – die der Beachtung wert sind!«

»Brunos Welt!« wiederholte Lady Muriel nachdenklich. »Eine heitere, blumenreiche Welt. Wo stets das Gras grünt, eine sanfte Brise weht, und wo es keine Regenwolken gibt; wo keine wilden Tiere sind und keine Wüsten –«

»Also Wüsten *müßte* es geben«, hielt Arthur dagegen. »Wenigstens in *meiner* Idealwelt.«

»Aber was kann man denn schon mit einer *Wüste* anfangen?« gab Lady Muriel zu bedenken. »In deiner Idealwelt gäbe es doch *bestimmt* keine Wildnis?«

Arthur grinste. »Und *ob* da eine wäre!« widersprach er. »Eine Wildnis wäre wesentlicher als eine Eisenbahn: und dem allgemeinen Wohlbefinden *weit* dienlicher als Kirchenglokken!«

»Aber wozu denn, um alles in der Welt?«

»*Als Übungsplatz für Musikstücke*«, erklärte er. »Alle jungen Damen, die über kein gutes Gehör für Musik verfügen, aber das Musizieren partout erlernen wollen, sollten allmorgendlich zwei oder drei Meilen weit in die Wildnis verfrachtet werden. Dort gäbe es für jede ein gemütliches Zimmer und auch ein billiges, gebrauchtes Klavier, worauf sie stundenlang klimpern könnte, ohne die Zahl menschlicher Leiden um eine überflüssige Qual zu vermehren!«

Bestürzt blickte sich Lady Muriel um, da sie fürchtete, diese barbarischen Ansichten könnten mitgehört werden. Doch die untadelige Pianistin weilte in sicherer Entfernung. »Auf jeden Fall mußt du zugeben, sie ist ein süßes Mädchen!« drängte sie.

»Oh, gewiß. So süß wie *Zuckerwasser*, wenn dich das befriedigt – und fast so interessant!«

»Du bist unverbesserlich!« tadelte Lady Muriel und wandte sich mir zu. »Hoffentlich hatten Sie in Frau Mills eine interessante Tischgefährtin?«

»Ach, *so* heißt sie also?« wunderte ich mich. »Ich glaubte, ihr Name sei *länger*.«

»Das ist er auch: es geschieht ›auf Ihre eigene Gefahr‹ (was immer auch damit gemeint sei), sollten Sie sich jemals unterstehen, sie einfach mit ›Frau Mills‹ anzureden. Sie ist ›Frau Ernest-Atkinson-Mills‹!«

»Es handelt sich bei ihr um eine jener Möchtegern-Größen«, erklärte Arthur, »die sich einbilden, ihrem Namen einen Hauch von Aristokratie zu verleihen, indem sie ihrem Familiennamen ihre ganzen entbehrlichen, durch Bindestrich verbundenen Vornamen voranstellen. Als bereite es nicht schon Mühe genug, sich *eines* Nachnamens zu erinnern!«

Mittlerweile füllte sich das Zimmer allmählich, da die zur Abendgesellschaft geladenen Gäste eintrafen, und Lady Muriel mußte als Gastgeberin ihre Pflicht erfüllen, was sie mit der nur lieblichsten Anmut tat. Sylvie und Bruno standen neben ihr und bekundeten starkes Interesse an dem Vorgang.

»Hoffentlich gefallen euch meine Freunde?« bemerkte sie ihnen gegenüber. »Vor allem mein lieber alter Freund, Mein Herr (Wo ist er bloß hingeraten? Ah, da ist er!), der alte Gentleman dort mit Brille und dem langen Bart!«

»Er ist ein würdiger alter Gentleman!« bestätigte Sylvie und fixierte »Mein Herr« mit unverhohlener Bewunderung, der in einer Ecke hockte und uns mit sanften Augen durch seine gigantischen Brillengläser betrachtete. »Und was für einen hübschen Bart er hat!«

»Wie nennt er sein?« wisperte Bruno.

»Er nennt sich ›Mein Herr‹«, antwortete Sylvie leise.

Bruno schüttelte ungläubig den Kopf. »So kann er sein *Ohr*

371

nennen, aber nich sein *Selbst, du Dummi!*« Er wandte sich an mich. »Wie nennt er sein *Selbst*, mein Herr Mann?«

»*Ich* kenne auch nur diesen Namen«, mußte ich zugeben. »Aber er fühlt sich wohl sehr einsam. Hast du nicht Mitleid mit seinen grauen Haaren?«

»Ich hab Mitleid mit seinem *Selbst*«, beharrte Bruno und ritt weiter auf falschen Bezeichnungen, »aber sein *Haar* tut mir kein bißchen leid. *Haar* kannich fühlen!«

»Wir sind ihm schon heute nachmittag begegnet«, erzählte Sylvie. »Wir haben Nero besucht, und wir hatten *so* einen Spaß, ihn wieder unsichtbar zu machen! Und den schönen alten Herrn dort haben wir gesehen, als wir zurückgekommen sind.«

»Kommt, wir wollen uns mit ihm unterhalten und ihn etwas aufheitern«, schlug ich vor, »und vielleicht erfahren wir, wie er heißt.«

XI. KAPITEL

Der Mann im Mond

Bereitwillig kamen die Kinder mit. In ihrer Mitte näherte ich mich der Ecke, wo »Mein Herr« saß. »Sie haben hoffentlich nichts gegen *Kinder?*« leitete ich ein.

»*Saures Alter, frohe Jugend können nicht zusammen dauern!*«* erwiderte der alte Herr gut gelaunt und lächelte sehr liebenswürdig. »Betrachtet mich einmal genau, Kinder! Ihr haltet mich doch bestimmt für einen *alten* Mann?«

Obgleich mich sein Gesicht rätselhafterweise an »den Professor« erinnert hatte, wirkte er auf den ersten Blick zweifellos *jung*: doch als ich in die wundersame Tiefe seiner verträumten großen Augen blickte, spürte ich mit einem seltsamen Gefühl von Ehrfurcht, daß er unbestimmbar *älter* war: er schien uns aus einer vergangenen, Jahrhunderte entfernten Epoche zu betrachten.

»Ich weiß nich, ob du'n *alter* Mann bist«, antwortete Bruno, als die Kinder sich ihm vertrauensvoll noch ein wenig mehr genähert hatten. »Ich denk, du bist *dreiunachtzig*.«

»Er ist sehr präzise«, urteilte Mein Herr.

»Hat er in etwa recht?« fragte ich.

»Es gibt Gründe«, entgegnete Mein Herr leise, »Gründe, die ich nicht darlegen darf, warum ich *keinesfalls* irgendwelche Personen, Orte oder Daten erwähnen kann. Nur eine Bemerkung sei mir gestattet – das Lebensalter zwischen hundertfünfundsechzig und hundertfünfundsiebzig Jahren ist besonders sicher.«

»Woher wissen Sie das?« erkundigte ich mich.

»Daher. Schwimmen wäre für Sie bestimmt ein besonders sicheres Vergnügen, wenn Sie kaum jemals gehört hätten, daß einer dabei gestorben sei. Gehe ich recht in der Annahme, daß Sie

---

* AdÜ: Shakespeare, The Passionate Pilgrim, XII.

noch von keinem gehört haben, der in diesem Alter gestorben ist?«

»Ich verstehe, was Sie meinen«, sagte ich, »aber Sie werden wohl schwerlich beweisen können, daß *Schwimmen* nach demselben Prinzip sicher ist. Es ist nicht ungewöhnlich, daß man von *Ertrunkenen* hört.«

»In *meinem* Land«, behauptete Mein Herr, »ist *noch nie* jemand ertrunken.«

»Gibt es denn da kein Wasser, das tief genug wäre?«

»Reichlich! Aber wir können nicht *versinken*. Wir sind alle *leichter als Wasser*. Ich will es Ihnen erklären«, fügte er hinzu, da er meine Überraschung registrierte. »Angenommen, Sie möchten *Tauben* von ganz besonderer Gestalt und Farbe haben, wählen Sie dann nicht von Jahr zu Jahr die aus, die der gewünschten Gestalt und Farbe am nächsten kommen, indem Sie die behalten und die anderen weggeben?«

»So ist es«, erwiderte ich. »Wir nennen das ›künstliche Auslese‹.«

»Richtig«, bekräftigte Mein Herr. »Nun, das haben *wir* mehrere Jahrhunderte hindurch gemacht – wir haben stets die *leichtesten* Leute ausgewählt: so ist jetzt *jeder* leichter als Wasser.«

»Dann können Sie niemals auf *See* ertrinken?«

»Niemals! Eine derartige Gefahr droht uns nur an *Land* – wenn wir zum Beispiel ins Theater gehen.«

»Wie kann denn das im *Theater* geschehen?«

»Unsere Theater sind *unterirdisch* angelegt. Darüber befinden sich riesige Wassertanks. Sobald ein Feuer ausbricht, öffnen sich die Schleusen, und in einer Minute ist das Theater genau bis an die Decke geflutet. So wird das Feuer ausgelöscht.«

»Und vermutlich *ebenso* die Zuschauer?«

»Das ist nur ein unbedeutender Nebeneffekt«, kommentierte Mein Herr ungerührt. »Aber sie finden Trost in der Gewißheit, daß sie alle *leichter als Wasser* sind, ob sie nun ertrinken oder nicht. Wir sind noch nicht soweit fortgeschritten, die Leute auch noch leichter als *Luft* zu machen: aber wir *arbeiten* dran; und in weiteren tausend Jahren oder so –«

»Was tus'de mit dem Leut, der zu schwer iss?« erkundigte sich Bruno ernst.

»Dasselbe Verfahren haben wir auf vielen anderen Gebieten angewandt«, setzte Mein Herr fort und ließ Brunos Frage unbeantwortet. »Als nächstes haben wir *Wanderstöcke* selektiert – und stets die behalten, die am *besten* wanderten – bis wir solche hatten, die alleine wandern konnten! Dann haben wir *Watte* selektiert, bis sie leichter als Luft war! Die Wichtigkeit des Materials können Sie sich gar nicht vorstellen! Wir nennen es ›Unwägbares‹.«

»Wozu ist es gut?«

»Nun, in erster Linie dient es als *Verpackungsmaterial* für Sachen, die mit der Paketpost verschickt werden sollen. Dadurch wiegen sie *weniger als nichts*, verstehen Sie?«

»Aber wie wissen dann die Postbeamten, was Sie zu bezahlen haben?«

»Das ist ja das Schöne an dem neuen System!« jauchzte Mein Herr. »Sie bezahlen *uns* und nicht wir *sie!* Ich habe schon bis zu fünf Schilling dafür bekommen, daß ich ein Paket abgeschickt habe.«

»Aber protestiert Ihre Regierung denn nicht?«

»Na schön, sie protestiert ein bißchen. Sie sagt, es sei auf die Dauer zu teuer. Aber der Fall liegt dank ihrer eigenen Anordnungen sonnenklar. Wenn ich ein Paket abschicke, das ein Pfund *mehr* als nichts wiegt, so *bezahle* ich drei Pennies: folglich muß ich natürlich drei Pennies *erhalten*, wenn es ein Pfund *weniger* als nichts wiegt.«

»Das ist *wirklich* eine nützliche Sache!« lobte ich.

»Aber sogar ›Unwägbares‹ hat seine Nachteile«, mußte er einräumen. »Vor einigen Tagen habe ich etwas davon gekauft und in meinen *Hut* gesteckt, um es nach Hause zu tragen, und der Hut ist einfach davongeschwebt!«

»Hattes'de *heut* auch was von dem ulkigen Zeuch im Hut?« wollte Bruno wissen. »Sylvie und ich ham dich auf der Straße gesehn, un der Hut war immer ganz hoch! Nich wahr, Sylvie?«

»Nein, das hatte einen ganz anderen Grund«, stellte Mein Herr richtig. »Es fielen gerade zwei oder drei Regentropfen: deshalb habe ich den Hut auf meine Stockspitze gesteckt – als Regenschirm, verstehst du? Als ich die Straße langging«, erzählte er weiter und wandte sich wieder mir zu, »wurde ich plötzlich von etwas überrascht, und zwar von einem –«

»– Regenschauer?« vermutete Bruno.

»Nun, es sah *eher* nach einem Hundeschwanz aus«, erklärte Mein Herr. »Die Sache war ganz komisch! Irgendwas rieb zärtlich an meinem Bein. Und als ich hinsah, konnte ich nichts entdecken! Aber etwa einen Meter entfernt wedelte ein einsamer Hundeschwanz!«

»Oh, *Sylvie!*« tadelte Bruno. »Du hast ihn nich ganz sichtbar gemacht!«

»Tut mir ja *so* leid«, klagte Sylvie schuldbewußt. »Ich wollte es noch seinen Rücken entlang reiben, aber wir hatten es ja so eilig. Wir gehen morgen hin und machen den Rest. Armer Kerl! Er wird wohl heute abend kein Essen bekommen!«

»*Ganz* bestimmt nich!« bekräftigte Bruno. »Niemand gibt niemals 'nem Hundeschwanz Knochen.«

Mein Herr blickte baß erstaunt von einem zum anderen. »Ich verstehe euch nicht«, erklärte er. »Ich hatte mich verirrt und sah gerade in einem Faltplan nach, und irgendwie hatte ich einen Handschuh fallenlassen, und dieses unsichtbare *Etwas*, das an meinem Bein rieb, brachte ihn tatsächlich zurück!«

»Iss doch klar!« meinte Bruno. »Sowas apportiert er *sehr* gern.« Mein Herr war derart verwirrt, daß ich lieber das Thema zu wechseln beschloß. »Wie nützlich doch so ein Faltplan ist!« bemerkte ich.

»Das haben wir ebenfalls von *Ihrem* Volk gelernt«, gestand Mein Herr, »das Herstellen von Karten. Aber wir haben es viel konsequenter getrieben als *Sie*. Was halten Sie für die *größte* noch brauchbare Karte?«

»Die im Maßstab eins zu zehntausend, also zehn Zentimeter für einen Kilometer.«

»Nur *zehn Zentimeter!*« wunderte sich Mein Herr. »Wir waren schon bald auf zehn *Meter* für einen Kilometer. Dann haben wir es mit *hundert* Metern für einen Kilometer versucht. Und dann kam uns die allergroßartigste Idee! Wir haben wahrhaftig eine Karte im Maßstab eins zu eins von unserem Land gezeichnet!«

»Haben Sie sie schon oft gebraucht?« verlangte ich zu wissen.

»Sie ist bisher noch nie entfaltet worden«, bekannte Mein Herr. »Die Bauern haben dagegen protestiert: sie haben behauptet, das ganze Land würde zugedeckt und die Sonne ausgesperrt! Deshalb benutzen wir jetzt das Land selbst als Karte, und ich kann Ihnen versichern, das ist fast genauso gut. Nun möchte ich aber eine andere Frage stellen. Welches ist die kleinste *Welt*, in der Sie gerne leben würden?«

»Ich weiß!« meldete sich Bruno lauthals, der gespannt gelauscht hatte. »Ich hätt gern 'ne ganz winzig kleine Welt, gerad groß genug für Sylvie un mir!«

»Dann müßtet ihr auf verschiedenen Seiten leben«, gab Mein Herr zu bedenken. »Und deshalb könntest du deine Schwester *überhaupt* niemals sehen!«

»Un ich hätt keinen *Unterricht*«, freute sich Bruno.

»Sie wollen doch nicht etwa behaupten, Sie hätten auch in dieser Richtung experimentiert!« zweifelte ich.

»Nun, nicht direkt *experimentiert*. Wir geben nicht vor, Planeten zu *konstruieren*. Aber ein mir befreundeter Wissenschaftler, der mehrere Ballonreisen unternommen hat, versicherte mir, er habe einen Planeten entdeckt, der so klein gewesen sei, daß er ihn in zwanzig Minuten zu Fuß umrunden konnte. Kurz vor seinem Besuch hatte dort eine Schlacht stattgefunden, die ziemlich ungewöhnlich endete: die geschlagene Armee war Hals über Kopf geflüchtet und stand nach wenigen Minuten abermals der siegreichen Armee gegenüber, die nach Hause marschierte, und die war nun derart erschrocken, eingekesselt zu sein, daß sie auf der Stelle kapitulierte. Deshalb hatte sie natürlich die Schlacht verloren, obwohl sie in Wahrheit *alle* Soldaten der Gegenseite getötet hatte.«

»Getötete Soldaten *können nich* flüchten«, erhob Bruno Einspruch.

»›Getötet‹ ist ein Fachausdruck«, erläuterte Mein Herr. »Auf dem kleinen Planeten, von dem ich erzähle, waren die Kugeln aus weichem, schwarzem Stoff und markierten durch Berührung. So brauchte man nach der Schlacht nur zu zählen, wie viele Soldaten auf jeder Seite getötet – das heißt, ›am *Rücken* markiert‹ waren, denn die Zeichen auf der *Vorder*front zählten nicht.«

»Dann konnten sie doch nur getötet werden, wenn sie wegrannten?« mutmaßte ich.

»Mein gelehrter Freund hatte eine bessere Idee. Er gab den Rat, die Kugeln *andersherum um den Planeten* zu schießen, um den Feind im *Rücken* zu treffen. Danach wurden die *schlechtesten* Schützen die *besten* Soldaten; und der *allerschlechteste* gewann stets den Ersten Preis.«

»Und wie hat man den *allerschlechtesten* ermittelt?«

»Nichts leichter als das! Sie wissen sicher, daß der *beste* Schütze das trifft, was genau *vor* ihm liegt; ergo trifft natürlich der *allerschlechteste* Schütze das, was genau *hinter* ihm liegt.«

»Auf diesem kleinen Planeten lebten ja merkwürdige Leute!« wunderte ich mich.

»Das kann man wohl sagen! Das *Regierungs*system war wohl das allermerkwürdigste. Man hat mir gesagt, daß auf diesem Planeten hier eine Nation von einer Vielzahl Untertanen und einem König gebildet wird: doch auf dem erwähnten kleinen Planeten wurde sie von einer Vielzahl *Königen* und einem *Untertanen* gebildet!«

»Sie formulierten, man habe Ihnen gesagt, was auf *diesem* Planeten geschieht«, sagte ich. »Darf ich die Frage wagen, ob Sie vielleicht selbst ein Besucher von einem *anderen* Stern sind?«

Bruno klatschte freudig in die Hände. »Bis'de der Mann-im-Mond?« krähte er.

Mein Herr zeigte sich verlegen. »Ich bin *nicht* im Mond«, wich er aus. »Um auf das Thema zurückzukommen. Ich finde das *dortige* Regierungssystem eigentlich sehr *gut*. Sehen Sie mal, die Könige erlassen sicher Gesetze, die einander widersprechen: so kann der Untertan nie bestraft werden, denn was er auch täte, *einem* Gesetz würde er immer gehorchen.«

»Un was er auch tät, *einem* Gesetz würd' er nich gehorchen!« protestierte Bruno. »Deshalb könnte er *immer* bestraft werden.«

Gerade da kam Lady Muriel vorbei und vernahm die letzten Worte. »*Hier* wird keiner bestraft!« befahl sie und nahm Bruno in den Arm. »Hier gibt es nur Frei-Räume! Würden Sie mir die Kinder für eine Minute überlassen?«

»Die Kinder lassen uns im Stich, wie Sie sehen«, sagte ich zu Mein Herr, als sie mit ihnen abzog, »so müssen eben die beiden Alten miteinander vorlieb nehmen!«

Der alte Herr seufzte. »Na gut! *Jetzt* gehören wir zum alten Eisen; und dennoch war ich selbst einmal ein Kind – ich glaube es wenigstens.«

Es war *wirklich* kaum zu glauben, wie ich mir eingestand – wobei ich das weiße Zottelhaar und den langen Bart musterte –, daß er jemals ein Kind gewesen war. »Sie mögen junge Menschen?« fragte ich.

»Junge *Männer*«, korrigierte er. »Aber nicht gerade *Kinder*. Ich pflegte – vor vielen Jahren – junge Männer an meiner guten alten Universität zu unterrichten!«

»Ich habe den Namen nicht ganz verstanden?« deutete ich an.

»Ich habe ihn nicht genannt«, entgegnete der alte Herr nachsichtig. »Der Name würde Ihnen doch nichts sagen. Ich könnte Ihnen merkwürdige Geschichten über all die Lehrmethoden dort berichten, die ich miterlebt habe. Aber ich fürchte, Sie zu langweilen.«

»Nein, *bestimmt* nicht!« widersprach ich. »Berichten Sie bitte weiter. Was sind das für Methoden?«

Aber der alte Mann war wohl eher in der Stimmung zu fragen als zu antworten. »Berichten Sie mir zuerst etwas«, bat er und preßte seine Hand auf meinen Arm. »Ich bin nämlich fremd in Ihrem Land und weiß wenig von *Ihrer* Erziehungsmethode: doch ich habe den Eindruck, daß *wir* in der Entwicklung fortgeschrittener sind als *Sie* – und manche von uns praktizierte Theorie, die sich als Irrtum erwies, werden auch Sie mit großem Enthusiasmus praktizieren: und Sie werden zu der bitteren Erkenntnis kommen, daß sie ein Irrtum war!«

Seltsamerweise wurden seine Worte immer zwangloser und mündeten in eine rhythmische Sprache, seine Gesichtszüge schienen von einem inneren Licht erhellt, und der ganze Mann wirkte so verwandelt, als habe er sich sekundenschnell um fünfzig Jahre verjüngt.

XII. KAPITEL

Elbenklänge

Die eintretende Stille wurde von der musikalischen jungen Lady unterbrochen, die sich in unsere Nähe gesetzt hatte und sich mit einem neuangekommenen Gast unterhielt. »Nanu!« spöttelte sie überrascht. »Scheinbar *gibt* es für uns etwas Neues in Sachen Musik zu hören!«

Ich sah mich fragend um und war fast ebenso erstaunt wie die Sprecherin: *Sylvie* wurde von Lady Muriel ans Klavier geführt!

Mit Tränen in den Augen sah sich Sylvie nach mir um. Ich wollte ihr ermutigend zulächeln, denn es war augenscheinlich eine große nervliche Belastung für das Kind, das solch einen Auftritt überhaupt nicht gewohnt war, und sie war verlegen und unglücklich. Doch hier erwies sich der vollendete Liebreiz ihres Wesens: und ich konnte erkennen, wie sie sich selbstlos entschlossen hatte, ihr Bestes zu geben, um Lady Muriel und ihren Freunden eine Freude zu machen. Sie setzte sich an das Instrument und begann sogleich. Soweit man es beurteilen konnte, waren Takt und Ausdruck perfekt: doch ihr Anschlag war von derartiger Leichtigkeit, daß man durch das noch während Unterhaltungsgebrummel anfangs kaum eine Note von ihrem Spiel wahrnehmen konnte.

Aber nach einer Minute war das Gebrummel in völligem Schweigen erstorben, und wir setzten uns alle überwältigt und atemlos nieder, um diesen himmlischen Klängen zu lauschen, die keiner jemals vergessen würde.

Zuerst schlug sie die Tasten nur ganz leicht an und spielte eine Art Einleitung in Moll – wie ein tonales Zwielicht; und man meinte, die Lichter trübten sich und Nebel kröche durch das Zimmer. Dann blitzten durch die zunehmende Düsternis die ersten wenigen Noten einer Melodie, die so lieblich und feinfühlig war, daß man aus Furcht, auch nur eine einzige Note zu überhören, den Atem anhielt. Immer wieder nahm die Melodie den traurigen Mollklang vom Beginn auf, und jedesmal, wenn sie sich erneut durch die verschleiernde Düsternis in das Licht des Tages Bahn brach, gewann sie eine noch berauschendere und noch wunderbarere Süße. Unter der zarten Kinderhand schien das Instrument wahrlich wie ein Vogel zu zwitschern. *»Steh auf, mein Lieb, du Schöne«*, schien es zu singen, *»und komm her! Denn sieh, der Winter ist vergangen, der Regen ist weg und dahin; die Blumen sind hervorgekommen im Lande; der Lenz ist herbeigekommen!«** Man meinte, das plempernde Fallen der letzten paar Tropfen zu hören, die eine vorüberwehende Bö von den Bäumen schüttelte – die ersten glitzernden Sonnenstrahlen zu sehen, die die Wolken durchbrachen.

Der Count durchmaß aufgewühlt das Zimmer. »Isch nischt *kann* erinnärn den Namen diesär schönen Weise! Sie ist sischerlisch aus einer Opéra. Abär isch kenn nischt mal den Namen diesäs *Opus*. Liebäs Kind, wie nännst du es?«

* AdÜ: Hoheslied 2, 10–12.

Sylvie sah sich mit abwesendem Gesicht nach ihm um. Sie hatte das Stück beendet, doch ihre Finger glitten immer noch spielerisch über die Tasten. Alle Furcht und Schüchternheit war völlig von ihr abgefallen, und geblieben war nur noch die reine Freude an der Musik, die unsere Herzen begeistert hatte.

»Där Titel!« wiederholte der Count ungeduldig. »Wie nännst du das Opus?«

»Ich weiß nicht, was ein Opus *ist*«, gestand Sylvie flüsternd.

»Wie nännst du dann die *Weise?*«

»Ich kenne dafür keinen Namen«, erwiderte Sylvie und ging von dem Instrument weg.

»Abär die ist prachtvoll!« rief der Count, folgte dem Kind und wandte sich an mich, als sei ich der Eigentümer dieses musikalischen Phänomens und *müßte* den Ursprung ihres Musikstücks kennen. »'aben Sie ge'ört, sie 'at das schon gespielt – isch mein ›vor diesäm Anlaß‹? Wie nännen Sie die Weise?«

Ich schüttelte den Kopf, wurde jedoch weiterer Fragen dank Lady Muriel enthoben, die zu uns kam und den Count um einen Liedervortrag ersuchte.

Der Count breitete bedauernd die Arme aus und neigte den Kopf. »Abär Milady, isch 'abe schon allä Liedär infiziert – isch meinä inspiziert; und äs gibt nischts für mein' Stimm'! Sie sind nischt für Baß!«

»Wollen Sie nicht noch einmal nachschauen?« flehte Lady Muriel.

»Wir wollen ihm helfen!« wisperte Bruno Sylvie zu. »Wir machen, daß er eins findet – du weißt schon wie!«

Sylvie nickte. »Sollen *wir* ein Lied für Sie finden?« fragte sie artig den Count.

»*Oui!*« rief der kleine Mann aus.

»Wie? Wir suchen einfach gemeinsam!« erklärte Bruno, und beide zogen den verzückten Count bei den Händen zum Notenspindchen.

»Noch ist Hoffnung!« seufzte Lady Muriel über die Schulter, als sie ihnen folgte.

In der Hoffnung, an das unterbrochene Gespräch anknüpfen

zu können, wandte ich mich an »Mein Herr«. »Sie bemerkten gerade –«, hob ich an: doch da kam Sylvie, um Bruno zu holen, der an meine Seite zurückgekehrt war und ungewöhnlich ernst dreinblickte. »Komm doch *mit*, Bruno!« bat sie eindringlich. »Wir haben es doch fast gefunden!« Dann, flüsternd: »Ich halte das Medaillon jetzt in der *Hand*. Ich konnte es nicht herausholen, während sie zuschauten!«

Aber Bruno wich zurück. »Der Mann hat mich beleidigt«, teilte er würdevoll mit.

»Wieso beleidigt?« erkundigte ich mich neugierig.

»Ich hab ihn gefragt«, erzählte Bruno, »was für'n Lied er mag. Un er hat gesagt: ›*Ein* Lied für *einän* Mann, nischt für einä Frau.‹ Un ich hab gesagt: ›Sollen Sylvie un ich das Lied von Herrn Tottels für dich finden?‹ Un er hat gesagt: ›Wo, Aaler?‹ Un ich bin *kein* Aaler, klar?«

»Er hat das *bestimmt* nicht so gemeint!« begütigte Sylvie ernst. »Das ist Französisch – verstehst du, er kann nicht so gut Englisch sprechen wie –«

Bruno ließ sich sichtbar erweichen. »Natürlich weiß er's nich besser, wenn er Pflanz-Sößisch iss! Pflanz-Soßen können *niemals* so guthaft Englisch sprechen wie *uns!*« Und Sylvie führte ihn ab, ein williger Gefangener.

»Nette Kinder!« bemerkte der alte Mann, nahm seine Brille ab und putzte sie sorgfältig. Dann setzte er sie wieder auf und beobachtete beifällig lächelnd, wie sich die Kinder auf einen Stapel Notenblätter stürzten, und wir konnten soeben noch Sylvies mißbilligende Worte vernehmen: »Wir machen hier *kein* Heu, Bruno!«

»Das war aber eine lange Unterbrechung für unser Gespräch«, meinte ich. »Bitte, lassen Sie es uns fortsetzen!«

»Gerne!« erwiderte gutmütig der alte Herr. »Ich war sehr daran interessiert, was Sie –« Er zögerte etwas und strich sich verlegen über die Stirn. »Man wird vergeßlich«, murmelte er. »Was habe ich gerade gesagt? O ja! Sie wollten mir etwas erzählen. Ja. Welche Lehrer schätzen Sie am höchsten ein, die, deren Worte Sie leicht verstehen, oder die, deren Erklärungen Sie verwirren?«

Ich sah mich zu dem Eingeständnis genötigt, daß wir im allgemeinen die Lehrer bewundern, die wir nicht ganz verstehen können.

»Genau«, bestätigte Mein Herr. »So fängt es an. Also, wir haben diese Entwicklung vor ungefähr achtzig Jahren durchgemacht – oder waren es neunzig? Unser Lieblingslehrer wurde jedes Jahr unverständlicher; und mit jedem Jahr bewunderten wir ihn mehr – so wie Ihre Kunstkenner den *Nebel* als den schönsten Ausdruck einer Landschaft ansehen und ein Bild mit frenetischem Beifall begrüßen, auf dem nichts zu erkennen ist! Nun werde ich Ihnen erzählen, wo das hinführte. Unser Idol hielt eine Vorlesung über die Moralphilosophie. Für seine Schüler hatte das weder Hand noch Fuß, aber sie lernten alles auswendig; und bei der Prüfung schrieben sie alles nieder; und die Prüfer sagten: ›Vortrefflich! Welche Gedankentiefe!‹«

»Aber was hatten die jungen Männer eigentlich *später* davon?«

»Können Sie sich das nicht denken?« entgegnete Mein Herr. »*Sie* wurden ihrerseits Lehrer und wiederholten einfach alles; und ihre Schüler schrieben es mit; und die Prüfer akzeptierten es; und keiner hatte auch nur die geringste Ahnung, was das alles überhaupt bedeutete!«

»Und wie ging es aus?«

»Es endete so. Eines schönen Tages erwachten wir und erkannten, daß bei uns niemand über Moralphilosophie Bescheid wußte. So entließen wir Lehrer, Klassen, Prüfer und alles. Und wenn jemand etwas darüber wissen wollte, so mußte er sich selbst darum bemühen; und zwanzig Jahre später oder so gab es bei uns mehrere Menschen, die tatsächlich darüber Bescheid wußten! Jetzt erzählen Sie mir etwas anderes. Wie lange studieren Ihre Jugendlichen auf den Universitäten, bis sie geprüft werden?«

Ich sagte ihm, drei oder vier Jahre.

»Genau so, genau wie *wir!*« ereiferte er sich. »Wir gaben ihnen kurze Zeit Unterricht und gerade, als sie zu begreifen anfingen, plünderten wir sie völlig aus! Wir haben unsere Quellen trockengepumpt, ehe sie noch zu einem Viertel gefüllt waren – wir haben unsere Obstbäume während der Blütezeit abgeerntet – wir haben unsere friedlich in der Schale schlummernden Küken mit der strengen Logik der Arithmetik vertraut gemacht! Zweifellos fängt der frühe Vogel den Wurm – doch wenn der Vogel derart abscheulich früh aufsteht, daß der Wurm noch tief in der Erde kriecht, wie groß ist *dann* seine Aussicht auf ein Frühstück?«

»Nicht besonders«, gab ich zu.

»Sie sehen nun, was geschieht«, fuhr er lebhaft fort, »wenn Sie ihre Brunnen zu frühzeitig leerpumpen – und Sie wollen mir wohl weismachen, Sie seien dazu *gezwungen?*«

»Das sind wir auch«, bekräftigte ich. »In einem Land wie diesem mit Überbevölkerung kann nur die Abschlußprüfung –«

Mein Herr schlug entsetzt die Hände über dem Kopf zusammen. »Was, *schon wieder?*« empörte er sich. »Ich habe gedacht, die wäre seit fünfzig Jahren tot! Ach je, dieser Upasbaum der Abschlußprüfung! Neben ihrem tödlichen Schatten muß jeder originelle Genius, jeder auch noch so geringe Forschungsdrang, jede unermüdliche, lebenslange Beharrlichkeit, durch die unsere Ahnen das menschliche Wissen derart weiterentwickelt haben, langsam aber sicher dahinschwinden und einer Kochkunst weichen, bei der der menschliche Verstand eine Wurst ist, und unser ganzes Problem in der Frage gipfelt, wieviel unverdaulicher Plunder in sie gestopft werden kann!«

Nach seinen Wutausbrüchen verlor er sich scheinbar stets in Gedanken und hielt den Faden seiner Rede nur an einem einzelnen Wort. »Ja, *gestopft*«, wiederholte er. »Wir haben alle Phasen dieses Verfahrens durchmessen – und zwar schlecht, das versichere ich Ihnen! Wie die Prüfungsordnung nun mal vorschrieb, versuchten wir natürlich alles hineinzustopfen, was uns nur in den Sinn kam – und wir verlegten uns ganz darauf, den Kandidaten absolut *nichts* über die Prüfungsanforderungen hinaus wissen zu lassen. Ich behaupte nicht, daß wir es je *mit letzter Konsequenz* erreichten: aber einer meiner eigenen Schüler (verzeihen Sie den Egoismus eines alten Mannes) kam dem sehr nahe. Nach der Prüfung erwähnte er mir gegenüber die wenigen Tatsachen, die er zwar wußte, aber *nicht* einbringen konnte, und ich kann Ihnen versichern, sie waren trivial, Sir, absolut trivial!«

Ich gab schwach meiner freudigen Überraschung Ausdruck.

Der alte Herr verneigte sich zufrieden lächelnd und fuhr fort.

»Zu dieser Zeit war noch keiner auf den weit vernünftigeren Gedanken verfallen, den individuellen Funken des Genius zu beobachten und sein Aufblitzen zu belohnen. Wir dagegen füllten den unglücklichen Schüler wie eine Leidener Flasche bis zum Stehkragen – dann drückten wir auf den Prüfungsknopf und leiteten einen prächtigen Funken ab, wobei die Flasche häufig zerbarst. Aber was *machte* das schon? Wir etikettierten ihn ›Erstklassiger Funke‹ und verstauten ihn im Regal.«

»Und das vernünftigere System –?« erinnerte ich.

»Ach ja! *Das* kam als nächstes. Statt den Lehrstoff am Stück zu verabreichen, gingen wir dazu über, jede einzelne gute Antwort auf der Stelle zu belohnen. Wie gut kann ich mich noch an den Unterricht in jenen Tagen erinnern, ich hatte immer die Taschen voller Kleingeld! Das war ›eine *sehr* gute Antwort, Herr Jones!‹ (das bedeutete meist einen Schilling). ›Bravo, Herr Robinson!‹ (das war meist eine halbe Krone). Aber ich will Ihnen erzählen, wie *das* weiterging. Ohne Geldgeschenk wollte keiner mehr etwas lernen! Und wenn ein gescheiter Junge die Schule verließ, dann hatte er mehr für das Lernen bekommen als wir für das Lehren! Und dann ereignete sich das Tollste.«

»Was, noch toller?« wunderte ich mich.

»Es ist das letzte«, beruhigte mich der alte Herr. »Ich muß Sie mit meiner langen Geschichte schon ziemlich ermüdet haben. Jede Universität wollte die gescheiten Jungen aufnehmen: deshalb übernahmen wir ein System, das nach Berichten in England sehr populär sein soll: die Universitäten überboten einander, und die Jungen besuchten die meistbietende! Was waren wir doch für Esel! Sie mußten ja *irgendeine* Universität besuchen. Wir hätten sie gar nicht zu bezahlen brauchen! Und unser ganzes Geld ging dafür drauf, kluge Jungen lieber zum Besuch der einen als der anderen Universität zu nötigen! Der Konkurrenzkampf war derart gnadenlos, daß bloße Geldzahlungen bald nicht mehr ausreichten. Jede Universität, die eines besonders klugen Jünglings habhaft werden wollte, mußte ihm am Bahnhof auflauern und ihn durch die Straßen hetzen. Wer ihn zuerst berührte, durfte ihn aufnehmen.«

»Eine Schüler-Hetzjagd bei deren Ankunft muß ja eine kuriose

Sache gewesen sein«, staunte ich. »Können Sie mir vielleicht einen Eindruck davon geben?«

»Aber gern!« freute sich der alte Herr. »Ich will Ihnen die allerletzte Jagd beschreiben, bevor dieser Sport (denn man zählte es wahrhaftig zu den *Sportarten*: wir nannten es ›Burschenjagd‹) endgültig eingestellt wurde. Ich habe es selbst miterlebt und war gerade zufällig in der Nähe, als es zu dem sogenannten ›Fällen‹ kam. Noch heute sehe ich es vor mir!« regte er sich auf und starrte mit seinen großen verträumten Augen ins Leere. »Mir ist, als sei es erst gestern gewesen; und doch geschah es –«, er unterbrach sich hastig, und der Rest erstarb im Flüsterton.

»*Wie* lange ist es her, sagten Sie?« verlangte ich zu wissen, da ich wenigstens an *einer* eindeutigen Tatsache in seiner Geschichte interessiert war.

»*Viele* Jahre«, antwortete er. »Am Anfang der Szene herrschte auf dem Bahnhof (wie man mir berichtete) eine enorme Aufregung. Acht oder neun Rektoren verschiedener Universitäten hatten sich hinter der Schranke eingefunden (keiner durfte hindurch), und der Stationsvorsteher hatte auf dem Bürgersteig eine Linie gezogen und darauf bestanden, daß alle dahinter Aufstellung bezogen. Die Schranke ging hoch! Der junge Mann stürmte los und flitzte blitzschnell die Straße hinunter, während die Universitätsrektoren bei seinem Anblick tatsächlich vor Aufregung *kreischten*! Traditionsgemäß gab der Prokurator das Zeichen mit den Worten: ›*Semel! Bis! Ter! Currite!*‹, und die Jagd ging los! Oh, es war ein hübsches Bild, glauben Sie mir! An der ersten Ecke ließ er sein Griechisch-Lexikon fallen: etwas später seine Reisedecke: dann verschiedene Kleinigkeiten: darauf seinen Schirm: schließ-

lich, woran sein Herz wohl am meisten hing, sein Handköfferchen; aber das Spiel war aus: der sphärische Rektor – von –«

»Von *welcher* Universität?« fragte ich.

»– Von *einer* der Universitäten«, fuhr er fort, »hatte in seinen Lauf die Theorie von der Fallbeschleunigung – seine eigene Entdeckung – einbezogen und ihn gerade meinem Standort gegenüber erwischt. Nie werde ich dieses wilde, atemberaubende Ringen vergessen. Aber das war bald vorüber. Im Griff dieser großen knochigen Hände war an Flucht nicht mehr zu denken!«

»Darf ich fragen, warum Sie ihn als ›*sphärischen*‹ Rektor bezeichnen?« wollte ich wissen.

»Das Epitheton bezieht sich auf seinen *Wuchs,* durch den er einer vollkommenen *Kugel* glich. Ist Ihnen klar, daß ein Geschoß, ein weiteres Beispiel für eine vollkommene Kugel, beim Runterfallen eine Beschleunigung erhält?«

Ich nickte zustimmend.

»Schön, mein sphärischer Freund (ich bin stolz, ihn so nennen zu dürfen) hatte sich vorgenommen, die *Ursachen* zu ergründen. Er fand *drei.* Erstens, es muß eine vollkommene *Kugel* sein. Zweitens, sie muß sich auf einer *geraden Linie* bewegen. Drittens, die Richtung darf *nicht aufwärts* führen. Unter diesen drei Bedingungen erhalten Sie eine Fallbeschleunigung.«

»Schwerlich«, widersprach ich. »Ich bin leider nicht Ihrer Meinung. Angenommen, wir wenden diese Theorie auf eine *horizontale* Bewegung an. Wenn man ein Geschoß *horizontal* abfeuert, wird –«

»– wird es sich *nicht* in *gerader Linie* bewegen«, beendete er meinen Satz ungerührt.

»Ich gebe mich geschlagen«, gestand ich ein. »Was unternahm Ihr Freund als nächstes?«

»Als nächstes versuchte er, wie Sie richtig erkannt haben, die Theorie auf *horizontale* Bewegung zu übertragen. Aber in der Bewegung hat ein Körper immer die Tendenz zu *fallen* und braucht *konstanten Halt,* wenn er sich tatsächlich horizontal bewegen soll. ›Was also‹, so fragte er sich, ›kann einem *Körper in Bewegung konstanten Halt* verleihen?‹ Und seine Antwort lautete: ›*Die Beine des Menschen!‹ Diese* Entdeckung hat seinen Namen unsterblich gemacht.«

»Sein Name war –?« suggerierte ich.

»Ich hatte ihn nicht erwähnt«, lautete die sanfte Antwort meines unbefriedigenden Informanten. »Sein nächster Schritt war naheliegend. Er aß Nierenfettklöße, bis sein Körper eine vollkommene Kugel geworden war. *Dann* unternahm er den ersten Probelauf – der ihn fast das Leben kostete!«

»Wie geschah denn *das?*«

»Nun, er unterschätzte die *furchtbare,* neuartige Naturkraft, die er dabei ins Spiel brachte. Er startete zu schnell. Bald erkannte er, daß er sich mit hundert Stundenkilometern bewegte! Und hätte er sich nicht geistesgegenwärtig mitten in einen Heuhaufen gestürzt (den er in alle Winde zerstreute), hätte er zweifellos seinen Heimatplaneten verlassen und wäre geradewegs in den Weltraum geflogen!«

»Und wieso war dies die *letzte* Burschenjagd?« erkundigte ich mich.

»Also, es gab da einen ziemlich skandalösen Streit zwischen zwei Universitäten. Ein *anderer* Rektor hatte seine Hand annähernd zur gleichen Zeit wie der *sphärische* auf den Jungen gelegt, so daß man nicht wußte, wer ihn zuerst berührt hatte. Der Streit wurde publik und gereichte uns nicht zur Ehre, und unverzüglich gab man die Burschenjagden auf. Nun will ich Ihnen berichten, was uns von dem Wahnsinn kurierte, uns bei klugen Schülern wie bei Gütern einander zu überbieten! Als der Wahnsinn nämlich die ärgsten Blüten trieb und eine Universität wahrhaftig ein Stipendium von eintausend Pfund *per annum* ausgelobt hatte, brachte uns einer unserer Touristen das Manuskript einer alten afrikanischen Legende mit – zufällig habe ich eine Kopie davon in meiner Tasche. Soll ich sie Ihnen übersetzen?«

»Bitte fahren Sie fort«, verlangte ich, obgleich ich gerade ein *großes* Bedürfnis nach Schlaf verspürte.

XIII. KAPITEL

Was Tottels denkt

Mein Herr entrollte das Manuskript, aber statt zu *lesen*, hob er zu meiner Überraschung mit sanfter, scheinbar durchs Zimmer hallender Stimme zu *singen* an.

> *»Eintausend Pfund per annum,*
> *die Summe ist ein Gaudium!«*
> *schrie Tottels. »Und ich sag dir, Narr,*
> *das reizt den Mann zur Heirat gar!*
> *Sag nicht: ›Der Mann braucht eine Frau.‹*
> *Denn dann bist du ein ganz Beschränkter.*
> *Der Frau ist Freud und Lebenstau*
> *ein Mann!« sprach Tottels (und so denkt er).*

> *Und nach den Flitterwochen dann,*
> *schafft sich das Paar ein Häuschen an;*
> *auch ihre Mutter will hinein,*
> *will sorgen für ihr Glück allein:*
> *»Ihr habt doch Geld im Übermaß*
> *verschwendet«, sprach sie, »unbeschränkt es!«*
> *»Ich glaube nicht, daß dieser Spaß*
> *währt lang!« sprach Tottels (und er denkt es).*

> *Sie kauften auf dem Land ein Haus –*
> *am Covent Garden noch ein zweites;*
> *sie lebten jetzt in Saus und Braus,*
> *den Freunden schien das nichts Gescheites.*
> *Ein Haus in London kostet viel*
> *(wie gerne hätten sie geschenkt es).*
> *»Das Leben ist ein teures Spiel!«*
> *schrie Tottels glücklich (und er denkt es).*

> *»Verzichte doch auf alle Pracht«*
> *(er sagte Gunters Phrase gern);*
> *er kaufte eine schöne Yacht –*
> *hielt Dutzend Jäger, subaltern –*
> *den Fischgrund eines Hochlandlochs –*
> *sein Segelboot darüber lenkt er –*
> *»Es haut der Ton des gäl'schen ›ochs‹*
> *mich um!« sprach Tottels (und so denkt er).*

Mit einem jener krampfartigen Schocks, die einen gerade beim Einschlafen aufschrecken, wurde mir an dieser Stelle klar, daß die mich durchbebende, klangvolle Stimme *nicht* Mein Herr, sondern dem französischen Count gehörte. Der alte Herr studierte immer noch sein Manuskript.

»Entschuldigen Sie bitte, daß ich Sie habe warten lassen!« bat er. »Ich wollte mich nur noch eben vergewissern, ob ich auch alle Worte auf Englisch kenne. Ich bin jetzt bereit.« Und er las mir die folgende Legende vor.

»In einer Stadt in Zentralafrika, die nur selten von zufällig vorbeikommenden Reisenden besucht wird, kauften die Einwohner von einem Händler, der einmal wöchentlich an ihre Tür kam, immer ihre Eier – eine tägliche Notwendigkeit in einem Landstrich, wo Eierflip das Nationalgericht ist. Und die Menschen überboten einander, so daß es bei jedem Besuch des Händlers zu einer ungewöhnlich lebhaften Versteigerung kam, und das letzte Ei in seinem Korb erzielte normalerweise den Gegenwert von zwei oder drei Kamelen. Und die Eier wurden mit jeder Woche teurer. Und immer noch tranken sie ihren Eierflip und wunderten sich, wohin ihr ganzes Geld verschwand.

Und dann steckten sie eines Tages die Köpfe zusammen und erkannten, was für Esel sie gewesen waren.

Und als der Händler am nächsten Tag kam, zeigte sich nur ein *einziger* Mann. Und er sagte: ›Oh, du Hakennasiger und Glubschäugiger, du mit deinem unermäßlichen Bart, was kosten diese Eier?‹

Und der Händler antwortete ihm: ›Ich könnte sie dir *vielleicht* für zehntausend Piaster das Dutzend überlassen.‹

Und der Mann kicherte vor sich hin und sagte: ›Ich biete dir
für das Dutzend *zehn* Piaster und keinen mehr, o Abkömmling eines berühmten Großvaters!‹

Und der Händler strich sich über den Bart und sagte: ›Hm! Ich
will auf deine Freunde warten.‹ So wartete er. Und der Mann
wartete mit ihm. Und sie warteten gemeinsam.«

»Hier bricht das Manuskript ab«, erklärte Mein Herr und
rollte es wieder zusammen. »Aber das reichte schon, um uns die
Augen zu öffnen. Wir erkannten, was wir für Einfaltspinsel gewesen waren – als wir unsere Schüler so kauften wie jene Unwissenden ihre Eier – und das ruinöse System wurde abgeschafft. Hätten wir doch nur die *anderen* Moden auch fallengelassen, die wir
von Ihnen abgeguckt haben, statt sie mit logischer Konsequenz

zu Ende zu führen. Doch es hat nicht sollen sein. Was mein Land ruiniert und mich aus meiner Heimat vertrieben hat, war die Einführung Ihrer Theorie der politischen Dichotomie – und zwar in der gesamten *Armee!*«

»Würde es Ihnen etwas ausmachen«, meinte ich, »mir bitte zu erklären, was Sie unter der ›Theorie der politischen Dichotomie‹ verstehen?«

»Nein, gar nichts!« lautete Mein Herrs sehr höfliche Antwort. »Mit einem aufmerksamen Zuhörer unterhalte ich mich sehr gern. Bei uns brachte die Sache der Bericht eines unserer hervorragendsten Politikers über die in England üblichen Umgangsformen in Gang; er hatte eine Zeitlang dort gelebt. Es wäre politisch notwendig (so versicherte er uns, und wir glaubten ihm, obgleich wir es bis dahin nicht vermißt hatten), daß es auf jedem Gebiet und in jeder Angelegenheit *zwei* Parteien gäbe. In der *Politik* nenne man die beiden Parteien, von deren Notwendigkeit Sie überzeugt seien, nach seinen Angaben ›Whigs‹ und ›Torys‹.«

»Das muß aber vor vielen Jahren gewesen sein!« bemerkte ich.

»Das *war* vor vielen Jahren«, gab er zu. »Und folgendermaßen würden die Angelegenheiten der britischen Nation verwaltet. (Korrigieren Sie mich, wenn ich es falsch darstelle. Ich wiederhole nur, was unser Reisender uns erzählt hat.) Diese beiden Parteien – die beständig miteinander verfeindet waren – übernahmen abwechselnd die Regierungsverantwortung; und die Partei, die zufällig *nicht* an der Macht war, nannte man wohl ›Opposition‹?«

»Das ist die korrekte Bezeichnung«, bestätigte ich. »Solange das Parlament bei uns besteht, hat es dort immer *zwei* Parteien gegeben, eine für die Regierung und eine dagegen.«

»Also, die ›Fürs‹ (wenn ich sie so nennen darf) mußten ihr Möglichstes für das nationale Wohl tun – wenn es um Kriegsführung oder Friedensschluß, Handelsabkommen und so weiter ging?«

»Zweifellos«, bekräftigte ich.

»Und die ›Gegens‹ mußten (so versicherte unser Reisender, was wir anfangs sehr skeptisch aufnahmen) die ›Fürs‹ am Erfolg dieser Unternehmungen *hindern?*«

»Ihre Maßnahmen *kritisieren* und *korrigieren*«, verbesserte ich ihn. »Es wäre *unpatriotisch*, die Regierung an etwas zu *hindern*, das zum Wohle des Volkes wäre! Für uns war immer ein *Patriot* der größte Held und ein *unpatriotischer* Geist der Menschen größte Pein!«

»Entschuldigen Sie mich einen Augenblick«, erwiderte der alte Gentleman höflich und zog sein Notizbuch hervor. »Ich habe hier einige Notizen von einem Briefwechsel mit unserem Reisenden, und wenn Sie gestatten, will ich nur eben mein Gedächtnis auffrischen – obwohl ich Ihnen völlig beipflichte – es ist, wie Sie sagen, der Menschen größte Pein –« Und hier hob Mein Herr abermals zu singen an.

> *»Oh, weh, der Menschen größte Pein«*
> *(sah Tottels) »müssen Schulden sein.«*
> *Mit keinem Saldo auf der Bank*
> *was Wunder, wenn der Mut ihm sank?*
> *Sein Geld litt einen steten Schwund,*
> *denn sie verpraßte unbeschränkt es.*
> *»Ich geb' dir täglich zwanzig Pfund*
> *und mehr!« schrie Tottels (und er denkt es).*
>
> *Sie seufzte. »Die Gesellschaftszimmer!*
> *Ich könnte ganz gut ohne leben;*
> *doch die Mama erklärte immer,*
> *sie würden unser Ansehn heben.*
> *Das teure Stirnband mit Saphir –*
> *ich glaubte erst, das sie mir schenkt es,*
> *heut' schickte man die Rechnung mir –«*
> *»Natter!« schrie Tottels (und er denkt es).*
>
> *Das war der armen Frau zuviel,*
> *sie sank bewußtlos auf die Diel'.*
> *Die Schwiegermutter kam sogleich;*
> *ihr Kind blieb liegen, war ganz bleich.*
> *»Schnell! Hol das Riechsalz mir geschwind!*
> *Du hast wohl sicher schwer gekränkt es,*

dabei ist es ein teures Kind –«
»Das *stimmt!« grollt' Tottels (und er denkt es).*

»Ich war ein Esel«, schrie er laut,
»daß ich dein Kind mir nahm zur Braut!
Nur du empfahlst uns, groß zu tun!
Du brachtest uns die Pleite nun!
Du kanntest keine Sparsamkeit,
dein Prassen, du hast nie beschränkt es –«
»Was soll er nutzen, dieser Streit?«
»Halt's Maul!« schrie Tottels (und er denkt es).

Abermals schreckte ich hoch und bemerkte, daß Mein Herr nicht
der Sänger war. Er blätterte immer noch in seinen Notizen.

»Das nämliche hat mir mein Freund berichtet«, fuhr er fort,
nachdem er verschiedene Papiere studiert hatte. »*›Unpatriotisch‹*
ist genau das Wort, das ich in meinem Schreiben verwendet
hatte, und *›hindern‹* ist genau das Wort, das er in seiner Antwort
gewählt hat! Gestatten Sie, daß ich einen Auszug aus dem Brief
vorlese:

›Ich kann Ihnen versichern‹, so schreibt er, *›daß es die festgelegte Aufgabe*
der Opposition ist, so unpatriotisch zu handeln, wie Sie es sich nur ausmalen
können, und mit allen gesetzlich erlaubten Mitteln die Absichten der Regie-
rung zu hindern. Dieser Prozeß wird als ›Gesetzliche Obstruktion‹ bezeich-
net: und der größte Triumph der ›Opposition‹ besteht darin, durch Obstruk-
tion für die Regierung alles mißlingen zu lassen, was die zum Wohle des
Volkes beabsichtigt hatte!‹«

»Das hat Ihr Freund nicht so *ganz* richtig dargestellt«, behauptete ich. »Die Opposition wäre zweifellos froh, der Regierung *ein*
eigenes Verschulden nachzuweisen, aber nicht durch *Obstruktion!«*

»Glauben Sie das wirklich?« erkundigte er sich höflich. »Gestatten Sie mir dazu einen Zeitungsausschnitt vorzulesen, den
mein Freund seinem Brief beigefügt hat. Es ist ein Auszug aus
dem Bericht über eine öffentliche Rede, die von einem damaligen
Oppositionspolitiker gehalten wurde:

›Am Ende der Legislaturperiode, meinte er, hätten sie keinen Grund, mit
dem Kriegsglück unzufrieden zu sein. Sie hätten den Feind an allen Fronten

geschlagen. *Aber die Verfolgung müßte fortgesetzt werden. Sie brauchten nur noch dem geschwächten und mutlosen Feind auf dem Fuß zu folgen.‹«*

»Na, auf welche Zeit Ihrer nationalen Historie bezog sich der Redner, was meinen Sie?«

»Also wirklich, die Anzahl *erfolgreicher* Kriege, die wir im Laufe der letzten Jahrhunderte geführt haben, ist *viel* zu groß, als das ich erfolgversprechend raten könnte, *worin* wir damals gerade verwickelt waren«, entschuldigte ich mich und erglühte vor britischem Stolz. »Aber sei's drum, ›*Indien*‹ dünkt mir am wahrscheinlichsten. Die Meuterei war zweifellos zu der Zeit, da diese Rede gehalten wurde, nahezu niedergeschlagen. Das muß eine schöne, männliche, patriotische Rede gewesen sein!« begeisterte ich mich enthusiastisch.

»So, meinen Sie?« erkundigte sich Mein Herr mitleidig. »Doch mein Freund erzählte mir, mit dem ›*geschwächten und mutlosen Feind*‹ seien einfach jene Politiker gemeint, die zu dieser Zeit zufällig an der Macht waren; die ›*Verfolgung*‹ bezeichne einfach die Obstruktion; und die Worte ›*sie hätten den Feind geschlagen*‹ seien so zu verstehen, daß die ›Opposition‹ die Regierung erfolgreich an der Aufgabenerfüllung gehindert habe, für die sie von der Nation berufen war!

Ich hielt es für das beste zu schweigen.

»*Uns* schien das zuerst verrückt«, setzte er fort, nachdem er eine Zeitlang höflich auf meine Entgegnung gewartet hatte: »aber als wir uns einmal dieser Idee angenommen hatten, war unser Respekt vor Ihrem Volk so groß, daß wir sie auf alle Lebensbereiche übertrugen! Das war ›*der Anfang vom Ende*‹. Mein Volk ging nie mehr erhobenen Hauptes!« Und der arme alte Gentleman seufzte tief.

»Lassen Sie uns das Thema wechseln«, schlug ich vor. »Quälen Sie sich nicht, ich bitte Sie!«

»Nein, nein!« beruhigte er mich und erholte sich mühsam. »Ich möchte meine Geschichte lieber beenden! Als nächstes (nachdem wir unsere Regierung bis zur Hilflosigkeit geschwächt und jeder brauchbaren Gesetzgebung ein Ende gemacht hatten, wozu wir nicht lange brauchten) haben wir das, was wir ›das großartige Britische Prinzip der Dichotomie‹ nannten, in die

Landwirtschaft eingeführt. Wir überzeugten viele wohlhabende Gutsbesitzer, ihre Landarbeiter in zwei Parteien aufzuteilen und die eine gegen die andere arbeiten zu lassen. Wie unsere politischen Parteien bezeichnete man auch sie als ›Fürs‹ und ›Gegens‹: die ›Fürs‹ mußten so viel pflügen und säen, oder was sonst zu tun war, wie sie an einem Tag schaffen konnten, und am Abend wurden sie für das *Geschaffene* bezahlt: die ›Gegens‹ mußten sie daran hindern, und *sie* wurden für das *Verhinderte* bezahlt. Die Bauern mußten nur noch *halb* so viel Lohn zahlen wie zuvor, und sie wurden nicht gewahr, daß die geschaffte Arbeit nur noch ein *Viertel* der vorherigen betrug: deshalb waren sie *zuerst* ganz begeistert.«

»Und *danach* –?« erkundigte ich mich.

»Schön, *danach* war es ihnen nicht mehr so lieb. In Kürze lief alles mit gewohnter Routine ab. Man arbeitete *überhaupt nicht mehr.* So bekamen die ›Fürs‹ keinen Lohn, und die ›Gegens‹ wurden voll bezahlt. Und die Bauern merkten nicht, daß die Halunken sich abgesprochen hatten und den Lohn teilten, bis die meisten Bauern ruiniert waren! Vor dieser Entwicklung konnte man merkwürdige Szenen beobachten! Also, ich habe oftmals einem Pflüger zugesehen, der vor dem Pflug zwei Pferde angeschirrt hatte, die mit aller Macht *vorwärts*zogen; während der Oppositions-Pflüger drei Esel am anderen Ende angeschirrt hatte, die mit allen Kräften *rückwärts* zogen! Und der Pflug bewegte sich keinen Millimeter nach *irgendeiner* Seite!«

»*So was* haben *wir* aber niemals gemacht!« empörte ich mich.

»Weil Sie einfach weniger logisch gehandelt haben als wir«, klärte mich Mein Herr auf. »Doch *manchmal* ist es besser, ein Esel zu s –. Entschuldigung. Das war nicht *persönlich* gemeint. All dies geschah *vor langer Zeit,* wissen Sie!«

»Hat sich das Dichotomie-Prinzip in *irgendeiner* Beziehung bewährt?« erkundigte ich mich.

»In *keiner*«, gestand Mein Herr aufrichtig. »Es gab einen *sehr* kurzen Versuch im *Handel.* Die Geschäftsinhaber *mochten* es aber nicht einführen, nachdem sie einmal zur Probe einen Teil der Angestellten damit beschäftigt hatten, Abschlüsse zu tätigen und Waren fortzuschaffen, während die anderen sie über den Ladentisch verstreuten. Sie erklärten, die Käufer mögen das nicht!«

»Das wundert mich nicht«, bemerkte ich.

»Nun, wir haben ›das Britische Prinzip‹ etliche Jahre ausprobiert. Und das Ende vom Lied war –« Er flüsterte schier, und dicke Tränen rannen ihm die Wangen hinab. »– Das Ende war, daß wir in einen Krieg verwickelt wurden; und es kam zu einer großen Schlacht, bei der wir den Feinden zahlenmäßig haushoch überlegen waren. Aber wie konnte es schon ausgehen, wenn nur die *eine Hälfte* unserer Soldaten kämpfte, während die andere sie zurückhielt? So endete es mit einer vernichtenden Niederlage – einer schweren Schlappe. Die Folge war eine Revolution; und die meisten Regierungsmitglieder wurden verbannt. Ich selbst wurde des Verrats bezichtigt, da ich ›das Britische Prinzip‹ so vehement vertreten hatte – mein ganzer Besitz wurde konfisziert – und ich mußte ins Exil gehen! ›Eh' uns noch mehr Unheil begrabe‹, sagten sie, ›wollen Sie vielleicht freundlicherweise das Land verlassen?‹ Es brach mir fast das Herz, aber ich mußte gehen!«

Die melancholische Stimme wurde zu einem Wehklagen, das Wehklagen zu einem Singsang, und der Singsang zum Lied – doch ob diesmal Mein Herr sang oder ein anderer, war mir nicht ganz klar.

> *»Eh' noch mehr Unheil uns begrabe,*
> *gehst du und packst jetzt deine Habe?*
> *Denn wir zwei sind uns selbst genug,*
> *zu dritt zu leben ist nicht klug.*
> *Ich nehm' mein Schicksal in die Hand;*
> *ich bin es, wenn du fragst, wer lenkt es.*
> *Setz ja nicht deinen Widerstand*
> *dagegen!« Tottels schrie (und denkt es).*

Die Musik schien zu verhallen. Mein Herr sprach wieder mit normaler Stimme. »Erzählen Sie mir jetzt etwas anderes«, verlangte er. »Gehe ich recht in der Annahme, daß Sie, obgleich ein Mann dreißig oder vierzig Jahre lebt, ihn auf *Ihren* Universitäten nur einmal am Ende der ersten drei oder vier Jahre prüfen?«

»Das ist zweifellos korrekt«, gab ich zu.

»Dann prüfen Sie ja einen Mann praktisch am *Anfang* seiner Karriere!« folgerte der alte Herr mehr für sich. »Und welche Garantie haben Sie – im voraus, wie *wir* sagen –, daß er das Wissen, für das er belohnt worden ist, auch im Gedächtnis behält?«

»Keine«, mußte ich eingestehen, und die Tragweite seiner Bemerkung verwirrte mich doch etwas. »Wie sichern *Sie* sich ab?«

»Indem wir ihn am *Ende* seines dreißigsten oder vierzigsten Lebensjahres prüfen – und nicht am Anfang«, erklärte er geduldig. »Im Durchschnitt beträgt das Wissen dann ungefähr ein Fünftel von dem, was sie zu Beginn wußten – der Prozeß des Vergessens schreitet also beständig fort – und der, der *am wenigsten* vergißt, wird *am meisten* geehrt und erhält den größten Lohn.«

»Dann geben Sie ihm ja Geld, wenn er nichts mehr braucht? Und Sie lassen ihn den größten Teil seines Lebens *darben!*«

»Das wohl kaum. Er erteilt den Geschäftsleuten seine Weisungen: sie beliefern ihn für vierzig, manchmal fünfzig Jahre auf eigenes Risiko: dann bekommt er sein Stipendium – wodurch er in *einem* Jahr so viel erhält, wie Sie bei *Ihrem* Stipendium in fünfzig – so kann er alle Rechnungen leicht mit Zinsen bezahlen.«

»Aber wenn er sein Stipendium nicht bekommt? Das geschieht doch wohl gelegentlich.«

»Nun ja, gelegentlich.« Jetzt war die Reihe der Zugeständnisse an Mein Herr.

»Und was wird dann aus den Geschäftsleuten?«

»Sie kalkulieren entsprechend. Sollte es sich erweisen, daß ein Mann beängstigend ungebildet oder dumm wird, werden sie ihm einfach ab und zu die Lebensmittel verweigern. Sie haben ja keine Ahnung, mit welchem Enthusiasmus ein Mann sein vergessenes Wissen oder seine verlorenen Sprachkenntnisse auffrischt, wenn sein Fleischer ihm das Angebot von Rind- und Hammelfleisch streicht!«

»Und wer sind die Prüfer?«

»Die jungen Männer, die gerade heranwachsen und vor Wissen überschäumen. Für Sie wäre es ein kurioser Anblick«, veranschaulichte er, »wie junge Leute dergestalt alte Männer prüfen.

Ich habe einen Mann gekannt, der seinen eigenen Großvater prüfen mußte. Beiden war das zweifellos ein wenig peinlich. Der alte Gentleman war ratzekahl –«

»Wie kahl wäre das denn?« Ich wußte nicht, warum ich diese Frage gestellt hatte. Ich wurde wohl allmählich albern.

XIV. KAPITEL

Brunos Picknick

»So *kahl* wie kahl«, lautete die verblüffende Antwort. »Nun will ich dir eine Geschichte erzählen, Bruno.«

»Un ich will *dir* 'ne Geschichte erzählen«, bot Bruno an und legte hastig los aus Furcht, Sylvie könne ihm zuvorkommen: »Es war ma 'ne Maus – 'ne kleine winzige Maus – so eine ganz klitzekleine Maus! Du hast noch nie so 'ne winzige Maus gesehn –«

»Passierte ihr nicht sonst noch was, Bruno?« fragte ich. »Hast du uns nicht noch mehr zu erzählen außer, daß sie so winzig war?«

»Ihr passierte nie nichts«, versicherte Bruno feierlich.

»Warum passierte ihr nie nichts?« fragte Sylvie, die mit dem Kopf an Bruno gelehnt geduldig auf eine Gelegenheit wartete, mit *ihrer* Geschichte zu beginnen.

»Sie war zu winzig«, erklärte Bruno.

»*Das* ist kein Grund!« kritisierte ich. »Wie winzig sie auch immer gewesen sein mag, trotzdem könnte ihr was zustoßen.«

Bruno betrachtete mich mitleidig, als hielte er mich für besonders dumm. »Sie war einfach zu winzig«, wiederholte er. »Wenn ihr zufällig was zugestoßt, würd die sterben – sie waren so *ganz* winzig!«

»Das mit ihrer kleinen Gestalt reicht aber nun wirklich!« beschwerte sich Sylvie. »Weißt du nicht noch mehr über sie?«

»Weiß nich noch mehr über sie.«

»Na schön, aber du solltest eine Geschichte nicht beginnen, ehe du mehr darüber weißt! Schweig jetzt, sei ein braver Junge und höre dir *meine* Geschichte an.«

Und Bruno, der mit allzu großer Hast seine gesamte Phantasie erschöpft hatte, entschloß sich, brav zuzuhören. »Erzähl bitte vom andern Bruno«, wünschte er sich schmeichelnd.

Sylvie legte ihren Arm um seinen Hals und begann: –

»Der Wind wisperte zwischen den Bäumen« (»Das waren keine guten Manieren!« unterbrach Bruno. »Kümmer du dich nicht um Manieren«, befahl Sylvie –), »und es war Nacht – eine helle Mondnacht, und die Eulen heulten –«

»Laß da keine Eulen sein!« flehte Bruno und streichelte mit seiner kleinen dicken Hand ihre Wange. »Ich mag keine Eulen. Eulen ham so große Augen. Es sollen lieber Hühnchen sein!«

»Hast du Angst vor ihren großen Augen, Bruno?« erkundigte ich mich.

»Hab nie vor nichts *Angst*«, antwortete Bruno und gab sich so sorglos wie nur möglich. »Sie sinn bloß häßlich mit den großen Augen. Wenn sie weinen, müssen ihre Tränen wohl so dick sein – oh, so dick wie der Mond!« Und er lachte fröhlich. »Weinen Eulen schon mal, mein Herr Mann?«

»Eulen weinen nie«, behauptete ich ernst und versuchte, Brunos Redeweise nachzuahmen. »Sie ham nichts, um das es ihnen leid tun könnte, weiß 'de.«

»Oh, das ham sie doch!« widersprach Bruno. »Es tut ihnen immer so leid, weil se die armen kleinen Mause getötet ham!«

»Aber es tut ihnen doch wohl nicht leid, wenn sie *hungrig* sind?«

»Du weißt aber auch gar nichts über Eulen!« höhnte Bruno. »Wenn sie hungrig sinn, tut es ihnen sehr, *sehr* leid, daß sie die kleinen Mause getötet haben, wenn sie sie nämlich *nich* getötet hätten, gäb's was zu essen, klar!«

Bruno geriet wohl gerade in eine gefährliche, erfinderische Phase, daher unterbrach ihn Sylvie mit den Worten: »Jetzt erzähle ich meine Geschichte weiter. Da guckten die Eulen – ich meine, die Hühnchen –, ob sie eine hübsche, fette Maus zum Essen fänden –«

»Laß es 'ne hübsche Ritte sein!« schlug Bruno vor.

»Aber es ist *keine* hübsche Sitte, Mäuse zu töten. *Das* kann man nun wirklich nicht behaupten!«

»Ich habe doch nich ›Sitte‹ gesagt, du Dummi!« erwiderte Bruno mit lustigem Augenzwinkern. »*Ritten* – die durch die Wälder hüpfen!«

»Ricken? Schön, wenn du unbedingt willst, dann soll es eine

Ricke sein. Aber du darfst meine Geschichte nicht zu sehr verändern. Ein Hühnchen *könnte* keine Ricke fressen!«

»Aber es könnte mal sehn wollen, ob es versuchen könnte, sie zu fressen.«

»Schön, es wollte mal sehen, ob es versuchen könnte – oh, Bruno, das ist Unsinn! Ich kehre lieber wieder zu den Eulen zurück.«

»Schön, aber dann sollen sie keine großen Augen haben!«

»Und sie erblickten einen kleinen Jungen«, fuhr Sylvie fort und lehnte weitere Einwendungen ab. »Und er bat sie, ihm eine Geschichte zu erzählen. Und die Eulen heulten und flogen davon –« (»Es heißt nicht ›flogten‹; es muß ›fliegten‹ heißen«, wisperte Bruno. Aber Sylvie wollte nicht hören.) »Und er traf auf einen Löwen. Und er bat den Löwen, ihm eine Geschichte zu erzählen. Und der Löwe sagte: ›Ja‹, denn er wollte es. Und während der Löwe die Geschichte erzählte, knabberte er ein wenig an dem Kopf des Jungen –«

»Sag nich ›knabbern‹!« flehte Bruno. »Nur kleine Dinger knabbern – kleine dünne, scharfe Dinger mit Scheiden –«

»Schön, dann ›knubberte‹ er eben«, berichtigte sich Sylvie. »Und nachdem er den *ganzen* Kopf weggeknubbert hatte, ging der Junge fort und sagte nicht einmal ›danke schön‹!«

»Das war sehr unhöflich«, tadelte Bruno. »Wenn er schon nich sprechen konnte, hätt er wenigstens nicken können – nein, konnte er ja auch nich. Naja, aber die *Hand* hätt er dem Löwen geben können!«

»Oh, das hab ich ausgelassen!« entschuldigte sich Sylvie. »Er gab ihm *doch noch* die Hand. Er ging nochmals zurück, weißt du, und dankte dem Löwen sehr für die Geschichte.«

»Dann war der Kopf wieder gewachst?« wollte Bruno wissen.

»O ja, er wuchs gleich wieder nach. Und der Löwe entschuldigte sich und versprach, er wolle nie mehr kleinen Jungen die Köpfe wegknubbern – nichts niemals nirgends nie mehr«

Bruno freute sich über diese Entwicklung. »Das iss aber wirklich eine hübsche Geschichte!« urteilte er. »Iss das nich 'ne hübsche Geschichte, mein Herr Mann?«

»Sehr hübsch«, bestätigte ich. »Ich würde gern noch eine weitere Geschichte über diesen Jungen hören.«

»Das möcht ich auch«, stimmte Bruno ein und strich abermals über Sylvies Wange. »Erzähl doch *bitte* von Brunos Picknick; un sag nix von *knubbernden* Löwen!«

»Wenn du dich fürchtest, dann laß ich es lieber ganz?« schlug Sylvie vor.

»Ich mich *fürchten!*« entrüstete sich Bruno. »*Ganz* bestimmt nich! Es iss nur, weil ›knubbern‹ so ein brummeliges Wort iss, wenn eine Person den Kopf auf der Schulter der anderen hat. Wenn sie spricht«, erklärte er mir, »versinkt die Sprache an beiden Seiten meines Gesichts – bis runter zum Kinn – un das *kitzelt* so. Dabei kann einem 'n Bart wachsen, das mein ich!«

Er erläuterte dies ganz ernsthaft, aber es war offensichtlich als Scherz gemeint: deshalb lachte Sylvie – ein hübsches, musikalisches kleines Lachen, bettete die weiche Wange auf ihres Bruders Lockenkopf, als sei der ein Kissen, und erzählte ihre Geschichte weiter. »Da ging der Junge –«

»Aber das war nich ich, klar!« unterbrach Bruno. »Und du brauchst auch erst gar nich versuchen, es so anzusehen, mein Herr Mann!«

Respektvoll bedeutete ich, den Versuch zu machen, es nicht so zu sehen.

»– er war ein leidlich braver Junge –«

»Er war ein *sehr* braver Junge!« verbesserte Bruno sie. »Un er tat niemals nich, was ihm nich gesagt wurde –«

»*Sowas* tut kein braver Junge«, bemerkte Sylvie verächtlich.

»Sowas tut ein braver Junge *doch!*« beharrte Bruno.

Sylvie gab sich geschlagen. »Schön, er war ein *sehr* braver Junge, und er hielt stets seine Versprechen, und er besaß einen großen Schrank –«

»– um all seine Versprechen drin zu halten!« krähte Bruno dazwischen.

»Wenn er *alle* Versprechen hielt«, meinte Sylvie mit unheilvollem Blick, »dann war er anders als ein *gewisser,* mir bekannter Junge!«

»Er mußte natürlich *Salz* dazustellen«, schlug Bruno ernst vor. »Man kann kein Versprechen ohne Salz halten. Un seinen Geburtstag hielt er auf den zweiten Sims.«

»Wie lange hielt er seinen Geburtstag?« fragte ich. »Ich kann den *meinen* nie länger als vierundzwanzig Stunden halten.«

»Also, so lang hält sich ein Geburtstag von allein!« hielt mir Bruno vor. »Du hast ja keine Ahnung, wie man einen Geburtstag hält! Dieser Junge hielt *seinen* ein ganzes Jahr lang!«

»Und dann kam der nächste Geburtstag«, ergänzte Sylvie. »Deshalb hatte er *immer* Geburtstag.«

»Das stimmt«, bekräftigte Bruno. »Feierst *du* auch *deinen* Geburtstag, mein Herr Mann?«

»Manchmal«, gestand ich ein.

»Wohl nur, wenn de *lieb* bist?«

»Also, es ist schon eine Art Fest, lieb zu sein, oder etwa nicht?« meinte ich.

»Ein *Fest!*« wiederholte Bruno. »*Meiner* Meinung nach isses 'ne *Strafe!*«

»O Bruno!« unterbrach Sylvie beinahe traurig. »Wie *kannst* du nur?«

»Aber so *isses*«, beharrte Bruno. »Nu, sieh ma, mein Herr Mann. *So* iss man lieb!« Und er richtete sich sogleich auf und schnitt ein absurd feierliches Gesicht. »Zuerst muß 'de ma so gerad wie Stocks sitzen –«

»– wie *ein* Stock«, schulmeisterte ihn Sylvie.

»– so grad wie *Stocks*«, wiederholte Bruno ungerührt. »Dann muß 'de die Hände falten – so. Dann – ›Warum has'de dein Haar nich gekämmt? Geh un kämm dich *ordentlich!*‹ Dann – ›O Bruno, du sollst keine Eselsohren in die Gänseblümchen machen!‹ Has'de auch mit Gänseblümchen buchstabieren gelernt, mein Herr Mann?«

»Ich will etwas vom *Geburtstag* des Jungen hören«, wünschte ich mir.

Auf der Stelle kehrte Bruno zur Geschichte zurück: »Schön, so sagte der Junge: ›Jetz iss mein Geburtstag!‹ Un darum – ich bin müde!« er brach plötzlich ab und bettete den Kopf in Sylvies Schoß. »Sylvie kennt se besser. Sylvie iss älterer als ich. Mach weiter, Sylvie!«

Geduldig nahm Sylvie den Faden der Geschichte wieder auf: »So sagte er: ›Jetzt ist mein Geburtstag. Wie soll ich bloß meinen

Geburtstag feiern?‹ Alle *braven* kleinen Jungen –« (Sylvie wandte sich von Bruno ab und gab vor, *mir* das insgeheim zu sagen) »– alle *braven* kleinen Jungen – Jungen, die ihre Aufgaben ganz gehorsam machen – feiern immer ihren Geburtstag, wissen Sie. Deshalb feierte ihn *dieser* kleine Junge selbstverständlich auch.«

»Du kannst ihn ruhig Bruno nennen, wenn de magst«, bemerkte der kleine Bursche großzügig. »Es war zwar nich *ich,* so wird's interessanter.«

»Da sagte Bruno zu sich: ›Am besten mach ich ein Picknick ganz allein oben auf dem Hügel. Und ich nehm etwas Milch, Brot und ein paar Äpfel mit: zuallererst möchte ich *Milch!*‹ Bruno nahm eine Milchkanne –«

»Und er ging un milchte eine Kuh!« warf Bruno ein.

»Ja«, akzeptierte Sylvie das neue Verb. »Und die Kuh sagte: ›Muh! Was willst du denn mit der ganzen Milch machen?‹ Und Bruno sagte: ›Bitte, Madam, ich hätt sie gern für ein Picknick.‹ Und die Kuh sagte: ›Muh! Du willst sie hoffentlich nicht *kochen?*‹ Und Bruno sagte: ›Nein, das will ich *bestimmt* nicht! Frische Milch ist so lecker und warm, es ist nicht nötig, sie zu kochen!‹«

»Es iss nich nötig, sie nich zu kochen«, bot Bruno als verbesserte Version an.

»Da goß Bruno die Milch in eine Flasche. Und dann sagte Bruno: ›Nun möchte ich ein wenig Brot!‹ Und er ging zum Ofen, und er zog einen köstlichen, frischen Laib Brot raus. Und der Ofen –«

»– so hell und knusprig!« verbesserte Bruno sie ungeduldig. »Du darfst nich so viel Worte auslassen!«

Sylvie bat ihn demütig um Verzeihung. »– ein köstlicher, frischer Laib Brot, so ganz hell und knusprig. Un der Ofen sagte –.« Hier legte Sylvie eine Pause ein. »Ich habe keine Ahnung, *wie* ein Ofen einen Satz beginnt!«

Beide Kinder sahen mich hoffnungsvoll an; doch ich konnte nur hilflos eingestehen: »Ich habe nicht die blasseste Ahnung! *Ich* habe mich noch nie mit einem Ofen unterhalten!«

Für ein, zwei Minuten saßen wir alle schweigend da; und dann sagte Bruno ganz zaghaft: »Ofen beginnt mit ›O‹.«

»*Braver* kleiner Junge!« lobte Sylvie. »Er kann *sehr* gut buchstabieren. *Er ist klüger, als er denkt*«, fügte sie zu *mir* gewandt heimlich zu. »So sagte der Ofen: ›Oh! Was willst du denn mit all dem Brot?‹ Und Bruno sagte: ›Bitte –‹ Ist ein Ofen eigentlich ›Dame‹ oder ›Herr‹, was meinen Sie?« Sie blickte mich Antwort heischend an.

»Möglicherweise *beides*«, antwortete ich sicherheitshalber.

Unverzüglich griff Sylvie die Anregung auf: »Da sagte Bruno: ›Bitte, mein Damer, ich hätte es gern für mein Picknick.‹ Und der Ofen sagte: ›Oh! Du willst es hoffentlich nicht *toasten?*‹ Und Bruno sagte: ›Nein, das will ich *gewiß* nicht! Frisches Brot ist so hell und knusprig, es ist nicht nötig, es zu toasten!‹«

»Es iss niemals nich nötig, es nich zu toasten«, erweiterte Bruno. »Ich wünsch, du würd'st es nich so kurz sagen!«

»Da legte Bruno das Brot in den Korb. Dann sagte Bruno: ›Nun möchte ich ein paar Äpfel haben!‹ Da nahm er den Korb und ging zum Äpfelbaum, und er pflückte einige liebliche, reife Äpfel. Und der Äpfelbaum sagte –.« Hier folgte abermals eine lange Pause.

Bruno wandte seine Lieblingsmethode an und pochte sich gegen die Stirn; wohingegen Sylvie ernst in den Himmel blickte, als erhoffe sie einen Hinweis von den Vögeln, die gerade fröhlich in den Zweigen ihr zu Häupten zwitscherten. Aber das zeitigte keinerlei Erfolg.

»Womit beginnt *bloß* ein Äpfelbaum seine Rede?« murmelte Sylvie verzweifelt zu den verständnislosen Vögeln hin.

Schließlich wagte ich eine Bemerkung, mit der ich Brunos Methode nachahmte: »Beginnt Äpfelbaum nicht immer mit einem ›E‹?«

»Ja, *natürlich!* Wie *gescheit* Sie doch sind!« freute sich Sylvie.

Bruno sprang auf und tätschelte mir den Kopf. Ich versuchte, nicht eitel zu wirken.

»Da sagte der Äpfelbaum: ›Eh! Was willst du mit den ganzen Äpfeln?‹ Und Bruno sagte: ›Bitte, Sir, ich hätte sie gern für mein Picknick.‹ Und der Äpfelbaum sagte: ›Eh! Du wirst sie hoffentlich nicht *braten?*‹ Und Bruno sagte: ›Nein, das will ich *bestimmt* nicht! Reife Äpfel sind so köstlich und süß, es ist nicht nötig, sie zu braten!‹«

»Es iss niemals nich –«, legte Bruno gerade los, doch Sylvie berichtigte sich, ehe er den Satz beenden konnte.

»›Es ist niemals nicht keinesfalls unnötig, sie nicht zu braten.‹ Da verstaute Bruno die Äpfel zusammen mit dem Brot und der Milchflasche im Korb. Und er ging los, um sein Picknick ganz alleine oben auf dem Hügel zu halten –«

»Er wollte nich gierig alles für sich allein haben«, erklärte Bruno und gab mir einen Klaps auf die Wange, um meine Aufmerksamkeit auf sich zu lenken, »aber er hatte keine Brüder und Schwestern.«

»Es muß doch sehr traurig sein, keine *Schwester* zu haben, meinst du nicht auch?« suggerierte ich.

»Na, ich weiß nich recht«, grübelte Bruno, »er hatte nämlich keine Aufgaben zu machen. So kümmerte es ihn nich.«

Sylvie erzählte weiter. »Als er so seines Weges zog, vernahm er hinter sich ein seltsames Geräusch – etwa so: Poch! Poch! Poch! ›Was ist *das* denn?‹ fragte sich Bruno. ›Ah, ich weiß!‹ sagte Bruno. ›Das ist bloß das Ticken meiner Uhr!‹«

»*War* es das Ticken seiner Uhr?« prüfte mich Bruno, während seine Augen sichtbar vor Schadenfreude funkelten.

»Ganz bestimmt!« erwiderte ich. Und Bruno lachte triumphierend.

»Bruno dachte noch etwas intensiver nach. Und er sagte: ›Nein, das Ticken meiner Uhr kann es nicht sein, denn ich *habe* gar keine Uhr!‹«

Bruno spähte gespannt in mein Gesicht, um meine Reaktion zu beobachten. Ich ließ den Kopf hängen und steckte, zur offenkundigen Freude des kleinen Burschen, den Daumen in den Mund.

»So spazierte Bruno weiter. Und dann hörte er das eigentümliche Geräusch abermals – Poch! Poch! Poch! ›Was *ist* das bloß?‹ sagte Bruno. ›Oh, ich weiß!‹ sagte Bruno. ›Das ist bloß der Zimmermann, der meine Schubkarre repariert!‹«

»*War's* der Zimmermann, der seine Schubkarre reparierte?« fragte mich Bruno.

Ich faßte wieder Mut und antwortete im Brustton der Überzeugung: »Das *muß* es gewesen sein!«

Bruno schlang die Arme um Sylvies Hals. »Sylvie!« wisperte er deutlich hörbar. »Er meint, das *muß* es gewesen sein!«

»Bruno dachte noch etwas intensiver darüber nach. Und er sagte: ›Nein! Der Zimmermann, der meine Schubkarre repariert, kann es nicht sein, denn ich *habe* gar keine Schubkarre!«

Diesmal verbarg ich mein Gesicht in den Händen und sah mich ganz außerstande, Brunos triumphierendem Blick zu begegnen.

»So spazierte Bruno weiter. Und dann hörte er das eigentümliche Geräusch abermals – Poch! Poch! Poch! Da hielt er es für das beste, sich *diesmal* umzudrehen und einfach nachzu*sehen*, was es war. Und was konnte es schon anderes sein als ein großer Löwe!«

»Ein großer dicker Löwe«, korrigierte Bruno sie.

»Ein großer dicker Löwe. Und Bruno war sehr erschrocken, und er rannte –«

»Nein, er war kein bißchen *erschrocken!*« unterbrach Bruno. (Offensichtlich war er um das Ansehen seines Namensvetters geradezu ängstlich besorgt.) »Er rennte bloß weg, um ihn besser sehn zu können, weil er wissen wollte, ob's derselbe Löwe war, der kleinen Jungen normalerweise immer den Kopf wegknubberte; un er wollte wissen, wie dick er war!«

»Schön, er rannte also weg, um ihn besser sehen zu können. Und der Löwe trottete langsam hinter ihm her. Und der Löwe rief ihm mit sanfter Stimme nach: ›Kleiner, he Kleiner! Du brauchst keine Angst vor *mir* zu haben. Ich bin jetzt ein ganz *lieber* alter Löwe. Ich knubbere *niemals* mehr kleinen Jungen den Kopf weg wie früher.‹ Und so sagte Bruno: ›Tust du das auch *bestimmt* nicht, Sir? Wovon lebst du denn dann?‹ Un der Löwe –«

»*Siehs*'de, er war kein bißchen erschrocken!« triumphierte Bruno mir gegenüber und tätschelte abermals meine Wange. »Er denkte nämlich dran, ihn ›Sir‹ zu nennen, klar.«

Ich gab zu, dies sei zweifellos das sicherste Anzeichen dafür, ob eine Person erschrocken sei oder nicht.

»Und der Löwe sagte: ›Oh, ich lebe von Butterbroten, Kirschen, Marmelade, Rosinenkuchen –‹«

»– un *Äpfel!*« ergänzte Bruno.

»Ja, ›und Äpfeln‹. Und Bruno sagte: ›Willst du nicht an meinem

Picknick teilnehmen?‹ Und der Löwe sagte: ›Oh, das möchte ich *wirklich sehr* gern!‹ Und Bruno und der Löwe spazierten gemeinsam weiter.« Sylvie hielt plötzlich inne.

»Ist das *alles?*« erkundigte ich mich verzagt.

»Nein, *noch* nicht«, erwiderte Sylvie schelmisch, »es kommen noch ein oder zwei Sätze. Stimmt's, Bruno?«

»Ja«, mit deutlich gespielter Sorglosigkeit, »bloß noch ein oder zwei Sätze.«

»Und als sie so des Weges gingen, blickten sie über eine Hecke, und was konnten sie da anderes sehen als ein kleines schwarzes Lamm! Und das Lamm war sehr erschrocken. Und es rannte –«

»Das war *wirklich* erschrocken!« betonte Bruno.

»Es rannte weg. Und Bruno rannte hinterher. Und er rief: ›Lämmchen! Vor *dem* Löwen brauchst du dich nicht zu fürchten! Er tötet *keine* Tiere! Er lebt von Kirschen, und Marmelade –‹«

»– un *Äpfel!*« betonte Bruno. »Du vergißt *immer* die Äpfel!«

»Und Bruno sagte: ›Willst du nicht an unserem Picknick teilnehmen?‹ Und das Lamm sagte: ›Oh, das möchte ich *wirklich sehr* gern, wenn meine Ma mich läßt!‹ Und Bruno sagte: ›Wir gehen zu deiner Ma und fragen sie!‹ Und sie gingen zu dem alten Schaf. Und Bruno sagte: ›Bitte, darf dein Lämmchen an unserem Picknick teilnehmen?‹ Und das Schaf sagte: ›Ja, wenn es seine Aufgaben gemacht hat.‹ Und das Lamm sagte: ›O ja, Ma! Ich habe meine Aufgaben *alle* fertig!‹«

»Sag es ohne Aufgaben!« bat Bruno ernst.

»Oh, das wäre nicht gut!« widersprach Sylvie. »Ich kann doch nicht den ganzen Teil mit den Aufgaben auslassen! Und das alte Schaf sagte: ›Kannst du denn dein Abc noch? Hast du das A gelernt?‹ Und das Lamm sagte: ›O ja, Ma! Ich bin zu den A-Meisen gegangen und habe ihnen beim A-Machen geholfen!‹ ›Bravo, mein Kind! Und hast du das B gelernt?‹ ›O ja, Ma! Ich bin zu den B-Rehen gegangen, und die haben gut geschmeckt!‹ ›Sehr schön, mein Kind! Und hast du das C gelernt?‹ ›O ja, Ma! Ich bin zu der C-Kai gegangen und habe ihre Zeh bewundert!‹ ›Sehr gut, mein Kind! Du darfst an Brunos Picknick teilnehmen.‹«

»So machten sie sich auf. Und Bruno ging in der Mitte, damit das Lamm den Löwen nicht zu sehen brauchte –«

»Es hatte *Angst*«, erläuterte Bruno.

»Ja, und es zitterte sehr; und es wurde immer bleicher und bleicher; und ehe sie noch oben auf dem Hügel waren, war das Lämmchen *weiß* – so weiß wie Schnee!«

»Aber *Bruno* hatte keine Angst!« versicherte der Träger dieses Namens. »Un so blieb *er* schwarz!«

»Nein, er blieb *gewiß* nicht schwarz! Er blieb *rosig!*« lachte Sylvie. »Ich würde dich doch nicht küssen, wenn du *schwarz* wärest!«

»Du *müßtest* es!« behauptete Bruno äußerst selbstsicher. »Außerdem war Bruno nämlich nich *Bruno* – ich mein, Bruno war nich *ich* – ich mein – red keinen Unsinn, Sylvie!«

»Ich tu es bestimmt nicht wieder!« entschuldigte sich Sylvie sehr zerknirscht. »Und wie sie so ihres Weges zogen, sagte der Löwe: ›Oh, ich will dir einmal erzählen, was ich als junger Löwe zu tun pflegte. Normalerweise versteckte ich mich hinter Bäumen, um kleinen Jungen aufzulauern.‹« (Bruno kuschelte sich noch etwas enger an Sylvie.) »Und wenn ein kleiner dünner, magerer Junge vorbeikam, dann ließ ich ihn gehen. Aber wenn ein kleiner fetter, saftiger —«

Bruno konnte nicht mehr an sich halten. »Laß ihn nich saftig sein!« bat er schluchzend.

»Unsinn, Bruno!« ermahnte Sylvie lebhaft. »Es ist gleich vorbei! — wenn ein kleiner fetter, saftiger Junge vorbeikam, dann sprang ich einfach hervor und verschlang ihn! Oh, du kannst dir gar nicht *vorstellen*, wie köstlich das ist — ein kleiner saftiger Junge!‹ Und Bruno sagte: ›Oh, wenn ich bitten darf, Sir, erzählen Sie *nicht* vom Fressen kleiner Jungen! Das macht mich so *zittrig!*‹«

Der echte Bruno zitterte vor Sympathie mit dem Helden.

»Und der Löwe sagte: ›Oh, richtig, wir werden nicht mehr darüber sprechen! Ich will dir lieber erzählen, was an meinem Hochzeitstag geschehen ist —‹«

»Ich mag *diesen* Teil lieber«, verkündete Bruno und tätschelte meine Wange, um mich wach zu halten.

»›Oh, es gab ein köstliches Hochzeitsmahl! An einem Tischende stand ein riesiger Plumpudding. Und am anderen Ende stand ein zart geschmortes *Lamm!*‹ Und das Lamm sagte: ›Oh, wenn ich bitten darf, Sie, erzählen Sie *nicht* vom Fressen kleiner Lämmer! Das macht mich so *zittrig!*‹ Und der Löwe sagte: ›Oh, richtig, wir werden nicht mehr darüber sprechen!‹«

XV. KAPITEL

Die kleinen Füchse

»Als sie auf dem Hügel angekommen waren, öffnete Bruno den Korb: und er nahm das Brot, die Äpfel und die Milch raus: und sie saßen und sie tranken. Und als sie die Milch ausgetrunken und das halbe Brot und die Hälfte der Äpfel gegessen hatten, sagte das Lamm: ›Oh, meine Hufe sind so klebrig! Ich möchte mir meine Hufe waschen!‹ Und der Löwe sagte: ›Schön, geh den Hügel hinunter und wasch sie in dem Bach dort drüben. Wir werden auf dich warten!‹«

»Es kommt niemals mehr zurück!« wisperte mir Bruno feierlich zu.

Aber Sylvie hatte mitgehört: »Du sollst doch nicht flüstern, Bruno! Das verdirbt die Geschichte! Und als das Lamm lange wegblieb, sagte der Löwe zu Bruno: ›Sieh doch mal nach dem dummen Lämmchen! Es muß sich verirrt haben.‹ Und Bruno lief den Hügel hinab. Und als er zum Bach kam, sah er das Lamm am Ufer sitzen: und wer konnte da anderer neben ihm sitzen als ein alter Fuchs!«

»Weiß nich, wer sonst noch daneben sitzen *konnte*«, überlegte Bruno. »Ein alter Fuchs *saßen* neben ihm.«

»Und der alte Fuchs sagten«, fuhr Sylvie fort, indem sie sich diesmal auf diese Grammatik einließ. »›Ja, mein Liebes, du wirst dich bei uns sehr wohl fühlen, wenn du uns besuchen kommst! Ich habe da drei kleine Füchse, und wir mögen kleine Lämmer wirklich sehr gern!‹ Und das Lamm sagte: ›Aber Sie essen sie doch nicht etwa, Sir?‹ Und der Fuchs sagte: ›Ein Lamm *essen?* Sowas fällt uns nicht mal im *Traum* ein!‹ Da sagte das Lamm: ›Dann komm ich mit.‹ Und sie zogen, Huf in Pfote, von dannen.«

»Dieser Fuchs waren ganz überaus garstig, nich *wahr?*« schimpfte Bruno.

»Nein, nein!« begütigte Sylvie, reichlich schockiert von so heftigen Worten. »Er war nicht ganz so schlimm!«

»Nun, ich mein bloß, er war nich nett«, korrigierte sich der kleine Bursche.

»Und dann lief Bruno zu dem Löwen zurück. ›Oh, komm schnell mit!‹ sagte er. ›Der Fuchs hat das Lamm mit nach Hause genommen! Ich bin *sicher,* er will es fressen!‹ Und der Löwe sagte: ›Ich komme so schnell wie möglich!‹ Und sie trotteten den Hügel hinab.«

»Fing er wohl den Fuchs, mein Herr Mann?« wollte Bruno wissen. Ich schüttelte den Kopf, denn ich mochte nicht sprechen: und Sylvie erzählte weiter.

»Und als sie zu dem Haus kamen, sah Bruno durch ein Fenster. Und da erblickte er drei kleine Füchse, die um einen Tisch herum saßen, mit sauberen Lätzchen und Löffeln in den Pfoten –«

»Löffeln in den Pfoten!« wiederholte Bruno im Taumel der Begeisterung.

»Und der Fuchs hielt ein großes breites Messer – alles war bereit, dem armen Lämmchen den Garaus zu machen –« (»Du brauchst keine Angst zu haben, mein Herr Mann!« warf Bruno hastig flüsternd ein.)

»Und gerade, als er zur Tat schreiten wollte, hörte Bruno ein gewaltiges BRÜLL –« (Der echte Bruno griff meine Hand und drückte sie fest), »und der Löwe kam *peng* durch die Tür, und im nächsten Augenblick hatte er dem alten Fuchs den Kopf abgebissen! Und Bruno sprang durchs Fenster und hüpfte im Zimmer herum und schrie: ›Hurrah! Hurra! Der alte Fuchs ist tot! Der alte Fuchs ist tot!‹«

Aufgeregt erhob sich Bruno. »Darf ich jetzt?« erkundigte er sich.

Sylvie zeigte sich in diesem Fall unnachgiebig. »Warte bis nachher«, schlug sie vor. »Als nächstes kommen die Reden, weißt du das nicht mehr? Die Reden hast du doch immer am liebsten, *oder?*«

»Stimmt ja«, erinnerte sich Bruno und setzte sich wieder hin.

»Die Rede des Löwen. ›Nun, du dummes Lämmchen, geh

nach Hause zu deiner Mutter und höre nie wieder auf alte Füchse. Und sei ganz lieb und artig!‹«

»Die Rede des Lammes. ›Oh, bestimmt, Sir, das will ich, Sir!‹ Und das Lamm ging fort.« (»Aber *du* brauchst nich fortzugehn!« erklärte Bruno. »Jetzt kommt das Allerschönste!« Sylvie lächelte. Sie schätzte ein verständnisvolles Publikum.)

»Die Rede des Löwen an Bruno. ›Nun, Bruno, nimm die kleinen Füchse mit nach Hause und erziehe sie zu braven, gehorsamen kleinen Füchsen und nicht zu so einem bösen, alten Tier wie dem da, was kopflos ist!‹« (»Was kopflos ist«, wiederholte Bruno.)

»Brunos Rede an den Löwen. ›Oh, bestimmt, Sir, das will ich, Sir!‹ Und der Löwe ging fort.« (»Jetzt wird es besserer un besserer«, wisperte Bruno mir zu, »bis zum Ende!«)

»Brunos Rede an die kleinen Füchse. ›Nun bekommt ihr eure erste Lektion in Benimm, kleine Füchse. Ich stecke euch zusammen mit den Äpfeln und dem Brot in den Korb: und ihr dürft die Äpfel nicht essen, und ihr dürft das Brot nicht essen: ihr dürft *gar nichts* essen – bis wir bei mir zu Hause sind: und dann bekommt ihr euer Essen.‹«

»Die Rede der kleinen Füchse an Bruno. Die kleinen Füchse sagten nichts.«

»Also steckte Bruno die Äpfel in den Korb – und die kleinen Füchse – und das Brot –« (»Sie hatten die ganze Milch ja verpicknickt«, erläuterte Bruno im Flüsterton) »– und er machte sich auf den Heimweg.« (»Wir sinn jetzt bald am Ende«, beruhigte mich Bruno.)

»Und als er ein kurzes Stück Weges zurückgelegt hatte, kam ihm in den Sinn, einmal ein Blick in den Korb zu werfen und nach den kleinen Füchsen zu sehen.«

»Da öffnete er die Luke –« preschte Bruno vor.

»Oh, Bruno!« rief Sylvie. »Nicht *du* erzählst die Geschichte! Da öffnete er die Luke und siehe da, da waren keine Äpfel mehr! Da sagte Bruno: ›Ältester kleiner Fuchs, hast *du* die Äpfel gefressen?‹ Und der älteste kleine Fuchs sagte: ›Nein nein nein!‹« (Der Tonfall läßt sich unmöglich wiedergeben, in dem Sylvie diese flinken kleinen ›Nein nein nein!‹ wiederholte. Am nächsten kommt dem meine Erklärung, daß es ganz so klang, als habe eine junge aufgeregte Ente die Worte zu quaken versucht. Allerdings war es für ein Quaken zu schnell, aber auch zu hart, um etwas anderes zu sein.) »Dann sagte er: ›Zweiter kleiner Fuchs, hast *du* die Äpfel gefressen?‹ Und der zweite kleine Fuchs sagte: ›Nein nein nein!‹ Dann sagte er: ›Jüngster kleiner Fuchs, hast *du* die Äpfel gefressen?‹ Und der jüngste kleine Fuchs *wollte* ›Nein nein nein!‹ sagen, aber sein Maul war so voll, daß er nur ›Weich! Weich! Weich!‹ sagen konnte. Und Bruno blickte in sein Maul. Und sein Maul war voller Äpfel. Und Bruno schüttelte den Kopf, und er sagte: ›O jemine! Was sind diese Füchse für schlimme Tiere!‹«

Bruno lauschte gespannt: und als Sylvie einen Augenblick Atem schöpfte, vermochte er nur die Worte hervorzukeuchen: »Jetz das Brot?«

»Ja«, bestätigte Sylvie. »Als nächstes kommt das Brot. So schloß er die Luke wieder; und er ging ein wenig weiter; und da kam ihm in den Sinn, abermals in den Korb zu spähen. Und siehe da, das Brot war weg!« (Was *heißt* ›siehe da‹?« erkundigte sich Bruno. »Pscht!« machte Sylvie.) »Und er sagte: ›Ältester kleiner Fuchs, hast *du* das Brot gefressen?‹ Und der älteste kleine Fuchs sagte: ›Nein nein nein!‹ ›Zweiter kleiner Fuchs, hast *du* das Brot gefressen?‹ Und der zweite kleine Fuchs sagte: ›Wauch! Wauch! Wauch!‹ Und Bruno blickte in sein Maul, und sein Maul war voller Brot!« (»Er hätte dran ersticken können«, meinte Bruno.) »Da sagte er: ›O jemine! Was mach ich bloß mit diesen Füchsen?‹ Und er ging ein wenig weiter.« (»Nun kommt das Interessanteste«, wisperte Bruno.)

»Und als Bruno wiederum den Korb öffnete, was denkt ihr, was er da sah?« (»Nur zwei Füchse!« rief Bruno mit großer Ungeduld.) »Du darfst es nicht so schnell erzählen. Er sah aber *wirklich* nur *zwei* Füchse. Und er sagte: ›Ältester kleiner Fuchs, hast du den jüngsten kleinen Fuchs gefressen?‹ Und der älteste kleine Fuchs sagte: ›Nein nein nein!‹ ›Zweiter kleiner Fuchs, hast *du* den jüngsten kleinen Fuchs gefressen?‹ Und der zweite kleine Fuchs strengte sich mächtig an, ›Nein nein nein!‹ zu sagen, aber er konnte nur ›Woink! Woink! Woink!‹ sagen. Und Bruno blickte in sein Maul, und es war halb voll Brot und halb voll Fuchs!« (Bruno machte diesmal keinen Einwurf. Er keuchte nur ein we-

nig in dem Bewüßtsein, daß die Geschichte jetzt ihrem Höhepunkt zustrebte.)

»Und als er fast zu Hause war, blickte er noch einmal in den
Korb und er sah –«

»Nur –« begann Bruno, doch dann hatte er eine großzügige
Idee, und er blickte mich an. »*Diesmal* darfst *du*'s sagen, mein
Herr Mann!« wisperte er. Es war ein großherziges Angebot, aber
ich wollte ihm die Freude nicht nehmen. »Sag du es, Bruno«, bot
ich an. »Du kannst es am allerbesten.« »Nur – noch – *einen* –
Fuchs!« formulierte Bruno ganz feierlich.

»›Ältester kleiner Fuchs‹«, sagte Sylvie und verzichtete im Eifer auf die Erzählform. »»Du bist *so* lieb gewesen, daß ich kaum
glauben kann, daß *du* diesmal ungehorsam gewesen bist: aber ich
fürchte, du hast dein Schwesterchen gefressen?‹ Und der älteste
Fuchs sagte: ›Whihuauch! Whihuauch!‹ und dann erstickte er.

420

Und Bruno blickte in sein Maul, und es war voll!« (Sylvie schöpfte einen Moment Atem, und Bruno legte sich zwischen die Gänseblümchen und blickte mich triumphierend an. »Iss das nich *großartig*, mein Herr Mann?« fragte er. Ich machte einen angestrengten Versuch, meine Bedenken darzulegen. »Es ist großartig«, gab ich zu: »aber es ist erschreckend!« »Du kannst dich noch was dichter zu *mir* setzen, wenn du magst«, bot Bruno an.)

»Und dann ging Bruno nach Hause und stellte den Korb auf den Tisch und öffnete ihn. Und er sah –« Diesmal blickte Sylvie *mich* an, als sei ich ihrer Meinung nach sträflich vernachlässigt worden und sollte wenigstens *eine* Rategelegenheit haben.

»Er kann es nich raten!« triumphierte Bruno. »Ich *muß* es ihm wohl leider sagen! Es waren *nichts* im Korb!« Ich bebte vor Entsetzen, und Bruno klatschte vor Freude in die Hände. »Er *iss* erschrocken, Sylvie! Erzähl den Rest!«

»Da sagte Bruno: ›Ältester kleiner Fuchs, hast du dich *selbst* gefressen, du böser kleiner Fuchs?‹ Und der älteste kleine Fuchs sagte: ›Whihuauch!‹ Und da sah Bruno, daß nur noch das *Maul* im Korb lag! Da nahm er das Maul, und er öffnete es und schüttelte und schüttelte! Und endlich schüttelte er den kleinen Fuchs aus seinem eigenen Maul! Und dann sagte er: ›Öffne dein Maul noch mal, du schlimmes kleines Tier!‹ Und er schüttelte und schüttelte! Und er schüttelte den zweiten kleinen Fuchs heraus! Und er sagte: ›Öffne jetzt *dein* Maul!‹ Und er schüttelte und schüttelte! Und er schüttelte den jüngsten kleinen Fuchs heraus und alle Äpfel und das ganze Brot!

Und Bruno stellte die kleinen Füchse an der Wand auf: und er hielt ihnen eine kurze Rede. ›Also, kleine Füchse, der Anfang war ja sehr schlecht – und ihr müßt bestraft werden. Zuerst geht ihr hinaus ins Kinderzimmer, wascht eure Gesichter und zieht saubere Lätzchen an. Dann wird es zum Abendessen läuten. Dann kommt ihr runter: und *ihr bekommt kein Abendessen:* sondern ihr erhaltet eine tüchtige Tracht *Prügel!* Dann geht es ab ins Bett. Dann wird es am Morgen zum Frühstück läuten. *Aber ihr bekommt kein Frühstück!* Ihr erhaltet eine tüchtige Tracht *Prügel!* Dann gibt es Unterricht. Und wenn ihr *ganz* artig seid, bekommt ihr vielleicht zu Mittag ein kleines Essen und keine Prügel mehr!« (»Wie *über-*

aus freundlich von ihm!« flüsterte ich Bruno zu. »*Mittelmäßig* freundlich«, korrigierte mich Bruno ernst.)

»Da liefen die kleinen Füchse ins Kinderzimmer hinaus. Und bald ging Bruno in die Halle und läutete die große Glocke. ›Klingelingeling! Essen, Essen, Essen!‹ Und die kleinen Füchse kamen ganz schnell zum Essen hinunter! Saubere Lätzchen um! Löffeln in den Pfoten! Und als sie ins Eßzimmer kamen, lag ein weißes Tischtuch auf dem Tisch! Aber darauf lag nur eine lange Peitsche! Und sie bekamen *so* eine Tracht Prügel!« (Ich tupfte meine Augen mit dem Taschentuch, und Bruno erklomm hastig mein Knie und streichelte mein Gesicht. »Nur noch *eine* Prügel, mein Herr Mann!« wisperte er. »Wein nich mehr, als du nich verhindern kannst!«)

»Und früh am nächsten Morgen läutete Bruno wieder die große Glocke. ›Klingelingeling! Frühstück, Frühstück, Frühstück!‹ Die kleinen Füchse kamen hinunter! Saubere Lätzchen um! Löffeln in den Pfoten! Kein Frühstück! Nur die Peitsche! Dann bekamen sie Aufgaben«, Sylvie beeilte sich sehr, denn ich hielt immer noch mein Taschentuch an die Augen. »Und die kleinen Füchse waren ganz artig! Und sie lernten ihre Aufgaben vorwärts und rückwärts und ganz durcheinander. Und endlich läutete Bruno wieder die große Glocke. ›Klingelingeling! Essen, Essen, Essen!‹ Und als die kleinen Füchse hinunterkamen –« (»Hatten sie saubere Lätzchen um?« erkundigte sich Bruno. »Natürlich!« sagte Sylvie. »Und Löffeln?« »Aber das *weißt* du doch!« »Man kann nie *sicher* sein«, zweifelte Bruno.) »– und sie kamen so langsam wie möglich! Und sie sagten: ›Oh, es gibt bestimmt kein Essen! Es gibt nur die lange Peitsche!‹ Doch als sie ins Zimmer traten, sahen sie das aller*schönste* Essen!« (»Brötchen?« rief Bruno und klatschte in die Hände.) »Brötchen, und Kuchen, und –« (»– un Konfitüre?« fragte Bruno.) »Ja, Konfitüre – und Suppe – und –« (»– un *Bonbons!*« warf Bruno abermals ein; und Sylvie schien's zufrieden.)

»Und von da an waren sie ganz liebe kleine Füchse! Sie machten ihre Aufgaben kreuzbrav – und sie gehorchten Bruno aufs Wort – und sie fraßen sich nie mehr gegenseitig – und *sie fraßen sich nie mehr selbst!*«

Die Geschichte war so unvermittelt zu Ende, daß es mir schier den Atem nahm; ich bemühte mich dennoch um eine schöne Dankesrede. »Ich bin sicher, sie ist sehr – sehr – sehr genau so, ich bin sicher!« Ich schien mich selbst reden zu hören.

XVI. KAPITEL

Stimmen aus dem Jenseits

»Ich habe Sie nicht ganz verstanden!« lauteten die nächsten
Worte, die an mein Ohr drangen, doch es war bestimmt nicht die
Stimme von Sylvie oder Bruno, da ich sie soeben noch zwischen
den Gästen hindurch sehen konnte, wie sie am Klavier standen
und dem Lied des Count lauschten. Mein Herr war der Sprecher.
»Ich habe Sie nicht ganz verstanden!« wiederholte er. »Aber Sie
sind zweifellos *meiner* Ansicht. Ich bedanke mich sehr für *Ihre*
freundliche Aufmerksamkeit. Äs ist nur noch *ein* Värs zu singän!«
Letzteres formulierte nicht die sanfte Stimme Mein Herrs, sondern des französischen Count tiefer Baß. Und in der eintretenden
Stille durchdrang die letzte Strophe von Tottels das Zimmer.

Das Paar flocht neu das Liebesband;
es lebt bescheiden auf dem Land:
gehorsam ist das weinend Weib,
sie hält den Luxus sich vom Leib:
sie fleht um eine Gnade noch:
»Nur dieses, Schatz, zu bitten drängt es!
Mama könnt' kurz mal kommen doch –«
*»*NIEMALS*!« schrie Tottels. Und er denkt es.*

Mit dem Ende des Liedes erhoben sich chorartig von allen Seiten Danksagungen und Komplimente, die der Sänger erfreut mit knappen Verbeugungen in alle Richtungen quittierte. »Äs ist ein großäs Privileg für misch, so ein wundärbaräs Lied zu singän«, meinte er zu Lady Muriel. »Die musikalische Begleitung ist dabei so märkwürdig, so mysteriös: äs ist, als sei einä neuä Musik ärfundän! Isch will sie noch mal spielän, um Ihnän zu zeigän, was isch meinä.« Er trat wieder ans Klavier, aber das Lied war verschwunden.

Bestürzt durchwühlte der Sänger den Notenstapel auf einem danebenstehenden Tisch, doch auch da war es nicht. Lady Muriel half bei der Suche: bald traten andere hinzu: die Aufregung wuchs. »Wo *kann* es nur hingekommen sein?« klagte Lady Muriel. Keiner wußte es: nur eines war sicher, niemand hatte sich dem Klavier genähert, seit der Count den letzten Liedvers gesungen hatte.

»Lassän Sie nur!« beruhigte er gutmütig. »Isch wärde es Ihnän aus dem Gedäschnis vorspielän!« Er setzte sich hin und schlug vage Noten an; aber einer Melodie ähnelte das Ergebnis nicht. Da wurde auch er nervös. »Was für einä kuriosä Sachä! Wie äußerst sondärbar! Daß mir nischt nur die Wortä entfallän können, sondern sogar die Melodie – das ist ja wohl ganz märkwürdisch?«

Dem stimmten wir von Herzen zu.

»Äs war där nättä kleinä Jungä, der äs für misch fand«, gab der Count zu bedenken. »Möglischärweisä ist är der Dieb?«

»Ganz bestimmt sogar!« bekräftigte Lady Muriel. »Bruno! Wo steckst du, mein Liebling?«

Doch kein Bruno antwortete: es schien, als seien die Kinder ebenso plötzlich und mysteriös verschwunden wie das Lied.

»Spielen sie uns etwa einen Streich?« vermutete Lady Muriel fröhlich. »Das soll wohl ein *Ex-tempore*-Versteckspiel sein! Der kleine Bruno ist ein ausgemachter Lausejunge!«

Der Vorschlag war den meisten von uns willkommen, denn einige Gäste begannen gerade, sich entschieden unbehaglich zu fühlen. Mit großem Enthusiasmus setzte sogleich eine allgemeine Suche ein: Vorhänge wurden zurückgeschlagen und geschüttelt, Schränke geöffnet und Ottomanen umgestülpt; doch die möglichen Verstecke waren äußerst begrenzt; und kaum begonnen, fand die Suche auch schon ihr Ende.

»Sie müssen hinausgelaufen sein, während uns das Lied so sehr in Anspruch nahm«, mutmaßte Lady Muriel und wandte sich an den Count, der beunruhigter schien als die anderen; »und sie sind zweifellos zur Wohnung der Haushälterin gegangen.«

»Nicht durch *diese* Tür!« protestierten zwei oder drei Gentlemen, die, wie sie versicherten, die letzte halbe Stunde an der Tür gestanden hatten (einer von ihnen lehnte sich wahrhaftig dagegen). »*Diese* Tür ist seit Beginn des Liedes nicht geöffnet worden!«

Dieser Auskunft folgte eine beklemmende Stille. Lady Muriel wagte keine weiteren Mutmaßungen, sondern prüfte kaltblütig die Fensterriegel, die sich wie bei Türen öffnen ließen. Alle waren von *innen* fest verschlossen.

Doch Lady Muriel war noch nicht mit ihrem Latein am Ende. Sie läutete die Glocke. »Bitten Sie die Haushälterin mit den Sachen der Kinder zu mir«, befahl sie.

»Ich hab' sie mitgebracht, Mylady«, sagte die Haushälterin unterwürfig, als sie nach einer weiteren Schweigeminute eintrat. »Ich hab' gedacht, die kleine Dame käm in mein Zimmer, um ihre Stiefel anzuziehen. Hier sind deine Stiefel, mein Liebes!« fügte sie freundlich hinzu und blickte sich in alle Richtungen suchend nach den Kindern um. Niemand gab Antwort, und sie wandte sich mit verwirrtem Lächeln an Lady Muriel. »Haben sich die kleinen Lieblinge etwa versteckt?«

»Ich sehe sie gerade auch nicht!« wich Lady Muriel aus. »Sie können die Sachen hier lassen, Wilson. Ich ziehe sie *selbst* an,. wenn sie gehen wollen.«

Die zwei kleinen Hüte und Sylvies Jacke wurden unter den Damen mit vielen Entzückensschreien herumgereicht. Sie waren wahrlich zauberhaft. Selbst die kleinen Stiefel wurden zum Gegenstand der Bewunderung. »So schmucke kleine Sachen!« rief die musikalische junge Lady, wobei sie sanft darüberstrich. »Und was für klitzekleine Füßchen sie haben müssen!«

Schließlich wurden die Sachen auf der Ottomane mitten im Zimmer zusammengelegt, und die Gäste, die die Hoffnung aufgegeben hatten, die Kinder wiederzusehen, wünschten nach und nach eine gute Nacht und verließen das Haus.

Noch acht oder neun Personen waren anwesend – denen der Count zum zigsten Mal erklärte, wie seine Augen während des letzten Liedverses auf den Kindern geruht hatten; wie er einen flüchtigen Blick durchs Zimmer geworfen hatte, um sich von der Wirkung »des großartigen Brusttons« auf sein Publikum zu überzeugen; und wie sie bei abermaligem Hinblicken beide verschwunden waren – als allseits ein Schreckensschrei ertönte, und der Count seine Geschichte abbrach und in den Aufschrei einstimmte.

Alle Sachen der Kinder waren verschwunden!

Der völlig fehlgeschlagenen Suche nach den *Kindern* folgte eine äußerst halbherzige nach ihren *Kleidern*. Die übrigen Gäste schienen nur allzu froh, sich zu verabschieden, und ließen den Count und uns vier alleine zurück.

Der Count sank in einen Lehnstuhl und keuchte ein wenig.

»Wär *sind* dänn diesä liebän Kindär, isch bittä Sie?« verlangte er zu wissen. »Warum kommän sie, und warum gehän sie auf diesä ungewöhnlischä Weisä? Daß Notän von sälbst verschwindeän – daß Hütä und Stiefäl von sälbst verschwindän, wie geschieht das alläs, isch bittä Sie?«

»Ich weiß selbst nicht, wo sie sind!« konnte ich nur entgegnen, da es mir so unerklärlich wie allen anderen war.

Der Count schien noch mehr Fragen stellen zu wollen, aber er besann sich eines anderen.

»Die Zeit ist schon weit vorgerückt«, stellte er fest. »Isch wünschä Ihnen einä sähr gutä Nacht, Mylady. Isch begeb misch jätzt in mein Bett – um zu träumän – falls isch nischt jätzt schon träumä!« Und er verließ hastig das Zimmer.

»Bleibt doch, bleibt doch!« bat der Earl, als ich dem Count folgen wollte. »*Sie* sind doch kein Gast! Arthurs Freund ist hier zu *Hause*.«

»Danke!« erwiderte ich, worauf wir mit wahrhaft englischem Instinkt unsere Stühle um den Kamin rückten, obgleich kein Feuer brannte – Lady Muriel hatte den Notenstapel auf den Schoß genommen, um noch einmal nach dem so mysteriös verschwundenen Lied zu suchen.

»Spüren Sie nicht auch manchmal das wilde Verlangen«, wandte sie sich an mich, »mit Ihren Händen etwas mehr anzufangen, während Sie sprechen, als nur eine Zigarre zu halten und dann und wann die Asche abzustreifen? Oh, ich weiß schon, was du sagen willst!« (Dies galt Arthur, der wohl einen Einwurf machen wollte.) »Die Majestät des Denkens ersetzt die Tätigkeit der Finger. Eines Mannes angestrengtes Denken *plus* das Abstreifen der Zigarrenasche zeitigt dasselbe Ergebnis wie einer Frau triviale Phantasie *plus* die komplizierteste Stickerei. *Das* ist deine Meinung, nicht wahr, nur besser ausgedrückt?«

Mit feierlichem und sehr zärtlichem Lächeln blickte Arthur in das strahlende, schelmische Gesicht. »Ja«, resignierte er: »genau das ist meine Meinung.«

»Ruhe des Körpers und Aktivität des Verstandes«, warf ich ein. »Irgendein Schriftsteller hält *das* für den Höhepunkt menschlicher Glückseligkeit.«

»Eine Menge *Körper* ruhen ganz bestimmt!« erwiderte Lady Muriel und warf einen flüchtigen Blick auf die drei ruhenden Gestalten um sie herum. »Doch was Sie als Aktivität des *Verstandes* bezeichnen –«

»– ist *allein* das Privileg junger Ärzte«, ergänzte der Earl. »Wir alten Männer besitzen keinerlei Anspruch auf Aktivität. *Was bleibt dem Alter als der Tod?*«*

---

* AdÜ: Thomas Hood, Ballad: Spring it is Cheery, 1827.

»Noch eine ganze Menge mehr, *hoffe* ich«, widersprach Arthur ernst.

»Schön, mag sein. Du bist mir gegenüber dennoch sehr im Vorteil, mein Junge. Nicht nur, daß *dein* Tag anbricht und *meiner* endet, auch dein *Interesse* am Leben – irgendwie muß ich dich *darum* beneiden. Es wird noch viele Jahre währen, ehe du diesen Halt verlierst.«

»*Überdauern* eigentlich nicht viele menschliche Interessen das menschliche Leben?« erkundigte ich mich.

»Zweifellos viele. Und *einige* Sparten der Wissenschaft; aber meiner Meinung nach nur *wenige*. Die Mathematik zum Beispiel: *ihr* scheint ewiges Interesse sicher: man kann sich *keine* Lebensform und keine Rasse intelligenter Wesen vorstellen, bei der die mathematische Wahrheit ihre Bedeutung verliert. Aber ich fürchte, die *Medizin* steht da schon auf einer anderen Stufe. Angenommen, man entdeckt ein Heilmittel für eine Krankheit, die man für unheilbar hielt. Schön, das ist zweifellos für den Augenblick erfreulich – äußerst interessant –, vielleicht bringt es Ruhm und Ehre. Aber was dann? Seht einmal wenige Jahre in die Zukunft in ein Leben, in dem keine Krankheiten mehr existieren. Was ist die Entdeckung dann noch wert? Milton läßt Jupiter zu große Versprechungen machen. ›*Von so viel Ruhm im Himmel erwarte Lohn.*‹* Armseliger Trost, wenn der Ruhm auf einer Tat beruht, die dann keinerlei Bedeutung mehr hat!«

»Auf jeden Fall würde sich keiner mehr um *neue* Entdeckungen auf medizinischem Gebiet bemühen«, behauptete Arthur. »Ich sehe nämlich *dafür* dann keinen Grund – obgleich es mir leid täte, meine Lieblingsstudien aufzugeben. Dennoch, Medizin, Krankheit, Schmerz, Sorgen, Sünde – alles ist, wie ich fürchte, miteinander verbunden. Bann die Sünde, und du bannst sie alle!«

»Der Fall ist auf *militärischem* Gebiet noch komplizierter«, ergänzte der Earl. »Ohne Sünde gäbe es keinen *Krieg*. Trotzdem kann sich jedes Vernunftwesen, das Interesse hat, frei von Sünden zu leben, künftig auch auf *irgendeine* andere Art beschäftigen. Wellington kann keine Schlachten mehr schlagen – und dennoch –

* AdÜ: Milton, Lycidas, Z. 84.

>*Für einen, der soviel Niveau,*
gibt es noch bess're Taten anderswo,
als so ein Kampf bei Waterloo,
und immer muß er Sieger sein!‹ « *

Er verweilte bei diesen schönen Worten, als liebe er sie: und seine Stimme verhallte wie ferne Musik.

Nach ein oder zwei Minuten hob er neuerlich an. »Wenn ich euch nicht langweile, möchte ich euch gern einen Eindruck von dem zukünftigen Leben geben, der mich seit Jahren wie ein Alptraum verfolgt – ich kann mich einfach nicht davon lösen.«

»O ja, bitte«, erwiderten Arthur und ich fast gleichzeitig. Lady Muriel räumte den Notenstapel beiseite und verschränkte die Arme.

»Die eine Vorstellung«, fuhr der Earl fort, »die mir alles andere zu überschatten schien, betrifft die *Ewigkeit* – die nach meinem Dafürhalten für alle Themen menschlichen Interesses die unvermeidliche *Ausschöpfung* beinhaltet. Nehmt zum Beispiel die Reine Mathematik – eine Wissenschaft, die von unserer Umwelt unabhängig ist. Ich habe sie selbst ein wenig studiert. Nehmt das Kapitel Kreise und Ellipsen – was wir als ›Kurven zweiten Grades‹ bezeichnen. In der Zukunft wäre es nur eine Frage von soundsovielen Jahren (oder *hundert* Jahren, ganz wie ihr wollt), daß ein Mensch *alle* ihre Eigenschaften bestimmt hat. Danach *würde* er zu den Kurven dritten Grades übergehen. Nehmen wir an, er braucht *dafür* zehnmal so lange (ihr seht, wir verfügen über unbegrenzte Zeit). Ich kann mir zwar kaum vorstellen, daß sein *Interesse* selbst das noch durchhalten würde; doch selbst wenn es keine Begrenzung im *Grad* der Kurven gäbe, die er studieren könnte, wäre die aufzuwendende Zeit, um *alles* Neue und Interessante zu erforschen, nicht absolut *endlich?* Und so ist es auch mit allen anderen Sparten der Wissenschaft. Und wenn ich einige Tausend oder Millionen Jahre weiter denke und mir vorstelle, ich verfügte über so viel Wissen, wie ein denkendes Wesen nur speichern kann, so frage ich mich ›Was nun? Kann man, wenn es nichts

---

* AdÜ: Tennyson, Ode on the Death of the Duke of Wellington, IX.

mehr zu *lernen* gibt, die ganze Ewigkeit lang, die man noch lebt, mit dem Wissen allein zufrieden sein?‹ Der Gedanke war mir äußerst unangenehm. Manchmal habe ich mir schon vorgestellt, in dem Fall *könnte* man sagen ›Es ist besser, *nicht* zu sein‹, und um persönliches *Auslöschen* zu beten – das Nirwana der Buddhisten.«

»Aber das ist doch nur eine Hälfte der Existenz«, widersprach ich. »Außer für *sich* kann man doch auch zur Unterstützung *anderer* arbeiten?«

»Richtig, richtig!« bekräftigte Lady Muriel erleichtert und blickte ihren Vater mit funkelnden Augen an.

»Ja«, gestand der Earl zu, »solange es andere Hilfsbedürftige *gäbe*. Aber in einigen Jahrhunderten wird bestimmt jedes denkende Wesen denselben öden Zustand der *Übersättigung* erreicht haben. Und was steht dann noch zu erwarten?«

»Ich kenne das unangenehme Gefühl«, bestätigte der junge Arzt. »Ich habe das alles mehr als einmal durchgemacht. Ich werde euch sagen, wie ich es für mich gelöst habe. Ich stellte mir ein kleines Kind vor, das mit seinem Spielzeug im Kinderzimmer spielt und dennoch seinem *Verstand* nach in der Lage ist, dreißig Jahre weiter zu denken. Würde es sich nicht sagen ›Dann mag ich keine Bauklötze und Kegel mehr. Wie langweilig wird mein Leben sein.‹ Nach den dreißig Jahren sehen wir es dann trotzdem als großen Politiker weit reicher an Interessen und Freuden, als in der Kindheit vorstellbar – Freuden, die der Verstand eines Kindes nicht erfassen kann – Freuden, die keine Kindersprache auch nur im mindesten beschreiben könnte. Kann nicht auch unser Leben in einer Million Jahren dieselbe Beziehung zu unserem jetzigen Leben haben wie des Mannes Leben zu dem des Kindes? Und ebenso vergeblich, wie man einem Kind in der Sprache von Bauklötzen und Kegeln die Bedeutung der ›Politik‹ zu erklären versucht, können vielleicht auch alle Beschreibungen des Himmels mit seiner Musik, seinen Festen und seinen goldenen Straßen nur Versuche sein, mit *unseren* Worten etwas zu beschreiben, für das wir *in Wahrheit* überhaupt keine Worte besitzen. Glaubst du nicht auch, daß du mit *deiner* Vorstellung von einem anderen Leben eigentlich das Kind ins politische Leben stellst, ohne sein Heranwachsen zu berücksichtigen?«

»Ich glaube, ich verstehe, was du meinst«, bekannte der Earl. »*Mag* aber auch die Himmelsmusik jenseits unseres Vorstellungsvermögens liegen. Gleichwohl ist die Erdenmusik lieblich! Muriel, mein Kind, sing uns doch noch etwas vor, ehe wir zu Bett gehen.«

»O ja«, freute sich Arthur, erhob sich und zündete die Kerzen am Pianino an, das vor kurzem aus dem Salon verbannt worden war, um Platz für den ›Stutzflügel‹ zu schaffen. »Hier ist ein Lied, das du noch nicht für mich gesungen hast.

> ›*Heil sei dir, du munt'rer Geist!*
> *Vogel bist du nicht,*
> *der dem Himmel nah zumeist*
> *in Gesang ausbricht!*‹«[*]

las er von dem Blatt, das er vor sich ausgebreitet hatte.

»Und unser kurzes Leben hier«, fuhr der Earl fort, »ist angesichts der gesamten Zeit wie der Sommertag eines Kindes! Man wird müde, sobald die Nacht naht«, ergänzte er mit einem Anflug von Trauer in der Stimme, »und man sehnt sich nach dem Bett! Nach jenen willkommenen Worten ›Komm Kind, es ist Schlafenszeit!‹«

[*] AdÜ: Shelley, To a Skylark.

XVII. KAPITEL

Zu Hilfe!

»'s iss noch *keine* Schlafenszeit!« nörgelte ein schläfriges Stimmchen. »Die Eulen sinn noch nich ins Bett gegehen, un ich will nich schlafen gehn, ohne daß de mir was vorsingt!«

»O Bruno!« empörte sich Sylvie. »Weißt du denn nicht, daß die Eulen gerade erst aufgestanden sind? Aber die *Frösche* sind bereits vor Urzeiten ins Bett gegangen.«

»Schön, aber *ich* sinn kein Frosch«, protestierte Bruno.

»Was soll ich singen?« fragte Sylvie und wich der Diskussion geschickt aus.

»Frag mein Herr Mann«, verlangte Bruno faul, faltete die Hände hinter dem Lockenkopf und lehnte sich in sein Farnblatt zurück, bis es sich unter seinem Gewicht nahezu bog. »Das iss kein konfables Blatt, Sylvie. Such mir ein konfableres – bitte!« setzte er angesichts Sylvies drohendem Zeigefinger als Nachtrag hinzu. »Ich mag nich fußaufwärts liegen!«

Es war hübsch anzusehen, wie das Elbenkind sein Brüderchen mit mütterlicher Sorgfalt auf die Arme nahm und auf ein stärkeres Blatt legte. Sie berührte es nur ganz sacht, um es in eine Schaukelbewegung zu versetzen, die es aus eigener Kraft fortsetzte, als verfüge es über eine verborgene Maschinerie. Bestimmt war es nicht der Wind, denn die Abendbrise hatte sich wieder ganz gelegt, und kein einziges Blatt bewegte sich zu unseren Häupten.

»Warum schaukelt das eine Blatt und die anderen nicht?« fragte ich Sylvie. Sie lächelte nur lieb und schüttelte den Kopf. »Ich weiß nicht, *warum*«, antwortete sie. »Das tut es immer, wenn es ein Elbenkind trägt. Es *muß* es nämlich ganz einfach.«

»Sehen Menschen das Blatt schaukeln, auch wenn sie die Elben nicht sehen können?«

»Aber natürlich!« rief Sylvie. »Ein Blatt ist ein Blatt, und das kann jeder sehen; aber Bruno ist Bruno, und *ihn* können sie nicht sehen, wenn sie nicht grißeln wie Sie.«

Da begriff ich, wieso man ein Farnblatt stetig schaukeln sieht – wenn man an einem ruhigen Abend durch den Wald geht. Hast du das auch schon einmal gesehen? Versuch vielleicht das nächste Mal den schlafenden Elben darauf zu entdecken; aber was du auch tust, *pflück* das Blatt auf keinen Fall; laß den Kleinen weiterschlafen.

Unterdessen war Bruno immer schläfriger geworden. »Sing, sing!« knurrte er, und Sylvie sah mich erwartungsvoll an. »Was soll es sein?« erkundigte sie sich.

»Vielleicht könntest du ihm das Kinderlied vorsingen, von dem du mir einmal erzählt hast?« schlug ich vor. »Das eine, das durch die Geistesmangel gedreht worden ist, weißt du noch? *›Es war einmal ein Männchen, mit einer kleinen Flint‹* hieß es, soviel ich weiß.«

»Nun, das iss aber 'n Lied vom *Profeffer!*« krähte Bruno. »Ich mag das Männchen; un ich mag die Art, wie sie um ihm rumbrausen – wie ein Brummkreisel.« Und er warf einen liebevollen

434

Blick auf den sanften alten Herrn, der auf der anderen Seite des Blatt-Bettes saß und unverzüglich zu singen anhob, wobei er sich auf einer anderländischen Gitarre begleitete, während die Schnecke, auf der er sich niedergelassen hatte, im Takt dazu die Fühler schwenkte.

> *Von Wuchs war das Männchen recht schmächtig –*
> *kein großer gegerbter Gigant:*
> *er fixierte den Krebs sehr bedächtig,*
> *den kochte sein Weiblein gewandt.*
> *»Reich, süßes Atom, mein Gewehrchen;*
> *reib unser Maskottchen behend':*
> *ich eile hinunter zum Wehrchen*
> *und schieß dir 'ne Ent'!«*

> *Sie reichte ihm hin sein Gewehrchen:*
> *sie rieb das Maskottchen behend':*
> *und fleißig putzt sie ihm die Beerchen*
> *zum Gruß, wenn er kommt mit der Ent'.*

Hin er eilt und verschwendet kein Wörtchen,
   geht fest auf sein Ziel los, ganz stracks,
wo ein prächtiges Vöglein am Örtchen
   sagt ruhig nur: »Quacks!«

Wo das Hummerlein lugt und das Kräbbchen
   sich schläfrig und schlurfig hinschleicht:
wo zu Haus der Delphin und das Quäppchen
   bei steifen Besuchen nicht weicht:
wo das Lärvchen gesucht wird vom Ünkchen:
   wo die Unk' wird gejagt von der Ent':
wo das Entchen gehetzt wird vom Hündchen –
   so Weltenglück wend'!

Er hat es geladen mit Pulver und Blei:
   sein Fußtritt ist lautlos im Dunst:
doch plötzlich hallt lauter und lauter ein Schrei,
   und Brüllen und Brausen und Brunst.
Sie schwirren herum im Erwachen,
   flattern nieder und in die Höh',
schrill' Schreie und lustiges Lachen,
   wild Wimmern vor Weh!

Und es hallt nun von innen und außen:
    sie bebten durch Bart ihm und Haar:
wie ein Brummkreisel hüllt ihn ein Brausen
    mit Hohn, wie er nie hielt für wahr.
Sie kreischten: »Vergeltung für Wehchen!
    Des Männekin Feindschaft erwidern!
Durchweicht ihn von Köpfchen bis Zehchen
    mit Kinderliedern!

Er soll grübeln über ›Ringel, Rose!‹
    Und das Schmalz, das im Kasten lag:
er soll schwärmen von Butter in der Dose,
    und daß morgen man fasten mag:
sein Herz soll betrauern das Häschen auch,
    das saß in der Grube und schlief.
Es hüpfte nicht mehr, weil's wohl krankte im Bauch,
    doch schlief's ganz tief!

Das Singen der Sommernachts-Sause
    das sticht ihn mit manch einem Biß,

und wenn es ihn schließlich zerzause,
  grollt er voller Schwermut gewiß:
und es hüllt ihn wie neblige Schwaden,
  mit Schlichtheiten schlafft es zum Schlummer,
wie ein Schmuckstück von hohen Karaten,
  das Lied vom Hummer!

Wenn das Entchen dem Fatum verfallen,
  wir hieven es hurtig nach Haus:
zum Bankett in den heimischen Hallen,
  wo Schmalz soll noch schmücken den Schmaus:
in eigenen Märchen voll Feuer
  kämpft er mit dem Schicksal, gewinnt:
doch fehlt ihm ein Freund, ein getreuer,
  schlag noch mal geschwind!«

Und er schoß dann den leckeren Liebling!
  und die Stimmen verstummten im Streit:
so auch schnurrte und schnarrte kein Piepling,
  als er's Heim trug voll Heiterkeit:
nach bedächtigem Beißen der Beerchen,
  die putzte sein Weibchen sehr fein,
er hastet noch einmal zum Wehrchen,
  fängt Ent'rich ihr ein!

»Er ist jetzt fest eingeschlafen«, verkündete Sylvie und deckte ihn sorgsam mit einem Veilchenblatt als Decke zu: »Gute-Nacht!«

»Gute Nacht!« echote ich.

»Sie haben wohl Grund zum ›Gute Nacht‹-Sagen!« lachte Lady Muriel, wobei sie sich erhob und den Klavierdeckel zuklappte. »Wenn Sie die ganze Zeit über sch-sch-schlafen, während ich für Sie singe! Nun, worum ging es denn eigentlich?« verlangte sie gebieterisch Auskunft.

»War es was von einer Ente?« wagte ich zu vermuten. »Also, von irgendwelchen Vögeln?« korrigierte ich mich, da ich meine *erste* Vermutung gleich als falsch einstufte.

»*Was von irgendwelchen Vögeln!*« wiederholte Lady Muriel mit so viel Verachtung, wie ihr liebliches Gesicht nur auszudrücken vermochte. »Und damit meint er nun Shelleys Lerche? Während der Dichter doch ausdrücklich betont: ›*Heil sei dir, du munt'rer Geist! Vogel bist du nicht!*«

Sie ging voraus ins Rauchzimmer, wo es sich die drei Herren der Schöpfung gegen alle gesellschaftlichen Gepflogenheiten und alle Regeln der Ritterlichkeit in niedrigen Schaukelstühlchen bequem machten und es der einzigen Dame überließen, graziös zwischen uns herumzuschweben und unsere Wünsche in Gestalt kühler Getränke, Zigaretten oder Feuer zu erfüllen. Jawohl, und nur ein *einziger* von den dreien war so ritterlich, über das übliche »danke schön« hinauszugehen und des Dichters hervorragende Beschreibung zu zitieren, die Geraints Bewegung belegt, als Enid ihm aufwartete

> *»Man beugt sich nieder, küßt den kleinen Daumen zart,*
> *der kreuzt den Teller, als sie setzt ihn ab«,* *

und die Worte durch die Tat zu illustrieren – eine kühne Ungebührlichkeit, für die er, wie ich leider berichten muß, *nicht* gebührend zurechtgewiesen wurde.

Da keinem von uns ein Gesprächsthema einfiel und wir alle vier in jenem guten Einvernehmen miteinander standen (ich halte es für das einzige Einvernehmen, das eine Freundschaft, die zu Recht als *intim* bezeichnet wird, belegt), das keine Notwendigkeit sieht, sich um des bloßen *Sprechens* willen zur Unterhaltung zu zwingen, saßen wir einige Zeit im Schweigen vertieft.

Schließlich brach ich die Stille und fragte: »Gibt es schon neue Nachrichten vom Hafen über das Fieber?«

»Nicht seit heute morgen«, gab der Earl bekannt und wurde ungewöhnlich ernst. »Aber das war schon ziemlich besorgniserregend. Das Fieber verbreitet sich schnell: der Londoner Arzt hat es mit der Angst zu tun bekommen und den Ort verlassen, und der einzige noch greifbare ist gar kein gelernter Arzt: er ist Apotheker, Arzt, Dentist, und ich weiß nicht, welchen Beruf er sonst noch ausübt. Die Aussichten für die armen Fischer stehen schlecht – und noch schlechter für die Frauen und Kinder.«

»Wie viele sind es denn im ganzen?« erkundigte sich Arthur.

»Vor einer Woche lebten da unten noch einhundert«, erklärte der Earl: »doch seitdem sind zwanzig oder dreißig gestorben.«

»Und wer spendet ihnen geistlichen Trost?«

»Drei mutige Männer befinden sich da unten«, antwortete der Earl und seine Stimme zitterte vor Rührung, »tapfere Helden, die das Viktoriakreuz verdient hätten! Ich bin sicher, keiner von den dreien wird jemals den Ort verlassen, nur um seine eigene Haut

* AdÜ: Tennyson, Idylls of the King. Geraint and Enid.

440

zu retten. Da ist der Kurat: seine Frau ist bei ihm: Kinder haben sie keine. Dann ist da der römisch-katholische Priester. Außerdem ein methodistischer Prediger. Meist suchen sie ihre Gläubigen auf; aber man hat mir erzählt, daß die Sterbenden gern *alle* drei um sich haben. Wie niedrig sind die Barrieren, die Christen voneinander trennen, wenn es um das große Geheimnis des Lebens und die Wirklichkeit des Todes geht!«

»So muß es und so soll es sein –«, begann Arthur gerade, als die Hausglocke plötzlich und heftig läutete.

Wir hörten das hastige Öffnen der Haustür und Stimmengewirr von draußen: dann klopfte es an die Tür des Rauchzimmers, und ein wenig verstört erschien die alte Haushälterin.

»Zwei Leute wollen Dr. Forester sprechen, Mylord.«

Arthur ging sogleich hinaus, und wir vernahmen sein heiteres »Nun, meine Herren?«, doch die Antwort war kaum hörbar, ich konnte nur die Worte deutlich erlauschen »zehn seit dem Morgen und eben noch zwei –«

»Aber da ist doch noch ein Arzt?« hörten wir Arthur sagen: und eine tiefe Stimme, die wir zuvor nicht vernommen hatten, entgegnete: »Tot, Sir. Starb vor drei Stunden.«

Lady Muriel zitterte und barg ihr Gesicht in den Händen: doch in diesem Augenblick wurde die Haustür sacht geschlossen, und wir hörten nichts mehr.

Einige Minuten saßen wir ganz still da: dann verließ der Earl das Zimmer und kehrte bald zurück, um uns davon zu unterrichten, daß Arthur mit den beiden Fischern fortgegangen sei und ausrichten lasse, er werde in etwa einer Stunde zurück sein. Und wirklich, am Ende dieser Frist – während der Zeit wurde sehr wenig gesprochen, keiner von uns schien zur Unterhaltung aufgelegt – quietschte die Haustür abermals in rostigen Scharnieren, und vernehmlich klangen Schritte im Hausflur, in denen sich kaum Arthurs Tritte erkennen ließen, da sie so langsam und unsicher wirkten, als ertaste ein Blinder seinen Weg.

Er trat ein und blieb vor Lady Muriel stehen, wobei er seine Hand schwer auf den Tisch stützte mit einem sonderbaren Ausdruck in den Augen, als wandele er im Schlaf.

»Muriel – meine Liebe –«, er zögerte und seine Lippen bebten:

441

doch dann beherrschte er sich und fuhr fort. »Muriel – mein Liebling – sie – *brauchen* mich – unten am Hafen.«

»*Mußt* du gehen?« flehte Lady Muriel, erhob sich, legte ihm die Hände auf die Schulter und blickte in sein Gesicht empor, während ihre großen Augen in Tränen schwammen. »Mußt *du* gehen, Arthur? Das kann dein – Tod – sein!«

Ohne mit der Wimper zu zucken, begegnete er ihrem Blick. »Es ist *bestimmt* der Tod«, flüsterte er heiser, »aber – Liebling – man hat mich *gerufen.* Und selbst mein Leben –« Ihm versagte die Stimme, und er schwieg.

Eine Minute lang stand sie still da und richtete den Blick hilflos empor, als seien jetzt sogar Gebete sinnlos, wobei ihre Gesichtszüge vor großer innerer Pein zuckten und bebten. Dann schien ihr plötzlich etwas einzufallen, und ihr Gesicht lichtete sich in einem seltsam lieblichen Lächeln auf. »*Dein* Leben?« wiederholte sie. »*Du* hast kein Recht, es zu opfern!«

Arthur hatte sich unterdessen gefangen und antwortete fest. »Das ist wahr«, bestätigte er. »*Ich* habe kein Recht, es zu opfern. Es ist jetzt *dein,* meine – zukünftige Frau! Und du – willst *du* mir etwa diesen Gang verbieten? Willst du mich nicht ziehen lassen, mein ein und alles?«

Sie klammerte sich immer noch an ihn und lehnte den Kopf sanft an seine Brust. Das hatte sie in meiner Anwesenheit niemals zuvor getan, und mir wurde bewußt, wie tief bewegt sie sein mußte. »Ich *will* dich ziehen lassen«, erklärte sie ruhig und schlicht, »für Gott.«

»Und für Seine Armen«, flüsterte er.

»Und für Seine Armen«, fügte sie hinzu. »Wann muß es sein, mein Allerliebster?«

»Morgen früh«, erwiderte er. »Und bis dahin habe ich noch viel zu tun.«

Und dann erzählte er uns, was er in der Stunde seiner Abwesenheit unternommen hatte. Er war zum Pfarrhaus gegangen und hatte die Hochzeit für den nächsten Morgen um acht Uhr in der kleinen Kirche, die wir so gut kannten, bestellt (es gab kein rechtliches Hindernis, da er bereits vor einiger Zeit eine aufgebotfreie Genehmigung erhalten hatte). »Mein alter Freund hier«,

und er deutete auf mich, »wird bestimmt die Aufgabe des ›Braut-
führers‹ übernehmen: dein Vater wird als Brautvater zur Stelle
sein: und – und – auf Brautjungfern mußt du wohl verzichten,
mein Liebling?«

Sie nickte: sprach kein Wort.

»Und dann kann ich frohgemut gehen – um Gottes Werk zu
verrichten – in dem Bewußtsein, mit dir *eins* – und mit dir im *Geist*
vereint zu sein, wenn ich dir auch nicht körperlich nahe bin – und
im Gebet sind wir aufs innigste verbunden! Unsere Gebete steigen zusammen empor –«

»Ja, ja!« schluchzte Lady Muriel. »Aber du darfst jetzt nicht
länger bleiben, mein Liebling! Geh heim und ruh dich ein wenig
aus. Du wirst morgen deine ganze Kraft brauchen –«

»Ja, ich gehe«, stimmte Arthur zu. »Wir sind morgen pünktlich hier. Gute Nacht, mein einziger Liebling!«

Ich folgte seinem Beispiel, und wir verließen gemeinsam das Haus. Während wir unserem Quartier zustrebten, seufzte Arthur zwei-, dreimal tief und schien etwas sagen zu wollen – aber er sprach kein einziges Wort, bis wir das Haus betreten, die Kerzen angesteckt und unsere Schlafzimmertüren erreicht hatten. Dann sagte Arthur: »Gute Nacht, alter Freund! Gott segne dich!«

»Gott segne dich!« wiederholte ich aus tiefster Seele.

Um acht Uhr morgens waren wir abermals am Herrenhaus und trafen Lady Muriel, den Earl und den alten Vikar an, die auf uns warteten. Es war eine seltsam melancholische und schweigende Gesellschaft, die zur kleinen Kirche hin und wieder zurück ging: und ich konnte mich des Gefühls nicht erwehren, daß es eher einem Begräbnis als einer Hochzeit glich: für Lady Muriel *war* es tatsächlich mehr Begräbnis als Hochzeit, so schwer lastete die Vorahnung auf ihr (wie sie uns später erzählte), daß ihr eben angetrauter Ehemann geradewegs in den Tod ging.

Dann gab es Frühstück: und viel zu bald hielt der Wagen vor der Tür, der Arthur erst zu seiner Unterkunft bringen sollte, um einige seiner Sachen mitzunehmen, und sich dann dem todgeweihten Weiler so weit zu nähern hatte, wie die Sicherheit zuließ. Ein oder zwei Fischer sollten ihn an der Straße abholen und seine Sachen die restliche Strecke tragen.

»Und du bist ganz sicher, daß du alles Notwendige hast?« fragte Lady Muriel.

»Ganz bestimmt alles, was ich als *Arzt* brauche. Und meine Ansprüche sind gering: ich werde nicht einmal meine Garderobe mitnehmen – in meiner Wohnung harrt meiner eine schlichte Fischerkleidung. Ich nehme nur meine Uhr und einige Bücher mit – halt – es *gibt* ein Buch, das ich gern noch mitnehmen möchte, ein Testament in Taschenausgabe – ich könnte es an den Betten der Kranken und Sterbenden brauchen –«

»Nimm meines!« bot Lady Muriel an: und sie rannte treppauf, um es zu holen. »Es steht nur ›Muriel‹ drin«, erklärte sie, als sie es brachte: »soll ich eine Widmung –«

»Nein, meine einzige«, unterbrach Arthur und nahm es in Empfang. »Welche Widmung *wäre* besser als diese? Könnte eine andere Bezeichnung der Menschen es deutlicher als meinen persönlichen Besitz kennzeichnen? Bist *du* nicht die meine? Bist du nicht (ganz in seiner alten, munteren Art, wie Bruno sagen würde) ›ganz allein die meine‹?«

Er entbot dem Earl und mir ein langes und herzliches Adieu und verließ das Zimmer nur in Begleitung seiner Frau, die es tapfer ertrug und – wenigstens *äußerlich* – weniger ergriffen war als ihr alter Vater. Wir warteten ein oder zwei Minuten im Zimmer, bis Räderknirschen uns verriet, daß Arthur abgefahren war; und sogar dann warteten wir noch, bis die Schritte von Lady Muriel, die treppauf in ihr Zimmer ging, in der Ferne verklungen waren. Ihr Schritt, normalerweise so leicht und unbeschwert, klang nun schwerfällig und müde wie von jemandem, der sich mühsam unter einer Last verzweifelten Jammers dahinschleppt; und ich fühlte mich fast so elend und unglücklich wie sie. »Sind wir vier *jemals* dazu ausersehen, uns noch einmal diesseits des Grabes zu treffen?« fragte ich mich, als ich nach Hause ging. Und das Geläute einer fernen Glocke schien mir zu antworten: »Nie! Nie! Nie!«

XVIII. KAPITEL

Ein Zeitungsausschnitt

»Unsere Leser werden mit schmerzlichem Interesse die Berichte verfolgt haben, die wir von Zeit zu Zeit im Laufe der letzten beiden Monate über die schreckliche Epidemie veröffentlicht haben, der die meisten Bewohner des kleinen Fischerdorfes in der Nähe der Ortschaft Elfenau zum Opfer gefallen sind. Die letzten Überlebenden – ihrer Zahl nach nur noch dreiundzwanzig von einer Bevölkerung, die noch vor knapp drei Monaten einhundertzwanzig überstieg – wurden letzten Mittwoch unter Aufsicht des Gesundheitsministeriums abtransportiert und wohlbehalten im Landeskrankenhaus eingeliefert: so daß der Ort inzwischen eine echte »Geisterstadt« ist, in der keine menschliche Stimme das Schweigen bricht.

Die Rettungsmannschaft bestand aus sechs kräftigen Burschen – Fischern aus der Nachbarschaft – unter der Leitung des ortsansässigen Krankenhausarztes, der zu dieser Aktion mit einem Krankenwagenkonvoi gekommen war. Die sechs Männer hatte man wegen ihrer Konstitution und ihrer robusten Gesundheit gewählt – und zwar aus einer Anzahl Freiwilliger, die sich zu diesem friedlichen »Himmelsfahrkommando« gemeldet hatten –, da die Expedition sogar jetzt noch, obgleich die Krankheit ihre größte Ansteckungsgefahr verloren hatte, nicht ungefährlich schien.

Jede Vorsichtsmaßnahme, die der Wissenschaft gegen diese Gefahr zur Verfügung stand – wurde ergriffen: und die Patienten wurden vorsichtig nacheinander auf Bahren den steilen Hügel hinaufgetragen und in die Krankenwagen gelegt, die mit jeweils einer Krankenschwester auf der ebenen Straße warteten. Die fünfzehn Meilen zum Krankenhaus legte man im Schrittempo zurück, da einige der Patienten zu kraftlos waren, die Erschütterungen zu ertragen, so daß die Fahrt den ganzen Nachmittag in Anspruch nahm.

Von den dreiundzwanzig Personen sind neun Männer, sechs Frauen und acht Kinder. Es war unmöglich, sie alle zu identifizieren, da einige Kinder

– bei denen keine Verwandten überlebt haben – noch Säuglinge sind: außerdem sind zwei Männer und eine Frau noch außerstande, vernünftig zu antworten, ihr Geisteszustand ist sehr bedenklich. Bei wohlhabenderen Leuten wären die Kleider zweifellos mit Monogrammen versehen; aber ein derartiges Erkennungszeichen fehlt hier.

Außer den armen Fischern und ihren Familien gibt es noch fünf Personen, die erwähnt zu werden verdienen: und es steht außer Frage, daß alle fünf zu den Toten gezählt werden müssen. Es ist uns eine traurige Pflicht, die Namen dieser aufrechten Märtyrer zu nennen – da bestimmt keiner würdiger ist, in das Ehrenregister englischer Helden eingetragen zu werden! Sie lauten, wie folgt:

Reverend James Burgess, M. A., und seine Frau Emma. Er war am Hafen Kurat, noch keine dreißig Jahre alt und erst seit zwei Jahren verheiratet. In ihrem Haus wurde ein Schriftstück mit ihrem Todesdatum gefunden.

Ebenso ehren wir den Namen des Dr. Arthur Forester, der nach dem Tod des Dorfarztes der drohenden Gefahr lieber mutig ins Auge blickte, als diese armen Leute in ihrer größten Not im Stich zu lassen. Man konnte keine Niederschrift seines Namens oder seines Todesdatums finden: aber der Körper konnte problemlos identifiziert werden, obgleich er in einfacher Fischertracht gekleidet war (die er bekanntlich vor seiner Mission angelegt hatte), da eine Ausgabe des Neuen Testamentes, ein Geschenk seiner Frau, nahe dem Herzen unter seinen gekreuzten Händen gefunden wurde. Man hielt es nicht für geraten, den Körper zu überführen und an einem anderen Ort zu begraben, weswegen er auf der Stelle einschließlich vier weiterer Leichen mit allen gebührenden Ehren dem Meer übergeben wurde. Seine Frau mit dem Mädchennamen Lady Muriel Orme war ihm erst am Morgen des Tages angetraut worden, an dem er seine aufopfernde Mission unternahm.

Als nächstes verzeichnen wir Reverend Walter Saunders, methodistischer Prediger. Sein Tod ereignete sich wahrscheinlich bereits vor zwei oder drei Wochen, da man die Worte »gestorben am 5. Oktober« an der Wand des Zimmers geschrieben fand, das er bekanntlich bewohnt hatte – das Haus war verschlossen und offenkundig seit längerem nicht mehr betreten worden.

Als letzten – obwohl den vier anderen an ruhmreicher Selbstverleugnung und Treue zur Pflicht in keiner Weise untergeordnet – wollen wir den Namen von Pater Francis nennen, einen jungen Jesuitenpriester, der nur wenige Monate an dem Ort gewirkt hat. Er war noch nicht lange tot, als die Rettungsmannschaft auf den Körper stieß, der zweifelsfrei durch die Kleidung und das Kruzifix identifiziert werden konnte; er hatte es, wie der Doktor sein Testament, eng an sein Herz gepreßt.

Zwei Männer und ein Kind sind inzwischen im Krankenhaus gestorben. Für alle anderen besteht Hoffnung: obgleich es zwei oder drei Fälle gibt, deren Lebenskraft in einer Weise erschöpft scheint, daß nur noch eine »letzte Hoffnung« besteht, eine endgültige Genesung überhaupt in Betracht zu ziehen.

XIX. KAPITEL

Ein Elben-Duett

Das Jahr – was für ein ereignisreiches Jahr war das für mich gewesen! – ging zu Ende, und die kurzen Wintertage spendeten kaum genug Licht, um die wohlvertrauten Gegenstände zu erkennen, die mit so vielen glücklichen Erinnerungen verbunden waren, als der Zug um die letzte Kurve bog und in den Bahnhof einlief, während der heisere Schrei »Elfenau! Elfenau!« vom Bahnsteig ertönte.

Es war traurig, in dem Gefühl zu dem Ort zurückzukehren, nie wieder das frohe Willkommenslächeln sehen zu dürfen, das mich noch vor wenigen Monaten hier begrüßt hatte. »Und wenn ich ihn trotz allem hier sehen sollte«, murmelte ich, als ich ganz allein dem Träger folgte, der mein Gepäck auf einem Karren transportierte, »und er ›drückte jäh mir meine Hand und fragt nach vielem von zu Haus‹,* es sollt' mir gar nicht – nein, ›es sollt' mir gar nicht seltsam sein‹!«**

Nachdem ich Weisung erteilt hatte, mein Gepäck in meine Unterkunft zu befördern, schlenderte ich allein weiter, um meinen lieben alten Freunden – denn das waren sie für mich, obgleich wir uns erst seit kaum einem halben Jahr kannten – dem Earl und seiner verwitweten Tochter einen Besuch abzustatten, ehe ich mich in mein Quartier begab.

Nach meiner Erinnerung führte der kürzeste Weg über den Friedhof. Ich drückte die kleine Eingangspforte auf, suchte langsam meinen Weg zwischen den feierlichen Gedenkstätten der ruhenden Toten und dachte dabei an die vielen, die im Laufe des letzten Jahres gegangen waren, um ›die Mehrheit zu treffen‹.

---

* AdÜ: Tennyson, In Memoriam A. H. H., xiv, Z. 11–12.
** AdÜ: Tennyson, In Memoriam A. H. H., xiv, Z. 20.

Nach wenigen Schritten erblickte ich das Gesuchte. Vor einem kleinen Marmorkreuz, um das sie gerade einen Blumenkranz wand, kniete Lady Muriel tief in Trauer, das Gesicht mit einem langen Trauerschleier verhüllt.

Das Kreuz stand auf einer ebenen Grasfläche, und noch ehe ich die schlichte Inschrift gelesen hatte, wurde mir bewußt, daß es einfach ein Gedenkkreuz für jemanden war, dessen sterbliche Überreste woanders ruhten: –

Im lieben Gedenken an
ARTHUR FORESTER, M. D.
dessen sterbliche Hülle begraben von der See:
dessen Geist zu Gott kehrte, der ihn gab.

———

*»Niemand hat größere Liebe denn die,
daß er sein Leben läßt für seine Freunde.«**

Sie schlug den Schleier zurück, als sie mich näherkommen sah, und trat ruhig lächelnd und weit gefaßter auf mich zu, als ich erwartet hatte.

»Es ist ganz wie in alten Zeiten, Sie hier zu sehen!« bemerkte sie mit aufrichtiger Freude in der Stimme. »Waren Sie schon bei meinem Vater?«

»Nein«, erklärte ich, »ich war auf dem Weg zu ihm und kam hier vorbei, weil es der kürzeste Weg ist. Ich hoffe, es geht ihm gut und Ihnen ebenfalls?«

»Danke, uns beiden geht es ganz gut. Und Ihnen? Geht es Ihnen schon etwas besser?«

»Leider nein: aber ich bin dankbar, daß es mir nicht schlechter geht.«

»Wir wollen uns einen Augenblick hier hinsetzen und in Ruhe plaudern«, schlug sie vor. Die Ruhe – ja fast Gleichgültigkeit – mit der sie sich gab, überraschte mich. Ich konnte mir nicht vorstellen, wie sehr sie sich Gewalt antat.

»Man ist hier so ungestört«, fuhr sie fort. »Ich gehe hier jeden – jeden Tag hin.«

---

* AdÜ: Johannes, 15,13.

»Es ist sehr friedlich«, meinte ich.

»Sie haben meinen Brief erhalten?«

»Ja, aber ich habe mit der Antwort gezögert. Es läßt sich so schwer ausdrücken – auf dem *Papier* –«

»Ich weiß. Aber es war sehr freundlich von Ihnen. Sie waren bei uns, als wir zum letzten Mal –« Sie zögerte einen Augenblick und setzte hastiger fort. »Ich bin verschiedene Male unten am Hafen gewesen, aber keiner weiß, welches jener Wassergräber es ist. Man hat mir aber das Haus gezeigt, in dem er starb, das war ein Trost. Ich habe in eben dem Zimmer gestanden, wo – wo –« Sie mühte sich vergeblich weiterzusprechen. Die Schleusen hatten sich schließlich geöffnet, und der Ausbruch des Grams war schrecklicher, als ich jemals zuvor einen erlebt habe. Ohne Rücksicht auf meine Anwesenheit warf sie sich, die Hände um das kleine Marmorkreuz schlingend, auf dem Rasen nieder und barg ihr Gesicht im Gras. »O mein Liebling, mein Liebling!« schluchzte sie. »Und Gott wollte, daß dein Leben so schön sei!«

Erstaunt hörte ich Lady Muriel genau die Worte wiederholen, die ich von dem allerliebsten Kind vernommen hatte, als es so bitterlich um den toten Hasen weinte. Hatte etwa ein geheimnisvoller Einfluß der lieblichen Elbe von dem menschlichen Geist Besitz ergriffen, der sie so sehr liebte, ehe sie nach Feenland zurückgekehrt war? Der Gedanke schien zu absurd, um wahr zu sein. Und dennoch, *es gibt mehr Ding' im Himmel und auf Erden, als eure Schulweisheit sich träumen läßt.?**

»Gott *wollte*, daß es schön sei«, flüsterte ich, »und bestimmt *war* es schön? Gottes Plan scheitert nie!« Mehr wagte ich nicht zu sagen, sondern erhob mich und ließ sie allein. Am Eingangstor zum Haus des Earls wartete ich, lehnte mich an das Tor und beobachtete den Sonnenuntergang, wobei mir viele Erinnerungen durch den Kopf gingen – manche glücklich, manche düster –, bis Lady Muriel sich zu mir gesellte.

Nun war sie wieder ganz ruhig. »Treten Sie ein«, bat sie. »Mein Vater wird sich über Ihren Besuch freuen!«

Der alte Mann erhob sich lächelnd von seinem Stuhl und hieß mich willkommen; doch er verfügte über weit weniger Selbstbeherrschung als seine Tochter, und die Tränen rannen über sein Gesicht, als er meine Hände mit den seinen ergriff und leidenschaftlich drückte.

Mein Herz war zu voll, als daß ich sprechen konnte; und wir saßen alle ein oder zwei Minuten lang schweigend da. Dann läutete Lady Muriel die Glocke zum Tee. »Sie nehmen doch bestimmt den Fünf-Uhr-Tee?« fragte sie mit der lieblichen Heiterkeit, an die ich mich noch so gut erinnern konnte, »auch wenn es Ihnen *nicht* möglich ist, Ihren schlimmen Willen mit dem Gravitationsgesetz durchzusetzen und die Teetassen ein wenig schneller als den Tee im unendlichen Raum fallen zu lassen!«

Diese Bemerkung bestimmte den Ton unserer Konversation. In stillschweigender, gegenseitiger Übereinkunft mieden wir wäh-

---

* AdÜ: Shakespeare, Hamlet i, 5.

rend dieses ersten Zusammentreffens nach ihrem großen Kummer die schmerzlichen Themen, die unsere Gedanken erfüllten, und redeten unbeschwert wie Kinder, die niemals eine Sorge gequält hat.

»Haben Sie sich jemals die Frage gestellt«, begann Lady Muriel, *à propos* aus heiterem Himmel, »worin der *größte* Vorteil besteht, ein Mensch statt ein Hund zu sein?«

»Nein, bestimmt nicht«, mußte ich eingestehen, »aber meiner Meinung nach liegen in dieser Frage ebenso viele Vorteile auf der Seite des *Hundes*.«

»Zweifellos«, erwiderte sie mit diesem hübsch spöttischen Ernst, der ihr so gut stand, »aber von seiten des Menschen scheint mir der Hauptvorteil darin zu bestehen, daß er *Taschen besitzt!* Das wurde mir – *uns* sollte ich besser sagen; denn mein Vater und ich kamen gerade von einem Spaziergang zurück – erst gestern klar. Wir sind einem Hund begegnet, der einen Knochen nach Hause trug. Ich kann mir nicht vorstellen, was er damit wollte: es war bestimmt kein Fleisch dran –«

Ich hatte das seltsame Gefühl, all dies oder etwas Ähnliches früher schon einmal gehört zu haben: und ich erwartete schon als nächstes die Worte: »Vielleicht wollte er sich einen Wintermantel damit machen?« Aber in Wahrheit sagte sie: »Und mein Vater versuchte es durch einen schlechten Scherz via *knochito, ergo sum* zu rechtfertigen. Also legte der Hund den Knochen hin – aber *nicht* etwa, weil er von dem Wortspiel angewidert war, was ihn als Hund von Geschmack ausgewiesen hätte –, sondern einfach, um seine Kiefer zu entlasten, armer Kerl! Er hat mir *so* leid getan! Wollen Sie nicht auch meiner *Wohltätigen Stiftung für die Ausstattung von Hunden mit Taschen* beitreten? Wie würde es *Ihnen* gefallen, Ihren Spazierstock im Mund zu tragen?«

Ich ignorierte die schwierige Frage bezüglich der *Daseinsberechtigung* eines Spazierstockes und der Annahme, man besitze keine *Hände,* und erwähnte eine kurioses Beispiel von der Verstandeskraft eines Hundes, dessen Zeuge ich einmal gewesen war. Ein Herr befand sich mit einer Dame, einem Kind und einem großen Hund am Ende einer Mole, auf der ich spazierenging. Wahrscheinlich zum Vernügen des Kindes legte der Herr seinen

Schirm und den Parasol der Dame auf den Boden und ging zum anderen Ende der Mole, von wo aus er den Hund nach den zurückgelassenen Gegenständen schickte. Ich beobachtete es mit einiger Neugierde. Der Hund kam zu der Stelle zurückgelaufen, an der ich stand, doch beim Auflesen der Gegenstände, nach denen er geschickt war, sah er sich einer unerwarteten Schwierigkeit gegenüber. Wenn er den Schirm im Maul trug, waren seine Kiefer zu weit auseinander, als daß er den Parasol sicher packen konnte. Nach zwei oder drei Fehlschlägen hielt er mit seinen Versuchen inne und überlegte.

Dann legte er den Schirm hin und nahm als erstes den Parasol. Natürlich brauchte er sein Maul jetzt nicht annähernd so weit aufzureißen, und er konnte auch noch den Schirm problemlos fassen, und er sprang triumphierend davon. Es bestand kein Zweifel, daß er durch eine echte Kette logischer Gedanken zu diesem Schluß gekommen war.

»Ich stimme ganz und gar mit Ihnen überein«, pflichtete Lady Muriel bei, »aber verdammen orthodoxe Schriftsteller nicht die Ansicht, die Menschen auf das Niveau niedrigerer Lebewesen stellt? Ziehen sie nicht eine scharfe Grenze zwischen Verstand und Instinkt?«

»Das *war* einmal die orthodoxe Ansicht der vorigen Generation«, erklärte der Earl. »Die religiöse Wahrheit schien mit der Behauptung zu stehen oder zu fallen, der Mensch sei das einzige vernunftbegabte Wesen. Aber das gilt nicht mehr. Der Mensch kann noch *bestimmte* Monopole beanspruchen – zum Beispiel kann er die *Sprache* in einer Weise gebrauchen, daß er die Arbeit durch ›Arbeitsteilung‹ bewältigt. Aber der Glaube, wir besäßen in der *Vernunft* ein Monopol, ist längst überholt. Trotzdem bleibt die Katastrophe aus. Wie ein alter Dichter sagt: ›*Gott ist, wo er war*‹.«*

»Die meisten Gläubigen würden *heutzutage* Bischof Butler beipflichten«, behauptete ich, »und keine Beweisführung ablehnen, selbst wenn die geradewegs zu der Schlußfolgerung führt, daß

---

* AdÜ: als Sprichwort bei John Heywood, A dialogue conteinyng the nomber in effect of all the prouerbs in the english tongue, 1546–1549.

Tiere eine Art *Seele* besitzen, die ihren physischen Tod überdauert.«

»Ich *würde das* gern glauben!« wünschte sich Lady Muriel. »Wenn auch nur um der armen Pferde willen. Ich habe mir schon manchmal vorgestellt, wenn mir etwas meinen Glauben an Gottes vollkommene Gerechtigkeit nehmen *könnte*, dann wären es die Leiden eines Pferdes – die es schuldlos und unverdient erduldet!«

»Es gehört zu einem großen Rätsel«, überlegt der Earl, »weshalb unschuldige Wesen *immer* leiden. Es ist *wirklich* eine schwere Glaubensprüfung –, aber meiner Meinung nach keine zerstörende.«

»Die Leiden der *Pferde*«, erklärte ich, »haben ihren vornehmlichen Ursprung in der Grausamkeit des *Menschen*. Deshalb ist *dies* nur eines von vielen Beispielen für eine Sünde, die Leiden bei anderen auslöst, die keine Sünder sind. Aber sehen Sie kein *größeres* Problem in den Leiden, die ein Tier einem anderen zufügt? Wenn zum Beispiel eine Katze mit einer Maus spielt. Sofern man keine *moralische* Verantwortung voraussetzt, ist das dann nicht ein größeres Mysterium, als wenn ein Mann ein Pferd bis zur Erschöpfung schindet?«

»Ich glaube, Sie haben *recht*«, stimmte Lady Muriel zu und blickte in stummem Appell ihren Vater an.

»Welches Recht haben wir für derartige Voraussetzungen?« erkundigte sich der Earl. »*Viele* unserer religiösen Probleme beruhen bloß auf Schlußfolgerungen falscher Voraussetzungen. Ich denke, die klügste Entgegnung ist in den meisten Fällen ›*wir können doch nicht alles wissen*‹.«*

»Sie haben eben die ›Arbeitsteilung‹ erwähnt«, erinnerte ich. »In einem Bienenvolk gelangt sie doch bestimmt zur größten Perfektion?«

»So wunderbar – so ganz übermenschlich –«, schwärmte der Earl, »und so ganz unvereinbar mit der Intelligenz, die sie auf anderen Gebieten zeigen –, daß ich überhaupt keinen Zweifel hege, daß es im *reinen* Instinkt und *nicht*, wie einige meinen, in einem sehr weit entwickelten Vernunftsystem begründet ist. Bedenken

* AdÜ: Tennyson, In Memoriam A. H. H., liv, Z. 13.

Sie einmal, wie unbeholfen eine Biene ihren Weg aus dem offenen Fenster zu finden versucht! Sie bedient sich *nicht* vernünftiger Überlegung im Sinne des Wortes: sie stößt sich einfach herum! Ein Hühnchen, das sich so verhält, würden wir für *schwachsinnig* halten. Und trotzdem fordert man uns auf zu glauben, ihr intellektuelles Niveau stehe über dem von Sir Isaak Newton!«

»Dann sind Sie also der Meinung, das *reiner* Instinkt keinerlei *Vernunft* beinhaltet?«

»Im Gegenteil«, widersprach der Earl, »ich bin der Meinung, daß die Arbeit eines Bienenvolkes Vernunft *höchsten* Grades beinhaltet. Aber sie wird nicht von der *Biene* eingesetzt. *Gott* hat das alles geplant und nur das *Ergebnis* des durchdachten Vorgangs in die Verstandeskraft der Biene eingepflanzt.«

»Aber wie kommt es dann, daß ihre Verstandeskräfte zusammenwirken?« zweifelte ich.

»Wie kommen Sie zu der Annahme, daß sie Verstandeskräfte *besitzen?*«

»Einspruch, Einspruch!« rief Lady Muriel triumphierend ohne den geringsten schuldigen Respekt. »Hör mal, du hast doch selbst gerade eben erst gesagt: ›die Verstandeskraft der Biene‹!«

»Aber ich habe nicht von ›*Verstandeskräften*‹ gesprochen, mein Kind«, korrigierte der Earl sanft. »Mir scheint die wahrscheinlichste Lösung des Problems ›Biene‹, daß ein Bienenschwarm *nur einen Verstand besitzt*. Wir kennen viele Beispiele, bei denen der Verstand eine äußerst komplizierte Ansammlung von Gliedern und Organen belebt, *wenn sie miteinander verbunden sind*. Woher wollen wir aber wissen, daß eine physische Verbindung notwendig ist? Wäre bloße Nachbarschaft nicht ausreichend? Wenn dem so ist, dann ist ein Bienenschwarm einfach ein einziges Lebewesen, dessen viele Glieder nicht ganz dicht zusammen sind!«

»Der Gedanke ist verwirrend«, stellte ich fest, »und man muß erst darüber schlafen, um ihn völlig zu begreifen. Vernunft und Instinkt befehlen mir beide, nach Hause zu gehen. Deshalb, gute Nacht!«

»Ich werde Sie ein kurzes Stück ›eskortieren‹«, bot Lady Muriel an. »Ich bin heute noch nicht spazierengegangen. Es wird mir gut tun, und ich muß Ihnen noch etwas sagen. Sollen wir durch den Wald gehen? Das ist schöner als über die Weiden, auch wenn es *schon* ein wenig dunkel wird.«

Wir tauchten in den Schatten verschlungener Äste, die eine fast vollkommen symmetrische Architektur formten, zu lieblichen Kreuzgratgewölben gruppiert waren oder, weiter als das Auge reichte, wie eine geisterhafte Kathedrale in endlose Seitenschiffe, Chorräume und Mittelschiffe mündeten, als habe hier der Traum eines mondsüchtigen Poeten Hand angelegt.

»In diesem Wald denke ich immer wieder an Elben!« hob sie nach einer Pause an (Schweigen schien nur natürlich in dieser schattigen Einsamkeit). »Darf ich Ihnen eine Frage stellen?« fügte sie zögernd hinzu. »Glauben Sie an Elben?«

Der momentane Impuls, ihr auf der Stelle von meinen Erfahrungen in eben diesem Walde zu erzählen, war derart stark, daß ich nur mit größter Mühe die Worte zügeln konnte, die mir auf der Zunge lagen. »Wenn Sie unter ›glauben‹ verstehen, ob ich ›ihre Existenz für *möglich* halte‹, so lautet meine Antwort: ›Ja‹. Für ihre *wirkliche* Existenz benötigt man natürlich *Beweise*.«

»Vor kurzem haben Sie gesagt«, fuhr sie fort, »daß Sie bei hinreichenden Beweisen *alles* annähmen, was *a priori* nicht unmöglich ist. Und Sie nannten, glaube ich, *Geister* als Beispiel für ein *nachweisbares* Phänomen. Wären Elben ein weiteres Beispiel?«

»Ja, ich glaube schon.« Und wieder fiel es mir schwer, den Wunsch zu unterdrücken, mehr zu sagen. Aber ich war mir einer gleichgestimmten Zuhörerin noch nicht sicher.

»Und haben Sie eine Theorie hinsichtlich der Frage, welche Position sie in der Schöpfung einnähmen? Sagen Sie mir doch, was Sie darüber denken! Besäßen sie zum Beispiel (vorausgesetzt, solche Wesen existierten), besäßen sie dann moralische Verantwortung? Ich meine« (und ihre leicht spaßhafte Stimme wurde plötzlich tiefernst) »können sie *sündigen*.«

»Sie können denken – vielleicht auf einem niedrigeren Niveau als Erwachsene –, und ich glaube, sie können der Mentalität eines Kindes nie entwachsen; und sie haben ganz bestimmt eine moralische Einstellung. Ein derartiges Wesen ohne *freien Willen* wäre absurd. Ich komme also zu dem Ergebnis, daß sie sündigen *können*.«

»Sie glauben an sie?« rief sie entzückt mit einer plötzlichen Bewegung, als wolle sie in die Hände klatschen. »Nun sagen Sie mir doch schon, haben Sie dafür einen Grund?«

Und ich bemühte mich immer noch, die Enthüllungen zurückzuhalten, deren Kommen ich mit Gewißheit spürte. »Ich glaube, es gibt überall *Leben* – nicht nur *körperliches*, nicht nur solches, das wir mit unseren Sinnen registrieren können –, sondern ebensogut körperloses und unsichtbares. Wir glauben an unser eigenes körperloses Wesen – sei es nun ›Seele‹ oder ›Geist‹ oder was auch immer. Warum sollte es *nicht* ähnliche Wesen um uns geben, die *nicht* an einen sichtbaren, *physischen* Körper gebunden sind? Schuf Gott nicht diesen fröhlichen Insektenschwarm, der im Sonnenstrahl für eine Wonnestunde tanzt, um die Summe unseres Frohsinns zu mehren? Und wo dürfen wir die Grenze ziehen und sagen: ›Er hat all dies geschaffen und sonst nichts‹?«

»Ja, ja!« stimmte sie so zu und beobachtete mich aus funkelnden Augen. »Aber das sind nur Gründe, sie nicht zu *leugnen*. Sie haben noch andere Gründe, nicht wahr?«

»Nun, ja«, bestätigte ich, denn ich fühlte, daß ich jetzt alles sagen konnte. »Keine Zeit und kein Ort wäre geeigneter, es zu erzählen. Ich habe sie *gesehen* – und es geschah in eben diesem Wald!«

Lady Muriel stellte keine weiteren Fragen. Mit gesenktem Kopf und fest gefalteten Händen schritt sie schweigend an meiner Seite. Erst als ich mit meiner Geschichte fortfuhr, holte sie dann und wann kurz Atem wie ein Kind, das vor Entzücken keucht. Und ich erzählte ihr, was ich noch nie zuvor einem Menschen anvertraut hatte, von meinem Doppelleben und auch (denn *meines* hätte als Tagtraum abgetan werden können) von dem Doppelleben der beiden lieben Kinder.

Und als ich von Brunos wildem Herumtoben berichtete, lachte sie froh; und als ich von Sylvies Anmut, ihrer völligen Selbstlosigkeit und ihrer treuen Liebe sprach, schöpfte sie tief Atem wie jemand, der endlich kostbare Neuigkeiten erfährt, nach denen sich das Herz schon lange gesehnt hat; und Freudentränen rannen über ihre Wangen.

»Ich habe oft das Verlangen, einem Engel zu begegnen«, wisperte sie so leise, daß ich die Worte kaum verstehen konnte. »Ich bin *so* froh, daß ich Sylvie gesehen habe! Mein Herz hängt an dem Kind, seit ich es das erste Mal gesehen habe –. Hören Sie!« sie unterbrach sich plötzlich. »Da singt Sylvie! Ich bin ganz sicher! Kennen Sie ihre Stimme nicht?«

»Ich habe *Bruno* schon mehrmals singen hören«, erklärte ich, »aber noch nie Sylvie.«

»Ich habe sie nur einmal gehört«, meinte Lady Muriel. »Und zwar an dem Tag, als Sie uns die geheimnisvollen Blumen mitgebracht haben. Die Kinder waren in den Garten gelaufen; und ich sah Eric kommen und ging ihm ans Fenster entgegen: und Sylvie sang unter den Bäumen gerade ein Lied, das ich noch niemals zuvor gehört hatte. Der Text lautete etwa ›ich glaub', es ist Liebe, ich spür', es ist Liebe‹. Ihre Stimme klang weit weg wie im Traum, aber sie war unbeschreiblich schön – so süß wie das erste Lächeln eines Kindes oder der erste Schimmer der weißen Klippen, wenn man nach schweren Jahren *heim*kommt – eine Stimme, die die ganze Seele mit Frieden und himmlischen Gedanken zu erfüllen schien –. Hören Sie!« rief sie und unterbrach sich aufgeregt. »Das *ist* ihre Stimme, und das ist das nämliche Lied!«

Ich konnte die Worte nicht unterscheiden, doch die Luft war von traumhafter Musik erfüllt, die immer voller und voller zu klingen schien, so als nähere sie sich uns. Wir blieben ganz still stehen, und nach einer weiteren Minute erschienen die beiden Kinder und kamen durch eine gewölbte Öffnung zwischen den Ästen direkt auf uns zu. Sie hatten die Arme umeinander geschlungen, und die untergehende Sonne warf einen goldenen Heiligenschein um ihre Häupter, wie man ihn von Ikonen kennt. Zwar blickten sie in unsere Richtung, doch bemerkten sie uns offensichtlich nicht, und ich erkannte bald, daß sich auch Lady Muriel diesmal in dem *mir* schon vertrauten Zustand befand, so daß wir beide »grißelten« und daß wir, obgleich wir die Kinder ganz deutlich sehen konnten, für *sie* völlig unsichtbar waren.

Mit ihrem Auftritt verstummte das Lied: doch zu meinem Entzücken schlug Bruno sogleich vor: »Laß es uns nochma singen, Sylvie! Es klingt *wirklich* sehr hübsch!« Und Sylvie erwiderte: »Also gut. *Du* fängst an.«

So begann Bruno mit seinem lieblich kindlichen Sopran, den ich so gut kannte:

> *»Sag, was ist der Zauber, wenn Nesthocker bangen,*
> *der heim lockt den Vogel ins Nest?*
> *Wenn weinende Kinder die Mutter verlangen,*
> *die fest an ihr Herz sie dann preßt?*
> *Welch bezaubernder Charme wiegt das Baby im Arm,*
> *bis es gurrt wie die Taube so sanft?«*

Und nun geschah das allerseltsamste von all den seltsamen Erlebnissen, die das wundervolle Jahr auszeichneten, dessen Geschichte ich gerade niederschreibe – das Erlebnis, Sylvies Singstimme zum ersten Mal zu hören. Ihr Part war recht kurz – nur wenige Worte, und sie sang sie schüchtern und ganz leise, kaum hörbar, aber die *Lieblichkeit* ihrer Stimme war einfach unbeschreiblich; ich hatte nie zuvor auf Erden einen solchen Klang vernommen.

> *»Ein Geheimnis ich weiß, laßt uns wispern es leis –*
> *Das Geheimnis wird Liebe genannt!«*

Für mich bestand die erste Wirkung ihrer Stimme in einem plötzlich stechenden Schmerz, der sich mir geradewegs durchs Herz zu bohren schien. (Ich hatte einen derartigen Schmerz bisher nur einmal in meinem Leben verspürt, und das geschah bei einem *Anblick,* der mir im Nu die Idee vollkommener Schönheit vergegenwärtigte –, es war auf einer Ausstellung in London, wo ich beim Drängeln durch eine Menschenmasse unvermutet einem Kind von wahrhaft unirdischer Schönheit Aug in Aug gegenüberstand.) Dann schoß ein heißer Tränenstrom in die Augen, und es war, als könne man aus reinem Entzücken die Seele wegweinen. Und schließlich befiel mich ein Gefühl von Furcht, das beinahe an Schrecken grenzte – etwa so ein Gefühl, wie Moses beschlichen haben muß, als er die Worte vernahm: *»Ziehe deine Schuhe von deinen Füßen, denn das Land, auf dem du stehst, ist heiliges*

*Land.«** Die Gestalten der Kinder wurden vage und schattenhaft wie ein flimmernder Meteor: während ihre Stimmen in vollkommener Harmonie zusammenklangen, als sie sangen:

> *»Ich glaub', es ist Liebe,*
> *ich spür', es ist Liebe,*
> *ich weiß ganz gewiß, es ist Liebe!«*

Diesmal konnte ich sie wieder deutlich sehen. Bruno sang abermals solo: –

> *»Sag, welch eine Stimme, wenn Ärger verzehret,*
> *die Wirbel des Sturmes bezwingt?*
> *Die Seele nicht länger mehr quält und beschweret,*
> *zur Freundschaft in Frieden sie bringt?*
> *Welcher Klang uns verschönt unser Wesen – und tönt*
> *um uns von oben und unten?«*

Sylvie sang diesmal mutiger: die Worte schienen sie mitzureißen: –

> *»Ein Geheimnis: ihr nicht seht, wie es kommt, wie es geht:*
> *das Geheimnis wird Liebe genannt!«*

Und klar und kräftig tönte der Refrain: –

> *»Ich glaub', es ist Liebe,*
> *ich spür', es ist Liebe,*
> *ich weiß ganz gewiß, es ist Liebe!«*

Abermals hörten wir allein Brunos sanftes Stimmchen: –

> *»Sag, wessen Verstand malt Hügel und Land*
> *wie ein Bildnis dem Auge so fein?*
> *Was sprenkelt die Auen, Geflimmer zu schauen,*
> *daß Lämmchen froh hüpfen hinein?«*

* AdÜ: 2. Mose 3,5.

Und wieder schwoll die silberhelle Stimme an, deren engelhafte
Lieblichkeit ich kaum ertragen konnte: –

> *»Das Geheimnis macht halt, vor Herz, grausam und kalt,*
> *wird es auch von Engeln besungen,*
> *in Klängen, die klar, dem Lauscher gewahr –*
> *von Liebe uns künden die Zungen!«*

Und dann stimmte Bruno wieder ein mit

> *»Ich glaub', es ist Liebe,*
> *ich spür', es ist Liebe,*
> *ich weiß ganz gewiß, es ist Liebe!«*

»Das sinn hübsch!« rief der kleine Bursche aus, als die Kinder an
uns vorübergingen – und zwar so dicht, daß wir uns ein wenig zu-
rückzogen, um ihnen Platz zu machen, und scheinbar brauchten
wir nur die Hand auszustrecken, um sie zu berühren: aber wir
versuchten es erst gar nicht.

»Sie anzuhalten wäre zwecklos gewesen!« erklärte ich, als sie
im Schatten verschwanden. »Sie konnten uns ja nicht einmal *sehen!«*

»Völlig zwecklos«, wiederholte Lady Muriel seufzend. »Ich
würde sie gern im Leben wiedersehen! Aber irgendwie ahne ich,
das kann nie mehr geschehen. Sie sind aus unserem Leben gegangen!« Sie seufzte noch einmal; und wir sprachen kein weiteres
Wort, bis wir in der Nähe meiner Unterkunft auf die Hauptstraße
kamen.

»Also, ich werde Sie hier verlassen«, sagte sie. »Ich muß zurück sein, bevor es dunkel ist: zuerst muß ich aber noch einen
Freund in einer der Hütten besuchen. Gute Nacht, lieber Freund!
Wir werden uns wiedersehen, bald – und oft!« fügte sie mit
leidenschaftlicher Wärme hinzu. *»Nicht viele sind's, wir lieben
sehr!«**

* AdÜ: Tennyson, To Reverent F. D. Maurice, 1854.

»Gute Nacht!« antwortete ich. »Tennyson hat es zu einem wertvolleren Freund gesagt, als ich es bin.«

»Tennyson wußte nicht, wovon er sprach!« entgegnete sie keß mit einem Hauch ihrer früheren kindlichen Fröhlichkeit, und wir schieden.

XX. KAPITEL

Spinnereien und Spinat

Die Begrüßung durch meine Wirtin war besonders herzlich: und obgleich sie mit großem Feingefühl jegliche direkte Anspielung auf meinen Freund mied, dessen Anwesenheit meinen Lebensweg so sehr erhellt hatte, spürte ich mit Bestimmtheit, daß ein gütiges Mitleid mit meiner Einsamkeit sie so besonders ängstlich darauf bedacht machte, alles ihr mögliche zu unternehmen, mir die Behaglichkeit und die Atmosphäre eines Heims zu gewähren.

Der einsame Abend schien lang und ermüdend zu werden: gleichwohl verweilte ich, beobachtete das erlöschende Feuer und veranlaßte Phantasia, aus glühenden Kohlebrocken Formen und Gesichter vergangener Tage zu gestalten. Mal schien sich Brunos schelmisches Lächeln zu bilden: mal waren es Sylvies rosige Wangen: und dann wieder des Professors lustig rundes Gesicht, das vor Freude strahlte. »Seid mir willkommen, meine Kleinen!« sagte er scheinbar. Und die rotglühende Kohle, die für einen Augenblick den lieben alten Professor verkörpert hatte, verglomm allmählich, und mit ihrem erlöschenden Schimmer schienen auch die Worte zu verhallen. Ich nahm das Schüreisen und belebte mit ein, zwei geschickten Stößen die schwächer werdende Glut, während Phantasia – bestimmt keine spröde Sängerin – mir einmal mehr die zauberhafte Weise sang, die ich so gern hörte.

»Seid willkommen, ihr Kleinen!« wiederholte die heitere Stimme. »Ich habe ihnen schon gesagt, daß ihr kommt. Eure Zimmer sind in Ordnung gebracht. Und der Kaiser und die Kaiserin – also, ich denke, sie sind zufriedener als sonst! Tatsächlich hat Ihre Hoheit gesagt: ›Ich hoffe, sie sind rechtzeitig zum Bankett da!‹ Das waren genau ihre Worte, ehrlich!«

»Nimmt Uggug am Bankett teil?« fragte Bruno. Und den beiden Kindern wurde angesichts der traurigen Aussichten unbehaglich zumute. »Aber natürlich nimmt er teil!« kicherte der Professor. »Es ist doch sein *Geburtstag,* habt ihr das vergessen? Und man wird auf seine Gesundheit trinken und all so was. Was wäre das Bankett ohne *ihn?*«

»Sehr viel netter«, stellte Bruno fest. Doch er sagte es ganz leise, und nur Sylvie hörte ihn.

Der Professor kicherte abermals. »Es wird ein lustiges Bankett, wenn *du* dabei bist, mein kleiner Mann! Ich bin *so* froh, dich wiederzusehen!«

»Wir waren leider sehr lang unterwegs«, bemerkte Bruno höflich.

»Nun, ja«, pflichtete der Professor bei. »Jetzt aber, wo ihr hier seid, seid ihr sehr kurz: das ist *ein* Trost.« Und er fuhr fort, die einzelnen Tagesordnungspunkte durchzugehen. »Die Vorlesung kommt als erstes«, zählte er auf. »Die Kaiserin *besteht darauf.* Sie meint, die Leute essen beim Bankett so viel, daß sie nachher zu müde sind, die Vorlesung zu hören – und vielleicht hat sie recht. Man wird nur eine kleine Erfrischung reichen, wenn die Leute eintreffen – als eine Art Überraschung für die Kaiserin. Die ganze Zeit über war sie – also, nicht *ganz* so klug wie früher – es schien uns daher ratsam, kleine Überraschungen für sie auszutüfteln. Danach kommt die Vorlesung –«

»Was? Die Vorlesung, an der du schon so lange gearbeitet hast?« erkundigte sich Sylvie.

»Ja – genau die«, gab der Professor ziemlich widerstrebend zu. »Ihre Vorbereitung hat viel Zeit gekostet. Ich muß mich noch auf so viel anderes konzentrieren. Ich bin zum Beispiel Hofarzt. Ich muß die königlichen Diener bei guter Gesundheit halten – da fällt mir ein!« rief er und läutete hastig die Glocke. »Heute ist Medizin-Tag! Wir geben nur einmal in der Woche Medizin aus. Wenn wir anfangen würden, sie jeden Tag auszugeben, wären die Flaschen *bald* leer!«

»Aber wenn jemand an einem anderen Tag krank würde?« deutete Sylvie an.

»Was, krank am falschen Tag!« empörte sich der Professor. »Oh, das kann niemals geschehen! Ein Diener, der am falschen

Tag erkrankte, würde *auf der Stelle* entlassen. Hier ist die Medizin für *heute*«, fuhr er fort und nahm eine große Kanne aus einem Regal. »Ich habe sie eigenhändig heute als erstes gemischt. Probier doch mal!« bot er an und reichte Bruno die Kanne hin. »Tunk deinen Finger hinein und probier!«

Bruno tat es und verzog das Gesicht derart qualvoll, daß Sylvie bestürzt ausrief: »Oh, Bruno, das durftest du doch nicht!«

»Sie schmeckt ganz besonders scheußlich!« schimpfte Bruno, als seine Gesichtszüge wieder ihre Normallage eingenommen hatten.

»Scheußlich?« verwunderte sich der Professor. »Aber *klar doch* schmeckt sie scheußlich! Was wäre Medizin, wenn sie nicht *scheußlich* schmeckte?«

»Schmackhaft«, reagierte Bruno prompt.

»Ich wollte gerade sagen –« stotterte der Professor ziemlich überrascht von Brunos Schlagfertigkeit, »– daß sie dann nicht wirksam wäre. Medizin *muß* nämlich scheußlich schmecken. Sei so gut und trag die Kanne in die Gesindestube hinunter«, sagte er zu dem Lakaien, der die Tür öffnete, »und bestell ihnen, das sei die Medizin für *heute*.«

»Wer soll sie trinken?« fragte der Lakai, während er die Kanne forttrug.

»Och, *das* habe ich noch nicht entschieden!« erwiderte der Professor lebhaft. »Ich komme nachher und lege es fest. Sag ihnen, sie sollen keinesfalls vorher beginnen! Es ist wirklich *wunderbar*«, behauptete er zu den Kindern gewandt, »welchen Erfolg ich mit dem Kurieren von Krankheiten gehabt habe! Hier sind einige meiner Memoranda.« Er nahm einen Papierstapel aus dem Regal, der zu zweien oder dreien zusammengeheftet war. »Seht euch bloß diese Sammlung an. ›*Hilfskoch Nummer dreizehn erholte sich vom gemeinen Fieber – Febris Communis.*‹ Und jetzt seht einmal, was daran geheftet ist. ›*Verordnete Hilfskoch Nummer dreizehn eine doppelte Dosis Medizin.*‹ Auf *so* etwas kann man stolz sein, wohl?«

»Aber was ist *zuerst* passiert?« erkundigte sich Sylvie ganz verwirrt.

Der Professor prüfte die Papiere sorgfältig. »Sie sind nicht *datiert*, wie ich gerade sehe«, gab er mit etwas bedrückter Miene zu:

»deshalb kann ich es euch leider nicht sagen. Doch *beides* ist passiert: *daran* besteht kein Zweifel. Die *Medizin* ist das Großartige, wißt ihr. Die *Krankheiten* sind weniger wichtig. Eine *Medizin* kann man viele Jahre lang behalten: aber keiner möchte jemals eine *Krankheit* behalten! Da fällt mir ein, kommt mit und seht euch einmal die Plattform an. Der Gärtner hat mich gebeten, sie zu begutachten. Wir müssen gehen, bevor es dunkel wird.«

»Wir kommen sehr gern mit!« entgegnete Sylvie. »Na los, Bruno, setz deinen Hut auf. Laß den lieben Professor nicht warten!«

»Kann meinen Hut nich finden!« beklagte sich der kleine Bursche. »Ich hab ihn rumgerollt. Un er hat sich von selbst weggerollt!«

»Vielleicht ist er *dahin* gerollt«, vermutete Sylvie und deutete in eine dunkle Nische, deren Luke halb offenstand: und Bruno rannte hinein, um nachzusehen. Nach einer Minute kam er wie-

der herausgeschlichen, blickte sehr ernst drein und verschloß sorgfältig die Luke hinter sich.

»Er iss nich da«, verkündete er mit so ungewöhnlicher Feierlichkeit, daß Sylvies Neugierde erregt wurde.

»Was ist denn drin, Bruno?«

»Da iss Spinnweben – un zwei Spinnen –«, zählte Bruno nachdenklich an seinen Fingern ab, »– un der Einband vonnem Bilderbuch – unne Schildkröte – unne Nußschale – un'n alter Mann.«

»Ein alter Mann!« staunte der Professor und trabte aufgeregt durchs Zimmer. »Aber das muß der Andere Professor sein, den wir vor so langer Zeit verloren haben!«

Er öffnete die Luke weit: und da war der Andere Professor, saß auf einem Stuhl mit einem Buch auf den Knien und war gerade dabei, eine Nuß von der Schale zu befreien, die er von einem Regal in seiner Reichweite genommen hatte. Er blickte sich nach uns um, sagte aber nichts, bis er die Nuß geknackt und gegessen hatte. Dann stellte er die alte Frage. »Ist die Vorlesung fertig?«

»Sie beginnt in einer Stunde«, erklärte der Professor und wich der Frage aus. »Zuerst müssen wir der Kaiserin noch eine Überraschung bereiten. Und dann kommt das Bankett –«

»Das Bankett!« schrie der Andere Professor, sprang auf und füllte das Zimmer mit einer Staubwolke. »Dann sollte ich besser gehen und mich ein wenig abbürsten. In was für einem Zustand ich bin!«

»Er sollte sich *wirklich* bürsten!« betonte der Professor mit bedenklicher Miene. »Hier ist dein Hut, kleiner Mann! Ich hatte ihn aus Versehen aufgesetzt. Ich hatte ganz vergessen, daß ich bereits *einen* aufhatte. Laßt uns die Plattform begutachten.«

»Un der nette alte Gärtner singt noch immer da!« freute sich Bruno, als wir in den Garten gingen. »Er hat wohl immer dasselbe Lied gesingt, seit wir weg sinn!«

»Aber natürlich hat er!« bestätigte der Professor. »Es liegt ihm nämlich nicht, aufzuhören.«

»*Wo* liegt es nich?« wollte Bruno wissen: doch der Professor hielt es für das beste, die Frage zu überhören. »Was machst du mit dem Igel?« schrie er den Gärtner an, der auf einem Bein stand und mit weicher Stimme sang, während er mit dem anderen Fuß einen Igel hin und her rollte.

»Ich wollt' wissen, wovon 'n Ijel lebt: deshalp halt' ich d'n Ijel hier – un guck, ob er Kartoffeln ißt –«

»Besser, man hält eine Kartoffel«, riet der Professor; »und sieht, ob die Igel sie essen!«

»Dat iss sicherlich der richtije Wech!« gab der Gärtner zu. »Seider jekomm, um nach der Blattform zu sehn?«

»Ja, ja!« freute sich der Professor. »Und die Kinder sind wieder da, siehst du!«

Der Gärtner grinste sie an. Dann führte er sie zum Pavillon; und während er ging, sang er: –

> *»Er guckt' nochmal und sah, es war*
> *der Dreisatzkommentar:*
> *›Nun ist sein ganzer Sinn‹, sprach er,*
> *›mir wirklich sonnenklar!‹ «*

»Du singst das Lied nun schon seit *Monaten*«, merkte der Professor an. »Ist es noch nicht zu Ende?«

»Es jipt nur noch enen Värs«, trauerte der Gärtner. Und während ihm die Tränen die Wangen hinunterströmten, sang er den letzten Vers: –

> *»Er dacht', er säh' ein Zeichen jetzt,*
> *das ihn als Papst ausweise:*
> *er guckt' nochmal und sah, es war*
> *nur eine Eierspeise.*
> *›Oh, welche Schmach‹, er bitter sprach,*
> *›die Hoffnung schwindet leise!‹ «*

Tränenerstickt eilte der Gärtner hastig einige Meter von der Gesellschaft weg, um seine Gefühle zu verbergen.

»Hat *er* die Eierspeise wirklich gesehen?« erkundigte sich Sylvie, als wir folgten.

»Oh, bestimmt!« behauptete der Professor. »Das Lied berichtet nämlich nur seine eigenen Erlebnisse.«

469

Tränen eines stets bereiten Mitleids glitzerten in Brunos Augen. »Mich tut es *sehr* leid, daß er kein Babst iss!« klagte er. »Tut es dich nich auch leid, Sylvie?«

»Na – ich weiß nicht recht«, zweifelte Sylvie. »Wäre er dann glücklicher?« fragte sie den Professor.

»Der *Papst* wäre bestimmt glücklicher«, meinte der Professor. »Ist die Plattform nicht *hübsch?*« fragte er, als wir den Pavillon betraten.

»Ich hap extra 'nen Balken drunterjestellt!« erklärte der Gärtner und tätschelte ihn dabei zärtlich. »Unt nun issses so fest, daß – daß selpst 'n v'rrückter Ellefant druff tanzen könnt'!«

»Ich danke dir sehr«, sagte der Professor herzlich. »Ich weiß zwar nicht, ob wir sie dafür brauchen – aber es ist gut zu wissen.« Er führte die Kinder auf die Plattform, um ihnen die Sitzordnung zu erklären. »Seht ihr, hier sind drei Plätze für den Kaiser, die Kaiserin und Prinz Uggug. Aber es müssen noch zwei Stühle hin!« stellte er fest und blickte zum Gärtner hinunter. »Einen für Lady Sylvie und einen für das kleine Wesen!«

»Darf ich bei der Vorlesung mithelfen?« bot sich Bruno an. »Ich kann ja einige Märchen lesen.«

»Nun, es ist eigentlich keine Märchen-Vorlesung«, korrigierte der Professor, während er einige kurios aussehende Maschinen auf der Tischtafel ausrichtete. »Wie auch immer, was kannst du? Bist du zum Beispiel schon einmal durch eine Tafel gestiegen?«

»Oft!« behauptete Bruno. »Nich *wahr*, Sylvie?«

Der Professor war überrascht, obgleich er es nicht zeigen wollte. »Das muß untersucht werden«, murmelte er vor sich hin und zückte sein Notizbuch. »Also zuerst einmal – was ist das für eine Tafel?«

»Sag's ihm!« wisperte Bruno Sylvie zu und umarmte sie.

»Sag's ihm doch selbst«, meinte Sylvie.

»Kannich«, behauptete Bruno. »Es iss so ein *knochiges* Wort.«

»Unsinn!« lachte Sylvie. »Du kannst es ganz gut sagen, wenn du nur willst. Nun los!«

»Muli –«, begann Bruno. »Das iss ein Teil davon.«

»*Was* meint er?« rief der Professor verwirrt.

»Er meint die Multiplikationstafel«, erklärte Sylvie.

Der Professor blickte verärgert drein und schloß sein Notizbuch wieder. »Oh, das ist eine *ganz* andere Sache«, urteilte er.

»Es gibt immer so viel andre Sachen«, beschwerte sich Bruno. »Nich *wahr*, Sylvie?«

Ein lauter Trompetenstoß unterbrach ihr Gespräch. »Hach, das Fest hat schon *begonnen!*« rief der Professor aus und eilte mit den Kindern in die Empfangshalle. »Ich habe gar nicht daran gedacht, daß es schon so spät ist!«

Ein kleiner Tisch mit Kuchen und Wein stand in einer Ecke der Halle; und hier trafen wir auf den Kaiser und die Kaiserin, die uns erwarteten. Im übrigen war die Halle von Möbeln geräumt, um Platz für die Gäste zu schaffen. Mich beeindruckte die große Veränderung sehr, die im Laufe weniger Monate in den Gesichtern des kaiserlichen Paares stattgefunden hatte. Des *Kaisers* normaler Gesichtsausdruck war jetzt ein geistesabwesendes Starren; wohingegen über das Gesicht der *Kaiserin* von Zeit zu Zeit ein sinnloses Lächeln glitt. .

»Seid ihr also endlich da!« nörgelte der Kaiser mißgelaunt, als der Professor und die Kinder ihre Plätze einnahmen. Es war unverkennbar, daß er *sehr* verärgert war: und wir brauchten nicht lange, um die Ursache herauszufinden. Er fand die Vorbereitungen, die für die kaiserliche Einladung getroffen worden waren, ihrer Würde unangemessen. »Ein ordinärer Mahagonitisch!« grollte er und deutete verächtlich mit dem Daumen darauf. »Warum ist er nicht aus Gold, das möchte ich gern wissen?«

»Das hätte zu lang –«, begann der Professor, doch der Kaiser schnitt ihm das Wort ab.

»Dann der Kuchen! Gewöhnliche Pflaumen! Warum sind es keine – keine –« Er brach wieder ab. »Dann der Wein! Bloß alter Madeira! Warum ist es kein –? Dann dieser Stuhl! Das ist am allerschlimmsten. Warum ist es kein Thron? Die anderen Fehler *könnte* man noch entschuldigen, doch über diesen Stuhl komme ich nicht hinweg!«

»*Ich* komme nicht über den *Tisch* hinweg!« stimmte die Kaiserin ein und nahm an ihres Gatten Ärger eifrigen Anteil.

»Pah!« raunzte der Kaiser.

»Das ist sehr bedauerlich!« kommentierte der Professor mild,

sobald er zu Wort kam. Er dachte kurz nach und bekräftigte die Bemerkung. »*Alles*«, betonte er und wandte sich an die ganze Gesellschaft, »ist äußerst bedauerlich!«

Durch die überfüllte Halle murmelte man: »Hört, hört!«

Eine peinliche Pause entstand: und der Professor wußte offensichtlich nicht, was er beginnen sollte. Die Kaiserin beugte sich vor und soufflierte ihm: »Ein paar Scherze, verstehen Sie, Professor – um den Leuten ein wenig die Befangenheit zu nehmen!«

»Wahr, wahr, Madam!« stimmte der Professor ergeben zu. »Dieser kleine Knabe – –«

»Treib *bitte* keine Scherze mit mir!« warf Bruno ein, und seine Augen füllten sich mit Tränen.

»Nicht, wenn es dir nicht gefällt«, begütigte der Professor. »Es war nur was mit einem Knappen: ein harmloses Wortspiel – aber es spielt keine Rolle.« Er wandte sich an die Menge und verkündete. »Lernt eure A's!« schrie er. »Eure B's! Eure C's! Und eure D's! *Dann* werdet ihr Es leicht haben!«

Die Versammlung brach in johlendes Gelächter aus, und laut raunte man in konfusem Gelächter. »*Was* hat er gesagt? Irgendwas über Aas wohl –«

Die Kaiserin zeigte ihr ausdrucksloses Lächeln und fächelte sich. Der arme Professor blickte sie schüchtern an: eindeutig war er wieder am Ende seiner Weisheit und hoffte auf einen neuerlichen Wink. Die Kaiserin flüsterte abermals.

»Etwas Spinat, Sie wissen doch, Professor, als Überraschung.«

Der Professor winkte den Küchenchef zu sich und flüsterte ihm etwas zu. Darauf verließ der Küchenchef mit allen anderen Köchen im Gefolge die Halle.

»Es ist schwer, die Leute in Stimmung zu bringen«, bemerkte der Professor zu Bruno. »Wenn wir sie einmal in Stimmung gebracht haben, ist alles in Ordnung, du wirst sehen.«

»Wenn de stimmreiche Leute willst«, schlug Bruno vor, »dann solltes'de ihnen lebendige Frösche auf den Rücken setzen.«

An dieser Stelle traten die Köche in einer Prozession wieder auf, und der Küchenchef kam als letzter und trug etwas, das die anderen durch das Schwenken von Fahnen zu verbergen suchten. »Nur Fahnen, Eure Kaiserliche Hoheit! Nichts als Fah-

nen!« wiederholte er immer wieder, während er es vor sie ab-
stellte.

Dann senkten sich alle Fahnen auf einen Schlag, und der Küchenchef hob den Deckel einer riesigen Schüssel.

»Was ist das?« fragte die Kaiserin zaghaft und spähte durch
ihre Stielbrille. »Hallo, das ist ja *Spinat!*«

»Ihre Kaiserliche Hoheit ist überrascht«, erklärte der Professor den Anwesenden: und einige klatschten in die Hände. Der
Küchenchef verbeugte sich tief, und dabei fiel wie zufällig ein
Löffel gerade noch in Reichweite der Kaiserin auf den Tisch, die
aber woanders hinsah und so tat, als beachte sie es nicht.

»Ich *bin* überrascht!« betonte die Kaiserin Bruno gegenüber.
»Du etwa nicht?«

»Kein bißchen«, bekannte Bruno. »Ich hab gehört –« Doch
Sylvie legte ihm die Hand auf den Mund und sprach für ihn weiter. »Er ist wohl ziemlich müde. Er möchte gern, daß die Vorlesung beginnt.«

»Ich möcht gern, daß das *Essen* beginnt«, korrigierte Bruno sie.

Die Kaiserin griff geistesabwesend nach dem Löffel und versuchte, ihn auf dem Handrücken zu balancieren, und dabei fiel er
in die Schüssel: und als sie ihn wieder herausholte, war er voller
Spinat. »Wie kurios!« wunderte sie sich und steckte ihn in den
Mund. »Es schmeckt *wirklich* nach Spinat! Und ich hielt es schon
für eine Imitation – aber er ist da wirklich ganz echt!« Und sie
nahm einen weiteren Löffel voll.

»Er wird nich mehr lang echt da sein«, kommentierte Bruno.

Doch die Kaiserin hatte mittlerweile genug Spinat genossen,
und irgendwie – wie es genau geschah, weiß ich nicht – befanden
wir uns alle in dem Pavillon, und der Professor begann mit seiner
lange erwarteten Vorlesung.

XXI. KAPITEL

Die Vorlesung des Professors

»In der Wissenschaft – wie wohl in den meisten Fällen – ist es normalerweise am besten, *mit dem Anfang zu beginnen.* Natürlich gibt es auch Fälle, in denen man besser mit dem *Ende* anfängt. Wenn man zum Beispiel einen Hund grün anstreichen möchte, wäre es empfehlenswert, am *Schwanz* zu beginnen, da er an *diesem* Ende nicht beißen kann. Und deshalb –«

»Darf *ich* der helfen?« unterbrach Bruno.

»*Wobei* helfen?« stutzte der Professor und blickte kurz auf, hielt jedoch seinen Finger auf das Buch, aus dem er vorlas, um die Stelle nicht zu verlieren.

»'nen Hund grün anstreichen!« rief Bruno. »Du kannst an seinem *Maul* anfangen, un ich –«

»Nein, nein!« wehrte der Professor ab. »Wir sind noch nicht bei den *Experimenten.* Und deshalb«, er wandte sich wieder seinen Notizen zu, »werde ich Ihnen zuerst die Axiome der Wissenschaft nennen. Dann führe ich einige Spezimina vor. Danach erkläre ich ein oder zwei Prozesse. Und den Abschluß bilden einige Experimente. Ein *Axiom*, müssen Sie wissen, ist widerspruchslos zu akzeptieren. Wenn ich zum Beispiel sagen würde ›Wir sind alle da!‹, dann müßte man das widerspruchslos akzeptieren, und für den *Einstieg* in eine Konversation ist es eine nette Bemerkung. Folglich wäre es ein *Axiom.* Oder, weiter angenommen, ich würde sagen ›Wir alle sind nicht da!‹, das wäre –«

»– ein Geflunker!« warf Bruno ein.

»O *Bruno*!« warnte Sylvie flüsternd. »Es wäre natürlich ein *Axiom,* wenn der Professor es sagen würde!«

»– das wäre für höfliche Leute akzeptabel«, fuhr der Professor fort; »deshalb wäre es ein *weiteres* Axiom.«

475

»Das mag ja ein Achseldumm sein«, gab Bruno zu: »aber es wäre *gelogen!*«

»Unkenntnis der Axiome«, führte der Redner weiter aus, »ist im Leben ein großer Nachteil. Man verschwendet so viel Zeit damit, immer und immer wieder darauf hinweisen zu müssen. Nehmen Sie zum Beispiel das Axiom: ›*Nichts ist größer, als es ist*‹; das bedeutet, ›*Nichts kann sich selbst fassen.*‹ Wie oft hört man die Leute sagen ›Er konnte sich vor Erregung nicht fassen.‹ Nun, natürlich konnte er das nicht! Doch die *Erregung* hatte damit nichts zu tun!«

»Hersehen, sag ich, hört Ihr!« verlangte der Kaiser, der etwas unruhig geworden war. »Wieviel Axiome wollt Ihr noch vortragen? Wenn Ihr *so* weitermacht, kommen wir erst nächste Woche zu den *Experimenten!*«

»Oh, *viel* früher, ganz bestimmt!« versicherte der Professor und sah bestürzt auf. »Es sind nur noch« (er holte sich in seinen Notizen Rat) »nur noch *zwei* wirklich *notwendig.*«

»Lest sie runter und kommt endlich zu den *Spezimina*«, stöhnte der Kaiser.

»Das *erste* Axiom«, ratterte der Professor runter, »besteht in diesen Worten, ›*Was immer ist, ist.*‹ Und das zweite lautet so, ›*Was immer nicht ist, ist nicht.*‹ Wir kommen nun zu den *Spezimina.* Die erste Schale enthält Kristalle und anderes.« Er zog sie zu sich heran und blickte wieder in sein Notizbuch. »Einige der Etiketten sind – infolge ungenügender Haftfähigkeit –« Hier blieb er abermals stecken und prüfte die Seite sorgfältig durch seine Augengläser. »Den Rest kann ich nicht lesen«, mußte er schließlich eingestehen, »doch damit ist *gemeint*, daß sich die Etiketten abgelöst haben und die Sachen etwas durcheinandergeraten sind –«

»Laß *mir* se wieder ankleben!« bot Bruno hilfsbereit an und fing an, sie wie Briefmarken zu belecken und auf die *Kristalle* und die anderen Dinge zu tupfen. Doch der Professor zog die Schale hastig aus seiner Reichweite. »Sie *könnten* auf die *falschen* Spezimina geklebt werden, weißt du!« erklärte er.

»Du solltest keine *falschen* Spezereien in der Schale haben!« kritisierte Bruno keck. »*Stimmt* doch, Sylvie?«

Aber Sylvie schüttelte nur den Kopf.

Der Professor hörte nicht hin. Er hatte eine der Flaschen hochgenommen und studierte das Etikett durch seine Brille. »Unser erstes Spezimen –«, verkündete er und stellte die Flasche zu den übrigen Sachen, »ist – das heißt, man nennt es –« er nahm sie abermals auf und prüfte das Etikett wieder, als könne es sich seiner Meinung nach seit der letzten Inaugenscheinnahme geändert haben, »wird Aqua Pura genannt – reines Wasser – eine Flüssigkeit, die belebt –«

»Hipp! Hipp!« hob der Küchenchef enthusiastisch an.

»– aber *nicht* berauscht!« warf der Professor gerade noch rechtzeitig ein, um das drohende »Hurraah!« zu unterbinden.

»Unser zweites Spezimen«, fuhr er fort und öffnete vorsichtig ein kleines Einmachglas, »ist –«, er entfernte den Deckel, und im Nu schoß ein großer Käfer heraus und flog ärgerlich brummend geradewegs aus dem Pavillon, »– ist – oder ich sollte wohl richtiger sagen«, er blickte traurig in das leere Einmachglas, »es *war –* eine sonderbare Gattung eines blauen Käfers. Hat jemand zufällig die drei blauen Punkte unter beiden Flügeln bemerkt – als er vorüberflog?«

Keiner hatte sie bemerkt.

»Ach, hm!« seufzte der Professor. »Das ist schade. Wenn Sie dieses Phänomen *jetzt* nicht bemerkt haben, so ist es wohl sehr leicht zu übersehen! Das *nächste* Spezimen wird jedenfalls nicht wegfliegen. Es ist – kurz, oder vielleicht richtiger *ungekürzt* – ein *Elefant*. Sie werden beobachten –« Hier winkte er den Gärtner auf die Plattform und begann mit seiner Hilfe etwas zusammenzubauen, das wie eine riesige Hundehütte aussah, aus deren beiden Seiten kurze Röhren ragten.

»Aber *Elefanten* haben wir doch schon gesehen«, stöhnte der Kaiser.

»Ja, aber nicht durch ein *Megaloskop!*« ereiferte sich der Professor. »Sie wissen doch, daß man einen *Floh* ohne *Vergrößerungsglas* nicht richtig sehen kann – wir nennen es *Mikroskop*. Schön, nun kann man ebenso keinen *Elefanten* richtig ohne ein *Verkleinerungsglas* sehen. In jeder dieser kleinen Röhren befindet sich eines. Und *das* ist ein *Megaloskop!* Der Gärtner wird jetzt das nächste Spezimen hereinbringen. Bitte öffnen Sie da hinten *beide* Vorhänge und machen Sie für den Elefanten Platz!«

Es setzte ein allgemeiner Ansturm auf die Seiten des Pavillons ein, und aller Augen richteten sich auf die offene Seite in Erwartung des Gärtners, der in der Ferne sang: »*Er dacht', er säh 'nen Elefant, der spielte die Schalmei!*« Minutenlanges Schweigen folgte: und dann erklang die Stimme abermals. »*Er guckt' noch mal* – na komm schon rauf! *Er guckt' nochmal und sah, es war* – brrr zurück! *und sah, es war der Gattin Krakel* – macht Platz da! Er kommt!«

Und herein marschierte oder watschelte – es ist schwierig, sich für das richtige Wort zu entscheiden – ein Elefant auf den Hinterbeinen und spielte auf einer riesigen Schalmei, die er zwischen den Vorderbeinen hielt.

Hastig öffnete der Professor am Megaloskop eine große Tür, und das mächtige Tier setzte auf ein Zeichen des Gärtners die Schalmei ab und trottete gehorsam in die Maschine, deren Tür der Professor hurtig schloß. »Das Spezimen kann jetzt besichtigt werden!« verkündete er. »Es hat exakt die Größe einer Gemeinen Maus – *Mus Communis!*«

Man stürmte an die Röhren und beobachtete entzückt das

winzige Wesen, wie es fidel seinen Rüssel um des Professors ausgestreckten Finger rollte und schließlich auf seiner Handfläche Platz nahm, worauf er es behutsam herausnahm und wegtrug, um es der kaiserlichen Gesellschaft zu präsentieren.

»Iss es nicht *lieb?*« begeisterte sich Bruno. »Darf ich es bitte mal streicheln? Ich werd es auch nur *ganz* sanft berühren!«

Die Kaiserin inspizierte es gewichtig durch ihre Stielbrille. »Es ist sehr klein«, diagnostizierte sie mit tiefer Stimme. »Ich glaube sogar kleiner, als Elefanten normalerweise sind?«

Den Professor durchzuckte es mit freudiger Überraschung. »Ja, das *stimmt*«, murmelte er vor sich hin. Dann lauter, sich an die Zuhörer wendend: »Ihre Kaiserliche Hoheit hat eine ganz vernünftige Bemerkung gemacht!« Und die gewaltige Menschenmasse jubelte ausgelassen.

»Das nächste Spezimen«, kündigte der Professor an, nachdem er den Elefanten vorsichtig zwischen die Kristalle und die anderen Dinge in der Schale plaziert hatte, »ist ein *Floh*, den wir zur Beobachtung vergrößern wollen.« Er nahm ein Pillendöschen aus der Schale, trat an das Megaloskop und drehte alle Röhren um. »Das Spezimen ist bereit!« rief er und blickte durch eine der Röhren, während er die Pillendose vorsichtig durch ein kleines Loch an der Seite leerte. »Es hat jetzt die Gestalt des Gemeinen Pferdes – *Equus Communis!*«

Noch einmal setzte ein Ansturm auf die Röhren ein, und der Pavillon hallte von Entzückensschreien wider, durch die sich des Professors besorgte Stimme kaum Gehör verschaffen konnte. »Haltet die Tür des Mikroskops *geschlossen!*« ordnete er an. »Wenn das Tier in *dieser Gestalt* flieht, würde es –« Doch das Unheil war bereits geschehen. Die Tür war aufgestoßen worden, und im Nu war das Monster draußen und hatte die vor Schreck schreienden Zuschauer niedergetrampelt.

Aber die Geistesgegenwart verließ den Professor nicht. »Zieht die Vorhänge zurück!« schrie er. Man tat es. Das Monster spannte die Beine und verschwand mit einem gewaltigen Satz im Himmel.

»Wo ist es denn?« wunderte sich der Kaiser und rieb sich die Augen.

»Wahrscheinlich in der Nachbarprovinz«, meinte der Professor. »So ein Sprung reicht *mindestens* fünf Meilen weit! Als nächstes werde ich ein oder zwei Prozesse erklären. Aber wie ich sehe, ist da nicht genug Platz zum Arbeiten – das kleinere Wesen ist mir ziemlich im Weg –«

»Wer meint er?« wisperte Bruno Sylvie zu.

»Er meint *dich!*« wisperte Sylvie zurück. »Still!«

»Sei so nett und rück – angular – in *diese* Ecke«, wandte der Professor sich an Bruno.

Bruno rückte seinen Stuhl hastig in die gewiesene Richtung. »Bin ich argwöhnisch genug gerückt?« erkundigte er sich. Doch der Professor war schon wieder in seine Vorlesung vertieft, die er aus seinem Notizbuch ablas.

»Es erfolgt nun eine Erklärung des Prozesses von – von – ich muß leider feststellen, daß der Name verkleckst ist. Jedenfalls erläutert es eine Reihe von – von –«, hier prüfte er eine Weile die Seite und rätselte schließlich: »Scheinbar heißt es entweder ›Experimenten‹ oder ›Spezimina‹ –«

»Es soll *Experimente* heißen«, entschied der Kaiser. »Wir haben genug *Spezimina* gesehen.«

»Gewiß, gewiß!« pflichtete der Professor bei. »Wir machen jetzt einige Experimente.«

»Darf *ich* ma?« fragte Bruno eifrig.

»Du meine Güte, nein!« Der Professor zeigte eine bestürzte Miene. »Wer weiß, was geschehen würde, wenn *du* es tust!«

»Noch weiß niemand nich, was geschieht, wenn *du* es tust!« parierte Bruno.

»Für unser erstes Experiment brauchen wir eine Maschine. Sie hat zwei Knöpfe – nur *zwei* – Sie können nachzählen, wenn Sie wollen.«

Der Küchenchef trat vor, zählte sie und kehrte zufrieden an seinen Platz zurück.

»Nun *könnte* man beide Knöpfe drücken – doch so macht man es nicht. Oder man *könnte* die Maschine auf den Kopf stellen – doch so macht man es auch nicht!«

»Wie macht man es dann?« verlangte Bruno zu wissen, der sehr aufmerksam zuhörte.

Der Professor lächelte gütig. »Ach, ja!« und proklamierte, als spräche er eine Kapitelüberschrift. »SO MACHT MAN ES! Gestatte!« und im Nu hatte er Bruno auf den Tisch gehoben. »Ich gliedere mein Thema«, begann er, »in drei Teile –.«

»Ich will lieber runter!« wisperte Bruno Sylvie zu. »Es iss nich schön, zergliedert zu werden!«

»Er hat doch kein Messer, dummer Junge!« antwortete Sylvie leise. »Steh still! Du zerbrichst sonst noch alle Flaschen!«

»Im ersten Teil werden die Knöpfe festgehalten«, und er legte sie in Brunos Hände. »Im zweiten Teil –.« Hier drehte er die Kurbel, und mit einem lauten »Au!« ließ Bruno die beiden Knöpfe fallen und rieb sich die Ellbogen.

Der Professor kicherte entzückt. »Das hatte eine reizende Wirkung. Nicht *wahr*?« erkundigte er sich.

»Nein, gar keine *reizende* Wirkung!« entrüstete sich Bruno. »In Wahrheit war es ganz scheußlich. Es rasselte meine Ellbögen, un es schlug meinen Rücken, und es kringelte mein Haar, un es surrte zwischen meinen Knochen!«

»Das tat es bestimmt nicht!« widersprach Sylvie. »Das erfindest du nur!«

»Du hast keine Ahnung!« tadelte Bruno. »Du warst nich da un konntest es nich sehn. Keiner kann zwischen meine Knochen gehn. Da iss kein Platz.«

»Unser zweites Experiment«, verkündete der Professor, während Bruno immer noch nachdenklich die Ellbogen reibend an seinen Platz zurückkehrte, »ist die Herstellung eines nie-gesehe-nen-doch-sehr-bewunderten Phänomens, das schwarze Licht! Sie haben bestimmt schon weißes, rotes, grünes Licht und so weiter gesehen: doch bis zu dieser historischen Stunde haben noch keine Augen außer den meinen *schwarzes Licht* gesehen! Die Kiste hier«, er stellte sie behutsam auf den Tisch und umhüllte sie mit schwarzen Decken, »ist ganz voll davon. Ich habe es folgendermaßen hergestellt – ich habe eine brennende Kerze in einen dunklen Schrank gestellt und die Tür geschlossen. Selbstverständlich füllte sich der Schrank darauf mit *gelbem* Licht. Dann habe ich eine Flasche schwarze Tinte genommen und über die Kerze gegossen: und zu meiner Freude verwandelte sich jedes

Atom des gelben Lichtes in *schwarzes!* Das war wahrlich der stolzeste Augenblick in meinem Leben! Dann füllte ich es in eine Kiste. Und nun – möchte jemand von Ihnen vielleicht unter die Decken kriechen und es sehen?«

Tiefes Schweigen folgte diesem Angebot: doch schließlich meldete sich Bruno: »*Ich* will drunterkriechen, wenn's meine Ellbögen nich rasselt.«

In dem Punkt beruhigt, krabbelte Bruno unter die Decken und kam nach ein oder zwei Minuten sehr erhitzt, verstaubt und mit völlig verwilderten Haaren wieder herausgekrabbelt.

»Was hast du in der Kiste gesehen?« fragte Sylvie neugierig.

»Ich hab nix gesehn!« entgegnete Bruno traurig. »Es war zu duster!«

»Er hat das Aussehen exakt beschrieben!« freute sich der Professor. »Schwarzes Licht und Nichts gleichen sich auf den ersten Blick wie ein Ei dem andern, daß sein Unvermögen, beides voneinander zu unterscheiden, mich nicht im geringsten wundert! Wir kommen jetzt zum dritten Experiment.«

Der Professor stieg hinab und ging zu einer Stelle, wo ein Pfahl fest in den Boden gerammt worden war. An der einen Seite des Pfahls war eine Kette angehakt, an deren Ende sich ein eisernes Gewicht befand, und auf der anderen Seite ragte ein Stück Fischbein mit einem Ring am Ende hervor. »Das ist das *interessanteste* Experiment!« proklamierte Der Professor. »Leider benötigt es viel Zeit: aber das ist belanglos. Sehen Sie mal her. Wenn ich das Gewicht abhake und loslasse, fällt es auf den Boden. *Das* bestreitet doch niemand?«

Keiner bestritt es.

»Und genauso kann ich dies Stück Fischbein um den Pfahl biegen – so – und den Ring über diesen Haken legen – so – dann bleibt es gebogen: wenn ich es aber abhake, wird es wieder gerade. *Das* bestreitet doch niemand?«

Wieder bestritt es keiner.

»Schön, nehmen Sie nun einmal an, wir lassen es lange Zeit in dieser Position. Die Kraft des *Fischbeins* würde erlahmen, wissen Sie, und es bliebe gebogen, selbst wenn man es abhakte. Also, *warum* kann das nicht auch mit dem *Gewicht* passieren? Das *Fisch-*

bein gewöhnt sich so sehr daran, gebogen zu sein, daß es sich nicht mehr von selbst *begradigen* kann. Warum sollte sich das *Gewicht* nicht ebenso daran gewöhnen, hochgehalten zu werden, so daß es nicht mehr *fallen* kann? Das möchte *ich* gern wissen!«

»Das möchten wir gern wissen!« hallte die Menge wider.

»Wie lang müssen wir warten?« nörgelte der Kaiser.

Der Professor konsultierte seine Uhr. »Naja, *wahrscheinlich* würden tausend Jahre *erst einmal* reichen«, vermutete er. »Danach haken wir das Gewicht vorsichtig ab: und wenn es dann *immer* noch eine *leichte* Tendenz zu fallen zeigt (was möglicherweise der Fall sein wird), lassen wir es *weitere* tausend Jahre hängen.«

Hier offenbarte die Kaiserin einen jener Geistesblitze, mit denen sie ihre Umgebung dann und wann überraschte. »Inzwischen ist noch reichlich Zeit für weitere Experimente«, stellte sie fest.

»Das stimmt *tatsächlich!*« freute sich der Professor. »Wir wollen zur Plattform zurückkehren und das *vierte* Experiment in Angriff nehmen.«

»Zu diesem letzten Experiment brauche ich eine bestimmte Lauge oder Säure – was genau, habe ich vergessen. Sie werden gleich sehen, was geschieht, wenn ich sie mische, und zwar mit etwas –«, hier hob er eine Flasche hoch und betrachtete sie unschlüssig, »und zwar mit – mit etwas –«

An dieser Stelle unterbrach der Kaiser. »Wie *heißt* dieser Stoff?« fragte er.

»An den *Namen* kann ich mich nicht erinnern«, mußte der Professor zugeben, »und das Etikett ist abgelöst.« Er kippte es schnell in die andere Flasche, und mit einem gewaltigen Knall zersprangen beide Flaschen, alle Maschinen stürzten um, und der Pavillon füllte sich mit dickem, schwarzem Rauch. Vor Schreck sprang ich auf und – und fand mich einsam vor meinem Kamin wieder, wo der Feuerhaken, der zuletzt der Hand des Schläfers entfallen war, Kohlenzangen und Schaufel umgeworfen und den Kessel umgestürzt hatte, der die Luft mit Dampfwolken erfüllte. Mit einem müden Seufzer begab ich mich zu Bett.

XXII. KAPITEL

Das Bankett

*»Und kehrt am Abend Schwermut ein: am Morgen ist schon Jubel da.«** Der neue Tag traf mich in einer ganz anderen Stimmung an. Sogar die Erinnerungen an meinen verlorenen Freund und Gefährten waren heiter wie das milde Wetter, das um mich lachte. Ich wagte nicht, Lady Muriel oder ihren Vater so bald mit einem weiteren Besuch zu belästigen, sondern spazierte aufs Land hinaus und wandte mich erst wieder heimwärts, als die tiefliegenden Sonnenstrahlen mich mahnten, daß der Tag bald vorüber sei.

Auf meinem Heimweg kam ich an der Hütte vorbei, wo der alte Mann hauste, dessen Gesicht mich stets an den Tag meiner ersten Begegnung mit Lady Muriel erinnerte: und ich warf beim Vorbeigehen einen flüchtigen Blick hinein, da ich ein wenig neugierig war, ob er noch lebte.

Ja: der alte Mann lebte noch. Er saß draußen auf der Veranda und sah noch genauso aus wie damals, als ich ihn zum ersten Mal am Bahnhof von Feenwalde gesehen hatte – es schienen seither nur wenige Tage vergangen zu sein!

»Guten Abend!« wünschte ich und blieb stehen.

»Guden Obend, Herr!« antwortete er froh. »Wüll'n Se näherkom?«

Ich trat näher und nahm auf einer Bank Platz. »Ich bin froh, Sie bei guter Gesundheit zu sehen«, begann ich. »Ich erinnere mich, als ich das letzte Mal vorüberging, kam gerade zufällig Lady Muriel aus dem Haus. Kommt sie immer noch zu Ihnen auf Besuch?«

»Ja«, antwortete er bedächtig. »Se het mi nich vergeeten. Ick verleer eehr hübschet Gesicht nie för veele Dog ude Ogen. Nu, ick

* AdÜ: Psalm 30,6.

erinner mi an dat allererste Mol; se kummt, as wi uns am Bohnhoff dropen hem. Se het mi vertellt, dat se kummt, um Schodenersatz to leisten. Leves Kind! Denken Se nur! Um Schodenersatz to leisten.«

»Wofür wollte sie denn Schadenersatz leisten?« erkundigte ich mich. »Was könnte *sie* verbrochen haben, daß das nötig wäre?«

»Nu, dat wär so, seen Se! Wi twee tööften op dem Bohnhoff op de Zuch. Un ick ha mi op de Bank set. Und da sächt de Stationsvorsteher, ich sall opstähn – Platz moken för de fürneme Dame, verstohn Se?«

»Ich erinnere mich noch gut daran, erklärte ich. »Ich war an diesem Tag selbst dort.«

»*Wären Se?* Also, un se erbiddet mine Verzeihung doför. Denken Se mol! *Mine* Verzeihung! Von eenen ollen Tunichgut as mi! Ach! Se wer sietdem oft hier. Nu, se wer erst gestern hier un seet grod do, wo Se nu sitten, un het levlicher un fründlicher utseen, as eh Engel! Un se sächt: ›Du hest nu dine Minnie nich mehr‹, sächt se, ›um för di to sorgen.‹ Minnie wär mine Enklin, Herr, de bi mi levt het. Se's storben för twee Monade – oder ok dree. Se wär ne hübsche Dern – un ok en gutes Kind. Hm, ober one se wär dat Leben einsam un öd!«

Er bedeckte das Gesicht mit den Händen: und ich wartete schweigend ein oder zwei Minuten, bis er seine Fassung wiedergewann.

»Do sächt se, ›Denk *ick* wär dine Minnie!‹ sächt se. ›Hät Minnie nich Tee fö di mokt?‹ sächt se. ›Jo‹, säch ick. Un se mokt Tee. ›Un mokt Minnie din Piep an?‹ sächt se. ›Jo‹, säch ick. Un se brennt mi de Piep an. ›Un het Minnie den Tee op de Veranda bröcht?‹ Un ick säch, ›Mine Leve‹, säch ick, ›ick, ick glöv, du bist sölms Minnie.‹ Un dann weent se en beeten. We twee weenten en beeten –«

Wieder verharrte ich eine Weile in Schweigen.

»Un as ick min Piep schmök, sit se do un schnackt mi mi – so leev un fründlich! Ick kann immer nur denken, dat Minnie wedderkommen is! Un as se opstiet, um tu gohn, säch ick, ›Wüll'n Se mi nich de Hand geben?‹ säch ick. Un se sächt, ›Nee‹, sächt se: ›ick *kann* di nich de Hand geben!‹ sächt se.«

»Das tut mir leid, daß sie *das* gesagt hat«, warf ich ein und dachte, es sei das einzige Beispiel von Standesdünkel bei Lady Muriel, von dem ich jemals gehört hatte.

»Du leeve Gott, dat wär keen *Stolz!*« betonte der alte Mann, als ob er meine Gedanken lese. »Se sächt, ›*Dine* Minnie hett di niemals de Hand geben‹, sächt se. ›Un *ick* bin nu dine Minnie‹, sächt se. Un dann lecht se eehre leven Arme wirklich um minen Hals – un küßt mi op de Back – de leve Gott do boben sall se sechnen!« Und hier versagte dem alten Mann gänzlich die Stimme, und er konnte nichts mehr sagen.

»Gott segne sie!« echote ich. »Und gute Nacht!« Ich drückte ihm die Hand und verließ ihn. »Lady Muriel«, sagte ich

leise zu mir, »Sie wissen sicherlich, wie man ›Schodenersatz leistet‹!«

Als ich wieder einsam an meinem Kamin saß, versuchte ich mir die Visionen der vergangenen Nacht zu vergegenwärtigen und beschwor das Gesicht des lieben alten Professors zwischen den lodernden Kohlen. »Die schwarze da – in schwacher Rotglut – stünde ihm gut zu Gesicht«, dachte ich. »Nach solch einer Katastrophe wäre es bestimmt ganz schwarz und er würde sagen: –

»Das Ergebnis *dieser* Verbindung war – wie Sie vielleicht bemerkt haben – eine *Explosion!* Soll ich das Experiment wiederholen?«

»Nein, nein! Bemühen Sie sich nicht!« schrie man einhellig. Und wir brachen alle hastig auf zum Bankettsaal, wo das Fest bereits seinen Anfang genommen hatte.

Unverzüglich wurden die Schüsseln herumgereicht, und jeder Gast sah schnell seinen Teller mit Köstlichkeiten gefüllt.

»Ich habe schon immer der Ansicht gehuldigt«, hob der Professor an, »daß es eine gute Sitte ist, etwas Nahrung zu sich zu nehmen – gelegentlich. Der große Vorteil eines Festmahls –«, er brach unvermittelt ab. »Sieh an, da ist ja der Andere Professor!« rief er. »Und es ist kein Platz mehr für ihn frei!«

Der Andere Professor kam herein, wobei er in einem großen Buch las, das er dicht vor die Augen hielt. Folglich konnte er nicht sehen, wo er hintrat, stolperte beim Durchqueren des Saales, sauste durch die Luft und fiel in der Mitte des Tisches heftig aufs Gesicht.

»*Wie* schade!« bedauerte der Professor gutmütig, als er ihm hochhalf.

»*Ich* wäre es nicht gewesen, wenn ich nicht gestolpert wäre«, bekannte der Andere Professor.

Der Professor zeigte großen Schrecken. »Fast *alles* wäre besser als *das!*« erregte er sich. »Er ist doch nichts«, wandte er sich an Bruno, »wenn man ein anderer ist, oder?«

Dem entgegnete Bruno ernst: »Ich hab nix auf meinem Teller.«

Hastig setzte der Professor seine Brille auf, um sich zunächst von der Richtigkeit des *Sachverhalts* zu überzeugen: dann wandte er sein fröhliches, rundes Gesicht dem traurigen Besitzer des leeren Tellers zu. »Was möchtest du denn haben, mein kleiner Mann?«

»Also«, überlegte Bruno ein wenig unschlüssig, »ich glaub, ich hätt gern was Plumpudding, bitte – un dann denk ich drüber nach.«

»O Bruno!« (Dies war ein Wispern von Sylvie.) »Es gehört sich doch nicht, um ein Gericht zu bitten, das noch nicht an der Reihe ist!«

Und Bruno wisperte zurück: »Aber ich könnt das Bitten drum vergessen, wenn es an der Reihe iss, weiß'de – ich bin manchmal wirklich vergeßlich«, fügte er hinzu, da er bemerkte, daß Sylvie noch etwas flüstern wollte.

Und *dieser* Behauptung wagte Sylvie nicht zu widersprechen.

Inzwischen hatte man zwischen die Kaiserin und Sylvie einen Stuhl für den Anderen Professor gestellt. Sylvie hatte in ihm einen ziemlich langweiligen Tischnachbarn: tatsächlich konnte sie sich nachher nicht erinnern, während des ganzen Banketts mehr als *eine* Bemerkung von ihm vernommen zu haben, und die lautete: »Was für eine Stütze doch so ein Lexikon ist!« (Später erzählte sie Bruno, sie habe sich zu sehr vor ihm gefürchtet, so daß sie nur »Ja, Sir!« entgegnen konnte; und damit sei ihre Konversation zu Ende gewesen. Worauf Bruno unmißverständlich seiner Meinung Ausdruck gab, *das* sei nicht wert, überhaupt eine »Konversation« genannt zu werden. »Du hättest ihm 'n Rätsel aufgeben sollen!« schlug er triumphierend vor. »Ich hab dem Professor nämlich drei Rätsel aufgegeben! Einmal das von dir heute morgen. ›Wie viele Pennies ham zwei Schillinge?‹ Un das nächste war ––« »O Bruno!« unterbrach Sylvie. »*Das* war kein Rätsel!« »Waren es *doch!*« behauptete Bruno wütend.)

Unterdessen hatte ein Diener Bruno *etwas* serviert, das ihm den Plumpudding aus dem Kopf schlug.

»Ein weiterer Vorteil eines Festmahls ist«, erklärte der Professor denen, die es hören wollten, »daß es einem dazu verhilft, Freunde *wiederzusehen*. Wenn man jemanden sehen will, lade man ihn zum Essen ein. Dieselbe Regel gilt auch für eine Maus.«

»Die Katze hier iss sehr freundlich zu Mausen«, stellte Bruno fest und beugte sich hinunter, um ein bemerkenswert fettes Exemplar dieser Gattung zu streicheln, das gerade in den Raum gewatschelt war und sich liebevoll an seinem Stuhlbein rieb. »Bitte, Sylvie, gieß etwas Milch auf deine Untertasse. Pussi iss sehr durstig!«

»Warum willst du *meine* Untertasse?« wollte Sylvie wissen. »Du hast doch selber eine!«

»Ja, ich weiß«, meinte Bruno: »aber ich brauch *meine,* um ihr noch *mehr* Milch zu geben.«

Sylvie war nicht überzeugt: gleichwohl schien es ihr unmöglich, ihrem Bruder jemals eine Bitte zu verweigern: so füllte sie denn die Untertasse schlicht mit Milch und händigte sie Bruno aus, der von seinem Stuhl aufstand, um sie der Katze zu bringen.

»Wegen der großen Menschenmenge ist es im Raum sehr heiß«, klagte der Professor gegenüber Sylvie. »Ich frage mich, warum man nicht einige Eisblöcke in den Kamin legt? Im Winter legt man Kohle auf, weißt du, und dann sitzt man drumherum und freut sich an der Wärme. Wie angenehm wäre es jetzt, Eisblöcke aufzulegen, sich drumherum zu setzen und sich über die Kälte zu freuen!«

So heiß es auch war, Sylvie zitterte etwas bei dem Gedanken. »*Draußen* ist es sehr kalt«, gab sie zu bedenken. »Heute sind mir fast die Füße erfroren.«

»Das ist des *Schusters* Schuld!« erwiderte der Professor gutgelaunt. »Wie oft habe ich ihm schon erklärt, er *solle* Stiefel mit eisernen Rahmen unter den Sohlen herstellen, die als Fackelhalter dienen! Aber er *denkt* einfach nicht daran. Niemand brauchte unter der Kälte zu leiden, wenn man diese Kleinigkeiten nur *beachten* würde. Ich selbst verwende im Winter stets heiße Tinte. Ganz wenige Menschen achten auf *so etwas.* Dabei ist es ganz simpel!«

»Ja, es ist überaus simpel«, bestätigte Sylvie höflich. »Hat die Katze schon genug?« Dies zu Bruno, der die nur halb leere Untertasse zurückgebracht hatte.

Aber Bruno überhörte die Frage. »Jemand kratzt an der Tür un will rein«, meinte er. Und er kletterte von seinem Stuhl, ging hin und spähte vorsichtig durch den Türspalt nach draußen.

»Wer wollte denn rein?« fragte Sylvie, als er an seinen Platz zurückgekehrt war.

»Da waren 'ne Maus«, erklärte Bruno. »Un sie hat reingespingst. Un sie hat die Katze gesieht. Un sie hat gesagt: ›Ich werd an 'nem anderen Tag kommen.‹ Un ich hab gesagt: ›Du brauchst keine Angst zu haben. Die Katze iss *sehr* freundlich zu Mausen.‹ Un sie hat gesagt: ›Aber ich *muß* unbedingt noch ein wichtiges Geschäft erledigen.‹ Un sie hat gesagt: ›Ich werd morgen wieder vorsprechen!‹ Un sie hat gesagt: ›Grüß mir recht herzlich die Katze.‹«

»Was ist das bloß für eine fette Katze!« staunte der Lordkanzler und lehnte sich über den Professor, um mit dessen kleinem Nachbarn zu sprechen. »Es ist wirklich ein Wunder!«

»Sie war schon so schrecklich fett, als se reinkamte«, meinte Bruno, »es wäre deshalb ein weit größeres Wunder, wenn se inner Minute ganz dünn würd.«

»Und das war wohl der Grund«, mutmaßte der Lordkanzler, »warum du ihr nicht die ganze Milche gegeben hast?«

»Nein«, widersprach Bruno. »Es gab einen besseren Grund. Ich hab die Untertasse weggenehmt, weil se so unzufrieden war.«

»*Mir* scheint sie ganz zufrieden«, stellte der Lordkanzler fest. »Wieso meintest du, sie sei unzufrieden?«

»Weil sie aus der Kehle knurrte.«

»O Bruno!« rief Sylvie. »Sieh mal, so zeigen Katzen ihre *Zufriedenheit!*«

Bruno blieb skeptisch. »Das iss keine gute Art«, protestierte er. »Du würd'st mich auch nich für zufrieden halten, wenn ich solche Geräusche in meiner Kehle machte!«

»Was für ein singulärer Junge!« flüsterte der Lordkanzler vor sich hin: doch Bruno hatte die Worte mitbekommen.

»Was bedeutet es, wenn man sagt ›ein *singulärer* Junge‹?« flüsterte er Sylvie zu.

»Das bedeutet, ein *einziger* Junge«, antwortete Sylvie leise. »Und *pluraler* bedeutet zwei oder drei.«

»Dann bin ich sehr froh, ein singulärer Junge zu *sein!*« betonte Bruno. »Es wär *schrecklich,* zwei oder drei Jungen zu sein! Vielleicht würden sie nich mit mir spielen wollen!«

»Warum *sollten* sie auch?« erkundigte sich der Andere Professor, der unvermutet aus seiner Träumerei erwacht war. »Sie könnten doch eingeschlafen sein.«

»Können se nich, solang ich wach bin«, versetzte Bruno schlau.

»Ach, das könnten sie bestimmt trotzdem!« protestierte der Andere Professor. »Jungens gehen nämlich nicht alle gleichzeitig schlafen. Deshalb sind diese Jungen – aber wovon ist eigentlich die Rede?«

»Er denkt *niemals* daran, zuerst danach zu fragen!« flüsterte der Professor den Kindern zu.

»Nun, von *meinem* Rest natürlich!« triumphierte Bruno. »Angenommen, ich wär zwei oder drei Jungen!«

Der Andere Professor seufzte und schien abermals in seine Träumerei versinken zu wollen; doch dann wurde er plötzlich lebhaft und wandte sich an den Professor. »*Jetzt* ist doch nichts mehr zu tun, oder?«

»Nun, das Dinner ist noch zu beenden«, zählte der Professor mit verblüfftem Lächeln auf, »und die Hitze zu ertragen. Und Sie freuen sich hoffentlich an dem Dinner – so wie es ist – und beachten nicht die Hitze – so wie sie nicht ist.«

Der Satz *klang* gut, aber irgendwie konnte ich ihn nicht ganz begreifen; und dem Anderen Professor schien es ähnlich zu gehen. »So wie *was* nicht ist?« erkundigte er sich gereizt.

»Sie ist nicht so groß, wie sie sein könnte«, erwiderte der Professor, indem er nach dem ersten Gedanken haschte, der ihm in den Sinn kam.

»Ah, jetzt verstehe ich, was Sie meinen!« bemerkte der Andere Professor wohlwollend. »Zwar ist es sehr schlecht ausgedrückt, aber *jetzt* verstehe ich es ganz und gar! Vor dreizehneinhalb Minuten«, fuhr er fort und blickte dabei erst auf Bruno, dann auf seine Uhr, »hast du gesagt, ›Diese Katze iss sehr freundlich zu Mausen.‹ Sie muß ein singuläres Tier sein!«

»Das *sinn* sie«, bestätigte Bruno, nachdem er die Katze sorgfältig untersucht und sich vergewissert hatte, aus wie vielen sie bestand.

»Aber woher willst du wissen, daß sie sehr freundlich zu Mausen – oder korrekter zu *Mäusen* ist?«

»Weil se mit den Mausen *spielt*«, erklärte Bruno; »um ihnen eine Freude zu machen, weiß'de.«

»Aber das weiß ich gerade eben nicht«, hielt der Andere Professor dem entgegen. »Ich glaube vielmehr, sie spielt mit ihnen, um sie zu *töten!*«

»Oh, das iss ganz bestimmt ein *Unfall!*« ereiferte sich Bruno, wodurch deutlich wurde, daß er die Katze mit eben diesem Widerspruch konfrontiert hatte. »Sie hat mir all das erklärt, während sie gerade die Milch trank. Sie hat gesagt: ›Ich bring den Mausen neue Spiele bei: die Mausen freut das immer so.‹ Sie hat gesagt: ›Manchmal passiert kleine Unfälle: manchmal tötet die Mausen sich.‹ Sie hat gesagt: ›Es tut mich immer *so* leid, wenn die Mausen sich tötet.‹ Sie hat gesagt –«

»Wenn es ihr *so* leid täte«, tadelte Sylvie ziemlich verächtlich, »würde sie die Mausen nicht *fressen,* nachdem sie sich getötet haben!«

Aber auch dieses Problem hatte man augenscheinlich in der ausgedehnten, ethischen Diskussion, die eben erst ihr Ende gefunden hatte, nicht aus den Augen verloren. »Sie hat gesagt –« (der Redner überging fortwährend seinen eigenen Anteil an der Unterhaltung, als sei der überflüssig, und gab uns bloß die Antwort der Katze wieder) »Sie hat gesagt: ›Tote Mausen beklagen sich *niemals*, wenn se gefressen werden.‹ Sie hat gesagt: ›Es hat keinen Sinn, gute Mausen zu verschwenden.‹ Sie hat gesagt: ›Vers-Wendung ohne – irgendwas.‹ Sie hat gesagt: ›Un später sagst du dann »Wie wünscht ich doch die Mausen her, dann äß ich noch woran!«‹ Sie hat gesagt –«

»Sie hatte gar keine *Zeit,* so viel zu sagen!« unterbrach Sylvie ungnädig.

»Du hast keine Ahnung, wie Katzen spricht!« tadelte Bruno verächtlich. »Katzen spricht *sehr* schnell!«

XXIII. KAPITEL

Die Geschichte vom Schwein

Mittlerweile schien der Hunger der meisten Gäste gestillt, und sogar *Bruno* sagte standhaft, als ihm der Professor das vierte Stück Plumpudding anbot, »Drei Pottionen iss doch genug für mich!«

Plötzlich sprang der Professor wie elektrisiert auf. »Ach je, jetzt hätte ich fast den wichtigsten Teil des Programms vergessen! Der Andere Professor soll doch noch eine Geschichte für Schweine – ich meine, eine Geschichte *vom* Schweine vortragen«, korrigierte er sich. »Sie hat am Anfang und am Ende einführende Verse.«

»Sie kann doch gar keine einführenden Verse am *Ende* haben?« zweifelte Sylvie.

»Warte ab, bis du es hörst«, verwies der Professor sie, »dann wirst du es sehen. Ich glaube sogar, sie hat außerdem noch welche in der *Mitte*.« Hier erhob er sich, und sogleich herrschte im Bankettsaal Stille: augenscheinlich erwartete man eine Rede.

»Meine Damen und Herren«, begann der Professor, »der Andere Professor ist so freundlich, ein Gedicht vorzutragen. Sein Titel lautet ›Die Geschichte vom Schwein‹. Er hat es noch niemals zuvor rezitiert!« (Allgemeiner Beifall unter den Gästen) »Er wird es niemals wieder rezitieren!« (Frenetischer Jubel und lauter Beifall im ganzen Saal; der Professor bestieg selbst in hitziger Hast den Tisch, um den Beifall zu dirigieren, wozu er in der einen Hand seine Brille und in der anderen einen Löffel schwenkte.)

Darauf erhob sich der Andere Professor und begann: –

> *Kleine Vögel futtern*
> *stolz und voller Stil,*
> *Moosschutz ihr Asyl:*
> *Schutz, heißt es, vom Ober*
> *prächtig in Zinnober –*
> *gleich erzähl' ich viel.*

495

Kleine Vögel füttern
    Richtervolk mit Mus,
    reich an sehr viel Schmus:
reich, heißt es, an Austern,
die herumklabaustern –
    so wie ich, konfus.

Kleine Vögel bringen
    Tigern Lächeln bei,
    jeder Arglist frei:
Lächeln, heißt's, nicht grienen –
Mund ist Halbkreis ihnen,
    Anstand dies verleih!

Kleine Vögel schlafen
    zwischen Kegeln, wo
    wer verliert ist froh:
wo, heißt es, sein Niesen
gar nichts kann vermiesen –
    Ich erzähle so.

Nah einer Pumpe saß voll Schmerz
    ein Schwein, allein und dick:
    bei Tag und Nacht quält' es sein Herz –
    es hätt' erweicht 'nen Stein von Erz,

wie es die Huf' hob himmelwärts,
   zu hüpfen war sein Tick.

Es hörte ein Kamel den Wicht,
   trug seinen Höcker schick.
»Ach ist es Gram, ist es die Gicht,
weshalb gehst du zur Ruhe nicht?«
Es zuckt dem Schwein wild im Gesicht:
   »Ich möchte hüpfen quick!«

Doch das Kamel sinnierte bloß.
   »Du dünkst mir viel zu dick.
Ich sah noch nie ein Schwein, so groß –
das wabbelte bei jedem Stoß –
dem noch beschieden war das Los,
   zu hüpfen mit Geschick!

Siehst du den Baum, zwei Meilen weit,
   es ist ein langes Stück:
nur zweimal täglich sei bereit,
eil hin mit viel Beharrlichkeit,
es kann ja sein – in ferner Zeit –
   hast du mit Hüpfen Glück.«

Worauf sich das Kamel empfahl
   und ließ das Schwein zurück.
Der Schmerz, der schüttelt es brutal!
Es schrie heraus in großer Qual.
Rang seine Huf', riß sich ganz kahl,
   zu hüpfen war sein Tick.

Und plötzlich kam ein Frosch herbei –
   prüft es mit Kennerblick:
ganz ungerührt sah er derlei
und sprach »Was soll denn das Geschrei?«
Und bitter sprach das Schwein: »Verzeih,
   ich möchte hüpfen schick!«

Der Frosch war voller Fröhlichkeit
   und gab sich ganz entzückt,

»Oh, Schwein, da weiß ich gut Bescheid,
und du wirst sehn, ganz ohne Leid
für wenig Lohn bist bald bereit,
    daß dir das Hüpfen glückt!

Wirst du auch oft vom Fallen schwach
    und brichst dir das Genick:
halt durch und bleibe bei der Sach',
spring erst mal über einen Bach,
zuletzt schaffst du vielleicht ein Dach,
    dann hüpfst du mit Geschick!«

Vor Freude war das Schwein ganz geck:
    »Oh, Frosch, du bist mein Glück!
Dein Wort wischt meinen Kummer weg –
nenn deinen Lohn, nimm ganz den Schreck:
bring Freude dem gebrochnen Reck',
    damit er hüpfe schick!«

»Mein Lohn soll bloß ein Kotelett sein,
  die Pumpe mein Geschick.
Präg dir die leichten Hupfer ein,
die mach ich mit dem Hinterbein!
Nun spann die Knie und streck sie fein,
  das ist beim Hupf der Trick!«

Das Schwein sprang hoch und stürzt' mit Knack
  ans unt're Pumpenstück:
es rollte leblos wie ein Sack
und lag dann da, ein ganzes Wrack,
und seine Knochen tönten »Klack!«
  Der Hupf war ohne Glück.

Nach diesen Versen ging der Andere Professor zum Kamin hinüber und steckte den Kopf in den Rauchfang. Dabei verlor er das
Gleichgewicht und stürzte kopfüber in den leeren Rost, wo er sich
so verklemmte, daß es eine Weile dauerte, ehe man ihn wieder
herausgezerrt hatte. Bruno fand unterdessen Gelegenheit für die
Feststellung: »Wahrscheinlich wollte er sehn, wieviel Leute oben
im Bauchfang hingen.«

  Und Sylvie hatte verbessert: »*Rauchfang* – nicht Bauchfang.«

499

»Sie müssen sich das Gesicht schwarzgemacht haben!« meinte die Kaiserin besorgt. »Soll ich Seife holen lassen?«

»Nein, danke«, wehrte der Professor ab. »Schwarz ist eine respektable Farbe. Außerdem wäre Seife ohne Wasser sinnlos –« Und indem er dem Publikum den Rücken zuwandte, fuhr er fort: –

Kleine Vögel schreiben
  Bücher voller Geist,
   lesen Köche meist:
lesen, heißt's, nicht braten –
das, für Literaten,
  wäre doch zu dreist.

Kleine Vögel spielen
  Dudelsack am Strand,
   wo man liegt im Sand:
»Dank«, schreit man. »Oh, Schrecken!«
Laßt euch Geld zustecken!
  Schont uns jetzt galant!«

Kleine Vögel baden
  Krokodil in Krem',
   welch ein Traum-Poem:
leider nicht von Dauer –
Krokodil wird sauer,
  hält's für unbequem!

Als das Kamel im Dämmerschein
  zur Pumpe kam zurück,
»Gebrochnes Herz! Gebrochnes Bein!
Es braucht doch«, sprach es da zum Schwein,
»ein Wesen feenhaft und fein,
  zu hüpfen mit viel Glück!«

Das Schwein lag reglos und ganz still
  mit Schmerzen im Genick:
nie wieder spann es solche Grill'
und klagte niemals mehr so schrill,
es sprach auch nimmermehr, »Ich will
  jetzt hüpfen mit Geschick.«

Der Frosch, der sagte auch nichts mehr,
  ganz traurig war sein Blick:
die Konsequenzen wogen schwer,
denn er ging aus jetzt völlig leer –

»Das iss eine elende Geschichte!« beschwerte sich Bruno. »Sie beginnt elend und sie endet elenderer. Ich glaub, ich wein, Sylvie, bitte leih mir dein Taschentuch.«

»Ich hab es nicht bei mir«, wisperte Sylvie.

»Dann wein ich nich«, ermannte sich Bruno.

»Es kommen noch weitere einführende Verse«, erklärte der Andere Professor, »aber ich habe jetzt Hunger.« Er setzte sich, schnitt sich ein großes Stück Kuchen ab, legte es auf Brunos Teller und glotzte erstaunt auf seinen leeren.

»Woher hast du den Kuchen?« fragte Sylvie Bruno leise.

»Er hat ihn mich gegibt«, antwortete Bruno.

»Aber du sollst doch nicht darum bitten! Das *weißt* du doch!«

»Ich *hab* nicht drum gebittet«, verteidigte sich Bruno und nahm ein großes Stück in dem Mund: »Er hat ihn mich *gegibt*.«

Sylvie bedachte dies einen Augenblick: dann fand sie einen Ausweg. »Also, dann bitte ihn, *mir* auch etwas zu geben!«

»Freut dich der Kuchen?« erkundigte sich der Professor.

»Bedeutet das ›schmatsen‹?« wisperte Bruno Sylvie zu.

Sylvie nickte. »Das bedeutet ›schmatzen‹ und ›*gern* schmatzen‹.«

Bruno lächelte den Professor an. »Er freut mir *wirklich*«, stellte er fest.

Der Andere Professor schnappte das Wort auf. »Und ich hoffe, du freust dich *selbst* auch, kleiner Mann?« erkundigte er sich.

Brunos Schreckensblick erstaunte ihn sehr. »Nein, das tun ich *bestimmt* nich!« brach es aus ihm heraus.

Der Andere Professor war gründlich verwirrt. »Schön, schön!« begütigte er. »Versuch doch mal ein wenig Schlüsselblumen- wein!« Und er füllte ein Glas und reichte es Bruno. »Trink das, mein Lieber, und du bist ein ganz anderer Mensch!«

»Wer soll ich denn sein?« wollte Bruno wissen und zögerte, es an die Lippen zu setzen.

»Stell nicht so viele Fragen!« schaltete sich Sylvie ein, um den armen alten Herrn vor weiterer Verwirrung zu bewahren. »Viel- leicht können wir den Professor zu einer Geschichte überreden.«

Enthusiastisch stimmte Bruno dem Vorschlag zu. »Bitte ja!« bestürmte er ihn. »Was von Tigern – un Hummeln – un Rotkehl- chen, weiß'de!«

»Warum muß eine Geschichte immer von *Lebewesen* handeln?« fragte der Professor. »Warum willst du nicht einmal etwas von Tatsachen und Ereignissen hören?«

»Oh, *bitte* erfind so eine Geschichte!« wünschte sich Bruno.

Der Professor begann sehr flüssig. »Einst unternahm eine Übereinstimmung einen Spaziergang mit einem kleinen Zufall, und sie begegneten einer Erklärung – einer *ganz* alten Erklärung – so alt, daß sie schon ganz gekrümmt war und eher wie ein Pro- blem aussah –«, er brach plötzlich ab.

»*Bitte*, weiter!« verlangten beide Kinder.

Der Professor gestand aufrichtig ein: »Als Stegreifgeschichte ist die Gattung ein wenig kompliziert. Vielleicht erzählt erst Bruno eine.«

Bruno war nur allzu glücklich, auf diesen Vorschlag einzuge- hen. »Es war einmal ein Schwein, un ein Akkordeon, und zwei Einmachgläser mit Orangenmarmelade –.«

»Die *dramatis personæ*«, murmelte der Professor. »Schön, was dann?«

»Dann, als das Schwein auf dem Akkordeon spielte«, fuhr Bruno fort, »mochte eines der Gläser Orangenmarmelade die Mehl-Ode nich, un das andere Glas Orangenmarmelade mochte die Mehl-Ode, die Gläser Orangenmarmelade werden mir *bestimmt* ganz irr machen, Sylvie!« wisperte er besorgt.

»Ich trage jetzt die übrigen einführenden Verse vor«, verkündete der Andere Professor.

Kleine Vögel stopfen
Baronets mit Brot,
lehren schießen Schrot:
Schrot, heißt es, zermalme
eisgefror'ne Salme –
und das ohne Not.

Kleine Vögel stecken
Schuld in Schnappsack rein,
lobt der Hirsch zum Schein;
lobt, heißt es, dann schlagen –
Freunde wild zernagen,
das ist nicht sehr fein.

Kleine Vögel kosten
Dank und Diamant,
frieren penetrant:
Fröste, heißt's, durchdringen –
wenn die Glocken klingen,
Mär ihr Ende fand.

»Als nächstes«, bemerkte der Professor froh zum Lordkanzler, sobald der Applaus für die Rezitation der Geschichte vom Schwein verhallt war, »sollten wir auf das Wohl des Kaisers trinken, nicht wahr?«

»Zweifellos!« erwiderte der Lordkanzler sehr feierlich, und er erhob sich, um die Zeremonie zu leiten. »Füllt eure Gläser!« donnerte er. Alle taten dies sogleich. »Trinkt auf das Wohl des Kaisers!« Ein allgemeines Glucksen tönte durch den ganzen Saal. »Ein dreifaches Hoch auf den Kaiser!« Ein ganz jämmerliches Vivat folgte auf *diese* Ankündigung: und mit bewundernswerter Geistesgegenwart proklamierte der Lordkanzler sogleich: »Eine Rede vom Kaiser!«

Der Kaiser hatte mit seiner Rede schon vor diesen Worten eingesetzt. »Aber nicht gewillt, Kaiser zu sein – doch da ihr alle wünscht, daß ich Kaiser sein soll – ihr wißt, wie schlecht der letzte Gouverneur sein Amt geführt hat – ihr wart so begeistert – er hat euch unterdrückt – er hat euch zu hoch besteuert – ihr wißt, wer der beste Kandidat für die Kaiserherrschaft ist – mein Bruder hatte keinen Verstand –«

Wie lang die kuriose Rede noch gedauert hätte, läßt sich nicht sagen, denn gerade in diesem Moment erschütterte ein Hurrikan den Palast bis in die Grundfesten, sprengte die Fenster auf, löschte etliche Lampen und wirbelte Staubwolken in die Luft, wo sie seltsame Muster formten und Wörter zu bilden schienen.

Doch der Sturm flaute so jäh ab, wie er sich erhoben hatte – die Fensterflügel schwangen wieder in ihrer angestammte Lage: der Staub verschwand: alles war wie vor einer Minute – mit Ausnahme des Kaisers und der Kaiserin, die sich auf wunderbare Weise verändert hatten. Das leere Starren, das sinnlose Grinsen waren gewichen: alle konnten erkennen, daß diese beiden seltsamen Wesen wieder zur Vernunft gekommen waren.

Der Kaiser setzte seine Rede fort, als habe es keine Unterbrechung gegeben. »Und wir – meine Frau und ich – haben uns wie zwei durchtriebene Schufte verhalten. Wir verdienen keine bessere Bezeichnung. Als mein Bruder weggegangen ist, haben Sie den besten Gouverneur verloren, den Sie jemals hatten. Ich habe mein Bestes getan, ich erbärmlicher Heuchler, durch Betrug zu erreichen, daß Sie mich zum Kaiser wählen. Mich! Einen, der kaum genug Verstand besitzt, das Amt eines Schuhputzers auszuführen!«

Der Lordkanzler rang vor Verzweiflung die Hände. »Er ist verrückt geworden, gute Leute!« hob er an. Doch beide Redner verstummten jäh – und durch die Stille drang ein Klopfen an der Außentür.

»Was ist das?« schrie man einhellig. Menschen begannen herein und hinaus zu rennen. Die Erregung steigerte sich mit jedem Augenblick. Der Lordkanzler raste unter Mißachtung jeglicher Hofetikette mit Höchstgeschwindigkeit durch den Saal und kehrte nach einer Minute bleich und nach Atem ringend zurück.

XXIV. KAPITEL

Die Rückkehr des Bettlers

»Eure Kaiserliche Hoheit!« begann er. »Es ist schon wieder der
alte Bettler! Soll ich die Hunde auf ihn hetzen?«

»Bring ihn her!« befahl der Kaiser.

Der Kanzler glaubte seinen Ohren nicht zu trauen. »*Hierher,*
Eure Kaiserliche Hoheit? Habe ich recht verstanden —«

»Bring ihn her!« donnerte der Kaiser abermals. Der Kanzler

torkelte durch den Saal – und nach einer weiteren Minute teilte sich die Menge, und man sah den armen alten Bettler den Bankettsaal betreten.

Er sah wahrhaftig bemitleidenswert aus: die an ihm herumhängenden Lumpen waren völlig verdreckt: sein weißes Haar und der lange Bart waren unordentlich. Dennoch schritt er aufrecht mit majestätischem Gang, als sei er gewohnt zu befehlen: und – das Merkwürdigste – Sylvie und Bruno geleiteten ihn, hielten seine Hand fest und sahen ihn mit Blicken stummer Liebe an.

Die Menschen lauerten gespannt, wie der Kaiser den kühnen Eindringling empfangen würde. Würde er ihn die Stufen vom Thron hinabschleudern? Aber nein. Zum großen Erstaunen aller kniete der Kaiser nieder, als der Bettler nähertrat, und murmelte gesenkten Hauptes: »Vergib uns!«

»Vergib uns!« wiederholte die Kaiserin sanft und kniete an ihres Gatten Seite.

Der Verbannte lächelte. »Erhebt Euch!« bat er. »Ich vergebe euch!« Und die Menschen bemerkten verwundert, daß während dieser Worte eine Veränderung mit dem alten Bettler vorgegangen war. Was wie wertlose Lumpen und Dreckspritzer ausgesehen hatte, war jetzt königlicher Putz mit Gold bestickt und mit funkelnden Edelsteinen besetzt. Nun erkannten sie ihn alle und knieten vor dem älteren Bruder nieder, dem wahren Gouverneur.

»Mein Bruder, meine Schwester!« begann der Gouverneur mit klarer Stimme, die im ganzen riesigen Saal zu vernehmen war. »Ich bin nicht gekommen, um euch abzusetzen. Regiert weiterhin als Kaiser und regiert weise. Denn ich bin gewählter König von Feenland. Morgen kehre ich dorthin zurück und nehme nichts mit außer – außer –«, seine Stimme bebte, und mit unbeschreiblicher Zärtlichkeit im Blick legte er seine Hände schweigend auf die Häupter der beiden Kinder, die ihn umklammerten.

Doch im nächsten Augenblick beherrschte er sich und bedeutete dem Kaiser, seinen Platz am Tisch einzunehmen. Die Gäste setzten sich ebenfalls wieder – dem Elbenkönig machte man zwischen seinen beiden Kindern Platz – und der Lordkanzler erhob sich abermals, um den nächsten Toast vorzuschlagen.

»Der nächste Toast gilt – dem Helden des Tages – nanu, er ist ja gar nicht da!« Bestürzt brach er ab.

Ach du liebe Güte! Keiner hatte an Prinz Uggug gedacht!

»Man hat ihn auf das Bankett hingewiesen?« verlangte der Kaiser zu wissen.

»Ganz bestimmt!« versicherte der Kanzler. »*Das* war die Pflicht des Leibgardisten.«

»Der Leibgardist soll vortreten!« befahl der Kaiser ernst.

Der Leibgardist trat vor. »Ich war Seiner Kaiserlichen Fettheit zugeteilt«, lautete die Erklärung des zitternden Beamten. »Ich habe ihn auf die Vorlesung und das Bankett hingewiesen –«

»Und wie reagierte er?« forschte der Kaiser: denn der Unglücksvogel konnte vor Furcht kaum sprechen.

»Seine Kaiserliche Fettheit geruhte zu schmollen, Seine Kaiserliche Fettheit geruhte mir eine Ohrfeige zu geben. Seine Kaiserliche Fettheit geruhte zu bekunden: ›Ich kümmer mich nicht darum!‹.«

»›Kümmer-nicht‹ hat ein schlimmes Ende gefunden«, wisperte Sylvie Bruno zu. »Ich weiß es nicht genau, aber ich glaube, er wurde gehängt.«

Der Professor bekam dies zufällig mit. »*Das*«, bemerkte er freundlich, »geschah bloß infolge einer Verwechslung.«

Beide Kinder waren verwirrt.

»Gestattet mir, es zu erklären. ›Kümmer-nicht‹ und ›Kummer‹ waren Zwillingsbrüder. ›Kummer‹ hatte eine Katze getötet. Und irrtümlich fing man ›Kümmer-nicht‹ und hängte ihn statt dessen. Und so lebt ›Kummer‹ immer noch. Doch ohne seinen Bruder ist er ganz unglücklich. Deshalb sagt man auch: ›Hebe dich hinweg, krummer Kummer!‹«

»Vielen Dank!« sagte Sylvie herzlich. »Das ist ja sehr interessant. Na, das scheint *alles* zu erklären!«

»Also, bestimmt nicht *alles*«, gab der Professor bescheiden zu. »Es gibt da noch zwei oder drei Probleme in der Wissenschaft –«

»Welchen Eindruck machte Seine Kaiserliche Fettheit auf Sie?« erkundigte sich der Kaiser beim Leibgardisten.

»Nach meinem Eindruck war Seine Kaiserliche Fettheit sehr –«

»Sehr *was?*«

Alles lauschte atemlos auf das nächste Wort.

»Sehr REIZBAR!«

»Er soll *umgehend* erscheinen!« befahl der Kaiser. Und der

Hauptmann schoß davon. Der Elbenkönig schüttelte nur traurig den Kopf. »Sinnlos, sinnlos!« murmelte er vor sich hin. »Lieblos, lieblos!«

Bleich, zitternd und sprachlos kam der Hauptmann langsam zurück.

»Nun?« forschte der Kaiser. »Warum erscheint der Prinz nicht?«

»Das läßt sich leicht erraten«, behauptete der Professor. »Seine Kaiserliche Fettheit ist zweifellos etwas okkupiert.«

Bruno sah seinen alten Freund fragend an. »Was bedeutet das Wort?«

Aber der Professor überhörte die Frage. Er lauschte begierig auf die Antwort des Leibgardisten.

»Bitte, Eure Hoheit! Seine Kaiserliche Fettheit ist –« Er konnte kein Wort mehr hervorbringen.

Äußerst beunruhigt sprang die Kaiserin auf. »Wir wollen zu ihm gehen!« schlug sie vor. Und eine allgemeine Bewegung Richtung Tür setzte ein.

Im Nu war Bruno vom Stuhl gerutscht. »Dürfen wir auch gehn?« fragte er eifrig. Doch der König registrierte die Frage nicht, da der Professor mit ihm sprach. »Bei Sachen sein, Eure Majestät!« meinte er gerade. »Das wird er, zweifellos.«

»Dürfen wir zu ihm gehn?« wiederholte Bruno. Der König nickte zustimmend, und die Kinder eilten davon. Nach ein oder zwei Minuten kehrten sie langsam und nachdenklich zurück. »Nun?« erkundigte sich der König. »Was ist mit dem Prinzen?«

»Er iss – was hast du nochmal gesagt«, entgegnete Bruno und blickte den Professor an. »Was das schwierige Wort bedeutet.« Und er warf Sylvie einen hilfesuchenden Blick zu.

»Ein Stachelschwein«, ergänzte Sylvie.

»Nein, nein!« korrigierte der Professor sie. »Bei Sachen sein, meinst du.«

»Nein, es heißt Stachelschwein«, beharrte Sylvie. »Und nichts anderes. Willst du bitte mitkommen. Im Haus ist ein großes Theater.« (»Un de solltest dein Theaterglas besser mitnehmen!« fügte Bruno hinzu.)

Wir sprangen hastig auf und folgten den Kindern die Treppe

hinauf. Niemand nahm auch nur die mindeste Notiz von *mir*, doch das überraschte mich keineswegs, da mir schon seit langem klar war, daß ich für alle völlig unsichtbar war – selbst für Sylvie und Bruno.

Die ganze Galerie entlang bis zu des Prinzen Räumlichkeiten brandete eine aufgeregte Menschenmenge hin und her, und das Stimmenbabel war betäubend. Gegen seine Zimmertür stemmten sich drei starke Männer, die sie vergeblich zu schließen versuchten – denn von innen stieß sie irgendein riesiges Tier immer wieder halb auf, und ehe es den Männern gelang, sie abermals zuzudrücken, sahen wir soeben noch den Kopf einer wütenden wilden Bestie mit großen feurigen Augen und knirschenden Zähnen. Die Stimme setzt sich aus ganz verschiedenen Lauten zusammen – das Brüllen eines Löwen, das Wüten eines Stieres und dann und wann ein Schrei wie von einem überdimensionalen Papagei. »Nach der Stimme läßt es sich nicht klassifizieren!« rief der Professor ganz aufgeregt. »Was ist es?« schrie er den Männern an der Tür zu. Und im Chor antworteten sie ihm: »Ein Stachelschwein! Prinz Uggug hat sich in ein Stachelschwein verwandelt!«

»Ein neues Spezimen!« jubelte der Professor. »Laßt mich bitte hinein. Ich muß es auf der Stelle etikettieren.«

Doch die kräftigen Männer stießen ihn zurück. »Es etikettieren, sonst noch was? Wollen Sie vielleicht gefressen werden?« schrien sie ihn an.

»Kümmern Sie sich nicht um Spezimina, Professor!« befahl der Kaiser, der sich gerade einen Weg durch die Menge bahnte. »Sagen Sie uns lieber, wie man es gefangennehmen kann!«

»Ein großer Käfig!« entgegnete der Professor prompt. »Bringt einen großen Käfig«, wandte er sich an die Menge, »mit festem Stahlgitter und einem Fallgatter, damit man es wie eine Mausefalle bedienen kann! Hat jemand zufällig so etwas bei sich?«

Das klang nicht nach einem Gegenstand, den man unbedingt mit sich herumträgt; nichtsdestotrotz schafften sie ihn auf der Stelle heran: kurioserweise stand er zufällig in der Galerie.

»Stellt ihn der Tür gegenüber auf und zieht das Fallgatter hoch!« Dies war im Nu geschehen.

»Jetzt Decken!« rief der Professor. »Das ist ein höchst interessantes Experiment!«

Zufälligerweise lag ein Stapel Decke ganz in der Nähe: und der Professor hatte die Worte kaum ausgesprochen, als sie schon entfaltet waren und wie Vorhänge rundherum hochgehalten wurden. Der Professor arrangierte sie flink zu zwei Reihen, so daß sie einen dunklen Gang bildeten, der geradewegs von der Tür zur Öffnung des Käfigs führte.

»Reißt jetzt die Tür auf!« das erwies sich als überflüssig: die drei Männer brauchten nur zur Seite zu springen, und das schreckliche Monstrum riß die Tür selber auf und stürzte pfeifend wie eine Dampfmaschine in den Käfig.

»Runter mit dem Fallgatter!« Gesagt, getan: und alle atmeten erleichtert auf, als sie sahen, daß das Stachelschwein im Käfig gefangen war.

Der Professor rieb sich mit kindlicher Freude die Hände. »Das Experiment ist erfolgreich abgeschlossen!« verkündete er. »Jetzt braucht es nur noch dreimal täglich gefüttert zu werden, und zwar mit zerkleinerten Möhren und –«

»Kümmern Sie sich jetzt nicht um sein Fressen!« unterbrach der Kaiser. »Wir wollen zum Bankett zurückgehen. Bruder, übernimmst du die Führung?« Und der alte Herr führte in Begleitung seiner Kinder die Prozession treppab. »Das ist das Schicksal eines lieblosen Lebens!« erklärte er Bruno, als sie an ihre Plätze zurückgekehrt waren. Worauf Bruno zu bedenken gab: »Ich habe Sylvie immer ganz lieb, deshalb werd ich nie so dornig!«

»Stimmt, er *ist* dornig«, gab der Professor zu, der die letzten Worte mitbekommen hatte, »doch wir müssen bedenken, daß er auch als Stachelschwein immer noch königlichen Geblüts ist! Wenn das Fest vorbei ist, bringe ich Prinz Uggug ein kleines Geschenk – um ihn nämlich etwas zu beschäftigen: das Leben in einem Käfig ist nicht angenehm.«

»Was schenks'de ihm zum Geburtstag?« erkundigte sich Bruno.

»Eine kleine Untertasse mit zerkleinerten Möhren«, entgegnete der Professor. »Bei Geburtstagsgeschenken ist Sparsamkeit meine Devise! Ich glaube, ich spar im Jahr vierzig Pfund an Geschenken – oh, *was* für ein stechender Schmerz!«

»Was ist denn?« fragte Sylvie besorgt.

»Mein alter Feind!« stöhnte der Professor. »Lumbago – Rheumatismus – irgend so was. Ich ziehe mich wohl besser zurück und lege mich ein wenig hin.« Und er humpelte aus dem Saal, wobei die beiden Kinder mitleidig hinter ihm hersahen.

»Es wird ihm bald schon besser gehen!« meinte der Elbenkönig aufmunternd. »Bruder!« sich an den Kaiser wendend, »ich habe heute abend noch einiges mit dir zu besprechen. Die Kaiserin kann sich solange um die Kinder kümmern.« Und die beiden Brüder zogen Arm in Arm davon.

Die Kaiserin hatte in den Kindern eine ziemlich traurige Gesellschaft. Sie konnten nur vom »lieben Professor« sprechen und »wie schade, daß er so krank ist«, bis sie schließlich den willkommenen Vorschlag machte: »Wir wollen ihn besuchen!«

Sie reichte den beiden Kindern die Hände, die sie eifrig ergriffen: und wir gingen zum Arbeitszimmer des Professors, wo wir ihn in Decken gehüllt auf dem Sofa liegend antrafen, wie er in einem kleinen Notizbuch las. »Notizen zu Band drei!« murmelte er gerade, als er uns bemerkte. Und dort auf dem Tisch ganz in seiner Nähe lag das Buch, das er damals, als ich ihn das erste Mal sah, gesucht hatte.

»Wie fühlen Sie sich denn inzwischen, Professor?« fragte die Kaiserin und beugte sich über den Invaliden.

Der Professor sah sie an und lächelte leicht. »Eurer Kaiserlichen Hoheit so ergeben wie stets!« murmelte er. »Alles, was an mir nicht Lumbago ist, ist Loyalität!«

»Welch edle Gesinnung!« rief die Kaiserin mit Tränen in den Augen. »Selten hört man so etwas Schönes – nicht einmal am Valentinstag!«

»Wir müssen dich ans Meer bringen«, schlug Sylvie zärtlich vor. »Das wird dir guttun! Und das Meer ist so großartig!«

»Aber ein Berg iss mehr großartig!« widersprach Bruno.

»Was ist am Meer schon großartig?« zweifelte der Professor. »Sieh mal, du könntest es vollständig in einer Teetasse unterbringen!«

514

»*Etwas* davon«, korrigierte Sylvie ihn.

»Schön, aber man braucht bloß eine gewisse Zahl von Teetassen, um *alles* hineinzufüllen. Und wo bleibt dann die Größe? Und was einen Berg angeht – also, in einer gewissen Anzahl Jahren könnte man alles mit einem Schubkarren abtragen!«

»Sie wären nicht großartig – die Stücke im Schubkarren«, gab Sylvie aufrichtig zu.

»Aber wenn de es wieder zusammenbaust –«, begann Bruno.

»Wenn du älter bist«, erklärte der Professor, »dann wirst du begreifen, daß man Berge *nicht* so einfach auftürmen kann! Man lebt und man lernt, weißt du!«

»Aber dazu brauch es doch nich *denselben* Mann?« wünschte sich Bruno. »Reicht es nich, wenn *ich* lebe un *Sylvie* lernt?«

»Ich *kann* nicht lernen ohne zu leben!« empörte sich Sylvie.

»Aber ich *kann* leben ohne zu lernen!« parierte Bruno. »Du plagst mich nur!«

»Was ich gemeint habe, war –«, holte der Professor ganz verwirrt aus, »– war, daß du nicht *alles* weißt, weißt du.«

»Aber ich *weiß* alles, was ich weiß!« beharrte der kleine Bursche. »Ich weiß immer ganz viel. Nur nich das, was ich *nich* weiß. Un Sylvie weiß alles übrige.«

Der Professor seufzte und gab es auf. »Weißt du, was ein Buuhdschamm ist?«

»*Ich* weiß!« meldete sich Bruno. »Das iss ’n Mann, der ’nem Schiff vorsteht!«

»Er meint ›Bootsmann‹«, erklärte Sylvie wispernd.

»Man kann nicht vor einem Schiff stehen«, widersprach der Professor mild.

Bruno lachte frech. »*Kannst* de aber doch! Wenn’s Wasser *ganz* flach iss.«

»Es war einmal ein Buuhdschamm –«, begann der Professor, verstummte jedoch jäh. »Ich habe den Rest der Fabel vergessen«, mußte er eingestehen. »Sie hatte sogar eine Moral. Aber ich fürchte, die habe ich auch vergessen.«

»*Ich* werd dich ’ne Fabel erzählen!« warf Bruno hastig ein. »Es war mal ’ne Heuschrecke, un ’ne Elster, un ’n Lokomotivführer. Un die Moral iss, daß man früh aufstehn soll –.«

515

»Das ist kein bißchen interessant!« kritisierte Sylvie verächtlich. »Du solltest die Moral nicht so bald erwähnen.«

»Wann hast du dir die Fabel ausgedacht?« fragte der Professor. »Letzte Woche?«

»Nein!« sagte Bruno. »Noch ein Stück bälder, rat noch mal!«

»Ich kann nicht raten«, meinte der Professor. »Wie lang ist es her?«

»Hach, sie iss noch gar nicht ausgedenkt!« triumphierte Bruno. »Aber ich hab eine hübsche ausgedenkt. Soll ich sie erzählen?«

»Wenn du sie *zu Ende* gedacht hast«, stimmte Sylvie zu. »Und die Moral soll sein, ›es noch einmal zu versuchen‹!«

»Nein«, widersprach Bruno fest entschlossen. »Die Moral sinn, ›es *nich* nochmal zu versuchen‹! Es war mal eine hübsche Porzellanfigur, die stand auf 'nem Kaminsims. Un sie stand, un sie stand. Un eines Tages fallte sie runter, un sie tute sich kein bißchen weh. Sie *wollte* es nun nochmal versuchen. Un als sie das nächste Mal runterfallte, tut sie sich ganz doll weh un brechte sich sehr viel Glasur ab.«

»Aber wie ist sie denn nach dem ersten Sturz wieder auf den Kaminsims gekommen?« erkundigte sich die Kaiserin. (Das war die erste sinnvolle Frage, die sie in ihrem ganzen Leben gestellt hatte.)

»*Ich* hab sie raufgestellt!« gestand Bruno.

»Dann fürchte ich, du weißt auch etwas über ihren Sturz«, kombinierte der Professor. »Vielleicht hast du sie gestoßen?«

Worauf Bruno ganz ernst gestand: »Hab sie nicht *viel* gestoßt – es waren eine *hübsche* Porzellanfigur«, fügte er hastig in der offensichtlichen Absicht hinzu, das Thema zu wechseln.

»Kommt, meine Kinder!« sagte der Elbenkönig, der gerade das Zimmer betreten hatte. »Wir wollen noch ein wenig miteinander reden, ehe ihr zu Bett geht.«

Und er führte sie weg, doch an der Tür ließen sie seine Hände fahren und rannten zurück, um dem Professor eine gute Nacht zu wünschen.

»Gute Nacht, Profeffer, gute Nacht!« Bruno gab dem alten Herrn feierlich die Hand, der ihn lächelnd ansah, während Sylvie

sich niederbeugte, um ihre süßen Lippen auf seine Stirn zu drük-
ken.

»Gute Nacht, ihr Kleinen!« sagte der Professor. »Ihr könnt
mich jetzt alleinlassen, ich will ruminieren. Alles an mir«, murmelte er schläfrig, als wir das Zimmer verließen, »alles an mir,
was nicht *Bonhommie, ist Rumination!*«

»*Was* hat er gesagt, Bruno?« erkundigte sich Sylvie, sobald wir
außer Hörweite waren.

»Ich *glaub*, er hat gesagt: ›Alles an mir, was nich Brummknie
iss, iss Rheumatismus‹. Was in aller Welt soll das Pochen, Sylvie?«

Sylvie blieb stehen und lauschte ängstlich. Es klang, als trete
jemand gegen eine Tür. »Ich *hoffe* nur, das Stachelschwein ist
nicht ausgebrochen!« rief sie.

»Komm weiter!« drängelte Bruno hastig. »Das iss nämlich nix,
auf das man warten muß!«

XXV. KAPITEL

Auferstehung

Das Tret- und Klopfgeräusch schwoll immer mehr an: und schließlich öffnete sich irgendwo in unserer Nähe eine Tür. »Haben Sie ›Herein!‹ gerufen, Sir?« fragte meine Hauswirtin zögernd.

»O ja, herein!« erwiderte ich. »Was gibt es?«

»Der Bäckersohn hat gerade eine Nachricht für Sie gebracht, Sir. Er hat gesagt, er sei am Herrenhaus vorbeigekommen, und man habe ihn gebeten, sie bei uns vorbeizubringen.«

Die Mitteilung enthielt nur fünf Worte. »Bitte kommen Sie sofort, Muriel.«

Wie im Schock schien mein Herz stillzustehen. »Der Earl ist krank!« sagte ich zu mir. »Vielleicht liegt er im Sterben!« Und hastig machte ich mich zum Ausgehen fertig.

»Hoffentlich war es keine schlechte Nachricht, Sir?« meinte meine Wirtin, als sie mich ausgehen sah. »Der Junge hat gesagt, jemand sei unerwartet angekommen –«

»Ich hoffe, das ist der Grund!« wünschte ich mir. Aber in meinem Herzen war mehr Furcht als Hoffnung: indessen war ich irgendwie beruhigt, als ich beim Betreten des Hauses Gepäck mit den Initialen »E. L.« am Eingang liegen sah.

»Es handelt sich also nur um Eric Lindon!« dachte ich halb erleichtert und halb verärgert. »Deshalb brauchte sie nun wahrhaftig nicht nach mir zu schicken!«

Lady Muriel begrüßte mich im Korridor. Ihre Augen schimmerten – doch eher vor freudiger Erregung als vor Gram. »Ich habe eine Überraschung für Sie!« flüsterte sie.

»Sie meinen wohl, daß Eric Lindon angekommen ist?« stellte ich fest und versuchte vergeblich, die unwillkürliche Verbitterung in meiner Stimme zu bemänteln. »*Das Gebackne vom Leichen-*

schmaus gab kalte Hochzeitsschüssel«[*], mußte ich einfach für mich zitieren. Wie grausam und ungerechtfertigt ich sie verurteilte!

»Nein, nein!« bestritt sie eifrig. »Das heißt – Eric *ist* hier. Aber –«, ihre Stimme bebte, »aber da ist noch jemand!«

Weitere Fragen waren überflüssig. Gespannt folgte ich ihr ins Zimmer. Und da lag er auf dem Bett – bleich und abgespannt – ein bloßer Schatten seines früheren Ichs – mein alter Freund war vom Tode auferstanden!

»Arthur!« schrie ich. Mehr konnte ich nicht herausbringen.

»Ja, da bin ich wieder, alter Junge!« murmelte er und lächelte, als ich seine Hand ergriff. »*Er*«, und er deutete auf Eric, der etwas abseits stand, »hat mir das Leben gerettet – *Er* hat mich zurückgebracht. Nach Gott müssen wir *ihm* am meisten danken, Muriel, meine Frau!« Schweigend reichte ich Eric und dem Earl die Hand: und einmütig gingen wir in den dunkleren Teil des Raumes, wo wir reden konnten, ohne den Kranken zu stören, der schweigend und glücklich daniederlag, die Hand seiner Frau hielt und sie liebevoll ansah.

»Bis heute war er im Delirium«, erklärte Eric mit gedämpfer Stimme: »und auch heute hat er schon mehr als einmal phantasiert. Aber *ihr* Anblick hat ihm neues Leben geschenkt.« Und dann erzählte er mit scheinbar gleichgültiger Stimme – ich wußte ja, wie sehr er jegliches Zurschaustellen von Gefühlen haßte –, wie er darauf gedrungen habe, noch einmal in den von der Pest geschlagenen Ort zu gehen, um einen Mann herauszuschaffen, den der Arzt bereits aufgegeben hatte, der aber seiner Meinung nach noch zu retten *war,* wenn man ihn ins Hospital brächte: wie an der ausgezehrten Gestalt nichts an Arthur erinnert habe, und er ihn erst einen Monat später bei seinem Krankenbesuch erkannt habe: wie der Arzt ihm die Bekanntgabe seiner Entdeckung mit dem Hinweis, ein Schock durch die Überlastung des Gehirns könne tödlich sein, verboten habe: wie er dann im Hospital geblieben sei und den Kranken Tag und Nacht gepflegt habe – all dies erzählte er mit dem Gleichmut eines Menschen, der über die unbedeutenden Taten eines zufälligen Bekannten berichtet.

[*] AdÜ: Shakespeare, Hamlet i, 2.

»Und das war sein *Rivale!*« dachte ich. »Der Mann, der ihm das Herz der Frau genommen hat, die er liebte!«

»Die Sonne geht unter«, stellte Lady Muriel fest, erhob sich und trat ans offene Fenster. »Seht nur mal den Himmel im We-

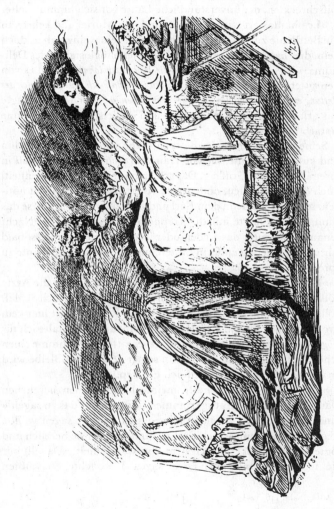

sten! Was für hübsche, karminrote Farben. Morgen werden wir einen herrlichen Tag haben –« Wir waren ihr gefolgt, standen in kleiner Gruppe da und sprachen mit gedämpften Stimmen in der anbrechenden Dämmerung, als uns einige Worte des Kranken aufschreckten, der unverständliche Laute vor sich hinmurmelte.

»Er phantasiert wieder«, flüsterte Lady Muriel und kehrte an die Bettkante zurück. Wir traten ebenfalls ein wenig näher: doch nein, dies hatte nichts von der Zusammenhanglosigkeit des Deliriums. *»Wie soll ich dem Herrn all die Wohltaten lohnen«*, kam es von den zitternden Lippen, *»die er mir erwiesen hat? Ich will den Kelch der Rettung empfangen und den Namen – den Namen –«**, doch hier versagte das arme, schwache Gedächtnis, und die leise, fiebrige Stimme erstarb in Schweigen.

Seine Frau kniete an der Bettkante, zog seinen Arm zu sich hin und küßte die dünne, bleiche Hand zärtlich, die ganz schlaff in ihrem liebevollen Griff lag. Das schien mir eine gute Gelegenheit, mich davonzustehlen, ohne sie zu einer Abschiedsgeste zu nötigen: so nickte ich denn dem Earl und Eric zu und verließ leise das Zimmer. Eric folgte mir die Treppe hinunter und in die Nacht hinaus. »Bedeutet das Leben oder Tod?« fragte ich ihn, sobald wir uns weit genug entfernt hatten, um mit normaler Stimme zu sprechen.

»Es bedeutet *Leben!*« bekräftigte er. *»Darin* sind sich die Ärzte völlig einig. Nach ihrer Meinung braucht er jetzt nur noch Schlaf, völlige Ruhe und gute Pflege. Schlaf und Ruhe, das ist hier kein Problem: und was die Pflege angeht, nun, auch das halte ich für *möglich* –« (er versuchte mühsam, seiner zitternden Stimme einen scherzhaften Klang zu geben) »in seiner derzeitigen Bleibe wird er wahrscheinlich sogar ziemlich gut gepflegt!«

»Da bin ich ganz sicher!« meinte ich. »Meinen herzlichen Dank, daß Sie mit herausgekommen sind, um mir das zu sagen!« Und da ich dachte, er habe alles gesagt, was er sagen wollte, reichte ich ihm zum Abschied die Hand. Er griff sie herzlich und fügte hinzu, wobei er das Gesicht abgewandt hielt: »Da fällt mir ein, ich wollte Ihnen noch etwas sagen. Ich dachte, Sie wüßten

* AdÜ: Psalm 116, 12–13.

522

vielleicht gern, daß – daß ich nicht – nicht mehr der Meinung bin, der ich bei unserer letzten Begegnung war. Das heißt nicht – daß ich den christlichen Glauben annehmen kann – wenigstens noch nicht. Aber all dies geschah so merkwürdig. Und sie hatte gebetet, wissen Sie. Und ich hatte gebetet. Und – und –«, seine Stimme brach, und ich konnte gerade noch die letzten Worte mitbekommen, »*es gibt einen Gott, der Gebete erhört!* Ich weiß es jetzt ganz bestimmt.« Er drückte abermals meine Hand und verließ mich hastig. Niemals zuvor hatte ich ihn so tief bewegt gesehen.

So schritt ich mit einem Wirbel glücklicher Gedanken in der zunehmenden Dämmerung langsam heimwärts: alles, was ich so sehnlichst gewünscht hatte, schien sich nun erfüllt zu haben. Und obschon ich mir bittere Vorwürfe wegen des schändlichen Verdachtes machte, den ich für einen Augenblick gegenüber der treuen Lady Muriel gehegt hatte, fand ich Trost in dem Bewußtsein, daß es nur ein flüchtiger Gedanke gewesen war.

Nicht einmal Bruno hätte so schwungvollen Schrittes die Stufen erklimmen können, wie ich es im Dunkeln tastend tat, denn ich zündete am Eingang kein Licht an, da ich wußte, daß die Lampe in meinem Wohnzimmer noch brannte.

Aber es war nicht das Licht einer normalen *Lampe,* in das ich nun mit einem seltsamen fremdartigen Traumgefühl trat, ein feiner Zauber hatte sich hier breitgemacht. Licht, strahlender und goldener, als eine Lampe überhaupt zu spenden vermag, durchflutete den Raum, wobei es sich von draußen durch ein Fenster ergoß, das mir irgendwie noch niemals zuvor aufgefallen war, und es erhellte eine Gruppe von drei schattenhaften Gestalten, die immer deutlicher sichtbar wurden – ein würdiger alter Herr in königlicher Robe hatte es sich in einem Lehnstuhl bequem gemacht, und zwei Kinder, ein Mädchen und ein Junge, standen an seiner Seite.

»Hast du noch das Juwel, mein Kind?« forschte der alte Herr soeben.

»Aber *ja!*« bestätigte Sylvie voller Eifer. »Glaubst du etwa, ich könnte es jemals verlieren oder vergessen?« Mit diesen Worten löste sie das Band von ihrem Hals und legte das Juwel in die Hand ihres Vaters.

Bruno blickte es bewundernd an. »Wie lieblich es glänzt!« wunderte er sich. »Es iss wie ein kleiner roter Stern! Darf ich es mal halten?«

Sylvie nickte: und Bruno trug es ans Fenster und hielt es hoch gegen den Himmel, dessen tiefes Blau bereits mit Sternen übersät war. Bald kam er aufgeregt zurückgerannt. »Sylvie! Sieh doch!« rief er. »Ich kann durch un durch sehn, wenn ich es gegen den Himmel halte. Un es iss kein bißchen rot: es iss ein, oh, ganz liebliches Blau! Un die Worte sinn alle anders! Sieh mal hin!«

Mittlerweise war Sylvie auch ganz aufgeregt: und die beiden Kinder hielten das Juwel eifrig gegen das Licht und entzifferten die Schrift: »ALLE WERDEN SYLVIE LIEBEN.«

»Nanu, das iss ja das *andre* Juwel!« staunte Bruno. »Erinnerst du dich nich, Sylvie? Das iss das, das du nich genommen hast!«

Sylvie nahm es verwirrt und hielt es einmal hoch gegen das Licht und dann wieder runter. »*So* ist es blau«, sagte sie zaghaft zu sich, »und *so* ist es rot! Ach, ich habe gedacht, es gäbe zwei – Vater!« rief sie plötzlich und legte das Juwel wieder in seine Hand, »ich glaube wahrhaftig, es gab immer nur ein *einziges* Juwel!«

»Dann hast du es aus sich selbst gewählt«, grübelte Bruno. »Vater, *kann* Sylvie was aus sich selbst wählen?«

»Ja, mein ein und alles«, antwortete der alte Mann Sylvie und ließ Brunos verwirrende Frage unbeantwortet, »es *gab* nur ein Juwel – aber du hast genau das richtige gewählt.« Und er befestigte das Band wieder an ihrem Hals.

»SYLVIE WIRD ALLE LIEBEN – ALLE WERDEN SYLVIE LIEBEN«,

murmelte Bruno und stellte sich auf die Zehenspitzen, um den
›kleinen roten Stern‹ zu küssen. »Un sieht man es sich *an*, dann iss
es rot un feurig wie die Sonne – un sieht man *durch*, dann iss es
mild un blau wie der Himmel!«

»Gottes Himmel«, ergänzte Sylvie träumerisch.

»Gottes Himmel«, wiederholte der kleine Bursche, während
sie verharrten, sich liebevoll umarmten und in die Nacht hinaus-
blickten. »Aber, o Sylvie, was macht dem Himmel so *liebliches*
Blau?«

Sylvies süße Lippen teilten sich zu einer Antwort, doch ihre
Stimme war schwach und ganz weit weg. Die Vision entglitt meinem verlangenden Blick: aber im letzten verwirrenden Moment
schien mir, daß nicht Sylvie, sondern ein Engel aus jenen treuen,
braunen Augen blickte und daß nicht Sylvie, sondern die Stimme
eines Engels wisperte

»Es ist Liebe.«

ENDE

Buch II

MISCH & MASCH

Erzählungen & Gedichte

Alice im Wunderland

Mit 42 Illustrationen der Originalausgabe
von Sir John Tenniel

Den ganzen gold'nen Nachmittag
wir gleiten hin ganz leise;
behutsam mit dem Ruderschlag
sich Ärmchen mühn im Schweiße,
vergebens Händchen kämpfen drum,
daß gerade geht die Reise.

Ach, harte Drei! Zu solcher Stund
bei diesem schönen Wetter,
sie betteln um Geschichten mich
wo träumen doch viel netter!
Doch wer kann widerstehen schon,
wo ist da bloß ein Retter?

Die Prima ordnet strenge an,
sogleich jetzt anzufangen!
Secunda will in sanft'rem Ton
auch Unsinn drin verlangen!
Die Einwürfe der Tertia
als Fragen mich durchdrangen.

Doch dann trat endlich Stille ein,
sie lauschten ganz gebannt,
wie tief im Traum das kleine Kind
erforschte neues Land,
wie es mit Tieren, Vögeln sprach,
war halb als wahr erkannt.

Und stets, wenn der Erzähler still,
die Phantasie versagte,
und dieser müd' zu trösten sie
auf spät're Zeiten wagte,
»Auf später, ach, das ist doch jetzt!«
Zu neuem man ihn jagte.

Und so entstand das Wunderland:
Ganz langsam, Stück für Stück –
aus vielem kleinen Mosaik
erwuchs ein Märchenglück,
und abends fröhlich fuhr das Boot
mit seiner Last zurück.

Alice! Nimm dieses Märchen hier
behutsam in die Hand,
leg's, wo der Kindheit Träume sich
mit Mystischem verband,
so wie ein welker Pilgerstrauch
aus einem fernen Land.

I. KAPITEL

Tief in den Kaninchenbau

Alice langweilte es allmählich, neben ihrer Schwester am Bach zu sitzen und nichts zu tun: ein-, zweimal hatte sie in das Buch gespäht, das ihre Schwester las, aber es waren weder Bilder noch Gespräche darin, »und wozu gibt es überhaupt ein Buch«, überlegte Alice, »ohne Bilder oder Gänsefüßchen?«

Daher fragte sie sich (soweit sie dazu die Energie aufbringen konnte, denn von der Hitze fühlte sie sich sehr schläfrig und faul), ob der Spaß, eine Gänseblumenkette herzustellen, die Anstrengung rechtfertigte, aufzustehen und Gänseblümchen zu pflücken, als plötzlich ein weißes Kaninchen mit rosa Augen dicht an ihr vorbeilief.

Das war an und für sich nichts *besonders* Aufregendes; noch hielt es Alice für *besonders* unüblich, daß sie das Kaninchen vor sich hin murmeln hörte: »O weh! O weh! Ich komm' zu spät!« (als sie es später bedachte, fiel ihr ein, daß sie sich doch darüber hätte wundern müssen, doch zur Zeit schien ihr das alles selbstverständlich); aber als das Kaninchen tatsächlich *eine Uhr aus seiner Westentasche zog,* sie konsultierte und dann weiterrannte, sprang Alice auf, denn blitzartig traf sie die Erkenntnis, daß sie noch nie ein Kaninchen mit einer Westentasche gesehen hatte, das daraus auch noch eine Uhr zog, und brennend vor Neugier flitzte sie über das Feld hinter ihm her und sah gerade noch, wie es in einen großen Kaninchenbau unter der Hecke sauste.

Auf der Stelle stürzte Alice hinterher, ohne zu bedenken, wie um alles in der Welt sie wieder herauskommen konnte.

533

Eine Weile verlief der Bau geradeaus wie ein Tunnel, und dann fiel er urplötzlich ab, so plötzlich, daß Alice nicht einmal daran denken konnte innezuhalten, bevor sie in einen sehr tiefen Schacht stürzte.

Entweder war der Schacht sehr tief, oder sie fiel sehr langsam, denn sie hatte im Fallen hinreichend Zeit, sich umzusehen und sich zu fragen, was wohl als nächstes geschehen würde. Zuerst versuchte sie hinabzublicken, um zu erfahren, wo sie landen würde, aber außer Finsternis war nichts zu sehen: da betrachtete sie die Seiten des Schachtes und entdeckte lauter Schränke und Bücherregale: hier und da sah sie auch Landkarten und Bilder angehakt. Im Fluge nahm sie ein Einmachglas aus einem der Regale: es war »ORANGENMARMALADE« etikettiert, aber zu ihrer großen Enttäuschung war es leer: aus Furcht, jemanden unten zu erschlagen, wollte sie das Glas nicht einfach fallen lassen, und so gelang es ihr, es zurück in eines der Regale zu stellen, an denen sie entlang fiel.

»Wahrhaftig«, dachte Alice bei sich, »nach solch einem Fall werde ich nichts mehr dabei finden, die Treppen hinunterzustürzen. Für wie mutig werden sie mich zu Hause halten! Nicht mal, wenn ich vom Dach fiele, würde ich mich darüber beklagen!« (Womit sie wahrscheinlich richtig lag.)

Tief, tief, tief. Würde der Fall denn *niemals* enden? »Wie viele Kilometer bin ich wohl inzwischen schon gefallen?« fragte sie sich laut. »Ich muß wohl bald den Erdmittelpunkt erreicht haben. Mal sehen: das wären dann so ungefähr sechstausend Kilometer...« (denn, verstehst du, Alice hatte in ihren Unterrichtsstunden in der Schule verschiedenes gelernt, und das war nun keine *sehr* gute Gelegenheit, ihren Wissensstand zu beweisen, weil ihr niemand zuhörte, dennoch lag in der Schätzung eine gute Übung) »...ja, die Entfernung müßte in etwa stimmen – aber wissen möchte ich doch, bis zu welchem Längen- und Breitengrad ich schon gelangt bin?« (Von Längen- oder Breitengraden hatte Alice nicht die blasseste

Ahnung, aber sie schätzte diese langen Fachausdrücke wegen der Schönheit ihres Klanges.)

Also überlegte sie weiter: »Ich möchte gern wissen, ob ich direkt *durch* die Erde falle! Das wird ja ein Spaß, wenn ich unter lauter Leuten auftauche, die mit dem Kopf nach unten gehen! ›Antipaten‹ nennt man sie, glaube ich...« (und diesmal war sie ziemlich froh, daß ihr *bestimmt* keiner zuhörte, denn das klang überhaupt nicht nach dem richtigen Wort) »...aber ich muß mich unbedingt nach dem Namen des Landes erkundigen. Bitte, meine Dame, ist dies vielleicht Neuseeland? Oder Australien?« (Und dabei versucht sie einen Knicks – versuch mal einen Knicks, während du noch durch die Luft fliegst! Meinst du, du könntest das schaffen?) »Nach dieser Frage wird sie mich für ein dummes kleines Mädchen halten! Nein, ich werde besser nicht fragen; vielleicht finde ich es irgendwo angeschrieben.«

Tief, tief, tief. Da es nichts anderes zu tun gab, führte Alice bald schon wieder Selbstgespräche. »Dinah wird mich heute abend wohl sehr vermissen!« (Dinah war ihre Katze.) »Ich hoffe, sie denken an die Untertasse voll Milch zum Tee. Dinah, mein Liebling, ich wünschte, du wärst mit mir hier unten! Es gibt nur leider keine Mäuse in der Luft, aber du könntest eine Fledermaus fangen, das ist nämlich genausogut. Doch liebt die Katzzung Fledermaus-Atzung?« An der Stelle wurde Alice ziemlich müde und murmelte verträumt vor sich hin: »Liebt die Katzung Fledermaus-Atzung? Liebt die Katzzung Fledermaus-Atzung?« Und dann auch: »Liebt die Fledermaus Katzung-Atzung?« Denn du mußt berücksichtigen, da sie ohnehin keine der Fragen beantworten konnte, war die Fragestellung gleichgültig. Sie registrierte noch, wie sie einschlief und träumte gerade, wie sie Hand in Hand mit Dinah spazierenging und sie feierlich zur Rede stellte: »Also, Dinah, raus mit der Sprache: Hast du jemals an Fledermäusen genascht?« als sie plötzlich bumm! krach! auf einem Haufen mit Stöcken und Laub landete, und der Sturz war ausgestanden.

Alice war kein bißchen verletzt, und sie sprang auch sogleich wieder auf: ein Blick nach oben zeigte ihr nur Dunkelheit: vor ihr befand sich ein weiterer langer Tunnel, und sie sah das weiße Kaninchen davonflitzen. Da gab es keinen Augenblick zu verlieren: wie der Wind raste Alice hinterher, und bevor es um eine Ecke verschwand, hörte sie noch die Klage: »Rüben und Rotkohl, schon so spät!« Sie befand sich dicht hinter ihm, doch als sie um die Ecke bog, war das Kaninchen verschwunden: sie fand sich in einem langen, niedrigen Saal wieder, der von einer Lampenreihe erleuchtet war, die an der Decke hing.

Rundherum waren Türen, doch sie waren alle verschlossen; und nachdem Alice zuerst an der einen, dann an der anderen Seite vergeblich an jeder Tür gerüttelt hatte, ging sie traurig durch die Mitte und grübelte, wie sie um alles in der Welt wieder hier herauskommen sollte.

Plötzlich stieß sie auf ein kleines dreibeiniges Tischchen, ganz aus festem Glas: einzig ein winziges goldenes Schlüsselchen lag darauf, und Alices erster Gedanke war, der könne zu einer der Türen in der Halle gehören; aber o weh! entweder waren die Schlüssellöcher zu groß oder der Schlüssel zu klein, jedenfalls ließ sich keine damit öffnen. Bei ihrer zweiten Runde kam sie an einem niedrigen Vorhang vorbei, den sie bis dahin übersehen hatte, und dahinter befand sich eine winzige Tür von etwas über einem Fuß Höhe: sie steckte das goldene Schlüsselchen ins Loch, und zu ihrer großen Freude paßte es!

Alice öffnete die Tür und sah in einen engen Gang, nicht breiter als ein Mauseloch: sie kniete nieder, und durch den Gang konnte sie in den wunderschönsten Garten sehen, den du dir nur ausdenken kannst. Wie sehnte sie sich danach, aus dem dunklen Saal herauszukommen und zwischen diesen

leuchtenden Blumenbeeten und diesen erfrischenden Springbrunnen herumzuspazieren, aber sie konnte nicht einmal
ihren Kopf durch die Türöffnung zwängen; »und wenn ich
meinen Kopf durch*bekäme*«, überlegte Alice, »so wäre das
ohne meine Schultern wenig sinnvoll. Oh, wie wünschte ich
mir doch, ich könnte mich wie ein Teleskop zusammenschie-
ben! Ich könnte das ganz bestimmt, wenn ich wüßte, wo ich
anzufangen hätte.« Denn, verstehst du, in der letzten Zeit
waren so viele Merkwürdigkeiten geschehen, daß Alice inzwischen dem Glauben huldigte, nur ganz weniges sei überhaupt
noch unmöglich.

Da das Warten vor der Türe sinnlos schien, ging sie zurück
an den Tisch, halb in der Hoffnung, einen weiteren Schlüssel
darauf zu finden oder wenigstens ein Buch mit dem Rezept,
Menschen wie ein Teleskop zusammenzuschieben: diesmal
fand sie eine Flasche (»die ganz bestimmt vorher noch nicht
dagewesen war«, bekräftigte Alice), und auf einem Zettel am
Flaschenhals stand in schönen großen Druckbuchstaben
geschrieben, »Trink mich«.

»Trink mich«, das war leicht gesagt, doch die kluge kleine
Alice wollte dem lieber nicht unverzüglich gehorchen. »Nein,
zuerst will ich einmal nachsehen, ob es das Etikett ›Gift‹ trägt
oder nicht«, denn sie hatte verschiedene kurze Geschichten
über Kinder gelesen, die sich verbrannt hatten, von wilden Tieren aufgefressen worden waren und dergleichen Unannehm-
lichkeiten, nur weil sie die simplen Ratschläge freundlicher
Erwachsener nicht beherzigt hatten: als da wären, daß ein rotglühender Schürhaken einem die Hand verbrennt, wenn man
ihn zu lange hält; oder aber, daß ein Finger normalerweise blutet, wenn man sich *sehr* tief hineinschneidet; und so hatte sie
sich auch tief eingeprägt, wenn man einen gehörigen Schluck
aus einer »Gift« etikettierten Flasche nimmt, wird einem das
mit tödlicher Sicherheit früher oder später nicht bekommen.

Auf dieser Flasche jedoch stand nichts von »Gift«, so wagte
Alice eine Kostprobe und da es ihr mundete (tatsächlich

schmeckte es nach einem Gemisch von Kirschtörtchen, Vanillesoße, Ananas, Putenbraten, Karamelbonbon und frisch getoastetem Brot), hatte sie es sehr bald ausgetrunken.

»Was für ein komisches Gefühl!« wunderte sich Alice, »ich schiebe mich wohl wie ein Teleskop zusammen!«

Und so geschah es: sie war nun weniger als ein Fuß groß, und sie freute sich bei dem Gedanken, daß sie nun die rechte Gestalt hatte, um durch die kleine Tür in den wunderhübschen Garten zu gehen. Zuerst wartete sie allerdings noch ein wenig, um festzustellen, ob sie noch weiter schrumpfen würde: darüber ängstigte sie sich doch ein wenig; »denn es könnte ja damit enden«, grübelte Alice, »daß ich schließlich völlig verschwinde wie eine Kerze. Wie würde ich dann wohl aussehen?« Und sie versuchte sich vorzustellen, wie eine Flamme aussieht, nachdem die Kerze ausgeblasen worden ist, denn sie konnte sich nicht entsinnen, jemals so etwas gesehen zu haben.

Da nach einer Weile nichts weiter mit ihr geschah, beschloß sie, auf der Stelle in den Garten zu gehen; aber o Schreck, arme Alice! An der Tür fiel ihr ein, daß sie das goldene Schlüsselchen vergessen hatte, und als sie zum Tisch zurückging, konnte sie es eindeutig nicht mehr erreichen: durch das Glas konnte sie es ganz deutlich sehen, und so sehr sie sich auch mühte, an einem der Tischbeine hochzuklettern, es war zu glatt; und als die zahlreichen Versuche sie schließlich ermüdet hatten, setzte sich die arme Kleine hin und weinte.

»Nur die Ruhe, es ist sinnlos, so zu weinen!« wies sich Alice schließlich scharf zurecht. »Hör auf der Stelle damit auf, ich rate dir gut!« Im allgemeinen gab sie sich selbst sehr gute Ratschläge (wenn sie sie auch äußerst selten befolgte), und manchmal schimpfte sie sich auch derart unerbittlich, daß ihr die Tränen kamen; ja, einmal hatte sie sogar den Versuch unternommen, sich selbst eine Backpfeife zu geben, weil sie sich selbst beim Krocketspiel bemogelt hatte, denn dieses kuriose Kind liebte es geradezu, sich vorzustellen, sie wäre ihrer zweie. »Aber jetzt ist es völlig sinnlos«, überlegte die arme Alice, »sich vorzustellen, zweie zu sein! Es ist ja fast nicht mal genug übrig für *einen* anständigen Menschen!«

Sogleich fiel ihr Blick auf einen kleinen Glasbehälter, der unter dem Tisch stand: sie öffnete ihn und fand darin ein Küchlein, worauf in Schönschrift mit Korinthen die Worte »Iss mich« geschrieben waren. »Naja, ich kann es ja mal essen«, meinte Alice, »und wenn ich dadurch wachse, kann ich den Schlüssel erreichen; wenn ich aber kleiner werde, dann krieche ich einfach unter der Türe durch: in den Garten komme ich auf jeden Fall, egal wie rum ich wachse!«

Sie aß ein wenig und fragte sich ängstlich: »Wohin? Wohin?« wobei sie die Hand auf den Kopf legte, um herauszukriegen, wohin sie wuchs; und sie war schon ziemlich überrascht, daß ihre Gestalt sich nicht veränderte. Gewiß verhält es sich so im allgemeinen, wenn man Kuchen ißt; doch Alice hatte sich so sehr an das Außerordentliche gewöhnt, daß ihr die Normalität fade und dumm erschien.

So machte sie sich ans Naschwerk, und schon bald war der Kuchen gegessen.

II. KAPITEL

Die Tränenlache

»Kuriöser und noch kuriöser!« schrie Alice (und sie war derart überrascht, daß sie für einen Augenblick die Regeln einer korrekten Steigerung völlig verschwitzt hatte). »Jetzt dehne ich mich zu dem größten Teleskop aus, daß die Welt jemals gesehen hat! Lebt wohl, meine Füße!« (Denn als sie zu ihren Füßen hinunterblickte, waren die fast außer Sicht, so weit waren sie weg.) »Oh, meine armen Füßchen, ich frage mich, wer soll euch nun eure Schuhe und Strümpfe anziehen? *Ich* kann es nämlich wirklich nicht mehr! Ich bin viel zu weit weg, um mich noch um euch zu kümmern: ihr müßt also allein zurechtkommen – aber ich muß nett zu ihnen sein«, überlegte Alice, »sonst wollen sie vielleicht nicht mehr dahin gehen, wo ich will. Ich schenke ihnen jede Weihnachten ein neues Paar Stiefel.«

Und dann stellte sie sich vor, wie sie das anstellen wollte. »Ich muß sie durch einen Boten schicken lassen«, grübelte sie, »das wird ganz schön komisch sein, Geschenke an seine eigenen Füße zu schicken! Und wie verrückt wird sich die Adresse lesen!

> *An seine Hochwohlgeboren Alicens Rechten Fuß*
> *Kaminvorleger*
> *nahe dem Kamingitter*
> *(mit Alice's Liebe).*

Kreuzgüte, was rede ich für einen Unsinn!« Gerade da stieß ihr Kopf gegen die Saaldecke: sie war nun tatsächlich über drei Meter groß, und im Nu nahm sie das goldene Schlüsselchen und hastete zur Gartentür.

Arme Alice! Sie konnte sich nur auf die Seite legen und mit einem Auge in den Garten gucken; aber hinauszugehen war noch unmöglicher als zuvor: sie setzte sich hin und weinte aufs neue.

»Du solltest dich etwas schämen«, sagte Alice, »ein großes Mädchen wie du«, (und das konnte sie sehr wohl von sich behaupten), »und weint so! Hör sofort auf, ich sag es dir!« Aber sie fuhr damit fort und vergoß literweise Tränen, bis sich um sie eine ausgedehnte Lache von etwa zehn Zentimetern Tiefe gebildet hatte, die den halben Saal einnahm.

Nach einer Weile vernahm sie ein leichtes Fußgetrappel in der Ferne, und sie trocknete sich

hastig die Tränen, um zu sehen, wer da kam. Es war das Weiße Kaninchen, das im Festgewand zurückkehrte, mit weißen Glacéhandschuhen in der einen und einem Fächer in der anderen Hand: so kam es in großer Eile angehoppelt und murmelte vor sich hin: »Ojemine! Die Herzogin, die Herzogin! Ojemine! *Wird* die wüten, wenn ich sie warten lasse!« Alice war so verzweifelt, daß sie jeden um Hilfe anzuflehen bereit war: und als das Kaninchen näher gekommen war, begann sie leise und schüchtern: »Darf ich Sie bitten, mein Herr...« Das Kaninchen bekam einen gewaltigen Schrecken, ließ die weißen Glacéhandschuhe und den Fächer fallen und flitzte in die Dunkelheit zurück, so schnell es konnte.

Alice hob den Fächer und die Handschuhe auf, und da es im Saal sehr warm war, fächelte sie sich und stellte fest: »Liebe Güte! Heute ist aber auch alles verrückt! Und dabei war gestern alles so normal. Ob ich über Nacht etwa vertauscht worden bin? Mal überlegen: *war* ich heute morgen noch dieselbe, als ich aufgestanden bin? Ich glaube fast, mich daran zu erinnern, daß ich mich ein wenig anders gefühlt habe. Aber wenn ich nun nicht mehr dieselbe bin, so folgt daraus die Frage: ›Wer um alles in der Welt bin ich?‹ Ach, *das* ist die große

Frage!« Und sie ließ sich alle ihr bekannten Kinder durch den Kopf gehen, die gleichaltrig waren, und überlegte, ob sie eines von ihnen geworden war.

»Ich bin ganz bestimmt nicht Ada«, sagte sie, »denn sie trägt lange Locken, und mein Haar hat überhaupt keine Locken: und ich kann auch nicht Mabel sein, denn dazu weiß ich zu viel, und die, o je, die weiß ja *so* wenig! Außerdem ist *sie* ja sie, und *ich* bin ich, und – ach du grüne Neune, wie ist das doch alles verwirrend! Ich will mal sehen, ob ich noch alles weiß, was ich wußte. Nun denn: vier mal fünf ist zwölf, vier mal sechs ist dreizehn, vier mal sieben ist – ach du liebe Güte, auf die Weise komme ich ja nie bis zwanzig. Aber das Einmaleins besagt ja noch nichts: wollen wir es mal mit Geographie versuchen. London ist die Hauptstadt von Paris, und Paris ist die Hauptstadt von Rom, und Rom ist – nein, *das* ist *bestimmt* ganz falsch! Ich muß mich in Mabel verwandelt haben! Ich versuche es mit dem Verschen ›*Eia popeia*...‹«, und sie kreuzte die Hände im Schoß wie im Unterricht und sagte es auf, aber ihre Stimme klang heiser und fremd, und das waren nicht dieselben Worte wie sonst:

> *Eia popeia*
> *was rasselt im Stroh?*
> *Das sind die lieben Schlänglein,*
> *geflohn aus dem Zoo;*
> *der Schuster sucht Leder,*
> *das hat der Pierrot,*
> *kann den lieben Schlänglein*
> *so machen kein Schuh.*[*]

»Das sind bestimmt nicht die richtigen Worte«, sagte die arme Alice, und ihre Augen füllten sich abermals mit Tränen, als sie feststellte: »Dann bin ich also doch Mabel, und jetzt muß ich

---

[*] AdÜ: Siehe im Nachwort, dort im Kapitel »Alice im Wunderland« und anschließend im Kapitel »Alice im Spiegelland«.

in dieser Bruchbude wohnen, hab' kaum Spielsachen, und o je, was werde ich alles noch lernen müssen. Nein, da kenne ich keine Rücksicht: wenn ich Mabel bin, dann bleibe ich hier unten. Und sollen sie ruhig die Köpfe herunterstecken und sagen: ›Komm doch nach oben, Liebes!‹ Dann gucke ich hoch und frage: ›Wer bin ich denn dann? Sagt mir das zuerst, und wenn ich das gern bin, komme ich rauf: und wenn nicht, dann bleibe ich hier unten, bis ich jemand anderer bin‹, aber, ach herrje!« schrie Alice und bekam einen Weinkrampf. »Ich wünschte, sie *würden* die Köpfe herunterstecken! Ich bin das Alleinsein *so* leid!«

Dabei betrachtete sie ihre Hände und stellte erstaunt fest, daß sie inzwischen einen von des Kaninchens weißen Glacéhandschuhen angezogen hatte. »Wie *habe* ich das bloß geschafft?« dachte sie. »Ich muß wohl wieder geschrumpft sein.« Sie stand auf und ging zum Tisch, um sich zu messen, und erkannte, wie sie sich schon gedacht hatte, daß sie nun etwa sechzig Zentimeter groß war und immer noch kleiner wurde: bald erkannte sie, daß der Fächer in ihrer Hand daran Schuld war, und sie ließ ihn hastig fallen, gerade noch rechtzeitig, bevor sie völlig verschwunden war.

»Das *war* aber knapp!« seufzte Alice, von dem plötzlichen Wechsel ganz schön erschrocken, aber gleichzeitig auch froh, daß sie überhaupt noch existierte. »Und nun in den Garten!« Und sie flitzte zu der kleinen Tür; aber, o Schreck, die kleine Tür war wieder verschlossen, und das goldene Schlüsselchen lag auf dem Glastisch wie zuvor. »Und alles ist schlimmer als vorher«, dachte das arme Kind, »denn nie, niemals war ich so klein wie jetzt! Das ist wirklich zu schlimm, ja, das ist es!«

Bei diesen Worten rutschte sie aus, und platsch! im nächsten Augenblick stand ihr das Salzwasser bis zum Hals. Zuerst dachte sie, sie sei in irgendein Meer gefallen, »und in dem Fall fahre ich mit der Eisenbahn zurück«, sagte sie zu sich. (Alice war schon einmal am Meer gewesen und hatte als charakteristisch erkannt, daß man überall an der Küste eine

Anzahl Badekarren, mit Holzspaten im Sand spielende Kinder, eine Reihe Pensionen und dahinter einen Bahnhof findet.) Dann jedoch erkannte sie, daß sie in ihrer eigenen Tränenlache schwamm, die sie mit ihren drei Metern Größe geweint hatte.

»Hätte ich doch nicht so viel geweint!« sagte Alice, während sie herumschwamm, um aus dem Wasser zu kommen. »Als Strafe dafür soll ich jetzt wohl in meinen eigenen Tränen ertrinken! Wenn das nicht merkwürdig ist! Aber heute ist ja alles merkwürdig.«

Da hörte sie, wie etwas ein Stück weg in der Lache herumplatschte, und sie schwamm näher, um es in Augenschein zu nehmen: zuerst dachte sie, es sei ein Walroß oder Hippopotamus, doch dann fiel ihr ein, wie klein sie jetzt war, und bald erkannte sie, daß es sich lediglich um eine Maus handelte, die ebenfalls hineingefallen war.

»Wäre es wohl sinnvoll«, dachte Alice, »diese Maus anzusprechen? Hier unten ist alles so außer der Reihe, daß ich es für möglich halte, sie kann sprechen: jedenfalls kann es nichts schaden.« So hob sie an: »O Maus, kennst du den Weg aus der Lache? Denn ich mag nicht länger hier herumschwimmen, o Maus.« (Alice schien das die passendste Anrede für eine Maus: zwar war sie noch nie in die Verlegenheit gekommen, aber sie erinnerte sich, in der lateinischen Grammatik ihres Bruders gelesen zu haben: »Eine Maus – einer Maus – einer Maus – eine Maus – o Maus!« Die Maus fixierte sie und schien ihr mit einem Äuglein zuzuzwinkern, aber sie sagte nichts.

»Vielleicht versteht sie kein Deutsch«, dachte Alice. »Vermutlich ist sie eine französische Maus, die mit William dem Eroberer herübergekommen ist.« (Denn trotz all ihrer Geschichtskenntnisse hatte Alice nur eine unklare Vorstellung, wie lange etwas zurücklag.) So sagte sie also diesmal: »Où est ma chatte?« was der erste Satz in ihrem Französischbuch war. Die Maus machte plötzlich einen Hupf im Wasser und zitterte vor Angst am ganzen Leibe. »Oh, ich bitte um Verzeihung!« rief Alice hastig, da sie das arme Tier gekränkt zu haben fürchtete. »Ich habe völlig vergessen, daß du keine Katzen magst.«

»Keine Katzen magst!« klagte die Maus schrill. »Würdest *du* sie an meiner Stelle mögen?«

»Naja, wahrscheinlich nicht«, gab Alice zu. »Nimm mir das nicht krumm. Und doch wünschte ich, ich könnte dir unsere Katze Dinah zeigen. Denn du würdest Katzen geradezu lieben, wenn du sie sehen würdest. Sie ist so lieb und still«, sagte Alice teils im Selbstgespräch und paddelte gemächlich in der Lache herum, »und dann sitzt sie schnurrend am Feuer, leckt die Pfoten und putzt sich – und sie ist so schön weich zu streicheln – und sie ist so ein As beim Mäusefangen – oh, ich bitte um Verzeihung!« rief Alice abermals, denn diesmal standen der Maus die Haare zu Berge, und Alice war sich sicher, daß sie diesmal wirklich beleidigt war. »Sprechen wir nicht mehr von ihr, wenn dir das lieber ist.«

»Wir, also da soll doch   gleich...« schrie die Maus und zitterte bis in die Schwanzspitze. »Als ob *ich* über so ein Thema sprechen würde! Seit Generationen *hassen* wir die Katzen: diese häßlichen, gemeinen, vulgären Biester! Ich will nicht einmal den Namen mehr von dir hören!«

»Das sollst du auch nicht!« versicherte Alice und wechselte schleunigst das Thema. »Magst du – magst du – vielleicht – vielleicht Hunde?« Da die Maus nicht antwortete, fuhr Alice eifrig fort: »Bei uns in der Nähe lebt ein liebes Hündchen, das würde ich dir gern mal zeigen! Ein kleiner Terrier mit leuchtenden Augen, und er hat ein, ach, ganz langes, braungekringeltes Fell! Und er kann apportieren, was man wegwirft, und er macht Männchen und bettelt um Essen und all so was – ich kann mich gar nicht mehr an alles erinnern – und er gehört einem Bauern, weiß du, und der sagt, er sei so nützlich, daß er gut und gern seine tausend Mark wert sei! Und daß er alle Ratten töte und – oh jemine!« rief Alice bekümmert. »Ich fürchte, ich habe sie schon wieder beleidigt! Denn die Maus schwamm schleunigst davon und verursachte in der Lache einen ziemlichen Wellengang.

Alice rief ihr noch nach: »Liebe Maus! Komm wieder zurück, und wir reden nicht mehr von Katzen oder Hunden, wenn du nicht magst!« Als die Maus das hörte, kehrte sie um und schwamm langsam zu ihr zurück: ihr Gesicht war ganz bleich (vor Angst, dachte Alice), und sie sagte leise mit zitternder Stimme: »Wir wollen ans Ufer gehen, da halten wir ein Schwätzchen, und ich erzähle dir, warum ich Katzen und Hunde hasse.«

Es war höchste Zeit zu verschwinden, denn die Lache war völlig überfüllt mit Vierbeinern und Vögeln, die hineingefallen waren: da waren eine Ente, ein Dodo, ein Lori, ein Jungadler und verschiedene andere kuriose Kreaturen. Alice schwamm voraus und führte die ganze Gesellschaft ans Ufer.

III. KAPITEL

Ein Koalitionslauf und ein langes Schwätzchen

Es war wahrhaftig eine kuriose Gesellschaft, die sich da am Ufer eingefunden hatte – Vögel mit krausem Gefieder, Vierbeiner, deren Fell am Körper klebte, alle tropfnaß, mißmutig und hilflos.

Vordringlich war natürlich, trocken zu werden: sie konferierten darüber, und nach kurzem wunderte sich Alice nicht mehr im mindesten darüber, daß sie sich zwanglos mit ihnen unterhalten konnte, als ob sie sie schon immer gekannt habe. Ja, sie hatte sogar eine ausführliche Diskussion mit dem Lori, der schließlich nur noch verärgert feststellte: »Ich bin älter als du und muß es also besser wissen.« Und das wollte Alice nicht zugeben, ohne das Alter des Lori zu wissen, und da der Lori sich entschieden weigerte, sein Alter anzugeben, war das Thema damit erledigt.

Schließlich rief die Maus, die scheinbar eine Sonderstellung unter ihnen einnahm: »Setzt euch alle hin und hört mir zu! Ich werde schon dafür sorgen, daß ihr trocken werdet!« Sie setzten sich sofort zitternd in weitem Kreis nieder, die Maus stand in der Mitte. Alice betrachtete die Maus bangend, denn sie hatte das sichere Gefühl, eine schlimme Erkältung einzufangen, wenn sie nicht bald trocken würde.

»Ähem!« sagte die Maus gewichtig. »Alle bereit? Das ist das Trockenste, was mir bekannt ist. Ruhe, bitte! ›William, dem Eroberer, dessen Unternehmung in hoher Gunst des Papstes stand, ergaben sich bald schon die Engländer, die Führer brauchten und sich weitestgehendst an Usurpation und Eroberung gewöhnt hatten. Edwin und Morcar, die Grafen von Mercia und Northumbria...‹«

»Puh!« sagte der Lori zitternd.

»Wie bitte?« sagte stirnrunzelnd, aber äußerst höflich die Maus. »Wolltest du etwas bemerken?«

»Ich nicht!« sagte der Lori hastig.

»Ich dachte schon«, sagte die Maus. »Ich fahre fort: ›Edwin und Morcar, die Grafen von Mercia und Northumbria, unterstützten ihn; und selbst Stigand, der patriotische Erzbischof von Canterbury, fand es ratsam...‹«

»*Was* fand er denn?« erkundigte sich die Ente.

»Er fand *es*«, entgegnete die Maus ziemlich grob, »du wirst doch wohl wissen, was ›es‹ ist.«

»Ich weiß sehr wohl, was ›es‹ ist, wenn *ich* es gefunden habe«, meinte die Ente: »Es ist meist ein Frosch oder ein Wurm. Was hat aber der Erzbischof gefunden, das ist doch die Frage?«

Die Maus überging diese Frage und fuhr hastig fort: »...›fand es ratsam, mit Edgar Ateling zusammen William den Eroberer aufzusuchen und ihm die Krone anzutragen. William reagierte zuerst zurückhaltend darauf. Doch die Anmaßung seiner Normannen...‹ Wie fühlst du dich jetzt, meine Liebe?« wandte sich die Maus an Alice.

»So naß wie zuvor«, sagte Alice traurig, »das scheint mich kein bißchen getrocknet zu haben.«

»Unter diesen Umständen«, sagte der Dodo feierlich und erhob sich, »beantrage ich die Vertagung der Sitzung bis zur nächsten Petition mit wirksameren Remeduren...«

»Red Deutsch!« empfahl der Adler. »Ich kenne nicht mal die Hälfte dieser Wortriesen und ich bin sicher, du kennst sie auch nicht!« Und dabei verbarg er seinen Schnabel, um sein Lächeln nicht zu zeigen: einige der Vögel kicherten vernehmlich.

»Ich wollte doch bloß sagen«, bemerkte der Dodo beleidigt, »daß ein Koalitionslauf uns am besten trocknen würde.«

»Was *ist* denn ein Koalitionslauf?« erkundigte sich Alice; sie wollte das nicht etwa unbedingt wissen, aber der Dodo hatte hier eine Pause gemacht, als erwarte er eine Reaktion, und kein anderer schien geneigt, etwas zu sagen.

»Also«, meinte der Dodo, »am besten erklärt man es, indem man es tut.« (Und wenn du es selbst einmal an einem Wintertag versuchen willst, werde ich dir erklären, was der Dodo tat.)

Zuerst markierte er eine Rennstrecke, eine Art Kreis (»Auf Genauigkeit kommt es dabei nicht an«, erläuterte er), und dann wurden die Kämpen beliebig an der Rennstrecke plaziert. Es gab kein Startzeichen »Eins, zwei drei und los!«, sondern jeder begann zu laufen, wann es ihm beliebte und hörte nach Gutdünken auf, so daß man nicht einfach entscheiden konnte, wann das Rennen gelaufen war.

Nach einer halben Stunde Laufen jedoch, als sie völlig trocken waren, rief der Dodo plötzlich: »Das Rennen ist gelaufen!« Und alle umringten ihn keuchend und fragten: »Aber wer hat gewonnen?«

Die Frage konnte der Dodo nicht ohne eingehende Überlegungen beantworten, und er stand lange Zeit da, einen Finger gegen die Stirn gepreßt (also in jener Position, in der man gewöhnlich Shakespeare abgebildet sieht), während alle schweigend warteten. Schließlich erklärte der Dodo: »*Jeder* hat gewonnen, und *alle* müssen Preise bekommen.«

»Aber wer stiftet denn die Preise?« fragten sie alle im Chor.

»Nun, *sie* natürlich«, sagte der Dodo und wies mit dem Finger auf Alice, und die ganze Gesellschaft umringte sie auf der Stelle und schrie durcheinander: »Preise! Preise!«

Alice wußte nicht, was sie tun sollte, und in ihrer Verzweiflung steckte sie eine Hand in die Tasche und zog eine Schachtel Konfekt hervor (die glücklicherweise nicht unter dem Salzwasser gelitten hatte) und reichte sie als Preis herum. Jeder bekam genau ein Stück.

»Aber sie muß doch auch einen Preis bekommen«, verlangte die Maus.

»Natürlich«, erwiderte der Dodo gewichtig. »Was hast du sonst noch in der Tasche?« wandte er sich an Alice.

»Nur noch einen Fingerhut«, stellte Alice traurig fest.

»Gib ihn her«, befahl der Dodo. .

Dann umringten sie sie abermals, während der Dodo den Fingerhut feierlich überreichte und sagte: »Wir bitten dich, diesen schönen Fingerhut entgegenzunehmen.« Und am Ende dieser kurzen Rede brachen alle in Jubel aus.

Alice hielt die ganze Sache für äußerst absurd, aber sie zeigten so ernste Mienen, daß sie nicht zu lachen wagte; und da sie nichts zu sagen wußte, machte sie eine knappe Verbeugung und nahm den Fingerhut, wobei sie so feierlich wie möglich dreinblickte.

Als nächstes machte man sich an das Konfekt, was zu Lärm und Tumulten führte, weil die großen Vögel sich beklagten, daß die ihren nicht schmeckten, während die kleinen sich verschluckten, so daß man ihnen auf den Rücken klopfen mußte. Doch schließlich war auch das geschafft, und alle setzten sich wieder im Kreis zusammen und baten die Maus, ihnen noch mehr zu erzählen.

»Du hast mir versprochen, wir wollten noch ein Schwätzschen halten«, erinnerte Alice, »und du wolltest mir dabei erzählen, warum du die beiden hassest, die K und den H«, fügte sie flüsternd hinzu, um die Maus nicht schon wieder zu kränken.

»Das wird ein langes und trauriges Schwätzchen«, sagte die Maus und wandte sich seufzend an Alice.

»Bestimmt *ist* das ein langes Schwänzchen«, bestätigte Alice und betrachtete bewundernd den Mauseschwanz, »aber warum nennst du es traurig?« Und sie rätselte bei der Erzählung der Maus daran herum, so daß ihr Eindruck von dem Schwätzchen der folgende war:

»Haß sagte zur
Maus, die
er antraf
im Haus,
›Laß uns
gehn vor's
Gesetz:
ich verklage
dich jetzt. –
Komme es
gibt kein
Verzicht;
denn wir
gehn vor
Gericht;
denn gerade
heut' morgen
hab ich nichts
zu tun.‹ Sprach
die Maus zu
dem Wicht,
›Solch ein
Gang vor
Gericht, ohne
Anwalt und
Recht, ach
das wäre
doch schlecht.‹
›Ich bin
Anwalt
und Gericht‹,
sagte da
der
Böse-
wicht:
Hier
gilt
nur
mein
Gebot,
und
dein
Urteil
ist:
Tod.‹«

»Du paßt nicht auf!« schimpfte die Maus Alice. »Woran denkst du?«

»Ich bitte um Verzeihung«, sagte Alice betreten, »aber die letzte Schwanzbiegung, das war wohl fünf?«

»Schlechte *Noten!*« schrie die Maus gekränkt.

»Knoten?« vermutete Alice, die immer hilfsbereit war, und blickte am Schwanz entlang. »Oh, soll ich dir beim Aufknüpfen helfen!«

»Was fällt dir ein«, sagte die Maus, stand auf und ging weg. »Ich lasse mich doch nicht von solch einem Unsinn beleidigen.«

»Das habe ich doch gar nicht gewollt!« entschuldigte sich die arme Alice. »Aber du bist ja so schnell beleidigt!«

Die Antwort der Maus bestand nur in einem Knurren.

»Bitte, komm doch zurück und beende deine Geschichte!« rief Alice hinter ihr her, und alle anderen stimmten ein: »Ja bitte tu's!« Aber die Maus schüttelte nur unwillig den Kopf und ging noch schneller.

»Schade, daß sie nicht bleiben wollte!« seufzte der Lori, als sie außer Sicht war. Und eine alte Krabbe griff die Gelegen-

heit beim Schopfe und ermahnte ihre Tochter: »Ach, mein Liebling! Lerne daraus, niemals die Geduld zu verlieren!« »Ach, sei doch still, Mami!« fuhr ihr die kleine Krabbe über den Mund. »Bei dir könnte ja selbst eine Auster die Geduld verlieren!«

»Ich wünschte wahrhaftig, unsere Dinah wäre jetzt hier!« meinte Alice, ohne sich an jemand bestimmten zu wenden. »*Die* hätte sie schnell zurückgeholt!«

»Und wer ist Dinah, falls die Frage erlaubt ist?« erkundigte sich der Lori.

Alice antwortete auf der Selle, denn sie sprach nur zu gern über ihr Lieblingstier: »Dinah ist unsere Katze. Und sie ist beim Mäusefangen so ein As! Und ihr solltet sie erst einmal hinter den Vögeln herflitzen sehen! Also, die frißt einen kleinen Vogel in Null Komma nichts.«

Die Erklärung sorgte unter der Gesellschaft für erhebliche Unruhe. Einige Vögel waren im Nu von der Bildfläche verschwunden; eine alte Nebelkrähe verhüllte sich sehr sorgsam und bemerkte: »Ich muß jetzt wirklich nach Hause, die Nachtluft bekommt meinen Bronchien nicht!« Und ein Kanarienvogel rief seinen Kindern mit zitternder Stimme zu: »Na los, meine Lieben! Es ist höchste Zeit für euch, zu Bett zu gehen!« Unter verschiedenen Vorwänden verschwanden sie alle, und bald schon war Alice allein.

»Ich wünschte bloß, ich hätte Dinah nicht erwähnt!« sagte sie traurig zu sich. »Keiner hier unten scheint sie zu mögen, und dabei ist sie doch die beste Katze auf der Welt! Oh, meine liebe Dinah! Werde ich dich jemals wiedersehen?« Und da fing Alice wieder an zu weinen, denn sie fühlte sich sehr einsam und deprimiert. Kurz darauf jedoch hörte sie wieder das Trippeln kleiner Füße in der Ferne, und sie hielt erfreut Ausschau, da sie so halbwegs hoffte, die Maus habe ihre Meinung geändert und sei zurückgekommen, um ihre Erzählung zu beenden.

IV. KAPITEL

Bill jetzt im Kamin

Es war das Weiße Kaninchen, das langsam wieder zurückgetrottet kam und dabei besorgt umherblickte, als hätte es etwas verloren; und sie hörte, wie es vor sich hin murmelte: »Die Herzogin! Die Herzogin! Ach du meine Pfote! Bei Fell und Backenbart! Sie wird mich hinrichten lassen, so sicher wie Frettchen Frettchen sind! Wo hab ich sie *bloß* liegenlassen?« Augenblicklich erriet Alice, daß es nach dem Fächer und den weißen Glacéhandschuhen suchte, und freundlicherweise machte sie selbst Jagd darauf, aber sie waren nirgendwo zu sehen – alles schien sich nach ihrem Bad in der Lache verändert zu haben, und der weitläufige Saal mit dem Glastisch und der kleinen Tür war gar nicht mehr da.

Sehr bald bemerkte das Kaninchen Alice, wie sie so herumsuchte, und schimpfte sie ärgerlich: »Also, Marianne, was *tust* du bloß hier? Fix mit dir nach Hause und hol mir ein Paar Handschuhe und einen Fächer! Aber hurtig!« Und Alice war so verdattert, daß sie auf der Stelle in die gewiesene Richtung rannte, ohne den Versuch zu machen, den Irrtum richtigzustellen.

»Es hält mich für sein Dienstmädchen«, sagte sie sich, während sie so dahineilte. »Wie überrascht wird es sein, wenn es herausfindet, wer ich bin! Aber ich hole ihm besser Fächer und Handschuhe – das heißt, wenn ich sie finden kann.« Unterdessen kam sie an ein hübsches Häuschen, an dessen Tür ein blankes Messingschild mit dem Namen »W. KANIN-CHEN« befestigt war. Ohne anzuklopfen trat sie ein und lief fix die Treppe hoch, denn sie fürchtete, der echten Marianne zu begegnen und aus dem Haus geworfen zu werden, ehe sie Fächer und Handschuhe gefunden hatte.

»Wie komisch das ist«, sagte Alice bei sich, »einen Botengang für ein Kaninchen zu machen! Wahrscheinlich wird mich als nächstes Dinah losschicken!« Und gleich malte sie sich aus, wie das vor sich gehen würde: »›Fräulein Alice! Komm auf der Stelle her und mach dich zum Spazierengehen fertig!‹ ›Komme sofort, Fräulein! Aber ich muß noch vor dem Mauseloch Wache halten, bis Dinah zurückkommt, und aufpassen, daß die Maus nicht entwischt.‹ Ich kann mir nur nicht vorstellen«, fuhr Alice fort, »daß man Dinah lange im Haus dulden wird, wenn sie die Leute herumzukommandieren anfinge!«

Inzwischen war sie in ein sauberes Zimmerchen gelangt mit einem Tisch am Fenster und darauf (wie sie gehofft hatte) ein Fächer und zwei oder drei Paar winziger weißer Glacéhandschuhe: und sie wollte das Zimmer gerade mit dem Fächer und einem Paar Handschuhe verlassen, als ihr Blick auf ein Fläschchen fiel, das beim Spiegel stand. Diesmal war

darauf kein Etikett mit den Worten »TRINK MICH«, aber nichtsdestotrotz entkorkte sie es und führte es an die Lippen. »Bestimmt passiert wieder *irgendwas* Interessantes«, sagte sie zu sich, »wie immer, wenn ich etwas esse oder trinke: also will ich mal sehen, welche Wirkung in dieser Flasche steckt. Hoffentlich werde ich dadurch wieder groß, denn ich bin es wahrhaftig leid, so als Winzling herumzulaufen!«

So geschah es tatsächlich, und zwar weit schneller, als sie gedacht hatte: ehe sie noch die halbe Flasche geleert hatte, bemerkte sie, daß ihr Kopf an die Decke stieß, und sie mußte ihn einziehen, um sich nicht den Hals zu brechen. Hastig setzte sie die Flasche ab und stellte fest: »Das reicht völlig aus – ich hoffe, nicht noch weiter zu wachsen – ich passe nicht mal mehr durch die Tür – hätte ich bloß nicht so viel getrunken!«

O je! Für derartige Wünsche war es jetzt zu spät. Sie wuchs und wuchs, und sehr bald mußte sie sich auf den Boden knien: kurz darauf war nicht mal mehr Platz dafür, und sie versuchte, sich auf den Boden zu legen, wobei sie den Ellbogen gegen die Tür drückte und den anderen Arm um den Kopf legte. Doch sie wuchs immer noch, und als letzte Möglichkeit streckte sie einen Arm zum Fenster raus und einen Fuß in den Kamin und sagte sich: »Nun kann ich nichts mehr tun, was auch geschieht. Was soll *bloß* aus mir werden?«

Glücklicherweise hatte die Zauberflasche damit ihre volle Wirkung entfaltet, und sie wuchs nicht mehr: Trotzdem war es sehr unbequem, und da sie keine Möglichkeit sah, wieder aus dem Zimmer zu entkommen, fühlte sie sich begreiflicherweise ziemlich unglücklich.

»Zu Hause war es weit angenehmer«, dachte die arme Alice, »da wurde man nicht mal größer, mal kleiner und von Mäusen und Kaninchen herumkommandiert. Ich wünschte fast, ich wäre nicht in das Kaninchenloch gelaufen und dennoch – und dennoch – die Lebensweise ist ja ziemlich kurios. Was werde ich wohl *noch* alles hier erleben! Als ich früher Märchen gelesen habe, dachte ich immer, sowas kann ja nie passieren, und nun stecke ich mitten in einem drin! Man sollte über mich ein

Buch schreiben, ja, wahrhaftig! Und wenn ich groß bin, dann schreibe ich eines – aber ich bin ja jetzt schon groß«, fügte sie seufzend hinzu, »*hier drinnen* kann ich jedenfalls nicht noch größer werden.«

»Aber dann«, dachte Alice, »werde ich ja niemals älter werden, als ich jetzt bin? Einerseits wäre das ja angenehm – nie eine alte Frau zu sein – aber andererseits – immer nur lernen müssen! Oh, *das* wäre nichts für mich!«

»Oh, du närrische Alice!« gab sie sich selbst zur Antwort. »Wie willst du hier drin überhaupt lernen? Wo kaum Platz für dich selber ist, wie sollen da noch Lehrbücher hereinpassen?«

Und so fuhr sie fort, vertrat erst die eine Seite, dann die andere und führte alles in allem ein vollständiges Gespräch; doch nach einigen Minuten vernahm sie eine Stimme draußen und lauschte.

»Marianne! Marianne!« rief die Stimme. »Bring auf der Stelle meine Handschuhe.« Dann trippelten Füße leise die Treppe hoch. Alice wußte, daß es das Kaninchen war, das nach ihr suchte, und sie zitterte, so daß das Haus bebte, denn sie hatte völlig vergesse, daß sie an die tausendmal so groß war wie das Kaninchen, und es nicht zu fürchten brauchte.

Unterdessen war das Kaninchen an der Tür und wollte sie öffnen; doch da die Tür nach innen aufging und Alicens Ellbogen fest dagegen drückte, war die Anstrengung vergebens. Alice hörte es sagen: »Dann lauf' ich eben ums Haus herum und steige zum Fenster hinein.«

»*Das* denkst du dir so!« sagte sich Alice und wartete, bis sie das Kaninchen genau unter dem Fenster zu hören glaubte, streckte plötzlich die Hand aus und schnappte zu. Sie bekam zwar nichts zu fassen, aber aus einem kleinen Schrei, einem Fall und dem Klirren von Glas schloß sie, daß es womöglich in das Gurkenfrühbeet oder ähnliches gefallen war.

Als nächste schrie eine ärgerliche Stimme – die des Kaninchens: »Pat! Pat! Wo steckst du denn?« Und dann hörte sie eine fremde Stimme. »Hier bin ich doch! Beim Apfelstechen, Euer Ehren!«

»Apfelstechen, was soll denn das?« schimpfte das Kaninchen. »Komm lieber *hierher* und hilf mir raus!« (Noch mehr Glas zerbarst.)

»Nun sag mir mal, Pat, was ist das da im Fenster?«

»Gewißlich ein Arm, Euer Ehren!« (Er sprach es wie »Ärrm« aus.)

»Ein Arm, du Narr! Wo hat man je einen so großen Arm gesehen? Der füllt ja das ganze Fenster aus!«

»Das ist schon richtig, Euer Ehren: aber es ist trotz allem ein Arm.«

»Also, da hat er jedenfalls nichts zu suchen: geh hin und schaff ihn weg!«

Darauf war es lange still, und Alice vernahm nur noch dann und wann ein Wispern; etwa so: »Das will ich nicht, Euer Ehren, ganz und gar nicht!« »Tu was man dir sagt, du Feigling!« Und schließlich streckte sie ihre Hand wieder aus und schnappte zu. Diesmal ertönten *zwei* kleine Schreie, und noch mehr Glas ging zu Bruch. »Wieviele Gurkenfrühbeete da herumstehen müssen!« dachte Alice. »Was werden sie wohl als nächstes unternehmen? Wenn sie mich aus dem Fenster ziehen wollen, so wünschte ich nur, sie *könnten* es! Ich will schließlich nicht ewig hier hocken!«

Sie wartete eine Zeitlang, ohne noch etwas zu hören: endlich näherten sich rumpelnd kleine Wagenräder und Stimmengewirr, und sie vernahm: »Wo ist die andere Leiter? – Also, ich sollte nur eine bringen. Bill hat die andere – Bill! Her damit, Bursche! – Stell sie hier an der Ecke auf – Nein, bind sie zusammen – Sie reichen immer noch nicht hoch genug – Ach was, das reicht aus. Sei nicht so ein Pedant – Hier. Bill, halt dich am Seil fest – Hält denn das Dach? – Paß auf die lose Dachpfanne auf – O weh, er kommt runter! Kopf weg!« (lautes Krachen) – »Hej, wer war das? – Höchstwahrscheinlich Bill – Wer steigt in den Kamin hinab? – Nee, ich nicht. Tu *du's* doch! – *Ich?* Wieso immer ich! – Bill soll hinab-steigen – Hör zu, Bill! Jetzt geht's in den Kamin, sagt der Herr!«

»O je, also soll Bill jetzt den Kamin hinabsteigen?« sagte Alice zu sich. »Die scheinen ja auch alles auf Bill abzuwälzen! Ich möchte um keinen Preis an Bills Stelle sein; der Kamin ist zwar sehr eng, aber ein wenig treten kann ich wohl doch noch!«

Sie zog den Fuß soweit wie mög-lich aus dem Kamin zurück und wartete, bis sie das kleine Tier hörte (sie hatte keine Ahnung, was es war), wie es dicht über ihr scharrte und kraxelte, und dann trat sie mit den Worten: »Für Bill jetzt!« kräftig zu und harrte der Dinge, die da kommen sollten.

Als erstes vernahm sie ein mehrstimmiges »Da geht Bill hin!« dann die Stimme des Kaninchens: »Fang ihn auf, du da bei der Hecke!« dann Schweigen und darauf wieder Stimmen-gewirr: »Halt seinen Kopf hoch – Jetzt ein Schnäpschen – Vorsicht, daß er sich nicht verschluckt – Wie war's denn, alter Junge? Was war los? Erzähl doch schon!«

Schließlich keuchte eine schwache Piepsstimme (»Das ist Bill«, dachte Alice): »Also, ich weiß es eigentlich auch nicht – Nein, danke, es geht schon besser – Ich bin noch viel zu verwirrt, um es zu erzählen – Ich weiß nur, daß so etwas wie ein Springteufel auf mich zu kam, und schon ging ich ab wie eine Rakete!«

»Das kann man wohl sagen, alter Junge!« stellten die übrigen fest.

»Wir müssen das Haus niederbrennen!« hörte sie das Kaninchen vorschlagen, und Alice schrie so laut sie konnte: »Wenn ihr das macht, schicke ich euch Dinah auf den Hals!«

Auf der Stelle herrschte Totenstille, und Alice dachte bei sich: »Was werden sie wohl als nächstes unternehmen? Wenn sie nur ein bißchen Grips hätten, würden sie das Dach abdecken.« Nach ein, zwei Minuten eilten sie wieder geschäftig hin und her, und Alice hörte das Kaninchen sagen: »Eine Schubkarre wird erst einmal reichen.«

»Eine Schubkarre mit *was?*« grübelte Alice. Doch lange blieb sie nicht im Ungewissen, denn im nächsten Augenblick hagelte ein Schauer von Kieselsteinen durchs Fenster, und einige trafen sie am Kopf. »Dem werde ich einen Riegel vorschieben«, sagte sie sich und schrie laut: »Das solltet ihr besser nicht noch einmal tun!« woraufhin abermals Totenstille eintrat.

Überrascht registrierte Alice, daß die Kieselsteine sich auf dem Boden in kleine Kuchen verwandelten, und sie hatte eine glänzende Idee. »Wenn ich so einen Kuchen esse«, dachte sie, »wird das meine Größe bestimmt *irgendwie* verändern; und da ich kaum noch größer werden kann, werde ich vielleicht kleiner.«

So verschlang sie einen Kuchen und stellte zu ihrer Freude fest, daß sie auf der Stelle schrumpfte. Sobald sie klein genug war, um durch die Türe zu gehen, rannte sie aus dem Haus,

vor dem eine große Schar kleiner Vierbeiner und Vögel wartete. Bill, die arme kleine Eidechse, stand in der Mitte und
wurde von zwei Meerschweinchen gestützt, die ihm etwas aus
einer Flasche einflößten. Bei Alicens Auftritt schossen sie alle
auf sie zu, aber sie rannte, so schnell sie konnte, davon und
befand sich bald in einem dichten Wald in Sicherheit.

»Als allererstes«, sagte sich Alice, als sie so durch den Wald
spazierte, »muß ich wieder meine normale Größe annehmen;
und als zweites muß ich den Weg in diesen wunderschönen
Garten finden. Ja, das wird wohl am besten sein.«

Das klang ohne Zweifel ganz plausibel und logisch: das einzige Problem bestand nur darin, daß sie nicht die geringste
Vorstellung hatte, wie sie es bewerkstelligen sollte; und während sie ängstlich zwischen die Bäume spähte, ließ sie ein kurzes scharfes Kläffen über ihrem Kopf blitzschnell aufblicken.

Ein riesiger Welpe starrte aus großen runden Augen zu ihr hinunter, streckte behutsam eine Pfote aus und wollte sie anstupsen. »Na, du Kleiner!« sagte Alice schmeichelnd und versuchte mühsam, nach ihm zu pfeifen; aber tatsächlich hatte sie furchtbare Angst bei dem Gedanken, er könne hungrig sein, denn in diesem Falle schützten auch keine Schmeicheleien vor dem Gefressenwerden.

Fast unbewußt nahm sie ein Stöckchen auf und hielt es dem Welpen hin: worauf der Welpe mit allen Vieren in die Luft sprang, entzückt kläffte und auf den Stock zustürzte, um danach zu schnappen: da huschte Alice hinter eine große Distel, um nicht umgerannt zu werden; und als sie an der anderen Seite wieder hervorkam, stürmte der Welpe abermals los und stürzte in seinem Eifer Hals über Kopf, um es zu bekommen: in Alice wuchs das Gefühl, mit einem Karrengaul zu spielen, wobei sie jeden Augenblick damit rechnete, niedergetrampelt zu werden, und sie rannte abermals um die Distel herum: und nun griff der Welpe immer wieder den Stock an, wobei er zwischendurch ein Stück fortlief, und kläffte die ganze Zeit über, bis er sich in einiger Entfernung niederließ, mit heraushängender Zunge erschöpft hechelte und die Augen halb schloß.

Dies schien Alice eine gute Gelegenheit zur Flucht: so rannte sie unverzüglich los, bis sie ganz müde und außer Atem war, und das Bellen des Welpen in der Ferne verklang.

»Trotzdem war es ein niedlicher kleiner Welpe!« sagte Alice, während sie sich an eine Butterblume gelehnt ausruhte und mit einem der Blätter Luft zufächelte. »Ich hätte ihn ja gern dressiert, wenn – wenn ich nur die richtige Größe dazu gehabt hätte! Ach du liebe Zeit! Ich habe fast schon vergessen, daß ich wieder wachsen muß! Also – wie soll ich das bloß anstellen? Ich sollte wohl irgendwas essen oder trinken; die große Frage ist nur, ›Was?‹«

Was? Das war wirklich die große Frage. Alice musterte die Blumen und Gräser, aber nichts lud zum Essen oder Trinken ein. Neben ihr wuchs ein großer Pilz, etwa so hoch wie sie: und als sie ihn von unten überall betrachtet hatte, kam ihr in den Sinn, auf seinen Hut zu gucken.

So stellte sie sich auf Zehenspitzen, spähte über die Krempe und sah geradewegs in die Augen einer riesigen blauen Raupe, die mit verschränkten Armen auf der Spitze saß, in aller Seelenruhe an einer langen Wasserpfeife sog und nicht die geringste Notiz von ihr oder etwas anderem nahm.

V. KAPITEL

Ratschlag einer Raupe

Die Raupe und Alice sahen sich einige Minuten schweigend an: schließlich nahm die Raupe die Wasserpfeife aus dem Mund und sprach sie mit matter Schlafstimme an.

»Wer bist *du*?« erkundigte sich die Raupe.

Das war gerade keine ermutigende Einleitung für ein Gespräch. Ziemlich schüchtern antwortete Alice: »Ich – ich weiß es nicht so recht, mein Herr, wenigstens im Moment

nicht – aber ich weiß, wer ich *war,* als ich heute morgen aufstand, doch ich muß mich seitdem verschiedene Male verwandelt haben.«

»Was meinst du damit?« fragte die Raupe streng. »Erkläre dich!«

»Das ist es ja; ich kann *mich* leider nicht erklären, mein Herr«, sagte Alice, »weil ich nicht ich selbst bin, sehen Sie!«

»Das sehe ich nicht«, stellte die Raupe fest.

»Ich kann es leider nicht näher erklären«, entgegnete Alice sehr höflich, »denn zum einen kann ich es selbst nicht verstehen; und zum anderen ist es ganz schön verwirrend, an einem Tag immer wieder die Größe zu verändern.«

»Stimmt nicht«, widersprach die Raupe.

»Also, vielleicht sehen Sie das noch nicht so«, sagte Alice, »aber wenn Sie sich erst verpuppen – was Sie eines Tages tun werden – und dann in einen Schmetterling verwandeln, dann werden Sie sich wohl auch ein wenig komisch fühlen?«

»Kein bißchen«, sagte die Raupe.

»Nun, vielleicht mögen *Ihre* Gefühle da anders sein«, sagte Alice, »ich weiß nur, daß *ich* mich sehr komisch fühlen würde.«

»Du!« sagte die Raupe verächtlich. »Wer bist *du?*«

Womit sie wieder am Anfang ihres Gesprächs angelangt waren. Alice fühlte sich durch die sehr knappen Antworten der Raupe irritiert. Sie warf sich in die Brust und sagte sehr gewichtig: »Ich denke, Sie sollten mir zuerst einmal sagen, wer *Sie* sind.«

»Warum?« erkundigte sich die Raupe.

Das war schon wieder eine verwirrende Frage, und da Alice keinen guten Grund wußte, und die Raupe *sehr* ungehalten schien, ging sie weiter.

»Komm zurück!« rief die Raupe hinter ihr her. »Ich muß dir etwas Wichtiges sagen!«

Das klang allerdings vielversprechend. Alice machte kehrt und kam wieder zurück.

»Bewahre ruhig Blut«, sagte die Raupe.

»Ist das alles?« fragte Alice und schluckte mühsam ihren Ärger hinunter.

»Nein«, sagte die Raupe.

Alice dachte, sie könne ebensogut warten, da sie sonst nichts zu tun hatte, und vielleicht war ja doch noch etwas Wichtiges von ihr zu erfahren. Die Raupe paffte einige Minuten lang schweigend; aber schließlich breitete sie ihre Arme aus, nahm die Pfeife wieder aus dem Mund und sagte: »Du glaubst also wirklich, jemand anderer zu sein, wie?«

»Ich fürchte, ja, mein Herr«, sagte Alice, »ich kann mich nämlich nicht mehr wie früher an alles erinnern – und nicht mal für zehn Minuten behalte ich dieselbe Größe!«

»An *was* kannst du dich nicht erinnern?« sagte die Raupe.

»Also, ich wollte aufsagen ›*Eia popeia, was raschelt im Stroh*‹, aber das kam ganz anders heraus!« antwortete Alice sehr traurig.

»Sag mal auf ›*Willst du nicht*‹«, schlug die Raupe vor.

Alice faltete die Hände und begann:

> *»Willst du nicht das Zimmer hüten?«*
> *sprach der Sohn zum Vater sanft.*
> *»Nähr dich doch von Traumes Blüten*
> *knabbernd an des Brotes Ranft.*

Statt am Kopfe hier zu stehn,
wo dich alle Leute sehn!«
»Sohn«, sprach Vater, »tat schon wippen
auf den Felsen, als ich jung;
schwebte so schon über Klippen,
wagte manchen schrägen Sprung.
Doch jetzt hab ich's neu erwogen,
hab wohl überspannt den Bogen.«

»Willst im Alter du denn bocken?«
sprach der Sohn schon ziemlich bang.
»Du mußt doch am Boden hocken,

stimmen an der Greisen Sang
und nicht in die Stube gehn
Salto rückwärts, wie geschehn.«

»Lang schon reib' ich meinen Zinken«,
sprach der Alte mit Bedacht.
»Tu in Salbe fast versinken,
fördert der Gelenke Macht.
Du wärst auch so auf der Höhe,
hättest du der Salbe Nähe.«

»Willst du nicht aufs Breilein warten?«
tat der Sohn den Vater flehn.
»Auch die Säfte deiner harrten,
willst du dazu übergehn.
Mußt du Gänse ganz vermessen
gleich mit Fuß und Schnabel essen?«

»Tat mit Jammers stummen Blicken«,
sagte da der harte Mann,

>*deine Muter mich ersticken,*
doch das stärkte mich sodann.
Dieses ich zum Training wählte,
welches meine Kiefer stählte.«

Und der Knabe schüchtern fragte:
>*Was der Aal an diesem Ort*
auf der Nase wohl besagte?
Und wie schafftest du den Tort?
Balancierst ihn über'n Munde
gerad' wie in der See die Hunde.«

>*Laß es ja dabei bewenden,*
daß du dreimal fragtest hier!«
sprach der Vater. »*Doch jetzt enden*
muß die Rücksicht hier bei mir,
denn so dumm auf dieser Erde
fragt nicht mal 'ne Hammelherde!«*

»Das ist aber nicht richtig«, stellte die Raupe fest.

»Nicht *ganz* richtig, fürchte ich«, sagte Alice kleinlaut, »einige Worte haben sich verändert.«

»Es ist von Anfang bis Ende falsch«, sagte die Raupe unbarmherzig; und dann schwiegen sie für einige Minuten.

Die Raupe sprach als erste wieder.

»Wie groß möchtest du sein?« forschte sie.

»Oh, was das angeht, da bin ich nicht wählerisch«, antwortete Alice hastig, »es ist nur nicht angenehm, andauernd zu wechseln, wissen Sie.«

»Weiß ich *nicht*«, sagte die Raupe.

Alice sagte nichts mehr; nie zuvor in ihrem Leben war ihr so oft widersprochen worden, und allmählich riß ihr der Geduldsfaden.

---

* AdÜ: Siehe im Nachwort, dort im Kapitel »Alice im Wunderland« und anschließend im Kapitel »Alice im Spiegelland«.

»Bist du mit deiner jetzigen Größe zufrieden?« erkundigte sich die Raupe.

»Also, ein *wenig* größer würde ich schon gern sein, mein Herr, wenn es Ihnen nichts ausmacht«, meinte Alice: »Fünf Zentimeter ist so eine erbärmliche Größe.«

»Das ist im Gegenteil eine recht stattliche Größe!« korrigierte die Raupe ärgerlich, wobei sie sich aufrichtete (sie maß genau fünf Zentimeter).

»Aber ich bin nicht daran gewöhnt!« verteidigte sich die arme Alice mit kläglicher Stimme. Und dabei dachte sie: »Wären diese Tiere doch bloß nicht so schnell beleidigt!«

»Mit der Zeit wirst du dich schon daran gewöhnen«, tröstete die Raupe und paffte wieder an der Pfeife.

Diesmal wartete Alice geduldig, bis sie gewillt war, das Gespräch fortzusetzen. Nach ein oder zwei Minuten nahm die Raupe die Pfeife aus dem Mund. Dann stieg sie vom Pilz herab, kroch durch das Gras davon und bemerkte dabei bloß noch: »Bei der einen Seite wächst du, bei der anderen Seite schrumpfst du.«

»Eine Seite *wovon?* Die andere Seite *wovon?*« dachte Alice bei sich.

»Vom Pilz«, erklärte die Raupe, gerade so, als habe Alice laut gefragt, und dann war sie verschwunden.

Eine Weile betrachtete Alice nachdenklich den Pilz und versuchte herauszubringen, wo denn eigentlich die Seiten wären; und da er vollkommen rund war, schien ihr das ein ziemlich kompliziertes Problem. Schließlich legte sie ihre Arme um ihn, soweit sie konnte, und brach mit jeder Hand ein Stück von der Ecke ab.

»Und was bewirkt nun was?« sagte sie sich und knusperte ein bißchen an dem Stück in ihrer Rechten, um die Wirkung zu testen. Im nächsten Augenblick bekam sie einen kräftigen Kinnhaken – ihr Fuß hatte das Kinn getroffen!

Durch diesen plötzlichen Wechsel war sie ganz schön erschrocken, aber sie hatte das Gefühl, keine Zeit verlieren zu dürfen, da sie rapide schrumpfte; so machte sie sich sofort daran, von dem anderen Stück abzubeißen. Ihr Kinn schmiegte sich so eng an ihren Fuß, daß sie den Mund kaum öffnen konnte; aber schließlich gelang es ihr, und sie schaffte es, ein Fitzelchen aus der linken Hand zu schlucken.

»Ach, endlich ist mein Kopf frei!« frohlockte Alice, doch im nächsten Augenblick bemerkte sie besorgt, daß sie ihre Schultern nirgendwo entdecken konnte: wenn sie an sich hinabblickte, konnte sie nur ihren enorm langen Hals sehen, der wie ein Pfahl aus dem grünen Blättermeer herauszuragen schien, das weit unter ihr lag.

»Was *ist* das bloß für ein grünes Zeug?« wunderte sich Alice. »Und wo *sind* bloß meine Schultern hingekommen? Und meine Hände, o weh, wieso kann ich euch nicht mehr sehen?« Und sie fuchtelte dabei mit ihnen herum, aber abgesehen von einem leichten Zittern unter den fernen Blättern schien das ergebnislos.

Da die Hände den Kopf wohl nicht mehr erreichen konnten, wollte sie wenigstens mit dem Kopf zu den *Händen* und stellte glücklich fest, daß sie ihren Hals wie eine Schlange leicht in jede Richtung biegen konnte. Gerade hatte sie ihn zu einer anmutigen Zickzacklinie nach unten geboren und wollte zwischen den Blättern eintauchen, die nichts anderes als die Baumwipfel waren, unter denen sie spazierengegangen war, als sie ein scharfes Zischen blitzschnell zurückfahren hieß: Eine große Taube war ihr ins Gesicht geflogen und schlug heftig mit den Schwingen nach ihr.

»Schlange!« schrie die Taube.

»Ich bin *keine* Schlange!« schmollte Alice. »Laß mich in Ruhe!«

»Schlange, ich sag's noch einmal!« wiederholte die Taube, wenn auch nicht mehr so laut, und fügte schluchzend hinzu: »Ich habe alles versucht, aber dagegen ist wohl kein Kraut gewachsen!«

»Ich weiß gar nicht, wovon du überhaupt sprichst«, sagte Alice.

»Ich habe es zwischen den Wurzeln versucht, ich habe es an den Böschungen versucht, und ich habe es in den Hecken versucht«, beklagte sie sich, ohne auf Alice einzugehen, »aber immer diese Schlangen! Keiner kann es ihnen recht machen!«

Alicens Verwirrung wuchs noch mehr, aber sie hielt weitere Bemerkungen für sinnlos, bis die Taube geendet hatte.

»Als hätte man mit dem Brutgeschäft nicht schon genug zu tun«, klagte die Taube, »muß man jetzt auch noch Tag und Nacht nach Schlangen Ausschau halten. Nicht einmal eine Mütze voll Schlaf habe ich in den letzten drei Wochen gehabt!«

»Es tut mir sehr leid, daß man dich so gestört hat«, bedauerte Alice, die allmählich die Umstände durchschaute.

»Und gerade, als ich mir den höchsten Baum im Wald ausgeguckt hatte«, schimpfte die Taube weiter, und ihre Stimme ging allmählich in Gekreische über, »und gerade, als ich mich endlich von ihnen befreit dünkte, ausgerechnet da müssen sie sich auch noch vom Himmel herabwinden! Pfui, du Schlange!«

»Aber ich bin *keine* Schlange, ich sag es doch!« meinte Alice. »Ich bin ein – ich bin ein…«

»Nun! *Was* bist du denn?« sagte die Taube. »Ich sehe es dir an der Nasenspitze an, du willst dir was ausdenken!«

»Ich – ich bin ein kleines Mädchen«, sagte Alice ziemlich unsicher, wobei sie an die zahlreichen Veränderungen dachte, die ihr an diesem Tage widerfahren waren.

»So siehst du auch aus!« höhnte die Taube. »Ich habe in meinem Leben schon eine ganze Reihe kleiner Mädchen gesehen, aber *keines* mit solch einem Hals! Nein, nein! Du bist eine Schlange; leugnen ist zwecklos. Als nächstes wirst du mir noch aufbinden, du hättest noch niemals ein Ei gegessen!«

»Natürlich *habe* ich schon Eier gegessen«, sagte Alice, denn sie war ein ehrliches Kind, »aber kleine Mädchen essen ebenso Eier wie Schlangen.«

»Das kannst du mir nicht erzählen«, sagte die Taube, »aber sollte das dennoch stimmen, dann sind sie eben eine Schlangenart: und damit Punktum!«

Das war für Alice derart neu, daß sie ein oder zwei Minuten verstummte, was die Taube nutzte, um hinzuzufügen: »Daß du nach Eiern suchst, das ist mir nur zu gut bekannt; was spielt es da schon für eine Rolle, ob du nun ein kleines Mädchen oder eine Schlange bist?«

»Für *mich* spielt das sehr wohl eine Rolle«, warf Alice hastig ein, »aber zufällig bin ich nicht auf der Suche nach Eiern; und wenn doch, würde ich *deine* nicht wollen: Ich mag sie nicht roh.«

»Dann zieh Leine!« schmollte die Taube und hockte sich wieder ins Nest. Alice kroch, so gut sie konnte, durch die Bäume hinab, denn ihr Hals verfing sich zwischen den Ästen, und ab und zu mußte sie innehalten und ihn entwirren. Bald kam ihr in den Sinn, daß sie ja immer noch die Pilzstücke in den Händen hielt, und so knabberte sie denn erst an dem einen, dann an dem anderen, so daß sie einmal größer, einmal kleiner wurde, bis sie ihre normale Größe wieder erreicht hatte.

Es war so lange hergewesen, daß sie auch nur annähernd ihre normale Gestalt eingenommen hatte, so daß sie sich zuerst ganz merkwürdig fühlte; aber nach einer Weile hatte sie sich daran gewöhnt und führte wieder einmal Selbstgespräche. »Also, die eine Hälfte meines Planes ist damit geschafft! Wie diese Veränderungen einen doch verwirren! Ich weiß nie, was als nächstes noch aus mir wird! Jedenfalls habe ich meine richtige Größe wieder: als nächstes muß ich nun in den schönen Garten kommen – wie *kann* ich das bloß schaffen?« Unterdessen war sie zu einer Lichtung gekommen, auf der ein etwa eineinhalb Meter hohes Haus stand. »Wer immer auch hier wohnt«, dachte Alice, »es wird jedenfalls nicht gut sein, ihm in *dieser* Größe gegenüberzutreten: also, ich fürchte, der wäre vor Angst ganz aus dem Häuschen!« So knabberte sie wieder einmal an dem Stück in der Rechten und wagte nicht, auf das Haus zuzugehen, bis sie auf zwanzig Zentimeter zusammengeschrumpft war.

VI. KAPITEL

Pfeffer und Ferkel

Ein, zwei Minuten stand sie da, musterte das Haus und überlegte den nächsten Schritt, als plötzlich ein livrierter Lakai aus
dem Wald gelaufen kam – (sie hielt ihn wegen seiner Livree
für einen Diener, wenn sie allerdings ausschließlich nach seinem Gesicht geurteilt hätte, wäre er als Fisch eingeschätzt worden) – und kräftig mit den Knöcheln an die Tür pochte. Ein
weiterer livrierter Lakai mit rundem Gesicht und glotzigen
Froschaugen öffnete; und wie Alice registrierte, trugen beide

eine gepuderte Allonge-
perücke. Neugierig, was
das wohl zu bedeuten
hatte, huschte Alice ein
wenig näher, um sie zu
belauschen.

Der Fisch-Lakai zog
unter seinem Arm einen
riesigen Brief, fast so
groß wie er selbst, her-
vor und überreichte die-
sen feierlich mit den
Worten: »Für die Herzo-
gin. Eine Einladung von
der Königin zum Krok-
ketspiel.« Der Frosch-
Lakai wiederholte ebenso feierlich die Worte in abgewandel-
ter Form: »Von der Königin. Eine Einladung für die Herzogin
zum Krocketspiel.«

Dann verbeugten sich beide so tief, daß sich ihre Locken verhedderten.

Alice mußte so sehr darüber lachen, daß sie, um nicht entdeckt zu werden, in den Wald zurücklaufen mußte; und als sie wieder herausspähte, war der Fisch-Lakai verschwunden, und der andere saß nahe der Tür auf der Erde und starrte stumpfsinnig in den Himmel hinauf.

Schüchtern trat Alice an die Tür und klopfte.

»Klopfen hat überhaupt keinen Sinn«, bemerkte der Lakai, »und zwar aus zweierlei Gründen. Erstens bin ich mit dir auf derselben Seite der Tür. Zweitens machen die da drin solch einen Lärm, daß sie dich unmöglich hören können.« Und wirklich ertönte von drinnen ein außerordentlicher Lärm – ein stetiges Heulen und Niesen und dann und wann ein Knall, als ginge eine Schüssel oder Kanne zu Bruch.

»Bitte«, sagte Alice, »wie soll ich dann hineinkommen?«

»Dein Klopfen hätte vielleicht einen Sinn«, fuhr der Lakai fort, ohne auf sie einzugehen, »wenn die Tür zwischen uns wäre. Wenn du zum Beispiel *drinnen* wärest, könntest du klopfen, und ich würde dich hinauslassen.« Dabei fixierte er die ganze Zeit über den Himmel, was Alice für reichlich unhöflich hielt. »Aber vielleicht kann er nicht anders«, sagte sie zu sich; »denn seine Augen sind so *weit* oben am Kopf. Aber er könnte wenigstens Antwort geben. – Wie soll ich dann hineinkommen?« wiederholte sie laut.

»Ich bleibe hier«, bemerkte der Lakai, »bis morgen sitzen . . . «

Da öffnete sich die Haustür, und ein Suppenteller segelte direkt auf den Kopf des Lakaien zu, streifte ihn an der Nase und zerbarst an einem der Bäume hinter ihm.

». . . oder vielleicht bis übermorgen«, setzte der Lakai ungerührt fort, als sei nichts geschehen.

»Wie soll ich dann hineinkommen?« fragte Alice noch etwas lauter.

»Sollst du *überhaupt* hineingehen?« sagte der Lakai. »Das ist doch wohl die erste Frage.«

Damit hatte er zweifellos recht: aber Alice schätzte keine derartige Belehrung. »Es ist zum Aus-der-Haut-fahren«, murmelte sie vor sich hin, »wie einem die Tiere hier widersprechen. Das ist wirklich zum Verrücktwerden!«

Der Lakai hielt das wohl für eine gute Gelegenheit, seine Bemerkung in Variationen zu wiederholen. »Ich werde hier von Zeit zu Zeit sitzen«, sagte er, »Tag für Tag.«

»Und was soll *ich* tun?« sagte Alice.

»Was du willst«, sagte der Lakai und begann zu pfeifen.

»Ach, ein Gespräch mit dem ist sinnlos«, sagte Alice verzweifelt, »der ist ja völlig verblödet!« Und sie öffnete die Tür und ging hinein.

Die Tür führte in eine riesige Küche, die ganz verraucht war: auf einem dreibeinigen Schemel hockte die Herzogin mitten drin und hätschelte ein Baby: die Köchin stand über den Herd gebeugt und rührte in einem dickbauchigen Kessel herum, der wohl voller Suppe war.

»In der Suppe ist bestimmt zuviel Pfeffer!« sagte Alice sich, sobald sie das vor lauter Niesen konnte.

Bestimmt war davon zuviel in der Luft. Selbst die Herzogin nieste ab und an; und was das Baby betraf, das nieste und kreischte unablässig. Die einzigen beiden Wesen, die nicht niesten in dieser Küche, waren die Köchin und eine dicke Katze, die am Herd lag und von einem Ohr zum anderen grinste.

»Würden Sie mir wohl bitte sagen«, fragte Alice ein wenig schüchtern, denn sie war sich nicht ganz klar darüber, ob es für sie schicklich sei, zuerst das Wort zu ergreifen, »warum Ihre Katze so grinst?«

»Das ist eine Schmeichelkatze«, sagte die Herzogin, »drum. Du Ferkel!«

Das Letzte stieß sie so vehement hervor, daß Alice ziemlich zusammenzuckte; doch sie erkannte sogleich, daß damit das Baby gemeint war, also faßte sie wieder Mut und fuhr fort: »Ich wußte gar nicht, daß Schmeichelkatzen immer grinsen; tatsächlich wußte ich nicht einmal, daß Katzen *überhaupt* grinsen können.«

»Alle können das«, sagte die Herzogin, »und die meisten tun's.«

»Das habe ich aber noch bei keiner gesehen«, sagte Alice äußerst höflich und war sehr froh, ein Gespräch angeknüpft zu haben.

»Dann weißt du nicht viel«, meinte die Herzogin, »Punktum!«

Diesen Unterton mochte Alice ganz und gar nicht, und sie dachte daran, ein anderes Thema anzuschlagen. Während sie noch ein Geeignetes überlegte, nahm die Köchin den Suppenkessel vom Feuer und begann damit, alles in ihrer Reichweite befindliche nach der Herzogin und dem Baby zu werfen – zuerst die Schüreisen; dann folgte ein Hagelschlag von Tiegeln, Tellern und Tassen. Die Herzogin nahm davon, selbst als sie getroffen wurde, keine Notiz; und das Baby kreischte ohnehin so laut, daß eine Entscheidung darüber, ob es nun getroffen worden war oder nicht, müßig war.

»Oh bitte, passen Sie doch auf, was Sie tun!« schrie Alice und sprang entsetzt auf und ab. »Oh, weg ist sein hübsches Näschen!« als ein ungewöhnlich großer Tiegel dicht daran vorbeiflog und es beinahe abgerissen hätte.

»Wenn keiner seine Nase in anderer Leute Angelegenheiten stecken würde«, brummelte die Herzogin, »würde sich die Erde wohl ein gutes Stück schneller drehen.«

»Was *kein* Vorteil wäre«, widersprach Alice, die sehr froh war, etwas von ihrem Wissen zu offenbaren. »Bedenkt doch nur, was das für Probleme mit Tag und Nacht gäbe! Die Erde braucht nämlich vierundzwanzig Stunden für die Drehung um die eigene Achs...«

»Ja, das ist es; hol die Axt«, rief die Herzogin, »und schlag ihr den Kopf ab!«

Alice warf der Köchin einen ziemlich besorgten Blick zu, ob sie den Befehl ausführte; aber die war mit dem Umrühren der Suppe beschäftigt und schien nicht zuzuhören, so daß Alice mutig beharrte: »Vierundzwanzig Stunden, soviel ich *weiß;* oder sind es zwölf? Ich...«

»Laß *mich* bloß damit in Ruhe«, zürnte die Herzogin. »Ich kann Zahlen einfach nicht ausstehen!« Und damit hätschelte sie das Kind erneut, sang ihm eine Art Wiegenlied und versetzte ihm am Ende jeder Zeile einen kräftigen Stoß:

> *»Sprich streng mit deinem kleinen Sohn,*
> *verdresche ihn beim Niesen:*
> *Er tut es doch nur dir zur Fron,*
> *will dich dadurch verdrießen.«*

REFRAIN (in den die Köchin und das Baby einstimmten):

> *»Wau! Wau! Wau!«*

580

Während die Herzogin die zweite Strophe sang, schüttelte sie das Baby hin und her, und das arme kleine Ding kreischte so laut, daß Alice die Worte kaum verstehen konnte:

> *»Ich spreche streng mit meinem Sohn,*
> *verdresche ihn beim Niesen,*
> *genießen soll er die Portion*
> *von Pfeffer, die wir bliesen!«*

REFRAIN   *»Wau! Wau! Wau!«*

»Hier! Du kannst es ein bißchen halten, wenn du magst!« sagte die Herzogin zu Alice und warf ihr dabei das Baby zu. »Ich muß mich zum Krocketspiel mit der Königin umkleiden«, und damit flitzte sie aus dem Zimmer. Die Köchin warf ihr eine Bratpfanne hinterher, verfehlte sie aber um Haaresbreite.

Alice fing das Baby schlecht und recht, denn es war ein seltsam gewachsenes kleines Wesen, das Arme und Beine in alle Himmelsrichtungen streckte. »Gerade wie ein Seestern«, dachte Alice. Das arme kleine Ding schnaufte wie eine Dampfmaschine, als sie es auffing, krümmte sich zusammen und streckte sich abwechselnd, daß sie alle Kräfte aufbieten mußte, um es festzuhalten.

Sobald sie es recht im Griff hatte (dazu mußte man es etwa wie einen Knoten zusammenfassen und darauf sein rechtes Ohr und seinen linken Fuß festhalten, damit der sich nicht wieder auflöste), trug sie es ins Freie. »Wenn ich das Kind nicht mitnehme«, dachte Alice, »werden sie es bstimmt in ein oder zwei Tagen umgebracht haben. Das wäre doch wohl Mord, wenn ich es zurücklassen würde?« Die letzten Worte sprach sie laut und das kleine Ding grunzte zur Antwort (sein Niesen hatte inzwischen aufgehört). »Grunz nicht«, sagte Alice; »diese Ausdrucksweise gehört sich für dich nicht.«

Das Baby grunzte abermals, und Alice betrachtete besorgt sein Gesicht, um festzustellen, was mit ihm los war. Zweifellos besaß es eine *enorme* Himmelfahrtsnase, das war eher schon ein Rüssel als eine Nase: auch die Augen waren für ein Baby ziemlich klein: Alles in allem mochte Alice den Blick dieses Dingsda nicht. »Aber vielleicht hat es nur geschluchzt«, überlegte sie und betrachtete abermals seine Augen, ob es vielleicht weinte.

Nein, keine Tränen. »Wenn du dich jetzt etwa in ein Ferkel verwandeln solltest, mein Liebes«, warnte Alice, »dann will ich nichts mehr mit dir zu tun haben. Nimm dich also in acht!« Das arme kleine Ding schluchzte wieder (oder grunzte, das ließ sich nicht entscheiden), und schweigend ging sie eine Zeitlang weiter.

Gerade als Alice die Überlegung anstellte: »Was soll ich bloß mit diesem Wesen anfangen, wenn ich es mit nach Hause nehme!« grunzte es abermals so vernehmlich, daß sie es ganz verschreckt betrachtete. Diesmal gab es *keinen* Zweifel mehr: es war einfach nur ein Ferkel, und sie wäre sich ganz spinnert vorgekommen, hätte sie es weiterhin getragen.

So setzte sie denn das kleine Tier ab und war ziemlich erleichtert, als es einfach in den Wald davontrottete. »Das wäre sicher zu einem potthäßlichen Kind herangewachsen«, sagte Alice bei sich, »aber als Ferkel scheint es mir ganz hübsch.« Und sie stellte sich die ihr bekannten Kinder als Ferkel vor und meinte gerade, »man müßte natürlich wissen, wie man sie verwandelt...« als sie zu ihrer Verblüffung die Schmeichelkatze bemerkte, die einige Meter entfernt auf einem Baum saß.

Die Katze grinste bei Alicens Anblick bloß. Sie schien guter Laune: doch sie besaß *sehr* lange Krallen und viele, viele Zähne, so daß Alice sie lieber mit Vorsicht behandelte.

»Schmeichel-Pussi«, redete sie sie schüchtern an, denn sie wußte nicht, ob sie diesen Namen mochte: doch das Grinsen zog sich noch ein bißchen höher. »Ah, das hat ihr also gefallen«, freute sich Alice, und sie fuhr fort: »Würdest du mir vielleicht bitte den Weg weisen?«

»Das kommt darauf an, wohin du willst«, sagte die Katze.

»Das ist mir eigentlich gleich…«, sagte Alice.

»Dann ist es auch egal, wohin du gehst«, stellte die Katze fest.

»…solange ich *irgendwo* ankomme«, ergänzte Alice erläuternd.

»Oh, das wirst du ganz bestimmt«, ermutigte die Katze, »wenn du nur lange genug gehst.«

Das konnte Alice nun nicht in Abrede stellen und so versuchte sie es anders. »Was für Leute wohnen denn hier herum?«

»Da *hinten*«, sagte die Katze und wies mit der rechen Pfote, »lebt ein Hutmacher – und da *vorn*«, sie wies mit der anderen Pfote, »lebt ein Märzhase. Egal, wen du besuchst: verrückt sind sie alle beide.«

»Aber ich möchte nicht unter Verrückte kommen«, meinte Alice.

»Oh, das kannst du wohl kaum verhindern«, sagte die Katze: »Wir sind hier nämlich alle verrückt. Ich bin verrückt. Du bist verrückt.«

»Woher willst du wissen, daß ich verrückt bin?« erkundigte sich Alice.

»Wenn du es nicht wärest«, stellte die Katze fest, »dann wärest du nicht hier.«

Alice schien das überhaupt kein schlüssiger Beweis: doch sie fragte weiter: »Und woher willst du wissen, daß du verrückt bist?«

»Also, zuerst einmal«, argumentierte die Katze, »gibst du doch zu, daß ein Hund nicht verrückt ist?«

»Ich nehme es an«, gestand Alice zu.

»Nun denn«, führte die Katze weiter aus, »ein Hund knurrt, wenn er wütend ist, und wedelt mit dem Schwanz, wenn er glücklich ist. Also, *ich* knurre, wenn ich glücklich bin, und wedele mit dem Schwanz, wenn ich wütend bin. Ergo bin ich verrückt.«

»*Ich* würde das als schnurren und nicht als knurren bezeichnen«, korrigierte Alice.

»Bezeichne es, wie es dir beliebt«, sagte die Katze. »Kommst du heute auch zum Krocketspiel bei der Königin?«

»Ich würde schon sehr gerne, aber ich bin nicht eingeladen«, bedauerte Alice.

»Du wirst mich da treffen«, sagte die Katze und verschwand.

Das überraschte Alice nicht besonders, denn sie war inzwischen an allerhand Merkwürdigkeiten gewöhnt. Als sie noch so den leeren Fleck betrachtete, war die Katze plötzlich wieder da.

»Ach, übrigens, was ist eigentlich aus dem Baby geworden?« erkundigte sich die Katze. »Die Frage hätte ich fast vergessen.«

»Ein Schwein!« antwortete Alice seelenruhig, als sei die Katze ganz normal wieder aufgetaucht.

»Hab ich's doch gedacht«, meinte die Katze und verschwand abermals.

Alice wartete noch ein wenig, da sie mit einem nochmaligen Auftritt rechnete, aber nichts geschah, und so ging sie nach einem Weilchen dorthin, wo der Märzhase lebte. »Einen Hutmacher habe ich schon oft gesehen«, sagte sie bei sich: »Der Märzhase ist weit interessanter, und vielleicht ist er jetzt im Mai nicht total verrückt – wenigstens nicht so verrückt wie im März.« Dabei blickte sie auf, und da saß die Katze schon wieder auf einem Ast.

»Sagtest du Schwein oder Schrein?« fragte die Katze.

»Ich sagte Schwein«, bekräftigte Alice; »und es wäre mir lieb, wenn du nicht immer so plötzlich da und weg wärest: das macht einen ganz schwindelig.«

»Einverstanden«, meinte die Katze; und diesmal verschwand sie ganz allmählich mit dem Schwanzende bis hin zum Grinsen, das noch einige Zeit in der Luft blieb, als der Rest schon verschwunden war.

»Liebe Güte! Ich habe schon oft ein Katze ohne Grinsen gesehen«, stellte Alice fest; »aber ein Grinsen ohne Katze! Das ist mir noch niemals begegnet!«

Sehr bald schon erblickte sie das Haus des Märzhasen: sie mußte wohl richtig sein, denn die Schornsteine waren wie Löffel geformt, und das Dach war mit Fell gedeckt. Das Haus selbst war so groß, daß sie nicht nähertreten mochte, bevor sie nicht an dem Pilzstück in ihrer linken Hand geknabbert hatte und einen halben Meter gewachsen war: doch selbst dann ging sie ziemlich vorsichtig darauf zu, wobei sie sich sagte: »Wenn er nun aber doch total verrückt sein sollte? Vielleicht wäre es besser gewesen, statt dessen den Hutmacher zu besuchen!«

VII. KAPITEL

Wir sind total im Tee!

Vor dem Haus unter einem Baum stand ein Tisch, und der Märzhase und der Hutmacher saßen daran und tranken Tee. Zwischen ihnen pennte im Sitzen eine Schlafmaus, die von den beiden als Armlehne benutzt wurde, während sie sich über sie hinweg unterhielten. »Äußerst unbequem für die Schlafmaus«, überlegte Alice; »aber da sie schläft, merkt sie es wahrscheinlich gar nicht.«

Der Tisch war riesig, aber sie hatten sich alle an einer Kante eng zusammengequetscht. »Besetzt! Besetzt!« riefen sie gleich, als Alice näherkam. »Aber es ist doch fast *alles* frei!« empörte sich Alice und ließ sich in einem Polstersessel am Kopfende nieder.

»Ein Glas Wein«, bot der Märzhase aufmunternd an.

Alice musterte den Tisch, aber sie sah nur ein Teegedeck. »Ich sehe keinen Wein«, bemerkte sie.

»Ist ja auch keiner da«, bestätigte der Märzhase.

»Dann war das Angebot aber nicht sehr höflich«, zürnte Alice.

»Es war auch nicht sehr höflich, sich unaufgefordert an unseren Tisch zu setzen«, parierte der Märzhase.

»Wie sollte ich wissen, daß es *euer* Tisch ist«, entschuldigte sich Alice: »Schließlich ist er ja für weit mehr als drei Personen gedeckt.«

»Du brauchst einen Haarschnitt«, stellte der Hutmacher fest. Er hatte Alice eine Weile sehr neugierig fixiert, und dies war seine erste Bemerkung.

»Du solltest nicht so indiskrete Bemerkungen machen«, wies Alice ihn zurecht: »Das schickt sich nicht.«

Bei diesen Worten riß der Hutmacher die Augen weit auf, aber er *sagte* nur: »Was haben ein Rabe und ein Schreibtisch gemeinsam?«

»Ach, jetzt wird es endlich lustig!« dachte Alice. »Schön, daß sie mit Rätselraten beginnen – ich glaube, das kriege ich herausgeknobelt«, fügte sie laut hinzu.

»Du meinst damit, du kannst darauf die Antwort geben?« erkundigte sich der Märzhase.

»Na klar«, bekräftigte Alice.

»Dann solltest du das auch sagen«, fuhr der Märzhase fort.

»Hab ich doch«, erwiderte Alice hastig; »wenigstens – wenigstens habe ich das gemeint – und das ist ja wohl dasselbe.«

»Keineswegs«, erwiderte der Hutmacher. »Genauso könntest du behaupten, daß ›Ich sehe, was ich esse‹ dasselbe sei wie ›Ich esse, was ich sehe‹!«

»Genauso könntest du sagen«, fügte der Märzhase hinzu, »daß ›Ich mag, was ich bekomme‹ dasselbe sei wie ›Ich bekomme, was ich mag‹!«

»Genauso könntest du sagen«, ergänzte die Schlafmaus, die im Schlaf zu sprechen schien, »daß ›Ich schlafe, wenn ich atme‹ dasselbe sei wie ›Ich atme, wenn ich schlafe‹!«

»Bei dir *ist* das auch dasselbe«, meinte der Hutmacher, und hier riß das Gespräch ab, und sie saßen eine Weile schweigend da, während Alice über all das grübelte, was sie über Raben und Schreibtische wußte, und das war nicht gerade viel.

Als erster brach der Hutmacher das Schweigen. »Der wievielte ist denn heute?« wandte er sich an Alice: Er hatte seine Uhr aus der Tasche gezogen, konsultierte sie unzufrieden, schüttelte sie dann und wann und hielt sie ans Ohr.

Alice überlegte ein wenig und sagte dann: »Der Vierte.«

»Zwei Tage hinkt sie hinterher!« seufzte der Hutmacher. »Ich habe dir ja gleich gesagt, Butter schadet dem Uhrwerk!« wandte er sich verärgert an den Märzhasen.

»Aber es war Butter von *bester* Qualität«, rechtfertigte sich der Märzhase kleinlaut.

»Mag schon sein, aber Krümel müssen mit hineingeraten sein«, knurrte der Hutmacher, »du hättest sie nicht mit dem Brotmesser hineinstreichen sollen.«

Der Märzhase ergriff die Uhr und betrachtete sie schwermütig: darauf tunkte er sie in seine Teetasse und betrachtete sie abermals: aber ihm fiel dazu nichts weiter ein als beim ersten Mal: »Es war wirklich *beste* Qualitätsbutter.«

Alice hatte ihm neugierig über die Schulter gelinst. »Was für eine kuriose Uhr!« urteilte sie. »Die zeigt ja die Monatstage und nicht die Uhrzeit!«

»Warum auch?« brummelte der Hutmacher. »Zeigt dir *deine* Uhr etwa das Jahr an?«

»Natürlich nicht«, antwortete Alice prompt, »aber das liegt daran, daß ein Jahr so lange dauert.«

»Das ist bei *meiner* nicht anders«, sagte der Hutmacher.

Das verwirrte Alice entsetzlich. Des Hutmachers Bemerkung schien ihr keinerlei Sinn zu ergeben, obwohl er deutsch gesprochen hatte. »Ich habe dich nicht ganz verstanden«, sagte sie so höflich wie möglich.

»Die Schlafmaus pennt schon wieder«, sagte der Hutmacher und begoß ihre Nase ein wenig mit heißem Tee.

Die Schlafmaus schüttelte unwillig den Kopf und sagte mit geschlossenen Augen: »Jawohl, jawohl, genau das wollte ich gerade sagen.«

»Hast du das Rätsel inzwischen gelöst?« wandte sich der Hutmacher wieder an Alice.

»Nein, ich gebe auf«, gestand Alice. »Wie ist die Lösung?«

»Ich habe nicht die geringste Ahnung«, bekannte der Hutmacher.

»Ich auch nicht«, schloß sich der Märzhase an.

Alice seufzte erschöpft. »Ich meine ja, ihr könntet Besseres mit der Zeit anfangen«, kritisierte sie, »als sie mit Rätseln ohne Lösungen zu verschwenden.«

»Wenn du dich so gut mit der Zeit auskennen würdest wie ich«, sagte der Hutmacher, »würdest du wissen, daß es nicht *sie,* sondern *ihn* heißen muß.«

»Ich verstehe nicht, was du damit sagen willst«, meinte Alice.

»Wie solltest du auch!« sagte der Hutmacher und warf verächtlich den Kopf zurück. »Vermutlich hast du noch nie mit Herrn Zeit gesprochen.

»Das wohl nicht«, gestand Alice vorsichtig ein, »aber ich habe bestimmt in der Musikstunde den Zeittakt geschlagen.«

»Aha! Da haben wir es schon«, triumphierte der Hutmacher. »Schläge mag er ganz und gar nicht. Nun, du mußt mit ihm auf gutem Fuß stehen, dann tut er alles mit der Uhr, was du willst. Angenommen, es wäre neun Uhr morgens, und der Unterricht beginnt: Flüstere ihm nur kurz zu, und im Nu sausen die Zeiger los! Auf halbzwei! Mahlzeit!«

(»Wäre es nur schon soweit«, wisperte der Märzhase vor sich hin.)

»Das wäre aber schön«, sagte Alice nachdenklich; »aber – dann wäre ich doch noch gar nicht hungrig.«

»Vielleicht nicht sofort«, gab der Hutmacher zu, aber du könntest es halbzwei sein lassen, solange du wolltest.«

»Machst *du* es vielleicht hier so?« erkundigte sich Alice.

Der Hutmacher schüttelte traurig den Kopf. »Leider nein!« bedauerte er. »Im letzten März hatten wir einen Streit – kurz bevor *er* verrückt wurde...« (und er deutete mit dem Teelöffel auf den Märzhasen) »...da war ein großes Konzert bei der Herzkönigin, und ich mußte singen:

> *Der Mund ist aufgegangen,*
> *die goldnen Äpfel prangen*
> *im Törtchen, braun und gar.*

Du kennst vielleicht das Lied?«

»Ähnliches habe ich schon gehört«, meinte Alice.

»Es geht noch weiter«, erklärte der Hutmacher, »und zwar so:

> *Der Napf steht da, man geiget,*
> *und aus den Kesseln steiget*
> *ein lockend Duft ganz wunderbar.«* *

Hier schüttelte sich die Schlafmaus und hob im Schlaf zu singen an: »Wunder-, wunder-, wunder-bar...«, und zwar in einem fort, so daß sie sie kneifen mußten, damit sie aufhörte.

»Also, ich hatte die erste Strophe kaum beendet«, erzählte der Hutmacher, »als die Königin auch schon losschrie: ›Eine Taktlosigkeit, so die Zeit totzuschlagen! Schlagt ihm den Kopf ab!‹«

---

* AdÜ: Singen Sie nach der Ihnen wohl bekannten Liedmelodie diesen Text.

»Oh, wie gemein!« empörte sich Alice.

»Und seit jener Zeit«, klagte der Hutmacher, »erfüllt er mir überhaupt keine Bitte mehr! Es ist immer fünf Uhr.«

Da hatte Alice plötzlich einen Gedanken, und sie fragte: »Ist deswegen so viel Teegeschirr auf dem Tisch?«

»Ganz recht«, seufzte der Hutmacher, »es ist immer Teezeit, und wir haben überhaupt keine Zeit zum Spülen.«

»Dann rückt ihr wohl immer weiter um den Tisch?« mutmaßte Alice.

»Richtig«, bestätigte der Hutmacher, »sobald das Gedeck benutzt ist.«

»Aber was passiert, wenn ihr wieder am Anfang seid?« wagte Alice zu fragen.

»Wollen wir nicht mal das Thema wechseln«, unterbrach gähnend der Märzhase. »Das wird doch allmählich langweilig. Ich schlage vor, die kleine Dame erzählt uns eine Geschichte.«

»Ich kenne leider keine«, bedauerte Alice, die durch das Ansinnen ziemlich erschrocken war.

»Dann muß die Schlafmaus ran!« riefen beide. »Wach auf, Schlafmaus!« Und sie zwickten sie gleichzeitig von beiden Seiten.

Die Schlafmaus öffnete vorsichtig die Augen. »Ich habe nicht geschlafen«, sagte sie mit heiserer Piepsstimme, »ich habe alles gehört, was ihr gesagt habt.«

»Erzähl uns eine Geschichte!« verlangte der Märzhase.

»O ja, bitte«, bettelte Alice.

»Und zwar rasch«, fügte der Hutmacher hinzu, »sonst schläfst du wieder vor dem Ende ein.«

»Es waren einmal drei Schwesterchen«, begann die Schlafmaus hastig, »die hießen Elsie, Lacie und Tillie; und sie wohnten auf dem Grunde eines Brunnens...«

»Wovon lebte sie denn?« fragte Alice, die an den Fragen bezüglich Essen und Trinken großen Anteil nahm.

»Von Sirup«, erklärte die Schlafmaus, nachdem sie eine Weile darüber nachgedacht hatte.

»Das scheint mir aber nicht gut möglich«, bemerkte Alice gutmütig. »Dann würden sie ja alle krank.«

»Das waren sie ja auch«, meinte die Schlafmaus, »und zwar *sehr* krank.«

Alice versuchte sich selbst ein wenig vorzustellen, wie solche außerordentlichen Lebensumstände wären, doch daraufhin war sie ganz verwirrt – so fragte sie lieber: »Aber warum lebten sie denn auf dem Grunde eines Brunnens?«

»Noch etwas Tee?« offerierte der Märzhase sehr ernst.

»Bisher hatte ich noch gar keinen«, erwiderte Alice beleidigt, »deshalb kann ich nicht noch etwas bekommen.«

»Du meinst, du kannst nicht *weniger* bekommen«, stellte der Hutmacher fest: »*mehr* als nichts zu bekommen ist sehr einfach.«

»Keiner hat dich um *deine* Meinung gebeten«, sagte Alice.

»Wer macht jetzt indiskrete Bemerkungen?« erkundigte sich der Hutmacher triumphierend.

Alice wußte nicht, was sie darauf antworten sollte: so nahm sie sich selbst Tee und ein Butterbrot und wandte sich an die Schlafmaus, indem sie ihre Frage wiederholte. »Warum lebten sie denn auf dem Grunde eines Brunnens?«

Abermals grübelte die Schlafmaus eine Zeitlang darüber und sagte dann: »Es war ein Sirup-Brunnen.«

»Ach, das gibt's doch gar nicht!« Alice wurde langsam wütend, aber der Hutmacher und der Märzhase machten: »Pscht! Pscht!«, und die Schlafmaus schmollte: »Wenn du dich nicht beherrschen kannst, dann mußt du die Geschichte eben selbst zu Ende erzählen.«

»O nein, erzähl bitte weiter!« sagte Alice sehr kleinlaut. »Ich will dich nicht mehr unterbrechen. Vielleicht gibt es ja doch *einen*.«

»Einen? Gestatte, daß ich lächele!« empörte sich die Schlafmaus. Dennoch erklärte sie sich bereit, weiterzuerzählen. »Nun, diese drei Schwesterchen – die lernten da unten Streiche . . .«

»Womit haben sie denn gestrichen?« sagte Alice, die ihr Versprechen ganz vergessen hatte.

»Sirup«, antwortete die Schlafmaus diesmal ganz prompt.

»Ich möchte eine saubere Tasse«, unterbrach der Hutmacher, »rutscht alle einen Platz weiter.«

Dabei rückte er weiter, und die Schlafmaus folgte ihm: der Märzhase nahm den Platz der Schlafmaus ein, und Alice setzte sich ziemlich griesgrämig auf den Stuhl des Märzhasen. Einzig der Hutmacher hatte einen Vorteil von dem Platzwechsel; und Alice war im Gegensatz zu vorher ziemlich schlecht weggekommen, denn der Märzhase hatte Milch auf seinen Teller gekleckert.

Alice wollte die Schlafmaus nicht schon wieder verärgern, und so fragte sie ganz vorsichtig: »Mir ist das einfach noch nicht ganz klar. Was haben sie mit Sirup gestrichen?«

»Ein Wasser-Brunnen ist mit Wasser gestrichen«, erklärte der Hutmacher, »und ein Sirup-Brunnen ist eben mit Sirup gestrichen – kapiert, du Dummi?«

»Aber sie waren doch *in* dem Brunnen«, meinte Alice zur Schlafmaus und überhörte geflissentlich diese letzte Bemerkung.

»Natürlich waren sie da«, sagte die Schlafmaus, »mit ihnen war das Kind in den Brunnen gefallen.«

Diese Antwort verwirrte die arme Alice so sehr, daß die Schlafmaus ihre Geschichte eine ganze Zeitlang ungestört weitererzählen konnte.

»Also, sie lernten streichen«, fuhr die Schlafmaus fort, gähnte dabei und rieb sich die Augen, denn sie wurde allmählich müde, »und sie strichen alles, was mit einem M beginnt...«

»Warum mit einem M?« erkundigte sich Alice.

»Warum nicht?« fragte der Märzhase zurück.

Da war Alice still.

Inzwischen hatte die Schlafmaus bereits die Augen geschlossen und döste vor sich hin; doch da der Hutmacher sie zwickte, wachte sie wieder mit einem kurzen Quieken auf und fuhr fort: »...was mit einem M beginnt, etwa wie Mausefalle, und der Mond, und Meinung, und Mehrheit – du weißt ja sicher, daß man von vielem sagt, es sei ›das Meer der Mehrheit‹ – hast du jemals das Bildnis einer Mehrheit gesehen?«

»Also wirklich, wo du mich gerade fragst«, stammelte Alice, »ich glaube nicht...«

»Dann solltest du den Mund halten«, rügte der Hutmacher.

Dies war Alice nun wirklich zuviel: voller Empörung stand sie auf und lief davon. Die Schlafmaus pennte auf der Stelle ein, und die beiden anderen kümmerten sich nicht um ihr Verschwinden, obwohl sie sich ein-, zweimal umdrehte, halbwegs in der Hoffnung, von ihnen zurückgerufen zu werden: Das letzte, was sie von ihnen sah, war, wie sie die Schlafmaus in die Teekanne zu zwängen versuchten.

»Zu *denen* gehe ich jedenfalls nicht mehr hin!« sagte Alice, während sie sich im Wald zurechtzufinden versuchte. »Das war die dümmste Teegesellschaft, die ich je erlebt habe!«

In diesem Augenblick bemerkte sie, daß einer der Bäume eine Tür besaß. »Das ist aber kurios!« dachte sie. »Aber heute ist ja alles kurios. Ich gehe wohl am besten gleich hinein.« Und das tat sie auch.

Abermals fand sie sich in dem großen Saal wieder, direkt neben dem Glastischchen. »Diesmal werde ich mich geschickter anstellen«, sagte sie zu sich, nahm als erstes den kleinen goldenen Schlüssel zur Hand und schloß die Tür auf, die in den Garten führte. Dann machte sie sich daran, an dem Pilz zu knabbern (ein Stück hatte sie in ihre Tasche gesteckt), bis sie nur noch einige Zentimeter groß war: dann ging sie durch einen kleinen Gang – und schon stand sie zwischen leuchtenden Blumenbeeten und plätschernden Springbrunnen mitten in dem wunderschönen Garten.

VIII. KAPITEL

Der königliche Krocketplatz

Ein hochgewachsener Rosenstock stand gleich am Eingang des Gartens: seine Blüten waren weiß, doch drei Gärtner malten sie geschäftig mit roter Farbe an. Alice fand das äußerst merkwürdig, und sie trat näher heran, um ihnen zuzusehen, und gerade da beklagte sich einer von ihnen: »Paß doch jetzt endlich mal auf, Fünf! Du spritzest mich ja ganz voller Farbe!«

»Ich kann nichts dafür«, schmollte Fünf. »Sieben hat mich gestoßen.«

Darauf schaute Sieben auf und protestierte: »So ist's recht, Fünf! Gib nur immer den anderen die Schuld!«

»*Du* solltest besser den Mund halten!« drohte Fünf. »Erst gestern habe ich die Königin sagen hören, daß du eigentlich geköpft zu werden verdienst.«

»Was hat er denn gemacht?« erkundigte sich der, der zuerst gesprochen hatte.

»Das geht dich überhaupt nichts an, Zwei!« raunzte Sieben.

»Doch, das geht ihn wohl etwas an!« meinte

Fünf. »Und ich sag's ihm auch – weil du nämlich dem Koch Tulpenzwiebeln statt Gemüsezwiebeln gebracht hast.«

Sieben schmetterte den Pinsel zu Boden und wollte sich gerade verteidigen: »Also, das ist ja wohl das letzte...«, als sein Blick zufällig auf Alice fiel, wie sie da stand und lauschte, und er unterbrach sich auf der Stelle: auch die anderen wandten sich um, und alle zusammen machten einen tiefen Diener.

»Würdet ihr mir bitte erklären«, fragte Alice ein wenig schüchtern, »wozu ihr die Rosen hier anmalt?«

Fünf und Sieben schwiegen und warfen Zwei einen Blick zu. Da flüsterte Zwei Alice zu, »Also, sehen Sie, mein Fräulein, eigentlich sollte das hier ein *roter* Rosenstock sein, aber wir haben irrtümlich einen weißen gesetzt; und wenn die Könign das merkt, werden wir alle geköpft. Deswegen, mein Fräulein, geben wir unser Bestes, ehe sie kommt und...« An der Stelle rief Fünf, der die ganze Zeit über den Garten im Auge behalten hatte: »Die Königin! Die Königin!« Und die drei Gärtner warfen sich im Nu auf den Boden. Marschschritte erklangen, und Alice wandte sich neugierig nach der Königin um.

Zuerst traten zehn helebardenbewehrte Soldaten auf, die an Gestalt den drei Gärtnern glichen, flach und rechteckig mit Händen und Füßen an den Ecken: und dann kamen paarweise nebeneinander wie die Soldaten die zehn Höflinge, über und über mit Diamanten geschmückt. Danach kamen die königlichen Kinder, ebenfalls zehn, und die lieben Kleinen hüpften paarweise Hand in Hand daher: mit Herzchen geschmückt. Als nächstes traten die Gäste auf, meist Königinnen und Könige, und zwischen ihnen bemerkte Alice das Weiße Kaninchen: Es gestikulierte beim Reden sehr aufgeregt, lächelte zu allem, was man ihm sagte und ging vorüber, ohne sie zu bemerken. Dann folgte der Herzbube mit der Königskrone auf einem scharlachroten Samtkissen; und schließlich kamen zum Schluß der großartigen Prozession DER HERZKÖNIG UND DIE HERZKÖNIGIN.

Alice war ziemlich ratlos, ob sie sich wie die drei Gärtner zu Boden werfen sollte oder nicht, aber sie konnte sich nicht erinnern, gehört zu haben, daß das bei einer Prozession die Regel sei. »Und welchen Sinn macht außerdem eine Prozession«, überlegte sie, »wenn sich alle Leute hinlegen müssen, so daß sie sie nicht sehen können?« So blieb sie einfach stehen, wo sie war, und wartete ab.

Als die Prozession bei Alice vorbeikam, blieben sie alle stehen und fixierten sie, und die Königin erkundigte sich barsch:

»Wer ist das?« Sie richtete die Frage an den Herzbuben, der nur mit einer Verbeugung und einem Lächeln antwortete.

»Trottel!« schimpfte die Königin und warf ungnädig den Kopf zurück; und zu Alice gewandt fuhr sie fort: »Wie heißest du, mein Kind?«

»Wenn Sie gestatten, Eure Majestät, mein Name ist Alice«, gab Alice sehr höflich Auskunft; aber bei sich dachte sie doch: »Also, eigentlich sind sie ja nur ein Kartenspiel. Ich brauche mich also nicht vor ihnen zu fürchten!«

»Und wer sind *die da?*« fragte die Königin und wies auf die drei Gärtner, die um den Rosenstrauch herumlagen; denn, sieh mal, da sie auf dem Gesicht lagen und auf dem Rücken das gleiche Muster besaßen wie alle anderen Karten, konnte sie nicht ausmachen, ob sie nun Gärtner, Soldaten, Höflinge oder sogar drei ihrer eigenen Kinder waren.

»Wie soll *ich* das wissen?« nörgelte Alice, und ihr eigener Mut verblüffte sie. »Das ist doch nicht *meine* Sache.«

Vor Wut wurde die Königin knallrot, funkelte Alice einen Augenblick wie ein wildes Tier an und schrie dann lauthals: »Schlagt ihr den Kopf ab! Weg mit . . . «

»Quatsch!« unterbrach Alice laut und entschlossen, und die Königin verstummte auf der Stelle.

Der König ergriff beruhigend ihren Arm und gab zwanghaft zu bedenken: »Aber, aber, meine Liebe: Sie ist doch noch ein Kind!«

Wütend wandte sich die Königin von ihm ab und befahl dem Buben: »Dreht sie um!«

Der Bube tat es, indem er vorsichtig den Fuß benutzte.

»Aufstehen!« befahl die Königin mit schriller, lauter Stimme, und die drei Gärtner waren blitzartig auf den Füßen und verneigten sich vor dem König, der Königin, den Königskindern und all den anderen.

»Schluß damit!« schrie die Königin. »Da wird einem ja ganz schwindelig.« Und mit einem Blick auf den Rosenstrauch fuhr sie fort: »Was *habt* ihr hier wieder angestellt?«

600

»Wenn Sie gestatten, Eure Majestät«, murmelte ergeben Zwei und kniete nieder, »wir wollten versuchen... «

»Ist *mir* schon klar!« unterbrach die Königin, die unterdessen die Rosen inspiziert hatte. »Schlagt ihnen die Köpfe ab!« und die Prozession setzte ihren Weg fort; drei Soldaten blieben zurück, um die unglücklichen Gärtner zu exekutieren, die schnell bei Alice Schutz suchten.

»Ihr werdet schon nicht geköpft!« beruhigte sie Alice und steckte sie in einen mächtigen Blumenkübel in der Nähe. Auf der Suche nach ihnen stöberten die drei Soldaten eine Weile herum und marschierten dann ungerührt hinter den anderen her.

»Sind ihre Köpfe ab?« rief die Königin.

»Mit Verlaub, die Köpfe sind weg, Eure Majestät!« meldeten die Soldaten.

»Das ist recht!« schrie die Königin. »Kannst du Krocket spielen?«

Die Soldaten reagierten nicht und sahen zu Alice hin, da die Frage offenkundig für sie bestimmt war.

»Ja!« rief Alice.

»Na, dann los!« brüllte die Königin, und Alice ging im Zuge mit und fragte sich, was wohl als nächstes geschehen würde.

»Heu – Heute ist ein sehr schöner Tag!« meldete sich schüchtern eine Stimme an ihrer Seite. Sie ging neben dem Weißen Kaninchen, das scheu ihr Gesicht beobachtete.

»Stimmt«, bestätigte Alice. »Wo ist denn die Herzogin?«

»Pscht!« machte das Kaninchen. Ängstlich späte es dabei über die Schulter, dann stellte es sich auf die Zehenspitzen, kam mit dem Mund an ihr Ohr und wisperte: »Sie ist zum Tode verurteilt.«

»Weshalb?« erkundigte sich Alice.

»Hast du ›Wie schade!‹ gesagt?« fragte das Kaninchen.

»Nein, ganz bestimmt nicht«, meinte Alice, »ich finde das überhaupt nicht schade. Ich habe gefragt: ›Weshalb?‹«

»Sie hat der Königin eine Ohrfeige versetzt... « begann das Kaninchen. Alice gluckste vor Lachen in sich hinein. »Oi, hör auf!« wisperte das Kaninchen ängstlich. »Die Königin kann dich hören! Also, sie hatte sich ziemlich verspätet, und die Königin bemerkte...«

»Auf die Plätze!« donnerte die Königin, und alles rannte blindlings los und stolperte übereinander: nichtsdestotrotz stand ein jeder bald an seinem Platz, und das Spiel begann.

Solch einen merkwürdigen Krocketplatz hatte Alice wohl noch nie in ihrem Leben gesehen: Er war eben wie ein Acker, als Kugeln dienten zusammengerollte Igel, als Schläger Flamingos, und die Soldaten mußten im Liegestütz verharren, um die Tore zu bilden.

Am problematischsten war allerdings für Alice der Umgang mit dem Flamingo: sie schaffte es zwar noch leidlich bequem, seinen Körper unter den Arm zu klemmen, aber gerade, wenn sie seinen Hals schön gestreckt hatte und mit dem Kopf dem Igel einen Schlag versetzen wollte, drehte der Flamingo sich um und betrachtete sie mit einem derart erstaunten Ausdruck, daß sie einfach laut auflachen mußte; und als sie seinen Kopf wieder in der richtigen Position hatte, um von vorne zu beginnen, da war die Entdeckung schon recht ärgerlich, daß der Igel sich einfach entrollt hatte und gerade wegkroch: dazu kam noch, daß ausgerechnet in der Bahn, die sie für den Igel vorgesehen hatte, eine Kuhle oder eine Erhebung war, und da die Soldaten zusätzlich ihre Brückenposition immer wieder zugunsten einer anderen Stelle aufgaben, kam Alice schon bald zu dem Schluß, daß das in der Tat ein ziemlich kompliziertes Spiel war.

Die Spieler agierten alle auf einmal ohne Rücksicht auf eine Reihenfolge, zankten sich die ganze Zeit über und gerieten sich über die Igel in die Haare; und schon sehr bald schäumte die Königin vor Wut, stapfte herum und schrie: »Schlag ihm den Kopf ab!« oder »Schlagt ihr den Kopf ab!« etwa einmal pro Minute.

Alice fühlte sich allmählich unbehaglich: gewiß, bisher hatte sie noch keinen Streit mit der Königin, aber sie war sich darüber klar, daß sich das jeden Augenblick ändern konnte. »Und dann«, dachte sie, »was soll denn dann aus mir werden? Denen macht es hier ja ziemlichen Spaß, die Leute zu köpfen: da ist es ja direkt ein Wunder, daß überhaupt noch jemand am Leben ist!«

Sie sah sich nach einem Fluchtweg um und fragte sich, ob sie ungesehen entwischen konnte, als sie eine merkwürdige Erscheinung in der Luft gewahr wurde: zuerst war sie völlig verwirrt, doch nachdem sie sie einige Zeit beobachtet hatte, erkannte sie darin ein Grinsen, und sie sagte zu sich: »Das ist die Schmeichelkatze: nun kann ich mich endlich mit jemandem unterhalten.«

»Wie klappt's denn bei dir?« erkundigte sich die Katze, sobald genug Maul da war, um zu sprechen.

Alice wartete ab, bis die Augen erschienen waren, und dann nickte sie. »Sinnlos, mit ihr zu reden«, dachte sie, »bis die Ohren da sind oder wenigstens eines.« Kurz darauf war der Kopf vollständig, und da legte Alice ihren Flamingo hin und berichtete über den Spielverlauf, wobei sie sehr froh war, daß ihr jemand zuhörte. Der Katze schien der bisherige Teil ihrer körperlichen Anwesenheit zu genügen, so daß nichts mehr von ihr erschien.

»Ich glaube nicht, daß die ein faires Spiel treiben«, hob Alice zu klagen an, »und sie streiten sich alle so schrecklich, daß man nicht einmal sein eigenes Wort versteht – und Regeln scheinen die gar nicht zu kennen: wenn es überhaupt welche gibt – und du kannst dir gar nicht vorstellen, wie verwirrend das ist, wenn alle Spielutensilien lebendig sind: zum Beispiel spaziert gerade mein Tor, durch das ich als nächstes schlagen muß, da hinten am Spielfeld herum – und ich hätte jetzt bestimmt den Igel der Königin getroffen, wenn der nicht vor meinem eigenen ausgebüchst wäre!«

»Wie gefällt dir denn die Königin?« erkundigte sich die Katze mit gedämpfter Stimme.

»Ganz und gar nicht«, bekräftigte Alice, »sie ist derart...« Just da bemerkte sie, daß die Königin dicht hinter ihr stand und zuhörte. »...geschickt beim Spiel, daß man gar keine Chancen hat.«

Die Königin lächelte und entfernte sich.

»Mit wem redest du eigentlich?« fragte der König, trat zu Alice und betrachtete sehr neugierig den Katzenkopf.

»Das ist eine meiner Freundinnen – eine Schmeichelkatze«, erklärte Alice: »erlaubt mir, daß ich sie Euch vorstelle.«

»So wie die aussieht, gefällt sie mir überhaupt nicht«, bemerkte der König, »aber egal, wenn sie will, darf sie mir die Hand küssen.«

»Keine Lust«, meinte die Katze.

»Sei nicht so impertinent«, nörgelte der König, »und sieh mich nicht so an, du!« Dabei verbarg er sich hinter Alice.

»Aber normal sieht doch die Katz' sogar den Kaiser an«, klärte Alice auf. »Jedenfalls habe ich das irgendwo gelesen, weiß nur nicht mehr, wo.«

»Also, jedenfalls muß sie weg«, entschied der König eisern; und er rief der gerade vorbeigehenden Königin zu: »Meine Liebe, könntest du mir vielleicht die Katze vom Hals schaffen lassen!«

Die Königin kannte für alle Probleme, seien sie nun groß oder klein, nur eine Lösung. »Schlagt ihr den Kopf ab!« rief sie, ohne sich überhaupt umzusehen.

»Den Scharfrichter hole ich gleich selbst herbei«, erbot sich der König und eilte davon.

Alice zog es vor, wegzugehen und sich über den Spielstand zu informieren, da hörte sie in der Ferne schon wieder die Wutschreie der Königin. Das Todesurteil über drei Mitspieler, nur weil die vergessen hatten, daß sie dran gewesen waren, hatte sie bereits vernommen, und bei diesen Aussichten wurde ihr ganz unbehaglich, denn das Spiel war ein derartiges Tohuwabohu, daß sie niemals wußte, ob sie nun dran war oder nicht. So machte sie sich denn auf die Suche nach ihrem Igel.

Der Igel hatte gerade mit einem anderen Igel eine Rangelei, was Alice eine willkommene Gelegenheit schien, einen treffsicheren Schlag zu landen: das einzige Problem bestand nur darin, daß ihr Flamingo zur anderen Seite des Gartens stolziert war, wo er nach Alicens Eindruck ungeschickt auf einen Baum zu fliegen suchte.

Als sie den Flamingo wieder eingefangen hatte, war der Kampf vorüber, und beide Igel hatten sich davongemacht. »Aber das spielt keine Rolle«, dachte Alice, »denn die Tore sind auf dieser Spielplatzhälfte auch alle abgewandert.« So klemmte sie sich den Flamingo unter den Arm, damit er nicht wieder flitzen ging, und ging zurück, um sich noch ein wenig mit ihrer Freundin zu unterhalten.

Bei der Schmeichelkatze fand sie zu ihrer Überraschung eine große Versammlung vor: ein heftiges Streitgespräch wogte zwischen dem Scharfrichter, dem König und der Königin, die alle auf einmal redeten, während die übrigen schwiegen und sich sehr unbehaglich fühlten.

Alice trat hinzu und wurde augenblicklich von allen dreien gebeten, die Lage zu beurteilen, und sie wiederholten ihre Argumente, doch da sie alle auf einmal redeten, konnte sie kaum etwas von dem Vorgebrachten verstehen.

Der Scharfrichter war der Ansicht, daß man nur einen Kopf abschlagen könne, wenn da auch ein Körper sei, von dem man ihn abschlagen könnte: anders sei er noch nie zuvor verfahren, und er denke nicht im Traum daran, zu *seinen* Lebzeiten noch damit zu beginnen.

Der König vertrat die Meinung, daß alles, was einen Kopf habe, diesen auch abgeschlagen bekommen könne, und man solle nicht so einen Unsinn reden.

Die Königin schließlich führte aus, wenn nicht auf der Stelle etwas geschähe, würde sie jedem, der hier herumstünde, den Kopf abschlagen lassen. (Es war diese letzte Bemerkung, die bei der ganzen Gesellschaft Schweigsamkeit und Unbehagen ausgelöst hatte.)

Alice wußte nur einen Ausweg, und so sagte sie: »Sie gehört der Herzogin: man sollte *sie* vielleicht besser danach fragen.«

»Die sitzt im Gefängnis«, sagte die Königin zum Scharfrichter, »bring sie her.« Und pfeilschnell flitzte der Scharfrichter davon.

Als er weg war, begann der Kopf der Katze allmählich zu verschwimmen, und als der Scharfrichter mit der Herzogin zurück war, war die Schmeichelkatze fort: und so rannten der König und der Scharfrichter aufgeregt hin und her und suchten sie, während sich die übrige Gesellschaft wieder dem Spiel widmete.

IX. KAPITEL

Lebensgeschichte einer falschen Suppenschildkröte

»Du kannst dir gar nicht vorstellen, wie ich mich freue, dich wiederzusehen, meine liebe Kleine!« freute sich die Herzogin, nahm Alice liebevoll in den Arm und zog mit ihr zusammen los.

Alice freute sich, daß sie so guter Stimmung war, und dachte bei sich, daß vielleicht nur der Pfeffer daran Schuld war, daß sie so wütend gewesen war, als sie sich in der Küche begegnet waren.

»Sollte *ich* einmal Herzogin sein«, sagte sie zu sich (obgleich nicht besonders optimistisch), »dann gibt es in der Küche *überhaupt keinen* Pfeffer. Suppe schmeckt auch ohne – und vielleicht ist es ja der Pfeffer, der die Menschen so heißblütig macht«, ergänzte sie ganz stolz in dem Bewußtsein, eine neue Regel aufgestellt zu haben, »und Essig macht sie sauer – und Kamillentee erbittert sie – und – und bei Zuckerstangen werden sie zu Süßholzrasplern. *Das* sollten die Leute endlich einmal beachten: dann wären sie damit wenigstens nicht mehr so knauserig...«

Inzwischen war ihr die Anwesenheit der Herzogin gar nicht mehr bewußt, und so schreckte sie ein wenig zusammen, als sie deren Stimme dicht an ihrem Ohr hörte. »Du bist ganz in Gedanken versunken, meine Liebe, und deshalb vergißt du völlig zu sprechen. Im Augenblick kann ich dir nicht genau sagen, was die Moral davon ist, aber es fällt mir gleich wieder ein.«

»Vielleicht gibt es keine«, insistierte Alice vorsichtig.

»Larifari, mein Kind!« protestierte die Herzogin. »Alles hat eine Moral, wenn man nur ein Auge dafür hat.« Und dabei rückte sie Alice noch dichter auf die Pelle.

Alice schätzte diese aufdringliche Nähe nicht besonders: denn zum einen war die Herzogin *äußerst* häßlich, zum anderen hatte sie gerade die rechte Größe, um ihr Kinn auf Alicens Schulter zu stützen, und es war ein unangenehm spitzes Kinn. Doch sie wollte nicht unhöflich sein, und so ertrug sie es, so gut sie konnte.

»Das Krocketspiel läuft wohl jetzt etwas besser«, stellte sie fest, um das Gespräch ein wenig zu beleben.

»Stimmt«, bestätigte die Herzogin, »und die Moral ist: ›Oh, die Liebe, oh, die Liebe läßt allein die Welt sich drehen!‹«

»Irgend jemand hat aber auch gesagt«, wisperte Alice, »sie würde sich ein gutes Stück schneller drehen, wenn keiner seine Nase in anderer Leute Angelegenheiten stecken würde!«

»Ach ja! Das bedeutet fast dasselbe«, erklärte die Herzogin, bohrte ihr spitzes kleines Kinn in Alicens Schulter und fuhr fort, »und *davon* ist die Moral: ›Wer die Mennig' nicht ehrt, ist des Malers nicht wert.‹«

»Was für einen Spaß es ihr macht, für alles eine Moral zu finden!« dachte Alice bei sich.

»Ich nehme an, du fragst dich, warum ich dich nicht umarme«, mutmaßte die Herzogin nach einer Pause. »Der Grund ist einfach, ich bin mir über die Reaktion deines Flamingos nicht im klaren. Soll ich es einmal darauf ankommen lassen?«

»Möglich, daß er beißt«, warnte Alice, die eine weitere Annäherung überhaupt nicht schätzte.

»Ganz recht«, pflichtete die Herzogin bei: »Flamingos und Senf, beide beißen. Und die Moral ist – ›Gleich und Gleich gesellt sich gern.‹«

»Nur daß der Senf kein Vogel ist«, korrigierte Alice.

»Du hast wie immer recht«, gab die Herzogin zu. »Erstaunlich, wie präzise du die Dinge siehst!«

»Ich *glaube,* er gehört zu den Mineralien«, grübelte Alice.

»Ja, natürlich«, bestätigte die Herzogin, die sich wohl vorgenommen hatte, Alice nach dem Munde zu reden. »Hier in der Nähe gibt es eine große Senf-Mine. Und die Moral ist: ›Mach gute Miene zum bösen Spiel.‹«

»Oh, jetzt fällt es mir wieder ein!« rief Alice, der die letzte Moral entgangen war. »Er ist eine Pflanze, auch wenn er nicht so aussieht.«

»Da kann ich dir nur zustimmen«, meinte die Herzogin, »und die Moral davon ist: ›Sei, was du zu sein scheinst‹ – oder, wenn du es ein wenig leichter formuliert haben willst: ›Bilde dir niemals ein, nicht anders zu sein, als du anderen erscheinst, daß du seist oder sein könntest, das wäre nichts anderes, als wenn du so sein würdest, als wärest du ihnen anders erschienen.‹«

»Das versteh’ ich wohl weit besser«, gab Alice sehr höflich zu bedenken, »wenn ich es schriftlich habe, aber beim bloßen Hören kann ich das schwer begreifen.«

»Das ist nichts gegen das, was ich noch zu sagen wüßte«, bedeutete die Herzogin hocherfreut.

»Machen Sie sich bitte keine Umstände, es noch weiter auszuführen«, flehte Alice.

»Ach, das sind doch keine Umstände!« beruhigte die Herzogin. »Ich schenke dir alles, was ich bisher gesagt habe.«

»Ein billiges Geschenk!« dachte Alice. »Nur gut, daß man

mir so etwas nicht zum Geburtstag schenkt!« Aber laut wagte sie die Bemerkung nicht.

»Schon wieder in Gedanken?« erkundigte sich die Herzogin, und abermals stach ihr spitzes kleines Kinn zu.

»Man wird doch wohl noch denken dürfen«, protestierte Alice, denn sie war inzwischen leicht verärgert.

»Dazu hat man ebenso das Recht«, meinte die Herzogin, »wie Schweine zum Fliegen: und die Mo...«

Doch hier erstarb zu Alicens großer Verwunderung der Herzogin Stimme ausgerechnet mitten in ihrem Lieblingswort »Moral«, und der Arm, der den ihren hielt, fing an zu zittern. Alice blickte auf, und da stand die Königin mit verschränkten Armen und blitzenden Augen vor ihnen.

»Ein schöner Tag, Euer Majestät!« stammelte die Herzogin eingeschüchtert.

»Also, ich warne dich zum letzten Mal«, schrie die Königin und stampfte dabei mit dem Fuß auf, »entweder du machst dich ab oder dein Kopf, und zwar auf der Stelle! Du hast die Wahl!«

Die Herzogin entschied sich und war im Nu verschwunden.

»Dann wollen wir mal weiterspielen«, schlug die Königin Alice vor; und die war viel zu verschreckt, um etwas zu sagen, und so folgte sie ihr langsam zum Spielplatz zurück.

Die anderen Gäste hatten die Abwesenheit der Königin dazu genutzt, sich im Schatten auszuruhen – doch sobald sie sie erblickten, nahmen sie unverzüglich wieder ihre Plätze ein, und die Königin merkte nur an, daß der geringste Verzug ihnen das Leben kosten würde.

Die ganze Spielzeit über geriet die Königin mit ihren Mitspielern in Streit und schrie: »Schlagt ihm den Kopf ab!« oder »Schlagt ihr den Kopf ab!« Die von ihr Verurteilten wurden dann von Soldaten abgeführt, die natürlich nicht länger als Tore dienen konnten, so daß nach etwa einer halben Stunde kein einziges Tor mehr vorhanden war, und alle Spieler, außer dem König, der Königin und Alice, als Todeskandidaten verhaftet waren.

Da gab die Königin ganz erschöpft das Spiel auf und fragte Alice: »Hast du eigentlich schon die Falsche Suppenschildkröte getroffen?«

»Nein«, entgegnete Alice. »Ich weiß ja nicht einmal, was eine Falsche Suppenschildkröte ist.«

»Aus ihr wird die Falsche Schildkrötensuppe hergestellt«, erklärte die Königin.

»Die habe ich weder gesehen noch davon gehört«, sagte Alice.

»Na, dann komm mal mit«, meinte die Königin, »sie wird dir ihre Lebensgeschichte erzählen.«

Im Weggehen hörte Alice, wie der König der ganzen Gesellschaft zuflüsterte: »Ihr seid alle begnadigt.« »Ach, *das* ist aber schön!« sagte sie zu sich, denn die zahlreichen Todesurteile der Königin hatten sie ganz unglücklich gemacht.

Schon sehr bald kamen sie zu einem Greifen, der im hellen Sonnenschein fest eingeschlafen war. (Wenn du nicht weißt, was ein Greif ist, sieh dir das Bild an.) »Auf, du Faulpelz!« befahl die Königin, »nimm die kleine Dame hier mit zur

Falschen Suppenschildkröte, damit sie ihre Lebensgeschichte erfährt. Ich muß zurückgehen und mich um die angeordneten Hinrichtungen kümmern«, und sie ging und ließ Alice mit dem Greif allein. Alice mochte es nicht, wie das Wesen sie fixierte, aber im großen und ganzen schien es ihr opportuner, bei ihm zu bleiben, als dieser grausamen Königin zu folgen. Also wartete sie ab.

Der Greif richtete sich auf und rieb sich die Augen – dann blickte er der Königin nach, bis sie verschwunden war – sodann kicherte er. »Was für ein Spaß!« lachte der Greif halb in sich hinein, halb zu Alice hin.

»Wo *ist* da der Spaß?« erkundigte sich Alice.

»Nun, *sie* natürlich«, erläuterte der Greif. »Das geschieht doch alles nur in ihrer Einbildung: niemand denkt daran, jemanden hinzurichten. Na, komm jetzt!«

»Jeder sagt hier einfach, ›Komm jetzt!‹« grollte Alice in Gedanken und folgte langsam: »Noch nie, niemals in meinem Leben bin ich so sehr herumkommandiert worden!«

Sie waren noch nicht weit gegangen, da erblickten sie in der Ferne die Falsche Suppenschildkröte, die einsam und traurig auf einem niedrigen Felsvorsprung saß, und beim Näherkommen konnte Alice sie seufzen hören, als bräche ihr das Herz. Alice hatte gleich tiefes Mitleid. »Was bedrückt sie denn so sehr?« fragte sie den Greif. Und der Greif antwortete fast ebenso wie zuvor: »Das ist doch nur ihre Einbildung: sie bedrückt nämlich eigentlich gar nichts. Komm jetzt!«

Also gingen sie zur Falschen Suppenschildkröte, die sie aus tränenvollen Augen betrachtete, aber nichts sagte.

»Hier, diese kleine Dame«, sagte der Greif, »sie will deine Lebensgeschichte kennenlernen.«

»Ich werde sie ihr erzählen«, erklärte sich die Falsche Suppenschildkröte mit Grabesstimme bereit. »Nehmt beide Platz und lauscht mir still, bis ich zu Ende bin.«

Also setzten sie sich hin, und einige Minuten lang herrschte Schweigen. Alice dachte schon: »Wie soll die *bloß* zu Ende kommen, wenn sie nicht einmal anfängt.« Doch sie wartete geduldig.

»Einstmals«, seufzte die Falsche Suppenschilkröte schließlich, »war ich eine Echte.«

Darauf folgte langes Schweigen, was nur von einem gelegentlichen »Krrchkt!« des Greifen und ständigen tiefen Schluchzern der Falschen Suppenschildkröte unterbrochen wurde. Alice wollte schon aufstehen und sagen: »Herzlichen Dank, meine Dame, für ihre wirklich interessante Geschichte«, aber sie konnte sich einfach nicht vorstellen, daß das *alles* war, so blieb sie sitzen und sagte nichts.

»Als wir noch klein waren«, erzählte die Falsche Suppenschildkröte etwas ruhiger weiter, wenn sie auch dann und wann noch ein wenig aufschluchzte, »sind wir im Meer zur Schule gegangen. Unser Lehrer war eine alte Schildkröte – wir nannten ihn nur Schult-Gräter...«

»Warum nanntet ihr ihn denn eigentlich Schult-Gräter?« erkundigte sich Alice.

»Wir nannten ihn Schult-Gräter, weil er auch die Grätentiere schulte«, raunzte die Falsche Suppenschildkröte. »Du bist wirklich schwer von Kapee!«

»Du solltest dich schämen, so dumme Fragen stellt man doch nicht«, ergänzte der Greif; und dann saßen sie schweigend da und sahen die arme Alice an, die am liebsten im Erdboden versunken wäre. Schließlich ermunterte der Greif die Falsche Suppenschildkröte: »Fahr fort, meine Alte! Sonst brauchst du noch den ganzen Tag!« Und die wiederholte:

»Jawohl, wir sind im Meer zur Schule gegangen, auch wenn du es vielleicht nicht glaubst...«

»Das habe ich mit keiner Silbe gesagt!« unterbrach Alice.

»Und ob«, behauptete die Falsche Suppenschildkröte.

»Halt den Mund!« warf der Greif ein, ehe Alice etwas entgegnen konnte. Die Falsche Suppenschildkröte fuhr fort.

»Man ließ uns die allerbeste Erziehung angedeihen – wir sind wahrhaftig jeden Tag zur Schule gegangen...«

»*Ich* geh' auch täglich zur Schule«, protestierte Alice. »Darauf brauchst du dir wirklich nichts zugute halten.«

»Inklusive Sonderleistungen?« erkundigte sich die Falsche Suppenschildkröte besorgt.

»Ja«, bestätigte Alice, »wir haben noch Französisch und Musik.«

»Und Waschen?« fragte die Falsche Suppenschildkröte.

»Bestimmt nicht!« wehrte Alice entschieden ab.

»Aha! Dann war die deine eben doch keine wirklich gute Schule«, freute sich die Falsche Suppenschilkröte erleichtert.

»Also, bei uns stand unten auf der Rechnung: ›Französisch, Musik *und Waschen* – inklusive.‹«

»Viel kann euch das ja nun nicht bedeutet haben«, gab Alice zu bedenken, »wenn ihr auf dem Meeresgrunde lebtet.«

»Ich konnte mir das auch nicht leisten«, seufzte die Falsche Suppenschildkröte. »Ich hatte nur die regulären Fächer.«

»Und die waren?« erkundigte sich Alice.

»Also, zuerst einmal natürlich Lösen und Reiben«, erwiderte die Falsche Suppenschildkröte, »und dann die verschiedenen Methoden der Arithmetik – Aar-Tieren, Suppenstieren, Muli-plissieren und Die-Vier-Türen.«

»Von ›Muli-plissieren‹ habe ich noch nie etwas gehört«, wagte Alice einzuwerfen. »Was ist das?«

Verwundert hob der Greif die Tatzen. »Was! Hat noch nie von Muli-plissieren gehört!« rief er aus. »Aber du weißt doch bestimmt, was plissieren ist?«

»Ja«, erinnerte sich Alice mühsam, »es bedeutet – etwas-in-Falten-legen.«

»Nun, also«, fuhr der Greif fort, »und wenn du jetzt nicht weißt, was Muli-plissieren ist, dann bist du *schlicht* ein Simpel.«

Zu weiteren Erkundigungen darüber hatte Alice keinen Mut: also wandte sie sich an die Falsche Suppenschildkröte und fragte: »Was habt ihr denn sonst noch gelernt?«

»Also, da waren Gerichte«, erwiderte die Falsche Suppenschildkröte und zählte die Fächer an ihren Flossen ab, – »Gerichte von früher und heute, Seeoraphie: dann Weichen – der Weichenlehrer war ein alter Meeraal, der gewöhnlich einmal die Woche vorbeikam. Er lehrte uns Weichen, Kitz-zieren und Gunst-Geschicke.«

»Wie geht denn *das?*« wollte Alice wissen.

»Ach, leider kann ich es dir nicht vormachen«, mußte die Falsche Suppenschildkröte eingestehen. »Ich bin zu steif. Und der Greif hat es niemals gelernt.«

»Hatte keine Zeit«, präzisierte der Greif. »Ich bin nämlich

zu einem Altsprachler gegangen. Der war *wahrlich* ein ganz alter Krebs.«

»Bei dem war ich nie«, seufzte die Falsche Suppenschildkröte. »Er lehrte Krieg-dich und Laßt-sein, wie man so sagte.«

»Ganz recht, ganz recht«, pflichtete der Greif bei und seufzte ein ums andere Mal, und beide bargen ihr Gesicht in den Pranken.

»Und wie viele Stunden hattet ihr pro Tag Unterricht?« fragte Alice, um unverzüglich das Thema zu wechseln.

»Zehn Stunden am ersten Tag«, zählte die Falsche Suppenschildkröte auf, »neun am nächsten, und so weiter.«

»Was für ein kurioser Plan!« rief Alice aus.

»Deshalb nennt man es auch Unterricht«, erklärte der Greif. »Weil die Stunden nämlich immer *unter* dem *Richt*wert des Vortages liegen.«

Diese Definition war für Alice ganz neuartig, und sie grübelte ein wenig darüber, ehe sie als nächstes bemerkte: »Dann müßt ihr am elften Tag ja frei gehabt haben?«

»Aber natürlich«, bestätigte die Falsche Suppenschildkröte.

»Und was habt ihr am zwölften Tag gemacht?« fuhr Alice eifrig fort.

»Das ist genug zum Thema Unterricht«, unterbrach der Greif mit Entschiedenheit. »Erzähl ihr jetzt etwas über die Spiele.«

X. KAPITEL

Die Hummer-Quadrille

Die Falsche Suppenschildkröte seufzte tief und rieb sich mit dem Flossenrücken die Augen. Sie sah zu Alice hin und wollte etwas sagen, aber eine ganze Weile vermochte sie nur zu schluchzen. »Man könnte fast meinen, ihr steckte eine Gräte im Hals«, diagnostizierte der Greif und fing an, sie zu schütteln und ihr auf den Rücken zu klopfen. Endlich konnte die Falsche Suppenschildkröte wieder sprechen, und mit tränennassen Wangen fuhr sie fort:

»Du hast wahrscheinlich noch nicht lange im Meer gelebt...« (»Ganz bestimmt nicht«, bestätigte Alice.) »...und wahrscheinlich hast du noch nie mit einem Hummer Bekanntschaft geschlossen...« (Alice setzte gerade ein »Ich habe schon einmal probiert...« aber sie unterbrach sich hastig und meinte: »Nein, niemals.«) »...also hast du nicht die geringste Ahnung, wie wunderhübsch eine Hummer-Quadrille ist!«

»Das stimmt«, gab Alice zu. »Was ist das für ein Tanz?«

»Also«, erklärte der Greif, »zuerst bildet man am Ufer entlang eine Reihe...«

»Zwei Reihen!« protestierte die Falsche Suppenschildkröte. »Seehunde, Schildkröten, Lachse und so weiter – dann, wenn man die Quallen beiseite geräumt hat...«

»*Das* braucht normalerweise seine Zeit«, unterbrach der Greif.

»...macht man zwei Schritte vor...«

»Jeder hat einen Hummer als Partner!« schrie der Greif.

»Klar doch«, bekräftigte die Falsche Suppenschildkröte, »zwei Schritte vor, Verbeugung vor dem Partner...«

»...Wechsel der Hummer und auf dieselbe Weise wieder
zurück«, setzte der Greif fort.

»Ja, und dann, weißt du«, führte die Falsche Suppenschildkröte weiter aus, »dann wirft man die...«

»Hummer!« schrie der Greif und sprang in die Luft.

»...so weit, wie man nur kann, ins Meer hinaus...«

»Schwimmt ihnen nach«, kreischte der Greif.

»Schlägt im Meer einen Purzelbaum!« brüllte die Falsche
Suppenschildkröte und sprang wild herum.

»Wechselt abermals die Hummer!« krähte der Greif.

»Zurück ans Ufer, und – das ist schon die erste Figur«, sagte
die Falsche Suppenschildkröte und dämpfte dabei plötzlich
ihre Stimme; und die beiden Wesen, die soeben noch wie verrückt in der Gegend herumgehopst waren, saßen wieder sehr
traurig und still da und blickten Alice an.

»Das muß ja ein sehr hübscher Tanz sein«, meinte Alice zaghaft.

»Würdest du ihn gerne einmal ein bißchen sehen?« fragte die Falsche Suppenschildkröte.

»Aber sehr gerne«, freute sich Alice.

»Komm, wir wollen einmal die erste Figur versuchen!« schlug die Falsche Suppenschildkröte dem Greifen vor. »Wir können es nämlich auch ohne Hummer. Wer soll singen?«

»Oh, sing *du*«, bat der Greif. »Ich habe den Text vergessen.«

Und so tanzten sie feierlich um Alice herum, wobei sie ihr dann und wann auf die Zehen traten, wenn sie zu dicht kamen, und mit ihren Vorderpfoten den Takt schlugen, während die Falsche Suppenschildkröte das folgende sehr langsam und traurig sang:

> *Weißfischlein, Weißfischlein, was gehst du schnell?*
> *Weil ein Hecht von hinten kneift,*
> *und man vorn zum Tanze pfeift!*
> *Schneckelein, Schneckelein, drum geh ich schnell.*
>
> *Weißfischlein, Weißfischlein, wie geht der Tanz?*
> *Man hakt sich beim Hummer ein,*
> *wirft ihn weit ins Mehr hinein!*
> *Schneckelein, Schneckelein, so geht der Tanz.*
>
> *Weißfischlein, Weißfischlein, muß ich ins Meer?*
> *Ja, du folgst dem Hummer gleich,*
> *purzelst wild ins Meeresreich!*
> *Schneckelein, Schneckelein, mußt hinterher.*
>
> *Weißfischlein, Weißfischlein, das geht zu weit!*
> *Bist du denn ein Hasenfuß,*
> *daß du scheust des Meeres Gruß!*
> *Schneckelein, Schneckelein, mach dich bereit.* *

---

* AdÜ: Bevor Sie dieses Gedicht nach einer sehr bekannten Melodie singen sollen, ziehen Sie bitte das Nachwort zu Rate, und lesen Sie dort zuerst das Kapitel »Alice im Wunderland« und dann das Kapitel »Alice im Spiegelland«.

»Vielen Dank, der Tanz ist sehr hübsch anzusehen«, sagte Alice, die sehr erleichtert das Ende registrierte, »und das kuriose Lied von dem Weißfisch gefällt mir ganz besonders!«

»Ach, übrigens Weißfisch«, nahm die Falsche Suppenschildkröte die Anregung auf, »du hast doch sicher schon mal welche gesehen?«

»Aber natürlich«, bestätigte Alice, »ich hab sie schon öfter gesehen, und zwar in der Pfann...« Hier unterbrach sie sich.

»Ich weiß zwar nicht, wo die Pfann fließt«, meinte die Falsche Suppenschildkröte, »aber wenn du sie da oft gesehen hast, weißt du natürlich, wie sie aussehen?«

»Ich denke ja«, erwiderte Alice nachdenklich. »Sie tragen den Schwanz im Maul und sind mit Krümeln bestreut.«

»Also, das mit den Krümeln muß ein Irrtum sein«, zweifelte die Falsche Suppenschildkröte, »Krümel würden im Meer ja weggewaschen. Doch die Schwänze tragen sie im Maul, und der Grund ist...« An dieser Stelle gähnte die Falsche Suppenschildkröte und schloß die Augen. »Erkläre du ihr den Grund und das ganze Drumherum«, bat sie den Greifen.

»Der Grund ist«, erläuterte der Greif, »weil sie immer mit den Hummern tanzen wollen. Deswegen werden sie aufs Meer hinausgeschleudert. Deswegen fliegen sie so lange durch die Luft. Deswegen halten sie ihren Schwanz mit dem Maul fest. Deswegen bekommen sie ihn dann nicht mehr heraus. Das ist alles.«

»Danke«, sagte Alice, »das ist sehr interessant. All' das war mir bisher nicht vom Weißfisch bekannt.«

»Wenn du magst, erzähle ich dir noch mehr«, bot der Greif an. »Weißt du eigentlich, warum er Weißfisch genannt wird?«

»Ich habe noch nie darüber nachgedacht«, gestand Alice. »Warum?«

»*Weil er die Sandbänke streicht*«, erwiderte der Greif sehr feierlich.

Alice war nun völlig verwirrt. »Streicht die Sandbänke!« wiederholte sie verwundert.

»Nun, was macht man mit einer Gartenbank?« half ihr der Greif auf die Sprünge. »Wie schützt man sie gegen Wind und Wetter?«

Alice grübelte einen Augenblick darüber nach und antwortete dann: »Sie wird geschwärzt, soviel ich weiß.«

»Die Sandbänke im Meer«, fuhr der Greif mit Baßstimme fort, »werden eben vom Weißfisch geweißt. Nun schwärzt du es – ich meine, nun weißt du es.«

»Und wo stehen solche Sandbänke?« wollte Alice neugierig wissen.

»Zwischen Becken in den Brisen natürlich«, entgegnete der Greif ziemlich ungeduldig, »das weiß doch jede Krabbe.«

»Wenn ich der Weißfisch gewesen wäre«, überlegte Alice, die sich in Gedanken immer noch mit dem Lied beschäftigte, »ich hätte dem Hecht gesagt: ›Tummel dich sofort von dannen! *Dich* können wir hier nicht gebrauchen!‹«

»Sie müssen ihn einfach dabei haben«, widersprach die Falsche Suppenschildkröte. »Kein weiser Fisch würde jemals ohne einen Hecht irgendwo hingehen.«

»Wahrhaftig nicht?« staunte Alice.

»Natürlich nicht«, bekräftigte die Falsche Suppenschildkröte. »Also, wenn ein Fisch zum Beispiel zu *mir* käme und mir sagte, er müsse vor Gericht, dann würde ich ihm empfehlen: ›Verlange deinen Hecht!‹«

»Meinst du vielleicht ›dein Recht‹?« mutmaßte Alice.

»Ich meine, was ich sage«, schmollte die Falsche Suppenschildkröte. Und der Greif fügte hinzu: »Na los, erzähle uns einmal von *deinen* Erlebnissen.«

»Ich könnte euch ja meine Erlebnisse erzählen – aber ich beginne mit heute morgen«, meinte Alice etwas zurückhaltend, »denn weiter zurückzugehen ist sinnlos, weil ich da noch jemand anderer war.«

»Das mußt du aber erst erklären«, forderte die Falsche Suppenschildkröte.

»Nein, nein! Zuerst die Erlebnisse«, wünschte sich der Greif ungeduldig: »Erklärungen brauchen so schrecklich viel Zeit.«

Also erzählte Alice all' ihre Erlebnisse von der Begegnung mit dem Weißen Kaninchen an. Dabei war sie zu Beginn noch ein wenig ängstlich, denn die beiden Wesen kamen von verschiedenen Seiten ganz dicht an sie heran und sperrten Mund und Nase auf; aber allmählich fuhr sie immer mutiger fort. Ihre Zuhörer waren mucksmäuschenstill, bis sie zu der Stelle kam, wo sie für die Raupe *»Willst du nicht das Lämmlein hüten«* aufgesagt hatte, und die Worte alle ganz anders herausgekommen waren, und da holte die Falsche Suppenschildkröte tief

Luft und merkte an: »Das ist sehr kurios!«

»Kurioser geht es wohl überhaupt nicht«, stimmte der Greif zu.

»Kamen alle ganz anders heraus!« wiederholte die Falsche Suppenschildkröte versonnen. »Ich möchte doch gern einmal hören, was herauskommt, wenn sie jetzt etwas aufsagt. Sag ihr, sie soll gleich beginnen.« Dabei fixierte sie den Greifen, als habe er ihrer Meinung nach über Alice zu bestimmen.

»Steh auf und sage ›*Gelassen steigt die Nacht an Land*‹ auf«, befahl der Greif.

»Wie die Kerle einen herumkommandieren und Gedichte aufsagen lassen!« dachte Alice. »Das ist ja genau wie in der Schule.« Dennoch stand sie auf und sagte es auf, doch sie war in Gedanken noch so bei der Hummer-Quadrille, daß sie kaum wußte, was sie sagte: und die Worte waren wirklich sehr merkwürdig:

Gelassen steigt der Krebs an Land,
lehnt träumend an der Felsen Rand.
Sein Aug' reibt mit der Nas' er nun,
das wollt' er nicht mit Scheren tun.
    Und kecker rauschen die Quallen hervor,
    sie singen verlockend ihm ins Ohr
    vom Mahle,
    *vom heute gewesenen Mahle.**

»Das unterscheidet sich ja erheblich davon, wie *ich* es aus meiner Kindheit kenne«, urteilte der Greif.

»Also, *ich* höre es zwar zum ersten Mal«, meinte die Falsche Suppenschildkröte, »aber mir klang es völlig unsinnig.«

Alice sagte nichts: Sie hatte sich hingesetzt, verbarg ihr Gesicht in den Händen und fragte sich, ob alles *jemals* wieder normal werden würde.

»Ich würde gern um eine Erklärung bitten«, sagte die Falsche Suppenschildkröte.

»Sie kann es nicht erklären«, warf der Greif hastig ein. »Komm zum nächsten Vers.«

»Aber was ist mit den Augen?« beharrte die Falsche Suppenschildkröte. »Wie *kann* er denn die Augen überhaupt mit der Nase reiben?«

»Das ist beim Tanz die erste Figur«, behauptete Alice; aber sie war von dem ganzen völlig verwirrt und wünschte sich nichts dringender als einen Themawechsel.

»Komm zum nächsten Vers«, wiederholte der Greif, »er beginnt ›Das uralt alte Schlummerlied‹.« Alice wagte keinen Widerspruch, obgleich sie das sichere Gefühl hatte, daß alles falsch herauskommen würde, und ihre Stimme zitterte, als sie fortfuhr:

---

* AdÜ: Ich empfehle auch hier, die ersten beiden Kapitel des Nachworts zu Rate zu ziehen. Es ist aber nicht zwingend notwendig.

Das uralt alte Hummerlied
sang von der Eule, die war müd'
und saß mit einem Panther doch
beim Mahle, und genoß es noch.
Doch in seinen Augen, da blitzte der Mord,
dann pflanzte in der Luft sich fort
Geheule,
von der gewesenen ...

»Was *hat* das Aufsagen des ganzen Zeugs für einen Sinn«, unterbrach die Falsche Suppenschildkröte, »wenn du es nicht gleichzeitig erklärst. So etwas konfuses habe ich ja mein Lebtag noch nicht gehört!«

»Ja, es ist wohl besser, wenn du abbrichst«, empfahl der Greif, und Alice war nur zu froh darüber.

»Würdest du gern noch eine Figur aus der Hummer-Quadrille kennenlernen?« bot der Greif an. »Oder möchtest du lieber noch ein Lied von der Falschen Suppenschildkröte hören?«

»O bitte, ein Lied, wenn die Falsche Suppenschildkröte so freundlich wäre«, wünschte sich Alice so enthusiastisch, daß der Greif ziemlich beleidigt reagierte. »Hm! Das ist ja wohl Geschmacksache! Dann sing ihr mal ›*Schildkrötensuppe*‹ vor, wie, meine Alte?«

Die Falsche Suppenschildkröte seufzte tief und begann mit schluchzender Stimme dies zu singen:

Sah ein Rab' ein Süpplein stehn,
Süpplein auf dem Herde,
roch so würzig und so schön,
flog er schnell, es nah zu sehn,
sah es, wie es werde,
Süpplein, Süpplein, Süpplein heiß,
Süpplein auf dem Herde.

Rabe sprach: »Ich schlecke dich,
Süpplein auf dem Herde.«
Süpplein sprach: »Ich brenne dich,
daß du ewig denkst an mich
und hast viel Beschwerde!«
Süpplein, Süpplein, Süpplein heiß,
   Süpplein auf dem Herde.

Und der wilde Rabe aß
's Süpplein auf dem Herde.
Süpplein brannte ihn mit Wras',
half ihm doch kein Weh aud Ach
noch tonsaure Erde.
Süpplein, Süpplein, Süpplein heiß,
   Süpplein auf dem Herde.*

»Nochmal den Refrain!« kreischte der Greif, und die Falsche
Suppenschildkröte hatte gerade damit eingesetzt, als man in
der Ferne den Ruf hörte: »Die Verhandlung beginnt!«

»Komm schon!« rief der Greif, nahm Alice bei der Hand
und raste davon, ohne das Ende des Liedes abzuwarten.

»Was für eine Verhandlung denn?« keuchte Alice beim Laufen; doch der Greif antwortete bloß: »Komm schon!« und
rannte nur noch schneller, während immer ferner von einer
Brise ihnen hinterhergetragen die melancholischen Worte
klangen:

   Süpplein, Süpplein, Süpplein heiß,
   Süpplein auf dem Herde.

---

* AdÜ: Richtig! Johann W. v. Goethe stand hier Pate. Des Rätsels Lösung finden Sie im Nachwort (im Kapitel »Alice im Wunderland«). Singen Sie dann
nach der sehr bekannten Melodie.

XI. KAPITEL

Wer hat die Törtchen gestohlen?

Bei ihrer Ankunft saßen der Herzkönig und die Herzkönigin auf ihrem Thron, und viel Volk hatte sich um sie versammelt – alle möglichen kleinen Vögel und Vierbeiner wie auch das vollständige Kartenspiel: in Ketten stand der Herzbube vor

ihnen mit einem Wachsoldaten an jeder Seite; und nahe beim König stand das Weiße Kaninchen mit einer Trompete in der einen und einer Pergamentrolle in der anderen Hand. Genau in der Mitte des Gerichtssaals befand sich ein Tisch mit einer Vielzahl Törtchen darauf: Sie sahen so einladend aus, daß Alice von ihrem bloßen Anblick ganz hungrig wurde. »Wenn sie nur schon mit der Verhandlung am Ende wären«, dachte sie, »und das kalte

Büfett eröffnen würden!« Doch das schien in keinster Weise beabsichtigt; so sah sie sich zum Zeitvertreib ein wenig genauer um.

In einem Gerichtssaal war Alice noch nie zuvor gewesen, aber sie hatte darüber in Büchern gelesen, und sie war ziemlich stolz, daß sie alles beim rechten Namen nennen konnte. »Das da ist der Richter«, sagte sie zu sich, »denn er trägt eine lange Perücke.«

Der Richter war übrigens der König, und da er über der Perücke noch seine Krone trug, sah er überhaupt nicht glücklich drein, und es paßte auch überhaupt nicht zusammen.

»Und das ist die Geschworenenbank«, dachte Alice, »und diese zwölf Tiere (sie mußte einfach ›Tiere‹ sagen, da einige nämlich Vierbeiner und andere Vögel waren), sind bestimmt die Geschworenen.« Das letzte Wort wiederholte sie mehrere Male vor sich hin, so stolz war sie darauf: denn sie meinte, daß sehr wenige kleine Mädchen ihres Alters überhaupt die Bedeutung davon kannten – womit sie zweifellos recht hatte. Jedoch wäre »Beisitzer« fast ebensogut.

Geschäftig machten die zwölf Geschworenen auf ihren Schiefertafeln Notizen. »Was schreiben die da bloß?« flüsterte Alice dem Greifen zu. »Ehe die Verhandlung beginnt, gibt es doch gar nichts zu notieren.«

»Sie schreiben sich ihre Namen auf«, antwortete der Greif wispernd, »weil sie fürchten, sie könnten sie vor dem Ende der Verhandlung vergessen haben.«

»Hohlköpfe!« rügte Alice laut, doch hastig hielt sie inne, denn das Weiße Kaninchen verlangte lauthals: »Ruhe im Gericht!« und der König setzte seine Brille auf und spähte nach dem Sprecher aus.

Als Alice über ihre Schultern blickte, konnte sie sehen, wie alle Geschworenen »Hohlköpfe!« auf ihre Tafeln schrieben, und sie bemerkte sogar, daß einer von ihnen nicht wußte, wie man »Hohl« schreibt, und er deswegen seinen Nachbarn fragen mußte. »Noch bevor die Verhandlung vorbei ist, werden die ja ein hübsches Durcheinander auf ihren Tafeln haben.«

Einer von ihnen quietschte mit seinem Griffel. Das war natürlich etwas, was Alice *überhaupt nicht* vertragen konnte. Sie ging um die Bank herum und stellte sich hinter ihn, und bald schon fand sich eine Gelegenheit, ihm den Griffel wegzunehmen. Das passierte so schnell, daß der arme kleine Geschworene (es war Bill, die Eidechse) gar nicht wußte, wie ihm geschah; und als er vergeblich überall danach gesucht hatte, konnte er den Rest der Sitzung nur noch mit einem Finger schreiben; und das war wenig sinnvoll, denn der hinterließ auf der Tafel keinerlei Spuren.

»Herold, verlies die Anklage!« befahl der König.

Darauf blies das Weiße Kaninchen dreimal in die Trompete, entrollte das Pergament und las, wie folgt:

> *Herzkönigin stellt Törtchen hin*
> *an einem Sommertag:*
> *Herzbube nahm Törtchen infam,*
> *weil er sie gerne mag!*

»Fällt euren Spruch«, verlangte der König von den Geschworenen.

»Nein, noch nicht!« unterbrach das Kaninchen hastig. »Davor kommt noch eine ganze Menge anderes!«

»Ruft den ersten Zeugen auf«, ordnete der König an, und das Weiße Kaninchen ließ drei Trompetenstöße erschallen und schrie: »Erster Zeuge!«

Der erste Zeuge war der Hutmacher. Er trat mit einer Teetasse in der einen und einem Butterbrot in der anderen Hand auf. »Verzeiht, Eure Majestät«, begann er, »daß ich das hier mit hereinbringe – aber ich war gerade beim Tee, als man nach mir schickte.«

»Da hättest du aber längst mit fertig sein können«, rügte der König. »Wann hast du damit begonnen?«

Der Hutmacher blickte zum Märzhasen hin, der ihm Arm in

Arm mit der Schlafmaus in den Gerichtssaal gefolgt war. »Ich *glaube*, es war am vierzehnten März«, mutmaßte er.

»Am fünfzehnten«, korrigierte der Märzhase.

»Am sechzehnten«, meinte die Schlafmaus.

»Schreibt das auf«, befahl der König den Geschworenen; und die notierten alle drei Daten auf ihren Tafeln, addierten sie und übertrugen das Ergebnis in Schilling und Pence.

»Setz deinen Hut ab«, gebot der König dem Hutmacher.

»Der gehört nicht mir«, erklärte der Hutmacher.

»*Gestohlen!*« schrie der König und wandte sich an die Geschworenen, die diese Tatsache auf der Stelle vermerkten.

»Ich habe sie nur zum Verkaufen«, fügte der Hutmacher als Erklärung hinzu. »Ich besitze gar keinen. Ich bin Hutmacher.«

Hier setzte sich die Königin die Brille auf und fixierte den Hutmacher scharf, der erbleichte und zu zittern begann.

»Mach' deine Zeugenaussage«, verlangte der König, »und sei nicht so nervös, sonst wirst du auf der Stelle hingerichtet.«

Dies schien den Zeugen in keinster Weise zu beruhigen: er trat von einem Fuß auf den anderen, betrachtete besorgt die Königin und biß in seiner Verwirrung ein großes Stück von der Teetasse statt von dem Butterbrot ab.

Gerade da überkam Alice so ein merkwürdiges Gefühl, was sie total verwirrte, ehe sie begriff, worum es sich handelte: sie war wieder dabei zu wachsen, und sie wollte schon aufstehen und den Saal verlassen; aber dann entschloß sie sich, solange sie noch genug Platz hatte, zu bleiben, wo sie war.

»Mach dich doch nicht so breit«, beklagte sich die Schlafmaus, die neben ihr saß. »Ich kann ja kaum noch atmen.«

»Ich kann nichts dran ändern«, entschuldigte sich Alice. »Ich wachse.«

»*Hier* hast du kein Recht zu wachsen«, nörgelte die Schlafmaus.

»Red doch keinen Blödsinn«, verteidigte sich Alice energisch. »Du weißt doch ganz genau, daß du auch wächst.«

»Stimmt, aber *ich* wachse allmählich«, meinte die Schlafmaus, »und nicht in so lächerlichen Schüben.« Und damit erhob sie sich mürrisch und begab sich zur gegenüberliegenden Seite des Saales.

Die ganze Zeit über hatte die Königin nicht aufgehört, den Hutmacher zu fixieren, und in dem Augenblick, als die Schlafmaus den Gerichtssaal durchquerte, befahl sie einem der Gerichtsdiener: »Bring mir das Programm vom letzten Konzert!« worauf der unglückliche Hutmacher derart zitterte, daß er beide Schuhe verlor.

»Mach’ deine Zeugenaussage«, wiederholte der König verärgert, »oder ich lasse dich hinrichten, ob du nun nervös bist oder nicht.«

»Ich bin ein armer Mann, Eure Majestät«, begann der Hutmacher mit bebender Stimme, »und ich hatte mich doch gerade erst zum Tee niedergelassen – kaum eine Woche her oder so – und mit was für dünnen Butterbroten – und das Tanzen im Tee...«

»Das Tanzen, *wovon?*« wollte der König wissen.

»Das *begann* mit dem Tee«, erwiderte der Hutmacher.

»Natürlich *beginnt* Tanzen mit einem T!« murrte der König. »Hältst du mich für einen Trottel? Was noch?«

»Ich bin ein armer Mann«, fuhr der Hutmacher fort, »und dann fing alles zu tanzen an – nur der Märzhase hat gesagt...«

»Hab ich nicht!« unterbrach der Märzhase schleunigst.

»Hast du doch!« bekräftigte der Hutmacher.

»Das bestreite ich!« beharrte der Märzhase.

»Er bestreitet es«, schaltete sich der König ein, »laß es also fallen.«

»Also, jedenfalls hat die Schlafmaus gesagt...«, erzählte der Hutmacher weiter und blickte sich vorsichtig um, um festzustellen, ob sie es ebenfalls bestritte; doch die Schlafmaus bestritt gar nichts, da sie fest eingepennt war.

»Danach«, setzte der Hutmacher fort, »machte ich mir noch ein Butterbrot...« ».. aber was hat denn die Schlafmaus gesagt«, erkundigte sich einer der Geschworenen.

»Daran kann ich mich nicht erinnern«, gestand der Hutmacher.

»Du *mußt* dich erinnern«, bemerkte der König, »oder ich werde dich hinrichten lassen.«

Der unglückliche Hutmacher ließ Teetasse und Butterbrot fallen und kniete nieder. »Ich bin ein armer Mann, Eure Majestät«, begann er.

»Du bist ein armseliger *Zeuge*«, korrigierte der König.

Darauf brach eines der Meerschweinchen in Jubel aus, was von den Gerichtsdienern augenblicklich unterbunden wurde. (Da das ein ziemlich schwieriges Wort ist, will ich dir erklären, wie man dabei vorging. Sie nahmen einen großen Seesack, stopften das Meerschweinchen kopfüber hinein, banden ihn zu und setzten sich darauf.)

»Ich bin froh, daß ich das einmal miterlebt habe«, dachte Alice. »Oftmals habe ich in der Zeitung beim Ende einer Verhandlung gelesen: ›Es kam zu einzelnen Beifallsbekundungen, die aber von den Gerichtsdienern augenblicklich unterbunden wurden‹, und ich habe bis heute überhaupt nicht verstanden, was damit gemeint war.«

»Wenn das alles ist, was du darüber weißt, dann kannst du jetzt abgehen«, setzte der König fort.

»Weiter abwärts kann ich nicht gehen«, bedauerte der Hutmacher, »ich bin ja schon am Boden.«

»Dann setz dich eben ab«, erwiderte der König.

Hier brach das andere Meerschweinchen in Jubel aus und wurde ebenfalls unterbunden.

»Naja, damit sind die Meerschweinchen mattgesetzt!« dachte Alice. »Jetzt werden wir besser vorankommen.«

»Das macht mein Hut, ich würde viel lieber meinen Tee beenden«, wünschte sich der Hutmacher und betrachtete ängstlich die Königin, die das Musikprogramm las.

»Du kannst gehen«, gestattete der König, und der Hutmacher flitzte aus dem Gerichtssaal, wobei er sich nicht einmal die Zeit nahm, seine Schuhe anzuziehen.

»...und schlagt ihm draußen den Kopf ab«, befahl die
Königin einem der Gerichtsdiener, doch bevor der noch zur
Tür gelangt war, war der Hutmacher schon verschwunden.

»Ruft den nächsten Zeugen!« verlangte der König.

Der nächste Zeuge war die herzögliche Köchin. Sie hielt
den Pfefferstreuer noch in der Hand, und Alice erriet ihre
Anwesenheit, bevor sie noch den Gerichtssaal betreten hatte,
weil auf einmal heftiges Niesen bei denen nahe der Tür einsetzte.

»Mach' deine Aussage«, forderte der König.

»Mag nicht«, weigerte sich die Köchin.

Hilflos sah der König das Weiße Kaninchen an, das ihm
zuflüsterte: »Eure Majestät müssen *diese* Zeugin ins Kreuzverhör nehmen.«

»Nun, was sein muß, muß sein«, seufzte der König melancholisch, kreuzte die Arme, blickte die Köchin stirnrunzelnd

an, bis seine Augen fast verschwunden waren, und brummte dann: »Welche Zutaten braucht man für Törtchen?«

»Hauptsächlich Pfeffer«, meinte die Köchin.

»Sirup«, korrigierte eine verschlafene Stimme hinter ihr.

»Packt die Schlafmaus!« kreischte die Königin. »Köpft die Schlafmaus! Macht der Schlafmaus den Garaus! Weg mit ihr! Unterbindet sie! Zwickt sie! Bart ab!«

Einige Minuten lang war der ganze Saal in Aufruhr, um die Schlafmaus rauszusetzen, und als man sich wieder beruhigt hatte, war die Köchin verschwunden.

»Macht nichts!« seufzte der König erleichtert. »Ruft den nächsten Zeugen.« Und mit einem Unterton fügte er zur Königin gewandt hinzu: »Also, meine Liebe, du solltest wirklich das nächste Kreuzverhör führen. Ich bekomme davon Kopfschmerzen!«

Alice beobachtete, wie das Weiße Kaninchen die Liste durchforschte, und sie war sehr neugierig, was mit dem nächsten Zeugen werden würde, »... denn viele Aussagen haben sie *bisher* nicht zusammen«, sagte sie bei sich. Man kann sich ihre Überraschung vorstellen, als das Weiße Kaninchen mit schrillster Stimme den Namen schrie: »Alice!«

XII. KAPITEL

Alicens Zeugnis

»Hier!« meldete sich Alice, wobei sie in ihrem Eifer völlig vergaß, wie sie in den letzten Minuten gewachsen war, und sie sprang so hastig auf, daß sie mit dem Saum ihres Kleides die gesamte Geschworenenbank umwarf, so daß die Geschworenen auf die daruntersitzenden Zuhörer fielen; und da lagen sie nun hilflos herum und erinnerten sie auffällig an das Goldfischglas, das sie aus Versehen in der letzten Woche heruntergeworfen hatte.

»Oh, ich bitte *vielmals* um Entschuldigung!« rief sie ganz bekümmert aus und machte sich daran, sie so schnell wie möglich wieder aufzusammeln, denn das Mißgeschick mit dem Goldfisch spukte ihr immer noch im Kopf herum, und sie hatte irgendwie das Gefühl, sie unverzüglich einsammeln und in die Geschworenenbank setzen zu müssen, da sie sonst sterben würden.

»Die Verhandlung kann nicht weitergeführt werden«, verkündete der König bitterernst, »bis nicht alle Geschworenen wieder ihre Plätze eingenommen haben – *alle*«, betonte er nochmals und musterte Alice dabei sehr streng.

Alice warf einen Blick auf die Geschworenenbank und erkannte, daß sie in ihrer Hast die Eidechse falsch herum gesetzt hatte, und das arme Dingelchen wedelte melancholisch mit dem Schwanz, da es sich nicht rühren konnte. Kurz darauf hatte sie sie befreit und richtig hingesetzt. »Was keine große Bedeutung hat«, sagte Alice bei sich, »denn ich schätze, für die Verhandlung ist es *völlig* gleichgültig, wo sie ihren Kopf hat.«

Sobald sich die Geschworenen von dem Schock ihres Sturzes ein wenig erholt und ihre Tafeln und Griffel wieder zur Hand hatten, notierten sie sehr gewissenhaft den Unfallhergang, ausgenommen die Eidechse, die noch so benommen war, daß sie mit offenem Maul nur hoch zur Decke glotzen konnte.

»Was weißt du von der Sache?« fragte der König Alice.

»Nichts«, sagte Alice.

»*Überhaupt* nichts?« verlangte der König zu wissen.

»Überhaupt nichts«, bestätigte Alice.

»Das ist äußerst wichtig«, unterrichtete der König die Geschworenen. So schrieben sie das schon auf ihre Tafeln nieder, als das Weiße Kaninchen einwarf: »*Un*wichtig meinte seine Majestät natürlich«, stellte es ergeben richtig, runzelte dabei jedoch die Stirn und schnitt Grimassen.

»Natürlich meinte ich *un*wichtig«, bestätigte der König hastig und murmelte versonnen vor sich hin, »wichtig – unwichtig – unwichtig – wichtig...«, als wolle er das Wort mit dem besten Klang herausfinden.

Einige der Geschworenen schrieben »wichtig« und andere »unwichtig« nieder. Alice konnte das gut beobachten, denn sie stand so nahe, daß sie ihre Tafeln überblicken konnte. »Aber das ist ja wohl ganz egal«, dachte sie bei sich.

In diesem Augenblick rief der König, der in der Zwischenzeit geschäftig in sein Notizbuch geschrieben hatte, laut:

»Ruhe!« und las daraus vor: »Paragraph Zweiundvierzig. *Alle Personen von über einem Kilometer Größe haben den Gerichtssaal zu verlassen.*«

Ein jeder sah zu Alice hin.

»*Ich* bin keinen Kilometer groß«, protestierte Alice.

»Bist du doch«, beharrte der König.

»Sogar fast zwei Kilometer«, assistierte die Königin.

»Wie dem auch sein, ich bleibe«, entschied Alice, »außerdem gibt es den Paragraphen überhaupt nicht, du hast ihn gerade erst erfunden.«

»Das ist der älteste Paragraph in diesem Buch«, behauptete der König.

»Dann trüge er die Nummer eins«, triumphierte Alice.

Der König erbleichte und schloß hastig das Buch. »Wie lautet euer Spruch?« erkundigte er sich mit leiser, bebender Stimme bei den Geschworenen.

»Da ist noch ein weiteres Beweisstück«, bremste ihn das Weiße Kaninchen und sprang eiligst auf, »dieses Schriftstück hat man soeben aufgegabelt.«

»Was enthält es?« wollte der König wissen.

»Ich habe es noch nicht geöffnet«, erklärte das Weiße Kaninchen, »aber es scheint sich um einen Brief zu handeln, den der Gefangene geschrieben hat an – an irgend jemanden.«

»So muß es auch sein«, meinte der König, »wenn er ihn nicht an niemanden geschrieben hat, was, wie man weiß, unüblich ist.«

»An wen ist er adressiert?« erkundigte sich einer der Geschworenen.

»Er ist überhaupt nicht adressiert«, verkündete das Weiße Kaninchen. »Tatsächlich steht *vorne* nichts darauf.« Dabei entfaltete es das Papier und fügte hinzu: »Es ist eigentlich kein Brief: es ist ein Gedicht.«

»In der Handschrift des Gefangenen?« wollte ein anderer Geschworener wissen.

»Nein, bestimmt nicht«, stellte das Weiße Kaninchen fest, »das ist ja das Merkwürdige.« (Die Geschworenen waren allesamt verwirrt.«

»Dann hat er eine andere Handschrift gefälscht«, entschied der König. (Die Geschworenen waren allesamt erleichtert.)

»Bitte, Eure Majestät«, sagte der Bube, »ich habe es nicht geschrieben, und man kann auch nicht beweisen, daß es von mir ist: schließlich ist es nicht unterschrieben.«

»Wenn du es nicht unterschrieben hast«, rügte der König, »macht es das nur noch schlimmer. Dann mußt du ja etwas im Schilde geführt haben, denn als Ehrenmann hättest du ansonsten deinen Namen darunter gesetzt.«

Darauf folgte allgemeiner Beifall: das war die erste kluge Bemerkung, die der König an diesem Tag gemacht hatte.

»Das *beweist* natürlich seine Schuld«, urteilte die Königin: »also ab mit...«

»Es beweist überhaupt nichts!« widersprach Alice. »Nun, du weißt ja nicht einmal, wovon es handelt!«

»Lies vor«, ordnete der König an.

Das Weiße Kaninchen setzte sich die Brille auf die Nase. »Was wäre Eurer Majestät als Beginn angenehm?« erkundigte es sich.

»Beginn beim Beginn«, ordnete der König todernst an, »lies es weiter bis zu Ende, und da hör auf.«

Totenstille herrschte im Saal, während das Weiße Kaninchen das Gedicht las:

> *Man sagt, du warst bei ihr zum Schmaus,*
> *und so sprach ich ihn an:*
> *Sie stellt' mir gutes Zeugnis aus,*
> *daß ich nicht schwimmen kann.*
>
> *Er sagte ihnen, ich sei da*
> *(wir wissen, daß es stimmt):*
> *Was ihr dann wie ein Schlag geschah,*
> *wie das wohl ein dich nimmt?*
>
> *Ich gab dir eins, sie gaben zwei,*
> *du gabst uns drei und mehr;*
> *es ging zu dir zurück dabei,*
> *sie waren mein, auf Ehr'.*
>
> *Wenn ich, wenn sie zu ändern sei*
> *durch diese Staatsaffäre,*
> *er traute dir, du setzt die frei*
> *gemäß gleich uns'rer Lehre.*
> *Ich hoffe, du hast keinen Gram*
> *(bevor sie faßt der Frust),*
> *doch irgendwas dazwischen kam*
> *mit deiner, meiner Lust.*

Verschweige ihm, daß sie mag sie,
denn nur so kann es sein
Geheimnis, kennen and're nie,
nur ich und du allein.

»Das ist das wichtigste Beweisstück«, stellte der König händereibend fest, »nun sollen also die Geschworenen...«

»Wenn einer von denen das erklären kann«, unterbrach Alice, (sie war in den letzten paar Minuten so sehr gewachsen, daß sie geradezu tollkühn wurde), »dann bin ich der Osterhase. *Meiner* Meinung nach steckt da nicht mal ein Atömchen Sinn drin.«

Die Geschworenen notierten allesamt auf ihren Tafeln: »*Ihrer* Meinung nach steckt da nicht mal ein Atömchen Sinn drin«, aber keiner unternahm den Versuch, die Verse zu deuten.

»Wenn es keinen Sinn hat«, meinte der König, »kostet es auch keinerlei Mühe, denn dann brauchen wir ihn auch nicht herauszufinden. Und doch bin ich nicht ganz sicher«, grübelte er, indem er das Gedicht über sein Knie breitete und es mit einem Auge fixierte, »ob da nicht trotz allem ein Sinn drin steckt. ›*Das ich nicht schwimmen kann*‹ – du kannst nicht schwimmen, oder?« wandte er sich an den Buben.

Der Bube schüttelte traurig den Kopf. »Seh' ich etwa so aus?« klagte er. (Was wahrhaftig nicht der Fall war, da er aus Pappe bestand.)

»Das wäre also geklärt«, freute sich der König; und er murmelte weiter die Zeilen vor sich hin: »›*Wir wissen, daß es stimmt*‹ – das sind natürlich die Geschworenen – ›*Was ihr dann wie ein Schlag geschah*‹ – damit muß die Königin gemeint sein – ›*Wie das wohl ein dich nimmt?*‹ – Ja, in der Tat! – ›*Ich gab dir eins, sie gaben zwei*‹ – nun, das muß er mit den Törtchen gemeint haben...«

»Aber es heißt weiter ›*Es ging zu dir zurück dabei*‹«, ergänzte Alice.

»Ja, und da sind sie auch!« triumphierte der König und wies auf den Tisch mit den Törtchen. »Also ist *das* sonnenklar. Dann weiter – ›*Bevor sie faßt der Frust*‹ – Frust hattest du doch noch nie, oder meine Liebe?« fragte er die Königin.

»Niemals!« kreischte die Königin wütend und warf dabei ein Tintenfaß nach der Eidechse. (Der unglückselige kleine Bill hatte nämlich das Schreiben aufgegeben, weil das mit dem Finger vergeblich gewesen war; doch nun fing er wieder hastig damit an, wobei er die Tinte benutzte, die ihm das Gesicht hinunterrann, solange der Vorrat reichte.)

»Dann hat der Verfasser dich nicht *erfaßt*«, freute sich der König und blickte sich lächelnd im Saal um. Es herrschte Totenstille.

»Das war ein Wortspiel!« klärte der König beleidigt auf, und alles bog sich vor Lachen. »Wie lautet der Spruch der Geschworenen?« erkundigte sich der König zum x-tenmal an diesem Tag.

»Nein, nein!« widersprach die Königin. »Erst die Strafe – dann das Urteil.«

»So ein Quatsch!« schimpfe Alice laut. »Zuerst die Strafe, das gibt's doch gar nicht!«

»Halt deinen vorlauten Mund!« befahl die Königin und wurde puterrot.

»Fällt mir nicht ein!« weigerte sich Alice.

»Schlagt ihr den Kopf ab«, kreischte die Königin lauthals. Keiner rührte sich.

»Was habt *ihr* überhaupt zu bestellen?«

höhnte Alice (sie war inzwischen zu ihrer normalen Größe gewachsen). »Ihr seid ja nur ein Kartenspiel!«

Daraufhin ging das ganze Kartenspiel in die Luft und sauste auf sie los; sie stieß einen kleinen Schrei aus, halb aus Furcht und halb aus Ärger, und versuchte, sie abzuwehren, und fand sich auf einmal am Bachufer wieder, den Kopf im Schoß ihrer Schwester, die einige welke Blätter entfernte, die von den Bäumen auf ihr Gesicht geschwebt waren.

»Wach doch auf, liebe Alice!« rief ihre Schwester. »Du hast aber ein langes Schläfchen gehalten!«

»Ach, ich hatte so einen kuriosen Traum!« seufzte Alice. Und sie erzählte ihrer Schwester, so ausführlich wie sie konnte, all ihre merkwürdigen Abenteuer, die du gerade gelesen hast; und am Ende küßte ihre Schwester sie und meinte: »Das *war* aber auch ein seltsamer Traum, Liebes; nun aber schnell nach Hause zum Tee: es ist schon spät.« Also erhob sich Alice und rannte los, wobei sie immer noch an den wundersamen Traum dachte, und damit tat sie auch ganz recht.

Doch ihre Schwester saß noch eine Zeitlang da, den Kopf in die Hand gestützt, beobachtete den Sonnenuntergang und dachte an die kleine Alice und ihre wunderbaren Abenteuer, bis sie selbst zu träumen begann, und dies war ihr Traum:

Zuerst träumte sie von der kleinen Alice: abermals spürte sie die winzigen Hände ihr Knie fassen und sah in ihre leuchtenden Augen – sie konnte den Klang ihrer Stimme hören und sah die seltsame Kopfgeste, mit der das widerspenstige Haar aus ihren Augen geschüttelt wurde – und wie sie noch so lauschte, oder zu lauschen schien, belebte sich der Ort um sie herum plötzlich mit jenen seltsamen Wesen, von denen ihre kleine Schwester geträumt hatte.

Im hohen Gras zu ihren Füßen raschelte es, und das Weiße Kaninchen flitzte vorbei – die erschrockene Maus zog platschend ihres Weges durch den nahen Teich – sie vernahm das Klirren der Teetassen, als der Märzhase und seine Freunde ihr unendliches Mahl hielten, und das Keifen der Königin, die die

Hinrichtung ihrer unseligen Gäste befahl – abermals nieste das Ferkelbaby auf den Knien der Herzogin, während Tiegel und Teller nur so herumkrachten – noch einmal schrie der Greif, und die Eidechse quietschte mit ihrem Griffel, und die unterbundenen Meerschweinchen keuchten hörbar nach Luft, was sich mit dem fernen Schluchzen der unglücklichen Falschen Suppenschildkröte mischte.

So saß sie mit geschlossenen Augen da und glaubte sich schon im Wunderland, doch sie wußte, sie brauchte die Augen nur zu öffnen, und alles wäre abermals trübe Wirklichkeit – das Gras wurde nur vom Wind bewegt, und im Teich plätscherte das Schilfrohr – das Klirren der Teetassen würde zum Bimmeln von Schafschellen werden, und der Königin Gekeife waren die Signale des Hütejungen – und das Niesen des Babys, das Schreien des Greifen und all' die anderen merkwürdigen Geräusche würden sich unweigerlich (sie wußte es ganz sicher) in die konfuse Geräuschkulisse eines betriebsamen Bauernhofes verwandeln – und das ferne Muhen der Kühe würde die Stelle der Schluchzer der Falschen Suppenschildkröte einnehmen.

Und schließlich stellte sie sich dieselbe kleine Schwester in der Zukunft als erwachsene Dame vor, und wie sie sich auch im Alter das naive und liebevolle Herz der Kindheit bewahren würde, und wie sie andere kleine Kinder um sich scharte, und wie deren Augen angesichts mancher merkwürdiger Geschichte aufleuchteten, ja, vielleicht sogar beim Traum vom lang' vergangenen Wunderland, und wie sie all' ihre kleinen Sorgen und all' ihre einfältigen Freuden teilte in Gedenken an ihre eigene Kindheit und den glücklichen Sommertag.

Alice im Spiegelland

Mit 50 Illustrationen der Originalausgabe
von Sir John Tenniel

Mich trifft dein sanfter, klarer Blick,
ein Traum aus Augensternen!
Wir fliegen durch der Zeiten Glück,
uns trennen Jahresfernen –
was soll's, ich stille dein Begehr
voll Liebe nach der Feen-Mär.

Dein sonnig' Antlitz sah ich nie,
noch hörte ich dein Lachen,
auch wird sich deine Phantasie
aus mir nicht sehr viel machen –
es reicht, wenn du nicht lange säumst
und dich in die Geschichte träumst.

Die Mär begann vor Jahr und Tag,
als hell die Sonne strahlte –
ihr simpler Wohlklang sich ganz zag
im Ruderrhythmus malte –
ein Echo, das mir heut' zupaß
vergang'ne Jahre sagen: »Laß!«

Komm, hör' sie, ehe Trauer klingt
dir stärker noch im Schädel
und dich so früh zu Bette zwingt,
mein kleines Klage-Mädel!
Wir sind zwar älter, doch dein Leid
das teilen wir – die Schlafenszeit.

Da draußen herrschen Frost und Schnee,
des Sturmes rauhe Weise –
im Zimmer ich am Feuer seh',
wie Kinder spielen leise,
die Wort-Magie, sie hält euch fest:
wenn stark auch weht der Wind von West.

Und wenn ein Seufzer-Schatten auch
sich stiehlt in die Geschichte,
weil »schöner Sommertag« wie Rauch
verschwunden und zunichte –
So trübt er nicht, daß ich erklär',
die Freude an der Feen-Mär.

DRAMATIS PERSONAE
(Aufstellung vor Spielbeginn)

WEISS		SCHWARZ	
FIGUREN	BAUERN	BAUERN	FIGUREN
Dideldei	Gänseblümchen	Gänseblümchen	Hampti Dampti
Einhorn	Hoppel	Bote	Zimmermann
Schaf	Auster	Auster	Walroß
Weiße Königin	»Lilie«	Tigerlilie	Schwarze Königin
Weißer König	Reh	Rose	Schwarzer König
Ururalter Mann	Auster	Auster	Rabe
Weißer Ritter	Huttel	Frosch	Schwarzer Ritter
Dideldum	Gänseblümchen	Gänseblümchen	Löwe

Weißer Bauer (Alice) zieht und gewinnt in elf Zügen.

1. Alice trifft die Schwarze Königin
   1. Schwarze Königin e2–h5

2. Alice nach d3 *(mit der Eisenbahn)*
   und nach d4 *(zu Dideldum und Dideldei)*
   2. Weiße Königin c1–c4 *(hinter dem Schal her)*

3. Alice trifft die Weiße Königin *(mit Schal)*
   3. Weiße Königin c4–c5 *(wird zum Schaf)*

4. Alice d4–d5 *(Laden, Fluß, Laden)*
   4. Weiße Königin c5–f8 *(läßt Ei auf dem Regal)*

5. Alice d5–d6 *(Hampti Dampti)*
   5. Weiße Königin f8–c8 *(flieht vor dem Schwarzen Ritter)*

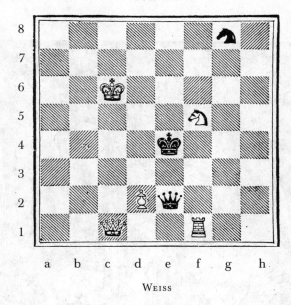

6. Alice d6–d7 *(Wald)*
   6. Schwarzer Ritter g8–e7 + *(Schach)*

7. Weißer Ritter f5–e7 *(schlägt den Schwarzen Ritter)*
   7. Weißer Ritter e7–f5

8. Alice d7–d8 *(Krönung)*
   8. Schwarze Königin h5–e8 *(Prüfung)*

9. Alice wird Königin
   9. Der Palast der Königinnen

10. Alicens Palast *(Festmahl)*
  10. Weiße Königin c8–a8 *(Suppe)*

11. Alice d8–e8 + nimmt die Schwarze Königin und gewinnt

I. KAPITEL

Das Spiegel-Haus

Soviel war gewiß: das *weiße* Kätzchen konnte nichts dafür –
allein das schwarze Kätzchen war Schuld. Denn dem weißen
Kätzchen war die ganze letzte Viertelstunde das Gesicht gewaschen worden (und dabei hatte es sich an und für sich recht
tapfer gehalten): also siehst du ein, daß es bei diesem Streich
einfach nicht die Pfote im Spiel haben *konnte*.

Dinah wusch die Gesichter ihrer Kinder auf die folgende
Weise: zuerst preßte sie mit einer Pfote dem armen Ding das
Ohr auf den Boden, und dann rieb sie mit der anderen Pfote
über das ganze Gesicht, wobei sie mit dem Näschen gegen
den Strich begann: und wie ich schon sagte, widmete sie sich
gerade jetzt dem weißen Kätzchen solchermaßen, das ganz
still da lag und zu schnurren versuchte – als wollte es sich
selbst vormachen, daß alles nur zu seinem Besten geschehe.

Doch das schwarze Kätzchen war schon am frühen Nachmittag gereinigt worden, und während Alice es sich in einer
Ecke des großen Lehnstuhls bequem gemacht hatte, wobei sie
halb Selbstgespräche führte und halb schlummerte, hatte das
Kätzchen mit einem Wollknäuel herumgetollt, das Alice auf-
zuwickeln versucht hatte, und hatte es hin und her gerollt, bis
alles wieder abgewickelt war; und da lag nun das Gewirr von
Knoten und Schlingen auf dem Kaminvorleger, und dazwischen jagte das Kätzchen hinter seinem Schwanz her.

»Oh, du schlimmer Schlingel!« schimpfte Alice, griff sich
das Kätzchen und gab ihm ein Küßchen, um ihm unmißverständlich klar zu machen, daß es in Ungnade gefallen war.
»Dinah hätte dir aber wirklich bessere Manieren beibringen

können! Und *du,* Dinah, weißt das ganz genau!« fügte sie hinzu, musterte die alte Katze streng und gab ihrer Stimme einen möglichst zornigen Klang – und dann machte sie es sich mit Kätzchen und Wolle im Lehnstuhl bequem und widmete sich wieder dem Aufrollen des Knäuels. Aber sehr rasche Fortschritte machte sie damit nicht, denn sie plapperte die ganze Zeit über mal mit dem Kätzchen, mal zu sich selbst. Mieze blieb dabei artig auf ihren Knien sitzen, schien die Fortschritte des Aufwickelns zu begutachten und streckte dann und wann ein Pfötchen nach dem Wollball aus, als würde sie am liebsten ihre Hilfe anbieten.

»Weißt du eigentlich, was morgen für ein Tag ist, Mieze?« begann Alice. »Du hättest es erraten, wenn du mit mir am Fenster gesessen hättest – doch zu der Zeit machte Dinah dich gerade sauber, daher konntest du es nicht: ich habe die Jungens dabei beobachtet, wie sie die Stöcke für das Freudenfeuer zum Guy-Fawkes-Tag zusammengetragen haben – und dazu braucht man eine Menge Holz, Mieze! Aber dann ist es so kalt geworden und hat so sehr geschneit, daß sie aufhören mußten. Macht aber nichts, Mieze, wir sehen uns morgen das Freudenfeuer gemeinsam an.« Hier band Alice den Faden zwei-, dreimal um des Kätzchens Hals, nur um festzustellen,

wie es ihr stünde: dies führte zu einer Balgerei, in deren Verlauf das Knäuel auf den Boden rollte und sich um etliche Meter abwickelte.

»Weißt du, Mieze, ich war so wütend«, erklärte Alice, als sie beide es sich wieder bequem gemacht hatten, »als ich gesehen habe, was du mir für einen Streich gespielt hast, daß ich schon das Fenster öffnen und dich in den Schnee hinaus setzen wollte! Und das hättest du verdient, du kleines, freches Schätzchen! Was kannst du zu deiner Entschuldigung vorbringen? Ich bin noch nicht mit dir fertig!« warnte sie und drohte mit dem Finger. »Ich will nämlich alle deine Streiche aufzählen. Nummer eins: beim morgendlichen Waschen durch Dinah hast du heute zweimal gequietscht. Leugnen ist zwecklos, Mieze: Ich habe es genau gehört! Was meinst du?« (Sie tat so, als würde das Kätzchen mit ihr reden.) »Ihre Pfote hat dich am Auge getroffen? Nun, das ist allein *deine* Schuld, warum läßt du die Augen auch offen – hättest du sie fest geschlossen gehalten, wäre das nicht passiert. Keine weiteren Ausreden mehr, sondern zugehört! Nummer zwei: du hast Schneeglöckchen am Schwanz weggezogen, gerade als ich ihr ein Schüsselchen mit Milch hingestellt hatte! Was, du willst durstig gewesen

sein? Woher weißt du, daß sie nicht ebenfalls durstig war? Nun zu Nummer drei: du hast mir das ganze Wollknäuel aufgewickelt, als ich gerade mal kein Auge auf dich hatte!

Das sind drei schlimme Streiche, Mieze, und Strafe hast du noch für keinen bekommen. Dir ist ja bewußt, daß ich alle Strafen bis nächste Woche Mittwoch sammele – mal angenommen, sie sammelten alle meine Strafen?« fuhr sie fort und sprach mehr zu sich als zu dem Kätzchen. »Was *würde* dann wohl mit mir am Jahresende geschehen? An dem Tag müßte ich wohl ins Kittchen gehen. Oder wenn ich jedesmal als Strafe kein Abendessen bekäme, dann müßte ich an jenem unseligen Tag auf ganze fünfzig Abendessen verzichten! Also, *das* würde mir nicht allzu viel ausmachen! Ich würde lieber darauf verzichten, als sie zu essen!

Hörst du den Schnee an den Scheiben, Mieze? Wie schön sanft das tupft! Als ob jemand von draußen das ganze Fenster küßt. Möglicherweise *liebt* der Schnee die Bäume und Felder, daß er sie so zart küßt? Und dann hüllt er sie schützend in ein Federbett, verstehst du; und möglicherweise sagt er dabei: ›Geht jetzt schlafen, ihr Lieben, bis der Sommer kommt.‹ Und wenn sie dann im Sommer aufwachen, Mieze, ziehen sie sich alle grüne Sachen an und tanzen herum – wann immer der Wind weht – ach, ist das hübsch!« freute sich Alice und ließ das Wollknäuel fallen, um in die Hände zu klatschen. »Und ich *wünschte* mir so, es wäre wahr! Denn ganz bestimmt sehen im Herbst die Wälder müde aus, wenn die Blätter braun werden.

Mieze, kannst du vielleicht Schach spielen? Ach, lächle doch nicht, mein Liebling, ich frage dich ganz im Ernst. Denn als wir vorhin gespielt haben, hast du so zugeguckt, als verstündest du alles: und als ich ›Schach‹ angesagt habe, hast du geschnurrt! Also, es war ein schönes Schach, und ich hätte bestimmt gewonnen, wenn da nicht der garstige springende Ritter gewesen wäre, der sich durch meine ganzen Figuren durchgewunden hat. Liebe Mieze, laß uns so tun, als ob...« Und hier wünschte ich mir, ich könnte dir nur die Hälfte der Dinge aufzählen, die Alice mit ihrem Lieblingssatz einleitete: »Laß uns so tun, als ob.« Erst gestern hatte sie sich lange mit ihrer Schwester gezankt – nur weil Alice verlangt hatte: »Laß uns so tun, als ob wir Könige und Königinnen wären«; und ihre Schwester, die es gern ganz genau nahm, hatte zu bedenken gegeben, daß das nicht möglich sei, weil sie nur zu zweit wären, und dem konnte Alice nur noch entgegnen: »Nun, *du* bist dann eine von ihnen, und *ich* bin der Rest.« Und einmal hatte sie ihr altes Kindermädchen tüchtig erschreckt, als sie ihr plötzlich ins Ohr schrie: »Fräulein! Lassen Sie uns so tun, als ob ich eine hungrige Hyäne wäre und Sie ein Knochen!«

Aber das lenkt uns zu sehr von Alicens Rede an das Kätzchen ab. »Laß uns so tun, als ob du die Schwarze Königin wärest, Mieze! Weißt du, wenn du dich aufrecht setztest und die Arme verschränktest, dann glichst du ihr aufs Haar. Nun, versuch es doch mal, sei so lieb!« Und Alice nahm die Schwarze Königin vom Tisch und stellte sie als eine Art Vorbild vor das Kätzchen hin, aber die Vorstellung ließ sich nicht realisieren, und zwar vor allen Dingen, wie Alice feststellte, weil das Kätzchen die Arme einfach nicht richtig verschränken wollte. Zur Strafe hob sie es zum Spiegel hoch, damit es seine Schmollmiene sehen konnte. ». . . und wenn du nicht auf der Stelle artig bist«, fügte sie hinzu, »stecke ich dich dadurch ins Spiegel-Haus. Wie würde dir denn *das* gefallen?

Also, wenn du aufpaßt, Mieze, und mich nicht dauernd unterbrichst, erzähle ich dir vom Spiegel-Haus. Zuerst einmal ist da das Zimmer, das man durch das Glas sehen kann – das ist wie unser Wohnzimmer, nur steht alles anders herum. Von einem Stuhl aus kann ich alles genau sehen – alles, bis auf das hinter dem Kamin. Ach, wie wünschte ich mir doch, gerade *das* zu sehen! Wie gerne würde ich erfahren, ob sie auch im Winter Feuer haben: das kriegt man nämlich niemals raus, es sei denn, der Kamin qualmt, dann qualmt es in dem Zimmer nämlich auch – aber vielleicht tun die da auch nur so, damit es nach einem Feuer aussieht. Wie dem auch sei, die Bücher sind wie unsere, nur die Wörter stehen falsch herum: *das* weiß ich, weil ich einmal eines ans Glas gehalten habe, und da haben sie im anderen Zimmer ebenfalls eines hochgehalten.

Wie gefiel dir denn das Leben im Spiegel-Haus, Mieze? Ob sie dir da wohl auch Milch gäben? Vielleicht bekommt dir die Spiegel-Milch ja gar nicht – aber jetzt, Mieze, jetzt treten wir in den Flur hinaus. Du kannst soeben einen kleinen *Späh-blick* in den Flur werfen, wenn du die Tür unseres Wohnzimmers weit offen läßt: und soweit man hineinsehen kann, ist er

unserem Flur ziemlich ähnlich, nur weiter hinten könnte er auch ganz anders aussehen. Ach, Mieze, wie schön wäre es doch, wenn wir dadurch in das Spiegel-Haus gehen könnten! Da sind ganz bestimmt, oh! wunderbare Sachen zu sehen. Laß uns so tun, als ob wir irgendwie da hinein könnten, Mieze. Laß uns so tun, als wäre das Glas ganz durchlässig wie Dunst, so daß wir hindurch könnten. Nanu, nun ist es ja wahrhaftig wie Nebel! Da kann man ja mit Leichtigkeit hindurch...« Und mit diesen Worten hockte sie bereits auf dem Kaminsims, obwohl sie kaum wußte, wie sie da hinauf gekommen war. Und wirklich schwand das Glas ganz wie ein leuchtender Silbernebel.

Im nächsten Augenblick war Alice durch das Glas hindurchgeschlüpft und leichtfüßig in das Spiegel-Zimmer gesprungen. Als erstes blickte sie in den Kamin, um zu sehen, ob da ein Feuer brannte, und sie war höchst erfreut, als auch hier wie auf der anderen Seite echte Flammen züngelten.

»Also werde ich es hier genauso warm haben wie in dem Zimmer da drüben«, dachte Alice, »ja, sogar wärmer, weil mich hier niemand vom Feuer wegscheucht. Ach, wird das ein Spaß, wenn die mich alle durch das Glas sehen und mich nicht erwischen können!«

Dann blickte sie sich langsam um und bemerkte, daß das, was man von drüben hatte sehen können, ziemlich normal und uninteressant aussah, aber das übrige sah ganz, ganz anders aus. Zum Beispiel schienen die Bilder an der Wand neben dem Kamin allesamt lebendig zu sein, und die entsprechende Uhr auf dem Kaminsims (du weißt ja, im Spiegel kannst du nur die Rückseite sehen) zeigte das Gesicht eines alten Männleins, das sie angrinste.

»Hier sind sie aber nicht so ordentlich wie drüben«, bemängelte Alice, da sie etliche Schachfiguren im Feuerrost zwischen der Asche bemerkte, doch dann ließ sie sich mit einem

überraschten »Oh!« auf alle Viere nieder und beobachtete sie. Die Schachfiguren gingen paarweise auf und ab!

»Da ist ja der Schwarze König und die Schwarze Königin«, stellte Alice fest (aber flüsternd, um sie nicht zu erschrecken), »und dort sitzen der Weiße König und die Weiße Königin auf dem Schaufelrand – und da vorne marschieren die beiden Türme Arm in Arm – sie können mich wohl gar nicht hören«, bemerkte sie, wobei sie sich noch weiter hinunterbeugte, »und ich bin fast sicher, sehen können sie mich auch nicht. Ich habe nahezu den Eindruck, ich bin unsichtbar geworden ...«

In diesem Augenblick hob etwas hinter Alice auf dem Tisch zu quietschen an, und sie drehte sich gerade noch rechtzeitig, um einen der Weißen Bauern zu sehen, wie er umfiel und herumstrampelte: und sie wartete mit großer Neugierde ab, was nun geschähe.

»Das ist die Stimme meines Kindes!« schrie die Weiße Königin auf, und sie flitzte so ungestüm am König vorbei, daß sie ihn in die Asche stieß. »Meine liebliche Lilie! Mein kaiserliches Kätzchen!« und sie krabbelte wie eine Wilde am Kamingitter hoch.

»Kaiserliche Mätzchen!« stellte der König fest und rieb sich die Nase, die er sich beim Fallen gestoßen hatte. Er hatte wohl auch allen Grund, sich über die Königin ein *wenig* zu ärgern, denn schließlich war er von Kopf bis Fuß voller Asche.

Alice war stets darauf bedacht, sich nützlich zu machen, und da die arme kleine Lilie wie am Spieß schrie, nahm sie eifrig die Königin hoch und setzte sie auf den Tisch neben ihre Tochter Schreihals.

Die Königin keuchte und setzte sich: die schnelle Luftreise hatte sie völlig außer Atem gebracht, und eine ganze Weile konnte sie nichts tun, als schweigend die kleine Lilie zu umarmen. Sobald sie sich wieder ein wenig erholt hatte, rief sie zu dem Weißen

König herab, der noch immer mißmutig in der Asche saß: »Paß auf den Vulkan auf!«

»Welchen Vulkan?« erkundigte sich der König und schaute ängstlich hoch ins Feuer, als wäre das der passendste Ort für so etwas.

»Hat – mich – hochgeschossen«, keuchte die Königin hervor, die noch immer etwas außer Atem war. »Paß auf beim Heraufkommen – nimm den normalen Weg – laß dich nicht hochpusten!«

Alice sah dem Weißen König eine Weile dabei zu, wie er sich langsam von einer Gitterstange zur nächsten hochkämpfte, bis sie schließlich feststellte: »Achje, du brauchst ja stundenlang, um auf den Tisch zu kommen, wenn du so weitermachst. Ich werde dir wohl besser ein bißchen helfen?« Aber der König nahm die Frage einfach nicht zur Kenntnis: offensichtlich konnte er sie weder sehen noch hören.

Also nahm Alice ihn ganz vorsichtig hoch und trug ihn behutsamer als zuvor die Königin, um ihn ja nicht atemlos zu machen; doch bevor sie ihn auf dem Tisch absetzte, nahm sie sich vor, ihn ein wenig abzustauben, da er so voller Asche war.

Später bemerkte sie dann, noch nie habe jemand ihr gegenüber solch ein Gesicht geschnitten wie der König, als er sich von einer unsichtbaren Hand in der Luft gehalten und abgestaubt fühlte: er war viel zu verblüfft, um einen Schrei auszustoßen, doch seine Augen wurden größer und größer und sein Mund runder und runder, bis sich Alice derart ausschüttete vor Lachen, daß er ihr fast entglitten und auf den Boden gefallen wäre.

»Ojeoje, *bitte* mach nicht so ein Gesicht, mein Lieber!« rief sie lachend, wobei sie völlig vergaß, daß der König sie nicht hören konnte. »Du bringst mich noch so sehr zum Lachen, daß ich dich nicht mehr festhalten kann! Und mach deinen Mund nicht so sperrangelweit auf! Du kriegst noch die ganze Asche rein – so, nun bist du wieder blitzeblank!« fügte sie hinzu, nachdem sie ihm noch das Haar glattgestrichen hatte, und setzte ihn neben die Königin auf den Tisch.

Auf der Stelle legte sich der König lang hin, ohne sich weiter zu rühren; und Alice war nun doch ein wenig in Sorge darüber, was sie angestellt hatte, und sah sich im Zimmer nach ein wenig Wasser um, womit sie ihn hätte besprengen können. Aber sie konnte nur ein volles Tintenfaß finden, und als sie damit zurückkam, war er wieder bei vollem Bewußtsein, und er und die Königin unterhielten sich angstvoll flüsternd – und zwar so leise, daß Alice kaum etwas verstehen konnte.

Der König erklärte gerade: »Meine Liebe, ich bin ganz bestimmt bis hin zu den Enden meines Backenbartes erstarrt!«

Worauf die Königin entgegnete: »Du trägst gar keinen Bakkenbart.«

»Diesen fürchterlichen Augenblick«, fuhr der König fort, »den werde ich *niemals* vergessen!«

»Ganz bestimmt wirst du das«, widersprach die Königin, »es sei denn, du machst dir eine Notiz.«

Mit großem Interesse beobachtete Alice, wie der König ein überdimensionales Notizbuch aus der Tasche zog und zu schreiben begann. Einer Eingebung folgend griff Alice das

Ende des Bleistiftes, das über seine Schulter hinausragte, und führte ihm die Hand.

Der König wirkte verwirrt und unglücklich und kämpfte eine Zeitlang schweigend mit dem Bleistift; doch Alice war ihm einfach zu stark, so daß er schließlich hervorkeuchte: »Meine Liebe! Ich brauche wahrhaftig einen dünneren Bleistift.

Ich komme mit diesem einfach nicht zurecht: der schreibt
alles mögliche, was ich gar nicht will...«

»Was schreibt er denn?« erkundigte sich die Königin und
überflog die Buchseite (darauf hatte Alice geschrieben, *»Der
Weiße Ritter rutscht am Schürhaken hinab. Er hält das Gleichgewicht sehr schlecht«*). »Das betrifft *dich* aber nicht!«

Auf dem Tisch neben Alice lag ein Buch, und während sie
den Weißen König nicht aus den Augen ließ (denn sie war
noch immer ein wenig besorgt um ihn und hielt die Tinte griff-
bereit, falls er wieder in Ohnmacht fiel), blätterte sie darin
herum und suchte etwas, das sie lesen konnte, »... denn es ist
in irgendeiner Sprache verfaßt, die ich nicht kenne«, sagte sie
bei sich. So sah es aus:

SCHEPPERWOCKI

'S war brollig und schleimdig Teufs
rumbten und korkten in Genäuern,
ganz jämmsig war'n die Bürogreufs;
und die meimen Raffels gräuern.

Eine Weile zerbrach sie sich darüber den Kopf, doch schließlich ging ihr ein Licht auf. »Natürlich, das ist ein Spiegel-Buch!
Und wenn ich es gegen einen Spiegel halte, stehen die Wörter
wieder richtig herum.«

Und nun konnte Alice das folgende Gedicht lesen:

SCHEPPERWOCKI

*'S war brollig und schleimdig Teufs
rumbten und korkten in Genäuern,
ganz jämmsig war'n die Bürogreufs;
und die meimen Raffels gräuern.*

659

»Hüt' dich vorm Schepperwock, mein Sohn!
Des Kiefers Biß, der Klaue Fang!
Hüt' dich vor Jubjubvogels Hohn
und auch vorm wilden Bänderang!«

Er nahm sein knuchig Schwert zur Hand,
zu fetzen so den fühsen Feind –
zur Rast am Tumtumbaum er stand
und tief sich in Gedanken meint.

Und wie er so in Stühle stand,
der Schepperwock kam angetraubt,
ein äugelblitzend Gurgelfand
kam kreuschend so herangestaubt!

Und eins und zwei und durch und drauf,
die knuchig Schneide hickehackt!
Sie fetzte ihm den Gierhals auf,
daß er sich schnell von hinnen packt.

»Du freihtest uns vom Schepperwock?
In meine Arme, Strahlemann!
Oh, scheuner Tag, kalieh kallock!«
So pfiff ihn drauf die Freude an.

'S war brollig und schleimdig Teufs
rumbten und korkten in Genäuern,
ganz jämmsig war'n die Bürogreufs;
und die meimen Raffels gräuern.

»Das klingt ja sehr hübsch«, meinte sie, als sie es durchgelesen hatte, »aber es ist *ziemlich* schwer zu verstehen!« (Du siehst daran, daß sie es sich sogar selbst nicht eingestehen wollte, daß sie überhaupt nichts damit anfangen konnte.) »Irgendwie bringt es mich auf einen Gedanken – ich kann ihn nur nicht genau ausdrücken! Wie auch immer, *irgend jemand* hat *irgendwas* getötet: das steht auf jeden Fall fest...«

»Aber halt!« dachte Alice und sprang plötzlich auf. »Wenn ich mich jetzt nicht ranhalte, muß ich wieder durch den Spiegel zurück, ehe ich noch weiß, wie das Haus aussieht! Zuerst will ich mir mal den Garten ansehen!« Und sogleich war sie aus dem Zimmer geflitzt und die Treppe hinuntergeeilt – doch es war eigentlich kein Laufen, sondern irgendeine neue Erfindung, wie man schnell und bequem die Treppe hinunterkommt, wie Alice feststellte. Sie strich nur einfach mit den Fingerspitzen über das Geländer und schwebte sanft hinab,

ohne auch nur die Stufen mit den Füßen zu berühren: dann schwebte sie durch den Flur und wäre so auch geradewegs durch die Türe hinausgeflogen, wenn sie sich nicht am Türpfosten festgehalten hätte.

Von dem vielen Herumschweben war ihr ein wenig schwindelig geworden, und so war sie ganz froh, daß sie sich von da an wieder auf die angestammte Weise fortbewegen konnte.

II. KAPITEL

Ein Garten mit sprechenden Blumen

»Den Garten könnte ich weit besser sehen«, sagte Alice bei
sich, »wenn ich auf dem Hügel wäre: und es führt auch ein
Weg direkt dorthin – oder etwa doch nicht...« (denn sie
mußte schon nach einigen Metern auf dem Pfad um mehrere
scharfe Ecken biegen), »aber vielleicht schließlich doch. Aber
wie merkwürdig verdreht er ist! Das ist wohl eher ein Korkenzieher als ein Weg! Aha, *diese* Biegung führt zum Hügel – nein,
doch nicht! Sie führt geradewegs zurück zum Haus. Also,
dann versuche ich eben die andere Richtung.«

Und so machte sie es: sie ging auf und ab, versuchte eine
Abzweigung nach der anderen, doch sie konnte tun, was sie
wollte, sie kam immer wieder zurück zum Haus. Und als sie
einmal schneller um eine Ecke bog als normalerweise, rannte
sie dagegen, ehe sie anhalten konnte.

»Du brauchst gar nichts zu sagen«, nörgelte Alice und
fixierte das Haus, wobei sie so tat, als wolle es mit ihr diskutieren. »Ich komme noch *nicht* wieder hinein. Denn ich weiß,
dann muß ich wieder durch den Spiegel – zurück in das
andere Zimmer – und damit wären meine Abenteuer dann zu
Ende!«

Und so wandte sie dem Haus unerschütterlich den Rücken
zu, betrat abermals den Weg, nun aber entschlossen, einfach
geradeaus zu gehen, bis sie zum Hügel kam. Eine Zeitlang
ging das ganz gut, und sie wollte gerade feststellen: »Diesmal
werde ich es schaffen...«, als der Weg sich plötzlich drehte
und schüttelte (so beschrieb sie es später), und im nächsten
Augenblick bemerkte sie, daß sie durch die Haustür ging.

»Jetzt reicht es mir aber wirklich!« protestierte sie. »So ein Haus, das einem immer nur im Wege steht, ist mir ja noch nie untergekommen! Niemals!«

Da jedoch der Hügel immer noch zum Greifen nahe war, mußte sie es einfach von neuem versuchen. Diesmal kam sie bis zu einem großen Blumenbeet, das von Gänseblümchen eingefaßt war, und in dessen Mitte eine Weide wuchs.

»Ach, Tigerlilie!« klagte Alice und wandte sich dabei an eine, die leicht im Wind schaukelte, »könntest du doch nur reden!«

»Wir können sprechen«, erklärte die Tigerlilie, »wenn jemand dieser Mühe wert ist.«

Alice war so baff, daß sie zuerst einmal nichts sagen konnte: ihr schien einfach die Luft wegzubleiben. Als schließlich die Tigerlilie nur weiter vor sich hin schaukelte, fragte

Alice schüchtern – und dabei flüsterte sie fast: »Können etwa *alle* Blumen sprechen?«

»Genausogut wie *du*«, behauptete die Tigerlilie. »Und zwar viel lauter.«

»Bei uns ist es nicht Sitte, das Gespräch zu beginnen«, klärte die Rose auf, »und ich habe mich wirklich schon gefragt, wann du endlich etwas sagen wirst! So sagte ich mir: ›Ihr Gesicht drückt ja *irgendwie* Vernunft aus, wenn es auch nicht das klügste ist!‹ Nunja, wenigstens stimmt die Farbe, das ist schon etwas.«

»Mir ist die Farbe ganz egal«, widersprach die Tigerlilie. »Wenn nur ihre Blumenblätter ein wenig mehr hochgebogen wären, dann wäre sie schon ganz in Ordnung.«

Alice schätzte es nicht, wenn man an ihr herumkritisierte, also begann sie, Fragen zu stellen. »Habt ihr denn nicht manchmal Angst, wenn ihr hier draußen einsam und ohne Pflege vor euch hin wachst?«

»In der Mitte steht doch ein Baum«, beruhigte die Rose. »Wozu wäre der sonst gut?«

»Aber was könnte er unternehmen, wenn euch jemand zu nahe kommt?« erkundigte sich Alice.

»Er könnte ausschlagen«, sagte die Rose.

»Und dann sagt er: ›Geh! Geh!‹« rief ein Gänseblümchen. »Das sind zwei G, und deshalb nennt man seine Äste auch Zweige!«

»Hast du *das* etwa nicht gewußt?« rief ein weiteres Gänseblümchen. Und nun begannen sie alle durcheinanderzuschreien, bis die Luft von ihren schrillen Schreien erfüllt war. »Augenblicklich herrscht jetzt Ruhe!« befahl die Tigerlilie und warf sich wild hin und her, wobei sie vor Erregung bebte. »Die wissen, daß ich sie nicht erreichen kann!« keuchte sie und beugte sich zitternd zu Alice hin. »Sonst würden sie das nämlich nicht wagen!«

»Kümmer dich nicht darum!« beruhigte sie Alice, und sie beugte sich zu den Gänseblümchen nieder, die schon wieder mit ihrem Geschrei beginnen wollten, und flüsterte: »Wenn ihr nicht sofort ruhig seid, pflücke ich euch!«

Augenblicklich herrschte Schweigen, und einige der rosa Gänseblümchen wurden weiß.

»So ist es recht!« lobte die Tigerlilie. »Die Gänseblümchen sind die schlimmsten. Wenn eines redet, stimmen alle anderen ein, und man verwelkt geradezu bei diesem Lärm!«

»Wie kommt es, daß ihr alle so gut reden könnt?« fragte Alice in der Hoffnung, sie durch ein Kompliment zu besänftigen. »Ich habe zuvor schon viele Gärten besucht, aber keine der Blumen hat gesprochen.«

»Taste einmal mit deiner Hand über den Boden«, empfahl die Tigerlilie. »Dann wird dir das schon klar werden.«

Alice tat es. »Er ist sehr hart«, stellte sie fest; »aber mir ist nicht klar, was das damit zu tun haben soll.«

»In den meisten Gärten«, erläuterte die Tigerlilie, »macht man die Beete so weich wie ein Bett – und dann schlafen die Blumen eben immer.«

Das klang ganz plausibel, und Alice war recht froh, das zu erfahren. »Darüber habe ich noch nie nachgedacht!« meinte sie.

»*Meiner* Meinung nach denkst du ja *überhaupt* nicht«, raunzte die Rose.

»Ich habe noch niemals einen solchen Dümmling gesehen«, urteilte ein Veilchen so plötzlich, daß Alice mächtig erschrak, denn bis dahin hatte es nichts verlauten lassen.

»Halt den Schnabel!« schrie die Tigerlilie. »Als ob *du* je schon etwas gesehen hättest! Du steckst doch den Kopf unter die Blätter und schnarchst vor dich hin, so daß du genau so viel von der Welt weißt wie eine Knospe!«

»Gibt es außer mir noch andere Leute hier im Garten?« erkundigte sich Alice, indem sie nicht auf die letzte Bemerkung der Rose einging.

»Es gibt noch eine Blume im Garten, die so herumläuft wie du«, meinte die Rose. »Ich frage mich allerdings, wie ihr das anstellt – (»Du bist ein einziges Fragezeichen«, mokierte sich die Tigerlilie.)

»Sieht sie so aus wie ich?« wollte Alice unbedingt wissen, denn ihr schoß es durch den Kopf: »Irgendwo im Garten befindet sich noch ein anderes kleines Mädchen!«

»Nun, sie hat die gleiche schwerfällige Gestalt wie du«, berichtete die Rose, »aber sie ist dunkler – und meiner Meinung nach sind ihre Blumenblätter etwas kleiner.«

»Sie stehen ganz dicht zusammen wie bei einer Dahlie«, ergänzte die Tigerlilie, »und sind nicht so verknittert wie deine.«

»Aber das ist nicht *deine* Schuld«, fügte die Rose freundlich hinzu. »Du welkst wohl allmählich dahin – und dann kann man nichts dagegen machen, daß die Blumenblätter ein wenig unordentlich werden.«

Dieser Gedanke behagte Alice ganz und gar nicht: um also das Thema zu wechseln, fragte sie: »Kommt sie jemals hierhin?«

»Vermutlich wirst du sie sehr bald sehen«, meinte die Rose. »Sie gehört zu den Neun-Stachel-Gewächsen.«

»Wo hat sie die denn?« fragte Alice neugierig.

»Nun, natürlich rund um den ganzen Kopf«, erwiderte die Rose. »Ich habe mich schon gefragt, warum *du* nicht auch welche trägst. Ich dachte, das wäre das Merkmal eurer Gattung.«

»Sie kommt!« verkündete der Rittersporn. »Ich höre schon das Tapptapp ihrer Schritte auf dem Kiesweg.«

Alice sah sich eifrig um und entdeckte die Schwarze Königin. »Die ist ja ganz schön gewachsen!« stellte sie als erstes fest. Und das war sie auch: als Alice sie zuerst in der Asche entdeckt hatte, war sie nur eine knappe Handbreit hoch gewesen – und nun stand sie da und war mindestens einen halben Kopf größer als Alice!

»Das macht die frische Luft«, behauptete die Rose. »Hier draußen ist nämlich eine ganz tolle Luft.«

»Ich werde ihr entgegengehen und mich vorstellen«, meinte Alice, denn obgleich die Blumen sehr kurzweilig waren, schien es ihr weit interessanter, sich mit einer echten Königin zu unterhalten.

»Das wird wohl nicht angehen«, widersprach die Rose, »ich würde dir raten, die andere Richtung einzuschlagen.«

Alice hielt das für Unsinn, also sagte sie gar nichts, sondern ging sogleich auf die Schwarze Königin zu. Zu ihrer Verblüffung verlor sie sie auf der Stelle aus den Augen und ging schon wieder auf die Haustür zu.

Ein wenig gereizt drehte sie sich um und hielt nach der Königin Ausschau (die sie schließlich in der Ferne erspähte), und diesmal folgte sie dem Rat der Rose und ging in die entgegengesetzte Richtung.

Das hatte durchschlagenden Erfolg. Sie war noch keine Minute gegangen, da stand sie auch schon der Schwarzen Königin gegenüber und direkt vor dem Hügel, zu dem sie schon so lange wollte.

»Wo kommst du denn her?« erkundigte sich die Schwarze Königin. »Und wo willst du hin? Schau mich an, sprich deutlich und halt die Hände ruhig.«

Alice gehorchte all diesen Anweisungen und erklärte, so gut sie konnte, daß sie von ihrem Weg abgekommen sei.

»Was soll das denn heißen, *dein* Weg«, belehrte die Königin sie, »alle Wege hier gehören *mir* – aber warum bist du überhaupt hier angekommen?« ergänzte sie etwas freundlicher. »Mach einen Knicks, während du darüber nachdenkst. Das spart Zeit.«

Darüber wunderte sich Alice ein wenig, aber sie hatte zu große Ehrfurcht vor der Königin, um ihr nicht zu glauben. »Auf dem Heimweg werde ich das mal ausprobieren«, dachte sie bei sich, »wenn ich mich das nächste Mal zum Essen etwas verspätet habe.«

»Jetzt ist es allmählich an der Zeit, daß du antwortest«, empfahl die Königin, wobei sie ihre Uhr konsultierte. »Sperr den Mund zum Sprechen nur ein *wenig* weiter auf und sag jedesmal ›Eure Majestät‹.«

»Ich wollte mir nur den Garten ansehen, Eure Majestät...«

»So ist es recht«, lobte die Königin und tätschelte ihr den Kopf, was Alice überhaupt nicht mochte. »Aber weil du gerade vom Garten sprichst – *ich* habe schon Gärten gesehen, dagegen ist dieser hier die reinste Wildnis.«

Alice wagte nicht, das in Zweifel zu ziehen, und so fuhr sie fort: »...und dann wollte ich noch auf den Hügel da hinauf...«

»Wo du gerade den Hügel erwähnst«, unterbrach die Königin, »*ich* könnte dir Hügel zeigen, dagegen ist der da ein Tal.«

»Das glaube ich nicht«, widersprach Alice ihr diesmal vor lauter Überraschung, »ein Hügel *kann* nämlich gar kein Tal sein. Das wäre doch Unsinn...«

Die Schwarze Königin schüttelte den Kopf. »Du magst das ja nach Belieben Unsinn nennen«, gestand sie zu, »aber *ich* habe schon Unsinn gehört, dagegen ist dies' so sinnvoll wie ein Wörterbuch!«

Alice machte abermals einen Knicks, denn nach dem Klang der königlichen Stimme fürchtete sie, sie sei doch ein *wenig* beleidigt: und schweigend gingen sie weiter, bis sie auf der Spitze des Hügels angelangt waren.

Eine Weile stand Alice stumm da und schaute über das ganze weite Land hinweg – und das war eine sehr kuriose Landschaft. Eine Anzahl gerade verlaufender Bächlein durchzog sie parallel, und der Boden dazwischen wurde von vielen kleinen grünen Hecken, die von Bach zu Bach reichten, in Quadrate aufgeteilt.

»Das sieht ja genau wie ein riesiges Schachbrett aus!« stellte Alice schließlich fest. »Da müßten eigentlich einige Figuren hin und her ziehen – und da sind sie ja auch!« fügte sie entzückt hinzu, und ihr Herz schlug ganz aufgeregt, während sie

weitersprach. »Da ist ja ein gewaltiges Schachspiel im Gange –
über die ganze Welt – vorausgesetzt, das *ist* überhaupt die
Welt. Ach, wie lustig! Wie *wünschte* ich mir, da mitzumachen.
Ich wäre sogar als Bauer zufrieden, wenn ich dabei sein
könnte – obwohl ich natürlich am *liebsten* Königin wäre.«

Dabei sah sie ziemlich verlegen die echte Königin an, doch
die lächelte nur gütig und bemerkte: »Das läßt sich leicht
machen. Du wirst einfach der Weiße Damenbauer, wenn
du einverstanden bist, denn Lilie ist zum Spielen noch zu
klein; und dann beginnst du auf dem zweiten Feld: und wenn
du auf dem achten Feld angekommen bist, wirst du eine Königin . . .« Just in diesem Augenblick rannten sie irgendwie einfach los.

Alice konnte bei späteren Grübeleien niemals ganz klar
herausfinden, wie das eigentlich angefangen hatte: sie konnte
sich nur daran erinnern, daß sie Hand in Hand losrannten,
und daß die Königin so schnell lief, daß sie kaum mit ihr
Schritt halten konnte: und die Königin schrie unentwegt:
»Schneller! Schneller!« aber Alice *konnte* einfach nicht schneller, und um das zu erklären, fehlte ihr der Atem.

Am merkwürdigsten war allerdings, daß weder die Bäume noch alles andere um sie herum sich überhaupt änderte: sie konnten sich noch so schnell vorwärtsbewegen, nie kamen sie an irgend etwas vorbei. »Sollte sich etwa all' das da mit uns bewegen?« überlegte verwirrt die arme Alice. Und die Königin schien ihre Gedanken zu erraten, denn sie rief: »Schneller! Nicht reden!«

Nicht, daß Alice *das* überhaupt beabsichtigte. Sie hatte das Gefühl, nie mehr ein Wort sagen zu können, so sehr war sie außer Atem: und immer noch schrie die Königin: »Schneller! Schneller!« und zog sie mit sich. »Sind wir bald da?« schaffte Alice schließlich herauszukeuchen.

»Bald da!« wiederholte die Königin. »Herrje, wir sind seit zehn Minuten daran vorbei! Schneller!« Und schweigend liefen sie eine Zeitlang weiter, wobei der Wind Alice in den Ohren pfiff und, wie sie sich einbildete, fast das Haar vom Kopf riß.

»Jetzt! Jetzt!« kreischte die Königin. »Schneller! Schneller!« Und sie eilten so schnell dahin, daß sie schließlich durch die Luft zu fliegen schienen und kaum noch den Boden mit den Füßen berührten, bis sie plötzlich, als Alice schon völlig erschöpft war, anhielten, und da saß nun Alice atemlos und schwindelig auf der Erde.

Die Königin lehnte sie gegen einen Baum und sagte gütig: »Du kannst dich nun ein wenig ausruhen.«

Ganz verwundert blickte sich Alice um. »Ach je, sind wir etwa die ganze Zeit unter diesem Baum geblieben? Es hat sich ja nichts verändert!«

»Natürlich nicht«, bestätigte die Königin. »Was hast du denn geglaubt?«

»Nun, bei *uns* Zuhause«, erklärte Alice, noch ein wenig keuchend, »gelangt man irgendwo anders hin – wenn man lange Zeit so schnell rennt, wie wir es getan haben.«

»Das muß ja eine gemütliche Gegend sein!« stellte die Königin fest. »Also, *hier* mußt du jedenfalls so schnell laufen, wie du kannst, um am selben Ort zu bleiben. Wenn du woanders hin willst, muß du mindestens zweimal so schnell sein.«

»Das muß aber jetzt bitte nicht sein!« wünschte sich Alice. »Ich bin hier ganz zufrieden – nur schwitze ich ziemlich und bin durstig!«

»Ich weiß, was *dir* jetzt munden würde!« meinte die Königin gutmütig und zog ein Schächtelchen aus der Tasche. »Ein Keks gefällig?«

Alice wollte nicht unhöflich sein und ablehnen, obwohl das das letzte gewesen wäre, nach dem ihr der Sinn stand. Also nahm sie einen und würgte ihn hinunter, so gut sie konnte: und er war knochentrocken: und sie dachte, sie wäre noch niemals dem Ersticken so nahe gewesen.

»Während du dich erfrischst«, stellte die Königin fest, »mache ich die Abmessungen.« Und sie holte ein Maßband aus der Tasche und machte sich daran, den Boden auszumessen, wobei sie mal hier, mal da kleine Pflöcke feststeckte.

»Nach zwei Metern«, bedeutete die Königin und steckte mit einem Pflock die Strecke ab, »werde ich dir die Richtung weisen – noch einen Keks?«

»Nein, danke«, wehrte Alice ab, »einer reicht mir *völlig!*«

»Durst gestillt, hoffe ich?« erkundigte sich die Königin.

Darauf wußte Alice nichts zu sagen, aber glücklicherweise erwartete die Königin gar keine Antwort, sondern fuhr fort: »Nach *drei* Metern wiederhole ich alles noch einmal – damit du es auch ja nicht vergißt. Nach *vier* Metern verabschiede ich mich. Und nach *fünfen* bin ich verschwunden!«

Inzwischen hatte sie alle Pflöcke richtig angebracht, und Alice beobachtete mit großem Interesse, wie sie zum Baum zurückkam und dann langsam die Markierungen abschritt.

Am Zwei-Meter-Pflock blickte sie sich um und sagte: »Ein Bauer rückt beim ersten Zug zwei Felder vor. Durch das dritte Feld bewegst du dich also *sehr* schnell – möglicherweise mit der Eisenbahn – und in Null Komma nichts bist du im vierten

Feld. Nun, das Feld gehört Dideldum und Dideldei – das fünfte besteht zum größten Teil aus Wasser – das sechste gehört Hampti Dampti – aber du sagst ja gar nichts?«

»Ich – ich wußte nicht, daß ich das sollte, jetzt schon«, stotterte Alice.

»Du hättest sagen *sollen*«, tadelte die Königin ernst. »›Es ist überaus liebenswürdig von Ihnen, daß Sie mir all' das erklären‹ – naja, tun wir so, als sei das geschehen – das siebte Feld ist nur Wald – doch einer von den beiden Rittern wird dir den Weg weisen – und auf dem achten Feld sind wir Königinnen alle zusammen und feiern und haben unseren Spaß!« Alice stand auf, machte einen Knicks und setzte sich wieder hin.

Am nächsten Pflock drehte sich die Königin abermals um, und diesmal riet sie ihr: »Sprich Französisch, wenn du etwas auf deutsch nicht weißt – beim Gehen mußt du die Zehen nach außen drehen – und denk' immer daran, wer du bist!« Diesmal wartete sie Alicens Knicks gar nicht erst ab, sondern ging gleich zum nächsten Pflock, wo sie sich kurz zu einem »Auf Wiedersehen!« umdrehte, und dann zum letzten eilte.

Wie es geschah, hat Alice niemals erfahren, aber als die Königin beim letzten Pflock ankam, war sie auch schon verschwunden. Ob sie sich in Luft aufgelöst hatte oder schnell in den Wald gelaufen war (»und schnell rennen, das *kann* sie ja!« dachte Alice), war nicht herauszukriegen, jedenfalls war sie fort, und Alice machte sich allmählich mit dem Gedanken vertraut, daß sie ein Bauer war, und daß es bald Zeit für ihren ersten Zug war.

III. KAPITEL

Netkesni – Insekten

Freilich mußte sie zuerst einmal das Land eingehend betrachten, durch das sie reisen sollte. »Das erinnert mich an die
Erdkundestunden«, dachte Alice, die sich auf Zehenspitzen
stellte in der Hoffnung, ein wenig weiter sehen zu können.
»Die längsten Flüsse – es *gibt* keine. Die höchsten Berge – ich
stehe auf dem einzigen, aber ich glaube nicht, daß er einen
Namen besitzt. Die größten Städte – nanu, was *sind* das denn
für Wesen, die da unten Honig sammeln? Bienen können es
nicht sein – keiner kann eine Biene aus einem Kilometer Entfernung sehen...«, und eine Zeitlang stand sie schweigend da
und beobachtete, wie einer von ihnen unter den Blumen her-
umsauste und seinen Rüssel in sie hineinsteckte, »genau wie
eine richtige Biene«, dachte Alice.

Trotzdem war das alles andere als eine richtige Biene: es
war 'wiß und wahrhaftig ein Elefant – wie Alice bald heraus-
fand, obgleich ihr bei dieser Erkenntnis erst einmal die Luft
wegblieb. »Und was müssen das für riesige Blumen sein!« war
ihr nächster Gedanke. »Etwa wie Hütten ohne Dächer auf
einem Stengel – und was für eine Masse Honig die produzieren müssen! Ich glaube, ich geh' runter und – nein, lieber
doch *noch* nicht«, fuhr sie fort und hielt gerade noch inne, als
sie schon hinunterrennen wollte, und suchte nach einem plausiblen Grund für ihre plötzliche Zurückhaltung. »Das wäre
doch nichts, sich unter sie zu mischen, ohne einen kräftigen
Ast, um sie wegzuscheuchen – und wie lustig wird das sein,
wenn sie mich fragen, wie mir der Spaziergang gefallen hat.
Dann werde ich einfach antworten: ›Oh, eigentlich ganz

gut...‹ (und dabei machte sie ihre beliebte kleine Kopfgeste) ›...es *war* nur etwas staubig und heiß, und die Elefanten *waren* eine Plage!›«

»Ich gehe wohl doch besser an der anderen Seite hinunter«, sagte sie nach einer Pause, »und die Elefanten kann ich ja vielleicht auch später noch besuchen. Außerdem möchte ich doch *so* gerne auf das dritte Feld kommen!«

Mit dieser Entschuldigung rannte sie den Hügel hinab und sprang über das erste der sechs Bächlein.

* * * *

»Die Fahrausweise bitte!« verlangte der Schaffner und steckte seinen Kopf zum Fenster herein. Unverzüglich hielt ein jeder seine Fahrkarte hin: sie waren so groß wie die Leute selbst, so daß das Abteil gefüllt schien.

»Na los! Zeig deine Fahrkarte, Kind!« forderte der Schaffner Alice auf, wobei er sie verärgert betrachtete. Und zahlreiche Stimmen hoben gemeinsam an (»Wie bei einem Liedrefrain«, dachte Alice): »Laß ihn nicht warten, Kind! Allein seine Zeit ist kostbar – tausend Mark pro Minute!«

»Ich habe leider keine«, erklärte Alice bang, »es gab keinen Fahrkartenschalter, wo ich hergekommen bin.« Und wieder setzte der Stimmenchor ein. »Dafür war kein Platz, wo ich herkomme. Allein der Quadratzentimeter Land kostet tausend Mark da!«

»Das ist keine Ausrede«, rügte der Schaffner, »du hättest eine beim Lokführer kaufen können.« Und abermals schaltete sich der Choral ein mit den Worten: »Beim Mann, der die Lok führt. Allein der Rauch kostet tausend Mark pro Schwade!«

Alice dachte bei sich: »Dann ist es zwecklos, daß ich mich verteidige.« *Diesmal* stimmten die Stimmen nicht ein, da sie nichts gesagt hatte, doch zu ihrer großen Überraschung *dachten* sie alle *im Chor* (ich hoffe, du verstehst, was mit *Denken im Chor* gemeint ist – denn *ich* begreife es, aufrichtig gesagt,

675

nicht): »Sag besser überhaupt nichts. Allein die Sprache kostet tausend Mark das Wort!«

»Die tausend Mark werden mich heute nacht bestimmt bis in meine Träume verfolgen!« dachte Alice.

Die ganze Zeit über fixierte der Schaffner sie, zuerst durch ein Fernglas, dann durch ein Mikroskop und schließlich durch ein Opernglas. Endlich stellte er fest: »Du fährst in die falsche Richtung«, und er schloß das Fenster und verschwand.

»So ein kleines Mädchen«, meinte der Herr ihr gegenüber (sein Anzug bestand ganz aus weißem Papier), »sollte doch wissen, wo es hin will, selbst wenn es nicht seinen eigenen Namen weiß!«

Eine Ziege neben dem Herrn in Weiß schloß die Augen und verkündete laut: »Sie sollte den Weg zum Fahrkartenschalter kennen, selbst wenn sie nicht ihr ABC kann!«

Neben der Ziege saß ein Käfer (es war alles in allem eine komische Ladung Passagiere), und da er mit einer Bemerkung an der Reihe schien, erklärte er: »Sie muß als Stückgut zurücktransportiert werden!«

Wer neben dem Käfer saß, konnte Alice nicht sehen, doch eine heisere Stimme schrie als nächstes: »Zug wechseln . . . « Sie verschluckte sich und mußte abbrechen.

»Das fährt einem ja durch alle Knochen!« dachte Alice. »Und es klingt nach einem Pferd!« Und ein ganz dünnes Stimmchen dicht an ihrem Ohr schlug ihr vor: »Du könntest damit ein Wortspiel machen – nämlich etwas mit ›Pferd‹ und ›fährt‹.«

Da bemerkte eine sanfte Stimme in der Ferne: »Sie braucht unbedingt ein Etikett ›Nichte, stützen‹ . . . «

Und darauf fuhren die anderen Stimmen fort (»Wieviele Reisende hier im Abteil sein müssen!« dachte Alice) und ergänzten: »Sie hat einen Kopf wie die Briefmarken, also muß sie per Post geschickt werden . . . « »Sie muß als Telegramm aufgegeben werden . . . « »Sie muß den übrigen Weg den Zug ziehen . . . « und so weiter.

Doch der Herr in papierenem Weiß beugte sich vor und flüsterte ihr ins Ohr: »Beachte ihre Worte gar nicht, meine Liebe, sondern kaufe dir einfach bei jedem Haltepunkt eine Rückfahrkarte.«

»Das fiele mir nicht mal im Traum ein!« protestierte Alice ziemlich ungehalten. »Das ist hier überhaupt nicht meine Eisenbahnreise. Eben war ich noch im Wald, und da wünsche ich mich auch so bald wie möglich wieder hin!«

»Damit könntest du ebenfalls ein Wortspiel machen«, sagte das Stimmchen dicht an ihrem Ohr, »nämlich etwas mit ›Wald‹ und ›bald‹.«

»Du wirst langsam lästig«, beklagte sich Alice und sah sich vergeblich nach dem Sprecher um. »Wenn du unbedingt ein Wortspiel haben willst, warum machst du es dann nicht selbst?«

Das Stimmchen seufzte tief. Offensichtlich war es *sehr* unglücklich, und Alice hätte gewiß etwas unternommen, um es zu trösten, »wenn es so seufzen würde, wie die Leute normalerweise!« dachte sie. Aber das war ein so wundersames leises Geseufze, daß sie es überhaupt nicht gehört hätte, wenn es nicht *ganz* dicht an ihrem Ohr zu hören gewesen wäre. Infolgedessen kitzelte sie der Seufzer ganz furchtbar, wodurch ihre Gedanken völlig von dem Kummer des armen kleinen Wesens abgelenkt wurden.

»Du bist doch bestimmt eine Freundin«, fuhr das Stimmchen fort, »eine liebe Freundin und eine alte Freundin. Und du wirst mir doch nicht wehtun, nur weil ich ein Insekt bin.«

»Was für ein Insekt?« erkundigte sich Alice ein wenig ängstlich. In Wahrheit wollte sie erfahren, ob es stechen konnte oder nicht, aber dies hielt sie doch für eine zu indiskrete Frage.

»Wie, dann kannst du also...« hob das Stimmchen an, doch dann ging es in dem schrillen Pfiff der Lokomotive unter, und alle, einschließlich Alice, schossen erschrocken von den Sitzen hoch.

Das Pferd, das den Kopf zum Fenster hinausgestreckt hatte, zog ihn gleichmütig wieder ein und stellte fest: »Da ist nur ein Bach, den wir überspringen müssen.« Das schien sie alle zu beruhigen, aber Alice war doch ein wenig unbehaglich bei dem Gedanken, daß ein Zug überhaupt springen sollte. »Jedenfalls kommen wir so ins vierte Feld, das ist ein Trost!« sagte sie bei sich. Im nächsten Augenblick spürte sie, wie sich der Waggon senkrecht in die Luft hob, und in ihrer Furcht hielt sie sich am Erstbesten in ihrer Reichweite fest, und das war zufällig der Bart der Ziege.

* * * *

Doch unter ihrem Griff schien der Bart zu zergehen, und dann bemerkte sie, daß sie ganz einfach unter einem Baum saß – während die Mücke (denn sie war das Insekt, mit dem sie sich zuletzt unterhalten hatte) sich genau über ihrem Kopf auf einem Ast wiegte und sie mit ihren Flügeln fächelte.

Es war gewiß eine *sehr* große Mücke. »Etwa so groß wie ein Huhn«, dachte Alice. Trotzdem hatte sie keine Angst vor ihr, nachdem sie sich so lange miteinander unterhalten hatten.

».. .dann kannst du also *alle* Insekten nicht leiden?« vollendete die Mücke, so als sei inzwischen gar nichts geschehen.

»Wenn sie reden können, dann schon«, beruhigte Alice. »Wo *ich* herkomme, redet kein einziges.«

»Welche Insekten gefallen dir denn da, wo *du* herkommst?« erkundigte sich die Mücke.

»Mir *gefallen* überhaupt keine Insekten«, erklärte Alice, »weil ich mich ziemlich vor ihnen fürchte – wenigstens vor den großen. Aber ich kann dir einige ihrer Namen nennen.«

»Sie hören sicher auf ihre Namen?« bemerkte die Mücke gleichmütig.

»Nicht, daß ich wüßte.«

»Welchen Sinn hat dann ein Name«, nörgelte die Mücke, »wenn sie nicht mal auf ihn hören?«

»Für *sie* sind die sinnlos«, gestand Alice ein, »aber sie sind wahrscheinlich sinnvoll für die Leute, die sie benennen. Wenn nicht, wozu gibt es dann überhaupt Namen?«

»Da muß ich passen«, entgegnete die Mücke. »Dort hinten tief im Wald gibt es keine Namen – nichtsdestotrotz, verschwende keine Zeit, sondern zähl deine Insekten auf.«

»Also, da gibt es die Pferdebremse«, begann Alice und zählte die Namen an den Fingern ab.

»Schön«, freute sich die Mücke. »Und auf halber Höhe im Gebüsch siehst du, wenn du genau hinguckst, die Schaukelpferdbremse. Sie ist ganz aus Holz und bewegt sich schaukelnd von Ast zu Ast fort.«

»Was frißt die denn?« fragte Alice ganz interessiert.

»Saft und Sägemehl«, wußte die Mücke zu berichten. »Mach weiter mit deiner Aufzählung.«

Alice betrachtete interessiert die Schaukelpferdbremse

und erkannte, daß sie augenscheinlich frisch gestrichen war, denn sie glänzte noch und wirkte klebrig; und dann fuhr sie fort.

»Und dann ist da noch die Libelle.«

»Guck mal, da auf dem Ast über dir«, sagte die Mücke, »da siehst du eine Frikabelle. Ihr Körper ist paniert und ganz heiß, die Flügel sind Zwiebelringe, und ihr Kopf hat einen Ketchup-Klecks.«

»Und was frißt die so?« fragte Alice wie zuvor.

»Messer und Gabeln«, erwiderte die Mücke, »und ihre Nester baut sie in Brötchen.«

»Und dann gibt es noch die Stubenfliege«, fuhr Alice fort, nachdem sie das Insekt mit dem roten Klecks auf dem Kopf eingehend studiert und sich dabei gefragt hatte: »Ob das der Grund sein mag, daß die Insekten so gern in die heiße Kerzen-flamme fliegen – weil sie Frikabellen werden möchten?«

»Zu deinen Füßen krabbelt gerade«, bedeutete die Mücke (und Alice zog sie bestürzt ein), »eine Stullenfliege. Ihre Flü-gel sind Butterbrotscheiben, ihr Körper ist eine Pastete und ihr Kopf ein Stückchen Würfelzucker.«

»Und was frißt *die* so?«

»Schwachen Tee mit Sahne.«

Das stellte Alice vor ein neues Problem. »Und wenn sie nichts davon findet?« meinte Alice.

»Dann geht sie natürlich ein.«

»Aber das ist doch sicher sehr oft der Fall«, bemerkte Alice nachdenklich.

»Das passiert unentwegt«, bestätigte die Mücke.

Darauf schwieg Alice eine Zeitlang und grübelte. Die Mücke summte inzwischen zum Zeitvertreib unablässig um ihren Kopf herum: schließlich ließ sie sich wieder nieder und meinte: »Ich nehme an, du würdest nicht gern deinen Namen verlieren?«

»Nein, bestimmt nicht«, bestätigte Alice ein wenig in Sorge.

»Und doch bin ich da nicht ganz sicher«, gab die Mücke gleichmütig zu bedenken, »stell dir nur vor, wie praktisch es wäre, wenn du ohne Namen nach Hause kommen könntest! Wenn dich dann nämlich etwa deine Gouvernante zu den Hausaufgaben riefe, müßte sie sagen: ›Komm rein...‹, und an der Stelle müßte sie abbrechen, da sie keinen Rufnamen wüßte, und selbstverständlich brauchtest du dann gar nicht zu kommen, klar?«

»Das würde nicht funktionieren«, widersprach Alice, »deswegen würde mir die Gouvernante meine Hausaufgaben niemals erlassen. Wenn sie sich nicht an meinen Namen erinnern würde, dann könnte sie mich eben einfach nur ›Miss‹ nennen, wie die Dienstboten.«

»Also, wenn sie wirklich nur ›Miss‹ sagt«, bemerkte die Mücke, »brauchst du auch keine Hausaufgaben zu machen, denn dann kannst du auch nur Miss-verstehen. Das war ein Wortspiel. Ich wünschte nur, es wäre von *dir* gekommen.«

»Warum wünschst du dir denn, daß es von *mir* wäre?« fragte Alice. »Es ist ein ziemlich öder Kalauer.«

Darauf seufzte die Mücke schwermütig, und an ihren Wangen rollten zwei dicke Tränen hinab.

»Du solltest die Wortspiele unterlassen«, riet Alice, »wenn sie dich so unglücklich machen.«

Das hatte ein weiteres melancholiches Seufzerchen zur Folge, und damit schien sich die Mücke ganz und gar fortgeseufzt zu haben, denn, als Alice hochblickte, befand sich nichts mehr auf dem Zweig, und da sie von dem langen Stillsitzen schon fröstelte, stand sie auf und marschierte weiter.

Sehr bald schon kam sie an ein freies Feld, das auf der anderen Seite ein Wald begrenzte: er sah tiefer aus als der letzte Wald, und Alice fürchtete sich *ein wenig* davor, ihn zu betreten. Doch dann überlegte sie es sich und entschloß sich, weiter zu gehen: »Ich will nämlich auf keinen Fall *zurück*«, dachte sie bei sich, denn nur so konnte sie zum achten Feld gelangen.

»Das muß der Wald sein«, grübelte sie vor sich hin, »in dem es keine Namen gibt. Was wird wohl aus *meinem* Namen werden, wenn ich hineingehe? Ihn zu verlieren, würde mir ganz und gar nicht gefallen – denn dann muß ich einen anderen bekommen, und der wäre ganz bestimmt häßlich. Aber spaßig wäre es dann doch, nach demjenigen zu suchen, der meinen alten Namen hat! Das ist wie bei den Suchanzeigen, wenn einem der Hund entlaufen ist – ›*hört auf den Namen 'Patsch': trägt ein Messinghalsband*‹ – man denke sich nur, man müßte alles mit ›*Alice*‹ anreden, bis man schließlich eine Antwort bekäme! Wenn sie gescheit wären, würden sie überhaupt nicht antworten.«

So plapperte sie in einem fort, bis sie an den Wald gekommen war: der machte einen sehr kühlen und schattigen Eindruck. »Also, jedenfalls hat es einen großen Vorteil«, ermutigte sie sich, wobei sie unter die Bäume trat, »nach dieser Hitze hier zu sein, im – im – im *wo*?« fragte sie sich verwundert, da sie einfach nicht auf das Wort kam. »Ich meine, unter diesen – unter diesen – unter *denen* eben!« und sie legte die Hand an einen Baumstamm. »Wie *nennt* sich das denn bloß? Es hat wohl gar keinen Namen – ja, ganz bestimmt hat es keinen!«

Schweigend stand sie eine Minute da und dachte nach: dann begann sie unvermittelt von neuem. »Also ist es letzten Endes *doch* passiert! Und wer bin eigentlich ich? Wenn irgend möglich, *muß* es mir doch einfallen! Ich muß das unbedingt schaffen!« Aber der Entschluß half ihr auch nicht sehr viel weiter, und nach anstrengendem Herumrätseln konnte sie nur feststellen: »L, es beginnt *bestimmt* mit L!«

In diesem Augenblick kam ein Rehkitz des Weges: es blickte Alice aus großen sanften Augen an, schien aber überhaupt nicht ängstlich zu sein. »Komm her! Fein!« lockte Alice, streckte die Hand aus und wollte es streicheln; doch es scheute nur ein wenig zurück, stand dann da und blickte sie erneut an.

»Wie heißt du denn?« erkundigte sich das Rehkitz schließlich. Was hatte es für eine süße, sanfte Stimme!

»Wenn ich das nur wüßte!« dachte die arme Alice. Und sie antwortete ziemlich betrübt: »Zur Zeit gar nicht.«

»Denk noch mal scharf nach«, schlug es vor, »das reicht so nicht.«

Alice tat, wie ihr geheißen, doch nichts kam dabei heraus. »Bitte, könntest du mir vielleicht *deinen* Namen nennen?« bat sie schüchtern. »Möglicherweise hilft mir das ein bißchen auf die Sprünge.«

»Ich sag ihn dir, wenn du mich ein Stückchen begleitest«, erklärte das Kitz. »*Hier* weiß ich ihn auch nicht.«

Also gingen sie gemeinsam durch den Wald. Alice legte liebevoll den Arm um das Kitz, bis sie an ein weiteres freies Feld kamen, und hier machte das Rehkitz plötzlich einen Hupfer und befreite sich so von Alice. »Ich bin ein Kitz!« schrie es

entzückt. »Und, ach je, du bist ein Menschenkind!« Und seine schönen braunen Augen weiteten sich plötzlich vor Schrecken, und im Nu war es davongeflitzt.

Alice blickte ihm nach, und der Trennungsschmerz über den plötzlichen Verlust ihres kleinen Reisegefährten trieb ihr fast die Tränen in die Augen. »Doch wenigstens weiß ich jetzt wieder meinen Namen«, tröstete sie sich, »das ist *ein* Glück. Alice – Alice – ich will ihn nicht wieder vergessen. Und nun frage ich mich, nach welchem dieser Wegweiser soll ich mich nun richten?«

Diese Frage war eigentlich ziemlich müßig, da nur eine Straße durch den Wald führte, und beide Wegweiser in die gleiche Richtung zeigten. »Ich werde es entscheiden«, sagte Alice bei sich, »wenn die Straße sich gabelt und sie in unterschiedliche Richtungen weisen.«

Doch das schien einfach nicht der Fall zu sein. Zwar ging sie immer weiter und weiter eine lange Strecke, aber an jeder Abzweigung zeigten die beiden Wegweiser in die gleiche Richtung, auf dem einen stand

> Zu
> Dideldums Haus

und auf dem anderen

> Zu dem
> Haus von Dideldei

»Ich glaube nun allmählich«, meinte Alice schließlich, »die wohnen in *ein und demselben* Haus! Daß mir das nicht schon früher eingefallen ist – aber lange kann ich da nicht bleiben. Ich geh' nur mal hin und sage guten Tag und erkundige mich, wie man aus dem Wald kommt. Wenn ich bloß vorm Dunkelwerden aufs achte Feld komme!« So ging sie weiter, in Selbstgespräche vertieft, bis sie hinter einer Wegbiegung auf zwei kleine Dickerchen stieß, und zwar so plötzlich, daß sie zusammenschrak, doch im nächsten Augenblick hatte sie sich wieder gefaßt, und sie dachte bei sich,

das können nur sein diese zwei

IV. KAPITEL

Dideldum und Dideldei

Sie standen unter einem Baum, hielten sich gegenseitig umfaßt, und Alice konnte sie auf der Stelle unterscheiden, da der eine DUM und der andere DEI auf seinem Kragen einge- stickt hatte. »Wahrscheinlich steht bei jedem das DIDEL hin- ten auf dem Kragen«, sagte sie sich.

Sie standen derart regungslos da, daß sie schon gar nicht mehr damit rechnete, daß sie überhaupt lebendig waren, und

so umrundete sie sie, um nachzusehen, ob das Wort DIDEL hin- ten auf jedem Kragen geschrieben stand, als überraschenderweise der mit dem DUM zu sprechen begann.

»Wenn du uns schon für Wachsfigu- ren hältst«, meinte er, »dann solltest du wenigstens Eintritt bezahlen. Wachsfiguren kann man sich nicht umsonst ansehen. Ganz gewiß nicht!«

»Im Gegenteil«, ergänzte der andere mit dem DEI, »wenn du uns für lebendig hältst, solltest du mit uns reden.«

»Es tut mir wirklich von Herzen leid«, konnte Alice nur her- ausbringen; denn wie das Ticktack einer Standuhr ging ihr ein altes Lied im Kopf herum, und sie konnte sich kaum beherr- schen, es nicht laut aufzusagen:

Dideldum und Dideldei
sind aufs Duell bedacht;
denn Dideldum hat Dideldei
die Klapper puttgemacht.

Da schwebte aus dem Himmelsblau
herab ein großer Rabe;
Da wurd's den beiden Helden flau,
man trug den Streit zu Grabe.

»Ich weiß, was du denkst«, behauptete Dideldum; »aber das stimmt nicht, ganz gewiß nicht.«

»Im Gegenteil«, fügte Dideldei hinzu, »wenn es so wäre, könnte es sein; und wenn es so sein könnte, wäre es; aber da es nicht so ist, ist es nicht. Das ist doch logisch!«

»Ich habe mich gerade gefragt«, stellte Alice höflich fest, »wie ich am schnellsten wieder aus dem Wald komme: es wird nämlich langsam dunkel. Könntet ihr mir da bitte helfen?«

Doch die beiden Dickerchen blickten einander nur an und grinsten.

Sie hatten eine derartige Ähnlichkeit mit zwei großen Schulbuben, daß Alice unwillkürlich mit dem Finger auf Dideldum deutete und ihn aufrief: »Erster Junge!«

»Ganz gewiß nicht!« schrie Dideldum rasch und schloß seinen Mund mit einem hörbaren Klapp.

»Nächster Junge!« rief Alice Dideldei auf, obwohl sie sich ganz sicher war, daß der nur antworten würde: »Im Gegenteil!« und so war es denn auch.

»Du hast das falsch angefangen!« kreischte Dideldum. »Bei einem Besuch muß man zuerst guten Tag sagen und die Hände schütteln!« Und damit umarmten die beiden Brüder einander und streckten ihr dann die beiden freien Hände zum Handschlag entgegen.

Alice wollte keinem von ihnen beim Händeschütteln den Vorzug geben, um die Gefühle des anderen nicht zu verletzen, so verfiel sie auf den Ausweg, beiden gleichzeitig die Hände zu reichen, und sogleich tanzten sie im Ringelreigen herum. Das schien ihr völlig selbstverständlich (wie sie sich später erinnerte), und sie wunderte sich nicht einmal über die Musikbegleitung: sie schien oben aus dem Baum zu kommen, unter dem sie tanzten, und erzeugt wurde sie (soweit sie feststellen konnte) von den Zweigen, die sich wie die Geigenbögen gegen die Saiten aneinander rieben.

»Das *war* aber ein Spaß«, (erzählte Alice später ihrer Schwester, als sie ihre ganze Geschichte zum besten gab), »und ich habe plötzlich gesungen ›*Ringel, Ringel, Reihe, sind der Kinder dreie, sitzen unterm Holderbusch*‹. Wie ich darauf gekommen bin, weiß ich gar nicht mehr, aber irgendwie hatte ich das Gefühl, als sänge ich es schon eine halbe Ewigkeit!«

Wegen ihrer Fettleibigkeit waren die beiden anderen Tänzer ziemlich bald außer Atem. »Viermal rum und rum ist genug für einen Tanz«, keuchte Dideldum, und so unvermittelt, wie sie begonnen hatten, brachen sie den Tanz ab: gleichzeitig verstummte die Musik.

Dann ließen sie Alicens Hände los und fixierten sie eine Weile: es war eine ziemlich unangenehme Pause, denn Alice hatte keine Vorstellung, wie sie ein Gespräch mit jemandem eröffnen sollte, mit dem sie gerade noch getanzt hatte. »*Jetzt* noch guten Tag zu sagen, ist wohl nicht recht möglich«, dachte sie bei sich, »denn über dieses Stadium sind wir längst hinaus!«

»Ich hoffe, ihr seid nicht allzu erschöpft?« meinte sie schließlich.

»Ganz gewiß nicht. Danke der Nachfrage«, sagte Dideldum.

"Wirklich *sehr* nett«, ergänzte Dideldei. »Magst du Gedichte?«

»Ja-ah, eigentlich sehr – *einige* Gedichte«, zögerte Alice. »Könntet ihr mir vielleicht sagen, welcher Weg aus dem Wald führt?«

»Welches soll ich für sie aufsagen?« fragte Dideldei, sah Dideldum aus großen ernsten Augen an und ließ Alicens Bitte um Auskunft völlig unbeachtet.

»›*Das Walroß und der Zimmermann*‹ ist am längsten«, erwiderte Dideldum und drückte seinen Bruder liebevoll an sich.

Dideldei setzte auf der Stelle ein:

»Die Sonn die beschien . . . «

An der Stelle unerbrach ihn Alice mutig. »Wenn es *sehr* lang ist«, gab sie so höflich wie möglich zu bedenken, »könntet ihr mir dann nicht bitte erst den Weg . . . «

Dideldei lächelte feinsinnig und begann von neuem:

> *Die Sonne, die beschien die See*
> *mit ihrer ganzen Macht:*
> *Sie unterstrich nach Kräften so*
> *des Meeres große Pracht –*
> *und das war komisch, denn es war*
> *genau um Mitternacht.*

> *Der Mond darauf beleidigt schien,*
> *weil hier die Sonne saß,*
> *hat nichts zu suchen in der Nacht,*
> *der Tag ist ihre Straß' –*
> *›Gemein ist das‹, so sagte er,*
> *›so macht das keinen Spaß!‹*

Das Meer war pitschepatschenaß,
   der Sand war knochentrocken,
kein Wölkchen sah man einfach weil,
   da war kein Wolkenbrocken:
kein Vogel flog dort oben hoch –
   kein Vogel tat frohlocken.

Das Walroß und der Zimmermann
   marschierten linker Hand:
Sie weinten beide angesichts
   der Riesenmenge Sand:
›Wär der bloß weg‹, so sagten sie,
   ›Das wäre doch charmant.‹

Der Mägde sieben, sieben Mops
   und Zeit ein halbes Jahr,
›Glaubst du‹, so sprach das Walroß zag,
   ›Die kriegten das hier klar?‹
›Ich zweifel‹, sprach der Zimmermann,
   und Tränen er gebar.

›Oh, Austern, kommt und geht mit uns!‹
   das Walroß gab bekannt.
›Ein schöner Weg, ein schöner Weg,
   hier an dem hellen Strand:
Doch kommen können viere nur
   jeweils an einer Hand.‹

Die alte Auster guckte nur,
   schwieg stille wie ein Knopf:
Sie zwinkerte mit einem Aug'
   und schüttelte den Kopf –
besagt, ließ ich die Muschelbank,
   wär ich ein dummer Tropf!

Vier junge Austern standen auf,
    sie trauten dem Geschmus:
Die Mäntel fein, Gesichter rein,
    es strahlt' der Glanz des Schuhs –
und das war komisch, denn du weißt,
    daß ihnen fehlt' der Fuß.

Vier weit're Austern folgten nach
    und viere hinterher;
und dick und fest, so kam der Rest,
    und mehr, und mehr, und mehr –
der Weg dann durch der Wellen Gischt
    zum Ufer war sehr schwer.

Das Walroß und der Zimmermann,
    die gingen eine Meil',
dann ruhten sie an einem Fels
    und flüsterten derweil:
und all die kleinen Austerlein,
    die reihten sich in Eil'.

›Laß reden uns‹, das Walroß sprach,
    ›wovon wir sonst nur schwiegen:
von Schuhen – Schiffen – Siegellack –

von Königen und Kriegen –
  warum die See so siedend heiß –
    ob Schweine können fliegen.‹

›*Gemach*‹, *so bat der Austernchor,*
  ›*bevor wir plaudern nett;*
denn einige sind sehr geschafft,
  und alle sind wir fett!‹
›*Hat Zeit!‹ so sprach der Zimmermann.*
  Sie dankten ihm komplett.

›*Ein ganzes Brot*‹, *das Walroß sprach,*
  ›*ist wichtig zu begehren:*
und Pfeffer wird mit Essig noch
  den Wohlgeschmack vermehren –
wenn ihr bereit seid, Austerlein,
  dann können wir verzehren.‹

›*Doch wohl nicht uns*‹; *der Austern Chor*
  verfärbte sich ganz blau.
›*Denn solches wäre hundsgemein,*
  daß keiner euch mehr trau!‹
›*Oh, welche Sicht*‹, *das Walroß sprach,*
  ›*Und ist die Nacht nicht lau?*

Ihr seid ein netter Haufen uns,
  wir schätzen die Visite!‹
Der Zimmermann, der murmelt' nur,
  ›*Schneid ab mir noch 'ne Schnitte.*
Ich wünscht, du wärst nicht so taub –
  schon dreimal ich drum bitte!‹.

›*Ich schäme mich*‹, *das Walroß sprach,*
  ›*für diesen unser'n Streich.*
Wir haben sie zu weit geführt,

sie sind ja schon ganz bleich!‹
Der Zimmermann entgegnet' nur,
›Die Butter ist zu weich!‹

›Ich wein um euch‹, das Walroß sprach:
›Ich komme noch in Krisen.‹
Und holte schluchzend sich heraus
aus ihrer Schar die Riesen
Und hielt das Taschentuch ans Aug',
aus dem die Tränen fließen.

›Oh, Austern‹, sprach der Zimmermann,
›der Ausflug war gelungen,
drum auf, nach Haus!‹ Doch der Befehl
war ungehört verklungen –
was kaum verwundert, denn die Schar
war ausnahmslos verschlungen.

»Mir ist das Walroß lieber«, erklärte Alice, »ihm taten die
armen Austern wenigsten ein *bißchen* leid.«

»Trotzdem hat es mehr als der Zimmermann gefuttert«,
erläuterte Dideldei. »Er hielt nämlich das Taschentuch vors
Gesicht, damit der Zimmermann nicht kontrollieren konnte,
wie viele er genommen hat: im Gegenteil.«

»Das war hundsgemein!« tadelte Alice empört. »Dann ist mir der Zimmermann lieber – wenn er nicht so viele wie das Walroß verschlungen hat.«

»Aber er aß so viel, wie er nur kriegen konnte«, meinte Dideldum.

Das war eine harte Nuß. Nach einer Denkpause stellte Alice fest: »Nun denn, dann sind sie eben *beide* sehr unangenehme Zeitgenossen ...« Hier brach sie erschrocken ab, da sie so etwas wie das Fauchen einer riesigen Dampfmaschine ganz nah im Wald vernommen hatte, wobei sie fürchtete, daß es sich weit eher um ein wildes Tier handelte. »Gibt es etwa Löwen oder Tiger hier in der Gegend?« erkundigte sie sich besorgt.

»Das sind nur die Schnarcher des Schwarzen Königs«, beruhigte Dideldei.

»Komm mit und betrachte ihn!« lud sein Bruder sie ein, und sie faßten beide Alice bei den Händen und zogen sie dorthin, wo der König schlief.

»Ist er nicht süß?« jubelte Dideldum.

Ehrlicherweise hätte Alice das nicht bestätigen können. Er trug eine lange schwarze Schlafmütze mit einer Quaste, lag wie ein Lumpenbündel zusammengerollt da und scharchte »auf Teufel komm raus«, wie Dideldum bemerkte.

»Hoffentlich holt er sich da im feuchten Gras keine Erkältung«, sorgte sich Alice, die ein sehr umsichtiges kleines Mädchen war.

»Er träumt gerade jetzt«, bemerkte Dideldei, »und was denkst du wohl, wovon er träumt?«

Alice stellte fest: »Das kann keiner wissen.«

»Nun, von *dir!*« triumphierte Dideldei und klatsche in die Hände. »Und wenn er nicht mehr von dir träumte, was glaubst du dann, wo du dann wärest?«

»Wo ich jetzt bin, selbstverständlich«, beharrte Alice.

»Das hättest du wohl gern!« widersprach Dideldei verächtlich. »Du wärest nirgendwo. Du bist doch nur eine Vision in seinem Traum!«

»Wenn der König da aufwachen sollte«, fügte Dideldum hinzu, »dann erlischst du – zisch! – wie eine Kerze!«

»Unsinn!« widersprach Alice. »Außerdem, wenn *ich* nur eine Vision in seinem Traum wäre, dann erklärt mir doch einmal, was *ihr* dann seid?«

»Selbiges«, meinte Dideldum.

»Selbiges, selbiges!« kreischte Dideldei.

Und das schrie er so laut, daß Alice lieber einlenkte. »Pst! Am Ende weckst du ihn noch, wenn du so einen Lärm machst.«

»Also, *dein* Gerede darüber, ihn aufzuwecken, ist völlig sinnlos«, empörte sich Dideldum, »denn du bist ja selbst Teil seines Traums. Du weißt ganz genau, daß du nicht wirklich bist.«

»Und *ob* ich wirklich bin!« behauptete Alice und fing an zu weinen.

»Durch Weinen wirst du auch kein Fitzelchen wirklicher«, gab Dideldei zu bedenken, »dazu besteht auch gar kein Grund.«

»Wenn ich nicht wirklich wäre«, schluchzte Alice – wobei sie zwischen den Tränen auch lachte, so komisch schien ihr das alles – »dann könnte ich auch nicht weinen.«

»Du bildest dir doch hoffentlich nicht ein, daß das echte Tränen sind?« warf Dideldum verächtlich ein.

»Das ist ja alles reiner Unsinn«, dachte Alice bei sich, »und es ist dumm, deswegen auch nur eine Träne zu vergießen.« Also wischte sie sich die Tränen ab und fuhr so locker wie möglich fort: »Auf jeden Fall sollte ich allmählich aus dem Wald herauskommen, denn es wird wirklich schon sehr dunkel. Glaubt ihr, es wird noch regnen?«

Dideldum spannte einen riesigen Regenschirm auf, hielt ihn über seinen Bruder und sich und blickte unter die Bespannung. »Nein, das glaube ich nicht«, meinte er, »das heißt – *hier* drunter nicht. Ganz gewiß nicht.«

»Aber *ansonsten* kann es doch regnen?«

»Kann schon sein – wenn es mag«, sagte Dideldei. »Nichts dagegen einzuwenden. Im Gegenteil.«

»Egoistische Kerle!« dachte Alice, und sie wollte schon »Gute Nacht« wünschen und die beiden verlassen, als Dideldum unter dem Schirm hervorsprang und ihr Handgelenk schnappte.

»Siehst du *das* da?« keuchte er erschrocken hervor, und seine Augen waren im Nu ganz groß und gelb, während er mit zitterndem Finger auf einen kleinen weißen Gegenstand deutete, der unter dem Baum lag.

»Das ist nur eine Klapper«, beruhigte Alice ihn, nachdem sie den kleinen weißen Gegenstand vorsichtig inspiziert hatte.

»Und nicht etwa eine Klapper*schlange*«, ergänzte sie hastig, weil sie darin die Ursache seines Entsetzens mußtmaßte: »Nur eine alte Klapper – ganz oll und kaputt.«

»Hab ich's mir doch gedacht!« schrie Dideldum, stampfte wild herum und raufte sich die Haare. »Natürlich puttgemacht!« Dabei sah er zu Dideldei hin, der sich augenblicklich auf den Boden setzte und sich unter dem Regenschirm zu verbergen suchte.

Alice legte ihm die Hand auf den Arm und sprach beruhigend auf ihn ein: »Wegen so einer alten Klapper brauchst du doch nicht gleich wütend zu werden.«

»Aber sie *ist* doch gar nicht alt«, kreischte Dideldum noch wütender. »Sie ist *nagelneu,* das sag' ich dir – gestern erst gekauft – meine schöne, neue KLAPPER!« und seine Stimmkraft schwoll zum Höhepunkt.

Unterdessen hatte sich Dideldei nach besten Kräften bemüht, den Regenschirm mit sich selbst darinnen zusammenzuklappen: was eine so außergewöhnliche Aktion war, daß es Alicens Aufmerksamkeit von dem wütenden Bruder ablenkte. Aber er schaffte es einfach nicht so richtig, denn das Ende war, daß er sich überschlug, im Schirm verhedderte und nur noch mit dem Kopf hervorlugte: und so lag er nun da, klappte Mund und Augen auf und zu – »Genau wie ein Fisch«, dachte Alice.

»Du bist doch wohl mit einem Duell einverstanden?« fragte Dideldum in aller Ruhe.

»Wenn's denn sein muß«, knurrte der andere mürrisch und krabbelte aus dem Schirm: »*Sie* muß uns aber beim Ankleiden helfen.«

Also liefen die beiden Brüder Hand in Hand in den Wald und kamen bald schon wieder vollbepackt zurück – mit Polstern, Decken, Kaminvorlegern, Tischdecken, Topfdeckeln und Kohleneimern. »Ich hoffe nur, du kannst gut befestigen und binden?« bemerkte Dideldum. »Denn all' das muß irgendwie festgemacht werden.«

Später erklärte Alice, niemals in ihrem Leben sei ihr eine derartige Umständlichkeit untergekommen – wie die beiden sich mühten – was sie alles so anzogen – und wieviel Mühe sie ihr machten, bis alles festgebunden und angeknöpft war – »Am ehesten noch sehen die wie zwei alte Kleiderbündel aus, wenn sie einmal fertig sind!« sagte sie sich, während sie Didel-dei ein Polster als Halskrause anlegte, »damit man ihm nicht den Hals abschneide«, wie er sagte.

»Weißt du«, erläuterte er ganz ernsthaft, »das ist das Schlimmste, was einem im Kampf zustoßen kann – daß man an einen Halsabschneider gerät.«

Alice lachte laut: doch es gelang ihr gerade noch, einen Huster daraus zu machen, denn sie wollte seine Gefühle nicht verletzen.

»Bin ich sehr blaß?« erkundigte sich Dideldum, der heran-kam, um den Helm festgebunden zu bekommen. (Er jedenfalls *bezeichnete* es als Helm, obgleich es weit eher einem Koch-topf glich.)

»Nun – ja – ein *bißchen*«, stimmte Alice sanft zu.

»An und für sich bin ich sehr tapfer«, flüsterte er, »aber gerade heute habe ich zufällig Kopfschmerzen.«

»Und *ich* habe Zahnschmerzen!« klagte Dideldei, der den Hinweis aufgeschnappt hatte. »Ich bin weit schlimmer dran als du!«

»Dann solltet ihr heute besser nicht kämpfen«, sagte Alice, die das für eine gute Gelegenheit hielt, Frieden zu stiften.

»Ein bißchen *müssen* wir kämpfen, aber meinetwegen braucht es nicht lange zu dauern«, meinte Dideldum. »Wieviel Uhr ist es jetzt?«

Dideldei konsultierte seine Uhr, und sagte: »Halb fünf.«

»Dann kämpfen wir eben bis sechs Uhr und anschließend gehen wir zum Abendessen«, schlug Dideldum vor.

»Also gut«, pflichtete der andere ziemlich niedergeschlagen bei, »und *sie* mag uns zuschauen – komm uns dabei aber nur nicht *zu* nahe«, fügte er hinzu, »wenn ich so richtig in Rage bin, schlage ich normalerweise auf alles, was ich sehe.«

»Und *ich* schlage auf alles in meiner Reichweite«, schrie Dideldum, »ob ich es nun sehen kann oder nicht!«

Alice lachte. »Dann mußt du ja ganz schön oft die *Bäume* treffen«, stellte sie fest.

Mit zufriedenem Lächeln blickte sich Dideldum um. »Ich nehme nicht an, daß überhaupt noch ein Baum im Umkreis steht, sobald wir fertig sind!« prahlte er.

»Und das alles wegen einer Klapper!« wunderte sich Alice und hoffte dabei, sie würden sich wenigstens ein *bißchen* schämen, daß sie wegen so einer Nichtigkeit kämpften.

»Mir hätte es ja nicht so viel ausgemacht«, verteidigte sich Dideldum, »wenn es keine neue gewesen wäre.«

»Ach, käm' doch jetzt bloß der große Rabe!« dachte Alice.

»Wir besitzen leider nur ein Schwert«, gestand Dideldum seinem Bruder, »aber du kannst dafür den Schirm nehmen – der ist ebenso scharf. Nun müssen wir uns aber ranhalten, es wird schon ganz finster.«

»Und noch finsterer«, bemerkte Dideldei.

Mit einem Schlag wurde es dunkel, und Alice dachte schon, daß ein Gewitter aufzöge. »Was ist das für eine dicke schwarze Wolke!« wunderte sie sich. »Und wie schnell sie dahinfliegt! Ach, ich glaube, sie besitzt Flügel!«

»Das ist der Rabe!« kreischte Dideldum ganz entsetzt; und die beiden Brüder nahmen die Beine in die Hand und waren im Nu außer Sicht.

Alice rannte ein Stück in den Wald hinein bis zu einem großen Baum. »*Hier* kann er mich nie und nimmer erwischen«, dachte sie. »Er ist viel zu groß, um sich zwischen den Bäumen hindurchzuzwängen. Ach, würde er doch nicht so wild mit den Flügeln schlagen – das weht ja durch den Wald wie ein Wirbelsturm – und da fliegt auch schon der Schal von irgend jemandem davon!«

V. KAPITEL

Wolle und Wasser

Mit diesen Worten fing sie den Schal und hielt nach seiner Besitzerin Ausschau: auf der Stelle kam die Weiße Königin eilends durch den Wald gerannt, wobei sie die Arme ausgebreitet hielt, als wolle sie fliegen, und Alice trat ihr höflich mit dem Schal entgegen.

»Ein Glück, daß ich zufällig gerade am rechten Fleck stand«, meinte Alice und half ihr beim Umlegen des Schals.

Die Weiße Königin betrachtete sie nur auf eine hilflose, verängstigte Weise und murmelte immer wieder etwas vor sich hin, das nach »Butterbrote, Butterbrote« klang, was bei Alice den Gedanken festigte, daß sie das Gespräch, wenn sie denn eines führen wollte, schon selbst in die Hand nehmen mußte. Also begann sie ziemlich schüchtern: »Ich spreche wohl mit der Weißen Königin? Gestatten Eure Majestät, daß ich Ihr das Geleit gebe?«

»Nun ja, wenn du das schon als Kleid bezeichnest«, zweifelte die Königin. »*Ich* verstehe darunter allerdings etwas anderes.«

Alice hielt es nicht für sonderlich geschickt, gleich zu Beginn einer Unterhaltung zu widersprechen, also lächelte sie und erklärte: »Wenn mir Eure Majestät auf diesem Gebiet etwas beibringen wollten, werde ich mich nach Kräften bemühen.«

»Aber ich will doch gar nichts getan haben«, stöhnte die arme Königin. »In den letzten beiden Stunden habe ich nichts anderes getan, als immer wieder das Kleid zu wechseln.«

Nach Alicens Eindruck wäre es wohl besser gewesen, sie hätte sich beim Umkleiden helfen lassen, so unordentlich war sie angezogen. »Da ist aber auch alles schief«, dachte Alice bei sich, »und sie hat noch überall Nadeln stekken! – Darf ich Ihnen den Schal ein wenig gerade rükken?« fügte sie laut hinzu.

»Ich weiß nicht, was mit ihm los ist!« beklagte sich die Königin traurig. »Er wird wohl schlechter Laune sein. Ich habe ihn hier festgenadelt, ich habe ihn da festgenadelt, aber es paßt ihm einfach nicht!«

»Er *kann* ja wohl auch nicht passen, wenn er nämlich nur an einer Seite festgesteckt ist«, fand Alice, während sie ihn behutsam zurechtrückte, »und, liebe Güte, was ist denn mit Eurem Haar los?«

»Die Bürste hat sich darin verheddert!« seufzte die Königin. »Und gestern ist mir noch der Kamm abhanden gekommen.«

Vorsichtig entfernte Alice die Bürste und gab ihr Bestes, das Haar in Ordnung zu bringen. »Na also, jetzt seht Ihr schon besser aus!« stellte sie fest, nachdem sie die meisten Haarnadeln versetzt hatte. »Ihr solltet aber wirklich eine Zofe haben!«

»*Dich* will ich ja gerne einstellen!« bot die Königin an. »Für zwei Groschen pro Woche und an jedem nächsten Tag Marmelade.«

Alice konnte sich das Lachen darüber nicht verkneifen, und sie meinte: »*Ich* möchte doch nicht eingestellt werden – und aus Marmelade mach' ich mir nichts.«

»Die Marmelade ist ausgezeichnet«, pries die Königin.

»*Heute* habe ich jedenfalls keine Lust darauf.«

»Du bekämst auch keine, selbst wenn du es *wolltest*«, erläuterte die Königin. »Nach der Regel gibt es nämlich morgen

Marmelade und gestern Marmelade – aber niemals *heute* Marmelade.«

»Aber manchmal *muß* es doch ›heute Marmelade‹ geben«, zweifelte Alice.

»Kann es gar nicht«, widersprach die Königin. »Marmelade gibt es nur am *nächsten* Tag: und heute ist nämlich nicht der *nächste* Tag.«

»Ich kapiere überhaupt nichts«, gestand Alice. »Da wird man ja ganz irre!«

»Das kommt vom rückwärts leben«, erklärte die Königin freundlich, »das macht einen zuerst immer ein wenig schwindelig...«

»Rückwärts leben!« wiederholte Alice sehr erstaunt. »Davon habe ich ja noch nie gehört!«

»...aber es hat einen unschätzbaren Vorteil, daß man sich in beide Richtungen erinnern kann.«

»*Meine* Erinnerung funktioniert bestimmt nur in eine Richtung«, bemerkte Alice. »Ich kann mich nicht an etwas erinnern, bevor es geschieht.«

»Das ist ja ein armseliges Gedächtnis, das nur rückwärts reicht«, kritisierte die Königin.

»An was könnt *Ihr* Euch denn am besten erinnern?« wagte Alice sich zu erkundigen.

»Oh, an das, was übernächste Woche geschehen ist«, bemerkte die Königin ungerührt. »Nun, da gibt es zum Beispiel«, fuhr sie fort, wobei sie sich eine große Mullauflage um den Finger wickelte, »den königlichen Kurier. Er sitzt zur Zeit seine Strafe im Gefängnis ab: und die Gerichtsverhandlung ist erst für nächste Woche Mittwoch angesetzt: und das Verbrechen wird natürlich erst ganz zu allerletzt begangen.«

»Und wenn er nun das Verbrechen gar nicht begeht?« wandte Alice ein.

»Das wäre doch wohl besser«, meinte die Königin und befestigte den Mull mit einem Verband.

Das konnte Alice nun freilich nicht abstreiten. »Natürlich wäre das besser«, stimmte sie zu, »aber es wäre nicht besser, daß er trotzdem bestraft wird.«

»*Damit* liegst du aber völlig schief«, monierte die Königin. »Bist *du* schon einmal bestraft worden?«

»Nur, wenn ich etwas verschuldet hatte«, meinte Alice.

»Und dadurch hast du dich bestimmt gebessert!« triumphierte die Königin.

»Ja, aber dann *hatte* ich das auch getan, wofür ich bestraft wurde«, stellte Alice richtig, »das ist ein großer Unterschied.«

»Aber wenn du es nicht getan *hättest*«, folgerte die Königin, »dann hättest du dich noch mehr gebessert; gebessert und gebessert und gebessert!« Und mit jedem »gebessert« ging ihre Stimme höher, bis sie zuletzt beinahe quiekte.

Alice wollte gerade einwenden: »Da stimmt doch was nicht...«, als die Königin so laut zu schreien anhob, daß sie sich unterbrach. »Au weh! Au weh!« kreischte die Königin und wedelte mit der Hand herum, als wolle sie sie abschütteln. »Mein Finger blutet! Au weh! Au weh!«

Ihr Geschrei hatte eine solche Ähnlichkeit mit dem Pfeifen einer Dampfmaschine, daß sich Alice mit beiden Händen die Ohren zuhielt.

»Was *ist* denn bloß geschehen?« erkundigte sie sich, sobald sie sich bemerkbar machen konnte. »Habt Ihr Euch etwa in den Finger gestochen?«

»*Noch nicht*«, wehrte die Königin ab, »aber gleich – au, au, au!«

»Wann denkt Ihr denn, daß es geschieht?« fragte Alice, die das Lachen kaum noch verbeißen konnte.

»Sobald ich meinen Schal wieder feststecke«, jammerte die arme Königin, »gleich wird die Brosche aufgehen. Au, au!« Bei diesen Worten sprang die Brosche auch schon auf, und die Königin griff hastig danach und wollte sie wieder festmachen.

»Seid vorsichtig!« warnte Alice. »Ihr haltet sie ja ganz schief!« Und sie griff nach der Brosche; aber es war zu spät: die Nadel war abgerutscht und hatte die Königin in den Finger gestochen.

»Deswegen ist da nämlich Blut«, erklärte sie Alice mit einem Lächeln. »Nun verstehst du, wie es hierzulande zugeht.«

»Aber warum schreist du denn *jetzt* nicht?« begehrte Alice zu wissen, bereit und in der Lage, sich jederzeit die Ohren zuzuhalten.

»Ach, mein Schrei-Pensum habe ich doch schon hinter mir«, meinte die Königin. »Welchen Sinn hätte es, damit wieder von vorne zu beginnen?«

Inzwischen wurde es wieder heller. »Der Rabe muß wohl davongeflogen sein«, stellte Alice fest. »Bin ich froh, daß der weg ist. Und ich dachte schon, die Nacht wäre angebrochen.«

»Wenn *ich* doch nur froh sein könnte!« wünschte sich die Königin. »Doch dazu fallen mir niemals die Spielregeln ein. Du mußt aber ein Glückspilz sein, hier im Wald zu leben und nach Lust und Laune froh sein zu können!«

»Hier ist es nur so *schrecklich* einsam!« beklagte sich Alice traurig; und das Gefühl der Einsamkeit ließ zwei dicke Tränen ihre Wangen hinunterrollen.

»Oh, laß das doch bitte sein!« rief die arme Königin und rang verzweifelt die Hände. »Bedenke, du bist ein großes Mädchen. Bedenke, du hast heute schon einen weiten Weg hinter dir. Bedenke, wieviel Uhr es ist. Bedenke, egal was, nur weine nicht!«

Darüber mußte Alice sogar mitten in ihren Tränen einfach lachen. »Könnt *Ihr* Weinen verhindern, indem Ihr anderes bedenkt?« wollte sie wissen.

»Das ist das rechte Mittel«, behauptete die Königin fest, »niemand kann nämlich zwei Dinge auf einmal tun. Bedenken wir zuerst einmal dein Alter – wie alt bist du?«

»Ich bin siebeneinhalb, ganz genau.«

»Du brauchst nicht ›ganzenau‹ zu sagen«, bemerkte die Königin. »Ich glaube dir auch so. Und nun gebe ich *dir* etwas zum Glauben. Ich bin gerade einhundertundeins, fünf Monate und einen Tag.«

»*Das* kann ich einfach nicht glauben!« zweifelte Alice.

»So?« schmollte die Königin. »Versuch es noch einmal: tief Luft holen und Augen schließen.«

Alice lachte. »Das hat gar keinen Zweck«, weigerte sie sich. »Unglaubliches *kann* man einfach nicht glauben.«

»Du scheinst mir darin nicht die rechte Übung zu haben«, rügte die Königin. »In deinem Alter habe ich tagtäglich eine halbe Stunde darauf verwendet. Und manchmal habe ich schon vor dem Frühstück sechs Unglaublichkeiten geglaubt. Jetzt fliegt der Schal schon wieder weg!«

Während sie das sagte, war die Brosche aufgesprungen, und eine plötzlich Bö blies den königlichen Schal über ein Bächlein. Die Königin breitete die Arme abermals aus und flog hinter ihm her, und diesmal gelang es ihr selbst, ihn zu erwischen. »Da hab' ich ihn!« triumphierte sie. »Und nun kannst du einmal erleben, wie ich ihn ganz alleine feststecke!«

»Dann geht es Ihrem Finger jetzt hoffentlich besser?« erkundigte sich Alice sehr höflich und folgte der Königin über das Bächlein.

»Oh, weit besser!« kreischte die Königin, und wiederum ging die Stimme in ein Quieken über, als sie fortfuhr. »Viel bä-sser! Bäh-ässer! Bäh-äh-ässer! Bäh-äh-äh!« Das letzte Wort ging in ein Blöken über und glich dabei so sehr der Schafssprache, daß Alice beträchtlich stutzte.

Sie sah zur Königin hin, die sich plötzlich in etwas Wollenes gehüllt zu haben schien. Alice rieb sich die Augen und fixierte sie erneut. Sie konnte einfach nicht begreifen, was da geschehen war. Befand sie sich etwa in einem Laden? Und saß da wahrhaftig – ja, wahrhaftig ein *Schaf* auf der anderen Seite des Tresens? Eifrigstes Augenreiben konnte an der Tatsache auch nichts ändern: sie lehnte sich in einem kleinen dunklen Laden mit dem Ellbogen über den Tresen, und ihr gegenüber saß ein altes Schaf in einem Lehnstuhl, strickte und hielt dann und wann inne, um sie durch große Brillengläser anzustarren.

»Was darf es sein?« fragte das Schaf schließlich und sah flüchtig von seinem Strickzeug auf.

»Ich bin mir noch nicht *ganz* im klaren«, antwortete Alice höflich. »Ich möchte mich lieber erst etwas umsehen, wenn es erlaubt ist.«

»Wenn du magst, kannst du nach vorne und nach beiden Seiten sehen«, gestattete das Schaf, »aber du kannst nicht *ganz* um dich herum sehen – es sei denn, du hast hinten im Kopf Augen.«

Aber damit konnte Alice zufällig *nicht* dienen, so mußte sie sich eben umdrehen, um die Regale in Augenschein zu nehmen.

Der Laden schien voller Kuriositäten – aber am allermerkwürdigsten war, daß jedes Fach, das sie näher auf seinen Inhalt hin inspizieren wollte, immer völlig leer war, wohingegen die anderen Fächer geradezu vor Fülle überquollen.

»Hier ist alles so im Fluß!« beklagte sie sich schließlich, nachdem sie eine Weile einen großen glänzenden Gegenstand vergebens verfolgt hatte, der mal wie eine Puppe, mal wie ein Nähkästchen aussah und immer ein Fach höher stand, als sie gerade guckte. »Und das benimmt sich wohl am allergemeinsten – aber das haben wir gleich...« fügte sie hinzu, denn ihr war plötzlich etwas eingefallen. »Ich folge ihm einfach bis zum alleobersten Regal. Durch die Decke wird es ja wohl nicht gehen!«

Doch sogar dieser Versuch ging daneben: der »Gegenstand« durchstieß in aller Seelenruhe die Decke, als hätte er sein Lebtag nichts anderes getan.

»Bist du nun ein Kind oder ein Kreisel?« erkundigte sich das Schaf und griff sich zwei neue Nadeln. »Mir wird noch ganz schwindelig, wenn du dich weiter so drehst.« Es hantierte nun mit vierzehn Nadeln gleichzeitig, wobei ihr Alice einfach nur voller Faszination zusehen konnte.

»Wie *kann* es bloß mit so vielen gleichzeitig stricken?« wunderte sich das verwirrte Kind. »Es gleicht ja immer mehr und mehr einem Stachelschwein!«

»Kannst du rudern?« erkundigte sich das Schaf und reichte ihr mit diesen Worten ein Paar Stricknadeln.

»Ja, so ein bißchen – aber nicht an Land – und nicht mit Nadeln...« begann Alice, als plötzlich die Nadeln in ihren

Händen zu Rudern wurden, und schon fanden sie sich in einem kleinen Boot wieder und glitten zwischen Ufern dahin: und sie mußte nach besten Kräften mit der Situation fertig werden.

»Das Blatt flachhalten!« schrie das Schaf und nahm ein weiteres Nadelpaar.

Eine Antwort darauf schien sich zu erübrigen: also ruderte Alice schweigend weiter. Irgendwie war das Wasser sehr merkwürdig, denn nach ihrem Eindruck blieben die Ruder dann und wann fest stecken und wollten gar nicht mehr herauskommen.

»Das Blatt flachhalten! Das Blatt flachhalten!« schrie das Schaf abermals und nahm noch mehr Nadeln. »So kannst du höchstens einen Krebs fangen.«

»Einen süßen kleinen Krebs!« dachte Alice. »Den hätte ich gern.«

»Hast du nicht gehört, daß ich dir gesagt habe, du sollst das Blatt flachhalten?« zürnte das Schaf und nahm gleich ein ganzes Bündel Nadeln.

»Natürlich«, bestätigte Alice, »du sagst das ja andauernd – und ziemlich laut. Bitte, wo sind denn die Krebse?«

»Im Wasser doch!« meinte das Schaf, wobei es sich einige Nadeln ins Haar steckte, da es die Hände voll hatte. »Blatt flachhalten, sage ich!«

»*Warum* sagst du denn dauernd, ich soll das Blatt flachhalten?« beschwerte sich Alice ziemlich ungehalten. »Ich habe doch gar keines!«

»O doch«, widersprach das Schaf, »du bist ganz platt, das sehe ich doch.«

Dem konnte Alice nichts mehr entgegnen, und so verstummte das Gespräch für eine Weile, während das Boot sanft dahinglitt, manchmal zwischen dichtwachsenden Wasserpflanzen (wodurch die Ruder noch fester steckenblieben als jemals zuvor), und manchmal auch unter Bäumen hindurch, aber das nämliche hohe Ufer drohte über ihren Häupten.

»Ach, bitte! Da vorne blühen Binsen!« jubelte Alice plötzlich. »Ja, wahrhaftig – und *so* schöne!«

»Zu *mir* brauchst du deswegen nicht ›bitte‹ zu sagen«, wehrte das Schaf ab, ohne von seiner Handarbeit aufzublicken: »Ich habe sie nicht dahin gebracht und gedenke auch nicht, sie wegzunehmen.«

»Nein, ich meine nur – bitte, können wir nicht ein wenig rasten und einige pflücken?« bat Alice. »Wenn du nichts dagegen hast, das Boot eine Weile anzuhalten.«

»Warum soll *ich* das tun?« wunderte sich das Schaf. »Sobald du zu rudern aufhörst, hält es von selbst an.«

Also wurde das Boot der Strömung überlassen und glitt leicht zwischen den schwankenden Binsen dahin. Sorgfältig wurden die Ärmelchen hochgeschoben, und die Ärmchen tauchten ellbogentief ein, um die Binsen weit unten abzupflücken – und für eine ganze Weile vergaß Alice alles, was mit dem Schaf und der Handarbeit zusammenhing, während sie sich so weit aus dem Boot lehnte, daß ihr Struwwelhaar aufs Wasser tupfte – fischte sie eifrig mit glänzenden Augen ein ums andere Mal die hübschen, blühenden Binsen.

»Daß das Boot ja nicht umkippt!« sagte sie bei sich. »Oh, *wie* hübsch die da ist! Ich komme nur nicht ganz an sie ran!« Und es war schon geradezu eine kleine Provokation (»gerade so, als wäre das beabsichtigt«, dachte sie), daß sie zwar im Vorübergleiten zahlreiche hübsche Binsen pflücken konnte, aber es gab immer noch hübschere außerhalb ihrer Reichweite.

»Die schönsten stehen immer weiter weg!« stellte sie schließlich fest und seufzte zu den fernen Binsen hin, und dann kletterte sie mit geröteten Wangen und tropfnassen Haaren auf ihren Platz zurück und ordnete ihre frischgepflückten Schätze.

Was machte es ihr schon aus, daß die Binsen auf der Stelle verwelkten und Duft und Schönheit verloren, sobald sie sie gepflückt hatte? Sogar echte Binsen halten nämlich nur kurze Zeit – und diese Traumbinsen schmolzen dahin wie Schnee in der Sonne, während sie zu ihren Füßen lagen – doch Alice bemerkte das kaum, so viel anderes fesselte ihre Aufmerksamkeit.

Sie hatten danach eine kurze Strecke zurückgelegt, als ein Ruderblatt im Wasser steckenblieb und einfach nicht mehr herauszubringen war (so erklärte es Alice später), und das hatte zur Folge, daß ihr der Griff unter das Kinn geriet, und ungeachtet der kleinen Protestschreie »Oh, oh, oh!« der armen Alice fegte der sie vom Sitz in den Binsenhaufen hinein.

Zum Glück hatte sie sich nicht wehgetan und war bald schon wieder auf den Beinen: ungerührt hatte das Schaf die ganze Zeit über weitergestrickt, als wäre nichts geschehen. »Du hast aber einen hübschen Krebs gefangen!« bemerkte es, als Alice, erleichtert, nicht aus dem Boot gefallen zu sein, ihren Platz wieder eingenommen hatte.

»Wahrhaftig? Ich habe ihn nicht gesehen«, klagte Alice und spähte vorsichtig über den Bootsrand ins dunkle Wasser. »Wäre er mir doch bloß nicht entwischt – so gerne hätte ich ein Krebschen mit nach Hause genommen!« Aber das Schaf lachte nur spöttisch und strickte weiter.

»Gibt es hier viele Krebse?« wollte Alice wissen.

»Krebse und anderes mehr«, meinte das Schaf: »Hier ist die große Auswahl, man muß sich nur entscheiden. Was möchtest du also kaufen?«

»Kaufen!« Alice wiederholte dieses Wort halb erschreckt, halb erstaunt – denn die Ruder, das Boot und der Fluß waren in einem Augenblick verschwunden, und sie befand sich wieder in dem dunklen kleinen Laden.

»Könnte ich bitte ein Ei haben«, verlangte sie schüchtern. »Was kostet es?«

»Dreißig Pfennig eins – fünfzehn Pfennig zwei«, erwiderte das Schaf.

»Dann sind ja zwei billiger als eins?« wunderte sich Alice und zückte ihr Portemonnaie.

»Du *mußt* sie aber auch beide essen, wenn du sie kaufst«, ermahnte das Schaf.

»Dann möchte ich bitte nur *eines*«, sagte Alice und zählte das Geld auf den Tresen. Denn sie dachte bei sich: »Wer weiß, vielleicht sind sie ja gar nicht gut.«

Das Schaf nahm das Geld und steckte es in eine Schachtel, dann stellte es fest: »Ich händige die Waren niemals meinen Kunden aus – das schickt sich nicht – du mußt irgendwie schon selbst dazu kommen.« Mit diesen Worten verzog es sich ganz hinten in den Laden und stellte das Ei aufrecht in ein Regal.

»*Was* mag sich wohl daran nicht schicken?« fragte sich Alice, während sie sich zwischen Tischen und Stühlen den Weg bahnte, denn hinten im Laden wurde es immer dunkler. »Das Ei scheint sich immer mehr zu entfernen, je mehr ich darauf zugehe. Ist das da denn überhaupt ein Stuhl? Nanu, der

hat ja Zweige. Wie komisch, hier wachsen wohl Bäume! Und
da fließt wahrhaftig ein Bächlein! Also, das ist der merkwürdigste Laden, den ich je gesehen habe!«

So ging sie weiter und wunderte sich mit jedem Schritt
mehr, denn alles schien sich im Nu in Bäume zu verwandeln,
und sie erwartete schon, daß sich das Ei diesem allgemeinen
Trend anschlösse.

VI. KAPITEL

Hampti Dampti

Doch das Ei wurde größer und größer und bekam immer menschlichere Züge: als sie nur noch wenige Schritte von ihm entfernt war, entdeckte sie, daß es Augen, eine Nase und einen Mund besaß; und als sie schließlich dicht vor ihm stand, gab es keinen Zweifel mehr: das war HAMPTI DAMPTI in eigener Person. »Das kann niemand anderes sein!« sagte sie bei sich. »Das ist für mich so klar, als stünde ihm der Name ins Gesicht geschrieben.«

Mit Leichtigkeit hätte man ihn auf dieses riesige Gesicht hundertmal schreiben können. Hampti Dampti saß im Fakirsitz oben auf einem Wall – der so spitz zulief, daß Alice sich doch sehr wunderte, wie er sein Gleichgewicht hielt – und da er unentwegt in die entgegengesetzte Richtung starrte und von ihr nicht die mindeste Notiz nahm, glaubte sie schon, er sei letztendlich nur ausgestopft.

»Und wie sehr er doch einem Ei gleicht!« sagte sie laut und bereitete sich darauf vor, ihn aufzufangen, denn sie erwartete jeden Augenblick seinen Fall.

»Es ist *sehr* ungehörig«, protestierte Hampti Dampti nach langem Schweigen und blickte immer noch in die Ferne, »jemanden als Ei zu bezeichnen – *sehr!*«

»Ich habe gesagt, Ihr *sähet aus* wie ein Ei, mein Herr«, korrigierte Alice behutsam. »Und manche Eier sind wirklich sehr hübsch«, fügte sie in der Hoffnung hinzu, aus ihrer Bemerkung eine Art Kompliment zu machen.

»Manche Leute«, rügte Hampti Dampti und hatte den Blick immer noch abgewandt, »haben nicht mehr Verstand als ein Säugling!«

Darauf wußte Alice nichts zu antworten: sie hielt das überhaupt nicht für ein richtiges Gespräch, da er zu *ihr* überhaupt nicht sprach; tatsächlich galt seine letzte Bemerkung augenscheinlich einem Baum – also blieb sie still stehen und sagte leise für sich ein Gedicht auf:

> *Hampti Dampti fiel von dem Wall:*
> *Hampti Dampti, schwer war der Fall.*
> *Da sandte der König all seine Mannen,*
> *doch konnten sie ihn auf den Wall nicht mehr bannen.*

»Die letzte Zeile ist viel zu lang für das Gedicht«, fügte sie laut hinzu, wobei sie vergaß, daß Hampti Dampti ihr zuhörte.

»Schwatz nicht so vor dich hin«, rügte Hampti Dampti und nahm sie zum ersten Mal in Augenschein, »sondern sag deinen Namen und was du willst.«

»Mein *Name* ist Alice, aber...«

»Das ist aber ein ziemlich alberner Name!« warf Hampti Dampti ungeduldig ein. »Und was bedeutet der?«

»*Muß* ein Name denn etwas bedeuten?« zweifelte Alice.

»Na klar doch!« beharrte Hampti Dampti und lachte kurz. »*Mein* Name bezieht sich auf meine Form – und was ist das auch für eine hübsche Form. Mit so einem Namen wie deinen könnte ich ja fast jede Form annehmen.«

»Warum sitzen Sie so ganz allein hier?« fragte Alice, um einen Streit zu vermeiden.

»Nun, weil keiner bei mir ist!« schrie Hampti Dampti. »Hast du etwa geglaubt, *darauf* wüßte ich keine Antwort? Frag ruhig weiter.«

»Meinen Sie nicht, Sie wären auf dem Boden hier sicherer?« fuhr Alice fort, nicht etwa, um ein weiteres Rätsel aufzugeben, sondern einfach, weil sie in ihrer Gutmütigkeit um das merkwürdige Wesen besorgt war. »Der Wall ist *sehr* spitz!«

»Deine Rätsel sind ja wirklich alle kinderleicht!« nörgelte Hampti Dampti. »Natürlich ist das nicht meine Meinung!

Also, wenn ich jemals fallen sollte – was völlig ausgeschlossen ist – aber *wenn*...« An dieser Stelle verzog er den Mund und blickte so feierlich und würdevoll drein, daß Alice sich kaum das Lachen verbeißen konnte. »*Wenn* ich fallen *würde*«, fuhr er fort, »*habe ich das Versprechen des Königs* – ah, du kannst ruhig nach Lust und Laune erbleichen! Darauf warst du wohl nicht gefaßt, was? *Der König hat mir das Versprechen gegeben* – mir – mir...«

»All' seine Mannen zu senden«, unterbrach Alice ziemlich neunmalklug.

»Das ist ja wirklich allerhand!« rief Hampti Dampti mit plötzlicher Wut. »Du hast an Türen gelauscht – und hinter Bäumen – und in Kaminen – denn woher solltest du das sonst wissen!«

»Ganz bestimmt nicht!« verteidigte sich Alice sehr geduldig. »Es steht in einem Buch.«

»Ach so! In einem *Buch* kann sowas ja stehen«, Hampti Dampti beruhigte sich etwas. »Das nennt man dann ›Die Geschichte Englands‹, jawohl. Nun sieh mich mal genau an! Ich habe schon mit einem König gesprochen, jawohl: sowas wie mich hast du wohl noch nie gesehen: und um dir zu beweisen, daß ich nicht hochmütig bin, darfst du mir sogar die Hand geben!« Und mit einem Grinsen nahezu von Ohr zu Ohr beugte er sich vor (und dabei wäre er um ein Haar von dem Wall gefallen) und reichte Alice die Hand. Während sie sie ihm reichte, beobachtete sie ihn ein wenig besorgt. »Wenn er noch ein wenig stärker lächelt, dann könnten seine Mundwinkel hinten zusammentreffen«, dachte sie, »und *was* wird wohl dann mit seinem Kopf geschehen! Ich fürchte fast, er würde entzwei brechen!«

»Jawohl, all' seine Mannen«, fuhr Hampti Dampti fort. »Die hätten mich im Nu wieder hinaufgehoben, jawohl! Aber dieses Gespräch schreitet etwas zu schnell voran: wir wollen uns noch einmal der vorletzten Bemerkung widmen.«

»Daran kann ich mich leider nicht mehr so ganz erinnern«, gestand Alice sehr höflich.

»Wenn das so ist, dann fangen wir eben von vorne an«, schlug Hampti Dampti vor, »und diesmal suche ich mir ein Thema aus . . . « (»Der behandelt das ja genau wie ein Spiel!« dachte Alice.) »So, jetzt stelle ich dir eine Frage. Was hast du gesagt, wie alt du wärest?«

Alice überschlug es kurz und meinte dann: »Sieben Jahre und sechs Monate.«

»Falsch!« triumphierte Hampti Dampti. »Davon hast du kein Wort gesagt!«

»Ich dachte, du wolltest fragen, wie alt ich *bin?*« erklärte Alice.

»Wenn ich das gewollt hätte, hätte ich es auch getan«, behauptete Hampti Dampti.

Alice wollte keinen weiteren Streit vom Zaun brechen, also schwieg sie lieber.

»Sieben Jahre und sechs Monate!« wiederholte Hampti Dampti gedankenvoll. »Ein unbequemes Alter. Also, hättest du mich um Rat gefragt, dann hätte ich dir gesagt: ›Halt an bei Sieben‹ – aber nun ist es zu spät.«

»Beim Älter-werden brauche ich keine Ratschläge«, lehnte Alice entrüstet ab.

»Zu stolz?« mußtmaßte ihr Gesprächspartner.

Diese Vermutung empörte Alice noch mehr. »Ich will damit sagen«, erläuterte sie, »es bleibt einem gar nichts anderes übrig, als älter zu werden.«

»Bei *einem* mag das ja zutreffen«, räumte Hampti Dampti ein; »aber nicht bei *zweien.* Mit der richtigen Unterstützung hättest du bestimmt mit sieben aufhören können.«

»Was haben Sie da einen schönen Gürtel!« bemerkte Alice unvermittelt. (Mit dem Thema Alter hatten sie sich ihrer Meinung nach lange genug aufgehalten: und wenn sie wirklich abwechselnd das Thema bestimmen konnten, dann war *sie* jetzt an der Reihe.) »Oder vielmehr«, korrigierte sie sich nach einem zweiten Eindruck, »eine hübsche Krawatte, hätte ich wohl besser sagen sollen – nein, doch ein Gürtel, scheint mir – ich bitte um Entschuldigung!« fügte sie betroffen hinzu, so schrecklich beleidigt blickte Hampti Dampti drein, und sie hatte nur den einen Wunsch, sie hätte das Thema nicht angeschnitten. »Wenn ich doch nur wüßte«, grübelte sie vor sich hin, »wo sein Hals und wo seine Taille ist!«

Offensichtlich war Hampti Dampti schrecklich wütend, obwohl er eine ganze Weile nichts dazu sagte. Als er schließlich wieder *sprach,* war ein unüberhörbares Knurren in seiner Stimme.

»Es ist – *schon – allerhand*«, beschwerte er sich schließlich, »wenn einer eine Krawatte nicht einmal von einem Gürtel unterscheiden kann!«

»Ich weiß ja, das war sehr dumm von mir«, gestand Alice so zerknirscht, daß Hampti Dampti einlenkte.

»Natürlich ist es eine Krawatte, mein Kind, und dazu noch

717

eine sehr hübsche, wie du festgestellt hast. Sie ist ein Geschenk vom Weißen König und der Weißen Königin. Da staunst du, was?«

»Wahrhaftig?« wunderte sich Alice und war sehr froh, daß sie ihre Themenwahl trotz allem noch gut getroffen hatte.

»Sie haben sie mir geschenkt«, erläuterte Hampti Dampti gedankenvoll, wobei er die Beine übereinanderschlug und die Hände über einem Knie faltete, »sie haben sie mir geschenkt – als Ungeburtstagsgeschenk.«

»Ich bitte um Verzeihung?« stutzte Alice.

»Ich bin nicht beleidigt«, meinte Hampti Dampti.

»Ich meine, was *ist* das denn: ein Ungeburtstagsgeschenk?«

»Ein Geschenk natürlich, was du bekommst, wenn du nicht Geburtstag hast.«

Alice grübelte darüber eine Weile nach. »Also, ich mag am liebsten Geburtstagsgeschenke«, entschied sie schließlich.

»Du hast ja keine Ahnung davon!« schrie Hampti Dampti. »Wie viele Tage hat das Jahr?«

»Dreihundertfünfundsechzig«, sagte Alice.

»Und wie viele Geburtstage hast du in der Zeit?«

»Einen.«

»Und was kommt heraus, wenn du eins von dreihundertfünfundsechzig abziehst?«

»Dreihundertvierundsechzig natürlich.«

Hampti Dampti blickte etwas ungläubig drein. »Das möchte ich doch lieber schwarz auf weiß haben«, verlangte er.

Alice konnte sich eines Lächelns nicht erwehren, während sie ihr Notizbuch zückte und es ihm vorrechnete:

$$\begin{array}{r} 365 \\ -\ \ 1 \\ \hline 364 \end{array}$$

Hampti Dampti nahm das Buch und prüfte die Rechnung. »Das scheint ja ganz korrekt zu sein ... « begann er.

»Sie halten es ja verkehrt herum!« unterbrach Alice.

»Habe ich es mir doch gedacht!« freute sich Hampti Dampti, während sie es für ihn wendete. »Es sah mir schon ein bißchen komisch aus. Wie ich bereits bemerkte, das *scheint* ja ganz korrekt zu sein – ich habe jetzt allerdings keine Zeit, es einer genaueren Prüfung zu unterziehen – jedenfalls bedeutet das, daß es dreihundertvierundsechzig Tage gibt, an denen du ein Ungeburtstagsgeschenk bekommen könntest...«

»Schon wahr«, gab Alice zu.

»Und nur *einen* für Geburtstagsgeschenke, klar. Das ist dir doch eine Gloriole!«

»Ich habe keine Ahnung, was Sie unter ›Gloriole‹ verstehen«, gestand Alice.

Hampti Dampti lächelte verächtlich. »Natürlich nicht – erst wenn ich es dir sage. Ich habe damit gemeint: ›Das ist ein hübscher, schlagender Beweis gegen dich!‹«

»Aber ›Gloriole‹ bedeutet doch nicht ›ein hübscher, schlagender Beweis‹«, gab Alice zu bedenken.

»Wenn *ich* ein Wort verwende«, behauptete Hampti Dampti hochmütig, »dann hat es genau die Bedeutung, die ich haben will – nicht mehr und nicht weniger.«

»Die Frage ist«, wandte Alice ein, »ob man das einfach machen *kann*, einem Wort so viele verschiedene Bedeutungen geben.«

»Die Frage ist«, korrigierte Hampti Dampti, »wer das Sagen hat – das ist alles.«

Alice war viel zu verwirrt, als daß sie darauf eine Antwort wußte; und so sprach Hampti Dampti nach kurzer Pause weiter. »Sie sind sehr eigenwillig, wenigstens manche – besonders die Verben: die sind am eingebildetsten – mit Adjektiven kannst du ja alles machen, aber nicht mit Verben – gegen *mich* kommt die ganze Bande jedoch nicht an! Undurchdringlichkeit! *Ich* habe gesprochen!«

»Würden Sie mir bitte erklären«, sagte Alice, »was das bedeutet?«

»Jetzt sprichst du wie ein verständiges Kind«, freute sich Hampti Dampti. »Mit ›Undurchdringlichkeit‹ meine ich, daß wir bei diesem Thema lange genug verweilt haben und daß es ganz passend wäre, wenn du deine weiteren Absichten kund tätest, denn ich nehme nicht an, daß du hier Wurzeln schlagen willst.«

»Das Wort hat aber eine ganze Menge Bedeutungen auf einmal«, wunderte sich Alice.

»Wenn ich einem Wort solch eine Last aufbürde«, erläuterte Hampti Dampti, »dann bekommt es natürlich einen Zuschlag von mir.«

»Oh!« machte Alice. Sie war viel zu verwirrt für eine andere Bemerkung.

»Ach, du solltest einmal sehen, wie sie am Samstag abend bei mir vorbeikommen«, meinte Hampti Dampti und wakkelte wichtig mit dem Kopf hin und her, »um ihren Lohn abzuholen, weißt du.«

(Nach der Form des Lohnes wagte Alice nicht zu fragen; du siehst also ein, daß ich *dir* das nicht sagen kann.)

»Sie scheinen sich ja ziemlich gut darauf zu verstehen, Wörter zu erklären, mein Herr«, sagte Alice. »Würden Sie mir freundlicherweise die Bedeutung des Gedichts erklären, das den Titel ›Schepperwocki‹ hat?«

»Laß hören«, befahl Hampti Dampti. »Ich kann alle Gedichte erklären, die jemals ersonnen worden sind – und eine ganze Menge, denen das Ersonnen-werden noch bevorsteht.«

Das klang ja ganz vielversprechend, und Alice sagte die erste Strophe auf:

> *'S war brollig und schleimdig Teufs*
> *rumbten und korkten in Genäuern:*
> *ganz jämmsig war'n die Bürogreufs;*
> *und die meimen Raffels gräuern.*

»Das ist erst mal genug«, unterbrach Hampti Dampti, »da sind ja schon eine ganze Menge schwerer Wörter. ›*Brollig*‹ bedeutet vier Uhr nachmittags – die Zeit also, zu der man mit dem *Brodeln* von Sachen für das Abendessen beginnt.«

»Das paßt sehr gut«, freute sich Alice, »und ›*schleimdig*‹?«

»Nun, ›*schleimdig*‹ bedeutet ›schleimig und geschmeidig‹. Siehst du, das ist wie bei einem Koffer – du packst zwei Bedeutungen in ein Wort.«

»Ist mir jetzt klar«, bemerkte Alice nachdenklich, »und was sind ›*Teufs*‹?«

»Also, ›*Teufs*‹ sind so etwas wie Dachse – sie haben etwas von einer Eidechse – und eine Ähnlichkeit mit Korkenziehern.«

»Die müssen aber sehr komisch aussehen.«

»Na, und ob«, bestätigte Hampti Dampti, »sie bauen ihre Nester nämlich unter Sonnenuhren – außerdem leben sie von Käse.«

»Und was bedeutet ›rumben‹ und ›korken‹?«

»›Rumben‹ heißt, sich immer rund um etwas bewegen. ›Korken‹ nennt man das Bohren von Löchern wie ein Korkenzieher.«

»Und ›das Genäuer‹ ist dann wohl der freie Platz um die Sonnenuhr?« rief Alice und war von ihrem eigenen Scharfsinn überrascht.

»Klar. Der Platz heißt ›Genäuer‹, weil man von da am genauesten die Uhrzeit ablesen kann, von wo man auch guckt, sei es von rechts oder von links...«

»Und von vorne natürlich auch«, warf Alice ein.

»Ganz genau sogar. Also weiter: ›jämmsig‹ ist ›jämmerlich und emsig‹ (da hast du ein weiteres Kofferwort). Und ein ›Bürogreuf‹ ist ein dürrer, schäbig aussehender Vogel, bei dem die Federn überall kreuz und quer stecken – gleicht am ehesten noch einem lebenden Mop.«

»Und die ›meimen Raffels‹?« fragte Alice. »Ich fürchte, ich gehe Ihnen mit meiner Fragerei allmählich auf die Nerven.«

»Nun, ein ›Raffel‹ ist so eine Art grünes Schwein: aber bei ›meimen‹ bin ich mir nicht ganz sicher. Meiner Ansicht nach ist es die Kurzform von ›mein Heim‹ – was wohl bedeutet, daß sie den Weg nach Hause suchen.«

»Und was bedeutet nun noch ›gräuern‹?«

»Also, ein ›Gräuern‹ ist so ein Laut zwischen Bellen und Pfeifen mit einem Geniese mittendrin: vielleicht hörst du es ja einmal – in dem Wald da unten – und wenn du es dann gehört hast, dann erübrigen sich weitere Fragen. Von wem hast du denn diesen schweren Brocken?«

»Ich habe es in einem Buch gelesen«, erklärte Alice. »Aber *aufgesagt* hat mir auch schon jemand ein Gedicht, das war viel leichter als dieses – es war wohl Dideldei.«

»Apropos Gedichte«, sagte Hampti Dampti und gestikulierte mit seiner großen Hand, »*ich* sage Gedichte so schön wie jeder andere auf, was das betrifft…«

»Oh, das ist nicht nötig!« warf Alice hastig ein, in der Hoffnung, ihm das ausreden zu können.

»Ich trage nun ein Werk vor«, verkündete er, ohne ihren Einwurf zu beachten, »das allein zu deinem Vergnügen geschrieben worden ist.«

Alice war nur zu klar, daß sie in diesem Fall einfach zuhören *mußte;* also setzte sie sich nieder und bemerkte ziemlich niedergeschlagen: »Danke schön.«

> *Im Winter, wenn die Felder weiß,*
> *sing ich dir dieses Lied mit Fleiß –*

ich singe es aber gar nicht«, fügte er erklärend hinzu.

»Das sehe ich«, seufzte Alice.

»Wenn du *sehen* kannst, ob ich singe oder nicht, mußt du ja wahre Adleraugen besitzen«, bemerkte Hampti Dampti streng. Alice sagte nichts.

> *Im Frühling, wenn die Wälder grün,*
> *dann werd ich's dir erklären kühn:*

»Herzlichen Dank«, warf Alice ein.

> *Im Sommer, wenn die Tage lang,*
> *verstehst du vielleicht den Gesang:*

> *im Herbst, wenn braun die Blätter sind,*
> *dann schreibe dieses auf geschwind.*

»Liebend gern, wenn ich es so lange behalten kann«, zweifelte Alice.

»Unterlaß bitte diese Zwischenbemerkungen«, protestierte Hampti Dampti: »Sie sind nicht originell und bringen mich nur aus dem Konzept.«

Ich sandte Botschaft zu dem Fisch:
›Das ist mein Wunsch!‹ gebieterisch.

Die Fische in der See ganz tief
sandten als Antwort mir 'nen Brief.
Es war ein kurzer Satzesteil:
›Wir können nicht‹, so hieß es, ›weil...‹

Ich schickte Botschaft, die besagt':
›Ist klüger, wenn ihr das nicht wagt!‹

Der Fische Antwort war ein Grinsen:
›Euch geht die Haltung in die Binsen!‹

Ich mahnte ein- und noch einmal:
sie achteten nicht das Signal.

Ich holte einen Topf mir nun,
der wohl geeignet für mein Tun.

In meiner Brust dröhnt Herzgeklopf:
Ich füllte Wasser in den Topf.

Dann sagte einer, den ich traf:
›Die kleinen Fische sind im Schlaf.‹

Ich sagte zu ihm, sagte: ›Ach,
ich bitte dich, mach sie doch wach.‹

Ich sagte laut es und sonor,
ich schrie es ihm direkt ins Ohr.

Bei diesem Vers steigerte sich Hampti Damptis Stimme fast zu
einem Schrei, und schaudernd dachte Alice: »Für *nichts* auf
der Welt hätte ich dieser Bote sein mögen!«

Doch er voll Stolz nur an mich schaut'
und sprach: ›So schrei doch nicht so laut!‹

Und blickte stolz und sehr solenn
und sagte: ›Schön, ich weck sie, wenn...‹
Ich nahm den Öffner von dem Brett:
›Ich hol sie selber aus dem Bett!‹

Als ich die Tür geschlossen fand,
da schlug und trat ich penetrant.

Ich fand verschlossen dieses Loch,
so drückte ich die Klinke, doch...

Es folgte eine lange Pause.

»Ist das alles?« erkundigte sich Alice schüchtern.

»Das ist alles«, bestätigte Hampti Dampti. »Auf Wiedersehen.«

Das kommt aber plötzlich, dachte Alice: aber nach diesem *eindeutigen* Wink mit dem Zaunpfahl, daß sie gehen solle, hielt sie es kaum für schicklich, länger zu bleiben. Also erhob sie sich und streckte die Hand aus. »Auf Wiedersehen, bis zum nächsten Mal!« verabschiedete sie sich so freundlich wie nur möglich.

»Ich würde dich nicht wiedererkennen, sollte es ein nächstes Mal *geben*«, nörgelte Hampti Dampti und reichte ihr einen Finger zum Abschied: »Du bist genau wie alle anderen.«

»Im allgemeinen orientiert man sich da an dem Gesicht«, bemerkte Alice sinnend.

»Darauf bezieht sich ja gerade meine Klage«, erläuterte Hampti Dampti. »Du hast ein Dutzendgesicht – da die beiden Augen...« (und mit dem Daumen deutete er sie in der Luft an) »Nase in der Mitte, Mund darunter. Immer dasselbe. Wenn du nun beide Augen auf einer Seite der Nase hättest, mal als Beispiel – oder den Mund oben – *das* wäre eine Gedächtnisstütze.«

»Schön wär' das aber nicht«, widersprach Alice. Doch Hampti Dampti schloß nur die Augen und empfahl: »Warte erst den Versuch ab.«

Alice wartete einige Augenblicke, ob er noch etwas sagen wolle, aber da er nicht einmal die Augen öffnete und keinerlei Notiz mehr von ihr nahm, verabschiedete sie sich noch einmal mit »Auf Wiedersehen!« und da sie keine Antwort erhielt, machte sie sich leise davon: aber dabei mußte sie einfach das Urteil fällen: »Das ist die allerniederschmetterndste...« (und sie wiederholte es noch einmal ganz laut, wobei ihr das lange Bandwurmwort Trost zuzusprechen schien) »...das ist die allerniederschmetterndste Bekanntschaft, die ich *jemals* gemacht...« Der Satz blieb unbeendet, denn in diesem Augenblick erschütterte ein gewaltiger Schlag den Wald von vorne bis hinten.

VII. KAPITEL

Der Löwe und das Einhorntier

Im nächsten Augenblick kamen auch schon Soldaten durch den Wald gerannt, zuerst zu zweit, dann zu dritt, danach zehn oder zwanzig auf einen Haufen und schließlich solch eine Horde, daß der Wald von ihnen überzuquellen schien. Alice flitzte hinter einen Baum, da sie überrannt zu werden fürchtete, und beobachtete ihren Vorbeimarsch.

In ihrem ganzen Leben hatte sie wohl noch nie Soldaten gesehen, die so unsicher auf ihren Beinen standen: immer wieder stolperten sie über dies oder das, und sobald einer zu Boden ging, fielen etliche auf ihn drauf, so daß in kurzer Zeit der Waldboden mit vielen kleinen Menschenhaufen bedeckt war.

Dann hatten die Pferde ihren Auftritt. Als Vierfüßler bewältigten sie die Strecke besser als die Fußsoldaten: aber selbst *sie* strauchelten dann und wann: und als eherne Regel schien zu gelten, daß, wann immer ein Pferd strauchelte, der Reiter auf der Stelle herabfiel. Das Tohuwabohu wurde immer größer, und Alice war nur allzu erleichtert, als sie zu einer Lichtung kam, wo sie den Weißen König am Boden sitzend vorfand, der geschäftig in sein Notizbuch schrieb.

»Ich habe sie alle gesandt!« rief der König bei Alicens Anblick entzückt. »Bist du zufällig meinen Mannen begegnet, meine Liebe, als du durch den Wald gegangen bist?«

»Na, und ob«, bestätigte Alice, »es werden wohl etliche tausend gewesen sein.«

»Viertausendzweihundertundsieben ganz genau«, präzisierte der König, wobei er sein Notizbuch konsultierte. »Alle

Pferde konnte ich nämlich nicht senden, weil zwei im Spiel gebraucht werden. Und die beiden Läufer habe ich auch noch nicht gesandt. Sie sind beide in die Stadt gegangen. Guck doch mal die Straße hinunter, ob du einen von ihnen sehen kannst.«

»Auf der Straße sehe ich niemand«, berichtete Alice.

»Ach, hätte *ich* doch nur solche Augen!« klagte der König. »Niemand sehen zu können! Und dann noch auf die Entfernung! Ach ja, und *ich* muß mich schon gewaltig anstrengen, wenn ich bei diesem Licht wirkliche Leute sehen will!«

All' das hatte Alice nicht mitbekommen, die immer noch eifrig die Straße hinunterspähte, wobei sie ihre Augen mit der Hand beschattete. »Jetzt sehe ich jemanden!« rief sie schließlich aus. »Doch der kommt ziemlich langsam herangeschlichen – und was für komische Verrenkungen der macht!« (Denn der Läufer hüpfte stetig auf und ab und schlängelte sich wie ein Aal, während er näherkam, wobei er seine großen Hände fächerartig spreizte.)

»Das ist ganz normal«, behauptete der König. »Er ist ein preußischer Läufer – und so vollführt er den preußischen Drill. Das tut er aber nur, wenn er heiter ist. Sein Name ist Hoppel.«

»Ich liebe meinen Liebsten mit H«, zitierte Alice unwillkürlich, »denn er ist Heiter. Ich hasse ihn mit H, denn er ist Häßlich. Zu essen kriegt er – er – er Hamburger und Heu. Sein Name ist Hoppel, und er wohnt...«

»Er wohnt auf dem Hügel«, ergänzte der König glattweg, ohne zu realisieren, daß er sich an einem Spiel beteiligt hatte, während Alice immer noch an einer Stadt überlegte, die mit H anfing. »Der andere Läufer heißt Hutter. Ich brauche nämlich zwei – für's Kommen und Gehen. Einer kommt und einer geht.«

»Bitteschön?« wunderte sich Alice.

»Bitten schickt sich nicht«, stellte der König fest.

»Ich meine damit, ich habe nicht verstanden«, erläuterte Alice. »Wieso kommt einer und wieso geht einer?«

»Habe ich dir das nicht schon gesagt?« nörgelte der König mißmutig. »Ich brauche nämlich *zwei* – zum Holen und zum Bringen. Einer holt und einer bringt.«

In diesem Augenblick kam der Läufer heran: er war zu sehr außer Atem, um ein Wort hervorzubringen, konnte nur mit den Händen herumfuchteln und zu dem armen König hin die fürchterlichsten Grimassen schneiden.

»Diese junge Dame hier liebt dich mit H«, stellte der König Alice vor und hoffte, des Läufers Aufmerksamkeit von sich abzulenken – doch es war sinnlos – der preußische Drill zeigte nur noch absonderlichere Auswirkungen, während die großen Augen dazu wild hin und her rollten.

»Du ängstigst mich!« flehte der König. »Ich fühl mich schon ganz schwach – gib mir einen Hamburger!«

Woraufhin der Läufer einen Beutel öffnete, der ihm um den Hals hing, was Alice sehr belustigte, und dem König einen Hamburger reichte, der ihn gierig verschlang.

»Noch einen!« befahl der König.

»Jetzt habe ich nur noch Heu!«, erklärte der Läufer, »während er in den Beutel spähte.

»Dann also Heu«, murmelte der König kaum hörbar.

Erleichtert registrierte Alice, daß er sich wieder ziemlich erholte.

»Wenn du einen Schwächeanfall hast, dann ist Heu unvergleichlich«, unterrichtete sie der König mit vollem Mund.

»Ich meine ja, ein kalter Guß würde Ihnen besser tun«, schlug Alice vor, »oder etwas Riechsalz.«

»Ich habe ja nicht behauptet, daß es nichts *Besseres* gibt«, erwiderte der König. »Ich habe ja nur gesagt, daß es nichts *Vergleichbares* gibt.« Was Alice nicht zu bestreiten wagte.

»Wer ist dir auf dem Weg begegnet?« erkundigte sich der König und bedeutete dem Läufer mit der Hand, daß er noch mehr Heu wünsche.

»Niemand«, antwortete der Läufer.

»Ganz recht«, bestätigte der König, »die junge Dame hat ihn nämlich auch gesehen. Folglich läuft niemand langsamer als du.«

»Ich gebe mein Bestes«, protestierte der Läufer. »Bestimmt läuft niemand schneller als ich!«

»Das ist unmöglich«, meinte der König, »denn dann wäre er als erster hier gewesen. Doch da du inzwischen etwas verschnauft hast, magst du uns berichten, was in der Stadt geschehen ist.«

»Ich werde es flüstern«, bot der Läufer an, formte die Hände zu einer Art Sprachrohr und legte sie dem König ans Ohr. Alice bedauerte dies, denn sie wollte auch die Neuigkeiten hören. Doch statt zu flüstern, schrie er mit seiner gesamten Stimmkraft: »Sie haben schon wieder damit angefangen!«

»*Das* nennst du flüstern?« kreischte der arme König, sprang auf und schüttelte sich. »Wenn du dich noch einmal unterstehst, das zu tun, landest du im Butterfaß! Das ging mir ja durch und durch wie ein Erdbeben!«

»Das wäre aber ein ganz winziges Erdbeben gewesen!« dachte Alice. »Wer hat schon wieder angefangen?« wagte sie zu fragen.

»Nun, der Löwe und das Einhorn natürlich«, erläuterte der König.

»Fechten sie um die Krone?«

»Na klar doch«, bestätigte der König, »und das lustigste ist, daß die Krone die ganze Zeit über in *meinem* Besitz ist! Wir gehen hin und sehen uns das an.« Und sie liefen los, wobei Alice für sich das alte Lied aufsagte:

> *Der Löwe mit dem Einhorn hat gerungen um die Krone:*
> *Der Löwe hetzt' das Einhorn um die Stadt, in der ich wohne.*
> *Man reichte ihnen Apfelkraut, man reichte auch Zitrone:*
> *Man reichte Pudding, trommelte sie dann hinaus zum Lohne.*

»Bekommt – der Gewinner – denn – dann auch – die Krone?« keuchte sie, denn vom Laufen war sie ganz außer Atem.

»Aber nicht doch!« wehrte der König ab. »Was für ein Gedanke!«

»Würdet Ihr bitte – so gut sein . . . « röchelte Alice, nachdem sie ein Stück weiter gelaufen waren, ». . . und eine Minute anhalten – nur um etwas – Atem zu schöpfen?«

»So *gut* wäre ich schon«, sagte der König, »ich bin nur nicht stark genug. Verstehst du, eine Minute saust so schrecklich schnell dahin. Ebenso vergeblich könnte man versuchen, einen Bänderang anzuhalten!«

Zu weiteren Worten hatte Alice keine Luft mehr, also liefen sie schweigend weiter, bis sie zu einer großen Versammlung kamen, in deren Mitte der Löwe und das Einhorn rangen. Sie waren in eine derartige Staubwolke gehüllt, daß Alice zuerst gar nicht erkennen konnte, wer wer war; aber bald schon identifizierte sie das Einhorn durch sein Horn.

Sie stellten sich gleich neben Huttel, den anderen Läufer, der mit einer Teetasse und einem Butterbrot in den Händen den Kampf beobachtete.

»Er ist gerade aus dem Gefängnis entlassen worden, und mit seinem Tee war er noch nicht fertig, als man ihn hineingeworfen hat«, wisperte Hoppel zu Alice hin, »und weil sie dadrinnen nur Austernschalen bekommen – so hat er jetzt natürlich großen Hunger und Durst. Wie geht es dir, mein lieber Junge?« fuhr er fort und umarmte Huttel liebevoll.

Huttel blickte sich um, nickte und widmete sich wieder seinem Butterbrot.

»War es schön im Gefängnis, mein Junge?« erkundigte sich Hoppel.

Abermals blickte sich Huttel um, und diesmal rannen ihm ein, zwei Tränen die Wangen hinunter; doch er sagte kein einziges Wort.

»Kannst du nicht reden!« rief Hoppel ungehalten. Aber Huttel kaute weiterhin ungerührt und nahm einen Schluck Tee.

»Willst du nicht reden!« rief der König. »Wie steht der Kampf?«

Huttel strengte sich gewaltig an und verschluckte einen großen Bissen Brot. »Er steht ganz prima«, krächzte er halberstickt, »jeder ist ungefähr siebenundachtzigmal zu Boden gegangen.«

»Dann bringen sie wohl bald das Weißbrot und das Schwarzbrot?« warf Alice keck dazwischen.

»Das ist bereits da«, erklärte Huttel, »ich esse gerade ein Stück davon.«

Gerade da wurde der Kampf unterbrochen, und der Löwe und das Einhorn ließen sich keuchend nieder, während der König verkündete: »Zehn Minuten Erfrischungspause gewährt!« Hoppel und Huttel machten sich unverzüglich daran, Tabletts mit Weiß- und Schwarzbrot herumzureichen. Alice probierte ein Stück, doch es war ihr *viel* zu trocken.

»Meiner Meinung nach werden die heute nicht mehr weiterkämpfen«, mutmaßte der König gegenüber Huttel: »Geh und ordne den Trommeleinsatz an.« Und Huttel hüpfte davon wie eine Heuschrecke.

Eine Weile stand Alice schweigend da und sah hinter ihm her. Dann strahlte sie plötzlich über das ganze Gesicht. »Seht nur, seht!« rief sie und zeigte eifrig mit dem Finger. »Da zieht die Weiße Königin über das Land! Sie kam gerade aus dem Wald da unten geflogen – wie *schnell* diese Königinnen laufen können!«

»Zweifellos ist irgendein Feind hinter ihr her«, vermutete der König, ohne sich überhaupt umzusehen. »Der Wald da wimmelt nur so von ihnen.«

»Aber warum rennt Ihr dann nicht hin und helft ihr?« fragte Alice sehr erstaunt, daß er so gelassen reagierte.

»Zwecklos, ganz zwecklos!« meinte der König. »Die rennt ja so schrecklich schnell. Ebensogut könnte man versuchen, einen Bänderang zu fangen! Aber wenn du meinst, hinterlasse ich ihr eine Nachricht – sie ist ein liebes, nettes Geschöpf«, sagte er vor sich hin, während er das Notizbuch aufschlug. »Wird ›Geschöpf‹ eigentlich mit zwei ›e‹ geschrieben?«

In diesem Augenblick schlenderte das Einhorn, die Hände in den Hosentaschen, an ihnen vorbei. »Ich war doch diesmal Sieger?« meinte es zum König und sah ihn im Vorbeigehen kurz an.

»Ein bißchen – ein bißchen«, stammelte der König nervös. »Mit dem Horn hättest du ihn aber nicht unbedingt durchbohren müssen.«

»Das macht dem nichts«, versetzte das Einhorn gleichmütig und es wollte schon weitergehen, als sein Blick zufällig auf

Alice fiel: auf der Stelle drehte es sich um und betrachtete sie lange ganz angeekelt.

»Was – ist – das?« stieß es schließlich hervor.

»Das ist ein Kind!« erklärte Hoppel zuvorkommend und stellte sich vor sie hin, um sie vorzustellen, wobei er beide Hände in typisch preußischer Drillhaltung nach ihr ausstreckte. »Wir haben es erst heute entdeckt. In Lebensgröße und doppelt so echt!«

»Und ich dachte immer, das wären monsterartige Fabelwesen!« wunderte sich das Einhorn. »Ist es etwa noch lebendig?«

»Es kann sogar sprechen«, verkündete Hoppel feierlich.

Das Einhorn sah Alice ungläubig an und befahl: »Sprich, Kind!«

Alice konnte ein Lächeln nicht unterdrücken, als sie entgegnete: »Wissen Sie, ich habe eigentlich Einhörner immer für monsterartige Fabelwesen gehalten. Ich habe noch nie ein lebendes gesehen.«

»Naja, jetzt *haben* wir jedenfalls einander gesehen«, freute sich das Einhorn, »wenn du an mich glaubst, glaube ich auch an dich. Ist das nicht ein guter Vorschlag?«

»Ja, wenn Sie meinen«, stimmte Alice zu.

»Na, nun laß schon endlich den Schokoladenkuchen auffahren, alter Knochen!« ermunterte das Einhorn den König. »Und bleib mir mit deinem Brot vom Leib!«

»Sofort – sofort!« murmelte der König und winkte Hoppel zu sich. »Mach den Beutel auf!« flüsterte er. »Schnell! Nein, nicht den – der ist doch voller Heu!«

Hoppel nahm einen großen Kuchen aus dem Beutel und ließ ihn Alice halten, während er noch eine Kuchenplatte und ein Kuchenmesser hervorzog. Wie das alles da hineingepaßt hatte, war Alice ein Rätsel. Sie hielt das ganze für einen Taschenspielertrick.

Unterdessen war der Löwe hinzugetreten: er wirkte sehr müde und kaputt, und seine Augen waren halb geschlossen. »Was ist denn das?« erkundigte er sich mit tiefer, dumpfer

Stimme, die wie eine große Glocke klang, während er träge zu Alice hin linste.

»Ja, was mag es wohl sein?« rief das Einhorn enthusiastisch. »Da kommst du nie drauf! Selbst *ich* mußte passen.«

Der Löwe fixierte Alice gelangweilt. »Bist du ein Tier – ein Gemüse – oder ein Mineral?« forschte er und gähnte nach jeder Vermutung.

»Das ist ein monsterartiges Fabelwesen!« klärte das Einhorn den Löwen auf, ehe Alice antworten konnte.

»Dann teil den Schokoladenkuchen aus, Monster«, ordnete der Löwe an, legte sich hin und stützte das Kinn auf die Tatzen. »Und ihr setzt euch beide hin«, (zum König und zum Einhorn): »Und den Kuchen gerecht aufteilen, damit wir uns verstehen!«

Der König fühlte sich auf seinem Platz zwischen den beiden mächtigen Geschöpfen sichtbar ungemütlich, aber es gab für ihn keine andere Sitzmöglichkeit.

»*Jetzt* könnte man schön um die Krone kämpfen!« meinte das Einhorn und blinzelte zur Krone hin, die dem armen König fast vom Kopf fiel, so sehr zitterte er.

»Da würde ich ja mit Leichtigkeit gewinnen«, prahlte der Löwe.

»Ich wäre mir da nicht so sicher«, warnte das Einhorn.

»Ach, ich würde dich doch um die ganze Stadt hetzen, du Feigling!« behauptete der Löwe ärgerlich und hatte sich schon halbwegs erhoben.

Hier lenkte der König ein, um weiteren Streit zu unterbinden. Er war sehr verängstigt, und seine Stimme zitterte. »Um die ganze Stadt?« wunderte er sich. »Das ist aber weit. Wart ihr schon mal an der alten Brücke oder am Marktplatz? Den schönsten Blick hat man von der alten Brücke.«

»Kann ich nicht mitreden«, knurrte der Löwe und legte sich wieder. »Da war zuviel Staub, um etwas zu sehen. Das Monster läßt sich aber mit dem Kuchenschneiden Zeit!«

Alice hatte sich, die Kuchenplatte auf den Knien, an ein Bächlein gesetzt und fuhrwerkte emsig mit dem Messer herum. »Er ist sehr widerspenstig!« entschuldigte sie sich, als Antwort auf die Bemerkung des Löwen (an die Bezeichnung »Monster« hatte sie sich bereits gewöhnt.) »Ich habe schon etliche Stücke abgeschnitten, aber sie sind immer wieder zusammengewachsen!«

»Du verstehst dich eben nicht auf Spiegel-Kuchen«, bemerkte das Einhorn. »Reiche ihn zuerst herum und schneide ihn anschließend.«

Das klang unsinnig, aber sehr gehorsam stand Alice auf und reichte die Platte herum, und der Kuchen teilte sich dabei in drei Stücke. »Jetzt schneide ihn«, sagte der Löwe, als sie mit der leeren Platte an ihren Platz zurückging.

»Ich protestiere!« rief das Einhorn, als sich Alice kopfschüttelnd mit dem Messer an die Arbeit machte. »Der Löwe hat von dem Monster doppelt soviel bekommen wie ich!«

»Jedenfalls hat sie sich selbst gar nichts genommen«, stellte der Löwe fest. »Magst du keinen Schokoladenkuchen, Monster?«

Ehe Alice noch antworten konnte, setzten die Trommeln ein.

Woher der Lärm kam, konnte sie nicht feststellen: die Luft schien davon erfüllt, und

es ging ihr durch und durch, bis sie fast taub war. Im Nu war sie auf den Beinen und sprang in ihrem Schrecken über ein Bächlein und sah gerade noch, wie sich der Löwe und das Einhorn ärgerlich erhoben, da man ihr Mahl unterbrochen hatte, ehe sie sich auf die Knie niederließ und sich mit den Händen die Ohren zuhielt, um sich vor dem schrecklichen Lärm zu schützen.

»Wenn *das* Getrommel sie nicht aus der Stadt treibt«, dachte sie bei sich, »dann hilft wohl gar nichts!«

VIII. KAPITEL

»Das ist meine ureigene Erfindung!«

Nach einer Weile schien der Lärm allmählich abzuebben, bis
schließlich Totenstille herrschte, und besorgt blickte Alice auf.
Da war niemand mehr, und zuerst dachte sie, sie hätte vom
Löwen, dem Einhorn und diesem komischen preußischen
Läufer nur geträumt. Die große Kuchenplatte jedoch, auf der
sie den Schokoladenkuchen hatte teilen wollen, lag immer
noch zu ihren Füßen. »Also war es doch kein Traum«, sagte sie
bei sich, »es sei denn – ja, es sei denn, wir wären alle Teil desselben Traums. Hoffentlich ist es wenigstens *mein* Traum und
nicht der vom Schwarzen König! Ich möchte nicht im Traum
irgendeines anderen sein«, fuhr sie ziemlich betrübt fort: »Ich
hätte große Lust, einfach zu ihm zu gehen und ihn zu wecken,
nur um zu sehen, was dann passiert!«

In diesem Augenblick wurden ihre Überlegungen von
einem lauten Geschrei: »Ahoi! Ahoi! Schach!« unterbrochen
und ein Ritter in schwarzer Rüstung stürmte auf sie los, wobei
er eine schwarze Keule schwang. Direkt vor ihr zügelte er sein
Pferd: »Du bist meine Gefangene!« schrie der Reiter und
stürzte vom Pferd.

Trotz ihres Schreckens hatte Alice in diesem Augenblick
mehr Angst um ihn als um sich selbst und sah ihm ziemlich
besorgt dabei zu, wie er wieder aufstieg. Sobald er aber einigermaßen im Sattel saß, verkündete er abermals. »Du bist
mei...« doch hier fiel eine andere Stimme ein: »Ahoi! Ahoi!
Schach!« Und ziemlich erstaunt blickte sich Alice nach dem
neuen Gegner um.

Diesmal war es ein Weißer Ritter. An Alicens Seite hielt er
an und stürzte ebenso wie der Schwarze Ritter zuvor vom

Pferd: dann stieg er wieder auf, und die beiden Ritter saßen da und blickten eine Zeitlang einander schweigend an. Einigermaßen verwirrt betrachtete Alice erst den einen, dann den anderen.

»Sie ist *meine* Gefangene, ist das klar!« erklärte der Schwarze Ritter schließlich.

»Zugegeben, aber dann bin *ich* gekommen und habe sie gerettet!« entgegnete der Weiße Ritter.

»Naja, dann müssen wir eben um sie kämpfen«, stellte der Schwarze Ritter fest, griff nach seinem Helm (der an seinem Sattelknopf hing und in etwa einem Pferdekopf glich) und setzte ihn auf.

»An die Duell-Regeln werdet Ihr Euch natürlich halten?« wollte der Weiße Ritter noch wissen, während er ebenfalls den Helm aufsetzte.

»Wie immer«, gab der Schwarze Ritter Bescheid, und sie schlugen mit einer derartigen Wucht aufeinander los, daß Alice hinter einem Baum Schutz vor ihren Schlägen suchte.

»Wie mögen bloß die Duell-Regeln aussehen«, sagte sie sich, während sie vorsichtig aus ihrem Versteck spähte und den Kampf beobachtete. »Eine Regel scheint jedenfalls, wenn ein Ritter den anderen trifft, stößt er ihn vom Pferd; und wenn er daneben haut, fällt er selbst – und als weitere Regel gilt wohl, die Keulen so zu halten, als wären sie Kasper und der Räuber. Was das für einen Lärm macht, wenn die fallen! Als wenn ein Ständer mit Schüreisen und allem drum und dran in den Rost kippt! Und wie ruhig sich die Pferde verhalten! Sie lassen sie einfach auf- und absteigen, als wenn sie Tische wären!«

Alice war noch nicht aufgefallen, daß eine weitere Duell-Regel zu besagen schien, daß sie nur auf den Kopf fallen durften; und derart fielen sie auch beide Seite an Seite herunter, womit der Kampf endete. Dann standen sie auf, schüttelten sich die Hände, der Schwarze Ritter bestieg sein Pferd und galoppierte davon.

»Das war doch mal ein ruhmreicher Sieg!« keuchte der Weiße Ritter und trat näher.

»Na, ich weiß nicht so recht«, zweifelte Alice. »Jedenfalls will ich keine Gefangene sein, von wem auch immer. Ich will Königin werden.«

»Wirst du ja auch, wenn du den nächsten Bach überquert hast«, beruhigte sie der Weiße Ritter. »Ich werde dich sicher bis zum Waldrand geleiten – und dann muß ich zurück. So endet nämlich mein Zug.«

»Vielen Dank«, sagte Alice. »Kann ich dir beim Abnehmen deines Helmes helfen?« Denn das überforderte ihn offensichtlich: doch ihr gelang es schließlich, ihn herauszuschütteln.

»Jetzt fällt einem endlich das Atmen nicht mehr so schwer«, freute sich der Ritter, strich sein struppiges Haar mit beiden

Händen zurück und wandte Alice ein sanftes Gesicht mit großen, freundlich blickenden Augen zu. Sie meinte, einen so
merkwürdig aussehenden Mann noch nie in ihrem Leben
gesehen zu haben.

Er steckte in einer Zinn-Rüstung, die ihm sehr schlecht
paßte, und ein merkwürdig geformtes Holzkistchen hatte er
mit der Öffnung nach unten und offenem Deckel an den
Schultern befestigt. Alice betrachtete es voller Neugierde.

»Dir gefällt wohl mein Kästchen«, meinte der Ritter freundlich. »Das ist meine ureigene Erfindung – darin bewahre ich
Kleidung und Butterbrote auf. Du siehst ja wohl, daß ich es
mit der Öffnung nach unten trage, damit sie nämlich bei
Regen nicht naß werden.«

»Aber so fällt doch alles *raus*«, bemerkte Alice behutsam.
»Wißt Ihr denn nicht, daß der Deckel offen ist?«

»Ist mir nicht aufgefallen«, bekannte der Ritter, und Ärger
beschattete sein sonniges Gemüt. »Dann müssen ja alle
Sachen rausgefallen sein! Und ohne sie ist die Kiste wertlos.«
Mit diesen Worten band er sie los und wollte sie schon ins
Gebüsch werfen, als ihm plötzlich etwas einzufallen schien
und er sie sorgfältig an einen Baum hing. »Kannst du erraten,
warum ich das tue?« fragte er Alice.

Alice schüttelte den Kopf.

»In der Hoffnung, daß einige Bienen darin ein Nest bauen –
dann bekäme ich nämlich Honig.«

»Aber Ihr habt doch schon einen Bienenkorb – oder was
Ähnliches – da am Sattel hängen«, wunderte sich Alice.

»Ja, und zwar einen besonders schönen Bienenkorb«, unterstrich der Ritter, »den besten seiner Art. Aber keine einzige
Biene ist auch nur in seine Nähe gekommen. Und das andere
da ist eine Mausefalle. Die Mäuse verprellen meiner Meinung
nach die Bienen – oder die Bienen die Mäuse, wer weiß.«

»Ich habe mich schon gefragt, was die Mausefalle soll«,
sagte Alice. »Es ist wohl nicht sehr wahrscheinlich, daß es auf
einem Pferderücken Mäuse gibt.«

»Vielleicht nicht sehr wahrscheinlich«, gab der Ritter zu; »aber wenn sie *jemals* kommen sollten, will ich sie nicht überall herumlaufen haben.«

»Sieh mal«, fuhr er nach einer Pause fort, »es ist immer gut, wenn man auf *alles* vorbereitet ist. Deshalb trägt das Pferd auch diese Sporen um die Fesseln.«

»Aber wozu sind die denn gut?« erkundigte sich Alice sehr neugierig.

»Zum Schutz gegen Haifischbisse«, erwiderte der Ritter. »Das ist meine ureigenste Erfindung. Und nun hilf mir beim Aufsteigen. Ich will dich ja bis zum Waldrand geleiten – was soll die Kuchenplatte?«

»Die ist für den Schokoladenkuchen«, erwiderte Alice.

»Dann nehmen wir sie besser mit uns«, entschied der Ritter. »Sie wird nützlich sein, wenn uns unterwegs ein Schokoladenkuchen begegnet. Hilf mir, sie in den Sack zu stopfen.«

Diese Operation kostete ganz schön Zeit, obgleich Alice den Sack sehr geschickt aufhielt, denn der Ritter handhabte die Platte *sehr* ungeschickt: bei den ersten zwei, drei Versuchen fiel er stattdessen selbst hinein. »Der ist nämlich schon ziemlich voll«, erklärte er, nachdem sie sie endlich hineinbugsiert hatten; »in dem Sack sind ganz viele Kerzenhalter.« Und er befestigte ihn am Sattel, der schon mit gebündelten Möhren, Schürhaken und allem möglichen anderen beladen war.

»Ich hoffe, du hast dein Haar gut festgesteckt?« fuhr er fort, als sie loszogen.

»Nur auf die natürliche Weise«, meinte Alice lächelnd.

»Das wird kaum reichen«, zweifelte er besorgt. »Der Wind weht nämlich *äußerst* kräftig hier. So kräftig wie Suppe.«

»Habt Ihr etwa auch etwas erfunden, damit einem das Haar nicht vom Kopf geweht wird?« erkundigte sich Alice.

»Noch nicht«, erklärte der Ritter, »aber ich habe eine Idee, wie man es am Aus*fallen* hindert.«

»Da bin ich aber neugierig.«

»Zuerst stellt man eine Stange senkrecht auf«, erläuterte der Ritter. »Dann läßt man das Haar daran hochwachsen wie eine

Bohnenpflanze. Nun fällt das Haar aus dem Grunde aus, weil es *herab*hängt – es fällt nämlich nichts hinauf. Das ist meine ureigene Erfindung. Du kannst es ja mal selber ausprobieren.«

Bequem klang der Vorschlag ja gerade nicht, dachte Alice, und sie marschierte eine Zeitlang schweigend weiter, wobei sie über diese Idee nachsann und dann und wann stehenblieb, um dem armen Ritter wieder auf die Beine zu helfen, der wahrhaftig *kein* guter Reiter war.

Wann immer das Pferd hielt (was es sehr oft tat), fiel er vorne herunter; und sobald es weiterschritt (was es normalerweise ziemlich unvermutet tat) fiel er hinten herab. Ansonsten hielt er sich recht wacker, sieht man einmal von seiner Neigung ab, dann und wann seitlich herunterzufallen; und da er eine gewisse Vorliebe für jene Seite an den Tag legte, an der

744

Alice ging, hielt sie es für vorteilhafter, nicht *allzu* dicht neben dem Pferd zu gehen.

»Ich fürchte, sehr viel Reiterfahrung habt Ihr noch nicht«, wagte sie zu vermuten, als sie ihn nach seinem fünften Sturz aufsammelte.

Verwundert und von der Bemerkung ein wenig beleidigt sah der Ritter sie an. »Wie kommst du denn darauf?« fragte er, wobei er wieder in den Sattel klomm und sich dabei an Alicens Haar mit einer Hand festhielt, um nicht wieder auf der anderen Seite herabzufallen.

»Weil Leute mit viel Reiterfahrung nicht ganz so oft herabfallen.«

»Ich habe eine Menge Erfahrung«, entgegnete der Ritter würdevoll, »geradezu massenhaft!«

Darauf fiel Alice nichts Besseres ein als »Wahrhaftig?«, doch das sagte sie so herzlich wie nur möglich. Danach gingen sie schweigend weiter, der Ritter mit geschlossenen Augen, wobei er vor sich hinmurmelte, und Alice besorgt seinen nächsten Sturz erwartend.

»Die große Kunst beim Reiten«, rief der Ritter plötzlich und gestikulierte dabei mit seinem rechten Arm, »besteht darin, sicher die ... « Damit endet der Satz so unvermutet, wie er begonnen hatte, denn der Ritter fiel vor Alicens Füßen auf den Kopf. Diesmal war sie entsetzlich erschrocken und erkundigte sich besorgt, während sie ihm wieder auf die Beine half: »Ihr habt Euch hoffentlich nichts gebrochen?«

»Nichts Bemerkenswertes«, beruhigte sie der Ritter, so als machten ihm ein paar gebrochene Knochen nichts aus. »Die große Kunst beim Reiten, wie schon gesagt, besteht darin – sicher die Balance zu halten. Genau so, siehst du ... «

Er ließ die Zügel fahren und streckte beide Arme aus, um Alice zu zeigen, was er meinte, und diesmal fiel er, platsch, auf den Rücken, geradewegs unter die Pferdehufe.

»Massenhaft Erfahrung!« sagte er immer und immer wieder, während Alice ihn auf die Füße stellte. »Massenhaft Erfahrung!«

»Das ist doch wirklich zu albern!« rief Alice, die allmählich die Geduld verlor. »Ihr solltet Euch lieber ein Holzpferd auf Rädern anschaffen und nichts anderes!«

»Gehen die etwa sanfter?« erkundigte sich der Ritter sehr interessiert und schlang dabei rechtzeitig dem Pferd die Arme um den Hals, um einen abermaligen Sturz zu verhindern.

»Weit sanfter als ein lebendiges Pferd«, meinte Alice und konnte ein Gelächter nicht unterdrücken.

»Ich werde mir eins anschaffen«, versprach der Ritter nachdenklich. »Eins oder zwei – mehrere.«

Danach schwiegen sie kurze Zeit, und dann fuhr der Ritter fort: »Ich bin ein fabelhafter Erfinder. Nun, du hast es wahrscheinlich gar nicht registriert, wie nachdenklich ich ausgesehen habe, als du mich das letzte Mal aufgehoben hast?«

»Ein wenig ernster *schient* Ihr schon«, gab Alice zu.

»Also, gerade da habe ich eine neue Möglichkeit erfunden, wie man über ein Tor kommt – würdest du sie gerne hören?«

»Wahnsinnig gern«, sagte Alice höflich.

»Ich sage dir, wie ich darauf gestoßen bin«, meinte der Ritter. »Ich habe mir nämlich gesagt: ›Das einzige Problem sind die Füße, der *Kopf* ist bereits hoch genug.‹ Also lege ich zuerst meinen Kopf oben auf das Tor – damit ist der Kopf hoch genug – darauf mache ich einen Kopfstand – dann sind die Füße nämlich ebenfalls hoch genug – und schon bin ich drüben, klar?«

»Ja, drüben seid Ihr dann wahrscheinlich«, grübelte Alice, »aber haltet Ihr das nicht für ziemlich kompliziert?«

»Ich habe es noch nicht ausprobiert«, gab der Ritter zu; »deshalb weiß ich das nicht so genau – aber es *könnte* schon ein bißchen kompliziert sein.«

Dabei sah er so verärgert drein, daß Alice flugs das Thema wechselte. »Was für einen merkwürdigen Helm Ihr da habt!« stellte sie munter fest. »Habt Ihr den etwa auch erfunden?«

Stolz blickte der Ritter auf seinen Helm, der am Sattel hing. »Ja«, bestätigte er, »aber ich habe noch einen besseren erfunden – der sah wie ein Zuckerhut aus. Wenn ich den trug und vom Pferd fiel, war er vor mir auf dem Boden. Deshalb brauchte ich nämlich nur noch ein *ganz* kurzes Stück zu fallen. Dafür bestand allerdings die Gefahr, in ihn *hinein*zufallen. Einmal ist mir das passiert – und das schlimmste war, daß, bevor ich noch aufstehen konnte, der andere Weiße Ritter kam und ihn sich aufsetzte. Er hielt ihn wohl für seinen Helm.«

Dabei prägte ein so feierlicher Ausdruck des Ritters Gesicht, daß Alice nicht zu lachen wagte. »Da müßt Ihr ihm aber weh getan haben«, brachte Alice mühsam hervor, »wenn Ihr auf seinem Kopf wart.«

»Ich mußte ihm natürlich einen Tritt versetzen«, erläuterte der Ritter todernst. »Und darauf hat er den Helm wieder abgenommen – aber stundenlang dauerte es, mich herauszubekommen. Ich steckte darin so fest – so fest wie Ostern, verstehst du.«

»Aber das ist doch eine ganz andere Art Fest«, protestierte Alice.

Der Ritter schüttelte den Kopf. »Das war jede Art von fest, daß kann ich dir versichern!« sagte er. Dabei riß er vor lauter Erregung die Arme hoch, stürzte augenblicklich aus dem Sattel und fiel kopfüber in einen tiefen Graben.

Alice rannte zum Graben, um nach ihm zu sehen. Der Sturz hatte sie doch ziemlich überrascht, denn eine ganze Weile hatte er sich recht wacker gehalten, und sie fürchtete schon, diesmal könnte er sich wirklich ernsthaft verletzt haben. Doch obgleich sie nur noch seine Füße sehen konnte, war sie sehr erleichtert, als sie ihn mit seiner normalen Stimme weiterreden hörte. »Jede Art von fest«, wiederholte er, »aber es war unvorsichtig von ihm, den Helm eines anderen aufzusetzen – wenn der auch noch drin steckte.«

»Wie *könnt* Ihr überhaupt so seelenruhig weiterreden mit dem Kopf nach unten?« erkundigte sich Alice, während sie ihn an den Füßen herauszog und am Ufer plazierte.

Der Ritter reagierte mit Überraschung auf diese Frage. »Was macht es schon, wo mein Körper ist?« behauptete er. »Mein Geist arbeitet genauso weiter. Ja, im Gegenteil, je weiter mein Kopf nach unten hängt, desto produktiver bin ich bei meinen Erfindungen.«

»Und das allertollste war«, fuhr er nach einer Pause fort, »daß ich noch während des Fleischganges einen neuen Pudding erfunden habe.«

»Etwa rechtzeitig, um ihn zum Nachtisch zu servieren?« fragte Alice. »Also, das *wäre* wahrhaftig schnell!«

»Nun, nicht gerade als *nächsten* Gang«, gab der Ritter grübelnd zu: »Nein, als nächsten *Gang* bestimmt nicht.«

»Dann wird es ihn am nächsten Tag gegeben haben, denn ich nehme nicht an, daß Ihr zu einer Mahlzeit zweimal Pudding serviert?«

»Nun, nicht gerade am *nächsten* Tag«, wiederholte der Ritter wie zuvor: »Nicht gerade am nächsten *Tag*. Tatsächlich«, fuhr er mit gesenktem Kopf fort, und seine Stimme wurde immer leiser und leiser, »glaube ich nicht, daß der Pudding jemals hergestellt worden *ist*. Tatsächlich glaube ich nicht, daß der Pudding jemals hergestellt *wird!* Und dennoch war es als Erfindung ein raffinierter Pudding.«

»Welche Zutaten habt Ihr denn vorgesehen?« fragte Alice

und hoffte, ihn auf diese Weise aufzumuntern, denn die Erinnerung daran hatte ihn doch sehr bedrückt.

»Man nehme Löschpapier«, stöhnte der Ritter zur Antwort.

»Das klingt aber leider nicht sehr schmackhaft...«

»Dabei *bleibt* es ja nicht«, unterbrach er sie voller Eifer, »denn du kannst dir nicht vorstellen, was für einen Unterschied es ausmacht, wenn man es mit anderen Dingen mischt – wie etwa Schießpulver und Siegellack. Und hier muß ich dich jetzt leider verlassen.« Sie hatten soeben den Waldrand erreicht.

Alice blickte ganz verwirrt um sich: Ihre Gedanken waren immer noch beim Pudding.

»Du bist traurig«, stellte der Ritter besorgt fest: »Ich werde dir zum Trost ein Lied vorsingen.«

»Ist es sehr lang?« erkundigte sich Alice, denn sie hatte an diesem Tag schon einen ganzen Haufen Gedichte gehört.

»Lang ist es«, gestand der Ritter, »aber es ist sehr, *sehr* schön. Jedem, der mir dabei zuhört – dem treibt es entweder die Tränen in die Augen oder...«

»Oder was?« verlangte Alice zu wissen, denn der Ritter hatte plötzlich innegehalten.

»Oder nicht, verstehst du. Es heißt ›*Heringsschwanz*‹.«

»Aha, so lautet also der Name, nicht wahr?« versuchte Alice Interesse zu heucheln.

»Nein, das hast du nicht kapiert«, nörgelte der Ritter und sah verärgert drein. »So *heißt* sein Name bloß. Der wirkliche Name *lautet* ›*Der uralte Mann*‹.«

»Dann hätte ich also sagen müssen: ›So heißt also das Lied?‹« korrigierte sich Alice.

»Nein, keinesfalls, das ist was ganz anderes. Das *Lied* heißt ›*Wirken und Wissen*‹: aber so *heißt* es lediglich!«

»Also, was *ist* es denn jetzt endlich für ein Lied?« fragte die inzwischen völlig verwirrte Alice.

»Das wollte ich doch gerade sagen«, meinte der Ritter. »Es ist das Lied ›*Beim Sitzen auf dem Tor*‹: und die Melodie ist meine ureigene Erfindung.«

Mit diesen Worten hielt er sein Pferd an und ließ die Zügel über seinen Hals gleiten; dann schlug er mit der einen Hand langsam den Takt, und ein feines Lächeln erhellte sein sanftes, närrisches Gesicht in Vorfreude auf sein Lied, als er begann.

Von all den merkwürdigen Begebenheiten, mit denen Alice auf ihrer Reise durch das Spiegel-Land konfrontiert wurde, hat sich diese in ihrer Erinnerung am tiefsten eingeprägt. Noch Jahre später konnte sie sich die ganze Szene ins Gedächtnis zurückrufen, als hätte sie sie erst gestern erlebt – die milden blauen Augen und das freundliche Lächeln des Ritters – die untergehende Sonne, deren Strahlen durch sein Haar und auf seiner Rüstung derart glitzerten, daß sie ganz geblendet davon war – das Pferd, das mit verhangenen Zügeln ruhig herumging und das Gras zu ihren Füßen rupfte – und im Hintergrund die schwarzen Schatten des Waldes – all' dies nahm sie in sich auf wie ein Bild, während sie, die Augen mit einer Hand beschattend, an einem Baum lehnte, das seltsame Paar beobachtete und halb im Traum der melancholischen Melodie des Liedes lauschte.

»Aber die Melodie ist *nicht* seine ureigene Erfindung«, sagte sie zu sich: »die ist von ›*Macht hoch die Tür, die Tor macht weit*‹.« Sehr aufmerksam stand sie da und lauschte, doch keine Träne trat ihr in die Augen.

> *Ich sag' dir alles, was ich kann:*
> *'s ist wenig für dein Ohr.*
> *Ich sah 'nen ururalten Mann*
> *beim Sitzen auf dem Tor.*
> *»Wer bist du, Alter?« fragte ich.*
> *»Und wovon lebst du bloß?«*
> *Und seine Antwort prägte mich*
> *so wie das Sieb die Soß'.*

> *Er sprach: »Ich such den Schmetterling,*
> *der unterm Weizen ruht:*

ich mach daraus den Pfifferling,
    und den verkauf ich gut
an Menschen, die«, so sagte er,
    »das wilde Meer durchpflügen;
so schaffe ich mir mein Verzehr –
    wollt Ihr hinzu was fügen?«

Doch ich dacht' daran, meinen Bart
    bis unten grün zu streichen,
ein Fächer hätte mich bewahrt,
    daß Blicke mich erreichen.
So konnte ich die Bitte nicht
    erfüllen diesem Tropf,
schrie: »Wovon lebst du denn, du Wicht!«
    Und schlug ihm auf den Kopf.

Und er erzählte die Geschicht':
    »Ich gehe meinen Weg,
und kommt ein Sturzbach dann in Sicht,
    ich Feuer an ihn leg,
und so gewinne ich den Kram
    bekannt als Politur –
doch zahlen sie mir ganz infam
    dafür 'nen Pfennig nur.«

Doch ich bedachte das Problem,
    wenn ich ess' täglich Mett
mit Teig und dieses ganz extrem,
    würd' ich wohl werden fett.
Ich schüttelte ihn hin und her,
    bis sein Gesicht ward blau:
»Sag, war dein Leben denn so schwer,
    und was tust du genau?«

Er sprach: »Ich jag' den Heringsschwanz
    allhier in Wald und Flur,
daraus ich schöne Knöpfe stanz
    in stillen Nächten nur.
Und die verkauf' ich nicht für Gold
    noch helle Silberlinge,
für einen Pfennig, wenn Ihr wollt,
    geb ich Euch neun der Dinge.

Ich grabe oft nach Butterbrot
    und muß nach Krabben jagen,
dann suche ich nach grünem Jod
    als Räderschmier am Wagen.
Und so« (er zwinkert hin zu mir)
    »bin ich zu Geld gekommen –
und Euch zum Wohl trink' ich mein Bier,
    mög' Euch die Auskunft frommen.

Und da verstand ich, wie vom Most
der Schädel tat mir rauchen,
ich dachte, Brücken schützt vor Rost,
wenn wir in Wein sie tauchen.
Ich dankte ihm für den Bericht,
wodurch er kam zu Pinke,
besonders fiele ins Gewicht,
daß auf mein Wohl er trinke.

Und jetzo, wenn mir heiße Glut
die Finger schwer verletzt,
der rechte Fuß voll Übermut
den linken Schuh zerfetzt,
und fällt auf meinen dicken Zeh
ein Kilogramm Gewicht,
dann denke ich, den Tränen nah,
an jenen Alten, den ich sah –
der Blick so mild, die Rede rar,
und schneeweiß glänzte ihm das Haar,
er blickte wie ein Dromedar,
die Augen blitzten Feuer gar,
er hatte Schmerzen offenbar,
sein Körper ganz am Zittern war,
und Murmeln war sein Kommentar,
als hätt' im Mund er Kaviar,
er schnaufte wie ein Jaguar –
am Sommerabend vor viel' Jahr',
beim Sitzen auf dem Tor.

Während der Ritter diese letzten Worte der Ballade sang, nahm er schon die Zügel auf und drehte den Kopf seines Pferdes in die Richtung, aus der sie gekommen waren. »Nun hast du nur noch ein paar Meter vor dir«, erklärte er, »den Hügel hinab und über das Bächlein, und schon bist du Königin – aber du bleibst doch noch und siehst dir meinen Abgang an?«

fügte er hinzu, als Alice schon begierig in die gewiesene Richtung guckte. »Ich brauche nicht lange. Du kannst ja warten und mit dem Taschentuch winken, wenn ich da um die Ecke biege! Ich glaube nämlich, daß wird mir Mut machen.«

»Natürlich warte ich«, erklärte sich Alice bereit: »Und vielen Dank, daß Ihr mir so lange das Geleit gegeben habt – und auch für das Lied – das mir sehr gut gefallen hat.«

»Na, hoffentlich«, zweifelte der Ritter, »aber du hast nicht so viel geweint, wie ich erwartet habe.«

Dann gaben sie sich die Hand, und der Ritter ritt langsam in den Wald zurück. »Sein *Ab*gang wird ja wohl nicht lange dauern«, sagte Alice zu sich, während sie ihm zusah. »Schon passiert. Und wie gewöhnlich direkt auf den Kopf! Aber aufgestiegen ist er ja wieder ganz schnell – das liegt an dem vielen Kram, der da am Pferd herumhängt...« So führte sie weiter Selbstgespräche, während sie beobachtete, wie das Pferd gemächlich die Straße weiterspazierte, und der Ritter mal auf der einen, mal auf der anderen Seite herabfiel. Nach dem vierten oder fünften Sturz kam er an die Ecke, und sie winkte ihm mit dem Taschentuch zu und wartete, bis er verschwunden war.

»Ich hoffe nur, das hat ihm Mut gemacht«, wünschte sie sich, während sie sich umwandte und den Hügel hinabrannte: »Und nun auf zum letzten Bach, um Königin zu werden! Wie großartig das klingt!« nach wenigen Schritten stand sie am Ufer. »Endlich das achte Feld!« rief sie und sprang hinüber* und warf sich auf einen Rasen so weich wie Moos mit kleinen Blumenbeeten hier und da, um sich auszuruhen. »Ach, wie froh bin ich, endlich hier zu sein! Und was *ist* denn da auf meinem Kopf?« rief sie erschrocken, als ihre Hände etwas sehr Schweres ertasteten, das plötzlich fest auf ihren Kopf drückte.

»Aber wie *kann* das denn einfach ohne mein Wissen dahinkommen?« fragte sie sich, während sie es abnahm und sich in den Schoß legte, um zu sehen, worum es sich handelte.

Es war eine goldene Krone.

---

* AdÜ: Siehe im Nachwort, dort im Kapitel »Alice im Spiegelland«.

IX. KAPITEL

Königin Alice

»Das *ist* ja fabelhaft!« freute sich Alice. »Nicht im Traum hätte ich gedacht, daß ich so bald Königin werde – aber das muß ich Eurer Majestät doch sagen«, fuhr sie im strengen Tonfall fort (denn es hatte ihr immer schon Vergnügen bereitet, sich selbst auszuschimpfen), »es gehört sich einfach nicht, sich so im Gras herumzuflegeln! Königinnen müssen nämlich Würde bewahren!«

Also stand sie auf und schritt umher – zuerst noch ziemlich steifbeinig, da sie fürchtete, die Krone zu verlieren: aber dann beruhigte sie der Gedanke, daß ihr niemand zusah. »Und wenn ich wirklich Königin bin«, sagte sie, während sie sich wieder niederließ, »werde ich es mit der Zeit schon schaffen.«

Hier geschah alles so merkwürdig, daß sie sich nicht weiter wunderte, als sie plötzlich zwischen der Schwarzen und der Weißen Königin saß: liebend gern hätte sie die beiden gefragt, wie sie eigentlich dahingekommen waren, aber sie fürchtete, daß sei nicht ganz schicklich. Jedoch konnte es nicht schaden, wie sie dachte, nach dem Spielende zu fragen. »Würdet Ihr mir bitte sagen ...« wandte sie sich schüchtern an die Schwarze Königin.

»Sprich, wenn du gefragt wirst!« unterbrach die Königin sie heftig.

»Aber wenn jeder sich an die Regel hielte«, wandte Alice ein, denn zu einem kleinen Wortgeplänkel war sie immer aufgelegt, »und wenn Ihr also nur sprecht, wenn Ihr gefragt werdet, und der andere immer darauf wartet, daß *Ihr* beginnt, dann würde gar keiner mehr was sagen, so daß ...«

»Lächerlich!« schrie die Königin. »Ja, begreifst du denn nicht, Kind...« hier brach sie stirnrunzelnd ab und nach gedankenvollem Schweigen wechselte sie unvermittelt das Gesprächsthema. »Was meinst du eigentlich mit den Worten: ›Wenn ich wirklich Königin bin‹? Mit welchem Recht trägst du den Titel? Du kannst nämlich überhaupt keine Königin sein, ehe du nicht die entsprechende Prüfung abgelegt hast. Und je früher wir damit beginnen, um so besser.«

»Aber ich habe doch nur ›wenn‹ gesagt!« verteidigte sich Alice im Klageton.

Die beiden Königinnen sahen sich an, und die Schwarze Königin bemerkte erschaudernd: »Sie *sagt,* sie habe nur ›wenn‹ gesagt...«

»Sie hat weit mehr gesagt!« ächzte die Weiße Königin und rang die Hände. »Oh, so viel mehr als das!«

»Das wirst du doch wohl nicht abstreiten«, meinte die Schwarze Königin zu Alice. »Bleib immer bei der Wahrheit – denk bevor du sprichst – und schreibe es anschließend auf.«

»Aber das sollte doch gar nicht bedeuten...« hob Alice an, doch die Schwarze Königin unterbrach sie voller Ungeduld.

»Darum geht es ja gerade! Das *sollte* gerade etwas bedeuten! Was glaubst du wohl, wozu ein bedeutungsloses Kind gut ist? Wenn selbst ein Witz eine Bedeutung haben sollte – wieviel mehr ein Kind, das hoffentlich wichtiger als ein Witz ist. Das wirst du wohl nicht abstreiten können, selbst wenn du beide Hände zur Hilfe nimmst.«

»Ich streite nie etwas mit Hilfe meiner *Hände* ab«, widersprach Alice.

»Das hat auch niemand behauptet«, entgegnete die Schwarze Königin. »Ich habe lediglich gesagt, du könntest es nicht, selbst wenn du es probiertest.«

»Sie ist in einer Gemütsverfassung«, behauptete die Weiße Königin, »in der man *irgend etwas* abstreiten möchte – man weiß nur nicht, was!«

»Eine garstige, bösartige Stimmung«, urteilte die Schwarze Königin; und darauf folgte ein, zwei Minuten eine unbehagliche Stille.

Die Schwarze Königin brach das Schweigen, indem sie zur Weißen Königin sagte: »Ich lade Euch für heute abend zu Alicens Festessen ein.«

Die Weiße Königin lächelte leicht und stellte fest: »Und ich lade *Euch* ein.«

»Ich habe nicht mal gewußt, daß ich überhaupt ein Essen gebe«, wunderte sich Alice, »aber falls das *stimmt*, sollte *ich* doch wohl die Gäste einladen.«

»Gelegenheit haben wir dir dazu genug gegeben«, bemerkte die Schwarze Königin, »aber mir scheint, du hast noch nicht viel Benimm-Unterricht gehabt?«

»Benimm lernt man auch nicht im Unterricht«, widersprach Alice. »Im Unterricht lernt man Rechnen und all sowas.«

»Kannst du eigentlich zusammenzählen?« erkundigte sich die Weiße Königin. »Wieviel ist eins und eins und eins und eins und eins und eins und eins und eins und eins und eins?«

»Weiß ich nicht«, mußte Alice zugeben. »Ich bin nicht mitgekommen.«

»Sie kann also nicht zusammenzählen«, unterbrach die Schwarze Königin. »Kannst du wenigstens abziehen? Acht weniger neun.«

»Acht weniger neun kann ich nicht«, erwiderte Alice bereitwillig, »aber...«

»Sie kann also auch nicht abziehen«, stellte die Weiße Königin fest. »Kannst du teilen? Ein Brot geteilt durch ein Messer – was gibt *das?*«

»Ich nehme an...« begann Alice, doch die Schwarze Königin antwortete an ihrer Stelle. »Natürlich Butterbrot. Versuchen wir es noch einmal mit Abziehen. Zieh von einem Hund einen Knochen ab: was bleibt?«

Alice überlegte. »Der Knochen bleibt natürlich nicht, wenn ich ihn abziehe – und der Hund würde auch nicht bleiben: sondern würde kommen, um mich zu beißen – und *ich* würde bestimmt nicht bleiben!«

»Dann glaubst du also, daß nichts bleibt?« mutmaßte die Königin.

»Ich denke, das ist das Ergebnis.«

»Wieder einmal falsch«, tadelte die Schwarze Königin, »die Beherrschung des Hundes würde bleiben.«

»Aber wieso denn...«

»Also, paß auf!« rief die Schwarze Königin. »Der Hund würde doch die Beherrschung verlieren, nicht wahr?«

»Mag schon sein«, antwortete Alice vorsichtig.

»Wenn also der Hund weg ist, würde die Beherrschung zurückbleiben!« rief die Königin triumphierend aus.

Alice entgegnete so ernsthaft wie möglich: »Sie könnte ja ebenfalls ihrer Wege gehen.« Aber sie konnte sich des Gedankens nicht erwehren: »Was für einen schrecklichen Unsinn wir reden!«

»In Rechnen ist sie eine glatte Niete!« stellten die Königinnen im Chor sehr nachdrücklich fest.

»Könnt *Ihr* denn eigentlich rechnen?« erkundigte sich Alice plötzlich bei der Weißen Königin, denn soviel kritisiert zu werden schätzte sie gar nicht.

Die Königin schnappte nach Luft und schloß die Augen. »Ich kann zusammenzählen«, erklärte sie, »wenn man mir genug Zeit gibt – nur Abziehen kann ich unter *keinen* Umständen!«

»Natürlich beherrscht du das ABC?« unterstellte die Schwarze Königin.

»Da könnt Ihr sicher sein«, bekräftigte Alice.

»Ich auch«, wisperte ihr die Weiße Königin zu: »Wir werden es oft zusammen aufsagen, Liebes. Und ich vertraue dir auch ein Geheimnis an – ich kann schon Wörter mit zwei Buchstaben lesen. Ist das nicht toll? Mit der Zeit wirst du das auch noch schaffen.«

Hier meldete sich die Schwarze Königin wieder zu Wort. »Was ist mit deiner praktischen Erfahrung?« wollte sie wissen. »Wie wird Brot gebacken?«

»*Das* weiß ich!« rief Alice eifrig. »Man nehme etwas Hefe...«

»Was denn für Höfe?« erkundigte sich die Weiße Königin. »Hinterhöfe oder Schulhöfe!«

»Nicht Höfe, Hefe«, verbesserte Alice. »Die treibt den Teig...«

»Und wohin treibt sie den Teich?« wollte die Weiße Königin wissen. »Du solltest nicht so viel auslassen.«

»Fächel ihr Luft zu!« unerbrach die Schwarze Königin besorgt. »Nach so vielem Denken bekommt sie sonst Fieber.« Und auf der Stelle fächelten sie ihr mit zusammengesteckten Blättern Luft zu, bis Alice sie bat, aufzuhören, da ihr Haar so herumgewirbelt wurde.

»Jetzt ist sie wieder in Ordnung«, stellte die Schwarze Königin fest. »Kannst du Sprachen. Was heißt Humbug auf französisch?«

»Humbug ist doch nicht deutsch«, erwiderte Alice ernsthaft.

»Wer hat das behauptet?« meinte die Schwarze Königin.

Diesmal schien es Alice, als wüßte sie einen Ausweg aus dem Dilemma. »Wenn Ihr mir sagt, um welche Sprache es sich bei ›Humbug‹ handelt, sage ich Euch das französische Wort dafür!« rief sie triumphierend aus.

Aber die Schwarze Königin richtete sich ziemlich steif auf und meinte nur: »Königinnen lassen sich auf keinen Handel ein.«

»Ich wünschte eher, Königinnen ließen sich auf keine Ausfragereien ein«, dachte Alice bei sich.

»Wir wollen doch keinen Streit vom Zaun brechen«, wandte die Weiße Königin besorgt ein. »Aus welchem Grund blitzt es?«

»Die Ursache des Blitzes«, führte Alice entschlossen aus, denn da war sie sich ganz sicher, »ist der Donner – nein, nein!« korrigierte sie sich hastig. »Ich meinte es anders herum.«

»Dazu ist es zu spät«, tadelte die Schwarze Königin, »wenn man einmal was gesagt hat, steht das fest, und man muß die Folgen tragen.«

»Da fällt mir was ein«, überlegte die Weiße Königin, wobei sie den Blick senkte und nervös mit den Händen spielte, »wir hatten letzten Dienstag *solch* ein Gewitter – ich meine natürlich einen aus der letzten Horde der Dienstage.«

Alice war verwirrt. »In *unserem* Land«, merkte sie an, »gibt es zu einer Zeit auch nur immer einen Tag.«

Die Schwarze Königin kritisierte: »Was für ein armseliges und kümmerliches Verfahren. Wir haben *hier* fast immer zwei oder drei Tage und Nächte auf einmal und im Winter bringen wir es manchmal sogar auf fünf – nämlich von wegen der Kälte.«

»Sind denn wirklich fünf Nächte wärmer als eine?« wagte Alice zu fragen.

»Freilich, fünfmal so warm.«

»Aber nach dieser Regel könnten sie doch ebenso fünfmal so kalt sein...«

»Ganz recht!« kreischte die Königin. »Fünfmal so warm und fünfmal so kalt – ebenso wie ich fünfmal so reich wie du bin *und* fünfmal so gescheit!«

Alice seufzte und kapitulierte. »Das ist wie ein unlösbares Rätsel!« dachte sie.

»Hampti Dampti hat es ebenfalls erlebt«, ergänzte die Weiße Königin flüsternd, als spräche sie mehr zu sich selbst. »Er kam mit einem Flaschenöffner in der Hand an die Tür...«

»Und was wollte er?« erkundigte sich die Schwarze Königin.

»Er hat gesagt, er *wolle* hinein«, fuhr die Weiße Königin fort, »weil er nach einem Hippopotamus suche. Nun war an diesem morgen zufällig gerade keines im Haus.«

»Im allgemeinen also doch?« staunte Alice.

»Also, eigentlich nur donnerstags«, bekannte die Königin.

»Ich kann mir schon denken, was er wollte«, erklärte Alice: »Er wollte die Fische bestrafen, weil...«

Aber hier erzählte die Königin einfach weiter. »Es war ein *solches* Gewitter, du kannst es dir nicht denken!« (»Das kann sie doch *sowieso* nicht«, warf die Schwarze Königin ein.) »Und Dachpfannen flogen durch die Gegend, und eine ganze Menge Donner brach ein – und rollte in einem großen Klumpen im Zimmer herum – riß Tische und alles Mögliche um – bis ich so verängstigt war, daß ich nicht einmal mehr meinen eigenen Namen wußte!«

Alice dachte bei sich: »Bei so einer Katastrophe käme ich gar nicht darauf, über meinen Namen nachzudenken! Wozu denn auch?« Aber sie unterdrückte die Bemerkung mit Rücksicht auf die Gefühle der armen Königin.

»Eure Majestät dürfen sie nicht ernst nehmen«, meinte die Schwarze Königin zu Alice, während sie die Hand der Weißen Königin ergriff und sie sanft streichelte: »Sie meint es gut, aber sie kann nichts dafür, daß sie im allgemeinen dummes Zeug redet.«

Die Weiße Königin sah schüchtern zu Alice hin, die das Gefühl hatte, irgend etwas Nettes sagen zu *müssen*, ihr fiel aber im Moment nichts ein.

»Sie ist niemals in den Genuß einer guten Erziehung gekommen«, ergänzte die Schwarze Königin: »Erstaunlicherweise ist sie trotzdem umgänglich. Tätschelt ihr doch mal den Kopf und dann werdet Ihr sehen, wie sie sich darüber freut!« Den Mut dazu brachte Alice jedoch nicht auf.

»Ein bißchen Freundlichkeit – ihr Haar wickeln – und schon ist sie glücklich...«

Die Weiße Königin seufzte tief und lehnte ihren Kopf an Alicens Schulter. »*Bin* ich müde!« stöhnte sie.

»Sie ist fix und fertig, das arme Ding!« klagte die Schwarze Königin. »Streicht ihr übers Haar – leiht ihr Eure Schlafmütze – und singt ihr ein beruhigendes Wiegenlied.«

»Ich habe keine Schlafmütze bei mir«, bedauerte Alice, während sie der ersten Anweisung nachzukommen versuchte: »Und ich kenne kein beruhigendes Wiegenlied.«

»Dann muß ich das eben selbst machen«, sagte die Schwarze Königin und hob an:

»Ruh, süße Dame, auf Alicens Knie
und schlaf bis zum Anfang der Fest-Melodie.
Und anschließend gehen wir dann noch zum Balle –
der Königin' zweie, Alice und alle!

Und jetzt kennst du eines«, fügte sie hinzu und lehnte sich
an Alicens andere Schulter, »dann sing es noch einmal für
mich. Ich werde nämlich jetzt auch müde.« Und im Nu waren
beide Königinnen fest eingeschlafen und schnarchten vernehmlich.

»Und was soll *ich* jetzt machen?« klagte Alice und sah ganz
fassungslos zu, wie erst der eine Rundkopf, dann der andere,
wie ein schwerer Klumpen von ihren Schultern in ihren
Schoß rollte. »Das ist bestimmt noch *nie* zuvor passiert, daß
jemand gleichzeitig zwei schlafende Königinnen bewachen
muß! Nein, nicht in der ganzen englischen Geschichte –
konnte nämlich gar nicht, da es nur immer eine Königin gab.
Wacht endlich auf, ihr Schwergewichte!« forderte sie ungeduldig, doch sie antworteten nur mit sanftem Schnarchen.

Das Schnarchen wurde von mal zu mal differenzierter und
klang eher nach einer Melodie: und schließlich konnte sie
sogar Wörter heraushören, und sie lauschte so begierig, daß
sie, als die beiden schweren Köpfe aus ihrem Schoß verschwanden, dieses kaum bemerkte.

Sie stand vor einer Tür mit Torbogen, auf dem die Worte
»KÖNIGIN ALICE« in Großbuchstaben geschrieben waren,
und zu beiden Seiten war ein Klingelzug angebracht; einer
trug die Aufschrift »Besucher-Klingel« und der andere
»Dienstboten-Klingel«.

»Ich warte bis zum Ende des Liedes«, dachte Alice, »und
dann ziehe ich die – die – ja, *welche* Klingel muß ich eigentlich
ziehen?« fuhr sie ratlos angesichts der Bezeichnungen fort.
»Ich bin kein Besucher, und ich bin auch kein Dienstbote. Da
sollte es noch eine mit der Aufschrift ›Königin‹ geben...«

Just da öffnete sich die Tür einen Spalt, und ein Wesen mit

einem langen Schnabel steckte kurz den Kopf heraus und sagte: »Kein Eintritt bis übernächste Woche!« und knallte die Tür wieder zu.

Alice klopfte und klingelte eine ganze Weile vergeblich; bis schließlich ein greiser Frosch, der unter einem Baum saß, aufstand und langsam auf sie zu humpelte: er war goldgelb gekleidet und trug gewaltige Stiefel.

»Was ist denn nun schon wieder los?« fragte er mit heiserer Flüsterstimme.

Alice fuhr herum, bereit, jeden zu schimpfen. »Wo steckt der Diener, der das Tor bewacht?« begann sie wütend.

»Welches Tor?« grummelte der Frosch.

Beinahe hätte Alice vor Entrüstung über seine lahme Redeweise mit dem Fuß aufgestampf. »*Dieses* Tor natürlich!«

Eine Zeitlang betrachtete der Frosch aus großen Augen uninteressiert das Tor: dann trat er näher und rieb mit dem Daumen daran, als wolle er die Festigkeit der Farbe prüfen, darauf sah er zu Alice hin.

»Das Tor bewachen? wiederholte er. »Rennt es denn sonst weg?« Er war so heiser, daß Alice ihn kaum verstehen konnte.

»Ich versteh dich nicht«, meinte Alice.

»Ich spreche doch deutsch, oder?« brummelte der Frosch. »Oder bist du etwa taub? Will es wegrennen?«

»Ach, Unsinn!« Alice wurde ungeduldig. »Ich habe nur angeklopft!«

»Dat ist schlecht – ganz schlecht...« knurrte der Frosch. »Dat mag es nämlich nich.« Darauf kam er näher und trat mit seinen großen Füßen gegen das Tor. »Laß *es* in Ruhe«, keuchte er, wäh-

rend er zurück zu seinem Baum humpelte, »dann läßt es *dich* nämlich auch in Ruhe.«

Gleichzeitig wurde die Tür aufgerissen, und man hörte eine schrille Stimme singen:

> *Im Spiegelland machte Alice bekannt:*
> *»Mein Haupt trägt die Krone, das Zepter die Hand.*
> *Die Tiere des Spiegels die treffe ich hier*
> *beim Mahl mit den Königinnen und mir!«*

Und hundert Stimmen fielen in den Refrain ein:

> *»Dann füllet die Gläser, doch bitte in Eil',*
> *und decket die Tafel mit Knöpfen und Seil:*
> *die Katz' in die Kann', die Maus in den Brei –*
> *hoch Königin Alice, hoch dreißig mal drei!«*

Darauf setzte ein tumultartiger Lärm von Hochrufen ein, und Alice dachte: »Dreißig mal drei sind neunzig. Ob da wohl jemand mitzählt?« Bald schon war alles wieder still, und dieselbe schrille Stimme sang die nächste Strophe:

> *»Oh, Wesen des Spiegels«, rief Alice, »herbei,*
> *die Ehr' mich zu sehen, zu hören ist frei:*
> *erweis euch die Ehre, zu sehen bei Tisch*
> *die Königin' zweie und dazu noch mich!«*

Darauf setzte der Refrain erneut ein:

> *»Dann füllet die Gläser mit Tinte und Met*
> *und alles, was ihr hier zum Trinken noch seht:*
> *mischt Sand in die Säfte, mischt Klee in den Wein –*
> *hoch Königin Alice, hoch neunzig mal neun!«*

»Neunzig mal neun!« wiederholte Alice verzweifelt. »O je, damit werden die ja nie fertig! Ich geh wohl besser hinein…« und bei ihrem Eintritt verstummten alle sogleich.

Alice trat in einen weitläufigen Saal und fixierte ängstlich den Tisch, an dem sie etwa fünfzig Gäste der verschiedensten Gattung bemerkte: das waren Vierbeiner, Vögel und dazwischen sogar einige Blumen. »Die sind wohl glücklicherweise alle auch ohne Einladung gekommen«, dachte sie: »Ich hätte gar nicht gewußt, wen man da überhaupt einläd!«

Am Kopfende standen drei Stühle: zwei Plätze hatten die Schwarze und die Weiße Königin bereits eingenommen, doch der mittlere war noch frei. Alice ließ sich dort nieder, wobei ihr die Stille wenig behagte, und sie nur wünschte, daß jemand etwas sagte.

Endlich machte die Schwarze Königin den Anfang. »Ihr habt die Suppe und den Fisch verpaßt«, bedauerte sie. »Man bringe den Braten!« Und die Diener servierten Alice eine Hammelkeule, die das Fleischstück besorgt musterte, denn sie hatte noch nie eines aufgeschnitten.

»Ihr wirkt ein wenig schüchtern: vielleicht darf ich Euch die Keule vorstellen«, bot die Schwarze Königin an. »Alice – Keule: Keule – Alice.« Die Hammelkeule erhob sich von der Platte und verbeugte sich kurz zu Alice hin; und Alice erwiderte den Gruß, nicht wissend, ob sie sich nun ängstigen oder amüsieren sollte.

»Darf ich Euch ein Stück vorlegen?« meinte sie, ergriff Messer und Gabel und blickte von einer Königin zur anderen.

»Untersteht Euch«, wies die Schwarze Königin sie zurecht: »Es entspricht nicht der Etikette, jemanden zu zerschneiden, dem man gerade erst vorgestellt worden ist. Man entferne den Braten!« Und die Diener servierten ihn ab und brachten an seiner Stelle einen großen Plumpudding.

»Dem Pudding möchte ich aber bitte nicht vorgestellt werden«, sprudelte Alice heraus, »sonst bekommen wir überhaupt kein Essen. Möchtet Ihr etwas?«

Doch die Königin blickte nur mißmutig drein und grummelte: »Pudding – Alice: Alice – Pudding. Man entferne den Pudding!« Und die Diener nahmen ihn so schnell weg, daß Alice nicht einmal seine Verbeugung erwidern konnte.

Nun sah sie aber ganz und gar nicht ein, daß allein die Schwarze Königin hier Befehle erteilen sollte, und so versuchte sie es selbst und rief: »Diener! Bring den Pudding zurück!« und wie durch einen Taschenspielertrick stand er im Nu wieder da. Es war so eine Menge, daß sie, wie schon bei der Hammelkeule, *etwas* verschüchtert dreinblickte, doch dann legte sie alle Zurückhaltung ab, schnitt ein Stück heraus und reichte es der Schwarzen Königin.

»Das ist ja allerhand!« protestierte der Pudding. »Wie würde es dir denn gefallen, wenn ich ein Stück aus *dir* herausschneiden würde, du Geschöpf du!«

Er sprach mit träger, talgiger Stimme, und Alice fehlten darauf einfach die Worte: sie konnte nur da sitzen, hinsehen und keuchen.

»Nun sagt schon was«, nörgelte die Schwarze Königin: »Es ist einfach lächerlich, dem Pudding das ganze Gespräch zu überlassen.«

»Ach wißt Ihr, ich habe heute schon so viele Gedichte anhören müssen«, begann Alice und war ein wenig erschrocken, als sie bemerkte, daß, sobald sie den Mund aufmachte, Totenstille herrschte, und aller Augen auf sie gerichtet waren; »und meiner Meinung nach gibt es da etwas sehr Merkwürdiges – jedes Gedicht handelte irgendwie von Fischen. Könnt Ihr mir vielleicht sagen, warum die alle hier so vernarrt in Fische sind?«

Diese Frage war an die Schwarze Königin gerichtet, deren Antwort allerdings kaum befriedigen konnte. »Was Fische angeht«, meinte sie langsam und feierlich mit dem Mund ganz nahe an Alicens Ohr: »Ihre Weiße Majestät kennt ein hübsches Rätsel – ganz in Reimen – nur über Fische. Soll sie es aufsagen?«

»Dieser Hinweis Eurer Schwarzen Majestät ist zu gütig«, gurrte die Weiße Königin in Alicens anderes Ohr wie eine Taube. »Das wäre *ganz* toll! Darf ich?«

»Ja, bitte.« gewährte Alice höflich.

Entzückt lachte die Weiße Königin und streichelte Alice über die Wange. Dann begann sie:

> ›*Erst an Land muß der Fisch.*‹
> *Das ist leicht: schon ein Kind kann ihn fangen.*
> ›*Dann kauft man ihn frisch.*‹
> *Das ist leicht: schon ein Pfennig kann langen.*
>
> ›*Den Fisch man nun koch!*‹
> *Das ist leicht, braucht wohl eine Minute.*
> ›*In die Schüssel er kroch!*‹
> *Worin er schon lange Zeit ruhte.*
>
> ›*Bring ihn auf den Tisch!*‹
> *Da, er leicht auf der Tafel nun lande.*
> ›*Nun entschüssel den Fisch!*‹
> *Oh, dazu seh ich mich* ganz *außerstande!*
>
> *Denn da krallte er sich*
> *in die Schüssel, als wie angebraten:*
> *Was ist leichter, so sprich?*
> *Die Schüssel vom Fisch? Der Schlüssel zum Raten?*

»Ihr habt eine Minute Zeit, darüber nachzudenken, und dann ratet«, ordnete die Schwarze Königin an. »Unterdessen werden wir auf Eure Gesundheit trinken – auf das Wohl von Königin Alice!« schrie sie so laut wie möglich, und sogleich begannen alle Gäste zu trinken, wenn auch auf die merkwürdigsten Arten: einige stülpten die Gläser wie Löschütchen über den

Kopf und tranken das, was vor ihrem Mund herunterlief – andere stießen die Karaffen um und tranken den Wein, sobald er über die Tischkante floß – und drei von ihnen (die wie Känguruhs aussahen) hüpften auf die Bratenplatte und schleckten eifrig die Soße auf, »genau wie Schweine am Trog!« dachte Alice.

»Ihr solltet als Dank für den Trinkspruch eine hübsche Rede halten«, empfahl die Königin und fixierte Alice stirnrunzelnd.

»Wir werden Euch den Rücken stärken«, wisperte die Weiße Königin, während Alice sehr gehorsam, aber auch furchtsam aufstand.

»Schönen Dank«, flüsterte sie zurück, »aber ich komme allein zurecht.«

»Etwas Rücken-stärken gehört sich einfach«, bestimmte die Schwarze Königin sehr entschieden: also fügte sich Alice lieber gutwillig.

»Und *wie* sie mir den Rücken gestärkt haben!« erzählte sie später, als sie ihrer Schwester von dem Festmahl berichtete. »Man hätte meinen können, sie wollten mich zusammenquetschen!«)

Tatsächlich fiel es ihr sehr schwer, während ihrer Rede auf ihrem Platz zu bleiben: die beiden Königinnen drückten ihr von beiden Seiten so sehr in den Rücken, daß sie fast in die Luft gegangen wäre. »Ich erhebe mich, um zu danken...« begann Alice: und dabei ging sie wirklich einige Zentimeter in die Höhe; doch sie konnte sich noch an der Tischplatte festhalten und wieder hinunterziehen.

»Paßt auf!« kreischte die Weiße Königin und verkrallte sich mit beiden Händen in Alicens Haar. »Da ist etwas im Gange!«

Und dann geschah (wie Alice es später beschrieb) alles auf einmal. Die Kerzen wuchsen zur Decke empor wie Schilfgräser mit einem Feuerwerk an der Spitze. »Jede Flasche bemächtigte sich zweier Teller, klebte sie sich als Flügel an und so flatterten sie mit Gabeln als Beinen in alle Richtungen davon:

»Und sie sehen wirklich wie Vögel aus«, dachte Alice bei sich, so gut sie das in dem schrecklichen Tohuwabohu, das nun einsetzte, überhaupt vermochte.

Gerade da vernahm sie ein heiseres Gelächter an ihrer Seite, und als sie sich umwandte, um nach der Weißen Königin zu sehen, saß an ihrer Stelle die Hammelkeule auf

dem Stuhl. »Ich bin hier!« schrie eine Stimme aus der Suppen-
schüssel, und Alice wandte sich gerade noch rechtzeitig um,
um zu sehen, wie das breite, gutmütige Gesicht der Königin
sie über den Rand der Schüssel hinweg einen Augenblick
angrinste, bevor es in der Suppe verschwand.

Nun galt es, keinen Augenblick zu verlieren. Schon waren
verschiedene Gäste in den Schüsseln gelandet, und die Sup-
penkelle kam auf Alicens Stuhl zugewackelt und bedeutete ihr
ungeduldig, zu verschwinden.

»Das mach' ich nicht länger mit!« schrie sie, während sie
aufsprang und das Tischtuch mit beiden Händen ergriff: ein
fester Ruck, und Teller, Schüsseln, Kerzen und Gäste wälzten
sich in einem Haufen auf dem Boden.

»Und nun zu *dir*«, drohte sie und wandte sich wütend an die
Schwarze Königin, in der sie den Verursacher des ganzen
Unglücks vermutete – doch die Königin war auch nicht mehr
an ihrer Seite – denn sie war plötzlich auf Puppengröße geschrumpft und lief nun fröhlich auf dem Tisch herum, hinter
ihrem eigenen Schal her, der hinter ihr her schleifte.

Zu einer anderen Zeit hätte sich Alice darüber gewundert,
aber sie war viel zu aufgeregt, um sich *inzwischen* über irgend
etwas zu wundern. »Nun zu dir«, wiederholte sie und konnte
das kleine Wesen gerade noch fangen, als es über eine Flasche
hüpfen wollte, die noch auf dem Tisch geblieben war, »ich
spiele mit dir Schüttelbaum, bis du eine Katze wirst, daß das
klar ist!«

X. KAPITEL

Schüttelbaum

Dabei nahm sie sie vom Tisch und schüttelte sie mit aller Kraft hin und her.

Die Schwarze Königin ließ es wehrlos über sich ergehen: nur ihr Gesicht wurde immer kleiner und die Augen wurden groß und grün: und während Alice sie weiter schüttelte, wurde sie kürzer – und dicker – und weicher – und runder – und –

XI. KAPITEL

Aus der Traum

– und schließlich *war* es tatsächlich ein Kätzchen.

XII. KAPITEL

Wer hat hier geträumt?

»Eure Schwarze Majestät sollten nicht so laut schnurren«, tadelte Alice, sich die Augen reibend, das Kätzchen respektvoll, aber dennoch streng. »Ihr habt mich aus einem ach! so hübschen Traum aufgeweckt! Und du warst die ganze Zeit dabei, Mieze – in dem ganzen Spiegelland. Hast du das gewußt, Liebes!«

Nun herrscht bei Kätzchen die Unsitte vor (wie Alice früher schon einmal feststellen mußte), daß sie, was man auch immer sagt, einfach *nur* schnurren. »Wenn sie wenigstens für ›ja‹ schnurren und für ›nein‹ miauen würden oder irgend so etwas Geregeltes«, hatte sie damals festgestellt, »so daß man eine vernünftige Unterhaltung führen könnte! Aber wie *kann* man schon mit einer Person reden, die *immer* das gleiche sagt?«

Und wieder einmal schnurrte das Kätzchen vor sich hin: und man konnte unmöglich erraten, ob es ja oder nein meinte.

So stöberte Alice zwischen den Schachfiguren auf dem Tisch herum, bis sie die Schwarze Königin gefunden hatte: dann kniete sie auf dem Kaminvorleger nieder und stellte Kätzchen und Königin einander gegenüber. »Nun, Mieze!« rief sie und klatschte triumphierend in die Hände. »Gib zu, du hast dich in sie verwandelt!«

(»Aber sie hat nicht einmal hingeguckt«, erzählte sie später, als sie ihrer Schwester die Umstände erklärte: »Sie wandte sich ab und tat so, als sähe sie sie nicht: aber ein *bißchen* beschämt wirkte sie doch, deshalb glaube ich, sie *muß* einfach die Schwarze Königin gewesen sein.«)

»Setz dich mal ein wenig aufrecht, Liebes!« rief Alice fröhlich lachend. »Und mach einen Knicks, während du überlegst, was du – was du für Schnurren erzählst. Das spart Zeit, denk dran!« Und sie nahm es und gab ihm ein Küßchen: »Nur eine Ehrung für die ehemalige Schwarze Königin.«

»Schneeglöckchen, mein Liebling!« fuhr sie fort und betrachtete über ihre Schulter hinweg das Weiße Kätzchen, das immer noch geduldig die Reinigung über sich ergehen ließ, »wann wird Dinah wohl endlich mit Ihrer Weißen Majestät fertig sein? Das war bestimmt der Grund, warum sie in meinem Traum so unordentlich war. Dinah! Weißt du denn eigentlich, daß du da die Weiße Königin schrubst? Also das ist wahrhaftig äußerst respektlos!«

»Ich frage mich, in wen sich Dinah verwandelt hat?« plapperte sie weiter vor sich hin, während sie es sich auf dem Teppich bequem machte, das Kinn auf die Hand stützte und dem Kätzchen zuschaute. »Sag mal, Dinah, warst du vielleicht Hampti Dampti? Ich *glaube,* du warst es – sag das aber bitte noch nicht deinen Freundinnen, denn so ganz sicher bin ich nicht.«

»Übrigens, Mieze, wenn du mit mir in meinem Traum gewesen wärest, hätte dir *eines* bestimmt gefallen – ich habe nämlich eine ganze Menge Gedichte gehört, alle über Fische! Morgen früh habe ich für dich eine Überraschung. Die ganze Zeit, während du frühstückst, werde ich dir das Gedicht ›Das Walroß und der Zimmermann‹ aufsagen; und dann kannst du dir vorstellen, du würdest Austern essen, Liebes!«

»Nun wollen wir doch einmal darüber nachdenken, Mieze, wer das eigentlich alles geträumt hat. Das ist eine tiefschürfende Frage, mein Liebes, und da solltest du bestimmt *nicht* so deine Pfoten lecken – als ob Dinah dich heute morgen nicht gewaschen hätte! Sieh mal, Mieze, entweder *muß* ich es oder der Schwarze König gewesen sein. Natürlich kam er in meinem Traum vor – aber ich kam auch in seinem Traum vor! *War* ich jetzt in seinem Traum, Mieze? Du warst seine Frau, mein Liebes, du solltest es also wissen – ach, Mieze, hilf mir doch bei der Lösung! Deine Pfoten können doch sicher warten!« Aber das unausstehliche Kätzchen widmete sich nur der anderen Pfote und tat so, als hätte es die Frage nicht gehört.

Was glaubst *du* denn, wie es war?

*Am Nachmittage schwamm das Boot,
Ließ wiegen sich ganz unbedroht
Im Traum ins Juli Abendrot –

Charmant drei Mädchen saßen still,
Ein jedes sehn und hören will,
Paßt auf bei der erzählten Grill' –

Lang schon der Sonne Schein ist bleich,
Echoes verschwunden, Schattenreich:
Am Herbst erfror der Julie gleich.

Sie sucht, mag sein, im Geist noch mich,
Alice unterm Himmelsstrich,
Niemals ein Abend diesem glich.

Charmante Drei, ihr habt geliehn
Eifrig die Ohren meinem Spleen,
Lieb' war die Ursach', wie mir schien.

Im Wunderland, da herrscht der Trug
Des Tagtraums, er vergeht im Flug,
Des Sommers Traum zu Grab ich trug;

Es fließt noch still des Stromes Schaum
Leicht auf den Wellen, wie ein Saum –
Lebt etwa jetzt der schöne Traum?

Der Wesper
mit der Perücke

Nach ein paar Schritten stand sie am Ufer*, und sie wollte gerade hinüberspringen, als sie einen tiefen Seufzer hörte, der aus dem Gehölz hinter ihr zu kommen schien.

»Da ist wohl jemand *sehr* unglücklich«, dachte sie und blickte sich besorgt um, weil sie sehen wollte, was los war. Eine Art uralter Mann (nur sein Gesicht glich eher einer Wespe) saß ganz zusammengekauert gegen einen Baum gelehnt auf der Erde und zitterte, also ob ihm sehr kalt wäre.

»Ich glaube *eigentlich* nicht, daß ich ihm irgendwie von Nutzen sein kann«, war Alicens erster Gedanke, während sie sich wieder umwandte, um über den Bach zu springen: »Aber ich will ihn wenigstens fragen, was los ist«, fügte sie hinzu und hielt genau am Uferrand inne. »Wenn ich erst einmal hinübergesprungen bin, ist alles verwandelt, und dann kann ich ihm nicht mehr helfen.«

So ging sie zum Wesper zurück – wenn auch ziemlich widerstrebend, denn sie war *sehr* erpicht darauf, Königin zu werden.

»Oh, meine Knochen, meine alten Knochen!« klagte er, als Alice zu ihm hintrat.

»Anscheinend handelt es sich um Rheumatismus«, dachte Alice, und sie beugte sich über ihn und fragte sehr freundlich: »Ich hoffe, du hast keine allzu großen Schmerzen?«

Der Wesper wandte nur achselzuckend den Kopf weg. »Oh jemine!« sagte er vor sich hin.

»Kann ich etwas für dich tun?« fuhr Alice fort. »Ist dir nicht ziemlich kalt?«

---

* AdÜ: Siehe im Nachwort, dort im Kapitel »Alice im Spiegelland«. Es sei erlaubt, an dieser Stelle ohne bevormundend sein zu wollen, freundlichst darauf hinzuweisen, daß sich dieser Text nach dem Lesen des Nachwortkapitels erst vollständig zu erkennen gibt.

»Wie du dich anstellst!« sagte der Wesper verdrießlich. »Mache, Mache! So ein Kind ist mir noch nicht vorgekommen!«

Durch diese Entgegnung fühlte sich Alice ziemlich beleidigt, und sie wollte schon weitergehen und ihn sich selbst überlassen, aber dann dachte sie bei sich: »Vielleicht ist es nur der Schmerz, der ihn so gereizt macht.« So machte sie einen weiteren Versuch.

»Soll ich dir nicht auf die andere Seite helfen? Dann sitzest du nämlich nicht mehr im kalten Wind.«

Der Wesper nahm ihren Arm und ließ sich von ihr um den Baum herumhelfen, aber als er sich wieder niedergelassen hatte, sagte er nur wie schon zuvor: »Mache Mache! Kannst du einen nicht sich selbst überlassen?«

»Möchtest du vielleicht etwas vorgelesen haben?« fuhr Alice fort, während sie eine Zeitung aufhob, die zu ihren Füßen gelegen hatte.

»Du kannst sie ja lesen, wenn du willst«, sagte der Wesper. »Niemand hindert dich daran, soviel *ich* weiß.«

Also setzte sich Alice zu ihm hin, breitete die Zeitung auf ihren Knien aus und begann. »*Letzte Nachrichten. Die Expedition hat neuerlich eine Reise in die Speisekammer unternommen und hat dabei fünf neue, weiße Zuckerwürfel entdeckt, riesig und in bestem Zustand. Bei der Rückreise...*«

»Irgendwas über braunen Zucker?« unterbrach der Wesper.

Alice überflog hastig die Zeitung und sage: »Nein. Hier steht nichts von braunem Zucker.«

»Kein brauner Zucker!« murrte der Wesper, »'ne schöne Expedition!«

»*Bei der Rückreise*«, las Alice weiter, »*stießen sie auf einen Sirupsee. Das Seeufer war blau und weiß und sah aus wie Porzellan. Als sie den Sirup probierten, kam es zu einem beklagenswerten Unfall: zwei Teilnehmer wurden verslungen...*«

»Wurden was?« fragte der Wesper sehr gereizt.

»Vers-lun-gen«, wiederholte Alice, indem sie das Wort in Silben zerlegte.

»So ein Wort gibt es nicht in unserer Sprache!« sagte der Wesper.

»Es steht aber in der Zeitung«, entgegnete Alice ein wenig schüchtern.

»Das reicht aber jetzt!« sagte der Wesper und wandte verdrießlich den Kopf weg.

Alice legte die Zeitung weg. »Ich fürchte, dir geht es nicht gut«, sagte sie beschwichtigend, »kann ich etwas für dich tun?«

»Es ist alles wegen der Perücke«, sagte der Wesper schon viel freundlicher.

»Wegen der Perücke?« wiederholte Alice, die ganz froh war, daß sich seine Laune gebessert hatte.

»Du wärest auch wütend, wenn du eine Perücke wie ich hätt'st«, fuhr der Wesper fort. »Sie alle hänseln einen. Und sie ärgert einen. Und dann wird ich wütend. Und dann werd mir kalt. Und ich kommen unter einen Baum. Und ich bekommen ein gelbes Taschentuch. Und ich binden es mir um mein Gesicht – so wie jetzt.«

Alice betrachtete ihn mit Bedauern. »Ein Tuch ums Gesicht ist sehr gut bei Zahnschmerzen«, sagte sie.

»Und es ist sehr gut für den Dünkel«, fügte der Wesper hinzu.

Alice hatte das Wort nicht genau verstanden. »Ist das eine Art Zahnschmerz?« fragte sie.

Der Wesper überlegte ein wenig. »Eigentlich nicht«, sagte er, »es ist, wenn du den Kopf hochhältst – *so* – ohne den Nakken zu beugen.«

»Oh, du meinst einen steifen Hals«, sagte Alice.

Der Wesper sagte: »Das ist ein neumodischer Name. Zu meiner Zeit nannte man es Dünkel.«

»Dünkel ist überhaupt keine Krankheit«, bemerkte Alice.

»Ist er doch«, sagte der Wesper. »Warte nur ab, bis du von ihm befallen bist, dann wirst du es wissen. Und wenn du ihn dir fängst, versuche dir ein gelbes Taschentuch um den Kopf zu binden. Das wird dich im Nu heilen!«

Während er sprach, nahm er das Taschentuch ab, und Alice betrachtete sehr erstaunt seine Perücke. Sie war leuchtend gelb wie das Taschentuch und ganz verheddert und zerzaust wie ein Haufen Seetang. »Deine Perücke würde viel hübscher aussehen«, sagte sie, »wenn du sie nur mit einem Kamm mit vielen Zähnchen bearbeiten würdest.«

»Was, bist du etwa eine Biene?« fragte der Wesper und betrachtete sie gleich mit mehr Interesse. »Und du hast Rähmchen. Viel Honig drin?«

»Das meine ich nicht«, erklärte Alice hastig. »Es ist zum Haarekämmen – deine Perücke ist nämlich mächtig zottelig.«

»Ich werde dir erzählen, wie ich dazu kam, sie zu tragen«, sagte der Wesper. »Weißt du, als junger Mann trug ich Locken...«

Da kam Alice ein kurioser Gedanke. Fast ein jeder, dem sie begegnet war, hatte ihr ein Gedicht aufgesagt, und so dachte sie, sie könne den Wesper auch dazu bewegen. »Würde es dir etwas ausmachen, es in Reimen zu erzählen?« fragte sie sehr höflich.

»Darin bin ich nicht sehr geübt«, sagte der Wesper. »Aber ich will es versuchen; ich bitte um etwas Geduld.« Er schwieg einige Augenblicke und hob dann wieder an:

> *Als junger Mann trug Locken ich,*
> *die reich umkräuselten den Schopf.*
> *Dann sagte man: ›Laß scheren dich,*
> *trag 'ne Perücke auf dem Kopf.‹*

> *Als ich dann folgte diesem Rat,*
> *und sie bemerkten den Effekt,*
> *da sagten sie, daß diese Tat*
> *hat nichts Erwartetes bezweckt.*

> *Man sprach, daß es nicht passend sei,*
> *ich wirke nun besonders brach.*

Doch nutzlos alle Schinderei,
die Locken wuchsen nicht mehr nach.

Inzwischen bin ich alt und grau,
mein Haarschopf zeigt ein großes Leck,
sie sprachen: ›Laß doch diese Schau!‹
Und rissen die Perücke weg.

Und immer noch, wenn ich erschein,
so rufen sie mich voller Tücke
so laut sie es nur können ›Schwein!‹
Nur weil sie gelb ist die Perücke.

»Das tut mir sehr leid für dich«, sagte Alice aufrichtig, »und denke, wenn deine Perücke ein wenig besser passen würde, würden sie dich nicht gar so sehr hänseln.«

»*Deine* Perücke sitzt sehr gut«, murmelte der Wesper und betrachtete sie bewundernd, »das liegt bestimmt an deiner Kopfform. Allerdings sind deine Kiefer nicht gut geformt – damit kannst du doch bestimmt nicht gut beißen?«

Alice brach in schallendes Gelächter aus, von dem sie so gut wie möglich zu einem Husten überging. Schließlich gelang es ihr, in vollem Ernst zu erklären: »Ich kann alles beißen, was ich mag.«

»Aber nicht mit so einem kleinen Mund«, beharrte der Wesper. »Also, etwa beim Kämpfen – könntest du den Gegner hinten im Nacken festhalten?«

»Ich fürchte, nein«, sagte Alice.

»Na also, deine Kiefer sind nämlich zu kurz«, erklärte der Wesper, »aber dein Kopf ist oben hübsch und rund.« Er nahm seine Perücke ab, als er das sagte, und streckt seine Klaue nach Alice aus, als wolle er bei ihr dasselbe tun, aber sie hielt sich außer Reichweite und ließ sich auf nichts ein. So fuhr er mit seiner Kritik fort.

»Dann deine Augen – sie sind zweifellos zu weit vorne.

Eines würde es genau so gut tun wie zwei, wenn du sie schon so eng zusammen haben *mußt*.«

Alice mochte es nicht, daß man so viel an ihr herumkritisierte, und da der Wesper sich inzwischen völlig erholt hatte und sehr geschwätzig wurde, dachte sie, sie könne ihn jetzt unbesorgt sich selber überlassen. »Ich glaube, ich muß jetzt weiter«, sagte sie. »Auf Wiedersehen.«

»Auf Wiedersehen und danke«, sagte der Wesper, und Alice trippelte wieder den Hügel hinab und war sehr froh, daß sie zurückgegangen war und einige Minuten geopfert hatte, um ein armes Wesen zu trösten.

Phantasmagorie
und andere Gedichte

*Mit 65 Illustrationen der Originalausgabe
von Arthur B. Frost*

Phantasmagorie

1. GESANG

Das Stehl dich Ein

Ich kam halb neun zur Winterzeit
  nach Haus, war müd' wie immer;
die Lunchzeit war schon stundenweit,
war nur ein Abendmahl bereit
  mit Wein auf meinem Zimmer.

Dort schien was Seltsames zu sein,
  ein Etwas, weiß wie Watte.
Es stand bei mir im Dämmerschein –

ich hielt es für 'nen Besenschrein,
    den man vergessen hatte.

Doch plötzlich hob das Dingen an
    zu zittern und zu niesen:
worauf ich sprach: »Na sowas, Mann!
Wie man sich so benehmen kann?
    Hör auf mich zu begießen!«

»Ich hab den Schnupfen«, sprach das Ding,
    »bekommen auf den Stiegen.«
Mein Staunen war wohl nicht gering,
als Geist sah ich 'nen Kümmerling
    ganz in der Ecke liegen!

Und zitternd sah er still mich an,
    nahm sich den Stuhl zum Schutze.
»Wie kamst du her, du kleiner Mann,
und warum?« fragte ich ihn dann.
    »Du zitterst, und ich stutze!«

Er sprach: »Ich sag dir gerne wie
    und sag dir auch warum;
doch« (und hier beugt' er seine Knie)
»dir fehlt die rechte Harmonie,
    du hältst's für Gaudium.

Und daß ich jetzt von Furcht geschwächt,
    dazu laß mich nur sagen:
die Geister haben auch das Recht,
das Licht zu fürchten als sehr schlecht,
    wie nachts die Menschen zagen.«

Ich sprach: »Es scheint ein Vorwand mir,
    sich da hineinzusteigern:

die Geister kommen nach Begier,
doch niemals kann ein Mensch allhier
    sich dem Gespräch verweigern.«

Er sagte fest: »Mein Ängstlichsein
    scheint mir nur ganz natürlich!
Ich hatte Furcht, du wärst gemein:
doch da ich seh, ich denk zu klein,
    erklär ich mich gebührlich.

Die Häuser teilt man kurzgefaßt
    nach Zahl der Geister ein,
die ewig wohnen hier zur Rast:
(der Eigner gilt nur als Ballast
    wie Koks und and'rer Stein).

Du kamst hier in ›ein Geister‹ Haus
    im Herbst auf deinen Füßen,
vielleicht war dir der Wicht ein Graus,
der spukte toll in Saus und Braus,
    den Neuling zu begrüßen.

In Villen tun sie's jede Nacht,
    ist auch die Miete billig:
selbst wenn es wenig Spaß nur macht,
weil man so eng es nicht gedacht;
    ein Geist erträgt das willig.

Der Wicht verschwand vor einem Jahr,
    seitdem lebst du in Ruhe:
er gab uns keinen Kommentar,
durch Zufall wurden wir gewahr,
    daß sich hier nichts mehr tue.

Der Wicht als erster hat Entree,
    das Recht am Ort zu leben;
dann das Phantom, Gnom, Elf und Fee –
mißlingt dies, kommt zur Soiree
    der Schrat mit seinem Streben.

Die Wichte sagten, dieser Ort
    sei schlimm, der Wein noch schlechter,
ich als Phantom ging dann sofort
und litt als erster diesen Tort;
    so wurd' ich hier der Wächter.«

Ich sprach: »Man dachte wohl, es sei
    der richtige zu wählen:
doch war es keine Schmeichelei,
daß man an dich geriet dabei,
    mich alten Mann zu quälen!«

»Bin auch nicht jung, Sir«, sprach der Geist,
    »sei dir da wohl im klaren.
Ich hauste sonst in Grotten meist,
bin auch woanders hingereist,
    so bin ich sehr erfahren:

doch ich verweilte nie bisher
    in einem solchen Hause,
war so verwirrt, ich wußt' nicht mehr
die fünf Gebote, die so schwer
    ich lernte ohne Pause.«

Ich mußte voller Sympathie
    den kleinen Mann betrachten:
er saß mir schüchtern vis-à-vis,
da Menschen mit ihm wohl noch nie
    so schnell Bekanntschaft machten.

»Mit Freude«, sprach ich, »merke ich,
    daß du der Sprache *mächtig!*
Doch nimm nur Platz, du Tatterich
(Dich hungert sicher so wie mich)
    ein Essen wär jetzt prächtig:

du wirkst zwar nicht wie einer, der
ein Essen kann verdrücken!
Doch danach wüßt' ich gerne mehr –
von den Geboten nebenher,
das würde mich entzücken!«

»O dank! Ich sag sie nach und nach.
Ich hab wohl *wirklich* Glück!«
»Was magst du gern?« ich zu ihm sprach.
»Mir lange schon ins Auge stach
vom Huhn ein kleines Stück.
Ein Häppchen! Und ich hätte gern
noch einen Tropfen Soße?«
Er glänzte wie ein Abendstern
und war mir ganz und gar nicht fern,
der Weiße, Nebulose.

Er wurde nicht nur weißer jetzt
auch vage im Extremen –
vom Lichte schien er ganz zerfetzt,
und dann zitierte er gesetzt
die »Regeln fürs Benehmen«.

2. GESANG

Die fünf Gebote

»Als erstes«, sprach er, »dieses schlicht
ist bei uns Geistern Sitte,
sobald der Schläfer löscht das Licht
beweg' die Vorhangenden nicht,
berühr' ihn in der Mitte,

und wedel langsam hin und her,
    dann teile ihn ganz schicklich;
und bald schon schläft er gar nicht mehr,
er reckt sich hoch und guckt ganz leer
    und wirkt nicht gerade glücklich.

Beginne hier auf keinen Fall
    mit der Gesprächsgestaltung.
Wart' auf des Opfers Redeschwall:
kein Geist aus einem guten Stall
    beginnt die Unterhaltung.

Und fragt er dich ›*Wie kamst du her?*‹
    (Wie du es tat'st zum Spaße,)
dann ist die Antwort gar nicht schwer –
›*Auf einer Fledermaus, auf Ehr!*‹
    Das ist die rechte Phrase.

Und wenn er darauf wieder schweigt,
    streng dich nicht weiter an –

sei dann zum Klopfen nur geneigt,
bis schließlich dir sein Schnarchen zeigt,
das ganze war 'ne Pann'!

Ist er vielleicht bei Tag allein –
mal hier, mal auf der Reise –
dann bau dich auf und grolle fein,
so zwingst du ihn auch obendrein
zu deiner Redeweise.

Wenn aber Fremde bei ihm sind,
dann ist die Sache schwer.
In diesem Fall mußt du geschwind
dir Butter holen aus dem Spind
und Kerzen auch daher.

Ich hab 'ne Rutschbahn hier im Sinn
    (dazu ist Wachs das beste),
du schlitterst so geschwind dahin,
wie gut das geht, hast du bald drin,
    schwingst hin und her ganz feste.

Als zweites sagte man uns: ›*Schau,*
    wenn richtig ist das Senden,
dann brenn' ein Licht, rot oder blau
(doch das wußt' ich heut' nicht genau),
    und kratz' an Tür und Wänden.‹«

Ich sprach: »Du kommst hier nicht mehr rein,
    wenn du versuchst so Scherze.
Ich mag kein Freudenfeuerlein –
auch Türenkratzen ist nicht fein,
    das geht mir sehr zu Herze!«

»Das dritte schützte ganz perfekt
    des Opfers Interesse
und sagt, ich weiß es noch korrekt,
behandle stets ihn mit Respekt
    und Widerspruch vergesse.«

»Die Regel scheint mir sonnenklar«,
    sprach ich, »wie dicke Tinte:
doch wurd' mir mancher Geist gewahr,
der wohl vergaß sie ganz und gar,
    die mir so Gutgesinnte!«

»Du hast wohl das Gebot«, sprach er,
    »der Gastfreundschaft vergessen:
ein Geist verabscheut es gar sehr,
ehrt man den Gast nicht hoch und hehr,
    wie es ist angemessen.

Bezeichnest du als ›Ding!‹ den Geist,
  willst mit dem Beil ihn schlagen,
dann gut es unser König heißt,
wenn er auch seinerseits entgleist –
  so läßt er leicht sich jagen!

Das vierte sperrt den Zugang dort,
  wo andre Geister sind:
Und wer dann noch als Ding rumschnorrt,
den (ohne Königs Gnadenwort)
  man schlachtet ganz geschwind.

Das heißt, man schneidet ihn ganz klein,
  dann wächst er gleich zusammen:
und er erträgt das ohne Pein –
wie wenn ein Rezensent gemein
  dich schneidend will verdammen.

Das fünfte ist dir interessant,
　　drum sage ich es ganz:
Der König wird nur ›Sir‹ genannt,
dies ist als Höflichkeit bekannt,
　　zeigt deutlich die Distanz:

Und willst du ihm begegnen gar
　　mit großer Höflichkeit,
sag zu ihm nur ›Mein Zwergenzar‹,
und gib als Antwort immerdar,
　　›O weiße Seltenheit!‹

Ich werd' wohl langsam heiser schon
　　nach so viel Rezitieren:
Drum, wenn's dir, Lieber, keine Fron,
ein großes Bier für die Lektion
　　könnt man mir schon servieren.«

Scaramüsiges

»Und *gingst* du wirklich bis hierher«,
sprach ich, »in solcher Nacht?
Ich dachte, Geister fliegen mehr –
und Schweben ist doch gar nicht schwer,
wenn Fliegen Ärger macht.«

»Das ist«, sprach er, »des Königs Art,
der schwingt sich in die Luft.
Was ein Phantom sich gern erspart –
wie vieles, glaubt es, diese Fahrt
Ganz wirkungslos verpufft.«

Die Wichte sind natürlich reich,
sie kaufen's gern von den Elfen.
Doch uns ist dieses Fliegen gleich.

Den Wichten, die uns viel zu bleich,
   ist doch nicht mehr zu helfen:

sie glauben, frei von Stolz zu sein,
   Phantome hassen sie,
und sie behandeln uns gemein –
wie Puter dünken sich zu fein
   für bloßes Leghornvieh.«

»Sie scheinen auch zu fein«, sprach ich,
   »dies Haus hier heimzusuchen.
Sie sahen doch nur äußerlich,
daß dieser Ort nicht eigne sich,
   mein Wein sei zu verfluchen?«

»Inspektor Kobold kam hierher...«
   der kleine Geist hob an.
Ich unterbrach: »Inspektor wer?
Was inspiziert ein Geist noch mehr?
   Erkläre dich, o Mann!«

»Man heißt ihn Kobold«, sprach mein Gast,
   »ein Geist bestimmter Sorte:
sein gelber Rock ist von Damast,
die rote Weste als Kontrast
   die Mütze mit der Borte.

Tat auf dem Brocken seine Pflicht,
   bis Schnupfen ihn ereilte;
zur Kur kam er nach England schlicht,
doch hier war er auf *Wein* erpicht,
   was man bisher nicht heilte.

Der Portwein, meint er, voll und rein
   ist wie ein warmer Strom:

den gibt's im Gasthaus allgemein,
so liebt er es g'rad dort zu sein,
    man nennt ihn Gastrognom.«

Und ich ertrug den Geistesblitz
    so tapfer wie ein Mann!
Ich blieb ganz ruhig auf dem Sitz,
doch darauf ward der Geist sehr spitz
    und fing zu meckern an.

»Unnötig ist Verschwendung hier:
    doch sag' den Köchen bitte:
das Essen sollte schmecken mir,
und daß man es so hoch plazier
    ist keine hübsche Sitte!

Als Kellner wirst du gar nichts können,
        verdienst nicht mal den Unterhalt!
Soll dieses Dingsda wirklich brennen?
(Die Sache hier ist trüb zu nennen,
        ist eine rechte Mißgestalt.)

Das Huhn war gut, die Erbsen doch
        sind leider viel zu alt:
und denk daran, ermahn den Koch,
serviert er Käseauflauf noch,
        dann bitte nicht so kalt.

Dir wird das Brot erst dann gut munden,
        wenn man das Mehl verbessert:
wär gut, du hättest Wein gefunden,
der nicht mit Tinte ward verbunden
        und schmeckt nicht *so* verwässert?«

Und dann verwundert um sich blickend:
        »Oh Schrecken!« seufzt' er bloß.
Und derart meckert er erquickend –
»Dein Zimmer scheint mir nicht bestrickend:
        ist nicht bequem noch groß.

Die engen Fenster sind defekt,
        da dämmert's nur herein . . . «
»Halt!« sprach ich, »das ist unkorrekt,
gestaltet hat's ein Architekt,
        nach Ruskin muß es sein!«

»Egal wer's tat, Sir, und sogar
        nach wem das hier geschah!
Wie auch gebaut, es ist mir klar,
so stümperhaft noch nie was war,
        was ich im Leben sah.

Wie gut mit die Zigarre schmeckt,
  die kosten allerhand.«
»Egal«, so grollte ich direkt,
»du hast dich hier schon eingedeckt
  als wären wir verwandt!«

»Ein solches Tun ertrag ich nicht,
  und deshalb sag ich's dir.«
»Man kriegt wohl«, sprach er, »Zuversicht!«
(Dann griff die Flasche dieser Wicht.)
  »Doch so was nicht mit mir.«

Und hierauf zielte er ganz schlau,
  und froh schrie er: »Nun rase!«
Ich wollte weichen, mir war flau,
doch irgendwie traf er genau
  mich mitten auf die Nase.

Von da an war ich nicht mehr hier,
  mir fehlte der Konex.
Ich saß nur auf dem Boden stier
und sagte: »Zwei und fünf sind vier,
  doch fünf und zwei sind sechs.«

Was wirklich war, erfuhr ich nie,
  noch riet ich's, merkte nur,
als schließlich mein Verstand gedieh,
die Lampe trübes Licht nur spie,
  von Feuer keine Spur.

Durch Nebelschwaden nahm ich wahr,
  ein Wesen grinste feist:
dann legte es sein Leben dar
ab seinem ersten Lebensjahr,
  so wie man's Kindern weist.

4. GESANG

Ein Bilden

»Als kleiner Geist saß ich getrost,
    o wunderschöne Zeit,
auf einem Pfosten, der bemoost,
wir schmatzten einen Buttertoast,
    der war zum Tee bereit.«

»Das kenn' ich längst schon!« rief ich laut.
    »Das gibt's doch schon in Druck.
Ist wie der Knigge so vertraut!«
(Der Gesit war darauf nicht erbaut;
    hier blieb ihm weg die Spuck'.)

»Ist es ein Kinderreim? Mag sein,
    ich glaub es fast getrost –
›Drei Geister saßen im Verein

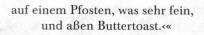

auf einem Pfosten, was sehr fein,
und aßen Buttertoast.‹«

»Ich hab das Buch, und zweifelst du,
hol’ ich’s aus dem Regal.«
»O laß mir«, schrie er, »meine Ruh!
Ich gebe es ja gerne zu:
schrieb selber das Journal.

Es kam im ›Monat‹ raus, das heißt,
so sagte mein Agent:
doch ein Verleger war sehr dreist
und sprach, so was erscheine meist
in seinem Sortiment.

Mein Vater war ein Heinzelmann,
die Mutter eine Fee.
Es kam ihr sehr auf Wandel an,
daß jedes Kind dabei gewann,
sie mochte die Idee.

Zur rechten Zeit wurd’ die Idee
ein richtiges Axiom.
Den Kindern tat gas gar nicht weh.
Zwei wurden Schemen, eines Fee,
ein weiteres ein Gnom;

für Neck und Nixe war die Schul’,
wo man viel Ärger hat;
dann kam ein Poltergeist, ein Ghul,
und dann zwei Trolle (tief im Pfuhl),
ein Kobold und ein Schrat –

(ist das zum Schnupfen in der Dos’«,
so fragt’ er gähnend an,

»Ich nehme eine Prise bloß) –
und nach den Elfen wurd' ich groß,
    zuletzt ein Heinzelmann.

Als ich dann mal Gespenster traf,
    sie waren gänzlich weiß:
stand ich im Flur, war still und brav,
das ganze schien mir wie im Schlaf,
    mir wurde kalt und heiß.«

»Ach, weiß der Himmel, was das soll!«
    so sprach ich voll Entzücken.
Mama sprach: »Starre nicht so toll!«
Sie zupfte mich am Haar vor Groll
    und stieß mich in den Rücken.

»Ich wünschte damals wie noch nie,
    wär als Gespenst geboren.
Wollt ihnen gleichen irgendwie;
als Geisteradel gelten sie,
    in ihrem Hohn wir schmoren.

Phantom war ich bereits sehr früh:
    Ich war erst g'rad sechs Jahre,
und man bestaunte mein Debüt –
am Anfang macht es keine Müh',
    da trickreich ich verfahre.

Spukte in Kerkern, Schlössern, Mauern –
    wohin man mich nur sandte:
oft war ich müd' von langem Kauern
und saß ganz naß von Regenschauern
    auf einer Zinnenkante.

Altmodisch ist das Stöhnen jetzt,
    wenn man beginnt zu geistern:

dies ist das neuste, was entsetzt ... «
Ein schriller Ton erklang zuletzt
     (ich mußt' den Schrecken meistern).

»Mag sein«, sprach er, »daß deinem Ohr
     dies Kunstwerk einfach klingt?
Schwing dich mal selbst so hoch empor!
Mir stand ein hartes Jahr bevor;
     viel Übung es bedingt.

Wenn du das Quieken kannst, o Mann,
     bis zu dem höchsten Ton,
denk nicht, das sei's schon, streng dich an:
versuch doch mal zu schnattern dann,
     denn das ist Arbeit schon!

Ich hab's versucht, kann sagen nur,
     du schaffst's nicht mal im Trabe;
selbst wenn du immer übst ganz stur,
trotzdem fehlt dir die Kunst in Dur
     und angeborne Gabe.

Shakespeare schätzt' Geister und Phantom,
     g'rad die aus alten Zeiten,
die ›wimmernd in der Gass' von Rom‹,
sich sehnten nach 'nem Wärmestrom
     in diesen kalten Breiten.
     Zehn Pfund für Kleidung zahlt' ich schon,
     um auch als Elf zu gelten;
doch wirkte dies sehr monoton,
denn der Effekt war reiner Hohn
     der Aufwand reichte selten.

Die Preise bremsten bald die Lust,
     der Spaß sollt' mir genügen.

Die Rechnung machte mir's bewußt,
denn willst du alles, dann du mußt
   auch über Geld verfügen!

Als Beispiel nimm ein Spukgemäuer
   mit Schädel, Knochen, Tuch;
die blauen Lichter sind sehr teuer,
und Linsen wirken ungeheuer,
   die Kette schlägt zu Buch:

noch viele Sachen mußt du mieten –
   ziehst viele Roben an –
prüfst alle Lichter, die verschieden –
an Langmut mußt du überbieten
   selbst Hiob irgendwann!

Und dann ist auch noch anspruchsvoll
    das Geisterkomitee:
oft schon benahmen sie sich toll,
weil aus dem Ausland kam ein Troll,
    da litt das Renomee!

Und Dialekte liebt man nie –
    wie auch das Irisch meist;
doch bist du mit von der Partie,
ein Pfund pro Woche bieten sie,
    du kannst dich nennen Geist!«

5. GESANG

Die Widersach'

»Und wird dem Opfer nichts gesagt?«
    sprach ich. »Das wäre schlecht.
Denn mancher sich sehr schnell beklagt,
    nicht jeder Geist ist recht.«

Da schüttelt' das Phantom den Kopf.
    »Was soll mir diese Frage?
Der wäre ja ein armer Tropf,
der fragte jeden Kinderschopf,
    ob es ihm auch behage!«

»Natürlich sollen Kinder nicht«,
    sprach ich, »die Geister wählen:
doch wäre ich solch Geistgesicht,
würd' ich mit einem Wahlverzicht
    den Gastfreund wohl nicht quälen.«

Er sprach: »Solch Recht wohl keiner mag
    dem Volke überschreiben.
Wir gehen erst für einen Tag
und überlegen dann sehr zag,
    ob wir dort wirklich bleiben.

So fragen wir den Gastfreund nicht,
    ob es ihm auch wird passen,
ist man nicht pünktlich da zur Schicht,
oder benimmt sich wie ein Wicht,
    so kannst du ihn entlassen.

Und ist der Gastfreund so wie du –
    ein Mensch mit großen Flausen;
und sagt sein altes Haus mir zu ... «
Sprach ich: »Liebt denn kein Geist die Ruh
    und will in Neuem hausen?«

»Ein neues Haus mag keiner gern –
    drin gibt es viel zu putzen:
nach zwanzig Jahren liegt das fern,
dann ist das Haus nicht mehr modern,
    dann kann man es gut nutzen.«

Ich wußte gar nicht, was das heißt;
    was meinte er mit ›putzen‹?
»Vielleicht«, sprach ich, »mein guter Geist,
erklärst du es mir, wenn du's weißt,
    ich fange an zu stutzen.«

»Das heißt, man biegt die Türen krumm«,
    sprach da der Geist und lachte:
»Bohrt Löcher ins Linoleum
und kerbt in Wänden, Leisten rum,
    durch bläst der Wind schön sachte.

Oft ist das Werk schnell ausgereift,
    willst Aufwand du, vergeß es;
der Wind leicht durch die Ritzen pfeift,
doch deine Wand ist sehr versteift!«
    Ich seufzte schwach: »O Jesses!«

»Wär später ich erschienen hier«,
    sprach ich mit saurer Miene,
»dann wär' beschädigt das Furnier;
die Wand wär' längst schon ein Spalier,
    wär' eine Putzruine?«

»O nein«, sprach er, »ich hätt' bestimmt
    noch eine Zeit gewartet –
sonst wärst du wohl zu Recht ergrimmt –
kein Geist sich diese Freiheit nimmt,
    daß er alleine startet.

Wärst du zu spät, dann ich wohl dächt',
    ganz schnell davonzueilen:
der Straßenzustand ist sehr schlecht,
dem Nacht-Marschall wär es nicht recht,
    am Treffpunkt lang zu weilen.«

»Wer ist der Nacht-Marschall?« sprach ich
    im Ernst ganz ohne Scherzen.
»Wieso?« fragt' er ganz außer sich,
»begibst du nie zu Bette dich
    und hast nie Magenschmerzen?

Er wird zu Leuten stets geschickt,
    die abends zu viel essen:
er setzt sich auf sie, zwackt und zwickt,
sein Opfer glaubt, daß es erstickt.«
    (Ich hielt's für angemessen.)

»Und wenn die Leute«, grollt' er, »Speck
        und Eier runterschlingen –
und futtern Ente – Toast – und Schneck,
so glaube ich, daß dies Gedeck
        wird schwer den Schlaf erzwingen!

Er ist besonders dick, und so
        paßt er in diese Rolle:
doch du mußt wissen, apropos,
ganz früher hieß er als Bonmot
        der dicke Nacht Eilvolle!

Als er zum Marschall dann gewählt,
        wollt' jeder Geist mich lieber:
doch waren sie von Furcht beseelt,
und er hat wild herumkrakeelt
        und raste wie im Fieber.

Danach ging er zum König schnell,
        daß dieser etwas mache;
er kam sehr langsam von der Stell',
zwei Meilen sind für den Gesell
        wohl keine leichte Sache.

Dem Lauf zum Lohn, den er nie pflog,
     (wenn heiß die Sonne brannte,
wo er auch noch zwei Zentner wog)
im Scherz der Zar das Schwert schnell zog,
     zum Marschall ihn ernannte.«

»Er nahm sich große Freiheit raus!«
     (So warf ich ein behende.)
»Wer für 'nen Wortwitz, der so kraus,
setzt sich dem Amtmißbrauche aus,
     beschmiert auch Tisch und Wände!«

»Der König«, sprach er, »hat das Recht!«
     Und ich bestritt es heftig.
Ich führte bloß ein Scheingefecht,
denn das Phantom war zu bezecht
     und lächelte nur deftig.

Als Atem und Geduld verbraucht,
     da rauchte ich von Herzen.
»Du denkst vielleicht«, sprach er, »erlaucht,
doch dein Beweis, der klingt verstaucht –
     du willst natürlich scherzen?«

Die kalten Augen trafen mich,
 und ich erhob mich bitter
und sagte bloß: »Dies meine ich,
und ich bekenn' es öffentlich:
 die Einheit ist kein Flitter!«

»Wahr!« sprach er, und ich war gespannt,
 was er nun weiterspreche –
»*Einheit* ist Kraft, das ist bekannt;
auch dieses ist nicht hirnverbrannt:
 Ein Neid bedeutet Schwäche.«

6. GESANG

Die Schlappe

Will jemand hoch auf einen Berg
 zum ersten Mal sich wagen:
der findet dann sehr bald, dies Werk
vergeude nichts als seine Stärk',
 und heißt es großes Plagen:

doch vor dem Ziele aufzugeben,
 wagt man nicht allzu oft,
denn kletternd sieht man noch soeben
ein Haus sich ab gen Himmel heben,
 wo man auf Ruhe hofft:

wer steigt bis seine Kraft am End',
 der keucht dann nur noch schlapp:
und ist die Steigung ganz horrend,
er viele schlimme Wörter fänd,
 wenn nicht sein Atem knapp:

Wer kletternd dann den Ort erklimmt
    und glaubt, er habe Glück:
und tritt dann schwankend ein, gekrümmt,
bis ihm ein Schlag den Atem nimmt,
    und er fällt hart zurück:

er glaubt wohl gar, es sei ein Traum,
    er gleitet schnell bergab,
kein Felsstück hält ihn mehr in Zaum,
bis schließlich nach 'nem Purzelbaum
    er liegt im Tale, schlapp –

So war mir's, der ich dachte gar,
    den Geist zu überzeugen,
und sah jetzt erst, wie schwer es war,
den Menschen macht man's leichter klar,
    doch wollt' ich mich nicht beugen.

Denn da ich noch den Schluß behielt,
    zu dem ich kommen wollte,
so habe ich nun ganz gezielt
mein ganzes Wissen aufgewühlt,
    das ihn beweisen sollte:

beginnend jeden kleinen Satz
    mit »deshalb« und »deswegen«,
ich plapperte in wilder Hatz

und zeigte meinen Logikschatz,
    er wurde nicht verlegen.

Da sprach er: »Laß doch dieses Schrei'n
    und wüte jetzt nicht mehr.
Sei still und schlaf ein wenig ein!
Ein Mensch, so lächerlich und klein,
    kam mir noch nie daher!

Ich traf schon mal so einen Mann,
    der wurde rot vor Wut
bei einem Wortgefecht, vom Spann
riß er sich seine Schuhe dann!«
    Ich fand das gar nicht gut.

Ich stimme zu, es *ist* nicht gut,
doch ich hab keinen Schwipps:
denn dieses stimmt so absolut,
wie du bist Tibbs durch Ahnenblut.«
Ich sprach: »Ich heiß' *nicht* Tibbs.«

»*Nicht* Tibbs!« rief er auf kurze Art
und hört' sich bitter an –
»Ich heiße Tibbets!« rief ich hart.
»So, Tibbets?« – »Richtig!« Er erstarrt
»Du bist der falsche Mann!«

Er gab dem Tische einen Schlag.
Es zitterten die Brösel.
»Daß man mir ja nichts vorher sag,
und ich vergeude hier den Tag,
du größter aller Esel?

»Ging meilenweit durch Sturm und Dreck,
        um hier zur Nacht zu sein,
und dann zu sehn, es hat kein Zweck –
jetzt geht von vorne dieser Schreck –
        das ist doch zu gemein!

»Sag nichts!« rief er, als ich begann
        und bat um Toleranz.
»Wer hat Geduld mit einem Mann,
der sich nur so benehmen kann
        wie eine dumme Gans?

Läßt mich hier warten, was nicht nett,
        statt mir sofort zu sagen,
daß ich im falschen Kabinett!
Los steige jetzt aus deinem Bett
        und gähn nicht so verschlagen!«

»Das ist ja fein, daß ich allein
        der Schuldige nun bin!
Was fragst du erst im nachhinein
und nicht schon, als du kamst herein?«
        So sprach ich voller Sinn.

»Natürlich ist es ärgerlich
        bei Nacht so weit zu gehen –
doch warum sprichst du schuldig mich?«
»Nun, ja!« sprach er. »Dann irre ich,
        das muß ich eingestehen.

Und außerdem gabst du mir viel
        an Speis' und Trank das beste –
Ich schoß«, sprach er, »wohl über's Ziel,
doch so ein Unfall ist kein Spiel,
        verführt mich zum Proteste.

Es war mein Fehler – weiß es jetzt –
    verzeih mir, Quasselkopf!«
Der Name hat mich nicht ergötzt,
doch schließlich war ich nicht verletzt
    und wurd' kein Sauertopf.

»Nun schlaf gut, Quasselkopf, gut Nacht!
    Bin ich entfleucht, vielleicht
schickt man 'nen kleinen Geist zur Wacht,
der hat dich schnell in Furcht gebracht,
    sorgt, daß der Schlaf entweicht.
Sag ihm, du wüßtest keinen Trick,
    und lacht der Einfaltspinsel,
dann nimmst du einen Lederstrick
(so einen, der recht hart und dick),
    damit er heftig winsel!

Dann sag ganz sorglos: ›Höre Geist!
    Hast dir wohl nicht gedacht,
wenn du mich weiterhin kasteist,
du bald nicht mehr vor Lachen schreist –
    so nimm dich ja in acht!‹

Dabei vergeht dem Geist die Macht,
    er leidet zu viel Tort –
Oh, Schreck! Der Tag jetzt schon erwacht!
Gut' Nacht, mein Quasselkopf, gut' Nacht!«
    Ein Nicken, er war fort.

Düsteres Gedenken

»Hab ich«, so fragt' ich mich, »geträumt?
    Hab ich zuviel getrunken?«
Doch Wehmut griff mich ungesäumt,
und ich war nicht mehr aufgeräumt,
    war tränenreich versunken.

»Und warum schwand so schnell mein Stern?«
    Ich schluchzte ganz verliebt.
»Und wieso ist er jetzt so fern?
Wer ist der Tibbs, das wüßt ich gern,
    Um den man soviel gibt?

Denn ist der Tibbs wie ich so zag,
    dann ich für möglich halte,
daß er es ganz und gar nicht mag,
wenn man ihn weckt mit einem Schlag,
    daß er ihn heftig schallte.

Und wenn dann das Gespenst ihn plagt,
    ihn zwickt und and're Sachen,
wie es wohl auch gern hier gewagt –
dann denk ich, daß er sich beklagt,
    denn das wird ihm viel machen!«

Als keine Träne es geschafft,
        den Geist zurückzuzwingen,
da fühlte ich mich ganz erschlafft,
ich huldigte dem Gerstensaft
        und hob auch an zu singen.

»Bist fort du, Geisterattachée,
        auf den ich so sehr harre?
Nun denn adieu, mein Fischfilet,
Adieu auch du, mein Toast und Tee,
        mein Meerschaum und Zigarre!

Das Leben ist mir trüb und grau,
        ist lang nicht mehr so milde,

vorbei ist deine Zauberschau,
Oh alter Kumpel, der so schlau,
Oh Parallelgebilde!«

Mein Lĭed setzt' ich nicht weiter fort,
    mußt mich zur Stille drängen:
denn nach solch einem hübschen Wort
wär' Weitersingen reiner Mord
    an diesen schönen Klängen.
Mit einem Gähnen ging ich weg,
    das Federbett zu sichten;
ich träumte lange ohne Schreck
von Poltergeistern, Gnom und Neck,
    von Elfen und den Wichten!

Doch Geister haben bei mir nicht
    noch mal Station gemacht;
so bleibt nur dieses Echo schlicht
von Worten, die ein Phantom spricht:
    »Mein Quasselkopf, gut' Nacht!«

Echos

Lady Clara Vere de Vere
war acht Jahre alt und sprach:
Jede Locke, leicht geschüttelt, wird ein Faden Gold
gemach.

Sie nahm den kleinen Suppennapf:
Ich hätt' sie nicht bekannt gemacht,
denn seines Wesens Niedrigkeit hat sie zu Fall
gebracht.

»Schwester und Brüder, kleine Maid?
dort steht der Inspektor an deiner Tür:
Wie ein Hund jagt er nach Jungen, die nicht wissen,
zwei und zwei ist vier.«

»Freundlichkeit ist mehr als Gold,«
sprach sie, und wundern ich sie seh:
»Das ist 'ne unglücksel'ge Nacht, ich muß schnell nach Haus
zum Tee.«

Das Klagelied zur See

Es gibt da so Dinge – wie Spinnen, ein Geist,
die Steuern, die Gicht, der Schirm auf den Zeh –
die ich hasse, doch das, was ich hasse hier meist
ist ein Ding genannt die See.

Gieß etwas Salzwasser auf den Flur –
häßlich, vielleicht tut es dir etwas weh:
und dehnt es sich eine Meile nur,
dann gleicht es sehr der See.

Gib 'nem Hund bis er heult eine Prügeltracht –
  grausam, doch so ich die Welle versteh:
nimm an, er tut das bei Tag und Nacht,
  genauso tut's die See.

Ich sah dann Gouvernanten im Traum;
  zehntausende in meiner Näh' –
hielten spatenbewehrte Kinder im Zaum,
  und das war an der See.

Wer schnitt bloß für die Spaten das Holz?
  Wer hatte dazu die Idee?
Nur ein Trottel wäre auch darauf noch stolz –
  und der, der liebt die See.

Zweifellos hält Schwimmen den Körper im Lot,
  »Das Denken wird frei, die Seel' sich ergeh«:
Doch denk nur, dir wird einmal übel im Boot,
  wie stehst du dann zur See?

Es gibt ein Insekt, das kein Mensch mag
    (als »fliegen« man es sich erfleh).
Wo trifft dich am schlimmsten derartige Plag'?
        In Wohnungen am See.

Magst du deinen Kaffee mit Sand als Satz,
    magst du dazu Salz in den Tee,
und ißt selbst noch fischiges Ei mit Geschmatz –
        dann wähle nur die See.

Und wenn du nach solcher Art Köstlichkeit
   fühlst weder nach Gräsern noch Bäumen ein Weh
und magst nasse Füße zu jeglicher Zeit,
      dann – schlag ich vor die See.

Oft bin ich dorthin schon zu Freunden gereist –
   mit denen ich mich gut versteh'!
Doch bin ich bei ihnen, dann wundert mich meist,
      daß einer noch mag die See.

Wir gehen spazieren: bin müde und steif,
   ich stimm' zu, steig mit in die Höh',
ich stürz' von der Klippe wie ein Apfel, der reif,
      und sie loben hoch die See.

Ich kletter' am Felsen, nehm ruhig es noch,
   lachen sie auch den Bauch sich fast weh,
rutsch schließlich in manch tiefes Wasserloch,
      ein kalter Saum der See.

Der Salonritter

Mein Schrubber-Pferd – ein tolles Pferd –
   doch ich betämpf nich die,
die damit hier den Boden kehrt
   ihr nasse Nase lieh
mit Traft, die iss bewundernswert
   ein Pferd aus Tleidern – sieh!

Ich hab nen Sattel – siehst es ein?
   Mit Bügeln für die Schuh?
So sag ich nich – entgegne »Nein« –
   zu solchem Tlück ich tu
den Ledersattel hängen rein!
   Teil einer dummen Kuh.

Ich halt ganz fest der Trense Biß,
   sie sicher sitzt im Leim,
sie paßt ins Maul nich ganz gewiß;
   das halte ich geheim.
Doch, Sir, das Urteil nich vergiß
   für dieses bißchen Reim.

Hiawathas Photoarbeit

(Wo jetzt vieles imitiert wird, ist so groß wohl mein Verdienst
nicht für hier diese kleine Probe, die bekanntlich so ganz
leicht ist. Jeder gut geübte Schreiber, der für Rhythmus ein
Gehör hat, kann bald schon das leichte Metrum dieser Verse
hier gestalten wie im »Lied des Hiawatha«. So erkläre ich entschieden, ich heisch keinerlei Beachtung für das bloße Wort-
geklingel in dem folgenden Gedichtchen, und ich muß den
Leser bitten, mir ganz ehrlich nur zu sagen, wie das Thema ist
behandelt.*)

Hiawatha von der Schulter
nahm den schweren Photokasten,
der aus Rosenholz gestaltet,
Rosenholz, das glatt und klappbar;
baute sorgsam ihn zusammen.
Er lag eng in einer Kiste,
war gefaltet kaum zu sehen;
doch dann dehnten sich Gelenke,
streckte sich auch das Gehäuse,
Ecken sich zum Rechteck reckten,
wie ein schwieriges Gebilde
in dem Buch Euklids, dem zweiten.
    Damit krönte er den Dreifuß –
barg sich unter einer Decke –
streckte raus die Hand, bat »Stille!«
Sagte: »Nicht bewegen, bitte!«
Mystisch, schrecklich war der Vorgang.
    Aufgereiht saß die Familie
vor ihm ihrer Bilder wegen:
jeder so wie er es meinte,

---

* Man mag beachten, daß die Einführung in »Prosa« bereits im Hiawatha
  Metrum gehalten ist.

willig nur dem eig'nen Vorschlag,
seinem blitzgescheiten Vorschlag.

Erst das Oberhaupt, der Vater:
dieser wollte Samtvorhänge,
die um einen Pfeiler hingen;
und die Ecke eines Tisches,
der aus Rosenholz gestaltet.
In der Linken wollt' er halten
sichtbar halten eine Handschrift;
und die rechte Hand sollt' ruhen
in der Weste (wie beim Korsen);
in die Ferne wollt' er schauen
mit gedankenvollem Sinnen,
so als ob dort Enten stürben.

Groß und heldisch war die Geste:
doch das Bild mißlang hier völlig:
völlig, weil er leider schwankte,
leider konnt' er das nicht meistern.
    Dann kam seine bess're Hälfte;
Sie wollt' auch ein Photo haben.
Und sie glänzte unbeschreiblich

glänzte mit Saphier und Seide
prächtiger als eine Fürstin.
Reizend saß sie an der Seite,
lächelte sehr selbstgefällig,
in der Hand hielt ein Bukett sie,
das war größer als ein Kohlkopf.
Und indem sie so posierte,

schnatterte die Dame ständig
wie ein Affe tief im Dschungel.
»Sitz’ ich recht so?« fragte sie ihn.
»Bin ich richtig im Profil so?
Soll ich das Bukett was heben?
Wird es auch im Bild erscheinen?«
Und das Bild mißlang gehörig.

Denn der Sohn, ein Cambridgeianer:
dieser wollte Linien zeigen,
die in Kurven ihn durchziehen,
denen folgen sollt’ das Auge
zu der Nadel in der Mitte,
die dort die Krawatte zierte.
Solches lernte er von Ruskin
(der schrieb »Steine von Venedig«,
und »Der Baukunst sieben Leuchter«,
weiterhin »Moderne Maler«);
und er hatte vielleicht doch nicht
seinen Autor recht verstanden;
nun, was immer auch der Grund war,
es war fruchtlos, denn das Photo
war am Ende ganz mißlungen.

Nach ihm kam die erste Tochter
mit nur einem kleinen Vorschlag:
bat ihn nur, sie darzustellen
mit dem Blick »passiver Schönheit«.

Und sie zeigte, was sie meinte,
schielte mit dem linken Auge,
ließ das rechte kraftlos hängen,
darauf lächelte sie seitlich,
wohl zu ihrem Nasenerker.

Als sie Hiawatha fragte,
nahm er davon keine Kenntnis,
sah, als hätt’ er nichts vernommen;
dann, noch dringender gebeten,

lachte er auf seine Weise,
hustete und sagte »macht nichts«,
wechselte ganz schnell das Thema.

Damit lag er auch ganz richtig,
denn das Bild mißlang gehörig.

So auch bei den andern Schwestern.

Schließlich kam der letzte Sohn dran:
dicht und zottig war das Haar ihm,
sein Gesicht rot aufgedunsen,
auch ganz staubig war sein Anzug,
und er war ein Zappelphilipp.
Gerne ihm die Schwestern gaben
Kosenamen, die er haßte:
sagten Hänschen, »Papas Liebling«,

sagten Hansel, »Struppelschüler«.
Und so schrecklich ward das Photo
im Vergleiche zu den andern,
daß man ganz verwirrt nun glaubte,
diese seien fast gelungen.

Schließlich trieb mein Hiawatha
diese Sippe eng zusammen,
(»Gruppenphoto« heißt es richtig),
und, o Zufall, welche Freude,
schließlich hatte man ein Photo,
worauf alle klar zu sehen,
jeder war drauf gut getroffen.

Doch da schmähten sie es alle,
schmähten es ganz ungezügelt,

als das häßlichste der Photos,
das sie je gesehen hatten.
»Darauf sieht man ja ganz fremd aus –
mürrisch, dumm, mit frechem Ausdruck.
Danach würde jeder denken
(jedermann, für den wir Fremde),
oh, welch unfreundliche Leute!«
(Hiawatha schien zu denken,
dieses sei doch wohl ganz passend.)
Einig schrie man im Proteste,
schrie voll Wut in Dissonanzen,
wie ein Hundechor, der heulte,
wie ein Katzenchor, der klagte.

   Meines Hiawathas Ruhe,
seine Höflichkeit und Ruhe
war geheimnisvoll verschwunden,
er verließ die frohe Runde,
doch er stahl sich nicht bescheiden
ganz behutsam aus dem Kreise
mit dem starken Seelenleben
eines großen Photokünstlers:
sondern er verschwand in Eile,
schwand in übergroßer Eile,
konnte sie nicht mehr ertragen,
nicht mehr die betonte Sprache,
die er schon so lang ertragen,
eilig packte er die Kästen:
eilig wuchtete der Träger
auf 'nen Karren seine Kästen:
eilig kaufte er sein Ticket:
stieg dann auf den Zug sehr eilig:
so entfleuchte Hiawatha.

Melancholetta*

Sang sie recht traurig tagelang,
   vergaß sie ihre Sorgen:
sie seufzte nachts: »Es ist mir bang,
   ein Jubelwort zu borgen.
Mein feiner, süßer Trauerklang,
   ich singe dich auch morgen.«

Ich dankte ihr, doch war nicht froh,
   dies weiter anzuhören:
verließ sehr früh den Bungalow,
   ich wollte nicht mehr stören:
ich hoffte, daß die Sorge floh,
   die Zeit würd' sie betören!

Mir ist es, armes Schwesterherz,
   schon leid mit dir zu wohnen!
Versinke täglich in dem Schmerz,
   mich kann dein Schlaf nur schonen;
und lach' ich über einen Scherz,
   wachst du und singst Kanzonen!

Ich nahm mein armes Schwesterlein
   in Sadlers Wells Theater,
denn dorten spielen sie sehr fein,
   so schwand vielleicht der Kater;
und für das Schwinden ihrer Pein
   wurd' ich erst noch rabiater.

Ich bat drei Burschen, mal zu schaun
   in uns're irren Mauern,

---

* AdÜ: »Melancholetta«, auch veröffentlicht in »Mischmasch«, allerdings in
wesentlich veränderter Schreibweise. Lewis Carroll veröffentlichte ebenfalls beide Fassungen (siehe Seite 1084).

daß banne deren gute Laun'
    der Schwester stetes Trauern:
den munt'ren Jones, den starken Brown
    und James, den konnt' nichts dauern.

Ich sprach: »Damit verlierst du Zeit:
    dir schmeckt nachher kein Bissen.«
»Mein Herz«, sprach sie, »ist Traurigkeit!
    Ich fühle mich zerrissen!
Und ist die Seufzerbrücke weit,
    den Gram will ich nie missen!«

So ging's bei Suppe und beim Fisch,
    im Schweigen ward gesessen;

sie weinte, wenn was kam zu Tisch,
  und klagte nach dem Essen;
bald wünschte ich selbstmörderisch,
  ich würde auch gegessen.

Und darauf wurde viel gemacht,
  um endlich was zu sagen.
»Madam«, so sprach der Brown ganz sacht,
  »worin seid ihr beschlagen!
Habt Ihr zu fischen je gedacht,
  würd' Jagen euch behagen?«

Und ihre Lippen bogen sich
  recht tief wie bei Hyänen.
»Nur einen Schloßhund liebe ich«,
  (ich fuhr mir durch die Strähnen!)
»Als Fisch den Wal ganz sicherlich,
  der speit so schöne Tränen!«

Man spielte den »King John« zur Nacht,
    sie weinte schrecklich »Soso!«
Ich gab nicht auf ihr Klagen acht,
    ging fast bis ultimo so!
Dann ward der Vorhang aufgemacht
    zu »Bombastes Furioso«.

Vergeblich lachten wir ganz laut,
    sie ging nicht mit im Chore:
doch sinnend sie nun langsam schaut'
    bis hoch zu der Empore –
»Oh, Rang!« und rang die Hände traut,
    und Schweigen folgt' dem Flore.

Ein Valentinslied

(Gesendet an einen Freund, der sich beklagt hatte, daß ich
wohl froh, wenn er mich besuchte, aber ihn nicht zu vermissen schien, wenn er wegblieb.)

Können nicht Freuden bleiben jetzt
in der Erinnerung zuletzt,
wir stehen schaudernd und entsetzt,
    und Qualen leiden?
Wer dann der Freunde Treue schätzt,
    kann der denn scheiden?

Und muß ich in der Freundschaft Schein
ruhig ertragen meine Pein –
(sie dünkt mir täppisch und auch klein –)
    die Freude, die ich habe,
und leihe einem Knecht mein Sein,
    das ich mit Schwermut labe?

Und glaubst du gar, ich wäre dumm
und voll *dolorum omnium,*
und kommst du zu mir wiederum,
    wenn ich hier esse?
Bist du sonst sauer und auch stumm
    von dünner Blässe?

Muß Leben ihm sein grau und Schmerz,
wo in ihm schlug der Freundschaft Herz,
bei Tag vergrub's in Schatten Schwärz'
    bei Nacht verlangend,
und schrie in Träumen himmelwärts
    in Qualen bangend?

Den Freund verließ des Tages Glück,
als seine Fee mal mied den Blick,
versinkt in Gram, beklagt Geschick,
    als kluger Freier
man einfach zu ihr Briefe schick
    dem Tag zur Feier.

Wenn frei die Verse fließen schon,
daß selbst entsetzt der Musensohn
bald eines Valentines Ton
    die Post soll tragen,
wenn dreizehn Tage sind entflohn
    in Hornungs Tagen.

Adieu, mein Freund, wenn ich dich seh',
hier oder wenn ich draußen steh',
bevor die Woche noch vergeh';
    vielleicht schon morgen,
so ich *dein* Herz als frei erfleh'
    von diesen Sorgen.

Die drei Stimmen*

DIE ERSTE STIMME

Er trällerte ein Liedchen froh
und lauthals lacht' er ebenso:
als eine Bö dem Meer entfloh:

sie wehte durch des Ufers Glut –
sie griff ihm an den Kopf voll Wut –
nahm ihm mit Leichtigkeit den Hut,

legt' ihn zu einer, die da stand,
so ganz erstarrt wie eine Wand
und guckte ziemlich zornentbrannt.

Ihr großer Schirm, so braun und fein,
den spießt' sie in den Hut hinein,
traf sicher in die Mitte rein.

* AdÜ: »Die drei Stimmen«, auch veröffentlicht in »Mischmasch«, allerdings
in wesentlich veränderter Schreibweise. Lewis Carroll veröffentlichte ebenfalls zwei unterschiedliche Fassungen (siehe Seite 1068).

Dann griff sie ihn mit kaltem Blick
ganz achtlos an dem Krempenknick
und reichte ihm das gute Stück.

Erst glaubte er, er würde toll,
dann dankte er recht wehmutsvoll
in knappen Worten voller Groll:

Der Hut war nicht mehr fotogen,
lang sparte er, ihn zu erstehen,
und er wollt' g'rad zum Mahle gehn.

»Zum Mahl!« schrie sie in scharfem Ton.
»Da wird ein Knochen ja zur Fron,
das ist ja reiner Luxus schon!«

Ihm rollte eine Trän' zum Kinn:
sie sah nur grinsend zu ihm hin,
er fühlte schwinden seinen Sinn.

Er sprach: »Den Luxus ich nicht seh,
denn ohne krieg' ich Magenweh.
Und Mahl ist Mahl: wie Tee ist Tee.«

Sie d'rauf: »Was endet Ihr die Stanz'?
Verbergt doch Eure Ignoranz,
sagt: ›Mann ist Mann, und Gans ist Gans.‹«

Er murrte, wußt' nicht weiter mehr.
Und dacht': »Wie gern ich ferne wär!
Doch Flucht fällt mir unsagbar schwer!«

»Zum Mahl« schrie sie in großer Wut.
»Wo schäumt der Wein in hoher Flut!
Man sitzt am Tische frohgemut!

Sprecht, kann sich neigen Euer Geist
dorthin, wo doch nur Fresser meist,
wo ihr ganz schnell die Suppe speist?

Habt Ihr nach Wunsch dort freie Wahl?
Ein Mensch wie ihr, der so ideal,
kann leben ohne solche Qual.«

»Doch selbst für einen Herrn«, sprach er,
»muß auch etwas zu essen her:
Was nutzt ihm ohne Brot die Ehr'.«

Es zuckte ihr Geschicht im Schmerz:
»Es gibt wohl Leute ohne Herz,
die treiben noch mit sowas Scherz.

»Es gibt da eine Menschensort',
die nehmen uns fast alles fort:
wir treffen sie mal hier, mal dort:

wir geben – können fliehen nicht –
sie sind 'ne eig'ne Menschenschicht
und ähneln doch den Affen schlicht.«

»Das«, sprach er, »scheint mir nicht so klar,
als Ausnahme gilt immerdar,
Die g'rad jetzt lebt, die Menschenschar.«

Sie bellte jetzt wohl nicht zum Spiel:
obwohl sein Schuß ins Dunkel fiel,
so traf er doch genau sein Ziel.

Sie fühlte sich zuerst erschlafft,
doch dann wollt' sie mit aller Kraft
erneut von ihm die Vorherrschaft.

Sie blickte um sich angestrengt
und sprach wie jemand, der nicht denkt,
»Ein jeder mehrere beschenkt.«

Er sagte weder ja noch nein:
sprach: »Ein Geschenk verliert den Schein.«
Doch sah er selbst den Sinn nicht ein.

»Ist das so«, rief sie hart wie Erz,
»so harmoniert doch Herz mit Herz.
Das gilt weltweit und anderwärts.«

»Welt ist Gedanke nur«, sprach er,
»und dieses weite, tiefe Meer
ist mir nur irgendein Begehr.«

Und ihre Antwort war so frei
und schlug ihm seinen Kopf zu Brei,
als wär sie ein Gewicht von Blei.

»Das Gute, Große meiden muß
das Rücksichtslose und den Stuß,
der beugt sich üblem Scherzgenuß.

»Ein Mann, der Zeitung liest – der pafft –
der auch noch Pantomimen gafft –
den nimmt man bald in Festungshaft!«

Er mußte sprechen, wußt' nicht was,
und murmelnd sprach er zu sich: »Das
ist schlimmer als ein Doppelpaß!«

»Wozu?« so fragte sie erpicht.
Doch er erglühte im Gesicht
und sprach ganz offen: »Weiß ich nicht.«

Indem, wie bei 'ner Wechselschicht
und wie mal kommt, mal geht das Licht,
So färbte sich sein Bleichgesicht.

Bedauernd dann sein großes Leid,
so sprach sie doch mit Bitterkeit:
»Das Mehr ist mehr als Minderheit.«

»Die Worte sind bestimmt sehr wahr«,
sprach er, »und sind so sonnenklar,
die brauchen keinen Kommentar.«

Und sie verzog nur das Gesicht
und sprach auf Bosheit ganz erpicht:
»Den andern ja: doch Ihnen nicht.«

Doch als sie schwanken sah ihn hier
und hört' ihn rufen: »Sowas mir!«
Da sagte sie voll sanfter Zier:

»Gedanken hausen im Verstand,
die schafft der Intellekt gewandt,
und drin wird die Idee verbannt:

und will die Wahrheit wissen wer,
der besser tiefer in sich kehr,
wo die Idee flieht das Begehr:

so ist die Kette ideell
ein Kreis, der das Begehr erhell',
dem die Gedanken sind die Quell'.«

Sie schritten stetig durch die Flur,
doch langsam prägte eine Spur
von Schatten ihn ob dieser Kur.

DIE ZWEITE STIMME

Sie wanderten entlang am Meer;
Sie gab ihm manche gute Lehr',
und dann und wann noch hoffte er,

sie schrie im Tonfall nicht so schrill,
denn er ertrug ihr Reden still
und war benommen von dem Drill.

»Aus Kalk macht man den Käse nicht«,
so sprach sie voller Zuversicht,
der Schritte Klang gab dem Gewicht.

Ihr Tonfall ließ zurück den Baß,
und als sie ihn dann fragte: »Was?«
Da war sie völlig am Parnaß.

Die Antwort kam dann ganz konfus,
er war ertrunken im Geschmus,
die Rederei schien ihm abstrus.

Er sprach dann, wußt' nicht was vor Schreck,
und was er sprach war ohne Zweck,
und sie sah über ihn hinweg.

Die Antwort ging ihr gar nicht nah,
und über ihn hinweg sie sah,
als wär er überhaupt nicht da –

Und ihre Rede weit sich spann,
sie stellte Fragen »Wie?« und »Wann?«
Doch war der Sinn in Acht und Bann.

Und als er endlich desparat
erschöpft sie um Erklärung bat,
sprach sie nochmals es als Zitat.

Geschüttelt wie in Agonie,
er ohne Sang und Klang nun schrie,
was sicher sinnlos wie noch nie:

»Gedanken – glaub ich – sind Verstand –
Abstraktes – das ist – sicher – Tand –
Dem ich mich – oder wir – verband...«

Darauf ergriff ihn große Pein,
die Rede schien ihm wie Latein,
sie sah ihn an, und er ward klein.

Sie schwieg nun, doch ihr Blick, der schien
ganz steinhart und durchbohrte ihn,
er kämpfte nicht, noch konnt' er fliehn.

Sie prüfte darauf jeden Satz
und trieb ein jedes Wort mit Hatz,
so wie ein Hund jagt eine Katz'.

Nachdem sie dergestalt gesiegt,
sein Argument am Boden liegt,
sie gleich zu neuen Höhen fliegt.

»Sei Mann nun Mann? Der dann vermißt
und denkt sich, was zu denken ist
in schlichter Wonne ohne Zwist?

Was nützt es? Soll ein kalter Blick
durch Nichtigkeiten knüppeldick
den Schrecken rufen nur zurück?

Die Luft von Stöhnen ist erfüllt,
das Auge starrt, und Gähnen brüllt,
das Licht ist dunstig, rotverhüllt?

Die Wiesen atmen gelbe Pracht,
die Dunkelheit umfängt mit Macht,
der weiche Zug der harten Nacht?

Soll er, der grau vom Lebensstreit
durch einen Tränenvorhang weit
erkennen noch die Jugendzeit,

und hört die Klänge altbekannt,
das Schlurfen, das doch so markant,
bekanntes Klopfen an der Wand?

Und g'rade vor ihm, als er fliegt,
die bleiche Form am Boden liegt,
die dann bei seinem Blick versiegt.

Doch dann entschwindet dieses Gut,
es tauchet in des Meeres Flut
und soll ihm frieren ein sein Blut.«

Kein einz'ges Wort war hier vertan,
wild zog sie wie an einem Zahn
die Wahrheit raus, zu der es mahn'.

Bis, wie ein stiller Wasserfall
auf den ganz heiß die Sonne prall,
sie stoppte ihren Redeschwall.

So schnell verhielt ihr Redefluß
wie, wenn ein voller Omnibus
dann doch am Bahnhof stehen muß:

wenn nach dem wilden Straßenkrach
die Eisenbahn nur stöhnt noch flach,
des Trägers Tritte tönen schwach.

Zu Boden sah sie durch die Brill',
war ganz und gar nicht mehr so schrill,
sie runzelte die Stirne still.

Er starrte auf das stille Meer
und freute sich jetzt allzusehr
an diesem Schweigen, das so schwer

sie duldete, denn es schien bald,
als würd' die Stille gar nicht alt,
dem Irrsinn wuchs erneut Gestalt.

Noch lieh gefällig er sein Ohr,
doch stieg er nicht zum Sinn empor,
der wohl in Tiefe sich verlor.

Er malte Kreise in den Sand:
das gleiche Schwingen ihrer Hand
war alles, was er hier verstand.

Er glaubte, einen Raum zu sehn,
wo dreizehn Schelme wartend stehn –
er dacht', er wüßte schon auf wen:

sie hingen kraftlos hier und dort,
manch einer schien, als ob er schmort,
sie litten hier wohl großen Tort:

sie hatten es bestimmt sehr schwer,
denn ihr Gehirn war völlig leer,
sie mochten gar nichts sagen mehr –

Man schrie: »Drei Stunden sind vorbei!«
Und: »Schluß jetzt mit der Warterei!
Bring schon das Essen her, Lakai!«

Der Traum war weg: die Geister fort:
doch sah er immer noch am Ort
die Frau, die sprach wie im Akkord.

Er trat beiseite, ließ sie stehn,
hockt' hin sich, sah die Wellen gehn,
fühlt' über sich die Winde wehn.

Das Wasser schien ihm völlig klar,
der Wind umflüstert' ihn sogar,
die Wellen wogten wunderbar.

Warum hatt' er solang gedacht,
daß dies Geschwätz ihm Eindruck macht:
»Die«, sprach er, »wird sonst ausgelacht.«

DIE DRITTE STIMME

Doch lang hielt die Extase nicht:
denn bald schon folgten Tränen dicht,
die rannen schnell ihm durchs Gesicht.

Sein Herz stand still, er spürte ja
die Furcht und eine Stimme nah;
obwohl er dort doch gar nichts sah.

»Vom schwarzen Funkeln kommt kein Leid.
Wenn so, warum? Von dem Bescheid
ist doch der Sinn in Dunkelheit.«

»Ihr Reden«, sprach er, »löste Pein.
Denn leichter scheint es mir zu sein,
wenn ich entziffere Latein.

Oder vielleicht 'nen Bach aufsuch'
und lese dort mit grimm'gen Fluch
ein ungeheuer schweres Buch.«

Und leis sprach eine Stimme drein
in Worten, die ihm klangen fein
und sanft, wie Geister treten ein:

»Wenn du jetzt dümmer als zuvor,
was banntest du aus deinem Ohr
die, die zum Schüler dich erkor?«

»Nur das nicht«, grollte er da schnell.
»Dann lieber unter ein Skalpell
oder ein richtiges Duell.«

»Das war wohl«, sprach es, »deine Grenz',
das Wissen war bestimmt immens,
besonders *deiner* Kompetenz.«

»Das nicht«, sprach er, »das nicht allein:
es schien im Tonfall was zu sein,
das ging mir stark durch Mark und Bein.

Ihr Stil war alles, nur nicht klar
und auch voll Strenge ganz und gar,
und manches klang sehr lapidar.

Und doch, manch' Antwort war so groß,
und klang auch and'res kurios,
so war es sicher ganz famos;

ich ließ sie erst, als sie so ging
und kräftig an zu denken fing;
mein Denken ist da zu gering.«

Ein kleines Flüstern stahl sich rein:
»Ja, wahr ist wahr: drum sieh es ein.«
Ein Zwinkern wie von Augen fein.

Er zitterte jetzt ganz devot
und kam enorm in Atemnot,
er warf sich nieder, war halb tot.

Da schwand das Wispern – wie ein Wind,
der sich verliert im Baum geschwind –
Ließ ihn, verzweifelt wie ein Kind.

Verzweifelt fuhr er dann sogar
mit beiden Händen sich durchs Haar,
das wirrer, als es jemals war.

Als dann im Morgendämmerschein
der Sonne Haupt sah finster drein.
»Was war denn falsch«, sprach er allein.

Als dann am Mittag helles Licht
ihm fest ins Auge traf, was sticht,
schrie er mit vollem Stimmgewicht.

Am Abend ging die Sonnenbahn
zur Neige, endete den Wahn.
»Was«, seufzte er, »hab ich getan?«

Noch in der Dunkelheit er wacht',
als dann der kalte Griff der Nacht
bezwang ihn, hielt ihn fest mit Macht.

Gefoltert, hilflos und allein,
Donner war Stille seinem Schrei'n,
da mischte sich die Stimme rein:

»Was? Immer so in düst'rer Rund'
soll dieser Lärm um tiefe Wund'
verfolgen mich nun jede Stund',

erröten mich der Schnatterfratz,
da ich nicht weiß, nach welchem Satz
verfiel ich dem Gesetz zur Hatz?«

859

Das Wispern schien in seinem Ohr
das Echo aus dem eig'nen Moor,
wovon ihm träumte wohl zuvor.

Das Wispern zitterte im Sand
»beider Geschick sich hier verband«,
da sagte ihm jetzt sein Verstand:

»Ihr wart einander böser Stern:
ihr mochtet euch auch gar nicht gern:
am besten wart ihr euch, wenn fern:

ihr wart euch schlimmer als die Gicht:
du warst ein dummer Sabberwicht,
SIE EIN GEFÄHRLICHES GEZÜCHT!«

Thema in Variationen

Warum ist das so, daß sich die Poesie noch niemals dieses Prozesses der Verdünnung angenommen hat, die sich als so nützlich bei ihrer Schwester in der Kunst der Musik erwiesen hat? Der Verdünner gibt uns zuerst ein paar Noten einer sehr bekannten Melodie, dann ein Dutzend Takte von sich und dann abermals ein paar Noten von der Melodie, und so weiter im Wechsel: das bewahrt den Zuhörer, wenn nicht vor dem Risiko, die Melodie überhaupt zu erkennen, wenigstens vor zu großer Begeisterung, welche die konzentriertere Form hervorrufen könnte. Diesen Prozeß versteht man als Komposition von Musikern, und ein jeder, der jemals damit experimentiert hat und von der unerwarteten Erregung ergriffen wird, sich in einem Haufen Mörtel niederzulassen, wird die Wahrheit dieser geglückten Formulierung erkennen.

Denn wahrhaftig, genau wie der genuine Epikur liebevoll vor einem Happen köstlichen Wildbret dahinschmachtet – dessen jede Faser »ausgezeichnet« zu murmeln scheint – dennoch, bevor er zur schmackhaften Leckerei zurückkehrt, einen ganzen Mund voll Hafergrütze verschlingt und starr: und gerade wie der perfekte Weinkenner sich vom Claret nur einen winzigen Schluck gestattet und dann mit einem Liter oder mehr Grundschul-Bier anstößt: so also –

> Die lieb' Gazell liebt' ich nie –
> *noch etwas, das so teuer ist;*
> *nur dem Verkäufer nutzt das Vieh,*
> *doch sollt'ich sein ihr Lobbyist?*

> Erfreut sie mich mit sanftem Blick
> *mein Sohn kommt heim von dem Pennal;*
> *beim Prügeln hatt' er kein Geschick –*
> *sein Geist war mir 'ne Spur zu schmal!*

Doch als er mich gut kannte, da
warf mich ihr Alter einfach raus;
und darauf färbte ich mein Haar
und hoffte sehr auf Bells Applaus

und lieb' mich, sie stirbt sicher bald
ein schmutzig' Grün, ein starres Blau:
und halb schon sah man die Gestalt
der Möhre, eitel wie ein Pfau.*

Ein Spiel zu Fünfen

Fünf kleine Mädchen, von fünf, vier, drei, zwei, eins:
tollten wild vor dem Kamine, ärgerlich war keins.

Fünf rosige Mädchen, an Jahren zwischen zehn und sechs:
machten Schularbeiten – keine Zeit für die Hex'.

Fünf Mädchen im Wachstum, zwischen fünfzehn und elf:
lernten Zeichnen, Sprachen, Rechnen und Kochen als Behelf!

* AdÜ: Diese vier Verse sind ebenfalls veröffentlicht in »Mischmasch« unter
  dem Titel »Der teure Kudu«, allerdings textlich verändert (siehe Seite 1032).
  Carroll veröffentlichte zwei Fassungen in zwei Buchausgaben.

Fünf reizende Mädchen, zwischen zwanzig und sechzehn:
jeden Mann, der sie ruft, frag' ich: »Welche willst du sehn?«

Fünf feurige Mädchen, das jüngste einundzwanzig war:
wenn niemand einen Antrag macht, dann warten immerdar?

Fünf prächtige Mädchen – mit dreißig Jahren sind sie erprobt
wenn sie reizend sind, doch die hier sind nicht mal verlobt.

Fünf modische Mädchen, von einunddreißig und mehr:
jungen Männern wohlgeneigt, die man hat verachtet sehr!

Fünf späte Mädchen – ihr Alter? Interessiert nicht!
Wir schleppen uns weiter wie der Rest der Menschenschicht:

aber der ehemals »sorglose Junggeselle« beginnt zu glauben, er weiß
die Antwort auf das alte Problem »wie das Geld schwindet leis«!

Poeta fit, non nascitur

»Wie werde ich ein Dichter?
  Wie schreib' ich einen Reim:
du sagtest mal ›bei so was
  ist Erhabenes der Keim.‹
Nun sag mir wie! Vertröst mich nicht
  mit ›Später, geh jetzt heim‹!«

Der Alte sah ihn lächelnd an
  und hörte seine Klagen;
er mochte diesen Burschen sehr
  mit den direkten Fragen;
und dachte: »Er ist fade nicht
  und ist auch nicht verschlagen.«

»Willst du ein Dichter werden,
  bevor du gehst zur Schul'?
Das hätt' ich nicht von dir gedacht,
  du bist wohl somnambul.
Du mußt erst tüchtig lernen
  und drücken manchen Stuhl.

Erst lernst du Sätze schreiben,
  dann spaltest du sie klein;
du mischst die Teile, wählst sie aus,
  so wie es fällt dir ein:
die Ordnung deiner Phrasen hier
  bestimmen nicht ihr Sein.

Willst du ergreifend werden,
  dann merk dir, was ich sag',
für das Abstrakte nutze
  der Großbuchstaben Schlag:
das Wahre, Schöne, Gute ist's,
  was vieles hier vermag.

Willst du etwas beschreiben,
  was farbenreich und schick;
dann sag es niemals deutlich,
  deut' an es durch 'nen Trick;
betrachte alle Dinge bloß
  mit einem Seitenblick.«

»Mach ich von Fleischpasteten
  zum Beispiel den Bericht,
sag ich: »Mir träumt von Flocken,
  die ausgesperrt vom Licht'?«
»So ist es«, sprach der alte Mann:
  »Das ist die rechte Sicht.

Dann viertens gibt's Epitheta
    ein jedes Wort zu schmücken –
g'rad so wie Harveys Reading Sauce
    für Fisch und Hasenrücken. –
Wovon ›wild‹, ›einsam‹, ›müde‹, ›fremd‹
    am meisten wohl entzücken.«

»Und will man es besonders gut,
    nimmt man den ganzen Klump –
›Der wilde Mann ganz müde ging
    zur einsam, fremden Pump‹‹?«
»Nein, nein! Das ist doch viel zuviel,
    das klingt doch viel zu plump.

Epitheta wie Pfeffer
    sie würzen's Kolorit;
verwendest du sie spärlich,
    dann kommt der Appetit:
doch trägst du allzu dick sie auf,
    so klingt es ganz stupid!

Die Gliederung betreffend,
    muß man dem Leser zeigen,
daß er den Sinn zu nehmen hat,
    soll nicht in Höhen steigen,
soll nicht den Zwecken spüren nach,
    soll sich dem Wort zuneigen.

Darauf, um noch zu prüfen,
    wieviel er kann vertragen –
mußt Orte, Namen, Daten
    und alles ihm versagen,
so wird dein Werk geheimnisvoll,
    er kann dann lang dran nagen.

Zuerst bestimm das Thema,
  was es umfassen soll:
dann füll es mit ›Geschwafel‹
  (gar mancher kann das toll):
die EINDRUCKSVOLLE ZEILE
  die spielt am Schluß die Roll'.«

»Und was ist denn so eindrucksvoll,
  mein Opa, sag es mir?
Ich glaub', ich hörte dieses Wort
  schon früher mal von dir:
doch bitte ich von Herzen dich,
  gib ein ›Exemplum‹ hier.«

Der alte Mann sah traurig nur
  über die Wiesen weit,
sah hier und da den Tau ganz naß
  in seinem Glitzerkleid,
sprach: »Geh doch ins Adelphi mal,
  sieh ›Colleen Bawn‹ im Leid.

Dies Stückchen stammt von Boucicault
  wie auch die Theorie,
wonach das Leben krampfhaft ist,
  Geschichte ist Manie:
von etwas Eindrucksvollerem
  hört' ich bisher noch nie.

Versuch's nur selbst bevor dann bald
  schon schwindet aller Schein . . . «
»Und danach«, sprach das Enkelkind,
  »wird es verlegt sehr fein:
In grünem Einband – gold'nen Lettern –
  und im Format hübsch klein!«

Erst lächelte der Alte stolz
    ob dieser Arbeitsgier
des Knaben, der holt' Tinte, Stift
    und auch recht viel Papier –
dann, als er ans *Verlegen* dacht',
    ward ihm der Blick ganz stier.

Dick und traurig

Ich sitz' im Sand am Uferwall
    und fühl die Winde wehn,
bekomme einen Weinanfall,
    weil ich nicht weg kann gehn –
ein Wispern fragt ganz leis mich hier
warum ich mich in Schmerz verlier.

»Wenn Jones, der Rohling«, sage ich,
    »trifft mich hier unten an,

dann quält er mich ganz jämmerlich,
   als wär er ein Tyrann:
er neckt mich, sagt, ich sei zu dick
(woran ich jedesmal erstick).«

O weh! Ich seh ihn dort am Steg!
   Adieu du Hoffnung mein,
bestimmt sieht er gleich diesen Weg
   mit seinem Fernrohr ein!
An welchen Ort ich auch entflieh,
der Kerl läßt mich alleine nie!

Denn jede Nacht und überall
   treff ich ihn stets beim Essen;
und wenn ich einer Frau gefall,
   will er sich mit mir messen;
der Kerl (er dünn und ich bin dick)
fängt sicher sie mit seinem Blick!

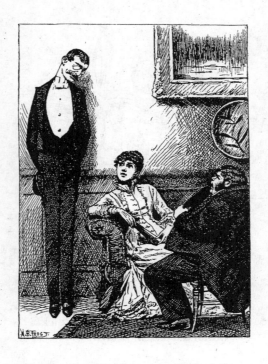

Denn jedes Mädchen schnell dann lag
    zu Füßen Jones', des Großen:
ich frag' mich, was sie an ihm mag,
    warum ihn nicht verstoßen?
Man schreit: »Er ist so rank und schlank,
wir lieben ihn mit Überschwang!«

Sie schwinden wie im Tabakrauch –
    Visionen werden matt –
der Schlag im Rücken ist kein Hauch
    auf meinem Schulterblatt –
»Nun, Brown, mein Junge, du wirst dick!«
(Na also, traf mich doch sein Blick!)

»Mein Wuchs geht Sie doch gar nichts an!«
  »Da haben Sie schon recht!
Doch Sie, Brown, und ich denke, Mann,
  Sie machen das nicht schlecht!
Denn Sie sind darin ganz perfekt
Und haben schon viel eingeweckt!

Gefährlich ist's zu reden hier –
  ich geh' wohl besser fort:
denn Ihr Gewicht beschwert den Pier,
  bald senkt sich dieser Ort!« –
Ich find das gar nicht originell!
Ich ford're bald ihn zum Duell!

Atalanta in Camden-Town

Ach, es war hier an diesem Ort
    in jener Sommerzeit,
Atalanta gar kein Tort
    meine Anwesenheit,
noch Antwort auf mein Liebeswort: »Bin gegen
    das gefeit«

Trug die Brosche, ich gab,
    und die Kette samt Schärpe,
und ihr Herz, das ich warb,
    trug ganz stolz meine Kerbe;
und sie trug ihr Haar ganz so
    wie des Königs Erbe.

Ich sah an mir ein Spiel
    mit dem Schatz mit Behagen –
doch es wurd' ihr zu viel
    mehr kann ich da nicht sagen,
daß »der Ort voll und heiß, konnt' sie
    Dundreary nicht ertragen«.

Und ich dacht': »Oh, das Glück!
        Denn um dich tut sie wimmern!«
Und ich sah mit Entzück'
        ihr Lächeln erschimmern:
und ich sprach: »Das ist bombig« – das Wort
        von den Devonshire Kinnern.

Und ich klagte: »Man hält
        mich für einen Holden,
wenn das Frühstück gefällt,
        wenn die Trinker zu Bolden,
wenn die Sahn' auf der Braut-Torte weiß
        und Orangenblüten golden!«

Oh, dies schmachtende Stöhn'!
        Oh, das sprechende Aug'!
Mich an Trinken gewöhn'
        an der Flasche ich saug' –
mich erstarrte ihr Blick, bei Seufzer und
        Tränen ich nicht taug'.

Dann ich flüster': »Ich seh'
        welche Geheimnis du hütest,
doch MIR tut Sehnsucht weh,
        wenn weinend du wütest!
Bei der wichtigen Frage
        für's Aufgebot du glühtest.«

»Sei mein Hero«, meint' ich,
        »und laß mich sein Leander!«
Doch die Antwort verlor sich –
        und ich hörte nur »Ganter« –
Da der Omnibus krachte so laut,
        daß ich gar nicht verstand mehr.

Das lange Werben

Die Dame stand am Lattenzaun,
  ihr Hund, der saß im Grase;
und durch die Latten kann sie schaun
  die Leute auf der Straße.

»Der da, der an der Türe steht
  und an der Klinke zerrt:
Komm, sag mir frei, mein Papagei,
  ist er den Einlaß wert?«

Da flog der Papagei zu ihr
  und sagte mit Verstand:
»Oh, laß ihn ein, bitt' ihn herein:
  er freit um deine Hand.«

Oh, als er kam ins Zimmer rein,
  wie elend war der Mann!
»Erkennt Ihr Euren Liebsten nicht,
  erkennt Ihr ihn nicht an?«

»Und wie soll ich wissen, Ihr liebt mich, Sir,
  Ihr wart doch so lange fort?
Und wie soll ich wissen, Ihr liebt mich, Sir,
  Ihr sagtet mir kein Wort.«

Sprach: »Liebste Frau«, und er ward grau
  und auch noch tränennaß.
»Ich sandte Zeichen meiner Lieb',
  was ich noch nie vergaß.

Erhieltet Ihr die Ringe nicht,
  die golden glänzten fein?
Ich glaube gar, ich sandte schlicht
  vier Dutzende herein.«

»Jetzt weiß ich's genau«, sprach da diese Frau.
   »Ich fand nichts an den Dingen!«
Sprach: »Die Kette von Gold, trägt das Hündchen so hold,
   ist gemacht aus diesen Ringen.«

»Bekamt Ihr denn die Locken nicht
   von meinem schwarzen Haar?
Ich sandte sie trotz Leergewicht
   als Eilpaket sogar!«

»Jetzt weiß ich's genau«, sprach da diese Frau.
   »Ach, sendet doch nichts mehr!«
Sprach: »Stopfte den Zopf für des Hündchens Kopf
   ins Kissen kreuz und quer.«

»Habt Ihr den Brief bekommen, Frau,
   mit einem Seidenband,
denn diese Botschaft kam genau
   von mir aus fernem Land?«

»Der Brief im Band aus fernem Land,
   ein Seidenband ihn gar umspann;
doch er war nicht frankiert«, sprach sie irritiert,
   »so nahm ich ihn einfach nicht an.«

»Es war nicht Ihr Glück, daß Sie's schickten zurück,
   ich schrieb es recht deutlich und gut!
Sei die Gunst mir gewährt, und die Botschaft erhört,
   ich sag sie noch einmal voll Glut.«

Und darauf sprach der Papagei
   so weise wie noch nie.
»Doch dann benimm dich auch dabei:
   fall nieder auf die Knie!«

Der Werber wurde blaß und rot
  und fiel auf seine Knie:
»O Dame, hört von meiner Not,
  ich muß erzählen sie!

Fünf Jahre und fünf Jahre lang
  werb' ich mit meinem Blick;
mit Nicken, Winken, Lächeln bang,
  ich lernte jeden Trick.

Zehn Jahre dann, o lange Zeit,
  werb ich mit manchem Ding;
ich sandte Blumen von sehr weit
  und schickte manchen Ring.

Fünf Jahre und fünf Jahre lang
  lebt' ich in fernem Land,

bis Ihr dran denkt und an mir hängt,
   so knüpft sich unser Band.

Nun sind schon dreißig Jahre um,
   ich komm' aus fernem Land:
und bitte Sie nun schließlich drum –
   bitt' Sie um Ihre Hand!«

Die Frau ward weder rot noch bleich,
   doch lächelte voll Traurigkeit:
»Wie Sie so werben«, sprach sie weich,
   »das braucht schon eine lange Zeit!«

Und schallend lacht' der Papagei
   voll bitt'rer Ironie:
»Ein Werben mit soviel Geschrei,
   wie schlecht ist die Partie!«

Das Hündchen darauf bellend grollt'
   und rannte hin und her,
riß an der Kette, die von Gold,
   und wollte beißen sehr.

»Oh stille, lieber Papagei!
   Oh schweig auch du, mein Hund!
Muß ihm was sagen frank und frei,
   soll hören diese Kund'!«

Und lauter schrie die Dame dann,
   den Hund zu übertönen:
noch lauter schrie darauf der Mann,
   wollt sie wohl noch versöhnen:

noch schriller schrie der Papagei,
   daß seine Stimm' erschalle:
ich glaub', des Hundes Bellerei
   war lauter als sie alle!

Die Mädchen und die Dienerschar,
   die saßen nah dem Herd:
sie nahmen das Gekreische wahr,
   war wohl des Wunderns wert.

D'rauf rief der Pagenjunge laut
   (ich glaub', er war ganz rund):
»Wer wird denn jetzt zu ihr gehetzt,
   wer wagt's zu dieser Stund'?«

Sie nahmen d'rauf ein Taschentuch
   und losten einen aus,
der sich dann stellte als Versuch
   dem mächt'gen Donnerbraus.

Den Pagen traf das Los, daß er
   trotze den Turbulenzen.
»Geh rein«, rief man, »stell dich nicht an,
   du wirst als Page glänzen!«

D'rauf holt' er vor ein dünnes Rohr
   für's Hündchen, das so fett:
Das Hündchen beult', das Hündchen heult'
   und fand das gar nicht nett.

Dann nahm er gleich das Hammelfleisch –
   das Hündchen wurde still
und folgte bis zur Treppe ihm,
   wie es der Page will!

Da sprach die Dame traurig nur
   und runzelte die Stirn:

»Mir lieber, wißt, mein Hündchen ist
als einer ohne Hirn!

Umsonst sind Tränen und das Fleh'n
und sich so lange quälen:
wer dreißig Jahr' kann übersteh'n,
der kann auch länger zählen!«

Voll Trauer ging er von ihr fort
und zerrte auf die Tür;
er ging geschlagen von dem Ort,
wie traurig war er hier.

»Oh, hätt' ich doch 'nen Papagei,
der wäre auch so schlau,
der sagt mir, was zu sagen sei,
ich hätte längst 'ne Frau.

Ich finde eine andre Frau«,
sprach er und seufzte schwer,
»ich werbe jetzt wohl nicht mehr flau
noch dreißig Jahre mehr,

denn find ich eine Dame mir,
für meinen Liebesschwur,
dann stelle ich die Frage ihr
in zwanzig Jahren nur.«

Die Penny-Trompete des Ruhms

(Herzlich allen »originellen Forschern« gewidmet,
die nach »Talent« lechzen.)

Blast, blast Trompeten bis sie bocken,
ihr Männlein mit den Seelchen!

Laßt sie in eurem Rücken hocken –
    Gold nuckeln in ihr Kehlchen

erfüllt die Luft mit Hungerklagen –
    »Seid bitte nicht so kleinlich!
denn ohne Geld das Wissen wagen,
    das scheint mir doch sehr schweinisch!«

Und wo der Plato heiter schritt,
    wo Newton ruhte aus,
da stürmte die wilde Jagd sehr fit
    mit Babellärm und Braus!

Sei dir das Geld: sei ihnen Lob:
    wir woll'n sie nicht berauben,
noch nennen alten Geist-Zyklop
    uns so zuviel erlauben.

Sie fanden so den ew'gen Ruhm:
    statt Geld noch Dankesleier:
der Scham drückt aus ihr Rittertum
    für euch, ihr Marktesschreier!

Die wollen Recht – plärr'n tränenreich
    um Liebe und um Gnade –
wobei sie selbstzufrieden gleich,
    denn alles ist Fassade:

wer will schon Weisheit – nein, oh Gott,
    die schickt dich nur in Zorn,
die tritt geschickt mit Hüh und Hott
    Gesindel mit dem Sporn!

Geh nur durch die Gesellschaftszimmer,
    sieh nur die eitlen Schnieken:

stolziern wie Pfauen ohne Schimmer,
    laß die Trompete quieken:

Gib dein Gewäsch geklauter Phrasen,
    sie sind aus einer bess'ren Zeit,
und schmück' den Geist der dummen Basen
    mit diesem gold'nen Flitterkleid.

Und wenn den Gipfel du erringst
    und stehts im klaren Äther-Ruhm,
dann nimm den Preis, mit dem du winkst –
    ist hundert Pfund per annuum.

Dann zieh des Ruhmes Banner auf!
    Sing Päan für den großen Sieg!
Dein Licht erhellt den Weltenlauf,
    daß Sonne so im Schatten lieg.

Wer will bezwingen deinen Strahl,
    christall'ne Flut, von Ost nach West,
du hast verbrannt der Zeiten Qual
    und flatterst in dein Ruhenest!

Die Jagd nach dem Schnai

Mit 9 Illustrationen der Originalausgabe
von Henry Holiday

Das Anlegen

»Der Platz paßt zum Schnai!« der Büttel begreift,
   als glücklich die Crew war an Land;
er hatte sie einzeln durchs Wasser geschleift
   am Haarschopf mit eigener Hand.

»Der Platz paßt zum Schnai! Ich sag' es noch mal:
   und das jetzt die Angst jedem nimmt.
Der Platz paßt zum Schnai! Oh drei, schöne Zahl:
   was dreimal ich sage, das stimmt!«

Die Crew war komplett: dabei war ein Bursch –
   ein Bonnets- und Hüte-Hersteller –
ein Beamter für Jus, bei Konflikten ein Plus –
   ein Börsianer taxiert auf den Heller.

Ein Billard-Crack, der mit großem Geschick
   hätt' all ihren Reichtum gewonnen –
doch ein Banker, der für Finanzen 'nen Blick,
   hatt' ihr Geld sich schon einfach genommen.

Da war auch ein Biber, der ging über Deck,
   saß im Bug auch und klöppelte Spitzen:
oft (so der Büttel) warnte er: »Da ein Leck!«
   Sinnlos sich übers Wie zu erhitzen.

Da war einer, der war für vieles bekannt,
   er vergaß, als das Schiff er betrat:
seinen Schirm, seine Uhr, die Juwelen brilliant
   und die Kleider, gewählt für die Tat.

Der Kistenzahl vierzig und zwei gut gepackt,
   sein Name, der prangte auf jeder:

doch dünkte das große Gepäck ihm vertrackt,
  er verschwieg's, so vergaß es der Reeder.

Er verschmerzt' den Verlust seiner Anzüge, denn
  er trug sieben Mäntel auf einmal
und drei Paar Stiefel, und sagte man: »Nenn
  deinen Namen«, den wußte er keinmal.

Reagierte auf »Hai!« und jeglichen Schrei,
  so wie »Hutzel!« und »Brat mir 'nen Storch!«
auch auf »Donnerwetter!« und »Nagelbretter!«
  besonders auf »Lausche du Lorch!«

Während and're, die schätzten ein offenes Wort,
    sie gaben ihm Namen verschieden,
nannte »Stummel« der Freund ihn immerfort,
    der Feind sagte »Käse, gerieben«.

»Von Gestalt ist er plump – und sein Wissen ist klein . . . «
    (so der Büttel ging oft ins Detail)
»doch sein Mut ist gewaltig, und das ist sehr fein,
    denn das braucht man gewiß bei 'nem Schnai.«

Sein Scherz mit Hyänen war niemals vulgär,
    wenn er auch dabei vieles wagte:
er ging sogar Hand in Tatz mit 'nem Bär,
    »so bleibt der bei Laune«, er sagte.

Er kam als ein Bäcker, doch als es zu spät,
    kam heraus, o grausamer Tort,
ihm die Hochzeitstorte nur noch gerät,
    doch die Zutaten fehlten an Bord.

Und der letzte, der in dieser Mannschaft dabei,
    trug die Nase hoch und war gemein:
doch quälte ihn nur ein Gedanke, das Schnai,
    so stellte der Büttel ihn ein.

Er kam als ein Metzger, auch Bluthund genannt,
    und erklärte nach sieben Tagen,
er schlachte nur Biber. Der Büttel verstand,
    doch wagte er erst nichts zu sagen:

dann schließlich gestand er mit zitternder Stimm',
    an Bord gab es nur einen Biber,
und das sei der seine, der habe Benimm,
    den zu schlachten, vergesse er lieber.

Der Biber, der zufällig hörte derlei,
  protestierte tränenden Auges,
und nicht mal das Schöne, die Jagd nach dem Schnai,
  zu Stärke und Troste ihm taug es.

Er verlangte, der Metzger soll' jetzt mit Elan
  besteigen ein anderes Schiff:
der Büttel blieb standhaft bei seinem Plan,
  er auf solche Vorschläge pfiff:

die Seefahrt sei ohnehin schwierige Kunst,
  es braucht Vorsicht, nicht zu zerschellen,
und er fürchte, er müsse verwehren die Gunst,
  ein weiteres Schiff zu bestellen.

Der Biber trug nun nach des Bäckers Rat
  eine kugelsichere Weste –
auch zur Versich'rung sei nicht es zu spat,
  das sei für das Leben das Beste:

dies meinte der Banker und bot ihm noch an,
    mit dem Hinweis, das sei gar nicht teuer,
und damit er jegliches Unglück auch bann',
    die Polic' gegen Hagel und Feuer.

Jedoch seit diesem bedenklichen Tag
    wann immer der Metzger dabei
der Biber ihn nicht anzusehen vermag –
    er wurde so scheu wie das Schnai.

Zweite Kata-Strophe

Des Büttels Rede

Groß war des Büttels Renommee –
    man lobt' seinen Takt, die Routine!
Der Ernst war sein besond'rer Dreh,
    und Weisheit bezeugte die Miene!

Er hatte 'ne Karte, die zeigte das Meer –
    war kein bißchen Land d'rauf zu sehen –
die Mannschaft, die schätzte die Karte so leer,
    sie konnten sie alle verstehen.

»Was sollen die Pole, Mercators Gekohle
    von Zonen und Wendekreisen?«
Der Büttel schrie laut, die Crew darauf baut:
    »Die sollen gar nichts heißen!«

»Auf andere pinseln sie Buchten und Inseln!
    Deshalb unserm Käpten viel Dank!«
(Man schrie im Verein es:) »Er gab uns was Feines –
    die Karte ist vollkommen blank!«

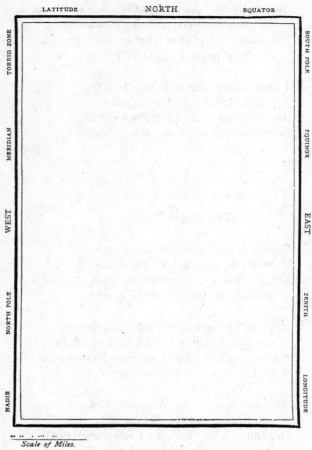

Scale of Miles.

OCEAN-CHART.

Das war originell, doch merkten sie schnell,
daß der Mann, den sie hoben gen Himmel,
sagt nur, er begehre beim Kreuzen der Meere,
daß stets mit der Glocke er bimmel.

Er dachte genial – doch wenn er befahl,
    dann dachten die andern sie spinnen.
»Nach Steuerbord weg, nach Backbord das Heck!«
    Am Steuer der konnt' nichts beginnen.

Sich oftmals das Bugspriet im Ruder verstrickt:
    doch der Büttel, der wußte Bescheid,
es sei von der tropischen Wärme geknickt,
    das Schiff sei dann eben »verschnait«.

Doch gegen die Regel verhielt sich das Segel,
    und das gab dem Büttel den Rest,
er dachte getrost, der Wind bläst nach Ost,
    das Schiff verweigert dann West!

Doch man bannt' die Gefahr – und man landet' sogar,
    mit Koffern, Kisten und Kästen:
doch als erstes die Schar wurd' 'ner Gegend gewahr,
    die bestand nur aus Hügeln, Morästen.

Der Büttel, der sah, die Laune war mies,
    bediente sich heiterer Töne,
mit Scherzen versuchte zu ändern er dies –
    die Mannschaft ließ hören Gestöhne.

Und Grog gleich kredenzend, so hielt er sie frei,
    und bat sie am Strand sich zu setzen:
sie dankten ihm gerne mit Lobhudelei,
    und darauf begann er zu schwätzen.

»Mitbürger! Freunde! Römer! Hört mich an!«
    (Denn sie schätzten hoch die Zitate:
sie prosteten zu ihm, der edele Mann
    kredenzte noch eine Tomate.)

»Wir segelten Monate, segelten Wochen
    (vier Wochen pro Monat, juchhei!),
doch niemals in den so langen Epochen
    sah einer von uns je das Schnai!

Wir waren Wochen und Tage auf See
    (eine Woche hat sieben Tage),
das Schnai kam nicht mal in unsere Näh',
    es war bis heute sehr zage!

Ihr Männer hört denn, noch einmal ich nenn
    fünf unverkennbare Zeichen,
die einwandfrei entlarven das Schnai,
    da sie sich in gar nichts gleichen.

Da ist zuerst einmal der Geschmack,
    der ist kroß, doch dürftig und nichtig:
so als wäre viel zu eng ein Frack,
    mit etwas Irrlicht ist's richtig.

Das späte Aufstehn, sein Metier,
    das treibt es zu weit, wie ich sage,
zum Frühstück kommt es erst zum Tee,
    zu Mittag am nächsten Tage.

Als drittes kapiert es Witze sehr spät,
    und falls ihr doch einen erzählt,
dann seufzend es an der Pointe rät,
    von Wortwitz fühlt es sich gequält.

Als viertes schätzt es die Badekarren,
    so hat es die immer dabei,
als Zierde soll'n die in der Landschaft verharren –
    gar manchen dünkt das Narretei.

Das fünfte ist Ehrgeiz. Doch das ist gewiß,
  Differenzen muß man begreifen:
die einen mit Federn, da fürchtet den Biß,
  die andern mit Bärten, die kneifen.

Nun ist ja an und für sich harmlos das Schnai,
  daß niemand ein Irrtum bestimme,
doch manche sind Buujams ... « da tönte ein Schrei,
  dem Bäcker, dem schwanden die Sinne.

DRITTE KATA-STROPHE

Des Bäckers Geschichte

Sie gaben ihm Brötchen – sie gaben Spinat –
  sie gaben ihm Senf und Tomaten –
sie gaben ihm Mus und juristischen Rat –
  sie gaben ihm Rätsel zum Raten.

Als schließlich er wieder vernünftiger schaut',
  wollt' er, daß sein Fall sich erhelle:
und der Büttel, der schrie: »Still! Keinerlei Laut!«
  Und läutete heftig die Schelle.

Eine Stille wie Blei! Kein Muckser, kein Schrei!
  Sie waren nun ganz leise,
als der Mann namens »He!« die Geschichte voll Weh
  erzählte in alter Weise.

»Der Vater, die Mutter war ehrbar, doch arm ... «
  Der Büttel mußt' intervenieren.
»Kommt die Nacht erst herbei, findet keiner das Schnai,
  so laßt keine Zeit uns verlieren!«

»Ich laß aus vierzig Jahre«, er rauft' sich die Haare,
    »und verkürze die Litanei,
bis zu jenem Tag, als das Schiff ich betrat,
    um mit euch zu jagen das Schnai.

Ein Onkel von mir (nach dem ich genannt)
    erklärte beim Abschied sehr helle . . .«
Der Büttel schrie laut: »Laß aus diesen Fant!«
    Und läutet wütend die Schelle.

»Er riet mir sodann«, sprach schüchtern der Mann,
    »»wenn das Schnai ist ein Schnai, dann ist's gut:
bring es einfach nach Haus – gib ihm Grünzeug zum Schmaus,
    auch das Licht es gern anmachen tut.

D'rum such es mit Nadeln – und such es mit Heil;
    und jag es mit Hoffnung und Pfeife;
bedrohe sein Leben mit Aktienanteil
    hofier' es mit Lächeln und Seife . . . ‹«

(»Ja, so muß es sein«, die Worte gewählt
    und hastig dem Büttel entsprangen,
»genau so hat es man mir mal erzählt,
    wird das Schnai am besten gefangen!«)

»›Doch hüte, oh Neffe, dich stets vor dem Fall,
    daß ein Schnai zu 'nem Buujam werde!
Denn darauf verschwindest du schnell wie ein Knall,
    wirst nie mehr geseh'n auf der Erde!‹

Das ist es, das ist es, das drückt meinen Geist,
    denn bedenk ich des Onkels Worte,
dann ist mir, als ob gleich das Herz mir zerreißt
    wie an der Gardine die Borte.

Das ist es, das ist es . . . « »So hörten wir schon!«
    bemerkte der Büttel empört.
Und darauf der Bäcker: »Noch einmal die Fron.
    Das ist es, das ist es, so hört!

Ich kämpf mit dem Schnai – jede Nacht mit Geschrei –
    in meinen rauschhaften Träumen:
ich gebe ihm Grün in sonnigem Glühn,
    und mir macht es Licht in den Räumen;

doch säh ich ein Buujam, gewaltiger Schreck,
  im nächsten Moment (ganz bestimmt)
da ginge ich plötzlich auf ewig hinweg –
  und das mir die Ruhe ganz nimmt!«

Die Jagd

Der Büttel guckt' stühlend und runzelt' die Stirn:
  »Hätt'st du's bloß gesagt auf der Stelle!
Es jetzt zu erwähnen zeugt nicht von viel Hirn,
  das Schnai steht schon fast auf der Schwelle!

Es täte uns leid, daß du weißt Bescheid,
  wenn du würdest nicht mehr gesehen –
doch bedenk, lieber Mann, als die Reise begann,
  du hättest es müssen gestehen!

Es zeugt nicht von Hirn, das jetzt auszuführ'n –
  dem werdet ihr bei mir pflichten.«
Und der Mann namens »He!« bekannte voll Weh:
  »Erwähnt' es beim Ankerlichten.

Klagt mich an wegen Mord – oder Fahrlässigkeit –
  (ein jeder Mann hat schwache Stunden):
doch niemals noch schwörte ich falsch einen Eid,
  das kann ich euch sicher bekunden!

Ich sprach es Hebräisch – ich sprach es Latein –
  ich sagte es Englisch und Römisch:
doch dabei entging mir (oh, höllische Pein)
  ihr sprecht ja wohl eigentlich Böhmisch!«

»Oh, trauriges Schicksal«, der Büttel beklagt,
  sein Gesicht zog sich ganz in die Länge:

»Doch jetzt wird nichts mehr dazu gesagt,
    sonst schlügen wir über die Stränge.«

»Den Rest meiner Rede«, (so sprach er zur Crew),
    »vernehmt, wenn es ist an der Zeit.
Denn das Schnai kommt näher und näher herzu.
    So macht euch zur Suche bereit!

Man such es mit Nadeln, man such es mit Heil:
    man jag' es mit Hoffnung und Pfeife:
bedrohe sein Leben mit Aktienanteil:
    hofier es mit Lächeln und Seife!

Denn das Schnai ist ein sonderlich Wesen, das sich
    nicht fangen läßt auf jede Weise,
drum tut das, was ihr könnt, was ihr nicht könnt, für mich,
    damit ich euch hinterher preise!

Die Krone erwartet – hier schweige ich still:
    die Rede ist mächtig, doch hohl:
ein jeder nimm gleich in die Hand, was er will,
    zu kämpfen heißt jetzt die Parol.«

Da zückte der Banker sogleich einen Scheck
    und wechselte Kleingeld in Scheine.
Der Bäcker strich's Haar von der Stirne sich weg
    und brachte die Kleidung ins reine.

Der Bursch, der Börsianer, die machten sich scharf
    im Wechsel mit Wetzstein den Spaten;
der Biber, der hatte gar keinen Bedarf,
    zu klöppeln, das sind seine Taten:

des Beamten Appell, der scheiterte schnell,
    als er warnte ihn vor den Gefahren,

das Klöppeln sei herrlich, doch auch sehr gefährlich,
   man müsse sich dann offenbaren.

Der Bonnethersteller kreierte ein Band,
   das auf dem Hute sitze:
der Billardcrack traf hart mit zitternder Hand
   nur seine Nasenspitze.

Der Metzger, der kleidet' nervös sich sehr fein
   Handschuhe in Gelb, was pikierte –
ihm war es, als ging es zu Essen und Wein,
   was der Büttel mit »Unsinn!« quittierte.

»Stell vor mich«, so bat er, »sei bitte kein Tropf,
  denn sicher ist es ein honetter!«
Der Büttel, der schüttelte eisern den Kopf:
  »Das hängt doch allein ab vom Wetter.«

Der Biber glumpierte d'rauf einfach herum,
  ihn freut', daß der Metzger war schüchtern.
Und sogar der Bäcker, der fett und auch dumm,
  der kniept mit den Augen ganz nüchtern.

»Ermann dich!« der Büttel befahl voller Hast,
  denn der Metzger begann schon zu weinen.
»Denn wenn uns ein Vogel, der Dschabdschab erfaßt,
  dann heißt es die Kräfte vereinen!«

FÜNFTE KATA-STROPHE

Des Bibers Lektion

Sie suchten mit Nadeln, sie suchten mit Heil;
  sie jagten mit Hoffnung und Pfeife;
bedrohten sein Leben mit Aktienanteil;
  hofierten's mit Lächeln und Seife.

Der Metzger entwarf den phantastischen Plan,
  zu stürmen nach vorne wie blöde;
er wählte als Stelle sich für diesen Wahn,
  ein Tal, das war schaurig und öde.

Der Biber begab sich an nämlichen Ort:
  er hatte denselben Gedanken;
doch keiner von beiden zeigt' an durch ein Wort
  dem andern den Abscheu, den blanken.

Die beiden beherrschte nur ein Wort »das Schnai«
  und ruhmvoller Tages Werke;

sie taten das gleiche, ein jeder so frei
    als ob er das gar nicht merke.

Doch das Tal wurde enger und enger und eng,
    die Nacht zeigte kalt schwarze Weite
(und Angst war die Ursach, besieht man es streng),
    daß sie gingen Seite an Seite.

Darauf gellte ein Schrei durch den Himmel herbei,
    und sie wußten, Gefahr war zu wittern:
der Biber erblaßte vom Kopf bis zur Quaste,
    und selbst der Metzger mußt' zittern.

Er gedachte vergangener Schülerzeit –
    unschuldiger Reden Geschwafel –
der Schrei erinnerte vermaledeit
    ans Griffelgequietsch auf der Tafel.

»Das ist doch das Dschabdschab«, ganz plötzlich er schrie.
    (Und diesen man nannt' einen »Daus«.)
»Wie der Büttel schon sagte«, so schloß sein Esprit,
    »so ist es nun einmal heraus.

So klingt nur das Dschabdschab! Oh, zähle es doch,
    dann siehst du, ich sag es zum zweiten.
Das Lied ist vom Dschabdschab! Ich dreimal d'rauf poch,
    belegt ist's, kann keiner bestreiten.«

Der Biber, der zählte mit Eifer und Schmerz,
    wie der seine Sätze so wählte:
Verzweifelung faßte ihm darauf das Herz,
    so daß er sich schließlich verzählte.

Er konnte sich gar nicht erklären sein Irr'n,
    denn eigentlich war er nicht dumme,

so quälte er stetig sein armes Gehirn,
    zu finden die richtige Summe.

»Zwei füge zu eins – denn sonst gehet keins«,
    so heißt es, »mit Daumen und Finger!«
Gedachte voll Leid der Imännchen-Zeit,
    da war er der Zahlen-Bezwinger.

»Das kann gehn«, sprach der Metzger, »des bin ich gewiß.
    Das muß gehn, ich kann es bekunden.
Das wird gehn! Bring Tinte, Papier nicht vergiß.
    Das geht, denn wir haben noch Stunden.«

Da brachte der Biber schnell Feder, Papier
   und Tinte in reichlicher Menge:
doch seltsame Wesen, die krochen herfür
   aus Höhlen und blickten sehr strenge.

Der Metzger versonnen sah nicht die Kolonnen,
   als er schrieb eine Feder pro Hand,
und klärte ganz leise auf einfache Weise
   das Problem, was der Biber verstand.

»Als Ausgangspunkt nehmen wir einmal die Drei –
   die Zahl scheint vorzüglich bedacht –
hinzu kommt die Siebzehn, nimm mal dies dabei
   mit tausend vermindert um acht.

Das Ergebnis, das teilen wir, auf, frisch hinein,
   durch neunhundertneunzig und zwei,
das weniger siebzehn, die Antwort wird sein
   korrekt, ohne Fehl, einwandfrei.

Angesichts der Gefahr, da wurde mir klar,
   was noch nie mir kam zu Gesichte,
und ohne Gebühr bekommst du von mir
   die Lektion in Naturgeschichte.«

Genial war die Art, die er offenbart
   (vergaß dabei Anstand und Sitte,
gewährte Belehrung ganz ohne Erklärung,
   vergeblich war da jede Bitte):

»Das Dschabdschab ist ein verzweifelter Geist,
   der lebt in beständigem Leiden:
sein Anzug ist völlig verworren zumeist –
   so wird man in Jahren sich kleiden:

es kennt jeden Freund, den einmal es sah;
   Bestechungen tut's widerstreben:

beim Wohlfahrtsfest steht es dem Ausgang sehr nah
und sammelt, um selbst nichts zu geben.

Beim Kochen gewinnt es entschieden Geschmack,
schmeckt besser als Austern und Eier:
(es hält sich am besten im Elfenbein-Sack,
auch in Mahagonie mit Schleier:)

man kocht es in Holzmehl, man salzt es mit Leim,
man dickt es mit Streifen, enormen:
doch acht' auf das eine und halt' es geheim –
bewahr' die symmetrischen Formen.«

Der Metzger hätt' frohgelaunt weitergemacht,
doch war die Lektion schon vorbei,
er weinte gar bitter und meinte ganz sacht,
der Biber nun Freund mit ihm sei.

Und also der Biber ihm zärtlich gestand,
und vielsagend quollen ihm Tränen,
was er jetzt gelernt hat, das fasse kein Band,
das müßten Buchbände erwähnen.

Zurück Hand in Hand, der Büttel gebannt
erklärte voll edeler Rührung:
»Das lohnt ohne Frage, die Mühe der Tage,
die legte euch auf meine Führung!«

Die Freundschaft von Biber und Metzger, die war
so fest, wie es selten gegeben;
denn sommers und winters sah man sie als Paar –
wollt' keiner alleine mehr leben.

Und gab's einen Streit – wie manchmal geschieht,
denn Streit gibt es trotz allem Frieden –
dann klang ihnen beiden des Dschabdschab's Lied,
das tat ihre Freundschaft fest schmieden!

Der Advokat, auch Beamter für Jus genannt, träumt

Sie suchten mit Nadeln, sie suchten mit Heil;
    sie jagten mit Hoffnung und Pfeife;
bedrohten sein Leben mit Aktienanteil;
    hofierten's mit Lächeln und Seife.

Vergeblich der Advokat sucht den Beweis,
    das falsch sei das Klöppeln des Biber.
Im Traume sah er dann die Wesen ganz leis,
    die sonst er ersehnte im Fieber.

Er träumte, im düstern Gerichte zu sein,
    wo das Schnai, das Monokel gehoben,
in Talar und Perücke vertrat dort ein Schwein,
    weil es einfach entfloh'n aus dem Koben.

Die Zeugen belegten ganz deutlich und schnell,
    der Koben als leer ward befunden:
die Rechtslage machte der Richter d'rauf hell
    in vornehmen Worten, gewunden.

Die Anklageschrift war verfaßt sonderbar,
    und das Schnai hatte lang schon gesprochen,
so an die drei Stunden, doch keinem war klar,
    was das Schwein scheinbar hatte verbrochen.

Die Schöffen, die kannten ihr Urteil schon lang
    (bevor noch die Schrift war verlesen),
da alle sie sprachen, das ganze wirr klang,
    war nichts zu verstehen gewesen.

Und der Richter sprach: »Hört...«, doch das Schnai darauf röhrt:
    »Quatsch! Das ist doch schon alles gegessen!
Hört Euch, lieber Mann, die Beweisführung an,
    leitet ab sich von alten Prozessen.

Was angeht Verrat, da gilt für das Schwein
    die Beihilfe nicht Rädelsführung,
und auch die Konkursklag' scheint falsch mir zu sein,
    mit Geld hatt' es keine Berührung.
Die Flucht steht ja ganz außer Zweifel bestimmt,
    doch ›schuldig‹ scheint das nicht zu heißen,
(denn wenn man die Kosten nicht knickerich nimmt),
    das Alibi läßt sich beweisen.

Das Los des Mandanten liegt in Eurer Hand.«
    Zu Ende war sein Disputieren,
es bat noch den Richter, der möge gewandt
    in Kürze den Fall resümieren.

Doch der Richter noch niemals das tat, er gestand,
    so das Schnai auch noch daran sich wagte,
und es resümierte nun schnell so gewandt,
    daß es mehr als die Zeugen aussagte.

Die Schöffen, die wollten das Urteil nicht fällen,
    da sie schon das Wort sehr verwirrte;

sie baten das Schnai, auch noch dieses zu stellen,
    weil es wohl auch darin nicht irrte.

So fällte das Schnai schnell das Urteil, obgleich
    es konnte vor Streß nur noch lallen:
doch dann sprach es: »SCHULDIG!«, die Jury ward bleich
    und war schon in Ohnmacht gefallen.

Dann sprach es das Strafmaß, der Richter schwieg still,
    er wollt' die Verhandlung nicht stören:
als das Schnai sich erhob, war die Stille so schrill,
    eine Nadel hätt' fallen man hören.

»Verbannung für immer«, so lautet' der Spruch,
    »und anschließend vierzig Pfund Strafe.«
Die Jury, die jubelt', vom Richter ein Fluch,
    da wohl die Gerechtigkeit schlafe.

Doch schließlich wurd' ihnen ihr Jubel suspekt,
    denn der Kerkerknecht gab zu bedenken,
da tot sei das Schwein sei gering der Effekt,
    man könne die Strafe sich schenken.

Der Richter verließ deprimiert das Gericht,
    doch konnte das Schnai es nicht fassen,
es seine Verteidigung nicht unterbricht
    und wütete ganz ausgelassen.

Soweit dieser Traum, das Wüten im Raum,
    das wuchs noch mit jeder Minute:
bis schließlich der Klang der Glocke durchdrang
    des Büttels, traf ihn wie 'ne Knute.

Das Schicksal des Bankers

Sie suchten mit Nadeln, sie suchten mit Heil;
   sie jagten mit Hoffnung und Pfeife;
bedrohten sein Leben mit Aktienanteil;
   hofierten's mit Lächeln und Seife.

Da tat sich der Banker auf einmal sehr dick,
   ein jedem entwich hier ein Schrei,
denn er stürzte vorwärts ganz aus ihrem Blick,
   sein Sinn war zu finden das Schnai.

Und wie er so suchte mit Nadeln und Heil,
   ein Bänderschmatz flog aus der Bucht
und packte den Banker, vergebens die Eil',
   denn grausam mißlang ihm die Flucht.

Er bot ihm Prozente – er bot ihm 'nen Scheck,
   (gebührenfrei) sieben Pfund zehn:
Der Bänderschmatz zog nur die Zähne sich bleck
   und ließ diesen Banker nicht gehn.

Ohne Rast ohne Ruh – der Schnabel stieß zu
    und grollend begann er zu hacken –
da nützte keine Springen, da nützte kein Schwingen,
    entseelt mußt' zu Boden er sacken.

Der Bänderschmatz floh, als die anderen nah-
    ten sich schnell, gelockt von dem Gellen:
der Büttel, der meinte: »Das kommen ich sah!«
    Und feierlich ließ er es schellen.

Schwarz war er im Gesicht, fast erkannt' man ihn nicht,
    so wenig glich dieser dem Banker:
er triefte vor Schweiß, die Weste ward weiß,
    vor Angst mußt' gewesen ganz krank er.

Zum Schrecken all derer, die diesmal dabei,
    tat er sich im Frack präsentieren,
er schnitt nur noch Fratzen, copierte das Schnai,
    er konnt' sich nicht artikulieren.

Ruht im Mobiliar – und rauft sich das Haar –
    er·hätte so gerne gesprochen;
doch waren die Töne nur blödes Gestöhne
    begleitet vom Klappern der Knochen.

»Laßt ihn niedergemäht – denn es ist schon so spät!«
    sagt' der Büttel aus Furcht nur ganz sacht.
»Haben Zeit schon verloren, darum gebt euch die Sporen,
    daß das Schnai ihr noch fangt vor der Nacht!«

ACHTE KATA-STROPHE

Das Vers(ch)winden

Sie suchten mit Nadel, sie suchten mit Heil;
  sie jagten mit Hoffnung und Pfeife;
bedrohten sein Leben mit Aktienanteil;
  hofierten's mit Lächeln und Seife.

Die Jäger verloren beträchtlich an Glanz,
  und der Biber war fast schon hinüber,
Die Angst stieg ihm langsam schon bis in den Schwanz,
  denn der Tag war so gut wie vorüber.

Der Büttel, der rief: »Da steht unser Tropf
  und hebt an ein wildes Geschrei,
er winkt mit den Händen, es wackelt sein Kopf,
  er hat wohl gesichtet ein Schnai!«

Die Freude war groß, und der Metzger rief aus:
    »Er stammt wohl aus mutiger Sippe!«
Denn da stand der Bäcker – ein Held ohne Graus –
    hoch auf der benachbarten Klippe.

Aufrecht und herrlich wirkte er kurz,
    dann sahen sie ihn was umbranden,
(ein Beben durchfuhr ihn) es folgte der Sturz,
    die andern nur starr und stumm standen.

»Ein Schnai!« so tönte zuerst der Schrei,
    denn ganz gewiß schien dieser Clou.
Darauf folgte Lachen, Hochrufe »Juchhai!«
    dann fielen die Worte »Ein Buu...«

Dann Stille. Man glaubte, man höre vereint
    ein müdes und leidig Gestöhne,
es klang ganz wie »...jam!« doch mancher der meint',
    der Wind sei's, der mache die Töne.

Sie jagten bis Nacht war. Doch ganz ohne Zweck,
    sie fanden kein Jagdkonterfei,
das ihnen bewies, daß sie waren am Fleck,
    wo trafen sich Bäcker und Schnai.

Denn mitten im Worte das Schnai ihn brutal
    mit Jux und Gelächter verdrießte,
sein Körper der wurde ganz plötzlich astral –
    das Schnai war ein Buujam, na siehste.

Drei Sonnenuntergänge

Mit 12 Illustrationen der Originalausgabe

von Gertrude Thomson

Drei Sonnenuntergänge

Er sah sie einst, und bei dem Blick,
    da beider Augen trafen sich,
sein Herz erstarrte schier vor Glück:
    vor Freude war er Tatterich –
so stand sie da zur Abendzeit,
ein Stern perfekter Weiblichkeit.

Sein Herz war leicht, die Sommernacht
    genoß er wohl mit leichtem Tritt:
und Schönheit schien ihm Lebensmacht
    und jeder Klang ein Liederhit:
es schmeichelte der Welt Genie
ein schönes Wesen, so wie sie.

Dann fiel ein neues Abendrot,
    und Sterne glänzten langsam auf,
der Liebe schlug der Abschiedstod:
    die Sonne sank im Tageslauf
in Wolken, purpurn aufgeschwemmt,
sie hüllten wie ein Leichenhemd.

Gedenken dieser Nacht war lang –
    der Druck der Hände, Lippen Kuß,
dann schwindend seinem Blicke bang
    Gestalt versank im Tränenfluß –
im Trauerklang sie zieht dahin
durch seiner Seele Dunkelsinn.

Er kam zurück nach langer Zeit
    ein Wand'rer von Gestaden fern:
die Gaß', das Haus war noch bereit,
    doch nicht die, die er sah so gern:
sein hoffend Wort, sein Tränenflor
traf unbeachtet fremdes Ohr.

Nur Kinder hielten ein im Spiel,
    um zu vernehmen die Geschicht',
manch eines ging, dem's nicht gefiel,
    die andern hielten sich ganz dicht,
um zu berühren mit der Hand
den wilden Mann aus fernem Land.

An sehr belebter Straß' er saß,
    dort, wo zuletzt er sie erblickt';
Erinnerung er nie vergaß,
    schien mit der Straße eng verquickt:
ihr Schritt schien nahe nach wie vor:
ihr Wort noch nahe seinem Ohr.

Und dann, wenn schwand des Tages Licht,
    und Abenddunkel kam heran,
beklagte still er die Geschicht'
    und dieser schwarzen Schatten Bann,
und sinnlos rührt' er mit Elan
die Asche, seinen leeren Wahn.

Die Sonne floh, der Solipsist
    ging hin noch, wenn auch kurz der Tag,
und saß und guckte an sehr trist
    jedweden intensiv und zag –
bis schweren Mutes er verschwand:
»Sie war wohl heute nicht imstand'.«

So schwand allmählich auch sein Geist,
    und spottend seines Zweifelschrei's,
in harten Foltern er vergreist'
    und quält' sich auf verschied'ne Weis'
und sieht in jedem leeren Nichts
Visionen ihres Angesichts.

Dann war sie für Momente nah,
    ganz plötzlich nah an seiner Seit';
und wie ein Engel stand sie da
    verkörpert aus Unsichtbarkeit,
und ihre zarte Feegestalt,
sie schwand für ihn nur allzubald.

So, halb in sonnig Hirngespinst
    und halb vor Unglück seelenleer
er starr und steinern vor sich linst,
    genoß die bittere Schimär',
aus seinem Denken er verbannt'
die Freude, die er niemals fand.

Als wenn der Wicht in Einsamkeit
    sich selbst anheim dem Tode stellt,
der Zauber der Vergangenheit
    schließt endlich aus die ganze Welt –
die Männlichkeit, den Stolz, die Kraft
ein stolzer Traum hat weggerafft.

Ja, Freund, wir gingen da vorbei
    noch gestern, er saß guten Muts
mit stolzer Miene wie von Blei,
    ein Gegensatz des Bettlerguts,
doch unsern Schmerz mißachtend sehr,
vielleicht verzweifeln wir wie er;

der leugnend jeden Freudenschein
    vernichtet uns're Lebenskraft
und sehnet sich in seiner Pein
    nach Frieden, den wir nie geschafft,
weil wir nicht warten voll Geduld
auf uns'res Schicksals sich're Huld.

Und so der Zufall, der geschah,
    sie kreuzte den vertrauten Ort:
sie beugte ihr Gesicht ganz nah,
    wofür er litte noch mehr Tort;
doch zu sehr war er tief im Gram,
als daß sein Herzblatt wahr er nahm.

Und Mitleid für ihn füllt ihr Herz,
    der still und stumm saß schon so lang,
die Sonne neigt sich westernwärts,
    sie färbte ihm ganz schwach die Wang',
fiel auf sie, grenzte sie dann ein
mit einem hellen Glorienschein.

Ach, werd' doch wach! Es fliegt die Zeit:
    dies Treffen wird das letzte sein.
Ihr Tränentropf fiel auf sein Kleid,
    bevor er wieder blieb allein –
das Abendrot erbleichte grau:
die Hoffnung schwand mit dieser Frau.

So wie sie kam, so ging die Nacht,
　　das Schweigen wich dem Tagesklang,
die Sonne bald im Osten lacht',
　　und wieder herrschte Tatendrang –
ob Tag, ob Nacht, er würde ruh'n:
er zählte zu den Toten nun.

November 1861

Der Rosenpfad

(Geschrieben kurz nach dem Krimkrieg, als der Name Florence Nightingale schon fast zu einem Alltagswort geworden war.)

In dunkler Stille eines alten Zimmers,
nach Westen sieht das eine große Fenster,
dort, wo durch Ranken wilden Weines
der Sonnenglanz entschwindet für die Nacht,
saß eine bleiche Dame, ruhend müde Arme
auf Folianteneinband und ihr Antlitz
in den Händen. Doch nicht gebeugt zur Ruhe,
denn heiße Trän' umrundet ihre Wange,
und unterdrücktes Schluchzen unterbrach
die schläfrigen Geräusche dieser Nacht.
　Bald schlug sie den Folianten wieder auf
und las die Worte laut im Schmerzenston,
und wie gefoltert weinte sie dabei:

> *»Er ist die Krone vom Geschlecht:*
> *er bittet nur, der Ort sei recht,*
> *den Feind zu treffen im Gefecht:*
>
> *und kämpfen gegen Niedertracht*
> *vom Morgenrot zur Purpurnacht,*
> *und sterben mitten in der Schlacht:*

wo Herzen wild und Hände stark,
wo Hörnerklang tönt laut durchs Mark,
wo Blut durchnäßt den Boden arg:

noch starren matt durch Augenbrei
und seh'n den Sieg der Metzelei,
im Tode hör'n das Kampfgeschrei:
geleitet dann zum ew'gen Schlaf
von denen, die da treu und brav,
wo Eiben weh'n gleich dem Seraph:

wo, durch der Kirchenfenster Stein
fließen durch Abend Dämmerschein
Gebete innig, Lieder fein:

wo nicht im marmorn Blendeschein
nur Lüge ziert des Grabes Stein
auf des Soldaten tot Gebein:

wo manchmal kommen Kinder schon
und lesen nur im Wisperton
des Namen, der da unten wohn'.«

Hier schwieg sie still und saß da wie im Traum.
»Ach!« seufzte sie. »Und was vermag die Frau?
Ihr Leben planlos, unbekannt ihr Tod:
beengt von Sitte ist ihr Sehnen Rauch.
Dem Mann die Tat, doch was vermag die Frau?«
  Und Antwort ward ihr aus der Dunkelheit,
die Dunkelheit, die siedelt in der Nacht:
»Fried'! Denn dein Los ist anders als des Mann's:
sein ist der Dornenpfad: er schlägt sie ab:
den Tod ins Antlitz sehend kämpft er hart.
Dein sind die Rosen, geben Schmuck und Kraft
der Einsamkeit, birg Dornen du in Blumen.«

Sie sprach nochmals: im bitt'ren Tonfall nun:
»Ach, nur ein Spielzeug: kurz, nur eine Puppe,
ein frisch gepflückter Blumenstrauß am Morgen,
verworfen und verwelkt bereits am Abend.«
    Die Antwort ward ihr aus der Dunkelheit,
die Dunkelheit, die schwärzte sich zur Nacht:
»So sei die Lampe, die den Pfad ihm leuchtet,
wenn fast die Sorgenschatten ihn ersticken.«
    Und dann wird ihr, als ob ein schrecklich Licht
glomm langsam grau durch diese Dunkelheit
bis alles um sie schwand – der alte Raum –
das Sonnenlicht durch Gitterstreben sterbend –
das große Fenster – alles war hinweg,
und sie stand da auf allerhöchsten Hügeln.
    Soweit das Auge tief nach unten reichte,
Schwadronen stellten sich dem Feind entgegen,
bereit zur Schlacht, doch stumm, bewegungslos.
Bald schüttelt' ferner Donner diesen Grund,
der Pferde Stampfen, und ein Trupp schoß ran –
taucht Kopf voran in diesen lebend See –
taucht in den Tod: vom Schlachtfeld kam zurück
ein kleiner Rest, der hart ums Leben focht,
brach durch die dichte Front; doch da sah sie,
wie immer, immer mehr Gestalten schwanden –
bleich wie ein Geist beim ersten Morgenstrahl,
der blitzt vom Osten – und Trompetenschmettern
erstirbt im Schweigen – Wandel der Vision –
zu einem Raum wo Sieche sterbend liegen
in langen Reih'n – wo Fieberqualen brüten –
im Dunkeln unter Azraels Flügelschatten.
Doch da war eine, die ging hin und her
mit leichtem Tritt: und Friede trug ihr Antlitz,
und Augen starrten unentwegt ins Düst're:
noch als sie ging, hat sie für jeden dort
Trostspruch und Rat; und kühlte fiebernd Stirn'

mit sanftem Druck, und in das lauschend Ohr
der bleichen Siechen wispern Friedensworte.
Sterbend der Krieger folgte ihrem Gang
mit dürrer Hand sie segnend. Tue es auch,
du, die du das Verdienst der Alten lobst!

So fleh' die Dame und sah tränenvoll
wie sacht so vorwärtsschritt, bis dann die Nacht
sie voll umhüllt, und die Vision vorbei.

Und wieder tönt' das Wispern feierlich:
»So in der Dunkelstunde männlichen Geschicks,
wo Krieg, Gewalt die arme Erde schüttelt,
da liegt der Frau Mission: mit großem Mut
die Schreckensszenerien zu durchschreiten,
wo Männer siech und zitternd: denn für sie
ist alles Ding geweiht, ist alles gut.
Nichts zu gering, als das es ihre Sorg':
nichts zu berühmt, als daß es auch ihr Teil.
Kein Leben ist umsonst, ein jedes zählt:
so tu dein Werk, und Gott vermag den Rest.«
Und dann war Stille, doch zur Antwort gab
die Dame nichts, inbrünstig sprach nur »Amen«.

Und sie erhob sich in dem dunklen Raum,
stand einsam da nur wie ein Geist der Nacht –
stand ruhig, furchtlos in dem Fall der Nacht –
hob Augen dann gen Himmel. Tränen rannen
übers Gesicht, ihr Herz war voller Frieden,
ein Friede, den die Welt nicht gibt noch nimmt!

10. April 1856

Das Tal des Todesschatten

Lausch, *sprach der sterbend seufzend* Mann,
    wie dort die Klage gellt –
wie Feen, die einst traf der Bann,
    allein geh'n durch die Welt.
Am Abend, wenn die Sonne fort,
hör' ich es von den Hügel dort,
es bläst mich an wie Tod und Mord
    kurz, bis es dann verhält.

Mein Sohn, da denk ich an den Tag,
    er ist schon lang vorbei,
ich denke daran nur ganz zag,
    wollt', ich wär' davon frei.
Doch die Gedanken geh'n nicht weg:
der Seele sind sie dunkler Fleck:
ich stets vor diesem Flüstern schreck
    der Winde Litanei.

Und nun im Tod bin ich bereit
    das Schauerstück zu sagen,
das machte in der Brust sich breit
    tat Jahre an mir nagen:
doch Zeit ist kurz für dieses all –
das Übel hält mich in der Krall',
es schubst mich rum von Fall zu Fall,
    hör weg, will's nicht behagen.

Die Sprüche banden kettengleich,
    und streng sein sie mich hießen,
an Freude war ich nicht mehr reich,
    die Last sie wachsen ließen –
bis vor des Geistes Fiebersicht
ein Flatterding schien d'rauf erpicht,

durch dunklen Wald flog es ganz dicht
   unter Gebirges Riesen.

Tief in den Wäldern lag ein Tal,
   die Sonne fand es nie,
kein Stern, kein Mondlicht wandert' fahl;
   nie eine Brise spie
der Sommerzeit – in meinem Ohr,
als ich kaum wagte mich hervor,
ich hörte einen Wisperchor:
   »Das Todestor ist hie.
Oh, bitter ist es hier zu sein
   und müde zu verweilen:
früh wünscht' man sich den Abend rein,
   spät soll der Tag hin eilen.
Der Tag ist weg, die Sonne fort,
die Helle meidet diesen Ort:
warum blos sein an diesem Hort,
   das triste Leben teilen?

Oh, gut«, sprach es, »ganz nah dem Teich
   in einer Höhlentiefe
der Fiebergeist ruht kühl und weich,
   das Auge nicht mehr triefe:
an dieses Kelches Mythenrand
ist Heilestrunk für den gebannt,
des Herz ist krank und leergebrannt,
   der wünschte, daß er schliefe!«

Die Abendwinde seufzen sehr,
   wie jemand tief in Trauer,
sie schüttelten die Bäume schwer,
   die Wipfel faßt ein Schauer:
mein Engel wohl am Wege stand,
und warnend hob er seine Hand

vor Schrecken, der noch unbenannt,
  ich floh des Schreckens Lauer!

Ein Hüttentor stand offen weit,
  ein sanfter Strahl fiel raus,
wo hier zwei Kinder Seit' an Seit'
  vom Spielen ruhten aus –
und so sie beugten sich zu zwein
und blickten in das Buch hinein
der Bücher, lesend im Verein:
  komm heute noch nach Haus.
Wie Bergesbäch' von Bergeskar
  gemeinsam niederschießen,
so lockenkraus fällt blondes Haar,
  woanders Braune sprießen:
und durch den seiden Dunst, der dick,
blitzt' blauer Auge tiefer Blick
wie Königskronen Edelschick
  in Pracht erglänzen ließen.

Mein Sohn, und jedem kommt die Stunde,
  wenn sinkt des Geistes Kraft –
das Schwachsein ist die nächste Kunde,
  bis es zum Tode schafft:
in solcher Zeit, oh Krieger sag,
ein panisch' Wort mag hier sein vag,
und eine Last befreit den Tag
  und Stärke dann erschlafft.

Ich, der ich tränenblind verlor
  den West in seinen Strahlen,
der Himmelsklang füllt unser Ohr,
  wird in der Brust sich aalen.
»Komm zu mir, komm herein zu mir –
so schwer beladen, komm zu mir –

die schwere Last, oh komm zu mir –
   ich werd' mit Ruhe zahlen.«

Die Nacht stieg höher: still und blau,
   der Abendnebel hob sich,
es füllt' das durst'ge Land mit Tau,
   das Paradies, es wob sich –
dort über schweigend Feld und Stadt
erhebt der Himmel sich ganz satt,
doch über diesen Ärger matt
   des Engels Auge schob sich.

Gesegnet Tag! Als ich vernahm,
   was öfter sich bewahrte,
wo tränenblinde Freude kam,
   wo schmerzend Herz verharrte –
die Mutter, Knabe, kennst du nicht,
die dies in ihrer Klage spricht,
die weinend es an mir gebricht
   als liebend Kind, ich warte.

So schied sie aus der fremden Sicht
   wie eine scheidend' Taube,
sie traf dabei vollkommen Licht
   wie Sintflut Weltenglaube;
doch unser Geist, oh ja, ich weiß,
ich fühle Schmerzen, tief und heiß
und Liebe wie im Wendekreis,
   die immer ich erlaube.

So ein geduldig', frohes Herz
   geh' ich dem Ende zu,
so wie der Fluß fließt meereswärts,
   begegnet mir im Nu.
Ich weine nicht, kann klagen nur,

die Liebe dauert meine Tour
und führt mich zu des Lebens Cour,
   so wie ein Freund es tu.

Doch wenn dort ist – oh, wenn dort ist
   die Wahrheit in der Frage,
die Engelsformen man vergißt,
   dann unser'n Weg du wage;
dann ist sie sicher sichtbar hier,
dann ist es ihres Geists Revier –
der Nebel ist hier sichtbar schier,
   der Tod bringt's an den Tage.

April 1868

Einsamkeit

Des Waldes Ruhe ist mir lieb:
   wie Murmelklang ich lieb im Bach:
schon oft ich träumend liegenblieb
   auf einem Hügeldach.

Rar' Herz hört unter Bäume Pracht
    den Silberklang des tönend' Reis;
und Brise, die den Bach nachmacht,
    in Gräsern wispert leis.

Hier hab ich Freiheit von der Welt,
    kein rüder Tritt, kein Menschenneid,
der mir den Frieden hier vergällt
    in dieser Einsamkeit.

In Stille ich hier Tränen wein',
    die schläfern mir den Geist bewußt,
wie schluchzend lullet Kind sich ein
    an einer Mutter Brust.

Doch wenn die bitt're Stund' vorbei,
    und es verstummt das Weh und Ach,
lieg' ich am liebsten sorgenfrei
    auf einem Hügeldach!

Gedenk' der Freuden, die vorbei,
    sperr 'aus des Tages Seelenpein
und färb' des Lebens Schinderei
    mit Regenbogenschein.

Was ist das Leben, das man bot,
    wenn Sorge drückt des Menschen Herz,
wenn Tage, endend mit dem Tod,
    verdunkelt sind vom Schmerz?

Soll arme Stunde, die verpufft,
    vergelten Jahre voller Leid –
soll einer einz'gen Blume Duft
    erfreu'n die wilde Heid'?

Oh, golden' Stund' der Jugendzeit,
    der Unschuld, Wahrheit, Liebesweh!
Schön, jenseits jeder Denkbarkeit,
    der Jugend Traumesfee!

Mein Gut, das gäb' ich hin geschwind,
    des Lebens geistigen Ertrag,
wär ich nochmals ein kleines Kind
    für einen Sommertag.

                        16. März 1853

Anderswo

Er schreitet unverzagt an Land
    mit männlich stolzem Gang:
küßt ihr die Wange, drückt die Hand,
    sie blickt zur Seite bang.
»Zu froh scheint er«, sie zweifelt sehr,
    »zu munter und zu froh,
vergißt wohl mich – arm' Einfalt ich –
    ist er mal anderswo!«

»Ich bring' die Perlenkette dir«,
    sprach er, »aus fernem Land;
sie sei der Liebsten eine Zier,
    der ich mich je verband!«
Sie ist sehr schick, es strahlt ihr Blick,
    ihr pochend Herz spräch so:
»Er dacht' an mich – er dacht' an mich –
    war er auch anderswo!«

Das Schiff läuft aus nach Westen hin;
    ihr Meeresvogel flieht.

Es schmerzt ihr in der Brust tief drin,
    und schwach sie niederkniet;
doch zeigte sich ein Lächeln noch,
    das schien zu sprechen so:
»Er denkt an mich – er denkt an mich –
    ist er auch anderswo!«

»Auch wenn ein Ozean uns trennt,
    wir sind uns nah, ich weiß,
die Treue keine Ferne kennt –
    wenn man sich liebt so heiß:
ich traue meinem Seemannsbursch
    für immerdar ganz froh,
du denkst an mich – du denkst an mich –
    bist du auch anderswo!«

Beatrice

Ihr Augenlicht ein Feuer hält
    vom Wanderer erkoren,
der kommt aus fernem Himmelszelt,
    ein Engel ward geboren.
Fünf Jahre, kurze Spanne,
leb' ich in ihrem Banne;
    die Nebel sich verloren.

Ist Engelsblick ihr Augenlicht?
    Schwebt sie ins Himmelsblau?
Ob sie zum Firmament aufbricht?
    Sie kennt den Weg genau!
Oh, Beatrice, mein Segen,
ich seh' dich auf den Wegen;
    ich leb' im Gestern, flau.

Und Beatrice ist streng und bleich,
    die Lippen Bitterkeit,
die Unschuldsaugen glitzern weich;
    sie seh'n vergang'ne Zeit –
die Gier nach süßen Stunden
die schon solang' entschwunden –
    die Welt schien schön und weit.

Und Beatricens strahlend' Macht,
    von Ewigkeit gezeugt,
erglüht aus blauer Augen Pracht,
    wie Mond durchs Dunkel äugt.
Gruß, Dichter in der Ferne,
ich füll' das Herz dir gerne,
    wie Nacht die Stille säugt.

Und die Visionen, schwach und blaß,
    sie ziehen nun vorbei;

mit Phantasie ich sie erfaß,
    daß sie mir nahe sei.
Ein Kind mit roten Wangen,
vom Kopf die Locken hangen –
    die kleine Lorelei.

Und käm zu ihr ein wildes Tier
    aus seinem Käfig-Kral,
Hätt' sonst im Dschungel sein Revier,
    und wär' im Kampf brutal,
und käme sie zu töten,
es würd' ein Sklav' in Nöten,
    es hätte keine Wahl.

Sie kraulte es ohn' Unterlaß
    mit plappernder Silbestimme,
die rieselt wie des Sommers Naß,
    kein Argwohn in ihm glimme;
und mit Geschick sie frage,
mit frohem Mut, nicht zage,
    daß es in Liebe schwimme.

Sei sicher, wenn ein wild' Gesell'
      in menschlicher Gestalt,
sich wütend in den Weg ihr stell'
      und hätt' im Sinn Gewalt –
der Anschlag wär' verloren,
er wäre neu geboren
      durch ihrer Augen Halt.

Sei sicher, wenn ein Engel rein,
      ein Seraph, wohlgesinnt,
auf seinem Wege kehrte ein,
      was ihm als Glück bestimmt,
er würde gerne bleiben,
der Liebe sich verschreiben,
      zu diesem holden Kind.

                    4. Dezember 1862

Gestohlenes Wasser

Die Luft war sanft und weich das Licht,
      das schien an jenem Ort;
und sie war groß und gar nicht schlicht
      von eigensinn'ger Sort,
und Adel prägte ihr Gesicht.

Mit Glitzeraugen, roter Wang'
      traf sie mich auf dem Weg:
mein Geist erfaßt vom magisch Zwang,
      den sie ins Lächeln leg':
ich folgte ihr mit mächt'gem Drang.

Der Bäume Früchte ringsherum,
      das Gras trug Blumen weit:

mein Herz war tot, die Zunge stumm
in der verfluchten Zeit.

Und in dem Traum mit Silberklang
sprach sie, so schien es mir:
»Die Jugendzeit ist Überschwang« –
ich blieb genagelt hier,
konnt nichts entgegnen ihr.

Und über sich den Ast sie brach
mit Früchten, rar zu schauen:
»Trink, Ritter, diesen Saft«, sie sprach:
»Hilft Rittern und den Frauen.«

Oh, blend' mein Aug, daß ich nicht seh' –
betäub' mein Ohr, daß ich nicht hör' –
das spottend' Lächeln dieser Fee,
die spottend' Stimm' betör'!

Ich trank den Saft und fühlte gleich,
ein Feuer brennt mein Herz:
die Seele mein, sie wurde weich
in süßem Wahn und Schmerz.

»Gestohlen Trunk schmeckt süß«, sprach sie:
»Hat Süße Maß noch Grenze?
Wie Lust am Brote doch noch nie
uns nahm der Freuden Lenze?«

»Ja, Freude her, die brennt wie Stroh«,
hört' ich mich selber sagen.
In roter Sonn', die anderswo,
mußt' ich dem Glück entsagen:
mein Herz war schwer, die Stimme froh.

Und unbewußt, ich wußt' nicht wie,
    küßt' zart ich Fingerspitzen,
ich küßte ihr die Kopfpartie,
    wo falsche Lippen sitzen –
der Kuß, der brannte, wie noch nie!

»Das beste gibt nur wahre Lieb:
    so nimm«, rief ich, »mein Herz zu dir!«
Das wahre Herz, das mir noch blieb,
    ich gab es ohne Reue ihr:
und sie das ihre mir verschrieb –
    dann schwand im Westen der Saphir.

Im Düstern sah ich ihr Gesicht,
    und es war faltig, alt und grau;
die Blumenpracht schwand wie das Licht,
    sie schwand so wie des Tages Tau.

Wie wild gehetzt floh ich im Trab
    durch garst'ge Nacht mit schnellem Schritt
und lief, damit sie mich nicht schnapp',
    und hörte ihren wütend' Tritt;
vor Angst wurd' mir der Atem knapp.

Nun merkte ich wie sonderlich
    mein Herz mir ruhte in der Brust:
Im Sshweigen lag's, so träumte ich,
    mir war kein Schlag bewußt.

Sie habe jetzt mein Herz, sprach sie;
    das Herz, das war so lange mein:
in meiner Brust statt dess' gedieh
    ein kaltes Herz von Stein.
So wuchs des Morgens Szenerie.

Die Sonne durch die Bäume zwang
    den altbekannten Strahl:
im Winde kam ein alter Klang
    aus Büschen, Wiesental –
    doch ich war nicht normal.

Sie sagten es: ich lache, schrei,
    weiß nicht warum und wie:
jedoch, wenn mal das Herz entzwei,
    hält dann der Tod Logis?
So daß man sich dem Grabe weih'.

Zum Tod! Zum Tod! Allein mich deucht,
    ich trinke Leben heut',
wie Wand'rer nach Erfrischung keucht
    und sich der Quelle freut:
die Stimme trist, mein Herz, das leucht'.

Als gestern schwand der Abendschein,
    hört' süßen Tod ich singen,
als ob der Sommerregen wein',
    mir Freudentränen springen:
mein Menschenherz fand sich da ein.

        »Ein rosig Kind –
das singt und sitzt im Garten fein,
    dem Hören, Seh'n gegeben,
    die simple Freud' am Leben –
ein Blumenkranz ins Haar hinein,
    das wehet leicht im Wind.

        Ein bleiches Kind –
das traurig blickt gen roten West –
    wartend auf die Ewigkeit,
    die hereinbricht jederzeit,

in grausam Ketten, halten's fest
im Erdenlabyrinth.

Ein Engelskind –
starrt lebensfroh auf tot Gesicht:
das Ausdruck aufgegeben,
kommt niemals mehr zum Leben,
liegt schmerzlos, still im Himmelslicht,
im Tode lächelnd lind!

Sei wie ein Kind –
besingen sollst den Atemszug –
sollst auf den Tod hin starren,
der letzten Reise harren,
die dich zum Todestore trug,
in Kleidern, rein sie sind.«

Man sage, was man will, ich weiß,
daß meine Seele froh:
wenn dies verrückt ist, nun, so sei's,
dann ist es besser so,
ich lach' und weine Tränen heiß.

Denn wenn ich wein', seh' ich im Leid
wie heftig trifft mich ein Verlust,
ich fühle eine Helligkeit
die Schläfen mir umkränzen just,
da ich doch hielt den frühen Eid:

und wenn ich lächel', seh' ich schier,
gemäß dem lang gegeb'nen Wort –
ein Kreuz umhüllt die Schläfen mir,
gewonnen durch der Tränen Tort
mit Schmerz – mit Tod – ich konzedier.

9. Mai 1862

Der Weidenbaum
(geschrieben nach einer altenglischen Weise)

Im Morgen schön die Rosse stehn,
   die Hochzeitsgäste gingen:
Klein Ellen stand im Wald gebannt
   und hörte Abschiedssingen.
Sie sah kaum diesen stolzen Zug,
   so tränenreich ihr Blick,
Sie klagend ihre Arme schlug
   fest um der Weide Dick'.

»O Robin, meine Liebesquell'
   bis zu dem Unglückstag
als sie kam, Lady Isabell,
   und stahl den Herzensschlag.
Vergeblich Klag': erwart' den Tag,
   wenn wieder kommt mein Traum,
wenn ich dich seh', so schön wie je,
   hier bei dem Weidenbaum.

O Weide trüb, Geduld ich üb',
   doch nicht bis nächstes Jahr,
daß ich mich hier im Wald vergrüb',
   pfleg' meinen Kummer gar.
Soll'n ihm nicht dunkeln Lebensfunkeln,
   die Tränen sieht er nicht:
wenn er ist da, komm' ich nicht nah,
   auf Weide ich verzicht'.

Doch bin ich tot, bitt' ich devot,
   im Schatten gebt mir Ruh,
und geht er hier im Morgenrot,
   wo ich dann liegen tu:
die Marmorplatte sag' ihm dann,

bückt er sich auch nur kaum,
›Hier liegt sie, die ich lieben kann,
hier unterm Weidenbaum.‹«

1859

Nur ein Frauenhaar

(»Nach dem Tod von Dekan Swift fand man unter seinen
Papieren ein kleines Päckchen, das eine einzelne Haarlocke
enthielt, versehen mit den obigen Worten.«)

»Nur ein Frauenhaar!« Wisch es zur Seit'!
Ein Hauch nur in des Lebens breitem Tal:
beacht' es nicht, betracht' den Strom so breit,
leuchtend im Abendstrahl.

Ach! Darin klingt aus frühem Jahr
das Echo eines langen Schrei's,
wo ringt ein Geist mit Tränen gar
in Einsamkeit ganz leis.

Und Lockenstreicheln führte reich bebildert
    in meine Seele, süßgeträumter Hort –
von diesem Frauenhaar ein Dichter schildert
        zu jeder Zeit und Ort.

Des Kindes Blondzopf küßte eine Brise,
    verwüstete ihn wild zum Strubbelkopf,
verschleiernd so mit eig'nem gold'nen Fliese
        der Wangen rot, der Augen strahlend' Knopf –

Auch Fransen, wie ein Schatten, schwarz wie Raben,
    gleich einer Königin ihr Antlitz prägen –
oder ein Zigan, in der Tolle graben,
        um Würde zu erwägen –

Auch kronenhaft der Altersschopf dünkt weise,
    des Lebens Faden fast schon ist am End'
in Tränen ich dann meine Pilgerreise
        nach Bethania wend'.

Ich seh' das Fest – den Purpur und das Gold;
    ich sehe auch der Pharisäer Menge,
ihr Spott, der treibt aus Augen ganz gewollt
        ein Mädchen in die Enge.

Ein unterdrücktes Schluchzen dringt in meine Ohren,
    das gründe sich auf Sünden tiefer Schuld:
mit Tränen wischt sie Füße, auserkoren,
        und Haare trocknen sie mit Huld.

Er achtet diese simple Liebestat
    von ihr, die doch vom tiefsten Stand,
veracht' auch du sie nicht, nein, ehre dieses Bad,
        das altbekannt.

Die Augen, die es liebten, nicht mehr sehen:
  so bringe ihm die nöt'ge Ehrfurcht dar –
behüt' es nur mit Sorgfalt, denn du mußt verstehen –
  es ist ein Frauenhaar.

17. Februar 1862

Die Seemannsfrau

Sieh! Tropfen prägen ihr Gesicht –
  der Tränenfluß bezeugt ihr Leid:
in inniger Umarmung dicht
  herzt sie das Kind an ihrer Seit'.

Friedvoll und weich, so ist sein Blick,
  die Lippen lächeln liebevoll –
fast wie bei Paradieses Glück
  ein junges Herz ganz ohne Groll.

Friedlos so fühlt die Mutter sich;
    die Lippen bebend, Sorgenbrauen;
die Stimme klingt so jämmerlich,
    Gedankenschwärze breitet Grauen.

Die Stürme toben in der Höh',
    die Wellen gröhlen aus den Tiefen;
es ist, als ob ein Schrei entflöh'
    dem Seemann, den die Toten riefen.

Bekannte Klänge in dem Sturm:
    sie dringen an ihr lauschend Ohr:
und in ihr nagt der Schmerzenswurm,
    die Fabel bricht aus ihr hervor:

»Noch ist das Geisterschiff ganz nah,
    bewegt sich sicher wie im Leben,
zieht unter Himmels-Golgatha
    durch wild und wütend Meeres Beben.

Umbiegend Mast und Segeltuch
    so wüten sie, des Sturmes Geister:
kaum sichtbar durch der Wolken Tuch
    in Formen, die sind feist und feister.

Sieh doch! Es fügt sich jetzt das Schiff!
    Nicht länger hat es Kampfgelüste;
es treibt, entrissen jedem Griff,
    ganz ungestüm entlang der Küste.

Horch, da wird gekratzt der Rumpf,
    drauf ein Schock geht durch das Schiff
und ein Schlag, der trifft es dumpf,
    vollgerammt hat es das Riff.

Sein Antlitz sieht zum Firmament
    so wie ein Geist, so kalt und weiß;
kein Funken in den Augen brennt,
    die tiefe Nacht hüllt ihn wie Eis.

Erspäht er durch die Dunkelheit,
    fixiert von Geister spottend Hand,
ein Funkeln, das ihm gibt Geleit
    und lotst ihn auf das feste Land?

Sieht er in der Todesstund'
    Herd und Heim und Weib und Kind?
Lebt dann der Familienbund,
    hängt an ihm im Sommerwind?

Rollend sinkt das Schicksals-Boot
    ins Grab unter Meereswogen:
muß er finden hier den Tod –
    wird er nicht an Land gezogen?

Sieh, die Geister sich versammeln!
    Seh'n den Tod mit brennend' Augen!
Wellen kommen . . . « tut sie stammeln,
    und die Sinne wieder taugen.

Sturm ist weg, der Himmel klar:
    fern ist jener Schmerzensschrei:
Ohr nimmt nur noch eines wahr,
    keuchend Wassers Wüstenei.

Trotz der Schwere dieser Nacht
    Freude kommt mit Tageslicht:
noch im Schlaf sie schüchtern lacht –
    schlimmer Traum ist außer Sicht.

Sie erwacht: der Tag erhellt,
    spielt mit Licht den Morgen-Blues:
in der Fern' der Wachhund bellt,
    das ist sein Willkommensgruß!

23. Februar 1857

Gesichter im Feuer

Ich sah die müde Nacht schon kommen
und meine Sehnsucht war benommen,
malt Bilder mir zu Nutz und Frommen.

Die Eilandfarm im Weizenmeer,
das Morgenwinde beugen sehr,
von diesem Orte stamm ich her.

Die Bilder schwanden darauf schlicht,
und ich war krampfhaft nur erpicht,
zu wahren dieses Geistgesicht.

Zuerst war kindlich die Gestalt,
spitzt' sich der roten Lippen Spalt,
im Sturm verloren Locken Halt –

nur eine ernst und würdig' Maid
in Schönheit wie in Furcht und Leid,
sie mußte schwinden mit der Zeit –

nun Mutter ist's mit Kinderschar,
im Zentrum steht sie ganz und gar;
ich hör' sogar den Lärm ganz klar.

Die Zeit war jung, das Leben warm,
als sie mich hielt in ihrem Arm,
sie schützte mich vor jedem Harm;

und schnell und fest ihr Pulsschlag ging,
als ich letztmalig an ihr hing,
und letztmals mich ihr Arm umfing.

Die schwarzen Locken sind nun grau,
in weiter Ferne ich sie schau',
doch ich ihr immer noch vertrau'.

Sie könnte meine sein, mein Lieb',
denn viele Jahr' ich bei ihr blieb
und niemand, der mich von ihr trieb.

Doch ändert sich das Bild im Schein,
in Geisterwispern hört man fein
den dunklen Satz: »Es könnte sein.«

Es ist vorbei, es ist vertan,
vorbei die früh're Lebensbahn,
und der Gewinn ist nur noch Wahn.

Im letzten Flackern dieser Glut
verschwindet der Visionen Flut,
die ich erfaßte hier so gut;

die Bilder, die so klar und rot,
sind nun in weißer Asche tot,
ich bin allein in meiner Not.

Januar 1860

Eine Lateinlexion

Lateinisch' Werke laden so
   uns sehr zum Lesen ein –
sei es Horaz, sei's Cicero:
es gibt ein Wort, das nirgendwo,
   man kennt es allgemein,
im Rang ist gleich geblieben –
»Amore, das heißt lieben!«

So Stunden und Sekunden
   wir schlürfen Lebenssüße:
bis gar zu bald die Wolkenpauk'
mit roter Wange, blitzend' Aug'
   sie kündet böse Grüße:
halb mit Geseufz', halb Juchhei:
»Amore! Bitt're!« klingt der Schrei.

Und ich erkannt', den Blick verlor'n:
   »Sehr wohl der Schüler weiß,
gibt keine Rose ohne Dorn« –
und friedlich singen wir von vorn:
   »Kein Dorn ist ohne Rosenreis!«
So die Lektion ist nun vorbei:
die Lieb' ist bitt're Näscherei!

Puck weg und wieder da
Akrostichon

Kaum Puck entfloh der Menschenmenge:
    oh, wie er ihrer Lust mißtraute:
er fand sich in der Wälder Enge,
    nie jemand eine Fee dort schaute!

»Ih Krem!« so gierig schrie der Gnom –
    genießt die tägliche Ration –
in seiner Tasch' glänzt' Löffels Chrom.
    Nicht hören wir der Feen Ton!

Ach, wer tritt denn da herein?
    Lieblich' Augen, lustig' Wesen!
Ist das nicht ein bess'rer Schein?
Charm, mein Kind, ich sehe ein,
    eine Fee, erlesen?

Kommt, der Puck ist wieder da:
    oh, ein niemand ihn mehr schreckt:
eine ganze Menschenschar
    nur noch seine Neugier weckt.

Immer wieder hin und her
    geht sie hoch, die Jubelfeier –
»Crach!« so tönt dann ein Gewehr!
    Horch! Die Stille senkt den Schleier!

All zu schnell statt Kindheitslust,
    regiert hier des Lebens Trauer –
laßt beklagen den Verlust,
ich bin mir des Glücks bewußt,
    Elfen sind da froh auf Dauer!

25. November 1891

Lied der Liebe

»Sag, was ist der Zauber, wenn Nesthocker bangen,
  der heim lockt den Vogel ins Nest?
Wenn weinende Kinder die Mutter verlangen,
  die fest an ihr Herz sie dann preßt?
Welch bezaubernder Charme wiegt das Baby im Arm,
  bis es gurrt wie die Taube so sanft?«
»Ein Geheimnis ich weiß, laßt uns wispern es leis –
  das Geheimnis wird Liebe genannt!«
        »Ich glaub' es ist Liebe,
          ich spür', es ist Liebe,
          ich weiß ganz gewiß, es ist Liebe!«

»Sag, welch eine Stimme, wenn Ärger verzehret,
  die Wirbel des Sturmes bezwingt?
Die Seele nicht länger mehr quält und beschweret,
  zur Freundschaft in Frieden sie bringt?
Welcher Klang uns verschönt unser Wesen – und tönt
  um uns von oben und unten?«
»Ein Geheimnis: ihr nicht seht, wie es kommt, wie es geht:
  das Geheimnis wird Liebe genannt!«
          »Ich glaub' es ist Liebe,
          ich spür', es ist Liebe,
          ich weiß ganz gewiß, es ist Liebe!«

»Sag, wessen Verstand malt Hügel und Land
  wie ein Bildnis dem Auge so fein?
Was sprenkelt die Auen, Geflimmer zu schauen,
  daß Lämmchen froh hüpfen hinein?«
»Das Geheimnis macht halt, vor Herz, grausam und kalt,
  wird es auch von Engeln besungen,
in Klängen, die klar, dem Lauscher gewahr –
  von Liebe uns künden die Zungen!«
          »Ich glaub' es ist Liebe,
          ich spür', es ist Liebe,
          ich weiß ganz gewiß, es ist Liebe!«*

* AdÜ: Siehe auch in Band I »Sylvie & Bruno«, Seite 460–462.

Der Pfarrhausschirm

Mit den Zeichnungen der Originalausgabe
von Lewis Carroll

DER PFARRHAUSSCHIRM

Vorwort

Wir wagen uns abermals vor die Öffentlichkeit und hoffen, derselben Nachsicht und Unterstützung teilhaftig zu werden, die man unseren editorischen Leistungen bislang gewährte. Unser Erfolg mit früheren Magazinen[1] ist unbestritten: ein jegliches wurde mehr bewundert als sein Vorgänger, und das letzte, der Komet, wurde derart einhellig für das *Nonplusultra* der Magazine gehalten, daß wir der Meinung sind, einzig und allein die Herausgabe des Schirms kann dieser Illusion ein Ende setzen. So unterziehen wir uns in fester Überzeugung unseren gegenwärtigen Pflichten.   *Der Herausgeber*

DER SPAZIERSTOCK DES SCHICKSALS

1. Kapitel

Zwei Stunden vor Sonnenaufgang[2] durchmaß der Baron seine wandteppichbehangene Kammer. Dann und wann hielt er am offenen Fenster inne und blickte aus schwindelnder Höhe[3] hinab auf den Erdboden. Dann hellte ein finsteres Lächeln[4] seine düstere Miene auf, und indem er mit unterdrückter Stimme »'s wird gehn« murmelte, nahm er seinen einsamen Marsch wieder auf.

Prächtig ging die Sonne auf und illuminierte die dunkle Welt mit dem Licht des Tages: noch durchmaß der stolze Baron seine Kammer, wenngleich sein Schritt hastiger und

---

1 Nämlich das Pfarrhaus-Magazin und der Pfarrhaus-Komet. Dem »R. M.« folgte »Nützliche und lehrreiche Gedichte«.

2 Das heißt wahrscheinlich etwa morgens um drei Uhr.

3 Zehn Fuß, siehe im 4. Kapitel, am Ende.

4 Siehe Seite 953.

ruheloser war als zuvor, und mehr als einmal stand er regungslos da und lauschte ängstlich und ungeduldig, drehte sich
dann mit enttäuschtem Seufzer auf dem Absatz herum, wäh-

rend seine Miene sich weiter ver-
dunkelte. Plötzlich meldete sich die
Trompete[1], die am Schloßtor hing,
mit schrillem[2] Stoß: der Baron hörte
es, und während er sich mit beiden
Fäusten wütend auf die Brust schlug,
murmelte er mit harter Stimme:
»Die Stunde naht, ich muß mit all
meiner Kraft bereit sein.« Darauf
warf er sich in einen Lehnstuhl und
leerte hastig einen großen Wein-
kelch[3], der auf dem Tisch stand, und
versuchte vergeblich, eine gleichgül-
tige Miene aufzusetzen. Plötzlich
wurde die Tür aufgeworfen, und mit
lauter Stimme meldete ein Diener:
»Signor Blaski!«

»Nehmt Platz, Signor! Ihr seid heute früh
dran, und Alonzo! He! Hol einen Becher
Wein für den Signor! Würz[4] ihn gut,
Junge! Ha! Ha! Ha!« und der Baron
lachte laut und ausgelassen, doch
das Lachen klang hohl[5] und gezwungen und verstummte
rasch. Unterdessen legte
der Fremde, der sich ge-

1 Der normale Ersatz für die Haustürklingel zur Zeit des Rittertums.
2 Damit sie auch bestimmt in größerer Entfernung hörbar war.
3 Seine fortwährende Beschäftigung bestand im Weintrinken.
4 Heißer gewürzter Wein wurde in jenen Tagen häufig getrunken, siehe im 3.
  Kapitel.
5 Die Stimme klang manchmal so hohl wie das Lachen, siehe im 5. Kapitel.

noch mit keiner Silbe geäußert hatte, sorgfältig Hut und Handschuhe[1] ab und setzte sich dem Baron gegenüber; dann, nachdem er ruhig abgewartet hatte, bis das Lachen des Barons verklungen war, begann er mit schrill kreischender Stimme: »Der Baron Mackzwick grüßt Euch und sendet Euch dies«; warum erbleichte der Baron Schlagtot plötzlich? Warum zitterten seine Finger, so daß er kaum den Brief öffnen konnte? Für einen Augenblick starrte er darauf und hob dann den Kopf. »Probiert den Wein«, sagte er mit seltsam veränderter Stimme, »bedient Euch bitte selbst«, und reichte ihm einen der Weinkelche, die man soeben gebracht hatte.

Der Signor nahm ihn mit einem Lächeln entgegen, führte ihn an die Lippen und dann, nachdem er seelenruhig den Kelch mit dem des Barons getauscht hatte, ohne daß dieser es bemerkte, schluckte er den halben Inhalt auf einen Zug hinunter. In diesem Augenblick blickte Baron Schlagtot auf, beobachtete ihn einen Augenblick beim Trinken und lächelte das Lächeln eines Wolfs.

Volle zehn Minuten lang herrschte im Zimmer vollkommene Stille, und dann schloß der Baron den Brief, sah auf und ihre Blicke begegneten einander: der Signor hatte oftmals einem in die Enge getriebenen wütenden Tiger ins Auge geschaut, ohne zurückzuzucken, doch nun wandte er unwillkürlich den Blick. Dann sprach der Baron in ruhigem gemessenen Tonfall: »Ihr kennt, wie ich annehme, den Inhalt dieses Briefes?« Der Signor verneigte sich. »Und ihr erwartet eine Antwort?« »Gewiß.« »*Dies* ist dann meine Antwort«, schrie der Baron, stürzte sich auf ihn, und im nächsten Augenblick hatte er ihn aus dem offenen Fenster geworfen. Er blickte ihm einige Sekunden nach, wie er fiel, und zerfetzte dann den Brief, der auf dem Tisch lag, in unzählige Stücke und streute sie in den Wind.

(Fortsetzung auf Seite 958.)

1 Beachte seinen Abgang auf der nächsten Seite ohne beides.

1

Is war 'ne dünkle, öde Höhle,
feucht Büsche krochen drüber hin,
drin gürgelte 'nen Flüß in Wöhle[1]
un grüb sin Bett tief breit hinin

2

Nümals im Huhlrum düser Tüfen
soh man je des Tageslücht;
wos in Düsternüs zu süfen[2],
wüßte man zu saggen nücht.

3

Dürch Farn un Feld rütt Künnige
trüb vor süch her de wüllde Meute,
begleitet von nücht wünnige[3],
ein jeder süch davun sehr freute.

4

Müt schurfem Aug', müt Bell un Schrei,
de Meute stürzte hügelab:
Am Kopfe ihrer Kompanei
da flützte[4] Mester Fuchs sehr knapp.

5

De Fuchs stürzt' süch ins Schreckensloch,
war gunz erschüpft von sinem Lauf;
Wä is so kühn un folgt ihm noch
und gibt de Jaget hür nücht auf?

1 Welle   2 suchen   3 wenige   4 flitzte

6

Müt Eifer folgte jeder Hunt
tüf in den Höhleneingang rein,
ein Heulen us dem Höllenschlund
verrüt di grüßte Schmärzenspein.

7

Als wör ein Gürhals dort am Werk
de gurgelnd Massen stur verzehrt,
hört' man ein Schnappen tüf im Berg,
is schluckt un schling beneidenswert.

8

De Künnig sprang vom Pferd gewandt
un wandte süch an sine Leute:
»Hür stärben muß von düser Hand,
wer weg mir fraß di Huntemeute.«

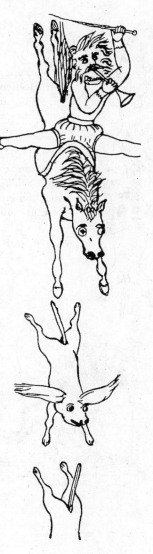

---

[1] *Gierhals*

9

Gesagt, getan: man hörte dann
in Höhlentiefen Schwertesstreich,
is hörte süch wie Flattern an,
is rang un würgte folgenreich.

10

Man zog is aus de Höhle raus
müt Schlag un Zug un vül Distanz –
doch nur ein wünnig, denn müt Graus
wagt man is nücht zu sehen ganz.

Die Vernon Galerie

Wie unsere Leser auf der vorausgegangenen Seite gesehen
haben werden, haben wir mit dem Gravieren der oben erwähnten Bilderserie begonnen. »Die Zeit der Unschuld« von
Sir J. Reynolds, das ein junges Hippopotamus unter einem
schattigen Baum sitzend darstellt, beinhaltet auf anschauliche
Weise die Einheit von Jugend und Unschuld.

Der Herausgeber

2. Kapitel

»Eins! Zwei! Drei!« Der Magier setzte die Flasche ab und sank erschöpft auf einen Stuhl: »Neun öde Stunden lang«, seufzte er, während er sich die rauchende Stirn wischte, »neun öde Stunden lang habe ich mich abgerakkert und bin erst zu der achthundertzweiunddreißigsten Ingredienz vorgedrungen! Nun gut! Ich glaube wahrhaftig, Martin Wagner[1] hat drei Tropfen[2] von allem auf Erden vorgeschrieben. Dennoch braucht man nur noch weitere einhundertachtundsechzig[3] Ingredienzien hineinzuschütten – das wird bald geschafft sein – dann noch sieden[4] – und dann...« Sein Selbstgespräch wurde von draußen durch ein schwaches, zögerndes Pochen unterbrochen: »Das ist Blaskis Klopfer«, murmelte der alte Mann, während er langsam die Riegel zurückschob und die Tür aufschloß: »Ich frage mich, was *er* zu dieser späten Stunde hier will. Er ist ein Vogel[5] böser Vorzeichen: ich mißtraue seinem Aasgeierblick.[6] – Nanu! Was ist los, Signor?« rief er, indem er vor Überraschung zurückschreckte, als sein Besucher eintrat. »Woher habt Ihr

1 Diese berühmte Persönlichkeit wurde 1548 in Stockholm geboren.
2 Möglicherweise irgendein Zaubertrank.
3 Von 1000 Ingredienzien ziehe 832 ab, und es bleiben 168 noch hineinzumischen.
4 Kochen.
5 Wir haben mit »Galgenvogel« einen ähnlichen Ausdruck.
6 Dies hat der Künstler nicht zu zeichnen gewagt.

das blaue Auge? Und Euer Gesicht gleicht wahrhaftig einem Regenbogen![1] Wer hat Euch beleidigt? Oder vielmehr«, murmelte er mit einem Unterton, »wen habt Ihr beleidigt, denn das scheint das Wahrscheinlichere.«

»Kümmert Euch nicht um mein Gesicht, guter Vater«, entgegnete Blaski hastig, »ich bin nur gestolpert, als ich letzte Nacht nach Hause gekommen bin, das ist alles, ich versich're es Euch. Aber ich bin wegen einer anderen Sache gekommen – ich brauche einen Rat – oder ich sollte besser sagen, ich möchte Ihre Meinung wissen – zu einem schwierigen Problem – angenommen, ein Mann sollte – angenommen zwei Männer – angenommen, es gäbe zwei Männer, A und B[2]...«

»Angenommen! Angenommen!« der Magier brummte verächtlich. »Angenommen, diese Männer, guter Vater, das heißt A sollte B einen Brief bringen, dann wollen wir annehmen, A liest den Brief, das heißt B, und dann versucht B – ich meine, A versucht B zu vergiften – ich meine A[3] – und dann angenommen...« –

»Mein Sohn«, hier unterbrach der alte Mann, »ist das ein allgemeiner Fall, den Ihr darlegt? Mich dünkt, Ihr stellt ihn auf eine unglaublich konfuse Weise dar.« »*Natürlich* ist es ein allgemeiner Fall«, entgegnete Blaski wütend, »und wenn Ihr mir zuhören würdet, statt mich zu unterbrechen, könntet Ihr ihn, deucht mich, auch besser verstehen!« »Fahret fort, mein Sohn«, erwiderte sanft der andere.

---

1 Nämlich: violet, indigo, blau, grün, gelb, orange, rot.

2 Dieser Gedanke beweist ganz klar sein großes mathematisches Denkvermögen.

3 Seine Konfusion wurde von dem Bewußtsein verursacht, daß er die Unwahrheit sprach.

»Und dann angenommen, A – das heißt B – wirft A aus dem Fenster – oder ich sollte es besser«, fügte er als Schlußfolgerung hinzu, da er selbst inzwischen ein wenig konfus geworden war, »oder ich sollte es besser andersherum sagen. Der alte Mann rieb sich den Bart[1] und überlegte eine Weile: »Ja, ja«, sagte er schließlich, »*ich* verstehe, A – B – so so[2] – B vergiftet A . . . « »Nein! Nein!« rief der Signor, »B *versucht* A zu vergiften, er hat es nicht wirklich getan, ich tauschte die – ich meine«, fügte er hastig hinzu und wurde rot, während er sprach, »Ihr sollt *annehmen,* daß er es nicht wirklich tut.« »Ja!« setzte der Magier fort, »*jetzt* ist alles klar – B – A – um sicher zu gehen – doch was hat all dies mit Eurem zerschnittenen Gesicht zu schaffen?«[3] fragte er plötzlich. »Überhaupt nichts«, stammelte Blaski, »ich habe Euch schon einmal gesagt, daß ich mir das Gesicht beim Sturz vom Pferd verletzt habe . . . « »Ah! Schön! Laßt uns sehen«, wiederholte der andere mit leiser Stimme, »in der Nacht gestolpert – vom Pferd gefallen – hm? Hm! – Ja, mein Lieber, Ihr seid dran – würd' ich sagen«, er setzte mit lauter Stimme fort: »Es wäre besser – aber wahrhaftig, ich weiß noch immer nicht, wie Eure Frage lautet.« »Nun, was sollte B am besten tun«, sagte der Signor. »Aber wer ist B?« erkundigte sich der Magier. »Steht B für Blaski?« »Nein«, war die Antwort, »ich meine A.« »Oh!« erwiderte er, »*jetzt* versteh' ich – aber ich brauch wahrhaftig Zeit, um darüber nachzudenken, deshalb adieu, mein lieber Herr«,[4] und indem er die Tür aufriß, zeigte er seinem Besucher kurzerhand den Weg nach draußen: »Und nun«, sagte er zu sich, »zur Mixtur – wollen mal sehen – drei Tropfen von – ja, ja, mein Lieber, *Ihr seid* dran.«[5]

(Fortsetzung auf Seite 965.)

---

1 Eine Geste, die tiefes Nachdenken symbolisiert.

2 Bedeutet, »ja, ja.«

3 Siehe auch am Ende des 1. Kapitels von »Der Spazierstock . . .«.

4 Ironisch gesprochen.

5 Siehe auch »Der Spazierstock . . .«, 5. Kapitel.

KLAGEN VON DEN UNGLÜCKLICHEN[1]
ODER DER WIMMERNDEN WEH

Mitleidige Herren,
wir, die unterzeichnenden Opfer der gefühllosen, herzlosen
Barbarei, appellieren an Ihr Mitleid, uns »ein Ohr zu leihen«,
wie der Dichter sagt: Ach! Wir würden Euch das nicht zumu-
ten, wüßten wir nicht um die Behandlung, deren Gegenstand
unsere eigenen sind. Unsere Besitzer, unsere Hüter, wir wissen nicht, was sie sind, geben vor, uns zu lieben, aber ach, das
muß so zu verstehen sein, wie Isaak Walton den Frosch liebte,
denn das Wesen ihrer Liebe ist Grausamkeit! Als Beweis dieser Liebe tragen sie uns täglich an den Ohren herum, liebe
Herren; die meinen zittern schon bei dem bloßen Gedanken
daran, sie setzen uns dann ab, schnappen uns abermals, wir-
beln uns herum und schreien uns die Ohren voll mit Worten
reich an Zuneigung und Zärtlichkeit, deren bloße Erinnerung
uns schaudern macht:

> *Oh ihr mit fühlend Herzen,*
> *oh Augen reich umfloren,*
> *Nicht eure Liebe nutzt sich ab,*
> *nein, Opfer sind die Ohren!«*

So, ein bes*ohr*gtes[2] Adieu
   von Euren geh*ohr*samen Opfern,
      die Geliebten und Gequälten.

---

1 Die wahren Autoren waren die Pfarrhaus-Kaninchen.
2 Leser! Bitte achte auf das Wortspiel.

DIE VERNON GALERIE

»Das magere Mahl«

Mit unserer zweiten Grafik von der Vernon Galerie sind wir ungewöhnlich[1] erfolgreich gewesen. Das Bild beabsichtigt, wie unsere Leser bemerken werden, die Auswüchse der Homöopathie[2] zu illustrieren. Dieses Thema ist in dem ganzen Bildnis sehr gut ausgeführt. Die dürre alte Dame am Kopfende des Tisches ist in der besten Manier des Malers dargestellt: wir glauben fast, in dem Auge der anderen Dame einen lauernden Argwohn entdecken zu können, und daß der ältere Gentleman ihr mit *nichts* als einem Nonillionstel[3] gedient hat. Ihr Gefährte hält augenscheinlich ein leeres Glas in der Hand: die beiden Kinder im Vordergrund sind wunderbar arrangiert, und auf dem Gesicht des Dieners zeigt sich die Andeutung eines Lächelns, als ob entweder die schlechte Nachricht, die er überbringt, oder der Zorn seiner Herrin unbändige Freude bei ihm auslöse. Der Teppich ist mit jener großen Sorgfalt ausgeführt, für die Mr. Hering so berühmt ist, und das Bild ist als Ganzes betrachtet eines seiner besten.

---

1 Möglicherweise eine unpassende Bezeichnung, da es erst der zweite Versuch ist.

2 Die Wissenschaft von der Medizineinnahme in unermeßlich geringer Dosierung.

3 $$\frac{1}{100\ 000\ 000\ 000\ 000\ 000\ 000\ 000\ 000}$$

Nr. 1:
Elfen

Der Ursprung dieser merkwürdigen Gattung ist bis heute unbekannt geblieben: die beste Beschreibung, die wir von ihnen zusammenstellen können, ist folgende: sie gehören der Spezies Feen an mit etwa zwei Fuß Größe[1], von schwacher und zierlicher Gestalt; sie sind mit einer Art dunkelrotem Fell bedeckt; normalerweise strahlen ihre Gesichter Lieblichkeit und gute Laune aus; die erstere Eigenschaft ist möglicherweise der Grund, warum Füchse sie so gerne essen. Von Coleridge kennen wir die folgenden zusätzlichen Merkmale; daß sie »zarte Flügel« besitzen, etwa wie die Flügel der Libelle, daß sie der Ginsterblüte duftenden Tau nippen« (daß sie das jedoch nur zum Frühstück könnten, da es vor dem Mittagessen ausgetrocknet wäre), und sie wollen nicht »ihre Feenfüße in lustigen Possen blitzen«, oder mehr in der Umgangssprache »die Polka[2] ausgelassen tanzen«.

Aus einer alten englischen Legende, die wir hier nicht zu wiederholen brauchen, da sie den meisten unserer Leser bekannt ist, wissen wir, daß sie eine große Leidenschaft für rohe Steckrüben haben, zweifellos ein gewöhnlicheres Nahrungsmittel als »duftender Tau«; und da sie Kannen und Kessel verwenden, mutmaßen wir, daß sie des Tees, der Milch, der Butter und so weiter nicht unkundig sind. Sie sind leidlich gute Architekten, obgleich ihre Häuser unvermeidlich etwa das Aussehen einer großen Hundehütte haben, und sie gehen gelegentlich auf den Markt, obgleich es bislang ein unentdecktes Geheimnis geblieben ist, aus welcher Quelle sie zu diesem Zweck das Geld[3] erhalten. Das ist die ganze Information, die

---

1 So werden sie von den Einwohnern von Devonshire beschrieben, die sie gelegentlich sehen.

2 Oder jeden anderen Tanz.

3 Beachte eine ähnliche Schwierigkeit in »Zoologische Blätter« Nr. 4.

wir über diesen interessanten Gegenstand sammeln konnten. In unserem nächsten Blatt beabsichtigen wir, die Naturgeschichte des »Lory« zu erörtern.

(Fortsetzung auf Seite 970.)

DER SPAZIERSTOCK DES SCHICKSALS

3. Kapitel

Es hatte zwölf Uhr und zweieinviertel Minuten geschlagen. Des Barons Lakai[1] ergriff hastig einen großen Kelch[2] und keuchte vor Angst, während er ihn mit heißem gewürzten Wein füllte. »Die Stunde ist vorbei, ist vorbei«, stöhnte er schmerzlich, »und ich werde jetzt bestimmt mit dem rotglühenden Schüreisen Bekanntschaft schließen, das mir der Baron so oft versprochen hat, oh! Weh mir! Hätt' ich des Barons Mittagessen[3] nur früher vorbereitet!« Und ohne eine Sekunde zu verweilen, schnappte er mit einer Hand den dampfenden Kelch und flog mit der Geschwindigkeit eines Rennpferdes durch die stattlichen Korridore. In kürzerer Zeit, als wir hier berichten können, erreichte er des Barons Zimmer, öffnete die Türe und – verharrte auf Zehenspitzen, da er nicht wagte, sich auf die eine oder andere Weise zu bewegen, so erstarrt war er vor Staunen. »Nun also! Esel!« brüllte der Baron, »was stehst du da rum und starrst dir die Augen aus wie

---

1 Oder Diener, siehe im 1. Kapitel.

2 Des Barons Mahlzeiten scheinen aus nichts als heißem gewürzten Wein zu bestehen. Deshalb sein feuriges Temperament.

3 Der penible Lakai bezeichnet den Wein als sein »Mittagessen«. Wir *wissen*, daß er damit schon sein Frühstück bestritten hat, siehe im 1. Kapitel.

eine große Kröte[1] im Schlaganfall?« (Der Baron hatte bei seinen Vergleichen einen bemerkenswerten Griff.) »Was ist los mir dir? Rede! Kannst du's nicht?«

Der unglückliche Hausangestellte unternahm eine verzweifelte Anstrengung zu sprechen und brachte schließlich die Worte heraus: »Edler Herr!« »Sehr gut! Das ist ein ausgezeichneter Anfang!« sagte der Baron mit ziemlich sanfter Stimme, denn er mochte es, mit »edel« angesprochen zu werden. »Fahrt fort! Aber braucht dazu nicht den ganzen Tag!« »Edler Herr!« stammelte der beunruhigte Mensch, »wo – wo – in aller Welt – ist – der Fremde?« »*Fort!*« sagte der Baron hart und nachdrücklich, indem er unbewußt mit dem Daumen über die rechte Schulter wies. »Fort! Er mußte noch andere Besuche machen, so ließ er sich herab[2] und machte sie – aber wo ist der Wein?« fragte er schroff, und sein Diener war nur allzu froh, ihm den Kelch zu übergeben und das Zimmer zu verlassen.

Der Baron leerte den Kelch in einem Zug[3] und schritt zum Fenster: sein jüngstes Opfer war nicht mehr zu sehen, doch der Baron murmelte bei sich, während er auf die Stelle, wohin

1 Es ist ungewiß, ob der Baron ihn für einen Esel oder eine Kröte hielt.
2 Ein Wortspiel, das der Lakai nicht begreifen konnte.
3 Siehe im 1. Kapitel.

er gefallen war, mit finsterem[1] Lächeln starrte: »Mir scheint, ich seh eine Beu-le[2] auf dem Boden.« In diesem Augen-blick ging eine mysteriös aussehende Gestalt vorbei, und der Baron konnte, während er ihr nachblickte, den Ge-danken nicht unterdrücken: »Wer mag das bloß sein?« Lange starrte er den weitergehenden Fußtritten nach, und immer noch beherrschte ein Gedanke sein Denken: »Wer mag das da bloß sein?«

(Fortsetzung Seite 972.)

DER STURM

1

Ein Alter saß auf einem Sitz,
   ein Grauschopf, magierart,
tieffaltig seine Miene itz',
   weißschimmlig langer Bart,
ein Zittern wirkt' der Blicke Blitz,
   so wild sein Auge starrt'.

2

Die Regenwand drang vor von West,
   verdunkelnd rasch das Blau,
die Krähe flüchtete ins Nest,
   sie weiß, der Sturm wird rauh,
er kreuzte seine Arme fest,

---

1 Des Barons Lächeln scheint immer finster zu sein. Sein Lachen klang hohl, siehe im 1. Kapitel.
2 Möglicherweise von des Signors »Aasgeierblick« verursacht, siehe im 2. Kapitel.

oh Donner, Blitzen gebt den Rest!
»Ich bleibe hier und schau!«

3

Vor Nässe bog sich Eichenbaum
im dichten Regen sehr,
der Alte saß im düst'ren Traum
und starrte wild umher,
tief in dem weißen Meeresschaum,
wo sich die Fische halten kaum,
ein Schiffskiel pflügt das Meer.

4

Drob'[1] grollt die schwarze Wetterwand,
drunt'[2] heult die dunkle Well',
den Kurs hält kaum die Ruderhand,
es woget wild, tönt grell,
das Schiff hat einen schweren Stand,
und heftig stöhnt der Spannten Band,
doch weiter fährt es schnell.

5

Ohn' Blinzeln sah der Alte das,
sein Grinsen war nur Schein:
»Ich wettete, es sinkt ins Naß,
dann mein Gewinst[3] wär fein;
stand zehn zu eins, was ich nun laß,
und Bob sackt[4] alles ein.«
Von Klippenrand wie von Parnaß
ins Wasser stürzt' er rein.[5]

1 Oben.   2 Unten.   3 Gewinn.   4 Kassiert den Gewinn.
5 Dem Schluß von Grays »Barden« nachempfunden, nur schöner.

»Die Waldland Haltung«

Dieses reizende Bildnis stellt einen Ländler dar: die Intention des Malers ist es, rustikale Lebensart natürlich und ungeschminkt zu portraitieren; diese Absicht hat er auf bewundernswerte Weise verwirklicht, denn ganz bestimmt würde niemand annehmen, das Paar im Vordergrund würde jemals bei einem Londoner Ball teilnehmen.

Der kleine Mann, der mindestens einen Fuß vom Boden hebt, bildet sich augenscheinlich viel auf seine Behendigkeit ein, wohingegen seine Partnerin, wenn man nach dem Grinsen in ihrem Gesicht urteilen kann, ihren eigenen Tanzstil für eleganter und anmutiger hält. In dem Gesicht des Geigers findet sich ein Ausdruck von Tatkraft, als ob er sein ganzes Wesen in den Geigenbogen lege, und der schmachtende Flö-

tenspieler ist zweifellos irgendein Möchtegern-Mozart[1], den der schlechte Geschmack und das unzulängliche Ohr seiner unmusikalischen Nahbarn bislang daran gehindert haben, zur Berühmtheit aufzusteigen. Die rustikale Haltung aller vier Figuren ist, unserer Meinung nach, wunderbar veranschaulicht.

Zoologische Blätter

Nr. 2: Der Lory

Diese Kreatur gehört unserer Meinung nach zu der Spezies der Papageien: Southey läßt uns wissen, daß er ein »Vogel mit prächt'gem Federhaufe«[2] ist, und es ist unsere private Ansicht, daß es niemals mehr als einen gegeben hat, dessen Geschichte wir nun so ausführlich wie möglich vor unseren Lesern ausbreiten wollen.

Die Zeit und der Ort von des Lorys Geburt sind ungewiß: bei dem Ei, aus dem er geschlüpft ist, handelt es sich, der Farbe nach zu urteilen, sehr wahrscheinlich um eines jener bekannten Ostereier[3], welche unsere Leser zweifellos schon oft gesehen haben; das Experiment, ein Osterei auszubrüten, ist auf jeden Fall einen Versuch wert.

Daß er Eigentum von Cambeo oder Cupidus wurde, als er noch sehr jung war, ist augenscheinlich auf seine übergroße Gelehrigkeit zurückzuführen, denn wir wissen, daß der ihn bei jeder sich bietenden Gelegenheit ohne Sattel und Zaumzeug[4] als eine Art Jagdpony in Southeys Gedicht »Kehamas

---

1 »Stumm, ruhmlos mag manch Milton hier tief ruhn,
manch Cromwell, schuldlos an vergoß'nem Blut.«
   Grays *Elegie.*

2 *Gefieder, Feder.*

3 *Davon kann man eine detaillierte Beschreibung in der sechsten Nummer des* »Komet« *finden.*

4 *Ein Zaumzeug wäre nutzlos.*

Fluch« benutzt hat. Wir brauchen seinen Inhalt hier nicht wie-
derzugeben, da unsere Leser ihn selbst nachlesen könne, weshalb wir unmittelbar zur Schlußfolgerung kommen können.
Nachdem Kehama die Ruhe der Götter gestört hatte und daraufhin mit aller Macht von Seevas zornigem Blick gebrannt
wurde und den Amreeta trank, der so etwas wie flüssiger
Curry gewesen sein muß, ist es mehr als eine Vermutung, daß
bei dem universellen Zusammenbruch, der sich sodann ereignete, unter anderem auch Cambeos Tätigkeit ihr Ende fand.
Sein Hab und Gut wurden höchstwahrscheinlich einschließlich des Lory versteigert, über den wir aus gutem Grund vermuten, daß er dem Glendoveer[1] zugeschlagen wurde, in dessen Besitz er für den Rest seines Lebens blieb.

Wir vermuten, daß der Glendoveer seinen »Federhaufen«
auch nach dessen Tod nicht missen wollte, weshalb er ihn aus-
stopfte und ihn einige Jahre später auf Vorschlag von Kailyal
dem Museum von York schenkte, wo der interessierte Leser
ihn nun für einen Schilling Eintritt sehen kann. Da wir jetzt
alles dargelegt haben, was wir wissen, und ein gut Teil von
dem, was wir nicht wissen, müssen wir hier schließen: unser
nächster Gegenstand werden voraussichtlich »Fischs« sein.

(Fortsetzung auf Seite 978.)

1 Ein fröhlicher Geist mit großen, blauen Flügeln wie eine Flugmaschine.

4. Kapitel

Westlich ging die Sonne unter, und Dunkelheit stahl[1] sich
bereits über die Erde, als die Trompete, die an des Barons Tor
hing, zum zweiten Mal an jenem Tage
blies. Abermals stieg der erschöpfte Diener zu dem Zimmer seines Herrn hinauf,
doch diesmal war es ein Fremder, den er
anmeldete: »Mr. Milton Smith!« Angesichts dieses ungewohnten[2] Namens erhob
sich der Baron hastig aus seinem Sessel
und ging seinem Besucher entgegen.

»Grüße sehr, edler Herr«, hob der
erlauchte Besucher in schwülstigem Tonfall und unter Aufwerfen[3] des Kopfes an,
»ich hörte zufällig Euren Namen und verweilte und traf dann den hohen Entschluß,
Euch zu besuchen und noch vor der Nacht
zu sehen!« »Nun, lieber Herr, ich hoffe, Ihr
seid mit dem Anblick zufrieden«, unterbrach der Baron mit
dem dringenden Wunsch, eine Unterhaltung abzukürzen, die
er weder verstand noch mochte. »Er erfreut mich«, war die
Antwort, »ja sogar derart, daß ich wünschte, dieses Vergnügen
zu verlängern, denn es liegt Leben und Wahrheit[4] in jenen
Stimmen, die mir die Bilder früherer Tage zurückrufen...«
»So, wirklich?« sagte der Baron beträchtlich verwirrt. »Ja, fürwahr«, erwiderte der andere; »und nun besinne ich mich«,
und er trag ans Fenster, »das Land, auf das ich zu blicken

1 Ausdrückend ihre langsame und unmerkliche Annäherung.
2 Und auch »unerwünschten«, wie wir nachher erfahren.
3 Siehe Abbildung.
4 Dickens Stil.

wünschte, war wie dieses; es ist schön, nicht wahr?« »Es ist ein sehr schönes Land«,[1] entgegnete der Baron und fügte innerlich hinzu, »un dich wünschte, du wärst schon gut davon weg!«

Der Fremde verharrte einige Minuten, starrte aus dem Fenster und sagte dann, indem er sich plötzlich dem Baron zuwandte: »Ihr müßt wissen, elder Herr, ich bin ein Dichter!« »Wahrhaftig?« erwiderte der, »und was ist das bitte?« Mr. Milton Smith gab keine Antwort, sondern setzte seine Beobachtungen fort. »Bemerkt Ihr, mein Gastgeber den erhabenen[3] Halo, der drüben die heitere Aue umschließt?« »Ihr meint die lebende Hecke«, bemerkte der Baron ziemlich verächtlich, während er ans Fenster tragt. »Mein Herz«, setzte sein Gast fort, »spürt stets eine Bindung – und ein Verlangen – nach dem – was wahr und klar[4], und – und – seht Ihr nicht die prächtige Ländlichkeit – ich meine Erhabenheit, die über allem schwebt, als ob sie sich mit der Vegetation mischt – die, wie ihr wißt, das Gras ist?«

»Vermischt mit dem Gras? Oh! Ihr meint die Butterblumen[4]?« sagte der andere, »ja, sie haben eine sehr hübsche Wirkung.« »Verzeihung«, erwiderte Mr. Milton Smith, »das mein ich nicht, aber – aber ich könnte darauf beinahe ein Gedicht machen!

Lieblich Wiesen, deren Dufte
fliegt azur'nem Himmel zu,

wo sich ruhen schlichte ... « »Schufte«,[5] schlug der Baron vor. »Schufte!« wiederholte der Dichter ganz starr vor Staunen. »Ja, Schufte, Zigeuner wißt Ihr«, entgegnete kühl sein Gastgeber,

1 Das heißt bei Tageslicht, nun ist frotschreitende Dunkelheit.

2 Vernunft der Poesie geopfert.

3 Siehe Fußnote 1, eine Nachahmung, aber besser.

4 Ein Zeichen für schlechten Boden, und da es des Barons Besitztum war, können wir daraus schließen, daß er nicht reich war. Einen weiteren Beweis dafür kann man im 6. Kapitel finden.

5 Der Baron hat offensichtlich ein gutes Ohr für Reime.

»einige schlafen sehr häufig unten in den Wiesen.« Der Inspirierte[1] zuckte die Achseln und fuhr fort: Wo sich ruhen schlichte Floren«, »Floren reimt sich nicht halb so gut wie Schufte«, wiedersprach der Baron. »Kann nichts dran ändern«, lautete die Antwort:

»Murmelnd leise« – »Oh, mein Schuh!« sagte der Baron und beendete die Zeile für ihn, »damit ist ein Vers geschafft, und ich muß Euch jetzt eine gute Nacht wünschen; ein Bett steht Euch zur Verfügung, darum, wenn Ihr Euer Poetisieren beendet habt, läutet die Glocke, und der Diener wird Euch zeigen, wo Ihr schlafen könnt.« »Danke«, antwortete der Dichter, während der Baron das Zimmer verließ.

»Murmelnd leise seufzt es dort – Ach! *Das* ist fein«, setzte er fort, als die Tür geschlossen war, und indem er sich aus dem Fenster lehnte, gab er einen leisen Pfeifton von sich. Eine geheimnisvolle Gestalt in einem Umhang tauchte[1] sogleich aus den Büschen auf und sagte flüsternd: »In Ordnung?« »*In Ordnung*«, erwiderte der Dichter, »ich hab den alten Knacker[2] mit etwas Poesie zu Bett geschickt, übrigens habe ich fast jenen Vers vergessen, den Ihr mir beigebracht habt, ich war *ziemlich* in der Klemme. Jetzt ist die Luft jedoch rein, macht also schnell.« Die Gestalt holte darauf eine Strickleiter unter ihrem Umhang hervor, welche der Dichter sich mühte, hochzuziehen.

(Fortsetzung auf Seite 984.)

1 Quasi-inspiriert.   2 Kam heraus.   3 Mit kurzem »a«.

Die Vernon Galerie

»Der erste Ohrring«

Die Szene, nach der dieses ausgezeichnete Bildnis gemalt ist, ist einem Abschnitt der Autobiographie[1] des berühmten Sir William Smith[2] aus der Schulzeit entnommen: wir zitieren den Abschnitt: »Eines Tages hatte man Bill Tomkins[3] und mich alleine im Haus gelassen, der alte Doktor war ausgegangen: nachdem wir eine Anzahl Streiche gespielt hatten, bot mir Bill eine Wette um Sixpence an, daß ich es nicht wagen würde, ein Tintenfaß über des Doktors Katze zu schütten. *Ich tat's,* doch in diesem Augenblick kam der alte Muggles nach Hause und erwischte mich am Ohr, als ich weglaufen wollte. Niemals werde ich meine Empfindungen in diesem Moment vergessen; *bei dieser Gelegenheit bekam ich meinen ersten Ohrring*[4].

1 Die Geschichte eines Menschen nach seinem eigenen Leben.
2 Der Autor von »Der O-beinige Schmetterling«.
3 Später Präsident der Gesellschaft zur Verhinderung von Tierquälerei.
4 Oder ein Ziehen am Ohr.

Die einzige Bemerkung, die Bill dazu machte, als er mir später das Geld gab, lautete: »Das war wohl eben kein Freudenge-heul!« Die Grafik ist eine ausgezeichnete Kopie des Bildes.

Die halbe Welt, oder wenigstens fast die halbe, befindet sich stets im Sonnenlicht: während die Welt sich dreht, verschiebt sich diese Hemisphäre des Lichts ebenfalls und trifft der Reihe nach auf jede Zone auf.

Angenommen, es ist am Dienstag in London morgen; in der nächsten Stunde wäre es Dienstagmorgen in West-Eng-land; wenn die ganze Welt aus Land bestünde, könnten wir die Dienstagmorgen weiter verfolgen[1], Dienstagmorgen rund herum, bis wir in 24 Stunden wieder in London sind. Aber wir *wissen,* daß in London 24 Stunden nach Dienstag – morgen Mittwochmorgen ist. Wo mag sich bloß, auf dieser Reise rund um die Erde, der Name des Tages geändert haben? Wo hat er seine Identität verloren?

Tatsächlich besteht darin kein Problem, weil ein großer Teil seiner Reise über Wasser geht, und was er draußen auf See tut, kann keiner sagen: und außerdem gibt es so viele verschie-dene Sprachen, daß es hoffnungslos wäre, den Versuch zu machen, dem Namen eines einzelnen Tages rundherum nach-zuspüren. Aber ist der Fall undenkbar, daß dasselbe Land und dieselbe Sprache ganz um die Erde herumreichen wür-de? Ich kann das nicht einsehen: in diesem Fall gäbe es ent-

---

1 Die beste Art, es sich vorzustellen, ist, mit der Sonne herumzugehen und die Einwohner zu fragen, während man geht: »Welcher Morgen ist dies?« wenn man voraussetzt, daß sie die ganze Strecke herum leben und alle eine Sprache sprechen, wird die Schwierigkeit offensichtlich.

weder[1] überhaupt keinen Unterschied zwischen jedem aufeinanderfolgenden Tag, und so auch Woche, Monat und so weiter, so daß wir sagen könnten, »die Schlacht von Waterloo fand heute vor etwa zwei Millionen Stunden statt«, oder eine Grenze müßte festgelegt werden, wo der Wechsel stattfinden würde, so daß der Bewohner des einen Hauses aufwachen und sagen würde: »Aha! Ho! Ho![2] Diestagmorgen!« und der Bewohner des nächsten (jenseits der Grenze) würde wenige Meilen westwärts ein paar Minuten später aufwachen und sagen: »Aha! Ho! Ho! Mittwochmorgen!« Was das aber für eine hoffnungslose Verwirrung für die Leute wäre, die zufällig auf der Grenze lebten, kann ich nur mutmaßen. Jeden Morgen gäbe es einen Streit darüber, wie der Name des Tages wäre. Ich kann mir keine dritte Möglichkeit vorstellen, es sei denn, jedem sei gestattet, für sich selbst zu entscheiden, was eine noch schlechtere Lösung wäre als eine der anderen beiden.

Ich bin mir darüber im klaren, daß dieser Gedanke bereits ausgeführt worden ist, namentlich von dem unbekannten Autor jenes hübschen Gedichtes, das anfängt »Bestünd das Meer aus Majonäs'«[3] und so weiter. Die besondere Konsequenz, hier diskutiert, scheint ihn jedoch nicht gekümmert zu haben, da er sich auf die Probleme beschränkt, etwas zu trinken zu bekommen, was sich sicherlich daraus ergeben würde.

Jede gute Lösung des obigen Problems wird dankbar angenommen und abgedruckt werden.

---

1 Dies ist eindeutig ein unmöglicher Fall und nur als Hypothese zu verstehen.

2 Der gewöhnliche Ausruf beim Erwachen: normalerweise als Gähnen bezeichnet.

3 »Bestünd das Meer aus Majonäs', / und wär die Welt 'ne Wurst, / und jeder Baum wär Brot und Käs', / *wie* löschten wir den Durst?«

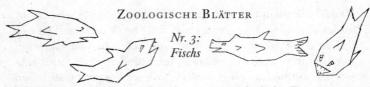

Nr. 3:
Fischs

Die Tatsachen, die wir über diese ungewöhnliche Tiergattung gesammelt haben, beruhen teils auf Beobachtung, teils auf den Werken eines deutschen Schriftstellers, dessen Name der Welt unbekannt geblieben ist. Wir nehmen an, daß man sie[1] ausschließlich in Deutschland finden kann: unser Autor berichtet uns, daß sie »gewöhnlich[2] Winkel[3] an sich« haben, an denen sie »gekascht und aus dem Wasser gehievt werden können.« Die Gattung, die wir beobachtet haben, hatte *keine* Winkel, wie man gleich sehen wird, und deshalb beruht diese Skizze[4] auf bloßer Mutmaßung.

Worin das »Kaschen« besteht, können wir nicht genau sagen: wenn es so etwa ist, wie wenn der Hund einen Knochen »kascht«, ist es bestimmt eine merkwürdige Art des Fangens, aber vielleicht bezieht sich der Schreiber auf Ottern. Das »Heraushieven aus dem Wasser« haben wir ebenfalls zu porträtieren versucht, obgleich auch hier Phantasie unser einziger Führer ist. Der Leser wird sich wahrscheinlich fragen: »Warum ist ein Kranich auf dem Bild dargestellt?« Un-

1 Das heißt die Fischs.   2 Wie er es ausdrückt.   3 Oder Ecken.
4 Die Winkel können jedoch als korrekt angenommen werden.

sere Antwort lautet: »Das einzige ›Hieven‹, das wir jemals gesehen haben, geschah mit Hilfe eines Kranichs[1].«

Doch dieser Teil des Themas wird in geziemender Weise in dem nächsten Blatt behandelt. Eine weitere Tatsache, die uns unser Autor angibt, ist die, daß »sie ohne weiteres in jede beliebige Richtung des Körpers schwimmen[2] können«: dies ist leichter zu verstehen, denn der einfältigste Leser begreift sofort, daß der einzige »Körper«, der dieser Beschreibung entspricht, ein Malzbonbon ist.[3]

Wir wollen versuchen, die »Fischs« zu beschreiben, die wir untersucht haben. Haut fest und metallisch; Farbe leuchtend und reich an Schattierungen; Körper hohl (so überraschend die Tatsache scheinen mag, sie ist *völlig korrekt*); Augen groß und ausdruckslos; Flossen  starr und völlig nutzlos. Sie sind wunderbar leicht und besitzen eine Art Schnabel oder Schnauze aus metallischem Material: da dieser sehr fest ist, und sie keinen anderen Mund haben, läßt sich ihre Hohlheit so leicht verstehen. Die Farbe ist klebrig und kommt aus den Fingern, und sie können ebenso gut rückwärts nach unten schwimmen wie auf normale Weise. All diese Tatsachen beweisen, daß man sie unter keinen Umständen mit den englischen »Fischen« verwechseln darf, wozu uns die Namensähnlichkeit zuerst einmal verleiten könnte. Sie sind eine eigene Tiergattung[4] und müssen als solche behandelt werden. Unser nächster Gegenstand[5] wird »Die Ein-flüglige Taube« sein.

1 AdÜ: Kranich bedeutet gelegentlich »Gerät zum Heben und Wenden von Lasten«. Kluge, Etymologisches Wörterbuch, unter Kran.

2 »Treiben« wäre ein besserer Begriff, da ihre Flossen unbeweglich sind.

3 Es gibt einen Einwand gegen diese Lösung, daß »Fischs« keinen Mund besitzen.

4 Ein unkorrekter Ausdruck: »Kreaturen« wäre besser.

5 Siehe bei »Zoologische Blätter« Nr. 4; siehe Seite 989.

KLAGELIEDER

Nr. 1

Der Tag war naß, der Regenfall
  als hätt' der Himmel Jammer,
viel Lärm drang aus dem Hühnerstall,
  als schlüge dort ein Hammer.
Mit großer Kraft, ganz warm geschafft
  zwei Burschen schlugen kahl
des Baumes Stamm zur Vogelstang
  Minute hundert Mal[1].

Die Henn' erklomm voll Freude dann
  ihr Nest und auch die Eier,
Sie dacht' nicht an die Eierpfann'[2],
(was ich ihr nicht verdenken kann:)
  sie prüft' der Schalen Weiß
  nach möglichem Verschleiß,
  sieht unter das Stroh,
  kein Fehler, ist froh,
  geht einmal ums Haus,[3]
  hat Angst vor 'ner Maus
  sinkt friedlich zur Ruh
  im Neste im Nu,
und schaut' durch Augenschleier

---

1 Bei dieser Schlagzahl ergeben sich zwei Drittel in der Sekunde.
2 Es sei denn, die Henne war ein Wilddieb, was sehr unwahrscheinlich ist.
3 Hühnerstall.

Die Schalen rollten wie die Zeit,
 »allmählich, aber stetig doch«,
wie von 'nem Zauberspruch geweiht
 der Inhalt aus der Schale »kroch«.
  Doch ach! »Oh falsche Phrase«,
  so sagt ein Dichter, weiß nicht wer,
  da mußt du schon woanders fragen,
  doch eins sag ich, willst du's hören,
  niemals war er in politischer Phase,
  das Parlament konnt' ihm nicht behagen,
  sein Witz würd' auf der Stelle versteifen,
  bei Zischen, Murren, Jubeln und Pfeifen,
  und bezüglich des Namens kann ich schwören,
  es warst weder du noch ich auf Ehr!

Und so geschah's, der Tag war neu,
 (das heißt, der alte war schon fort,)
man fand ein Küken auf dem Heu,
sein kleines Leben weg wie Spreu,
so daß es sich nicht länger freu,
nicht länger lustig oder scheu.
»Bist du jetzt, Küken, anderwärts?«
so klagt' des Herrn[1] gebrochen Herz,
 der Schmerz drang durch bei jedem Wort.
Als hätte »Rückfahrt« er gebucht,[2]

---

1 Möglicherweise einer der beiden starken Jungens.
2 Das System der Rückfahrkarten ist exzellent. An bestimmten Tagen werden
  die Reisenden hin und wieder zurück für den einfachen Fahrpreis befördert.

wenn er zum fernen Bahnhof rennt,
vor Furcht sich nicht mehr selber kennt,
denkt an sein Heim – des Grabes Schlucht –
in Eile fliegen Haar und Hut,
und beim Betreten sinkt der Mut,
    der allerletzte Zug ist fort![1]

Es wär' zu mühsam, folgt man jeder These,
    mal Kükenselbstmord und dann Unfallopfer,
den Todesblick, in strenger Wortaskese,
    das zage Wort: »Vielleicht der Nadel Klopfer!«
Dann Stimmen laut und zahlreich Ohren droschen,
    erst Schluchzen, Tränen, Seufzen, dann in Butter,
als einig man: »Ein Markstück für 'nen Groschen,
    es machte Selbstmord, frei sei seine Mutter!«
    Das Urteil kaum gesprochen war,
    die Stille man gebrochen sah,
ein Kind brach einfach in den Kreis,
    ein Tränenblick voll Trauer,
    die Nachricht war wohl sauer,
und sprach dann sicher, daß es Böses weiß!
»Wie mir mein armes Herz verzagt[2],
    vor Kummer möcht' ich quieken,
die böse Henne hat's gewagt,
    gemordet noch ein Küken!«

(Fortsetzung Seite 1000.)

---

1 Ein zusätzliches Ärgernis wäre es, wenn seine »Rückfahrkarte« am nächsten Tag ungültig wäre.
2 Vielleicht ebenfalls das »gebrochene« Herz seines Herrn.

»Die hölzerne Brücke«

Die Bedeutung des reizenden Bildes läßt sich mit sehr wenigen Worten erklären. Vier Bauernjungen versuchen, ein widerspenstiges Schwein über eine hölzerne Brücke zu treiben: die Hände des fünften sind gerade noch am Bildrand erkennbar. Die Erwartung, daß es auf einem Bein hinübergehen[1] soll, beweist entweder große Grausamkeit oder geistige Umnachtung. Das scheinen sie jedoch nicht genügend beachtet zu haben, und die Folge ist, daß sie sich ohne Hoffnung auf Erfolg eine große Menge Ärger einhandeln. Für die unglückliche Kreatur ist es kaum möglich zu stehen, viel weniger noch nur einen Zentimeter vorwärtszurücken, bis nicht ein oder

1 Das Wort »gehen« beinhaltet den Gebrauch von mehr als einem Bein. Die einzige Möglichkeit vorwärtszukommen bestünde im Hüpfen.

mehrere seiner Beine freigelassen sind. Die vierte Figur macht den Eindruck, als wolle sie überhaupt nicht beim Ziehen helfen, nach der Unterstützung zu urteilen, die sie selbst empfängt.[1] Derjenige, der ihn zieht, ist offensichtlich ganz derselben Meinung. Die Bäume, die Hütte und die untergehende Sonne im Hintergrund üben eine hübsche Wirkung aus.

DER SPAZIERSTOCK DES SCHICKSALS

5. Kapitel

Leser! Wagst du es abermals, die Höhle des großen Magiers zu betreten? Wenn dein Herz nicht mutig ist, verzichte: schließe diese Seiten, lies nicht weiter. Hoch in der Luft schwebten die verschrumpelten Gestalten zweier schwarzer Katzen; dazwischen ruhte eine Eule auf einer selbsterbeuteten, scheußlichen Schlange.

Spinnen krabbelten über das lange graue Haar des großen Astrologen, während er eine schreckliche Schriftrolle toten Schlange same Gestalt wie in goldenen Lettern Zauberformel auf die magische schrieb, die vom Maul der herabhing. Eine seltsame lebende[2] Kartoffel

---

1 Nämlich an den Haaren.

2 Sie hatte eine »hohle« Stimme und war möglicherweise ein wenig den »Fischs« verwandt; siehe Seite 979.

mit Armen und Beinen kreiste über der mystischen Rolle und schien die Worte verkehrt herum zu lesen. Horch!

Ein schriller Schrei drang durch die Höhle und hallte von den Wänden wider, bis er in dem massiven Dach erstarb.[1] Grauen! Dennoch zagte des Magiers Herz nicht, obgleich sein kleiner Finger dreimal leicht zitterte, und eines seiner wenigen grauen Haare ihm vor Schrecken zu Berge stand: ein weiteres wäre diesem Beispiel gefolgt, doch da eine Spinne daran hing, konnte es nicht.

Ein Blitz mystischen Lichts, schwarz[2] wie das dunkelste Ebenholz, durchdrang nun die Stätte, und in seinem flüchtigen Strahl sah man die Eule einmal blinzeln. Schauriges Omen! Zischte die erlegte Schlange nicht? Ach nein! Das wäre zu schrecklich! In der Totenstille, die diesem schrillen Ereignis folgte, ließ sich von der linken Katze deutlich ein einzelnes Niesen vernehmen. Ganz deutlich, und jetzt zitterte der Magier *wirklich*. »Dunkle Geister aus unermeßlichen Tiefen!« murmelte er stammelnd, während seine bejahrten Gliedmaße fast neben ihm zu versinken schienen. »Ich hab' euch nicht gerufen: warum kommt ihr?« So sprach er, und die Kartoffel antwortete mit hohler Stimme: »Du tatst's!« Dann war Stille.

Der Magier fuhr angstvoll zurück. »Was! Beim Barte[3] einer Kartoffel![4] Niemals!« Er schlug sich an die bejahrte Brust vor Qualen und nachdem er denn all seine Kraft zu einer Entgegnung zusammengenommen hatte, rief er: »Sag das nur noch einmal, und ich werde dich auf der Stelle kochen!« Es folgte eine unheilvolle Pause, lang, vage und geheimnisvoll. Was

---

1 Nach seinem Tod erschien sein Geist; siehe Seite 986.

2 Es ist schwer, sich vorzustellen, wie schwarzes Licht aussehen mag. Man kann es vielleicht erhalten, wenn man in einem dunklen Raum Tinte über eine Kerze gießt.

3 Siehe im 2. Kapitel.

4 Die Geschichte der Kartoffel sollte man sich sorgfältig merken, da sie wichtig ist.

geschieht da bloß? Die Kartoffel schluchzte vernehmlich und ihr dicker Tränenguß tropfte hörbar schwer auf den felsigen Boden. Dann drangen langsam, deutlich und schrecklich die furchtbaren Worte hervor: »Gobno strodgol slok slabolgo!«[1] und dann mit leisen zischendem Wispern: »'s ist Zeit!«

»Mysterium! Mysterium!« brummte der entsetzte Astrologe. »Der russische Kriegsschrei! Oh Schlagtot! Schlagtot! Was hast du getan?« Erwartungsvoll und zitternd stand er da; doch kein Laut traf sein begieriges Ohr; nichts als das unaufhörliche Tropf des weit entfernten Wasserfalls. Schließlich sagte eine Stimme: »Jetzt!« Bei diesem Wort fiel die Katze zur Rechten mit heftigem Schlag auf den Boden. Dann war eine furchtbare Gestalt[2] zu sehen, die sich vage vor der Finsternis abzeichnete: sie wollte sprechen, doch der allgemeine Schrei »Korkenzieher!« hallte durch die Höhle,[3] und mit leisem Heulen verschwand sie. Nun war ein flinkes Flattern zu hören, das die gesamte Höhle durchdrang, drei[4] Stimmen riefen im gleichen Augenblick »ja!«, und es wurde Licht. Blendendes Licht, so daß der Magier schaudernd die Augen schloß und sagte: »Es ist ein Traum, oh könnte ich doch aufwachen!« Er blickte empor und Höhle, Gestalt, Katzen und alles war verschwunden: nichts lag mehr vor ihm als die magische Schriftrolle und die Feder, eine Stange roten Siegellack und eine brennende Wachskerze.

»August Kartoffel!« murmelte er. »Ich gehorche deiner machtvollen Stimme.« Dann siegelte er die mystische Rolle, bestellte einen Kurier und schickte sie ab: »Reite um dein Leben, Bote! Eile! Eile! Um dein Leben, Bote! Eile!« waren

---

1 Dies ist ein Zitat aus dem *Punch:* es wird dazu festgestellt, daß niemals bekannt geworden ist, daß die Soldaten, nachdem sie dies gesungen hatten, Pardon gewährt oder erhalten haben.

2 Der Geist mit dem schrillen Schrei.

3 Er rollte spiralenförmig um die Höhle.

4 Die furchtbare Gestalt, die Kartoffel und die Katze auf der Rechten.

die letzen Worte, die dem erschrockenen Mann noch in den Ohren dröhnten, während er davongaloppierte.

Darauf ging der große Magier mit einem tiefen Seufzer in die düstere Höhle zurück und murmelte mit hohler Stimme: »Und nun die Kröte!«[1]

(Fortsetzung Seite 997.)

---

1 Siehe im 6. Kapitel. Die Kröte war schon immer für magische Riten erforderlich; siehe bei Shakespeare: »Macbeth«.

REPRÄSENTATIVE MENSCHEN[1]

1. Lektion
»Über den Nutzen der kleinen Leute«

»Die Welt besteht aus kleinen Leuten.« Das sagt wenig, doch wie wahr ist es! Geh wohin du willst, du wirst sie treffen: sie bilden die Mehrheit der Menschen, des Adels, der Armee, der Redner. Kann eine Armee ohne die Gemeinen existieren? Nicht mehr als ein Haus ohne Ziegelsteine. Auf jeden großen Mann kommen 10 000 kleine Leute: ja, und es gibt Arbeit für sie, die kein großer Mann tun würde. Bauen nicht kleine Leute unsere Häuser und Schiffe, bearbeiten unser Land und sorgen für unsere verschiedenen Bedürfnisse? Bitte Alexander den Großen, einen Pudding zu bereiten. Pfui! Aber der Pudding *muß* gemacht werden. Wahrhaftig eine äußerst wichtige Arbeit! Und sehr wohl eines Experten wert. Wie wenig tiefschürfend war der Ausspruch eines Bauern, als die Klöße serviert wurden: »Sie sind die Jockeys meines Geldes!«

Die großen Männer um ihn lachten darüber; *wir* kennen seinen Wert. Blick in die *Times:* »Der kleinste Terrier in England, niedrigster Preis 25 £.« Klein! Klein! lautet immer noch der Schrei. Vorhang hoch! Tritt auf, kleiner Mann!

(Fortsetzung Seite 996.)

---

1 Nach Emersons »Repräsentative Menschen«.

Die ganze Information, die wir zu diesem Thema sammeln können, ist einer Anzeige in der *Times* vom 2. Juli 1850 entnommen, der Rest sind Mutmaßungen.

Um mit der Anzeige zu beginnen: »Die Einflüglige Taube muß sterben, wenn nicht der Kranich zurückkehrt, um sie gegen ihre Feinde zu schützen.« Daraus können wir die folgenden Fakten ableiten. 1. Es handelt sich um eine Taube mit einem Flügel. 2. Der Kranich ist ihr Freund. 3. Sie hat Feinde, die ihren Tod wünschen. 4. Der Kranich allein kann diesen Feinden widerstehen. 5. Der Kranich hat sie verlassen. 6. (auf Grund der Tatsache, daß die Anzeige an die *Times* geschickt worden ist) Die Taube kann schreiben. 7. (auf Grund derselben Tatsache) Die Taube kann lesen. 8. (dito) Die Taube besitzt im ganzen mehr als zwölf Schilling. 9. (dito) Der Kranich bezieht die *Times*.

Hier ist jedenfalls eine annehmbare Grundlage für Mutmaßungen. Du wirst nicht so gewitzt[1] sein wie wir, Leser, deshalb ist es keine Überraschung, wenn du noch nicht bemerkt hast, daß die Fakten 1. und 6. in einem Zusammenhang[2] stehen und sich gegenseitig erklären. Hast du's jetzt? Gestehe! Da ist noch eine weitere Entdeckung, die bislang möglicherweise deiner Aufmerksamkeit entgangen ist, nämlich, daß die Fakten 2. und 3. in einem ähnlichen Zusammenhang stehen.[3] Und nun zum Anfang.[4]

---

1 Damit ist nicht gemeint, daß die geistigen Fähigkeiten der Leser im allgemeinen oder irgendeines Lesers im besonderen verunglimpft werden sollen. Wer weiß, ob Faraday selbst nicht diese Seite liest? Dennoch, wenn man den unübertrefflichen Intellekt des Herausgebers in Betracht zieht, ist die Behauptung auf jeden Fall aller Wahrscheinlichkeit nach richtig.

2 Siehe Seite 990.   3 Siehe Seite 978.

4 Nicht, daß wir nicht bereits angefangen haben, doch hier beginnt jene lückenlose, wissenschaftliche und unwiderlegbare Beweisführung, die diese Schrift verdientermaßen so berühmt gemacht hat.

Der Kranich und die Taube sind Freunde.[1] Das ist nur natürlich, weil beide Vögel sind: es scheint überflüssig, über den Ursprung der Freundschaft zu spekulieren, möglicherweise führten als erstes ihre gemeinsamen Fähigkeiten[2] dazu, nämlich Lesen und Schreiben.

Die Taube hat nur einen Flügel[3], das bedeutet, sie hat den anderen verloren. Das ist *un*natürlich, aber wir hoffen, bald eine Erklärung dafür geben zu können. Es ist offensichtlich dieses Mißgeschick, das ihre Flucht vor ihren Feinden[4] verhindert, und das gibt uns den ersten Hinweis auf die Natur dieser Feinde. Sie können bestimmt keine Vögel sein. Zwei Flügel waren kein Schutz gegen *sie:* noch können sie Wirbeltiere[5] sein, wogegen der Kranich keinen Schutz bieten könnte[6]: sie sind ebenso offensichtlich keine Engländer; der Kranich lebt nicht wild in England[7]. Insekten sind zu unwürdige Feinde. Es bleibt nur eines übrig: na los, Leser! Du sollst Gelegenheit zum Raten haben! Das ist richtig! »Fischs«. Nicht »Fische«, denk daran! Das ist ein englischer Begriff, sondern Fischs«.

Und wir begegnen hier einer erstaunlichen, einer sensationellen Behauptung mit der Tatsache, daß ein *Kranich* ein Schutz gegen diese Feinde sein soll. Blättere zurück, Leser, auf das Blatt[8] über »Fischs«: was ist vonnöten, um diese »Fischs« zu »kaschen«? Um sie »aus dem Wasser herauszuhieven« und sie so zu vernichten? Ist es nicht ein Kranich? Über diese Schlußfolgerung braucht man also nicht zu disputieren.

»Fischs« sind also die Feinde der Taube. Aber wieso? Was verursachte diese Feindschaft? Alles muß einen Grund haben? Nur Geduld, Leser. Wir wissen, die Taube ist talen-

---

1 Faktum 2.

2 Oder »Leistungen«, die, obwohl unter den Menschen verbreitet, selten bei anderen Lebewesen anzutreffen sind.

3 Faktum 1.   4 Faktum 3.   5 Oder Vierfüßler.   6 Faktum 4.

7 Siehe Buffon: »wild« bedeutet hier nicht »wütend«, sondern »ungezähmt«.

8 Siehe Seite bei »Zoologische Blätter« Nr. 3.

tiert[1]: folglich schreibt sie vermutlich im *Punch:* »Fischs« besitzen »Winkel« (engl. angle): »angle« ist ein Wort mit zwei Bedeutungen.[2] Was ist also natürlicher, als daß sie Witze über »Fischs« schreibt? Darüber würden die besagten »Fischs« natürlich wütend sein und daraus würde Haß entstehen. Ist das nicht einleuchtend? Wir wissen ebenso, daß »Fischs« schon lange die Feinde der Kraniche sind, und zwar wegen deren Gewohnheit, sie zu »kaschen« und »aus dem Wasser herauszuhieven«. Demnach ist der Kranich von allen Vögeln der geeignetste Freund der Taube, an den sie sich um Hilfe wenden könnte.

»Aber«, sagst du, »wie können ›Fischs‹ die Taube töten?« Oh allerdümmster und unwissender Leser! Haben »Fischs« denn keine »Winkel«? Sind »Winkel« nicht scharf und kantig? Wie leicht also für sie, ein so empfindliches[3] Wesen wie eine Einflüglige Taube zu töten! Und nun zu der bedeutenden Frage: »Wie hat die Taube ihren Flügel verloren?« und dem geheimnisvollen Zusammenhang zwischen den Fakten 1. und 6. Leser! Du hast abermals die Gelegenheit zu raten. Die Taube schreibt im *Punch*[4]: Zum Schreiben braucht man Schreibfedern: Schreibfedern erhält man aus Federn[5]: Federn von – ja! Du hast recht! »Sie benutzt ihre eigenen Federn.« Vielleicht bist du dir darüber nicht im klaren, daß der *Punch* seit neun Jahren existiert, so daß, wenn die Taube von Anfang an Mitarbeiter war, sich der Verlust eines ganzen Flügels leicht erklären läßt. Du wirst sicher zugestehen, daß wir unsere Mutmaßungen wenigstens bis zu diesem Punkt ausschließlich auf Fakten gründen?

1 Der Gebrauch dieses Wortes wird auf der vorigen Seite erklärt, siehe Fußnote 2.
2 AdÜ: angle ist im Englischen auch das Wort für Angel.
3 Damit ist nicht gemeint, daß sie empfindlicher als andere Tauben ist.
4 Siehe einen Absatz vorher.
5 Normalerweise von einer Gans oder einem Schwan, aber es gibt keinen Grund, warum nicht die einer Taube verwendet werden sollte.

Ist es wahrscheinlich, daß der Kranich die Taube[1] in ihrer gegenwärtig hilflosen Lage alleingelassen hat? Sicher nicht.[2] Wir können den sicheren Schluß ziehen, daß er sie verließ, während sie sich noch selbst verteidigen konnte. Wann war das? Berechne es selbst, Leser. Der *Punch* erscheint einmal die Woche: wahrscheinlich schreibt die Taube einen Artikel in jeder Nummer[3], das heißt, sie benutzt eine Feder jede Woche: mit dreizehn Federn ist ein Flügel wahrscheinlich[4] groß genug, um damit zu fliegen: sie hat offensichtlich jetzt *keine* mehr: dreizehn Wochen zurückgerechnet von ihrer ersten Anzeige führt uns zum 7. April: kannst du es jetzt erraten? Also, dann müssen wir es dir sagen. Am 7. April fand ein großes Schutzzöllnertreffen in London statt. Noch kein Groschen gefallen? Leser! Du hast eine wunderbar lange Leitung! *Schützt* der Kranich nicht die Taube? Welches andere Motiv könnte er dann haben, am 7. nach London zu kommen, außer an diesem Treffen teilzunehmen?

Und welche Schlußfolgerungen sollen wir uns aus der Tatsache ziehen, daß die Taube mehr als zwölf Schilling besitzt[5], und daß der Kranich die *Times* bezieht[6]? Wir können zu recht darauf verweisen, daß zwölf Schilling der normale Preis[7] dafür ist, solch eine Anzeige in einer Zeitung aufzugeben. Einfach die. Die Taube ist reich[8]: deshalb bezahlt sie den Kranich,

1 Faktum 5.

2 Wenn die Taube körperlich empfindlich war, können wir sicher schließen, daß der Kranich weichherzig war und angesichts des Unglücks anderer einen Seufzer aus sich »heraushieven« würde.

3 Das heißt, jeden Donnerstag. Der Schirm erscheint jeden Regentag.

4 Dies kann man nicht sicher behaupten, ohne es nachzuprüfen.

5 Faktum 8.

6 Faktum 9.

7 Wir glauben, der Preis beträgt fünf Schilling pro Zeile: eine kürzlich aufgegebene Anzeige, die sich über die ganze Seite erstreckte, kostete dreihundert Pfund.

8 Dies ist zusätzlich der Tatsache entnommen, daß diese Anzeige an drei oder vier Tagen abgedruckt worden ist.

die *Times* zu beziehen: woher könnte er sonst das Geld dafür bekommen? »Aber woher«, fragst du, »woher bekommt die Taube *ihr* Geld?« Dies, wohlmeinender Leser, ist ihre eigene Angelegenheit. Wir wissen, daß sie Geld *besitzt,* weil sie sonst nicht inserieren könnte.

Eine Frage bleibt dennoch unbeantwortet: »Wo lebt die Taube?« Das ist leicht beantwortet. »Fischs« findet man nur in Deutschland. Dort lebt also die Taube. Ebenso offensichtlich befindet sich der Kranich in England, was hätte sonst die Anzeige[1] in einer englischen Zeitung für einen Sinn? »Aber er hat Deutschland vor dreizehn Wochen verlassen!« sagst du, »grausamer Kranich! Warum kehrst du nicht zurück?« Leser, wir wiederholen die Frage und zittern, während wir es tun. In England ist das Leben eines Kranichs kein sicheres und leichtes Leben: schon in diesem Augenblick ist der Kranich vielleicht tot oder in einem Käfig. Dies allein würde sein Schweigen erklären. Ach! Arme Taube![2] Was kannst du tun? Du sagst ja selbst, du »mußt sterben«. Wir fürchten, es ist nur allzu wahr.

Wir sind uns bewußt, daß ein Einwand gegen diese Beweisführung gemacht werden kann, nämlich, daß sich niemand daran erinnern kann, irgendwelche Witze über »Fischs« im *Punch* gesehen zu haben. Dies ist jedoch kein echter Gegenbeweis, denn die Feststellung ist bestenfalls negativ und außerdem, wie unzuverlässig ist das Gedächtnis! Kannst du, oh den Leser, sicher sein, daß du dich an jeden Witz erinnern kannst, der *Punch* in neun Jahren veröffentlicht hat.

Wir haben so lange und ernsthaft bei diesem Thema verweilt, weil wir um seine Schwierigkeit und Wichtigkeit wissen:

1 Wie die Taube vom Ausland aus in England annoncieren kann, können wir zugegebenermaßen nicht erklären.

2 Shakespeares »Ach armer Yorick!«, obgleich in ihrer Simplizität minderwertig gegenüber diesem Ausspruch, ist in ihrem poetischen Pathos fast gleichwertig. Es scheint kaum der Mühe wert anzumerken, daß die Idee *ursprünglich* vom Herausgeber stammt, der es verschmähen würde, irgendeinen Autor zu kopieren.

dennoch hoffen wir, wir haben *einige* Fakten dargelegt, *einige* Zweifel geklärt und *einige* Probleme gelöst. Auf alle Fälle haben wir unser Bestes gegeben: wir können kein Thema für unser nächstes Blatt anführen, noch sind wir überhaupt sicher, ob es überhaupt ein weiteres geben wird, deshalb jedenfalls einstweilen lebwohl, lieber Leser!

Die Vernon Galerie

»Höhepunkt und Tiefpunkt des Lebens«

Niemals hat der Name eines Bildes eindeutiger seine Aussage bestätigt als in diesem Fall. Das Gesicht des Jungen, der an der Mauer herabhängt, womit der »Höhepunkt des Lebens« repräsentiert wird, ist außerordentlich exquisit[1]: wir haben selten etwas so Natürliches gesehen. Außer der Furcht angesichts des nahenden Gärtners kann man in ihm einen Schatten von Angst und das Bedauern um den Korb mit Äpfeln[2] herauslesen, den er gerade fallen gelassen hat. Sein Kamerad jedoch, dessen Gesicht gerade noch unter dem Korb sichtbar ist, beklagt wahrscheinlich das Ereignis noch weit *intensiver*. Das letzte, der Leser wird es natürlich erkennen, ist dazu angetan, den »Tiefpunkt des Lebens« zu repräsentieren. Der Gärtner ist wunderbar geraten, doch die Kartoffelbeete und die Kieswege sind für des Künstlers gebräuchlichen Stil ziemlich minderwertig. Insgesamt jedoch verdient sein Bild große Anerkennung.

1 Das heißt, es drückt exquisit den Schmerz aus.
2 Möglicherweise Pippinäpfel.

REPRÄSENTATIVE MENSCHEN

2. Lektion
»Cuffey, oder der Chartist«

Die Chartismusbewegung oder Demokratie hat immer ihre kleinen Leute gehabt. Sie verfügt im Innern über ein wenig Ehrgeiz, der ihre Anhänger belebt: sie wollen alle Menschen auf gleicher Ebene haben: alle gleich klein: alle so klein wie sie. Ihr echter Repräsentant ist Cuffey[1]. Der kleine Cuffey wurde in dürftige Verhältnisse geboren: so wie alle kleinen Leute: es ist eine bemerkenswerte und charakteristische Eigentümlichkeit *von* kleinen Leuten: *körperlich*[2] war er so klein, geistig weniger: seine Frau machte die Wäsche; er rühmte sich, die Tatsache veröffentlicht zu haben: gibt es etwas Kleineres? Eine Tatsache zeigt die tiefgründige Kleinheit dieses Mannes: er erklärte in der Öffentlichkeit: »Ich habe meiner Frau die Erlaubnis gegeben, die Wäsche zu machen.« Erlaubnis? Zweifellos hat ihn dafür seine Frau anschließend geohrfeigt: das war der passende Lohn für solche Kleinheit. Seine kleinen Hetzversuche hatten kleine Wirkung: er und seine Kleinheit wurden deportiert. Ach! Kleiner, *kleiner* Mann!

(Fortsetzung Seite 1005.)

---

1 Die Lebensgeschichte dieses Mannes kann man in der *Times* finden.

2 Er war ein Schneider und folglich nur zum neunten Teil ein Mann, wie jeder weiß.

6. Kapitel

Pscht! Der Baron schlummert: zwei Männer entfernen verstohlenen Schritts seine Schatztruhe.[1] Sie ist sehr schwer und ihre Knie zittern, teils wegen des Gewichts, teils aus Furcht. Er schnarcht, und beide fahren zusammen: die Truhe klappert, kein Augenblick ist zu verlieren, sie hasten aus dem Zimmer.

Es war sehr, sehr schwer, die Truhe aus dem Fenster zu schaffen, aber schließlich gelang es ihnen, wenn auch unter einem Getöse, das laut genug war, zehn gewöhnliche Schläfer zu wecken: der Baron war zu ihrem Glück ein *außer*gewöhnlicher Schläfer.

In sicherer Entfernung von der Burg setzten sie die Truhe ab und machten sich daran, den Deckel aufzubrechen. Vier mühevollen Stunden lang[2] arbeiteten Mr. Milton Smith und sein geheimnisvoller Begleiter daran: bei Sonnenaufgang sprang sie mit einem Lärm auf, lauter, als die Explosion von fünfzig Pulvermagazinen[3], der meilenweit im Umkreis zu hören war. Bei diesem Krach sprang der Baron von seiner

---

1 Ihr Inhalt war, wie sich nachher herausstellte, sehr gering; siehe Seite 973, Fußnote 4.

2 Wahrscheinlich begannen sie etwa um ein Uhr.

3 Die Stärke dieses Lärms kann man nur erahnen, da das Experiment niemals gemacht worden ist.

Liege und zog mit aller Kraft an der Klingelschnur: der erschrockene Diener schoß empor und berichtete zitternd, nachdem er die Stufen wieder hinabgestiegen war, wie »Seine Gnaden sichtbar frustriert war und den Feuerhaken[1] mit mehr als der gewöhnlichen Wut nach ihm warf«! Doch um zu unseren beiden Abenteurern zurückzukehren: sobald sie sich von der Ohnmacht erholt hatten, in die sie durch die Explosion gefallen waren, machten sie sich daran, den Inhalt der Truhe zu untersuchen. Mr. M. Smith steckte zögernd den Kopf hinein, sein Begleiter blieb auf dem Boden ausgestreckt und war zu bequem, um aufzustehen.

Es folgte minutenlanges Schweigen, dann holte Mr. M. Smith tief Luft und stieß hervor: »Nanu! Das hätt' ich nie!« »Nanu! Das hätt'st du nie!« wiederholte verärgert der andere, »was soll das, so anzufangen? Sag doch einfach, was in der Truhe ist, und mach dich nicht zum Esel!« »Mein lieber Freund!« warf der Dichter ein, »ich gebe dir mein Ehrenwort...« »Ich gäbe nicht mal zwei Penny[2] für deine Ehre«, erwiderte sein Freund und riß wütend eine Handvoll Grasbüschel aus, »sag schon, was in der Truhe ist, das ist ein besseres Geschäft.« »Nun, du läßt mich ja nicht ausreden, ich wollte es dir gerade sagen; es ist nichts in der Truhe außer einem Spazierstock! Und das ist eine Tatsache, wenn du mir nicht glaubst, komm und sieh selbst!« »Das gibt's doch nicht!« schrie sein Gefährte und sprang auf, seine Bequemlichkeit war mit einem Mal wie weggeblasen, »bestimmt ist da noch mehr drin!« »Ich sage doch, nein!« sagte der Dichter ziemlich mißgelaunt, während er sich nun seinerseits im Gras ausstreckte.

Der andere jedoch drehte die Truhe um und inspizierte sie von allen Seiten, bevor er überzeugt war, und während er den

---

1 Möglicherweise rotglühend; siehe Seite 965.

2 Wir können daraus schließen, daß sie etwa drei halbe Pennys wert war, die »Ehre eines Diebes« ist eine sprichwörtliche Redewendung, so hatten sie sehr wahrscheinlich den Wert von drei Pennys zusammen.

Stock nachlässig um den Zeigefinger wirbelte, sagte er: »Ich nehme an, es ist sinnlos, *das* zu Baron Mackzwick zu bringen? Es ist wertlos.« »Also, ich weiß nicht!« lautete die etwas zögernde Antwort. »Es könnte trotzdem sein – weißt du, er hat nicht gesagt, was er erwartet...« »Das weiß ich *auch,* du Esel!« unterbrach der andere ungeduldig, »aber ich nehme nicht an, daß er einen Spazierstock erwartet! Wenn dem so wäre, glaubst du, er hätte jedem von uns zehn Dollar für die Sache gegeben?« »Ich kann es nicht sagen«, murmelte der Dichter. »Also! Tu was du willst!« sagte sein Begleiter ärgerlich und warf ihm den Spazierstock zu, während er sprach, und ging eilig davon.

Niemals hatte er mit Hut und Mantel solch eine gute Gelegenheit weggeworfen, sein Glück zu machen! Um zwölf[1] Uhr an diesem Tag wurde Baron Mackzwick ein Besucher gemeldet, und unser Dichter trat ein und legte ihm den Spazierstock in die Hand. Des Barons Augen blitzten vor Freude, und, indem er ihm hastig einen Beutel Gold in die Hand drückte, sagte er: »Für jetzt adieu, mein Freund! Ihr werdet wieder von mir hören!« Und dann schloß er sorgfältig den Stock weg und murmelte: »Jetzt fehlt mir nur noch die Kröte!«

(Fortsetzung Seite 1007.)

---

1 So war es ein Weg von sieben Stunden vom Baron Schlagtot zu Baron Mackzwick.

Nr. 2

Schön steht das alte[1] Pfarrhaus dort,
    das Pastorhaus von Croft,
der Sonnenschein beleuchtet es,
    die Winde wispern oft.
Dann aus dem Haus und Garten
    Bewohner treten vor,
sie schreiten paarweis vorwärts,
    mit nordischem Humor.

Ein paar stehen noch im Garten,
    and're warten an der Tür;
einige, die stehn dahinter,
    and're treten keck hervür.
Wozu dies ganze Aufgebot?
    Was soll die Musterei?
Ein Reiterkunststück wird heut' noch
    gegeben mit Geschrei.

Die Menge ost- und westwärts
    begrenzt jetzt einen Raum,
zwei Jungen führen vor das Roß,
    sie zerren es am Zaum:
sie mühen sich nach Kräften,
    das Roß[2] ist störrisch sehr

1 Von diesem Pfarrhaus wird angenommen, daß es zur Zeit Edward VI. gebaut worden sei, aber neuere Entdeckungen weisen seinen Ursprung einer weit früheren Periode zu. Man hat auf einer Insel, die von dem Fluß Tees gebildet worden ist, einen Stein gefunden, in den der Buchstabe »A« gemeißelt ist, welcher die Mutmaßung rechtfertigt, sich auf den Namen des großen Königs Alfred zu beziehen, in dessen Regierungsperiode dieses Haus möglicherweise gebaut worden ist.

2 Der Dichter bittet um Pardon, daß er einen Esel unter diesem hehren Namen präsentiert.

und tritt voll Kraft nach hinten raus,
und alle weichen rückwärts aus;
   die Führer zerren schwer.

Der Recke hat's bestiegen
   vor der Verehrerschar,
die Füße sind im Bügel,
   er hält's an der Kandar'.
Doch hütet euch, Herr Reiter!
   Versucht nicht das Geschick,
denn solch ein Roß wie dieses
   noch niemand ritt mit Glück!

Kaninchen[1] neigen Ohren,
   verbergen sich devot;
die Küken[2] halten fügsam
   dein' Willen für Gebot;
Dompfaffen und Kanarien
   gehorchen dei'm Begehr,
und selbst die Schnecken in dem Haus
   verweigern dir nichts mehr.

Dein Roß hat keinen Meister,
   es keine Prügel litt,
so wehe jedem Schläger
   und Rache jedem Tritt[3]
Doch dennoch schlägt der Reiter
   so hart wie möglich zu,
und will es weiter treiben weg,

1 Hinsichtlich dieser bemerkenswerten Tiere siehe im Kapitel »Klagen von
  den Unglücklichen«

2 Einen vollständigen Bericht der Geschichte und des Unglücks dieser interessanten Tiere kann man in »Klagelieder« Nr. 1 finden.

3 Es ist eine merkwürdige Tatsache, daß ein Esel es sich zur Regel macht,
  jeden Tritt zurückzuzahlen, den er erhalten hat.

doch alle Mühe hat kein Zweck,
    es steht in stiller Ruh.

Jetzt gabelt sich die Straße,
    der Reiter sieht es schon:
vor ihm der Weg nach Dalton
    nach New Croft rechts davon.
»Ich kann nicht lenken!« ruft er,
»ich kann's auf keinen Fall!
Und zerr' ich noch so sehr am Zaum,
gehorcht es meinem Lenken kaum,
    denn es will in den Stall!«

So sprach denn Ulfrid Langbeug[1]
    und gab sehr tapfer sich:
»Ich will dir jetzt zur Seit' steh'n,
    und ich beschütze dich.«
Und da sprach fein Flurezza[2],
    sie war sein Schwesterlein:
»Ich stehe an der and'ren Seit'
    und führ dein Roß sehr fein.«

Und zwischen Pferd und Reiter
    beginnt sogleich ein Streiten,
doch alle Kraft, die ihm noch bleibt,
    reicht nicht, den Weg zu reiten.
Hat Ulfried auch mit Schwesterlein
    sich in den Weg gestellt,
das Volk schrie: »Warten hier ja schon
    seit Anbeginn der Welt!«

---

1 Dieser tapfere Ritter hatte außer einem Herzen von Stahl und Nerven wie
  Drahtseil kürzlich noch die Gewohnheit, einen Ziegelstein im Auge zu
  tragen.

2 Sie war die Schwester von beiden.

Doch er tut so, als könnte er
    die Worte nicht versteh'n,
er nimmt die Bügel von dem Fuß,
    er läßt die Zügel gehn.
Er greift fest in die Mähne
    und steigt von seinem Sitz,
springt im Triumph[1] zu Boden
    wie ein geölter Blitz.

Bis dahin stand der Ulfrid
    wohl seinen Mann ganz voll,
hat fest den Feind fixieret,
    wie jeder Krieger soll.
Doch als sein Bruder feste
    auf beiden Beinen stand.
»Was *sollte* das denn?« schrie er groß
und trat beiseite, teilnahmslos,
    das Roß den Stall nun fand.

Man gab ihm Brot und Butter,[2]
    so wie man's immer macht,
wie man an vier Kaninchen
    verfüttert Tag und Nacht.
Denn wagemutig war er
    er wagte diesen Ritt.
Und süßer Kaffee macht' ihn fit,

---

1 Dem Leser wird es möglicherweise nicht gelingen, den Ursprung dieses Tri-
  umphs zu entdecken, da die Aufgabe nicht geschafft war, und der Esel offensichtlich obsiegte, jedoch zu dieser Frage haben wir, wie wir leider gestehen
  müssen, keine ausreichende Erklärung anzubieten.

2 Für einen echten Kämpfen weit annehmbarer als »Ackerland«, was die
  Römer närrischerweise ihrem wagemutigen Kämpfer Horatius gaben.
  (AdÜ: Gemeint ist hier Publius Horatius, der sich im Kampf gegen die
  Etrusker derart durch eine Heldentat auszeichnete, daß er von seinen Mit-
  bürgern soviel Land geschenkt bekam, wie er an einem Tag umpflügen
  konnte.)

und man erfüllt ihm jede Bitt',
　　denn dann erst war man quitt.

Und oft, wenn später abends
　　das Feuer gibt die Sicht,
wenn Bücher zieren Tische,
　　und Motten dunkeln Licht,
wenn weinend Kinder geh'n zu Bett,
　　die strampelnd, schlagend Last,
wir sprechen stolz von Ulfrids Tat,
der, als des Bruders Hilfssoldat,
ihm mutig schnell zur Seite trat
und zwang das Roß dann auf den Pfad,
　　daß es nach New Croft hast'.

3. Lektion
»Jack Mett, oder der Feinschmecker«

Wir besitzen die bedeutendste Autorität für folgende Tatsache,
Jack oder John Mett[1] vertrug kein Fett. Die Überzeugung
bricht über uns mit einem Blitz der Erkenntnis herein, daß da
kein Raum für Zweifel ist. Nun, selbst wenn wir einräumen,
daß er »wenig« Appetit hatte und deshalb nicht hungrig
genug war, um das Verlangen zu haben, Fett zu essen – doch
selbst dieses Zugeständnis würde mein Argument für die
Kleinheit des Mannes stärken, statt es zu schmälern –, wie
kann trotzdem jemand vorgeben, die Tatsache unbeachtet zu
lassen oder darüber hinwegzugehen, daß er seiner Frau gestattet, Mageres zurückzuweisen? Ja! So ist es überliefert: »Seine
Frau wollte kein Mageres essen«, kein Wort darüber, daß er
mit diesen Grillen aufräumte: nein, er fügte sich mit echter
Kleingeisterei. Alle Feinschmecker sind klein, und er ist nur
ein ganz gewöhnliches Exemplar dieser Gattung.

---

1 Ein Schatten des Zweifels ist über die Authentizität dieser Anekdote wegen
des Reims von »Mett« und »Fett« gefallen; eine einzigartige Koinzidenz.

DIE VERNON GALERIE

»Das Duett«

Dieses reizende Bild stellt drei wahre Musikliebhaber dar, denn obgleich der Junge zur Linken keinen Anteil an der Darbietung hat, zeigt sich in seinen Augen dennoch ein Feuer, das uns nicht gestattet, ihn als unaufmerksamen und geringschätzenden Zuhörer einzustufen. Der aufmerksame Beobachter kann sich die Bemerkung nicht versagen, was für eine Tendenz der Musikliebe zugrundeliegt, daß sie den Haarwuchs in solcher Fülle fördert, ja, er kann sogar sicher schließen, daß er, falls er bei *sich* nicht solch eine Wirkung beobachtet, kein Gehör für Melodien hat. Ein weiterer Beweis für den großartigen musikalischen Geschmack der Dame ist die Tatsache, daß sie die schmelzendsten Melodien mit einem gewöhnlichen Blasebalg[1] erzeugt: das Lied, das sie singen, haben meine Leser zweifellos oft gehört.

1 Dies ist tatsächlich das einzige Instrument, mit Hilfe dessen ein flottes Lied produziert werden kann. Seine Handhabung erfordert eine strikte Beachtung der Takte.

7. *Kapitel*

Der Baron Mackzwick war fett.[1] Fern sei es dem bescheidenen Urheber der Zeilen anzudeuten, daß seine Fettleibigkeit über die Maße der Proportion oder die männliche Schönheit der menschlichen Gestalt hinausging, aber er war ganz bestimmt fett, und bezüglich dieser Tatsache gab es nicht den Schatten eines Zweifels. Es mochte vielleicht seiner Fettleibigkeit zu

verdanken sein, daß bei dem edlen Baron hin und wieder eine gewisse Dickfelligkeit und Dummheit des Denkens zu beobachten war. in einem normalen Gespräch war er, milde ausgedrückt, unklar und mehrdeutig, aber nach dem Essen oder überhaupt in der Erregung näherte sich seine Sprache gewiß dem Un-verständlichen. Dies rührte vielleicht von dem freien Gebrauch der Parenthese her, die er ohne eine deutliche Pause in verschiedenen Satzteilen verendete. Er pflegte seine Beweisführung als unwiderlegbar zu betrachten – sie war wahrhaftig so verblüffend – und er versetzte seine Zuhörer in eine derartige Verwirrung und Fassungslosigkeit, daß nur wenige jemals den Versuch wagten, darauf einzugehen.

Er ersetzte[2] gewöhnlich jedoch in der Länge, was seine Reden an Klarheit zu wünschen übrigließen, und es geschah

1 Dieser lakonische Anfang weist eine Ähnlichkeit zu Hoods »Meine Tante Shakerly war von enormem Umfang« in seinen »Grillen und Seltsamkeiten« auf. Es ist kaum nötig festzustellen, welcher das Original ist.

2 Es versteht sich für den Autor von selbst, daß die Länge ein Ersatz für Klarheit ist, da es bestimmt Redner gegeben hat, die diese Ansicht scheinbar vertreten haben.

infolge dieser Tatsache, daß seine Besucher an dem Morgen, von dem hier die Rede ist, die Trompete am Tor dreimal blasen mußten, bevor sie hereingelassen wurden, weil der Diener sich in diesem Augenblick eines Vortrags seines Herren unterzog, der vermutlich in Beziehung zu dem gestrigen Essen stand, doch der, infolge eines geringen Zusatzes fremder Themen bei den Ausführungen, in des Dieners Verstand einen konfusen Eindruck hinterließ, daß sein Herr ihn teils gescholten hatte, weil er den Fischhandel nicht strenger unter Beobachtung hielt, teils seine privaten Ansichten zur Verwaltung der Eisenbahnaktien ausdrückte und teils an der schlechten Regelung finanzieller Angelegeheiten[1] auf dem Mond herumnörgelte.

Bei dieser Geistesverfassung überrascht es nicht, daß seine erste Antwort auf ihre Frage »ist der Baron zu Hause?« lautete: »Der Fisch, Sir, war die Angelegenheit des Kochs. Ich hatte überhaupt nichts damit zu schaffen«, was er nach gründlicher Überlegung unmittelbar darauf richtigstellt zu, »die Züge hatten Verspätung, so war es unmöglich, den Wein früher zu bringen.« »Der Mann ist bestimmt verrückt oder betrunken!« rief einer der Fremden ärgerlich aus, es war niemand anderer als der geheimnisvolle Mann mit dem Um-

1 Unsere Informationsbreite zu diesem Thema ist sehr begrenzt.

hang: »Keineswegs«, antwortete eine sanfte Stimme, und der große Magier trat vor, »aber laßt mich ihn nur fragen – he! Bursche!« setzte er mit kräftigerer Stimme fort, »ist sein Herr zu Hause?« Der Mann starrte ihn einen Augenblick wie ein Traumgebilde an, und indem er sich dann plötzlich besann, entgegnete er: »Ich bitte um Entschuldigung, Gentlemen, der Baron *ist* zu Hause: würden Sie bitte nähertreten?« und mit diesen Worten geleitete er sie die Treppe hinauf.

Als sie das Zimmer betraten, machten sie eine leichte Verbeugung, und der Baron sprang aus einem Sessel und rief mit bemerkenswerter Schnelligkeit: »Und selbst wenn Ihr mich im Namen von Schlagtot, diesem närrischen Wicht, besucht, und ich weiß bestimmt, ich hab ihm oft gesagt...« »Wir sind gekommen«, unterbrach der Magier ernst, »um herauszufinden, ob...« »Ja«, setzte der erregte[1] Baron fort, »sehr viel Zeit, ja sehr viel Zeit habe ich und Ihr könnt mir glauben oder nicht, wie Ihr wollt, denn obgleich...« »Um herauszufinden«, beharrte der Magier, »ob Ihr in Eurem Besitz habt[2], und wenn ja...« »Aber dennoch«, unterbrach Machzwick, »würde ich immer, und da er zu sagen pflegte, wenn...« »Und wenn ja«, rief der Mann im Umhang verzweifelt darüber, ob der Magier den Satz jemals beenden würde, »zu erfahren, was Ihr in bezug auf Signor Blaski anzuordnen gedenkt.« Nach diesen Worten traten sie einige Schritte zurück und warteten auf die Antwort des Barons, und ihr Gastgeber hielt unverzüglich die folgende bemerkenswerte[3] Rede: »Und wenn ich auch nicht den Wunsch Feindschaft zu provozieren welche in Anbetracht

---

1 »Wieso erregt?« wird der aufmerksame Leser zweifellos fragen. Den einzigen Umstand, den wir als Erklärung anbieten können, ist sein letzter Streit mit dem Diener.

2 Selbstverständlich »den Spazierstock des Schicksals«.

3 Es ist zu hoffen, daß eine bequeme Lösung aller kleinen Probleme und Widersprüche, die im Verlauf der Geschichte aufgetreten sein mögen, von dem aufmerksamen Leser in dieser Rede gefunden werden, die nicht weniger bemerkenswert wegen ihres rasanten Themenwechsels als wegen ihres ununterbrochenen Flusses ist.

der Provokationen die ich erlitten habe und wahrhaftig wenn Ihr sie aufrechnet sind sie zahlreicher als irgendein Sterblicher einen Baron allein der familiären Laune überläßt seit Jahren bekannt jenseits zu sein nein die königliche Familie selbst wird sich kaum rühmen ebenfalls berücksichtigt zu haben daß er so lange aufbewahrt was ich herausgefunden haben sollte

nur daß der Schuft Blaski sagte und wie konnte er sich dazu herbeilassen alle diese Lügen zu erzählen kann ich mir nicht denken denn ich hielt ihn immer für ehrenhaft und wünschte natürlich nach Möglichkeit seine Unschuld[1] zu beweisen und der Spazierstock weil es bei solchen Sachen absolut notwendig ist und indem ich auch um Entschuldigung bitte bedenke ich die Kröte und all den Humbug aber das ist eine Sache zwischen uns und selbst wenn ich durch zwei meiner Banditen[2] danach geschickt habe und einer davon ihn mir gestern gebracht hat wofür ich ihm einen Beutel Gold gegeben habe und ich hoffe er war dankbar dafür und wenn auch das Geschäft des Banditen zu allen Zeiten und besonders in diesem Fall ist wenn Ihr bedenkt die aber sogar wegen einiger zeigte er mir obgleich ich zu sagen wage da war etwas und nebenbei vielleicht war das der Grund warum er sich selbst ich meine ihn aus dem Fenster warf . . . « hier hielt er inne, da er bemerkte, daß seine Besucher verzweifelt das Zimmer verlassen hatten. Nun, Leser, mach dich für das letzte Kapitel bereit.

1 Der Leser wird sich natürlich fragen, worin seine Schuld besteht, und als Antwort können wir ihn nur auf das erste Kapitel verweisen.

2 Das erklärt, wer der Mann im Umhang war.

8. und letztes Kapitel

Überall war Stille.[1] Der Baron Schlagtot saß in seiner Ahnen-
halle auf seinem Thronsessel, doch seine Miene zeigte nicht
den gewöhnlichen Ausdruck ruhiger Zufriedenheit: er strahlte eine unbehagliche Rastlosigkeit aus, die anzeigte, daß er
sich nicht wohlfühlte, doch warum? Dicht gedrängt in der
Halle, so dicht zusammengepfercht, daß sie einem ausgedehnten lebenden Ozean ohne Lücke oder Loch ähnelten, saßen
siebentausend Menschen: aller Augen waren auf ihn gerichtet, jeder hielt erwartungsvoll den Atem an, und er fühlte, er
fühlte in innerster Seele, wenn er sich auch vergeblich mühte,
seine Unruhe hinter einem gezwungenen und unnatürlichen
Lächeln zu verbergen, daß sich etwas Schreckliches zusam-
menbraute. Leser, wenn deine Nerven nicht stark sind, blättere diese Seite nicht um!

Vor des Barons Sessel stand ein Tisch: was lag darauf?
Wohl wußte es die zitternde Menge, da sie mit bleichen Wangen und schwankenden Knien darauf starrte und davor
zurückschauderte, während sie starrte: häßlich, deformiert,
grausig und scheußlich saß sie mit großen, trüben Augen und
aufgeblähten Backen da, die magische Kröte.

Alle fürchteten sie und ekelten sich vor ihr, außer dem
Baron, der, indem er sich ab und zu selbst aus seinen düsteren
Meditationen riß, seine Fußspitze hob und ihr einen scherzhaften[2] Stups versetzte, von dem sie nicht die geringste Notiz
nahm. *Er* fürchtet sie nicht, nein, größere Schrecken be-
herrschten *seinen* Verstand und verdunkelten seine Stirn mit
angsterfüllten Gedanken.

---

1 Dieses Kapitel, so ist zu hoffen, wird alle Geheimnisse der Geschichte »Der
Spazierstock des Schicksals« aufklären.
2 Spaßhaft allein in der Tatsache, doch die düstere Stimmung des Barons war
weit davon entfernt, sich in diesem Moment mit irgendwelchen scherzhaften Gedanken zu amüsieren.

Unter dem Tisch kroch eine zitternde Masse, so elend und kriecherisch, daß sie schwerlich die Formen eines Menschen fassen konnte: niemand beachtete und niemand bedauerte sie.

Dann sprach der Magier: »Der Mann, den ich anklage,[1] wenn er überhaupt ein Mann ist, heißt – Blaski!« Bei diesen Worten erhob sich die zusammengeschrumpfte Gestalt und zeigte der entsetzten Versammlung den wohlbekannten Geierkopf: sie öffnete den Mund zum Reden, doch kein Ton drang durch ihre bleichen und zitternden Lippen ... eine feierliche Stille breitete sich rundherum aus ... der Magier hob den Spazierstock des Schicksals und mit durchdringender Betonung sprach er die verhängisvollen Worte: »Verräterischer Lump! Irregeleiteter Verdammter! Empfange deinen verdienten Lohn!« ... Schweigend sank er zu Boden ... alles war für einen Augenblick dunkel ..., das wiederkehrende Licht enthüllte ihren Blicken ... einen Haufen Kartoffelbrei[3] ... eine kugelförmige Gestalt zeichnete sich schwach in der Dunkelheit ab und heulte einmal hörbar, dann war alles still. Leser, unsere Geschichte ist aus.

---

1 Man kann sehr wohl fragen »wessen?«, und der Autor beklagt, er kann keine Antwort liefern.

2 Viele haben den Autor vergeblich gefragt: »Was hatte er getan?« Er weiß es nicht.

Was ist besser, eine Uhr, die nur einmal im Jahr richtig geht, oder eine Uhr, die zweimal am Tag richtig geht? »Die letztere«, antwortest du, »ohne Frage.« Sehr gut, Leser, nun paß auf.

Ich habe zwei Uhren: die eine geht *überhaupt nicht,* und die andere geht jeden Tag eine Minute nach: welche würdest du vorziehen? »Auf jeden Fall die, die nachgeht«, antwortest du. Nun merke auf: die, die am Tag eine Minute nachgeht, muß zwölf Stunden oder siebenhundertzwanzig Minuten nachgehen, bis sie wieder richtig geht, woraus sich ergibt, daß sie nur einmal in zwei Jahren richtig geht, wohingegen die andere so oft richtig geht, wie die Zeit, die sie anzeigt, zutrifft, was zweimal pro Tag geschieht. Jetzt hast du dir *zum ersten Mal* widersprochen: »Aber ach«, sagst du, »was nützt es, wenn ich nicht sagen kann, wann diese Zeit da ist?« Also, angenommen, die Uhr zeigt acht an, siehst du nicht ein, daß die Uhr *um* acht richtig geht?« »Ja, *das* ist klar«, antwortest du.[1] Sehr schön, dann hast du dir *zum zweiten Mal* widersprochen: nun löse das Problem, wenn du kannst, und widersprich dir nicht mehr als unbedingt nötig.

---

1 Du *könntest* als nächstes fragen: »Wie soll ich wissen, wann es acht Uhr ist? Meine Uhr kann es mir nicht anzeigen.« Sei geduldig, Leser, du weißt, daß, wenn es acht Uhr ist, deine Uhr richtig geht. Sehr gut; also handele folgendermaßen: halte den Blick fest auf deine Uhr gerichtet, und *genau in dem Augenblick, wenn sie richtig geht,* ist es acht Uhr. »Aber...«, sagst du. Also, das reicht jetzt, Leser, je mehr du argumentierst, desto weiter entfernst du dich von dem Problem, so wird es ebensogut sein aufzuhören.

Des Dichters Abschied

Saß allzeit gut, auch ohne Hut,
    der Bursch sah komisch gar aus,
wahrt die Gestalt vor Sturmgewalt
    mit seinem Schirm vom Pfarrhaus.
Als der Sturm vorbei, und die Flur regenfrei,
    und die Sonne schien leuchtend aufs Ried,
er erhob sich vom Fleck und wanderte weg
    und sang ein Trauerlied.

Alles endet! Sonne neigt sich,
    bald ertönt der Essensgong;
fand zum Regenschutz bereit dich,
    hier erklingt mein letzter Song!
Du verdunkelst alle Maga-
    zine, die zuvor ich schrieb,
du läßt schwinden ihre Saga
    wie der Morgenstrahl den Dieb.
    Laß mich rufen die Phantome,
    ihre Stimme, die verstummt,
wie die Kröte taucht im Strome,
    wie die Fliege nicht mehr summt.

Ganz zuerst doch nicht an Ehren,
    steht das Pfarrhausmagazin;
seinen Witz konnt man vermehren,
    der war im Kometen drin.
Doch sein Wert, der lag im Neuen,
    und der schmeichelt seinem Sinn,
tat am Beifall sich erfreuen,
    großes Lob stand am Beginn.

Und danach dann den Kometen,
    wie ein vager Fiebertraum,
brachte Freude dem Poeten,
    sah er seinen Strahlensaum!
Als ich mit dem Werk begonnen,
    mit dem Pfarrhausmagazin,
hab Autoren leicht gewonnen,
    jeder las, der schrieb was drin.
Doch bei des Kometen Landen
    wurden faul sie wie die Drohn':
ganz allmählich alle schwanden
    ließen mir allein die Fron.
Hier bei dir – oh ferne Zeiten
    merket wohl euch den Bericht –
niemand half mir bei den Seiten,
    nicht mit einer Silbe schlicht!
Doch der Wein ist aus dem Keller,
    und ich hör' den Essensgong,
so, mein Schirm, machs gut, mein heller,
    lieber Schirm, adieu, so long.

Mischmasch

Mit den Zeichnungen der Originalausgabe
von Lewis Carroll

Vorwort

»Abermals« (um die altehrwürdigen Worte unseres Dichters Milton zu gebrauchen) präsentieren wir uns einer begierigen und erwartungsvollen Öffentlichkeit, wir wollen hoffen, unter noch besseren Auspizien als vordem.

Indem wir uns zum – können wir wagen, es zu erwähnen? – vierten Mal vorstellen, wird es der Mühe wert sein, die Vergangenheit zu betrachten und die mögliche Zukunft zu erwägen. Wir werden durch Mrs. Malaprops Ratschlag: »Wir wollen nicht die Vergangenheit vorwegnehmen, sondern alle unsere Rückblicke sollen Zukunft sein« und durch die Tatsache, daß unser Familienwahlspruch »Respiciendo prudens« lautet, zu unserem Tun ermuntert.

Wir schlagen deshalb vor, einen kurzen historischen Abriß unserer früheren Hausmagazine in dieser Familie zu geben, ihren Ursprung, ihr Ziel, ihren Erfolg und ihr endgültiges Schicksal, und wir werden außerdem die anderen Magazine erwähnen, die zwar erschienen sind, jedoch nicht unter unserer eigenen Schriftleitung; wir beginnen unseren Rückblick also mit:

Nützliche und lehrreiche Poesie

Diese schrieben wir selbst etwa im Jahr 1845, die Idee zu den ersten Gedichten wurde von einem Stück im »Etonian« inspiriert: sie erstreckte sich über ein halbes Jahr und wurde dann sehr unfachmännisch in eine Art Einband zusammengebunden; der Einband war in jeder Beziehung dem Inhalt ebenbürtig; der Band existiert noch.

Dies war das erste, das für jedermanns Beiträge offen war, und anfangs ergossen sich die Beiträge wie ein stetiger Strom; wobei das Erscheinen jeder Ausgabe von heftigster Gemütsbewegung, die sich durch das ganze Haus zog, begleitet war; die meisten Familienmitglieder steuerten einen oder mehr Artikel dazu bei. Ungefähr um 1848 wurden die Ausgaben zu einem Werk zusammengebunden, das noch existiert.

Der Komet

Dieses nahmen wir etwa im Jahre 1848 in Angriff. Es hatte die gleiche Form wie das vorausgegangene, doch der Abwechslung halber war es am Ende statt an der Seite zu öffnen. Diese Veröffentlichung stieß auf wenig Interesse, und sein Inhalt war derart armselig, daß wir, nachdem 6 Ausgaben erschienen waren, alle außer der letzten Nummer vernichteten und keine weitere mehr veröffentlichten. Die letzte Nummer, so nehmen wir an, existiert noch.

Die Rosenknospe

Es wurde als Nachahmung des »Kometen« begonnen, kam aber nur bis zur zweiten Nummer; das Titelbild jeder Nummer war geschmackvoll mit einer gemalten Rosenknospe dekoriert; die beiden Nummern enthalten nicht viel, was der Beachtung wert ist, aber sie sind noch erhalten.

Der Stern

Ein weiterer Nachahmer des Kometen mit noch weit weniger ehrgeiziger Absicht als das letzte; das Manuskript und die Illustrationen sind entschieden unter dem Durchschnitt; ungefähr ein halb Dutzend Nummern haben noch überlebt.

Das Irrlicht

Noch schwächer als der Vorgänger; die Ausgaben sind in Dreiecksform geschnitten; möglicherweise können noch einige Exemplare gefunden werden.

Der Pfarrhaus Schirm

Dieses begannen wir wahrscheinlich 1849 oder 1850 mit einem korrekt gebundenen quadratischen Band. Zu seiner Zeit wurde es bewundert, aber nicht unterstützt, und wir brauchten ein Jahr oder mehr, um den Band durch unsere alleinigen Anstrengungen zu füllen. Den Band gibt es noch, und er ist gut erhalten, und so ist auch jede weitere Betrachtung überflüssig.

Wir wollen hier noch auf eine oder zwei unserer Schriften verweisen, die einer breiteren Öffentlichkeit bekannter sind als das oben erwähnte. Im Sommer 1854 lieferten wir dem »Oxionian Advertiser« zwei Gedichte, keines davon ist erhaltenswert; und in den großen Ferien desselben Jahres, als wir in Whitby auf einer Lesegesellschaft waren, steuerten wir »Die Lady des Löffels« und »Wilhelm von Schmitz« der lokalen Wochenzeitung bei. Beide wird man in diesem Band finden. Von diesem Thema machen wir einen Sprung zu der Nennung des gegenwärtigen Magazins.

Mischmasch

Der Name ist deutsch und heißt im Englischen »midge-madge«, was, darüber brauchen wir den intelligenten Leser nicht informieren, gleichbedeutend mit »hodge-podge« ist; unsere Absicht ist, Artikel jeglicher Art zuzulassen: Prosa, Verse und Bilder, vorausgesetzt, sie besitzen ein ausreichend hohes Niveau.

Das Beste aus dem Inhalt wird dann und wann in einem zeitgenössischen Magazin von weniger exklusivem, privatem

Charakter veröffentlicht; wir spielen auf die »Comic Times« an, dieses bedeutet für die Mitarbeiter an dem Magazin eine Gelegenheit, ihre Produkte der Bewunderung der gesamten englischen Nation auszusetzen.

CROFT, 13. August 1855

STUDIEN ENGLISCHER POETEN, NR. I

»Sei lieber im Trompetenmundstück.« *F. Tennyson*

STUDIEN ENGLISCHER POETEN NR. II

»O weh! Was für Stiefel...« *Miltons Lycidas. Zeile 64*

Die Seejungfern

An den Ufern Rigas
    ziemlich in der Früh
kannst du Seejungfern erblicken,
    lachend spielen sie;
schwimmend auf den Tiden
    zu der Ebbe Zeiten,
liebliche Nereiden,
    voller Glück sie reiten.

Manchmal kannst' sie sehen
    schwach im Dämmerschein,
ganz allmählich schwindend,
    dir zur Seelenpein.
Wehend lange Locken,
    leicht der Winde Spiel,
und ihr Flüstern hebt sich
    seufzergleich im Pril.

Dann und wann erspähst' sie
    auch im Mondenschein,
in der stillen Mittnacht
    schlafen friedlich ein;
wenn alles still im Dunkeln liegt,
    im Silberschaum der See,
und Mondenlicht ihr Haar durchglänzt
    wie eine Glorie.

Doch du wirst sie nie erblicken
    in der mittagshellen Zeit,
wenn die Sonne strahlend leuchtet,
    Gloriole himmelweit.
Denn dann tauchen sie von hinnen,
    meiden Hitze und das Licht,

In die kühlen, tiefen Wasser,
   ganz weit außer Sicht.

Ihre Stimmen kannst du hören
   perlen hoch aus tiefem Meer,
leise, sanfte Wiegenlieder,
   werden so der Wogen Herr.
Und die Schiffer steh'n und lauschen,
   Tränentropf im Augenlicht,
ihrem weichen Traumgeflüster
   und des Ozeans Gedicht.

Segel doch am stillen Mittag
   mal an Rigas Ufern lang,
und du hörst ihr sanftes Singen
   in des Meeres Wogenklang;
sieh sie in den Abendstunden
   schwinden außer Sicht,
sieh sie dann noch traumlos schlafen
   in dem bleichen Mondenlicht,
und wenn aus Rigas Bucht dann
   du schiffst in aller Früh,
siehst du die kleinen Jungfern,
   lachend spielen sie.

RIPON, Ende 1854

Die zwei Brüder

Zwei Brüder gingen zur Rottweil Schul';
   als sie verließen das Pennal,
die Frage war: »Lernst du jetzt Latein?
   Oder wettlaufen wir zum Pfahl?
Oder zur Brücke hinuntergeh'n
   und angeln uns da einen Aal?«

»Ich bin zu dumm zu lernen Latein,
   zum Wettlauf bin ich nicht vital,
so geh' ich zur Brücke hinunter,
   dort angeln wir uns einen Aal.«

Er hatte zwei Ruten zusammengesteckt,
   sie waren so lang wie ein Ruder,
an eine Leine den Haken gezweckt,
   den stieß er in seinen Bruder.

Groß ist der Radau, wenn die Jungs spielen rauh
   und scherzhaft bewerfen ein Schwein,
noch größer der Krach, als fiel in den Bach
   der Bruder ins Wasser hinein.

Die Fische kamen dutzendweis',
   und gierig auf das Maul sie rissen,
denn der Bursche im Bach war so weich und so schwach,
   er war ein rechter Leckerbissen.

Der and're sprach: »Laßt ihn nur schlagen herum,
   den Fischen geht's nicht auf den Wecker,
und hatte ich Schmerz, war's ihm immer Scherz,
   so lern' die Bedeutung des ›Neckar‹!«

Da blies ihm der Wind eine Stimme ans Ohr:
   »Mein Bruder, du bist mir kein echter!

1025

Was tat ich dir Qual, daß du triffst die Wahl,
  zu fröhnen der Freude der Schlächter?

Ein Knabber, ein Biß, Vergnügen gewiß
  erwartete ich bloß zu *seh'n,*
ein Biß, der dann echt, das wäre doch schlecht,
  wenn Schmerzen mich heftig durchweh'n,
gerad' jetzt ist ein Schwarm hier an meinem Arm,
  und ein Barsch knabbert an meinem Be'n!

Nach Wasser die Gier gering war bei mir,
  und Fisch kommt für mich nicht in Frage . . . «
»Ach, fürcht' nichts!« er schrie. »Denn sieh doch, oh sieh,
  sind beide in ähnlicher Lage!

Unser Status ist nicht so verschieden –
  bestimmt,
  (und Schlächter sind keine Hasser)
denn ich sitze auf der Brücke hier,
  und du hockst unten im Wasser.

Ich hab' meinen Stock und du deinen Fisch,
  im Stockfisch wir gleichen uns sehr;
wenn ich dich auch stör', auf Ehre ich schwör,
  hast unten der Störe noch mehr.«

»Ein Wunsch auf den Tisch, wenn beißt mich ein Fisch,
  (dein Bruder ist Köder, he Mann!)
zieh ihn hoch, wenn du magst, und ich hoff', du nicht zagst,
  doch zieh nicht so heftig an.«

»Wenn der Fisch ist ein Aal, dann find ich's normal,
  daß ich schlage zu wie der Blitz;
wenn der Fisch ist ein Hecht, dann ist das sehr schlecht,
  ich wart' still zehn Minuten und sitz'.«

1026

»Doch in dieser Frist, oh traurige Tat,
   dein Bruder kann Opfer schon sein!«
»Dann die Hälfte der Zeit, bist *vielleicht* noch all right,
   doch die Chance ist äußerst klein.«

»Ach, hart ist dein Herz bei solch einem Scherz,
   ist es Eisen, Granit oder Stahl?«
»Das weiß ich nicht mehr – es ist lange schon her,
   daß mein Herz schmerzlich fühlte die Qual.

Mein Herzenswunsch: frisch wollt' ich viele Fisch',
   so mein Ärger wird schlimmer als schlimm,
mein Herz zu erweichen, war nicht zu erreichen,
   es wuchs nur noch stetig der Grimm.«

»Ich wünschte mich wieder zur Rottweil Schul',
   würd' lernen in Furcht jeden Satz!«
»Nein, Bruder!« er schrie. »So was geschieht nie,
   du bleibst besser auf deinem Platz!

Ich bin sicher, gib zu, daß viel glücklicher du,
   was du treibst da ist doch nur ein Spiel;
und an dieser Lein', da hängst du sehr fein,
   ist besser als Schläge so viel!

Und bezüglich der Rut', die über dem Haupt
   schwebt wie des Damokles' Schwert,
doch das ist stets der Fall, wo du lebst, überall,
   und das hat sich noch immer bewährt.

Doch siehst du den Fisch, der dort nähert sich,
   (um von Schönerem zu sprechen)
mein Lieber, beachte, nach Liebe ich trachte –
   denn den möcht' ich gerne bestechen.

Für morgen lad' ich ihn zum Essen ein,
   (wir gestalten zusammen das Mahl)
wenn das Wetter ist fein, lad' ich ihn zum Wein,
   wenn die Uhr zeigt die richtige Zahl.

Gesellschaftlich hat er noch niemals geglänzt,
   Manieren ihn niemals geleitet,
bedenk' ich es recht, so wär' es nicht schlecht,
   ich hätte ihn fein eingekleidet.«

Und er hörte viel Wort' von »grausam« und »Mord«,
   »der Mensch leidet mehr als das Tier«:
doch all das er hört' ganz und gar nicht verstört,
   sein Wort ist der Weisheiten Zier.

»Was schöner als Schwimmen im Strome
   und liegen so matt im Gefild'?
denk dir nur, der Tisch gefüllt ist mit Fisch,
   gibt es denn ein schöneres Bild?

Es ist doch entzückend, der Blick ruht beglückend
   auf Fischen voll Leben, juchhei!
Ach, welch Trottel du bist, weit besser man ißt
   das Fischlein und läßt es nicht frei!

Ich weiß, es gibt Leute, belabern gar stündlich
   die Schönheit von Erde und Meer;
von der Vögelein Flug, der Fischelein Zug,
   mit Freude an Leben und Flair.

Doch diese Sicht ich schätze nicht
   nur 'nen Flachkopf erfreut dieser Schmer,
ich halt' das für schal; wenn ich fang' einen Aal,
   das gibt mir zwanzigmal mehr!

Man sagt, daß ein Mensch, der rechtdenkend ist,
  liebt dummes Geschöpf, das er sieht –
der Verstand gibt mit List ihm gewiß keine Frist,
  wenn den Fisch aus dem Neckar er zieht?

Nimm mir Freunde, mein Haus – geh' verbannt ich hinaus;
  nimm mein Geld, das ich hab' auf der Bank –
laß mir diese Wahl und befrei mich vom Aal,
  und mein Leben sei leer und blank.«

Und von daheim die Schwester kam,
  wollt' nach den Brüdern seh'n,
doch hatt' sie, als sie sah den Gram,
  'ne Trän' im Auge steh'n.

»Was hast du da bloß angehakt,
  mein Bruder, sag es mir?«
»Da nur ein kleines Täubchen zagt,
  es wollt' nicht singen hier.«

»Wer meint, 'ne Taube singen kann,
  der muß ein Simpel sein,
ein Taubenschlag ist da nicht dran,
  ein Kleid ist an der Lein'!

Was hast du da bloß angehakt,
  mein Bruder, sag es doch?«
»Am Mützelein ein Zwerglein zagt,
  das tanzen soll im Joch.«

»Gar hübsch ist der Tanz, wozu du ihn führst!«
  Voll Ärger ihr Gesicht:
»Des Zwerglein Mütz' sieht anders aus,
  so eine ist das nicht!

Was hast du da bloß angehakt,
    mein Bruder, sag es mir?«
»Mein kleiner Bruder ist's«, er schrie,
    »oh weh, oh Leid ist hier!

Ein schlimmer Schlimmling ich wohl bin,
    daß so etwas gescheh'n?
Adieu, oh Schwester, ich geh' hin,
    geh' jenseits von der See.«

»Und wann kommst du zurück von da,
    sag's mir, oh Bruder mein?«
»Wenn's Döbel gibt mit Paprika,
    doch das wird niemals sein!«

Sie wandte sich d'rauf um ganz blaß,
    ihr Herz entdrei, passé,
sprach: »Einer ist ganz schrecklich naß,
    der and're fehlt beim Tee!«

CROFT, 1853

Das neunzehnte Jahrhundert hat eine neue Musikrichtung hervorgebracht, die etwa dieselbe Beziehung zum Original hat wie ein Ragout oder Hammel vom Montag zu einem Sonntagsbraten.

Wir spielen natürlich auf die vorherrschende Praxis an, die Werke früherer Komponisten durch abgeschmackte, moderne Variationen zu verwässern, so recht passend zu dem kranken und verdorbenen Geschmack dieser Generation: diese Erfindung ist als »Montage« von einigen benannt, die, indem sie das großherzige Angebot von Alexander Smith verschmähten, »das Zeitalter zu vertonen«, sich entschlossen haben, die Töne zu veraltern.

Betrübt gestehen wir die unbedingte Notwendigkeit für einen derartigen Wechsel zu: mit finsterem, prophetischem Auge sehen wir in der trüben Zukunft drohend sich abzeichnend den Niedergang ihrer Schwester, der Bildenden Kunst. Die National-Galerie hat ihre schönsten Bilder dieser schmerzhaften Operation schon unterzogen: die Dichtung muß folgen.

Damit wir nicht hinter den anderen zurückstehen, den Fortschritt der Zivilisation voranzutreiben, unterdrücken wir tapfer alle persönlichen und privaten Gefühle und widmen mit bebender Feder und tränentrübem Blick die folgende Komposition dem Geist des Jahrhunderts und der edlen Schar galanter Abenteurer, die danach trachten, die Avantgarde auf dem langen Marsch der Reform zu führen.

DER TEURE KUDU[1]

Arrangiert in Variationen

espressivo
»Den teuren Kudu lieb' ich nie«,
noch etwas, das so teuer ist;
nur den Verkäufer lohnt das Vieh,
und den Besitz *ich* nie vermißt'.

p.p   cres: ——————
»Erfreut's mich mit dem sanften Blick«,
mein Söhnchen aus dem Tut-Pennal
verdroschen kam nach Haus' zurück;
das hatte er von dem Geprahl'!
con spirito

A Tempo
»Doch als er mich gut kannte, da«,
warf mich ihr Alter einfach raus;
und darauf färbte ich mein Haar
und hoffte sehr auf Bells Applaus.

                cadenza
dim: ————————————— D.C.
»Und lieb mich, es stirbt sicher bald«
ein schmutzig Grün, ein starres Blau,
und halb schon sah man die Gestalt
der Möhre, eitel wie ein Pfau.
con dolore

CH: CH: 1855

---

1 AdÜ: Siehe auch die Fußnote Seite 862.

Der erste Gedanke, der uns beim Eintritt in den Sinn kam, betraf das äußerst erlesene Wesen der Gesellschaft.

Einer der ersten Ankömmlinge war ein Gentleman von unbestreitbarem Gewicht. Die Dame in seiner Begleitung erregte beim Betreten des Zimmers beträchtliche Aufmerksamkeit durch ihr exquisites Muslinkleid und den Unterrock.

Ein Gedicht

(Dieses ergreifende Fragment wurde als Manuskript zwischen den Papieren des wohlbekannten Autors von »Warst du es oder ich?«, einer Tragödie, und den beiden populären Romanen »Schwester und Sohn« und »Der Nichte Vermächtnis oder Der dankbare Großvater« gefunden.)

Sie ist ganz, wie er sie gedacht
   (stolz bin ich nicht, auf Ehr);
wenn du, wenn er ums Glied gebracht,
   wer litte dann wohl mehr?

Er sprach, was du ihr warst einmal
   und sahst mich hier zuvor;
doch dieses ändert die Moral,
   sie trug schon früher Flor.

An sprach uns nicht ein einz'ger Mann
   vom Menschenstrom der Gass';
betrübt hielt er den Bus dann an
   und stampfte voller Haß.

Sie sagten ihm, ich sei noch da
   (wahr ist's, das wissen wir);
wenn sie trieb weiter den Eklat,
   was würde dann aus dir?

Sie gaben eins ihr und mir zwei,
   uns sogar drei und mehr;

---

1 Dies ist ein Zeitungsausschnitt, der in das ursprüngliche Sammelalbum eingeklebt wurde.

von ihm zu dir ging es dabei,
  doch es war meins vorher.

Wenn ich, wenn sie zufällig war
  in der Affäre drin,
ihr Freisein durch dich war ihm klar,
  genau wie ich es bin.

Mir schien, daß du gewesen bist
  (sie hatte großen Streß)
der Grund für manchen bösen Zwist
  für ihn und uns und es.

Verschweiget ihm, daß sie sie mag,
  denn das muß ewig sein
Geheimnis, unsichtbar dem Tag,
  es ist nur dein und mein.

Die letzte außerordentliche Entdeckung in der Fotografie, die sich auf die Wirkungsweisen des Verstandes bezieht, hat die Kunst des Romanschreibens auf reinste mechanische Arbeit reduziert. Freundlicherweise gestattete uns der Künstler, bei einem seiner Experimente anwesend zu sein; doch da die Erfindung noch nicht der Welt bekannt gemacht worden ist, dürfen wir nur die Ergebnisse darlegen und müssen alle Details hinsichtlich der Chemikalien und des Verfahrens verschweigen.

Der Experimentator hob an, indem er feststellte, daß die Gedanken des schwächsten Intellekts, wenn sie einmal von einem besonders präparierten Stück Papier aufgenommen worden sind, zu jedem gewünschten Grad von Intensität »entwickelt« werden können. Unserem Wunsche gemäß, er möge mit einem extremen Fall beginnen, ließ er aus dem Nebenzimmer einen jungen Mann von geradezu unwahrscheinlicher physischer und geistiger Schwäche kommen. Auf die Frage, was wir von ihm hielten, gestanden wir offen ein, daß er außer zum Schlafen zu nichts fähig schiene: unser Freund stimmte dieser Ansicht uneingeschränkt zu.

Nachdem der Apparat in Position war und eine hypnotische Beziehung zwischen dem Verstand des Patienten und dem Objektiv hergestellt war, wurde der junge Mann gefragt, ob er noch etwas sagen wolle; er antwortete schwach: »Nichts.« Danach wurde er gefragt, was er denke, und die Antwort lautete wie zuvor: »Nichts.« Der Künstler erklärte darauf, der Patient sei in einem äußerst zufriedenstellenden Zustand, und sogleich begann die Operation.

Nachdem das Papier die notwendige Zeitspanne belichtet war, wurde es entfernt und uns zur Prüfung übergeben; wir stellten fest, es war mit schwachen und nahezu unleserlichen

---

1 Dies ist ein Zeitungsausschnit, der in das ursprüngliche Sammelalbum eingeklebt wurde.

Schriftzeichen bedeckt. Eine eingehendere Prüfung enthüllte folgendes:

»Der Abend war lind und tauig mild; ein Zephir wisperte im stattlichen Sumpfgras, und wenige leuchtende Regentropfen kühlten das durstige Erdreich. In trägem Paßgang auf primelbegrenztem Pfad ritt ein sanft blickender und gutherziger Jüngling, in seiner feingliedrigen Hand einen leichten Spazierstock; sein Pony bewegte sich anmutig unter ihm und schnupperte beim Ritt den Duft der Blumen am Straßenrande: das stille Lächeln und der matte Blick, die so vollkommen mit den heiteren Gesichtszügen des Reiters harmonierten, spiegelten den gleichmäßigen Gang seiner Gedanken. Mit einer süßen, wenngleich matten Stimme murmelte er traurig den leisen Schmerz vor sich hin, der seine Seele umwölkte:

> *Ach! Meine Bitten hört sie nicht!*
> *Auf Haareraufen ich verzicht';*
> *denn das steht mir nicht zu Gesicht.*

> *Sie schien mir dumm, ja, dünkt mir blind;*
> *einstmals da liebte mich das Kind;*
> *dann drehte sie sich wie der Wind.*

Ein Augenblick des Schweigens folgte; das Pony stolperte über einen Stein, der auf dem Pfad lag, und warf den Reiter ab. Ein Rascheln ließ sich zwischen den trockenen Blättern vernehmen; der Jüngling erhob sich; eine leichte Prellung an seiner linken Schulter und eine schiefsitzende Halsbinde waren die einzigen Spuren, die von dem harmlosen Unfalle zeugten.«

»Dies«, bemerkten wir, indem wir das Papier zurückgaben, »gehört offenkundig zur tränendünnen Romanschule.« »Sie haben völlig recht«, antwortete unser Freund, »und in seiner gegenwärtigen Fassung ist es heutzutage natürlich ganz und gar unverkäuflich: wir werden jedoch feststellen, daß die nächste Entwicklungsstufe es in eine Willensstarke oder Tatsachen-Schule wandeln wird.« Nachdem er es in verschiedene Säuren eingetaucht hatte, übergab er es uns abermals: folgendes war inzwischen daraus geworden:

»Der Abend war wie gewöhnlich, das Barometer stand auf ›wechselhaft‹: der Wind frischte auf, und etwas Regen setzte ein, schlechte Aussichten für die Bauern. Ein Gentleman näherte sich auf dem Reitweg. Er trug einen kräftigen, knorrigen Stock in der Hand und saß auf einem tauglichen Klepper im Werte von £ 40 oder so, auf des Reiters Gesicht zeigte sich ein ruhiger, geschäftsmäßiger Ausdruck, und er pfiff beim Reiten; in seinem Kopf schien er nach Reimen zu jagen, und schließlich deklamierte er mit ruhiger Stimme die folgende Fassung:

> *Na! War wohl nichts mit meinem Frei'n! Ich*
> *sagte ihr, das bringt dir Pein; doch sie war närrisch,*
> *sagte: »Nein.«*

> *Nunja, die Dinge sind mal so;*
> *doch ich bin dennoch lebensfroh,*
> *es gibt die Fülle anderswo.*

In diesem Augenblick trat das Pferd in ein Loch und stürzte kopfüber; der Reiter erhob sich schwerfällig; er hatte mehrere schwere Quetschungen erlitten und zwei Rippen gebrochen; es dauerte einige Zeit, ehe er den Unglückstag vergessen hatte.«

Wir gaben dies mit dem größten Ausdruck der Bewunderung zurück und schätzten, daß es nun zum höchstmöglichen Grad der Vollkommenheit gediehen sei. Unser Freund stimmte ohne weiteres zu, und kurz darauf konfrontierte er uns mit der Fassung, die, wie er uns wissen ließ, der Spastischen oder Deutschen Schule angehörte. Wir studierten es mit unbeschreiblichem Erstaunen und Entzücken.

»Wild stürmisch war die Nacht – ein Hurrikan wütete durch finsteren Forst – heftige Regengüsse peitschten die ächzende Erde. In ungestümer Hast – jagte ein bis an die Zähne bewaffneter berittener Reiter eine steile Schlucht hinab – sein Pferd bäumte sich unter ihm in tollem Galopp und schnaubte Feuer durch geblähte Nüstern, während es dahinflog. Des Reiters dornbuschige Brauen – rollende Augäpfel – und zusammengebissene Zähne – schrien die heftigen Qualen seiner Seele heraus – unheimliche Visionen ragten drohend in seinem flammenden Hirn – während er mit wahnsinnigem Schrei die Flut seiner kochenden Leidenschaft verströmte:

Himmel und Hölle! Die Hoffnung ist hin!
Wo hat das Jetzt denn noch einen Sinn!
Mein Hirn ist Feuer – mein Herz brennt darin!

Ihr Herz ein Stein, und wo bleib' ich?
Ihr Wüten brannte fürchterlich,
mein Schicksal zieht wohl hier den Strich!

Ein Augenblick war Pause. Grauen! Sein Weg endete in einem unergründlichen Schlund ... Ein Sturz – ein Blitz – ein Krachen – und alles war vorbei. Drei Tropfen Blut, zwei Zähne und ein Steigbügel waren die einzigen Überbleibsel, die bezeugten, wo den wilden Reiter sein Verhängnis traf.«

Nun wurde der junge Mann ins Bewußtsein zurückgerufen und bekam das Ergebnis der Arbeit seines Verstandes gezeigt: er fiel augenblicklich in Ohnmacht.

Angesichts der gegenwärtigen Kindheit der Kunst enthalten wir uns eines weiteren Kommentars zu dieser wundervollen Erfindung; doch dem Verstande schwindelt, wenn er die überwältigende Bereicherung für die Wissenschaft bedenkt.

Unser Freund schloß mit verschiedenen kleinen Experimenten ab, wie etwa das Verarbeiten einer Textstelle von Wordsworth in starke, unverfälschte Poesie: dasselbe Experiment wurde auf unsere Bitte hin mit einer Textstelle von Byron versucht, doch wegen der feurigen Epitheta kam das Papier völlig versenkt und verätzt heraus.

Als abschließende Bemerkung: *könnte* diese Kunst genutzt werden (wir stellen diese Frage absolut vertraulich) – *könnte* sie, fragen wir, auf die Reden im Parlament angewendet werden? Es kann indessen eine Täuschung unserer erhitzten Imagination sein, aber wir klammern uns dennoch liebevoll und in verzweifelter Hoffnung an den Gedanken.

REGELN DER ETIKETTE
ODER: AUSWÄRTS ESSEN LEICHT GEMACHT[1]

Als Lebensmittellieferanten für den öffentlichen Geschmack können wir dieses Buch mit gutem Gewissen allen Auswärts-Essern empfehlen, denen die gesellschaftlichen Regeln völlig unbekannt sind. Da wir jedoch beklagen müssen, daß sich unser Autor bemühßigt gefühlt hat, zu warnen statt Ratschläge zu erteilen, sind wir gerechterweise zu der Feststellung verpflichtet, daß nichts von dem, was hier dargelegt wird, als Widerspruch zu den Sitten der vornehmsten Kreise aufgefaßt werden kann. Die folgenden Beispiele zeigen eine Tiefe des Einfühlungsvermögens und eine Fülle an Erfahrung, wie man es selten angetroffen hat.

---

1 Dies ist ein Zeitungsausschnitt, der in das ursprüngliche Sammelalbum eingeklebt wurde.

V

Wenn man in den Speisesaal schreitet, reicht der Gentleman der Dame, die er geleitet, einen Arm – es ist unüblich, beide anzubieten.

VIII

Der Brauch, die Suppe von dem übernächsten Gentleman zu nehmen, ist vernünftigerweise aufgegeben worden; aber die Gewohnheit, unmittelbar nach dem ersten Gang ihres Gastgebers Meinung über das Wetter einzuholen, behauptet sich weiterhin.

IX

Zur Suppe eine Gabel zu benutzen und gleichzeitig Ihrer Gastgeberin anzukündigen, daß sie den Löffel für das Beefsteak reservieren, ist als Tischsitte völlig veraltet.

XI

Wenn ein Stück Fleisch vor Sie gelegt wird, besteht keinerlei Einwand dagegen, daß Sie es essen, wenn es so angeordnet wird; dennoch sollten Sie sich in derart delikaten Fällen von dem Beispiel derjenigen in ihrer Umgebung leiten lassen.

XII

Es ist stets statthaft, um Artischockensülze zu Ihrem gekochten Wild zu bitten; allerdings gibt es Häuser, wo sie nicht verfügbar ist.

XIII

Die Methode, einen gebratenen Truthahn mit zwei Tranchiergabeln zu befördern, ist durchführbar, aber von mangelhafter Grazie.

XVII

Wir können die Sitte nicht empfehlen, Käse mit Messer und Gabel in der einen und Löffel und Weinglas in der anderen zu essen; in der Handhabung liegt eine gewisse Peinlichkeit, die auch die Summe größter Erfahrung nicht vermeiden kann.

XXVI

Ein allgemeingültiger Grundsatz: treten Sie nicht unter dem Tisch gegen die Schienbeine des gegenübersitzenden Gentleman, wenn Sie ihn nicht persönlich kennen. Ihr Scherz kann leicht mißverstanden werden – ein Umstand, der zu jeder Zeit unerfreulich ist.

XXVII

Beim Abräumen des Tischtuches unverzüglich einen Toast auf den Pagen auszubringen, ist eine Sitte, die eher der Rücksicht auf sein zartes Alter als der strikten Einhaltung von Regeln der Etikette entspringt.

Die folgenden beiden Beiträge, »Wilhelm von Schmitz« und »Die Lady des Löffels«, sind erstmalig in der »Whitby Gazette«, einer Wochenzeitschrift für einen Penny, veröffentlicht worden: welche Meinung der Herausgeber des Blattes über sie hatte, mag nach seinen Abschiedsworten beurteilt werden, die unten angeführt sind.[1]

Da die Szenerie und viele der Anspielungen sich auf Whitby beziehen, mögen die Seiten für den normalen Leser etwas unverständlich sein; und doch, wenn es ihnen gelingt, einen flüchtigen Funken der Freude in die Brust irgendeines Individuums zu senken, wie gering auch immer, oder ein schwaches Lächeln auf der Miene irgendeines Leser zu bewirken, wie unansehnlich auch immer, wird sich des Autors beständige und mühevolle Plackerei von sechzehn langen Jahren reichlich bezahlt gemacht haben.

---

1 Der Herausgeber der »Whitby Gazette« registriert angesichts der Veröffentlichung der letzten Ausgabe in der ersten Saison dankbar das positive Echo, und obgleich er zugeben muß, daß der literarische Teil, als ganzes gesehen kein hohes Niveau oder besondere Attraktivität hat, hat er dennoch den ursprünglich geplanten Teil realisiert, nämlich die Veröffentlichung einer Liste von Pensionen und Gästen zum Nutzen der stetig anwachsenden Zahl derer, die Gesundheit und Erholung inmitten der Attraktionen dieses rasch aufstrebenden Kurortes suchen.

Obschon vergangene Erfahrungen es als finanzielle Spekulation nicht rechtfertigen würden, ihr Wiedererscheinen zu versprechen, und dennoch vertrauensvoll darauf hoffend, daß ihr Nutzen größere Allgemeingültigkeit gewinnt, kündigt er ergebenst an, daß sie zur geeigneten Zeit wiedererscheinen wird.

Dank sei denen abgestattet, die ihr Erscheinen mit Interesse aufgenommen und freundlicherweise Beiträge für ihre Kolumnen geliefert haben, und Hoffnungen werden gehegt, daß die Leistungen von diesen und anderen guten Freunden abermals eingebracht werden, sobald die Veröffentlichungen wieder beginnen.

WILHELM VON SCHMITZ

Kapitel I

»War immer so«
(Altes Stück)

Die schwüle Mittagsluft wich bereits der Kühle des wolkenlosen Abends, und der ruhige Ozean spülte leise murmelnd
gegen den Pier, wodurch er poetische Geister zu verwandten
Gedanken von Bewegung und Erregung anregte, als zwei Reisende gesehen werden konnten, wenn man zufällig den Weg
lang blickte, der sich der einsamen Stadt Whitby auf einem
jener ungestümen Pfade näherte, die des Namens Straße würdig sind, die als Zugänge zu dem Ort dienen, und die
ursprünglich, wie anzunehmen ist, nach einem etwas fantasti-
schen Modell von Röhren, die in eine Regentonne führen,
ersonnen worden sind. Der ältere der beiden war ein bläßli-
cher und ausgemergelter Mensch; sein Gesicht zierte etwas,
das man aus der Ferne häufig für einen Schnurrbart hielt, und
war beschattet von einem Biberhut dubiosen Alters, und er
war von einer Erscheinung, die, wenn schon nicht hochwür-
dig, so doch wenigstens ehrwürdig war. Der jüngere, in dem
der scharfsinnige Leser bereits den Helden meiner Geschichte begrüßen kann, war von einer Gestalt, die man, einmal
gesehen, kaum vergaß: eine geringe Neigung zur Korpulenz
erwies sich nur als unbedeutendes Hemmnis gegenüber der
männlichen Würde seiner Konturen, und obgleich die strengen Gesetze der Schönheit vielleicht ein wenig längere Beine
gefordert haben könnten, um die Proportionen seiner Gestalt
zu vervollständigen, und daß die Augen etwas genauer zuein-

ander passen könnten, als sie es zufällig taten, war er dennoch jenen Kritikern, die frei von jenen Gesetzen des Geschmacks sind, und davon gibt es viele, denen, die ihre Augen vor den Fehlern seines Wuchses verschließen konnten und seine Schönheit heraussuchen konnten, obwohl nur wenige jemals zu finden waren, die dazu fähig wären, denen vor allem, die seinen persönlichen Charakter kannten und schätzten und glaubten, daß die Kraft seines Verstandes die seines Zeitalters überträfe, obwohl ach! kein solcher bisher ausgegraben wurde – jenen war er ein wahrer Apoll.

Wäre es dennoch nicht völlig falsch zu behaupten, daß er zuviel Pomade in seinen Haaren und zu wenig Seife an seinen Händen hatte? Daß seine Nase zu hoch hing und sein Hemdkragen zu tief? Daß sein Backenbart sich seine ganze Farbe von seinen Backen geliehen hatte, abgesehen von der, die an seiner Weste herunterlief? Solch triviale Kritikpunkte waren der Beachtung von jemandem nicht wert, der den beneidenswerten Titel eines Kunstkenners zu führen beansprucht.

Getauft war er William, und der Name seines Vaters lautete Smith, doch obgleich er sich selbst vielen der obersten Kreise in London unter dem imponierenden Namen »Mr. Smith aus Yorkshire« vorgestellt hatte, hatte er unglücklicherweise keine große öffentliche Aufmerksamkeit erregt, wie er nach seiner Überzeugung verdiente: einige hatten ihn gefragt, wie weit zurück seine Ahnen reichten; einige waren erbärmlich genug gewesen anzudeuten, daß seine Position in der Gesellschaft nicht besonders einzigartig wäre; während die sarkastischen Erkundigungen anderer die ruhende Adelswürde seiner Familie berührten, auf die er, wie man nahelegte, in Begriff stand, Anspruch zu erheben, das hatte in der Brust des edelmütigen Jünglings ein feuriges Verlangen nach jener hohen Geburt und Beziehung geweckt, die ein ungünstiges Geschick ihm verweigert hatte.

Deshalb hatte er sich jene Fiktion ausgedacht, die in seinem Falle vielleicht bloß als poetische Freiheit betrachtet werden kann, mit der er sich selbst unter dem wohlklingenden Namen, den diese Geschichte trägt, der Welt präsentierte. Dieser Schritt hatte bereits eine große Steigerung seiner Popularität bewirkt, ein Umstand, den seine Freunde in unpoetischem Gleichnis als eine höchst falsche, freche Vergoldung bezeichneten, doch die er selbst weit gefälliger beschrieb als »...der Veilchen fahl, / schließlich entdeckt im moos'gen Tal, / gebor'n zum Königssitz«: eine Bestimmung, für die die Veilchen nach allgemeiner Meinung nicht geschaffen sind.

Die Wanderer, ein jeder in seine eigenen Gedanken vertieft, schritten schweigend die Steigung hinab, außer wenn ein ungewöhnlich spitzer Stein oder ein unerwartetes Schlagloch einen jener unfreiwilligen Schmerzensschreie veranlaßte, die so triumphierend die Verbindung zwischen Materie und Geist demonstrieren. Endlich unterbrach der junge Reisende, indem er mit Macht aus der schmerzhaften Träumerei erwachte, die Meditationen seines Gefährten mit der unerwarteten Frage: »Glaubst du, daß sie sich sehr geändert hat? Ich trau' mir nicht.« »Glaube wer?« erwiderte gereizt der andere, und sich dann hastig mit exquisitem Sinn für Grammatik korrigierend, gebrauchte er die ausdrucksvolle Phrase: »Wer ist die sie, die du meinst?« »Vergäßt du so«, fragte der junge Mann, der in seiner Seele so hochgradig poetisch war, daß er niemals in normaler Prosa sprach, »vergäßt das Thema du, das wir bisher besprachen? Glaub' nur, in meinem Denken wohnt sie immerdar.« »Bisher!« wiederholte sein Freund in sarkastischem Tonfall, »es ist gut eine Stunde her, seit du das letzte Mal von ihr gesprochen hast.« Der junge Mann nickte zustimmend: »'ne Stunde? Wahr, wahr. Wir gingen vorbei an Lyth, wie ich besinne mich, und leislich in dein Ohr murmelte ich das rührende Gedicht zur See, das letzt' ich schrieb, ›Du brüllendes, wüllendes, rauherndes, trauerndes Meer, das...‹« »Um Gottes Willen!« unterbrach der andere, und sein bittender Tonfall war von echtem Ernst gezeichnet, »nicht noch mal das ganze! Ich habe es bereits einmal geduldig angehört.«

»Du hast's, du hast's«, entgegnete der enttäuschte Poet, »nun denn, sie soll das Thema meines Denkens wieder sein«, und er runzelte die Stirn und biß sich auf die Lippen, während er solche Worte wie Brocken, Locken, zocken vor sich hinmurmelte, als wolle er für etwas einen Reim finden. Und nun ging das Paar an einer Brücke vorbei, und Läden befanden sich zu ihrer Linken und Wasser zur Rechten; und von unten herauf stieg das konfuse Wirrwarr von Matrosenstimmen, und eine landwärts wehende Brise trug ein Aroma, das unklar an Salzheringe erinnerte, und alles von dem wogenden Wasser im Hafen bis zum hellen Rauch, der anmutig über die Hausdächer zog, ließ den talentierten Jüngling an nichts anderes als an Poesie denken.

Wilhelm von Schmitz

Kapitel II

> »Und ich, zum einen«
> *(Altes Stück)*

»Doch was sie betrifft«, fuhr der Mann der Prosa fort, »wie ist ihr Name? Du hast es mir bisher niemals gesagt.« Eine zarte Röte überzog das eindrucksvolle Gesicht des Jünglings; konnte es sein, daß ihr Name unpoetisch war und nicht mit seinen Ideen von der Harmonie der Natur in Einklang stand? Er sprach widerstrebend und undeutlich: »Ihr Name«, keuchte er schwach, »ist Sukie.«

Ein langes, leises Pfeifen war die einzige Reaktion; seine Hände tief in die Taschen steckend, wandte sich der ältere Sprecher ab, während der unglückliche Jüngling, dessen schwache Nerven durch seines Freundes Spott grausam erschüttert waren, nach dem Geländer neben sich griff, um seinen schwankenden Gang zu festigen. Ferne melodische Klänge drangen in diesem Augenblick von der Klippe an ihre

Ohren, und während sein gefühlloser Kamerad in Richtung Musik wanderte, suchte der verzweifelte Poet hastig die Brücke, um seinen unterdrückten Gefühlen, unbemerkt von den Vorübergehenden, freien Lauf zu lassen.

Die Sonne war untergegangen, während er die Stelle erreichte, und die ruhige Oberfläche des Wassers unter ihm beruhigte seinen aufgebrachten Geist, als er die Brücke überquerte, und traurig die Ellbogen auf das Geländer stützend grübelte er. Welche Visionen füllten die edle Seele, als er mit einem Gesicht, das vor Intelligenz gestrahlt hätte, hätte es überhaupt einen Ausdruck besessen, und einem Stirnrunzeln, das nur Würde benötigte, um zu erschrecken, den Blick mit jenen schönen, aber blutunterlaufenen Augen auf die trägen Wogen heftete.

Visionen aus frühen Tagen; Szenen aus der glücklichen Zeit der Kinderschürzen, des Sirups und der Unschuld; aus den Tiefen der Vergangenheit drangen schwebende Geister lang vergessener Fibeln, Schiefertafeln vollgekritzelt mit bedrückenden Rechenaufgaben, die selten gelöst wurden und niemals richtig, ein Kribbeln und ein etwas schmerzliches Gefühl durchdrangen wieder seine Gelenke und seine Haarwurzeln; er war abermals ein Junge.

»He, Sie da, junger Mann«, so erfüllte eine Stimme die Luft, »nehmt eine von den beiden Straßen, die Ihr mögt, aber Ihr könnt nich' in de' Mitte steh'n bleim!« Die Worte waren für seine Ohren verloren oder bewirkten lediglich neue Serien von Träumereien: »Straßen, ja, Straßen«, wisperte er leise und dann lauter, als die großartige Idee ihn überkam. »Ja, und bin ich nicht der Koloß von Rhodos?« Bei dem Gedanken reckte er seine männliche Gestalt empor und schlug eine härtere Gangart ein.

...War es nur eine Blendung seines überhitzten Gehirns? Oder harte Realität? Langsam, langsam gähnte die Brücke neben ihm, und nun war sein Halt bereits schwankend, und nun war die Würde seiner Haltung dahin, er kümmerte sich um nichts mehr, komme was da wolle; ist er nicht ein Koloß?

... Der Schritt eines Kolosses ist möglicherweise mit einem Notfall gleichzusetzen, die Haltsamkeit des Gewebes ist begrenzt, so daß »die Natur nicht weiter konnte« und ihn deshalb verließ, während die Kraft der Erdanziehung an ihre Stelle trat.

Mit anderen Worten, er fiel.

Und die »Hilda« folgte langsam ihrem Kurs und wußte nicht, daß sie unter der Brücke an einem Poeten vorbeizog und riet nicht, wem die beiden Füße gehörten, die im wirbelnden Wasser verschwanden, während sie mit krampfhafter Energie strampelten; und Männer zogen eine tropfende und keuchende Gestalt in ein Boot, die eher einer ertrunkenen Ratte glich als einem Dichter, und sprachen mit ihm ohne Ehrfurcht und sagten bloß, »junger Bursch'« und so etwas wie »Grünschnabel« und lachten, was wußten sie von Poesie?

Wenden wir uns einer anderen Szenerie zu: ein langer, niedriger Raum, Polsterbänke mit hoher Rückenlehne und ein sandiger Fußboden. Eine Gruppe Männer trinkt, unterhält sich, Tabakrauch schwebt über allem: eine feste Überzeugung, daß Geister irgenwo existieren, und sie, die feenhafte Sukie selbst, schwebte leichtfüßig durch die Szenerie und trug in jenen Lilienhänden – was? Einen Kranz zweifellos, gewunden aus den duftendsten Blumen, die wachsen? Einen wertvollen Band, in Saffianleder mit goldenen Schließen, die unsterblichen Werke des greisen Barden, worüber sie so oft nachzusinnen liebt? Möglicherweise »Die Gedichte von William Smith«, dem Idol ihres Herzens, in zwei Quartbänden, veröffentlicht vor einigen Jahren, von dem bisher nur ein einziges Exemplar verkauft worden ist, und das hat er selbst erworben – um es Sukie zu schenken. Was von diesen ist es nun, das die schöne Maid mit solch zärtlicher Sorge trägt? Leider keines: es sind nur jene zwei »Gläser Alp-un-Alp, warm, ohne Zukker«, die gerade von einem Gast in der Schankstube bestellt worden sind.

In einem kleinen Wohnzimmer direkt daneben, unerkannt, ungepflegt, obgleich seine Sukie so nah war, naß, schwermü-

tig und zerzaust saß der Jüngling: das Feuer hatte man auf seinen Wunsch hin angezündet, und davor trocknete er sich nun,
doch da »die heit're Glut, / der Wintertage Vorhut«, um seine
eigene eindringliche Beschreibung zu verwenden, gegenwärtig ein dünnes, sprühendes Reisigbündel war, dessen einzige
Wirkung darin bestand, ihn mit seinem Rauch halb zu erstik-
ken, mag ihm verziehen sein, daß er nicht stärker das Gefühl
hat, daß »...der Seele Brand, / wenn starrend in der Kohle
Tand, / ein Brite fühlt sich da geehrt, / denn eig'ner Herd ist
Goldes wert!« Wir verwenden wieder seine eigenen aufwüh-
lenden Worte zu diesem Thema.

Der Kellner, nicht wissend, daß ein Poet vor ihm saß, unterhielt sich arglos; er verweilte bei verschiedenen Themen, und
noch saß der Jüngling unaufmerksam da, doch als er schließlich von Sukie sprach, blitzten jene trüben Augen vor Feuer
und warfen auf den Sprecher wilde Blicke spöttischer Herausforderung, die unglücklicherweise vergeudet waren, da ihr
Gegenstand in diesem Augenblick im Feuer herumstocherte
und sie nicht bemerkte. »Sprich, o sprich die Wort' nochmal!«
keuchte er. »Ich hab' dich wohl nicht recht gehört!« Der Kellner guckte erstaunt, doch wiederholte er bereitwillig seine
Bemerkung. »Ich ab bloß gemeint, Sir, daß sie 'n hungewöhn-
lich kluges Mädchen his, un daß hich eines Tages offe, ihr Erz
zu herweichen, hum bei...« Er sprach nicht weiter, denn der
Poet war mit einem quälenden Seufzer verwirrt aus dem Zimmer gerannt.

Wilhelm von Schmitz

Kapitel III

»Nein, 's ist zu viel!«
(Altes Stück)

Nacht, stimmungsvolle Nacht.

Übrigens, die Stimmung der nahenden Nacht drückte sich
weit prägnanter aus als bei Einwohnern normaler Städte, und

zwar auf Grund der altehrwürdigen Sitte der Menschen von Whitby, ihre Straßen völlig unbeleuchtet zu lassen: indem sie dergestalt Stellung gegen den beklagenswert raschen Fortschritt bezogen, offenbarten sie großen moralischen Mut und enorme unabhängige Urteilskraft. Sollten sich Menschen von Verstand bloß deswegen jede neumodische Erfindung der Epochen aneignen, weil ihre Nachbarn es taten? Wollte man ihre Leistungen herabsetzen, so könnte man geltend machen, daß sie sich dadurch nur selbst schadeten, und diese Feststellung träfe zweifellos die Wahrheit; doch sie würde nur dazu dienen, ihren wohlverdienten Ruf von heroischer Selbstverleugnung und die kompromißlose Festigkeit ihres Entschlusses in den Augen einer bewundernden Nation zu festigen.

Ungestüm und verzweifelt stürzte der liebeskranke Poet durch die Nacht; mal über eine Türschwelle stolpernd, mal halb in der Gosse, aber immer voran, voran, ohne Rücksicht auf den Weg.

An der dunkelsten Stelle einer jener dunklen Straßen (das nächste erleuchtete Schaufenster war etwa fünfzig Yards entfernt), warf der Zufall ihm ausgerechnet jenen Mann in den Weg, den er als erfolgreichen Rivalen haßte, und der ihn in diesen Zustand des Wahnsinns getrieben hatte. Der Kellner, der nichts davon ahnte, war ihm gefolgt, um darauf zu achten, daß er sich kein Leid tat, und um ihn, da er sich die Aufregung nicht vorstellen konnte, die ihn erwartete, zurückzugeleiten.

Sobald der Poet erkannt hatte, wer es war, brach seine ganze unterdrückte Wut hervor: sich auf ihn stürzen, ihn mit beiden Händen an der Kehle fassen, ihn zu Boden schmettern und ihn dort an den äußersten Rand des Erstickens bringen – all dies war das Werk eines Augenblicks.

»Verräter! Schurke! Rebell! Königsmörder!« zischte er durch die Zähne, indem er nach jedem Schimpfnamen griff, der ihm in den Sinn kam, ohne seine Brauchbarkeit zu erwägen. »Bist du es? Nun sollst du meinen Zorn zu spüren bekommen!« Und zweifellos erlitt der Kellner diese einzigartige Empfindung, wie immer sie auch gewesen sein mag, sobald er Luft bekam: »Mord!«

»Sag das nicht«, entgegnete der Poet ernst, während er ihn losließ, »du bist es, der mich mordet.« Der Kellner sammelte sich und hob völlig überrascht an: »Also, hich ab niemals . . . « »Das lügst du!« schrie der Poet, »sie liebt dich nicht! Mich, mich allein.« »Wer hat gesagt, sie tut's?« fragte der andere und begann, den Stand der Dinge zu erfassen. »Du! Du sagtest es«, lautete die wilde Antwort, »was, Schurke? Ihr Herz erweichen? Das sollst du nie.«

Der Kellner rechtfertigte sich ruhig: »Meine Offnung war, Sir, ihr Erz zu herweichen, um bei Tisch zu dienen, was sie verdammt gut machen kann, bestimmt: sah darauf, wie hich mich als Hoberkellner am Otel bewerben kann.« Des Poeten Wut milderte sich sogleich, und er sah tatsächlich eher enttäuscht drein: »Entschuldige meine Heftigkeit«, sagte er sanft, »und laß uns in Freundschaft ein Glas zusammen trinken.« »Heinverstanden«, lautete des Kellners großmütige Antwort, »aber oh Mann oh Mann, Hihr abt mein Mantel ruiniert!«

»Mut!« rief unser Held fröhlich, »du sollst bald einen neuen haben, ja, und aus bestem Kaschmir.« »Hm!« sagte der andere zögernd, »also, hich weiß nich, wär nich hürgendein and'rer Stoff . . . « »Ich werde dir keinen anderen Stoff kaufen«, erwiderte der Poet sanft, aber bestimmt, und der Kellner ließ es erst einmal auf sich beruhen.

Als sie abermals in der gastfreundlichen Taverne einkehrten, bestellte der Poet munter einen Humpen Punsch und prostete, als serviert war, seinem Freund zu. »Hich schenk Ihn'n«, sagte der Kellner, der seine sentimentale Phase hatte, so wenig er auch danach aussah, »hich schenk Ihn'n – Frau! Sie doppelt uns're Sorgen und albiert uns're Freuden.« Der Poet leerte sein Glas, ohne den Irrtum seines Gefährten zu korrigieren, und dann und wann wurde derselbe geweckte Gedanke im Verlauf des Abends wiederholt. Und so verging die Nacht, und noch ein Humpen Punsch wurde bestellt und ein weiterer.

»Hund herlaubt mir nun«, sagte der Kellner, indem er in dieser Nacht etwa zum zehnten Mal versuchte, sich zu erheben und eine Rede zu halten, womit er noch bemerkenswerter scheiterte als zuvor, »einen Toast hanläßlich dieses glücklichen Hanlasses hauszubringen. Frau! Sie doppelt...« doch in diesem Moment »doppelte« er selbst, wahrscheinlich um seine Lieblingstheorie zu illustrieren, und zwar derart wirkungsvoll, daß er augenblicklich unter dem Tisch verschwand.

Da er diesen begrenzten Bereich der Wahrnehmung einnahm, ist zu vermuten, daß er fiel, um die menschlichen Übel im allgemeinen vom moralischen Standpunkt zu betrachten und ihre Abhilfe zu proklamieren, denn eine feierliche Stimme war in Kürze zu vernehmen, die aus dem Zufluchtsorte drang, teilnahmsvoll, obwohl ziemlich verworren, »wenn das Erz heines Mannes von Sorge gedrückt hist...« hier machte er eine Pause, als wünsche er, die Frage für eine Debatte offenzuhalten, doch da kein Anwesender qualifiziert schien, den geeigneten Kurs in dieser sentimentalen Ungewißheit zu finden, versuchte er selbst, dem Mangel mit der bemerkenswerten Erklärung abzuhelfen: »Sie hist ganz, wie hich sie gedacht.«

Unterdessen saß der Poet still vor sich hinlächelnd da und nippte an seinen Pusch: die einzige Beachtung, die er dem plötzlichen Verschwinden seines Gefährten zollte, bestand darin, sich ein neues Glas zu besorgen, »auf dein Wohl!« in herzlichem Ton zu rufen und dorthin zu nicken, wo der Kellner sein sollte. Darauf schrie er zuversichtlich: »Hört Hört!« und machte den Versuch, mit der Faust auf den Tisch zu schlagen, doch er traf daneben. Er schien an der Frage interessiert, die das mit Sorge gedrückte Herz betraf, und zwinkerte zwei- oder dreimal scharfsinnig mit einem Auge, so als hätte er eine Menge zu diesem Thema sagen können, wenn er wollte: doch das zweite Zitat nötigte ihn zur Rede, und sogleich unterbrach er des Kellners untergründiges Selbstgespräch, mit einem ekstatischen Fragment des Gedichtes, das er soben verfaßt hatte:

Was tut's, die Welt ist krank im Streben?
Doch ich pflück' hier der Blumen Leben,
um sie nur, Sukie, dir zu geben.

Sag, konntest du nichts bess'res finden,
als einem Kellner dich zu binden?
Und sollte so dein Schmitz verschwinden?

Nein! Dieser Kellner war geschlagen,
und du, auf der die Blumen lagen,
mußtest das Warten so ertragen.

Und als der Kellner, glücksbesoffen,
dacht', er könnt' jetzt den Preis erhoffen,
doch mir, dem Willi, stand er offen.

Und nun ertönt der Klang, ein neuer,
denn Schmitz, ob Schelm, ob Duke, ist teuer
der lieben Sukie, die nie treuer!

Er wartete auf eine Antwort, doch ein heftiges Schnarchen
unter dem Tisch war die einzige Reaktion.

Kapitel IV

»Ist dies das Hende?«
Nicholas Nickleby

Gebadet in die Strahlen der aufgehenden Sonne brandet und türmt sich das Meer unterhalb der Klippe, an der der Poet nachdenklich seine Schritte vorbeilenkt. Es mag den Leser möglicherweise überraschen, daß er zuvor kein Gespräch mit seiner geliebten Sukie geführt hat: er mag den Grund dafür erfragen; er fragt vergeblich. Den Ablauf der Ereignisse mit absoluter Sorgfalt zu dokumentieren, ist die alleinige Pflicht des Historikers. Sollte er darüber hinausgehen und versuchen, in die verborgenen Schichten einzudringen, das Warum und das Wofür, so würde er widerrechtlich das Gebiet des Metaphysikers betreten.

Während er auf seinem Wege die Umgebung kaum beachtete, eine Reihe neuerrichteter Pensionen, ein geräumiges Hotel mit vorzüglichen Stallungen und verschlossenen Remisen, heißen und kalten Bädern und Duschen im Haus, einem Omnibus und Droschken, die bei Ankunft und Abfahrt jedes Zuges zugegen waren – einen geheimnisvoll aussehenden hölzernen Zuckerhut, der auf einem Pfosten stand, oben mit einem Griff versehen, und an einen umgestülpten Schirm erinnerte –, und eine Reihe von Rasenplätzen in Form von Untertassen, kam er zu einem kleinen Plateau am Ende des Kiesweges, wo er einen Platz fand, der einen Blick auf die See verhieß, und hier sank er müde nieder.

Eine Zeitlang starrte er träumerisch auf den ausgedehnten Ozean, dann fiel ihm plötzlich etwas ein, er öffnete ein kleines Notizbuch und machte sich daran, sein letztes Gedicht zu verbessern und zu vervollständigen. Langsam murmelte er die Worte vor sich hin: »Tod – Lot – Not«, während er ungeduldig auf den Boden stampfte, »ah, so geht's«, sagte er schließlich mit großer Erleichterung, »Not«:

Sein Schiff zugrunde ging im Sturm,
es kreiste wild in Not,
den starken Rumpf am Klippenturm
wild traf der Wogen Tod.

»Die letzte Zeile ist gelungen«, setzte er frohlockend fort, »und hat auch noch Coleridges Prinzip der Alliteration, W, T, W, T, ›wild traf der Wogen Tod‹.«

»Meinst du das?« grollte eine tiefe Stimme an seinem Ohr, »nimm dich in acht! Alles, was du sagst, kann gegen dich verwendet werden – es hat keinen Zweck, so was zu versuchen, wir haben dich fest!« Diese letzte Bemerkung galt der heftigen Gegenwehr des Poeten, der naturgemäß entrüstet war, daß ihn unerwartet zwei Männer von hinten am Kragen packten.

»Er hat es gestanden, Konstabler? Sie haben es gehört?« sagte der eine der beiden, der sich des wohlklingenden Titels Wettsäufer erfreute, und bei dem es fast überflüssig ist, ihn dem Leser als den älteren Reisenden von Kapitel I vorzustellen. »Ebensoviel, wie sein Leben wert ist.« »Halt bloß die Klappe...« entgegnete herzlich der andere, »mir scheint, der Gentleman war dabei, Pösie zum besten zu geben.«

»Was – was ist los?« keuchte hier unser unglücklicher Held, der wieder zu Atem gekommen war, »du – Wettsäufer – was meinst du damit?«

»Was ich damit meine!« tobte sein ehemaliger Freund. »Was meinst *du* damit, wenn du so willst? Du bist ein Mörder, ja, *du* bist es! Wo ist der Kellner, der letzte Nacht bei dir war? Antworte mir!«

»Der – der Kellner?« wiederholte der Poet langsam, immer noch von seiner plötzlichen Gefangennahme benommen, »nun, er ist besoffen...«

»Ich hab's gewußt!« schrie sein Freund, der augenblicklich bei ihm war, und das letzte Wort mißverstanden hatte, »ersoffen, Konstabler! Ich hab's Ihnen gesagt – und wer hat's getan?« setzte er fort und lockerte einen Moment seinen Griff, um eine Antwort zu erhalten.

Die Antwort des Poeten, soweit sie zusammengesucht werden konnte (denn sie kam auf äußerst fragmentarische Weise heraus und wie Brösel, unterbrochen von Schluchzern), war die folgende: »Es war mein – mein – du wirst mich töten – Fehler – hör, Fehler – ich – ich gab ihm – du – du bist ersti – hör' ich gab ihm...« ».... einen Schlag, wie ich annehme«, setzte der andere fort, der an dieser Stelle die dürftige Luftzufuhr »abschnitt«, die er seinem Opfer gewährt hatte, »und er fiel hier, zweifellos. Ich habe gehört, jemand sei letzte Nacht von der Brücke gefallen«, wandte er sich an den Konstabler, »bestimmt dieser unglückliche Kellner. Merken Sie sich meine Worte! Von jetzt an kündige ich diesem Herrn meine Freundschaft. Bedauern Sie ihn nicht, Konstabler! Denken Sie nicht daran, ihn entwischen zu lassen, um meine Gefühle zu schonen!«

»Lassen Sie sich selbst nicht beeinflussen«, lautete die philosophische Erwiderung, »ich würde ihn nicht mal gehen lassen – um die Gefühle zwanzig solcher zu schonen.«

Obgleich diese Antwort kaum als höflich angesehen werden konnte, schien sie dem erregten Wettsäufer ganz zufriedenstellend, der nun weit ruhiger fortsetzte: »Aber reden Sie nicht von Poesie, Konstabler, und versuchen Sie nicht, ihn auf diese Weise loszulassen, andernfalls *könnten* Sie, merken Sie sich meine Worte, ich sage, Sie *könnten* in der Tat als Komplize Ihres Amtes enthoben werden!« Eine deutliche Vorliebe für den Gebrauch juristischer Fachausdrücke, mit denen er jedoch nicht glänzte, waren ein markanter Charakterzug vom Wettsäufer.

Der Konstabler, der an einem Strohhalm herumkaute, reagierte weder auf diese außerordentliche Unterhaltung, noch schien er, um die Wahrheit zu sagen, überhaupt daran interessiert. Einige konvulsivische Laute ließen sich in diesem Augenblick von dem Poeten vernehmen, die sich bei aufmerksamem Zuhören folgendermaßen darstellten: »Der Punsch war – war zuviel – völlig – so, völlig...«

»Unglücklicher Mensch!« wandte der Wettsäufer streng ein. »Kannst du darüber noch witzeln? Du hast ihm einen Punsch gegeben, nicht wahr? Und was dann?«

»Es hat ihn völlig – völlig – niedergestreckt«, setzte der unglückliche Schmitz fort, in einer Art abschweifenden Selbstgesprächs, das von der Ungeduld des Konstablers abgeschnitten wurde, und die Gesellschaft setzte ihre Rückkehr nach der Stadt fort.

Eine kleine Gruppe Menschen hatte sich an der Straßenecke eingefunden, um den traurigen Zug vorbeimarschieren zu sehen: der Poet war im Begriff, ihnen eine Ansprache zu halten, und die Worte »Freunde, Römer, Mitbürger« lagen ihm schon auf den Lippen, doch nach reiflicher Überlegung verwarf er den Satz als ungeeignet für die gegenwärtige Lage. Ehe er sich jedoch für einen ausreichenden Ersatz entscheiden konnte, und während er noch den rechten Arm würdevoll auf und ab schwenkte, um eine Rede zu halten, wurde ein ferner Ruf: »Hunschuldig! Hunschuldig!« vernommen, und eine unerwartete Gestalt stürzte auf den Schauplatz.

Der erste Eindruck, den der Poet sich von ihm bildete, war, daß irgendein Bäckerlehrling verrückt geworden sei, der von dem Versuch abgehalten worden war, sich zu ertränken, und seinen Freunden entkommen war: das fragliche Wesen hatte in geheimnisvoller Manier eine weiße Schürze um sich gewunden, sein Haar war klatschnaß, seine Augen rollten wild, und sein Benehmen war das eines Rasenden: und sein einziger Wortschatz schien aus dem einzelnen Begriff »Hunschuldig« zu bestehen, den er pausenlos und mit erstaunlichem Nachdruck wiederholte.

Die Menge machte ihm freie Bahn, und als er dem Konstabler gegenüberstand, brach er plötzlich in einen Wortschwall aus, der weit bemerkenswerter wegen seines energiegeladenen Vortrags als wegen der Korrektheit der Grammatik war:

»Hich ab gerad herst davon geört – hich war unterm Tisch heingeschlafen – atte mehr Punsch, hals hich vertragen konnte – hihm is so hunschuldig wie hich – hinfolge des Punschs, der haußergewöhnlich gut war, haber das bedeutet weder ihr noch dort – hin der Tat den Tod! Hich würd gern sehen, hihn hat es gesagt! – Hich bin lebendiger hals du, ein gewaltiges Schauspiel!«

Diese Rede rief unterschiedliche Wirkungen auf seine Zuhörer hervor. Der Konstabler ließ seinen Mann ruhig mit den Abschiedsworten frei: »In Ordnung, junger Mann; wünsch' Euch alles Gute«, drehte sich auf dem Absatz um und verschwand. Der verlegene Wettsäufer versenkte die Hände in seinen Taschen und murmelte: »Unmöglich! Verschwörung – Meineid – haben es vorm Schwurgericht verhandelt«, während er glückliche Poet in die Arme seines Befreiers stürzte und mit gebrochener Stimme rief: »Nein, niemals von jetzt an trennen, wir leben und lieben so wahr!« Eine Gesinnung, die der Kellner nicht mit der Herzlichkeit erwiderte, die man erwarten konnte.

Aus dieser Ekstase der Dankbarkeit und Wonne erwachte er, um eine sanfte Berührung auf seiner Schulter zu spüren und zu sehen, wie sich die feenhafte Sukie selbst über ihn beugte. Ihre Begegnung war ... doch nach reiflicher Überlegung verzichten wir auf die Beschreibung als aussichtslos: es übersteigt die schwachen Kräfte der Sprache.

Es geschah im Laufe desselben Tages, als Wilhelm und seine Sukie im Gespräch mit dem Kellner und wenigen gemeinsamen Freunden zusammensaßen, daß der reumütige Wettsäufer plötzlich das

Zimmer betrat und ein zusammengefaltetes Stück Papier auf die Knie von Schmitz legte, wobei er mit hohler Stimme die pathetischen Worte aussprach: »Sei glücklich!« darauf verschwand und nie mehr gesehen ward.

Nachdem der Poet das Papier durchgelesen hatte, sprang er unvermittelt auf, und die Grazie seiner Haltung beeindruckte alle Anwesenden (einer seiner Freunde verglich sie anschließend mit dem Apollo von Belvidere, aber die Ähnlichkeit ist wahrscheinlich eine Übertreibung). Die Inspiration des Augenblicks feuerte ihn zu einem unbeabsichtigten Stegreifgedicht an, sicher zum ersten Mal in der Geschichte der Menschheit:

> *Oh, Sukie! Erworben hat Wettsäufer selbst,*
> *ganz seiner Schlechtigkeit bewußt,*
> *vom leeren Gasthaus die Lizenz,*
> *die er mit Habe, Standort, Gut*
> *uns übergibt – damit das Recht,*
> *wie dieses Dokument bezeugt,*
> *Verkauf von Tabak, Pfeffer, Essig,*
> *Bier, Porter, Schnaps, doch – wohl beachte –*
> *›Niemals zu trinken das Besagte!‹*
> *Oh, Sukie! Paß gut auf, denn sonst,*
> *wirst du mir ganz und gar berauscht:*
> *trink grenzenlos, wenn du bist fort,*
> *doch niemals in des Gatten Haus!*

So lassen wir ihn allein: er ist schließlich, wer wagt zu zweifeln? Hat er nicht Sukie? Und da er sie hat, ist er zufrieden, oder, um die anmutigere und ausdrucksstärkere Sprache des sympathischen Kellners zu benutzen, mit dessen Worten wir die Geschichte schließen, er »beneidet keinen handeren Mann hauf Herden, doch wieviele mögen *hihn* assen.«

ENDE, B. B.
WHITBY, 1854

Die Lady des Löffels

Der Junge war am Abend voll,
am Hügel stand der »Hirschapoll«,
und mittags bummelt' dann der Fratz
gar munter über'n »Seemannsplatz« –
(der heißt so, weil des Seemanns Hang
noch stets »geschätzt der Wellen Gang« –
wer hatte keinen Badeort,
der blieb an Land, kam nicht an Bord –)
er war dann in die Stadt geeilt,
hat in Alleen nicht verweilt,
der Weg schien zu beengen ihn,
und jedes Haus zu reden schien,
nickt' Freunden auf der Straße zu:
»Ein Kampf noch, dann das Rendezvous.«
Und er erklomm den steilen Weg,
in luft'ge Höhen führt' der Steg,
wo reich und arm muß klettern rauf,
oh, lange Zeit der Mühe Lauf –
den Morgen zog er gut sich an
und tat ans Haar Pomade dran;
er war, wie jeder Faule sprach,
nichts anderes als eine Schmach:
man hielt ihn, da er groß tat sehr,
als Sproß von Adel für noch mehr,
und träumt' sein kalter Blick es noch,
daß er einst liebte einen Koch.
Am Ufer stand er, seufzte tief,
die Welle hoch und höher lief;
er sang dem lauschend' Meere zu,
sich Sorgen lindernd mit dem Schmu:

Totenklage

»Sie ist weg mit der *Hilda*,
    verloren für Whitby,
und sie hieß einst Matilda,
    und mein Herz ist da mit bi.
Nehm' ich doch die *Goliath*,
    und verberg' meine Sorgen,
da ›so nicht‹, sagt der Schreier,
    ›bleibe weg bis zum Morgen.‹

Sie ›Eddie‹ mich nannte
    (obwohl nicht viel dran war),
ich schnell zu ihr rannte,
    ihr Warten schon lang war.
Ich folgte schnell nach doch,
    entsinnst du wohl recht dich,
ich rannte zurück noch,
    nahm Nadel, sehr prächtig.

Oh, Diener der Kleidung!
    Du Hand, die sich wahr hält,
ich bereu' die Entscheidung,
    den Betrag für das Fahrgeld!
Vielleicht kann sie lachen
    an Bord von der *Hilda*,
doch ich verlor Sachen
    und dich, meine Tilda!«

Die echte Nadel ward gelöst
und in die Tasche eingeflößt,
dann sanft nur faltend Hand in Hand,
er fiel ganz schläfrig in den Sand.

WHITBY, August 1854

»Er gab es seinem Vater.« *Ossian*

RÄTSELHAFTE, PHANTASTISCHE UND HUMORISTISCHE WEISEN

Nr. 1
Der Palast von Humbug
am Ende des Jahres 1855

Ich träumte mich im Marmorsaal,
wo das Geflecht war groß an Zahl
und wuchernd an der Wände Kahl.

Nach altem Käse der Gestank,
der Dunst der Brise machte krank,
zum Niesen reizte jede Rank'.

Auf bunte Läufer fiel das Licht,
darauf war mancher böse Wicht,
der Humbug der Gesellschaftsschicht.

Sie zeigte einen eitlen Fant,
schrie leere Wörter vorderhand,
trug die Perücke sehr charmant.

Und einer war ein grauer Greis,
verlorn' der Jugend Paradeis,
zahlt' so für den Profit den Preis.

Die eisig Brust kein Mitleid wärmt,
von kleinen Opfern nur umschwärmt,
sind leise schluchzend abgehärmt.

Und auf der grünen Thymian-Bank,
wo wild wuchs eine Blumenrank',
wie Unkraut säumt' den gift'gen Tank.

Der Vögel übel Schicksalslied,
vergiftete des Himmels Fried'
und fing den Störenfried im Ried.

Nach schlimmen Liedern kam der Fall,
kein Wesen sah noch diesen Prall,
denn alles deckte bald ein Wall.

Das wandernd' Phantom brach die Kett',
mein Hirn, das war 'ne Feuerstätt'
mit Bildern von dem Geisterbett,

wo lagen zwei verhärmte Mann,
die ein Jurist wohl frei erspann,
der niemals mehr hier atmen kann.

Der Adjutant von Richard Roe,
der weinte hier mit Ach und Oh:
Sie weinte, wartend auf John Doe.

»Oh, wach«, so sprach ich, »schwindend' Sinn,
wohl ein verstricktes Märchen spinn',
von Klage, Einspruch und Gewinn.«

»Vergeblich' Spott«, so schrie sie dreist,
»dich dies auf Phantasien weist,
daß Bitte nicht mehr bitten heißt.«

Sie neigte sich zu ihm auf's Stroh,
sie peinte Weh und Schmerzen roh
und schrie nach dem Gesetze froh.

Die Stimme war ihm wohlbekannt,
er lächelte, rief: »Sue!« charmant.
(Ihr Name war schon imposant.)
Die Nacht entfloh, der Morgen nah,
dann war ein Hurrikan schon da
und fegte weg, was ich einst sah.

Und so im Geisterbett ihr floht,
(das hängend Band, das Band war rot:)
vorbei ist's, Doe und Roe sind tot!

Oh, öfter kriecht mein Geist fatal,
und manchmal schaudert mich in Qual
der Schreckenstraum vom Marmorsaal!

OXFORD, 1855

1065

```
TWAS BRYLLYG , AHD yᵉ SLYTHY TOVES
DID GYRE AHD GYMBLE IN yᵉ WABE :
ALL MIMSY WERE yᵉ BOROGOVES ;
AHD yᵉ MOME RATHS OUTGRABE .
```

Dieses kuriose Fragment liest sich so:

'S WAR BROLLIG UND SCHLEIMDIG TEUFS
GIAUTEN UND GRAMTEN IN GENEUERN:
GANZ JIMMSIG WAR'N DIE BÜROGREUFS;
UND DIE MONIELL RAFFELS GREUERN.

Die Bedeutungen der Worte lauten wie folgt:

BROLLIG (kommt von dem Verb BRODELN oder BRATEN). »Die Zeit des bratenden Abendessens, das heißt nahezu Nachmittag.«

SCHLEIMDIG (zusammengesetzt aus SCHLEIMIG und GESCHMEIDIG). »Glatt und rührig.«

TEUF. Eine Spezies von Dachsen. Sie haben glattes, weißes Haar, lange Hinterbeine und kurze Hörner wie ein Hirsch: leben hauptsächlich von Käse.

GIAUEN, Verb (abgeleitet von GYAOUR oder GIAOUR, »ein Hund«). »Scharren wie ein Hund.«

GRAMEN (früher GRAMET). »Löcher in etwas bohren.«

GENEUER (abgeleitet von dem Verb SCHAUERN oder AUSWASCHEN). »Die Seite eines Hügels« (die vom Regen *ausgewaschen* ist).

JIMMSIG (früher JIMMLICH und JÄMMERLICH). »Unglücklich.«

BÜROGREUF. Eine ausgestorbene Papageienrasse. Sie hatten keine Flügel, aufwärtsgerichtete Schnäbel und bauten ihre Nester unter Sonnenuhren; lebten von Kalbfleisch.

MONIELL (einst SEHREMONIEL, SEELEMONIELL und ZEREMONIELL). »Feierlich.«

RAFFEL. Eine Spezies von Landschildkröten. Aufgerichte-
ter Kopf, Maul wie ein Hai, die Vorderbeine sind so gebogen,
daß das Tier auf den Knien geht, weicher grüner Körper: lebt
von Schwalben und Austern.

GREUERN. Präteritum des Verbs GREIERN. (Es hängt mit
dem alten Verb GREIEN oder SCHREIEN zusammen, wovon
»kreischen« und »quietschen« abgeleitet ist.) »Quieken.«

Folglich lautet der Abschnitt wörtlich: »es war Abend, und
die glatten und rührigen Dachse scharrten und bohrten
Löcher in den Hügel: ganz unglücklich waren die Papageien;
und die feierlichen Schildkröten quiekten auf.«

Wahrscheinlich waren auf dem Gipfel des Hügels Sonnenuhren, und die »Bürogreufs« fürchteten, ihre Nester würden
unterhöhlt. Der Hügel war wahrscheinlich voller »Raffel«-
Nester, die quiekend vor Angst herausrannten, als sie die
»Teufs« draußen scharren hörten. Dies ist ein mehrdeutiges,
aber dennoch äußerst ergreifendes Überbleibsel der antiken
Poesie. – ED.

CROFT, 1855

Nr. 2
Die drei Stimmen[1]

DIE ERSTE STIMME

Durchwühlend sich das filzne Haar,
er fühlte sich verzweifelt gar,
die Luft den Windstoß da gebar.

Sie wehte durch des Ufers Glut,
sie griff ihm an den Kopf voll Wut,
nahm ihm mit Leichtigkeit den Hut:

legt' ihn zu einer, die da stand
so ganz erstarrt wie eine Wand
und guckte ziemlich zornentbrannt.

Ihr großer Schirm, so braun und fein,
den spießt' sie in den Hut hinein,
traf sicher in die Mitte rein.

Dann griff sie ihn mit kaltem Blick
ganz achtlos an dem Krempenknick
und reichte ihm das gute Stück.

Erst glaubte er, er würde toll,
dann dankte er recht wehmutsvoll
in knappen Worten voller Groll:

---

1 AdÜ: »Die drei Stimmen«, auch veröffentlicht in »Phantasmagorie und
andere Gedichte«, allerdings textlich wesentlich verändert. Lewis Carroll
veröffentlichte zwei Fassungen zu unterschiedlichen Zeiten und in zwei verschiedenen Buchausgaben (siehe Fußnote Seite 842).

der Hut war nicht mehr fotogen,
lang sparte er, ihn zu ersteh'n,
und wollt' g'rad zum Mahle geh'n.

Zu seiner Rede Gegensatz,
sie faßte fest ins Aug' den Platz
und sprach: »Ein jeder macht Rabatz.«

Er riß die Augen schmerzhaft auf,
sprach: »Wille ist Gesetzeslauf.«
Doch wußte er nicht mal worauf.

»Wenn das so wär«, die Antwort streng,
»ein jedes Herz an jeden häng,
doch ist die Erde nicht so eng.«

Und da er wollte ihr nicht sein
so dumm, sprach: »Der Materie Schein
ist nichts als zugefügte Pein.«

»Wozu?« so fragte sie erpicht.
Doch er erglühte im Gesicht
und sprach ganz offen: »Weiß ich nicht.«

Indem, wie bei 'ner Wechselschicht
und wie mal kommt, mal geht das Licht,
so färbte sich sein Bleichgesicht.

Bedauernd dann sein großes Leid,
so sprach sie doch mit Bitterkeit:
»Das Mehr ist mehr als Minderheit.«

»Die Worte sind bestimmt sehr wahr«,
sprach er, »und sind so sonnenklar,
die brauchen keinen Kommentar.«

Und sie verzog nur das Gesicht
und sprach auf Bosheit ganz erpicht:
»Den andern ja: doch Ihnen nicht.«

Darauf schlug stolz er mit der Hand,
doch als er meinte: »Keine Schand«,
sie sich zu sanfter Rede fand:

»Gedanken hausen im Verstand,
die schafft der Intellekt gewandt,
und drin wird die Idee verbannt.

Und will die Wahrheit wissen wer,
der besser tiefer in sich kehr,
wo die Idee flieht das Begehr:

So ist die Kette ideell
ein Kreis, der das Begehr erhell,
denn die Gedanken sind die Quell'.«

Und als er endlich desparat
erschöpft sie um Erklärung bat,
sprach sie es nochmals als Zitat.

Geschüttelt wie in Agonie,
er ohne Sang und Klang nun schrie,
was sicher sinnlos wie noch nie:

»Gedanken – glaub ich – sind Verstand –
Abstraktes – das ist – sicher – Tand –
dem ich mich – oder wir – verband...«

Soweit er kam in großer Pein,
doch diese Red' ihn dünkt' Latein,
sie sah ihn an, und er ward klein.

Sie schwieg nun, doch ihr Blick, der schien
ganz steinhart und durchbohrte ihn,
er kämpfte nicht, noch konnt' er fliehn.

Sie prüfte darauf jeden Satz
und trieb ein jedes Wort mit Hatz,
so wie ein Hund jagt eine Katz'.

Nachdem sie dergestalt gesiegt,
sein Argument am Boden liegt,
sie gleich zu neuen Höhen fliegt.

Sie schritten stetig durch die Flur,
doch langsam prägte eine Spur
von Schatten ihn ob dieser Kur.

Sie wanderten entlang am Meer;
sie gab ihm manche gute Lehr',
und dann und wann noch hoffte er,

sie schrie im Tonfall nicht so schrill,
denn er ertrug ihr Reden still
und war benommen von dem Drill.

»Die Gabel ist das Messer nicht«,
so sprach sie voller Zuversicht,
der Schritte Klang gab dem Gewicht.

Ihr Tonfall ließ zurück den Baß,
und als sie ihn dann fragte: »Was?«
da war sie völlig am Parnaß.

Die Antwort kam dann ganz konfus,
er war ertrunken im Geschmus,
die Rederei schien ihm abstrus.

Er sprach dann, wußt' nicht was vor Schreck,
und was er sprach, war ohne Zweck,
und sie sah über ihn hinweg.

Die Antwort ging ihr gar nicht nah,
und über ihn hinweg sie sah,
als wär' er überhaupt nicht da.

Und ihre Rede weit sich spann,
sie stellte Fragen »Wie?« und »Wann?«
doch war der Sinn in Acht und Bann.

»Sei Mann nun Mann? Der dann vermißt
und denkt sich, was zu denken ist,
in schlichter Wonne ohne Zwist?

Was nützt es? Soll ein kalter Blick
durch Nichtigkeiten knüppeldick
den Schrecken rufen nur zurück?

Die Luft von Stöhnen ist erfüllt,
das Auge starrt, und Gähnen brüllt,
das Licht ist dunstig, rotverhüllt?

Die Wiesen atmen gelbe Pracht,
die Dunkelheit umfängt mit Macht,
der weiche Zug der harten Nacht?

Soll er, der grau vom Lebensstreit
durch einen Tränenvorhang weit
erkennen noch die Jugendzeit,

und hört die Klänge altbekannt,
das Schlurfen, das doch so markant,
bekanntes Klopfen an der Wand?

Und g'rade vor ihm, als er fliegt,
die bleiche Form am Boden liegt,
die dann bei seinem Blick versiegt.

Doch schwacher Schein des schwindend' Gut,
es tauchet in des Meeres Flut
und soll ihm frieren ein sein Blut.«

Kein einz'ges Wort war hier vertan,
wild zog sie wie an einem Zahn
die Wahrheit raus, zu der es mahn'.

Bis wie ein stiller Wasserfall,
auf den ganz heiß die Sonne prall',
sie stoppte ihren Redeschwall.

So schnell verhielt ihr Redefluß
wie, wenn ein voller Omnibus
dann doch am Bahnhof stehen muß;

wenn nach dem wilden Straßenkrach
die Eisenbahn nur stöhnt noch flach,
des Trägers Tritte tönen schwach.

Zu Boden sah sie durch die Brill',
war ganz und gar nicht mehr so schrill,
sie runzelte die Stirne still.

Er starrte auf das stille Meer
und freute sich jetzt allzusehr
an diesem Schweigen, das so schwer

sie duldete, denn es schien bald,
als würd' die Stille gar nicht alt,
dem Irrsinn wuchs erneut Gestalt.

Noch lieh gefällig er sein Ohr,
doch stieg er nicht zum Sinn empor,
der wohl in Tiefe sich verlor.

Er malte Kreise in den Sand:
das gleiche Schwingen ihrer Hand
war alles, was er hier verstand.

Er trat beiseite, ließ sie steh'n,
hockt' hin sich, sah die Wellen geh'n,
fühlt' über sich die Winde weh'n.

Das Wasser schien ihm völlig klar,
der Wind umflüstert' ihn sogar,
die Wellen wogten wunderbar.

Warum hatt' er solang' gedacht,
daß dies Geschwätz ihm Eindruck macht?
»Die«, sprach er, »wird sonst ausgelacht.«

DIE DRITTE STIMME

Doch lang hielt die Extase nicht:
denn bald schon folgten Tränen dicht,
die rannen schnell ihm durchs Gesicht.

Sein Herz stand still, er spürte ja
die Furcht und eine Stimme nah;
obwohl er dort doch gar nichts sah.

»Vom schwarzen Funkeln kommt kein Leid.
Wenn so, warum? Von dem Bescheid
ist doch der Sinn in Dunkelheit.«

»Ihr Reden«, sprach er, »löste Pein.
Denn leichter scheint es mir zu sein,
wenn ich entziffere Latein.

Oder vielleicht 'nen Bach aufsuch'
und lese dort mit grimm'gen Fluch
ein ungeheuer schweres Buch.«

Und leis' sprach eine Stimme drein
in Worten, die ihm klangen fein
und sanft, wie Geister treten ein:

»Wenn du jetzt dümmer als zuvor,
was banntest du aus deinem Ohr
die, die zum Schüler dich erkor?«

»Nur das nicht«, grollte er da schnell.
»Dann lieber unter ein Skalpell
oder ein richtiges Duell.«

»Das war wohl«, sprach es, »deine Grenz',
das Wissen war bestimmt immens,
besonders *deiner* Kompetenz.«

»Das nicht«, sprach er, »das nicht allein:
es schien im Tonfall was zu sein,
das ging mir stark durch Mark und Bein.

Ihr Stil war alles, nur nicht klar
und auch voll Strenge ganz und gar,
und manches klang sehr lapidar.

Und doch, manch' Antwort war so groß,
und klang auch and'res kurios,
so war es sicher ganz famos;

ich ließ sie erst, als sie so ging
und kräftig an zu denken fing;
mein Denken ist da zu gering.«

Ein kleines Flüstern stahl sich rein:
»Ja, wahr ist wahr: drum sieh es ein.«
Ein Zwinkern wie von Augen fein.

Er zitterte jetzt ganz devot
und kam enorm in Atemnot,
er warf sich nieder, war halb tot.

Da schwand das Wispern wie ein Wind;
der sich verliert im Baum geschwind,
ließ ihn, verzweifelt wie ein Kind.

Verzweifelt fuhr er dann sogar
mit beiden Händen durchs verfilzte Haar,
das wirrer, als es jemals war.

Als dann im Morgendämmerschein
der Sonne Haupt sah finster drein.
»Was war denn falsch«, sprach er allein.

Als dann am Mittag helles Licht
ihm fest ins Auge traf, was sticht,
schrie er mit vollem Stimmgewicht.

Am Abend ging die Sonnenbahn
zur Neige, endete den Wahn.
»Was«, seufzte er, »hab' ich getan?«

Noch in der Dunkelheit er wacht',
als dann der kalte Griff der Nacht
bezwang ihn, hielt ihn fest mit Macht.

Gefoltert, hilflos und allein,
Donner war Stille seinem Schrei'n,
da mischte sie die Stimme rein:

»Was? Immer so in düst'rer Rund'
soll dieser Lärm um tiefe Wund'
verfolgen mich nun jede Stund',

erröten mich der Schnatterfratz,
da ich nicht weiß, nach welchem Satz
verfiel ich dem Gesetz zur Hatz?«

Das Wispern schien in seinem Ohr
das Echo aus dem eig'nen Moor,
wovon ihm träumte wohl zuvor.

Das Wispern zitterte im Sand
»beider Geschick sich hier verband«,
da sagte ihm jetzt sein Verstand:

»Ihr wart einander böser Stern:
ihr mochtet euch auch gar nicht gern:
am besten wart ihr euch, wenn fern:

»ihr wart euch schlimmer als die Gicht:
du warst ein dummer Sabberwicht,
sie ein gefährliches Gezücht!«

Nr. 3
Tommys Tod

(Geschrieben am 31. Dezember 1847. Es gibt ein Gedicht von Sydney Dobell mit demselben Titel und etwas ähnlich – aber nicht sehr.)

Es ist des Jahres letzte Nacht, Jungs,
ihr habt schon Brot und Bier gebracht, Jungs,
wir haben nichts mehr sonst heut' nacht, Jungs,
die Krust' ist hart, gebt darauf acht, Jungs,
ist unser Esel schon im Stall, Jungs?
Stellt Tisch' und Stühle überall, Jungs,
wir müssen essen, eh' wir uns bewegen, Jungs,
und Kohlen auf das Feuer legen, Jungs,
denn die Nacht ist sehr kalt,
und ich bin schon alt,
und Tommy ist tot.
Will jemand gehn und holen die Frau, Jungs?
Der hol' auch ein Messer, das schneidet genau, Jungs,
nehmt den Laib nur und schneidet mir Brot, Jungs,
und wie wär's von dem Käse ein Lot, Jungs?
Von dem Brot möcht' das Stück ich sofort, Jungs,
Ja, hört denn hier keiner mein Wort, Jungs?
Es krümelt ohn' Ende, so fegt hier, Jungs,
und vergeßt nicht zu schließen die Tür, Jungs,
denn die Nacht ist sehr kalt,
und ich bin schon alt,
und Tommy ist tot.
Ist etwas Bier noch im Krug, Jungs,
füllt ein es ohne Verzug, Jungs,
ist da noch was drin, ich trink es, Jungs,

und noch 'ne Decke, bringt flink es, Jungs,
ich schlaf' früh, so weckt mich am Morgen, Jungs,
ich bin keiner, der Zeit muß vertreiben, Jungs,
wenn einmal im Bett, will ich bleiben, Jungs,
denn die Nacht ist sehr kalt,
und ich bin schon alt,
und Tommy ist tot.

    Los, ermuntert mich doch wie ein Mann, Jungs,
nun, ich sag' halbzehn Uhr an, Jungs!
Brot genug, auch noch Kuddeln ich greif', Jungs,
glaubt ihr nicht, es ist Zeit für 'ne Pfeif', Jungs?
Bier genug, vergeßt nicht den Rest, Jungs,
ach wär' unter'm Plumeau ich fest, Jungs,
so könnt' schon vergehen die Nacht, Jungs!
Oh, Jugend, hab's Leben verbracht, Jungs,
doch das lange Leben ist eine Sucht, Jungs,
Kerls wie ihr, denkt, es sei eine Wucht, Jungs,
tragt mich hoch jetzt, es ist ja schon spät, Jungs,
vom Bier bin ich nicht aufgebläht, Jungs,
meine Gicht ist erst schlimm, wenn ich geh', Jungs,
ihr kriegt's auch noch, wenn ihr tretet mein' Zeh, Jungs,
vorsicht jetzt, stolpert bitte hier nicht, Jungs,
ich sag's doch, daß ich euch zücht', Jungs!
Das ist gut und es wärmt meine Hand, Jungs,
ich bin doch noch zu etwas imstand, Jungs,
denn die Nacht ist sehr kalt,
und ich bin schon alt,
und Tommy ist tot.

(*Nachbemerkung*. – Die letzten drei Zeilen jedes Abschnitts und
die zweite Zeile des Gedichtes [vielleicht ebenso die erste]
sind von Sydney Dobell. Für den Rest ist der Herausgeber verantwortlich, er hat eine weniger melancholische Sicht des Themas als der ursprüngliche Verfasser, und gestützt auf diese
Theorie bittet er, seine feste Überzeugung darlegen zu kön-

nen, daß »Tommy« eine Katze war. Erinnerungen an ihren Tod bewirken periodisch eine düstere Stimmung, die den Vater überkommt, stets begleitet von zwei anderen traurigen Anlässen, die ständig auf ihm lasten, Kälte und Alter. Diese Stimmung sollte, wie wir finden, durch eines von drei Dingen zerstreut werden: das Essen, die Aussicht aufs Bett und schlechte Laune.

Die Tatsache ist sehr belehrend, daß die Jungen nicht so frech sind, zu unterbrechen, und es wahrscheinlich niemals versuchen, während sie seine Wünsche mit herzlicher, fast unziemlicher Hast erfüllen, bis er vorschlägt, ins Bett zu gehen.)

ODE AN DAMON
(Von Chloe, die ihre Bedeutung versteht)

Ich erinnern mich mag, als ich traf dich am Tag
    in der Stadt an der Lowther Arkade,
als du *sprachst,* ich sei flach und zudem auch noch schwach,
    da wußt' ich, du schätz'st die Fassade.

Ich vergeß' nie die Zeit, als ich hatt' Mehl bereit,
    (für die Klöße) und mehr noch den Tang,
doch die Äpfel gepreßt, meine Damon hielt fest,
    (um zu sehn, ob dir es gelang).

Denk doch an das Stück, als du ließ'st *mich* zurück,
    und ich stieg mit den Äpfeln vom Bus,
wie vergeblich du seist, doch das fand ich zu dreist,
    denn so spart' ich vom Minus zum Plus.

Dann dein Herz hat gelacht bei den Klößen zur Nacht,
    (doch du hielt'st sie für fade und bleich),

nur dein Zwinkern dazu, das verriet mir den Schmu,
   d'ran erkannte ich Chloe sogleich.

Und denk' bloß die Zeit, als Cousin Joe soweit,
   uns die Ausstellung zu offenbaren,
du versprachst, es ging schnell, war geschlossen die Stell',
   (wir waren zu spät gefahren).

Deine Abkürzung, Lieb, *weit herum* sie uns trieb,
   (und Joe sah das ziemlich genau),
und ich half schließlich dir: (doch hattest du schier
   keinen Sinn für solch eine Schau!)

Deine Red': »Was zu tun?« hielt für lustig ich nun,
   (niemals dacht' ich, du wärst so ein Prahler),
sagte: »Wir geh'n jetzt heim«, und du gingst auf den Leim
   und zahltest gern mit deinem Taler.

Das zu sagen dahin kam dir nicht in den Sinn,
   denn ansonsten gerietst du in Rage,
»(denn sie öffnet um zehn, also bleiben wir stehn,)
   und warten«, *oh Prinz der Blamage.*

Und als Joe fragte dich: »Wenn ein Mann tötet sich,
   bohrst du ihn dann noch durch die Mitte,
zum Galgen dann schreit«, und du sprachst: »Gib mir Zeit«,
   und brachtest vor Chloe diese Bitte.

Nun erinner', dich, Tropf, ich schon löste den Zopf
   des Problems (auf das Joe es bezieht),
nun, ich wußte den Grund, im Gesetz war der Fund,
   und du sprachst: *»Es noch nie auf dich stieß!«*

Dieser Fall hier belegt, daß dein Geist sich nicht regt
   und (obgleich dein Äuß'res nicht so, he),

denn solch ein Geck hat gar keinen Zweck
    für uns – *so komm doch zur Chloe!*

Du find'st keinen wie mich, der erkannte für sich
    die Bedeutung der Rede zu dunkeln:
wenn ich einmal weg, wie kommst du dann vom Fleck,
    und ich spür', Damon, Wissen funkeln.

*   *   *

Ein Denkmal – findet jedermann –
bin ich, so echt wie keiner kann,
    halb Katz', halb and're Wesen.
Wenn Kopf und Schwanz mal ab sind, dann
strengt ihr euch sicher alle an,
den Kopf zu neuern irgendwann,
    worauf mein Schwanz genesen.

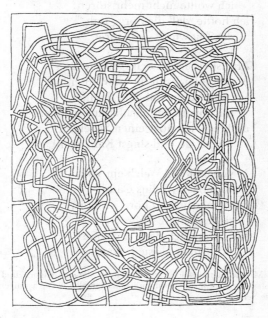

Nr. 4
Melancholetta[1]

Sang sie recht traurig tagelang,
  vergaß sie ihre Sorgen:
sie seufzte nachts: »Es ist mir bang,
  ein Jubelwort zu borgen.
Mein feiner süßer Trauerklang,
  ich singe dich auch morgen.«

Ich dankte ihr, doch war nicht froh,
  dies weiter anzuhören:
verließ sehr früh den Bungalow,
  ich wollte nicht mehr stören:
ich hoffte, daß die Sorge floh,
  die Zeit würd' sie betören!

Mir ist es, armes Schwesterherz,
  schon leid, mit dir zu wohnen!
Versinke täglich in dem Schmerz,
  mich kann dein Schlaf nur schonen;
und lach' ich über einen Scherz,
  wachst du und singst Kanzonen!

Melancholette! Welch ein Wort!
  Weit besser Julius Cäsar,
in meiner Jugend hört' ich dort,
  sie tauften sie Theresa,
sie nannte sich dann um sofort,
  war froher als sie je war.

---

1 AdÜ: »Melancholetta«, auch veröffentlicht in »Phantasmagorie und andere
 Gedichte«. Lewis Carroll veröffentlichte ebenfalls zwei Fassungen (siehe
 Fußnote Seite 837).

Ich nahm mein armes Schwesterlein
    in Sadlers Wells Theater,
denn dorten spielten sie sehr fein,
    so schwand vielleicht der Kater;
und für das Schwinden ihrer Pein
    wurd' ich erst noch rabiater.

Ich bat drei Freunde, schaun
    in uns're irren Mauern,
daß banne deren gute Laun'
    der Schwester stetes Trauern:
den munt'ren Jones, den starken Brown
und James, den konnt' nichts dauern.

Das Mädchen kündete das Mahl,
    wie ich belehrt sie hatte,
das lindern sollt' der Schwester Qual,
    wie Lärm man stoppt durch Watte:
worauf ich dann dem Jones empfahl,
    daß er sie stets umschatte.

»Wär ich ein ehrenhafter Mann...«
    so sagte er sehr stilvoll,
»erlaubt mir, Miss...«, sie sah ihn an,
    die Tränen rannen zielvoll –
»Wenn ich wär' er...« »Huu!« sie begann
    und weinte schier die Diel' voll.

Ich sprach: »Damit verlierst du Zeit:
    dir schmeckt nachher kein Bissen.«
»Mein Herz«, sprach sie, »ist Traurigkeit!
    Ich fühle mich zerrissen!
Und ist die Seufzerbrücke weit,
    den Gram will ich nie missen!«

So ging's bei Suppe und bei Fisch,
    in Schweigen ward gesessen;
sie weinte, wenn was kam zu Tisch,
    sie klagte nach dem Essen;
bald wünschte ich selbstmörderisch,
    ich würde auch gegessen.

Und darauf wurde viel gemacht,
    um endlich was zu sagen.
»Madam«, so sprach der Jones ganz sacht,
    »worin seid ihr beschlagen?
Habt Ihr zu fischen je gedacht,
    würd' Jagen euch behagen?«

Und ihre Lippen bogen sich
    recht tief wie bei Hyänen.
»Nur einen Schloßhund liebe ich«,
    (ich fuhr mir durch die Strähnen!)
»als Fisch den Wal ganz sicherlich,
    der speit so schöne Tränen!«

Man spielte den »King John« zur Nacht,
    sie weinte schrecklich »Soso!«
Ich gab nicht auf ihr Klagen acht,
    ging fast bis ultimo so!
Dann ward der Vorhang aufgemacht
    zu »Bombastes Furioso«.

Vergeblich lachten wir ganz laut,
    sie ging nicht mit im Chore:
doch sinnend sie nun langsam schaut'
    bis hoch zu der Empore –
»Oh, Rang!« und rang die Hände traut,
    und Schweigen folgt' dem Flore.

In *der* Nacht faßt' ich einen Plan
   in völliger Apathheit,
darauf geriet ich in Elan
   und lobte meine Geradheit.
Mein Warten auf die Eisenbahn,
   das hatte etwas Fadheit.

Wenn ich auch wenig Geld nur hatt'
   (ich konnt' mir nicht mehr gönnen),
ich zahlte Schlafen, wurde satt,
   zahlt' Butter und auch Pennen,
mein Geist war gar nicht mehr so matt,
   ich konnte viel benennen.

Ich lebe hier wie auf Besuch,
   war auch das Geld schon knapper,
das meist von mir geliebte Buch
   ist Martin Farquhar Tupper;
von meiner Wirtin Kochgeruch
   der Schinken macht mich schlapper.

Doch da der Schinken ist nicht leicht,
   er lag mir schwer im Magen,
(mein Arzt meinte, daß er gereicht;
   er hieß mit Namen Zagen –)
sie nachts in meine Träume schleicht,
   die Schauer mich noch jagen.

Die nächste Nacht nahm ich ein Stück
   Melone, macht nicht fetter,
und so zu ändern mein Geschick,
   daß Träume würden netter,
dann kam sie doch mit ihrem Tick,
   sprach: »Ich dich niederschmetter,
bracht die Melon' denn dir viel Glück?
   Füg ich hinzu -choletta?«

»Sie tat es; doch ist fraglich wie, weshalb ...« *Keats*

Rezension[1]

Aus *The Illustrated Times,* Januar, 28/6o.

N.B. – Das abschließende Urteil ist *nicht* von dem
Herausgeber dieses Magazins.

FOTOAUSSTELLUNG

Es gibt wenig Neues, das in diesem Jahr die Aufmerksamkeit
verdient, weder vom Thema her, noch in der Arbeitsweise
oder bei dem chemischen Prozeß. Was den letzten Punkt
betrifft, so bestreitet das alte Kollodium-Verfahren – abgesehen von wenigen Ausnahmen wie Jaupenots und Fothergills-
Verfahren, Kollodium-Eiweißstoff und so weiter – den Hauptteil der Ausstellung.

1 Dies ist ein Ausschnitt aus der oben erwähnten Zeitschrift, der in das
ursprüngliche Sammelalbum eingeklebt wurde.

Die Meriten und die Fehler der Fotografen sind, allgemein gesagt, so ausgesprochen chemischer Natur, daß sie wenig Raum für die Kunstkritik lassen. Bei der Qualität der Chemikalien, die er benutzt, hat der Fotograf im allgemeinen nicht mehr Anteil als bei der Wahl des Chemikers; und hinsichtlich der Arbeiten wie der Abzüge von Bildern und so weiter gibt es nichts, wodurch das Geschick oder der Mangel an Geschick eines Künstlers selbst kontrolliert werden kann. Alles wird für ihn gemacht. Der Hauptverdienst daran, daß die Fotografien zur chemischen Reaktion fähig sind, ist der Empfindlichkeit des Kolodiums oder anderer Mittel zuzuschreiben und die Fähigkeit, winzige Einzelheiten zu reproduzieren. Dies kann man am besten bei Blattwerken oder alten Mauern testen – Blattwerke besonders, da die grünen Formen für die Fotografen ein Hindernis sind, das sie noch niemals vollständig bezwungen haben. Die besten Beispiele für eine erfolgreiche Behandlung dieses Themas kann man bei den Herren Cundall and Downes Nr. 31, Herrn L. Smith Nr. 23 und 47, Leutnant Holder Nr. 66 (obgleich es hier ein wenig an Licht mangelt) und Herrn Robinson Nr. 73 und 61 finden; die letztere ist möglicherweise die beste Aufnahme dieses Jahres. Bei Mauern wollen wir die besondere Aufmerksamkeit auf Herrn Bissons schöne Bilder lenken – (Nr. 30, 34, 35, 36) – nichts übertrifft an Perfektion die Wiedergabe des Daches auf Nr. 30; und Nr. 35 zeigt eine besondes geglückte Mondlichtwirkung, obgleich sie zweifellos bei Sonnenlicht aufgenommen worden ist. Dann sind da noch die von den Herren Cundall und Downes (Nr. 40); Herrn Barnes (Nr. 17), wo das einstürzende Mauerwerk der alten College-Fassade äußerst wirklichkeitsgetreu wiedergegeben worden ist; Herrn Grice (Nr. 21), alle von Herrn Piper; wobei wahrscheinlich die beste Detailaufnahme, die Architektur und Blattwerk verbindet, in Herrn Bedfords Nr. 432 zu finden ist. Für eine ähnliche Thematik verweisen wir auf Herrn Whites Nr. 155 und Herrn Fentons Nr. 121 und 145; bei lezterer hat er äußerst erfolgreich mit dem zusätzlichen Problem des Winterlichts gerungen. Jedoch kann der Verdienst der Empfindlichkeit des Kollodiums bis zum äußersten getrieben werden, so daß man versäumt, den notwendigen Kontrast von Licht und Schatten zu beachten, und auf diese Weise eine völlig flache Wirkung erreicht. Ein Beispiel dafür kann man auf Herrn Fentons Nr. 130 sehen.

Der Künstler selbst ist in erster Linie für den Standpunkt und die Tageszeit verantwortlich und (gelegentlich) für die Arrangements im Vordergrund; bei derartigen Operationen wie dem Abziehen der Bilder und so weiter allein für die Scharfeinstellung; und bei Porträts für die Wahl des Lichts, die Höhe und die Gruppierung.

Als Beispiele für eine einfühlsame Wahl des Standpunktes sind Lord Alfred Churchills Nr. 234 und Herrn Bedfords Nr. 238 sehr wohl der Beachtung wert; das erstere ist ein gänzlich poetisches Bild. In dem oberen Bild von Nr. 238 ist der Baum im Vordergrund perfekt plaziert, und ein kaum weniger bemerkenswerter Geschmack zeigt sich darin, eine Anzahl weißer Formen durch die Hütte und die Kaskade zu bekommen, die gerade weit genug aus dem Mittelpunkt entfernt sind, um eine Steifheit in der Komposition zu vermeiden, und trotzdem nicht so weit, daß das Bild durch einen einseitigen Lichtüberschuß aus dem Gleichgewicht gebracht wird; zwei weitere Aufnahmen dieser Art kann man bei den Herren Cundall und Downs Nr. 281 und bei Herrn Mudd Nr. 315 finden.

Beispiele für eine gute Lichtwahl kann man bei den Herren Maull und Polyblank (Nr. 5), bei Herrn Grice (Nr. 21), Herrn Nudd (Nr. 37) und Herrn Fenton (Nr. 150) finden; das letzte, eine Innenaufnahme, ist von einer besonders schwierigen Thematik.

Für eine gute Scharfeinstellung kann man Herrn Whites Nr. 155 als Beispiel nehmen. Dieses Bild ist in jeder Beziehung ausgezeichnet, das Kollodium ist in seiner Empfindlichkeit vollkommen und für die Aufnahme ist ein sehr ruhiger Tag gewählt worden, wodurch der nur allzu verbreitete Fehler verschwommenen Blattwerks vermieden wird. Die Reproduktion von Noten durch Herrn Rippingham (Nr. 558, 561 und 562) und die Abbildung einer Karte, mit der der Besucher beim Eintritt direkt konfrontiert wird, sind ebenso erstklassig.

Porträts mit gut ausgerichteter Beleuchtung aufzunehmen, ist von äußerster Wichtigkeit. Wir haben bereits ein bemerkenswertes Beispiel dafür mit Nr. 5 erwähnt, und weitere kann man bei Herrn Herings 237 und Herrn Watkins' 2 und 26 finden. Dieser Punkt ist besonders wichtig, denn ohne das ist alle Weichheit der Gesichtszüge vergebens.

Die Gruppierung der Herren Hennah und Kent 312 und Herrn Robinsons 98 und 493 ist besonders gelungen. Bei allen wurde als wichtiges Resultat die Einheit des Bildes dadurch beachtet, daß man die Aufmerksamkeit der verschiedenen Menschen auf einen Punkt lenkte; so mag die Kricket-Mannschaft auf 312 einem Spiel hinter dem Betrachter zuschauen, und auf 98 hat augenscheinlich irgendein Gegenstand auf der rechten Seite für einen Moment die Aufmerksamkeit erregt, die natürlich auf den Betrachter selbst gelenkt wird.

Bei einzelnen Porträts besteht das Hauptproblem darin, die Hände auf natürliche Weise zu plazieren; innerhalb der engen Grenzen, die die Möglichkeiten der Linsenfokussierung erlauben, gibt es viele Einstellungen, bei denen sie notwendigerweise mißlingen, während, wenn der Künstler das Arrangement selbst versucht, er im allgemeinen die Wirkung des notorisch schüchternen Mannes der Gesellschaft erreicht, der zum ersten Mal bemerkt, daß seine Hände ein Hindernis sind, und der sich nicht erinnert, was er in seinem privaten Leben gewöhnlich mit ihnen anfängt. Herrn Herings Porträts sind im allgemeinen Proben dafür, was unternommen werden kann, um dieses Problem zu meistern. Seine Porträts von Kindern unter Nr. 327 sind beinahe unübertrefflich, während die beiden letzten und das dritte von links in der oberen Reihe so vollkommen in dieser Kunstrichtung sind, wie der gegenwärtige Stand der Fotografie es erlaubt; das zuletzt erwähnte Bild (mit dem unbedeutenden Schatten auf der linkischen Hand) wird von keinem in diesem Raume übertroffen. Unter den Bildern dieses Genres verdienen auch die Herren Lock und Whitfield Beachtung, besonders das Kind im Profil Nr. 231 und dasselbe herrlich koloriert auf 331. Die Farbe selbst hat natürlich kein Genre der Fotografie begründet. Hübsche Beispiele dafür findet man unter Nr. 331, 342, 343, 357 und 366. Alle Porträts von Herrn Herbert Watkins sind kunstvoll und lebensecht.

Wir wenden uns nun dem weniger erfreulichen Teil unserer Aufgabe zu – den Fehlschlägen unter den Fotografien. Diese beruhen ebenso wie ihre Verdienste hauptsächlich auf der Wahl des Standpunktes, der Beleuchtung, der Scharfeinstellung, der Gruppierung und so weiter, und in Hinsicht auf all diese Beispiele kann etwas dargelegt werden, das dem jungen Abenteurer in dieser Kunst als Wegweiser dienen kann.

Ein verbreiteter Fehler bei der Wahl des Standpunktes ist es, den wichtigsten Gegenstand genau in den Mittelpunkt zu setzen, jedenfalls so nahe, daß das Augenmaß statt der Phantasie angesprochen wird und der Betrachter nach einem Zollstock verlangt, um sich zu vergewissern, ob das Bild genau zweigeteilt ist oder nicht. Beispiele dafür kann man bei 197 und 295 sehen, im letzteren wurde noch zusätzlich der Fehler begangen, dem Betrachter das Objekt voll gegenüberzustellen statt ein wenig schräg, was um so mehr zu bedauern ist, daß der Magdalenenturm so viele weit bessere Ansichten aus anderen Richtungen bietet. Bei Nr. 120 ist ein sehr merkwürdiger Effekt durch das Fehlen aller normalen Maßstäbe aufgetreten, so daß der Betrachter auf Grund des Mangels kaum verhindern kann, die Einfassung der Blumenrabatte mit der Höhe eines gewöhnlichen Geländers gleichzusetzen, und dadurch bekommen die Fenster oberhalb gigantische Dimensionen.

Schlechte Beleuchtung ist ein weiterer sehr verbreiteter Fehler; dies kann man an Nr. 67 und 137 wahrnehmen, das letztere vermittelt einem den Eindruck, als habe man einen Fisch bis spät in der Nacht draußen gelassen, so daß der vergeßliche Angler gezwungen ist, eine Laterne mitzubringen, um nach ihm zu suchen.

Was die Gruppierung betrifft, so besteht da der Hauptkonflikt zwischen dem Künstler und dem bloßen chemischen Handreicher, und traurige Beispiele dafür, was auf diese Weise passieren kann, lassen sich nur allzu leicht aufzeigen. Herrn Robinsons Gruppen sind normalerweise vorzüglich, und einige davon haben schon in der Weise Beachtung gefunden; aber bei Nr. 68 ist nicht nur der Kopf der Hauptfigur zugunsten anderer Bildteile unscharf, sondern das Kind ist auch in einer Weise plaziert, daß seine Füße entsetzlich vergrößert sind, wodurch es wie ein scheußlicher Zwerg wirkt. Dieselbe Beobachtung trifft auf 459 zu, wo die Gruppe noch einmal abgelichtet ist, obgleich der Effekt weit weniger offensichtlich durch die Verkleinerung des Bildes ist. Herr Robinson hat ebenso der zentralen Figur von 98 ein paar sehr lange Füße beigebracht, ein Bild, das ansonsten bewundernswert ist. Auf Nr. 183 hat er alle drei Figuren in unnatürliche und unmögliche Haltungen gebracht, während die Augen des rechten Mädchens ganz gewiß auf den Betrachter gerichtet sind, der sich notwendigerweise dicht über der Gruppe befinden muß. Auf Nr. 142 ist der Gruppe eine übereinstimmende Aufmerksamkeit anzumerken, jedoch dreht sie sich um nichts; das Auge wandert unfreiwillig über die Holzpfähle auf der Suche nach der Gestalt des Volksredners oder Feldpredigers, der dort sein *sollte,* doch dessen Bewegungen waren für den Fotografen zu stetig und energiegeladen, um sie einzufangen. Auf 501 haben die Gestalten, obgleich sie ausübende Schauspieler sind, eine große Sehnsucht nach Lebendigkeit und Ausdruck; doch vielleicht das krönende Beispiel von dem, was man an unerschütterlich steifem und konventionellem Arrangement vollbringen kann, kann man auf Nr. 537 finden. Eine resignierende Schwermut hat sich nahezu über alle unglücklichen Opfer gelegt; und wenn das zweite Bild von rechts in der oberen Reihe nur beschriftet wäre »Eingang zu einer Panorama-Ausstellung, alle Sitze besetzt, und kein Einblick kann von der Türe genommen werden«, so wäre es in der Tat ausgezeichnet.

Ein weiterer Fehler, der aber weniger gebräuchlich ist als alle vorausgegangenen – das Darstellen offensichtlicher Unmöglichkeiten. Einige Beispiele davon kann man in Herrn Pipers schönen Bildern bemerken, wo, indem der Standpunkt für die Möglichkeiten der Linsen zu nah gewählt ist, die Gebäude tatsächlich zu fallen scheinen. Auf 198 und 305 werden Wirkungen versucht, die sich nicht alle auf einmal scharf darstellen können, und eine unklare Wirkung ist unvermeidlich.

Herrn Paul Pretschs echte Gravur ist interessant, doch das Ergebnis ist so einheitlich dunkel, daß es kaum befriedigt.

Ich habe vergessen, einige schöne Ansichten der Niagarafälle zu erwähnen, die die London Stereoscopic Company ausgestellt hat. Möglicherweise aus Versehen sind sie nicht im Katalog aufgeführt, aber sie sind nichtsdestotrotz sehr wohl der Aufmerksamkeit wert. Ich sollte besonders den »Allgemeinen Blick auf Niagara« erwähnen, der den Horseshoe Fall, Goat Island und den American Fall einschließt.

Der Faulenzer

Blut

Stürme pfeifen,
Büsche greifen,
   Blut!
Mondlichtflimmern,
Mörder schlimmern,
Bettler wimmern,
   Mordtat! Blut!

Vögel rasseln,
Hagel prasseln,
   Blut!
Erden beben,
Berge heben,
Winde streben,
   Mordtat! Blut!

Schläger schlagen,
Hunde klagen,
   Blut!
Waffen schießen,
Knüppel sprießen,
Menschen spießen,
   Mordtat! Blut!

Schwerter blitzen,
Glieder ritzen,
   Blut!
Krüppel zucken,
gurgeln, schlucken,
Leeres spucken,
   Mordtat! Blut!

Donner dröhnen,
Hexen stöhnen,
   Blut!
Eulen juchen,
Geister fluchen,
Vampir' suchen,
   Mordtat! Blut!

Hexen linsen,
Schädel grinsen,
Blut!
Augen harren,
Kiefern knarren,
alle schnarren,
   Mordtat! Blut!

Zeilen

(Für einen Freund am Radley College, der sich beklagt hat,
»daß ich ziemlich froh sei, ihn zu sehen, wenn er kam, aber
mich nicht darum kümmerte, wenn ich wegblieb.«)

Können nicht Freuden bleiben jetzt
in der Erinnerung zuletzt,
wir stehen schaudernd und entsetzt
    und Qualen leiden?
Wer dann der Freunde Treue schätzt,
    kann der denn scheiden?

Und muß ich in der Freundschaft Schein
ruhig ertragen meine Pein –
(so dünkt mir täppisch und auch klein –)
    die Freude, die ich habe,
und leihe einem Knecht mein Sein,
    das ich mit Schwermut labe?

Und glaubst du gar, ich wäre dumm
und voll »dolorum omnium«,
und kommst du zu mir wiederum,
    wenn ich hier esse?
Bist du sonst sauer und auch stumm
    von dünner Blässe?

Muß Leben ihm sein grau und Schmerz,
wo in ihm schlug der Freundschaft Herz,
vergrub's bei Tag, in Nächte Schwärz'
    dem Alp sein Bett lieh,
und schrie in Träumen himmelwärts
    den Namen Radley?

Den Freund verließ des Tages Glück,
als seine Fee mal mied den Blick,
Versinkt in Gram, beklagt Geschick,
   als kluger Freier
man einfach zu ihr Briefe schick'
   dem Tag zur Feier.

Und wäre er ein Oxford Don
oder gar »Jonsons Schüler« schon,
bald eines Valentines Wonn'
   die Post soll tragen,
wenn dreizehn Tage schien die Sonn'
   in Hornungs Tagen.

Adieu, mein Freund, wenn ich dich seh',
hier oder wenn ich draußen steh',
bevor die Woche noch vergeh',
   vielleicht schon morgen,
so ich *dein* Herz als frei erfleh'
   von diesen Sorgen.

           CH: CH: Februar 1860

Nr. 5
Bloggs' Klage

Ich sitz' im Sand am Uferwall
    und fühl' die Winde wehn,
bekomme einen Weinanfall,
    weil ich nicht weg kann gehn,
ein Wispern fragt ganz leis' mich hier,
warum ich mich in Schmerz verlier.

»Wenn Jones, der Rohling«, sage ich,
    »trifft mich hier unten an,
dann quält er mich ganz jämmerlich,
    als wär er ein Tyrann:
    er neckt mich, sagt, ich sei zu dick,
woran ich jedesmal erstick.«

Oh weh! Ich seh ihn dort am Steg!
    Adieu, du Hoffnung mein,
bestimmt sieht er gleich diesen Weg
    mit seinem Fernrohr ein!
An welchen Ort ich auch entflieh,
der Kerl läßt mich alleine nie!

Denn jede Nacht und überall
    treff' ich ihn stets beim Essen;
und wenn ich einer Frau gefall',
    will er sich mit mir messen
der Kerl, er dünn und ich bin dick,
fängt sicher sie mit seinem Blick!

Denn jedes Mädchen schnell dann lag
   zu Füßen Jones', des Großen:
ich frag mich, was sie an ihm mag,
   warum ihn nicht verstoßen?
Man schreit: »Er ist so rank und schlank,
wir lieben ihn voll Überschwang!«

Sie schwinden wie im Tabakrauch –
   Visionen werden matt –
der Schlag im Rücken ist kein Hauch
   auf meinem Schulterblatt –
»Nun Bloggs, mein Junge, du bist dick!«
(Na also, traf mich doch sein Blick!)

»Mein Fett geht *Sie* doch gar nichts an!«
   »Da haben Sie schon recht!
Doch *Sie,* Bloggs, und ich denke, Mann,
   sie machen das nicht schlecht!
Denn Sie sind darin ganz perfekt
und haben schön viel eingeweckt!

»Gefährlich ist's zu reden hier –
   Ich geh' wohl besser fort:
denn Ihr Gewicht beschwert den Pier,
   bald senkt sich dieser Ort!« –
Ich find' das gar nicht originell!
Ich ford're bald ihn zum Duell!

November 1862

Nützliche
und lehrreiche Gedichte

Mit den Zeichnungen der Originalausgabe

von Lewis Carroll

USEFUL
and
INSTRUCTIVE
POETRY.

W. L. D. and L. F. D.

Vol. I

Meine Fee

An meiner Seite ist 'ne Fee,
die sagt, schlaf doch nicht ein,
wenn mal vor Schmerzen laut ich kräh',
sagt sie: »Du, doch nicht wein.«

Wenn voller Glück ich fröhlich bin,
so sagt sie: »Lache nicht«,
und will ich trinken meinen Gin,
dann sagt sie: »Leist' Verzicht.«

Wenn ich nach einem Mahle gier',
dann sagt sie: »Keinen Biß«,
bin ich im Krieg als Musektier,
sagt sie: »Den Kampf vergiß.«

»Was darf ich tun?« so schrie ich da,
war dieses Mahnen leid,
die Fee, die wisperte ganz nah
und sprach: »Die Frage meid.«

Moral: »Tu's nicht.«

Der Starrkopf

Da war ein Mann, der stand so da
auf einem hohen Wall,
und wer auch immer kam ihm nah
schrie laut: »Oh, fürcht' den Fall.«

Er achtete nicht ihren Rat,
ein Starrkopf war der Kleine,

1103

er stand so fest, als wär' mit Draht
genagelt er am Beine.

Wie er so stand, hob an ein Wind
zu blasen fest und strenge,
und dieser wehte ihn geschwind
hinunter in die Menge.

Viel' Köpfe wurden da lädiert,
viel' Arme auch verletzt,
ihr Eigensinn war malträtiert,
die Weisheit fehlte jetzt.

Um diesen Unfall sorgt' er nicht,
wir glaubten es auch kaum,
am nächsten Tag voll Zuversicht
stieg er auf einen Baum.

Der Baum war dürr und alt und grau,
gestützt von einer Stange,
und die Passanten sagten schlau:
»Der Ast hält wohl nicht lange.«

Er achtete nicht ihren Rat,
ein Starrkopf war der Kleine,
er stand so fest, als wär' mit Draht
genagelt er am Beine.

Da fing der Ast zu brechen an,
auf dem er gerade stand,
und bald schon stürzte dieser Mann
in einen Karren Sand.

Vergeblich sucht' der Sandmann ihn
'ne gute Stunde gar,

dann fand er diese Mensch-Ruin'
wie sie noch niemals war.

Der Sand verbarg ganz sein Gesicht,
als wäre es aus Sand,
der Sandmann lacht', als er erbricht
den Ast, auf dem er stand.

»Oh, du bist doch ein dummer Tropf,
auf so was steht man nicht!«
Er nahm was Sand aus einem Topf
und warf ihm ins Gesicht.

Mit Zorn im Anzug jedenfalls,
sein Sand-Aug' blickt' voll Wut,
voll Wut schlug er den Wagehals
und traf ihn auch sehr gut.

Getroffen er am Boden lag
vom Sandmann in die Vollen,
da sagte er nur noch ganz zag,
für die, die hören wollen.

Moral:
»Will so ein Starrkopf hier wie ich
für guten Rat nicht taugen,
so kriegt er doch ganz sicherlich
den Sand in seine Augen!

Pünktlichkeit

Der Mensch, der die Verspätung schätzt,
dem Zaudern stets gerät,
der täglich sein Geschäft versetzt
bis es dann ist zu spät.

Geb jeder Stunde den Bescheid,
daß sie sei festgelegt,
und freue dich der freien Zeit,
die als Geschenk belegt.

Und wenn die Stunde ist, sei da,
wo immer »da« mag stehen;
ob Schmutzhand oder wirres Haar,
laß keinen dieses sehen.

Wenn Festmahl um halb acht bestimmt,
sei dann auch angekleidet,
um Viertel nach man Eile nimmt,
der Rest sich dann entscheidet.

Besser ist es früh zu sein,
als später in der Zeit;
wenn man zum Glockenschlag erschein',
das zeugt von Pünktlichkeit.

Moral:
Laßt Pünktlichkeit und Sorgesfalt
jegliche Stunde krönen,
daß selbst bei schlimmen Sachverhalt,
wie Blumen dies wird schönen.

Barmherzigkeit

Als hastig ging ich um 'ne Eck,
sah ich 'ne kleine Maid,
die Füße steckten tief im Dreck,
stand scheu im Lumpenkleid.

Sprach zitternd sie: »Mein lieber Herr,
hier stehe ich seit Wochen,
mein Magen ist entsetzlich leer.«
Aus Augen Tropfen krochen.

»Du Arme«, sprach ich, »bleibe hier,
ich kaufe schnell was ein,
hol' etwas Brot und starkes Bier,
ich werde eilig sein.«

Ich rannte zu 'nem Laden hin
so schnell ich konnte hasten,
doch dann kam mir noch in den Sinn,
in meine Tasch' zu tasten.

Als ich zur Uhrentasche kam,
ich wollt' die Zeit nur wissen,
da faßte mich der Tränen Gram,
die Uhr mußt' ich nun missen!

Moral:
»Bleib' stets bei klarem Verstande.«

1110

Ein Schwanzschwank

Ein alter Gärtner Beeren sich
vom Stachelbeerstrauch pflückte,
dabei bekam er einen Stich,
was ihn wohl nicht bedrückte.

Ein Hund saß bei ihm mit 'nem Schwanz,
oh welch ein Schwanz! Ich wähn'
das niemals auf der Erden ganz
ein solcher war zu seh'n.

Der Schwanz war wahrhaft riesenhaft,
von Farbe grau wie Pfeffer,
mit Knochen und mit Muskelkraft,
untauglich für 'nen Kläffer.

Doch auf den Schwanz war stolz der Hund
und immer wieder dort
bellt laut er aus dem tiefsten Schlund,
der Mann tat seine Angst hier kund,
doch arbeitete er fort.

Und schließlich peitschte er den Schwanz
dem Gärtner um die Beine,
und nutzte dann die Allianz,
zu ziehen ihm zur Peine.

Der Gärtner kaum erraten konnt',
was sich da um ihn legte,
schafft' weiter an der Arbeitsfront,
wenn auch die Wut sich regte.

»Nanu, was ist bloß los?« sprach er,
»kann meine Füß' nicht rühren,

ich machte heute kein Gläschen leer,
tat Brandy nur erküren.

Zwei Gläser Bier, 'nen guten Schluck
vom Whiskey stark und süß,
vergeblich geb' ich mir 'nen Ruck,
kann rühren nicht die Füß'.«

Er ließ die Arbeit Arbeit sein,
um sich das anzuschauen,
dann schlug er schnell die Axt hinein,
der Schwanz ward so zerhauen.

Als dies getan, da kniete er
sich in die Arbeit rein,
jedoch der Hund, der heulte schwer,
verständlich seine Pein.

Moral: »Betrinke dich nicht.«

EIN ZITAT VON SHAKESPEARE
MIT LEICHTEN ABWANDLUNGEN

Warwick: Beliebt es Euer Gnaden, mitzugehen?
Prinz: Ich will hier sitzen und beim König wachen.
                    (Alle ab, außer Prinz Heinrich)
»Weswegen liegt die Kron auf seinem Kissen,
die ein so unruhvoller Bettgenoß?
Oh glänzende Zerrüttung! Gold'ne Sorge,
die weit des Schlummers Pforte offenhält
in mancher wachen Nacht! – Nun damit zu schlafen!
Doch so gesund nicht noch so lieblich tief
als der, des' Stirn mit einer Mütz' umwunden,
die nächt'ge Zeit verschnarcht.«

König: Heinrich, nicht kenn ich
das Wort, das du soeben hier verwandtest.

Prinz: Welch Wort, mein Lehnsherr?

König: Mütze, meine ich.

Prinz: Damit die Nachtbedeckung ist gemeint,
mit der der Bauer sich nicht schmücken würde
das müde Haupt, das sich zur Ruhe legt.

König: Dank für die Erklärung, fahret fort.

Prinz: »Die nächt'ge Zeit verschnarcht. – Oh Majestät!
Wenn du den Träger drückst, so sitzest du,
wie reiche Waffen in des Tages Hitze,
die schützend sengen.«

König: Sengen ist kein Schutz,
Denn es birgt reichlich Hitz' und Fiebrigkeit
und brennt und dörrt und schädigt nur die Haut.

Prinz: Nicht unterbrechen. »Bei des Odems Toren
liegt ihm ein Federchen, das sich nicht rührt.«

König: Ich wußte nichts davon, feg' es hinweg.

Prinz: »Und atmete er: der leichte, lose Flaum
bewegt sich.«

König: Und hat sich schon bewegt.

Prinz: Das hat er nicht. »Mein gnäd'ger Herr! Mein Vater!
Der Schlaf ist wohl gesund: dies ist ein Schlaf,
der manchen König Englands hat geschieden
von diesem gold'nen Zirkel.«

König: Was heißt Zirkel, Heinrich?

Prinz: Mein Herr, ich weiß es nicht, auf jeden Fall
paßt es in dieses Metrum.

König: Ja, es paßt.
Doch wozu denn ein Wort ganz ohne Inhalt?

Prinz: Das Wort ist raus, mein Herr, als es verließ
die Lipp', und keiner Erde Macht
zurück kann's holen.

König: Stimmt, so fahret fort.

Prinz: »Von diesem gold'nen Zirkel. Dein Recht an mich

sind Tränen, tiefe Trauer deines Bluts,
was dir Natur und Lieb und Kindessinn,
oh teurer Vater, reichlich zahlen soll!
Mein Recht an dich ist diese Herrscherkrone,
die als...«

König: Das ist Ihr Recht auf keinen Fall, mein Herr!

Prinz: Oh doch, mein Herr! Wagt Ihr zu widersprechen?
Mehr noch, wie kann ein Schläfer auch nur wissen,
was ich in einem Selbstgespräche sage?

König: Vergebliche Rhetorik, denn es stimmt:
kein Argument kann es als falsch entlarven.

Prinz: Doch ist es einfach gar nicht möglich, Herr!

König: Darüber will ich gar nicht mit dir rechten,
ich sagte bloß, es war wahr.

Prinz: Aber hört doch, Herr,
Unmögliches kann auch niemals geschehen,
und so auch dies nicht.

König: Was du leugnest nun,
daß ich dich hörte oder daß ich schlief.

Prinz: Dann euren Schlaf, mein Herr.

König: Fahrt fort, fahrt fort,
ich seh, ich kann mit dir nicht drüber rechten.

Prinz: »Die als dem Nächsten deines Rang's und Blut's
sich mir vererben muß! – Hier sitzt sie: seht!
Der Himmel schütze sie! – Nun legt die Stärke
der ganzen Welt in einem Riesenarm –
er soll mir diese angestammte Ehre
nicht mit Gewalt entreißen! – Dies von dir
laß ich den meinen, wie du's ließest mir!«

Bruder und Schwester

»Schwester, Schwester schlafe ein,
geh', lege dich ins Bett hinein«,
fiel dem klugen Bruder ein.

»Willst du einen festen Hieb,
oder ist dir Kratzen lieb?«
wobei sie ganz ruhig blieb.

»Schwester! bringst du mich in Wut,
landest du im Fleisches-Sud,
und das tut dir gar nicht gut.«

Die Schwester hob die Augen groß
und sah ihn an und sagte bloß
mit strenger Stimme: »Na dann los!«

Und er rennt zum Koch hinan:
»Leih mir bitte deine Pfann',
doch so schnell wie man nur kann.«

»Welcher Grund, darf ich es raten?«
»Nun, ich hab' 'nen ganz privaten,
denn ich mach mir einen Braten.«

»Welches Fleisch soll es denn sein?«
»Meiner Schwester, wie ich mein,
wirst sie leihen mir?« »Oh NEIN!«

Moral:
»Brate niemals deine Schwester.«

Eines Verräters Prozeß

Ein Fremdling hoch im Norden war,
fremdartig wie nur je;
Kinn breit so wie ein Dromedar,
tief wie die Zuydersee.

Das Kinn barg weder seine Knie
noch zeigte es die Mitte;
es saß in voller Harmonie
so wie beim gold'nen Schnitte.

Die Nachbarschaft sah an das Kinn
mit stummem Unbehagen;
»Führwahr«, sprach man, »hier der Beginn,
wir wollen ihn verklagen.«

»Wer weiß schon, was sein Kinn versteckt,
ein Schwert, 'nen Spieß, 'ne Knalle?
Womit er die Regierung schreckt
und mordet sie dann alle!«

So fand man einen Klagegrund,
»Wir sind es erst zufrieden,
setzt man ihn fest zu dieser Stund',
bis alles ist entschieden.«

Die Polizei, ein grimmig' Paar,
vollstreckte auf der Stelle,
sie zog ihn fest an seinem Haar
und warf ihn in die Zelle.

Die ganze Nacht ruht er auf Stein
mit Fesseln an der Hand,
er seufzte laut in großer Pein
vom Kummer übermannt.

Am Morgen kam der Magistrat
damit man ihn verhöre.
Sein Haar war kurz und akkurat
doch grau, als ob er fröre.

Der Magistrat hob seine Hand,
beim Sitz ihn das nicht störte.
»Steht auf«, so sprach er, »unverwandt.«
Was er wohl gar nicht hörte.

»Fürwahr«, so sprach er, »wie mir scheint,
ist das von sichrer Art.«
Sein Blick nun seltsam sich versteint',
er rieb sich seinen Bart.

Als der Beweis schien wohl erbracht,
beriet sich das Gericht,
der Schuldspruch schien schon abgemacht:
er zieht ins Dämmerlicht.

»Nicht schuldig«, kündet das Gericht,
steht lang schon auf dem Posten,
»den Häftling es an Schuld gebricht,
und ihr zahlt nun die Kosten.«

Moral: »Zahlt die Kosten.«

Der jugendliche Jenkins

Der jugendliche Jenkins, der sprang voller Jux
und spurtete über die sandige Flur,
das kleine Fetthändchen ein Spielzeug trug's,
und Naschwerk füllte den Mund ihm nur.

Doch jugendlich' Jenkins, er hörte 'ne Stimm',
die ihn wie Schrecken ganz gräußlich durchdrang:
»Komm eilig nach Haus', ganz ohne Klimbim,
für dich ein Paket ich empfang!«

Der jugendliche Jenkins, er trat durch die Tür,
und da auf dem Tisch das Paket bereits lag,
er putzte die Schuhe sich über Gebühr,
während die Mutter verärgert sagt vag':

»Vielleicht sind es Handschuhe oder 'ne Sock!«
D'rauf küßte er ihr das Gesicht ziemlich oft,
und dabei studiert er die Anschrift ad hoc:
»Dem jugendlich' Jenkins.«

Moral: »'ne Gabe aus Croft.«

Fakten

Wenn ich mir ein Gewehr erkiese
und damit auf die Sonne schieße,
wird es sein Ziel bestimmt erreichen,
wenn viele Jahre auch verstreichen.

Doch zieht die Kugel nur ein Gran
zu den Planeten ihre Bahn,
wird *nie* den *nächsten* Stern erreichen,
zu fern im Weltall ist dergleichen.

Des Anglers Abenteuer

Als lässig ich so lag an Stromes Rand
und wollte mir dort fangen einen Fisch
mit meiner Angel, da ward mir ein Traum gesandt,
was ich gefangen ward serviert auf einem Tisch.

Es hatte keinen Schwanz, war so kein Waldestier,
war ohne Flügel, also auch kein Vogelwesen,
sein Fleisch jedoch war des Geschmackes Zier,
obwohl den Namen hatte ich noch nie gelesen.

Es schillerte ganz faszinierend farblich gut
und schien 'ne unbekannte fremde Art;
es konnte alles sein, vielleicht ein Jud',
mich wunderte nur, daß es ohne Bart.

Da ich so schlief und träumte, gab's ein Zucken,
das riß mir fast die Angel aus der Hand.
Ich sperrte auf die Augen, tat groß gucken,
dann hatte ich den Glanz im Wasser schnell erkannt!

Das Wesen aus dem Traum! Wie wunderbar,
es zappelt ganz wild an Hakens Ende,
mit Heftigkeit zog ich's ans Land dann zwar,
doch wagte nicht, zu gucken auf die Spende.

In jedem Punkte war es ganz exakt,
was ich im Traum soeben hatt' gesehen,
es war sogar noch viel, viel mehr gelackt,
und seine edle Miene war kaum zu verstehen.

Ich konnte kaum glauben, daß solches man schuf:
ein Wesen an Schönheit so reich.
Im Range wohl weit über Tieren mit Huf,
den Namen, den wußt' ich nicht gleich.

Dacht' an die Naturgeschichte von Brown,
an die Werke von Humboldt und Brehm,
so mysteriös war es mir anzuschauen,
und keines löste mir das Problem.

Im Sinn, was Walton angewiesen,
und and're Angler früh'rer Gauen,
durch Algebra, die längst bewiesen,
wußt' ich, Familie Plesiosauren.

»Ist es nicht so?« fragt' ich das Diener-Mädel,
sie rang die Hände, schrie: »Seid keine Flöte!
Oh seht, mein Herr«, die Antwort hallt' im Schädel,
»Es ist, es ist, es ist, es ist 'ne Kröte!!!!!!!«

Moral: »Träume nicht.«

Eine Fabel

Der Kalif Emir saß auf seinem Thron,
und seinem Lande war er eine Fron.
Der Mufti Bahmin trat d'rauf zu ihm hin,
erzählte ihm ein Gleichnis voller Sinn:
»Ein alter Uhu saß auf einem Baum,
ein junger Uhu träumt' den Hochzeits-Traum,
er will von ihm die Mitgift, eh' er sterbe,
denn schließlich ist er doch sein lieber Erbe.
Er sprach: ›Mein Sohn, ich kann sie dir nicht geben,
doch sollte der Kalif noch ein Jahr leben,
geb' ich dir, Lieber, sei es nur gewahr,
einhundert Farmen, wüst und unfruchtbar.‹«
Hier endet' er die Fabel, blickt' in sein Gesicht
und sah die Träne, die aus seinem Auge bricht,
er dachte stundenlang noch drüber nach
und tat, woran es ihm bisher gebrach,
er änderte sich, hat sein Volk befreit,
   (niemand mehr weinend schlief)
im ganzen Land war nur Glückseligkeit
   (wohl achtzehn Meter tief.)

Moral: »Ändere dich.«

Clara

Des Seufzers Tiefe,
ob Tod sie riefe,
so Gräfin Clara lag auf ihrem Kissen:
auf Kissen Weiße,
nächtens so leise,
die gold'nen Locken waren echter.
»Weh mir, weh mir!«
tat kund sie wissen,
»gerecht ist meine Straf', was ist gerechter?
Doch ich bin arm und fühl' mich dumm.
Warum hat er mich bloß verlassen?
Ich höre nichts, nur ein Gesumm,
das könnt' zu einem Käfer passen.
Ich lebe völlig hoffnungslos
und gucke zu dem Mond da bloß.
Der gelbe Mond, der gelbe Mond!
Er blickt so weich hinab,
und durch die dunkle klare Nacht
er wispert zu ihr schlapp.

Mit Strahlenpracht durch dunkle Nacht
wird diese fast entthront,
oh, wäre ich ein Käuzchen nur,
würb' ich um diesen Mond!
Ich wandere durch fernes Land,
bin jeder Freude bar,
die Müdigkeit mich übermannt,
ich raufe mir mein Haar.
Ist es nicht so? Hör' ich nicht seine Stimm',
ach Herz, gib dich der Freude hin!
Weh! Weh! Weh! Weh!
Mein Geist mir schwankt, mein Herz beginnt zu brennen,
ich glaub' schon Rauches Wölkchen zu erkennen!

Ach je, oh ne!
Doch da vernimmt sie eines Pferdes Tritt,
sie hört eines Reiters Schritt,
sie hört 'nen vagen Ton,
noch wachsen seine Phon,
»Ha! Ha! Ha! Ha!
Gibt's Bier hier, ho!
Wer spricht so, he?
Antwort', du schlechter Kerl!
Eins, zwei, drei, vier,
ich bring dich vor die Tür,
und bist du auch ein Earl!
Steh!
Hol mir die Flasche, sie ist noch nicht leer!
Was? Willst du mehr?
Ich tat es nicht, nein!
Ich wette zwar, ich gewinn' –
was ist's?
Fisch den Fisch ohne Finn' –
hol mir den Wanderstock und Hut –
wer hat am Kragen ausgeruht?
Berühr mich nicht akut,
füll, füll die Tasse – mit Suppenmasse!
Hab ich denn nicht die Nacht befreit?
Zum Stehen bin ich nicht bereit?«

Und bei seiner Stimme Klang
die Clara hob zu seufzen an,
so sagt sie: »Weh!
Oh, wie es geh!
Was sagt er? Nun ich nicht verstand,
die Freude und die Trauer von dem Land
durchfließt für immer im Gekose
wie eine Rose!
Der Rauch, der kräuselt durch der Esse Ferne!

Vor Schrecken schwinden alle Sterne!
Ach weh, ich fühl' mich angeschirrt,
und er nun wild und wilder wird,
sein Zorn ist groß,
was mach ich bloß?«

Ich kreisch' vor lauter Schrecken los,
ich schrei' auf, vor Schmerz gebückt,
ich wollt', ich wäre irre bloß!
Ich wollt', ich wäre ganz verrückt!«
Und durch den nächtig' Dämmerschein
stellt plötzlich 'ne Vision sich ein,
ein urgealtert Mönch
darauf die Stille brach,
und folgendes er sprach,
wobei er streckt die Runzelhand,
schien seinen Worten der Garant,
als er so vor der Lady stand.
»Weint nicht um ihn, oh Lady rar!
Zerwühlt nicht Euer golden Haar!
Und schreit nicht, seid nicht zage
und nicht der Ohren Plage.
Er hat getrunken zuviel Bier,
er tut auch sicher keinen Harm,
vertut die Zeit nicht mit Gezier,
verzichtet bloß auf den Alarm!
Geht runter, laßt den schuld'gen Gatten ein.«
So sprach der Kuttenmann,
»An Gin goß er sich viel hinein,
soff sich 'nen Affen an!«

Moral:
»Mach dem gelben Mond den Hof.«

Ein Besucher

Nun, *wenn* du alles wissen mußt, ich las
    bloß ein Pamphlet,
als ich ein Klopfen hörte an der Tür, so
    sacht wie ein Zephir.
Ich lauschte, hörte es noch mal, so laut
    wie ich *konnt'* reden,
ich rief: »Steht doch nicht draußen rum,
    kommt rein und stellt euch vor!«
Er trat ganz vorsichtig herein, den Hut
    in seinen Händen,
verbeugte sich ganz demütig, wobei mein
    Ärger rauchte,
»Wer *seid* ihr?« schrie ich ärgerlich, und er
    verbeugt' sich wieder.
Mit sanfter Stimme sagte er: »Zu Diensten,
    Sir Pourranschuvvel.«
Ich klingelte und schrie: »Hier, Tom, Dick,
    Kurt, Andrew!
Kommt her! Zeigt ihm die Türe!«
    Mein Wunsch ward sogleich ausgeführt:
und an der Tür dreht er sich um; verbeugt
    sich gar noch mal,
und so, die Hand auf seinem Herz, sanft-
    mütig ging er fort.

Das
Pfarrhausmagazin

Mit den Zeichnungen der Originalausgabe
von Lewis Carroll

Das

Pfarrhausmagazin

---

ist eine

Zusammenstellung der besten Geschichten,

Gedichte, Essays und Bilder,

welche

die vereinigten Talente

der Pfarrhausbewohner

produzieren können.

Herausgegeben und gedruckt

von

CLD

DEN

Bewohnern des

Pfarrhauses Croft,

und

besonders den jüngeren

Mitgliedern

jenes Hauses

ist dieses

Magazin,

ihr

gemeinsames Werk und Produkt

respektvoll

gewidmet

von

dem Herausgeber.

Names of
Authors
with their assumed initials.

L.L...(R.Z.) - -
E.L.D...(W.S.).(S.W.)..
C.L.D.(V.X.)..(B.B.)..(F.L.W.)...
       (J.V.).(F.X.)...(Q.G.)..
C.H.D...(O.D.)...(M.Z.)..
M.C.D...(R.H.)...-
S.H.D..(N.S.)...
W.L.D..(G.L.)...
L.F.D...(C.S.K.)..

Die Aufstellung »Namen der Autoren mit ihren angenomme-
nen Initialen« (siehe Faksimileabbildung) erlaubt uns, alle am
»Pfarrhausmagazin« Beteiligten zu identifizieren. (In Klammern jeweils das Pseudonym.) L.L. ist Lucy Lutwidge, die jüngere Schwester von Carrolls Mutter, also Lewis Carrolls
Tante. Alle folgenden sind Geschwister von Carroll. E.L.D. ist
Elisabeth, C.L.D. ist Lewis Carroll selbst, C.H.D. ist Caroline,
M.C.D. ist Mary, S.H.D. ist Skeffington, W.L.D. ist Wilfred,
und L.F.D. ist Louisa. R.Y. im Original (siehe Abbildung)
nicht erwähnt, aber im Text (siehe Seite 555) als Unterzeich-
nung verwendet, ist ebenfalls Lewis Carroll.

»Ja, da liegt's!«
Shakespeare

Der Anfang eines neuen Magazins ist für den Herausgeber immer ein beunruhigender Augenblick. Eine Frage versteht sich natürlich von selbst: »Was, wenn es völlig fehlschlagen sollte?« Dies ist jedoch ein Schicksal, mit dem wir, wie wir gestehen müssen, keineswegs für dieses Magazin rechnen. Vertrauensvoll blicken wir vorwärts und erwarten die Zeit, wenn das Pfarrhausmagazin, das von den freiwilligen Werken der begabtesten und talentiertesten Autoren und Autorinnen dieses Landes nur so strotzt, den einmütigen und unaufgeforderten Applaus von Tausenden von Bewunderern erhält! Wenn es einer der Stützen und wesentlichsten Beiträge der Literatur Englands werden wird, wenn Kinder ihren ersten Buchstabierunterricht aus dem »Begründungen für den Schund« bekommen! »Doch du kommst vom Thema ab!« deucht mich, hör ich meinen ungeduldigen Leser rufen. Wir fragen dich, guter Leser: haben wir es nicht über unser Magazin geschrieben, und ist es nicht, mit aller Absicht und Zielsetzung, Schund? Ja, wahrhaftiger und vollkommener Schund! Wir wollen jedoch einige Bemerkungen in unserer Eigenschaft als Herausgeber fallen lassen. Viele entgegenkommende Mitarbeiter haben uns mit Geschichten und so weiter unterstützt, indem sie ein enormes Talent offenbarten, diese sind, mit wenigen Ausnahmen, unbestreitbar von jugendlichem Charakter, und wir haben darauf geachtet, daß dies Magazin weit davon entfernt ist, *ausschließlich* jungen Lesern vorbehalten zu sein. Wir haben uns daher unter erheblichen Schmerzen gezwungen, viele von ihnen abzulehnen, in der Gewißheit, daß ihre Autoren, wie wir bereits gesehen haben, sehr wohl fähig sind, Beiträge von weit ehrgeizigerem Charakter beizusteuern. Wir möchten abermals ernstlich um mehr Mitarbeit bitten, sonst

erklären wir mit Bedauern, daß unser Magazin unausweichlich erlöschen wird wie ein unversorgtes Feuer.

Der Herausgeber

Eine Geschichte ohne Namen

»In deinen geliebten Schlupfwinkel zurück,
meine glückliche Muse.«

Thomson

KAPITEL 1

Zahlreich und unterschiedlich waren die Mutmaßungen, die
von Klatschtanten und anderen Einwohnern des kleinen Dor-
fes Malton angestellt wurden, hinsichtlich Namen, Rang und
Heimat einer gewissen weiblichen Person (man konnte sie
kaum mit dem Namen Dame ehren), die man ständig durch
ihre Straßen laufen oder vielmehr hüpfen sah. Sie hatte offensichtlich irgendeine mysteriöse Absicht im Sinn, die den Ein-
satz einer derart außerordentlichen Aktivität forderte, und
hatte nicht die geringste Aussicht, es jemals zu schaffen. Selbst
ihr Wohnort war in diesen undurchdringlichen Schleier der
Finsternis gehüllt, und die größte Neugierde konnte nur die
schiersten Vermutungen anstellen, denn sie war immer auf,
bevor irgendein anderer aus dem Bett war, und blieb so lange
draußen, daß die Dunkelheit verhinderte, daß ihr Heimgang
beobachtet wurde. Sie lief immer die Straße rauf und runter
und fragte gelegentlich beunruhigte Passanten, die sie mit ob-
skuren Fragen aufhielt, wie »Sind Sie die Straße hinunterge-
gangen?«, was, ebenso wie die Hastigkeit der Frage, denjenigen normalerweise für den Rest des Tages erledigte, wenn es
zufällig ein nervöser alter Gentleman war. Ihre Kleidung war
so mysteriös wie ihre Sprache; ein weiter rosa Seidenumhang

bedeckte ihr Gesicht und ihre ganze Gestalt: ohne den ward sie niemals gesehen, und sie enthüllte niemals ihr Gesicht, selbst nicht, wenn sie zu irgend jemandem sprach. Die allgemeine Meinung war, daß sie irgendeine edle Dame in Verkleidung war, doch das blieb tiefes Geheimnis. Eines Tages...

W.S.

(Fortsetzung folgt [siehe Seite 1143]*)

TOMMY UND DICKY

»Ihr Gentleman aus England, ihr sitzt daheim beim Tee,
gering ist euer Wissen von der Gefahr der See!«

Dibdin.

1.

Tommy war rege, doch Dicky im Tran,
sie gingen zusammen zu rudern im Kahn,
   sie blieben auf See bis zur Nacht.
Das Boot kippte um, sie schwommen die Bahn,
Tommy war schnell, doch Dicky zu lahm,
   bis ein Hai ihn dann umgebracht.

2.

So kam Tommy zurück zu den Eltern sehr froh,
bis zum Tod war sehr hoch sein Bildungsniveau,
   hielt stets sich vom Wasser zurück.
Doch nie mehr im Leben sah er irgendwo
einen Hai den Ozean teilen, apropos,
   beklagt' seines Freundes Geschick.

O.D.

---

* [...] ist hier und auf den folgenden Seiten jeweils eine Einfügung des Übersetzers.

»Von mir zu ertragen.«
Shakespeare

KAPITEL 1

Es war ein verschneiter Dezembermorgen. Eine Familie saß
in dem gemütlichen kleinen Eßzimmer von Herrn Hamilton
und genoß offensichtlich einen behaglichen Kamin, die
zischende Teemaschine und den warmen Tee und Toast,
besonders wegen des heftigen Schneesturms, der sich dann
und wann vernehmen ließ, und der heulend und vergebens
gegen die fest geschlossenen Fenster schlug. Die älteste Tochter schenkte mit der ganzen Würde einer Hausdame den Tee
ein und verteilte unter den jüngeren Mitgliedern des Hauses
deren tägliche Portion Haferschleim. Der besagte Haferschleim, das kann ich sehr wohl zum Nutzen der Unwissenden versichern, ist eine merkwürdige und veränderliche
Mischung, die eine unerwartete Ähnlichkeit mit schmutzigem
Kleister hatte und im Geschmack einer Mischung von Griffel-
staub und Sand nicht unähnlich war. Ich kann außerdem hin-
zufügen, daß Kenner dieser Delikatesse die Gewohnheit
haben, sie mit einem Stück Butter zu veredeln, wodurch sie
ein öliges und schmieriges Aussehen bekommt, das sogar
einen Grönländer krank machen würde. Die kleinen Hamil-
tons schienen jedoch die scheußliche Masse gern zu mögen
und sogar zu genießen. Die ältere Tochter mochte eine sehr
gewöhnliche Person für jeden sein, der bloß ihre äußere Form
und Gestalt betrachtete, doch ein Blick in ihr Gesicht ließ keinen Zweifel: die Kopfform, die verzogenen Lippen, die stolzen Augenbrauen, jede Falte und jeder Gesichtszug verkünde-
ten die Tatsache: sie war durch und durch eine Hamilton! Der
Vater war ein strenger und nachdenklicher Mann, »kalt und
faserig« nannten ihn die Nachbarn, obgleich, was die Berechti-

gung des Ausdrucks »faserig« angeht, will ich dafür nicht die Hand ins Feuer legen, da ich den Ausdruck nur in bezug auf Holz verstehe. Im gegenwärtigen Augenblick schienen sich seine Gedanken mit dem ältesten Sohn zu beschäftigen, den er im Sitzen unablässig anstarrte, wobei er aus reiner Zerstreutheit gleichgültig Brot und Butter in allen möglichen phantastischen und unbegreiflichen Formen schnitt. Wie lange er damit fortgefahren wäre, läßt sich unmöglich sagen, denn seine Tochter brach mitten in seine Überlegungen hinein, indem sie ihn sanft erinnerte, daß sein Tee ganz kalt wurde. Derart aus der Ruhe gebracht, schluckte er hastig seinen Tee hinunter und sagte bloß: »Wenn du dein Frühstück beendet hast, Sidney, komm in mein Arbeitszimmer: ich muß dir einiges sagen«, verließ den Raum, und sein Sohn, ein hübscher Junge von etwa 18 Jahren, der irgendwie durch die abrupte Art der Anrede verstört war, verlor keine Zeit, ihm zu folgen, und ließ sein Essen unbeendet.

Sidney hatte gerade die Schule verlassen, und während einer blühenden Karriere hatte er dort eine enge Freundschaft mit einem jungen Mann von fraglos niederer Herkunft geschlossen, den sein Vater mit bitterem Spott wegen des schlechten Geschmacks seines Sohnes, Bekanntschaften zu schließen, »vulgär und armselig« zu nennen beliebte: und dies war, wurde es erwähnt, eine ständige Quelle des Streites zwischen Vater und Sohn. Zum gegenwärtigen Anlaß empfing er seinen Sohn, als dieser das Zimmer betrat, auf kalte und zurückhaltende Weise und mit einer Miene, die mürrischer war als sein normaler Gesichtsausdruck. »Du bist dir natürlich darüber im klaren, mein lieber Sidney«, begann er in einem beschwichtigenden Tonfall, »daß wir nun in jene Phase deines Lebens eintreten, in der ich damit beginnen muß, irgendeine Beschäftigung für dich in Erwägung zu ziehen, und du hast bisher eine Vorliebe für die kaufmännische Laufbahn gezeigt?« Der junge Mann gewährte zurückhaltende Zustimmung.

»Du bist dir darüber im klaren«, setzte sein Vater fort, »und du bist dir außerdem darüber klar, daß es in meiner Macht steht, deine Wünsche auf die bestmöglichste Weise zu unterstützen. Du bist dir darüber klar, daß ich sehr viele mächtige Männer kenne, deren Anteilnahme dir die größten Dienste leisten kann?« Der Sohn nickte, er geruhte nicht zu antworten.

»Dann merk auf, junger Mann«, setzte der Vater fort und wurde immer erregter, während er sprach, »wenn du dich nicht ein für allemal dazu entschließest, deine ganzen *vulgären* Bekanntschaften sofort und für immer fallen zu lassen« (mit einer Betonung auf »vulgär«, die die bleiche Stirn des jungen Mannes erröten ließ) »wenn du das nicht tust, und wenn du mir die ganze Welt dafür gibst, ich werde keinen Finger für dich rühren, nein, noch eine Silbe zu deinem Vorteil äußern!«

»Seht mich an, Sir!« schrie er, da er gewahr wurde, daß seine Worte wenig Eindruck auf den Sohn machten, »gehorcht mir, oder ich werde Euch auf der Stelle enterben.«

Traurig sah sein Sohn ihn an: »Vater«, entgegnete er mit Mühe, »ich schulde Euch den größten Respekt und – es täte mir sehr leid, Euch zu beleidigen oder ungehorsam zu sein, aber – aber den Forderungen der Ehre *muß* man gehorchen. Edmund Tracy fallen zu lassen, den besten Freund, den ich jemals kennengelernt habe, meine eigene Familie ausgenommen, wäre eine Tat nicht nur von schamlosester Frechheit, sondern, erlaubt mir hinzuzufügen, auch von größter Undankbarkeit.« Ohne seinem Vater Zeit zur Antwort zu geben, wandte er sich um und verließ das Zimmer. Einen Augenblick noch hörte man das Echo seiner Schritte durch die weite Halle, dann war er fort.

v.x.

(Fortsetzung folgt [siehe Seite 1145])

Wie merkwürdig und unerwartet sind viele Ereignisse im Leben! Ich, der ich mir selbst in vergangenen Jahren viele schöne Träume von zukünftiger Größe ausgemalt habe, wie ich bewundert und von all meinen Mitbürgern gefragt sein würde; wie Monarchen geruhen würden, mich zu beschäftigen, und Tausende demütig mir zu Füßen liegen würden; wie ich über Blumen und prächtige Satinstoffe schreiten würde und mein Sattel von feinstem Saffian, wie mein Essen aus erlesendstem Mais bestehen würde, der mich in einem Futtertrog aus Seidenholz erwartet – ich, der ich mich in früheren Tagen diesen köstlichen Spekulationen hingab, fresse nun eine Distel! Ach ja! Die Wechselfälle des Lebens sind unterschiedlich (wie man den großen chinesischen Philosophen Konfuzius einmal unhörbar vor sich hinmurmeln hörte, als keiner in der Nähe war), sie sind sehr unterschiedlich, und man kann sie nicht berechnen! Deshalb hab ich von nun an entschieden, die Ereignisse so hinzunehmen, wie sie kommen, mit Gleichmut die Schläge und Tritte zu ertragen, die meine Arbeitgeber für richtig halten, mir zu verabreichen, und sie allein durch beständigen Starrsinn zurückzuzahlen!

Dies waren die Gedanken eines Wesens aus der geduldigsten Familie der Tiere, eines Esels, während er ruhig am Straßenrand die Rückkehr seines Herrn mit einer Ladung Kohlen abwartete. Ohne Zögern können wir erklären, daß wir ihnen selbst von ganzem Herzen zustimmen, und uns bleibt nur noch zu bemerken, daß wir diese Bemerkungen nicht in irgendeiner beleidigenden Absicht meinen, daß wir nicht den Wunsch haben, aus unserem Leser einen Esel zu machen, wie sehr er auch immer die Gewohnheit haben mag, aus sich selbst einen zu machen.

Der Herausgeber

> *»Schaut her.«*
> Shakespeare

KAPITEL 2

Kleine Dinge entwickeln sich manchmal aus großen, und ich will die Neugierde meines Lesers befriedigen, indem ich erkläre, auf welche Weise das Geheimnis der rosa Decke für die Einwohner von Malton gelöst wurde. Eines Tages wurde ein großer und geheimnisvoller Zettel an fast alle Mauern der Stadt geklebt, der die Bewohner einlud, am nächsten Tag um vier Uhr an einer Versammlung in der Stadthalle teilzunehmen (der Grund wurde nicht bekanntgegeben). Als die Stunde kam, und die weite Halle mit neugierigen Gesichtern gefüllt war, trat die unbekannte Dame ein, warf ihren rosa Seidenumhang ab und hielt die folgende Rede; daß sie eine arme Witwe sei, früher sehr verachtet, doch seit sie diese merkwürdige Rolle angenommen habe, sei sie mit größtem Respekt behandelt worden, und daß all ihr Begehren deshalb im allgemeinen mit der größten Schnelligkeit erfüllt worden sei, was ihrem rosa Seidenumhang zuzuschreiben sei. Sie beschloß ihre lange und redegewandte Tirade in der Weise, und währenddessen zeigten die ehrbaren Einwohner von Malton nicht das geringste Zeichen von Ungeduld angesichts dieser unvergeßlichen und ausdrucksstarken Worte. »Respektiert eine ehrenhafte und respektable Person wegen ihrer Ehrenhaftigkeit und Respektatiblität, und wartet nicht, bis sie ihren wahren Charakter verhüllt hat, und euren Respekt und eure Aufmerksamkeit durch einen rosa Seidenumhang erzwingt!«

W.S.

ODE AN WILDE TIERE

Der Löwe schüttelt
sein zottiges Haar,
sein Brüllen durchhallt
die Täler sogar!

Vom Grizzlybären
tönt tief Gebrumm!
Hyäne heult böse
Und heiser herum!

C.S.K.

»Eine Ratte, eine Ratte! Tot für 'nen Dukaten!«

Shakespeare

KAPITEL 2

In der Halle wurde er von seiner Schwester angehalten: »Liebster Sidney!« rief sie aus, »bleib stehn! Warum siehst du so bleich aus? Was hat Vater dir gesagt?«

Er wandte ihr das Gesicht zu. Was für eine Veränderung hatten diese wenigen Minuten bewirkt! Die zusammengepreßten Lippen, die glasigen Augen und der unnatürlich bleiche Ausdruck seines Gesichts zeigten, daß in seinem Innern ein heftiger Kampf tobte. »Ich geh' weg, Lucy«, entgegnete er mit fremdartig ruhiger Stimme, »auf Wiedersehn: küß die kleine Rosa von mir«, und ohne daß er noch etwas sagte, schnappte er seinen Hut und verließ hastig das Haus.

Seine Schwester starrte seiner fliehenden Gestalt mit unaussprechlicher Zärtlichkeit nach, solange sie in Sichtweite war, und selbst dann noch verharrte sie an der Tür und betrachtete seine Fußtritte, die in den tiefen Schnee gedrückt waren, das war alles, was ihr von ihm blieb, den sie so sehr liebte, ohne Sorge wegen des Sturms, der auf sie einschlug, bis sie den Ruf der harten Stimme ihres Vaters vernahm: »Was in aller Welt machst du nur da, Lucy? Du erkältest dich ja zu Tode, komm rein, närrisches Kind!« »Vater«, sagte sie ängstlich, sie konnte nicht mehr sagen. »Nun, was ist los«, war die sorglose Antwort. »Oh, Vater! Sidney...« abermals unterbrach sie sich.

»Red mir nicht von Sidney«, sagte ihr Vater und sein Ärger stieg zum Siedepunkt, »er war ungehorsam, vorsätzlich und boshaft mir gegenüber ungehorsam: er ist nicht mehr länger mein Sohn, und du darfst ihn nicht wieder Bruder nennen. Laß niemals mehr seinen Namen über deine Lippen kommen! Er...« Sie war nicht mehr bereit zu hören, sondern wurde auf der Stelle ohnmächtig, und ihr Vater war kaum in der Lage, sie aufzufangen, ehe sie zu Boden ging.

V.X.

(Fortsetzung folgt [siehe Seite 1150])

SCHRECKEN

1.

Ich dacht', ich ging an düst'rem Ort
 viel Schrecken um mich her,
die Luft war viel Gesichten Hort,
 die Erde schwarz und leer.

2.

Ich sah, ein Monster kam geschwind,
 das Antlitz grimmstes Grün,
das Menschen sich zum Nachtmahl find',
 es war ganz schrecklich kühn.

3.

Ich konnt' nicht reden, konnt' nicht fliehn,
 fiel nieder mit Gewicht,
ich sah des Monsters Schreckensmien'
 mir schielen ins Gesicht!

4.

Inmitten meines Schreckenstons,
 weil mich sein Prügel traf,
hört ich: »Oh, wacht doch auf, Herr Jones,
 sie schreien ja im Schlaf.«

B.B.

»Lieb mich, lieb meinen Hund.«

KAPITEL 1

»Meine liebe Miss Primmins!« sagte die freundliche und behäbige Dame, Mrs. Cogsby, eine stämmige, gutmütige Person, die an einem Sommerabend mit jenem erfreulichsten Teil der Gartenarbeit beschäftigt war, welcher darin besteht, einige welke Rosenknospen mit einem riesigen und blutrünstig aussehenden Messer zu amputieren, das offensichtlich ursprünglich zu dem weit ungewöhnlicheren Zweck geschaffen worden war, Krokodile zu ermorden, doch welches sie zur gegenwärtigen Gelegenheit mit nicht mehr sichtbarer Erregung handhabte, als wäre es das feinste Federmesser einer Dame. »Meine liebe Miss Primmins, Ihr dürft nicht mehr daran denken, auch nur einen *Schritt* weiterzugehen, bevor Ihr nicht hereingekommen seid und ein Glas von meinem Holunderwein probiert habt. Außerdem habt Ihr meinen Liebling Guggy schon *lange* nicht mehr gesehen, und er hat sich *so* gebessert!«

Der besagte Liebling Guggy war ein ziemlich großer Junge von etwa sechs Jahren, die Freude seiner Mutter und der gänzliche Abscheu der gesamten Nachbarschaft, der unglücklicherweise ganze Abende hintereinander von Mrs. Cogsby geopfert wurden, damit sie ihn bewundere und seine Leistungen anhöre. Er wurde immer nach dem ausdrücklichen Wunsch seiner Mutter ins Zimmer getragen, obgleich von ihren etwas aufmerksameren Besuchern bemerkt wurde, daß die Amme ihn erst vor der Tür hochhob, und in der Tat war es für jede menschliche Amme unmöglich ihn zehn Yards zu tragen, ohne ihn fallen zu lassen.

»Komm schon, Mam«, begann das gegenwärtige Opfer, eine widerlich verrottet aussehende junge Dame, beträchtlich über die 70, die all ihre Worte unter erheblichen Schwierigkeiten aus einem der schmalsten Münder schraubte, »komm schon, Mam, wullt nich inne Abgeschiednheit dring.« Doch Mrs. Cogsby wollte keine Entschuldigung gelten lassen, und bald saß sie im Salon, wo sich im Laufe einer halben Stunde acht oder zehn weitere Opfer einfanden, und der Liebling Guggy ward präsentiert.

»Oh, was für ein reizender Junge«, lautete das allgemeine Urteil bei seinem ersten Erscheinen, der reizende Junge stand

unterdessen mit dem Daumen im Mund an den Knien seiner Mutter und würdigte die gesamte Gesellschaft keines Wortes. »Ich muß Ihnen wirklich«, begann Mrs. Cogsby, »ein bemerkenswertes Werk von Guggy zeigen. Es ist ein Porträt seines Vaters, wundervoll wie er (einzigartige Lage der Augenbrauen), nur der arme liebe Mann wollte es sich nicht ansehen,

als ich es ihm heute zeigte, sondern verschwand wie ein Blind.« (Zweifellos eine Kombination von Blitz und Wind, die Konfusion der Worte war eine von Mrs. Cogsbys Eigenarten.) In diesem Augenblick vernahm man ein sanftes Klopfen an der Tür.

F. L. W

(Fortsetzung folgt [siehe Seite 1154])

»Kaum warst du gegangen.«
Scott

Die Frage: »Wie ist deine Meinung über die Sachen im allgemeinen?« ist viel öfter gestellt als beantwortet worden: sie
wurde so lange und so beständig unter kleinen Geistern ausge-
tauscht, daß wir uns fast fürchten, über ein so abgedroschenes
Thema zu schreiben. Bei der gegenwärtigen Lage ist es unsere
Absicht, so etwas wie eine Antwort zu dieser schwierigen
Frage zu versuchen. Wir sind uns bewußt, daß, was immer wir
sehen, anfassen oder überdenken können eine Sache ist, und
wenn die Frage sich auf eine besondere Sache beschränkt, wie
»Was hieltest du von dem Stachelbeerpudding gestern?« oder
»Was hältst du von meinem neuen Hut?« können wir antwor-
ten »Sah noch niemals einen häßlicheren, oder »Schockierend

mies«, mit völligem Vertrauen und Bereitwilligkeit, wie der
Fall gerade liegt, aber der Fall liegt anders, wenn die Frage un-
bestimmt erweitert wird, denn unsere Ansichten über unterschiedliche Sachen sind natürlich so unterschiedlich wie die
Sachen selbst, und es scheint unmöglich zu sein, all diese zu
einer zu kombinieren. Wenn die Frage lautet: »Wie *sind* deine
Meinungen über die Sachen im allgemeinen?« könnte man
eine Antwort geben, aber es bedürfte Bände, um sie auszudrücken. Nach reiflicher Überlegung sehen wir den einzigen
Ausweg aus dieser Schwierigkeit so: da es für den Fragesteller
keine Möglichkeit gibt, zu erraten oder festzustellen, wie
deine Meinung sein mag, scheint die beste und zufriedenstell-
lendste Beantwortung der Frage darin zu bestehen, mit ernster und vorwurfsvoller Stimmen zurückzufragen: »Wie ist die
Ihre?«

Der Herausgeber

SIDNEY HAMILTON

KAPITEL 3

Nachdem er eine gute Strecke durch das Schneetreiben, das
ihn bis auf die Haut näßte, in einem Zustand der Erregung
und des Jammers, den man einfacher empfinden als beschreiben kann, die Hauptstraße entlanggelaufen war, holte Sidney
einen Planwagen ein, der in derselben Richtung wie er dahinzog, jedoch in gemächlicherem Tempo. In seinem gegenwärtig zerrütteten Zustand war jeder Wechsel wünschenswert,
und so bat er, ohne einen Augenblick zu zögern, den Kutscher
so teilnahmslos wie nur möglich, ihn mit in die nächste Stadt
zu nehmen. Der gutmütige Furhmann stimmte sogleich zu,
wobei er bemerkte: »Na, junger Mann, iss wohl was feucht.
Was machst du an so 'nem Tach draußen?« Indem er einige
unverständliche Worte zur Antwort murmelte, suchte Sidney

sich den bequemsten Platz, den er zwischen dem Stroh auf dem Wagen finden konnte, und schickte sich sofort an zu schlafen.

Kurz vor Nachteinbruch (denn die Entfernung zur Stadt war so beträchtlich, daß des Fuhrmanns Wagen sie kaum vor Morgengrauen erreichen würde) weckte ihn der Kutscher, um ihm etwas zu essen zu geben, und erzählte ihm, während er speiste, daß sie nach einigen Meilen an einem Ort vorüberkommen würden, der von den Landbewohnern »Steh-und-ergib-dich-Ecke« genannt wurde, weil er ein Zufluchtsort für Straßenräuber war, tatsächlich, und er schloß: »Ich fahr nie vorbei, ohne 'ne Donnerbüchse bei mir zu ham.« »Weckt mich, wenn Ihr dort seid«, sagte Sidney schläfrig, »ich würde es ziemlich gern sehen«, und, ängstlich darauf bedacht, seine Sorgen im Schlaf so bald wie möglich zu vergessen, legte er sich wieder hin.

Abermals im Traumland stellte er sich vor, er wäre mit Edmund Tracy zusammen, sie ruderten gemeinsam in einem kleinen Boot auf dem See, alles war heiter und herrlich. Unvermittelt erhob sich ein Sturm, und mit einem jener merkwürdigen und plötzlichen Ortswechsel, die so beständig im Traum stattfinden, war das Boot verschwunden, und er und sein Freund klammerten sich an ein Ruder und trieben auf die Felsen zu: da stand sein Vater, und er hatte schon seine Hand ausgestreckt, um aus dem Wasser gezogen zu werden, als er die Stimme seines Vaters vernahm, die hart, wie sie ihm an jenem Morgen geklungen hatte, die Worte aussprach: »Laß *ihn* los oder geh mit ihm zugrunde!« Und mit diesem Satz versanken sie. Oh, die Schrecken jenes endlosen Fallens im Traum, tief, tief, tief ging es, tief in den unergründlichen Schlund des Ozeans, und er klammerte sich an seinen Freund, während die harte Stimme seines Vaters ihm noch in den Ohren klang, als er plötzlich durch einen Stoß des Kutschers geweckt wurde: »Dies ist der Ort, junger Mann«, wisperte er. Er schreckte auf: ein niedriges schwarzes Gehölz säumte die

Straße, und während er darauf starrte, sprangen zwei Männer
heraus ins Mondlicht, einer griff dem Pferd in die Zügel.

V.X.

(Fortsetzung folgt [siehe Seite 1158])

EINE GESCHICHTE AUS DEN KRIEGEN, I

1.

Die Nacht war schwarz, der Abend kalt,
    ein Unglücksbote kam,
war aufgestanden mit Gewalt,
    vom Schlafe noch ganz lahm.

2.

Die Kund' war für die Königin,
    die Kunde voller Schmerz:
der General, der trug sie hin,
    er hatt' ein gutes Herz.

3.

Die Nachricht d'rin enthalten war,
    ihr lieber Sohn sei tot,
ein Speer durchbohrte den, ganz klar
    er sah die große Not.

4.

Als er erreicht' des Schlosses Tor,
    rief er den Pförtner laut,
der fragt' ihn, ob der Feind verlor,
    ob endlich er knockout.

Er wollte erst zur Königin,
  bevor er mit ihm sprach,
der Pförtner sah an ängstlich ihn
  und öffnete gemach.

6.

Sie schritten durch die weite Hall'
  und über Treppen schnell,
da tat der Bote einen Fall,
  ohnmächtig auf der Stell'.

G.L.

(Fortsetzung folgt [siehe Seite 1160])

Bauer Grubbins

»Da hängt eine Geschichte dran, wie ein Schwanz.«
Shakespeare

KAPITEL 1

Es war ein schöner Sommermorgen, und Bauer Grubbins saß da und rauchte seine schneeweiße Pfeife. Seine Frau wusch das Geschirr ab. »Gatte«, sagte sie, »ist dir klar, daß es ein ganzes Jahr her ist, seit wir am Meer waren? Was hältst du davon, wenn wir nächste Woche gehen?« »Ja, Frau«, sagte der Bauer, der mit seinen Stulpenstiefeln und in seiner grünen und scharlachroten Weste im Lehnstuhl saß, »wenn mein Fuß heil ist, Frau, würdest du mir gerade mal jene Tabakdose runterreichen? Ich fürchte, ich muß mein Lieblingsessen – heißes Nierenfett mit Sahne – aufgeben, es macht mich so fett, daß ich kaum gehen kann.« Gerade an der Stelle wurde ihr Gespräch von ihrem ältesten Sohn unterbrochen, der einen jungen

Schlingel hinter sich her zog, wobei der mit all seiner Stimm-
gewalt schrie.

N.S.

(Fortsetzung folgt [siehe Seite 1202])

Schloss Crundle

»Sie spotten der Luft.«
Gray

KAPITEL 2

Die Tür wurde geöffnet, und Mr. Cogsby Senior betrat schüchtern das Zimmer: er warf einen ängstlichen Blick um sich, entdeckte Miss Primmins, die gerade sein Porträt begutachtete,
und mit einem schwachen Entsetzensschrei sank er in einen
Stuhl. Mrs. Cogsby stürzte zu ihm hin, und mit Hilfe einer
wohlgezielten Serie energievollster Schläge auf den Rücken
gelang es ihr, seinen Lebensfunken wieder anzufachen. »Mein
lieber Alfred«, murmelte sie ihm vorwurfsvoll ins Ohr, sobald
sie Anzeichen dafür wahrnahm, daß sein Bewußtsein zurückkehrte, »sich vorzustellen, daß *du* dich dieser Schwäche er-
gibst! *Du,* dem ich bestimmt *mehr* war als eine Mutter...«
»Entschuldigen Sie bitte, Madam«, unterbrach ein langer, bleicher junger Mann, wobei er seinen großen Kopf, in dessen
Mund sich stets ein kleines Stäbchen befand, über den Stuhl
beugte, »aber sind Sie zufällig seine – Großmutter?« »Sir!«
sagte Mrs. Cogsby mit vernichtendem Blick, der ihn augenblicklich verstummen hieß. Sogar in diesem schrecklichen
Moment besaß sie die Geistesgegenwart, die Klingel zu drük-
ken, »zeigen Sie dieser *Person* den Weg hinaus!« sagte sie leise,
und der junge Mann, den die Wirkung seiner Rede erstaunte,
folgte der entrüsteten Hausangestellten, die sah, daß ihre Herrin *irgendwie* beleidigt worden war, obgleich sie sich keineswegs klar darüber war, wodurch.

1154

Als die Gefahr vorüber war, kam Mrs. Cogsby der Gedanke, daß es an *ihr* sei, eine Szene zu machen, und folglich setzte sie ein: »Dieses Vieh! Dieses Biest!!! Eine junge Dame – n – nicht mal dreißig – als – Groß – oß – oß – mutter – zu – bez – bezeichnen – oh!« und da sie hier den Höhepunkt erreicht hatte, fiel sie, indem sie ihre Lieblingslist so ausführte, daß sie in malerischer Haltung auf ein Sofa sank. Im nächsten Augenblick ließ sich ein Schmerzensschrei von Guggy vernehmen, die Füße jenes holden Kindes waren gerade noch sichtbar, wie sie unter dem Kleid seiner Mutter hervorlugten.

F.L.W.

(Fortsetzung folgt [siehe Seite 1161])

TRÄNEN

1.

Seit mehr als sechzig Jahren
noch nicht ganz hundert
bin ich im Gram erfahren,
hab mich gewundert,

2.

ob ich wohl wirklich sei
ein Individel
randvoller Schäkerei
und spiel die Fiedel.

3.

Blies auf kaputter Pfeiff'
traurige Melodie,
so blieb mein Lebensreif
Melancholie.

B.B.

ROST

»Die Ritter frosten, und ihre guten Schwerter rosten.«

Rost ist jener sandfarbene Pulverüberzug, der an einem Eisen auftritt, nachdem man es der Feuchtigkeit ausgesetzt hat; er bildet sich auch auf verscheidenen anderen Metallen unter verschiedenen Namen, so wie Grünspan auf Kupfer und so weiter; es dringt niemals weiter ein als in eine bestimmte Tiefe, und wenn es sich einmal gebildet hat, so schützt es das darunterliegende Metall und hält von ihm die Einwirkungen der Atmosphäre ab.

So lautete die philosophische Definition des Rostes, und als solche läßt sich die Wendung nicht allein auf Metalle beziehen, sondern seine Verwendung läßt sich im metaphorischen Sinne viel weiter ausbauen. So kann es einen Rost des Verstandes oder des Intellekts geben, und kein Schicksal fürchten wir mehr für unser Magazin, als daß es rostig wird. Wir möchten seine Räder gleichmäßig weiterlaufen sehen, die Achsen wohlgeschmiert durch einen reichen und stetigen Strom der Beiträge, den Dunst der Dummheit weggeweht durch den

rasch wedelnden Fächer des Witzes und alle Hindernisse und Hemmnisse durch den Eifer und die Aufmerksamkeit seiner Mitarbeiter aus seinem Weg geräumt. Und dennoch, so erfolgreich unser Magazin bisher gewesen ist, und so enthusiastisch es aufgenommen worden ist, scheint das Schicksal, das wir für es fürchten, nicht mehr in sehr weiter Ferne.

Wir haben heute morgen den Briefkasten des Herausgebers
natürlich in der Erwartung geöffnet, er würde vor Beiträgen
überfließen und fanden ihn – die Feder sträubt sich, und die
Tinte errötet, während wir dies schreiben – leer! Noch ein
Wort zu dem Wesen des Rostes. So wie Grünspan ein Kupfer-
oxyd ist und so weiter und so fort, so nennt man Rost normalerweise ein Eisen.

Der Herausgeber

Wie es fiel auf einen Tag

1.

Als ich saß feste auf dem Herd,
    (und oh! Nur fett hier ist ein Schwein!)
ein Mann vorbeilief ohne Pferd,
    (warum denn Sorge mein?)

2.

Und als er dann zum Hause kam,
da schnaufte er nur noch ganz lahm.

3.

und als er endlich kam ans Tor,
sein Antlitz bleicher als zuvor.

4.

Als er die Klinke drückte, da
der Mann fiel nieder, wo er war.

5.

Als er schritt durch die luft'ge Hall',
dann und wann hört' ich seinen Fall.

Er stieg den Turm hoch zum Logis,
da raufte er sein Haar und schrie.

7.

Als er kam in die Kammer rein,
    (und oh! Nur fett hier ist ein Schwein!)
bohrt ihm die Nadel tief hinein,
    (warum denn Sorge mein?)

J.V.

SIDNEY HAMILTON

»Lauf, Malise, lauf!«
Scott

KAPITEL 4

Als sich Lucy Hamilton erholt hatte, fand sie sich auf einem
der Sofas im Salon wieder, wo ihr Vater sie niedergelegt und
zurückgelassen hatte, indem er sich sehr wenig darum kümmerte, ob sie sich erholte oder nicht. Sie wurde sogleich munter und versuchte, die traurigen Ereignisse des Morgens zu
vergessen und sich mit ihren häuslichen Pflichten zu beschäftigen, doch das war alles sinnlos: ein ungebetenes Seufzen kam
immer wieder von ihren Lippen, und eine unabsichtliche Trä-
nenflut strömte aus ihren Augen. Eine traurige kleine Gesellschaft waren sie, als sie an jenem Abend beim Essen zusammensaßen. Ihr Vater, der als letzter kam, nahm sein Essen
schweigend zu sich, ohne ein Wort an irgend jemanden aus
der Familie zu richten, und verließ das Zimmer so schnell wie
möglich. Sie versuchte, ein Gespräch mit ihren Brüdern und
Schwestern anzuknüpfen, aber alle fühlten sich so elend wie

sie, und der leere Stuhl am Tisch reichte aus, alle Freude zu ersticken.

Als sich bei Mr. Hamilton allmählich das Gefühl einstellte, daß sein Sohn wirklich fort war, fort, aller Wahrscheinlichkeit nach, um nicht mehr zurückzukehren, wurde ihm ganz elend zumute, doch sein Stolz wollte ihm noch nicht gestatten, zuzugeben, daß es allein seine Schuld war, und daß er ihn selbst aus dem Haus getrieben hatte. Die Hoffnung, daß sein Sohn schnellstens zurückkommen würde, um sich zu fügen und um Verzeihung zu bitten, der er sich am Morgen noch hingegeben hatte, schwand allmählich im Verlauf des Tages, und an seine Stelle trat ein derart widerliches Gefühl der Leere und auch noch der Verzweiflung, daß er nahezu verrückt wurde.

Der unbarmherzige Sturm hatte den ganzen Tag über keinen Augenblick nachgelassen, und die Gedanken von der Not, die sein Sohn eben jetzt erleiden mußte, die mit immer größerer Intensität auf ihn einstürmten, trieben ihn in den äußersten Zustand des Jammers, und schickten ihn in einer Verfassung zu Bett, die an der Grenze zum Wahnsinn lag.

v.x.

(Fortsetzung folgt [siehe Seite 1167])

Die Dorfschule

>*Lehr die Jungen, wie man schießt.*<
Cowper

Mich dünkte, ich besuchte eine Dorfschule: die Lehrerin hatte man angewiesen, gegenüber den Kindern nachsichtig und freundlich zu sein, so daß alle sie liebten, und ich wollte das mit meinen eigenen Augen sehen, während ich eintrat,

lief der Unterricht. »Sally Brown! Schwatz nicht, oder du
fängst eine!« »Bitte Mam, ich hab' nicht gesprochen!« »Antworte nicht! Geh in die Kohlenkammer!« (stößt sie hinein
und schließt die Tür) »und« (ruft sie durch die Tür) »und da
bleibst du bis Mitternacht.« »John Dubbs! Zwinker nicht!«
(Gibt ihm einen heftigen Schlag auf den Rücken.) »Tun Sie
dem kleinen Jungen nicht weh«, wagte ich zu bemerken. »Haltet den Mund, Sir! Das geht Euch gar nichts an!« »Rühr dich
nicht, Mary Jones!« »Bitte, Mam, wollen Sie Sally rauslassen!
Ich war es, die gesprochen hat.« »Oh, du warst das also? Nun,
dann nimm das« (schlägt sie nieder), »aber ich kann *sie* jetzt
nicht rauslassen.« »Sieh mich nicht an, Jack Burns!« und wirft
ihn ins Feuer. Mich dünkte, ich verließ die Schule.

R.Y.

EINE GESCHICHTE AUS DEN KRIEGEN, II

7.

Der Pförtner hob ihn ganz schnell auf,
    bracht' ihn zur Königin,
die gab ihm Brot und Rumauflauf,
    sie traute seinem Sinn.

8.

Als er erholt' sich ganz und gar,
    sprach sie: »Alles im Lot?«
»Ach nein«, sprach er, »das ist nicht wahr,
    Ihr liebster Sohn ist tot.«

9.

Die Königin in Ohnmacht fiel,
    der Pförtner fiel auch dort,

der Bote guckte auf die Diel'
und er verließ den Ort.

10.

Die Königin rafft Herzeleid,
den Pförtner Gram dahin,
es starb der Prinz an einer Schneid',
dem Boten schwand der Sinn.

G.L.

SCHLOSS CRUNDLE

»Vorerst fällt die Front.«

KAPITEL 3

Auf der einen Seite bekam Mrs. Cogsby eine Serie kräftiger kleiner Stöße von ihrem Lieblingssohn zu spüren, während ihre besorgten Freundinnen andererseits alle Arten unerhörter Wiederbelebungsmittel einsetzten. Miss Primmins, in der einen eine ganze Handvoll verbrannter Federn, in der anderen Hand die Flasche aus Hirschhorn, war die Eifrigste unter ihnen. Mr. Cogsby war beim ersten Alarmsignal verschwunden: er kam nun mit einem zufriedenen Lächeln auf dem Gesicht wieder, und er begoß, ehe jemand ihn daran hindern konnte, sein Weib mit dem Inhalt eines sehr großen Wassereimers. Alle Symptome einer Ohnmacht verschwanden im Nu, und Mrs. Cogsby sprang mit Wut und Rachsucht in ihren flammenden Augen aus ihrer Ruhelage auf, ergriff ihren erschrockenen Gatten am Ohr und führte ihn aus dem Zimmer: der unglückliche Guggy, den keiner bemitleidete, ward in einer zerquetschten und gewaffelten Lage auf dem Sofa zurückgelassen, wo er von der Hausangestellten Stunden später frenetisch heulend gefunden wurde.

Schreie und Schläge tönten aus dem anliegenden Zimmer, und die Besucherinnen verstopften sich die Ohren und stürmten aus dem Haus, den unglücklichen Mr. Cogsby seinem Schicksal überlassend. Die Gentlemen waren nur zu froh, ihnen zu folgen, und niemand blieb zurück, außer einem tauben alten Gentleman, der nicht die geringste Ahnung hatte, was geschehen war, und der nun mit gekreuzten Beinen und einem ruhigen und stillen Lächeln in der Ecke sitzen blieb.

Was in Mr. Cogsbys Haus erfolgte, ist nicht an uns zu berichten: Miss Primmins bemächtigte sich, als sie zu Hause ankam, eine starke Hysterie.

F.L.W.

(Fortsetzung folgt [siehe Seite 1170])

ENTSETZEN

1.

Sieh die Sterne, wie sie geh'n,
　　jeder ziellos seine Bahn,
sie mit Ärgernis uns seh'n,
　　sagen zu uns: »Dummerjan,

2.

halte bitte deine Zung'
　　und quäl' uns nicht mit Fragen,
denn dazu bist du viel zu jung,
　　die Meinung frei zu sagen.

3.

Siehst du nicht der Berge Kamm?
　　Siehst du nicht die nahe Palm'?
Oh! Ich hör' der Glocke Ramm!
　　Oh! Ich seh' den wogend Halm!

4.

Ist es nicht 'ne böse Schlang',
　　die dort windet ihren Schwanz,
heim'sches Zischen ist ihr Sang,
　　sieh den gelben Schuppenglanz.

5.

Fernes Heulen, polyphon,
　　bös' Gemurmel klingt ganz nah,
alles kündet mir im Ton,
　　etwas Böses kommet da!

6.

Sieh! Es kommt ein großer Grimm
　　pustend schwarze Wolken aus!
Mittenraus dringt eine Stimm,
　　und ich hör' des Monsters Graus.«

7.

»Von den Gleisen weg, sofort!«
　　»Halt Maschinen, halt Gesaus!«
»Heizer! Reich den Kübel dort!«
　　»Euston Station! Tickets raus!«

8.

»Tickets raus, hier! Tickets! Tick...«
　　So gesagt, so tat ich es,
gönnt' dem Schrecken letzten Blick,
　　und ich lief nach Haus expreß.

B.B.

»Aber laßt uns nicht zu wild vorrücken.«
Goldsmith

Ich *könnte* ein gewaltiges und prächtiges Schloß besitzen, ausgestattet im besten Stil von Eleganz und Vornehmheit, mit stattlichen Gärten, voll der auserwähltesten und seltensten Blumen, einen großartigen und riesigen Park voller Rotwild, reich an natürlichen Kaskaden und künstlichen Brunnen, mit einer dichtbewachsenen Allee, einer enormen Bibliothek, die all die Bücher enthält, die jemals in der Welt gedruckt worden sind, ich *könnte* jeden Spaß und Komfort haben, den Reichtum bieten kann, *aber* – ich kann nicht! Oh weh! Leser, wie viele leuchtende Visionen feenhafter Luftschlösser sind vor dem allmächtigen Einfluß des kleinen Einsilbers »aber« verblaßt! »Glasbutt«, wie Dr. Johnson letzthin bemerkte, »Glasbutt *könnte* Butt sein, *aber* – er kann nicht.« Napoleon *könnte* die ganze bewohnte Welt einschließlich England erobert haben, *aber* – er tat's nicht! Und wir selbst *könnten* diesen gelehrten Artikel frohgemut Seite um Seite verlängern, bis unser Leser vor Schwäche in Schlaf sinkt, *aber* – wir können uns nicht mehr Sagenswertes ausdenken.

Der Herausgeber

SCHMERZEN

1.

Mit Blitzes Eil
schnell wie ein Pfeil
wie aus einer Kanone
den Boden lang,
ein Rückstoß drang
und vorwärts die Patrone.

2.

Durch Berg und Tal,
durch manchen Kral,
durch Lande, Stadt und Dorf,
nun vorwärts eilt
und Felder teilt,
die reich gedüngt mit Torf.

3.

Noch hopp, hopp, hopp,
kein Halt, kein Stopp,
fliegt über Meeresfläche,
durch Dorngebüsch,
durch See und Fisch,
durch Ströme und durch Bäche.

4.

Durch Täler weit,
durch Straßen breit,
an Meeres lautes Röhren.
mal hier, mal da,
mal fern, mal nah,
als würd' man Schwalben hören.

5.

Und noch hopp, hopp,
kein Halt, kein Stopp,
und vorwärts die Patrone,
ein Rückstoß drang,
den Boden lang,
wie aus einer Kanone.

6.

Den Boden lang,
durch Fels und Hang,
vorbei, kein Halt, kein Wähnen,
da siehst du kaum,
an einem Baum,
'nen Löwen grimmig gähnen.

7.

Sein Gähnen faul
aus großem Maul,
die Kiefern blutgerötet,
wo um ihn rund
auf seinem Grund
die Körper, die getötet.

8.

Mit eilend Drang
den Boden lang
die Kugel nicht verfehle,
kein Halt, kein Stopp,
dann trifft sie, plopp,
den Löwen in der Kehle.

9.

Zwei Grunz, ein Schrei,
er ging entzwei
und starb ganz ohne Sträuben,
als einz'ges Poch
da hört man noch
den Schwanz die Erde stäuben.

B.B.

»Komisch der Vortrag.«
Cowper

KAPITEL 5

Fast bevor er wußte, wo er war, befand sich Sidney außerhalb vom Wagen. Einen seiner Angreifer an den Schultern fassen und ihn unter die Pferdehufe schleudern war das Werk eines Augenblicks, doch der andere, größer und muskulöser als sein Gefährte, war kein Kinderspiel für ihn und nach kurzem Kampf gelang es dem, ihn zu Boden zu zwingen und ihm seine Knie auf die Brust zu setzen. Ihm wurde schwindelig, er hörte das Klicken der Pistole an seinem Ohr und bereitete sich schon auf seinen alsbaldigen Tod vor, als sich die Stimme von des Kutschers Donnerbücks vernehmen ließ, und der Räuber tot neben ihn niederstürzte.

Der gutmütige Kutscher, der auf diese Weise sein Leben gerettet hatte, verlor keine Zeit, ihn von seinem gefallenen Feind zu befreien, und die beiden näherten sich nun dem zweiten Raufbold, der mitten auf der Straße auf dem Gesicht lag, betäubt von der Kraft, mit der Sidney ihn niedergeworfen hatte. Als sie ihn aufhoben, wurde klar ersichtlich, daß er noch lebte, und der Kutscher legte ihn auf Siedneys Rat hin in den Wagen, nachdem er ihn zuerst vorsichtigerweise an Händen und Füßen gefesselt hatte. Dann fuhren sie weiter, indem sie den anderen Raufbold im Straßengraben liegen ließen, der so für seine Tollkühnheit teuer bezahlt hatte.

Sidney setzte sich wie zuvor in den Wagen, vom Kampfe, den er gerade bestritten hatte, noch sehr erregt und beobachtete den leblosen Raufbold, der an der anderen Seite des Wagens auf dem Stroh ausgestreckt lag: nach kurzer Zeit meinte er, eine Bewegung von einem seiner Arme zu bemerken, doch da er es für ein Trugbild seiner kranken Phantasie ansah, hielt er eine Erwähnung dem Kutscher gegenüber nicht für notwendig, aber wenige Minuten waren verstrichen, als der Räuber, in der Hand das gezogene Messer, mit dem er die Stricke durchgeschnitten hatte, aufsprang, mit wütendem Schrei auf Sidney stürzte und ihn in einem Augenblick halbwegs aus dem Wagen hatte.

V.X.

(Fortsetzung folgt [siehe Seite 1174])

YANG-KI-LING

1.

Die Hoheit Yang-ki-ling
war den Chinesen King,
auf seinem Thron er saß,
um ihn die Höfling' all
demütig in der Hall',
die Geste er genaß.

2.

»Tritt näher, Fifufom,
oh Weltenbummler, komm!
Bekannt in jeder Ecke,
wie keiner meiner Köche«,
so sprach die Hoheit, »spreche
und neu Gericht entdecke!

3.

Der Vogelnester über,
da gibt's kein Lob mehr drüber,
auch kann ich wohl verzichten

auf Schnecken und auf Hund,
wie oft gehörten Schund,
ich lechz' nach neu Gerichten!

4.

Der Fom darauf gescheit:
»Ich reiste wahrlich weit.«
Sein Kleid zerknüllt im Schock,
»was ich auch kriegte zu Gesicht,
es gab kein besseres Gericht
als Apfels Schlaf im Rock.«

F.X.

FLEDERMAUSIEN

Eines späten Abends, lang nach der Schlafenszeit, hielten die
Vögel einen Disput darüber ab, wer der beste von ihnen sei.
Es war so dunkel, daß sie kaum einander sahen, als sich eine
sanfte Stimme zwischen ihnen erhob. »Was würdet ihr sagen,
wenn ich beweisen könnte, daß *ich* der vorzüglichste Vogel
bin, der existiert?« »Hallo«, riefen alle einstimmig, »wer ist
das?« »Eine Fledermaus«, sagte höhnisch der Pfau. »Nun, was
sind deine Beweise?« fragte eine freche Elster, und sie begann
also: »Meine Weisheit ist offensichtlich, denn ich komme niemals, bevor es dunkel ist, heraus, wohingegen ihr, indem ihr
euch bei Tag heraus wagt, ständig von Menschen abgeschos-
sen werdet, meine Güte ist eurer überlegen: wann habt ihr
jemals gesehen, daß *ich* eine Maus aß?« (mit einem Zwinkern
zur Eule hin.) »Von Natur aus besitze ich keinen Dünkel, dem
so viele Vögel verfallen sind, ich will nicht persönlich werden«
(einen Streifblick zum Pfau hin), »sondern ich meine das bloß
so im allgemeinen. Wer außer mir wird von jenen allerklüg-
sten Kreaturen, den Menschen, als eine Verbindung zwischen

Vierfüßler und Zweifüßler bezeichnet, eine Benennung, die
wir mit unseren geringen Fähigkeiten nicht verstehen, aber
die eine große, *sehr* große Ehre sein *muß*« (hier verhielt sie und
zählte im Geiste nach der Reihe ihre verschiedenen Vorzüge
auf, die sie angeführt hatte, nämlich Weisheit, Güte, Bescheidenheit und sich der Ehre zu erfreuen, als Bindeglied der
Schöpfung bezeichnet zu werden), »eine Ehre«, führ sie fort,
»die kein anderer Vogel innehat, außer dem Fliegenden Fisch,
der meiner Meinung nach« (und hier stimmten ihr alle zu)
»ein äußerst elendes Lebewesen ist, und *vielleicht* der Mücken-
vogel« (hier schmatzten die Spatzen mit ihren Lippen oder
vielmehr Schnäbeln), »doch *der* zählt kaum zu uns *größeren*
Vögeln; ich erwähne nicht den Spaßvogel, weil ich glaube,
daß er ganz entschieden ein Haustier ist (tatsächlich habe ich
ihn nie gesehen und habe nur seinen Namen von verschiedenen Wesen der menschlichen Spezies erwähnen hören), so
daß man ihn nicht unter die freilebenden Vögel einordnen
kann. Natürlich *könnte* ich noch viele Beispiele anführen, doch
da ich sehe, daß die Sonne aufgeht, muß ich mich mit einer
Schlußbemerkung verabschieden. Verachtet niemals Fleder-
mäuse.«

S.W.

Schloss Crundle

»*Eine Geschichte aus alten Zeiten!*«
Ossian

KAPITEL 4

Die größte Antipathie und den heftigsten Ekel kann man im
Laufe der Zeit überwinden, und obwohl sie für die nächsten
sechs Monate die personifizierte beleidigte Unschuld war,
obwohl sie den äußersten Abscheu wegen des Benehmens der
Cogsby ausdrückte und den feierlichen Eid ablegte, niemals

wieder das Cogsbysche Haus zu betreten, dennoch gab es keinen, der, als Mrs. Cogsby eine Einladung zu ihrem Ball am Neujahrstag schickte, mit größerer Bereitwilligkeit gehorchte und pünktlicher eintraf als Miss Primmins. Angetan mit einem schlichten Satinkleid von tiefstem Preußischblau, mit einer Juwelenkrone auf ihrem Haupt, die kastanienbraunen Locken (tatsächlich die ihren, da sie sie bezahlt hatte) flossen anmutig über ihre Schultern und ihr makelloser Teint (ebenfalls tatsächlich der ihre) erblühte in der ganzen frischen Röte der Jugend, niemand, der sie da sah, würde angenommen haben, daß sie die normale alltägliche Miss Primmins sei, mit ihrem bläßlichen Gesicht, bekannt als die boshafteste und gehässigste Klatschbase in der Stadt, nicht mehr als er sie sich als Kaiserin von Rußland vorstellen könnte.

Und Mr. Augustus Bymm war auch dort, zerknirscht wegen all der früheren Beleidigungen, die von Mrs. Cogsby vergeben, und natürlich wurde der liebenswürdige Guggy im Wohnzimmer vorgestellt, der, nachdem er drei Gentlemen auf die Zehen getreten, einen Teller Kuchen in das Getränk einer Dame gestoßen und den Tisch mit Kaffee überflutet hatte, schließlich dafür zu Bett geschickt wurde, daß er die Lampe auf Miss Primmins geworfen hatte.

Aller Hände machten sich unverzüglich ans Werk, um Miss Primmins »herauszuschälen«, die, in Flammen gehüllt, endlich von Mr. Augustus Bymm in einen Kaminvorleger gewickelt und schließlich gelöscht wurde. Dies war kaum geschehen, als noch etwas Schrecklicheres passierte. Im ersten Augenblick konnte man noch Mr. Cogsbys Fersen sehen, die auf der Bank des offenen Fensters balancierten, im nächsten war er verschwunden.

F.L.W

(Fortsetzung folgt [siehe Seite 1177])

Massenweise machen mehrere Materialien Milch aus. Mehr als man sich merken möchte. Am Morgen musiziert das Milchmädchen munter eine Melodie und macht sich auf zu den grünen Matten; die majestätischen Milchkühe muhen milde ihre muntere Meisterin an; nun melkt sie in den mächtigen Milcheimer die marmorweiße Milch; ein manifestes Merkmal, mehrmals minütlich marschieren Meister und Mamsellen mit maßlosen Mündern zum Morgenmahl von mächtigem Maß! Merkst du nicht, mein Leser, wie die Menschheit so merkwürdig mißgestimmt und massiv müßig ihre milden Milchspender malträtiert? Meine Meinung macht mich mißgestimmt beim Bemerken manch mitleidloser Männer, die man monatlich in unseren mächtigen Metropolen als morbide, morbide Monster markieren mag, die die milden Milchkühe meucheln und mörderisch mißbrauchen! Mißlaunige Misanthropen! Mehrere sind manische Möchtergerne! Mich dünkt, ihren Manieren nach müssen die Menschen mondsüchtige Manipulierte sein! Doch wir merken mehr mondäne Merkwürdigkeiten. Eine Meldung wurde mir von einem meiner muntersten Minner dieses Magazins mitgeteilt; moralisch modellhaft wie sie war, mochten wir sie doch nicht mitführen, weil mehreres gegen die Muse des Magazins moserte, die maßgebend ist. Es macht uns mißlaunig und mischt in uns den melancholischen Modus bis zum Mitleid. Unsere Meinung mag nicht mißverstanden oder mißinterpretiert werden. Des Musterhaften makellose Meldung muß er möglichst selbst ermitteln und vertreten. Und mehr noch, sie muß neu sein, oder unser Magazin verschmelzt in ein monotones, modriges Bemühen von Motiven. Mit diesen memorierten Bemerkungen lassen sie mich diese Materialien beschließen, bloß noch mahnen, daß dies Manuskript ein Musieren (Erörtern) über Milch ist, und wir wollen mehr als möglich die ganze Menschheit amüsieren!

Der Herausgeber

Missverständnisse

1.

Hätt' ich ein solches Dinge bedacht,
    ich hätt' es dir gesagt vorher,
doch so hielt ich's für angebracht,
    du fragtest danach jetzt nicht mehr,
denn lehren den, des Wissen lacht,
    das langweilte schon immer sehr.

2.

Nun leg' ich die Beweise dar
    und fange an mit der Prämisse,
wonach der König lernt sogar,
    zu führ'n sein Volk ins Ungewisse,
und selbst der Schuft, der zahlt nicht bar,
    sich in die Gleichung hier verbisse.

3.

Die Wahrheit wie des Grundes Macht
    kann seine Stärke nicht erschüttern,
ja, selbst die Sommersonnenpracht
    kann nicht vertreiben das Gewittern
und der, der sieht es und der lacht,
    läßt von der Laube sich umgittern –
halt ein, Dummheit ist Niedertracht,
    wirst vor der Weisheit nur erzittern.

Q.G.

»Sicher zu gefallen«

KAPITEL 6

Um fünf am Morgen erhob sich Mr. Hamilton von seiner un-
bequemen Couch, noch in weit tiefere Melancholie getaucht
als in der Nacht zuvor, verwirrt von den vielen widerstreiten-
den Gefühlen, die sein Gehirn durcheinanderbrachten, und
er spürte, daß er, wenn er nicht irgend etwas tat, noch vor der
Nacht verrückt werden würde. Der eine maßgebende Gedanke in seinem Kopf war, seinen Sohn zu suchen, und er zögerte
nicht länger, ihn ins Werk zu setzen. Er verließ folglich so leise
wie möglich das Haus, ohne jemanden von der Familie zu
stören. Der Sturm des vorausgegangenen Tages hatte sich gelegt: der Himmel war wolkenlos, und die Erde war mit einem
dicken Mantel blendend weißen Schnees bedeckt.

Eingewickelt in einen dicken großen Pelz doch selbst dann
noch zitternd vor der Stärke der schneidenden Kälte, die um
so bitterer war, da die Sonne sich noch kaum erhoben hatte,
durchquerte er die Hauptstraße mit hastigem Schritt und ver-
sank jeden Augenblick fast bis zu seinen Knien im gefrorenen
Schnee. Er klopfte an die Tür der ersten Hütte, zu der er kam,
wobei er in seiner Zerstreutheit vergaß, daß die Chance sehr
gering war, daß einer der Bewohner schon aufgestanden war.
Nach einer langen Frist erschien die alte Schottin an der Tür,
und Mr. Hamilton erkundigte sich hastig, ob sie irgend jemanden während des gestrigen Sturmes jenen Weg habe gehen
sehen. »Oh, jo«, erwiderte die alte Frau, »do worn zwo, die
jästern vobeikom. Ener hatte 'ne häßliche, forblose Gestalt,
fost so wie Ihr, Sör: kom kurz vo de Nocht; wan grod achte,
alse vobeikom.« »Wie sah der andere aus?« fragte Mr. Hamilton ungeduldig. »Woas der and're hinter dem Ihr her seid? Nu,
der wor n Junger, mein ich: der hostete hier vorbei, sauste

grodzu, ich denk, se fuhrn im Jochtwogen.« »Wieviel Uhr war
es?« fragte Mr. Hamilton. »No, 's wor nich so spöt, un es wor
nich so früh«, lautete die Antwort, und Mr. Hamilton hastete
mit einem kurzen »Guten Morgen« weiter, überzeugt, daß
dies die Richtung sei, die sein Sohn genommen hatte.

Als er in die nächste Stadt kam, so zwei oder drei Meilen
weiter, betrat er das Hotel und bestellte Frühstück, und während der Kellner den Tisch deckte, fragte er gleichgültig:
»Haben Sie zufällig einen jungen Gentleman in einem Jagdwagen gestern morgen hier durchfahren sehen, Herr Ober?«
»Jungen Gentleman in einem Jagdwagen, Sir? Ja, Sir«, war die
bereitwillige Antwort, »stieg hier ab, Sir, bestellte Abendessen, Tee und ein Bett, Sir; zum Abendessen, Sir«, und zählte
schnell an seinen Fingern ab, »Lachs und Hummersauce, Brat-
hähnchen, zwei Bier, einen Wein, ein Brot; Tee und ein Bett,
Sir, nahm ein Glas Brandy, bevor er zu Bett ging, eine Pfeife
und die Zeitung, Sir, ist noch nicht aufgestanden, Sir.« »Sagen
Sie ihm, ein Gentleman wünscht ihn zu sehen, wenn er herun-
terkommt.« »Ihn zu sehen? Ja, Sir«, und der Kellner verschwand eilig. Mr. Hamilton wartete ängstlich, und etwa um
neun Uhr öffnete sich die Tür, und der junge Gentleman trat
ein.

V.X.

(Fortsetzung folgt [siehe Seite 1182])

SCHREIE

1.

Der Grimm war heut' sein Privileg,
mein Handgelenk gepreßt,
mal blieb er stehen auf dem Weg.
schlug mit der Faust ganz fest.

2.

Angst schielte nur aus seinem Blick,
  Angst glänzte ihm im Aug',
mein Herz beklagte Mißgeschick,
  mein Mund sich trocken saug'.

3.

Mit großem Stock schlug er mich hin,
  er trat mich, als ich lag,
schrie: »Steh, ich nicht gewillet bin,
  verweilen hier den Tag!«

4.

Der Schurke schien auf Wanderschaft,
  ich wünscht' ihn zu erschießen!
Er fragte: »Warum er in Haft?
  Und wie wird er gehießen?«

5.

Sein Freund sprach, als es weiterging:
  »Er mag wohl sehr Likör,
er stahl 'nem Gentleman 'nen Ring
  und nahm die Uhr, ich schwör.«

B.B.

»Erstaunlich!«

Crabbe

KAPITEL 5

Alle stürzten ans Fenster: man sah den unglückseligen Mr. Cogsby kopfüber in einem der Blumenbeete stecken, wo er zitterte wie eine Espe: es schien, daß der unglückliche Gentleman sich schrittweise aus dem Brennpunkt des Geschehens zurückgezogen hatte, überwältigt von dem Schrecken angesichts des Unfalls, der Miss Primmins zugestoßen war, bis er schließlich das Zimmer in der Weise verlassen hatte, die in dem vorausgegangenen Kapitel beschrieben worden ist. Mr. Augustus Bymm war augenblicklich zur Stelle, entwurzelte den halberstickten Mr. Cogsby und trug ihn auf seinen Armen ins Haus, wo er ihn der mütterlichen Fürsorge seiner Frau anvertraute (er wagte es nicht, sie bei *dieser* Gelegenheit *groß*mütterlich zu nennen), und kehrte in einem hohen Stadium des sich selbst Beglückwünschens zu der glühenden Miss Primmins zurück, die, überwältigt von ihren Gefühlen, ihr (falsches) Diamanthalsband auf der *Stelle* abnahm, und es ihm als Zeichen ihrer herzlichen Dankbarkeit schenkte.

Die Ruhe wurde zwischen den erregten Gästen schließlich wiederhergestellt, und als Mrs. Cogsby mit der erfreulichen Nachricht zurückgekehrt war, daß das einzige Ergebnis von Mr. Cogsbys Fall ein steifer Nacken und ein leichter Anfall von Unpäßlichkeit gewesen sei, nahm die Unterhaltung ihren normalen Verlauf, und Miss Primmins, die ihren Platz an Mrs. Cogsbys Seite nahm, erbat in einer wichtigen Angelegenheit ihren Rat. »Sie dachte daran«, sagte sie, »in einigen Tagen eine kleine Jagdparty zu geben, aber weiß nicht *recht,* wie es anzustellen ist.« »Nein? Ist das wirklich wahr?« rief Mrs. Cogsby begeistert aus, »wie entzückend! Nun, ich bin sicher, ich werde Euch jede mir mögliche Hilfe gewähren, und ich habe keinen Einwand, Euch meinen Liebling Guggy bei der Gelegenheit zu überlassen, der, da bin ich sicher, Leben und Seele der ganzen Veranstaltung sein wird.« »Also nein, nicht, gerade«, sagte Miss Primmins und hustete nervös, um ihre Verwirrung zu verbergen, da sie dieses Angebot nicht vorhergesehen hatte, und es ihr eigentliches Ziel gewesen war, die Gegenwart jenes äußerst hassenswerten Kindes zu verhindern. »Ich wollte Sie eigentlich nicht um *ihn* bitten, wissen Sie, Mrs. Cogsby.« »Ich *weiß*, Ihr wolltet es nicht, Miss Primmins«, sagte Mrs. Cogsby und legte liebevoll die Hand auf ihren Arm, »Euer natürliches Feingefühl ist zu groß, um zu versuchen, eine Mutter von ihrem Lieblingskind zu trennen, wie sehr Ihr es auch wünschtet, aber ich brauch kaum zu betonen, daß ich *volles* Vertrauen in Eure Klugheit und Erfahrung habe und nicht zögere, Euch mein teures Kind anzuvertrauen, nein, gewiß nicht, und wenn er hundert Guggys wäre!«

Miss Primmins erschauderte bei dem Gedanken und fuhr weit weniger hoffnungsvoll als zuvor fort: »Aber seht doch, Mrs. Cogsby, daß – ich *so* nervös bin! Und wahrlich – eine Anzahl – Kinder, – daß ist – nicht was ich sagen wollte – sonder, – Sie verstehen, was ich meine – wirklich – aus diesen Gründen – fürchte ich, ich muß – auf – die – die – Gesellschaft – Ihres – teuren Guggy – verzichten!« »Meine liebe Miss Primmins«, entgegnete Mrs. Cogsby,

F.L.W

(Fortsetzung folgt [siehe Seite 1185])

Dringend gesucht,

ein Mädchen für die Arbeit in einer großen, aber ruhigen Familie, in der Kühe, Schweine und Federvieh gehalten werden. Sie muß Butter machen, Schinken und Speck räuchern und gelegentlich Käse herstellen können. Nur auf fünf der Kinder muß sie ständig aufpassen, doch es wird von ihr erwartet, daß sie für sieben Handarbeit macht. Sie muß in der Lage sein, einen Monat alte Zwillinge zu nehmen und die Flasche zu geben und sie beide zusammen zur Tür hinauszutragen, da kein anderer Dienstbote vorhanden ist. Sie ist angwiesen, das Frühstück bei Tisch um 9 Uhr, Imbiß um 12 Uhr, Mittagessen um 3 Uhr (dazu wird sie bei Tisch bedienen), Tee um 6 Uhr und Abendessen um 9 Uhr zu nehmen. Backen wird ebenso wie Waschen im Haus erledigt und im Winter wird gebraut. Nebeneinkünfte sind nicht gestattet und auch kein Ausgang ohne Erlaubnis. Die Freizeit soll mit Gartenarbeit verbracht werden. Eine Frohnatur und die Bereitwilligkeit, gefällig zu sein, ist unerläßlich. Lohn 3 £ 3 Shilling 0 Pence pro Jahr mit oder ohne Tee und Zucker, je nachdem, wie man mit ihr zufrieden ist.

> Anfragen bei R. Z. Waldeslust
> Scherzberg
> schriftlich, frankiert.

Gedanken über Tinte

»Es gab eine Zeit.«
Thomson

Es gab eine Zeit, guter Leser – du wirst uns kaum glauben, aber nichtsdestotrotz stimmt die Tatsache – es gab eine Zeit, als Tinte wahrhaftig unbekannt war, als Manuskripte mühsam auf Blätter von Papyrus oder auf mit Wachs bedeckte Tafeln geritzt wurden: stell dir vor, die Times auf Papyrus zu lesen mit den Leitartikeln auf den Stielen, die Anzeigen fein zwischen die Fasern eingefügt und eine doppelte Beilage (natürlich gratis) auf einem hübschen Lotusblatt! Stell dir vor, du beißt dich mühsam durch einen umfangreichen Band (wörtlich) auf Tafeln mit einer Unmenge Holzstiche, aber ohne Stahlstiche! Wenn du in der Mitte nicht steckenbleibst, läge das nicht am Wachs. Sei dessen gewiß, es würde alles *kleben* bleiben, was du darin liest, und du würdest täglich weiser und weiser *wachsen,* doch ich stell' mir dennoch vor, du würdest dich enorm *langweilen.* Eine andere Art wäre noch voluminöser, wir würden die Straßenhändler schreien hören: »Das neue Blatt, das neue Blatt, macht Platz für ein Exemplar der Rede der Königin!« Wir wünschten, guter Leser, du würdest die vielen Vorteile beachten, die die Entdeckung der Tinte der Gesellschaft gewährt hat. Sie hat die Arbeit von Schreiber und Leser unendlich erleichtert. Sie hat den Umfang der Werke verringert und sie gleichzeitig lesbarer gemacht. Sie hat die Literatur Englands hunderfach anwachsen lassen, und sie hat dein Vergnügen und deine Unterrichtung durch die Veröffentlichung jener unschätzbaren Zeitschrift, des Pfarrhausmagazins, bewirkt.

Der Herausgeber

Hier ist Lord Broughams Rede. Zwei Blätter und ein halbes wie gewöhnlich.

Julia, kannst du diesen Leitartikel verstehen?

Nein, das kann ich bestimmt nicht. Ist mir zu hoch.

Oh, Ma! Hier ist so was Lustiges.

Entsprechend unserer monatlichen Gewohnheit setzen wir uns hin, um auf die während des letzten Monats veröffentlichten Werke zurückzublicken und unsere Zustimmung auszudrücken. Zuerst in der Reihe steht ein schwerer Band: »Natürliche Logik, von Professor Poddle«, welcher den Anschein erweckt, eine Vielfalt von Argumenten aus den Beobachtungen in der Natur zu ziehen: diese Argumente sind so schwer wie das Buch und für unseren schwachen Intellekt vollkommen unverständlich. Wir wollen den ersten Satz seines Kapitels über Kaulquappen nehmen (S. 46): »Über dieses Thema können wir noch weit mehr Argumente bringen, als wir vorhaben: erstens die reflektierten Prozesse der Natur als Ineinanderweben von Verleumdungen (welche Verleumdungen?) der Astronomie präsentiert ein Bild dem angenehmen Auge, variiert als niemals endendes Kaleidoskop: (wir haben niemals eins gesehen) die Apparenz der Paralysierung ist, können wir sagen, größer als (als was? vermutest du) als der Grad anderer Dinge, die mit der Wechselwirkung der Reaktion kombiniert ist.« Wenn du dies verstehen kannst, Leser, bist du klüger als wir. Als nächstes kommt »der o-beinige Schmetterling, eine Geschichte für die Jugend«, *wir* sollten besser sagen, für Kinder unter einem Monat, wie der folgende Auszug bezeugt:

»Mein liebes kleines Mausi-Pausi«, sagte der Schmetterling, »auf Wiedersehn, Liebling: zu zu Schätzchen: gib acht, daß kein Wolfi-Polfi mein kleines Küken-Püken verletzt.« Wir nehmen an, das reicht dir voll und ganz. Das nächste ist »Des Kindes erstes Fragebuch« von einer Dame: wir halten die Fragen für ziemlich albern und die Antworten ebenso, doch natürlich soll die Autorin sich selbst richten:

F. Wer war Alexander der Große?

A. Bitte, Madam, ich weiß es nicht, aber ich glaube, es war der König von England.

F. Wer war König von Frankreich?

A. Ludwig XI.

F. Wer war der König von Rom?

A. Servius Tullis.

F. Wer war König von England?

A. Heinrich III.

F. Na also, du siehst, es kann nicht Alexander gewesen sein, nun, welches andere Land ist noch übrig?

A. China.

F. Wer war der Herrscher von China?

A. Weiß nicht, Madam.

F. Wo werf' ich dich runter, wenn du böse bist?

A. Hang.

F. Sehr gut, welchen Schluß ziehst du nun daraus?

A. Bitte, Madam, daß ich nicht böse sein will.

F. Nein, ich meine, daß Hang der Kaiser von China war, also konnte es nicht Alexander sein; wer wer er?

A. König von Mazedonien.

Hier sind acht Fragen zwischen Frage und Antwort gesetzt: welche Wirkung das auf das unglückliche Kind hätte, soll der Leser beurteilen.

Der Herausgeber

Sidney Hamilton

> *»Mein Königreich für'n Pferd!«*
>
> Shakespeare

KAPITEL 7

Derart war die Überraschung und der Schlag, von dem Sidney getroffen wurde, daß er seinen Halt auf dem Wagen verlor und auf die Erde stürzte: da er sofort wieder aufsprang, denn er hatte keine ernsthaftere Verletzung empfangen als eine Quetschung an der Schulter, folgte er dicht und machte sich seinem Freund, dem Kutscher, bemerkbar, der beim ersten Alarmsignal sein Pferd angehalten und sich in einen mörderischen Kampf mit dem Räuber eingelassen hatte. Der Augenblick schien günstig: er sprang leichtfüßig über die Rückwand des Wagens und näherte sich dem Kampfplatz, doch, ehe er ihn erreichen konnte, war sein Freund verschwunden, und der Räuber, der nicht wußte, daß jemand im Wagen war, fing das Pferd an zu peitschen, aber im nächsten Augenblick bekam Sidney ihn am Arm zu fassen, warf ihn über die Deichsel und nahm die Zügel in die Hand. Seine Versuche anzuhalten waren jedoch vergeblich, denn das Tier, von dem ungewöhnlichen Lärm, den es hinter sich hörte, wie auch von der fremden Hand, die es führte, alarmiert, ging durch und brach in einen wilden Galopp aus. Sidney zog eine Zeitlang heftig an den Zügeln, doch ohne Wirkung, und nun wurde ihm allmählich die unangenehme Situation bewußt, daß er mit einem feurigen Pferd davonraste, allein in einem Wagen auf einer Straße, die er nicht kannte, und des Nachts! Er spürte, daß ihm nichts übrigblieb, als still zu sitzen und sich ruhig zu verhalten, und er tat es, soweit es ihm das rüttelnde Gefährt erlaubte. Nun begann er einen steilen Hügel hinabzurasen und bemerkte zu seinem Entsetzen, daß das Pferd allmählich nach rechts lenkte, wo die Straße sich in eine Kiesgrube neigte: er versuchte, zur anderen Straßenseite zu lenken, doch das Tier war nun ganz außer Kontrolle geraten, das Tempo wuchs mit jedem Augenblick, und im nächsten Moment waren der Pferdewagen und der Mann kopfüber hinuntergestürzt.

V. X.

(Fortsetzung folgt [siehe Seite 1188])

ZITTERN

1.

Unsicher war sein vager Gang,
    sein glasig Aug' sah schwach:
ich starrte an ihn schon sehr lang,
    ich starrte an ihn wach.

2.

Verhärmt ihm war die kalte Wang',
    verhärmt war auch sein Lied:
mich dünkt, ich hört' der Stimme Klang,
    ich hört' ihn ganz rapid.

3.

Als er durchschritt den leeren Raum
    mit festgeballter Faust,
sein starrer Blick wie böser Traum
    den schwarzen Nebel zaust.

4.

Als er verzweifelt schlug sein Lied
    und stapfte auf im Saal,
mich dünkt, ich hört' ihn ganz morbid
    und feierlich nochmal.

5.

»Gab nicht auf meine Feder acht«,
    so war die tiefe Klag',
»so hab ich tintenschwarz gemacht
    die Augen mir zur Plag'.«

B.B.

»Geh, ruf 'ne Kutsch'.«
Crononhotonthologus

KAPITEL 6

»Meine liebe Miss Primmins«, sagte Mrs. Cogsby, »ich versteh' Eure Wünsche und seid versichert, ich werde demgemäß handeln.« »Danke, danke«, erwiderte die erregte Dame, »ich bin sicher, Sie verstehen – was ich möchte – das ist, wissen Sie – ich wollte es nicht so sagen – aber besser, als ich selbst es ausdrücken könnte.« »Ja, ja, ich versteh' Euch völlig«, entgegnete Mrs. Cogsby, und hier trennten sich die beiden Damen, die eine, um Mr. Augustus Bymm aufzusuchen und ihm abermals zu versichern, daß sie nicht im mindesten verletzt, sondern nur erschrocken sei, und daß ihre Dankbarkeit ihm gegenüber bis zum letzten Augenblick ihres Lebens währen werde, die andere, um für den Rest des Abends unter ihren weiblichen Gästen mit den Fähigkeiten ihres Guggy zu prahlen.

Schließlich war der verheißungsvolle Tag da, und Miss Primmins dekorierte selbst mit zitternden Händen das Geschirr, worin sie das Essen ihren jugendlichen Gästen anbieten wollte, ihre laute und anmaßende Hausangestellte assistierte ihr oder behinderte sie vielmehr, indem sie ständig über ihre Herrin wegen deren Dummheit nörgelte und im selben Atemzug die Mühen beklagte, die diese Dinge immer verursachen, und regelmäßig ihre Absätze mit den Worten beschloß: »Da, ich sag's Ihnen doch, Sie sollten das besser mir überlassen!« und eine Schüssel oder einen anderen Gegenstand aus ihrer Hand schnappte. Nach und nach tröpfelten ihre kleinen Gäste herein, scheu, schüchtern und zusammenzuckend. »Wie geht es euch, meine Lieben«, begann Miss Primmins, »wollt ihr nicht eure Mützen abnehmen?« »Da, Sie sollten das besser mir überlassen«, bemerkte ihr Hausmädchen in mürrischem Unterton. Als alle eingetroffen waren,

zählte Miss Primmins gerade beglückt die Köpfe, als sich die
Tür öffnete, und Meister George Cogsby hereinmarschierte.

F. L. W.

(Fortsetzung folgt [siehe Seite 1191])

Mrs. Stoggles Abendgesdellschaft

»Freunde ... leiht mir euer Ohr.«

Shakespeare

KAPITEL 1

Mrs. Stoggle befaßte sich mit einer der mühsamsten Beschäftigungen, die eine Dame auf sich nehmen kann, nämlich die,
Einladungen für eine Abendgesellschaft zu schreiben: für alle
Damen muß dies eine beschwerliche und ärgerliche Pflicht
sein, doch für sie noch um so mehr, da es ihre Lieblingsbeschäftigung war, unter ihren Nachbarn Streit zu sähen. Sie war
nahezu sicher, daß Miss Moffum ihre Einladung ablehnen
würde, und so beschloß sie, Mr. und Mrs. Pigg einzuladen, die
sie als echten Gewinn für jede Gesellschaft betrachtete. Sie
hatte diese Einladung kaum weggeschickt, als sie eine Nachricht erhielt: »Miss Moffum ist glücklich, Mrs. Stroggles
freundliche Einladung anzunehmen und so weiter.« »Nun«,
dachte sie, »was ist zu tun? John! John!« doch John war außer
Rufweite. Sie setzte sich sehr deprimiert hin. Sie hatte Miss
Moffum wenige Tage zuvor besucht, eine steife, förmliche
Dame, und derart begann das Gespräch. »Wie geht es Ihnen?
Ich hatte einen sehr unerhaltsamen Spaziergang zu Ihrem
Haus, Mr. und Mrs. Pigg gingen den ganzen Weg einen Meter
vor mir her.« »Nun ja«, sagte Miss Moffum, »aber vielleicht
mögen Sie diesen Stuhl nicht? Wie achtlos von mir, Ihnen
nicht...« »Ich möchte nichts«, sagte Mrs. Stoggle, »aber

hören Sie weiter: Mrs. Pigg sagte, ›Edward, wir sind schon lange nicht mehr bei Miss Moffum gewesen.‹ ›Sie hat uns aber auch‹, sagte Mr. Pigg, ‹lange nicht besucht.‹ ›Oh‹, erwiderte Mrs. Pigg, ›laß gut sein, armes Ding, ihre Gebrechen nehmen zu, wie kann man mit ihr rechnen? Außerdem weißt du, bei ihrer eingeschränkten Lebensweise kann sie sich kaum wie eine Dame kleiden.‹« »Also«, sagte Miss Moffum, »ich habe niemals zuvor *so etwas* gehört: *Ich* weiß, wieso es ihnen in den Sinn kam, einfach weil ich Mr. Dawes, der wollte, daß ich ein Pferd kaufte, sagte, daß ich es mir nicht leisten könne, tatsächlich wollte ich es nicht, aber Sie wissen ja, *so etwas* gibt man kaum zu. Sie sind die voreiligsten, vulgären Leute, die ich kenne.«

s.w.

(Fortsetzung folgt [siehe Seite 1192])

GEWÄSCH ÜBER TELESKOPE

»Schenk Gehör.«
Goldsmith

Wir wollen dich nicht glauben machen, guter Leser, daß dies, weil es Gewäsch ist, sich nicht lohnt durchzulesen. Denn es gibt viele Bücher, von denen wir sehr wohl versichern können, du würdest sie gern lesen, nichtsdestoweniger sie aus ebensoviel Gewäsch bestehen wie unser Magazin. Nein, vielleicht sogar aus mehr, denn viele von ihnen enthalten keinerlei Anleitung oder Hilfe für ihre Leser, wohingegen du beim Studieren *unserer* weit gerühmten Artikel dir ein gewisses Depot *nützlichen* und *unterhaltsamen* Wissens anlegen kannst. Lächel nicht über die Behauptung, wir wissen es aus Erfahrung. Sogar während wir schreiben, fühlen wir, daß wir uns allmählich in der Skala der moralischen Höhe erheben; jede Nummer des Magazins, die wir veröffentlichen, hebt uns zwei Sprossen, und ebenso gewiß hebt es den aufmerksamen Leser um drei: ja, Leser, wenn du sorgfältig und mit gehöriger Aufmerksamkeit die sieben Nummern dieses Magazins schon ausgelesen hast, hast du unsere Garantie dafür, daß du einundzwanzig Stufen in der Skala der Humanität höher bist als zu Anfang: daß diese Tatsache keinem Zweifel unterliegt, kann befriedigend durch eine simple Multiplikationsaufgabe bewiesen werden, »sieben mal drei ist einundzwanzig«: dies muß den größten Skeptiker überzeugen: bezweifele die Angelegenheit, wie du willst, die eigensinnige Tatsache bleibt bestehen. Tatsachen *sind* eigensinnige Sachen, wie von Lady M berichtet wird zu Mr. F zum Abschluß eines langen und ermüdenden Disputs bemerkt zu haben: von ihm wird *gesagt,* er habe geantwortet, »was muß dann Eure Ladyschaft für eine Tatsache sein!« aber wir hoffen zur Ehre der Humanität, er tat es nicht. Wir wiederholen, Leser, daß du moralisch durch unser Magazin gehoben *wirst:* laß dein Herz vor Freude hochhüpfen, obgleich, um sicher zu gehen, scheint *diese* Richtung *irgendwie* überflüssig, denn da der Mechanismus des Herzens von den besten Anatomen als unwillkürlich erkannt ist, wird es nicht in deiner Macht stehen, es zu verhindern, und nun, Leser, wenn du denkst, daß wir unser Thema verfehlt haben, können wir nur sagen, wir bedauern dein Verlangen nach Einsicht.

Der Herausgeber

SIDNEY HAMILTON

»*Ich geb dir alles.*«

KAPITEL 8

In einem Ausbruch väterlichen Gefühls, wobei er alle Gedanken an Ärger und Vorwurf völlig vergaß, sprang Mr. Hamilton von seinem Sitz, um seinem Sohn entgegenzutreten und sich ihm an den Hals zu werfen. Statt jedoch die leidenschaftliche und kindliche Umarmung zu empfangen, die er erwartete, empfing er einen gewaltigen Schlag auf jedes Auge, dem ein weiterer auf die Brust folgte, der ihn zu Boden zwang. Aufblikkend faßte er das Gesicht eines Fremden ins Auge, dessen Fäuste sich krampfhaft zusammenpreßten und dessen Augen ihn wütend anstarrten: »Ich sag dir was, du alter Schwindler«, lauteten die ersten Worte, die er herausbringen konnte, »du kommst mir mit diesem Trick besser nicht noch mal in die Quere: ich laß mich von einem falschen Vater nicht unbestraft beklauen. *Ich* kann dir verraten: du wirst merken, ich laß es nicht so einfach mit mir machen«, und, während er heftig klingelte, schickte er auf der Stelle den Kellner nach einem Polizisten. Unterdessen setzte er sich auf einen Stuhl, um die Flucht seines Opfers zu unterbinden. »Sir, Sir«, begann Mr. Hamilton in gebrochenem und schwächlichen Tonfall, »da – liegt – wohl – irgendein Irrtum – hier – vor – glaube ich!« »Das *ist* ein Irrtum«, entgegnete der Fremde mit bitterem Spott, »ich hab den Eindruck, *du* hast dich ein *wenig* im Ziel geirrt, als du annahmst, ich sei grün genug, auf deine Tricks hereinzufallen, du alter Vagabund: aber ich bin ein zu alter Hase, um mit Spreu gefangen zu werden.« »Nein aber, ich versichere Euch«, hielt ihm sein unglücklicher Gefangener vor, »ich hatte keine Ahnung – ich habe nicht gedacht...« »Du hast nicht gedacht, daß ich den Trick durchschaue, he, alter Junge?« erwiderte der junge Mann, »war es das? Nun, man lebt und man lernt, siehst du.« In diesem Augenblick kam der Kellner mit einem Konstabler zurück, dessen Obhut Mr. Hamilton unverzüglich überstellt wurde, nachdem er eine weitschweifige Verteidigung versuchte, die der junge Mann gleich mit den Worten abschnitt: »Du solltest deinen Charme besser nicht an die leere Luft verschwenden, es bringt nichts, ich versichre's dir, bringt ihn weg, Konstabler.«

v.x.

(Fortsetzung folgt [siehe Seite 1196])

Die Braut

1.

»Gib mir doch deinen Ehering«,
  so sprach das Mädchen fein,
die Braut sprach: »Nein, den Ring hier nicht,
  dafür die Locken mein.«

2.

Ein Medaillon das Haar bewahrt,
  sie trug es abends nur
doch wenn der Morgen dämmerte,
  sie anders mit verfuhr.

3.

Des Nachts, wenn sie zu Bette ging,
  tat sie's in Honig kneten,
und wenn sie nahm es andern Tags,
  bracht' es ihr stets Moneten.

4.

Wann immer sie spazieren ging,
  sie legte es aufs Bett,
und später nahm sie ihren Hut
  und fand am Kopf die Kett'.

M.Z.

»Ein Schauspiel des Schreckens.«
Thomson

KAPITEL 7

Meister George Cogsby, der, wie der Leser bereits weiß, sich des einschmeichelnden Spitznamens Guggy erfreute, betrat den Raum, und Miss Primmins, in deren Miene sich der größte Ekel lebhaft abmalte, erhob sich, um ihn zu begrüßen. »Mein *liebes* Kind«, begann sie, »ich bin *entzückt,* dich zu sehen, wie geht es deiner lieben Mutter?« »Weiß nicht«, lautete die intelligente Antwort des Lieblings, und Miss Primmins wandte sich an die anderen Gäste und sagte: »Also, ich *hoffe,* daß ihr euch alle amüsiert«, mit einem Blick, der deutlich hinzufügte, »aber ich glaube nicht, daß ihr jetzt noch dazu eine große Chance habt!« Dann machte sie sich daran, für ihre kleinen Besucher Spiele zu bestimmen und so weiter, aber Meister Guggy wollte nichts spielen, gesellte sich zu niemandem, sondern lief im Zimmer umher, kniff die Gäste und freute sich an ihren Schreien: schließlich wählte er seinen Standort bei Miss Primmins, die zur Aufmunterung der Gesellschaft eine flotte Polka spielte.

Nachdem er einige Zeit mit größter Aufmerksamkeit zugehört hatte, wobei er drei Saiten im Inneren des Klaviers lockerte, fragte er plötzlich: »Ist das Teil der Melodie, Miss Prim?« »Ist was Teil der Melodie, Schätzchen?« »Deine Zunge in deine Backe zu stecken?« »Nein, Liebling«, entgegnete sie hastig und erhob sich von ihrem Platz, um in einen anderen Teil des Zimmers zu rauschen. Das entzückende Kind setzte darauf seine Prüfung der inneren Anordnung des Instrumentes fort und brach am Ende die Pedale ab.

Schließlich, nachdem er unter den Kindern eine allgemeine Unzufriedenheit verursacht und drei kleine Mädchen zum Weinen gebracht hatte, meinte Miss Primmins, es sei an der Zeit, sie im anderen Zimmer zum Tee zu versammeln. Ein herrlicher Kuchen stand auf dem Tisch. Miss Primmins verteilte die Hälfte in großen Stücken unter ihren Gästen und verließ das Zimmer, um Wein zu holen. Bei ihrer Rückkehr vermißte sie die Reste. »Jane«, fragte sie im vertraulichen Flüsterton, »was hast du mit dem restlichen Kuchen gemacht?« »Denken Sie nur, Madam«, lautete die Antwort in gleichem Flüsterton, »denken Sie nur Madam, Meister Cogsby hat ihn gegessen!«

F.L.W.

(Fortsetzung folgt [siehe Seite 1198])

MRS. STOGGLES ABENDGESELLSCHAFT

»Eta, Beta, Pi.«
Griechisches Alphabet

KAPITEL 2

Nachdem sie sich noch ein wenig mehr gestrafft hatte, als es irgendeinem menschlichen Wesen möglich schien, setzte Miss Moffum fort: »Unter uns, Mrs. Stoggles, ich bin sehr verletzt, nicht daß ich mich einen Deut darum schere, was irgend jemand über mich sagt, aber nach all meiner Güte ihnen gegenüber ist das so undankbar, nicht wahr?« »Ja«, sagte Mrs. Stoggle, »gewiß: ich habe es schon immer gedacht und tu es noch, daß sie die Stellung der beiden in der Gesellschaft zu sehr gehoben haben, wir müssen zukünftig, meine liebe Miss Moffum, vorsichtiger sein und ihnen ihre wahre Stellung zeigen.«

Ich fürchte, ich bin so weit von meinem Thema abgeschweift, daß ich meinen Leser ermüdet habe, aber was so lange Zeit zum Berichten beansprucht, fuhr durch Mrs. Stoggles Kopf wie ein Blitzstrahl, mit dem Zusatz (der es ihr auch nicht angenehmer machte), daß Mr. Dawes ebenfalls an der Gesellschaft teilnahm. »Ich will nicht«, dachte sie bei sich, »ich kann diese Gesellschaft nicht geben: ich wünschte (der richtige Wunsch wäre fraglos gewesen, »daß ich mich nicht in anderer Leute Angelegenheit gemischt hätte«) aber er lautete, »daß Miss Moffum nicht so ein Querkopf wäre.«

KAPITEL 3

Während der Tag der Gesellschaft immer näher und näher kam, wurde Mrs. Stoggle immer ärgerlicher, als endlich die letzte Hoffnung aufgegeben war, entschloß sie sich, den Versuch zu machen, Miss Moffum mit den Piggs zu versöhnen. Jedenfalls konnte es nicht schaden, dachte sie, bei Miss Moffum vorzusprechen, und vielleicht würde sie trotz allem sehen, daß die Abneigung nicht so groß war, wie sie fürchtete, so machte sie sich auf.

Nachdem sie sich vergewissert hatte, daß ihre Freundin zu Hause war, ging sie die Stufen hinauf, und man richtete ihr aus, daß Miss Moffum in wenigen Minuten herunterkomme: sie hatte nun Zeit, noch etwas nachzudenken, doch dieses Nachdenken änderte ihre Entscheidung nicht. Sie begann das Gespräch mit dem normalen Hinweis: »Was für ein schöner Tag!« und so weiter: Schließlich fiel ihr ein, daß sie Zeit verschwendete, und so stürzte sie sich ohne weitere Einleitung kopfüber in den schrecklich beängstigenden Gegenstand ihrer Gedanken. »Ich bin wirklich sehr glücklich bei dem Gedanken, Sie nächsten Dienstag zu sehen, Miss Moffum, wir sollten, so hoffe ich, eine nette ruhige Plauderei zusammen haben.« »Was!« sagte Miss Moffum, »kommt niemand außer mir?« »Doch«, erwiderte Mrs. Stoggle, »aber . . . « »Aber was?« fragte Miss Moffum ziemlich ärgerlich, »wer kommt?« »Nur die Piggs und Mrs. Dawes«, entgegnete Mrs. Stoggle.

S.W.

(Fortsetzung folgt [siehe Seite 1200])

DER WIRBELWIND

1.

Ganz friedlich war das grüne Land,
   ganz wolkenlos der Himmel,
den roten Fleck kein Auge fand
   im blauen Luftgewimmel.

2.

Doch als der Fleck dann größer ward,
   schrie laut der alte Mann;
der Wirbelwind, der heulte hart,
   es hört' sich schaurig an.

3.

Die Menschen kalkulierten ein
   den bald schon kommend' Schmerz:
die Häuser wankten ganz gemein
   vom Giebel bodenwärts.

4.

Einander hören konnt' man nicht,
   Gedanken blieben frei,
der Wald quietscht' vor des Sturms Gewicht,
   der Himmel schwarzes Blei.

5.

Dann griff ganz mächtig zu der Wind,
   der Wirbel eilte fort,
er griff die Häuser ganz geschwind
   und schob sie von dem Ort.

6.

Die Häuser ächzten ob der Wucht
und rollten schnell von dort,
sie kamen an am Rand der Schlucht;
ein Krach, sie war'n fort.

R.H.

SCHLÜSSELÜBERLEGUNGEN

»Doch um zu enden«

Und dies soll unsere letzte Nummer sein! Und wir, deren pausenlose Tätigkeit während einer Periode von ganzen sechs Monaten die Veröffentlichung dieses Magazins gewesen sind – eigentlich waren es keine vollen sechs Monate, da der Herausgeber fünf Monate dieser Zeit in der Schule war – und wir geben nun unsere Mühen d'ran und lassen nun die edle Aufgabe im Stich, die Öffentlichkeit im Allgemeinen zu unterrichten und zu unterhalten! Ach, ja, es würde uns angesichts dieses melancholischen Augenblickes trösten, zu sehen, daß ein geeigneter Nachfolger unseren Platz einnähme – aber es gibt keinen. Und dennoch stellen wir uns mit aufwärtsgerichtetem Blick vor, wir können das kommende Leuchten eines Meteors am Himmel wahrnehmen, was ist es? Ist es ein Komet, den ich vor mir sehe, mit einem Schweif von grenzenloser Länge? Leser, so ist es. Auf Wiedersehen.

Herausgeber

»Ist dies das Hende?«
Dickens

KAPITEL 9

Als Sidney aus seiner Ohnmacht erwachte, nahm er zahlreiche Menschen wahr, die um ihn herum standen. Einige bemühten sich um Pferd und Wagen, andere beugten sich über ihn und berührten ihn neugierig, um zu sehen, ob irgendwelche Knochen gebrochen waren. »Armer Bursche!« sagte eine Frau, die seine Schläfen mit Essig abtupfte, »armer Bursche, er ist wohl in tausend Stücke zerschmettert.« »Nicht ganz«, sagte Sidney lächelnd; die Frau war entzückt, ihn lebendig zu finden, und während die anderen das Pferd wegschafften, das bei dem Sturz getötet worden war, und die zerbrochenen Teile des Wagens sammelten, hob sie ihn hoch und trug ihn in ihre Hütte, die ganz nahe lag; dort ließ sie ihn dann, nachdem sie ihn in einen Stuhl gesetzt hatte, und kehrte bald mit einem Arzt zurück. »Es ist kein Knochen gebrochen, das versichere ich Ihnen, gute Frau«, sagte er, nachdem er Sidney schnell und geschickt untersucht hatte, »der Organismus hat einen leichten Stoß bekommen, aber das ist alles. Gebt ihm einen kleinen Schnaps und er wird in wenigen Stunden wieder völlig in Ordnung sein.«

Seine Prognose bestätigte sich; Sidney erholte sich schnell, und um seine gütige Freundin mit etwas Dauerhafterem als einem Dank zu belohnen, machte er sich abermals auf den Heimweg, und sein letztes Abenteuer hatte seinen Kopf abgekühlt, denn er war begierig darauf, sich mit seinem Vater zu versöhnen. Als er an der Stadt mit Poststation ankam, die nur wenige Meilen von seinem Heim entfernt lag, fühlte er sich zu erschöpft, um ohne eine Erfrischung weiterzumarschieren: folglich bestellte er ein Essen in der Kneipe und schlenderte durch die Stadt, um sich die halbe Stunde zu vertreiben, die nach Auskunft des Kellners vergehen müßte, bevor es fertig war, »und wenn Ihr durch die Stadt zu gehen beliebt, mein Herr«, sagte der Kellner, »im Gericht wird ein äußerst kurioser Fall untersucht, ja wahrhaftig, mein Herr. Ist ein Raubüberfall, wie ich glaube, mein Herr, aber ein äußerst kurioser Fall. Also, mein Herr, der Gefangene behauptete, er wäre des anderen Vater, mein Herr; schlang seine Arme um ihn, mein Herr, küßte ihn, weinte, mein Herr, echte Tränen, ich versichere es Euch, mein Herr, ich habe sie selbst gesehen, mein Herr, und es ist ein äußerst kurioser Fall, ich versichere es Euch, mein Herr.«

»Danke«, sagte Sidney, »ich denke, ich werde mal hineinsehen«, und mit diesen Worten ging er. Nachdem er das Gericht betreten hatte, nahm er zwischen den Zuschauern Platz und blickte sich sorglos um: plötzlich erfaßte ihn ein Schauer, was? Konnte das im Zeugenstand Edmund Tracy sein? Und sein Vater auf der Anklagebank? So war es wahrhaftig! Oh! Tag des Schreckens! Er verbarg sein Gesicht und lauschte ängstlich der Verhandlung.

»Meiner Meinung nach«, sagte der würdige Friedensrichter, »war es alles in allem ein Irrtum, und deshalb halte ich es für das Klügste, das Sie, mein Herr, tun können, nichts mehr von der Angelegenheit verlauten zu lassen. Ich denke, es ist völlig klar, daß er Sie nicht berauben wollte.« »Also, ich halte das auch für das beste«, murmelte Edmund Tracy. »Und so«, setzte der Friedensrichter fort, »ist der Fall abgeschlossen, und Ihr seid frei, Herr Hamilton.«

Ein allgemeiner Sturm setzte augenblicklich ins Freie ein, denn das Gericht war dicht besetzt, und auf der Straße traf Sidney seinen Vater. »Vater!« schrie er, aber sein Vater hörte ihn nicht. »Meine Uhr ist weg!« lautete einzig sein Schrei. Sidney entdeckte sie augenblicklich in Tracys Hand, schlug ihn nieder, nahm die Uhr und gab sie seinem Vater zurück. »Ich vergebe dir, mein Sohn«, sagte er, »aber – oh – der Schrecken jenes traurigen Morgens – da war ein ganzer Toast übrig –

unbeendet – oh! Mein Sohn – was immer du auch tust – niemals – niemals wieder lasse dein Frühstück unbeendet!«

V.X.

(Ende)

SCHLOSS GRUNDLE

»Die Stunde ist fast da.«
Shakespeare

KAPITEL 8

Miss Primmins wandte sich erschrocken an Meister Cogsby; jenes Kindes Hand ergriff ein riesiges Stück Kuchen, seine Backen blähten sich aufs äußerste auf, seine Kiefer machten einen schwachen Versuch, sich zu bewegen. Mit einem markerschütternden Schrei stieß sie den Kuchen aus seiner Hand und zog mit einer Hand an seinen Haaren, was sie mit einem Hagel von kräftigen Schlägen auf seinen Rücken begleitete, so daß der Kuchen gänzlich, bei drohender Lebensgefahr des Lieblings, verschluckt wurde, und von den schönen Lippen Guggys gellte solch ein schrecklicher, mißtönender Schrei hervor, daß die ganze Gesellschaft mit zugehaltenen Ohren, um diesem entsetzlichen Lärm zu entgehen, aus dem Zimmer stob.

Miss Primmins ertrug ihn volle 20 Sekunden, wobei sie seine Haare festhielt, und danach, als sie bemerkte, daß der Lärm, statt zu verhallen, nur noch lauter wurde, und ohne abzubrechen oder Atempause allmählich einem Höhepunkt zusteuerte, wobei dieser mit dem gemeinsamen Kreischen dreier Dampfmaschinen fertig würde, verließ sie ihren Posten und floh treppauf in das Wohnzimmer, wo sich die anderen Gäste versammelt hatten.

Selbst von dort konnte man die Stimme Guggys deutlich vernehmen, die durch das Haus schallte und an den Wänden widerhallte. Als letzten Ausweg klingelte sie nach einem Mädchen, gab ihr einen Krug Wasser und schrie in ihr Ohr, um sich durch den Lärm verständlich zu machen: »Sei so gut und trage diesen Krug hinunter ins Eßzimmer und schütte ihn vollständig über Meister Cogsby aus!« Das Mädchen verschwand, und Miss Primmins setzte sich hin und zählte im Geiste die Sekunden, die bis zu ihrem Weg nach unten vergehen konnten. »Nun«, dachte sie, »ist sie auf dem zweiten Treppenabsatz und nun geht sie am Treppenfenster vorbei ...« Der Lärm ebbte während dieser Gedanken allmählich ab, und die Gesellschaft hoffte schon, er würde bald aufhören, doch als Miss Primmins den genauen Zeitpunkt ihrer Kalkulation erreicht hatte, wurde das Haus vom Giebel bis in seine Grundfesten erschüttert, und solch ein plötzliches und intensiv schreckliches Geheul donnerte in ihren Ohren, daß man es nur mit der Explosion einer großen Pulvermühle vergleichen konnte, die mit einer Menagerie wilder Tiere in die Luft flog. Fünf aus der Gesellschaft wurden auf der Stelle ohnmächtig: der Rest kauerte sich auf den Boden und klammerte sich in stummem und qualvollem Schrecken aneinander, und als das letzte Echo des schrecklichen Klangs verweht war, war in dem Haus nur noch das Keuchen der erschrockenen Miss Primmins zu hören.

Das einsetzende Schweigen war fast noch schrecklicher als der Lärm, und sobald sich Miss Primmins erholt hatte, hastete sie zitternd treppab und fand Guggy beträchtlich verwirrt, aber ganz ruhig, wie er mit offenem Mund am Tisch stand und wie eine ertrunkene Ratte tropfte. Der Krug lag leer am Boden und daneben war ohnmächtig hingestreckt das unglückliche Mädchen.

Am nächsten Tag verließ Miss Primmins den Ort, und einige Monate später erhielt Mrs. Cogsby einige Hochzeitsbilder mit einem Hochzeitskuchen von »Mr. und Mrs. Bymm.«

F.L.W.

(Ende)

MRS. STOGGLES ABENDGESELLSCHAFT

»Welch ein Tag!«

KAPITEL 4

Miss Moffum erwiderte: »Also, Mrs. Stoggle, was davon? Ich darf wohl sagen, wir werden sehr gut vorankommen.« Da war Mrs. Stoggle entzückt und dachte schon, sie hätte ihr Ziel erreicht, doch als sie Miss Moffum anblickte, sah sie ein unmiß-verständliches Lippenverzerren, was ihre Ängste wieder aufle-ben ließ: doch Miss Moffum wechselte unverzüglich das Thema, und nach einer halben Stunde angenehmen Geplau-ders verließ Mrs. Stoggle ihre Freundin und kehrte heim, wobei sie sich gratulierte, daß alles wieder in Ordnung war. Da die Gesellschaft in Kürze gegeben werden sollte, verlor sie keine Zeit und bestellte teure Süßwaren und so weiter in Lon-don, denn sie sagte sich, daß es auf jeden Fall ein gutes Essen sein sollte. Danach setzte sie sich hin und dachte über weitere Vorbereitungen nach, die notwendig waren, und war gänzlich in Vorfreude, als an die Tür geklopft wurde, und im nächsten Augenblick brachte ihr ihr Diener die folgende Notiz:

Meine liebe Mrs. Stoggle,

wegen einer plötzlichen und gefährlichen Krankheit eines meiner kleinen Kinder müssen Mr. Pigg und ich Ihre freund-liche Einladung zum Essen absagen. Aber seien Sie versichert, daß wir unter anderen Umständen mit dem größten Vergnügen unseren Verpflichtungen nachgekommen wären.

Ihre ergebene

Margaret Pigg.

»Also! Das ist großartig«, sagte Mrs. Stoggle, »*nun* wird die Party sicher gemütlich, doch eigentlich tut es mir leid, denn wenn Miss Moffum, wie es den Anschein hat, sich wirklich mit den Piggs versöhnt hat, würde die Party zweifellos eine der gelungensten, aber wie es ist...« und hier fiel ihr Miss Moffums totale Abneigung kleiner Gesellschaften ein, »und nun«, dachte sie, »was für eine kleine Party wird das sein, nur Miss Moffum und Mr. Dawes! Wahrhaftig, die Piggs sind unausstehlich, und es ist keine Zeit mehr, jemand anderen einzuladen.«

Bei diesen Gedanken war Mrs. Stoggle nahezu außer sich, und sie wollte schon auswandern, um die Party zu vermeiden. Ein abermaliges Klopfen an die Tür brachte sie schließlich wieder zu Sinne, doch dieses Mal war die Notiz von Miss Moffum und lautete wie folgt:

Miss Moffum an Stoggle,

ich werde *nicht* kommen, Stoggle, um auf die Weise entehrt zu werden, wie Sie es verräterisch geplant haben. Meine Stellung verbietet dies: ich gehe auf der Stelle von zu Hause weg und wünsche Sie nicht wiederzusehen, Sie niederträchtiges undankbares Geschöpf.

Ich bin, wie Sie wissen

Miss Moffum, die beleidigte und auch gerechte.

Mrs. Stoggles Erstaunen angesichts dieses unerhörten Briefes war so groß wie ihr Kummer, denn sie glaubte sich immer durch Miss Moffums ausschließliche Freundschaft sehr begünstigt.

Schließlich war der Tag der Party, doch statt der Süßigkeiten, die sie aus London bestellt hatte, kam ein Gerichtsvollzieher, um ihre Besitztümer einzuziehen, als Folge ihrer langgehegten

Gewohnheiten, Rechnungen unbezahlt zu lassen, da sie tatsächlich eine arme, obwohl stolze Person wär, stand es nicht in ihrer Macht, sie zu zahlen. Mitten in der Wirrnis kam Mr. Dawes, den Mrs. Stoggle heftig ins Gesicht schlug, damit er nicht ihre Schande sehe; darauf wurde die ruinierte Mrs. Stoggle von der herbeigerufenen Polizei ins Gefängnis gebracht.

(Ende)

Bauer Grubbins

KAPITEL 2

»Halt! Halt! Du kleiner Schurke!« schrie der Bauer, »ich habe dich schon lange im Verdacht, meine Äpfel zu stehlen, und nun werde ich meinen Sohn anweisen, dich ordentlich zu verdreschen und dich anschließend so einzupökeln, wie du dabei erwischt worden bist, und ich hoffe, es wird dir gut tun, und...« doch hier war der Bauer gezwungen innezuhalten, um Atem zu schöpfen, da er sehr fett war. Sein Sohn vollzog die Bestrafung äußerst bereitwillig, und als es vorüber war, brach der kleine Schurke in Tränen aus und verließ das Haus. Bauer Grubbins sprang augenblicklich auf, griff seinen dicken Stock, rief seinem Sohn zu, ihm zu folgen, und rannte aus dem Haus. Nach einer verzweifelten Verfolgungsjagd holte er den Schurken ein und versetzte ihm einen kräftigen Schlag, als er fertig war und sein Opfer außer Sicht, kam sein Sohn angekeucht: »Welchen Weg hat er genommen, Vater?« fragte er eifrig, und als sein Vater die Richtung gezeigt hatte, die der kleine Schurke eingeschlagen hatte, sauste er los, fing ihn und gab ihm eine derartige Tracht Prügel, wie er noch nie in seinem Leben erhalten hatte. Völlig erschöpft erreichte der Bauer Grubbins sein Heim, warf sich ein seinen Lehnstuhl und »Jetzt, Frau«, keuchte er heraus, »jetzt, Frau, zu unserem Ausflug ans Meer.«

(Ende)

N.S.

1202

Nachwort

Hinweis zum Nachwort

Im Nachwort finden sich aufschlußreiche Erläuterungen zum Buch II »Misch & Masch«, geordnet nach Kapiteln. Dazu sind Abbildungen eingestreut.

Weitere Hinweise zu dieser Ausgabe und im speziellen zum Buch I »Sylvie & Bruno« findet die Leserin und der Leser im Vorwort ab Seite dreizehn.

Der Großteil der Wortspiele, die Lewis Carroll in »Alice im Wunderland« verwendet, sind in dieser Übersetzung von Dieter H. Stündel durch vollkommen neue Wortspielschöpfungen gelöst worden. Auch die Gedichte sind in neuer Form »übersetzt« worden, nämlich, weg von der üblichen Praxis, die englische Vorlage so getreu als möglich zu übertragen. Schließlich hat Lewis Carroll selbst in seinen Gedichten wiederum englische Gedichtfassungen parodiert. Was lag also näher, als die Gedichte von Carroll auf mehr oder weniger bekannte Gedichte deutscher Lyrik zu übertragen.

Nicht in allen Fällen war es notwendig, sich exakt an den Inhalt zu halten. So reichte es zum Beispiel aus, einen englischen »Nursery Rhyme« durch einen bekannten deutschen Kinderreim zu ersetzen, der dann freilich ebenfalls parodiert wurde.

Nun hat Lewis Carroll seinen Lesern hin und wieder Rätsel aufgegeben, die er dann in späteren Büchern aufgelöst hat. Dieser Tradition folgend, hier meine Rätsel: Welche Gedichte von welchen Dichtern werden in meiner Fassung von »Alice im Wunderland« parodiert? Die Auflösung übrigens, finden Sie im Kapitel zu »Alice im Spiegelland«.

Da zu vermuten ist, daß so mancher Carroll-Kenner diese Eingriffe in die Gedichte Carrolls lieber ersetzt sähe durch eine möglichst textgetreue Wiedergabe, liefere ich diese im folgenden. Das Kinderlied im zweiten Kapitel würde sich in folgender Textfassung präsentieren:

of her own little sister. So the boat wound slowly along, beneath the bright summer-day, with its merry crew and its music of voices and laughter, till it passed round one of the many turnings of the stream, and she saw it no more.

Then she thought, (in a dream within the dream, as it were,) how this same little Alice would, in the after-time, be herself a grown woman: and how she would keep, through her riper years, the simple and loving heart of her childhood: and how she would gather around her other little children, and make *their* eyes bright and eager with many a wonderful tale, perhaps even with these very adventures of the little Alice of long-ago: and how she would feel with all their simple sorrows, and find a pleasure in all their simple joys, remembering her own child-life, and the happy summer days.

Die letzte Seite von Carrolls Originalmanuskript enthält als Schlußbild sein Portrait von dem kleinen Mädchen, die dadurch, daß sie darauf beharrte, er solle »Alicens Abenteuer für mich aufschreiben«, für die Unsterblichkeit der Geschichte sorgte.

Wie läßt das kleine Krokodil
    erglänzen seinen Schwanz,
gießt ihn mit Wässerchen des Nil,
    verleiht ihm gold'nen Glanz!

Wie freundlich scheint der Grinseblick
    und hübsch die Krall'n des Drachen,
begrüßt die Fische, klein und dick,
    mit Lächeln tief im Rachen.

Im fünften Kapitel sagt Alice der Raupe ein langes Gedicht
auf. In einer eher wortgetreuen Übersetzung würde es so klingen:

»Du bist alt, Vater Wilhelm«, der Junge entschied,
    »und dein Haarschopf ist schon ziemlich weiß;
und dennoch man dich auf dem Kopf stehen sieht,
    hältst du das für richtig als Greis?«

»In der Jugend«, entgegnet' der Vater dem Sohn,
    »hatte Angst ich, es schwächt das Gehirn,
doch mein Verstand scheint schon lange entflohn,
    so stehe ich oft auf der Birn'.«

»Du bist alt, Vater Wilhelm, so sieh es doch ein,
    und bist zudem noch sehr fett,
wieso springst du rückwärts ins Zimmer hinein?
    Darauf ich die Antwort gern hätt'!«

»In der Jugend«, der Graue entgegnete hier,
    »man salbte mich gegen Trombose,
wohlfeil verkaufe die Salbe ich dir
    für nur einen Schilling die Dose.«

»Du bist alt«, sprach der Sohn, »und was man noch kaut,
    das solltest du besser nicht essen,
du ißt von der Ganz Knochen, Schnabel und Haut –
    sag, wieso bist du so vermessen?«

»In der Jugend«, sprach sein Vater, »mußte ich viel
    mit deiner Mutter streiten,
das macht die Kiefer derart stabil,
    das reicht für alle Zeiten.«

»Du bist alt«, sprach der Junge, »und man hält es für Witz,
    denn schon trübe ist sicher dein Blick,
daß du trägst einen Aal auf der Nasenspitz' –
    sag, woher nimmst du das Geschick?«

»Dreimal gab ich Antwort, es dünkt mir, das reicht«,
    sprach der Vater, »hast du keine Manieren!
Ich kann nicht mehr hören die Fragen so seicht!
Geh, sonst werd' ich dich prompt expedieren!«

Im zehnten Kapitel singt die Falsche Suppenschildkröte das
Lied zur Hummer-Quadrille:

»Geht es nicht ein bißchen schneller?« sagt der Heilbutt zu
                              dem Schneck.
»Denn ein Tümmler verfolgt uns, der tritt mir stets ins Heck.
Sieh wie eifrig schon die Schildkröt' und der Hummer
                              Ehrenkranz!
Sie erwarten uns am Stein-Strand – kommst du mit mir jetzt
                              zum Tanz?
    Kommst du, bleibst du, kommst du, bleibst du,
                              kommst du mit zum Tanz?
    Kommst du, bleibst du, kommst du, bleibst du,
                              kommst du mit zum Tanz?

Du hast wirklich keine Ahnung wie entzückend die Idee,
wenn sie werfen uns ins Weite mit den Hummern in die See?«
Doch der Schneck »Zu weit, zu weit!« mustert kritisch die
Distanz –
und er dankt dem Heilbutt freundlich, aber lehnte ab den
Tanz.
Möcht nicht, könnt nicht, möcht nicht, könnt nicht,
nehm nicht teil am Tanz.
Möcht nicht, könnt nicht, möcht nicht, könnt nicht,
nehm nicht teil am Tanz.

»Was macht es schon, wie weit wir gehn«, so gab der Fisch
Bescheid.
Da gibt es doch ein Ufer noch, fern auf der an'ren Seit'.
Wenn weiter wir von England, sind näher bei den Franken –
nur keinen Schreck, geliebter Schneck, laß uns im Tänzchen
schwanken.
Kommst du, bleibst du, kommst du, bleibst du,
kommst du mit zum Tanz?
Kommst du, bleibst du, kommst du, bleibst du,
kommst du mit zum Tanz?

Im selben Kapitel läßt der Greif die kleine Alice ein Gedicht
aufsagen:

Die Stimme des Hummers, ich hör' sie ganz klar:
»Bin zu sehr gebacken, muß zuckern mein Haar.«
Wie die Ente die Wimpern, so hebt er mit der Nase
den Panzer, die Scheren, dreht den Zeh in Extase.
Wenn der Sand ist getrocknet, ist er keck wie im Mai,
und er redet verächtlich genau wie ein Hai:
Doch wenn kommen die Haie mit des Meeres Flut,
dann wird er ganz leise, verliert allen Mut.

Ich sah seinen Garten und unter den Buchen
    sah Eule und Panther sich teilen 'nen Kuchen:
Die Kruste dem Panther mit Soße und Fleisch,
    die Eule die leere Schüssel erheisch.
Als der Kuchen gegessen, die Eule bekam
    die Erlaubnis, daß sie den Löffel sich nahm:
Der Panther das Messer ergriff mit Geheule
und wählte zum Nachtisch sich schnell noch die –

Ebenfalls im zehnten Kapitel steht das Lied der Falschen Suppenschildkröte, daß in der traditionellen Form lauten könnte:

Schöne Suppe, dicke, grüne,
wartete heiß in der Terrine!
Wer stünd da nicht in der Gruppe!
Abendsuppe, schöne Suppe!
    Schö-höh-ne Suu-ppe!
    Schö-höh-ne Suu-ppe!
Schöne Suppe! Wer will schon Fisch
oder anderes auf dem Tisch!

Wer will nicht holen gleich 'ne Fee
nich' wert ist die schöne Suppe?
Pfennigwert ist die schöne Suppe?
    Schö-höh-ne Suu-ppe!
    Schö-höh-ne Suu-ppe!
Aaa-bend-suu-ppe, Suu-ppe,
    Schöne, schö-HÖHNE SUPPE!

Nun sind alle Fassungen vorgelegt und der Leser kann sich
sein Bild machen.

ENDE

Im Vorwort zur sechsten Auflage 1897 richtete Carroll einige Bemerkungen an seine Leser. Ausschnitte hieraus wollen wir auch dem Leser dieser Ausgabe nicht vorenthalten: »Da das hier angeführte Schachproblem einige meiner Leser verwirrt hat, mag vielleicht der Hinweis angebracht sein, daß es, soweit es um die einzelnen Züge geht, korrekt ausgeführt ist. Die wechselnden Züge zwischen Weiß und Schwarz hätten freilich etwas strenger eingehalten werden können. Aber daß dem Weißen König im sechsten Zug ›Schach‹ geboten wird, und daß der Schwarze Ritter (Springer) im siebten Zug geschlagen wird, wie auch das abschließende ›Schachmatt‹ des Schwarzen Königs, all das hält sich strikt an die Spielregeln, wie jeder feststellen kann, der sich nur die Mühe macht, die angegebenen Züge nachzuvollziehen.

Die neuen Worter im Gedicht ›Jabberwocky‹ haben einige Unsicherheiten bezüglich ihrer Aussprache verursacht, so mögen Anweisungen zu diesem Punkt ebenfalls willkommen sein. Sprich ›slithy‹ als wären es die beiden Wörter ›sly, the‹, mach das ›g‹ hart wir in ›gyre‹ und sprich ›rath‹ als Reim zu ›bath‹«.

Am 3. Juli 1974 verzeichnete der Katalog des Auktionshauses Sotheby in London folgende Eintragung:

Dodgson (C.L.) »Lewis Carroll«. Fahnenabzug eines unveröffentlichten Teils von »Through the Looking-Glass«, Fahnen Seite 64–67 und Teile von 63 und 58 mit handschriftlichen Änderungen in schwarzer Tinte und einer Notiz in purpurner Tinte des Autors, daß der umfangreiche Abschnitt zu streichen ist.

Die vorliegende Textpassage erzählt, wie Alice eine schlechtgelaunte Wespe antrifft, verbunden mit einem Gedicht von fünf Strophen, das beginnt »When I was young, my ringlet waved«. Sie sollte nach »A very few

Carrolls eigene Version von Alice, wie sie durch eine Tür in den Baum tritt (Tenniel illustrierte diese Episode nicht).

steps brouht her to the edge of the brook« auf Seite 183 der Erstausgabe stehen. Die Fahnen wurden beim Verkauf der Möbel, der persönlichen Effekten und der Bibliothek des Autors in Oxford 1898 veräußert und sind offensichtlich nicht vermerkt und nicht veröffentlicht worden.

Bis zu diesem Tag hatte man die Geschichte vom »Wesper mit der Perücke« für endgültig verschollen gehalten. Berichtet wurde davon in der ersten Carroll-Biographie, die der Neffe Stuart Dodgson-Collingwood unter dem Titel »The Life and Letters of Lewis Carroll« im Jahre 1898 veröffentlichte. Damals schrieb der Autor über das zweite »Alice«-Buch:

> Die zuerst konzipierte Geschichte enthielt dreizehn Kapitel, doch das gedruckte Werk bestand nur aus zwölf. Das weggelassene Kapitel stellte eine Wespe in der Rolle eines Richters oder Anwalts vor, wie ich annehme, da Mr. Tenniel (der Illustrator Carrolls für diese Ausgabe) schrieb: »Eine Wespe mit einer Perücke steht völlig außerhalb der künstlerischen Möglichkeiten.« Abgesehen von den Schwierigkeiten der Illustration war das »Wespen«-Kapitel für Carroll damals wohl nicht gut genug, um im Buch zu bleiben.

Aus Collingwoods Textpassage geht mehreres hervor. Zum einen kannte er das Kapitel nicht, denn er stützt sich allein auf einen Brief von Tenniel. Es war ihm also völlig unbekannt, daß die Geschichte womöglich noch existierte. Außerdem übernimmt Collingwood ungeprüft die negative Bewertung von Tenniel, der am 1. Juni 1870 an Carroll dazu folgendes schrieb:

> »Halten Sie mich nicht für brutal, aber ich fühle mich zu der Feststellung genötigt, daß mich das ›Wespen‹-Kapitel nicht im mindesten inbteressiert, & ich kann mir kein Bild vorstellen. Wenn Sie das Buch kürzen wollen, muß ich – bei allem Respekt – einfach vorschlagen, daß da Ihre Chance liegt.«

Tenniels Behauptung klingt wie die Ausrede eines Künstlers, der der Zusammenarbeit mit dem anstrengenden und peniblen Kritiker Carroll schon lange überdrüssig war. Nicht umsonst weigerte sich Tenniel nach seiner Arbeit an »Alice im Wunderland« standhaft, wieder die Feder für Carroll in die Hand zu nehmen. Zwar ließ er sich noch einmal überreden, doch nach der Fertigstellung des zweiten Bandes warnte er alle seine Berufskollegen eindringlich vor dem »Don« aus Oxford, der dann auch später tatsächlich den Bildern des Zeichners Harry Furniss für »Sylvie und Bruno« mit der Lupe zu Leibe rückte. Nicht selten kam es zum offenen Konflikt, weil Carroll dem für ihn arbeitenden Künstler, den er übrigens aus seiner Tasche entlohnte, schlecht proportionierte oder schlicht schlampige Arbeit vorwarf. Da wird es dem Meister des Pinsels schon einmal in den Fingern gejuckt haben, dem qualitätsheischenden Pedanten gerade auf seinem Gebiet eine Geschichte von minderem Niveau nachzuweisen.

Tenniels negatives Qualitätsurteil war jedenfalls anstekkend. Sowohl Carroll als auch sein Neffe ließen sich davon beeinflussen. Carroll verzichtete auf die bereits gesetzte Geschichte. Dabei hat er einige Jahre später sich selbst darüber lustig gemacht, daß allein negative Kritik Beifall findet.

Der Wesperich, der zu Beginn der Geschichte so unglücklich klagend am Baum lehnt, ist offensichtlich das Opfer von Freunden geworden. Sie haben ihm nämlich, wie wir in dem Gedicht erfahren, dazu geraten, sich seiner Locken zu entledigen und statt dessen eine Perücke zu tragen. Das erinnert sehr an eine Zeit, in der das Künstliche Vorrang vor dem Natürlichen hatte, in der nicht nur der Kopf, sondern der ganze Körper einer künstlichen Modetorheit in der einen oder anderen Weise geopfert wurde. Folgt man den Beschreibungen, die die Biographen von Carroll geben, so fällt immer wieder der Hinweis auf, er habe sein braungelocktes Haar etwas länger getragen, als es damals Sitte war. Es mag also durchaus sein, daß er, der nie verheiratet war und sich auch nie etwas aus Frauen gemacht hat, mit seinem sanften Wesen, seiner Schüchternheit und seinen langen Haaren ziemlich feminin wirkte. Da könnten hinter diesen Ratschlägen an den Wesperich Hinweise von Freunden und Bekannten sich verbergen, sich in der einen oder anderen Weise ein männlicheres Aussehen zu geben.

Carroll selbst taucht gerade in dem zweiten »Alice«-Band in den unterschiedlichsten Spiegelungen auf. Er ist der ›Weiße Ritter‹ mit dem Hang zu kuriosen Erfindungen, denn in dieser Figur nimmt er seine eigenen zahlreichen Erfindungen aufs Korn, die er übrigens ein weiteres Mal in dem Roman »Sylvie und Bruno« in der Gestalt des Professors karikiert. Er ist aber auch ebenso gewiß Hampti Dampti, das Ei, das Wortspiele zu entschlüsseln vermag und daher auch in der Lage ist, selbst mit Worten zu spielen. Als drittes personifiziert die kleine Alice in den beiden Büchern die kindliche und künstlerische Seele des Autors.

Der Wesperich ist nun ein Pendant zu dieser Seele. Er ist der von Gesellschaft, Religion und Konvention zu Fall gebrachte Dodgson, den nur seine kindliche Seele bewahren und ablenken kann. Schon damals war er oft das Opfer übler Nachreden. Man hatte ihm ein Verhältnis mit Miss Prickett, dem Kindermädchen der Liddell-Kinder, angehängt. Auch seinem Hang, Kinder zu fotografieren – sei es nun in Kostümen oder nackt – hatte man nicht die edelsten Motive unterstellt. Gerade sein Stand als Priester wird seine Situation nicht erträglicher gemacht haben. Im Gegenteil: Von einem Priester erwartete man, daß er ein Vorbild war, auch wenn er nicht praktizierte. Das ist heute so und wird im viktorianischen England eher strenger gesehen worden sein. Bezeichnend für die Geschichte ist ja, daß der Wesperich sich an keiner Stelle aus eigener Kraft vom Fleck rührt. Ihm wird am Anfang der Geschichte von Alice auf die andere Seite des Baumes geholfen, damit er vor dem kalten Wind geschützt ist. Ohne Alice wäre der Wesperich schutzlos dem kalten Wind preisgegeben. In der Übertragung wäre es also die künstlerische Seele, die dem einsamen, deformierten Dodgson hilft und ihn schützt. Der Gedanke läßt sich noch weiter ausführen. Am Ende verläßt Alice den Wesperich und wird in der Erstfassung sofort Königin. Damit könnte ein Todesmotiv angedeutet sein. Die künstlerische Seele verläßt den deformierten Körper und wird zur Königin erhöht. Übrigens, »Der Wesper mit der Perücke« war ursprünglich am Ende des VIII. Kapitels von »Alice im Spiegelland« vorgesehen und schloß an den Satz ». . . nach wenigen Schritten stand sie am Ufer«, an.

Nun zur Auflösung der Rätsel. Gefragt war, welche deutschsprachigen Gedichte in »Alice im Wunderland« parodiert wurden. Der Kinderreim heißt natürlich richtig »Eia popeia / was raschelt im Stroh«. Für das lange Gedicht über Vater Wilhelm im fünften Kapitel mußte das Gedicht »Der Alpenjäger« von Friedrich von Schiller vollständig herhalten. Da ich eine Ausgabe besitze, in der dieses Gedicht zweispaltig abgedruckt ist, kam ich darauf, nicht die genaue Reihenfolge der Verse einzuhalten, sondern wechselte jeweils von einer Spalte zur anderen. Daß war erforderlich, da die ersten drei Verse jeweils mit einer Frage begannen, so daß hier der fragende Jüngling seinen Sprachpart hatte.

Wenn die Falsche Suppenschildkröte zur Hummer-Quadrille singt, dann hat da Anton Wilhelm von Zuccalmaglio mit seinem Gedicht »Schwesterlein« Pate gestanden. Hier einmal der erste Vers:

Schwesterlein, Schwesterlein, wann gehn wir nach Haus?
»Morgen, wenn die Hähne krähn,
wollen wir nach Hause gehn,
Brüderlein, Brüderlein, dann gehn wir nach Haus.«

Wenn Alice im selben Kapitel dem Greif ein Gedicht aufsagt, so soll sie da eigentlich die Verse »Um Mitternacht« von Eduard Mörike zitieren. Am einfachsten war zweifellos die Identifizierung des Liedes der Falschen Suppenschildkröte. Natürlich ist die Formulierung »Sah ein Rab' ein Süpplein stehn« eine Parodie der Zeile »Sah ein Knab ein Röslein stehn«. Dabei handelt es sich um Goethes »Heideröslein«.

PHANTASMAGORIE UND ANDERE GEDICHTE

Die Phantasmagorie ist das umfangreichste Gedicht, das Carroll geschrieben hat. Es übertrifft selbst noch »The Hunting of the Snark« (Die Jagd nach dem Schnai). Phantasmagorie wirft ein Licht auf Carrolls Charakter und seine Freude an Feenwesen und Geistern. Neben der Phantastik der Figuren faszinierte Carroll stets auch die Phantastik der Sprache, wie sich in Phantasmagorie besonders zeigt. Eine besondere Spielart dieses linguistischen Vergnügens ist die Parodie. In Phantasmagorie malträtiert Carroll gleich zwei prominente Opfer: Longfellow und Tennyson.

In »Hiawathas Photoarbeit« parodiert er das Versepos in reimlosen trochäischen Vierhebern »The Song of Hiawatha« von Henry Wadsworth Longfellow. Der mystische Indianer mit seiner magischen Kraft wird bei Carroll zu einem Abbild seiner Selbst, einem Photographen. Statt Geister bannt unser Hiawatha eine widerspenstige Familie auf die Platte.

1859 lernte Carroll Tennyson kennen, der gar nicht erkannte, daß ihn hier ein Dichterkollege aufsuchte, sondern der in Carroll lediglich den Photographen sah. Auch von der Parodie »Die drei Stimmen«, die sein Gedicht »The Two Voices« zum ironischen Gegenstand hatte, nahm er keine Notiz. In den »Echos« wird noch einmal eine Figur genannt – Lady Clara Vere de Vere – über die Tennyson ein Gedicht veröffentlicht hatte. Später, im Jahre 1870, überwarfen sich die beiden. Carroll hatte vor Freunden ein Gedicht von Tennyson vorgetragen, das dieser bereits zurückgezogen hatte. Im Auftrag des Dichters verfaßte Madam Tennyson einen geharnischten

The [rebus]

My [stag] Ina,

Though [eye] don't give birthday presents, still [eye] ... April write a birthday [letter]. June came 2 your [door] 2 wish U many happy returns of the day, [barrel] the [cat] met me, [hand] took me for a [mouse], [heart][hand] hunted me [hand] and [hand] till [hand] could hardly [barn]. However somehow [eye] got into the [house], [hand] there a [mouse] met me, [hand] took me for a [ball], and pelted me

I   113

Carroll war ein unerschöpflicher Briefeschreiber (vielleicht der produktivste aller Zeiten). Er schickte Rebus-Briefe an seine Freundinnen.

Brief, in dem sie den Autographensammler Carroll heftig der Undankbarkeit zieh. Dieser replizierte ebenso geschickt wie behutsam mit einem Dialog, doch auch das halft nichts mehr. Die Beziehung, die ohnehin nur von Carrolls Seite aufrecht erhalten worden war, kühlte merklich ab.

Carrolls Erfahrungen mit Gedichten, vornehmlich wohl denen weniger berühmter Kollegen, stellte er in seinen Versen unter der programmatischen Überschrift »Poeta fit, non nascitur« (Der Dichter wird gemacht, nicht geboren) dar. Eine andere Erfahrung liegt dem »Klagelied zur See« zugrunde. Mag er auch in diesen Reimen über die See und ihre negativen Begleiterscheinungen schimpfen, seine Biographie verrät da anderes. Gerade dort waren seine bevorzugten Stellen, um mit jenen kleinen Mädchen in Kontakt zu kommen, die seinen Geschichten nicht selten zur Muse wurden. Hier erwies er ihnen die eine oder andere Liebe, indem er beispielsweise mit seinen stets präsenten praktischen Nadeln das Röckchen hoch steckte, damit die Verehrte durchs Wasser waten konnte.

Es ist kein Geheimnis, daß nur Mädchen vom 5. bis zum 12. Lebensjahr Carrolls Freundinnen sein konnten. Was er von den älteren hielt, illustrieren einige der hier veröffentlichten Gedichte. In »Melancholetta«, »Die drei Stimmen« und »Das lange Werben« offenbaren sich jeweils die Frauentypen, die Carroll ein Greuel gewesen sein müssen. Eine kleine Rache rollt dann in dem »Spiel zu Fünfen« ab. Hier enden die ehemals hübschen jungen Damen, die sich über schüchterne Männer (wie Carroll) lustig machten, als alte Jungfern.

DIE JAGD NACH DEM SCHNAI

Den folgenden Text präsentierte Carroll seinen Lesern zur Erstveröffentlichung seines »Hunting of the Snark«. Ich möchte dem geneigten Leser dieser Ausgabe, auch diesen Text nicht vorenthalten.

Ein Carroll-Porträt, gezeichnet von Harry Furniss, dem Illustrator des Romans »Sylvie & Bruno« von Lewis Carroll.

»Wenn – und das ist durchaus im Bereich des Möglichen – der Vorwurf, Unsinn geschrieben zu haben, jemals den Autor dieses kurzen, aber lehrreichen Gedichtes treffen sollte, würde sich das, wie ich fest überzeugt bin, allein auf die erste Zeile im siebten Vers von ›Zweite Kata-Strophe‹ gründen:

›Sich oftmals das Bugspriet im Ruder verstrickt.‹

Angesichts dieser entsetzlichen Aussichten will ich nicht (was in meiner Macht stünde) beleidigt auf meine übrigen Elaborate verweisen, als Beleg dafür, daß ich solch eines Vergehens einfach nicht fähig bin; ich will nicht (was auch in meiner Macht stünde), die enorme moralische Position dieses Gedichtes unterstreichen, die arithmetischen Regeln, die so sorgfältig beachtet worden sind, oder die hochgelehrten Sentenzen zur Naturgeschichte – ich will mich weit prosaischer einfach auf die Darstellung seiner Genesis beschränken.

Der Büttel, gegenüber Äußerlichkeiten jeglicher Couleur ein Sensibelchen, ließ habituell das Bugspriet ein- bis zweimal die Woche demontieren und mit Firniß überziehen, was mehr als einmal geschah, weshalb keiner an Bord sich erinnern konnte, an welches Schiffsende es nun eigentlich gehörte. Bekannt war, daß es nicht den geringsten Zweck hatte, sich bei dem Büttel danach zu erkundigen – denn der würde lediglich in seinen Schiffahrtsrechten nachschlagen und voller Pathos die Vorschriften der Admiralität zitieren, die ja doch keiner kapierte – weshalb man schließlich das Bugspriet ganz einfach über dem Ruder befestigte. Der Steuermann[1] stand normalerweise tränenden Auges dabei: ihm war der Fehler wohl bewußt, aber herrje! Paragraph 42 der Schiffahrtsrechte: ›Niemand darf mit dem Mann am Steuer reden‹ – war vom Büttel durch den Passus ›und der Mann am Steuer darf mit niemandem reden‹ ergänzt worden. So erledigte sich ein Protest und

---

1 Dieses Amt wurde normalerweise vom Burschen versehen, der darin vor den stetigen Klagen des Bäckers, er habe dessen drei Paar Stiefel schlampig gewichst, seine Zuflucht fand.

Das Pfarrhaus in Daresbury (Cheshire), in dem Carroll geboren wurde (1832) und bis 1843 lebte.

das Steuern bis zum nächsten Firniß-Tag. Während dieser turbulenten Zeitspanne segelte das Schiff normalerweise rückwärts.

Doch dies dünkt mir eine willkommene Gelegeneheit, die komplizierten Begriffe dieses Gedichtes darzulegen. Hampti Damptis Theorie, zwei Bedeutungen in einen Koffer zu pakken, scheint mir all das am trefflichsten zu erklären.

Da wären zum Beispiel die beiden Wörter ›grausam‹ und ›grollend‹. Mal angenommen, ihr wollt beide Wörter sagen, aber offenlassen, welches ihr zuerst nennen wollt. Nun macht den Mund auf und sprecht. Wenn euch als erstes ›grausam‹ in den Sinn kommt, so sagt ihr »grausam-grollend«, wenn ihr um Haaresbreite mehr ›grollend‹ zugeneigt seid, so ist das Ergebnis ›grollend-grausam‹, doch wenn ihr die seltene Gabe besitzt, völlig ausgeglichen zu sein, dann werdet ihr ›grollsamd‹ sagen.

Denn angenommen, der Richter Schal habe, als Pistol die berühmte Frage stellte: ›Doch unter welchem König, du Halunk? Sprich oder stirb!‹ nicht genau gewußt, ob es nun William oder Richard wäre, und sich nicht hätte entscheiden können, welchen Namen er als erstes sagen müßte, dann hätte er zweifellos, ehe daß der Tod ihn ereilte, gekeucht: ›Rilchiam!‹«

DREI SONNENUNTERGÄNGE (GEDICHTE)

Sämtliche Gedichte, die in »Drei Sonnenuntergänge« zusammengefaßt sind, wurden von Carroll, teilweise in unterschiedlichen Abfassungen, zu verschiedenen Zeiten und in unterschiedlichen Buchfassungen publiziert. Hier sind diese Gedichte in sinnvoller Weise zusammengestellt.

Ein Selbstbildnis von Lewis Carroll, das im Christ Church College in Oxford entstand.

Die schriftstellerische Laufbahn von Charles Lutwidge Dodgson alias Lewis Carroll (1832–1898) begann eigentlich schon mit der Herausgabe der Pfarrhaus-Magazine, die ab etwa 1845 im Familienkreis kursierten. Doch wurden der Familie, die sich anfangs an Carrolls literarischen Einfällen erfreute und auch zu den Magazinen Texte beitrug, die Anforderungen, die Carroll stellte, bald zu groß. Carrolls Vater, Pfarrer Dodgson, dessen stille Leidenschaft die Mathematik war, hoffte, sein Erstgeborener würde einmal ein bedeutender Mathematiker werden. Und tatsächlich besaß bereits der junge Carroll einen ausgeprägten Sinn für mathematische Probleme, was ihm früh den Beifall seiner Lehrer eintrug. Carroll verfaßte dann später auch neben seinen literarischen Werken, während seiner Zeit als Professor für Mathematik am Christ Church College in Oxford, einige Bücher zur Mathematik. Berühmt wurde Carroll aber wegen seiner kuriosen literarischen Geschichten.

Dadurch, daß sich die Familie überfordert sah, mit immer neuen Einfällen zu den Magazinen beizutragen, sah sich Carroll genötigt, die Magazine allein weiterzuführen, denn er wollte nicht auf die Rolle des Verlegers verzichten. Ein Großteil der handschriftlichen Hefte kann wohl als verschollen gelten. Das Magazin »Pfarrhausschirm« ist aber nicht nur vollständig erhalten, es galt sogar bei Carroll selbst, als sein bestes Magazinwerk. »Pfarrhausschirm« wurde etwa um 1850 geschrieben.

Getreu seiner Gattungsbezeichnung finden in diesem Magazin alle möglichen kuriosen Einfälle und Gedanken des achtzehnjährigen Carroll ihren Niederschlag. Dabei zeigt sich auch schon sein Sinn für Nonsense und Wortspiele.

Zu einem richtigen Magazin gehört natürlich eine Fortsetzungsgeschichte, und so setzt das Buch gleich mit dem Thriller »Der Spazierstock des Schicksals« ein, der über acht Kapi-

Das Pfarrhaus in Croft. Die Dodgson-Familie spielt mit Freunden auf der Wiese vor dem Haus Crocket.

tel weg seinen geheimnisvollen Inhalt wahrt und dem Leser am Ende mit einem kuriosen Scherz entläßt, ohne sich weiter um die verschiedenen Andeutungen, die zweifellos etliche Fragen aufgeworfen haben, zu scheren. Diese, wie auch die meisten anderen Geschichten, Gedichte und Betrachtungen sind mit zahlreichen Fußnoten versehen, die ihr den Anschein einer wissenschaftlichen Arbeit geben. Im dritten Kapitel der Geschichte vom »Spazierstock« legt Carroll seinem Baron ein Wortspiel in den Mund: der Besuch (den der Baron in Wahrheit aus dem Fenster geworfen hat) hat sich *herabgelassen,* einen weiteren Besuch zu machen.

Anklänge an eine archaische Sprache finden sich in dem Gedicht »De fatale Jaget«. Carroll parodiert hier die Form der Ballade.

Eine kommentierte Bilderserie ist »Vernon Galerie«. Dabei handelt es sich um Parodien echter Bilder, von denen nur der Titel geblieben ist. Statt manchem hehren Titel in einem entsprechenden Bild den ursprünglich gemeinten Ausdruck zu geben, ironisiert Carroll den Titel durch seine neuen Darstellungen, die dann noch witzig kommentiert werden.

Eine andere Serie ironischer Betrachtungen, diesmal in der Natur, sind die »Zoologischen Blätter«, die sich in Betrachtungen über fabelhafte Tiere ergehen. Elfen, der Lory, Fischs und die einflüglige Taube werden in ihrer Existenz bewiesen.

Im »Klagelied Nr. 2« parodiert Carroll zum einen den römischen Helden Publius Horatius, zum anderen beschreibt er den Ritt seines Bruders Skeffington auf einem Esel, bei dem ihm die Geschwister Wilfred Longley (Ulfrid Langbeug) und Louisa Fletcher (fein Flurezza) zur Hilfe gekommen sind.

Selten hat sich Carroll in seinen Ideen wiederholt. Er versuchte immer, etwas Neues zu ersinnen. Doch einen Gedanken hat er zweifellos aus dieser Jugendschrift in sein Spätwerk »Sylvie und Bruno« übertragen. Im 5. Kapitel der Geschichte »Der Spazierstock des Schicksals« findet sich in einer Fußnote die Anweisung, wie man schwarzes Licht herstellt. Dasselbe

Brücke über den Tees nahe Croft. Britanniens erste kommerziell betriebene Eisenbahnstrecke verlief wenige Meilen vom Pfarrhaus entfernt. Von Anfang an war Carroll im Dampf-Zeitalter zu Hause.

Verfahren wird im zweiten Teil des Romans »Sylvie und Bruno« angewendet.

MISCHMASCH

»Mischmasch« gehört zu Lewis Carrolls Oxforder Tagen. Die Beiträge zu »Mischmasch« sind alle datiert von 1855–1862. Als Carroll das neue Übungsbuch, das später »Mischmasch« werden sollte, öffnete, dachte er wohl zurück an die bisherigen Familienmagazine und hatte wohl als Vorbild »Pfarrhausschirm« im Sinn. Zwischen diesen beiden Magazinen gibt es im Original einige Ähnlichkeiten. »Mischmasch« wurde am Ende ein Aufbewahrungsort vieler eigener Produktionen von Carroll und für einige wenige Beiträge aus dem Familienkreis, die ihm erhaltenswert erschienen.

NÜTZLICHE UND LEHRREICHE GEDICHTE

Reverend Charles Dodgson kam 1843 als Pfarrer von Croft nach Daresbury, zusammen mit seiner Frau und den zehn Kindern, sieben Mädchen und drei Jungen. Lewis Dogdson, alias Carroll war das dritte Kind und der älteste Sohn. Er war der Anführer der Geschwisterschar, die sich viel im Garten des gregorianischen Pfarrhauses aufhielt. Die Kinder lagen im Gras unter der Akazie auf der Wiese zur Straßenseite, kletterten auf die Eibe (dem »Schirm-Baum«) und im ummauerten Küchengarten hinter dem Haus spielten sie das Eisenbahnspiel, mit einer Schubkarre, einem Faß und einer kleinen Handkarre. In dieser glücklichen Umgebung schrieb Carroll im Alter von dreizehn Jahren (1845) »Nützliche und lehrreiche Gedichte«.

»Nürzliche und lehrreiche Gedichte« ist Carrolls erstes Buch und das erste der Serie von Familienmagazinen. Car-

THE
RECTORY MAGAZINE.

Being
a
Compendium of the best tales
poems, essays, pictures &c.
that
the united talents
of
the Rectory inhabitants
can produce.

Edited and printed
by
C.L.D.

Fifth Edition, carefully
revised, &
improved.

1850

rolls eigene Datierung auf 1845 läßt die Frage offen, ob er von Edward Leras »Book of Nonsense« (1846) beeinflußt war, wie das Gedicht von der Moral »Brate niemals deine Schwester« nahelegen könnte.

Neben den Texten ist bereits zum damaligen Zeitpunkt die Wichtigkeit der Zeichnungen auffällig. Carroll versucht mit größtem Eifer seine Ideen exakt in Zeichnungen umzusetzen. Dieses Einfühlen in Bilder begleitete ihn sein ganzes Leben lang und er achtete bei allen späteren Werken sehr genau auf die Qualität der Zeichnungen der Künstler, die er als Illustratoren engagierte. Dieses Einfühlen in Bilder ließ Carroll außerdem zu einem der besten Fotografen des 19. Jahrhunderts werden.

DAS PFARRHAUSMAGAZIN

Das »Pfarrhausmagazin« war das zweite von insgesamt acht verschiedenen Magazinen, die Carroll in seiner Jugend herausgab. Die Titelseite des Originals verrät, daß es eine gewisse Anzahl von Überarbeitungen gab, bis schließlich 1850 das Magazin endgültig aufgebunden wurde. Zu diesem Zeitpunkt war Carroll 18 Jahre alt. Alle Zeichnungen und die meisten der Geschichten und Gedichte stammen aus Carrolls Feder, und er klagt sein Leid als Herausgeber in seinem Aufsatz über den »Rost« am Anfang der vierten Nummer des Magazins: »Und dennoch, so erfolgreich unser Magazin bisher auch war, und so enthusiastisch es auch aufgenommen wurde, scheint das Schicksal, daß wir für es fürchten, nicht mehr in sehr weiter Ferne. Wir haben heute morgen den Briefkasten des Herausgebers natürlich in der Erwartung geöffnet, er würde vor Beiträgen überließen und fanden ihn – die Feder sträubt sich, und die Tinte errötet, während wir dies schreiben – leer!«

Mit seinen Brüdern hatte der junge Carrroll offenkundig die meisten Schwierigkeiten. Wilfred brachte lediglich einen

Zweiteiler mit dem Titel »Eine Geschichte aus den Kriegen« zustande. Doch erschien diese Geschichte wenigstens noch in zwei aufeinanderfolgenden Ausgaben des »Pfarrhausmagazins«. Ein echtes Problem muß dagegen sein Bruder Skeffington gewesen sein. In der dritten Ausgabe erschien das erste Kapitel von »Bauer Grubbins«. Danach Schweigen. Erst in der letzten Ausgabe von insgesamt neun Heften, tritt der gute Bauer gerade noch einmal in der letzten Geschichte auf. Skeffington muß eine rechte Wut auf den beharrlich drängenden größeren Bruder gehabt haben, denn er läßt einen Jungen gleich dreimal – in der Geschichte – verprügeln, ohne sich weiter darum zu kümmern, für diese Tat des Bauern irgendwelche Gründe zu bemühen.

Einen interessanten Hinweis, dem bislang kein Biograph Carrolls Rechnung getragen hat, enthält eine »Anzeige« von Tante Lucy. Dort liest man unter anderem die folgende Forderung an ein zukünftiges Hausmädchen: »Sie muß in der Lage sein, einen Monat alte Zwillinge zu nehmen und die Flasche zu geben.«

Am 5. August 1844 schreibt Carroll in einem Brief an seine Familie: »Ich hoffe, ihr seid alle wohlauf wie auch die süßen Zwillinge.« Der Hinweis der Tante Lucy, daß die Zwillinge erst einige Monate alt sind, legt den Schluß nahe, daß das Magazin spätestens in der ersten Hälfte des Jahres 1844 entstand. Damals war Carroll gerade mal zwölf Jahre jung. Schon in diesem Alter übt sich Carroll in Wortspielen, bei deren Bildung er sehr geschickt vorgeht.

1832   27. Januar. Charles Lutwidge Dodgson wird in Daresbury, einem kleinen Dorf sieben Meilen von Warrington (Cheshire), geboren. Seine Eltern Charles Dodgson und Francis Jane Lutwidge hatten 1827 geheiratet. Sie haben bereits zwei Töchter. Der Vater, der 1800 in Hamilton geboren wurde, ist neben seinem Predigeramt auch literarisch tätig. Außer eigene religiöse Schriften zu veröffentlichen, hat er für die Library of the Fathers im Christ Church College den Tertullian übersetzt. Zeitgenossen schätzten nicht nur seine tiefe Frömmigkeit, sondern auch seinen Humor und seinen Sinn für Unsinn. Der vielseitige Mann beschäftigte sich auch mit Mathematik. Er war Pfarrer an der Kirche von Daresbury, die Lord Francis Egerton, ein wohlhabender Großgrundbesitzer, nach seinen Wünschen bauen ließ.

1843   (11*) Charles schreibt sein erstes Stück: *The Tragedy of King John* (Die Tragödie von König John), für sein Puppentheater. Diese ersten Lebensjahre verbringt er auf einer vom Dorf abgelegenen Farm. Seine Spielgefährten sind neben seinen Schwestern Schnecken und Kröten. Im selben Jahr nimmt der Vater ein Angebot von Sir Robert Peel an, sich in Croft – drei Meilen südlich von Darlington – niederzulassen. Er wird Erzdiakon von Richmond und einer der Kanoniker der Ripon-Kathedrale.

1844   (12) Charles wird in Richmond eingeschult. Dem Lehrer Tate fällt die mathematische Begabung des Schülers auf. In der Schule spielt man dem unerfahrenen Neuling anfangs einige Streiche. Aber Charles weiß sich zu wehren und gilt bald schon als rechter Raufbold.

---

* Lebensalter von Charles Lutwidge Dodgson, alias Lewis Carroll.

Selbstporträt von Charles Dodgson (Lewis Carroll). Am 2. Juni 1857 schrieb er in sein Tagebuch: »Um die Linse auszuprobieren, nahm ich ein Bild von mir selbst auf und ließ Ina den Linsendeckel abheben. Natürlich ist sie der Meinung, daß sie das Foto gemacht hat.« Ist es dieses Foto?

1845 (13) Charles schreibt für die Schülerzeitung eine Geschichte mit dem Titel *The Unknown One* (Der Unbekannte). Außerdem verfaßt er seine erste Gedichtsammlung *Useful and Instructive Poety* (Nützliche und lehrreiche Gedichte), die erst 1954 veröffentlicht wird.

1846 Februar (14). Charles besucht die berühmte Public School von Rugby.

1850 23. Mai (18). Charles immatrikuliert sich am Christ Church College von Oxford.

1851 24. Januar (18). Charles zieht in das Studentenwohnheim von Christ Church und gehört von diesem Tag an 47 Jahre lang bis zu seinem Tode »zum Haus«. Bald darauf stirbt seine sanfte und liebevolle Mutter.

1855 15. Oktober (23). Charles wird »Master of the House«, wodurch er innerhalb der Mauern von Christ Church die Privilegien eines M. A. genießt. (M. A. im eigentlichen Sinne wird er 1857). Ein neuer Dekan tritt sein Amt an, zu dem sich bald schon ein freundschaftliches Verhältnis entwickelt: Dr. Henry George Liddell. Carroll lehrt Mathematik.

1856 11. Februar (24). Charles schickt dem Journalisten Edmund Yates eine Auswahl von Namen, unter denen er sich ein Pseudonym wählen will: 1. Edgar Cuthwellis (= Anagramm aus Charles Lutwidge); 2. Edgar U. C. Westhill (dito); 3. Louis Carroll; 4. Lewis Carroll. Von März 1856 bis Dezember 1857 schreibt Charles unter dem Pseudonym Lewis Carroll mehrere Beiträge für das monatlich erscheinende Magazin *The Train* von Yates.

1861 22. Dezember (29). Charles wird vom Bischof von Oxford zum Diakon geweiht. Von einigen wenigen Predigten abgesehen, wird er jedoch nie als Priester tätig, da er stottert.

1862 (30) Carroll hat die Idee zu *Alice in Wonderland*.

1864	(32) Tom Taylor, rühriger Stückeschreiber und Freund Carrolls, schlägt ihm John Tenniel für die Illustrationen der geplanten *Alice*-Ausgabe vor.
1865	Juli (33). *Alice's Adventures in Wonderland* erscheint.
1867	1. Juli – 13. September (35). Lewis Carroll unternimmt mit dem Kanonikus Henry Parry Liddon eine Rundreise auf dem Kontinent. Sie besuchen die Städte: Köln, Berlin, Danzig, Königsberg, St. Petersburg, Moskau, Nijni Novgorod, Kronstadt, Warschau, Leipzig, Gießen, Ems und Paris.
1868	21. Juni (36). Sein Vater stirbt.
1869	Januar (37). *Phantasmagorie and Other Poems*.
1872	(40) *Through the Looking-glass*.
1876	(44) *The Hunting of the Snark* erscheint. Der Illustrator ist diesmal Henry Holiday.
1879	März (47) *Euclid and His Modern Rivals* wird publiziert. Das mathematische Werk ist in Dialogform geschrieben und in Akte und Szenen eingeteilt.
1879	(47). Die *Doublets* werden herausgegeben.
1881	30. November (49). Carroll hält zum letzten Mal Unterricht, nachdem er Dean Liddell gebeten hat, ihn von seinem Amt als Mathematikprofessor zu entbinden. Er hatte es in den letzten Jahren ohnehin nur halbherzig ausgeübt.
1882	(50) Das Gedicht *Dreamland* wird veröffentlicht. Angeregt wurde dieser Band durch einen Traum des Reverend C. E. Hutchinson, eines Freundes von Carroll.
1882	November (50). Die Wortspielereien *Mischmasch* werden publiziert.
1883	Dezember (51). Der Band *Rhyme? and Reason?* mit 65 Illustrationen von Arthur B. Frost und neun von Henry Holiday wird veröffentlicht.
1885	Dezember (53). *A Tangled Tale*.
1887	Februar (55). *The Game of Logic*.
1887	(55) Lewis Carroll lernt Isa Bowman kennen, die in

dem *Alice*-Stück im Globe Theater die Hauptrolle spielt. Ein Jahr später besucht sie ihn in Oxford, worüber er ein Tagebuch für sie schreibt (*Isa's Visit to Oxford*).

1889   Dezember (57). Der Roman *Sylvie and Bruno* wird veröffentlicht. Das einführende Gedicht ist ein Akrostichon für Isa Bowman.

1890   März (58). *The Nursery Slice* erscheint.

1891   Dezember (59). Dean Liddell tritt von seinem Amt zurück und verläßt Christ Church. Wie Stuart Collingwood, der Sohn von Carrolls Schwester Mary, in der ersten Carroll-Biographie schreibt, war dies ein schwerer Schlag für Carroll.

1893   Dezember (61). *Sylvie and Bruno Concluded* erscheint. Das einführende Gedicht ist ein Akrostichon für Enid Stevens.

1898   14. Januar (65). Kurz vor seinem 66. Geburtstag stirbt Lewis Carroll. Er wird in Guildford begraben, wo Carroll für die Familie nach dem Tode des Vaters ein Haus gemietet hatte. Noch im selben Jahr wird die erste Biographie von seinem Neffen Stuart Dodgson Collingwood unter dem Titel *Life and Letters of Lewis Carroll* veröffentlicht.

Ausführliches Inhaltsverzeichnis

TEIL II

Buch II: MISCH & MASCH
Erzählungen & Gedichte

Drei Sonnenuntergänge

Der Pfarrhausschirm

MISCHMASCH

Nützliche und lehrreiche Gedichte

DAS PFARRHAUSMAGAZIN

Ungekürzte Lizenzausgabe für Zweitausendeins
Postfach, D-60381 Frankfurt am Main
Copyright © 1998 by Verlag Jürgen Häusser,
Frankfurter Straße 64, 64293 Darmstadt.

———————

Alle Rechte vorbehalten, insbesondere das Recht der
mechanischen, elektronischen oder fotografischen
Vervielfältigung, der Einspeicherung und Verarbeitung in
elektronischen Systemen, des Nachdrucks in Zeitschriften oder
Zeitungen, des öffentlichen Vortrags, der Verfilmung oder
Dramatisierung, der Übertragung durch Rundfunk, Fernsehen oder
Video, auch einzelner Text- und Bildteile.

———————

Der gewerbliche Weiterverkauf und der gewerbliche Verleih
von Büchern, Platten, Videos oder anderer Sachen
aus der Zweitausendeins-Produktion bedürfen in jedem Fall
der schriftlichen Genehmigung durch die Geschäftsleitung
vom Zweitausendeins Versand in Frankfurt am Main.

———————

Dieses Buch, einschließlich Vorsatzpapier und Einband,
wurde auf Recyclingpapier gedruckt, das aus 100 % Altpapier besteht.
Kapital- und Leseband wurde aus ungefärbter und ungebleichter Baumwolle,
die Druckfarbe aus nachwachsenden Rohstoffen gefertigt
Herstellung: Jürgen Häusser, Darmstadt.
Printed in Germany.

———————

Dieses Buch gibt es nur bei Zweitausendeins im Versand
(Postfach, D-60381 Frankfurt am Main, Telefon 0 18 05 - 23 20 01,
Fax 0 18 05 - 24 20 01) oder in den
Zweitausendeins-Läden in Berlin, Düsseldorf, Essen,
Frankfurt, Freiburg, Hamburg, Köln, München,
Nürnberg, Saarbrücken, Stuttgart.
In der Schweiz über buch 2000,
Postfach 89, CH-8910 Affoltern a. A.

———————

ISBN 3-86150-240-2